Voici le meilleur des dictionnaires

FRANÇAIS-ANGLAIS
ANGLAIS-FRANÇAIS

jamais publié à un prix aussi bas

Il a été expressément conçu pour la plus grande variété possible de lecteurs : étudiants, professeurs, touristes — au bureau et à la maison... Vous y trouverez plus de 35 000 mots dans l'ordre alphabétique, la prononciation figurée du français et de l'anglais, les locutions et les idiotismes les plus répandus dans les deux langues, les américanismes, les canadianismes...

Rédigé tout récemment par les plus éminents spécialistes en matière de lexicologie française, il est à la fois concis et précis. C'est un guide indispensable, dont l'utilisateur mesurera chaque jour la valeur.

The above text appears in English on the back cover.

Dictionnaire

FRANÇAIS-ANGLAIS
ANGLAIS-FRANÇAIS

Larousse

Deux volumes en un seul

par

MARGUERITE-MARIE DUBOIS

Docteur ès lettres, Professeur à la Sorbonne

DENIS J. KEEN

M. A. (Cantab.). Assistant à la Sorbonne,
Directeur de la Section de français
à l'Institut britannique des Universités
de Paris et de Londres

BARBARA SHUEY

M. A.
University of California

avec la collaboration de

JEAN-CLAUDE CORBEIL

Professeur adjoint à l'Université de
Montréal, Membre du Conseil
international de la langue française

LESTER G. CROCKER

Dean of Humanities
Case Western Reserve
University (Cleveland)

Édition revue et augmentée

PUBLISHED BY POCKET BOOKS NEW YORK

Larousse's

FRENCH-ENGLISH ENGLISH-FRENCH

Dictionary

Two volumes in one

by

MARGUERITE-MARIE DUBOIS

Docteur ès lettres, Professeur à la Sorbonne

DENIS J. KEEN

M. A. (Cantab.). Assistant à la Sorbonne,
Directeur de la Section de français
à l'Institut britannique des Universités
de Paris et de Londres

BARBARA SHUEY

M. A.
University of California

with the assistance of

JEAN-CLAUDE CORBEIL

Professeur adjoint à l'Université de
Montréal, Membre du Conseil
international de la langue française

LESTER G. CROCKER

Dean of Humanities
Case Western Reserve
University (Cleveland)

Revised and enlarged

PUBLISHED BY POCKET BOOKS NEW YORK

LAROUSSE'S FRENCH-ENGLISH
ENGLISH-FRENCH DICTIONARY

WASHINGTON SQUARE PRESS edition published February, 1955
83 printings

Revised and enlarged
POCKET BOOK edition published May, 1971

14th printing......................May, 1974

This POCKET BOOK edition may not be sold in France, French Union and Belgium, except by Librairie LAROUSSE.

This revised and enlarged original POCKET BOOK edition is printed from brand-new plates made from newly set, clear, easy-to-read type. POCKET BOOK editions are published by POCKET BOOKS, a division of Simon & Schuster, Inc., 630 Fifth Avenue, New York, N.Y. 10020. Trademarks registered in the United States and other countries.

L

Standard Book Number: 671-77401-8.

Printed in the U.S.A.

PREFACE

The present work is the first handy-sized French-English, English-French dictionary to treat the American language with the same importance as the English language. Intended for a wide public, this book aims at satisfying the requirements not only of tourists, but also of students, teachers, technicians, business people, manufacturers and even those who have just a general interest in matters of language.

More than 35,000 words, arranged in their alphabetical order, make possible a ready translation of the most varied ideas. Difficult turns of phrase are clearly explained and illustrated by examples, rules and idiomatic expressions; careful discrimination is made between Americanisms and Anglicisms; Canadianisms are pointed out; the latest neologisms and even present-day slang enrich the standard vocabulary; the usual abbreviations add to the accuracy of the text; and a perfectly clear type enables the root-word to be distinguished at a glance from the compound word or the colloquial phrase deriving from it.

Words of the same family have, for reasons of greater etymological accuracy, been grouped together in paragraphs; and to avoid possible misinterpretations, we have clarified the meaning or the implication of certain words by the use of explanatory terms placed between square brackets.

The spelling used throughout the work invariably follows American usage, brackets indicating where necessary the English forms. E.g.: hono(u)r; travel(l)ed, etc.

A summary of English and French grammar enables the reader to refer to irregular forms, marked by asterisks, without difficulty, and to use the fundamental rules indispensable for correct speaking or writing.

The phonetic pronunciation used is both simple to understand and scientifically accurate. The transcription adopted reproduces textually, by means of familiar letters, the symbols of the International Phonetic Alphabet. In the English-French section, we have given preference to the American pronunciation as recorded in the dictionary of J. S. Kenyon and Th. A. Knott; in the French-English section, we have followed the method of A. Barbeau and E. Rohde.

Finally, conversion tables for money, weights and measures will prove of real service to travelers spending some time in one or another of our countries.

PRÉFACE

Voici le premier dictionnaire bilingue français-anglais, anglais-français qui, dans un format réduit, donne à la langue américaine autant d'importance qu'à la langue anglaise. Destiné à un vaste public, ce livre s'adresse aussi bien aux touristes qu'aux étudiants et aux professeurs, aux techniciens, commerçants ou industriels comme aux simples curieux amateurs de linguistique.

Plus de 35 000 mots, présentés dans l'ordre alphabétique, permettent de traduire sans peine les idées les plus variées. Des exemples, des règles, des expressions idiomatiques précisent les emplois difficiles; les américanismes et les anglicismes différenciés avec soin, les canadianismes, les néologismes les plus récents, l'argot courant lui-même enrichissent le vocabulaire de base; les abréviations usuelles, aisément comprises dans les deux langues, ajoutent à la précision du texte; enfin, une typographie parfaitement claire permet de distinguer au premier coup d'œil le mot souche du mot composé ou de l'expression familière qui en découlent.

Les mots de la même famille ont été groupés en paragraphes — une plus grande précision étymologique en résulte — et, pour éviter des confusions de sens, nous avons placé entre crochets quelques termes explicatifs qui précisent la signification ou la portée de certains vocables.

L'orthographe donnée dans le cours de l'ouvrage reproduit toujours l'usage américain, des parenthèses indiquant au besoin la graphie anglaise. Ex. : hono(u)r; travel(l)ed, etc.

Un précis grammatical de l'anglais et du français permet de retrouver sans peine les formes irrégulières, signalées par un astérisque, et d'utiliser les notions indispensables pour parler ou écrire correctement.

La prononciation figurée est présentée selon un système clair et scientifiquement exact. Les notations adoptées reproduisent textuellement, au moyen de graphies commodes, les symboles de l'alphabet phonétique international. Dans la partie anglais-français, nous avons donné de préférence la prononciation américaine d'après le dictionnaire de J. S. Kenyon et Th. A. Knott ; dans la partie français-anglais, nous avons suivi la méthode de A. Barbeau et E. Rohde.

Enfin, des tables de monnaies et de mesures rendront de réels services aux voyageurs et aux touristes qui séjournent dans l'un ou l'autre de nos pays.

ABBREVIATIONS

abbrev.	abbreviation	abréviation	jur.	jurisdiction	juridiction
adj.	adjective	adjectif	lit.	literature	littérature
adv.	adverb	adverbe	*m.*	masculine	masculin
agr.	agriculture	agriculture	math.	mathematics	mathématiques
Am.	American	américain	mech.	mechanics	mécanique
anat.	anatomy	anatomie	med.	medicine	médecine
arch.	architecture	architecture	metall.	metallurgy	métallurgie
art.	article	article	meteor.	meteorology	météorologie
artill.	artillery	artillerie	mil.	military	militaire
astr.	astrology	astrologie	min.	mineralogy	minéralogie
aux.	auxiliary	auxiliaire	mus.	music	musique
aviat.	aviation	aviation	naut.	nautical	marine
bot.	botany	botanique	*pers.*	personal	personnel
Br.	British	anglais	pharm.	pharmacy	pharmacie
©	Canadianism	canadianisme	phot.	photography	photographie
caval.	cavalry	cavalerie	phys.	physics	physique
chem.	chemistry	chimie	*pl.*	plural	pluriel
colloq.	colloquial	familier	poet.	poetry	poésie
comm.	commerce	commerce	pol.	politics	politique
comp.	comparative	comparatif	pop.	popular	populaire
conj.	conjunction	conjonction	*poss.*	possessive	possessif
constr.	construction	construction	*p. p.*	past participle	participe passé
culin.	culinary	culinaire			
def.	definite	défini	*pref.*	prefix	préfixe
defect.	defective	défectif	*prep.*	preposition	préposition
demonstr.	demonstrative	démonstratif	*pret.*	preterit	prétérit
eccles.	ecclesiastical	ecclésiastique	*pron.*	pronoun	pronom
econ.	economics	économie	*prop.*	proper	propre
educ.	educational	éducatif	*pr. p.*	present participle	participe présent
electr.	electricity	électricité			
ent.	entomology	entomologie	psych.	psychology	psychologie
f.	feminine	féminin	railw.	railway	chemin de fer
fam.	familiar	familier	*refl.*	reflexive	réfléchi
fig.	figuratively	figuré	*rel.*	relative	relatif
fin.	finance	finances	relig.	religion	religion
Fr. Can.	(French) Canadianism	canadianisme (français)	*s.*	substantive	substantif
			sup.	superlative	superlatif
geogr.	geography	géographie	surg.	surgery	chirurgie
geol.	geology	géologie	techn.	technical	technique
geom.	geometry	géométrie	telegr.	telegraphy	télégraphie
gramm.	grammar	grammaire	teleph.	telephony	téléphonie
hist.	history	histoire	text.	textile	textile
hort.	horticulture	horticulture	theat.	theater	théâtre
hyg.	hygiene	hygiène	theol.	theology	théologie
impers.	impersonal	impersonnel	topogr.	topography	topographie
ind.	industry	industrie	typogr.	typography	typographie
indef.	indefinite	indéfini	univ.	university	université
interj.	interjection	interjection	*v.*	verb	verbe
interrog.	interrogation	interrogation	vet.	veterinary	vétérinaire
inv.	invariable	invariable	zool.	zoology	zoologie

* See grammatical part for irregular forms marked by asteriks.	* voir la partie grammaticale pour les formes irrégulières signalées par un astérisque.

PART ONE

FRENCH-ENGLISH

THE ESSENTIALS OF FRENCH GRAMMAR

SENTENCE-BUILDING

Interrogation.

When the subject is a pronoun, place it after the verb, and, in compound tenses, between the auxiliary and the verb. Ex. : *Do you speak?* PARLEZ-VOUS? *Did you speak?* AVEZ-VOUS PARLÉ?

With verbs ending in a vowel, put an euphonic **t** before a third person pronoun. Ex. : *Did he speak?* A-T-IL PARLÉ? *Does he speak?* PARLE-T-IL?

When the subject is a noun, add a pronoun. Ex. : *Does Paul speak?* PAUL PARLE-T-IL?

A handy way of putting questions is merely to place EST-CE QUE before the positive sentence. Ex. : *Does he write?* EST-CE QU'IL ÉCRIT?

Objective pronouns.

They are placed after the verb only in the imperative of reflexive verbs : *sit down,* ASSEYEZ-VOUS. They come before the verb even in compound tenses : *he had said it to me,* IL ME L'AVAIT DIT. The verb should be separated from its auxiliary only by an adverb, or by a pronoun subject in an interrogative sentence. Ex. : IL A BIEN FAIT; AVEZ-VOUS MANGÉ?

THE ARTICLE

Definite article.

The definite article is LE (m.), LA (f.), LES (m. f. pl.). Ex. : *the dog,* LE CHIEN; *the girl,* LA FILLE; *the cats,* LES CHATS. LE, LA are shortened to L' before a vowel or a mute *h.* Ex. : *the man,* L'HOMME; *the soul,* L'ÂME (but LE HÉROS).

Indefinite article.

The indefinite article is UN, UNE. Ex. : *a boy,* UN GARÇON; *a woman,* UNE FEMME.

The plural DES is generally translated by *some : some books,* DES LIVRES.

Partitive article.

The partitive article DU (m.), DE LA (f.) is used in sentences like : *take some bread,* PRENEZ DU PAIN; *to have a temperature,* AVOIR DE LA FIÈVRE.

THE NOUN

Plural.

- The plural is generally formed in *s,* as in English.
- Nouns in **s, x** and **z** do not change in the plural.
- Nouns in **au, eau** and **eu** (except BLEU) and some in **ou** (CHOU, BIJOU, GENOU, CAILLOU, HIBOU, JOUJOU, POU) form their plural in **x.** Ex. : CHOU *(cabbage),* CHOUX; JEU *(game),* JEUX.

- Nouns in **al** form generally their plural in **aux**. Ex. : CHEVAL, CHEVAUX. A few nouns form their plural in **als** : BAL, CAL, CARNAVAL, CHACAL, FESTIVAL, PAL, RÉCITAL, RÉGAL.

- A few nouns in **ail** form their plural in **aux** : BAIL, CORAIL, ÉMAIL, SOUPIRAIL, TRAVAIL, VITRAIL.

- AÏEUL, CIEL and ŒIL become AÏEUX, CIEUX, YEUX in the ordinary meaning.

Gender of nouns.

- There are no neuter nouns in French. Nearly all nouns ending in a mute *e* are feminine, except those in **isme**, **age** (but IMAGE, NAGE, RAGE are f.), and **iste** (the latter being often either m. or f.).

- Nearly all nouns ending in a consonant or a vowel other than a mute *e* are masculine, except nouns in **ion** and **té** (but ÉTÉ, PÂTÉ are m.).

Feminine.

- The feminine is generally formed by adding **e** to the masculine. Ex. : PARENT (*relative*), PARENTE ; AMI (*friend*), AMIE.

- Nouns in **er** form their feminine in **ère**. Ex. : LAITIER (*milkman*), LAITIÈRE.

- Nouns in **en, on** form their feminine in **enne, onne**. Ex. : CHIEN, CHIENNE ; LION, LIONNE.

- Nouns in **eur** form their feminine in **euse**, except those in **teur**, which give **trice**. Ex. : DANSEUR, DANSEUSE ; ADMIRATEUR, ADMIRATRICE. (Exceptions : ACHETEUR, ACHETEUSE ; CHANTEUR, CHANTEUSE ; MENTEUR, MENTEUSE.)

- Nouns in **x** change *x* into **se**. Ex. : ÉPOUX, ÉPOUSE.

- A few words in **e** form their feminine in **esse**. Ex. : MAÎTRE, MAÎTRESSE ; ÂNE, ÂNESSE.

THE ADJECTIVE

Plural.

- The plural is generally formed by adding **s** to the masculine (m. pl.) or feminine form (f. pl.).

- The masculine of adjectives in **s** or **x** do not change in the plural.

- Adjectives in **al** form their plural in **aux** (m.), **ales** (f.). Ex. : PRINCIPAL, PRINCIPAUX (m. pl.), PRINCIPALES (f. pl.). But BANCAL, GLACIAL, NATAL, NAVAL form their plural in **als, ales**.

Feminine.

- The feminine is generally formed by adding **e** to the masculine form. Ex. : ÉLÉGANT, ÉLÉGANTE ; POLI, POLIE.

- Adjectives in **f** change *f* into **ve**. Ex. : VIF, VIVE. Those in **x** change *x* into **se**. Ex. : HEUREUX, HEUREUSE. (Exceptions : DOUX, DOUCE ; FAUX, FAUSSE ; ROUX, ROUSSE and VIEUX, VIEILLE.)

- Adjectives in **er** form their feminine in **ère**. Ex. : AMER, AMÈRE.

- Adjectives in **gu** form their feminine in **guë**, which is pronounced [gü]. Ex. : AIGU, AIGUË.

- Adjectives in **el, eil, en, et, on** double the final consonant before adding *e*. Ex. : BEL, BELLE ; BON, BONNE ; ANCIEN, ANCIENNE. (Exceptions : COMPLET, INCOMPLET, CONCRET, DÉSUET, DISCRET, INDISCRET, INQUIET, REPLET, SECRET, which change et in **ète**.)

- Some adjectives in **c** change *c* into **qu** (CADUC, CADUQUE ; LAÏC, LAÏQUE ; PUBLIC, PUBLIQUE ; TURC, TURQUE) or **ch** (BLANC, BLANCHE ; FRANC, FRANCHE). The feminine of GREC is GRECQUE.

- A few adjectives in **s** double *s* before adding *e* : BAS, GRAS, LAS, ÉPAIS, MÉTIS, GROS.

- BOULOT, PÂLOT, SOT, VIEILLOT double *t* (BOULOTTE, PÂLOTTE, etc.).

- Adjectives in **eur** form generally their feminine in **euse**, except those in **teur**, which give **trice**. Ex. : MOQUEUR, MOQUEUSE ; PROTECTEUR, PROTECTRICE (but MENTEUR, MENTEUSE). A few adjectives in **eur** form their feminine in **eure** : ANTÉRIEUR, POSTÉRIEUR, ULTÉRIEUR, EXTÉRIEUR, INTÉRIEUR, MAJEUR, MINEUR, SUPÉRIEUR, INFÉRIEUR, MEILLEUR.

Comparative.

- *More* or the ending *er* of adjectives should be translated by PLUS ; *less* by MOINS, and *than* by QUE. Ex. : *more sincere,* PLUS SINCÈRE ; *stronger,* PLUS FORT ; *less good than,* MOINS BON QUE, MOINS BONNE QUE.

- *As... as* should be translated by AUSSI... QUE ; *as much... as* and *as many... as* by AUTANT... QUE ; *not so... as* by PAS SI... QUE, *not so much (many)... as* by PAS TANT... QUE.

Superlative.

- *The most* or the ending *est* should be translated by LE PLUS. Ex. : *the poorest,* LE PLUS PAUVRE ; *the most charming,* LE PLUS CHARMANT.

- *Most* is in French TRÈS. Ex. : *most happy,* TRÈS HEUREUX.

Comparative and superlative : irregular forms.

- *Better,* MEILLEUR ; *the best,* LE MEILLEUR ; *smaller,* MOINDRE ; *the least,* LE MOINDRE ; *worse,* PIRE ; *the worst,* LE PIRE.

Cardinal numbers.

- UN, DEUX, TROIS, QUATRE, CINQ, SIX, SEPT, HUIT, NEUF, DIX, ONZE, DOUZE, TREIZE, QUATORZE, QUINZE, SEIZE, DIX-SEPT, DIX-HUIT, DIX-NEUF, VINGT, VINGT ET UN, VINGT-DEUX... ; TRENTE ; QUARANTE ; CINQUANTE ; SOIXANTE ; SOIXANTE-DIX ; QUATRE-VINGTS ; QUATRE-VINGT-DIX ; CENT, CENT UN, CENT DEUX... ; DEUX CENTS ; TROIS CENTS... ; MILLE ; UN MILLION ; UN MILLIARD.

- **Vingt** and **cent** are invariable when immediately followed by another number. Ex. : QUATRE-VINGT-TROIS ANS ; DEUX CENT DOUZE FRANCS (but MILLE QUATRE-VINGTS FRANCS, MILLE DEUX CENTS FRANCS).

- **Mille** is invariable (in dates, it is written MIL).

Ordinal numbers.

- PREMIER, DEUXIÈME, TROISIÈME, QUATRIÈME, CINQUIÈME, SIXIÈME, SEPTIÈME, HUITIÈME, NEUVIÈME, DIXIÈME, ONZIÈME, DOUZIÈME, TREIZIÈME, QUATORZIÈME, QUINZIÈME, SEIZIÈME, DIX-SEPTIÈME... ; VINGTIÈME, VINGT ET UNIÈME, VINGT-DEUXIÈME... ; TRENTIÈME ; QUARANTIÈME... ; CENTIÈME, CENT UNIÈME, CENT DEUXIÈME... ; DEUX CENTIÈME... ; MILLIÈME... ; MILLIONIÈME...

Demonstrative adjectives.

- *This* and *that* are generally translated by CE, CET (m.), CETTE (f.), CES (pl.) [CE before a masc. noun beginning with a consonant or an aspirate *h*; CET before a masc. word beginning with a vowel or a mute *h*]. The opposition between *this* and *that* may be emphasized by adding -CI or -LÀ. Ex. : *this book,* CE LIVRE-CI ; *those men,* CES HOMMES-LÀ.

- *That of* should be translated by CELUI (f. CELLE, pl. CEUX, CELLES) DE, *he who, the one which, those* or *they who* by CELUI (CELLE, CEUX, CELLES) QUI.

Possessive adjectives.

My is in French MON (m.), MA (f.), MES (pl.) ; *your* (for *thy*) is TON, TA, TES ; *his, her, its* are SON, SA, SES (agreeing with the following noun) ; *our* is NOTRE (m. f.), NOS (pl.) ; *your* is VOTRE, VOS ; *their* is LEUR (m. f.), LEURS (pl.). Ex. : *his king,* SON ROI ; *his sister,* SA SŒUR, *his books,* SES LIVRES ; *her father,* SON PÈRE ; *her mother,* SA MÈRE.

THE PRONOUN

Personal pronouns (subject).

- JE, TU, IL, ELLE (f.) ; pl. NOUS, VOUS, ILS, ELLES (f.). Ex. : *you speak,* TU PARLES [VOUS PARLEZ] ; *she says,* ELLE DIT.

- The second person singular (TU, TE, TOI, TON, TA, TES, LE TIEN, etc.), indicating intimacy, is used between members of the same family, at school, between soldiers and close friends.

Personal pronouns (direct object).

ME, TE, LE, LA (f.) ; pl. NOUS, VOUS, LES. Ex. : *I see her,* JE LA VOIS ; *I see him* (or *it*), JE LE VOIS (the same pr. is used for masculine and neuter in most cases).

Personal pronouns (indirect object; dative).

ME, TE, LUI (m. f.) ; pl. NOUS, VOUS, LEUR. Ex. : *he speaks to her,* IL LUI PARLE.

Personal pronouns (after a preposition).

MOI, TOI, LUI, ELLE (f.) ; pl. NOUS, VOUS, EUX. They are also used emphatically : *I think,* MOI, JE PENSE.

Reflexive pronouns.

- ME, TE, SE ; pl. NOUS, VOUS, SE. Ex. : *they flatter themselves,* ILS SE FLATTENT ; *he spoke to himself,* IL SE PARLAIT.

- The same pronoun is used to translate *each other* and *one another.* Ex. : *they flatter each other,* ILS SE FLATTENT.

Possessive pronouns.

LE MIEN (f. LA MIENNE, pl. LES MIENS, LES MIENNES) ; LE TIEN (f. LA TIENNE, pl. LES TIENS, LES TIENNES) ; LE SIEN (f. LA SIENNE, pl. LES SIENS, LES SIENNES) ; LE NÔTRE (f. LA NÔTRE, pl. LES NÔTRES) ; LE VÔTRE (f. LA VÔTRE, pl. LES VÔTRES) ; LE LEUR (f. LA LEUR, pl. LES LEURS). Ex. : *I have lost my watch, lend me yours,* J'AI PERDU MA MONTRE, PRÊTEZ-MOI LA VÔTRE.

Note. — *This book is mine, yours, his, hers...* CE LIVRE EST À MOI, À TOI (À VOUS), À LUI, À ELLE... See *Personal pronouns (after a preposition).*

Relative pronouns.

Who is translated by QUI, *whom* by QUE (QUI after a preposition), *whose* by DONT, *which* by QUI (subject) or QUE (object). Ex. : *the man who comes*, L'HOMME QUI VIENT ; *the girl whom I see*, LA FILLE QUE JE VOIS ; *the author whose book I read*, L'AUTEUR DONT JE LIS LE LIVRE ; *the books which (that) I read*, LES LIVRES QUE JE LIS.

Note. — After a preposition, *which* should be translated by LEQUEL (m.), LAQUELLE (f.), LESQUELS (m. pl.), LESQUELLES (f. pl.) ; *of which* by DUQUEL, DE LAQUELLE, DESQUELS, DESQUELLES ; *to which* by AUQUEL, À LAQUELLE, AUXQUELS, AUXQUELLES.

Interrogative pronouns.

Who, whom are translated by QUI ; *what* by QUE (object). *What* when an adjective should be translated by QUEL, QUELLE, QUELS, QUELLES, when a subject by QU'EST-CE QUI. Ex. : *Who came?* QUI EST VENU ? *What do you say?* QUE DIS-TU ? *What time is it?* QUELLE HEURE EST-IL? *What happened?* QU'EST-CE QUI EST ARRIVÉ ?

THE ADVERB

Adverbs of manner.

- Most French adverbs of manner are formed by adding *ment* to the **feminine** form of the corresponding adjective. Ex. : *happily*, HEUREUSEMENT.
- Adjectives in **ant** form their adverbs in **amment**, and those in **ent** in **emment**. Ex. : *abundantly*, ABONDAMMENT ; *patiently*, PATIEMMENT.

Negative adverbs and pronouns.

- *Not* should be translated by NE... PAS, *never* by NE... JAMAIS, *nobody* by NE... PERSONNE, *nothing* by NE... RIEN, *nowhere* by NE... NULLE PART. Ex. : *I do not speak*, JE NE PARLE PAS ; *he never comes*, IL NE VIENT JAMAIS.
- *Nobody*, when subject, should be translated by PERSONNE NE, and *nothing*, by RIEN NE. Ex. : *nobody laughs*, PERSONNE NE RIT ; *nothing stirred*, RIEN N'A BOUGÉ.

THE VERB

Note. — French regular verbs are generally grouped in four classes or conjugations ending in **er, ir, oir** and **re.**

Compound tenses.

Compound tenses are conjugated with the auxiliary AVOIR and the **past participle,** except reflexive verbs and the most usual intransitive verbs (like ALLER, ARRIVER, DEVENIR, PARTIR, RESTER, RETOURNER, SORTIR, TOMBER, VENIR, etc.), which are conjugated with ÊTRE. Ex. : *he spoke*, IL A PARLÉ ; *he came*, IL EST VENU.

The French past participle.

- It always agrees with the noun to which it is either an attribute or an adjective. Ex. : *the woman was punished*, LA FEMME FUT PUNIE ; *the broken tables*, LES TABLES BRISÉES.
- It agrees with the object of a verb conjugated with AVOIR **only** when the object comes before it. Ex. : *he broke the plates*, IL A CASSÉ LES ASSIETTES ; *the plates he broke*, LES ASSIETTES QU'IL A CASSÉES.

First conjugation   AIMER (to love)

INDICATIVE		SUBJUNCTIVE

Present   *Present*

     J'aime   Que j'aime
     Tu aimes   Que tu aimes
     Il aime   Qu'il aime
     Nous aimons   Que n. aimions
     Vous aimez   Que v. aimiez
     Ils aiment   Qu'ils aiment

Imperfect   *Imperfect*

     J'aimais   Que j'aimasse
     Tu aimais   Que tu aimasses
     Il aimait   Qu'il aimât
     Nous aimions   Que n. aimassions
     Vous aimiez   Que v. aimassiez
     Ils aimaient   Qu'ils aimassent

Past tense   CONDITIONAL

     J'aimai   J'aimerais
     Tu aimas   Tu aimerais
     Il aima   Il aimerait
     Nous aimâmes   Nous aimerions
     Vous aimâtes   Vous aimeriez
     Ils aimèrent   Ils aimeraient

Future   IMPERATIVE

     J'aimerai
     Tu aimeras   Aime   Aimons   Aimez
     Il aimera   PARTICIPLE
     Nous aimerons
     Vous aimerez   *Present*   *Past*
     Ils aimeront   Aimant   Aimé, ée, és, ées

Second conjugation   FINIR (to end)

INDICATIVE		SUBJUNCTIVE

Present   *Present*

     Je finis   Que je finisse
     Tu finis   Que tu finisses
     Il finit   Qu'il finisse
     Nous finissons   Que n. finissions
     Vous finissez   Que v. finissiez
     Ils finissent   Qu'ils finissent

Imperfect   *Imperfect*

     Je finissais   Que je finisse
     Tu finissais   Que tu finisses
     Il finissait   Qu'il finît
     Nous finissions   Que n. finissions
     Vous finissiez   Que v. finissiez
     Ils finissaient   Qu'ils finissent

Past tense   CONDITIONAL

     Je finis   Je finirais
     Tu finis   Tu finirais
     Il finit   Il finirait
     Nous finîmes   Nous finirions
     Vous finîtes   Vous finiriez
     Ils finirent   Ils finiraient

Future   IMPERATIVE

     Je finirai
     Tu finiras   Finis   Finissons   Finissez
     Il finira   PARTICIPLE
     Nous finirons
     Vous finirez   *Present*   *Past*
     Ils finiront   Finissant   Fini, ie, is, ies

Third conjugation — RECEVOIR (to receive)

INDICATIVE	SUBJUNCTIVE
Present	*Present*
Je reçois	Que je reçoive
Tu reçois	Que tu reçoives
Il reçoit	Qu'il reçoive
Nous recevons	Que n. recevions
Vous recevez	Que v. receviez
Ils reçoivent	Qu'ils reçoivent
Imperfect	*Imperfect*
Je recevais	Que je reçusse
Tu recevais	Que tu reçusses
Il recevait	Qu'il reçût
Nous recevions	Que n. reçussions
Vous receviez	Que v. reçussiez
Ils recevaient	Qu'ils reçussent
Past tense	CONDITIONAL
Je reçus	Je recevrais
Tu reçus	Tu recevrais
Il reçut	Il recevrait
Nous reçûmes	Nous recevrions
Vous reçûtes	Vous recevriez
Ils reçurent	Ils recevraient
Future	IMPERATIVE
Je recevrai	
Tu recevras	Reçois Recevons Recevez
Il recevra	
Nous recevrons	PARTICIPLE
Vous recevrez	*Past* *Present*
Ils recevront	Recevant Reçu, ue, us, ues

Fourth conjugation — VENDRE (to sell)

INDICATIVE	SUBJUNCTIVE
Present	*Present*
Je vends	Que je vende
Tu vends	Que tu vendes
Il vend	Qu'il vende
Nous vendons	Que n. vendions
Vous vendez	Que v. vendiez
Ils vendent	Qu'ils vendent
Imperfect	*Imperfect*
Je vendais	Que je vendisse
Tu vendais	Que tu vendisses
Il vendait	Qu'il vendît
Nous vendions	Que n. vendissions
Vous vendiez	Que v. vendissiez
Ils vendaient	Qu'ils vendissent
Past tense	CONDITIONAL
Je vendis	Je vendrais
Tu vendis	Tu vendrais
Il vendit	Il vendrait
Nous vendîmes	Nous vendrions
Vous vendîtes	Vous vendriez
Ils vendirent	Ils vendraient
Future	IMPERATIVE
Je vendrai	
Tu vendras	Vends Vendons Vendez
Il vendra	
Nous vendrons	PARTICIPLE
Vous vendrez	*Present* *Past*
Ils vendront	Vendant Vendu, ue, us, ues

FRENCH IRREGULAR VERBS[1]

FIRST CONJUGATION

Aller. *Pr. ind.* : vais, vas, va, vont. *Fut.* : irai, iras, etc. Imper. : va (vas-y). *Pr. subj.* : aille, ailles, aille, allions, alliez, aillent.

Envoyer, Renvoyer. *Fut.* : (r)enverrai, etc.

Verbs in **cer** take **ç** before **a** and **o**. Ex. : *percer*, je perçais, nous perçons.

Verbs in **ger** add **e** before endings in **a** and **o**. Ex. : *manger*, je mangeais, nous mangeons.

Verbs in **eler, eter** double the **l** or **t** before a mute **e**. Ex. : *appeler*, j'appelle; *jeter*, je jette. (*Acheter*, *celer*, *ciseler*, *congeler*, *crocheter*, *déceler*, *dégeler*, *démanteler*, *écarteler*, *fureter*, *geler*, *haleter*, *marteler*, *modeler*, *peler*, *racheter*, *receler* only take **è**. Ex. : *geler*, gèle; *acheter*, achète.)

Verbs having a mute **e** in the last syllable but one change **e** into **è** when the ending begins with a mute **e**. Ex. : *peser*, je pèse.

Verbs having an acute **é** in the last syllable but one change it for a grave **è** when the ending begins with a mute **e** (except in the future and cond.). Ex. : *protéger*, je protège.

Verbs in **yer** change **y** into **i** before a mute **e**. Ex. : *ployer*, je ploie.

Verbs in **ayer** keep the **y**.

SECOND CONJUGATION

Acquérir. *Pr. ind.* : acquiers, acquiers, acquiert, acquérons, acquérez, acquièrent. *Imp.* : acquérais, etc. *Past tense* : acquis, etc. *Fut.* : acquerrai, etc. *Pr. subj.* : acquière, acquières, acquière, acquérions, acquériez, acquièrent. *Pr. part.* : acquérant. *Past part.* : acquis.

Assaillir. *Pr. ind.* : assaille, etc. (1). *Pr. subj.* : assaille, etc. (1). *Pr. part.* : assaillant.

Bénir. *Past part.* : béni, ie; bénit, bénite [consecrated].

Bouillir. *Pr. ind.* : bous, bous, bout, bouillons, bouillez, bouillent. *Imp.* : bouillais, etc. (1). *Pr. subj.* : bouille (1). *Pr. part.* : bouillant.

Conquérir. See *Acquérir*.

Courir. *Pr. ind.* : cours, cours, court, courons, courez, courent. *Imp.* : courais, etc. (1). *Past tense* : courus (3). *Fut.* : courrai, etc. *Pr. subj.* : coure, etc. (1). *Imp. subj.* : courusse (3). *Pr. part.* : courant.

Couvrir. See *Ouvrir*.

Cueillir. *Pr. ind.* : cueille, etc. (1). *Imp.* : cueillais, etc. (1). *Fut.* : cueillerai, etc. (1). *Pr. subj.* : cueille (1). *Pr. part.* : cueillant.

Découvrir. See *Ouvrir*.

Défaillir. See *Assaillir*.

Démentir. See *Mentir*.

Départir. See *Mentir*.

Desservir. See *Servir*.

Détenir, Devenir. See *Tenir*.

Dormir. *Pr. ind.* : dors, dors, dort, dormons, dormez, dorment. *Imp.* : dormais, etc. (1). *Pr. subj.* : dorme (1). *Pr. part.* : dormant.

Encourir. See *Courir*.

Endormir. See *Dormir*.

Enfuir (s'). See *Fuir*.

Faillir. *Pr. ind.* : faux, faux, faut, faillons, faillez, faillent. *Imp.* : faillais (1). *Pr. part.* : faillant.

Fleurir. *Has a form in the imperfect* : florissais, etc., *and for pr. part.* : florissant, *in the meaning of* « prospering ».

Fuir. *Pr. ind.* : fuis, fuis, fuit, fuyons, fuyez, fuient. *Imp.* : fuyais, etc. (1). *Pr. subj.* : fuie, fuies, fuie, fuyions, fuyiez, fuient. *Pr. part.* : fuyant. *Past part.* : fui, fuie.

Gésir. *Used only in pr. ind.* : gis, gis, gît, gisons, gisez, gisent; *imp.* : gisais, etc. (1); *pr. part.* : gisant.

Haïr. *Regular except in singular of present ind. and imper.* : je hais, tu hais, il hait; hais, haïssons, haïssez.

Intervenir. See *Tenir*.

Maintenir. See *Tenir*.

Mentir. *Pr. ind.* : mens, mens, ment, mentons, mentez, mentent. *Imp.* : mentais (1). *Pr. subj.* : mente, etc.

Mourir. *Pr. ind.* : meurs, meurs, meurt, mourons, mourez, meurent. *Imp.* : mourais, etc. (1). *Past tense* : mourus, etc. (3). *Fut.* : mourrai, etc. *Pr. subj.* : meure, meures, meure, mourions, mouriez, meurent. *Pr. part.* : mourant. *Past part.* : mort, morte.

Obtenir. See *Tenir*.

Offrir. *Pr. ind.* : offre, etc. (1). *Imp.* : offrais, etc. (1). *Pr. part.* : offrant. *Past part.* : offert, offerte.

Ouvrir. *Pr. ind.* : ouvre, etc. (1). *Imp.* : ouvrais, etc. (1). *Pr. part.* : ouvrant. *Past part.* : ouvert, ouverte.

---

1. In this list numbers (1), (2), (3) indicate whether the foregoing tense should be conjugated like the corresponding tense of the first, second or third conjugation.

Parcourir. See *Courir.*
Partir. See *Mentir.*
Parvenir. See *Tenir.*
Recourir. See *Courir.*
Recueillir. See *Cueillir.*
Repentir. See *Mentir.*
Requérir. See *Acquérir.*
Ressentir. See *Sentir.*
Ressortir. See *Sortir.*
Ressortir à is conjugated like FINIR (3).
Retenir, Revenir. See *Tenir.*
Revêtir. See *Vêtir.*
Saillir (meaning « to gush »). *Pr. ind.* : saille, saillent. *Imp.* : saillait. *Fut.* : saillera. *Pr. subj.* : saille. *Pr. part.* : saillant. *Past part.* : sailli, ie.
Secourir. See *Courir.*
Sentir. See *Mentir.*

Servir. *Pr. ind.* : sers, sers, sert, servons, servez, servent. *Imp.* : servais, etc. (1). *Pr. subj.* : serve, etc. (1). *Pr. part.* : servant.
Sortir. See *Mentir.*
Souffrir. See *Offrir.*
Soutenir, Souvenir, Subvenir, Survenir. See *Tenir.*
Tenir. *Pr. ind.* : tiens, tiens, tient, tenons, tenez, tiennent. *Imp.* : tenais, etc. (1). *Past tense* : tins, tins, tint, tînmes, tîntes, tinrent. *Fut.* : tiendrai, etc. *Pr. subj.* : tienne. *Pr. part.* : tenant. *Past part.* : tenu, ue.
Tressaillir. See *Assaillir.*
Venir. See *Tenir.*
Vêtir. *Pr. ind.* : vêts, vêts, vêt, vêtons, vêtez, vêtent. *Imp.* : vêtais, etc. (1). *Pr. subj.* : vête, etc. (1). *Pr. part.* : vêtant. *Past part.* : vêtu, ue.

THIRD CONJUGATION

Asseoir. *Pr. ind.* : assieds, assieds, assied, asseyons, asseyez, asseyent. *Imp.* : asseyais, etc. *Past tense* : assis, etc. (2). *Fut.* : assiérai, etc. or asseyerai, etc. *Pr. subj.* : asseye, etc. *Pr. part.* : asseyant. *Past part.* : assis, assise.
Avoir. *Pr. ind.* : ai, as, a, avons, avez, ont. *Past tense* : eus, eus, eut, eûmes, eûtes, eurent. *Fut.* : aurai, etc. *Pr. subj.* : aie, aies, ait, ayons, ayez, aient. *Imp. subj.* : eusse, eusses, eût, eussions, eussiez, eussent. *Imper.* : aie, ayons, ayez. *Pr. part.* : ayant. *Past part.* : eu, eue.
Choir. *Past part.* : chu, chue.
Déchoir. *Pr. ind.* : déchois, déchois, déchoit, déchoyons, déchoyez, déchoient. *Imp.* : déchoyais, etc. *Fut.* : décherrai, etc. *Pr. subj.* : déchoie, déchoies, déchoie, déchoyions, déchoyiez, déchoient. *Pr. part.* : none. *Past part.* : déchu, ue.
Devoir. *Pr. ind.* : dois, dois, doit, devons, devez, doivent. *Imp.* : devais, etc. *Past tense* : dus, etc. *Fut.* : devrai, etc. *Pr. subj.* : doive, etc. *Pr. part.* : devant. *Past part.* : dû, due.
Echoir. *Pr. ind.* : échoit. *Imp.* : échéait. *Past tense* : échus, etc. *Fut.* : écherrai, etc. *Pr. part.* : échéant. *Past part.* : échu, ue.
Emouvoir. See *Mouvoir.*
Entrevoir. See *Voir.*
Falloir. *Pr. ind.* : il faut. *Imp.* : il fallait. *Past tense* : il fallut. *Fut.* : il faudra. *Pr. subj.* : il faille. *Past part.* : fallu.
Mouvoir. *Pr. ind.* : meus, meus, meut, mouvons, mouvez, meuvent. *Imp.* : mouvais. *Past tense* : mus, etc. *Fut.* : mouvrai, etc. *Pr. subj.* : meuve, etc. *Pr. part.* : mouvant. *Past part.* : mû, ue.
Pleuvoir. *Pr. ind.* : pleut, pleuvent. *Imp.* : pleuvait. *Past tense* : plut.

Fut. : pleuvra. *Pr. subj.* : pleuve. *Pr. part.* : pleuvant. *Past part.* : plu.
Pourvoir. *Like* VOIR, *except in the past tense* : pourvus, etc. *Fut.* : pourvoirai.
Pouvoir. *Pr. ind.* : puis or peux, peux, peut, pouvons, pouvez, peuvent. *Past tense* : pus, etc. *Fut.* : pourrai, etc. *Pr. subj.* : puisse, puisses, puisse. *Pr. part.* : pouvant. *Past part.* : pu.
Prévaloir. *Like* VALOIR, *except in pr. subj.* : prévale, etc.
Prévoir. See *Voir.*
Promouvoir. *Like* MOUVOIR, *but used only in compound tenses.*
Revoir. See *Voir.*
Savoir. *Pr. ind.* : sais, sais, sait, savons, savez, savent. *Past tense* : sus, etc. *Fut.* : saurai, etc. *Imper.* : sache, sachons, sachez. *Pr. subj.* : sache. *Pr. part.* : sachant. *Past part.* : su, sue.
Seoir. *Pr. ind.* : sieds, sieds, sied, seyons, seyez, siéent. *Imp.* seyait, seyaient. *Fut.* : siéra, siéront. *Pr. subj.* : siée, siéent. *Pr. part.* : séant.
Surseoir. See *Asseoir.*
Valoir. *Pr. ind.* : vaux, vaux, vaut, valons, valez, valent. *Imp.* : valais, etc. *Past tense* : valus, etc. *Fut.* : vaudrai, etc. *Pr. subj.* : vaille. *Part.* : valant (pr.), valu, ue (past).
Voir. *Pr. ind.* : vois, vois, voit, voyons, voyez, voient. *Imp.* : voyais, etc. *Past tense* : vis, etc. (2). *Fut.* : verrai, etc. *Pr. subj.* : voie, voies, voie, voyions, voyiez, voient. *Pr. part.* : voyant. *Past part* : vu, vue.
Vouloir. *Pr. ind.* : veux, veux, veut, voulons, voulez, veulent. *Imp.* : voulais, etc. *Past tense* : voulus, etc. *Fut.* : voudrai, etc. *Imper.* : veux or veuille, veuillons, veuillez. *Pr. subj.* : veuille, etc. *Pr. part.* : voulant. *Past part.* : voulu, ue.

FOURTH CONJUGATION

Absoudre. *Pr. ind.* : absous, absous, absout, absolvons, absolvez, absolvent. *Imp.* : absolvais, etc. *Fut.* : absoudrai, etc. *Pr. subj.* : absolve, etc. *Pr. part.* : absolvant. *Past part.* : absous, absoute.

Atteindre. See *Peindre.*

Battre. *Pr. ind.* : bats, bats, bat, battons, battez, battent. *The other tenses like* VENDRE (4).

Boire. *Pr. ind.* : bois, bois, boit, buvons, buvez, boivent. *Imp.* : buvais, etc. *Past tense* : bus, bus, but, bûmes, bûtes, burent. *Fut.* : boirai, etc. *Pr. subj.* : boive, boives, boive, buvions, buviez, boivent. *Imp. subj.* : busse, etc. (3). *Pr. part.* : buvant. *Past part.* : bu, bue.

Braire. *Pr. ind.* : brait. *Imp.* : brayait. *Cond.* : brairait.

Ceindre. See *Peindre.*

Circonscrire. See *Ecrire.*

Clore. *Pr. ind.* : clos, clos, clôt. *Pr. subj.* : close. *Past part.* : clos, close.

Combattre. See *Battre.*

Commettre. See *Mettre.*

Comparaître. See *Paraître.*

Complaire. See *Plaire.*

Comprendre. See *Prendre.*

Conclure. *Pr. ind.* : conclus, conclus, conclut, concluons, concluez, concluent. *Imp.* : concluais. *Past tense* : conclus, etc. (3). *Pr. subj.* : conclue, conclues, conclue, concluions, concluiez, concluent. *Imp. subj.* : conclusse, etc. *Pr. part.* : concluant. *Past part.* : conclu, ue.

Conduire. See *Déduire.*

Confire. See *Interdire.*

Connaître. See *Paraître.*

Construire. See *Déduire.*

Contraindre. See *Craindre.*

Contredire. *Pr. ind.* : contredis, contredisez, contredisent. *The other tenses like* DIRE.

Convaincre. See *Vaincre.*

Coudre. *Pr. ind.* : couds, couds, coud, cousons, cousez, cousent. *Imp.* : cousais, etc. *Past tense* : cousis, etc. *Pr. subj.* : couse, etc. *Pr. part.* : cousant. *Past part.* : cousu, ue.

Craindre. *Pr. ind.* : crains, crains, craint, craignons, craignez, craignent. *Imp.* : craignais, etc. *Past tense* : craignis, etc. *Pr. subj.* : craigne, etc. *Pr. part.* : craignant. *Past part.* : craint, crainte.

Croire. *Pr. ind.* : crois, crois, croit, croyons, croyez, croient. *Imp.* : croyais, etc. *Fut.* : croirai, etc. *Past tense* : crus, crus, crut, crûmes, crûtes, crurent. *Pr. subj.* : croie, croies, croie, croyions, croyiez, croient. *Imp. subj.* : crusse, etc. *Pr. part.* : croyant. *Past part.* : cru, crue.

Croître. *Pr. ind.* : croîs, croîs, croît, croissons, croissez, croissent. *Imp.* : croissais, etc. *Past tense* : crûs, crûs, crût, crûmes, crûtes, crûrent. *Pr. subj.* : croisse, etc. *Imp. subj.* : crûsse, etc. *Pr. part.* : croissant. *Past part.* : crû, crue.

Débattre. See *Battre.*

Décrire. See *Ecrire.*

Décroître. See *Croître.*

Déduire. *Pr. ind.* : déduis, déduis, déduit, déduisons, déduisez, déduisent. *Imp.* : déduisais, etc. *Past tense* : déduisis, etc. *Fut.* : déduirai, etc. *Pr. subj.* : déduise, etc. *Pr. part.* : déduisant. *Past part.* : déduit, déduite.

Défaire. See *Faire.*

Démettre. See *Mettre.*

Dépeindre. See *Peindre.*

Déplaire. See *Plaire.*

Déteindre. See *Peindre.*

Détruire. See *Déduire.*

Dire. *Pr. ind.* : dis, dis, dit, disons, dites, disent. *Imp.* : disais, etc. *Past tense* : dis, dis, dit, dîmes, dîtes, dirent. *Fut.* : dirai, etc. *Pr. subj.* : dise, etc. *Pr. part.* : disant. *Past part.* : dit, dite.

Disparaître. See *Paraître.*

Dissoudre. See *Absoudre.*

Ecrire. *Pr. ind.* : écris, écris, écrit, écrivons, écrivez, écrivent. *Imp.* : écrivais, etc. *Past tense* : écrivis, etc. *Fut.* : écrirai, etc. *Pr. subj.* : écrive, etc. *Pr. part.* : écrivant. *Past part.* : écrit, écrite.

Elire. See *Lire.*

Enclore. See *Clore.*

Enduire. See *Déduire.*

Enfreindre. See *Peindre.*

Entreprendre. See *Prendre.*

Eteindre. See *Peindre.*

Etre. *Pr. ind.* : suis, es, est, sommes, êtes, sont. *Imp.* : étais, etc. *Past tense* : fus, fus, fut, fûmes, fûtes, furent. *Fut.* : serai, seras, etc. *Imper.* : sois, soyons, soyez *Pr. subj.* : sois, sois, soit, soyons, soyez, soient. *Pr. part.* : étant. *Past part.* : été.

Etreindre. See *Peindre.*

Exclure. See *Conclure.*

Faire. *Pr. ind.* : fais, fais, fait, faisons, faites, font. *Imp.* : faisais, etc. *Past tense* : fis, fit, etc. *Fut.* : ferai, etc. *Pr. subj.* : fasse, etc. *Pr. part.* : faisant. *Past part.* : fait, faite.

Feindre. See *Peindre.*

Frire. *Pr. ind.* : fris, fris, frit. *Fut.* : frirai. *Past part.* : frit, frite. *No other tenses.*

Inclure. See *Conclure.*

Induire. See *Déduire.*

Instruire. See *Déduire.*

Interdire. Like DIRE. 2*nd pers. pl. pr. ind. and imper.* : interdisez.

Joindre. *Pr. ind.* : joins, joins, joint, joignons, joignez, joignent. *Imp.* : joignais, etc. *Fut.* : joindrai, etc. *Past tense* : joignis, etc. *Pr. subj.* : joigne, etc. *Pr. part.* : joignant. *Past part.* : joint, jointe.

Lire. *Pr. ind.* : lis, lis, lit, lisons, lisez, lisent. *Imp.* : lisais, etc. *Past tense* : lus, etc. *Fut.* : lirai, etc. *Pr. subj.* : lise, etc. *Pr. part.* : lisant. *Past part.* : lu, lue.

Luire. See *Déduire.*

Maudire. *Pr. ind.* : maudis, etc. (2). *The other tenses like* DIRE.

Médire. See *Interdire.*

Mettre. *Pr. ind.* : mets, mets, met, mettons, mettez, mettent. *Imp.* : mettais, etc. *Past tense* : mis, etc. *Pr. subj.* : mette, etc. *Past part.* : mis, mise.

Moudre. *Pr. ind.* : mouds, mouds, moud, moulons, moulez, moulent. *Imp.* : moulais, etc. *Past tense* : moulus, etc. (3). *Pr. subj.* : moule, etc. *Pr. part.* : moulant. *Past part.* : moulu, ue.

Naître. *Pr. ind.* : nais, nais, naît, naissons, naissez, naissent. *Imp.* : naissais, etc. *Past tense* : naquis, etc. *Pr. subj.* : naisse, naisses, naisse. *Pr. part.* : naissant. *Past part.* : né, née.

Nuire. Like DÉDUIRE (*except past part.* : nui).

Oindre. See *Joindre.*

Omettre. See *Mettre.*

Paître. Like PARAÎTRE. *No past tense.*

Paraître. *Pr. ind.* : parais, parais, paraît, paraissons, paraissez, paraissent. *Imp.* : paraissais, etc. *Past tense* : parus, etc. *Pr. subj.* : paraisse, etc. *Pr. part.* : paraissant. *Past part.* : paru, ue.

Peindre. *Pr. ind.* : peins, peins, peint, peignons, peignez, peignent. *Imp.* : peignais, etc. *Past tense* : peignis. *Pr. subj.* : peigne, etc. *Pr. part.* : peignant. *Past part.* : peint, peinte.

Permettre. See *Mettre.*

Plaindre. See *Craindre.*

Plaire. *Pr. ind.* : plais, plais, plaît, plaisons, plaisez, plaisent. *Imp.* : plaisais, etc. *Past tense* : plus, etc. *Pr. subj.* : plaise, etc. *Pr. part.* : plaisant. *Past part.* : plu, plue.

Poindre. See *Joindre.*

Poursuivre. See *Suivre.*

Prédire. See *Contredire.*

Prendre. *Pr. ind.* : prends, prends, prend, prenons, prenez, prennent. *Imp.* : prenais, etc. *Past tense* : pris, etc. *Pr. subj.* : prenne, etc. *Pr. part.* : prenant. *Past part.* : pris, prise.

Produire. See *Déduire.*

Reconduire. See *Déduire.*

Reconnaître. See *Paraître.*

Reconstruire. See *Déduire.*

Redire. See *Dire.*

Réduire. See *Déduire.*

Rejoindre. See *Joindre.*

Reluire. See *Déduire.*

Remettre. See *Mettre.*

Repaître. See *Paraître.*

Reprendre. See *Prendre.*

Reproduire. See *Déduire.*

Résoudre. Like ABSOUDRE. *Past tense* : résolus, etc. (3).

Restreindre. See *Peindre.*

Rire. *Pr. ind.* : ris, etc. (2). *Imp.* : riais, riais, riait, riions, riiez, riaient. *Past tense* : ris, etc. *Fut.* : rirai, etc. *Pr. subj.* : rie, etc. *Pr. part.* : riant. *Past part.* : ri.

Rompre. *Pr. ind.* : il rompt. *The other tenses like* VENDRE (4).

Séduire. See *Déduire.*

Soumettre. See *Mettre.*

Sourire. See *Rire.*

Souscrire. See *Ecrire.*

Soustraire. See *Traire.*

Suffire. See *Déduire.*

Suivre. *Pr. ind.* : suis, suis, suit, suivons, suivez, suivent. *Imp.* : suivais, etc. *Past tense* : suivis, etc. *Pr. subj.* : suive, etc. *Pr. part.* : suivant. *Past part.* : suivi, ie.

Surfaire. See *Faire.*

Surprendre. See *Prendre.*

Survivre. See *Vivre.*

Taire. See *Plaire.*

Teindre. See *Peindre.*

Traduire. See *Déduire.*

Traire. *Pr. ind.* : trais, trais, trait, trayons, trayez, traient. *Imp.* : trayais, etc. *No past tense. Pr. subj.* : traie, etc. *Pr. part.* : trayant. *Past part.* : trait, traite.

Transcrire. See *Ecrire.*

Transmettre. See *Mettre.*

Transparaître. See *Paraître.*

Vaincre. *Pr. ind.* : vaincs, vaincs, vainc, vainquons, vainquez, vainquent. *Imp.* : vainquais, etc. *Past tense* : vainquis, etc. *Pr. subj.* : vainque. *Pr. part.* : vainquant. *Past part.* : vaincu, ue.

Vivre. *Pr. ind.* : vis, vis, vit, vivons, vivez, vivent. *Past tense* : vécus, etc. (3). *Pr. subj.* : vive. *Pr. part.* : vivant. *Past part.* : vécu, ue.

FRENCH CURRENCY, WEIGHTS AND MEASURES

CURRENCY
(when the rate of exchange is £ 1 : 13.00 F and 1 $: 5.50 F)

1 centime	1/4 penny.	1/5 cent.
1 franc (100 centimes).	1 shilling and 6 pence.	18 cents.

Coins : 1 centime, 2 centimes, 5 centimes, 10 centimes, 20 centimes, 1 F, 5 F, 10 F.

Banknotes : 5 F, 10 F, 50 F, 100 F, 500 F.

METRIC WEIGHTS

Milligramme	1 thousandth of a gram.	0.015 grain.
Centigramme	1 hundredth of a gram.	0.154 grain.
Décigramme	1 tenth of a gram.	1.543 grain.
Gramme	1 cub. centim. of pure water.	15.432 grains.
Décagramme	10 grams.	6.43 pennyweights.
Hectogramme	100 grams.	3.527 oz. avoir.
Kilogramme	1 000 grams.	2.204 pounds.
Quintal métrique ..	100 kilograms.	220.46 pounds.
Tonne	1 000 kilograms.	19 cwts 2 grs 23 lbs.

METRIC LINEAL MEASURES

Millimètre	1 thousandth of a meter.	0.039 inch.
Centimètre	1 hundredth of a meter.	0.393 inch.
Décimètre	1 tenth of a meter.	3.937 inch.
Mètre		1.0936 yard.
Décamètre	10 meters.	32.7 ft., 10.9 yards.
Hectomètre	100 meters.	109.3 yards.
Kilomètre	1 000 meters.	1,093 yards.

METRIC SQUARE AND CUBIC MEASURES

Centiare	1 square meter.	1.196 square yard.
Are	100 square meters.	about 4 poles.
Hectare	100 ares.	about 2 1/2 acres.
Stère	1 cubic meter.	35 cubic feet.
Décastère	10 cubic meters.	13.1 cubic yards.

METRIC FLUID AND CORN MEASURES

Centilitre	1 hundredth of a liter.	0.017 pint.
Décilitre	1 tenth of a liter.	0.176 pint.
Litre		1.76 pint.
Décalitre	10 liters.	2.2 gallons.
Hectolitre	100 liters.	22.01 gallons.

THERMOMETER

0º Celsius *or* Réaumur = 32º Fahrenheit. — 100º Celsius = 212º Fahrenheit = 80º Réaumur.

To convert Fahrenheit degrees into Celsius, deduct 32, multiply by 5 and divide by 9.

Pour convertir les degrés Celsius en degrés Fahrenheit, multiplier par 9, diviser par 5 et ajouter 32.

THE FRENCH SOUNDS
EXPLAINED TO ENGLISH-SPEAKING PEOPLE

SIGN	FRENCH TYPE	NEAREST ENGLISH SOUND	EXPLANATION
î	bise	bees	Shorter than English *ee*.
ì	vif	beef	Same sound but shorter.
é	clé	clay	The French sound is closer and without the final *i*.
è	bec	beck	French sound more open.
e̯	re(gain)	a(gain)	*a* as short as possible. Cf. the *a* in *abed* and *China*.
ë	eux	ear(th)	French sound closer, with the lips well rounded.
œ	œuf	up	The *u* sound of *up*, but closer.
à	bague	bag	Between *bag* and *bug*.
â	pâme	palm	
ò	bosse	boss	The French sound is closer.
ô	seau	so	Without the final *u* of *so*.
au	lau(re)	law	
û	poule	pool	
ü	du	There is no such sound in English : round your lips as if to whistle and try to pronounce the *e* sound of *he* (German *ü*).	
aⁿ iⁿ oⁿ uⁿ		These four nasal sounds are best described as the sounds of *â, é, ò, œ*, uttered while keeping the passage between throat and nose closely shut, but it has been thought advisable to note them with **their usual French spelling** (a smaller ⁿ being used to emphasize the nasal sound).	
t, d		In French are placed next to the teeth.	
l		French *l* is much lighter and clearer than in English, especially when final.	
r		Though usually uvular in French, is quite correctly pronounced as a slightly rolled English *r*.	
ñ		Is spelt *gn* in French. It is found in the *ni* of *lenient*.	
y		Like *y* in *yes*, even at the end of a word (*fille* : fîy).	
j		Is never *dj* but always like *ge* in *rouge*.	
g, g		Is never *dj*. Before *a, o, u*, French *g* has the English sound; before *e, i, y*, it has the value of French *j*. In figurative pronunciation g (before *e, i*) has the value of *g* in *give*.	
h, '		Is never sounded in French. When it is said to be « aspiré » (in which case we print a (') before the word), it merely means that no *liaison* should be made.	

Stress. — It falls on the last sounded syllable (printed in italics).

Liaison. — In most cases, when a word begins with a vowel (or a mute *h*), it is joined with the last consonant of the preceding word, even when the consonant is followed by a mute *e*. Ex. : *sept heures* (sètœr), *cette âme* (sètâm). In such cases, final *c* and *g* are pronounced as *k* [*avec elle* (avèkèl)]; final *s* and *x* as *z* : [*six années* (sìzànè)]; final *d* as *t* [*grand homme* (graⁿtòm)].

The *liaison* only occurs when the two words are intimately connected and pronounced in one breath.

FRANÇAIS-ANGLAIS

A

a [à], *see avoir*.

à [à] *prep.* at, in; to; from; of; on; for; by; with; *à la française*, French style; *tasse à thé*, teacup; *machine à coudre*, sewing-machine; *à la barbe grise*, grey-bearded; *au, aux = à + le, les*.

abaissement [àbèsmaⁿ] *m.* dip, drop, fall; humiliation; subsidence. ‖ **abaisser** [-é] *v.* to lower, to drop; to reduce; to bring down; to humble; *s'abaisser*, to subside; to sink; to humble oneself; to stoop.

abandon [àbaⁿdoⁿ] *m.* surrender; waiver; abandonment; neglect; unreserve. ‖ **abandonner** [-òné] *v.* to give up; to forsake; to abandon; *s'abandonner à*, to give oneself up to, to indulge in; to give way to.

abasourdir [àbàzûrdîr] *v.* to dumbfound, to amaze. ‖ **abasourdissement** [-ìsmaⁿ] *m.* stupefaction.

abâtardir [àbâtàrdîr] *v.* to debase; to mar; *s'abâtardir*, to degenerate.

abat-jour [àbàjûr] *m.* lamp-shade; eye-shade; sun-blind.

abats [àbà] *m. pl.* offal; giblets.

abattage [àbàtaj] *m.* felling [arbres]; slaughtering [animaux].

abattis [àbàtî] *m.* felling [arbres]; slaughter [gibier]; *pl.* giblets. ‖ **abattoir** [-wàr] *m.* slaughter-house. ‖ **abattre** [àbàtr] *v.* to pull down; to fell; to demolish; to dishearten; to kill; to slaughter; *s'abattre*, to fall down; to subside; to crash. ‖ **abattu** [-ü] *adj.* felled; prostrate; dejected; dispirited; downcast; *p. p. of abattre*.

abbaye [àbéî] *f.* abbey. ‖ **abbé** [-é] *m.* abbot; priest; curate. ‖ **abbesse** [-ès] *f.* abbess.

A. B. C. [âbésé] *m.* rudiments.

abcès [àbsè] *m.* abscess.

abdication [àbdìkàsyoⁿ] *f.* abdication. ‖ **abdiquer** [àbdìké] *v.* to abdicate.

abdomen [àbdòmèn] *m.* abdomen.

abeille [àbèy] *f.* bee.

aberrant [àbèraⁿ] *adj.* aberrant; deviating. ‖ **aberration** [àbèr(r)àsyoⁿ] *f.* aberration; error.

abêtir [àbètîr] *v.* to dull; to make stupid; to besot.

abhorrer [àbòré] *v.* to abhor.

abîme [àbîm] *m.* abyss. ‖ **abîmer** [-ìmé] *v.* to spoil, to damage; *s'abî-*

-mer, to sink; to be submerged, plunged in [pensée, chagrin]; to get spoiled.

abject [àbjèkt] *adj.* abject, base. ‖ **abjection** [àbjèksyoⁿ] *f.* abjection, abjectness, abasement.

abjurer [àbjüré] *v.* to abjure; to forswear; to renounce; to recant.

ablation [àblàsyoⁿ] *f.* ablation; removal; excision.

abnégation [abnégàsyoⁿ] *f.* abnegation; self-sacrifice.

aboi [àbwà], **aboiement** [-maⁿ] *m.* bark(ing); *aux abois*, at bay; with one's back to the wall.

abolir [àbòlîr] *v.* to abolish, to suppress. ‖ **abolition** [àbòlìsyoⁿ] *f.* abolition. ‖ **abolitionnisme** [-syònìsm] *m.* abolitionism. ‖ **abolitionniste** [-nìst] *m.* abolitionist; free-trader.

abominable [àbòmìnàbl] *adj.* abominable; horrible [temps]. ‖ **abomination** [-nàsyoⁿ] *f.* abomination; detestation; filthy stuff.

abondamment [àboⁿdàmaⁿ] *adv.* abundantly, plentifully. ‖ **abondance** [-aⁿs] *f.* abundance; plenty; copiousness. ‖ **abondant** [-aⁿ] *adj.* abundant; plentiful, copious. ‖ **abonder** [-é] *v.* to abound; to be plentiful; to teem.

abonné [àbòné] *m.* subscriber; consumer; commuter [train]. ‖ **abonnement** [-maⁿ] *m.* subscription; *carte d'abonnement*, *Br.* season-ticket, *Am.* commutation ticket, commute-book. ‖ **abonner** [-é] *v.* to take out a subscription (à, to); *s'abonner*, to subscribe; to contract; to commute.

abord [àbòr] *m.* approach; access; *pl.* approaches, surroundings, outskirts; *d'un abord facile*, easy to approach; *d'abord*, at first; *tout d'abord*, first of all. ‖ **abordable** [-dàbl] *adj.* accessible. ‖ **abordage** [-dàj] *m.* collision; boarding (naut.); coming alongside [quai]. ‖ **aborder** [-dé] *v.* to land; to approach; to board (naut.); to attack; to engage; to embark upon.

aborigène [àbòrìjèn] *m.* native.

aboucher [àbûshé] *v.* to join together; to connect (techn.); *s'aboucher*, to parley.

about [àbû] *m.* butt-end (techn.). ‖ **abouter** [àbûté] *v.* to join end to end; to butt; to bend.

aboutir [àbûtîr] *v.* to lead, to come (à, to); to end at; to result in; to

succeed; *ne pas aboutir*, to fail. ||
aboutissement [-ìsma^n] *m.* issue, outcome; result; effect; upshot; materialization [projets].

aboyer [àbwàyé] *v.* to bark; to bay.
|| **aboyeur** [àbwàyœr] *m.* barker; dun;
carper; tout.

abracadabrant [àbràkàdàbra^n] *adj.*
staggering, astounding, amazing.

abrégé [àbréjé] *m.* summary; abridg-
ment; digest. || **abréger** [-é] *v.* to
abridge; to shorten; to cut short.

abreuver [àbrœvé] *v.* to water [bé-
tail]; to prime [pompe]; to soak; to
steep; *s'abreuver* *v.* to drink. ||
abreuvoir [-wàr] *m.* watering place;
watering-trough.

abréviation [àbrévyàsyo^n] *f.* abbreviation; contraction; curtailment.

abri [àbrî] *m.* shelter; cover; refuge;
dugout; *à l'abri*, sheltered, protected,
under cover; *à l'abri du besoin*, secure
from want; *abri blindé*, bombproof
shelter.

abricot [àbrìkô] *m.* apricot. || *abrico-
tier* [-tyé] *m.* apricot-tree.

abriter [àbrìté] *v.* to shelter; to protect; to shield; to hide; to shadow;
s'abriter, to take shelter; to take
cover.

abroger [àbròjé] *v.* to rescind; to
abrogate; to repeal.

abrupt [àbrüpt] *adj.* steep; abrupt;
blunt [parole].

abruti [àbrütî] *m.* dolt, dullard; sot;
clod; boor.

abrutir [àbrütîr] *v.* to brutalize; to
daze; to stupefy; to besot.

abscisse [àbsîs] *f.* abscissa; co-
ordinate.

absence [àbsa^{n}s] *f.* absence; *absence
d'esprit*, absent-mindedness, abstrac-
tion. || **absent** [àbsa^n] *adj.* absent,
missing, away; *m.* absentee. || *s'absen-
ter* [sàbsa^{n}té] *v.* to leave; to be
absent; to be away.

abside [àbsîd] *f.* apse.

absinthe [àbsî^{n}t] *f.* wormwood (bot.);
absinth [boisson].

absolu [àbsòlü] *adj.* absolute, complete, total; peremptory; positive.

absolution [àbsòlüsyo^n] *f.* acquittal,
discharge (jur.); absolution. || *absol-
vant*, *pr. p. of* absoudre.

absorbant [àbsòrba^n] *adj.* absorbent;
absorptive; absorbing. || **absorber** [-é]
v. to absorb; to soak up; to imbibe;
to consume; to interest; *s'absorber
dans*, to be swallowed up by; to be-
come engrossed in. || **absorption**
[àbsòrpsyo^n] *f.* absorption.

absoudre [àbsûdr] *v.*[*] to absolve; to
exonerate. || *absous, -te* [absû, -t] *p. p.*

of absoudre. || **absoute** [àbsût] *f.* abso-
lution.

abstenir (s') [sàbste^{n}îr] *v.* to abstain,
to refrain. || **abstention** [àbsta^{n}syo^n] *f.*
abstention.

abstinence [àbstìna^{n}s] *f.* abstinence;
abstemiousness.

abstinent [àbstìna^n] *m.* teetotaller.

abstraction [àbstràksyo^n] *f.* abstraction; *abstraction faite de*, leaving...
out of account. || **abstraire** [àbstrèr] *v.*
to abstract; to separate; *s'abstraire*,
to withdraw oneself. || **abstrus**
[àbstrü] *adj.* abstruse, recondite.

absurde [àbsürd] *adj.* absurd, preposterous; senseless; *par l'absurde*, ad
absurdum. || **absurdité** [-ìté] *f.* ab-
surdity; nonsense.

abus [àbü] *m.* abuse, misuse; error;
breach; excess. || **abuser** [-zé] *v.* to
abuse; to take unfair advantage (*de*,
of); to impose (*de*, upon); to deceive;
to delude (*quelqu'un*, someone); to
indulge in; to seduce; *s'abuser*, to
deceive oneself. || **abusif** [zìf] *adj.*[*]
improper, wrong; excessive; un-
authorized.

acabit [àkàbî] *m.* stamp; *du même
acabit*, of the same kidney.

acacia [àkàsyà] *m.* acacia.

académicien [àkàdémìsyì^n] *m.* aca-
demician. || *académie* [-ì] *f.* academy;
University; nude. || *académique* [-ìk]
adj. academic.

acajou [àkàjû] *m.* mahogany; *adj.*
dark auburn.

acariâtre [àkàryâtr] *adj.* cantankerous; shrewish.

accablant [àkàbla^n] *adj.* overwhelming [preuve]; crushing [désastre]; over-
powering [chaleur]. || **accablement**
[àkàbl^{e}ma^n] *m.* pressure [travail];
dejection; prostration. || **accabler**
[àkàblé] *v.* to crush; to overthrow; to
overpower; to overcome; to overwhelm (fig.).

accalmie [àkàlmî] *f.* lull; calm.

accaparement [àkàpàrma^n] *m.* mo-
nopolizing; cornering. || *accaparer*
[-é] *v.* to monopolize; to corner; to
hoard. || *accapareur* [-œr] *m.* mono-
polist.

accéder [àksédé] *v.* to have access
(*à*, to); to comply (*à*, with).

accélérateur [àkséléràtœr] *m.* acce-
lerator. || *accélération* [-àsyo^n] *f.*
acceleration; hastening; speeding up.
|| *accélérer* [àkséléré] *v.* to accelerate;
to quicken; to hasten; *pas accéléré*,
quick march.

accent [àksa^n] *m.* accent; stress;
tone; pronunciation; strains. || *accen-
tuation* [-tüäsyo^n] *f.* accentuation;

emphasis. ‖ **accentuer** [-tüé] v. to stress; to emphasize; to accentuate; **s'accentuer,** to increase, to grow stronger.

acceptable [àksèptàbl] adj. acceptable; agreeable; welcome; fair; decent. ‖ **acceptation** [àksèptàsyoⁿ] f. acceptance. ‖ **accepter** [-é] v. to accept; to admit; to agree to; to acquiesce. ‖ **acception** [àksèpsyoⁿ] f. acceptation; meaning.

accès [àksè] m. access; approach, admission; fit, attack (med.); outburst [colère]. ‖ **accessible** [-sìbl] adj. accessible; approachable. ‖ **accessoire** [-swàr] adj. accessory; additional; secondary; m. accessory, fitting; pl. appliances; accessories; properties (theat.). ‖ **accessoiriste** [-swàrìst] m. property man (theat.).

accident [àksidᴀⁿ] m. accident; mishap; wreck; casualty; fold, feature [terrain]; sans accident, safely. ‖ **accidenté** [-té] adj. hilly, uneven; broken (topogr.); checkered [carrière]; eventful; m. victim, casualty, pl. injured. ‖ **accidentel** [-tèl] adj.* accidental; adventitious; haphazard. ‖ **accidenter** [-té] v. to render uneven; to vary; to cause an accident to.

acclamation [àklàmàsyoⁿ] f. cheering; acclamation; applause. ‖ **acclamer** [-é] v. to acclaim; to cheer; to applaud; to hail.

acclimatation [àklìmàtàsyoⁿ] f. acclimatization; jardin d'acclimatation, zoo. ‖ **acclimater** [-é] v. to acclimatize; **s'acclimater,** to become acclimatized; to get used.

accointance [àkwìⁿtàⁿs] f. intimacy; pl. dealings; relations.

accolade [àkòlàd] f. accolade; embrace; brace (typogr.). ‖ **accoler** [-é] v. to couple; to bracket.

accommodant [àkòmòdàⁿ] adj. easygoing; accommodating; good-natured. ‖ **accommodation** [-àsyoⁿ] f. adaptation; conversion. ‖ **accommodement** [-màⁿ] m. compromise; settlement; arrangement. ‖ **accommoder** [-é] v. to suit; to season; to accommodate; to arrange; to adapt; to dress [repas]; **s'accommoder à,** to adapt oneself to; **s'accommoder de,** to put up with, to make the best of.

accompagnateur [àkoⁿpañàtœr] m. accompanist. ‖ **accompagnement** [-màⁿ] m. accompaniment; escorting. ‖ **accompagner** [-é] v. to accompany; to convoy; to escort.

accompli [àkoⁿplì] adj. accomplished; finished; perfect; thorough. ‖ **accomplir** [-îr] v. to accomplish; to do; to perform; to fulfil(l); to achieve, to carry out, to finish; **s'accomplir,** to

happen; to take place. ‖ **accomplissement** [-ìsmàⁿ] m. accomplishment; completion; performance; fulfil(l)ment.

accord [àkòr] m. accord, agreement; settlement; harmony, concord; chord, tune, strains (mus.); tuning [radio]; d'accord, agreed; mettre d'accord, to reconcile; se mettre d'accord, to come to an agreement. ‖ **accordailles** [-dày] f. pl. betrothal. ‖ **accordéon** [-déoⁿ] m. accordion; en accordéon, pleated, crumpled up. ‖ **accorder** [-dé] v. to reconcile; to grant, to concede, to give; to admit; to harmonize; to award (jur.); to tune [piano]; **s'accorder,** to agree; to come to terms; to harmonize (avec, with). ‖ **accordeur** [-dœr] m. tuner.

accorte [àkòrt] adj. f. sprightly, trim.

accoster [àkòsté] v. to come alongside, to accost; to approach.

accotement [àkòtmàⁿ] m. side-path.

accouchée [àkûshé] f. woman in childbed. ‖ **accouchement** [àkûshmàⁿ] m. delivery; child-birth; confinement. ‖ **accoucher** [-é] v. to be confined; to be delivered; to deliver (med.). ‖ **accoucheur** [-œr] m. obstetrician. ‖ **accoucheuse** [-èz] f. midwife.

accouder (s') [sàkûdé] v. to lean on one's elbows. ‖ **accoudoir** [àkûdwàr] m. elbow-rest.

accouplement [àkûplᵉmàⁿ] m. coupling; joining; linking; pairing; matting; connection (mech.); copulation (med.). ‖ **accoupler** [-é] v. to couple; to connect; to mate; to pair; to yoke; **s'accoupler,** to pair, to mate, to copulate.

accourir [àkûrîr] v. to run up.

accoutrement [àkûtrᵉmàⁿ] m. costume; « get-up » (fam.).

accoutumance [àkûtümàⁿs] f. habit, usage. ‖ **accoutumer** [àkûtümé] v. to accustom; to inure; to familiarize; **s'accoutumer à,** to get used to; à l'accoutumée, usually.

accréditer [àkrédìté] v. to accredit; to confirm; to authorize; to open a credit to; **s'accréditer,** to gain credence. ‖ **accréditif** [-ìf] m. credential.

accroc [àkrô] m. tear; rent; hindrance, hitch, snag (fam.). ‖ **accrochage** [-òshàj] m. hooking, catching, fouling; clinch; engagement (mil.); coupling (techn.); collision. ‖ **accroche-cœur** [-òshkœr] m. inv. kisscurl. ‖ **accrocher** [-òshé] v. to hook; to hang up [tableau]; to catch on a nail; to engage (mil.); to ram (naut.); to clinch [affaire]; accrocher quelqu'un, to buttonhole someone; **s'accrocher,** to get caught [obstacle]; to cling [à, to]; to have a set-to.

accroissement [àkrwàsmaⁿ] *m.* growth; increase. ‖ *accroître* [àkrwâtr] *v.** to increase; to augment; to enlarge; to add to; *s'accroître*, to grow, to increase.

accroupir (s') [sàkrûpîr] *v.* to squat; to crouch; to cower.

accueil [àkœy] *m.* reception; greeting; welcome. ‖ *accueillir* [-îr] *v.* to greet, to welcome, to receive; to give ear to, to credit.

acculer [àkülé] *v.* to drive back; to corner; to bring to bay.

accumulateur [àkümülàtœr] *m.* accumulator (electr.); storage battery; *adj.** acquisitive. ‖ *accumulation* [-àsyoⁿ] *f.* accumulation. ‖ *accumuler* [àkümülé] *v.* to accumulate; to amass; to hoard.

accusateur [àküzàtœr] *m.* accuser; prosecutor, indicter (jur.); *adj.** accusing. ‖ *accusation* [-àsyoⁿ] *f.* charge; accusation; indictment; prosecution. ‖ *accuser* [àküzé] *v.* to accuse; to charge; to indict; to impute; to show up; to bring out; to indicate; to acknowledge [réception]; *s'accuser*, to accuse oneself; to stand out, to be marked.

acerbe [àsèrb] *adj.* sour, bitter; biting, sharp.

acéré [àséré] *adj.* sharp, keen, cutting; stinging. ‖ *acérer* [-é] *v.* to steel; to sharpen; to edge.

achalandage [àshàlaⁿdàj] *m.* custom, trade, connection; goodwill. ‖ *achalander* [-é] *v.* to bring custom to.

acharné [àshàrné] *adj.* eager in pursuit; inveterate, keen [joueur]; fierce, bitter [haine]; stubborn, strenuous [lutte, travail]. ‖ *acharnement* [àshàrnᵉmaⁿ] *m.* relentlessness; determination; stubbornness. ‖ *acharner* [-é] *v.* to flesh [chien]; *s'acharner à*, to go for; to work away at, to slog at.

achat [àshà] *m.* buying; purchase.

acheminement [àshᵉminmaⁿ] *m.* way; course; progress; forwarding; routing [marchandises]. ‖ *acheminer* [-é] *v.* to direct, to forward, to route; *s'acheminer*, to proceed, to move.

acheter [àshté] *v.* to buy; to purchase; to bribe. ‖ *acheteur, -teuse* [-œr, -ëz] *m., f.* buyer.

achèvement [àshèvmaⁿ] *m.* completion, termination; conclusion. ‖ *achever* [àshvé] *v.* to finish, to terminate; to complete; to dispatch, to finish off (fam.).

achigan [àshìgaⁿ] *m.* © bass [fish].

achopper [àshòpé] *v.* to stumble.

acide [àsìd] *m.* acid; *adj.* acid, tart, sour. ‖ *acidité* [àsìdìté] *f.* acidity. ‖

acidulé [-ülé] *adj.* acidulated; *bonbons acidulés*, acid drops.

acier [àsyé] *m.* steel. ‖ *aciérie* [-rî] *f.* steelworks.

acompte [àkoⁿt] *m.* instalment; payment on account; margin.

à-côté [àkôté] *m.* aside. ‖ *pl.* byways; side-lights; side-issues; extras, kick-back.

acoustique [àkûstìk] *adj.* acoustic; *f.* acoustics.

acquéreur [àkérœr] *m.* acquirer; buyer. ‖ *acquérir* [-îr] *v.** to buy; to acquire; to obtain. ‖ *acquêts* [àkè] *m. pl.* acquisition; acquests.

acquiescement [àkyèsmaⁿ] *m.* acquiescence; acceptance. ‖ *acquiescer* [àkyèsé] *v.* to consent; to comply; to agree; to assent.

acquis [àkì] *adj.* devoted; acquired; *mal acquis*, ill-gotten; *m.* experience. ‖ *acquisition* [-zìsyoⁿ] *f.* acquisition; purchase; *pl.* attainments.

acquit [àkì] *m.* discharge; receipt. ‖ *acquittement* [-tmaⁿ] *m.* acquittal; discharge; payment. ‖ *acquitter* [-té] *v.* to acquit; to discharge; to receipt [note]; *s'acquitter de*, to fulfil(l); to discharge; to carry out.

acre [àkr] *f.* acre.

âcre [âkr] *adj.* acrid; pungent; sharp; bitter. ‖ *acrimonieux* [âkrìmònyë] *adj.** acrimonious.

acrobate [àkròbàt] *m. f.* acrobat. ‖ *acrobaties* [-basì] *f. pl.* acrobatics, stunts; *faire des acrobaties*, to stunt.

acte [àkt] *m.* action; act; deed; document; certificate; record; instrument, writ (jur.); *acte de décès*, death certificate; *acte de naissance*, birth certificate; *acte notarié*, notarial deed; *prendre acte de*, to take note of. ‖ *acteur, -trice* [-œr, -trìs] *m., f.* actor, actress; player. ‖ *actif* [-ìf] *adj.** active; busy; agile; *m.* assets; credit [compte]; *armée active*, regular army. ‖ *action* [àksyoⁿ] *f.* action; deed; operation; engagement (mil.); share (comm.); stock; suit (jur.); plot (theat.); *entrer en action*, to come into action; *action de grâces*, thanksgiving. ‖ *actionnaire* [-yònèr] *m. f.* stockholder. ‖ *actionner* [-yòné] *v.* to set in motion (mech.); to sue (jur.); to stimulate.

activer [àktìvé] *v.* to stir up; to quicken; to activate; to push on. ‖ *activisme* [-ìsm] *m.* activism. ‖ *activiste* [-ìst] *m.* activist. ‖ *activité* [ìté] *f.* activity; action; briskness; active service.

actualité [àktüàlìté] *f.* actuality; reality; *d'actualité*, of topical interest; *pl.* current events; news. ‖ *actuel* [àktüèl] *adj.** real; current; present; actual. || *actuellement* [-maⁿ] *adv.* now; at the present time.

acuité [àküité] *f.* sharpness, acuteness, keenness.

adage [àdàj] *m.* saying, adage.

adaptation [àdàptàsyoⁿ] *f.* adaptation; adjustment; *faculté d'adaptation,* adaptability. || *adapter* [-é] *v.* to adapt; to adjust; *s'adapter,* to adapt oneself; to suit.

addition [àdìsyoⁿ] *f.* addition; bill, check [restaurant]. || *additionner* [-yòné] *v.* to add up; to tot up.

adepte [àdèpt] *m.,* *f.* adept.

adéquat [àdékwà] *adj.* adequate.

adhérent [àdéraⁿ] *adj.* adhesive; *m.* adherent. || *adhérer* [-é] *v.* to adhere, to cling; to join [parti]. || *adhésion* [àdézyoⁿ] *f.* adherence; membership; accession.

adieu [àdyё] *m.* farewell; good-bye; leave-taking.

adipeux [àdìpё] *adj.** adipose.

adjacent [àdjàsaⁿ] *adj.* adjacent; adjoining; neighbo(u)ring.

adjectif [àdjèktîf] *m.* adjective.

adjoindre [àdjwiⁿdr] *v.** to unite; to associate; to enroll. || *adjoint* [àdjwiⁿ] *m.* associate; assistant; *adjoint au maire,* deputy mayor.

adjudant [àdjüdaⁿ] *m.* warrant officer, battery Serjeant-Major.

adjudication [àdjüdìkàsyoⁿ] *f.* auction; allocation; award; *Br.* tender. || *adjuger* [àdjüjé] *v.* to award; to knock down [enchères].

adjurer [àdjüré] *v.* to entreat, to exorcise.

admettre [àdmètr] *v.** to admit; to allow; to let in; to permit; to grant; to assume [supposition].

administrateur [àdmìnìstràtœr] *m.* administrator; director; guardian; manager; trustee. || *administration* [-àsyoⁿ] *f.* administration; management; direction; trusteeship; *conseil d'administration,* board of directors. || *administrer* [-é] *v.* to administer; to direct; to govern; to manage; to control.

admirable [àdmìràbl] *adj.* admirable, wonderful; excellent. || *admirateur, -trice* [-àtœr, -trìs] *m.,* *f.* admirer; fan. || *admiration* [-àsyoⁿ] *f.* admiration. || *admirer* [-é] *v.* to admire; to wonder at.

admis [àdmì] *adj.* admitted; accepted; conventional. || *admissible* [-sìbl] *adj.* admissible; eligible; allowable. || *admission* [-syoⁿ] *f.* admission; intake; entry [douane].

admonestation [àdmònèstàsyoⁿ] *f.* admonition, admonishment. || *admonester* [àdmònèsté] *v.* to admonish; to reprimand.

adolescence [àdòlèsaⁿs] *f.* adolescence; youth. || *adolescent* [àdòlèsaⁿ] *m.* adolescent, teenager.

adonner (s') [sàdòné] *v.* to devote oneself; to become addicted [à, to].

adopter [àdòpté] *v.* to adopt; to take up; to espouse [cause]; to pass [projet de loi]. || *adoption* [àdòpsyoⁿ] *f.* adoption.

adorateur [àdòràtœr] *m.* adorer; worshipper. || *adoration* [-àsyoⁿ] *f.* adoration; worship. || *adorer* [àdòré] *v.* to adore; to worship; to dote upon; to idolize.

adosser [àdòsé] *v.* to back against; *s'adosser à,* to lean [à, on].

adoucir [àdûsîr] *v.* to soften; to mellow; to smooth; to tone down; to sweeten; *s'adoucir,* to become mild. || *adoucissement* [-ìsmaⁿ] *m.* softening; mollifying; appeasement; mitigation.

adresse [àdrès] *f.* address; cleverness; skill. || *adresser* [-é] *v.* to address; to direct; to recommend; *s'adresser à,* to apply to, to appeal to, to be meant for.

adroit [àdrwà] *adj.* skil(l)ful; deft; clever; crafty; shrewd.

adulateur [àdülàtœr] *adj.** adulatory, fawning; *m.* adulator; toady. || *adulation* [-syoⁿ] *f.* adulation. || *aduler* [àdülé] *v.* to adulate; to flatter; to fawn upon.

adulte [àdült] *m.,* *adj.* adult; grown-up.

adultère [àdültèr] *m.* adultery; adulterer; *f.* adulteress.

advenir [àdvenîr] *v.** to happen; to occur; to turn out; *advienne que pourra,* come what may.

adverbe [àdvèrb] *m.* adverb.

adversaire [àdvèrsèr] *m.* adversary; opponent; enemy; antagonist. || *adverse* [àdvèrs] *adj.* opposing; hostile; adverse. || *adversité* [-ìté] *f.* adversity.

aération [àéràsyoⁿ] *f.* airing; ventilation. || *aérer* [àéré] *v.* to aerate; to air; to ventilate. || *aérien* [-yiⁿ] *adj.* aerial; elevated; airy. || *aérodrome* [-òdròm] *m.* aerodrome; *Am.* airdrome. || *aérodynamique,* aerodynamic; streamlined (auto). || *aérogare* [-ògàr] *f.* air terminal. || *aéronautique* [-ònôtìk] *f.* aeronautics; aerial navigation. || *aéronef* [-ònèf] *m.* airship; aircraft. || *aéroplane* [-òplàn] *m.* airplane. || *aéroport* [-òpòr] *m.* airport.

affabilité [àfàbìlìté] *f.* affability. || *affable* [àfàbl] *adj.* affable.

affadir [àfàdîr] v. to make insipid, dull; *s'affadir,* to lose flavor, to become dull.

affaiblir [àfèblîr] v. to weaken. ‖ **affaiblissement** [-ìsmaⁿ] m. weakening; attenuation.

affaire [àfèr] f. affair, business; matter; engagement (mil.); case, lawsuit (jur.); duel; *pl.* things, belongings; dealings, business; *dans les affaires,* in business; *avoir affaire à,* to deal with; *avoir affaire avec,* to have business with; *cela fera l'affaire,* that will do it; *son affaire est faite,* he's done for; *chiffre d'affaires,* turnover; *affaire en instance,* pending matter. ‖ **affairé** [-é] *adj.* busy. *s'affairer* v. to be busy; to fuss; to bustle about.

affaissement [àfèsmaⁿ] m. subsidence; depression; prostration (med.); collapse. ‖ **affaisser** [-é] v. to weigh down; to overwhelm; *s'affaisser,* to sink; to sag; to give way; to become depressed; to flop.

affaler [àfàlé] v. to haul down; *s'affaler,* to drop, to slouch.

affamé [àfàmé] *adj.* hungry; starving; famished. ‖ **affamer** [-é] v. to starve.

affectation [àfèktàsyoⁿ] f. affectation; appropriation; mannerism, affectedness; *Am.* assignment (mil.); *Br.* posting (mil.). ‖ **affecter** [-é] v. to affect; to allot; to pretend; to feign; to hurt, to harm; *Am.* to assign (mil.); *Br.* to post (mil.).

affectif [àfèktîf] *adj.** emotional. ‖ **affection** [-syoⁿ] f. affection; ailment, disease (med.). ‖ **affectueux** [-tüë] *adj.** affectionate.

afférent [àféraⁿ] *adj.* relevant, applicable, pertaining.

affermer [àfèrmé] v. to rent; to lease; to farm out; to let.

affermir [àfèrmîr] v. to strengthen; to steady; to consolidate; *s'affermir,* to harden; to take root.

affichage [àfishàj] m. bill-posting; flaunting (fig.). ‖ **affiche** [àfìsh] f. bill, poster, placard. ‖ **afficher** [-é] v. to post up; to placard; to bill; to display; to flaunt; *s'afficher,* to attract notice.

affiler [àfìlé] v. to sharpen; to whet.

affiliation [àfìlyàsyoⁿ] f. affiliation. ‖ **affilier** [-yé] v. to affiliate.

affiner [àfìné] v. to refine; to improve; *s'affiner,* v. to mature.

affirmatif [àfìrmàtîf] *adj.** affirmative; positive. ‖ **affirmation** [-àsyoⁿ] f. assertion. ‖ **affirmative** [-àtìv] f. affirmative. ‖ **affirmer** [àfìrmé] v. to affirm; to assert; *s'affirmer,* to assert oneself.

affleurer [àflœré] v. to level; to make flush; to crop out [mine].

affliction [àflìksyoⁿ] f. affliction. ‖ **affliger** [-jé] v. to afflict, to distress; *s'affliger,* to grieve.

affluence [àflüaⁿs] f. flow, flood; affluence, abundance; crowd; *heures d'affluence,* peak, rush hours. ‖ **affluent** [-üoⁿ] m. tributary [rivière]. ‖ **affluer** [-üé] v. to flow; to abound; to flock; to crowd.

affolement [àfòlmaⁿ] m. distraction; panic. ‖ **affoler** [-é] v. to madden; to drive crazy; to disturb (mech.); *s'affoler,* to fall into a panic; to get crazy (de, about); to spin [boussole]; to race [moteur].

affranchir [àfraⁿshîr] v. to free; to emancipate; to exempt; to prepay; to stamp [lettre]. ‖ **affranchissement** [-ìsmaⁿ] m. liberation; emancipation; postage; mailing; stamping.

affres [àfr] f. *pl.* throes, pangs.

affrètement [àfrètmaⁿ] m. chartering; freighting. ‖ **affréter** [àfrété] v. to charter. ‖ **affréteur** [-œr] m. charterer; freighter.

affreux [àfrë] *adj.** horrible; frightful; hideous; dreadful; shocking.

affrioler [àfrìyòlé] v. to entice; to allure.

affront [àfroⁿ] m. affront; insult; snub. ‖ **affronter** [-té] v. to confront; to face; to encounter; to brave.

affût [àfü] m. gun carriage; mount (mil.); hiding-place; *à l'affût de,* on the lookout for. ‖ **affûter** [-té] v. to set; to sharpen [outil]; to grind.

afin [àfiⁿ] *adv. afin de,* in order to; *afin que,* in order that.

africain [àfrìkiⁿ] m., *adj.* African.

agaçant [àgàsaⁿ] *adj.* aggravating, provoking, annoying. ‖ **agacement** [-maⁿ] m. irritation; annoyance. ‖ **agacer** [-é] v. to irritate; to entice; to lead on; *s'agacer,* to get annoyed.

âge [âj] m. age; period; epoch; *âge de raison,* years of discretion; *bas âge,* infancy; early childhood; *jeune âge,* childhood; *Moyen Age,* Middle Ages; *entre deux âges,* middle-aged; *hors d'âge,* over age; *d'un certain âge,* elderly; *quel âge a-t-il?,* how old is he? ‖ **âgé** [-é] *adj.* aged; old; *plus âgé,* older; *le plus âgé,* the eldest.

agence [àjaⁿs] f. agency; bureau; branch office; *agence immobilière,* real-estate agency. ‖ **agencements** [àjaⁿsmaⁿ] m. *pl.* fittings, fixtures. ‖ **agencer** [-é] v. to arrange; to dispose; to set up; to fit up; to adjust.

agenda [àjiⁿdà] m. memorandum-book; agenda; diary.

agenouiller (s') [sàjnûyé] v. to kneel down.

agent [àjaⁿ] m. agent; representative; medium; *agent de police*, policeman; *agent de change*, stockbroker; *agent de liaison*, liaison agent; *agent voyer*, road surveyor.

agglomération [àglòmérásyoⁿ] f. agglomeration; mass; aggregation; built-up area; caking. ‖ *aggloméré* [-é] m. compressed fuel; conglomerate. ‖ *agglomérer* [-é] v. to agglomerate; *s'agglomérer*, to agglomerate; to cake; to mass.

aggraver [àgràvé] v. to aggravate; to make worse; to increase [taxation]; *s'aggraver*, to grow worse. -

agile [àjìl] adj. agile, nimble, light-footed; prompt. ‖ *agilité* [-îté] f. nimbleness, agility, quickness.

agioter [àjyòté] v. to speculate; to gamble; to play the market.

agir [àjîr] v. to act; to take action; to operate; to proceed; to work; to carry on; to behave; *s'agir de*, to be a question of; to concern; *de quoi s'agit-il ?*, what is it about ? ‖ *agissant* [-ìsaⁿ] adj. active, effective; drastic (med.). ‖ *agissements* [-ìsmaⁿ] m. pl. doings; goings-on, machinations.

agitateur [àjìtàtœr] m. agitator. ‖ *agitation* [-ìtàsyoⁿ] f. agitation; shaking; tossing; waving; perturbation; excitement; restlessness; roughness [mer]. ‖ *agiter* [-ìté] v. to agitate; to shake; to wave; to disturb, to excite; to discuss; *s'agiter*, to be restless, to bustle.

agneau [àñó] m.* lamb.

agonie [àgònî] f. death-throes. ‖ *agoniser* [-ìzé] v. to be dying; to be at one's last gasp.

agrafe [àgràf] f. clasp; buckle; fastening; clip; clamp; staple. ‖ *agrafer* [-é] v. to clasp; to buckle. ‖ *agrafeuse* [-fèz] f. stapler.

agraire [àgrèr] adj. agrarian.

agrandir [àgraⁿdîr] v. to enlarge; to increase; to augment; to elevate; *s'agrandir*, to expand, to grow, to extend. ‖ *agrandissement* [-ìsmaⁿ] m. enlargement, expansion.

agréable [àgréàbl] adj. agreeable; pleasing; pleasant. ‖ *agréer* [àgréé] v. to accept; to recognize; to approve; to suit; to please.

agrégat [àgrégà] m. aggregate. ‖ *agrégation* [-syoⁿ] f. aggregation; conglomeration; binding; competitive university examination.

agrément [àgrémaⁿ] m. assent, approval; pleasure, amusement; charm, gracefulness; pl. accomplishments [arts]; ornaments.

agrès [àgrè] m. pl. rigging, tackle (naut.); apparatus [gymnastique].

agresseur [àgrèsœr] m. aggressor; assailant. ‖ *agression* [-yoⁿ] f. aggression; attack; assault.

agricole [àgrìkòl] adj. agricultural, farming. ‖ *agriculteur* [-ültœr] m. farmer; agriculturist. ‖ *agriculture* [-ültür] f. agriculture; husbandry; tillage; farming.

agripper [àgrìpé] v. to clutch, to grab, to snatch.

aguerri [àgèrî] adj. seasoned; hardened; inured. ‖ *aguerrir* [-ìr] v. to season, to harden; to inure.

aguets [àgè] m. pl. watch, watching; *aux aguets*, on the lookout.

aguicher [àgìshé] v. to allure, to ogle; *Am.* to give the come-on to.

ahurir [àürîr] v. to dumbfound; to daze; to bewilder; to flabbergast. ‖ *ahurissement* [-ìsmaⁿ] m. stupefaction, bewilderment.

aide [èd] f. aid; help; assistance; rescue; m. aide, assistant; helper. ‖ *aider* [-é] v. to aid; to help; to assist; to relieve [pauvres]; *s'aider de*, to make use of.

aïeul, aïeule [àyœl] (pl. *aïeux* [àyë]) m. grandfather, f. grandmother; pl. ancestors; forefathers.

aigle [ègl] m. eagle; genius (fig.); f. standard, banner.

aigre [ègr] adj. sour, bitter, harsh, acid, tart; *aigre-doux*, bitter-sweet. ‖ *aigrefin* [-efiⁿ] m. sharper. ‖ *aigreur* [-œr] f. sourness; bitterness; tartness; acidity; ranco(u)r. ‖ *aigrir* [-îr] v. to embitter; to make sour; *s'aigrir*, to turn sour; to become embittered.

aigrette [ègrèt] f. aigrette, egret; tuft, crest.

aigu [ègü] adj.* sharp; acute; pointed; keen; shrill; piercing; critical. ‖ *aiguille* [ègüîy] f. needle; hand [pendule]; point [obélisque]; *Am.* switch, Br. point (railw.); needle (med.); *travaux d'aiguille*, needlework. ‖ *aiguiller* [-é] v. to shunt; to switch (railw.). ‖ *aiguilleur* [-œr] m. Am. switchman; Br. pointsman. ‖ *aiguillette* [-èt] f. aiguillette; shoulder-knot (mil.); strip of flesh [viande]. ‖ *aiguillon* [-oⁿ] m. goad; spur; stimulus; sting [guêpe]; prickle (bot.). ‖ *aiguillonner* [-òné] v. to spur; to stimulate; to urge on. ‖ *aiguiser* [ègüìzé] v. to sharpen; to whet; to point; to stimulate [appétit].

ail [ày] (pl. *aulx* [ô]) m. garlic; *gousse d'ail*, clove of garlic; *ailloli*, garlic mayonnaise.

aile [èl] f. wing; pinion; sail; whip [moulin]; blade [hélice]; aisle [église]; brim [chapeau]; fluke [ancre]; *Am.*

fender, *Br.* wing [auto]; vane (mech.);
rogner les ailes à, to clip the wings
of; *voler de ses propres ailes,* to stand
on one's own feet. ‖ **aileron** [-roⁿ] *m.*
aileron; wing flap (aviat.); pinion
[oiseau]; flipper [pingouin]; fin [re-
quin]. ‖ **ailier** [-lyé] *m.* winger.

ailleurs [àyœr] *adv.* elsewhere; *d'ailleurs,* besides; moreover; furthermore;
par ailleurs, incidentally, otherwise,
besides.

aimable [èmàbl] *adj.* kind, amiable,
pleasant, nice. ‖ **aimant** [èmaⁿ] *m.*
magnet; lodestone; *adj.* loving. ‖ **aimanter** [-té] *v.* to magnetize. ‖ **aimer**
[èmé] *v.* to love; to like; to fancy; to
be fond of; to care for; to enjoy;
aimer mieux, to prefer.

aine [èn] *f.* groin.

aîné [èné] *m.* elder; eldest; senior.
‖ **aînesse** [ènès] *f.* primogeniture;
droit d'aînesse, birth-right.

ainsi [iⁿsì] *adv.* thus, so; hence;
therefore; *ainsi que,* as well as; *ainsi
de suite,* and so on; *s'il en est ainsi,*
if so; *pour ainsi dire,* so to speak;
ainsi soit-il, amen.

air [èr] *m.* air; wind; appearance;
look; tune; *avoir l'air,* to look, to
seem; *donner de l'air,* to air; *courant
d'air,* draft; *air de famille,* family likeness; *se donner des airs,* to put on
airs.

airain [èriⁿ] *m.* brass; bronze.

aire [èr] *f.* area, space; surface;
threshing floor; eyrie [aigle].

airelle [èrèl] *f.* huckleberry, blueberry.

aisance [èzaⁿs] *f.* ease; comfort;
sufficiency; freedom [mouvement]. ‖
aise [èz] *f.* ease; comfort; convenience; content; *adj.* glad; well-
pleased; *à votre aise,* as you like;
comblé d'aise, overjoyed; *mal à l'aise,*
ill at ease. ‖ **aisé** [-é] *adj.* easy; comfortable; free; well-to-do; well-off.

aisselle [èsèl] *f.* armpit.

aîtres [ètr] *m. pl.* ins and outs.

ajonc [àjoⁿ] *m.* furze, gorse.

ajouré [àjûré] *adj.* perforated; open-
work; pierced; fretwork.

ajournement [àjûrⁿemaⁿ] *m.* adjournment; postponement; subpoena;
deferment (mil.). ‖ **ajourner** [-é] *v.* to
adjourn; to postpone; to stay; to
delay; to defer (mil.); to fail, to refer.

ajouter [àjûté] *v.* to add, to join;
ajouter foi à, to give credit to.

ajuster [àjüsté] *v.* to adjust; to set;
to adapt; to fit; to aim at; to arrange;
to settle. ‖ **ajusté** [-té] *adj.* tight-
fitting. ‖ **ajusteur** [-œr] *m.* fitter.

alambic [àlaⁿbìk] *m.* still.

alanguissement [àlaⁿgìsmaⁿ] *m.*
languor; weakness; droopiness.

alarme [àlàrm] *f.* alarm. ‖ **alarmer**
[-é] *v.* to frighten; to alarm; *s'alarmer,* to take fright; to be alarmed.

albâtre [àlbâtr] *m.* alabaster.

alcool [àlkòl] *m.* alcohol; spirits;
hard liquor; *alcool à brûler,* dena-
tured alcohol. ‖ **alcoolisme** [-ìsm] *m.*
alcoholism.

aléa [àléà] *m.* risk; hazard. ‖ **aléatoire** [-twàr] *adj.* risky, chancy, contingent; problematical.

alène [àlèn] *f.* awl.

alentour [àlaⁿtûr] *adv.* around, round
about; *m. pl.* neighbo(u)rhood; vicinity; surroundings.

alerte [àlèrt] *f.* alarm, warning, alert;
adj. alert; vigilant; brisk, quick; spry;
crisp.

alevin [àlviⁿ] *m.* fry, young fish.

alezan [àlzaⁿ] *m., adj.* chestnut, sorrel
[cheval]; *alezan roux,* red bay.

algarade [àlgàràd] *f.* quarrel; scolding; dressing-down; prank.

algèbre [àljèbr] *f.* algebra. ‖ **algé-
brique** [-ìk] *adj.* algebraic.

Algérie [àljérì] *f.* Algeria. ‖ **algérien**
[-yiⁿ] *m., adj.** Algerian.

algue [àlg] *f.* seaweed.

alibi [àlìbì] *m.* alibi.

aliénation [àlyénàsyoⁿ] *f.* alienation;
transfer; derangement (med.). ‖ **aliéné**
[-é] *m.* lunatic, madman, maniac; *adj.*
insane. ‖ **aliéner** [-é] *v.* to alienate;
to unhinge; to estrange; to transfer
[propriété]; *s'aliéner,* to lose.

alignement [àlìñemaⁿ] *m.* alignment;
line; dressing (mil.). ‖ **aligner** [-é] *v.*
to draw up (mil.); to line up; to align;
s'aligner, to dress (mil.); to fall into
line; *s'aligner avec,* to take on.

aliment [àlìmaⁿ] *m.* aliment; food;
sustenance. ‖ **alimentation** [-tàsyoⁿ] *f.*
rationing; subsistence; food; nourishment; feeding; feed (mech.). ‖ **alimenter** [-té] *v.* to feed; to supply
(mech.); *s'alimenter,* to eat; to lay in.

alinéa [àlìnéà] *m.* paragraph, indentation.

aliter [àlìté] *v.* to confine to bed; to
keep in bed; *s'aliter,* to take to one's
bed.

alizé [àlìzé] *m.* trade wind.

allaiter [àlèté] *v.* to suckle, to feed.

allant [àlaⁿ] *m.* go; liveliness; dash;
adj. active, busy, buoyant.

allécher [àlléshé] *v.* to allure; to
attract; to tempt.

allée [àlé] *f.* alley; walk; path; drive;
allées et venues, comings and goings.

allège [àlèj] *adj.* © unloaded.

alléger [àlléjé] *v.* to lighten; to alleviate; to relieve; to unburden; *s'alléger*, to grow lighter.

allégorie [àllégòrî] *f.* allegory.

allègre [àllègr] *adj.* lively, cheerful. ‖ **allégresse** [àllégrès] *f.* liveliness; cheerfulness; joy.

alléguer [àllégé] *v.* to adduce, to allege; to assign; to cite, to plead.

Allemagne [àlmáñ] *f.* Germany. ‖ **allemand** [àlmaⁿ] *m.*, *adj.* German.

aller [àlé] *v.** to go; to proceed; to move; *m.* departure; outward journey; one-way ticket; *aller à pied*, to walk; *aller à cheval*, to ride; *aller en voiture*, to ride, to drive; *aller en bateau*, to sail; *comment allez-vous?*, how are you?; *aller chercher*, to go for; *allons!*, come on!; *cela vous va, it fits you, it suits you; *il y va de sa vie*, his life is at stake; *aller à la dérive*, to drift; *s'en aller*, to go away, to depart; to die; *au pis aller*, at the worst; *aller et retour*, *Am.* round-trip ticket, *Br.* return ticket.

allergie [àlèrjî] *f.* allergy.

alliage [àlyàj] *m.* alloy. ‖ **alliance** [-yàⁿs] *f.* alliance; union; marriage; wedding ring. ‖ **allié** [-yé] *m.* ally; kin. ‖ **allier** [-yé] *v.* to ally; to unite; to alloy; to combine, to blend [couleurs]; *s'allier*, to ally; to alloy; to harmonize; to marry into [à une famille].

alligator [àllìgàtòr] *m.* alligator.

allô! [àlô] *interj.* hullo!; hallo!

allocation [àllòkàsyoⁿ] *f.* allocation; allowance; assignment; allotment; dole [chômage]; *pl.* family allowance [allocations familiales].

allocution [àllòküsyoⁿ] *f.* address, speech, allocution.

allongement [àlòⁿjmaⁿ] *m.* lengthening; extension; elongation. ‖ **allonger** [-é] *v.* to lengthen, to extend; to stretch; to elongate; to lift [tir]; *s'allonger*, to grow longer; to stretch out; to lie down at full length; to fall [visage].

allouer [àlûé] *v.* to allow; to grant; to allocate; to award; to allot.

allumage [àlümàj] *m.* kindling, lighting, ignition (mech.); *couper l'allumage*, to switch off the ignition. ‖ **allumer** [-é] *v.* to light; to kindle; to inflame; to set fire to; to stir up [passions]; *s'allumer*, to catch fire. ‖ **allumette** [-èt] *f.* match. ‖ **allumeur** [-œr] *m.* igniter (mech.); lighter. ‖ **allumeuse** [-êz] *f.* vamp, tease.

allure [àlür] *f.* gait; manner; aspect; style; behavio(u)r; walk, pace; rate of march (mil.); turn; *à toute allure*, at top speed; *régler l'allure*, to set the pace; *d'allures libres*, fast; *d'allure louche*, suspicious-looking.

allusion [àllüzyoⁿ] *f.* allusion, hint; *faire allusion à*, to refer to.

aloès [àlòès] *m.* aloe.

aloi [àlwà] *m.* legal tender; quality; *de bon aloi*, genuine.

alors [àlòr] *adv.* then; so; in such a case; *alors que*, whereas; *et alors?*, so what?; *alors même que*, even though.

alose [àlôz] *f.* shad.

alouette [àlwèt] *f.* lark.

alourdir [àlûrdîr] *v.* to make heavy; to weigh down; to dull [esprit]; *s'alourdir*, to become heavy.

aloyau [àlwàyô] *m.* sirloin.

alpage [àlpàj] *m.* mountain pasture.

alphabet [àlfàbè] *m.* alphabet; reading-primer. ‖ **alphabétique** [-étìk] *adj.* alphabetical.

alpinisme [àlpìnîsm] *m.* mountaineering. ‖ **alpiniste** [-ìst] *m.*, *f.* alpinist; moutain-climber.

altérable [àltéràbl] *adj.* alterable. ‖ **altérant** [-aⁿ] *adj.* thirst-producing. ‖ **altération** [-àsyoⁿ] *f.* adulteration; deterioration; debasement; faltering [voix]; heavy thirst [soif]; inflecting [musique].

altercation [àltèrkàsyoⁿ] *f.* altercation, dispute.

altérer [àltéré] *v.* to alter; to change; to adulterate; to spoil; to fade; to make thirsty; *s'altérer*, to undergo a change; to alter; to degenerate; to deteriorate; to twist.

alternance [àltèrnaⁿs] *f.* alternation; rotation (agr.). ‖ **alternatif** [-àtìf] *adj.** alternate, alternative. ‖ **alternative** [-àtìv] *f.* alternative, option. ‖ **alterner** [-é] *v.* to alternate; to rotate.

altier [àltyé] *adj.** haughty, proud. ‖ **altitude** [-ìtüd] *f.* altitude, height. ‖ **alto** [àltô] *m.* alto, viola.

aluminium [àlümìnyòm] *m.* alumin(i)um.

alunir [àlünîr] *v.* to land on the moon. ‖ **alunissage**, landing on the moon.

alvéole [àlvéòl] *m.* cell [miel]; pit cavity; socket [dent]; alveolus (med.).

amabilité [àmàbìlité] *f.* amiability; affability; kindness.

amadou [àmàdú] *m.* amadou; *Am.* punk; tinder. ‖ **amadouer** [-wé] *v.* to wheedle; to soften up; to coax; to get round.

amaigrir [àmègrîr] *v.* to make thin; to emaciate; to grow thin; to slim. ‖

amaigrissement [-ìsmaⁿ] *m.* growing thin; thinning down; emaciation; slimming; wasting away.

amalgame [àmàlgàm] *m.* amalgam; medley. ‖ *amalgamer* [-é] *v.* to amalgamate; to blend.

amande [àmaⁿd] *f.* almond. ‖ *amandier* [-yé] *m.* almond-tree.

amant [àmaⁿ] *m.* lover; paramour.

amariner (s') [sàmàrìné] *v.* to find one's sea-legs.

amarre [àmàr] *f.* mooring rope; hawser; cable. ‖ *amarrer* [-é] *v.* to moor, to cable, to berth; to secure; to lash [cordage].

amas [àmà] *m.* heap, pile; hoard; mass; accumulation. ‖ *amasser* [-sé] *v.* to heap up; to amass; to hoard; *s'amasser,* to pile up, to crowd together; to gather.

amateur [àmàtœr] *m.* lover, amateur, dilettante; fan; bidder.

ambages [aⁿbàj] *f. pl.* circumlocution; *sans ambages,* forthrightly, outspokenly.

ambassade [aⁿbàsàd] *f.* embassy; errand, mission. ‖ *ambassadeur* [-œr] *m.* ambassador.

ambiance [aⁿbyaⁿs] *f.* environment; surroundings; atmosphere; spirit.

ambigu [aⁿbìgü] *adj.** ambiguous; cryptic, doubtful, shady. ‖ *ambiguité* [-güìté] *f.* ambiguity.

ambitieux [aⁿbìsyë] *adj.** ambitious. ‖ *ambition* [-yoⁿ] *f.* ambition.

ambre [aⁿbr] *m.* amber.

ambulance [aⁿbülaⁿs] *f.* ambulance; surgical hospital (mil.); dressing-station. ‖ *ambulancier* [-yé] *m.* orderly (med.). ‖ *ambulant* [aⁿbülaⁿ] *adj.* travel(l)ing; itinerant; *marchand ambulant,* hawker, peddler.

âme [âm] *f.* soul; spirit; sentiment; heart; feeling; bore [canon]; core [câble]; soundpost [violon]; *âme damnée,* creature, tool, stooge; *grandeur d'âme,* magnanimity.

améliorer [àmélyòré] *v.* to improve; to ameliorate; to better; *s'améliorer,* to ameliorate, to grow better; to mend.

aménagement [àménàjmaⁿ] *m.* arrangement; equipment; fitting up; preparation; fixtures [maison]; set-up. ‖ *aménager* [àménàjé] *v.* to prepare; to fit up; to plan; to harness.

amende [àmaⁿd] *f.* fine; penalty; forfeit; *amende honorable,* apology. ‖ *amender* [-dé] *v.* to amend, to improve; *s'amender,* to mend one's ways; to improve; to reform.

amener [àmné] *v.* to bring; to lead; to conduct; to introduce [style]; to

induce; to occasion; to haul down (naut.); to strike [pavillon]; to lower [voile]; *s'amener,* to arrive, to turn up, to roll up.

aménité [àménité] *f.* charm, graciousness; *pl.* compliments (ironique).

amenuiser [àm'nüìzé] *v.* to pare; to whittle; to reduce; *s'amenuiser,* to dwindle, to decrease.

amer [àmèr] *adj.** bitter; *m.* bitters.

américain [àmérìkìⁿ] *m., adj.** American. ‖ *américaniser* [-ànìzé] *v.* to Americanize. ‖ *amérindien* [-rìⁿdyìⁿ] *adj.** Amerindian. ‖ *Amérique* [àmérìk] *f.* America.

amerrir [àmérîr] *v.* to alight on the water (aviat.).

amertume [àmèrtüm] *f.* bitterness.

ameublement [àmëbl'maⁿ] *m.* furniture; furnishings.

ameuter [àmëté] *v.* to train [chiens]; to stir up, to rouse [foule]; *s'ameuter,* to rise; to mob.

ami [àmì] *m.* friend; *petite amie,* mistress, girl-friend. ‖ *amiable* [àmyàbl] *adj.* amicable, friendly; *à l'amiable,* amicably, by mutual agreement.

amiante [àmyaⁿt] *f.* asbestos.

amical [àmìkàl] *adj.* friendly; amicable; *amicale f.* friendly society.

amidon [àmìdoⁿ] *m.* starch. ‖ *amidonner* [-òné] *v.* to starch.

amincir [àmìⁿsîr] *v.* to thin, to reduce; *s'amincir,* to slenderize, to slim, to grow thinner.

amiral [àmìràl] *m.** admiral; *adj.** flagship; *contre-amiral m.* rear admiral. ‖ *amirauté* [àmìrôté] *f.* admiralship; admiralty; *Br.* Admiralty House.

amitié [àmìtyé] *f.* friendship; affection; kindness; *mes amitiés à,* my kindest regards to.

ammoniac [àmònyàk] *adj.* ammoniac. ‖ *ammoniaque f.* ammonia.

amnésie [àmnézì] *f.* amnesia.

amnistie [àmnìstî] *f.* amnesty. ‖ *amnistier* [-tyé] *v.* to amnesty.

amoindrir [àmwìⁿdrîr] *v.* to lessen; to reduce; to belittle; to mitigate; *s'amoindrir,* to diminish.

amollir [àmòlîr] *v.* to soften; to unman; to enervate; to weaken.

amonceler (s') [sàmoⁿslé] *v.* to heap up; to drift; to bank up.

amont [àmoⁿ] *m.* upstream water; head waters; *en amont,* upriver.

amorçage [àmòrsàj] *m.* priming [canon]; capping [obus]; starting (electr.); baiting [poisson]. ‖ *amorce* [àmòrs] *f.* primer; priming; percussion cap; fuze (electr.); detonator;

beginning (fig.). ‖ *amorcer* [-é] *v.* to prime [canon]; to start; to embark upon; to bait [poisson].

amorphe [àmòrf] *adj.* amorphous, shapeless; flabby; slack.

amortir [àmòrtîr] *v.* to deaden [son, douleur]; to muffle; to subdue; to absorb [choc]; to pay off [argent]; to amortize. ‖ *amortissement* [-ìsmaⁿ] *m.* abatement; deadening; absorption [choc]; redemption [finance]; soundproofing [son]; *fonds d'amortissement*, sinking funds. ‖ *amortisseur* [-ìsœr] *m.* snubber; shock-absorber; shocksnubber; fender; dashpot; damper (electr.).

amour [àmûr] *m.* love; affection; passion; *mal d'amour*, lovesickness; *f. pl. premières amours*, calf-love; (*faire l'amour* does not mean « make love », and is not in polite use); *amour-propre*, self-pride; self-respect. ‖ *s'amouracher* (sàmûràshé) *v.* to fall in love (*de*, with), to fall for. ‖ *amourette* [àmûrèt] *f.* passing fancy, crush. ‖ *amoureux* [-é] *adj.** loving, enamoured; *m.* lover, sweetheart.

amovible [àmòvìbl] *adj.* revocable [poste]; removable; detachable.

amphibie [aⁿfibî] *adj.* amphibious; *m.* amphibian.

amphithéâtre [aⁿfitéâtr] *m.* amphitheater; *Br.* amphitheatre.

ample [aⁿpl] *adj.* broad; ample; wide; spacious. ‖ *ampleur* [-œr] *f.* width; fullness; intensity; volume. ‖ *ampliation* [-làsyoⁿ] *f.* amplification; certified copy (jur.). ‖ *amplificateur* [-ìfìkàtœr] *m.* amplifier [radio]; enlarger (phot.); *adj.** magnifying, amplifying. ‖ *amplifier* [-ifyé] *v.* to amplify, to magnify; to enlarge. ‖ *amplitude* [-ìtüd] *f.* amplitude; vastness; extent; scope.

ampoule [aⁿpûl] *f.* ampulla; phial; bulb (electr.); blister (med.). ‖ *ampoulé* [-lé] *adj.* bombastic.

amputation [aⁿpütàsyoⁿ] *f.* amputation; reduction; curtailment; cuttingdown, cut. ‖ *amputer* [-é] *v.* to amputate; to curtail.

amure [àmür] *f.* tack of sail. ‖ *amurer* [-ré] *v.* to board the tack.

amusant [àmüzaⁿ] *adj.* amusing, diverting. ‖ *amusement* [-maⁿ] *m.* amusement; entertainment; diversion; recreation. ‖ *amuser* [-é] *v.* to amuse; to divert; to fool [créanciers]; *s'amuser*, to amuse oneself, to have a good time; to enjoy oneself. ‖ *amusette* [-zèt] *f.* plaything; child's play.

amygdale [àmìdàl] *f.* tonsil.

an [aⁿ] *m.* year; *avoir six ans*, to be six years old; *le jour de l'an*, New Year's day; *bon an mal an*, taking one year with another; *l'an dernier*, last year.

anachorète [ànàkòrèt] *m.* anchorite, anchoret, hermit.

anachronique [ànàkrònìk] *adj.* anachronistic. ‖ *anachronisme* [-ìsm] *m.* anachronism.

analgésie [ànàljézî] *f.* analgesia. ‖ *analgésique* [-ìk] *adj., m.* analgesic.

analogie [ànàlòjî] *f.* analogy. ‖ *analogique* [-ìk] *adj.* analogical. ‖ *analogue* [ànàlòg] *adj.* analogous, similar; counterpart.

analyse [ànàlîz] *f.* analysis. ‖ *analyser* [-ìzé] *v.* to analyse. ‖ *analytique* [ànàlìtìk] *adj.* analytical.

ananas [ànànâ] *m.* pineapple.

anarchie [ànàrshî] *f.* anarchy. ‖ *anarchiste* [-ìst] *m., f.* anarchist.

anathème [ànàtèm] *m.* anathema; curse.

anatomie [ànàtòmî] *f.* anatomy. ‖ *anatomique* [-ìk] *adj.* anatomical.

ancestral [aⁿsèstràl] *adj.** ancestral. ‖ *ancêtre* [aⁿsêtr] *m.* ancestor; forefather, forbear; gaffer.

anchois [aⁿshwâ] *m.* anchovy.

ancien [aⁿsyiⁿ] *adj.** ancient; old; elder; former; senior; early; past; bygone; *ancien élève*, alumnus; *Br.* old boy; *anciennement* [-syènamaⁿ] *adv.* formerly. ‖ *ancienneté* [aⁿsyènté] *f.* seniority; oldness; antiquity.

ancrage [aⁿkràj] *m.* anchoring, anchorage. ‖ *ancre* [aⁿkr] *f.* anchor; brace [construction]; *jeter l'ancre*, to cast anchor; *lever l'ancre*, to weigh anchor. ‖ *ancrer* [-é] *v.* to anchor; to brace; to tie; to secure; *s'ancrer*, to establish oneself, to dig in; to become rooted.

andain [aⁿdiⁿ] *m.* swath.

andouille [aⁿdûy] *f.* chitterlings; (pop.) fool, boob, ninny, sap.

andouiller [aⁿdûyé] *m.* antler, tine [of antler].

âne [ân] *m.* ass, donkey; *bonnet d'âne*, dunce's cap; *coup de pied de l'âne*, last straw; *dos d'âne*, ridge.

anéantir [ànéaⁿtîr] *v.* to annihilate; to exhaust; to overwhelm; to blast; to destroy. ‖ *anéantissement* [-ìsmaⁿ] *m.* annihilation; destruction; ruin; prostration.

anecdote [ànèkdòt] *f.* anecdote. ‖ *anecdotique* [-tìk] *adj.* anecdotic, anecdotal.

anémie [ànémî] *f.* an(a)emia. ‖ *anémier* [-yé] *v.* to make an(a)emic; to debilitate. ‖ *anémique* [-ìk] *adj.* an(a)emic.

anémone [ànémòn] *f.* anemone, wind-flower; sea-anemone.

ânerie [ânrî] *f.* stupidity. ‖ **ânesse** [-ès] *f.* she-ass.

anesthésie [ànèstézî] *f.* an(a)esthesia. ‖ **anesthésier** [-yé] *v.* to an(a)esthetize. ‖ **anesthésiste** [-ìst] *m., f.* anaesthetist.

anévrisme [ànévrìsm] *m.* aneurism.

anfractuosité [ɑⁿfràktüòzìté] *f.* anfractuosity; sinuosity; winding [route]; rugged outlines [terrain].

ange [ɑⁿj] *m.* angel; *être aux anges,* to walk on air. ‖ **angélique** [-élìk] *adj.* angelic; *f.* angelica.

angine [ɑⁿjìn] *f.* tonsillitis; quinsy; angina (med.).

anglais [ɑⁿglè] *m.* English; Englishman; English language; *adj.* English. ‖ **anglaise** [-glèz] *f.* Englishwoman; Italian hand [écriture]; *pl.* ringlets.

angle [ɑⁿgl] *m.* angle; corner; quoin [bâtiment]; edge [outil]; *angle visuel,* angle of vision.

Angleterre [ɑⁿgletèr] *f.* England. ‖ **anglican** [ɑⁿglìkɑⁿ] *m., adj.* Anglican. ‖ **angliciser** [-ìsìzé] *v.* to anglicize. ‖ **anglo-normand** [ɑⁿglònòrmɑⁿ] *adj.* Anglo-Norman; *les îles Anglo-Normandes,* the Channel Isles. ‖ **anglophile** [-fìl] *m., adj.* Anglophil(e); pro-English. ‖ **anglo-saxon** [-sàksòⁿ] *m., adj.** Anglo-Saxon; Anglo-American.

angoisse [ɑⁿgwàs] *f.* anguish; agony; spasm; distress; anxiety; *poire d'angoisse,* choke-pear. ‖ **angoisser** [-é] *v.* to anguish, to distress.

anguille [ɑⁿgìy] *f.* eel; *anguille de mer* (congre), conger.

angulaire [ɑⁿgülèr] *adj.* angular; *pierre angulaire,* cornerstone. ‖ **anguleux** [-è] *adj.** angular.

anicroche [ànìkròsh] *f.* hitch, snag.

animal [ànìmàl] *m.** animal, beast; *adj.** animal, brutish.

animateur [ànìmàtœr] *m.* animator; moving spirit; *adj.** animating, life-giving. ‖ **animation** [-àsyoⁿ] *f.* animation, liveliness; excitement; quickening. ‖ **animer** [ànìmé] *v.* to animate; to quicken; to enliven; to stir up.

animosité [ànìmòzìté] *f.* animosity, hostility; spite.

anis [ànì] *m.* aniseed.

ankylose [ɑⁿkìlôz] *f.* anchylosis; cramp; stiffness. ‖ **ankyloser** [-é], *s'ankyloser* v. to stiffen.

annales [ànnàl] *f. pl.* records, annals.

anneau [ànô] *m.** ring; link; ringlet; hoop; *anneau brisé,* split ring.

année [àné] *f.* year.

annelé [ànlé] *adj.* ringed; annulate, annulose.

annexe [ànnèks] *f.* annex; appendix; enclosure; supplement; *adj.* annexed, enclosed; *lettre annexe,* covering letter. ‖ **annexer** [-é] *v.* to annex. ‖ **annexion** [-yoⁿ] *f.* annexation.

annihilation [ànnììlàsyoⁿ] *f.* annihilation. ‖ **annihiler** [ànnììlé] *v.* to annihilate; to annul.

anniversaire [ànìvèrsèr] *m.* anniversary, birthday.

annonce [ànoⁿs] *f.* announcement; publication; advertisement; notification; banns. ‖ **annoncer** [-é] *v.* to announce; to declare; to proclaim; to usher in; to presage; to foretell; to advertize; *s'annoncer bien,* to be promising. ‖ **annonceur** [-œr] *m.* advertizer; announcer [radio]. ‖ **annonciateur** [-syàtœr] *adj.** foreboding, announcer. ‖ **Annonciation** [-syàsyoⁿ] *f.* Annunciation, Lady Day. ‖ **annoncier** [-yé] *m.* advertizing agent.

annotation [ànnòtàsyoⁿ] *f.* annotation; note. ‖ **annoter** [-é] *v.* to annotate.

annuaire [ànnüèr] *m.* yearbook; directory; annual; almanac; *annuaire du téléphone,* telephone directory. ‖ **annuel** [ànnüèl] *adj.** annual; yearly. ‖ **annuité** [ànnüìté] *f.* annuity.

annulaire [ànnülèr] *adj.* annular; ring-shaped; *m.* fourth finger; ring-finger.

annulation [ànnülàsyoⁿ] *f.* cancellation; annulment. ‖ **annuler** [-é] *v.* to annul; to repeal; to nullify; to cancel; to rescind; to reverse; *s'annuler,* to counterbalance, to cancel each other.

anoblir [ànòblîr] *v.* to ennoble; *Br.* to raise to the peerage. ‖ **anoblissement** [-ìsmɑⁿ] *m.* ennoblement.

anodin [ànòdɛⁿ] *adj.* anodyne; mild; harmless.

anomalie [ànòmàlî] *f.* anomaly.

ânon [ânoⁿ] *m.* ass's foal; (fam.) fool. ‖ **ânonner** [ànòné] *v.* to drone, to hem and haw.

anonymat [ànònìmà] *m.* anonymity. ‖ **anonyme** [-îm] *adj.* anonymous, nameless; Inc. Ltd. (comm.).

anorak [ànòràk] *m.* anorak, wind-jacket.

anormal [ànòrmàl] *adj.** abnormal.

anse [ɑⁿs] *f.* handle; ear [pot]; loop [corde]; creek; cove (geogr.).

antagonisme [ɑⁿtàgònìsm] *m.* antagonism. ‖ **antagoniste** [-ìst] *m., adj.* antagonist.

antan [ɑⁿtɑⁿ] *m.* yesteryear.

antécédent [ɑⁿtésédɑⁿ] *m.* antecedent; *adj.* previous.

antenne [aⁿtèn] *f.* aerial; antenna; feeler; lateen yard (naut.); branch line (railw.).

antérieur, -e [aⁿtéryœr] *adj.* previous; former; anterior; prior. ‖ *antériorité* [-ìòrìté] *f.* priority.

anthracite [aⁿtràsìt] *m.* anthracite; stone coal.

anthrax [aⁿtràks] *m.* anthrax.

anthropophage [aⁿtròpòfàj] *m.* cannibal. ‖ *anthropophagie* [-ì] *f.* cannibalism.

antiaérien [aⁿtiàéryiⁿ] *adj.** antiaircraft.

antialcoolisme [-àlkòlìsm] *m.* teetotalism, prohibitionism.

antiaveuglant [-àvèglaⁿ] *adj.* antidazzle, antiglare.

antibrouillard [-brûyàr] *m. inv.* foglight; demister.

antichambre [aⁿtìshaⁿbr] *f.* anteroom; waiting room; *faire antichambre chez,* to dance attendance on.

antichar [aⁿtìshàr] *m.* antitank weapon; *adj.* antitank.

anticipation [aⁿtìsìpàsyoⁿ] *f.* anticipation; encroachment; *par anticipation,* in advance. ‖ *anticiper* [-é] *v.* to anticipate; to forestall; to encroach.

anticonceptionnel [aⁿtikoⁿsèpsyonèl] *m., adj.** contraceptive.

antidérapant [aⁿtìdéràpaⁿ] *adj.* nonskidding, non-slipping; *m.* non-skid tire.

antidote [aⁿtìdòt] *m.* antidote.

antienne [aⁿtyèn] *f.* anthem; antiphon; story (fam.).

antigel [aⁿtìjèl] *m.* antifreeze.

antigivre [aⁿtìjìvr] *m.* de-icer; *adj.* de-icing.

Antilles [aⁿtìy] *f. pl.* West Indies; *mer des Antilles,* Caribbean Sea.

antilope [aⁿtìlòp] *f.* antelope.

antiparasite [aⁿtìpàràzìt] *m.* suppressor (télévision).

antipathie [aⁿtìpàtì] *f.* antipathy, aversion. ‖ *antipathique* [-ìk] *adj.* unlikable; uncongenial.

antipodes [aⁿtìpòd] *m. pl.* antipodes.

antiquaire [aⁿtìkèr] *m.* antiquary; antique-dealer. ‖ *antique* [aⁿtìk] *adj.* antique, ancient. ‖ *antiquité* [-ìté] *f.* antiquity; *magasin d'antiquités,* old curiosity shop.

antisémite [aⁿtìsémìt] *adj.* anti-Semitic; *m.* anti-Semite. ‖ *antisémitisme* [-tìsm] *m.* anti-Semitism.

antiseptique [aⁿtìsèptìk] *m., adj.* antiseptic.

antre [aⁿtr] *m.* den; lair.

anxiété [aⁿksyété] *f.* anxiety; concern. ‖ *anxieux* [-yë] *adj.** anxious; uneasy.

aorte [àòrt] *f.* aorta.

août [û] *m.* August.

apache [àpàsh] *m.* apache; tough, hooligan, hoodlum.

apaisement [àpèzmaⁿ] *m.* appeasement; quieting; calming. ‖ *apaiser* [-é] *v.* to appease; to pacify; to calm; to soothe; to allay; to lull; to quell; to satisfy [faim]; to quench [soif]; to assuage [douleur]; *s'apaiser,* to subside; to quieten down; to cool down [colère]; to calm down (personne).

apanage [àpànàj] *m.* appanage.

aparté [àpàrté] *m.* aside; private conversation.

apathie [àpàtì] *f.* apathy. ‖ *apathique* [-ìk] *adj.* apathic.

apatride [àpàtrìd] *m., f.* stateless person.

apercevoir [àpèrsᵉvwàr] *v.** to perceive; to catch sight of; to glimpse; *s'apercevoir,* to realize, to be aware of, to notice. ‖ *aperçu* [àpèrsü] *m.* glimpse; insight; summary; outline; approximation; rough estimate; view.

apéritif [àpérìtìf] *m.* appetizer.

à-peu-près [àpèprè] *m.* approximation.

apeuré [àpéré] *adj.* scared, frightened; timid.

aphone [àfòn] *adj.* voiceless.

aphte [àft] *m.* aphta; gum-boil.

apiculteur [àpìkültœr] *m.* beekeeper. ‖ *apiculture* [-ür] *f.* apiculture; beekeeping.

apitoiement [àpìtwàmaⁿ] *m.* compassion. ‖ *apitoyer* [-yé] *v.* to arouse pity in; to move; *s'apitoyer,* to feel pity; to condole.

aplanir [àplànìr] *v.* to level; to smooth; to plane; to iron out, to be removed [difficultés].

aplatir [àplàtìr] *v.* to flatten; to clench [rivet]; to plaster down [cheveux]; to knock out [personne]; *s'aplatir,* to flatten out; to collapse; to grovel.

aplomb [àploⁿ] *m.* equilibrium; perpendicularity; uprightness; balance; self-possession; coolness; cheek; stand [cheval]; *d'aplomb,* vertical, plumb, steady; *ça vous remettra d'aplomb,* that will set you up.

apocalypse [àpòkàlìps] *f.* apocalypse; book of Revelation.

apogée [àpòjé] *m.* apogee; zenith; peak; apex.

apologétique [àpòlòjétìk] *f.* apologetics. || **apologie** [-î] *f.* apologia, vindication, defense.

apoplectique [àpòplèktìk] *adj.* apoplectic. || **apoplexie** [àpòplèksî] *f.* apoplexy; cerebral hemorrhage; *attaque d'apoplexie*, stroke.

apostasie [àpòstàzî] *f.* apostasy; *Br.* ratting (fam.). || **apostasier** [-àzyé] *v.* to apostatize; to abandon. || **apostat** [-à] *m.* apostate.

apostille [àpòstîy] *f.* note, sidenote. || **apostiller** [-iyé] *v.* to annotate; to endorse [requête].

apostolat [àpòstòlà] *m.* apostolate. || **apostolique** [-ìk] *adj.* apostolic; papal.

apostrophe [àpòstròf] *f.* apostrophe; reprimand. || **apostropher** [-é] *v.* to apostrophize; to scold.

apothéose [àpòtéòz] *f.* apotheosis; glorification; finale.

apothicaire [àpòtìkèr] *m.* apothecary.

apôtre [àpòtr] *m.* apostle; *bon apôtre*, hypocrite.

apparaître [àpàrètr] *v.** to appear; to come into sight; to become visible.

apparat [àpàrà] *m.* show, pomp, display, state.

appareil [àpàrèy] *m.* apparatus; plant; machine; mechanism; instrument; device; plane (aviat.); camera (phot.); set (radio); telephone; appliance (surg.); show, pomp, display. || **appareillage** [-àj] *m.* fitting up; installation; preparation; outfit; equipment; accessories; getting under way (naut.); matching [couleurs]; pairing, mating. || **appareiller** [-é] *v.* to install; to fit up; to spread [filet]; to trim [voile]; to get under way (naut.); *s'appareiller,* to pair.

apparence [àpàraⁿs] *f.* appearance; semblance; likelihood; trace; *sauver les apparences,* to save face, to keep up appearances. || **apparent** [-aⁿ] *adj.* visible; noticeable; apparent; conspicuous; *peu apparent,* inconspicuous.

apparentement [àpàraⁿtmaⁿ] *m.* electoral alliance; pooling (or) linking arrangements. || **apparenter** [àpàraⁿté] *v.* to connect; to ally [mariage].

appariteur [àpàrìtœr] *m.* usher; attendant; beadle; laboratory assistant.

apparition [àpàrìsyoⁿ] *f.* apparition; appearance; vision.

appartement [àpàrtᵉmaⁿ] *m.* flat; apartment; rooms; quarters.

appartenir [àpàrtᵉnîr] *v.** to belong; to suit; to concern; to fit; to appertain to; *s'appartenir,* to be one's own master.

appas [àpâ] *m. pl.* charms; bust. || **appât** *m.* bait; allurement. || **appâter** [-é] *v.* to lure with bait; to entice.

appauvrir [àpôvrîr] *v.* to impoverish; to weaken; to thin [vin]; *s'appauvrir,* to become impoverished.

appeau [àpô] *m.** decoy; bird-call.

appel [àpèl] *m.* appeal, call; roll call; callover; summons; muster (mil.); *appel téléphonique,* telephone call; *faire l'appel,* to call the roll; *faire appel à,* to appeal to; to call on; *interjeter appel,* to lodge an appeal; *juger en appel,* to hear on appeal (jur.). || **appeler** [àplé] *v.* to call; to name; to summon; to call in; to call for; to hail; to require; to send for; to draft (mil.); *en appeler à,* to appeal to; *s'appeler,* to be called; to be named; to be termed; *je m'appelle Jean,* my name is John. || **appellation** [àpèllàsyoⁿ] *f.* name; term; trade-mark.

appendice [àpiⁿdìs] *m.* appendix (med.); supplement; annex; appendage. || **appendicite** [-ìt] *f.* appendicitis.

appentis [àpaⁿtî] *m.* lean-to, penthouse; shed; out-house.

appesantir [àpᵉzaⁿtîr] *v.* to make heavy; to weigh down; *s'appesantir,* to grow heavy; to dwell on.

appétissant [àpétìsaⁿ] *adj.* appetizing. || **appétit** [-î] *m.* appetite.

applaudir [àplôdîr] *v.* to applaud; to clap; to approve; to praise; to acclaim; to compliment; to commend. || **applaudissements** [-ìsmaⁿ] *m. pl.* applause; clapping; cheers; acclamation.

applicable [àplìkàbl] *adj.* applicable, appropriate. || **application** [-àsyoⁿ] *f.* application; assiduity; diligence; industry; sedulousness; laying-on; *mettre en application,* to apply; to administer. || **applique** [àplìk] *f.* ornament; wall bracket; bracket candlestick, sconce; mounting, setting. || **appliquer** [-é] *v.* to apply; to put on, to lay on; to put to use; to carry out; to enforce; *s'appliquer,* to apply; to apply oneself; to devote oneself (à, to); to work hard (à, at).

appoint [àpwiⁿ] *m.* addition; contribution; odd money; balance. || **appointements** [-tmaⁿ] *m. pl.* salary; emoluments. || **appointer** [-té] *v.* to put on salary; to pay a salary to; to sharpen [crayon].

appontement [àpoⁿtmaⁿ] *m.* wooden pier; flying bridge; landing stage. || **apponter** [-é] *v.* to deck-land (aviat.).

apport [àpòr] *m.* contribution; share [capital]; deposit; bringing up (mil.). || **apporter** [-té] *v.* to bring; to fetch; to supply; to provide; to produce.

apposer [àpôzé] *v.* to affix; to place; to add; to stick [affiche]; to insert;

to put [signature]. || *apposition* [-ìsyoⁿ] *f.* affixing; apposition.

appréciable [àprésyàbl] *adj.* appreciable; noticeable. || *appréciation* [-yàsyoⁿ] *f.* appreciation; estimation; estimate; valuation. || *apprécier* [-yé] *v.* to appraise; to estimate; to appreciate; to value; to esteem.

appréhender [àpréaⁿdé] *v.* to apprehend; to dread, to fear; to arrest. || *appréhension* [-syoⁿ] *f.* apprehension; fear; dread; arrest.

apprendre [àpraⁿdr] *v.** to learn; to inform; to find out; to teach; *ça t'apprendra,* serve you right.

apprenti [àpraⁿtì] *m.* apprentice; beginner. || *apprentissage* [-sàj] *m.* apprenticeship.

apprêt [àprè] *m.* preparation; dressing [nourriture]; finish (techn.); sizing [encollage]; affectation, « frills ». || *apprêtage* [-tàj] *m.* dressing; sizing (techn.). || *apprêter* [-té] *v.* to prepare; to dress; to finish; to prime; to cook; *s'apprêter,* to get ready; to dress; to be imminent, to be brewing.

apprivoiser [àprìvwàzé] *v.* to tame; to domesticate; *s'apprivoiser,* to grow tame; to become more sociable; to get used (*avec,* to).

approbateur [àpròbàtœr] *adj.** approving; *m.* approver. || *approbatif* [-àtìf] *adj.** approving. || *approbation* [-àsyoⁿ] *f.* approval; approbation; consent.

approchable [àpròshàbl] *adj.* approachable, accessible. || *approchant* [-aⁿ] *adj.* approximating. || *approche* [àpròsh] *f.* approach; advance; oncoming. || *approcher* [-é] *v.* to approach; to draw near; to bring up; *s'approcher de,* to draw near to.

approfondi [àpròfoⁿdì] *adj.* elaborate; careful; extensive; thorough. || *approfondir* [-îr] *v.* to deepen; to master; to fathom; to excavate; to go deeply into.

appropriation [àpròprìàsyoⁿ] *f.* appropriation; embezzlement; allocation; adaptation. || *s'approprier* [sàpròprìyé] *v.* to appropriate.

approuver [àprûvé] *v.* to approve; to agree to; to consent to; to authorize; to pass.

approvisionnement [àpròvìzyònmaⁿ] *m.* supplying; supplies (mil.); victualing, catering; stock; store; provisioning. || *approvisionner* [-é] *v.* to supply; to feed (mil.); to store; to victual; *s'approvisionner,* to get in supplies.

approximatif [àpròksìmàtìf] *adj.** approximate; approximative.

appui [àpüì] *m.* support; backing; prop; stay; bearing (mech.); *docu-*ments *à l'appui,* supporting documents; *être sans appui,* to be unprotected; to be friendless; *appui de fenêtre,* window-sill; *point d'appui,* fulcrum, purchase; *appui-bras,* armrest. || *appuyer* [-yé] *v.* to support; to strengthen; to second; to lean; to stress; *s'appuyer sur,* to lean against; to rest on; to depend on; to rely on.

âpre [âpr] *adj.* rough, harsh; bitter, tart; peevish, severe; ruthless; keen; crabbed; grasping; rasping.

après [àprè] *prep.* after; *adv.* afterwards; later; *d'après,* according to; *après que,* after; *après tout,* after all; *après-demain,* the day after tomorrow; *après-dîner,* evening; *après-midi,* afternoon; *après-guerre,* afterwar period.

âpreté [âprᵉté] *f.* roughness; bitterness; sharpness; asperity; acrimony; sourness; tartness.

à-propos [àpròpô] *m.* relevance, opportuneness.

apte [àpt] *adj.* fit, apt; suitable; qualified; appropriate. || *aptitude* [-ìtüd] *f.* aptitude; capacity; turn (*à,* for); qualification; fitness; efficiency; qualities.

apurement [àpürmaⁿ] *m.* audit. || *apurer* [àpüré] *v.* to audit.

aquaplane [àkwàplàn] *m.* surf-board, aquaplane.

aquarelle [àkwàrèl] *f.* water colo(u)r. || *aquarelliste* [-ìst] *m., f.* water-colo(u)rist.

aquarium [àkwàryòm] *m.* aquarium. || *aquatique* [-àtìk] *adj.* aquatic; watery, marshy.

aqueduc [akdük] *m.* aqueduct; culvert; conduit.

aquilon [àkìloⁿ] *m.* North wind.

arabe [àràb] *m. f., adj.* Arab; Arabic; Arabian.

arabesque [àràbèsk] *f.* arabesque.

arable [àràbl] *adj.* arable; tillable.

arachide [àràshîd] *f.* groundnut, peanut; *beurre d'arachide,* © peanut butter.

araignée [arèñé] *f.* spider; grapnel.

arbalète [àrbàlèt] *f.* crossbow.

arbitrage [àrbìtràj] *m.* arbitration; arbitrage (comm.). || *arbitraire* [-èr] *adj.* arbitrary; despotic; discretionary; lawless; *m.* good pleasure, discretion. || *arbitre* [àrbìtr] *m.* arbitrator; adjudicator; referee, umpire; disposer; *libre arbitre,* free-will. || *arbitrer* [-é] *v.* to arbitrate; to umpire; to referee.

arborer [àrbòré] *v.* to raise; to erect; to set up; to hoist; to fly [pavillon]; to step [mât]; to flaunt; to sport.

arboriculteur [àrbòrìkültœr] *m.* arboriculturist, nurseryman. ‖ **arbre** [àrbr] *m.* tree; arbor, shaft, spindle, axle (mech.). ‖ **arbrisseau** [-ìsô] *m.* shrub; sapling. ‖ **arbuste** [àrbüst] *m.* shrub.

arc [àrk] *m.* bow; arch; arc [cercle]; *tir à l'arc,* archery; **arc-en-ciel** *m.* rainbow.

arcade [àrkàd] *f.* arcade; passageway; arch.

arc-boutant [àrkbûtaⁿ] *m.* flying-buttress; prop, stay. ‖ **arc-bouter** *v.* to buttress; **s'arc-bouter,** to lean, to set one's back [*contre,* against]; to brace up.

arceau [àrsô] *m.** arch; hoop.

archaïque [àrkàìk] *adj.* archaic.

arche [àrsh] *f.* ark; arch [pont].

archéologie [àrkéòlòjî] *f.* arch(a)eology. ‖ **archéologue** [-òg] *m.* arch(a)eologist.

archet [àrshè] *m.* bow.

archevêché [àrshᵉvèshé] *m.* archbishopric; archbishop's palace. ‖ **archevêque** [-èk] *m.* archbishop.

archicomble [àrshìcoⁿbl] *adj.* packed.

archipel [àrshìpèl] *m.* archipelago.

architecte [àrshìtèkt] *m.* architect. ‖ **architecture** [-ür] *f.* architecture.

archives [àrshìv] *f.* archives, records.

arçon [àrsoⁿ] *m.* saddlebow.

ardemment [àrdàmaⁿ] *adv.* ardently, eagerly. ‖ **ardent** [àrdaⁿ] *adj.* burning; hot; scorching; eager, fervent; ardent, passionate; earnest; raging. ‖ **ardeur** [-œr] *f.* ardo(u)r; heat; earnestness; eagerness; spirit, mettle.

ardoise [àrdwàz] *f.* slate; debt; score. ‖ **ardoisière** [-yèr] *f.* slate quarry.

ardu [àrdü] *adj.* steep; abrupt; arduous; difficult, knotty; uphill.

arène [àrèn] *f.* arena; *pl.* amphitheater; *Br.* amphitheatre; ring.

arête [àrèt] *f.* fishbone; bridge; crest, ridge; chamfer [moulure]; angle.

argent [àrjaⁿ] *m.* silver; money; *argent comptant,* cash; *argent disponible,* available money; *argent liquide,* ready money; *argent monnayé,* silver currency. ‖ **argenterie** [-trî] *f.* silver, silver-plate, silverware, flatware. ‖ **argentin** [-tiⁿ] *adj.* tinkling; silvery; argentine.

argile [àrjìl] *f.* clay; *argile réfractaire,* fireclay.

argot [àrgô] *m.* slang. ‖ **argotique** [-òtìk] *adj.* slangy.

arguer [àrgüé] *v.* to deduce; to argue; to plead; to allege. ‖ **argument**

[-ümaⁿ] *m.* argument, reasoning; evidence; summary, outline. ‖ **argumenter** [-ümaⁿté] *v.* to argue. ‖ **argutie** [-üsî] *f.* quibble, cavil.

aride [àrìd] *adj.* arid, dry; sterile; barren. ‖ **aridité** [-ìté] *f.* aridity.

aristocratie [àrìstôkràsî] *f.* aristocracy.

arithmétique [àrìtmétìk] *f.* arithmetic; arithmetic book.

arlequin [àrlᵉkiⁿ] *m.* harlequin; *en arlequin,* in motley.

armagnac [àrmànyàk] *m.* Armagnac brandy.

armateur [àrmàtœr] *m.* ship outfitter; ship owner. ‖ **armature** [-ür] *f.* frame; brace; armature (electr.); key signature (mus.); backbone, core (fig.). ‖ **arme** [àrm] *f.* weapon, arm; branch of the service; *à armes égales,* on equal terms; *arme de choc,* striking weapon; *être sous les armes,* to be under arms; *faire des armes,* to fence; *faire ses premières armes,* to make one's first campaign; *passer par les armes,* to shoot; *prise d'armes,* military review, parade. ‖ **armée** [àrmé] *f.* army (mil.); crowd, host, army (fig.); *armée de l'air,* air force; *armée de mer,* navy, fleet, sea forces; *armée de terre,* land forces; *zone des armées,* theater of operations. ‖ **armement** [àrmᵉmaⁿ] *m.* armament, arming; equipment; commissioning (naut.); manning (techn.); loading, cocking [armes]. ‖ **armer** [àrmé] *v.* to arm; to equip; to fortify; to reinforce; to sheathe; to man, to commission (naut.); to load [canon]; to cock [arme à feu]; to mount [machine]; to wind (electr.); to set [appareil]; to dub [chevalier]. ‖ **armistice** [-ìstìs] *m.* armistice.

armoire [àrmwàr] *f.* wardrobe; locker; cupboard.

armoiries [àrmwàrî] *f. pl.* arms, morial bearings; coat of arms. ‖ **armorier** [àrmòryé] *v.* to emblazon.

armure [àrmür] *f.* armo(u)r; weave (techn.). ‖ **armurier** [-yé] *m.* armo(u)rer; gunsmith.

aromate [àròmàt] *m.* aromatic substance. ‖ **aromatiser** [-ìzé] *v.* to give flavo(u)r, aroma (*à,* to).

arôme [àrôm] *m.* aroma, flavo(u)r.

arpent [àrpaⁿ] *m.* acre. ‖ **arpentage** [-tàj] *m.* land surveying; land measuring; survey. ‖ **arpenteur** [-tœr] *m.* land surveyor.

arpète [àrpèt] *f.* milliner's apprentice.

arquer [àrké] *v.* to bend; to arch; to curve; to camber.

arrachage [àràshàj] *m.* pulling up, uprooting. ‖ **arracher** [àràshé] *v.* to tear out, to tear away; to pull out; to uproot; to extract; to draw [dents]; to wrench [clou]; to strip; to extort; *d'arrache-pied,* unremittingly, at a stretch.

arraisonnement [àrèzònmaⁿ] *m.* boarding; hailing; visiting of a ship. ‖ *arraisonner* [àrèzòné] *v.* to hail, to board, to visit (naut.).

arrangement [àraⁿjmaⁿ] *m.* arrangement; adjustment; ordering; agreement, terms; understanding; adaptation. ‖ *arranger* [-é] *v.* to arrange, to adjust; to set in order, to get up, to organize; to settle [querelle]; to fit, to be convenient; *s'arranger,* to manage, to contrive; to come to terms, to settle matters (*avec,* with); to get oneself up.

arrérages [àréràj] *m. pl.* arrears.

arrestation [àrèstàsyoⁿ] *f.* arrest; apprehension. ‖ *arrêt* [àrè] *m.* stop, stoppage, stopping, halt; interruption; sentence, award, judgment, attachment (jur.); detention; seizure; *aux arrêts,* under arrest; *arrêt de mort,* death sentence; *chien d'arrêt,* pointer; *maison d'arrêt,* prison; *prononcer un arrêt,* to pass sentence. ‖ *arrêté* [-té] *m.* decision; order; ordinance, decree; by-law; *adj.* decided, determined; settled. ‖ *arrêter* [-té] *v.* to stop, to check; to arrest; to fix, to fasten; to draw up, to determine, to decide; to settle [comptes]; to engage, to hire [employé, chambre]; to cast off [maille]; *s'arrêter,* to stop; to halt; to pause; to cease.

arrhes [àr] *f. pl.* earnest money; deposit.

arrière [àryèr] *m.* rear [armée]; stern (naut.); back part; *à l'arrière,* aft; *en arrière,* behind; backward(s); in arrears; *arrière-garde,* rear-guard; *arrière-goût,* aftertaste; *arrière-grand-mère,* great-grandmother; *arrière-grand-père,* great-grandfather; *arrière-pensée,* ulterior motive; *arrière-petit-fils,* great-grandson; *arrière-petite-fille,* great-grand-daughter, *arrière-plan,* background; *arrière-saison, Am.* late fall, *Br.* late autumn; *arrière-train,* back, rear part [véhicule]; trailer; hind quarters [animal]. ‖ *arriéré* [àryéré] *adj.* overdue; backward; antiquated.

arrimage [àrìmàj] *v.* to stow (naut.); to trim; to pack (aviat.).

arrivage [àrìvàj] *m.* arrival; new consignment [marchandises]. ‖ *arrivée* [-é] *f.* arrival [personne]; coming; inlet, intake (techn.); winning post; finish. ‖ *arriver* [-é] *v.* to arrive, to come; to happen; *en arriver à,* to come to; *arriver à,* to succeed in, to manage to, to reach. ‖ *arriviste* [-ìst] *m., f.* pusher, thruster, climber.

arrogance [àrògaⁿs] *f.* arrogance; haughtiness. ‖ *arrogant* [-gaⁿ] *adj.* arrogant, overbearing. ‖ *s'arroger* [sàròjé] *v.* to arrogate to oneself, to assume [privilège].

arrondir [àroⁿdîr] *v.* to make round; to round off; to round out [angles]; to round [période]; *s'arrondir,* to become round, to fill out. ‖ *arrondissement* [-ìsmaⁿ] *m.* rounding off; district, ward [ville].

arrosage [àrôzàj] *m.* watering, wetting; moistening; sprinkling; irrigation; basting; dilution [vin]. ‖ *arroser* [-é] *v.* to water; to wet; to moisten; to sprinkle; to baste; to bribe; *ça s'arrose,* that calls for celebration. ‖ *arrosoir* [-wàr] *m.* watering can; sprinkler.

arsenal [àrsⁿàl] *m.** arsenal; armory; dockyard; navy yard (naut.).

arsenic [àrsⁿìk] *m.* arsenic.

art [àr] *m.* art; skill; artfulness; knack; artificiality.

artère [àrtèr] *f.* artery (med.); thoroughfare [rue]. ‖ *artériel* [àrtéryèl] *adj.** arterial.

arthrite [àrtrìt] *f.* arthritis.

artichaut [àrtìshô] *m.* artichoke; spiked barrier (mil.).

article [àrtìkl] *m.* article; item; thing; commodity; clause; entry; matter, subject; stipulation, provision; *articles de Paris,* fancy goods; *faire l'article,* to show off, to vaunt; *à l'article de la mort,* at the point of death.

articulation [àrtìkülàsyoⁿ] *f.* articulation; joint; utterance; connection; coupling; deployment (mil.). ‖ *articuler* [-é] *v.* to articulate; to link; to joint; to pronounce, to utter; to subdivide (mil.).

artifice [àrtìfìs] *m.* artifice; guile; contrivance; stratagem; expedient; *feu d'artifice,* fireworks. ‖ *artificiel* [-yèl] *adj.** artificial. ‖ *artificier* [-yé] *m.* pyrotechnist. ‖ *artificieux* [-yë] *adj.** artful, cunning.

artillerie [àrtìyrî] *f.* artillery; ordnance; mounted guns; *artillerie de campagne,* field artillery. ‖ *artilleur* [-ìyœr] *m.* artilleryman; artillerist; gunner.

artisan [àrtìzaⁿ] *m.* artisan, craftsman; agent (fig.). ‖ *artisanat* [-zànà] *m.* handicraft; craftsmen *m. pl.*

artiste [àrtìst] *m.* artist, performer. ‖ *artistique* [-ìk] *adj.* artistic.

as [às] *m.* ace.

ascendance [àsaⁿdaⁿs] *f.* ancestry. ‖ *ascendant* [-aⁿ] *adj.* ascending; upward; mounting, rising; *m.* ascendant; ascendency; influence; *pl.* ancestry; *prendre de l'ascendant sur,* to gain advantage over. ‖ **ascenseur** [àsaⁿsœr] *m. Am.* elevator; *Br.* lift. ‖ **ascension** [-yoⁿ] *f.* ascent; Ascension; climb.

ascèse [àsèz] *f.* asceticism. ‖ **ascète** [-sèt] *m., f.* ascetic.

asepsie [àsèpsî] *f.* asepsis. ‖ **aseptiser** [-tizé] *v.* to asepticize.

asile [àzîl] *m.* asylum; retreat; home, shelter, refuge; haven.

aspect [àspè] *m.* aspect; sight; appearance; look; point of view.

asperge [àspèrj] *f.* asparagus. ‖ **asperger** [-é] *v.* to sprinkle; to spray.

aspérité [àspérìté] *f.* asperity, roughness, harshness.

aspersion [àspèrsyoⁿ] *f.* sprinkling, spraying.

asphyxie [àsfiksî] *f.* asphyxia. ‖ **asphyxier** [-yé] *v.* to asphyxiate, to suffocate.

aspic [àspìk] *m.* asp, serpent, coral snake; aspic.

aspirant [àspìraⁿ] *m.* candidate; midshipman (naut.); officer candidate (mil.). ‖ **aspirateur** [-àtœr] *m.* suction van; vacuum cleaner; aspirator (mech.). ‖ **aspiration** [-àsyoⁿ] *f.* aspiration; inspiration (med.); inhaling; suction; longing; intake. ‖ **aspirer** [-é] *v.* to aspire; to inspire, to inhale; to breathe in, to suck in; to desire; to long (à, for).

assagir [àsàjîr] *v.* to make wiser; to sober, to steady.

assaillant [àsàyaⁿ] *m.* assailant; besieger; aggressor. ‖ **assaillir** [àsàyîr] *v.** to attack; to besiege; to assault; to assail.

assainir [àsènîr] *v.* to make healthier; to decontaminate; to purify; to cleanse. ‖ **assainissement** [-ìsmaⁿ] *m.* cleansing, purifying; sanitation; disinfecting; decontamination; hygiene; reform, reorganization.

assaisonnement [àsèzònmaⁿ] *m.* seasoning; flavo(u)ring; dressing. ‖ **assaisonner** [-é] *v.* to season, to dress; to give zest to.

assassin [àsàsîⁿ] *m.* murderer; assassin. ‖ **assassinat** [-inà] *m.* murder; assassination. ‖ **assassiner** [-ìné] *v.* to murder; to assassinate; to pester.

assaut [àsô] *m.* assault, attack; onslaught; match; bout; *donner l'assaut,* to storm, to charge; *enlever d'assaut,* to take by storm; *monter à l'assaut,* to storm.

assèchement [àsèshmaⁿ] *m.* drying, draining. ‖ **assécher** [àséshé] *v.* to dry, to drain.

assemblage [àsaⁿblàj] *m.* assemblage; gathering, collection; assembly; combination; connection, coupling (electr.);

joint (techn.). ‖ **assemblée** [-é] *f.* assembly; meeting; congregation; gathering; company. ‖ **assembler** [-é] *v.* to gather; to bring together; to muster; to assemble, to join; to fit together; to joint, to connect (electr.); to collect; *s'assembler,* to assemble, to meet; to be joined.

assener [àsⁿé] *v.* to strike; to land [coup]; to hit.

assentiment [àsaⁿtìmaⁿ] *m.* agreement, consent.

asseoir [àswàr] *v.** to seat, to set; to settle, to fix; to place; to lay; to establish [impôt]; *s'asseoir,* to sit down; to settle.

assermenté [àsèrmaⁿté] *adj.* sworn-in; on oath; juror. ‖ **assermenter** [-é] *v.* to swear in.

assertion [àsèrsyoⁿ] *f.* assertion.

asservir [àsèrvîr] *v.* to enslave; to subject. ‖ **asservissement** [-ìsmaⁿ] *m.* slavery, subjection; bondage.

assesseur [àsèsœr] *m.* assessor; assistant.

assez [àsè] *adv.* enough; rather; fairly; sufficiently; *j'en ai assez!,* I'm fed up with it!; *assez!,* that will do!

assidu [àsìdü] *adj.* assiduous, diligent; regular. ‖ **assiduité** [-üìté] *f.* assiduity, diligence.

assiégeant [àsyéjaⁿ] *m.* besieger. ‖ **assiéger** [-é] *v.* to besiege; to surround; to beset; to mob; to dun.

assiette [àsyèt] *f.* plate [vaisselle]; seat [cheval]; trim (naut.); stable position; basis. ‖ **assiettée** [-é] *f.* plateful, plate.

assignation [àsìfiàsyoⁿ] *f.* assignment; summons; subpoena. ‖ **assigner** [-é] *v.* to assign, to allot; to fix, to appoint; to allocate, to earmark; to summon, to cite; to subpoena (jur.); to sue (en, for).

assimilable [àsìmìlàbl] *adj.* assimilable; comparable. ‖ **assimilation** [-àsyoⁿ] *f.* assimilation. ‖ **assimiler** [-é] *v.* to assimilate; to compare; to give an equivalent status to; to digest.

assis [àsì] *p. p. of s'asseoir;* *adj.* seated, sitting; established. ‖ **assise** [-îz] *f.* foundation; seating; layer, stratum, bed, course (techn.); seat [cavalier]; *pl.* Assizes, criminal court (jur.).

assistance [àsìstaⁿs] *f.* audience, spectators, bystanders; congregation; presence, attendance; assistance; *assistance publique,* public relief administration; *assistance sociale,* social welfare work; *assistance maritime,* salvage; *assistance judiciaire,* free legal aid. ‖ **assistant** [-aⁿ] *m.* assistant; helper; onlooker, bystander, spectator.

‖ *assister* [-é] *v.* to assist; to aid, to help; *assister à*, to attend, to be present at.

association [àsòsyàsyoⁿ] *f.* association; partnership; combination; coupling (electr.); gang. ‖ *associer* [-yé] *v.* to associate, to unite; to join up; to connect (electr.); *s'associer*, to share; to join; to participate; to go into partnership with; to sympathize with. ‖ *associé* [-yé] *m.* partner; associate [société savante].

assoiffé [àswàfé] *adj.* thirsty, thirsting; parched; eager.

assolement [àsòlmaⁿ] *m.* (crop)-rotation. ‖ *assoler* [-é] *v.* to rotate.

assombrir [àsoⁿbrîr] *v.* to darken; to sadden, to make gloomy; to cloud; *s'assombrir*, to darken; to become cloudy; to cloud over.

assommant [àsòmaⁿ] *adj.* deadly dull; boring; tiresome, plaguy; stunning. ‖ *assommer* [àsòmé] *v.* to fell; to knock on the head, to stun; to bore, to plague, to pester. ‖ *assommoir* [-wàr] *m.* bludgeon, blackjack; loaded cane; breakback trap; low dive, *Am.* deadfall, dram shop.

assomption [àsoⁿpsyoⁿ] *f.* assumption.

assortiment [àsòrtìmaⁿ] *m.* matching; assortment, range; variety; suitability; set. ‖ *assortir* [-îr] *v.* to match; to pair; to assort; to stock [comm.]; *s'assortir*, to match.

assoupir [àsûpîr] *v.* to make sleepy, drowsy; to soothe [douleur]; *s'assoupir*, to become drowsy; to doze off; to wear off [douleur]. ‖ *assoupissement* [-ìsmaⁿ] *m.* drowsiness; doze, nap; sloth.

assouplir [àsûplîr] *v.* to make supple; to break in; *s'assouplir*, to become supple (or more) tractable. ‖ *assouplissement* [-ìsmaⁿ] *m.* breaking in; relaxation [formalités].

assourdir [àsûrdîr] *v.* to deafen; to muffle [son]; to tone down.

assouvir [àsûvîr] *v.* to satiate; to satisfy; to glut; to gratify; *s'assouvir*, to gorge, to become sated (de, with).

assujettir [àsüjétîr] *v.* to subjugate, to subdue; to compel; to fix, to fasten; to tie down; to secure; *s'assujettir*, to subject oneself. ‖ *assujettissement* [-ìsmaⁿ] *m.* subjugation; fastening; securing; dependence.

assumer [àsümé] *v.* to assume, to take upon oneself.

assurance [àsüraⁿs] *f.* assurance; self-confidence; certainty; pledge, security, safety; guarantee; insurance; *assurance contre les accidents du travail*, workmen's compensation insurance;

assurances sociales, social security; *assurance contre l'incendie*, fire insurance. ‖ *assurer* [-é] *v.* to assure; to secure; to fasten; to insure; to affirm; to ensure [résultat]; *s'assurer*, to ascertain, to make sure; to secure; to get hold (de, of); to get insured; to seize (mil.); to apprehend.

astérisque [àstérìsk] *m.* asterisk.

asthénie [àsténî] *f.* debility.

asthme [àsm] *m.* asthma.

asticot [àstìkó] *m.* maggot, gentle. ‖ *asticoter* [-té] *v.* to harass, to tease; to nag.

astiquer [àstìké] *v.* to polish; to scour; to smarten.

astral [àstràl] *adj.** astral, starry. ‖ *astre* [àstr] *m.* heavenly body; star.

astreindre [àstrèⁿdr] *v.** to subject; to compel, to force; to bind. ‖ *astringent* [-ìⁿjaⁿ] *adj.* astringent; binding; styptic.

astrologie [àstròlòjî] *f.* astrology. ‖ *astrologue* [-òg] *m.* astrologer.

astronef [àstrònèf] *m.* space-ship.

astronome [àstrònòm] *m.* astronomer. ‖ *astronomie* [-î] *f.* astronomy.

astuce [àstüs] *f.* guile, craftiness; wile, trick. ‖ *astucieux* [-yë] *adj.** crafty, astute, artful.

atavique [àtàvìk] *adj.* atavistic.

atelier [àt^elyé] *m.* workshop; studio; repair shop [réparations].

atermoiement [àtèrmwàmaⁿ] *m.* delay; renewal (jur.); *pl.* procrastination, shilly-shally. ‖ *atermoyer* [-àyé] *v.* to put off; to defer; to procrastinate; to dally.

athée [àté] *m.*, *f.* atheist, nullifidian; *adj.* atheistic. ‖ *athéisme* [-ìsm] *m.* atheism.

athlète [àtlèt] *m.*, *f.* athlete. ‖ *athlétique* [-étìk] *adj.* athletic. ‖ *athlétisme* [-étìsm] *m.* athletics.

Atlantique [àtlaⁿtìk] *m.* Atlantic Ocean.

atlas [àtlàs] *m.* atlas.

atmosphère [àtmòsfèr] *f.* atmosphere. ‖ *atmosphérique* [-érìk] *adj.* atmospheric.

atoll [àtòl] *m.* atoll, coral island.

atome [àtòm] *m.* atom; speck [poussière]; jot. ‖ *atomique* [-ìk] *adj.* atomic. ‖ *atomiser* [-zé] *v.* to atomize, to pulverize.

atone [àtòn] *adj.* atonic; unstressed; dull, vacant. ‖ *atonie* [-î] *f.* atony, sluggishness.

atours [àtûr] *m. pl.* finery.

atout [àtû] *m.* trump; courage; setback.

atrabilaire [àtràbilèr] *adj.* atrabilious; melancholy; cantankerous.

âtre [àtr] *m.* hearth.

atroce [àtròs] *adj.* atrocious, dreadful, grim; cruel; heinous. ‖ *atrocité* [-ìté] *f.* atrocity, atrociousness.

atrophie [àtròfí] *f.* atrophy; emaciation; withering. ‖ *atrophier* [-yé] *v.* to atrophy.

attabler (s') [sàtàblé] *v.* to sit down to table.

attachant [àtàsha^n] *adj.* winning, endearing; attractive; arresting. ‖ *attache* [àtàsh] *f.* bond, tie, link; cord; strap; attachment; paper clip; joint, brace (mech.); *port d'attache,* home port. ‖ *attacher* [-é] *v.* to attach; to fasten; to tie; to attract; to attribute; *s'attacher,* to attach oneself; to cling; to devote oneself; *s'attacher aux pas de,* to dog the steps of.

attaque [àtàk] *f.* attack; assault; onset; *attaque d'apoplexie,* apoplectic stroke; *attaque de nerfs,* fit of hysterics. ‖ *attaquer* [-é] *v.* to attack; to assail; to assault; to contest; to lead [cartes]; to operate (techn.); to corrode; to tackle; *s'attaquer à,* to attack, to fall upon; to grapple with.

attardé [àtàrdé] *adj.* belated, behindhand; old-fashioned; backward; *m.* laggard. ‖ *attarder* [-é] *v.* to delay; to make late; *s'attarder,* to delay, to linger, to dawdle.

atteindre [àtɛ^ndr] *v.** to reach, to attain; to hit [cible]; to strike; to overtake; to affect, to injure. ‖ *atteinte* [-ɛ^nt] *f.* reach; stroke, blow; shock, touch; harm, injury.

attelage [àtlàj] *m.* harnessing; team, yoke; coupling (techn.). ‖ *atteler* [-é] *v.* to harness; to couple; to yoke; *s'atteler à,* to set to; to buckle to; to get down to. ‖ *attelle* [àtèl] *f.* splint; *pl.* hames.

attenant [àtena^n] *adj.* adjoining, adjacent; neighbo(u)ring.

attendant (en) [a^nnàta^nda^n] *adv.* meanwhile; *prep.* pending; *en attendant que,* until. ‖ *attendre* [àta^ndr] *v.* to wait for; to await; to expect; to look forward to; to long for; to stop; *faire attendre,* to keep waiting; *s'attendre à,* to expect.

attendrir [àta^ndrir] *v.* to make tender; to soften [viande]; to move, to touch; *se laisser attendrir,* to become tender; to be affected, to be moved; *s'attendrir,* to become tender; to soften, to be moved (fig.). ‖ *attendrissement* [-ìsma^n] *m.* making tender; hanging [viande]; emotion; pity.

attendu [àta^ndü] *prep.* considering; on account of; *m.* ground, reason adduced; *attendu que,* considering that; whereas.

attentat [àta^ntà] *m.* criminal attempt; outrage; *attentat à la pudeur,* indecent assault, offense against public morals.

attente [àta^nt] *f.* wait, waiting; expectation; *salle d'attente,* waiting room.

attenter [àta^nté] *v.* to make a criminal attempt (à, on); *attenter à ses jours,* to attempt suicide.

attentif [àta^ntìf] *adj.** attentive, careful, heedful; mindful. ‖ *attention* [-syo^n] *f.* attention; care; heed; *faire attention à,* to pay attention to; to mind, to heed; *attention!,* look out! mind! ‖ *attentionné* [-syòné] *adj.* considerate.

attentisme [àta^ntìsm] *m.* sitting-on-the-fence policy.

atténuation [àténüàsyo^n] *f.* extenuation; attenuation; mitigation; reduction. ‖ *atténuer* [-üé] *v.* to extenuate; to attenuate; to reduce; *s'atténuer,* to soften; to die down; to lessen.

atterrer [àtéré] *v.* to astound, to dismay; to stun.

atterrir [àtérîr] *v.* to make land; to ground (naut.); to land (aviat.). ‖ *atterrissage* [-isàj] *m.* landfall; alighting; grounding; landing; *train d'atterrissage,* under-carriage.

attestation [àtèstàsyo^n] *f.* attestation; testimonial; certificate; character; affidavit. ‖ *attester* [-é] *v.* to certify, to testify; to vouch.

attiédir [àtyédîr] *v.* to cool; to warm; to damp; *s'attiédir,* to cool down.

attifer [àtìfé] *v.* to dress up, to get up; *s'attifer,* to rig oneself up.

attirable [àtìràbl] *adj.* attractable. ‖ *attirail* [-àÿ] *m.* outfit; gear, tackle; pomp. ‖ *attirance* [-a^ns] *f.* attraction. ‖ *attirant* [-a^n] *adj.* attractive. ‖ *attirer* [-é] *v.* to draw; to attract; to entice; to lure, to allure; to decoy; to win; *s'attirer,* to bring upon oneself.

attiser [àtìzé] *v.* to stir up; to poke; to arouse.

attitré [àtìtré] *adj.* appointed, regular, customary; recognized.

attitude [àtìtüd] *f.* attitude; posture, pose.

attraction [àtràksyo^n] *f.* attraction; attractiveness; *pl.* variety entertainment; floor show.

attrait [àtrè] *m.* attraction; charm; liking; lure.

attrape [àtràp] *f.* trap, snare; trick, hoax; *attrape-mouches,* flypaper; *attrape-nigaud,* boobytrap. ‖ *attraper* [-é] *v.* to entrap; to trick; to catch; to scold (fam.).

attrayant [àtrèyaⁿ] *adj.* attractive.

attribuer [àtrìbüé] *v.* to attribute; to ascribe; to assign; to allot; to grant. ‖ *attribut* [-ü] *m.* attribute. ‖ *attribution* [-üsyoⁿ] *f.* conferment; allocation; *pl.* competence, powers, duties.

attrister [àtrìsté] *v.* to grieve; to sadden; to darken; *s'attrister,* to become sad; to mope; to lour.

attroupement [àtrüpmaⁿ] *m.* mob; unlawful assembly; disorderly gathering; riot. ‖ *attrouper* [-é] *v.* to gather; to assemble; *s'attrouper,* to assemble, to crowd, to flock together.

au [ô], *see à.*

aubaine [ôbèn] *f.* godsend; windfall.

aube [ôb] *f.* dawn, daybreak.

aube [ôb] *f.* paddle, float.

aubépine [ôbépìn] *f.* hawthorn; whitethorn; may.

auberge [ôbèrj] *f.* inn, tavern; *auberge de jeunesse,* youth hostel.

aubergine [ôbèrjìn] *f.* eggplant.

aubergiste [ôbèrjìst] *m., f.* innkeeper, landlord, host.

aucun [ôkuⁿ] *adj., pron.* not any, none, any; *d'aucuns,* some people. ‖ *aucunement* [-ünmaⁿ] *adv.* by no means, not at all, in no way.

audace [ôdàs] *f.* daring, boldness, audacity; cheek; *payer d'audace,* to face the music. ‖ *audacieux* [-yě] *adj.** bold, audacious; daring.

au-dehors [ôde°ôr] *adv.* outside; abroad; *au-delà* [ôdlà] *adv.* more; longer; beyond; *m.* beyond. ‖ *au-delà de loc.* *prép.* beyond, over, past. ‖ *au-dessous* [ôdsù] *adv.* below. ‖ *au-dessus* [ôdsü] *adv.* over; above. ‖ *au-devant* [ôdvaⁿ] *adv.* forward, ahead; *aller au-devant de,* to go to meet.

audience [ôdyaⁿs] *f.* sitting, session; hearing; *audience publique,* open court. ‖ *auditeur* [-ìtœr] *m.* listener, hearer; auditor [comptes]; prosecutor (jur.). ‖ *auditif* [-ìtìf] *adj.** auditory. ‖ *audition* [-ìsyoⁿ] *f.* hearing; recital; auditing (comm.); audition. ‖ *auditoire* [-ìtwàr] *m.* auditorium; audience; attendance; congregation; court-room. ‖ *audio-visuel* [ôdyòvìzüèl] *adj.** audio-visual.

auge [ôj] *f.* trough; manger.

augmentation [ôgmaⁿtàsyoⁿ] *f.* increase, enlargement; raise; rise [prix]. ‖ *augmenter* [-é] *v.* to increase, to enlarge; to raise, to rise.

augure [ôgür] *m.* augur; augury, omen; *de bon augure,* auspicious; *de mauvais augure,* ominous.

aujourd'hui [ôjûrdüì] *adv.* today; nowadays; *d'aujourd'hui en huit, en quinze,* today week, fortnight.

aulne [ôn] *m.* alder [arbre].

aulx [ô] *pl. of ail.*

aumône [ômôn] *f.* alms, charity; *faire l'aumône,* to give alms. ‖ *aumônerie* [-rì] *f.* chaplaincy; chaplainship. ‖ *aumônier* [-yé] *m.* chaplain.

auparavant [ôpàràvaⁿ] *adv.* before; beforehand; previously.

auprès [ôprè] *adv.* near; close to; close by; *auprès de,* beside, near; *auprès de la Cour,* attached to the Court.

auquel [ôkèl], *see lequel.*

auréole [ôréòl] *f.* aureole, halo; halation (phot.).

auriculaire [ôrìkülèr] *adj.* auricular; *m.* little finger.

aurifère [ôrìfèr] *adj.* auriferous, gold-bearing. ‖ *aurifier* [-yé] *v.* to fill, to stop with gold.

aurore [ôrôr] *f.* dawn, daybreak; *aurore boréale,* northern lights.

auscultation [ôskültàsyoⁿ] *f.* auscultation. ‖ *ausculter* [-é] *v.* to auscultate, to sound.

auspices [ôspìs] *m. pl.* auspice, omen.

aussi [ôsì] *adv.* also; as; so; therefore; *aussi bien,* besides, for that matter; *moi aussi,* so am I, so do I. ‖ *aussitôt* [ôsìtô] *adv.* immediately; at once; directly; forthwith; *aussitôt que,* as soon as.

austère [ôstèr] *adj.* austere, severe, sober; stern. ‖ *austérité* [-érìté] *f.* austerity, sternness.

autant [ôtaⁿ] *adv.* as much, as many; so much; so many; *d'autant plus que,* all the more as; especially as; *en faire autant,* to do the same; *autant le faire vous-même,* you might as well do it yourself; *autant que,* as far as.

autel [ôtèl] *m.* altar.

auteur [ôtœr] *m.* author, originator; writer, composer; perpetrator; *droits d'auteur,* royalties.

authenticité [ôtaⁿtìsìté] *f.* authenticity, genuineness. ‖ *authentifier* [-ìfyé] *v.* to authenticate. ‖ *authentique* [-ìk] *adj.* authentic; certified [document].

auto [ôtô] *f.* car, motor. ‖ *auto-école* [-ékòl] *f.* driving school.

autobus [ôtôbüs] *m.* motorbus, bus.

autocar [ôtòkàr] *m.* motor coach.

autochenille [ôtòshnìy] *f.* halftrack vehicle; caterpillar-tractor.

autoclave [ôtòklàv] *m.* sterilizer; *adj.* self-regulating.

autocuiseur [ôtòküìzœr] *m.* pressure cooker, self-cooker.

autodidacte [ôtòdìdàkt] *m., f.* self-taught person.

autodrome [ôtòdròm] *m.* motor-racing track.

autographe [ôtògràf] *adj.* autographic; *m.* autograph.

automate [ôtòmàt] *m.* automaton. ‖ *automatique* [-ìk] *adj.* automatic, self-acting.

automitrailleuse [ôtòmìtràyëz] *f.* combat car.

automne [ôtòn] *m.* autumn, *Am.* fall.

automobile [ôtòmòbìl] *f.* automobile; car; *adj.* self-propelled; *canot automobile*, motor boat. ‖ *automobiliste* [-ìst] *m., f.* motorist, automobile driver.

automotrice [ôtòmòtrìs] *f.* railcar.

autonome [ôtònòm] *adj.* autonomous. ‖ *autonomie* [-ì] *f.* autonomy, self-government; independance; range.

autopsie [ôtòpsî] *f.* autopsy; post-mortem.

autorail [ôtòràỳ] *m.* railcar.

autorisation [ôtòrìzàsyoⁿ] *f.* authorization; permission; leave; license; warrant. ‖ *autoriser* [-ìzé] *v.* to authorize; to empower; to permit; *s'autoriser*, to take the liberty; to ground oneself (*de*, on). ‖ *autoritaire* [-ìtèr] *adj.* authoritarian; high-handed. ‖ *autorité* [-ìté] *f.* authority; legal power; *avoir de l'autorité sur*, to have power over; *faire autorité en*, to be an authority on.

autoroute [ôtòrût] *f.* motor highway, turnpike, express way.

autostop [ôtòstòp] *m.* hitch-hiking; *Am.* thumbing rides; *faire de l'autostop*, to hitch-hike, *Am.* to thumb a ride; *to bum a ride* (fam.).

autour [ôtûr] *adv.* about, around.

autre [ôtr] *adj., pron.* other; another; different; further; else; *quelqu'un d'autre*, someone else; *l'un ou l'autre*, either; *ni l'un ni l'autre*, neither; *l'un et l'autre*, both; *l'un l'autre*, each other, one another; *tout autre*, anyone else; *une tout autre femme*, quite a different woman; *autre chose*, something else; *à d'autres!*, tell that to the marines! ‖ *autrefois* [-fwà] *adv.* formerly, of old, in the past. ‖ *autrement* [-maⁿ] *adv.* otherwise.

Autriche [ôtrìsh] *f.* Austria. ‖ *autrichien* [-yìⁿ] *m., adj.** Austrian.

autruche [ôtrüsh] *f.* ostrich.

autrui [ôtrüì] *m.* others, other people.

auvent [ôvaⁿ] *m.* penthouse; weatherboard; porch roof; hood.

aux [ô], *see à.*

auxiliaire [ôksìlyèr] *adj.* auxiliary; subsidiary; *m.* auxiliary, assistant; *bureau auxiliaire*, sub-office.

auxquels [ôkèl], *see lequel.*

avachir [àvàshîr] *v.* to soften; *s'avachir*, to lose shape; to become sloppy.

aval [àvàl] *m.* downstream.

aval [àvàl] *m.* endorsement (comm.).

avalanche [àvàlaⁿsh] *f.* avalanche.

avaler [àvàlé] *v.* to swallow, to gulp down; to gobble; to lower; to pocket [affront]; to inhale [fumée].

avaliser [àvàlìzé] *v.* to indorse.

à-valoir [àvàlwàr] *m.* instalment.

avance [àvaⁿs] *f.* advance; progress; loan (comm.); lead, travel (mech.); *avoir de l'avance sur*, to be ahead of; *d'avance*, beforehand; *être en avance*, to be fast; *prendre de l'avance*, to take the lead. ‖ *avancé* [-é] *adj.* advanced; forward; progressive; over-ripe [fruit]; high [viande]. ‖ *avancement* [-maⁿ] *m.* promotion; projection; advancement; progress; pitch (techn.); *recevoir de l'avancement*, to be promoted. ‖ *avancer* [-é] *v.* to move forward; to advance; to promote, to push; to hasten; to proceed, to progress; to be fast [montre]; to pay in advance; *s'avancer*, to move forward, to advance; to jut out; to go too far.

avanie [àvànî] *f.* affront, snub.

avant [àvaⁿ] *prep.* before; in front of; *adv.* beforehand; previously; forward; *m.* bow (naut.); forward [football]; front, fore part; *en avant*, forward; in front; *plus avant*, further; *avant que*, before; *avant-bras*, forearm; *avant-coureur*, forerunner; precursor; harbinger; scout; *avant-dernier*, penultimate; next to last; last but one; *avant-garde*, advance guard, vanguard; *avant-goût*, foretaste; *avant-hier*, the day before yesterday; *avant-midi*, © forenoon, morning; *avant-port*, outer harbo(u)r; *avant-poste*, outpost; *avant-première*, dress rehearsal; private view; *avant-projet*, rough draft; preliminary plan; *avant-propos*, introduction; foreword; *avant-scène*, proscenium; *avant-train*, limber (mil.); forecarriage [véhicule]; *avant-veille*, two days before.

avantage [àvaⁿtàj] *m.* advantage, profit; benefit; gain; *donner l'avantage*, to give odds; *tirer avantage de*, to turn to advantage. ‖ *avantager* [-jé] *v.* to benefit; to give an advantage to; to become. ‖ *avantageux* [-ë] *adj.** advantageous, profitable; becoming; conceited, self-satisfied (fig.).

avare [àvàr] *m., f.* miser, niggard; *adj.* miserly, avaricious, stingy. ‖ *avarice* [-ìs] *f.* avarice; stinginess.

avarie [àvàrî] *f.* damage, injury; *pl.* deterioration; *subir une avarie,* to be damaged. ‖ **avarier** [-yé] *v.* to spoil, to damage.

avatar [àvàtàr] *m.* avatar; transformation; *pl.* vicissitudes, ups and downs.

avec [àvèk] *prep., adv.* with.

avenant [àvnaⁿ] *adj.* prepossessing, comely; *m.* codicil, rider, clause (jur.); *à l'avenant,* in keeping, appropriate, to match.

avènement [àvènmaⁿ] *m.* coming; arrival; advent, accession.

Avent [àvaⁿ] *m.* Advent.

aventure [àvaⁿtür] *f.* adventure; chance, luck, venture; *dire la bonne aventure,* to tell fortunes; *à l'aventure,* at random. ‖ **aventurer** [-é] *v.* to risk; *s'aventurer,* to venture, to take risks. ‖ **aventureux** [-ë] *adj.** venturesome, risky, reckless. ‖ **aventurier** [-yé] *m.* adventurer.

avenu [àvnü] *adj.; nul et non avenu,* null and void.

avenue [àvnü] *f.* avenue, drive.

avérer [àvéré] *v.* to establish, to authenticate; *s'avérer,* to prove, to turn out.

averse [àvèrs] *f.* shower, downpour.

aversion [àvèrsyoⁿ] *f.* aversion, dislike; reluctance.

avertir [àvèrtîr] *v.* to warn, to notify. ‖ **avertissement** [-ìsmaⁿ] *m.* warning; foreword; notification. ‖ **avertisseur** [-ìsœr] *m.* warning signal; hooter; alarm [feu]; call bell; horn [auto]; callboy (theat.).

aveu [àvë] *m.** admission; avowal; confession; consent; acknowledgment; *sans aveu,* disreputable.

aveuglant [àvœglaⁿ] *adj.* blinding; glaring; overpowering, categorical, indubitable. ‖ **aveugle** [àvœgl] *m.* blind man; *f.* blind woman; *adj.* blind, sightless. ‖ **aveuglement** [-²emaⁿ] *m.* blinding; blindness [moral]. ‖ **aveugler** [-é] *v.* to blind; to dazzle; to hoodwink; to stop [fuite]. ‖ **aveuglette (à l')** [-èt] *adv.* blindly, gropingly.

aviateur [àvyàtœr] *m.* airman; aviator, flyer. ‖ **aviation** [àvyàsyoⁿ] *f.* aviation; air force; flying; airplanes.

aviculture [àvìkültür] *f.* bird fancying; poultry farming.

avide [àvìd] *adj.* greedy, eager (for); keen (on). ‖ **avidité** [-ìté] *f.* avidity; greediness; eagerness.

avilir [àvìlîr] *v.* to debase, to degrade, to lower. ‖ **avilissement** [-ìsmaⁿ] *m.* debasement, degradation, depreciation.

aviné [àvìné] *adj.* tipsy, drunk.

avion [àvyoⁿ] *m.* airplane, plane; *Br.* aeroplane; *avion de tourisme,* private airplane; *avion radio-commandé,* wireless-controlled airplane; *avion à réaction,* jet plane; *par avion,* by airmail.

aviron [àvìroⁿ] *m.* oar, scull, © paddle; rowing. ‖ **avironner** [-òné] *v.* © to paddle, to row.

avis [àvì] *m.* opinion; guess; advice; notice; notification; intimation; warning; *à mon avis,* in my opinion; *changer d'avis,* to change one's mind; *jusqu'à nouvel avis,* until further notice; *sauf avis contraire,* unless I hear to the contrary. ‖ **avisé** [-zé] *adj.* shrewd, sagacious. ‖ **aviser** [-zé] *v.* to catch sight of; to inform, to notify; to advise; *s'aviser de,* to think about; to dare, to find a way.

aviso [àvìzô] *m.* dispatch boat.

aviver [àvìvé] *v.* to brighten; to touch up [couleurs]; to revive [feu]; to burnish [métal]; to sharpen [outils]; to irritate [plaie].

avocat [àvòkà] *m.* barrister; counsel; lawyer; advocate, pleader, counsel(l)or; *avocat général, Br.* Public Prosecutor, *Am.* Attorney general.

avocat [àvòkà] *m.* avocado [fruit].

avoine [àvwàn] *f.* oats.

avoir [àvwàr] *m.* property; possession; credit; fortune; *v.** to have; to possess; to hold; *avoir chaud,* to be warm; *il y a trois jours,* three days ago; *qu'est-ce qu'il y a?,* what is the matter?; *en avoir contre,* to have a grudge against.

avoisinant [àvwàzìnaⁿ] *adj.* neighbouring; nearly. ‖ **avoisiner** [é] *v.* to adjoin; to border on; to be near to.

avortement [àvòrtemaⁿ] *m.* miscarriage; failure; abortion. ‖ **avorter** [-é] *v.* to miscarry, to abort; *se faire avorter,* to cause oneself to miscarry.

avouable [àvwàbl] *adj.* avowable. ‖ **avoué** [àvwé] *m.* solicitor. ‖ **avouer** [àvwé] *v.* to admit, to acknowledge; to own to; to ratify; to endorse.

avril [àvrìl] *m.* April; *poisson d'avril,* April fool joke.

axe [àks] *m.* axis; axle; spindle; pin; line; *axe de manivelle,* crankshaft. ‖ **axer** [-é] *v.* to center.

axiome [àksyòm] *m.* axiom.

ayant [èyaⁿ] *pr. p. of avoir.* ‖ **ayant droit** [-drwa] *m.* rightful claimant.

azotate [àzòtàt] *m.* nitrate. ‖ **azote** [àzòt] *m.* nitrogen.

azur [àzür] *m.* azure, blue; *la Côte d'Azur,* the Riviera.

azyme [àzìm] *adj.* unleavened.

B

baba [bàbà] *m.* sponge-cake steeped in rum.

baba [bàbà] *adj.* (pop.) flabbergasted, amazed; *en rester baba,* to be dumb-founded.

babeurre [bàbœr] *m.* buttermilk.

babil [bàbìl] *m.* prattle [enfants]; twittering [oiseaux]. ‖ **babillard** [-lyàr] *m.* chatterer, © notice-board; *adj.* talkative, garrulous.

babine [bàbîn] *f.* pendulous lip; chop.

babiole [bàbyòl] *f.* toy, plaything; curio; gewgaw.

bâbord [bâbòr] *m.* port (naut.).

babouche [bàbûsh] *f.* Turkish slipper.

bac [bàk] *m.* ferry-boat; tank; tub; sink; vat (techn.); *passer en bac,* to cross on the ferry.

bac [bàk] *abbrev. for baccalauréat.*

baccalauréat [bàkàlòréà] *m.* secondary school leaving-certificate, *Am.* bachelor's degree.

bacchanale [bàkànàl] *f.* orgy.

bâche [bàsh] *f.* canvas cover.

bachelier [bàshelyé] *m.* bachelor [Académie].

bachique [bàshìk] *adj.* Bacchic.

bachot [bàshô] *m.* dinghy; wherry.

bachot [bàshô] *m.* (pop.), *see* bacca-lauréat.

bacille [bàsìl] *m.* bacillus.

bâcler [bâklé] *v.* to bar, to bolt [porte]; to close; to hustle; to patch up; to hurry over [travail].

bactérie [bàktérî] *f.* [usually *pl.*] bacteria. ‖ **bactériologie** [-lòlòjî] *f.* bacteriology.

badaud [bàdô] *m.* stroller; gaper, *Am.* rubber-neck. ‖ **badauder** [-dé] *v.* to stroll about; to gape.

baderne [bàdèrn] *f.* fender (naut.); *vieille baderne,* old fog(e)y.

badigeon [bàdìjòⁿ] *m.* whitewash; distemper [murs]. ‖ **badigeonner** [-òné] *v.* to paint; to daub; to whitewash.

badin [bàdìⁿ] *m.* joker, banterer; *adj.* playful. ‖ **badinage** [-ìnàj] *m.* banter. ‖ **badiner** [-ìné] *v.* to toy, to trifle; to dally; to tease.

bafouer [bàfwé] *v.* to ridicule, to scoff at, to gibe at.

bafouillage [bàfûyàj] *m.* nonsense. ‖ **bafouiller** [-ûyé] *v.* to stammer; to splutter [moteur]; to talk nonsense.

bâfrer [bâfré] *v.* (pop.) to guzzle, to gorge; to stuff oneself with.

bagage [bàgàj] *m.* baggage; luggage; *plier bagage,* to pack up and leave; *dépôt des bagages,* luggage office; *bagages non accompagnés,* luggage in advance.

bagarre [bàgàr] *f.* scuffle, brawl; free fight; quarrel. ‖ **se bagarrer** [sᵉbàgàré] *v.* to scuffle.

bagatelle [bàgàtèl] *f.* trifle; love-making; *interj.* nonsense!

bagne [bàñ] *m.* convict prison; hulk.

bagnole [bàñòl] *f.* cart; (fam.) car.

bagou(t) [bàgû] *m.* (fam.) glibness; *avoir du bagout,* to have the gift of the gab.

bague [bàg] *f.* ring; band.

baguenauder [bàgnôdé] *v.* (pop.) to loaf; to waste time.

baguette [bàgèt] *f.* stick; wand; rod; bread [pain]; beading (techn.).

bahut [bàü] *m.* chest; cupboard.

bai [bè] *adj.* bay [cheval].

baie [bè] *f.* bay (geogr.).

baie [bè] *f.* berry (bot.).

baignade [bèñàd] *f.* bathe, dip. ‖ **baigner** [-é] *v.* to bathe; to bath; to steep; to wash [côte]; *se baigner,* to take a bath; to have a bathe. ‖ **baigneur** [-œr] *m.* bather. ‖ **baignoire** [-wàr] *f.* bath, bathtub; lower box, baignoire (theat.).

bail [bày] (*pl.* **baux** [bô]) *m.* lease; *prendre une maison à bail,* to lease a house.

bâillement [bâymaⁿ] *m.* yawn; gaping. ‖ **bâiller** [bâyé] *v.* to yawn; to gape; to be ajar [porte].

bailleur [bàyœr] *m.* giver; lessor; *bailleur de fonds,* silent partner, financial backer.

bâillon [bâyoⁿ] *m.* gag. ‖ **bâillonner** [bâyòné] *v.* to gag.

bain [bìⁿ] *m.* bath; bathing; *salle de bains,* bathroom; *bains publics,* public baths; **bain-douche,** shower bath; **bain-marie,** water-bath, *Br.* jacketed saucepan, *Am.* double-boiler.

baïonnette [bàyònèt] *f.* bayonet.

baisemain [bèzmⁿ] *m.* hand-kissing.

baiser [bèzé] *m.* kiss.

baisse [bès] *f.* lowering; going down [eaux]; ebb [marée]; fall [prix]; *en baisse,* falling. ‖ **baisser** [bèsé] *v.* to lower; to let down [vitre]; to turn down [lampe]; to hang [tête]; to dip, to dim [phares]; to sink; to decline; to drop; to abate; *se baisser,* to stoop; to bend down.

bajoue [bàjú] *f.* chap, chop, jowl.

Bakélite [bàkélìt] *f.* (trade-mark) Bakelite.

bal [bàl] *m.* ball; dance.

balade [bàlàd] *f.* (fam.) stroll; ramble; excursion. ‖ *balader* [-é] *v.* (fam.) to take for a walk; *envoyer balader,* to chuck away; to send packing; *se balader,* to go for a stroll. ‖ *baladeur* [-œr] *m.* saunterer; selector rod [auto]. ‖ *baladeuse* [-ëz] *f.* handcart; trouble lamp, inspection lamp.

balafre [bàlàfr] *f.* gash; scar. ‖ *balafrer* [-é] *v.* to gash, to slash.

balai [bàlè] *m.* broom; brush; mop; carpet-sweeper.

balance [bàlɑⁿs] *f.* balance; scales, weighing-machine; hesitation; *faire pencher la balance,* to turn the scale; *faire la balance,* to strike a balance. ‖ *balancement* [-mɑⁿ] *m.* rocking; swinging; harmony; indecision. ‖ *balancer* [-é] *v.* to balance, to poise; to waver; to sway, to swing; to hesitate; *se balancer,* to swing; to rock; to ride [bateau]. ‖ *balancier* [-yé] *m.* pendulum [horloge]; balance-wheel [montre]; balancing-pole; screw-press (mech.). ‖ *balançoire* [-wàr] *f.* see-saw, swing.

balayage [bàlèyàj] *m.* sweeping; brushing; scanning. ‖ *balayer* [-èyé] *v.* to sweep; to sweep up [poussière]; to scan [télévision]; to scour [mer]. ‖ *balayeur* [-èyœr] *m.* sweeper, scavenger; *balayures,* sweepings.

balbutiement [bàlbüsìmɑⁿ] *m.* stammering. ‖ *balbutier* [-yé] *v.* to stammer; to mumble.

balcon [bàlkoⁿ] *m.* balcony; dress-circle (theat.); pulpit (naut.).

baldaquin [bàldàkiⁿ] *m.* canopy; tester.

baleine [bàlèn] *f.* whale; whale-bone; corset-bone. ‖ *baleiner* [-é] *v.* to stiffen. ‖ *baleinier* [-yé] *adj.* whaling [industrie]; *m.* whaler [navire]; whale-fisher [pêcheur]; *baleinière,* whale-boat.

balise [bàlìz] *f.* beacon; ground-light (aviat.); *balise flottante,* buoy. ‖ *baliser* [-é] *v.* to beacon (naut.); to buoy, to mark; to provide landing-lights (aviat.).

balistique [bàlìstìk] *f.* ballistics; gunnery; *adj.* ballistic.

balivernes [bàlìvèrn] *f. pl.* nonsense.

ballade [bàlàd] *f.* ballad.

ballant [bàlɑⁿ] *m.* swing; *adj.* dangling; swinging; slack [corde].

ballast [bàlàst] *m.* ballast.

balle [bàl] *f.* husk, chaff [avoine].

balle [bàl] *f.* pack, bale [coton].

balle [bàl] *f.* ball; bullet (mil.); shot; (pop.) franc; map [figure].

ballerine [bàlrîn] *f.* ballet-dancer. ‖ *ballet* [bàlè] *m.* ballet.

ballon [bàloⁿ] *m.* balloon; ball; football; ball-signal (naut.); flask (chem.); rounded hill-top; *envoyer un ballon d'essai,* to put out a feeler. ‖ *ballonnement* [-ònmɑⁿ] *m.* swelling; bloat; flatulence. ‖ *ballonner* [-òné] *v.* to swell out; to balloon; to distend; to bulge.

ballot [bàlô] *m.* pack, bundle; ninny, sucker. ‖ *ballottage* [-òtàj] *m.* tossing; shaking; second ballot [élections]. ‖ *ballottement* [-òtmɑⁿ] *m.* tossing. ‖ *ballotter* [-òté] *v.* to toss about; to shake, to jolt; to rattle [porte]; (fig.) to put off.

balluchon [bàlüshoⁿ] *m.* bundle.

balnéaire [bàlnéèr] *adj.* watering; *station balnéaire,* spa, bathing resort.

balourd [bàlûr] *adj.* dense, doltish; *m.* lout, clod-hopper. ‖ *balourdise* [-dîz] *f.* blunder, stupid mistake.

baluchon, see *balluchon.*

balustrade [bàlüstràd] *f.* balustrade; handrail. ‖ *balustre* [-lüstr] *m.* baluster, banister.

bambin [bɑⁿbiⁿ] *m.* urchin, youngster; (fam.) kid, brat.

bambocheur [bɑⁿbòshœr] *m.* (pop.) reveller; carouser.

bambou [bɑⁿbû] *m.* bamboo.

ban [bɑⁿ] *m.* proclamation; applause; *le ban et l'arrière-ban,* every man Jack; *mettre au ban,* to outlaw, to banish; *pl.* banns [mariage].

banal [bànàl] *adj.** commonplace; banal; trite; hackneyed. ‖ *banalité* [-ìté] *f.* commonplace, banality, triteness.

banane [bànàn] *f.* banana.

banc [bɑⁿ] *m.* bench, seat, pew [église]; bench (mech.); bank; shoal [sable]; school [poissons]; *banc de neige,* Ⓒ snow-bank; *banc des témoins,* witness-box.

bancaire [bɑⁿkèr] *adj.* bank, banking.

bancal [bɑⁿkàl] *(pl.* **bancals)** *adj.* bandy-legged; unsteady.

bandage [bɑⁿdàj] *m.* bandaging; bandage; *Br.* tyre, *Am.* tire (techn.); winding up [ressort]; *bandage herniaire,* truss.

bande [bɑⁿd] *f.* band, strip; stripe; belt [terre]; cine-film; sound-track, tape; list (naut.); wrapper; *donner de la bande,* to list, to heel over.

bande [ba^n d] *f.* band, party, gang, troop; pack [loups]; flock; *bande noire,* set of terrorists.

bandeau [ba^n dô] *m.** headband; diadem; bandage.

bander [ba^n dé] *v.* to bind up, to bandage; to draw, to bend; to tighten; to strain; to be tight; *bander les yeux,* to blindfold; *se bander,* to be bent.

banderole [ba^n dròl] *f.* streamer; sling (mil.); pennant.

bandit [ba^n dì] *m.* bandit, gangster; (fam.) rogue, ruffian, *Am.* hijacker.

bandoulière [ba^n dûlyèr] *f.* shoulder-strap; *en bandoulière,* slung over the shoulder.

banlieue [ba^n lyë] *f.* suburb, outskirts; *de banlieue,* suburban.

banne [bàn] *f.* coal cart; basket, hamper; tilt, tarpaulin.

banni [bànì] *m.* outcast; outlaw; exile; *adj.* banished.

bannière [bànyèr] *f.* flag; banner; ensign; shirt-tail.

bannir [bànìr] *v.* to outlaw, to exile.

banque [ba^n k] *f.* bank; banking; *billet de banque,* banknote; *banque par actions,* joint-stock bank; *faire sauter la banque,* to break the bank [jeu]; *banque du sang,* blood bank.

banqueroute [ba^n krût] *f.* bankruptcy; failure; *faire banqueroute,* to go bankrupt. || **banqueroutier** [-yé] *m.* fraudulent bankrupt; bankrupt trader.

banquet [ba^n kè] *m.* feast, banquet. || **banqueter** [-té] *v.* to feast, to banquet.

banquette [ba^n kèt] *f.* bench, seat; bank [terre]; bunker [golf].

banquier [ba^n kyé] *m.* banker.

banquise [ba^n kîz] *f.* ice-floe, ice-pack, ice-field.

baptême [bàtèm] *m.* baptism, christening; *nom de baptême,* Christian name. || **baptiser** [bàtìzé] *v.* to baptize, to christen; to name; to nickname; to water down.

baquet [bàkè] *m.* tub, bucket.

bar [bàr] *m.* bass [poisson].

bar [bàr] *m.* bar [hôtel, café].

baragouin [bàràgwì^n] *m.* (pop.) gibberish. || **baragouiner** [-ìné] *v.* to gibber; *baragouiner le français,* to murder French.

baraque [bàràk] *f.* hut, shed, shanty; booth; hovel. || **baraquement** [-ma^n] *m.* hutting; hutments.

baratin [bàràtì^n] *m.* spiel, line, ballyhoo. || **baratiner** [-ìné] *v.* to speechify, to gas.

baratte [bàràt] *f.* churn. || **baratter** [-é] *v.* to churn [lait].

barbare [bàrbàr] *m.* barbarian; *adj.* barbaric; uncivilized; barbarous, cruel. || **barbarie** [-î] *f.* barbarity. || **barbarisme** [-ìsm] *m.* barbarism (gramm.).

barbe [bàrb] *f.* beard; whiskers; burr (techn.); *se faire la barbe,* to shave; *rire dans sa barbe,* to laugh up one's sleeve; (pop.) *la barbe!,* shut up! || **barbeau** [-ô] *m.* barbel [poisson]; cornflower (bot.). || **barbelé** [-^e lé] *adj.* barbed. || **barber** [-é] *v.* to bore stiff. || **barbet** [-è] *m.* water-spaniel. || **barbiche** [-ìsh] *f.* short beard; goatee. || **barbillon** [-ìyo^n] *m.* barb. || **barbon** [bàrbo^n] *m.* greybeard, old fogey.

barbiturique [bàrbìtürìk] *m.* barbiturate; *adj.* barbituric.

barboter [bàrboté] *v.* to dabble; to splash; to bubble [gaz]. || **barboteur** [-ær] *m.* paddler; bubbler (techn.). || **barboteuse** [-èz] *f.* rompers; washing-machine. || **barbot(t)e** [-òt] *f.* © catfish; © illegal gambling-house.

barbouillage [bàrbûyàj] *m.* daubing; scrawl; scribble. || **barbouiller** [-ûyé] *v.* to daub; to sully; (fam.) to mess up.

barbu [bàrbü] *adj.* bearded.

barde [bàrd] *m.* bard, poet.

barde [bàrd] *f.* pack-saddle; slice of bacon. || **barder** [-é] *v.* to bard [volaille]; to cover with.

barder [bàrdé] *v.* to carry away; (fam.) to toil; (pop.) *ça barde!,* it's tough going!

barème [bàrèm] *m.* ready-reckoner; scale [salaires]; graph.

baril [bàrì] *m.* barrel, keg, cask. || **barillet** [-yè] *m.* small barrel, keg; cylinder [revolver].

bariolage [bàryòlàj] *m.* motley; gaudy colo(u)r scheme. || **barioler** [-é] *v.* to checker; to paint gaudily; to variegate.

barman [bàrmàn] *m.* barman, *Am.* bartender.

barnum [bàrnòm] *m.* showman; shindy.

baromètre [bàròmètr] *m.* barometer; *baromètre enregistreur,* barograph. || **barométrique** [-étrìk] *adj.* barometric.

baron [bàro^n] *m.* baron. || **baronne** [-òn] *f.* baroness.

baroque [bàròk] *m.* baroque; *adj.* baroque; curious, odd, strange.

barque [bàrk] *f.* boat; barque; *bien conduire sa barque,* to manage one's affairs well. || **barquette** [-èt] *f.* skiff; small boat; shaped tart.

barrage [bàràj] *m.* barring, closing [rues]; barrier; obstruction; dam, weir (mech.); barrage (mil.); *barrage de*

route, road block. ‖ *barre* [bàr] *f.* bar ;
rod ; helm (naut.) ; ingot [or] ; bar
[jur.] ; stroke ; bar-line (mus.) ; stripe ;
bore [rivière] ; *barre de connexion*, tie-
rod [auto] ; *barre d'appui*, handrail ;
paraître à la barre, to appear before
the Court ; *barre de plage*, surf. ‖ *barreau* [-ô] *m.** bar, rail ; rung [échelle] ;
bar (jur.) ; *être reçu au barreau*, *Br.* to
be called to the bar ; *Am.* to pass the
bar. ‖ *barrer* [-é] *v.* to bar ; to stop ;
to cross out ; *Br.* to cross [chèque] ; to
steer (naut.) ; © to lock (a door) ; *rue
barrée*, no thoroughfare ; *se barrer*,
to buzz off (pop.). ‖ *barrette* [-èt] *f.*
small bar ; connecting strip (electr.).

barrette [bàrèt] *f.* biretta ; cardinal's
cap ; hair-slide ; spray.

barreur [bàrœr] *m.* helmsman ; cox.

barricade [bàrìkàd] *f.* barricade. ‖
barricader [-é] *v.* to barricade.

barrière [bàrìyèr] *f.* barrier ; obstacle ; turnpike ; gate [passage à niveau] ;
starting-post [courses].

barrique [bàrìk] *f.* hogshead, butt,
barrel, cask ; barrel roll.

baryton [bàrìtoⁿ] *m.*, *adj.* baritone.

bas [bâ] *m.* lower part ; bottom ; foot ;
small ; stocking ; *adj.** low ; small ;
mean ; *adv.* low ; *en bas*, below ; *aller
en bas*, to go downstairs ; *à bas...!*,
down with...! ; *faire main basse sur*,
to lay hands on ; *au bas mot*, at the
lowest estimate ; *bas-fonds*, underworld ; shallows (naut.) ; *bas-côté*,
aisle ; *bas-relief*, low-relief.

basalte [bàzàlt] *m.* basalt.

basane [bàzàn] *f.* sheepskin ; basil. ‖
basané [-é] *adj.* tanned, sunburnt,
swarthy.

bascule [bàskül] *f.* weighing-machine ;
seesaw ; *wagon à bascule*, tip-waggon ;
Am. dump-cart. ‖ *basculer* [-é] *v.* to
rock ; to tip up ; *faire basculer*, to dip
[fanal, phare]. ‖ *basculeur* [-œr] *m.*
tilter ; *basculeur de phares*, dipper
[autos].

base [bâz] *f.* base ; base-line ; bottom ;
basis, ground, foundation ; *jeter les
bases*, to lay the foundations ; *sans
base*, unfounded ; *base navale*, naval
base ; *de base*, basic.

basoche [bàzòsh] *f.* the bar, the legal
profession.

basque [bàsk] *m.*, *adj.* Basque ; *f.*
skirt, tail.

basse [bâs], *see bas* ; *f.* bass (mus.) ;
cello ; shoal, reef (naut.) ; *basse-cour*,
farmyard. ‖ *bassesse* [-ès] *f.* baseness ;
base action ; vulgarity ; *faire des bas-
sesses*, to stoop to some humiliating
expedient.

basset [bàsè] *m.* basset hound.

bassin [bàsiⁿ] *m.* basin ; lake [artifi-
ciel] ; tank (techn.) ; dock ; pelvis
(anat.) ; bed-pan. ‖ *bassine* [bàsìn] *f.*
pan ; preserving pan ; basin. ‖ *bassiner*
[-é] *v.* to warm [lit] ; to bathe ; (pop.)
to annoy. ‖ *bassinet* [-è] *m.* small
basin. ‖ *bassinoire* [-wàr] *f.* warming-
pan ; bore (fam.).

bastion [bàstyoⁿ] *m.* bastion.

bastringue [bàstriⁿg] *m.* honky-tonk
joint ; row, racket.

bât [bâ] *m.* pack-saddle ; *cheval de
bât*, pack-horse.

bataille [bàtày] *f.* battle ; *bataille rangée*, pitched battle ; *livrer bataille à*,
to join battle with. ‖ *batailler* [-âyé] *v.*
to fight ; to struggle. ‖ *batailleur*
[-âyœr] *adj.* fighting ; quarrelsome. ‖
bataillon [-âyoⁿ] *m.* battalion.

bâtard [bâtàr] *m.*, *adj.* bastard ; cross-
bred ; mongrel [animaux] ; kind of
French bread ; degenerate [race]. ‖
bâtardise [-dîz] *f.* bastardy.

bateau [bàtô] *m.** boat, ship ; *bateau
à vapeur*, steamer ; *bateau de pêche*,
fishing-boat ; *bateau de sauvetage*, life-
boat ; *monter un bateau à quelqu'un*,
to pull someone's leg ; *bateau-citerne*,
tanker ; *bateau-feu*, lightship ; *bateau-
hôpital*, hospital-ship ; *bateau-mouche*,
small passenger steamer.

bateleur [bàtᵉlœr] *m.* mountebank.

batelier [bàtᵉlyé] *m.* boatman.

bâter [bâté] *v.* to saddle ; *un âne
bâté*, a silly ass.

bâti [bâtî] *m.* framing ; body [mo-
teur] ; tacking. ‖ *bâtiment* [-maⁿ] *m.*
edifice, building ; vessel (naut.) ; *bâtiment marchand*, merchant ship. ‖ *bâtir*
[bâtîr] *v.* to build, to construct ; to tack
[couture] ; to baste ; *terrain à bâtir*,
building-site ; *un homme bien bâti*, a
well-built man. ‖ *bâtisse* [-ìs] *f.* masonry ; building.

batifoler [bàtìfòlé] *v.* to frolic, to
romp.

batiste [bàtìst] *f.* batiste, cambric.

bâton [bâtoⁿ] *m.* stick, staff ; baton
(mil.) ; truncheon [police] ; wand ; ©
bat [baseball] ; *à bâtons rompus*, by
fits and starts ; *bâton ferré*, alpenstock ;
bâton d'or, wall-flower. ‖ *bâtonner*
[-òné] *v.* to beat, to cudgel.

battage [bàtàj] *m.* beating [tapis] ;
churning ; threshing ; field of fire
(mil.) ; boosting. ‖ *battant* [-aⁿ] *m.*
door ; clapper [cloche] ; *adj.* banging ;
beating ; pelting [pluie] ; flying [pavil-
lon] ; *porte battante*, swing-door ; fold-
ing-door. ‖ *batte* [bàt] *f.* beater. ‖ *battement* [-maⁿ] *m.* beating ; clapping ;
palpitation ; pulsation (techn.). ‖ *batterie* [-rì] *f.* gun-site ; roll [tambour] ;
battery (mil. ; electr.) ; set [cuisine]. ‖

batteur [-œr] *m.* beater; *batteur de pavé,* loafer; *batteur de pieux,* pile-driver. ‖ **batteuse** [-ëz] *f.* threshing-machine. ‖ **battoir** [-wàr] *m.* bat; beetle [linge]. ‖ **battre** [bàtr] *v.** to beat; to thrash; to thresh; to mint [monnaie]; to defeat; to scour [campagne]; to shuffle [cartes]; to throb; to clap; *se battre,* to fight. ‖ **battu** [bàtü] *adj.* beaten; wrought [fer]. ‖ **battue** *f.* beat [chasse]. ‖ **batture** [-ür] *f.* © strand.

baudet [bôdè] *m.* donkey.

bauge [bôj] *f.* lair; filthy hovel.

bavard [bàvàr] *m.* gossiper; *adj.* talkative, garrulous. ‖ **bavardage** [-dàj] *m.* gossip; chatter. ‖ **bavarder** [-dé] *v.* to gossip; to chatter, to chat; to blab; to tattle. ‖ **bavasser** [-àsé] *v.* © to gossip; to blab.

bave [bàv] *f.* dribble; drivel; slobber; slime. ‖ **baver** [-é] *v.* to dribble; to drivel; to slobber; to ooze. ‖ **bavette** [-èt] *f.* bib; *tailler une bavette,* to gossip. ‖ **baveux** [-ë] *adj.** dribbling; drooling; runny [omelette]. ‖ **bavoir** [-vwàr] *m.* bib. ‖ **bavure** [-ür] *f.* smear; beard [moulage]; burr; seam.

bayer [bàyé] *v.* to gape.

bazar [bàzàr] *m.* bazaar; © charity sale; bargain stores, five-and-ten; *tout le bazar,* the whole caboodle. ‖ **bazarder** [-dé] *v.* (fam.) to sell off.

béant [béaⁿ] *adj.* gaping; yawning.

béat [béà] *adj.* smug, complacent; quiet. ‖ **béatifier** [-tifyé] *v.* to beatify (eccles.). ‖ **béatitude** [-titüd] *f.* beatitude, bliss; complacency.

beau, belle [bô, bèl] (**bel,** *m.* before a vowel or a mute *h*) *m.** beau; beautiful; fine [temps]; *f.* beauty; deciding game; *adj.** beautiful, fair, handsome; smart, fashionable, elegant; fine, noble; good [temps]; splendid; excellent; comfortable; *une belle occasion,* a fine opportunity; *se faire beau,* to smarten oneself up; *au beau milieu,* in the very middle; *de plus belle,* more than ever; *tout beau!,* careful!; *avoir beau,* in vain [e. g. *j'ai beau chercher,* it's no use my looking]; *beau-fils,* stepson; *beau-frère,* brother-in-law; *beau-père,* stepfather; father-in-law; *beaux-arts,* fine arts.

beaucoup [bôkú] *adv.* much; *m.* a great deal, many; much; *beaucoup de gens,* many people; *de beaucoup, à beaucoup près,* by far.

beaupré [bôpré] *m.* bowsprit.

beauté [bôté] *f.* beauty; loveliness.

bébé [bébé] *m.* baby; doll.

bec [bèk] *m.* beak, bill [oiseaux]; snout [poissons]; nose [outil]; spout;

nib; *le bec dans l'eau,* in the lurch; *bec de gaz,* gas-burner; (pop.) *ferme ton bec!,* shut up!; *bec-de-cane,* lever-handle; *bec-de-lièvre,* hare-lip.

bécarre [békàr] *adj., m.* natural (mus.).

bécasse [békàs] *f.* woodcock; goose. ‖ **bécassine** [-ìn] *f.* snipe; little goose (fam.).

bêchage [bèshàj] *m.* digging. ‖ **bêche** [bèsh] *f.* spade; *bêche-de-mer,* sea-slug. ‖ **bêcher** [-é] *v.* to dig, to delve.

becqueter [bèkté] *v.* to peck; to pick [up]; (fam.) to kiss.

bedaine [bədèn] *f.* (fam.) stomach, paunch; pot; pot-belly.

bédane [bédàn] *m.* cold chisel.

bedeau [bədô] *m.** beadle; verger (eccles.).

bedonner [bədòné] *v.* (fam.) to grow stout, paunchy, pot-bellied.

bée [bé] *adj. f.; bouche bée,* agape, open-mouthed; gaping.

bégaiement [bégèmaⁿ] *m.* stammering. ‖ **bégayer** [-èyé] *v.* to stammer, to stutter.

bègue [bèg] *m., f.* stammerer; *adj.* stammering.

béguin [bégiⁿ] *m.* mobcap; sweetheart; infatuation.

beigne [bèñ] *f.* biff, cuff (pop.); © *m.* doughnut. ‖ **beignet** [-yè] *m.* fritter, doughnut.

béjaune [béjôn] *m.* freshman; greenhorn; tyro.

bêlement [bèlmaⁿ] *m.* bleating. ‖ **bêler** [-é] *v.* to bleat, to blat.

belette [bᵉlèt] *f.* weasel.

belge [bèlj] *m., f., adj.* Belgian. ‖ **Belgique** [-ìk] *f.* Belgium.

bélier [bélyé] *m.* ram; battering ram (mil.); hydraulic ram.

bellâtre [bèlâtr] *m.* beau, fop; *adj.* dandified.

belle, see **beau.**

belligérant [bèllìjéraⁿ] *m., adj.* belligerent. ‖ **belliqueux** [bèllìkë] *adj.** bellicose, warlike; quarrelsome.

bémol [bémòl] *m.* flat (mus.).

bénédictin [bénédìktiⁿ] *m., adj.* Benedictine. ‖ **bénédiction** [-ìksyoⁿ] *f.* blessing; godsend, windfall.

bénéfice [bénéfìs] *m.* benefit; gain, profit; living, benefice (eccles.); premium. ‖ **bénéficiaire** [-yèr] *m.* recipient; payee. ‖ **bénéficier** [-yé] *v.* to profit; to benefit.

benêt [bᵉnè] *m.* simpleton, sap; *adj. m.* stupid, simple.

bénévole [bénévòl] *adj.* kind; benevolent; unpaid [services]; *infirmière bénévole*, voluntary nurse.

bénin, bénigne [bénin, béniñ] *adj.* benign, kind; mild. ‖ **bénignité** [béniñité] *f.* kindness; mildness.

bénir [bénîr] *v.* * to bless, to consecrate; *Dieu vous bénisse !*, God bless you! ‖ **bénitier** [-ìtyé] *m.* holy water vessel; stoup.

benjamin [binjàmin] *m.* junior, youngest child; darling.

benjoin [binjwin] *m.* benzoin, gum benjamin (bot.).

benne [bèn] *f.* hamper; basket; tub; *Am.* dump truck.

benzine [binzîn] *f.* benzine.

béquille [békîy] *f.* crutch; stand [bicyclette]; prop, leg (naut.); tail-skid (aviat.).

bercail [bèrkày] *m.* sheepfold; fold (eccles.).

berceau [bèrsô] *m.* * cradle; bed (techn.); vault (arch.); arbo(u)r. ‖ **bercer** [-é] *v.* to rock; to lull; to soothe [chagrin]; to delude; *se bercer*, to rock; *se bercer d'un espoir*, to cherish a hope. ‖ **berceuse** [-ëz] *f.* swing-cot; © rocking-chair; lullaby.

béret [bérè] *m.* tam-o'-shanter ; beret.

berge [bèrj] *f.* bank [rivière, chemin, fossé]; parapet (mil.).

berger [bèrjé] *m.* shepherd. ‖ **bergère** [-èr] *f.* shepherdess; easy chair. ‖ **bergerie** [-erî] *f.* sheep-pen. ‖ **bergeronnette** [-erònèt] *f.* wagtail [oiseau].

berlue [bèrlü] *f.* faulty vision; *avoir la berlue*, to get things all wrong.

berne [bèrn] *f.;* *mettre le pavillon en berne*, to fly the flag at half-mast. ‖ **berner** [-é] *v.* to fool, to make fun of, to deceive.

bernique! [bèrnìk] *interj.* nothing doing!; no luck!

besicles [bezìkl] *f. pl.* (fam.) specs, giglamps, cheaters.

besogne [bezòñ] *f.* work, task, job. ‖ **besogner** [-é] *v.* to labour, to drudge. ‖ **besogneux** [-ë] *adj.* * needy, hard-up.

besoin [bezwin] *m.* need, want; poverty; *au besoin*, in case of need; *avoir besoin de*, to want; *est-il besoin?*, is it necessary?

bestial [bèstyàl] *adj.* * bestial, brutish. ‖ **bestiaux** [-yô] *m. pl.* livestock. ‖ **bestiole** [-yòl] *f.* tiny beast.

bêta [bètà] *m.* simpleton, block-head.

bétail [bétày] *m.* cattle; livestock.

bête [bèt] *f.* beast, animal; fool; *bête de somme*, pack animal, beast of burden; *bête à bon Dieu*, lady-bird;

bête puante, © skunk (*fr.* moufette); *bête noire*, pet aversion; *bonne bête*, good sort; *faire la bête*, to play the fool; *chercher la petite bête*, to be over-critical; *adj.* silly, stupid. ‖ **bêtifier** [-ìfyé] *v.* to play the fool. ‖ **bêtise** [-îz] *f.* a mere trifle; blunder; folly; nonsense; mistake; silliness.

béton [bétòn] *m.* concrete; *béton armé*, reinforced concrete; ferro-concrete.

bette [bèt] *f.* white beet. ‖ **betterave** [-ràv] *f.* beetroot, beet; mangel-wurzer; sugar-beet.

beuglement [bëgleman] *m.* bellowing; lowing [bétail]. ‖ **beugler** [-é] *v.* to bellow, to low.

beurre [bœr] *m.* butter; *un œil au beurre noir*, a black eye. ‖ **beurrer** [-é] *v.* to butter. ‖ **beurrier** [-yé] *m.* butter-man; butter-dish; *adj.* butter-producing.

beuverie [bëvrî] *f.* drinking bout.

bévue [bévü] *f.* blunder, slip, boner.

biais [byè] *m.* skew (techn.); slant; bias; expedient; tuck [couture]; *en biais*, askew; *regarder de biais*, to throw a side-glance; *chercher un biais pour*, to find an easy way of; *adj.* skew; sloping; oblique. ‖ **biaiser** [-é] *v.* to slant, to cut aslant; to use evasions.

bibelot [bìblô] *m.* knick-knack, trinket, curio.

biberon [bìbron] *m.* feeding-bottle; tippler. ‖ **biberonner** [-òné] *v.* to tipple, to booze, to liquor up.

bibi [bìbì] *m.* number one (myself); tile (fam.).

bibite [bìbìt] *f.* © insect.

Bible [bìbl] *f.* Bible.

bibliographie [bìblìògràfî] *f.* bibliography. ‖ **bibliographique** [-gràfìk] *adj.* bibliographical. ‖ **bibliomane** [-màn] *m.* book collector. ‖ **bibliophile** [-fìl] *m.* book-lover. ‖ **bibliothécaire** [-tékèr] *m.* librarian. ‖ **bibliothèque** [-tèk] *f.* library; reading-room; bookcase; bookshelf.

biblique [bìblìk] *adj.* Biblical.

bicarbonate [bìkàrbonàt] *m.* bicarbonate.

biceps [bìsèps] *m., adj.* biceps.

biche [bìsh] *f.* hind, doe, roe.

bichon [bìshon] *m.* lap-dog. ‖ **bichonner** [-òné] *v.* to curl; to make smart; to caress.

bicoque [bìkòk] *f.* hovel; shack; *Am.* shanty; dump (fam.).

bicorne [bìkòrn] *m.* cocked hat.

bicyclette [bìsìklèt] *f.* bicycle, cycle; *aller à bicyclette*, to cycle; *bicyclette de course*, racing cycle.

bidet [bìdè] *m.* nag; bidet (hyg.); trestle.

bidon [bìdoⁿ] *m.* tin, can, drum [essence]; water-bottle (mil.). ‖ *bidonville* [-vìl] *m.* shanty-town.

bielle [byèl] *f.* tie-rod; crank-arm; *bielle motrice,* connecting-rod (mech.); *bielle de soupape,* valve push-rod.

bien [byⁿ] *m.* good; welfare; possession, estate, property, wealth, goods; *adv.* well; right, proper; really; many; comfortable; *un homme de bien,* a good man; *biens immeubles,* real property; *faire du bien,* to do good; *être bien avec,* to be on good terms with; *vouloir bien,* to be willing; *être bien,* to be comfortable, to be good-looking; *bien des gens,* many people; *aussi bien que,* as well as; *bien que,* although; *tant bien que mal,* so-so, after a fashion; *bien-aimé,* beloved; *bien-être,* comfort; well-being; welfare; *bien-fondé,* cogency, merit; *bien-fonds,* real estate; landed property.

bienfaisance [byⁿfⁿzaⁿs] *f.* beneficence; charity; *bureau de bienfaisance,* relief committee. ‖ *bienfaisant* [-aⁿ] *adj.* charitable; beneficial. ‖ *bienfait* [byⁿfè] *m.* good turn, kindness; benefit. ‖ *bienfaiteur, trice* [-tœr, -trìs] *m., f.* benefactress.

bienheureux [byⁿnœrë] *adj.* *m.* blissful; blessed; *m. pl.* the blessed, the blest.

bienséance [byⁿséaⁿs] *f.* propriety, decorum. ‖ *bienséant* [-éaⁿ] *adj.* decent, becoming, seemly.

bientôt [byⁿtô] *adv.* soon; before long; *à bientôt !,* see you shortly !, Am. so long !

bienveillance [byⁿvèyaⁿs] *f.* benevolence; *par bienveillance,* out of kindness. ‖ *bienveillant* [-èyaⁿ] *adj.* benevolent.

bienvenu [byⁿvⁿnü] *m., adj.* welcome; *soyez le bienvenu !,* welcome ! ‖ *bienvenue* [-ü] *f.* welcome; *souhaiter la bienvenue à,* to welcome.

bière [byèr] *f.* beer; *bière blonde,* pale ale.

bière [byèr] *f.* coffin.

biffer [bìfé] *v.* to cross out, to strike out, to cancel [mot].

biffin [bìfⁿ] *m. Am.* junkman; (fam.) foot-slogger.

bifteck [bìftèk] *m.* beefsteak.

bifurcation [bìfürkàsyoⁿ] *f.* bifurcation; fork [route]; junction (railw.). ‖ *bifurquer* [bìfürké] *v.* to fork; to bifurcate; to branch off [route]; to shunt (electr.).

bigame [bìgàm] *m.* bigamist; *adj.* bigamous. ‖ *bigamie* [-î] *f.* bigamy.

bigarré [bìgàré] *adj.* motley, variegated. ‖ *bigarrer* [-é] *v.* to mottle, to checker. ‖ *bigarrure* [-ür] *f.* mixture, variegation, motley.

bigle [bìgl] *adj.* squint-eyed.

bigot [bìgô] *m.* bigot; *adj.* bigoted, over-devout. ‖ *bigoterie* [-òtrî] *f.* bigotry.

bigoudi [bìgûdî] *m.* curling pin, hair-curler.

bijou [bìjû] *m.* * jewel, gem. ‖ *bijouterie* [-trî] *f. Br.* jewellery, *Am.* jewelry; jeweler's shop. ‖ *bijoutier* [-tyé] *m.* jeweler.

bilan [bìlaⁿ] *m.* balance-sheet; statement; schedule (comm.); *déposer son bilan,* to file a petition in bankruptcy.

bilatéral [bìlàtéràl] *adj.* * bilateral; two-sided.

bile [bìl] *f.* bile, gall; anger; *se faire de la bile,* to worry, to get worked up. ‖ *biliaire* [-yèr] *adj.* biliary; *canal biliaire,* bile-duct. ‖ *bilieux* [-yé] *adj.* * bilious; choleric, cross, testy; morose; cantankerous.

bilingue [bìlⁿg] *adj.* bilingual. ‖ *bilinguisme* [-üìsm] *m.* bilingualism.

billard [bìyàr] *m.* billiards; billiard-table; billiard-room.

bille [bîy] *f.* small ball [billard]; marble [jeu]; block, log [bois]; (pop.) nut; dial.

billet [bìyè] *m.* note, letter; circular; notice; bill (comm.); ticket; bank-note; *billet doux,* love-letter; *billet de faire-part,* wedding, funeral announcement; *billet simple,* single ticket; *billet d'aller et retour,* return ticket; *billet à vue,* bill payable at sight; *billet de logement,* billeting order (mil.); *billet à ordre,* promissory note.

billevesées [bìlvⁿzé] *f. pl.* nonsense, crazy ideas; rubbish.

bimensuel [bìmⁿsüèl] *adj.* * twice-monthly. ‖ *bimestriel* [-mèstriyèl] *adj.* * bimonthly.

bimoteur [bìmòtœr] *adj.* twin-engined; *m.* bimotored plane.

binette [bìnèt] *f.* hoe (agr.).

binette [bìnèt] *f.* (pop.) face, mug.

binocle [bìnòkl] *m.* eye-glasses; pince-nez.

biographe [bìògràf] *m.* biographer. ‖ *biographie* [-î] *f.* biography. ‖ *biographique* [-k] *adj.* biographical.

biologie [bìòlòjî] *f.* biology. ‖ *biologique* [-ìk] *adj.* biological. ‖ *biologiste* [-ìst] *m., f.* biologist.

biplace [bìplàs] *adj., m. f.* two-seater.

bique [bìk] *f.* she-goat, nanny-goat; old nag. ‖ *biquet* [-è] *m.* kid.

bis [bì] *adj.* brown; *pain bis*, brown bread.

bis [bìs] *adv.* twice, again, repeat; ditto; *encore!*; *n° 32 bis*, n° 32 A [maisons].

bisannuel [bìzànnüèl] *adj.** bi-annual.

bisbille [bìzbíy] *f.* (fam.) bickering, quarrel; *en bisbille*, at loggerheads.

biscornu [bìskòrnü] *adj.* two-horned; odd; misshapen, distorted; inconsequent [argument].

biscotte [bìskòt] *f.* rusk. ‖ *biscuit* [bìsküì] *m.* biscuit, *Am.* cracker; *biscuit de mer*, ship's biscuit, hard tack; *biscuit à la cuiller*, Br. sponge-finger, *Am.* lady-finger.

bise [bìz] *f.* north wind.

biseau [bìzô] *m.** chamfer, bevel; bevelling. ‖ *biseauter* [-té] *v.* to bevel; to cheat [cartes].

bismuth [bìsmüt] *m.* bismuth.

bison [bìzoⁿ] *m.* bison, buffalo.

bissecteur, -trice [bìsèktœr, -trìs] *adj.* bisecting; *f.* bisector, bisectrix. ‖ *bissection* [bìsèksyoⁿ] *f.* bisection.

bisser [bìsé] *v.* to encore (theat.).

bissextile [bìsèkstìl] *adj.; année bissextile*, leap-year.

bistouri [bìstûrî] *m.* lancet, knife.

bistre [bìstr] *m.* bistre; *adj.* blackish-brown. ‖ *bistré* [-é] *adj.* brown, swarthy.

bistro [bìstrô] *m.* pub; publican; *le bistro du coin*, the local.

bitume [bìtüm] *m.* bitumen, asphalt; tar; *bitumé,* tarred.

bivouac [bìvwàk] *m.* bivouac. ‖ *bivouaquer* [-é] *v.* to bivouac.

bizarre [bìzàr] *m.* queer thing; strange part; *adj.* bizarre, odd, curious, strange. ‖ *bizarrerie* [-rî] *f.* oddness, peculiarity; whim.

bizut [bìzü] *m.* (fam.) fresher, freshman.

bla-bla-bla [blàblàblà] *m.* claptrap, blah, bunkum, *Am.* baloney.

blackbouler [blàkbûlé] *v.* to blackball, to turn down.

blafard [blàfàr] *adj.* pale, wan; livid.

blague [blàg] *f.* tobacco-pouch; humbug, nonsense; fib; banter; gag; *sans blague?*, you don't say? ‖ *blaguer* [blàgé] *v.* to chaff; to joke. ‖ *blagueur* [blàgœr] *m.* humbug; wag; *adj.** bantering; scoffing.

blaireau [blèrô] *m.** badger (zool.); shaving-brush; brush [peintre].

blâmable [blâmàbl] *adj.* blamable. ‖ *blâme* [blâm] *m.* blame; *vote de blâme*, vote of censure. ‖ *blâmer* [-é]

v. to blame; to censure; to reprimand; to find fault with.

blanc, blanche [blaⁿ, blaⁿsh] *m.* white; white part; white man; blank; bull's-eye [cible]; blank cartridge; breast [volaille]; *f.* billiard ball; minim (mus.); *adj.* white, pale; clean, spotless; blank; *chèque en blanc*, blank check; *chauffer à blanc*, to make white-hot; *blanc de chaux*, whitewash; *saigner à blanc*, to bleed white; *magasin de blanc*, Br. linen drapery, *Am.* household linen store; *nuit blanche*, sleepless night; *arme blanche*, cold steel; *blanc-bec*, greenhorn; *blanc-seing*, blank signature; full power. ‖ *blanchâtre* [blaⁿshâtr] *adj.* whitish. ‖ *blanche, see blanc.* ‖ *blancheur* [-œr] *f.* whiteness, pallor; purity. ‖ *blanchiment* [-ìmaⁿ] *m.* bleaching. ‖ *blanchir* [-îr] *v.* to whiten, to blanch, to bleach; to clean, to launder; to fade; to turn grey. ‖ *blanchissage* [-ìsàj] *m.* washing. ‖ *blanchisserie* [-ìsrî] *f.* laundry. ‖ *blanchisseur* [-ìsœr] *m.* laundry-man; bleacher (text.). ‖ *blanchisseuse* [-ìsëz] *f.* washerwoman; laundress.

blaser [blàzé] *v.* to blunt; to surfeit; *il est blasé,* he is jaded, blasé.

blason [blàzoⁿ] *m.* blazon, coat-of-arms; heraldry.

blasphème [blàsfèm] *m.* blasphemy; © oath, swear word. ‖ *blasphémer* [-émé] *v.* to blaspheme; to curse; © to swear.

blatte [blàt] *f.* cockroach, black-beetle.

blé [blé] *m.* corn; wheat; *blé de Turquie*, © *blé d'Inde*, maize, *Am.* Indian corn; *blé noir,* buck wheat.

blême [blèm] *adj.* pale, wan; ghastly. ‖ *blêmir* [îr] *v.* to grow pale, to blanch.

bléser [blézé] *v.* to lisp.

blessant [blèsaⁿ] *adj.* wounding; offensive [remarque]. ‖ *blessé* [é] *m.* casualty. ‖ *blesser* [-é] *v.* to wound; to hurt; to offend; to jar upon; *se blesser,* to hurt oneself; to take offense. ‖ *blessure* [-ür] *f.* wound, injury.

blet [blè] *adj.** over-ripe.

blette [blèt] *f.* white beet.

bleu [blë] *m.* blue; blue mark; bruise; recruit (mil.); blueprint; *adj.* blue; underdone [viande]; *bleu ciel,* sky blue; *bleu marine*, navy blue; *passer au bleu*, to blue; *colère bleue*, violent anger, towering rage; *conte bleu*, fairy tale; *en rester bleu*, to be flabbergasted; *pl.* overalls, dungarees. ‖ *bleuâtre* [-âtr] *adj.* bluish. ‖ *bleuet* *m.* cornflower; © blueberry, bilberry, whortleberry [*fr.* myrtille]. ‖ *bleuir* [îr] *v.* to make blue; to turn blue. ‖ *bleuter* [-té] *v.* to tinge with blue.

blindage [bliⁿdàj] *m.* armo(u)r-plating. || **blinder** [-é] *v.* to armo(u)r, to protect; to timber; to sheet; to screen (electr.); *voitures blindées*, armo(u)red vehicles.

bloc [blòk] *m.* block; memorandum pad; mass; lump; (pop.) clink; *en bloc*, wholesale; *visser à bloc*, to screw right in; *bloc de correspondance*, writing tablet. || **blocage** [-àj] *m.* blocking; locking; jamming on. || **blockhaus** [-ôs] *m.* blockhouse; conning-tower [sous-marin]. || **blocus** [üs] *m.* blockade; *faire le blocus de*, to blockade; *forcer le blocus*, to run the blockade.

blond [bloⁿ] *m.*, *adj.* blond; *adj.* fair; flaxen; pale [bière]. || **blonde** [bloⁿd] *f.* © sweetheart. || **blondeur** [-dœr] *f.* blondness. || **blondin** [-diⁿ] *m.*, *adj.* fair-haired. || **blondir** [-dîr] *v.* to grow yellow.

bloquer [blòké] *v.* to block up; to blockade; to besiege; to stop [chèque]; to jam on [freins]; to lock (mech.); *se bloquer*, to get jammed.

blottir (se) [seblòtîr] *v.* to squat; to crouch; to nestle; to huddle up.

blouse [blûz] *f.* blouse; smock; overall. || **blouson** [zoⁿ] *m.* wind-cheater, wind-breaker.

bluet [blüè] *m.* cornflower.

bluff [blœf] *m.* bluff. || **bluffer** [-é] *v.* to bluff; to pull a fast one. || **bluffeur** [-œr] *m.* bluffer.

blutage [blütàj] *m.* bolting; sifting. || **bluter** [-é] *v.* to bolt, to sift. || **blutoir** [-wàr] *m.* sieve.

boa [bòà] *m.* boa.

bobard [bòbàr] *m.* tall story.

bobèche [bòbèsh] *f.* candle-ring; socket.

bobine [bòbîn] *f.* bobbin, spool, reel; roll; drum (techn.); coil (electr.); inductor; (fam.) mug, map. || **bobiner** [-ìné] *v.* to wind, to spool.

bobo [bòbô] *m.* (fam.) pain, sore.

bocal [bòkàl] *m.** glass jar; bowl; globe; *mettre en bocal*, to bottle.

bock [bòk] *m.* glass of beer; enema.

bœuf [bœf, *pl.* bë] *m.* ox; beef; *bœuf en conserve*, corned beef.

boire [bwàr] *m.* drink; drinking; *v.** to drink; to absorb; to imbibe; to swallow [insultes]; to drink in; *boire comme un trou*, to drink like a fish; *chanson à boire*, drinking song.

bois [bwà] *m.* wood; forest; timber; fire-wood; antler(s) [cerf]; wood-wind (mus.); *bois ronds*, spars; *cabane de bois ronds*, © log-cabin; *bois contreplaqué*, plywood; *sous-bois*, undergrowth. || **boisage** [-zàj] *m.* timbering.

afforestation. || **boisé** [-zé] *adj.* wooded; timbered. || **boisement** [-zmaⁿ] *m.* tree-planting. || **boiser** [-zé] *v.* to panel; to timber; to plant with trees. || **boiserie** [-zrî] *f.* joinery; woodwork; wainscoting, panelling.

boisseau [bwàsô] *m.** bushel.

boisson [bwàsoⁿ] *f.* drink; *pris de boisson*, intoxicated; in liquor.

boîte [bwàt] *f.* box, case; *Br.* tin; *Am.* can; (pop.) prison; *boîte aux lettres*, *Br.* letter-box; *Am.* mail-box; *boîte de vitesses*, gear-box; *boîte de nuit*, night-club; *en boîte*, *Br.* tinned, *Am.* canned; *mettre en boîte*, to pull someone's leg.

boiter [bwàté] *v.* to halt, to hobble, to limp, to be lame. || **boiteux** [-é] *adj.** lame; rickety.

boîtier [bwàtyé] *m.* box, case; box-maker.

boitiller [bwàtiyé] *v.* to hobble.

bol [bòl] *m.* bowl, basin.

bolcheviste [bòlshᵉvìst] *m.*, *f.* Bolchevist. || **bolchevisme** [-ìsm] *m.* Bolchevism.

bolduc [bòldük] *m.* tape, colored ribbon.

boléro [bòlérô] *m.* bolero.

bolide [bòlîd] *m.* meteorite; racing-car; *Am.* hot-shot; thunderbolt.

bombance [boⁿbaⁿs] *f.* feasting, riot, revel, junket.

bombardement [boⁿbàrdmaⁿ] *m.* bombing; shelling; bombardment. || **bombarder** [-é] *v.* to shell; to bombard. || **bombardier** [-yé] *m.* bombardier; bomber (aviat.).

bombe [boⁿb] *f.* bomb; depth-charge; *à l'épreuve des bombes*, bomb-proof; *en bombe*, like a rocket; *faire la bombe*, to go on a spree. || **bomber** [-é] *v.* to bulge, to bend; to swell; to camber [route]; *se bomber*, to bulge.

bon, bonne [boⁿ, bòn] *m.* order, voucher; bond, draft; *adj.* good; simple; kind; clever; fit, proper, right; witty; large; fine; well paid [emploi]; lucky [étoile]; *adv.* well; nice; fast; [*comp. meilleur*, better, *sup.* **le meilleur**, the best]; *bon de poste*, postal order; *bon du trésor*, treasury bond; *bonne année!*, a happy New Year!; *bonne compagnie*, elegant society; *il fait bon*, the weather is fine; *à quoi bon?*, what's the use?; *pour de bon*, in earnest, for good and all.

bonasse [bònàs] *adj.* easy-going, good-hearted.

bonbon [boⁿboⁿ] *m.* *Br.* sweet, *Am.* candy. || **bonbonnerie** [-ònrî] *f.* confectionery. || **bonbonnière** [-ònyèr] *f.*

sweetmeat-box; candy-box; snug little house.

bond [boⁿ] *m.* jump, bound, leap; spring; *je vous ai fait faux bond,* I left you in the lurch.

bonde [boⁿd] *f.* plug; bung [tonneau]; bung-hole; sluice-gate. ‖ *bonder* [-é] *v.* to fill up; *salle bondée,* packed house.

bondieuserie [boⁿdyÈzᵉrî] *f.* pietism; *pl.* church ornaments.

bondir [boⁿdîr] *v.* to bound, to jump; to leap; to spring; to bounce; to caper.

bonheur [bònœr] *m.* happiness; bliss; good luck; success; *par bonheur,* luckily; *au petit bonheur,* haphazardly.

bonhomie [bònòmî] *f.* simplicity, good nature; heartiness. ‖ *bonhomme* [bònòm] *m.* man, fellow, chap; simple-minded man; bolt (mech.); *un faux bonhomme,* a humbug, a hypocrite.

boni [bònî] *m.* bonus, profit, allowance; surplus.

bonification [bònîfîkàsyoⁿ] *f.* improvement; allowance; rebate (comm.). ‖ *bonifier* [-yé] *v.* to better; to allow; *se bonifier,* to improve.

boniment [bònìmaⁿ] *m.* patter, claptrap; compliments.

bonjour [boⁿjûr] *m.* good day; good morning; good afternoon.

bonne [bòn] *adj., see bon; f.* maid, servant; *bonne à tout faire,* general servant; *bonne d'enfant,* children's nurse; *bonne-maman,* grandma.

bonnement [bònmaⁿ] *adv.; tout bonnement,* clearly, plainly.

bonnet [bònè] *m.* cap; *gros bonnet,* bigwig, *Am.* big shot; *opiner du bonnet,* to nod assent; *avoir la tête près du bonnet,* to be quick-tempered. ‖ *bonneterie* [bòntrî] *f.* haberdashery, hosiery. ‖ *bonnetier* [bòntyé] *m.* haberdasher, hosier. ‖ *bonnette* [bònèt] *f.* bonnet; supplementary lens (phot.). ‖ *bonnichon* [-nìshoⁿ] *m.* child's cap.

bonsoir [boⁿswàr] *m.* good evening; good night.

bonté [boⁿté] *f.* goodness, kindness; *ayez la bonté de,* be so good as to.

boqueteau [bòktô] *m.** copse, spinney.

borax [bòràks] *m.* borax.

bord [bòr] *m.* edge, border; side, shore [mer]; bank; brim [chapeau]; verge [ruine]; tack (naut.); *à bord du bateau,* on board ship; *médecin du bord,* ship's doctor. ‖ *bordage* [dàj] *m.* hemming, bordering; bulwarks (naut.).

bordeaux [bòrdô] *m.* Bordeaux wine; claret.

bordée [bòrdé] *f.* board; tack; broadside; volley; watch (naut.); *bordée de neige,* ⓒ heavy snowfall; spree.

bordel [bòrdèl] *m.* (pop.) brothel.

border [bòrdé] *v.* to hem, to border.

bordereau [bòrdᵉrô] *m.** memorandum; statement; docket, schedule; register; note; *bordereau de versement,* pay-in slip.

bordure [bòrdür] *f.* border; bordering; edge; rim; *Br.* kerb, *Am.* curb [trottoir].

borgne [bòrñ] *adj.* one-eyed; disreputable, shady; *rue borgne,* blind alley.

borique [bòrìk] *adj.* boracic. ‖ *boriqué* [-é] *adj.* containing boracic.

bornage [bòrnàj] *m.* settling the boundary; staking, demarcation. ‖ *borne* [bòrn] *f.* boundary, limit; milestone; landmark; terminal (electr.); bollard (naut.); *dépasser les bornes,* to overstep the bounds; to go beyond a joke. ‖ *borné* [-é] *adj.* narrow, limited, cramped, restricted. ‖ *borner* [-é] *v.* to set limits; to limit; to confine.

bosquet [bòskè] *m.* grove; shrubbery.

bosse [bòs] *f.* hump; lump; bump; dent; knob; relief [art]; *avoir la bosse de,* to have a gift for. ‖ *bosseler* [-lé] *v.* to emboss; to batter. ‖ *bossoir* [-wàr] *m.* davit (naut.). ‖ *bossu* [-ü] *adj.* hunchbacked. ‖ *bossuer* [üé] *v.* to batter.

bot [bô] *adj.* pied bot, club-foot.

botanique [bòtànìk] *adj.* botanical; *f.* botany.

botte [bòt] *f.* bunch [fleurs], truss [foin], sheaf [blé].

botte [bòt] *f.* thrust [escrime].

botte [bòt] *f.* boot; *bottes d'égoutier,* waders.

botteler [bòtlé] *v.* to bind, to truss.

botter [bòté] *v.* to put on shoes, boots; to kick; to suit. ‖ *bottier* [-yé] *m.* shoemaker, bootmaker. ‖ *bottillon* [bòtìyoⁿ] *m.* bootee.

Bottin [bòtìⁿ] *m.* (trade-mark) French directory; social register.

bottine [bòtìn] *f.* ankle-boot.

bouc [bûk] *m.* he-goat; goatee [barbe]; *bouc émissaire,* scape-goat, fall guy.

boucan [bûkaⁿ] *m.* (pop.) row, racket, shindy, noise.

bouchage [bûshàj] *m.* stopping; corking; plugging.

bouche [bûsh] *f.* mouth; opening; muzzle [canon]; nozzle; orifice; *bouche de chaleur,* hot-air grating; *bouche de métro,* subway entrance; *bouche à feu,* piece of artillery; *bouche d'incendie,* fire-hydrant, *Am.* fire-plug;

faire la petite bouche, to be finicky. ‖ **bouché** [-é] *adj.* stoppered; corked; bottled; clogged; stupid, dense. ‖ **bouchée** [-é] *f.* mouthful. ‖ **boucher** [-é] *v.* to stop (up), to cork; to shut up; *se boucher,* to become obstructed. ‖ **boucher** [bûshé] *m.* butcher. ‖ **boucherie** [-rî] *f.* butcher's shop; slaughter, massacre.

bouche-trou [bûsh-trû] *m.* stop-gap; substitute.

bouchon [bûshon] *m.* cork, stopper, plug, bung; sign; inn, public-house; float [pêche]; wisp [paille]. ‖ **bouchonner** [òné] *v.* to rub down.

boucle [bûkl] *f.* buckle; ear-ring; curl; lock [cheveux]; loop; ring. ‖ **bouclé** [-é] *adj.* curly, curled. ‖ **boucler** [-é] *v.* to curl; to buckle; to loop; to strap; to lock up. ‖ **bouclette** [-èt] *f.* ringlet.

bouder [bûdé] *v.* to sulk; to fight shy of; to be cool towards. ‖ **bouderie** [rî] *f.* sulkiness. ‖ **boudeur** [-œr] *adj.** sullen, sulky.

boudin [bûdin] *m. Br.* black pudding, *Am.* blood-sausage; spring; flange [roue]; beading.

boudoir [bûdwàr] *m.* boudoir.

boue [bû] *f.* mud, mire; sediment; dirt; slush, sludge.

bouée [bûé] *f.* buoy; *bouée de sauvetage,* life-buoy.

boueur [bûœr] *m.* scavenger; *Br.* dustman, *Am.* garbage-collector; street cleaner. ‖ **boueux** [bûë] *adj.** muddy, dirty; sloppy, squashy.

bouffant [bûfan] *adj.* puffed, full, ample. ‖ **bouffée** [-é] *f.* puff, whiff, gust [vent]; flush (med.); fit, outburst. ‖ **bouffi** [-î] *adj.* puffy; bloated; swollen. ‖ **bouffissure** [-isûr] *f.* swelling; puffiness; bombast.

bouffon [bûfon] *m.* fool, jester; buffoon, prankster; *adj.** farcical, ludicrous, jocular.

bougeoir [bûjwàr] *m.* candle-stick.

bougeotte [bûjòt] *f. avoir la bougeotte,* to have the fidgets.

bouger [bûjé] *v.* to stir; to move; to budge; to make a move, to act.

bougie [bûjî] *f.* taper; candle; candle-power; *bougie d'allumage, Br.* sparking-plug, *Am.* spark plug.

bougon [bûgon] *m.* grumbler, croaker, grouser; *adj.** grumbling. ‖ **bougonner** [-òné] *v.* to grumble.

bougre [bûgr] *m.* fellow, chap, guy.

bouillabaisse [bûyàbès] *f.* Provençal fish-soup.

bouillant [bûyan] *adj.* boiling; hot; hot-tempered. ‖ **bouilleur** [bûyœr] *m.* boiler; distiller. ‖ **bouilli** [bûyî] *m.*

boiled beef. ‖ **bouillie** [bûyî] *f.* pap, pulp; gruel; mess. ‖ **bouillir** [bûyîr] *v.** to boil; *faire bouillir,* to boil. ‖ **bouilloire** [bûywàr] *f. Br.* kettle, *Am.* teakettle. ‖ **bouillon** [bûyon] *m.* broth, soup; bubble; restaurant; unsold copies [journaux]; *bouillon d'onze heures,* poison. ‖ **bouillonnement** [bûyònman] *m.* bubbling; effervescence; seething; boiling. ‖ **bouillonner** [-é] *v.* to boil; to seethe; to bubble; to foam; to froth; to puff [couture]. ‖ **bouillotte** [bûyòt] *f.* footwarmer; hot-water bottle.

boulange [bûlanj] *f.* baker's trade. ‖ **boulanger** [-jé] *m.* baker. ‖ **boulangerie** [-rî] *f.* baking, bakery; baker's shop.

boule [bûl] *f.* ball; bowl; (pop.) nut, noddle; *boule de neige,* snowball; *boule de gomme,* gum-drop; *jouer aux boules,* to play bowls; *perdre la boule,* to go nuts; *se mettre en boule,* to get spiky.

bouleau [bûlô] *m.** birch [arbre].

bouledogue [bûldòg] *m.* bulldog.

bouler [bûlé] *v.* to roll along; to pad; to fluff; *envoyer bouler,* to send packing. ‖ **boulet** [-è] *m.* shot; ball; (fig.) drag, millstone. ‖ **boulette** [-èt] *f.* meatball; blunder.

boulevard [bûlvàr] *m.* boulevard; bulwark.

bouleversement [bûlvèrsman] *m.* overthrow; confusion; bewilderment. ‖ **bouleverser** [-é] *v.* to upset; to disrupt; to throw into confusion.

bouline [bûlîn] *f.* bowline.

boulon [bûlon] *m.* bolt; pin. ‖ **boulonner** [-òné] *v.* to bolt (down).

boulot, -otte [bûlò, -òt] *adj.* fat, plump, tubby (person); *m.* (fam.) work, grind. ‖ **boulotter** [-òté] *v.* (fam.) to grub up; to tuck in.

bouquet [bûkè] *m.* bunch; cluster [arbres]; aroma [vin]; crowning-piece [feu d'artifice]; *c'est le bouquet !,* that's the last straw ! ‖ **bouquetière** [-tyèr] *f.* flower-girl.

bouquin [bûkin] *m.* (fam.) old book. ‖ **bouquiner** [-kiné] *v.* to pore over books; to browse among bookstalls. ‖ **bouquiniste** [-inîst] *m.* second-hand book dealer.

bourbeux [bûrbë] *adj.** miry, muddy. ‖ **bourbier** [-yé] *m.* slough, mire; mess, fix.

bourde [bûrd] *f.* fib, humbug; mistake; blunder; boner; thumper.

bourdon [bûrdon] *m.* omission (typogr.).

bourdon [bûrdon] *m.* humblebee; drone bass; great bell. ‖ **bourdonnement** [-ônman] *m.* humming; buzz; head noises; singing [d'oreilles].

bourdonner [-òné] *v.* to hum; to buzz; to murmur.

bourg [bûr] *m.* borough; market-town. ‖ **bourgade** [-gàd] *f.* large village. ‖ **bourgeois** [bûrjwà] *m.* citizen, townsman, middle-class person; (fam.) Philistine; capitalist; *adj.* middle-class; common; *cuisine bourgeoise*, plain cooking; *pension bourgeoise*, boarding-house; *en bourgeois*, in plain clothes. ‖ **bourgeoisie** [-zî] *f.* middle-class; *droit de bourgeoisie*, freedom of a city.

bourgeon [bûrjon] *m.* bud; pimple. ‖ **bourgeonnement** [-ònmɑn] *m.* budding, sprouting. ‖ **bourgeonner** [-òné] *v.* to bud, to shoot; *un visage bourgeonné*, a pimply face.

bourgeron [bûrjeron] *m.* overall; fatigue dress; jumper.

Bourgogne [bûrgòñ] *f.* Burgundy. ‖ **bourguignon** [-giñon] *adj.** Burgundian.

bourlinguer [bûrlingé] *v.* to wallow, to strain, to make heavy going; to navigate, to knock about.

bourrade [bûràd] *f.* blow, knock, thump.

bourrage [bûràj] *m.* stuffing; padding; swotting; (fam.) *bourrage de crâne*, tripe, eyewash; brainwashing.

bourrasque [bûràsk] *f.* squall.

bourratif [bûràtìf] *adj.** stodgy, filling.

bourre [bûr] *f.* fluff, flock [laine]; padding; floss; cotton-waste; wad.

bourreau [bûrô] *m.** hangman; executioner; tormentor.

bourrelet [bûrlè] *m.* pad; draught-excluder; bulge; fender (naut.); flange [roue]; roll [de graisse].

bourrelier [bûrlyé] *m.* saddler. ‖ **bourrellerie** [-èlrî] *f.* harness-maker's shop; harness trade.

bourrer [bûré] *v.* to stuff; to pad; to cram; to ram in; to beat, to trounce.

bourrique [bûrìk] *f.* she-ass; blockhead, dolt.

bourru [bûrü] *adj.* shaggy; rough; rude; surly; peevish.

bourse [bûrs] *f.* purse; bag; stock-exchange; funds; scholarship. ‖ **boursier** [-yé] *m.* scholar, bursar, scholarship-holder; speculator; purse-maker (comm).

boursoufler [-é] *v.* to bloat; to puff up; to swell; to blister; to inflate. ‖ **boursouflure** [-ür] *f.* swelling; blister [peinture]; turgidity, bombast.

bousculade [bûskülàd] *f.* jostling; scrimmage; rush. ‖ **bousculer** [-é] *v.* to jostle, to hustle; to upset, to knock over; to bully; to rush; *se bousculer,*

to scramble, to push about; to hurry; to scuffle.

bouse [bûz] *f.* cow-dung.

boussole [bûsòl] *f.* compass; *perdre la boussole,* to be all at sea; to be off one's rocker.

boustifaille [bûstìfây] *f.* (pop.) food, grub.

bout [bû] *m.* end, extremity; tip; bit; *au bout du compte,* after all; *à bout,* tired out, worn out; exasperated, out of patience; *joindre les deux bouts,* to make both ends meet; *à bout portant,* point-blank; *tenir le bon bout,* to get the whip-hand.

boutade [bûtàd] *f.* whim; sally; *par boutades,* by fits and starts.

boute-en-train [bûtɑntrin] *m.* teaser; (fam.) life and soul of the party, merry fellow.

bouteille [bûtèy] *f.* bottle; *bouteille Thermos,* Thermos flask (nom déposé); *mettre en bouteille,* to bottle; *bouteille à gaz,* gas cylinder; *prendre de la bouteille,* to age.

boutique [bûtìk] *f.* shop; store; booth; stall; boutique; *parler boutique,* to talk shop. ‖ **boutiquier** [-yé] *m.* shopkeeper.

bouton [bûton] *m.* bud [fleur]; pimple; button; stud [chemise]; door-knob; handle; *bouton-d'or,* buttercup. ‖ **boutonner** [-òné] *v.* to bud; to button. ‖ **boutonnière** [-ònyèr] *f.* button-hole; rosette.

bouture [bûtür] *f.* cutting, slip (hort.). ‖ **bouturer** [-é] *v.* to strike, to plant cuttings; to shoot suckers (hort.).

bouvier [bûvyé] *m.* cowherd; drover. ‖ **bouvillon** [-iyon] *m.* bullock, young bullock, steer.

bouvreuil [bûvrœy] *m.* bullfinch.

bovin [bòvin] *adj.,* *m.* bovine.

box [bòks] *m.* cubicle; box stall; dock; stand.

boxe [bòks] *f.* boxing; sparring. ‖ **boxer** [-é] *v.* to box, to spar. ‖ **boxeur** [-œr] *m.* boxer.

boyau [bwàyô] *m.** bowel, gut; hose-pipe; communication trench (mil.); *corde à boyau,* catgut.

boycottage [bòìkòtàj] *m.* boycotting. ‖ **boycotter** [-é] *v.* to boycott.

bracelet [bràslè] *m.* bracelet, armlet; watch-strap; bangle; *bracelet-montre,* wrist-watch.

braconnage [bràkònàj] *m.* poaching. ‖ **braconner** [-é] *v.* to poach. ‖ **braconnier** [-yé] *m.* poacher.

brader [bràdé] *v.* to sell off. ‖ **braderie** [-rî] *f.* clearance-sale, Am. rummage sale.

braguette [bràgèt] *f.* fly, flies [pantalon].

braillard [bràyàr] *m.* bawler, noisy brat; *adj.* noisy, obstreperous, shouting; brawling. || **brailler** [bràyé] *v.* to bawl, to squall.

braire [brèr] *v.** to bray; to blubber [enfants], to boohoo.

braise [brèz] *f.* glowing wood embers; live coals; (pop.) oof. || **braiser** [-é] *v.* to braise.

bramer [bràmé] *v.* to bell [animal].

brancard [braⁿkàr] *m.* stretcher; shaft [voiture]. || **brancardier** [-dyé] *m.* stretcher-bearer.

branchage [braⁿshàj] *m.* branches, boughs [arbres]; branchery. || **branche** [braⁿsh] *f.* branch, bough; arm [lunettes]; blade [hélice]; leg [compas]; side [famille]; line [commerciale]; *vieille branche,* old chap. || **branchement** [-maⁿ] *m.* tapping; connection; junction. || **brancher** [-é] *v.* to roost; to perch; to connect; to plug in (electr.); to branch (electr.). || **branchette** [-èt] *f.* twig.

branchies [braⁿshî] *f. pl.* gills.

brandir [braⁿdîr] *v.* to brandish; to flourish; to wave.

branlant [braⁿlaⁿ] *adj.* tottering; shaky; loose [dent]. || **branle** [braⁿl] *m.* shaking; tossing; swinging; start; impulse; *mettre en branle,* to set in motion; *branle-bas,* clearing the decks (naut.); disturbance. || **branler** [-é] *v.* to shake; to be loose, to be unsteady; to rock; to wag; to be in danger.

braquage [bràkàj] *m.* pointing, aiming; steering [auto]. || **braquer** [-é] *v.* to point, to level, to aim; to deflect (aviat.); to lock [roues]; *braquer les yeux sur,* to stare at.

bras [brà] *m.* arm; handle; hand; *avoir le bras long,* to be very influential; *manquer de bras,* to be short-handed; *à tour de bras,* with might and main; *bras dessus, bras dessous,* arm in arm.

braséro [bràzéró] *m.* charcoal-pan, brazier. || **brasier** [-yé] *m.* brazier; furnace; blaze.

brasillement [bràzìymaⁿ] *m.* glittering [métal]; spluttering. || **brasiller** [-ìyé] *v.* to sparkle; to splutter; to grill; to sizzle.

brasse [bràs] *f.* fathom (naut.); breast-stroke [nage]; pitch-stirrer (techn.). || **brassée** [-é] *f.* armful. || **brasser** [-é] *v.* to brace (naut.).

brasser [bràsé] *v.* to brew; to mix; to handle; to hatch [complot]; to stir up. || **brasserie** [-rî] *f.* brewing; brewery; restaurant. || **brasseur** [-œr] *m.* brewer; *brasseur d'affaires,* big business man.

brassière [bràsyèr] *f.* shoulder-strap; child's bodice; *brassière de sauvetage,* life-jacket.

bravache [bràvàsh] *m.* bully; swaggerer. || **bravade** [-àd] *f.* bravado; bragging. || **brave** [bràv] *adj.* brave; honest; good; nice; smart; *un homme brave,* a brave man; *un brave homme,* a worthy man, a decent fellow. || **braver** [-é] *v.* to brave; to defy; to dare. || **bravo** [-ô] *m.* bravo, cheer; *interj.* bravo !, well done ! || **bravoure** [-ûr] *f.* courage, bravery.

brebis [brœbî] *f.* ewe; sheep; *brebis galeuse,* black sheep.

brèche [brèsh] *f.* breach; notch [lame]; gap; hole; *une brèche à l'honneur,* a breach of hono(u)r.

bréchet [bréshè] *m.* breast-bone.

bredouillage [brœdûyàj] *m.* stammering, muttering. || **bredouille** [brœdûy] *adj. revenir bredouille,* to return empty-handed. || **bredouiller** [-é] *v.* to stammer, to stutter; to mumble.

bref [brèf] *m.* brief; *adj.** brief, short; concise; *adv.* briefly, in short; *parler bref,* to speak curtly.

breloque [brœlòk] *f.* trinket, charm; breloque [bijou]; dismiss (naut.); *battre la breloque,* to go pit-a-pat [cœur], to go badly [pendule], to have a screw loose [personne].

Bretagne [brœtàñ] *f.* Brittany; *la Grande-Bretagne,* Great Britain.

bretelle [brœtèl] *f.* strap, sling (mil.); shoulder-strap; *pl.* braces, *Am.* suspenders.

breton [brœtoⁿ] *m.*, *adj.** Breton.

breuvage [brœvàj] *m.* drink; beverage; draught.

brevet [brœvè] *m.* patent; warrant; certificate; *Am.* degree [diplôme]; licence; commission (mil.); badge (de scout); *brevet de pilote,* pilot's licence; *brevet de capitaine,* master's certificate. || **breveté** [-té] *m.* patentee; *adj.* patent; certificated; *Am.* holding a degree. || **breveter** [-té] *v.* to patent [invention]; to license.

bribes [brîb] *f. pl.* scraps, bits.

bric-à-brac [brìkàbràk] *m.* curios; bits and pieces, odds and ends.

bricolage [brìkòlàj] *m.* tinkering, pottering, *Am.* puttering about. || **bricole** [brìkòl] *f.* breast-harness; strap; brace; ricochet; backstroke; odd job; trifle. || **bricoler** [-é] *v.* to tinker; to do odd jobs; *Am.* to putter; *qu'est-ce que tu bricoles?,* what are you up to? || **bricoleur** [-œr] *m.* handyman; *Am.* putterer.

bride [brîd] *f.* bridle, reins; ribbon [chapeau]; loop; tie (mech.); flange;

à *bride abattue*, at full speed; *lâcher la bride à*, to give rein to; *tourner bride*, to turn back. ‖ **brider** [-é] *v.* to bridle; to check; to curb; to truss [volaille]; to flange (techn.); *yeux bridés*, narrow eyes.

bridge [brìdj] *m.* bridge [jeu]. ‖ **bridger** [-é] *v.* to play bridge.

brièveté [brièvté] *f.* brevity, shortness, concision.

brigade [brigàd] *f.* brigade (mil.); gang [travailleurs]; squad [police]; body [hommes]; shift(-work). ‖ **brigadier** [-yé] *m.* corporal (mil.); sergeant [police]; foreman.

brigand [brigàⁿ] *m.* brigand; robber; rogue. ‖ **brigandage** [-dàj] *m.* plunder; robbery.

briguer [brigé] *v.* to court; to solicit; to intrigue for; to canvass for.

brillant [brìyàⁿ] *m.* brightness, brilliance, shine, sheen, polish; glitter; brilliant [diamant]; *adj.* bright, shining, sparkling; wonderful; talented; dashing; dazzling. ‖ **briller** [brìyé] *v.* to shine; to sparkle; to blaze; to glitter; to glare; to be conspicuous.

brimade [brìmàd] *f. Br.* ragging, *Am.* hazing. ‖ **brimer** [-é] *v. Br.* to rag, *Am.* to haze; to bully.

brimborion [brìⁿbòrìòⁿ] *m.* bauble, knick-knack.

brin [brìⁿ] *m.* shoot, blade [herbe]; thread, strand; bit; sprig [bruyère]; *un beau brin de fille*, a fine figure of a girl.

brindille [brìⁿdìy] *f.* twig.

brio [brìyô] *m.* brio, dash, spirit.

brioche [brìyòsh] *f.* brioche; bun; (fam.) pot-belly.

brique [brìk] *f.* brick; cake [savon]; brick-red. ‖ **briquet** [-è] *m.* tinder-box; cigarette lighter; *battre le briquet*, to strike a light. ‖ **briqueterie** [-trî] *f.* brickyard. ‖ **briquettes** [-èt] *f. pl.* patent fuel, briquettes.

bris [brì] *m.* breaking open; breaking loose; wreckage (naut.). ‖ **brisant** [-zàⁿ] *m.* breaker; reef, shoal; *adj.* breaking; bursting.

brise [brîz] *f.* breeze.

brisé [brìzé] *adj.* broken; tired out; folding [porte]. ‖ **brisées** [-é] *f. pl.* tracks; footsteps. ‖ **brisement** [-màⁿ] *m.* breaking. ‖ **briser** [-é] *v.* to break; to shatter; *brisons là*, let's leave it at that; *se briser*, to break; **brise-bise**, draught-protector; **brise-circuit**, circuit-breaker; **brise-glace**, ice-breaker; **brise-lames**, breakwater; groyne.

bristol [brìstòl] *m.* visiting-card.

britannique [brìtànìk] *adj.* British; *m. f.* Briton, Britisher.

broc [brô] *m.* jug; pitcher.

brocantage [bròkàⁿtàj] *m.* second-hand dealing. ‖ **brocanteur** [-tœr] *m.* second-hand dealer.

brochage [bròshàj] *m.* stitching; brocading. ‖ **broche** [bròsh] *f.* spit [à rôtir]; skewer; spindle; pin (mech.); peg [tente]; knitting-needle; brooch, breast-pin; *pl.* tusks [sanglier]. ‖ **brocher** [-é] *v.* to stitch; to brocade; to emboss; to scamp; *un livre broché*, a paper-bound book.

brochet [bròshè] *m.* pike [poisson].

brochette [bròshèt] *f.* skewer; pin (techn.); spitful; row.

brocheur [bròshœr] *m.* book-stitcher. ‖ **brochure** [-ür] *f.* brochure; booklet; pamphlet.

brodequin [bròdkìⁿ] *m.* sock, buskin [théâtr.]; half-boot; ammunition-boot.

broder [bròdé] *v.* to embroider; to romance. ‖ **broderie** [-rî] *f.* embroidery; embellishment (fig.). ‖ **brodeur, -euse** [-œr, -ëz] *m., f.* embroiderer, embroideress.

broiement, *see* broyement.

bromure [bròmür] *m.* bromide.

broncher [bròⁿshé] *v.* to stumble; to trip; to move; to falter; *sans broncher*, without flinching.

bronches [bròⁿsh] *f. pl.* bronchia. ‖ **bronchite** [-ìt] *f.* bronchitis. ‖ **broncho-pneumonie** [bròⁿkôpnëmònî] *f.* broncho-pneumonia.

bronze [bròⁿz] *m.* bronze; *cœur de bronze*, heart of iron. ‖ **bronzer** [-é] *v.* to bronze; to tan; to harden [cœur].

brosse [bròs] *f.* brush; © drinking spree; *prendre une brosse*, © to get drunk; *brosse à cheveux*, hairbrush; *brosse à dents*, tooth-brush; *cheveux en brosse*, crew-cut; *pl.* brushwood. ‖ **brosser** [-é] *v.* to brush; to scrub; to paint; (pop.) to thrash.

brou [brû] *m.* husk, shuck; *brou de noix*, walnut stain.

brouette [brûèt] *f.* wheelbarrow. ‖ **brouettée** [-é] *f.* barrow-load. ‖ **brouetter** [-é] *v.* to wheel in a barrow.

brouhaha [brûàhà] *m.* noise, uproar; commotion; hubbub.

brouillage [brûyàj] *m.* jamming [radio]; interference [radio].

brouillamini [brûyàmìnì] *m.* (fam.) disorder, confusion.

brouillard [brûyàr] *m.* fog; mist; waste-book. ‖ **brouillasser** [brûyàsé] *v.* to drizzle.

brouille [brûy] *f.* disagreement, difference; *être en brouille avec*, to be on bad terms with. ‖ **brouiller** [-é] *v.* to mix up; to confuse; to shuffle [cartes]; to jam [radio]; to interfere [radio]; to scramble [œufs]; *brouiller les cartes*, to spread confusion; *se brouiller*, to get dim; to become confused; to fall out [amis]. ‖ *brouillon* [-oⁿ] *m.* rough copy; *Br.* wastebook, *Am.* scratch-pad; *adj.** untidy; blundering.

broussailles [brûsây] *f. pl.* bush, brushwood; briars; *en broussaille*, unkempt, shaggy. ‖ *broussailleux* [-ë] *adj.** bushy. ‖ *brousse* [brûs] *f.* bush.

brouter [brûté] *v.* to browse, to graze; to jump [outil]; to chatter [moteur]. ‖ *broutilles* [-tîy] *f. pl.* twigs; brushwood; mere trifles.

broyement [brwàmaⁿ] *m.* pounding, crushing. ‖ *broyer* [-àyé] *v.* to pound, to pulverize; to crush; to grind. ‖ *broyeur* [-àyœr] *m.* pounder, breaker; grinder; crusher.

bru [brü] *f.* daughter-in-law.

bruine [brüin] *f.* drizzle, Scotch mist. ‖ *bruiner* [-iné] *v.* to drizzle.

bruire [brüir] *v.* to rustle; to murmur; to whisper. ‖ *bruissement* [brüismaⁿ] *m.* murmuring; rustling; soughing; humming; whispering.

bruit [brüi] *m.* noise; clatter; din; clang [métal]; report; rumo(u)r; turmoil; stir; sensation; *bruit sourd*, thud; *le bruit court que*, it is rumo(u)red that. ‖ *bruitage* [brüitàj] *m.* sound effects.

brûlage [brülàj] *m.* burning; singeing [cheveux]. ‖ *brûlant* [-aⁿ] *adj.* burning, on fire; scorching; ardent. ‖ *brûler* [-é] *v.* to burn; to singe; to scorch; to scald (avec des liquides); to be hot; to yearn; to hurry; *se brûler la cervelle*, to blow one's brains out; *brûler le pavé*, to tear along the street; *brûler une étape*, to pass through without stopping; *à brûle-pourpoint*, point-blank. ‖ *brûlerie* [-rî] *f.* brandy-distillery. ‖ *brûleur* [-œr] *m.* gas-burner; brandy distiller; incendiary. ‖ *brûloir* [-wàr] *m.* coffee roaster. ‖ *brûlot* [-lô] *m.* flare (aviat.); firebrand (fig.); © gnat. ‖ *brûlure* [-ür] *f.* burn; scald; blight (agr.).

brume [brüm] *f.* mist; fog. ‖ *brumeux* [-ë] *adj.** foggy; hazy; misty.

brun [bruⁿ] *m.* brown; *adj.* brown; dark; dusk; *une brune*, a brunette. ‖ *brunante* [brünaⁿt] *f.* © nightfall, dusk. ‖ *brunâtre* [brünâtr] *adj.* brownish. ‖ *brunir* [-îr] *v.* to tan; to become brown; to burnish. ‖ *brunissage* [-isàj] *m.* burnishing. ‖ *brunisseur* [-isœr] *m.* burnisher. ‖ *brunissoir* [-iswàr] *m.* burnisher [outil].

brusque [brüsk] *adj.* blunt, brusque, abrupt, rough; sudden; sharp. ‖ *brusquer* [-é] *v.* to be blunt with; to hustle

[gens]; to hurry [choses]. ‖ *brusquerie* [-erî] *f.* brusqueness, abruptness.

brut [brüt] *adj.* raw, unworked; in the rough; gross (comm.); crude [huile]; unrefined [sucre]; rough [diamant]; *revenu brut*, gross returns. ‖ *brutal* [-àl] *adj.** brutal; unfeeling; savage; rough; crude; fierce; plain [vérité]. ‖ *brutaliser* [-àlizé] *v.* to bully; to ill-treat. ‖ *brutalité* [-àlité] *f.* brutality; cruelty; roughness. ‖ *brute* [brüt] *f.* brute; ruffian.

Bruxelles [brüsèl] *f.* Brussels.

bruyant [brüyaⁿ] *adj.* noisy, loud; boisterous; clamorous; riotous; rollicking [rire]; resounding (fig.).

bruyère [brüyèr] *f.* heath; heather; briar; *coq de bruyère*, grouse.

bu [bü] *p. p. of* boire.

buanderie [büaⁿdrî] *f.* wash-house, laundry-room.

buccal [bükàl] *adj.** of the mouth.

bûche [büsh] *f.* log; block; billet [bois]; (fam.) blockhead; *bûche de Noël*, yule-log; *ramasser une bûche*, to have a spill. ‖ *bûcher* [-é] *m.* woodshed; wood-stack; stake (hist.); pyre; *v.* to rough-hew; © to cut down, to fell trees; (fam.) to grind, *Br.* to swot. ‖ *bûcheron* [-roⁿ] *m.* wood-cutter, lumberjack. ‖ *bûcheur* [-œr] *m.* (fam.) hard worker, plodder, *Br.* swotter, *Am.* grind, digger; grub.

bucolique [bükòlîk] *adj., f.* bucolic, pastoral.

budget [büdjè] *m.* budget; estimates; *boucler le budget*, to make both ends meet. ‖ *budgétaire* [-étèr] *adj.* budgetary; financial.

buée [büé] *f.* steam, vapo(u)r.

buffet [büfè] *m.* sideboard; cupboard; dresser; buffet; refreshment room; *Am.* sandwich-counter; organ-case.

buffle [büfl] *m.* buffalo; buff [cuir]; strop [pour rasoir].

buis [büi] *m.* boxwood; palm [bénit].

buisson [büisoⁿ] *m.* bush; hedge; thicket. ‖ *buissonneux* [-ònè] *adj.** bushy. ‖ *buissonnier* [-ònyé] *adj.** living in the bush; *faire l'école buissonnière*, to play truant, *Am.* to play hookey.

bulbe [bülb] *m.* bulb [plante].

bulle [bül] *f.* bubble; blister; seal; Papal bull; *papier bulle*, Manila paper.

bulletin [bültⁱⁿ] *m.* bulletin; report; form; receipt; list; ticket; check; *bulletin de vote*, ballot-paper, voting-paper; *bulletin météorologique*, weather report; *bulletin de bagages,* Br. luggage-ticket, Am. baggage-check.

buraliste [büràlìst] *m.* clerk [poste]; receiver [régie]; tobacconist.

bure [bür] *f.* frieze, homespun [tissu]; frock [robe]; sackcloth (fig.).

bureau [bürô] *m.** bureau, writing-desk; office; shop; staff; board [directeurs]; *bureau de tabac,* tobacco shop; *bureau de poste,* post-office; *le Deuxième Bureau,* the Intelligence Department (mil.); *chef de bureau,* head of a department. || **bureaucrate** [-kràt] *m.* bureaucrat. || **bureaucratie** [-kràsî] *f.* bureaucracy; (fam.) red tape. || **bureaucratique** [-kràtík] *adj.* bureaucratic.

burette [bürèt] *f.* cruet; oil-can; oiler.

burin [bürìⁿ] *m.* burin; graver; etching needle. || **buriner** [-iné] *v.* to engrave; to mark; to swot (fam.).

burlesque [bürlèsk] *adj.* burlesque; comical, ludicrous.

burnous [bürnû] *m.* burnous, *Am.* burnoose.

buse [büz] *f.* buzzard; (fam.) dunce, dolt, nitwit.

buse [büz] *f.* nozzle (techn.); mill-race; air-shaft [mine]; choke.

busqué [büské] *adj.* hooked.

buste [büst] *m.* bust; *en buste,* half-length.

but [bü(t)] *m.* mark; aim; target; home; goal; objective; purpose; *de but en blanc,* bluntly; *droit au but,* to the point.

butane [bütàn] *m.* butane.

butée [büté] *f.* abutment; thrust; arrester (techn.). || **buter** [-é] *v.* to abut; to butt; to knock against; to trip; to prop.; (pop.) to bump off; *c'est un esprit buté,* he's an obstinate creature; *se buter,* to be determined; to bump into.

butin [bütìⁿ] *m.* booty, plunder, spoils. || **butiner** [-iné] *v.* to loot, to pillage; to gather honey [abeilles].

butoir [bütwàr] *m.* buffer (trains).

butte [büt] *f.* mound; hillock; bank; butts (mil.); *être en butte à,* to be exposed to. || **butter** [-é] *v.* to bank up, to earth up. || **buttoir** [-wàr] *m.* Br. ridging-plough, Am. ridging-plow.

buvable [büvàbl] *adj.* drinkable; (pop.) acceptable. || **buvard** [-àr] *m.* blotting-paper. || **buvette** [-èt] *f.* refreshment bar; pump-room [villes d'eau]. || **buveur** [-œr] *m.* drinker; toper; *buveur d'eau,* teetotaler. || **buvoter** [-òté] *v.* to sip.

byzantin [bìzaⁿtìⁿ] *m.,* *adj.* Byzantine.

C

c', *see* **ce.**

ça [sà] *see* **cela.**

çà [sà] *adv.* here; hither; *çà et là,* here and there.

cabale [kàbàl] *f.* cabala; cabal, faction; intrigue; © canvassing. || **cabaler** [-é] *v.* © to canvass. || **cabaleur** [-œr] *m.* © canvasser. || **cabalistique** [-ìstìk] *adj.* cabalistic.

caban [kàbaⁿ] *m.* greatcoat.

cabane [kàbàn] *f.* hut, shed; cabin; hutch [lapins]; *cabane à sucre,* © saphouse. || **cabanon** [-oⁿ] *m.* small cabin; bungalow; padded cell.

cabaret [kàbàrè] *m.* tavern, pot-house; restaurant. || **cabaretier** [-tyé] *m.* inn-keeper; publican.

cabas [kàbà] *m.* basket; market-bag.

cabèche [kàbèsh] *f.* noddle (fam.).

cabestan [kàbestaⁿ] *m.* capstan.

cabillaud [kàbìyô] *m.* fresh cod.

cabillot [kàbìyô] *m.* toggle pin.

cabine [kàbìn] *f.* cabin; berth (naut.); car [ascenseur]; cab [grue, locomo-tive]; Br. telephone kiosk, call-box, Am. telephone booth. || **cabinet** [-è] *m.* closet; office; ministry, government; consulting-room; collection; cabinet; case; toilet; *cabinet noir,* dark-room; *cabinet de toilette,* dressing-room; lavatory; *cabinet de travail,* study.

câble [kâbl] *m.* cable; *câble de remorque,* tow-line, hawser. || **câbler** [-é] *v.* to cable [télégramme]; to wire up (electr.). || **câblogramme** [-ògràm] *m.* cable, cablegram.

caboche [kàbòsh] *f.* nail; hobnail; (pop.) head, pate, noddle. || **cabochon** [-oⁿ] *m.* cabochon [pierre]; brass nail [clou]; noddle (fam.).

cabosse [kàbòs] *f.* bump. || **cabosser** [-é] *v.* to bump; to batter; to bash in.

cabot [kàbò] *m.* ham actor; corporal [soldat]; tyke [chien].

cabotage [kàbòtàj] *m.* coasting-trade. || **caboter** [-é] *v.* to coast. || **caboteur** [-œr] *m.* coaster, coasting-vessel.

cabotin [kàbòtìⁿ] *m.* ham-actor; strolling player. || **cabotinage** [-ìnàj] *m.* barn-storming [d'acteur]; histrion-ism; self-advertisement.

caboulot [kàbûlô] *m.* low pub, dive.

cabrer (se) [sᵉkàbré] *v.* to rear, to shy, to buck; to revolt, to kick, to jib; to nose up (aviat.).

cabri [kàbrì] *m.* kid.

cabriole [kàbrìòl] *f.* caper, leap. ‖ **cabrioler** [-é] *v.* to caper about, to cut capers. ‖ **cabriolet** [-è] *m.* cabriolet, cab.

caca [kàkà] *m.* (pop.) cack.

cacahuète [kàkàwèt] *f.* peanut.

cacao [kàkàò] *m.* (bot.) cacao; (culin.) cocoa. ‖ **cacaoté** [-té] *adj.* cocoa-flavoured.

cacatoès [kàkàtòès] *m.* cockatoo, parakeet.

cachalot [kàshàlô] *m.* cachalot, sperm whale.

cache [kàsh] *f.* hiding-place; screen, mask (phot.); **cache-cache,** hide-and-seek; **cache-col,** scarf; **cache-nez,** muffler; **cache-poussière,** dust-coat; **cache-sexe,** slip, Bikini. ‖ **cacher** [kà-shé] *v.* to hide, to conceal; to make a secret of; *se cacher,* to hide; to avoid.

cachet [kàshè] *m.* seal; stamp; ticket; mark; trade-mark; cachet (med.); fee; *avoir du cachet,* to have distinction; to look authentic; *lettre de cachet,* warrant of arrest. ‖ **cachetage** [kàsh-tàj] *m.* sealing. ‖ **cacheter** [kàshté] *v.* to seal (up). ‖ **cachette** [-èt] *f.* hiding-place; *en cachette,* secretly, by stealth. ‖ **cachot** [-ô] *m.* dungeon; jail. ‖ **cachotterie** [-òtrî] *f.* mysterious ways; *faire des cachotteries,* to have secrets. ‖ **cachottier** [-òtyé] *m.* secretive fellow; *adj.** mysterious, reticent.

cachou [kàshû] *m.* cachou.

cacophonie [kàkòfònî] *f.* cacophony. ‖ **cacophonique** [-ìk] *adj.* cacophonous, discordant.

cactus [kàktüs] *m.* cactus.

cadastre [kàdàstr] *m.* land registry; Ordnance Survey.

cadavérique [kàdàvérìk] *adj.* cadaverous; *rigidité cadavérique,* rigor mortis. ‖ **cadavre** [kàdàvr] *m.* dead body, cadaver, corpse; carcass.

cadeau [kàdô] *m.** gift, present.

cadenas [kàdnà] *m.* padlock; clasp. ‖ **cadenasser** [-sé] *v.* to padlock; to fasten [bracelet].

cadence [kàdaⁿs] *f.* cadence, rhythm, fall (lit.); cadenza (mus.); *en cadence,* rhythmically. ‖ **cadencer** [-é] *v.* to set the rhythm.

cadet [kàdè] *m.* younger son; cadet mil.); caddie [golf]; young man; *adj.** younger, junior, youngest; *mon cadet*

de deux ans, my junior by two years; *le cadet de mes soucis,* the least of my worries.

cadran [kàdraⁿ] *m.* face, dial; *cadran solaire,* sun-dial. ‖ **cadrat** [-à] *m.* quadrat. ‖ **cadratin** [-àtiⁿ] *m.* em-quad. ‖ **cadre** [kàdr] *m.* frame; framework; outline, limits; setting [scène]; sphere; cadre, staff (mil.); cot (naut.); *les cadres,* staff; high-grade, employees; *cadre de réception,* frame aerial. ‖ **cadrer** [-é] *v.* to tally, to agree; to fit in; to center.

caduc, -uque [kàdük] *adj.* decrepit, decaying; frail, feeble [voix]; deciduous (bot.); null, lapsed (jur.); *mal caduc,* epilepsy.

caducée [kàdüsé] *m.* caduceus, Mercury's wand.

cafard [kàfàr] *m.* cockroach; sneak; humbug; *adj.* sneaking; sanctimonious; *avoir le cafard,* to be in the dumps, to have the blues. ‖ **cafarder** [kàfàrdé] *v.* to carry tales. ‖ **cafardeux** [kàfàrdë] *adj.** browned off.

café [kàfé] *m.* coffee; café; *café nature,* black coffee; *café en poudre,* soluble coffee; pub. ‖ **caféine** [-éîn] *f.* caffeine. ‖ **cafétéria** [-téryà] *f.* © cafeteria. ‖ **cafetier** [-tyé] *m.* café-owner; publican. ‖ **cafetière** [-tyèr] *f.* coffee-pot.

cage [kàj] *f.* cage; hen-coop; frame (constr.); shaft; well; cover, casing; (pop.) prison, clink; *cage à billes,* ball-race (mech.). ‖ **cageot** [-jô] *m.* hamper.

cagneux [kàñë] *adj.** knock-kneed.

cagnotte [kàñòt] *f.* pool, kitty.

cagot [kàgô] *m.* bigot; *adj.* sanctimonious.

cagoule [kàgûl] *f.* cowl, hood.

cahier [kàyé] *m.* note-book; exercise-book; official reports.

cahot [kàò] *m.* jolt. ‖ **cahotement** [-tmaⁿ] *m.* jolting. ‖ **cahoter** [-é] *v.* to jolt; to jog, to jerk. ‖ **cahoteux** [-të] *adj.** rough, bumpy [route].

cahute [kàüt] *f.* hut; hovel; cabin.

caille [kày] *f.* quail [oiseau].

caillebotis [kàybòtì] *m.* grating; duckboards (mil.).

caillebotte [kàybòt] *f.* curds. ‖ **caillebotter** [-é] *v.* to curdle; to clot.

cailler [kàyé] *v.* to curdle; to clot [sang]; *lait caillé,* clotted milk, curds; *caille-lait,* rennet.

caillot [kàyò] *m.* clot.

caillou [kàyû] *m.** pebble, small stone; cobble. ‖ **caillouteux** [-të] *adj.** pebbly, stony, flinty. ‖ **cailloutis** [-tì] *m.* rubble, heap of broken stones; rough surface.

caisse [kès] *f.* case, box; till; cash-box; cash; pay-desk; fund; drum; body [véhicule]; *caisse d'épargne*, savings-bank; *grosse caisse*, big drum; *argent en caisse*, cash in hand; *faire la caisse*, to balance the cash; *caisse à eau*, water-tank. || **caissette** [-èt] *f.* small box. || **caissier** [-yé] *m.* cashier; teller; treasurer. || **caisson** [-oⁿ] *m.* caisson; locker [naut.]; boot [auto]; *se faire sauter le caisson*, to blow one's brains out.

cajoler [kàjòlé] *v.* to cajole, to coax, to wheedle.

cal [kàl] *m.* callosity.

calage [kàlàj] *m.* propping; wedging.

calamité [kàlàmité] *f.* calamity, disaster. || **calamiteux** [-ë] *adj.** calamitous.

calcaire [kàlkèr] *m.* limestone; *adj.* calcareous, chalky.

calciner [kàlsìné] *v.* to calcine, to burn, to char.

calcium [kàlsyòm] *m.* calcium.

calcul [kàlkül] *m.* reckoning; calculation; computation; estimation, estimate; calculus; *faux calcul*, miscalculation. || *calculateur, -trice* [-àtœr, -trìs] *m., f.* calculator, reckoner; *adj.* scheming, calculating. || **calculer** [-é] *v.* to calculate; to compute; to reckon; to deliberate; to forecast. || **calculeux** [-ë] *adj.** calculous.

cale [kàl] *f.* hold [bateau]; *cale de construction*, stocks; *cale sèche*, dry dock; *eau de cale*, bilge water.

cale [kàl] *f.* wedge, chock; prop; packing.

calé [kàlé] *adj.* well versed, well up; *p. p.* of *caler.*

calebasse [kàlbàs] *f.* calabash; gourd.

calèche [kàlèsh] *f.* calash, calèche.

caleçon [kàlsoⁿ] *m.* drawers, *Br.* pants, *Am.* shorts.

calembour [kàlaⁿbûr] *m.* pun. || *calembredaine* [-rᵉdèn] *f.* nonsense, foolishness; quibble.

calendes [kàlaⁿd] *f. pl.* calends. || *calendrier* [kàlaⁿdryé] *m.* calendar; almanac.

calepin [kàlpìⁿ] *m.* note-book.

caler [kàlé] *v.* to draw water, to have draught (naut.).

caler [kàlé] *v.* to wedge, to chock; to prop (up); to jam; to stall [moteur]; to key [poulie]; to lower; to adjust; (pop.) to flinch.

calfat [kàlfà] *m.* ca(u)lker. || *calfatage* [-tàj] *m.* ca(u)lking. || *calfater* [-té] *v.* to ca(u)lk.

calfeutrer [kàlfëtré] *v.* to stop up the chinks of; *se calfeutrer*, to shut oneself up.

calibrage [kàlìbràj] *m.* calibrating; gauging; trimming (phot.). || **calibre** [kàlìbr] *m.* bore, calibre [canon]; size; gauge (techn.); former; template; *compas de calibre*, callipers. || *calibrer* [-é] *v.* to calibrate; to gauge; to trim.

calice [kàlìs] *m.* chalice (eccles.).

calice [kàlìs] *m.* calyx (bot.).

calicot [kàlìkò] *m.* calico, *Am.* unbleached muslin; counter-jumper.

calife [kàlìf] *m.* caliph.

Californie [kàlìfòrnì] *f.* California.

califourchon (à) [àkàlìfûrshoⁿ] *adv.* astride.

câlin [kâlìⁿ] *m.* wheedler; *adj.* wheedling, cajoling; coaxing. || *câliner* [-ìné] *v.* to wheedle; to fondle, to caress. || **câlinerie** [-ìnrî] *f.* cajolery; coaxing; caressing.

calleux [kàlë] *adj.** horny, callous; hard. || *callosité* [-òzìté] *f.* callosity; *avec callosité*, callously.

calligraphie [kàllìgràfî] *f.* calligraphy, penmanship. || *calligraphier* [-fyé] *v.* to calligraph.

calmant [kàlmaⁿ] *m.* sedative, anodyne (med.); *adj.* calming, soothing. || **calme** [kàlm] *m.* calm, calmness, stillness; composure; *adj.* calm, still, quiet. || *calmer* [-é] *v.* to calm, to quieten; to soothe; to pacify; *se calmer*, to abate, to calm down.

calomniateur, -trice [kàlòmnyàtœr, -trìs] *m., f.* slanderer; *adj.* slanderous; libel(l)ous. || *calomnie* [-î] *f.* calumny, slander, libel. || *calomnier* [-yé] *v.* to slander; to libel. || *calomnieux* [-yë] *adj.** slanderous; libel(l)ous.

calorie [kàlòrî] *f. Br.* calory, *Am.* calorie. || *calorifère* [-ìfèr] *m.* heating-apparatus, stove. || *calorifique* [-ìfìk] *adj.* calorific. || *calorifuge* [-ìfüj] *adj.* heat-insulating. || *calorifuger* [-ìfüjé] *v.* to insulate.

calot [kàlò] *m.* cap; forage-cap (mil.). || *calotin* [-tìⁿ] *m.* (pop.) churchy person. || *calotte* [-t] *f.* skull-cap; slap in the face, cuff; the cloth, priesthood. || *calotter* [-té] *v.* (fam.) to box someone's ears.

calque [kàlk] *m.* fair copy; tracing. || *calquer* [-é] *v.* to copy; to trace; to transfer [tricot]; *papier à calquer*, tracing-paper.

calumet [kàlümè] *m.* calumet; pipe.

calvaire [kàlvèr] *m.* calvary, wayside cross; cross.

calviniste [kàlvìnìst] *m., f.* calvinist; *adj.* calvinistic.

calvitie [kàlvìsî] *f.* baldness.

camail [kàmày] *m.* cape (eccles.); cloak.

camarade [kàmàràd] *m., f.* comrade, fellow, mate. ‖ *camaraderie* [-rî] *f.* comradeship, friendship; clique.

camard [kàmàr] *adj.* snubnosed. ‖ *Camarde* [-d] *f.* (pop.) the Death.

cambouis [kaⁿbûî] *m.* cart-grease; dirty oil.

cambré [kaⁿbré] *adj.* bent, cambered, arched, bowed [jambes]. ‖ *cambrer* [-é] *v.* to bend, to camber, to arch [pieds]; *se cambrer,* to brace oneself up; to warp.

cambriolage [kaⁿbrìòlàj] *m.* housebreaking, burglary. ‖ *cambrioler* [-é] *v.* to burgle; to break into [maison]. ‖ *cambrioleur* [-œr] *m.* housebreaker, burglar; yegg.

cambrure [kaⁿbrür] *f.* camber; bend; arch; curve; instep.

cambuse [kaⁿbüz] *f.* store-room (naut.). ‖ *cambusier* [-yé] *m.* storekeeper; steward's mate.

came [kàm] *f.* cam; lifter (mech.); *arbre à cames,* camshaft.

caméléon [kàméléoⁿ] *m.* chameleon; turncoat, trimmer.

camélia [kàmélyà] *m.* camellia (bot.).

camelot [kàmlô] *m.* street hawker. ‖ *camelote* [-òt] *f.* cheap articles, junk, trash, rubbish.

camera [kàmèrà] *f.* cine-camera.

camériste [kàmérìst] *f.* maid of honour; chamber-maid.

camion [kàmyoⁿ] *m.* wag(g)on; *Br.* lorry, *Am.* truck. ‖ *camionnage* [-yònàj] *m.* cartage; trucking; hauling. ‖ *camionnette* [-yònèt] *f. Br.* small lorry, *Am.* light truck; delivery-van. ‖ *camionneur* [-yònœr] *m. Br.* lorry-driver, *Am.* truck driver.

camisole [kàmìzòl] *f.* camisole; *camisole de force,* strait-jacket.

camomille [kàmòmîy] *f.* camomile.

camouflage [kàmûflàj] *m.* camouflage; black-out. ‖ *camoufler* [-é] *v.* to camouflage (mil.); to disguise; to conceal; to black-out.

camouflet [kàmûflè] *m.* camouflet; snub.

camp [kaⁿ] *m.* camp; side; faction, party; *camp volant,* temporary shelter.

campagnard [kaⁿpàñàr] *m.* rustic; countryman; *adj.* rustic; country.

campagne [kaⁿpàñ] *f.* open country; countryside; campaign (mil.); field (mil.); cruise (naut.); *à la campagne,* in the country; *en pleine campagne,*

out in the open; *battre la campagne,* to rave.

camper [kaⁿpé] *v.* to camp; to fix; *se camper,* to pitch one's camp; to plant oneself. ‖ *campeur* [-pĕr] *m.* camper.

camphre [kaⁿfr] *m.* camphor. ‖ *camphré* [-é] *adj.* camphorated.

camping [kaⁿpìng] *m.* camping; *faire du camping,* to go camping, to camp out.

campos [kaⁿpò] *m.* (fam.) day off; holiday.

camus [kàmü] *adj.* snub-nosed; pugnosed [chien].

Canada [kànàdà] *m.* Canada; *au Canada,* in Canada. ‖ *canadien* [yiⁿ] *m., adj.* * Canadian. ‖ *canadienne* [-yèn] *f.* sheepskin jacket.

canaille [kànày] *f.* (pop.) rabble; riffraff; scum; blackguard, scoundrel, spiv, heel; *adj.* low, coarse. ‖ *canaillerie* [-rî] *f.* dirty trick, roguery.

canal [kànàl] *m.* * canal; channel; conduit; pipe (mech.); passage (bot.); duct; flue; feeder; ditch. ‖ *canalisation* [-ìzàsyoⁿ] *f.* canalisation [rivière]; draining; mains (mech.); pipe-line. ‖ *canaliser* [-ìzé] *v.* to canalize; to lay pipes; to make navigable [rivière].

canapé [kànàpé] *m.* couch, sofa.

canard [kànàr] *m.* duck; drake; hoax; false news; sensationalist newspaper, *Br.* rag (pop.); wrong note (mus.); lump of sugar dipped in brandy or coffee. ‖ *canardeau* [-dô] *m.** duckling. ‖ *canarder* [-dé] *v.* to fire at, to pepper (fam.); to pitch [navire].

canari [kànàrì] *m.* canary.

canasson [kànàsoⁿ] *m.* (fam.) jade, hack, nag.

cancan [kaⁿkaⁿ] *m.* cancan; gossip.

cancer [kaⁿsèr] *m.* cancer; *le Cancer,* the Crab, Cancer (astr.). ‖ *cancéreux* [-ërë] *m.* cancer sufferer; *adj.** cancerous. ‖ *cancérigène* [érijèn] *adj.* carcinogenic.

cancre [kaⁿkr] *m.* crab; cray-fish; dunce, duffer.

cancrelat [kaⁿkrelà] *m.* cockroach.

candélabre [kaⁿdélabr] *m.* branched candlestick, candelabrum.

candeur [kaⁿdœr] *f.* ingenuousness, artlessness, guilelessness; cando(u)r.

candi [kaⁿdì] *adj.* candied.

candidat [kaⁿdìdà] *m.* candidate. ‖ *candidature* [-tür] *f.* candidature; *poser sa candidature à,* to put up for.

candide [kaⁿdìd] *adj.* ingenuous, artless, guileless. ‖ *candidement* [-maⁿ] *adv.* ingenuously.

cane [kàn] *f.* duck.

caner [kàné] *v.* (pop.) to funk it, to chicken out.

caneton [kàntoⁿ] *m.* duckling.

canette [kànèt] *f.* duckling; can [bière]; spool [machine à coudre].

canevas [kànvà] *m.* canvas; outline, plan, groundwork.

cangue [kaⁿg] *f.* cangue.

caniche [kànìsh] *m.* poodle.

caniculaire [kànìkülèr] *adj.* sultry [temps]; *les jours caniculaires,* the dog-days. ‖ *canicule* [-ül] *f.* dog-days.

canif [kànìf] *m.* penknife, pocket-knife.

canin [kànìⁿ] *adj.* canine, dog [ex-position]. ‖ *canine* [-ín] *f.* canine [dent].

caniveau [kànìvò] *m.** gutter.

canne [kàn] *f.* cane, stick; rod; walking-stick; *sucre de canne,* cane-sugar; *canne à sucre,* sugar-cane; *canne à pêche,* fishing-rod.

canneler [kànlé] *v.* to groove, to flute (arch.); to corrugate.

cannelle [kànèl] *f.* cinnamon.

cannelure [kànlür] *f.* channel, groove, fluting (arch.); corrugation.

cannette, see **canette.**

cannibale [kànìbàl] *m., f.* cannibal. ‖ *cannibalisme* [-ìsm] *m.* cannibalism.

canoë [kànòé] *m.* canoe.

canon [kànoⁿ] *m.* cannon; gun; barrel; glass of wine; *poudre à canon,* gun-powder; *à canon rayé,* rifled; *coup de canon,* gunshot.

canon [kànoⁿ] *m.* canon (eccles.; mus.); *droit canon,* canon law. ‖ *canonique* [-ònìk] *adj.* canonical. ‖ *canonisation* [-ònìzàsyoⁿ] *f.* canonization. ‖ *canoniser* [-ònìzé] *v.* to canonize.

cannonade [kànònàd] *f.* gun-fire, cannonade. ‖ *canonnerie* [-rî] *f.* gun-foundry. ‖ *canonnier* [-yé] *m.* gunner, artilleryman. ‖ *canonnière* [-yèr] *f.* gunboat [navire]; pop-gun [jouet].

canot [kànô] *m.* boat; dinghy; pinnace; © canoe; *canot de sauvetage,* life-boat; *canot glisseur,* speed-boat. ‖ *canotage* [-òtàj] *m.* rowing, boating, canoeing. ‖ *canoter* [-òté] *v.* to go in for boating. ‖ *canotier* [-òtyé] *m.* boatman; oarsman; straw-hat; boater.

cantatrice [kaⁿtàtrìs] *f.* singer.

cantine [kaⁿtîn] *f.* canteen (mil.); equipment-case; school-canteen; dining-hall; ‖ *cantinier* [-ìnyé] *m.* canteen-manager.

cantique [kaⁿtìk] *m.* canticle; sacred song, hymn.

canton [kaⁿtoⁿ] *m.* canton, district; section. ‖ *cantonade* [kaⁿtònàd] *f.* wings (theat.); *à la cantonade,* off-stage. ‖ *cantonal* [-ònàl] *adj.** district. ‖ *cantonnement* [-ònmaⁿ] *m.* billeting, quartering; quarters (mil.). ‖ *cantonner* [-òné] *v.* to billet, to quarter [soldats]; to confine; to divide into districts. ‖ *cantonnier* [-ònyé] *m.* roadman, roadmender.

canular [kànülàr] *m.* hoax, leg-pull.

canule [kànül] *f.* nozzle. ‖ *canuler* [-é] *v.* (pop.) to bore.

caoutchouc [kàûtshû] *m.* india-rubber; raincoat, solid tire; *pl.* galoshes, rubbers; *anneau en caoutchouc,* elastic band; *caoutchouc durci,* vulcanite. ‖ *caoutchouter* [-té] *v.* to rubberize, to treat with rubber.

cap [kàp] *m.* cape; head (naut.); course; *de pied en cap,* from head to foot; *mettre le cap sur,* to steer for, to head for; *doubler un cap,* to round a cape.

capable [kàpàbl] *adj.* capable, able, of good abilities.

capacité [kàpàsìté] *f.* capacity; ability, qualification (jur.).

caparaçonner [kàpàràsoné] *v.* to caparison.

cape [kàp] *f.* cape; hood; cloak, gown; *rire sous cape,* to laugh up one's sleeve; *être à la cape* (naut.), to be hove to.

capharnaüm [kàfàrnàòm] *m.* lumber-room.

capillaire [kàpìllèr] *adj.* capillary. ‖ *capillarité* [-àrìté] *f.* capillarity (phys.).

capilotade [kàpìlòtàd] *f.* hash; *mettre en capilotade,* to knock to smithereens; to beat to a pulp.

capitaine [kàpìtèn] *m.* captain; skipper; master-mariner; lieutenant-commander; commander; chief, leader; *capitaine de port,* harbo(u)r-master.

capital [kàpìtàl] *m.** capital, assets; *adj.** capital; essential, principal; outstanding [importance]; *peine capitale,* death-penalty. ‖ *capitale* [-àl] *f.* capital [ville, lettre]. ‖ *capitaliser* [-àlìzé] *v.* to capitalize; to save. ‖ *capitalisme* [-àlìsm] *m.* capitalism. ‖ *capitaliste* [-àlìst] *m., f.* capitalist; *adj.* capitalistic.

capitation [kàpìtàsyoⁿ] *f.* poll-tax.

capiteux [kàpìtè] *adj.** heady [vin], strong; sexy [femme].

capiton [kàpìtoⁿ] *m.* silk-flock, stuffing. ‖ *capitonner* [-òné] *v.* to pad, to upholster.

capitulation [kàpìtülàsyoⁿ] *f.* capitulation, surrender. ‖ *capituler* [-é] *v.* to capitulate, to surrender; to yield.

capoc [kàpòk] *m.* kapok.

capon [kàpòⁿ] *m.* coward, sneak; *adj.* afraid, cowardly. ‖ **caponner** [-òné] *v.* to funk; to sneak.

caporal [kàpòràl] *m.** corporal; shag [tabac]. ‖ **caporaliser** [-ìzé] *v.* to Prussianize. ‖ **caporalisme** [-ìsm] *m.* narrow militarism.

capot [kàpô] *m.* hooded greatcoat; cloak; bonnet, hood [auto]; cowling (aviat.); cover.

capot [kàpô] *m. faire capot,* to capsize, to turn turtle; *être capot,* to have lost all the tricks [cartes].

capote [kàpòt] *f.* greatcoat; bonnet; hood.

capoter [kàpòté] *v.* to capsize, to overturn; to turn turtle (naut.); to heel right over; to nose over (aviat.).

câpre [kâpr] *f.* caper (bot.).

caprice [kàprìs] *m.* caprice, whim, fancy. ‖ **capricieux** [-yë] *adj.** capricious, whimsical; moody, temperamental.

Capricorne [kàprìkòrn] *m.* Capricorn.

capsulage [kàpsülàj] *m.* capsuling, capping. ‖ **capsule** [kàpsül] *f.* capsule; percussion-cap; cap [bouteille]; seal. ‖ **capsuler** [-é] *v.* to seal, to cap [bouteille].

captage [kàptàj] *m.* water-catchment; picking up [courant]. ‖ **captation** [-àsyoⁿ] *f.* captation; inveiglement (jur.). ‖ **capter** [-é] *v.* to collect; to pick up [radio]; to win insidiously; to canalize; to recover (ind.).

captieux [kàpsyë] *adj.** insidious, cunning; specious, fallacious.

captif [kàptìf] *m.* captive; prisoner; *adj.** captive. ‖ **captiver** [-ìvé] *v.* to enslave; to win; to captivate, to enthrall; to bewitch. ‖ **captivité** [-ìvìté] *f.* captivity, bondage.

capture [kàptür] *f.* capture; seizure; prize. ‖ **capturer** [-é] *v.* to capture; to seize; to arrest.

capuchon [kàpüshoⁿ] *m.* hood; cowl (eccles.); cap [stylo].

capucin [kàpüsiⁿ] *m.* Capuchin friar. ‖ **capucine** [-ìn] *f.* Capuchin nun; nasturtium (bot.); band [fusil].

caque [kàk] *f.* keg; herring-barrel.

caquet [kàkè] *m.* cackle [poules]; gossip, chatter; gift of the gab; *rabattre le caquet,* to take someone down a peg. ‖ **caquetage** [kàktàj] *m.* gossiping. ‖ **caqueter** [kàkté] *v.* to cackle; to chatter, to gossip, to jaw; to prattle.

car [kàr] *conj.* for; because; as.

car [kàr] *m.* motor-coach; bus.

carabine [kàràbìn] *f.* carbine, rifle. ‖ **carabiné** [-ìné] *adj.* sharp; stiff [histoire]; raging [fièvre]; violent, heavy [rhume]. ‖ **carabinier** [kàràbìnyé] *m.* carabineer; constable.

caracoler [kàràkòlé] *v.* to caracole, to prance.

caractère [kàràktèr] *m.* character; nature; temperament; characteristic; feature; expression; handwriting; letter; ideograph; type (typogr.); notation marks (mus.); *un caractère,* a case; *bon caractère,* good temper; *mauvais caractère,* bad disposition; *avoir caractère pour,* to have authority for. ‖ **caractériel** [-téryèl] *adj.** temperamental. ‖ **caractériser** [-érìzé] *v.* to caracterize; *se caractériser,* to be distinguished (*par,* by). ‖ **caractéristique** [-érìstìk] *f.* characteristic, salient feature; *adj.* typical, distinctive, specific.

carafe [kàràf] *f.* glass decanter; bottle. ‖ **carafon** [-oⁿ] *m.* small decanter.

carambolage [kàràⁿbòlàj] *m.* cannon [billard]; collision. ‖ **caramboler** [-é] *v.* to cannon, to carom; to collide with, to run into.

caramel [kàràmèl] *m.* caramel; burnt sugar, butter-scotch; taffy. ‖ **caraméliser** [-mélìzé] *v.* to caramelize; to colour with caramel.

carapace [kàràpàs] *f.* carapace, shell.

carat [kàrà] *m.* carat.

caravane [kàràvàn] *f.* caravan; trailer; conducted tour; party of tourists. ‖ **caravansérail** [kàràvaⁿsérày] *m.* caravanserai, caravansary.

carbonate [kàrbònàt] *m.* carbonate. ‖ **carbonaté** [-é] *adj.* carbonized. ‖ **carbone** [kàrbòn] *m.* carbon; *papier carbone,* carbon paper. ‖ **carbonique** [-ìk] *adj.* carbonic. ‖ **carboniser** [-ìzé] *v.* to carbonize, to char; to burn to death.

carburant [kàrbüraⁿ] *m.* motor-fuel.

carburateur [kàrbüràtœr] *m.* carburet(t)or. ‖ **carburation** [-àsyoⁿ] *f.* carburet(t)ing; vaporization.

carbure [kàrbür] *m.* carbide. ‖ **carburer** [-é] *v.* to vaporize; (fam.) to go strong.

carcajou [kàrkàjû] *m.* wolverine, glutton.

carcan [kàrkaⁿ] *m.* iron collar, carcan; (pop.) jade; gawk.

carcasse [kàrkàs] *f.* carcass; framework, skeleton, shell [construction]; casing [pneu].

cardage [kàrdàj] *m.* carding. ‖ **carde** [kàrd] *f.* bur, teasel; carding-brush (text.). ‖ **carder** [-é] *v.* to card, to comb. ‖ **cardeuse** [-ëz] *f.* carding-machine.

cardiaque [kàrdyàk] *adj.* cardiac; *crise cardiaque*, heart attack.

cardigan [kàrdìgaⁿ] *m.* cardigan.

cardinal [kàrdìnàl] *m.*,* *adj.** cardinal.

cardiogramme [kàrdìògràm] *m.* cardiogram. ‖ **cardiologie** [-lòjî] *f.* cardiology. ‖ **cardiologue** [-lòg] *m.*, *f.* cardiologist.

carême [kàrèm] *m.* Lent; *figure de carême*, gloomy face; *comme mars en carême*, unfailingly; *carême-prenant*, Shrovetide.

carence [kàraⁿs] *f.* insolvency (jur.); deficiency (med.).

carène [kàrèn] *f.* hull; *pompe de carène*, bilge-pump. ‖ **caréner** [-éné] *v.* to careen (naut.); to streamline (aviat.).

caressant [kàrèsaⁿ] *adj.* caressing, tender. ‖ **caresse** [kàrès] *f.* caress, endearment. ‖ **caresser** [-é] *v.* to caress, to fondle, to stroke [animal]; to cherish [espoir].

cargaison [kàrgèzoⁿ] *f.* cargo, freight; shipload.

cargo [kàrgô] *m.* cargo-boat, tramp-steamer.

caribou [kàrìbû] *m.* cariboo.

caricatural [kàrìkàtùràl] *adj.** caricatural. ‖ **caricature** [kàrìkàtûr] *f.* caricature. ‖ **caricaturer** [-é] *v.* to caricature. ‖ **caricaturiste** [-ìst] *m.* caricaturist.

carie [kàrî] *f.* caries, decay; blight (bot.). ‖ **carier** [kàryé] *v.* to rot; *dent cariée*, decayed tooth.

carillon [kàrìyoⁿ] *m.* carillon, chime, peal. ‖ **carillonner** [-òné] *v.* to chime; to jingle; to sound; to announce. ‖ **carillonneur** [-ònœr] *m.* bell-ringer.

carlin [kàrliⁿ] *m.* pug-dog.

carlingue [kàrliⁿg] *f.* keelson (naut.); cabin, cockpit (aviat.).

carme [kàrm] *m.*, *adj.* Carmelite [moine]. ‖ **carmélite** [-élìt] *f.* Carmelite [religieuse].

carmin [kàrmiⁿ] *m.* carmine, crimson, deep red. ‖ **carminer** [-ìné] *v.* to dye, to colo(u)r with carmine.

carnage [kàrnàj] *m.* carnage, slaughter, butchery; raw meat.

carnassier [kàrnàsyé] *m.* carnivore; *adj.** carnivorous. ‖ **carnassière** [-yèr] *f.* game-bag.

carnation [kàrnàsyoⁿ] *f.* flesh colo(u)r; complexion.

carnaval [kàrnàvàl] (*pl.* **carnavals**) *m.* carnival. ‖ **carnavalesque** [-èsk] *adj.* carnavalesque.

carne [kàrn] *f.* nag, jade; tough meat (pop.); brute.

carnet [kàrnè] *m.* note-book; *carnet de chèques*, Br. cheque-book, Am. checkbook; *carnet de banque*, pass-book; *carnet de timbres*, book of stamps; **carnet-répertoire**, address-book.

carnier [kàrnyé] *m.* game-bag.

carnivore [kàrnìvòr] *adj.* carnivorous; flesh-eating.

carotte [kàròt] *f.* carrot; plug [tabac]; trick, hoax, take-in; *tirer une carotte à quelqu'un*, to swindle someone. ‖ **carotter** [-é] *v.* (fam.) to wangle; to humbug.

caroube [kàrûb] *f.* carob. ‖ **caroubier** [-byé] *m.* locust-tree, carob-tree.

carpe [kàrp] *m.* wrist.

carpe [kàrp] *f.* carp [poisson].

carpette [kàrpèt] *f.* rug.

carquois [kàrkwâ] *m.* quiver.

carré [kàré] *m.* square; landing [maison]; messroom (naut.); *adj.* square; well-set; downright, straightforward; *tête carrée*, obstinate fellow.

carreau [kàrò] *m.** diamonds [cartes]; window-pane; floor, square brick; tile; pit-head [mine]; *à carreaux*, checked [étoffe]; (fam.) *se tenir à carreau*, to be cautious; *rester sur le carreau*, to lie dead.

carrefour [kàrfûr] *m.* crossroads; open square; intersection.

carrelage [kàrlàj] *m.* tiling. ‖ **carreler** [-é] *v.* to pave with tiles; to draw squares; to checker.

carrelet [kàrlè] *m.* sewing awl; packing-needle; sail-needle; square dipping-net.

carrément [kàrémaⁿ] *adv.* squarely; firmly; bluntly.

carrer [kàré] *v.* to square; *se carrer*, to swagger; to recline.

carrier [kàryé] *m.* quarryman. ‖ **carrière** [-yèr] *f.* quarry (techn.); career, vocation, course; *donner libre carrière à*, to give free rein to.

carriole [kàryòl] *f.* light cart; old crock, Am. jalopy.

carrossable [kàròsàbl] *adj.* carriageable. ‖ **carrosse** [kàròs] *m.* state-coach; *rouler carrosse*, to be well off, to live in style. ‖ **carrosserie** [-rî] *f.* body [auto]; coach-building. ‖ **carrossier** [-yé] *m.* coach-builder, body-builder.

carrousel [kàrûzèl] *m.* tournament; merry-go-round; carrousel.

carrure [kàrür] *f.* breadth of shoulders.

cartable [kàrtàbl] *m.* satchel; drawing portfolio.

carte [kàrt] *f.* card; list; menu; ticket; map; chart (naut.); *carte postale*, postcard; *carte blanche*, full powers; *cartes sur table*, above-board; *carte routière*, road-map; *partie de cartes*, game of cards; *carte-lettre*, letter-card.

cartel [kàrtèl] *m.* cartel, trust (comm.); coalition.

cartel [kàrtèl] *m.* challenge; truce; clock, dial-case.

carter [kàrtèr] *m.* gear-case; sump.

cartilage [kàrtilàʒ] *m.* cartilage; gristle. ‖ **cartilagineux** [-ìnë] *adj.* gristly.

cartographe [kàrtògràf] *m.*, *f.* map-maker, chart-maker. ‖ **cartographie** [-ì] *f.* cartography, mapping.

cartomancie [kàrtòmaⁿsì] *f.* cartomancy. ‖ **cartomancienne** [-syèn] *f.* fortune-teller.

carton [kàrtoⁿ] *m.* pasteboard; cardboard; cardboard box; portfolio; cartoon; carton; target; cancel (typogr.); mount (phot.); *carton-pâte*, papier mâché. ‖ **cartonnage** [-ònàʒ] *m.* boarding. ‖ **cartonner** [-òné] *v.* to bind in boards, to put in stiff covers. ‖ **cartonnerie** [-ònrì] *f.* cardboard manufactory (or) trade. ‖ **cartonneur** [-ònœr] *m.* binder. ‖ **cartonnier** [-ònyé] *m.* cardboard-seller; cardboard file; filing cabinet; set of filing cases.

cartouche [kàrtúsh] *m.* cartouche.

cartouche [kàrtúsh] *f.* cartridge, round; refill [stylo]. ‖ **cartouchière** [-yèr] *f.* cartridge-pouch.

cas [kà] *m.* case; instance; circumstance; *en aucun cas*, under no circumstances; *faire cas de*, to think highly of; *faire peu de cas de*, to make light of; *au cas où*, in case; *en tout cas*, at all events, in any case.

casanier [kàzànyé] *adj.* stay-at-home; *m.* homebody.

casaque [kàzàk] *f.* coat, jacket; jumper; blouse; *tourner casaque*, to turn coat. ‖ **casaquin** [-kiⁿ] *m.* jumper.

cascade [kàskàd] *f.* cascade; waterfall; peals [de rires]. ‖ **cascader** [-é] *v.* to cascade; to go the pace. ‖ **cascadeur** [-dœr] *m.* stunt man.

case [kâz] *f.* hut, small house; compartment; pigeon-hole; square [échecs]; box [poste].

caséine [kàzéìn] *f.* casein.

casemate [kàzmàt] *f.* casemate; underground stronghold.

caser [kâzé] *v.* to put away; to file; to settle; to accommodate; to marry off; *se caser*, to settle down; to find a home, an employment.

caserne [kàzèrn] *f.* barracks. ‖ **caserner** [-é] *v.* to billet, to quarter; to send into barracks.

casier [kâzyé] *m.* rack; pigeon-hole; filing-cabinet; wine-bin, bottle-rack; music-cabinet, canterbury; *casier judiciaire*, police record.

casino [kàzìnò] *m.* casino.

casoar [kàzòàr] *m.* cassowary; plume.

casque [kàsk] *m.* helmet; head-phones (telegr.); *casque blindé*, crash-helmet. ‖ **casquer** [-é] *v.* (fam.) to fork out [argent]. ‖ **casquette** [-èt] *f.* cap.

cassable [kàsàbl] *adj.* breakable. ‖ **cassant** [-aⁿ] *adj.* brittle; crisp; gruff, short.

cassation [kàsàsyoⁿ] *f.* cassation, repeal; *Cour de cassation*, Supreme Court of Appeal.

casse [kâs] *f.* breaking; breakage; damage; *casse-cou*, dangerous place; dare-devil; *casse-croûte*, snack, © snack-bar; *casse-noisette*, nut-cracker; *casse-tête*, club, truncheon; uproar; puzzle.

casse [kâs] *f.* case (typogr.). ‖ **casseau** [kàsô] *m.* half-case; fount-case (typogr.).

cassement [kàsmaⁿ] *m.* worry; breaking. ‖ **casser** [-é] *v.* to break, to smash; to crack; to demote, to reduce to the ranks.

casserole [kàsròl] *f.* saucepan, stewpan; (fam.) old crock, *Am.* jalopy. ‖ **casserolée** [-é] *f.* panful.

cassette [kàsèt] *f.* casket; case; money-box.

casseur [kàsœr] *m.* breaker, smasher; *adj.* clumsy, destructive; *casseur d'assiettes*, blusterer.

cassis [kàsìs] *m.* black-currant; black-currant brandy.

cassis [kàsì] *m.* water-bar, furrow-drain across the road.

cassonade [kàsònàd] *f.* brown sugar.

cassoulet [kàsûlè] *m.* cassoulet, casserole-dish.

cassure [kàsür] *f.* break, fracture; breakage; crease [tissu].

castagnettes [kàstàñèt] *f. pl.* castanets.

caste [kàst] *f.* caste; *esprit de caste*, class consciousness.

castel [kàstèl] *m.* castle, manor.

castillan [kàstìyaⁿ] *m.*, *adj.* Castilian.

castor [kàstòr] *m.* beaver.

castration [kàstràsyon] *f.* castration; gelding. || **castrer** [-é] *v.* to geld, to castrate; to emasculate.

casuel [kàzüèl] *m.* fee; *adj.** accidental, fortuitous, casual.

casuiste [kàzüist] *m.* casuist. || **casuistique** [-ìk] *f.* casuistry.

cataclysme [kàtàklìsm] *m.* cataclysm, disaster; upheaval.

catacombes [kàtàkonb] *f. pl.* catacombs.

catalepsie [kàtàlèpsî] *f.* catalepsy. || **cataleptique** [-tîk] *m., f., adj.* cataleptic.

catalogue [kàtàlòg] *m.; Br.* catalogue; *Am.* catalog; list. || **cataloguer** [-ògé] *v.* to catalog(ue).

catalyse [kàtàlîz] *f.* catalysis.

Cataphote [kàtàfòt] *m.* (trade-mark) reflector; cat's eye.

cataplasme [kàtàplàsm] *m.* poultice.

catapulte [kàtàpült] *f.* catapult. || **catapulter** [-té] *v.* to catapult; to hurl (fam.).

cataracte [kàtàràkt] *f.* waterfall; cataract (med.).

catarrhe [kàtàr] *m.* catarrh.

catastrophe [kàtàstròf] *f.* catastrophe, disaster, calamity. || **catastrophé** [-fé] *adj.* (fam.) wrecked, come to grief. || **catastrophique** [-fîk] *adj.* catastrophic.

catch [kàtsh] *m.* all-in wrestling.

catéchiser [kàtéshìzé] *v.* to catechize; (fam.) to lecture. || **catéchisme** [-ìsm] *m.* catechism. || **catéchiste** [-ìst] *m., f.* catechist. || **catéchumène** [kàtékümèn] *m., f.* catechumen.

catégorie [kàtégòrî] *f.* category, class. || **catégorique** [-ìk] *adj.* categorical; emphatic; clear; flat.

cathédrale [kàtédràl] *f.* cathedral.

cathode [kàtòd] *f.* cathode.

catholicisme [kàtòlìsìsm] *m.* Catholicism. || **catholicité** [-ìté] *f.* Catholicity, orthodoxy; the Catholic world. || **catholique** [kàtòlìk] *m., f., adj.* Catholic.

cauchemar [kôshmàr] *m.* nightmare; bugbear.

causal [kôzàl] *adj.* causal (gramm.).

cause [kôz] *f.* cause, motive; case, trial; reason; *à cause de,* on account of; *et pour cause,* for a good reason; *un ayant cause,* an assign; *avocat sans cause,* briefless barrister. || **causer** [kôzé] *v.* to cause.

causer [kôzé] *v.* to talk, to chat; to blab. || **causerie** [-rî] *f.* chat; informal talk. || **causette** [-èt] *f.* chit-chat. ||

causeur [-œr] *m.* talker; *adj.* chatty. || **causeuse** [-èz] *f.* settee, sofa.

causticité [kôstìsìté] *f.* causticity. || **caustique** [kôstìk] *m., adj.* caustic.

cauteleux [kôtelè] *adj.** cunning, sly, crafty; wary, fawning.

cautère [kôtèr] *m.* cautery. || **cautérisation** [-érìzàsyon] *f.* cauterization. || **cautériser** [-érìzé] *v.* to cauterize.

caution [kôsyon] *f.* security, guarantee, bail; caution-money; deposit; *sujet à caution,* unreliable; *se porter caution pour,* to go bail for; to stand surety for. || **cautionnement** [-yònman] *m.* surety (comm.). || **cautionner** [-yòné] *v.* to stand surety for.

cavalcade [kàvàlkàd] *f.* cavalcade; procession; pageant.

cavalerie [kàvàlrî] *f.* cavalry. || **cavalier** [-yé] *m.* rider, horseman; partner [danse]; knight [échecs]; escort; *adj.** riding; haughty; off-hand; jaunty; flippant.

cave [kàv] *f.* vault; wine-cellar; cellar; liqueur cabinet; *adj.* hollow. || **caveau** [kàvô] *m.** cellar, vault. || **caverne** [kàvèrn] *f.* cavern, cave; den. || **caverneux** [-è] *adj.** cavernous, hollow.

caviar [kàvyàr] *m.* caviar(e).

cavité [kàvìté] *f.* hollow, cavity.

ce [se] (ce becomes **c'** before *être*) *demonstr. pron.* he; she; it; this; that; they; these; those; which; what; *c'est un livre,* it is a book; *c'est une femme,* she is a woman; *ce sont des hommes,* they are men; *c'est ce que je craignais,* it is what I feared; *c'est à vous de,* it is for you to; *il n'est pas chez lui,* ce qui est dommage, he is out, which is a pity; *c'est qu'il est parti,* the fact is he has gone; *pour ce qui est de,* as for; *ce disant...,* so saying..., *ç'a été vrai,* it was true; *qu'est-ce que c'est?,* what is it?; *est-ce que vous savez?,* do you know?; *c'est-à-dire,* that is to say; i.e. (*id est,* that is).

ce, cette [se, sèt] (*pl.* **ces** [sè]) [ce becomes **cet** before a word beginning with a vowel or a mute *h*] *demonstr. adj.* this, that, *pl.* these, those; *ce chien-ci,* this dog; *cet homme,* this man; *cette femme-là,* that woman.

ceci [sesì] *demonstr. pron.* this.

cécité [sésìté] *f.* blindness.

cédant [sédan] *m.* assignor, grantor. || **céder** [-é] *v.* to give up; to transfer; to hand over; to yield; to submit; to resign; to give way.

cédille [sédîy] *f.* cedilla (gramm.).

cédrat [sédrà] *m.* citron; citron-tree.

cèdre [sèdr] *m.* cedar, © American thuya.

cédule [sédül] *f.* notification; schedule [taxes]; script; note.

ceindre [siⁿdr] *v.** to gird; to bind; to surround; to wreathe.

ceinture [siⁿtür] *f.* belt, girdle; waist; circle; enclosure : *ceinture fléchée* © arrow sash; *se serrer la ceinture,* to tighten one's belt. ‖ **ceinturer** [-é] *v.* to girdle; to encircle, to surround.

cela [se^là] (*fam.* **ça** [sà]) *demonstr. pron.* that; *c'est cela,* that is it; that's right; *comment cela?,* what?, how so?; *comme ci, comme ça,* so so, middling; *comme ça,* thus, like that; *ça y est l,* that's that !

célébration [sélébràsyoⁿ] *f.* celebration. ‖ **célèbre** [sélèbr] *adj.* celebrated, famous. ‖ **célébrer** [sélébré] *v.* to celebrate; to extol. ‖ **célébrité** [sélébrité] *f.* celebrity.

celer [se^lé] *v.* to hide, to conceal.

céleri [sélrì] *m.* celery.

célérité [sélérìté] *f.* speed, swiftness, rapidity; alacrity.

céleste [sélèst] *adj.* heavenly, celestial; divine.

célibat [sélìbà] *m.* celibacy. ‖ **célibataire** [-tèr] *m.* bachelor; *f.* spinster; *adj.* unmarried; single.

celle, celles, *see* **celui.**

cellier [sélyé] *m.* cellar; store-room.

cellulaire [sélülèr] *adj.* cellular; *voiture cellulaire,* police-van, Black Maria; *Am.* paddy wagon. ‖ **cellule** [sélül] *f.* cell. ‖ **cellulite** [-ìt] *f.* cellulitis.

Celluloïd [sélülòìd] *m.* (trade-mark) Celluloid.

celtique [sèltìk] *m., adj.* Celtic.

celui, celle [se^lüi, sèl] (*pl.* **ceux, celles** [së, sèl]) *demonstr. pron.* he; him; she; the one, that; *pl.* they, those; them; *celui qui parle,* he who speaks; *à celui qui parle,* to him who speaks; *celui de mon père,* my father's; *celui-ci,* the latter; this one; *celui-là,* the former; that one.

cémenter [sémaⁿté] *v.* to case-harden.

cénacle [sénàkl] *m.* Upper Room; coterie, group.

cendre [saⁿdr] *f.* cinders, ash. ‖ **cendré** [-é] *adj.* ash-colo(u)red, ashy. ‖ **cendrée** [-é] *f.* dust-shot; cinder-track. ‖ **cendrier** [-ìyé] *m.* ash-tray; ash-pan. ‖ **Cendrillon** [-ìyoⁿ] *f.* Cinderella; sit-by-the-fire (fam.).

Cène [sèn] *f.* Last Supper; communion.

cénobite [sénòbìt] *m.* coenobite.

cénotaphe [sénòtàf] *m.* cenotaph.

censé [saⁿsé] *adj.* supposed; reputed. ‖ **censeur** [-œr] *m.* censor; critic; vice-principal [lycée]. ‖ **censure** [-ür] *f.* censure, blame; censorship. ‖ **censurer** [-üré] *v.* to censor; to blame; to criticize; to censure.

cent [sènt] © sèn] *m.* cent [© *m.* et *f.*].

cent [saⁿ] *m., adj.* one hundred, a hundred; *deux cent douze,* two hundred and twelve; *deux cents ans,* two hundred years; *cinq pour cent,* five per cent. ‖ **centaine** [-tèn] *f.* about a hundred; a hundred; *plusieurs centaines d'hommes,* several hundred men.

centaure [saⁿtôr] *m.* centaur.

centenaire [saⁿtnèr] *m.* centenary; centenarian; *adj.* a hundred years old.

centiare [saⁿtyàr] *m.* one square meter.

centième [saⁿtyèm] *m., adj.* hundredth.

centigrade [saⁿtìgràd] *adj.* centigrade. ‖ **centigramme** [-ìgràm] *m.* centigram. ‖ **centilitre** [-ìlìtr] *m.* centilitre. ‖ **centime** [-ìm] *m.* centime. ‖ **centimètre** [-ìmètr] *m. Br.* centimetre, *Am.* centimeter.

central [saⁿtràl] *m.** telephone exchange; *adj.** central; *centrale,* generating station; jail. ‖ **centralisation** [-ìzàsyoⁿ] *f.* centralization. ‖ **centraliser** [-ìzé] *v.* to centralize. ‖ **centre** [saⁿtr] *m. Br.* centre, *Am.* center; middle. ‖ **centrer** [-é] *v.* to center; to adjust. ‖ **centrifuge** [saⁿtrìfüj] *adj.* centrifugal. ‖ **centripète** [-pèt] *adj.* centripetal.

centuple [saⁿtüpl] *m., adj.* hundredfold. ‖ **centupler** [-plé] *v.* to centuple, to centuplicate.

cep [sèp] *m.* vine-stock. ‖ **cépage** [sépàj] *m.* vine-plant.

cèpe [sèp] *m.* flap mushroom.

cependant [sepaⁿdaⁿ] *adv.* meanwhile; *conj.* yet, however, nevertheless.

céphalalgie [séfàlàljì] *f.* headache. ‖ **céphalée** [-é] *f.* headache. ‖ **céphalique** [-ìk] *adj.* cephalic.

céramique [séràmìk] *f.* ceramics; *adj.* ceramic. ‖ **céramiste** [-ìst] *m., f.* ceramist.

cerceau [sèrsô] *m.** hoop.

cercle [sèrkl] *m.* circle, ring; hoop [tonneau]; company; group; club. ‖ **cercler** [-é] *v.* to encircle; to hoop; to ring; to tire.

cercueil [sèrkœy] *m.* coffin; shell.

céréale [séréàl] *f., adj. f.* cereal; *pl.,* © breakfast food.

cérébral [sérébràl] *adj.** cerebral; *fatigue cérébrale,* brain-fag.

cérébro-spinal [sérébrôspìnàl] *adj.* cerebro-spinal.

cérémonial [sérémònyàl] *m.**, *adj.** ceremonial; etiquette. ‖ **cérémonie** [-ì] *f.* ceremony, pomp; fuss; *visite de cérémonie,* formal visit. ‖ **cérémonieux** [-yë] *adj.** ceremonious, formal.

cerf [sèr] *m.* stag, hart; **cerf-volant,** paper kite; stag-beetle.

cerfeuil [sèrfœy] *m.* chervil.

cerise [serìz] *f.* cherry; *adj.* cherry-red. ‖ **cerisier** [-yé] *m.* cherry-tree; cherry-wood.

cerne [sèrn] *m.* ring, circle. ‖ **cerné** [-é] *adj.* encircled; *avoir les yeux cernés,* to have rings under the eyes. ‖ **cerner** [-é] *v.* to surround; to encompass; to hem in. ‖ **cernure** [-ür] *f.* ring; blue ring.

certain [sèrtìⁿ] *adj.* certain, sure; fixed; positive; *chose certaine,* a certainty; *certaines choses,* some things.

certes [sèrt] *adv.* to be sure, indeed.

certificat [sèrtìfìkà] *m.* certificate, attestation, testimonial; character testimonial. ‖ **certification** [-syoⁿ] *f.* certification; witnessing (jur.). ‖ **certifier** [sèrtìfyé] *v.* to certify, to vouch, to attest; to witness [signature].

certitude [sèrtìtüd] *f.* certainty.

cérumen [sérümèn] *m.* cerumen, ear-wax.

cerveau [sèrvô] *m.** brain; mind; *rhume de cerveau,* cold in the head; *cerveau brûlé,* hot-head; *cerveau creux,* dreamer.

cervelas [sèrvᵉlà] *m.* saveloy, cervelat.

cervelet [sèrvᵉlè] *m.* cerebellum.

cervelle [sèrvèl] *f.* brains (anat.); mind; *sans cervelle,* brainless; *se creuser la cervelle,* to rack one's brains.

cessant [sèsàⁿ] *adj.* ceasing, suspending; *toute affaire cessante,* strait away. ‖ **cessation** [sèsàsyoⁿ] *f.* cessation, suspension, stoppage. ‖ **cesse** [sès] *f.* cease, ceasing. ‖ **cesser** [-é] *v.* to stop, to cease, to leave off; *cessez-le-feu,* cease-fire.

cessible [sèsìbl] *adj.* transferable (jur.). ‖ **cession** [-yoⁿ] *f.* transfer, assignment (jur.). ‖ **cessionnaire** [-yònèr] *m.* transferee, assignee (jur.).

cet, cette, *see* ce.

cétacé [sétàsé] *m.*, *adj.* cetacean.

ceux, *see* celui.

chacal [shàkàl] (*pl.* chacals) *m.* jackal.

chacun [shàkuⁿ] *pron.* each; each one; everybody; *chacun son goût,* every man to his taste.

chafouin [shàfwìⁿ] *m.*, *adj.* sly-looking, weasel-faced (person).

chagrin [shàgrìⁿ] *m.* grief, sorrow, trouble; vexation; *adj.* sorry, sad; gloomy; sullen; fretful. ‖ **chagriner** [-ìné] *v.* to afflict, to grieve; to annoy; *se chagriner,* to be distressed.

chahut [shàü] *m.* (pop.) uproar; rag. ‖ **chahuter** [-té] *v.* (pop.) to kick up a row; to barrack; to boo.

chai [shè] *m.* wine-store.

chaîne [shèn] *f.* chain, link; fetters; necklace; sequence; train [idées]; bondage; warp (text.); boom [port]; series; range [montagnes]; *travail à la chaîne,* assembly-line work. ‖ **chaînette** [-èt] *f.* small chain. ‖ **chaînon** [-oⁿ] *m.* link.

chair [shèr] *f.* flesh; meat; pulp [fruit]; *chair de poule,* gooseflesh; *chair à canon,* bullet bait.

chaire [shèr] *f.* chair; pulpit; rostrum; tribune; professorship.

chaise [shèz] *f.* chair, seat; *chaise électrique,* the chair; *chaise longue,* reclining-chair, chaise-longue. ‖ **chaisière** [-yèr] *f.* pew-opener; chair-attendant.

chaland [shàlaⁿ] *m.* barge, lighter.

chaland [shàlaⁿ] *m.* customer, purchaser.

châle [shâl] *m.* shawl.

chalet [shàlè] *m.* chalet; cottage.

chaleur [shàlœr] *f.* heat, warmth; glow; ardo(u)r. ‖ **chaleureux** [-ë] *adj.* warm; ardent; cordial; hearty.

chaloupe [shàlúp] *f.* ship's boat; launch; sloop; © boat, rowboat.

chalumeau [shàlümô] *m.** (drinking-) straw; reed; pipe; blow-pipe.

chalut [shàlü] *m.* trawl; drag-net. ‖ **chalutier** [-tyé] *m.* trawler.

chamarrer [shàmàré] *v.* to bedeck; to trim.

chambranle [shaⁿbraⁿl] *m.* frame.

chambre [shaⁿbr] *f.* room; chamber; cabin (naut.); *chambre à coucher,* bedroom; *chambre à air,* inner tube [pneu]; *les deux Chambres,* Parliament; *chambre noire,* dark-room; *femme de chambre,* housemaid; *garder la chambre,* to keep to one's room. ‖ **chambrée** [-é] *f.* roomful; barrack room. ‖ **chambrer** [-é] *v.* to lock up; to bring to room temperature.

chameau [shàmô] *m.** camel; (pop.) dirty dog.

chamois [shàmwà] *m.* chamois; chamois leather.

champ [shaⁿ] *m.* field, open country; scope; range; ground, space; *champ de courses,* race-course; *champ visuel,* field of vision.

Champagne [shⁿpàñ] *f.* Champagne [région]; *m.* champagne; *fine champagne*, liqueur brandy.

champêtre [shⁿpètr] *adj.* rural, rustic; pastoral; country.

champignon [shⁿpiñoⁿ] *m.* mushroom; peg; (fam.) accelerator pedal [auto]. ‖ *champignonnière* [-ònyèr] *f.* mushroom-bed.

champion [shⁿpyoⁿ] *m.* champion. ‖ *championnat* [-yònà] *m.* championship.

chance [shⁿs] *f.* chance; luck; fortune; blessing; risk; odds.

chancelant [shⁿslⁿ] *adj.* tottering, staggering. ‖ *chanceler* [shⁿslé] *v.* to reel, to stagger, to totter; to falter. ‖ *chancellement* [shⁿsèlmⁿ] *m.* unsteadiness.

chancelier [shⁿslyé] *m.* chancellor. ‖ *chancelière* [-lyèr] *f.* foot-muff. ‖ *chancellerie* [shⁿsèlrî] *f.* chancellery.

chanceux [shⁿsë] *adj.** lucky; hazardous, risky; uncertain.

chancre [shⁿkr] *m.* ulcer; canker; *chancreux,* ulcerous; cankered.

chandail [shⁿdày] *m.* sweater.

Chandeleur (la) [shⁿdəlœr] *f.* Candlemas.

chandelier [shⁿdəlyé] *m.* candlestick; chandler. ‖ *chandelle* [shⁿdèl] *f.* candle; icicle; snot (pop.); *en voir trente-six chandelles,* to see stars.

chanfrein [shⁿfriⁿ] *m.* forehead; chamfer.

change [shⁿj] *m.* change; exchange (comm.); *agent de change,* stock-broker; *lettre de change,* bill of exchange; *bureau de change,* foreign exchange office; *cours du change,* rate of exchange; *donner le change,* to mislead, to side-track. ‖ *changeant* [-ⁿ] *adj.* variable; fickle; unsettled [temps]. ‖ *changement* [-mⁿ] *m.* change, alteration; *changement de vitesse,* gear-change, *Am.* gearshift. ‖ *changer* [-é] *v.* to change; to exchange; to alter; to shift [vitesses]; *changer d'avis,* to change one's mind; *se changer,* to change; to change one's clothing; *se changer en,* to change into. ‖ *changeur* [-œr] *m.* money-changer.

chanoine [shànwàn] *m.* canon. ‖ *chanoinesse* [-ès] *f.* canoness.

chanson [shⁿsoⁿ] *f.* song; nonsense. ‖ *chansonner* [-òné] *v.* to lampoon. ‖ *chansonnier* [-òné] *m.* song-writer; song-book.

chant [shⁿ] *m.* side, edge; *de chant,* edgewise.

chant [shⁿ] *m.* singing; song; canto [poème].

chantage [shⁿtàj] *m.* blackmail. ‖ *chantant* [-taⁿ] *adj.* harmonious, musical; sing-song. ‖ *chanter* [shⁿté] *v.* to sing; to crow [coq]; to celebrate; *si ça vous chante,* if it suits you; *faire chanter,* to blackmail; *chanteur,* singer; crooner.

chantier [shⁿtyé] *m.* timber-yard; coal-yard; dockyard; shipyard; building yard; © lumber camp; stocks; *sur le chantier,* in hand.

chantonner [shⁿtòné] *v.* to hum. ‖ *chantre* [shⁿtr] *m.* chanter; cantor; chorister; songster.

chanvre [shⁿvr] *m.* hemp.

chaos [kàô] *m.* chaos, confusion. ‖ *chaotique* [-tîk] *adj.* chaotic.

chaparder [shàpàrdé] *v.* (pop.) to swipe, to scrounge, to filch, to pinch, *Am.* to lift.

chape [shàp] *f.* cope (eccles.); covering; cap; tread [pneu]; strap [moteur]. ‖ *chapeau* [shàpô] *m.** hat; cap [stylo]; cover; *chapeau bas,* hat in hand; *chapeau haut de forme,* top-hat.

chapelain [shàplⁿ] *m.* chaplain.

chapelet [shàplè] *m.* rosary, beads; string [oignons]; series.

chapelier [shàpəlyé] *m.* hatter, *Am.* milliner.

chapelle [shàpèl] *f.* chapel; coterie.

chapelure [shàplür] *f.* bread-crumb topping.

chaperon [shàproⁿ] *m.* hood; coping [mur]; chaperon. ‖ *chaperonner* [-òné] *v.* to chaperon.

chapiteau [shàpitô] *m.** cornice; head; top; capital.

chapitre [shàpìtr] *m.* chapter; chapter-house (eccles.); subject; item. ‖ *chapitrer* [-tré] *v.* to admonish.

chapon [shàpoⁿ] *m.* capon.

chaque [shàk] *adj.* each, every.

char [shàr] *m.* chariot; truck, wag(g)on; *char d'assaut,* tank (mil.).

charabia [shàràbyà] *m.* (fam.) gibberish, gobbledegook.

charbon [shàrboⁿ] *m.* coal; blight (agr.); anthrax (vet.); carbuncle (med.); *charbon de bois,* charcoal; *sur des charbons ardents,* on tenter-hooks. ‖ *charbonnage* [-ònàj] *m.* coal-mining; colliery. ‖ *charbonner* [-òné] *v.* to char; to sketch in charcoal. ‖ *charbonnier* [-ònyé] *m.* coal-man; coal-hole; collier (naut.); coal-dealer.

charcuterie [shàrkütrî] *f.* pork-butcher's shop (*or* trade, *or* meat); *Am.* delicatessen. ‖ *charcutier* [-yé] *m.* pork-butcher.

chardon [shàrdoⁿ] *m.* thistle.

chardonneret [shàrdònrè] *m.* gold-finch.

charge [shàrj] *f.* burden, load; cost; charge; post; place; responsibility; caricature; *c'est à ma charge,* it's my responsibility; *femme de charge,* housekeeper. ‖ **chargé** [-é] *adj.* laden, loaded; entrusted; burdened; full; overcast [ciel]; *m. chargé d'affaires,* envoy. ‖ **chargement** [-ᵉmaⁿ] *m.* load; cargo; consignment; loading; charging [accumulateur]; registration [lettre]. ‖ **charger** [-é] *v.* to load; to burden; to charge; to entrust; to indict; to register; *se charger,* to undertake, to take it upon oneself; *je m'en charge,* I'll see to it. ‖ **chargeur** [-jœr] *m.* stoker; cassette; loader; loading clip; charger.

chariot [shàryò] *m.* wagon, trolley; carriage (mech.); cradle (naut.).

charitable [shàrìtàbl] *adj.* charitable. ‖ **charité** [-é] *f.* charity; alms; kindness.

charivari [shàrìvàrì] *m.* charivari; din.

charlatan [shàrlàtaⁿ] *m.* charlatan, quack; **charlatanisme,** charlatanism.

charmant [shàrmaⁿ] *adj.* charming, delightful. ‖ **charme** [shàrm] *m.* spell, charm. ‖ **charmer** [-é] *v.* to charm; to please, to delight. ‖ **charmeur** [-œr] *m., adj.* charmer.

charmille [shàrmîy] *f.* arbour.

charnel [shàrnèl] *adj.* carnal; sensual. ‖ **charnier** [-nyé] *m.* charnel-house.

charnière [shàrnyèr] *f.* hinge.

charnu [shàrnü] *adj.* fleshy; brawny; pulpy [fruits].

charogne [shàròñ] *f.* carrion.

charpente [shàrpaⁿt] *f.* timber-work; framework; frame. ‖ **charpenter** [-é] *v.* to frame, to construct. ‖ **charpentier** [-yé] *m.* carpenter; shipwright.

charpie [shàrpî] *f.* lint.

charretée [shàrté] *f.* cart-load. ‖ **charretier** [-yé] *m.* carter. ‖ **charrette** [shàrèt] *f.* cart. ‖ **charrier** [-yé] *v.* to cart, to carry; to wash down; to drift ice. ‖ **charroi** [shàrwà] *m.* cartage; transport (mil.).

charron [shàroⁿ] *m.* wheelwright.

charrue [shàrü] *f. Br.* plough, *Am.* plow.

charte [shàrt] *f.* charter; deed.

chartreux [shàrtrë] *m., adj.* * Carthusian.

chas [shâ] *m.* eye [aiguille].

chasse [shàs] *f.* hunt; hunting, shooting; play (mech.); pursuit, chase;

chasse d'eau, flush; **chasse-mouches,** fly-swatter; **chasse-neige,** snowplow.

chasser [-é] *v.* to hunt; to spin [roue]; to pursue, to chase; to drive away; to dismiss; *chasser sur ses ancres,* to drag anchor. ‖ **chasseur** [-œr] *m.* hunter; sportsman; page-boy, mes-senger boy, *Am.* bell-hop; fighter (aviat.); mountain infantry (mil.).

châsse [shâs] *f.* reliquary (eccles.).

chassieux [shàsyë] *adj.* gummy; bleary-eyed.

châssis [shâsì] *m.* frame; sash [fe-nêtre]; chassis [auto]; under-carriage (aviat.); glass-frame (agric.).

chaste [shàst] *adj.* pure, chaste. ‖ **chasteté** [-ᵉté] *f.* chastity.

chat, chatte [shà, shàt] *m., f.,* cat; tag [jeu]; *avoir un chat dans la gorge,* to have a frog in one's throat; *pas un chat,* not a soul.

châtaigne [shàtèñ] *f.* chestnut. ‖ **châtaignier** [-yé] *m.* chestnut-tree (*or* -wood).

châtain [shàtiⁿ] *adj.* brown, chestnut-brown, light-brown.

château [shâtô] *m.* * castle; palace; country seat, manor; *châteaux en Espagne,* castles in the air; *château d'eau,* water-tower; *château de cartes,* house of cards. ‖ **châtelain** [shàtliⁿ] *m.* squire, lord of the manor; land-owner.

châtier [shàtyé] *v.* to punish, to chastise; to improve [style]; **châti-ment,** chastisement, punishment.

chatoiement [shàtwàmaⁿ] *m.* spar-kle; glistening; sheen.

chaton [shàtoⁿ] *m.* kitten; catkin.

chaton [shàtoⁿ] *m.* bezel, setting; stone [pierres].

chatouille [shàtûy] *f.* tickle. ‖ **cha-touillement** [shàtûymaⁿ] *m.* tickle, tickling; titillation. ‖ **chatouiller** [shà-tûyé] *v.* to tickle; to gratify; to titil-late; (fam.) to thrash; **chatouilleux,** ticklish; touchy; sensitive; sore [point]; punctilious [honneur].

chatoyer [shàtwàyé] *v.* to shimmer; to gleam, to glisten, to sparkle.

châtrer [shâtré] *v.* to castrate; to geld [animaux]; to prune.

chatteries [shàtrî] *f. pl.* delicacies.

chatterton [shàtértòⁿ] *m.* insulating tape, Chatterton's compound.

chaud [shô] *m.* heat, warmth; *adj.* hot, warm; ardent, animated; violent; bitter; eager; *adv.* hot; *avoir chaud,* to be hot; *il fait chaud,* it is hot, warm. ‖ **chaudière** [-dyèr] *f.* boiler, furnace; kitchen boiler. ‖ **chaudron** [-droⁿ] *m.* cauldron; **chaudronnerie,**

copper wares; boiler-making; **chaudronnier,** brazier, coppersmith.

chauffage [shôfàj] *m.* heating, warming; *chauffage central,* central heating.

chauffard [shôfàr] *m.* speedster, hit-and-run driver.

chauffe [shôf] *f.* heating, overheating; stoking; firing; *chauffe-eau,* water-heater. ‖ **chauffer** [-é] *v.* to warm, to heat; to overheat; to become hot; to burn; to stoke up; to swot; *chauffer au rouge,* to make red-hot. ‖ **chauffeur** [-œr] *m.* stoker, fireman; chauffeur [auto]; driver.

chauler [shôlé] *v.* to lime; to lime-wash.

chaume [shôm] *m.* thatch; stubble; *chaumière,* thatched cottage.

chaussée [-é] *f.* road; roadway; causeway; bank.

chausser [-é] *v.* to put on [chaussures]; to supply foot-wear; to fit, to suit; *il chausse du 43,* he takes size 43 (in shoes); *chausse-pied,* shoe-horn.

chausses [shôs] *f. pl.* breeches, hose.

chaussette [-èt] *f.* sock. ‖ **chausson** [-oⁿ] *m.* slipper; apple turn-over [cuisine]. ‖ **chaussure** [-ür] *f.* footwear, foot-gear; boot, shoe.

chauve [shôv] *m.* bald head; *adj.* bald; bare [mont]; *chauve-souris, f.* bat (zool.).

chauvin [shôvⁱⁿ] *m., adj.* chauvinist, jingoist; *chauvinisme,* chauvinism, *Am.* spread-eagleism.

chaux [shô] *f.* lime; *chaux éteinte,* slaked lime; *chaux vive,* quicklime; *pierre à chaux,* lime-stone; *four à chaux,* lime-kiln.

chavirer [shàvìré] *v.* to capsize [bateau], to overturn; to upset.

chef [shèf] *m.* head; principal; chef [cuisine]; chief; chieftain; superior; master; leader; foreman, ganger; major [bataillon]; conductor [orchestre]; *chef de rayon,* floor-walker; *chef de service,* departmental manager; *chef d'état-major,* chief of staff; *de mon propre chef,* on my own authority; *chef-d'œuvre,* masterpiece; *chef-lieu,* chief town, *Br.* county town; *Am.* county seat. ‖ **cheftaine** [-tèn] *f.* scout-mistress.

cheik [shèk] *m.* sheik.

chelem [shlèm] *m.* slam.

chélidoine [kélìdwàn] *f.* celandine.

chemin [shᵉmⁱⁿ] *m.* way; road; path; course; *chemin faisant,* on the way; *chemin battu,* beaten track; *faire son chemin,* to thrive, to get on well; *chemin de fer,* railway, railroad; *il n'y va pas par quatre chemins,* he does not mince matters. ‖ **chemineau** [shᵉmìnô] *m.** tramp, *Am.* hobo.

cheminée [shᵉmìné] *f.* chimney; flue; funnel (naut.); smoke-stack; fire-place; mantelpiece.

cheminer [shᵉmìné] *v.* to tramp, to plod on.

cheminot [shᵉmìnô] *m.* railwayman.

chemise [shᵉmìz] *f.* shirt [hommes], chemise [femmes]; wrapper, folder; cover; jacket (techn.); case; *chemise de nuit,* night-dress; **chemiser,** to line; to jacket (techn.); **chemisier,** shirtmaker; blouse; shirtwaist.

chenal [shᵉnàl] *m.** channel; fairway; *petits poissons des chenaux,* © smelt, small cod.

chenapan [shnàpaⁿ] *m.* scamp, rascal.

chêne [shèn] *m.* oak; *chêne vert,* holm, ilex; *de chêne,* oaken.

chenet [shᵉnè] *m.* fire-dog, andiron.

chenil [shᵉnì] *m.* dog-kennel.

chenille [shᵉnìy] *f.* caterpillar; track; chenille (text.).

chenu [shᵉnü] *adj.* old; hoary; snowy.

cheptel [shèptèl] *m.* cattle, livestock.

chèque [shèk] *m. Br.* cheque; *Am.* check; voucher; coupon.

cher [shèr] *adj.* dear, beloved; costly, expensive; *adv.* dear, dearly; *moins cher,* cheaper; *la vie chère,* the high cost of living; *rendre cher,* to endear; *se vendre cher,* to fetch a high price.

chercher [shèrshé] *v.* to look for, to seek; to search; to try; *aller chercher,* to fetch, to get; *envoyer chercher,* to send for; *chercher à tâtons,* to grope for. ‖ **chercheur** [-œr] *m.* seeker, inquirer, investigator, searcher; *adj.* inquiring; searching.

chère [shèr] *f.* living, fare, cheer; *faire bonne chère,* to live well, to fare well; *adj., see cher.*

chéri [shérì] *m., adj.* dearest, darling. ‖ **chérir** [-îr] *v.* to cherish, to love dearly.

cherté [shèrté] *f.* dearness, expensiveness, costliness; high price.

chérubin [shérübⁱⁿ] *m.* cherub.

chétif [shétìf] *adj.** puny, weak; mean; paltry; wretched, pitiful.

cheval [shᵉvàl] *m.** horse; horse-power [auto]; *cheval de course,* race-horse; *cheval de bât,* pack-horse; *cheval de bataille,* charger; pet subject; *aller à cheval,* to go on horseback, to ride; *être à cheval sur,* to sit astride; to be a stickler for; *monter sur ses grands chevaux,* to ride one's high horse; *chevaux de bois,* merry-go-round.

chevaleresque [shevàlrèsk] *adj.* chivalrous. ‖ *chevalerie* [-î] *f.* chivalry.

chevalet [shevàlè] *m.* support, stand; trestle ; sawing-horse ; bridge [violon] ; easel [art] ; prop, buttress.

chevalier [shevàlyé] *m.* knight ; *chevalier servant*, suitor ; *chevalier d'industrie*, swindler.

chevalière [shevàlyèr] *f.* signet-ring.

chevalin [shevàlin] *adj.* equine ; *boucherie chevaline*, horse butcher's shop.

chevaucher [shevôshé] *v.* to ride ; to sit astride ; to overlap.

chevelure [shevlür] *f.* hair ; head of hair ; scalp ; coma, tail.

chevet [shevè] *m.* head, bedhead [lit] ; *livre de chevet*, bedside book.

cheveu [shevë] *m.** (a) hair ; *pl.* hair, hairs ; *se faire couper les cheveux*, to have one's hair cut ; *couper un cheveu en quatre*, to split hairs ; *tiré par les cheveux*, far-fetched.

cheville [shevîy] *f.* peg, pin ; ankle ; padding [discours] ; stopgap [vers] ; *cheville ouvrière*, king-bolt ; mainspring ; *se fouler la cheville*, to sprain one's ankle ; *ne pas arriver à la cheville de*, to be far inferior to. ‖ *cheviller* [-îyé] *v.* to peg, to bolt, to pin together ; to pad out (fig.).

chèvre [shèvr] *f.* goat, she-goat ; sawhorse (mech.) ; gin (mech.). ‖ *chevreau* [shevrô] *m.** kid(-skin). ‖ *chèvrefeuille* [shèvrefëy] *m.* honeysuckle. ‖ *chevrette* [shevrèt] *f.* kid ; shrimp ; tripod. ‖ *chevreuil* [-œy] *m.* roe, roe-deer ; venison. ‖ *chevrier* [-îyé] *m.* goatherd. ‖ *chevron* [-on] *m.* rafter ; stripe (mil.). ‖ *chevronné* [shevrôné] *adj.* experienced.

chevrotement [chevrôtman] *m.* quivering ; quavering. ‖ *chevroter* [-é] *v.* to kid ; to bleat ; to quiver ; to quaver ; to tremble.

chevrotine [chevrôtin] *f.* buckshot.

chez [shé] *prep.* at ; with ; to ; in ; among ; at ...'s house ; at home ; to ...'s house ; care of [lettres] ; *je suis chez mon frère*, I am at my brother's ; *je viens de chez ma tante*, I am coming from my aunt's ; *je suis chez moi*, I am at home ; *je suis chez vous*, I am at your house ; *faites comme chez vous*, make yourself at home ; *chez les Français*, among the French ; in the French character ; *chez Racine*, in (the works of) Racine.

chic [shik] *m.* chic, high style ; *adj.* chic, stylish, smart ; *chic type*, decent fellow, good sort.

chicane [shikàn] *f.* cavil, pettyfogging, quibble ; *chercher chicane à*, to pick a quarrel with. ‖ *chicaner* [-é] *v.*

to quarrel, to cavil, to quibble. ‖ *chicanerie* [-rî] *f.* quibbling, chicanery. ‖ *chicaneur* [-œr] *m.* pettyfogger, quarrel-picker ; *adj.** argumentative, pettifogging. ‖ *chicanier* [-yé] *adj.* quibbling ; *m.* pettyfogger ; quibbler.

chiche [shish] *adj.* miserly, stingy, mean, niggardly ; *pois chiches*, chick peas ; *interj.* Chiche !, I dare you !

chichi [shishî] *m.* fuss, frills.

chicorée [shikôré] *f.* endive ; chicory.

chicot [shikô] *m.* stump, stub.

chien [shyin] *m.* dog ; cock [arme à feu] ; *chien courant*, beagle ; *chien d'arrêt*, pointer ; *chien de berger*, collie, sheep dog ; *chien de chasse*, hound ; *chien esquimau*, husky ; **chien-loup**, wolfhound, police dog ; *chienne*, bitch, she-dog. ‖ *chiendent* [-dan] *m.* twitch ; snag, rub (fam.).

chiffon [shifon] *m.* rag. ‖ *chiffonner* [-òné] *v.* to crumple, to ruffle ; to provoke, to irritate. ‖ *chiffonnier* [-ònyé] *m.* rag-picker, junkman ; chiffonnier, *Am.* dresser.

chiffre [shifr] *m.* figure, digit ; code ; cipher ; mark ; amount, total ; monogram. ‖ *chiffrer* [-é] *v.* to calculate, to add up ; to encode, to cipher ; to reckon ; to figure out.

chignole [shiñòl] *f.* hand-drill (techn.) ; flivver [voiture].

chignon [shiñon] *m.* chignon ; bun (fam.).

chimère [shimèr] *f.* chimera, idle fancy ; *chimérique*, visionary.

chimie [shimî] *f.* chemistry ; *chimique*, chemical ; artificial ; *chimiste*, chemist.

chimpanzé [shinpanzé] *m.* chimpanzee.

chiner [shiné] *v.* to mottle [tissu] ; to josh, to chaff.

Chinois [shinwà] *adj.*, *m.* Chinese.

chiot [shyô] *m.* puppy.

chiourme [shyûrm] *f.* chain-gang.

chiper [shipé] *v.* (pop.) to filch, to pilfer, to swipe.

chipie [shipî] *f.* (pop.) mean, sour woman.

chipoter [shipòté] *v.* to pick at food, to be finicky in eating ; to haggle.

chique [shik] *f.* quid [tabac] ; chigoe.

chiqué [shiké] *m.* make-believe ; fuss ; eye-wash.

chiquenaude [shiknôd] *f.* light blow, tap, fillip ; snap of the fingers.

chiquer [shiké] *v.* to chew tobacco.

chiromancie [kiròmansî] *f.* chiromancy, palmistry. ‖ *chiromancien* [-yin] *m.* palmist.

chiropracteur [kìròpràktœr] *m.* chiropractor. ‖ *chiropraticien* [-pràtìsyìⁿ] *m.* © chiropractor. ‖ *chiropratique* [-tìk] *f.* © chiropractic. ‖ *chiropraxie* [-pràksì] *f.* chiropratic.

chirurgical [shìrürjìkàl] *adj.** surgical. ‖ *chirurgie* [shìrürjì] *f.* surgery. ‖ *chirurgien* [-yìⁿ] *m.* surgeon.

chlore [klòr] *m.* chlorine. ‖ *chloroforme* [-òfòrm] *m.* chloroform. ‖ *chloroformer* [-òfòrmé] *v.* to chloroform. ‖ *chlorure* [-ür] *m.* chloride.

choc [shòk] *m.* shock; clinck; bump; clash; collision; crash; impact.

chocolat [shòkòlà] *m.* chocolate; *Am.* chocolate candy; *tablette de chocolat,* bar of chocolate; *chocolater,* to cover with chocolate; *chocolaterie,* chocolate factory.

chœur [kœr] *m.* choir; chorus.

choir [shwàr] *v.** to fall.

choisir [shwàzìr] *v.* to choose.

choix [shwà] *m.* choice, option, election, range, collection, selection; *au choix,* by choice; *de choix,* first class, first rate.

chômage [shòmàj] *m.* unemployment; *en chômage,* unemployed, out of work; *indemnité de chômage,* dole. ‖ *chômer* [-é] *v.* to stop working, to be idle; *jour chômé,* day off. ‖ *chômeur* [-œr] *m.* unemployed worker.

chope [shòp] *f.* beer mug. ‖ *chopine* [-ìn] *f.* (fam.) bottle; © pint. ‖ *chopiner* [-é] *v.* (fam.) to crack a bottle.

choquer [shòké] *v.* to shock, to offend; to clink [verres]; to strike against; *se choquer,* to take offense.

choral [kòràl] *adj.* choral. ‖ *choriste* [-ìst] *m.* choir singer. ‖ *chorus* [-üs] *m.* chorus; *faire chorus,* to chime in.

chose [shòz] *f.* thing; matter, affair; *petite chose,* trifle, titbit; *où en sont les choses?,* how do matters stand?; *Monsieur Chose,* Mr. What's-his-name; *tout chose,* all abashed, uncomfortable; out-of-sorts.

chou [shû] *m.** cabbage; cream puff; dear, darling; *choux de Bruxelles,* Brussels sprouts; *chou frisé,* kale; *faire chou blanc,* to draw a blank; *chou à la crème,* cream puff; *chou-fleur,* cauliflower; *chouchou* [shûshû] *m.* (fam.) pet; blue-eyed boy. ‖ *chouchouter* [-té] *v.* (fam.) to pet.

choucroute [shûkrût] *f.* sauerkraut.

chouette [shwèt] *f.* owl; *adj.* (fam.) splendid, *Am.* swell.

choyer [shwàyé] *v.* to fondle, to pet, to cherish.

chrême [krèm] *m.* chrism.

chrétien [krétyìⁿ] *m.,* *adj.** Christian. ‖ *chrétienté* [-té] *f.* Christendom. ‖ *Christ* [krìst] *m.* Christ; crucifix. ‖ *christianiser* [krìstyànìzé] *v.* to Christianize. ‖ *christianisme* [krìstyànìsm] *m.* Christianity.

chrome [kròm] *m.* chromium.

chronique [krònìk] *f.* chronicle, review, news; *adj.* chronic. ‖ *chroniqueur* [-œr] *m.* chronicler. ‖ *chronologie* [krònòlòjì] *f.* chronology; *chronologique,* chronological. ‖ *chronomètre* [krònòmètr] *m.* chronometer, stopwatch; *chronométrer,* to time; *chronométreur,* time-keeper.

chrysanthème [krìzaⁿtèm] *m.* chrysanthemum.

chuchotement [shüshòtmaⁿ] *m.* whispering. ‖ *chuchoter* [-é] *v.* to whisper.

chute [shüt] *f.* fall, drop; downfall; overthrow; ruin; collapse.

ci [sì] *demonstr. pron.* this; *adv.* here; *cet homme-ci,* this man; *par-ci par-là,* here and there; now and then; *ci-après, ci-dessous,* below; *ci-contre,* opposite; *ci-dessus,* above; *ci-devant,* previously; formerly; *ci-gît,* here lies; *ci-joint,* enclosed.

cible [sìbl] *f.* target; butt.

ciboire [sìbwar] *m.* pyx, ciborium.

ciboule [sìbúl] *f.* Welsh onion, scallion. ‖ *ciboulette* [-lèt] *f.* chives.

ciboulot [sìbúlò] *m.* (fam.) pate.

cicatrice [sìkàtrìs] *f.* scar. ‖ *cicatriser* [-ìzé] *v.* to heal up; to scar; *se cicatriser,* to cicatrize, to skin over, to scar over.

cidre [sìdr] *m.* cider.

ciel [syèl] (*pl.* *cieux* [syë], sometimes *ciels*) *m.* Heaven, Paradise; sky, firmament; top, roof (mech.); *pl.* heavens; climes, climates; *à ciel ouvert,* unroofed; out of doors.

cierge [syèrj] *m.* candle; taper.

cigale [sìgàl] *f.* cicada.

cigare [sìgàr] *m.* cigar. ‖ *cigarette* [-èt] *f.* cigarette.

cigogne [sìgòñ] *f.* stork.

ciguë [sìgü] *f.* hemlock.

cil [sìl] *m.* eye-lash. ‖ *ciller* [sìyé] *v.* to blink, to wink.

cimaise [sìmèz] *f.* dado, cyma.

cime [sìm] *f.* top, summit, peak.

ciment [sìmaⁿ] *m.* cement; *béton de ciment,* concrete. ‖ *cimenter* [-té] *v.* to cement; to consolidate; to strengthen.

cimetière [sìmtyèr] *m.* cemetery, graveyard, churchyard.

cinéaste [sìnéàst] *m.* film-producer.

cinéma [sìnémà] *m*. cinema; *Am*. motion-picture theater, movie-house, movies (fam.); *Br*. pictures (fam.); **cinémathèque,** film-store, film-library; **cinématographier,** to cinematograph, to film.

cinglant [sìⁿglaⁿ] *adj*. lashing; bitter, biting; scathing.

cinglé [sìⁿglé] *adj*. (pop.) *il est cinglé*, he's not all there, *Br*. he's off his head. ‖ **cingler** [-é] *v*. to whip, to lash.

cingler [sìⁿglé] *v*. to sail, to scud along, to steer (naut.).

cinq [sìⁿk] *m*., *adj*. five; *cinq hommes*, five men; *le cinq avril*, April the fifth. ‖ **cinquantaine** [-aⁿtèn] *f*. about fifty, fifty or so. ‖ **cinquante** [-aⁿt] *adj*. fifty. ‖ **cinquantième** [-aⁿtyèm] *m*., *adj*. fiftieth. ‖ **cinquième** [-yèm] *m*., *adj*. fifth.

cintre [sìⁿtr] *m*. curve, arch, bend; coat-hanger. ‖ **cintrer** [-é] *v*. to arch, to curve.

cirage [sìràj] *m*. waxing, polishing; boot-polish, shoe-polish, blacking.

circoncire [sìrkoⁿsîr] *v*. to circumcise; **circoncision,** circumcision.

circonférence [sìrkoⁿféraⁿs] *f*. circumference; girth; perimeter.

circonflexe [sìrkoⁿflèks] *adj*. circumflex.

circonlocution [sìrkoⁿlòküsyoⁿ] *f*. circumlocution.

circonscription [sìrkoⁿskrìpsyoⁿ] *f*. circumscribing; division, district; constituency, electoral district.

circonscrire [sìrkoⁿskrîr] *v*. to circumscribe; to encircle; to limit.

circonspect [sìrkoⁿspèkt] *adj*. wary, guarded, circumspect, cautious. ‖ **circonspection** [-èksyoⁿ] *f*. circumspection, caution, wariness.

circonstance [sìrkoⁿstaⁿs] *f*. circumstance, event; *circonstances atténuantes,* extenuating circumstances; *de circonstance,* special, fit for the occasion. ‖ **circonstanciel** [-syèl] *adj*.* circumstantial; adverbial.

circonvenir [sìrkoⁿvnîr] *v*. to impose upon; to get round.

circonvolution [sìrkoⁿvòlüsyoⁿ] *f*. circumvolution; windings; convolution.

circuit [sìrküì] *m*. circuit, circumference; roundabout way; tour; *coup de circuit,* © home run; *ouvrir le circuit,* to switch on.

circulaire [sìrkülèr] *f*., *adj*. circular.

circulation [sìrkülàsyoⁿ] *f*. circulation; traffic; currency; **circulatoire,** circulatory. ‖ **circuler** [sìrkülé] *v*. to

circulate; to flow; to move about; to move on.

cire [sîr] *f*. wax; *cire à cacheter,* sealing-wax. ‖ **cirer** [-é] *v*. to wax, to polish; **cireur,** polisher; bootblack; **cireuse,** waxer, floor-polisher.

ciron [sìroⁿ] *m*. mite.

cirque [sìrk] *m*. circus; cirque.

cisailles [sìzây] *f. pl.* shears, nippers. ‖ **cisailler** [-é] *v*. to shear, to nip, to clip.

ciseau [sìzô] *m*.* chisel; *pl*. scissors, shears. ‖ **ciseler** [-lé] *v*. to chisel; to carve; to cut; to chase [argent]. ‖ **ciselure** [-lür] *f*. chissel(l)ing; delicate carving.

citadelle [sìtàdèl] *f*. citadel. ‖ **citadin** [sìtàdiⁿ] *m*. townsman.

citation [sìtàsyoⁿ] *f*. citation; quotation; summons, subpoena (jur.).

cité [sìté] *f*. city, large town; group of dwellings; housing development; workers' flats; students' hostels; *droit de cité,* rights of a citizen.

citer [sìté] *v*. to quote; to summons (jur.); to cite; to mention; to subpoena (jur.).

citerne [sìtèrn] *f*. cistern, tank. —

cithare [sìtâr] *f*. cithara; cither, zither.

citoyen [sìtwàyiⁿ] *m*. citizen.

citron [sìtroⁿ] *m*. lemon; lemon-colo(u)r; **citronnade,** lemonade, lemon-squash; **citronnier,** lemon-tree; lemon-wood.

citrouille [sìtrûy] *f*. pumpkin.

civet [sìvè] *m*. stew.

civière [sìvyèr] *f*. hand-barrow; stretcher; litter.

civil [sìvìl] *m*. civilian; layman; private life; *adj*. civil, civil; polite; *en civil,* in plain clothes, in mufti; *droit civil,* common law. ‖ **civilisation** [-ìzàsyoⁿ] *f*. civilization. ‖ **civiliser** [-ìzé] *v*. to civilize; *se civiliser,* to become civilized. ‖ **civilité** [-ìté] *f*. civility, courtesy, *pl*. compliments. ‖ **civique** [sìvìk] *adj*. civic; civil.

claie [klè] *f*. hurdle; screen; tray.

clair [klèr] *m*. light, clearness; *adj*. clear, bright, light; obvious; thin [soupe]; *adv*. clearly; *tirer au clair,* to clarify, to bring to light; *vert clair,* light green; *voir clair,* to see clearly; to see through; **claire-voie,** clerestory (arch.); lattice-work. ‖ **clairet** [-è] *m*. light-red wine; *adj*. light, pale; thin. ‖ **clairière** [-yèr] *f*. glade, clearing.

clairon [klèroⁿ] *m*. bugle; bugler.

clairsemé [klèrsᵉmé] *adj*. scattered; sparse, thinly-sown; thin. ‖ **clairvoyance** [-vwàyaⁿs] *f*. clairvoyance;

shrewdness, perspicacity; *clairvoyant,* clairvoyant; shrewd, clearsighted.

clameur [klàmœr] *f.* clamo(u)r; outcry; shout.

clan [klaⁿ] *m.* clan; clique.

clandestin [klaⁿdèstiⁿ] *adj.* clandestine, secret; underhand; covert; stealthy; illicit; underground. || *clandestinité* [-tìnìté] *f.* clandestineness; underground movement.

clapet [klapè] *m.* valve; sluice, clapper; rectifier (electr.).

clapier [klapyé] *m.* burrow; hutch.

clapotement [klàpòtmaⁿ] *m.* lapping, plashing [eau].

claque [klàk] *f.* slap, smack; hired applauders (theat.), claque; *pl.* © rubbers.

claquer [klàké] *v.* to smack; to clap [mains]; to snap [doigts]; to crack [fouet]; to bang [porte]; (pop.) to kick the bucket; *il claque des dents,* his teeth are chattering. || *claquettes* [-èt] *f. pl.* tap-dancing.

clarine [klàrìn] *f.* cattle-bell. || *clarinette* [-èt] *f.* clarinet; clarinetist.

clarté [klàrté] *f.* light, clearness; brightness, gleam; limpidity.

classe [klâs] *f.* class, rank; kind; *Br.* form, *Am.* grade [lycée]; class-room. || *classement* [-maⁿ] *m.* classification; filing. || *classer* [-é] *v.* to classify; to catalog(ue); to grade; to file. || *classeur* [-œr] *m.* file, filing-cabinet.

classicisme [klàsìsìsm] *m.* classicism.

classification [klàsìfìkàsyoⁿ] *f.* classification. || *classifier* [-ìfyé] *v.* to classify; to sort out.

classique [klàsìk] *adj.* classical; classic; standard; *m.* classic; standard work; classicist.

claudication [klôdìkàsyoⁿ] *f.* lameness; halting.

clause [klôz] *f.* clause; section (jur.).

clavecin [klàvsìⁿ] *m.* harpsichord, clavichord.

clavette [klàvèt] *f.* pin, key, cotter.

clavicule [klàvìkül] *f.* clavicle, collarbone.

clavier [klàvyé] *m.* keyboard; manual [orgue].

clé *or* **clef** [klé] *f.* key; spanner, wrench (mech.); clef (mus.); *clé anglaise,* monkey wrench, adjustable spanner; *sous clé,* under lock and key; *clef de voûte,* keystone; *fausse clé,* skeleton key.

clémence [klémaⁿs] *f.* clemency, mercy; mildness [temps]. || *clément*

clément [klémaⁿ] *adj.* clement; merciful; mild; lenient.

clémentine [klémaⁿtìn] *f.* tangerine.

clerc [klèr] *m.* clergyman; clerk (jur.); *pas de clerc,* blunder.

clergé [klèrjé] *m.* clergy; the cloth.

clérical [klérìkàl] *adj.** clerical.

cliché [klìshé] *m.* plate, block (typogr.); negative (phot.); cliché, stock phrase; *prendre un cliché,* to make an exposure.

client [klìaⁿ] *m.* client, customer, fare (comm.); patient (med.); guest [hôtel]. || *clientèle* [-tèl] *f.* custom; customers, clients (comm.); practice [avocat]; connection.

cligner [klìñé] *v.* to wink; to blink.

clignotant [klìñòtaⁿ] *adj.* twinkling; flickering; blinking; *m.* winker, blinker; turn indicator. || *clignoter* [klìñòté] *v.* to blink; to flicker; to twinkle [étoile].

climat [klìmà] *m.* climate; region; mood; *climatique,* climatic; *climatiser,* to air-condition.

clin [klìⁿ] *m.* *clin d'œil,* wink; *en un clin d'œil,* in the twinkling of an eye.

clinique [klìnìk] *f.* clinic; nursing-home; *adj.* clinical.

clinquant [klìⁿkaⁿ] *m.* tinsel; foil; showiness; *adj.* showy, gaudy.

clique [klìk] *f.* drum and bugle band; set, clique; gang.

cliquet [klìkè] *m.* catch; ratchet (mech.); pawl.

cliquetis [klìktì] *m.* clang [métal]; rattling; clatter; chinking [verres]; clash [armes]; jingling; *Br.* pinking [moteur].

cloaque [klòàk] *m.* cesspool; sink.

clochard [klòshàr] *m.* tramp, *Am.* hobo.

cloche [klòsh] *f.* bell; dish-cover; bell-jar; (pop.) idiot, dope. || *clocher* [-é] *v.* to limp, to hobble; *il y a quelque chose qui cloche,* there's something not quite right.

clocher [klòshé] *m.* belfry; steeple; *course au clocher,* steeple-chase.

cloison [klwàzoⁿ] *f.* partition; dividing wall; bulkhead (naut.); *cloison étanche,* water-tight bulkhead. || *cloisonner* [-é] *v.* to partition off.

cloître [klwàtr] *m.* cloister; monastery; convent; *vie de cloître,* cloistered life. || *cloîtrer* [-é] *v.* to cloister; to confine.

clopiner [klòpìné] *v.* to hobble, to limp.

cloque [klòk] *f.* blister; swelling; blight [arbres].

clore [klòr] v.* to close, to enclose; to end. ‖ *clos* [klô] m. enclosure, close; vineyard; adj. closed; shut in; finished. ‖ *clôture* [klôtür] f. enclosure, fence; closing, closure. ‖ *clôturer* [-é] v. to enclose; to close down; to conclude.

clou [klû] m. nail; spike; boil (med.); high spot, climax; pawn-shop, *Am.* hock shop; (pop.) jail, clink; *mettre au clou*, to pawn. ‖ *clouer* [-é] v. to nail; to pin down; to rivet; to nonplus; *être cloué au lit*, to be bed-ridden. ‖ *clouter* [klûté] v. to nail; to stud.

club [klœb] m. club.

coagulation [kòàgülàsyoⁿ] f. coagulation, congealing. ‖ *coaguler* [-é] v. to coagulate, to congeal, to clot, to curdle [lait].

coaliser (se) [seᵏòàlìzé] v. to form a coalition, to unite. ‖ *coalition* [kòàlìsyoⁿ] f. coalition, union, league.

coasser [kòàsé] v. to croak [grenouille].

coassocié [kòàsòsyé] m. copartner.

cobaye [kòbày] m. guinea-pig.

cobra [kòbrà] m. cobra.

cocaïne [kòkàîn] f. cocaine.

cocarde [kòkàrd] f. cockade; roundel.

cocasse [kòkàs] adj. droll, funny, odd.

coccinelle [kòksìnèl] f. ladybird.

coche [kòsh] m. coach.

coche [kòsh] f. nick, notch. ‖ *cocher* [-é] v. to nick, to notch.

cocher [kòshé] m. driver, cabman; *porte cochère*, carriage-entrance, main gate.

cochon [kòshoⁿ] m. pig, hog; pork; (pop.) filthy swine; *cochon d'Inde*, guinea-pig; adj.* (pop.) beastly. ‖ *cochonner* [kòshòné] v. to pig; to bungle [un travail]. ‖ *cochonnerie* [-nrî] f. filth; trash; smut; lousy trick.

coco [kòkò] m. *noix de coco*, coconut. ‖ *cocotier* [kòkòtyé] m. coconut palm.

cocotte [kòkòt] f. chickabiddy; loose woman, *Am.* floozy; stew-pan (culin.); paper hen; **Cocotte Minute**, pressure cooker (trade-mark).

code [kòd] m. code; law; statute-book. ‖ *codifier* [kòdìfyé] v. to codify [lois]; to code [message].

coefficient [kòèfìsyaⁿ] m. coefficient; factor.

cœur [kœr] m. heart; courage; feelings; core [centre]; pl. hearts [cartes]; *à cœur joie*, to one's heart's content; *le cœur brisé*, broken-hearted; *de bon cœur*, gladly, heartily; *en avoir le* *cœur net*, to get it off one's chest; to get to the bottom of the matter; *par cœur*, by heart; *si le cœur vous en dit*, if you feel inclined; *un homme de cœur*, a brave man.

coffre [kòfr] m. chest, box; coffer; mooring buoy (naut.); strong-box; safe. ‖ *coffrer* [-é] v. to lock up; (fam.) to put in jail. ‖ *coffret* [-è] m. casket; locker; tool-box; *coffret de sûreté*, © safety deposit box.

cognac [kòñàk] m. cognac, brandy.

cognée [kòñé] f. axe, hatchet. ‖ *cogner* [-é] v. to knock; to hammer; to drive in [clou]; to hit, to bump against; to thump; to pound.

cohérence [kòéraⁿs] f. coherence. ‖ *cohérent* [-aⁿ] adj. coherent.

cohésion [kòézyoⁿ] f. cohesion, cohesiveness.

cohorte [kòòrt] f. cohort.

cohue [kòü] f. crush; throng; press.

coi, coite [kwà, kwàt] adj. quiet, silent.

coiffe [kwàf] f. cap; head-dress; lining. ‖ *coiffé* [-é] adj. covered, wearing a hat; arranged [cheveux]; *né coiffé*, born with a silver spoon in one's mouth. ‖ *coiffer* [-é] v. to cover [tête]; to suit [chapeau]; to do [cheveux]; *se coiffer*, to do one's hair; to wear [chapeau]; to be infatuated [de, with]. ‖ *coiffeur, -euse* [-œr, -ëz] m., f. hairdresser. ‖ *coiffure* [-ür] f. headgear; hair-style; hairdressing.

coin [kwiⁿ] m. corner; nook; patch [terre]; stamp, die; wedge, chock; *au coin du feu*, by the fire-side. ‖ *coincer* [-sé] v. to wedge; *se coincer*, to stick, to jam.

coïncidence [kòiⁿsìdaⁿs] f. coincidence; *coïncident*, coincident. ‖ *coïncider* [-é] v. to coincide.

coing [kwiⁿ] m. quince.

coke [kòk] m. coke.

col [kòl] m. neck [bouteille]; collar; pass (geogr.); *faux col*, detachable collar; *col-bleu*, bluejacket.

colère [kòlèr] f. anger, wrath, passion; adj. choleric, passionate; *en colère*, angry. ‖ *coléreux* [-érè] adj.* irascible, hot-tempered. ‖ *colérique* [-érìk] adj. choleric; bilious.

colifichet [kòlìfìshè] m. gew-gaw; pl. fancy-goods.

colimaçon [kòlìmàsoⁿ] m. snail; *escalier en colimaçon*, spiral staircase.

colique [kòlìk] f. colic, stomach-ache.

colis [kòlì] m. parcel, package; bundle; *par colis postal*, by parcel post; pl. luggage.

collaborateur, -trice [kòllàbòràtœr, -trìs] *m.*, *f.* collaborator; colleague, co-worker; contributor. || *collaboration* [-àsyon] *f.* collaboration. || *collaborer* [-é] *v.* to collaborate; to contribute [publication].

collage [kòlàj] *m.* pasting; gluing. || *collant* [-an] *adj.* adhesive, sticky; tight, close-fitting.

collation [kòlàsyon] *f.* collation; checking; snack, light meal. || *collationner* [-yòné] *v.* to collate, to compare; to check; to have a snack.

colle [kòl] *f.* glue, gum; paste; poser, difficult question.

collecte [kòlèkt] *f.* collect (eccles.); collection. || *collecteur* [-œr] *m.* collector; tax-collector; *m.*, *adj.* commutator (electr.); *égout collecteur,* main sewer. || *collectif* [-ìf] *adj.** collective, joint. || *collection* [kòlèksyon] *f.* collection; *collectionner,* to collect; *collectionneur,* collector. || *collectivité* [kòlèktìvìté] *f.* collectivity; community.

collège [kòlèj] *m.* college; *Br.* secondary grammar school, high school; *collège électoral;* electoral body, *Am.* electoral college. || *collégien, -enne* [-yin, -yèn] *m.*, *f.* schoolboy, schoolgirl.

collègue [kòllèg] *m.*, *f.* colleague.

coller [kòlé] *v.* to stick; to paste; to glue; to clarify [vins]; to fit closely; (pop.) to fail, to plough [candidat]; *Am.* to flunk; *se coller,* to cling together.

collet [kòlè] *m.* collar; cape; neck [outil]; flange [tuyau]; snare, trap; *collet monté,* prissy, straight-laced; *prendre au collet,* to collar; to snare.

collier [kòlyé] *m.* necklace; collar; ring; *coup de collier,* big effort.

colline [kòlìn] *f.* hill.

collision [kòllìzyon] *f.* collision; shock; conflict; clash.

colloque [kòllòk] *m.* parley; conversation; symposium.

collutoire [kòllütwàr] *m.* gargle.

colmater [kòlmàté] *v.* to warp (geol.); to clog; to seal up [brèche], to fill in [trou].

colombe [kòlonb] *f.* dove; *colombier,* dovecote; pigeon-hole (typogr.).

colon [kòlon] *m.* colonial; colonist, settler; planter.

côlon [kôlon] *m.* colon (anat.).

colonel [kòlònèl] *m.* colonel.

colonial [kòlònyàl] *m.*, *adj.** colonial. || *colonialisme* [-ìsm] *m.* imperialism. || *colonie* [-í] *f.* colony, settlement; *colonie de vacances,* holiday camp. || *colonisateur, -trice* [-ìzàtœr, -trìs] *m.*,

f. colonizer; *adj.* colonizing. || *colonisation* [-ìzàsyon] *f.* colonization, settling. || *coloniser* [-ìzé] *v.* to colonize, to settle.

colonne [kòlòn] *f.* pillar, column; *colonne vertébrale,* spinal column, backbone.

colophane [kòlòfàn] *f.* rosin.

coloquinte [kòlòkint] *f.* colocynth; noddle (fam.).

colorant [kòlòran] *m.* dye; *adj.* colo(u)ring. || *coloration* [-àsyon] *f.* colo(u)ring. || *coloré* [-é] *adj.* highly colo(u)red; florid, ruddy [teint]. || *colorer* [-é] *v.* to colo(u)r, to dye. || *colorier* [-yé] *v.* to colour. || *coloris* [-ì] *m.* colo(u)ring, colo(u)r.

colossal [kòlòsàl] *adj.** colossal, gigantic. || *colosse* [kòlòs] *m.* colossus.

colporter [kòlpòrté] *v.* to hawk, to peddle; to spread [nouvelles]; *colporteur,* hawker, *Br.* pedlar; *Am.* peddler; newsmonger [nouvelles].

coltiner [kòltìné] *v.* to porter; to lug.

coma [kòmà] *m.* coma.

combat [konbà] *m.* combat, battle; fight; struggle; contest; engagement; *mettre hors de combat,* to disable. || *combatif* [-tìf] *adj.** pugnacious. || *combativité* [-tìvìté] *f.* pugnaciousness. || *combattant* [-tan] *m.* fighter; *ancien combattant,* ex-serviceman, *Am.* veteran. || *combattre* [-tr] *v.** to fight, to contend; to oppose; to struggle.

combien [konbyin] *adv.* (followed by *v.* or *adj.*) how many; how much; *combien de,* how much; how many; how far [distance]; *combien de fois,* how often.

combinaison [konbìnèzon] *f.* combination, arrangement; plan; flying suit; overalls; combinations; slip [femme]. || *combine* [konbîn] *f.* (pop.) plan, scheme, racket. || *combiné* [-é] *m.* combined set; radiogram. || *combiner* [-ìné] *v.* to combine; to devise; *se combiner,* to combine.

comble [konbl] *m.* heaped measure; height, summit; roof, roofing; *adj.* brimful, full up; *ça, c'est le comble,* that's the last straw; *de fond en comble,* from top to bottom; *salle comble,* packed house. || *combler* [-é] *v.* to fill up; to heap up; to make good [déficit]; to gratify [désir]; to fill [lacune].

combustible [konbüstìbl] *m.* fuel; *adj.* combustible. || *combustion* [-yon] *f.* combustion, burning.

comédie [kòmédì] *f.* comedy; acting; play; pretence; farce. || *comédien, -enne* [-yin, -yèn] *m.*, *f.* comedian; actor, player; hypocrite.

comestible [kòmèstìbl] *m*. provisions; *pl*. foodstuffs; victuals; *adj*. eatable, edible.

comète [kòmèt] *f*. comet.

comique [kòmìk] *m*. comedian, humorist; comic art; funny side; humo(u)r; *adj*. comic, comical, funny.

comité [kòmìté] *m*. committee, board; *en petit comité*, a select party, making a small group.

commandant [kòmàndaⁿ] *m*. major (mil.); commanding officer; commodore (naut.); squadron-leader (aviat.); *adj*. commanding. ‖ **commande** [kòmaⁿd] *f*. order; control (techn.); drive (techn.); lever; *sur commande*, to order; *levier de commande*, control lever, stick (aviat.); *bulletin de commande*, order-form. ‖ **commandement** [-maⁿ] *m*. command, order, commandment; authority. ‖ **commander** [-é] *v*. to order, to command; to govern; to overlook, to dominate; to control. ‖ **commanditaire** [-itèr] *m*. Br. sleeping partner, Am. silent partner; backer, angel (theat.). ‖ **commandite** [-ìt] *f*. limited liability (comm.); *en commandite*, limited joint-stock. ‖ **commanditer** [-té] *v*. to finance, to stake; to angel.

comme [kòm] *adv*. as, like; how; in the way of; *conj*. as; *faites comme moi*, do as I do; *comme il entrait*, as he was entering, on entering; *comme il est bon*, how kind he is; *comme mort*, almost dead.

commémoratif [kòmmèmòràtìf] *adj*.* commemorative. ‖ **commémoration** [-àsyoⁿ] *f*. commemoration. ‖ **commémorer** [-é] *v*. to commemorate.

commençant [kòmaⁿsaⁿ] *m*. beginner. ‖ **commencement** [-maⁿ] *m*. beginning, start, outset. ‖ **commencer** [-sé] *v*. to commence, to begin, to start; to open.

commensal [kòmaⁿsàl] *m*.* commensal; table-companion; guest.

comment [kòmaⁿ] *adv*. how; *interj*. what! why!

commentaire [kòmaⁿtèr] *m*. commentary; comment; note; remark. ‖ **commentateur** [-àtær] *m*. commentator. ‖ **commenter** [-é] *v*. to comment upon, to criticize.

commérage [kòméràj] *m*. gossip.

commerçant [kòmèrsaⁿ] *m*. tradesman, merchant, trader; *adj*. mercantile; commercial; shopping. ‖ **commerce** [kòmèrs] *m*. trade, commerce; intercourse; *commerce de détail*, retail trade. ‖ **commercer** [-é] *v*. to trade, to deal. ‖ **commercial** [-yàl] *adj*.* commercial, trading, business; **commercialiser**, to commercialize.

commère [kòmèr] *f*. fellow-sponsor at baptism; gossip; crony.

commettre [kòmètr] *v*.* to commit; to entrust; to perpetrate.

commis [kòmì] *p. p., adj., see **commettre***; *m*. clerk; agent; shop-assistant; *commis voyageur*, Br. commercial travel(l)er, Am. drummer, travel(l)ing salesman.

commisération [kòmìzéràsyoⁿ] *f*. commiseration, pity.

commissaire [kòmìsèr] *m*. commissioner; superintendent [police]; purser [bateau]; *commissaire-priseur*, valuer; auctioneer. ‖ **commissariat** [àryà] *m*. commissioner's office; police station.

commission [kòmìsyoⁿ] *f*. commission; committee; message, errand. ‖ **commissionnaire** [-yònèr] *m*. commission-agent (comm.); messenger; errand-boy. ‖ **commissionner** [-yòné] *v*. to commission.

commissure [kòmìsür] *f*. commissure; corner of the lips.

commode [kòmòd] *f*. chest of drawers; *adj*. convenient; handy; good-natured. ‖ **commodité** [-ìté] *f*. convenience, comfort.

commotion [kòmòsyoⁿ] *f*. disturbance, commotion; shock (electr.); concussion (med.). ‖ **commotionner** [-né] *v*. to shock.

commuer [kòmüé] *v*. to commute.

commun [kòmuⁿ] *m*. joint property; generality; common people; *pl*. outbuildings; *adj*. common, usual; vulgar; *faire cause commune avec*, to side with. ‖ **communal** [kòmünàl] *adj*.* common [terre], communal. ‖ **communauté** [-ôté] *f*. community, society; Commonwealth.

commune [kòmün] *f*. parish; *Chambre des Communes*, Br. House of Commons.

communiant [kòmünyaⁿ] *m*. communicant.

communicatif [kòmünìkàtìf] *adj*.* communicative. ‖ **communication** [-àsyoⁿ] *f*. communication; message.

communier [kòmünyé] *v*. to take Holy Communion, to communicate. ‖ **communion** [-nyoⁿ] *f*. communion.

communiqué [kòmünìké] *m*. official news, bulletin. ‖ **communiquer** [-é] *v*. to communicate, to impart, to transmit; to circulate; *se communiquer*, to spread.

communisme [kòmünìsm] *m*. communism. ‖ **communiste** [-ìst] *m., f*. communist.

commutateur [kòmütàtœr] *m*. commutator (electr.); switch.

compact [koⁿpàkt] *adj.* compact, close.

compagne [koⁿpàñ] *f.* companion; wife; mate, partner. ‖ **compagnie** [-î] *f.* company, society; party; fellowship; *tenir compagnie,* to keep company. ‖ **compagnon** [-oⁿ] *m.* companion, fellow, comrade; mate, partner.

comparable [koⁿpàràbl] *adj.* comparable. ‖ **comparaison** [-èzoⁿ] *f.* comparison.

comparaître [koⁿpàrètr] *v.* to appear in court (jur.).

comparatif [koⁿpàràtîf] *m.,* *adj.** comparative. ‖ **comparer** [koⁿpàré] *v.* to compare; to liken.

comparse [koⁿpàrs] *m.,* *f.* supernumerary; confederate.

compartiment [koⁿpàrtìmaⁿ] *m.* compartment; division; partition. ‖ **compartimenter** [-té] *v.* to compart.

comparution [koⁿpàrüsyoⁿ] *f.* appearance (jur.).

compas [koⁿpà] *m.* compasses; compass (naut.). ‖ **compassé** [-sé] *adj.* formal, stiff; regular.

compassion [koⁿpàsyoⁿ] *f.* compassion, pity.

compatibilité [koⁿpàtìbìlìté] *f.* compatibility. ‖ **compatible** [koⁿpàtìbl] *adj.* compatible; suitable.

compatir [koⁿpàtîr] *v.* to sympathize, to bear with; *compatissant,* compassionate. tender; sympathetic.

compatriote [koⁿpàtrìòt] *m.* compatriot, fellow-countryman.

compensateur, -trice [koⁿpaⁿsàtœr, -trîs] *m.* compensator; *adj.** compensating (techn.). ‖ **compensation** [-àsyoⁿ] *f.* compensation; balancing (techn.). ‖ **compenser** [koⁿpaⁿsé] *v.* to compensate; to make up for; to adjust [compas].

compère [koⁿpèr] *m.* fellow-sponsor at baptism; compère; accomplice; comrade, old fellow (fam.), pal; *compère-loriot,* sty (med.).

compétence [koⁿpétaⁿs] *f.* competence, authority, powers (jur.); skill, ability; *compétent,* competent; cognizant (jur.).

compétiteur, -trice [koⁿpétîtœr, -trîs] *m.,* *f.* competitor, rival. ‖ **compétition** [-ìsyoⁿ] *f.* competition, rivalry.

compilateur, -trice [koⁿpìlàtœr, -trîs] *m.,* *f.* compiler. ‖ **compilation** [-syoⁿ] *f.* compiling; compilation. ‖ **compiler** [-lé] *v.* to compile.

complaire [koⁿplèr] *v.* to please; *se complaire à,* to take pleasure in. ‖ **complaisance** [koⁿplèzaⁿs] *f.* obligingness; complacency; self-satisfaction; *complaisant,* obliging; complacent, self-satisfied.

complément [koⁿplémaⁿ] *m.* complement; object (gramm.). ‖ **complémentaire** [-tèr] *adj.* complementary.

complet [koⁿplè] *m.* suit. ‖ *complet, -plète* [-plè, -plèt] *adj.* complete; entire; whole; full; *au complet,* full up. ‖ **compléter** [-été] *v.* to complete, to fill up.

complexe [koⁿplèks] *m.* complex (psych.); *adj.* complex, complicated. ‖ **complexion** [-yoⁿ] *f.* constitution; temperament. ‖ **complexité** [-ìté] *f.* complexity.

complication [koⁿplìkàsyoⁿ] *f.* complication; complexity.

complice [koⁿplìs] *m.,* *f.* accomplice; party; accessory; *adj.* abetting; knowing. ‖ **complicité** [ìté] *f.* complicity; aiding and abetting (jur.).

compliment [koⁿplìmaⁿ] *m.* compliment; congratulation; flattery; *pl.* greetings; kindest regards. ‖ **complimenter** [-té] *v.* to compliment; to congratulate.

compliqué [koⁿplìké] *adj.* complicated, elaborate, intricate. ‖ **compliquer** [-é] *v.* to complicate.

complot [koⁿplô] *m.* plot, conspiracy; scheme. ‖ **comploter** [-òté] *v.* to plot, to conspire; to be up to.

comportement [koⁿpòrtmaⁿ] *m.* behavior. ‖ **comporter** [-té] *v.* to admit of; to comprise; to require; to involve; *se comporter,* to behave.

composant [koⁿpòzaⁿ] *m.,* *adj.* component. ‖ **composé** [-é] *m.* compound; *adj.* compound; composed; impassive [visage]; composite. ‖ **composer** [-é] *v.* to compose; to compound; to set (typogr.); to arrange. ‖ **compositeur, -trice** [-ìtœr, -trìs] *m.,* *f.* composer; compositor (typogr.). ‖ **composition** [koⁿpòzìsyoⁿ] *f.* composing, composition; type-setting; agreement; mixture (med.); theme, examination paper.

compote [koⁿpòt] *f.* stewed fruit.

compréhensible [koⁿpréaⁿsìbl] *adj.* comprehensible, understandable. ‖ **compréhensif** [-ìf] *adj.** comprehensive; understanding. ‖ **compréhension** [-yoⁿ] *f.* understanding, grasp.

comprendre [koⁿpraⁿdr] *v.** to understand, to grasp, to comprehend; to include, to cover; *se comprendre,* to be understood; to understand each other.

compresse [koⁿprès] *f.* compress (med.). ‖ **compresseur** [-œr] *m.* compressor; supercharger [moteur]; *rouleau compresseur,* road-roller. ‖ **compression** [-yoⁿ] *f.* compression; repression; restriction.

comprimé [koⁿprìmé] *adj.* compressed; *m.* tablet (med.). ‖ **comprimer** [-é] *v.* to compress; to check, to restrain.

compris [koⁿprì] *p. p., adj., see* **comprendre**; *non compris,* exclusive of; *y compris,* including.

compromettant [koⁿpròmètaⁿ] *adj.* dangerous, bad. ‖ **compromettre** [-ètr] *v.* to compromise; to endanger; to jeopardize; to impair.

compromis [koⁿpròmì] *m.* compromise. ‖ **compromission** [-syoⁿ] *f.* compromising with one's conscience.

comptabiliser [koⁿtàbìlìzé] *v.* to enter into the books. ‖ **comptabilité** [koⁿtàbìlìté] *f.* book-keeping, accountancy; accountancy department. ‖ **comptable** [-àbl] *m.* book-keeper, accountant; *adj.* responsible. ‖ **comptant** [-aⁿ] *m.* cash, ready money; *adj.* ready [argent]; *au comptant,* for cash. ‖ **compte** [koⁿt] *m.* account; count; reckoning; number; *à compte,* on account; *en fin de compte,* after all; *faire entrer en ligne de compte,* to take into account; *mettre sur le compte de,* to impute to; *se rendre compte de,* to realize; *compte courant,* current account; *tenir compte de,* to take into consideration; *compte rendu,* account, report; *régler un compte,* to settle an account. ‖ **compter** [-é] *v.* to reckon, to count; to rely. ‖ **compteur** [-œr] *m.* computer; counter; meter. ‖ **comptoir** [-twàr] *m.* counter; bar; department; agency; branch; bank.

compulser [koⁿpülsé] *v.* to go through.

comté [koⁿté] *m.* county.

comte [koⁿt] *m.* count, *Br.* earl. ‖ **comtesse** [-ès] *f.* countess.

concasser [koⁿkàsé] *v.* to break up, to pound, to crush.

concave [koⁿkàv] *adj.* concave.

concéder [koⁿsédé] *v.* to allow, to grant, to concede.

concentration [koⁿsaⁿtràsyoⁿ] *f.* concentration. ‖ **concentrer** [-é] *v.* to concentrate; to intensify; to focus; *lait concentré,* condensed milk; *concentré de viande,* meat extract.

conception [koⁿsèpsyoⁿ] *f.* conception; idea; point of view.

concernant [koⁿsèrnaⁿ] *prep.* concerning, regarding. ‖ **concerner** [-é] *v.* to concern; to affect.

concert [koⁿsèr] *m.* concert. ‖ **concerter** [-té] *v.* to concert; to plan.

concession [koⁿsèsyoⁿ] *f.* concession, grant; plot. ‖ **concessionnaire** [-yònèr] *m., f.* grantee; licence-holder; patentee; concessionnaire.

concevable [koⁿsevàbl] *adj.* conceivable. ‖ **concevoir** [koⁿsevwàr] *v.* to conceive; to imagine; to devise.

concierge [koⁿsyèrj] *m., f.* hall-porter; door-keeper; janitor; caretaker.

conciliabule [koⁿsìlyàbül] *m.* confabulation; secret meeting.

conciliant [koⁿsìlyaⁿ] *adj.* conciliatory. ‖ **conciliation** [-yàsyoⁿ] *f.* conciliation. ‖ **concilier** [-yé] *v.* to conciliate, to reconcile; to win over.

concis [koⁿsì] *adj.* concise, brief; **concision,** conciseness, brevity.

concitoyen [koⁿsìtwàyiⁿ] *m.* fellow-citizen.

conclave [koⁿklàv] *m.* conclave.

concluant [koⁿklüaⁿ] *adj.* conclusive. ‖ **conclure** [-ür] *v.** to conclude, to finish; to infer. ‖ **conclusion** [-üzyoⁿ] *f.* conclusion; termination; finding, opinion (jur.).

concombre [koⁿkoⁿbr] *m.* cucumber.

concordance [koⁿkòrdaⁿs] *f.* concordance, agreement; sequence (gramm.). ‖ **concorde** [koⁿkòrd] *f.* agreement, harmony. ‖ **concorder** [koⁿkòrdé] *v.* to agree, to concur.

concourir [koⁿkûrìr] *v.** to converge; to vie, to compete [*pour,* for]; to co-operate [*à,* in]. ‖ **concours** [koⁿkûr] *m.* concourse, gathering; co-operation; help; competitive examination; competition; match.

concret, -crète [koⁿkrè, -krèt] *adj.* concrete; actual; solid. ‖ **concrétiser** [-tìzé] *v.* to concretize.

conçu [koⁿsü] *p. p. of* **concevoir.**

concubinage [koⁿkübìnàj] *m.* concubinage. ‖ **concubine** [koⁿkübìn] *f.* concubine.

concurrence [koⁿküraⁿs] *f.* rivalry; competition; *faire concurrence à,* to compete with. ‖ **concurrent** [-aⁿ] *m.* competitor, rival; candidate; *adj.* competitive, rival.

concussion [koⁿküsyoⁿ] *f.* misappropriation of funds, embezzlement; extortion.

condamnable [koⁿdànàbl] *adj.* blameworthy. ‖ **condamnation** [-àsyoⁿ] *f.* conviction, sentence (jur.); blame, censure, reproof. ‖ **condamné** [-é] *m.* convict; condemned person. ‖ **condamner** [-é] *v.* to condemn; to sentence (jur.); to censure; to reprove.

condensateur [koⁿdaⁿsàtœr] *m.* condenser (electr.); *adj.* condensing. ‖ **condensation** [-àsyoⁿ] *f.* condensation. ‖ **condensé** [-é] *m.* digest. ‖ **condenser** [-é] *v.* to condense; **condenseur,** condenser (mech.).

condescendance [koⁿdèsaⁿdaⁿs] *f.* condescension. ‖ *condescendre* [koⁿdèsaⁿdr] *v.* to comply; to condescend; to deign.

condiment [koⁿdìmaⁿ] *m.* condiment; spice.

condisciple [koⁿdìsìpl] *m.* schoolfellow, school-mate; fellow-student.

condition [koⁿdìsyoⁿ] *f.* condition, state, circumstances; rank; *pl.* terms; *à condition,* on condition. ‖ *conditionnel* [-yònèl] *m.*, *adj.** conditional. ‖ *conditionnement* [-yònmaⁿ] *m.* conditioning; wrapping. ‖ *conditionner* [-né] *v.* to condition; to wrap up.

condoléances [koⁿdòléaⁿs] *f. pl.* condolence; *sincères condoléances,* deepest sympathy.

conducteur, -trice [koⁿdüktœr, -trìs] *m.*, *f.* conductor; leader; driver [voiture]; *adj.* conducting.

conduire [koⁿdüïr] *v.** to lead, to conduct, to guide; to direct; to steer [naut.]; to drive [auto]; to convey, to look after, to manage, to run [affaires]; *se conduire,* to behave; to find one's way. ‖ *conduit* [koⁿdüï] *m.* conduit, pipe, passage, duct; *conduit principal,* main. ‖ *conduite* [koⁿdüït] *f.* conducting, guidance; driving, management, command; channel, pipe; behavio(u)r; *changer de conduite,* to mend one's ways.

cône [kôn] *m.* cone.

confection [koⁿfèksyoⁿ] *f.* making; manufacture; ready-made clothes. ‖ *confectionner* [-yòné] *v.* to make up, to manufacture; *confectionneur,* outfitter, clothier.

confédération [koⁿfédéràsyoⁿ] *f.* confederation. ‖ *confédérer* [-é] *v.* to confederate, to unite.

conférence [koⁿféraⁿs] *f.* conference; lecture; consultation (med.). ‖ *conférencier* [-yé] *m.* lecturer.

conférer [koⁿféré] *v.* to compare [documents]; to award; to confer.

confesser [koⁿfèsé] *v.* to confess; to avow; to own up to; *se confesser,* to confess one's sins; *confesseur,* confessor; *confession,* confession; avowal.

confiance [koⁿfyaⁿs] *f.* confidence, trust; *confiance en soi,* self-confidence. ‖ *confiant* [-yaⁿ] *adj.* trusting, confident; trustful; sanguine.

confidence [koⁿfìdaⁿs] *f.* confidence, secret. ‖ *confident* [-aⁿ] *m.* confidant; sociable. ‖ *confidente* [-aⁿt] *f.* confidante. ‖ *confidentiel* [-yèl] *adj.** confidential, private, secret.

confier [koⁿfyé] *v.* to entrust; to disclose [nouvelles]; *se confier,* to confide; to rely [à, on].

configuration [koⁿfìgüràsyoⁿ] *f.* configuration, outline.

confiner [koⁿfìné] *v.* to border upon; to confine. ‖ *confins* [koⁿfⁱⁿ] *m. pl.* confines, limits, borders.

confire [koⁿfⁱr] *v.** to preserve, to pickle.

confirmation [koⁿfìrmàsyoⁿ] *f.* confirmation. ‖ *confirmer* [-é] *v.* to confirm; to corroborate, to bear out; to ratify.

confiscation [koⁿfìskàsyoⁿ] *f.* confiscation, seizure, forfeiture.

confiserie [koⁿfìzrî] *f.* confectionery, confectioner's shop, *Am.* candy shop. ‖ *confiseur* [-œr] *m.* confectioner.

confisquer [koⁿfìské] *v.* to confiscate.

confit [koⁿfⁱ] *p. p., adj.,* see *confire; fruits confits,* preserved fruit. ‖ *confiture* [-tür] *f.* jam, preserve.

conflagration [koⁿflàgràsyoⁿ] *f.* conflagration.

conflit [koⁿflⁱ] *m.* conflict, strife, clash.

confluent [koⁿflüaⁿ] *m.* confluence, meeting [eaux].

confondre [koⁿfoⁿdr] *v.* to confound, to confuse; to intermingle; *se confondre,* to blend; to be lost; to be confused.

conformation [koⁿfòrmàsyoⁿ] *f.* conformation. ‖ *conforme* [koⁿfòrm] *adj.* consistent; identical; *conformément,* in accordance [à with]. ‖ *conformer* [-é] *v.* to shape, to form; *se conformer,* to conform. ‖ *conformisme* [-ìsm] *m.* conventionalism; conformity; orthodoxy. ‖ *conformiste* [-ìst] *m., f.* formalist, conventionalist; conformist. ‖ *conformité* [-ìté] *f.* conformity.

confort [koⁿfòr] *m.* comfort. ‖ *confortable* [-tàbl] *adj.* comfortable.

confraternel [koⁿfràtèrnèl] *adj.** brotherly, fraternal. ‖ *confraternité* [koⁿfràtèrnìté] *f.* brotherhood.

confrère [koⁿfrèr] *m.* colleague. ‖ *confrérie* [-frérî] *f.* confraternity; guild.

confrontation [koⁿfroⁿtasyoⁿ] *f.* collation; confrontation. ‖ *confronter* [koⁿfroⁿté] *v.* to confront; to compare [textes].

confus [koⁿfü] *adj.* confused, mixed; obscure; dim; indistinct; muffled; embarrassed; at a loss. ‖ *confusion* [-zyoⁿ] *f.* confusion, disorder; embarrassment.

congé [koⁿjé] *m.* leave, holiday; discharge (mil.); dismissal; permit; clearance [bateau]; *un jour de congé,* a day off; *prendre congé,* to take leave; *donner congé,* to dismiss; *demander* *son congé,* to give notice. ‖ **congédier** [koⁿdyé] *v.* to dismiss, to discharge, to lay off.

congélation [koⁿjélàsyoⁿ] *f.* coagulation; freezing. ‖ **congeler** [koⁿjlé] *v.* to congeal, to solidify; to freeze.

congénère [koⁿjénèr] *s.* congener; like, fellow.

congénital [koⁿjénitàl] *adj.** congenital, inborn.

congère [koⁿjèr] *f.* snowdrift.

congestion [koⁿjèstyoⁿ] *f.* congestion (med.); *congestion pulmonaire,* pneumonia; *congestionné,* flushed [visage]; *se congestionner,* to become congested; to flush up; to turn purple in the face.

congratuler [koⁿgràtülé] *v.* to congratulate.

congrégation [koⁿgrégàsyoⁿ] *f.* congregation (eccles.); brotherhood.

congrès [koⁿgrè] *m.* congress. ‖ **congressiste** [-sìst] *s.* member of a congress.

congru [koⁿgrü] *adj.* adequate; suitable; *portion congrue,* bare living, *congrûment,* duly, correctly.

conique [kònìk] *adj.* conical; tapering.

conjecture [koⁿjèktür] *f.* conjecture, guess, surmise; *conjecturer,* to conjecture, to surmise.

conjoint [koⁿjwìⁿ] *adj.* joint; wedded, married (jur.); *m. pl.* husband and wife.

conjonction [koⁿjoⁿksyoⁿ] *f.* conjunction.

conjoncture [koⁿjoⁿktür] *f.* conjuncture, juncture.

conjugaison [koⁿjügèzoⁿ] *f.* conjugation.

conjugal [koⁿjügàl] *adj.** conjugal.

conjuguer [koⁿjügé] *v.* to conjugate; to couple, to combine.

conjuration [koⁿjüràsyoⁿ] *f.* conspiracy, plot; entreaties. ‖ **conjurer** [-é] *v.* to conspire, to plot; to exorcise; to entreat.

connaissable [kònèsàbl] *adj.* recognizable. ‖ **connaissance** [-aⁿs] *f.* knowledge; learning; acquaintance; consciousness; *prendre connaissance de,* to take note of; *perdre connaissance,* to faint; *en connaissance de cause,* knowingly; *sans connaissance,* unconscious. ‖ **connaisseur** [-œr] *m.* connoisseur, expert; *adj.** expert. ‖ **connaître** [kònètr] *v.** to know, to be aware of; to understand; to experience; *faire connaître,* to bring to one's knowledge, to communicate; to make known; *se connaître,* to be acquaint-ed; *ne plus se connaître,* to be beside oneself; *se connaître en,* to be an expert in.

connexion [kònèksyoⁿ] *f.* connection, lead (electr.).

connivence [kònivaⁿs] *f.* connivance, complicity.

connu [kònü] *adj.* known, discovered; *p. p. of connaître.*

conquérant [koⁿkéraⁿ] *m.* victor, conqueror; *adj.* conquering. ‖ **conquérir** [-érîr] *v.** to conquer, to subdue; to win over. ‖ **conquête** [-èt] *f.* conquest; acquisition.

conquis *p. p. of conquérir.*

consacrer [koⁿsàkré] *v.* to consecrate; to dedicate; to devote; *expression consacrée,* stock phrase.

consanguin [koⁿsaⁿgìⁿ] *adj.* consanguinean, consanguinous.

conscience [koⁿsyaⁿs] *f.* conscience; consciousness; conscientiousness; *avoir conscience de,* to be aware of; *cas de conscience,* matter of conscience, scruple; *consciencieux,* conscientious. ‖ **conscient** [koⁿsyaⁿ] *adj.* conscious, aware.

conscrit [koⁿskrì] *m.* recruit, conscript (mil.), *Am.* draftee.

consécration [koⁿsékràsyoⁿ] *f.* consecration.

consécutif [koⁿsékütìf] *adj.** consecutive; following upon.

conseil [koⁿsèy] *m.* advice; resolution; council; meeting of directors; counsel (jur.); adviser; *conseil d'administration,* board of directors; *conseil municipal,* town council; *un bon conseil,* a good piece of advice; *prendre conseil de,* to take counsel of; *conseil de guerre,* council of war; court-martial. ‖ **conseiller** [-é] *v.* to advise, to recommend. ‖ **conseiller** [-é] *m.* council(l)or; adviser.

consentement [koⁿsaⁿtmaⁿ] *m.* consent, assent. ‖ **consentir** [-îr] *v.* to consent, to agree; to authorize, to grant.

conséquence [koⁿsékaⁿs] *f.* consequence, issue, result, sequel; importance; *en conséquence,* accordingly; as a result; *sans conséquence,* of no importance. ‖ **conséquent** [-aⁿ] *adj.* consistent; following; *par conséquent,* therefore.

conservateur, -trice [koⁿsèrvàtœr, -trìs] *m., f.* conservative; keeper; guardian; curator; *adj.* conservative; preservative. ‖ **conservation** [-àsyoⁿ] *f.* preservation, conservation. ‖ **conservatoire** [-àtwàr] *m.* school, academy; *adj.* conservative [mesures]. ‖ **conserve** [koⁿsèrv] *f.* preserve; tinned food, *Am.*

canned food; *conserves au vinaigre*, pickles; *de conserve*, together, in convoy. ‖ *conserver* [-é] *v.* to preserve, to keep, to maintain; *se conserver*, to keep [nourriture].

considérable [koⁿsìdéràbl] *adj.* considerable; extensive; important; notable. ‖ *considération* [-àsyoⁿ] *f.* consideration; motive; esteem. ‖ *considérer* [-é] *v.* to consider; to contemplate; to gaze on; to regard; to ponder.

consignation [koⁿsìñàsyoⁿ] *f.* consignment; deposit. ‖ *consigne* [koⁿsìñ] *f.* order, instructions; detention [lycée]; *Br.* cloakroom [gare], *Am.* baggage-room, check-room. ‖ *consigner* [-ñé] *v.* to deposit; to consign; to check [bagages]; to register; to detain; to confine to barracks (mil.).

consistance [koⁿsìstàⁿs] *f.* consistency, firmness. ‖ *consistant* [-aⁿ] *adj.* consistent, firm, compact, stiff. ‖ *consister* [-é] *v.* to consist, to be made [en, of].

consistoire [koⁿsìstwàr] *m.* consistory.

consœur [koⁿsœr] *f.* sister-member, colleague.

consolateur, -trice [koⁿsòlàtœr, -trìs] *m., f.* consoler, comforter; *adj.* consoling. ‖ *consolation* [-àsyoⁿ] *f.* consolation, solace. ‖ *consoler* [-é] *v.* to console, to comfort.

consolidation [koⁿsòlìdàsyoⁿ] *f.* consolidation; healing [fracture]; funding. ‖ *consolider* [-é] *v.* to consolidate; to fund [dettes]; to heal up (med.).

consommateur, -trice [koⁿsòmàtœr, -trìs] *m., f.* consumer; customer [restaurant]. ‖ *consommation* [-àsyoⁿ] *f.* consumption; consummation; drink. ‖ *consommé* [-é] *m.* broth, soup; *adj.* consummate. ‖ *consommer* [-é] *v.* to consume; to use up; to waste; to complete.

consomption [koⁿsoⁿpsyoⁿ] *f.* wasting, decline.

consonne [koⁿsòn] *f.* consonant.

consort [koⁿsòr] *m.* consort; *pl.* associates, confederates.

conspirateur, -trice [koⁿspìràtœr, -trìs] *m., f.* conspirator. ‖ *conspiration* [-àsyoⁿ] *f.* conspiracy, plot. ‖ *conspirer* [-é] *v.* to conspire, to plot; to tend.

conspuer [koⁿspüé] *v.* to run down; to boo; to conspue.

constamment [koⁿstàmaⁿ] *adv.* steadily; continually, constantly. ‖ *constance* [-aⁿs] *f.* steadiness, constancy. ‖ *constant* [-aⁿ] *adj.* steadfast; invariable, constant. ‖ *constante* [aⁿt] *f.* constant (math.).

constatation [koⁿstàtàsyoⁿ] *f.* authentic fact; statement; verification; confirmation. ‖ *constater* [-é] *v.* to report; to state; to establish; to confirm; to ascertain, to verify.

constellation [koⁿstèllàsyoⁿ] *f.* constellation. ‖ *consteller* [-é] *v.* to constellate; to stud [bijoux].

consternation [koⁿstèrnàsyoⁿ] *f.* consternation, dismay. ‖ *consterner* [-é] *v.* to dismay, to astound.

constipation [koⁿstìpàsyoⁿ] *f.* constipation. ‖ *constiper* [-é] *v.* to constipate.

constituant [koⁿstìtüaⁿ] *adj.* component, constituent. ‖ *constituer* [-üé] *v.* to constitute, to settle; to establish. ‖ *constitutif* [-tìf] *adj.* constitutive, basic.

constitution [koⁿstìtüsyoⁿ] *f.* constitution; establishing; formation; settlement; health; *constitutionnel,* constitutional.

constriction [koⁿstrìksyoⁿ] *f.* constriction.

constructeur [koⁿstrüktœr] *m.* builder, constructor. ‖ *constructif* [-tìf] *adj.* constructive. ‖ *construction* [-syoⁿ] *f.* construction, building; structure; *en construction,* building; on the stocks [bateau]. ‖ *construire* [koⁿstrüìr] *v.* to build, to construct.

consubstantiation [koⁿsübstaⁿsyàsyoⁿ] *f.* consubstantiation.

consul [koⁿsül] *m.* consul. ‖ *consulat* [-à] *m.* consulate; consulship.

consultant [koⁿsültaⁿ] *adj.* consultant, consulting; *avocat consultant,* lawyer, counsel. ‖ *consultatif* [-àtìf] *adj.* consultative, advisory. ‖ *consultation* [-àsyoⁿ] *f.* consultation; conference. ‖ *consulter* [-é] *v.* to consult, to refer to; *se consulter,* to consider, to deliberate.

consumer [koⁿsümé] *v.* to consume, to use up.

contact [koⁿtàkt] *m.* contact; relation; connection (electr.).

contagieux [koⁿtàjyë] *adj.* contagious, infectious, catching. ‖ *contagion* [-yoⁿ] *f.* contagion, infection.

contamination [koⁿtàmìnàsyoⁿ] *f.* contamination; pollution. ‖ *contaminer* [koⁿtàmìné] *v.* to contaminate, to infect (med.); to pollute.

conte [koⁿt] *m.* tale, story.

contemplatif [koⁿtaⁿplàtìf] *adj.* contemplative. ‖ *contemplation* [koⁿtaⁿplàsyoⁿ] *f.* contemplation. ‖ *contempler* [koⁿtaⁿplé] *v.* to contemplate; to gaze upon; to reflect upon, to ponder.

contemporain [koⁿtaⁿpòriⁿ] *m., adj.* contemporary.

contenance [koⁿtnaⁿs] *f.* capacity; bearing, countenance; *perdre contenance,* to be put out of countenance; to lose face. ‖ **contenir** [-îr] *v.* to include; to contain, to hold; to restrain, to control; *se contenir,* to contain oneself; to refrain; to forbear.

content [koⁿtaⁿ] *adj.* contented, glad, pleased, happy, satisfied. ‖ **contentement** [-tmaⁿ] *m.* contentment, satisfaction. ‖ **contenter** [-té] *v.* to content, to satisfy, to gratify.

contentieux [koⁿtaⁿsyë] *m.* litigable questions; *adj.* contentious; *bureau du contentieux,* disputed claims department.

contenu [koⁿtnü] *adj.* reserved; stifled; restrained; *m.* contents.

conter [koⁿté] *v.* to tell, to relate.

contestable [koⁿtèstàbl] *adj.* questionable, debatable. ‖ **contestation** [-àsyoⁿ] *f.* dispute. ‖ **contester** [-é] *v.* to dispute, to question; to contend.

conteur [koⁿtœr] *m.* narrator; story-teller.

contexte [koⁿtèkst] *m.* context.

contigu, uë [koⁿtìgü] *adj.* adjoining, adjacent.

continent [koⁿtìnaⁿ] *adj.* continent, modest.

continent [koⁿtìnaⁿ] *m.* continent; mainland. ‖ **continental** [-tàl] *adj.** continental.

contingence [koⁿtiⁿjaⁿs] *f.* contingency. ‖ **contingent** [-aⁿ] *m.* quota; contingent; *adj.* contingent. ‖ **contingenter** [-aⁿté] *v.* to fix quotas for.

continu [koⁿtìnü] *adj.* continuous, continual; unbroken; uninterrupted; direct (electr.). ‖ **continuateur, -trice** [-àtœr, -trìs] *m., f.* continuator. ‖ **continuation** [-àsyoⁿ] *f.* continuation, continuance, carrying on. ‖ **continuel** [-èl] *adj.** continual, unceasing. ‖ **continuer** [-é] *v.* to continue; to carry on, to keep on; to prolong; *se continuer,* to last, to be continued.

contondant [koⁿtoⁿdaⁿ] *adj.* bruising, contusive.

contorsion [koⁿtòrsyoⁿ] *f.* contortion. ‖ **contorsionner** [-syòné] *v.* to contort.

contour [koⁿtûr] *m.* contour; outline; circuit [ville]. ‖ **contourner** [-né] *v.* to outline; to go round; to distort; to evade.

contracter [koⁿtràkté] *v.* to contract; to catch [rhume]; to acquire [habitude]; to incur; *se contracter,* to contract, to shrink; to shrivel. ‖ **contraction** [-àksyoⁿ] *f.* contraction, narrowing; shrinking.

contradicteur [koⁿtràdìktœr] *m.* opposer, opponent. ‖ **contradiction** [-ìksyoⁿ] *f.* contradiction; inconsistency. ‖ **contradictoire** [-ìktwàr] *adj.* contradictory; inconsistent; conflicting; *examen contradictoire,* cross-examination.

contraindre [koⁿtriⁿdr] *v.** to compel, to force; to coerce; to restrain; *se contraindre,* to restrain oneself. ‖ **contrainte** [koⁿtriⁿt] *f.* constraint, compulsion; embarrassment; *par contrainte,* under duress.

contraire [koⁿtrèr] *m., adj.* contrary, opposite; adverse; *au contraire,* on the contrary.

contrariant [koⁿtràryaⁿ] *adj.* trying, vexatious; tiresome; provoking; contradictious. ‖ **contrarier** [koⁿtràryé] *v.* to thwart, to oppose; to annoy, to vex. ‖ **contrariété** [-té] *f.* difficulty; clash; annoyance, vexation.

contraste [koⁿtràst] *m.* contrast; **contraster,** to contrast.

contrat [koⁿtrà] *m.* contract, deed, agreement; settlement [mariage]; *dresser un contrat,* to draw up a deed; *passer un contrat,* to execute a deed.

contravention [koⁿtràvaⁿsyoⁿ] *f.* infringement, minor offense; *dresser une contravention à,* to summons.

contre [koⁿtr] *prep.* against; *adv.* near; *tout contre,* close by; *cinq contre un,* five to one; **contre-attaque,** counter-attack; *en contrebas,* lower down; *à contrecœur,* reluctantly; **contre-enquête,** counter-inquiry; **contre-expertise,** countervaluation; **contre-indication,** contra-indication (med.); **contre-jour,** back-lighting; false light; **contre-projet,** counter-plan; counter-bill [parlement]; **contre-torpilleur,** destroyer; **contre-voie,** wrong side of the train; *à contre-voie,* up the down track.

contrebalancer [koⁿtrebàlaⁿsé] *v.* to counterbalance; to compensate.

contrebande [koⁿtrebaⁿd] *f.* contraband goods; smuggling; *faire la contrebande,* to smuggle. ‖ **contrebandier** [-yé] *m.* smuggler.

contrebasse [koⁿtrebàs] *f.* double-bass, contrabass; double-bass player.

contrecarrer [koⁿtrekàré] *v.* to thwart [projets].

contrecoup [koⁿtrekû] *m.* rebound; jar; after-effect.

contredire [koⁿtredîr] *v.** to contradict, to gainsay; to be inconsistent; **contredit,** contradiction; *sans contredit,* unquestionably.

contrée [koⁿtré] *f.* country, region.

contrefaçon [koⁿtrⁱfàsoⁿ] *f.* counterfeit, forgery; counterfeiting. ‖ **contrefaire** [koⁿtrⁱfèr] *v.* to forge, to counterfeit; to ape, to imitate; to feign. ‖ **contrefait** [-è] *adj.* forged, counterfeit; feigned; deformed.

contrefort [koⁿtrⁱfòr] *m.* buttress; spur (geogr.).

contremaître [koⁿtrⁱmètr] *m.* overseer, foreman; first mate (naut.).

contrepartie [koⁿtrⁱpàrtì] *f.* counterpart; compensation.

contrepoids [koⁿtrⁱpwà] *m.* counterweight, counterbalance.

contrepoison [koⁿtrⁱpwàzoⁿ] *m.* antidote, counter-poison.

contrer [koⁿtré] *v.* to cross, to thwart.

contresens [koⁿtresaⁿs] *m.* misinterpretation; nonsense; opposite direction.

contresigner [koⁿtresìñé] *v.* to countersign.

contretemps [koⁿtretaⁿ] *m.* mishap, inconvenience; disappointment; syncopation (mus.); *à contretemps*, inopportunely; out of time; syncopated (mus.).

contrevent [koⁿtrevaⁿ] *m.* outside shutter.

contrevérité [koⁿtrevérìté] *f.* untruth.

contribuable [koⁿtrìbüàbl] *m., f.* taxpayer; *adj.* taxable. ‖ **contribuer** [-üé] *v.* to contribute. ‖ **contribution** [-üsyoⁿ] *f.* contribution; tax; duty, excise.

contrister [koⁿtrìsté] *v.* to afflict.

contrit [koⁿtrì] *adj.* contrite. ‖ **contrition** [koⁿtrìsyoⁿ] *f.* contrition, repentance.

contrôlable [koⁿtrôlàbl] *adj.* able to be checked. ‖ **contrôle** [koⁿtrôl] *m.* roll (mil.); controller's office; box-office (theat.); hall-mark; checking; inspection; supervision; control. ‖ **contrôler** [-é] *v.* to check, to verify; to examine; to stamp; to control. ‖ **contrôleur** [-œr] *m.* inspector; supervisor; controller; driver [métro]; ticket collector.

contrordre [koⁿtròrdr] *m.* countermand.

controverse [koⁿtròvèrs] *f.* controversy.

convaincre [koⁿvⁱⁿkr] *v.** to convince; to convict. ‖ **convaincu** [koⁿvⁱⁿkü] *adj.* earnest, convinced; convicted.

convalescence [koⁿvàlèsaⁿs] *f.* convalescence. ‖ **convalescent** [-aⁿ] *m., adj.* convalescent.

convenable [koⁿvnàbl] *adj.* proper; fit; appropriate; expedient; becoming; suitable; decent. ‖ **convenance** [koⁿvnaⁿs] *f.* fitness, propriety; decency; expediency; convenience. ‖ **convenir** [-nîr] *v.* to suit; to be convenient; to agree, to admit; to arrange; to be agreeable (*à*, to); *il convient que*, it is fitting that; *c'est convenu*, that's settled.

convention [koⁿvaⁿsyoⁿ] *f.* convention; agreement; *pl.* clauses; **conventionnel**, conventional.

converger [koⁿvèrjé] *v.* to converge.

conversation [koⁿvèrsàsyoⁿ] *f.* conversation, talk. ‖ **converser** [-é] *v.* to converse, to talk together.

conversion [koⁿvèrsyoⁿ] *f.* conversion; change.

converti [koⁿvèrtì] *adj.* converted; *m.* convert. ‖ **convertir** [koⁿvèrtîr] *v.* to convert; to change; to transform; *se convertir*, to be converted. ‖ **convertissable** [-ìsàbl] *adj.* convertible.

convexe [koⁿvèks] *adj.* convex.

conviction [koⁿvìksyoⁿ] *f.* conviction.

convier [koⁿvyé] *v.* to invite; to incite.

convive [koⁿvîv] *m., f.* guest.

convocation [koⁿvòkàsyoⁿ] *f.* convocation; summons; calling-up (mil.).

convoi [koⁿvwà] *m.* convoy; train; funeral procession; supply column; escort.

convoiter [koⁿvwàté] *v.* to covet, to desire. ‖ **convoitise** [-îz] *f.* lust, covetousness; longing.

convoler [koⁿvòlé] *v.* to marry, to remarry.

convoquer [koⁿvòké] *v.* to summon; to call up (mil.); to be called for interview.

convoyer [koⁿvwàyé] *v.* to convoy, to escort.

convulsif [koⁿvülsîf] *adj.** convulsive. ‖ **convulsion** [koⁿvülsyoⁿ] *f.* convulsion; spasm. ‖ **convulsionner** [-syòné] *v.* to convulse.

coopération [kòòpéràsyoⁿ] *f.* co-operation. ‖ **coopérative** [-àtìv] *f.* co-operative. ‖ **coopérer** [-é] *v.* to co-operate, to work together.

coordination [kòòrdìnàsyoⁿ] *f.* co-ordination. ‖ **coordonner** [-òné] *v.* to co-ordinate, to arrange.

copain [kòpⁱⁿ] *m.* (pop.) pal, chum, *Am.* buddy.

copeau [kòpô] *m.** shaving, chip [bois]; cutting; *pl.* turnings [métal].

copie [kòpì] *f.* copy, imitation; transcript. ‖ **copier** [kòpyé] *v.* to copy, to transcribe; to reproduce; to imitate.

copieux [kòpyë] *adj.** copious, abundant, plentiful.

copiste [kòpìst] *m.* copier, copyist.

copropriétaire [kòpròpryétèr] *m.*, *f.* joint tenant.

coq [kòk] *m.* cock, rooster; *au chant du coq,* at cock-crow; *comme un coq en pâte,* in clover; sitting pretty; *poids coq,* bantam-weight; *coq-à-l'âne,* cock-and-bull story.

coque [kòk] *f.* shell [œuf]; body (mech.); bottom, hull [bateau]; kink [corde]; *œuf à la coque,* boiled egg.

coqueluche [kòklüsh] *f.* whooping-cough; favo(u)rite.

coquet [kòkè] *adj.** coquettish; smart, spruce, stylish; dainty.

coquetier [kòktyé] *m.* egg-merchant; egg-cup.

coquette [kokèt] *f.* coquette, flirt.

coquetterie [kòkètrî] *f.* coquetry; coyness; smartness; daintiness.

coquillage [kòkìyàj] *m.* shell; shell-fish. || **coquille** [kòkîy] *f.* shell [escargot, huître]; misprint (typogr.).

coquin [kòkìⁿ] *m.* scamp, rascal; hussy (f.); *adj.* roguish, rascally. || **coquinerie** [-rî] *f.* knavish trick; knavishness.

cor [kòr] *m.* horn; corn [pied].

corail [kòràу] *m.** coral.

corbeau [kòrbô] *m.** crow, raven; corbel (arch.); grappling-iron (naut.).

corbeille [kòrbèy] *f.* basket; flower-bed; dress-circle (theat.); wedding-presents.

corbillard [kòrbìyàr] *m.* hearse.

cordage [kòrdàj] *m.* rope, cordage; stringing [raquette]; gear (naut.); rigging. || **corde** [kòrd] *f.* rope, cord, line; string [violon]; chord (geom.); hanging; *à cordes,* stringed (instrument); *usé jusqu'à la corde,* threadbare; **cordeau,** string; chalk-line; **cordée,** roped climbing party; **cordelette,** string; **cordelière,** girdle, fillet (arch.).

cordial [kòrdyàl] *m.** cordial; *adj.* cordial, hearty, warm. || **cordialité** [-ìté] *f.* cordiality, heartiness.

cordon [kòrdòⁿ] *m.* strand, twist [câble]; cord; girdle; *cordon sanitaire,* sanitary cordon, *Am.* quarantine line; *cordon-bleu,* first-rate cook.

cordonnerie [kòrdònrî] *f.* shoemaking; shoemaker's shop.

cordonnet [kòrdònè] *m.* braid, cord.

cordonnier [kòrdònyé] *m.* shoemaker, cobbler.

coricide [kòrìsîd] *m.* corn-plaster.

cormoran [kòrmòràⁿ] *m.* cormorant.

cornac [kòrnàk] *m.* mahout.

cornaline [kòrnàlîⁿ] *f.* cornelian.

corne [kòrn] *f.* horn; hoof; shoe-horn; dog's-ear [livre]. || **cornée** [-é] *f.* cornea.

corneille [kòrnèy] *f.* rook, crow; *bayer aux corneilles,* to stand gaping, *Am.* to rubberneck.

cornemuse [kòrnᵉmüz] *f.* bagpipe.

corner [kòrné] *v.* to hoot; to trumpet; to ring [oreilles]. || **cornet** [-è] *m.* cornet; trumpet; hooter [auto]. || **cornette** [-èt] *f.* mob-cap.

cornichon [kòrnìshòⁿ] *m.* gherkin; (pop.) duffer, mug, clot.

cornouiller [kòrnûyé] *m.* cornel-tree; dogwood.

cornu [kòrnü] *adj.* horned. || **cornue** *f.* retort (chem.).

corollaire [kòròllèr] *m.* corollary; deduction; inference.

corolle [kòròl] *f.* corolla.

corporation [kòrpòràsyòⁿ] *f.* corporation; *corporatif,* corporative; *corporatisme,* corporatism.

corporel [kòrpòrèl] *adj.** corporeal; corporal, bodily.

corps [kòr] *m.* body; matter; corps (mil.); group; *à corps perdu,* desperately; *perdu corps et biens,* lost with all hands; *corps à corps,* hand to hand; *corps de bâtiment,* main building; *corps de garde,* guard-room; *corps diplomatique,* diplomatic body; *prendre corps,* to materialize.

corpulence [kòrpülàⁿs] *f.* corpulence, stoutness. || **corpulent** [-àⁿ] *adj.* corpulent, stout.

corpuscule [kòrpüskül] *m.* corpuscle; particle.

correct [kòrèkt] *adj.* correct; accurate. || **correcteur, -trice** [-œr, -trìs] *m.*, *f.* corrector; proof-reader. || **correctif** [-ìf] *adj.**, *m.* corrective. || **correction** [kòrrèksyòⁿ] *f.* correction; punishment; correctness; *maison de correction,* reformatory. || **correctionnel** [-yònèl] *adj.** correctional; *tribunal correctionnel,* court of summary jurisdiction, police court.

corrélation [kòrrélàsyòⁿ] *f.* correlation, connection.

correspondance [kòrèspòⁿdàⁿs] *f.* correspondence; connection [transport], *Am.* transfer-point; dealings. || **correspondant** [-àⁿ] *m.* correspondent; *adj.* corresponding. || **correspondre** [kòrèspòⁿdr] *v.* to correspond; to communicate; to agree.

corridor [kòrìdòr] *m.* corridor.

corrigé [kòrìjé] *m.* key, crib. || **corriger** [-é] *v.* to correct; to read [épreuves]; to reform; to adjust; to punish; *se corriger d'une habitude,* to break oneself of a habit.

corroborer [kòrròbòré] *v.* to corroborate, to confirm; to support.

corroder [kòrròdé] *v.* to corrode.

corrompre [kòronᵖr] *v.* to corrupt; to taint; to pollute; to deprave; to bribe; *se corrompre*, to spoil, to putrefy; to become corrupt.

corrosif [kòrròzìf] *adj.** corrosive.

corrupteur, -trice [kòrüptœr, -trìs] *m., f.* corrupter; briber; *adj.* corrupting. ‖ *corruption* [kòrüpsyon] *f.* corruption; bribing; graft.

corsage [kòrsàj] *m.* bust; bodice [robe]; blouse.

corsaire [kòrsèr] *m.* corsair; calf-length jeans [pantalon], *Am.* clam-diggers, pedal-pushers.

corsé [kòrsé] *adj.* strong; full-bodied [vin]; spicy [histoire].

corselet [kòrsᵉlè] *m.* corselet, bodice.

corser [kòrsé] *v.* to strengthen, to stiffen; *se corser*, to take a turn for the worse.

corset [kòrsè] *m.* corset. ‖ *corsetier* [-ᵉtyé] *m.* corset-maker.

cortège [kòrtèj] *m.* retinue; procession; *cortège funèbre*, funeral.

cortisone [kòrtìzòn] *f.* cortisone.

corvée [kòrvé] *f.* fatigues (mil.); fatigue party; drudgery, irksome task.

corvette [kòrvèt] *f.* corvette, sloop.

cosaque [kòzàk] *m.* cossack.

cosmétique [kòsmétìk] *m., adj.* cosmetic.

cosmique [kòsmìk] *adj.* cosmic.

cosmographie [kòsmògràfî] *f.* cosmography.

cosmonaute [kòsmonôt] *m.* cosmonaut.

cosmopolite [kòsmòpòlìt] *m., adj.* cosmopolitan.

cosmos [kòsmòs] *m.* cosmos.

cosse [kòs] *f.* pod, husk; shell.

cossu [kòsü] *adj.* well-off, rich.

costaud [kòstô] *adj.* hefty, *Am.* husky; *m.* tough, guy, muscleman.

costume [kòstüm] *m.* costume, dress; suit; *costumer*, to dress; *se costumer en*, to dress up as; *bal costumé*, fancy-dress ball.

cote [kòt] *f.* quota, share; quotation (comm.); classification [bateaux]; altitude; favo(u)r.

côte [kôt] *f.* rib; slope; hill; coast, shore; *côte à côte*, side by side; *côtelé*, ribbed, corduroy (text.).

côté [kôté] *m.* side; district; aspect; direction; *à côté de*, beside; *de côté*, askew; sideways; *d'un côté*, on the one hand; *du côté de*, in the direction of.

coteau [kòtô] *m.** hill, hillock, knoll.

côtelette [kôtlèt] *f.* cutlet [veau], chop [porc]; *pl.* (pop.) sideboards.

coter [kòté] *v.* to quote; to assess; to classify; to rate; to number.

cotillon [kòtìyon] *m.* petticoat; cotillon.

cotisation [kòtìzàsyon] *f.* subscription; assessment [taxes]; dues; quota. ‖ *cotiser (se)* [sᵉkòtìzé] *v.* to subscribe.

coton [kòton] *m.* cotton; *coton hydrophile*, cotton-wool (med.); *cotonnade*, cotton fabric; cotton goods; *cotonneux*, cottony; fleecy; downy.

côtoyer [kôtwàyé] *v.* to skirt; to hug [côte]; to coast; to border on.

cou [kû] *m.* neck; *cou-de-pied*, instep.

couard [kwàr] *m.* coward; *adj.* cowardly. ‖ *couardise* [-dìz] *f.* cowardice.

couchant [kûshan] *m.* west; sunset; wane; *adj.* setting [soleil]; lying. ‖ *couche* [kûsh] *f.* bed, couch; class [sociale]; stratum, layer, film [glace]; coat [peinture]; confinement; *fausse couche*, miscarriage. ‖ *coucher* [-é] *m.* night's lodging; sunset; *v.* to put to bed; to lay down; to spread [peinture]; to sleep; *se coucher*, to lie down; to go to bed; to set [soleil]. ‖ *couchette* [-èt] *f.* cot; bunk (naut.); berth [train].

coucou [kûkû] *m.* cuckoo; cuckoo-clock; cowslip (bot.).

coude [kûd] *m.* elbow; angle, bend; *jouer des coudes*, to elbow one's way. ‖ *coudée* [-é] *f.* cubit. ‖ *coudoyer* [-wàyé] *v.* to elbow, to jostle.

coudre [kûdr] *v.** to sew, to stitch; *machine à coudre*, sewing-machine.

couenne [kwàn] *f.* bacon-rind; crackling.

coulage [kûlàj] *m.* casting [métal]; leakage; scuttling [bateau]. ‖ *coulant* [-an] *adj.* running, flowing; fluent, easy. ‖ *coulée* [-é] *f.* flow; tapping [métal]; running-hand [écriture]. ‖ *couler* [-é] *v.* to flow, to run; to leak; to trickle; to cast [métal]; to pour; to founder; to sink; *se couler*, to creep; to slide.

couleur [kûlœr] *f.* colo(u)r; paint; dye; complexion; suit [cartes]; pretence; *marchand de couleurs*, chandler.

couleuvre [kûlœvr] *f.* snake.

coulisse [kûlìs] *f.* groove, slot; slide; backstage; wing (theat.); *à coulisse*, sliding; *dans les coulisses*, behind the scenes. ‖ *coulisser* [-é] *v.* to provide with slides; to run up; to slide. ‖ *coulissier* [-yé] *m.* outside broker.

couloir [kûlwàr] *m.* corridor, passage; strainer.

coup [kû] *m.* blow, knock; stroke (mech.); hit; thrust; stab [couteau]; shot; beat; sound; blast; wound; turn, move; deed; *après coup,* as an afterthought; *tout d'un coup,* all at once; *boire un coup,* to have a drink; *sous le coup de,* under the influence of; *coup de coude,* nudge; *coup de pied,* kick; *coup de soleil,* sunstroke; *coup de feu,* shot; *coup de main,* surprise attack; raid; helping hand; know-how; *coup d'œil,* glance, sight; *coup de tête,* rash impulse; *manquer son coup,* to miss, to fail; *donner un coup de main,* to give a hand; *coup de téléphone,* telephone call.

coupable [kûpàbl] *m.,* f. culprit; *adj.* guilty.

coupant [kûpaⁿ] *m.* edge; *adj.* cutting, sharp.

coupe [kûp] *f.* cut; cutting; section; felling [arbres]; *coupe de cheveux,* haircut; *coupe transversale,* cross-section; *sous la coupe de quelqu'un,* under someone's thumb; **coupe-circuit,** cut-out; **coupe-file,** police pass; **coupe-gorge,** cut-throat; **coupe-papier,** paper-knife, letter opener. ‖ **coupelle** [-èl] *f.* cupel. ‖ **couper** [-é] *v.* to cut; to cut off; to intercept; to interrupt; to water down; to ring off [téléphone]; *se couper,* to contradict oneself; to intersect. ‖ **couperet** [-rè] *m.* chopper; knife, blade.

couperosé [kûpròzé] *adj.* blotchy.

couplage [kûplàj] *m.* coupling; connection. ‖ **couple** [kûpl] *m.* couple, pair; brace [faisans]; *f.* couple, two; yoke [bœufs]; **coupler,** to couple.

couplet [kûplè] *m.* couplet; verse [chanson].

coupon [kûpoⁿ] *m.* coupon; ticket; remnant; *coupon-réponse international,* international reply coupon.

coupure [kûpür] *f.* cut; paper money; clipping.

cour [kûr] *f.* court; courtyard; courtship; *faire la cour à,* to court, to woo, to make love to.

courage [kûràj] *m.* courage, gallantry, pluck. ‖ **courageux** [-ë] *adj.** brave, courageous, gallant, plucky.

couramment [kûràmaⁿ] *adv.* fluently, readily.

courant [kûraⁿ] *m.* current, stream; draught; course; *adj.* running; current; *fin courant,* at the end of the present month; *courant d'air,* Br. draught, Am. draft; *au courant de,* conversant with.

courbatu [kûrbàtü] *adj.* stiff in the joints. ‖ **courbature** [-r] *f.* aching, stiffness; **courbaturer,** to tire out; to stiffen.

courbe [kûrb] *f.* curve; graph; contour; *adj.* curved. ‖ **courber** [-é] *v.* to bend, to curve; *se courber,* to bend, to stoop. ‖ **courbette** [kûrbèt] *f.* curvet; *faire des courbettes,* to bow and scrape; to kowtow. ‖ **courbure** [-bür] *f.* curvature; curve; camber.

coureur [kûrœr] *m.* runner, racer; philanderer, Am. wolf; rover, gadabout; *coureur de(s) bois,* © coureur de(s) bois, bush-ranger. ‖ **coureuse** [-ëz] *f.* slut, trollop (fam.).

courge [kûrj] *f.* gourd; pumpkin.

courir [kûrîr] *v.** to run; to be current; to pursue, to run after; to hunt; *courir le monde,* to travel widely, to roam the world over.

couronne [kûròn] *f.* crown, coronet; wreath; rim [roue]; foolscap. ‖ **couronnement** [-maⁿ] *m.* crowning, coronation. ‖ **couronner** [-é] *v.* to crown; to wreath; to reward.

courrier [kûryé] *m.* courier; messenger; mail; letters; *par retour du courrier,* by return mail. ‖ **courriériste** [-rìst] *m.* columnist; par writer.

courroie [kûrwà] *f.* strap; belt (mech.).

courroucer [kûrûsé] *v.* to anger, to incense; to enrage. ‖ **courroux** [kûrû] *m.* (lit.) wrath, ire, anger.

cours [kûr] *m.* course; stream; lapse [temps]; avenue; path; currency; price; lessons; series of lectures; *donner libre cours à,* to give free rein to; *au cours de,* during; *long cours,* foreign travel.

course [kûrs] *f.* run; course; race; trip; cruise (naut.); ride; errand; stroke (mech.); *course de taureaux,* bull-fight; *faire des courses,* to go on errands; to go shopping; **coursier,** courser, steed; errand-boy.

court [kûr] *adj.* short, brief; *adv.* short; *à court de,* short of; **court-circuit,** short-circuit; **court-circuiter,** to short-circuit; **court-métrage,** short; **court-vêtu,** short-skirted.

courtage [kûrtàj] *m.* brokerage, commission.

courtier [kûrtyé] *m.* broker.

courtisan [kûrtìzaⁿ] *m.* courtier. ‖ **courtisane** [-àn] *f.* courtesan. ‖ **courtisanerie** [-ànrî] *f.* toadyism. ‖ **courtiser** [-é] *v.* to court; to toady to, to suck up to (pop.); to make love to.

courtois [kûrtwà] *adj.* courteous, well-bred; **courtoisie,** courtesy.

couru [kûrü] *p. p. of* courir.

cousette [kûzèt] *f.* dressmaker's assistant.

cousin [kûziⁿ] *m.* cousin; *cousin germain,* first cousin.

cousin [kûziⁿ] *m.* gnat, midge.

coussin [kûsⁱⁿ] *m.* cushion; *coussinet*, pad, small cushion; bearing; chair [rail].

cousu [kûzü] *adj.* sewn; *cousu d'or*, rolling in money; *p. p. of* **coudre.**

coût [kû] *m.* cost; *pl.* expenses. || *coûtant* [-taⁿ] *adj.* costing; *au prix coûtant*, at cost price.

couteau [kûtô] *m.** knife; *coup de couteau*; stab; *à couteaux tirés*, at daggers drawn; *coutelas*, butcher's knife, cutlass; *coutelier*, cutler; *coutellerie*, cutlery; cutler's shop.

coûter [kûté] *v.* to cost; *coûter cher*, to be expensive; *coûte que coûte*, at all costs; *coûteux*, expensive.

coutume [kûtüm] *f.* custom, habit; *avoir coutume de*, to be accustomed to; *coutumier*, customary.

couture [kûtür] *f.* sewing, needlework; seam; *battre à plate couture*, to beat hollow; *maison de couture*, dressmaker's shop; *couturier*, ladies' tailor; *couturière*, dressmaker.

couvée [kûvé] *f.* clutch [œufs]; brood.

couvent [kûvaⁿ] *m.* convent, nunnery; monastery; convent-school.

couver [kûvé] *v.* to sit on [œufs]; to brood; to hatch [complot]; to brew [orage]; to smoulder; *couver des yeux*, to gaze at; to gloat over.

couvercle [kûvèrkl] *m.* lid, cover, cap (mech.).

couvert [kûvèr] *m.* table things; house-charge [restaurant]; cover; shelter; *adj.* covered; hidden; obscure; *mettre le couvert*, to lay the table; *restez couvert*, keep your hat on.

couverture [kûvèrtür] *f.* coverlet, rug, blanket; cover; protection; roofing; margin (fin.).

couveuse [kûvëz] *f.* sitting hen; incubator; brooder, hatcher. || *couvi* [-ì] *adj.* addled.

couvreur [kûvrœr] *m.* slater, thatcher, tiler; cover-point.

couvrir [kûvrîr] *v.** to cover; to defray [frais]; to wrap up; to protect; to screen; to roof; *se couvrir*, to put on one's hat; to clothe oneself; to become overcast [ciel]; *couvre-chef*, hat, head-dress; *couvre-feu*, curfew; *couvre-lit*, bedspread; *couvre-pied*, quilt.

crabe [kràb] *m.* crab.

crachat [kràshà] *m.* spit, spittle. || *cracher* [-é] *v.* to spit; to cough up [argent]; *c'est son père tout craché*, he's the living image of his father. || *crachin* [-ⁱⁿ] *m.* mizzle, drizzle. || *crachoir* [-wàr] *m.* spitoon; *tenir le crachoir*, to monopolize the conversation. || *crachoter* [-òté] *v.* to sputter.

craie [krè] *f.* chalk.

craindre [krⁱⁿdr] *v.** to fear; to be anxious for. || *crainte* [krⁱⁿt] *f.* fear, dread; *sans crainte*, fearless; *de crainte*, for fear. || *craintif* [krⁱⁿtif] *adj.** timid; fearful.

cramoisi [kràmwàzì] *m.*, *adj.* crimson; scarlet.

crampe [kraⁿp] *f.* cramp (med.).

crampon [kraⁿpoⁿ] *m.* cramp, brace; stud [bottes]; staple; (pop.) bore. || *cramponner* [-òné] *v.* to clamp; (pop.) to pester; *se cramponner*, to cling to.

cran [kraⁿ] *m.* notch; cog [roue]; catch; *avoir du cran*, to be plucky, to have guts (fam.).

crâne [krân] *m.* skull; *adj.* plucky; jaunty. || *crâner* [-é] *v.* to swagger, to swank; to brazen it out. || *crânerie* [-rî] *f.* pluck, daring.

crapaud [kràpô] *m.* toad; baby-grand [piano]; low arm-chair.

crapet [kràpè] *m.* © *crapet soleil*, sunfish; *crapet calicot*, calico bass; *crapet gris*, rock bass.

crapule [kràpül] *f.* debauchee; blackguard; *crapuleux*, debauched; lewd, filthy, foul.

craqueler [kràklé] *v.* to crackle. || *craquelure* [-lür] *f.* crack, flaw. || *craquement* [-maⁿ] *m.* cracking, creaking. || *craquer* [-é] *v.* to crack, to creak; to strike [allumette]; to split.

crasse [kràs] *f.* filth, dirt; dirty trick; stinginess; *adj.* crass [ignorance]. || *crasseux* [-ë] *adj.** dirty, filthy; stingy.

cratère [kràtèr] *m.* crater.

cravache [kràvàsh] *f.* riding-whip. || *cravacher* [-é] *v.* to horsewhip, to flog; to spur on, to goad on.

cravate [kràvàt] *f.* tie, necktie. || *cravater* [-é] *v.* to collar.

crayeux [crèyë] *adj.** chalky.

crayon [krèyoⁿ] *m.* pencil; *crayon pastel*, crayon; *crayonnage*, pencil sketch; *crayonner*, to sketch.

créance [kréaⁿs] *f.* credence, belief; credit; debt; *créance hypothécaire*, mortgage; *lettres de créance*, credentials; *créancier*, creditor.

créateur, -trice [kréatœr, -trìs] *m.*, *f.* creator, inventor; *adj.* creative, inventive. || *création* [kréàsyoⁿ] *f.* creation; invention; setting up. || *créature* [kréàtür] *f.* creature.

crécelle [krésèl] *f.* rattle; *voix de crécelle*, grating voice.

crèche [krèsh] *f.* cradle; crib; day-nursery; manger.

crédibilité [krédìbìlìté] *f.* credibility.

crédit [krédì] *m.* credit; trust (comm.); repute; loan; *faire crédit à,* to give credit; *crédit foncier,* loan society; *à crédit,* on credit. ‖ **créditer** [-té] *v.* to credit [*de,* with]. ‖ **créditeur** [-tœr] *m.* creditor.

credo [krédô] *m.* creed.

crédule [krédül] *adj.* credulous. ‖ **crédulité** [-ìté] *f.* credulity.

créer [kréé] *v.* to create; to bring out.

crémaillère [krémayèr] *f.* pot-hook; rack (mech.); *pendre la crémaillère,* to give a house-warming.

crématoire [krématwàr] *adj.* crematory; *four crématoire,* crematorium.

crème [krèm] *f.* cream; *crème glacée,* ice cream; **crémerie,** dairy; buttery [restaurant]; **crémière,** dairymaid; cream-jug.

crémone [krémòn] *f.* casement bolt.

créneau [krénô] *m.* * battlement. ‖ **créneler** [krénlé] *v.* to embattle; to tooth [roue]; to notch; to mill [monnaie].

créole [kréòl] *m., f., adj.* creole.

créosote [kréòzòt] *f.* creosote.

crêpe [krèp] *f.* pancake.

crêpe [krèp] *m.* crape. ‖ **crêpelé** [krèplé] *adj.* crimped. ‖ **crêper** [krèpé] *v.* to crimp; *se crêper le chignon,* to tear each other's hair.

crépi [krépì] *adj.,* *m.* rough-cast. ‖ **crépir** [krépìr] *v.* to rough-cast.

crépiter [krépìté] *v.* to crackle; to patter [pluie].

crépu [krépü] *adj.* crisp, fuzzy [cheveux]; crinkled.

crépuscule [krépüskül] *m.* twilight, dusk.

cresson [krèsòⁿ] *m.* cress, water-cress; **cressonnière,** water-cress bed.

crête [krèt] *f.* crest; ridge; summit; comb [coq].

crétin [krétìⁿ] *m.* cretin, idiot; block-head.

cretons [kretòⁿ] *m. pl.* © greaves, potted mince of pork [*Fr.* = rillettes].

creuser [krèzé] *v.* to hollow out; to excavate; to dig; to sink [puits]; *Br.* to plough, *Am.* to plow [sillon]; *se creuser,* to grow hollow; to rise [mer]; to grow gaunt [joues]; *se creuser la tête,* to rack one's brains.

creuset [krèzè] *m.* crucible.

creux [krë] *m.* hollow, cavity; trough [vague]; pit [estomac]; *adj.* * hollow, empty; sunken; slack [période].

crevaison [krᵉvèzòⁿ] *f.* puncture; bursting. ‖ **crevant** [-aⁿ] *adj.* killing; fagging.

crevasse [krᵉvàs] *f.* crevice, split; chink; chap [mains].

crever [krᵉvé] *v.* to split, to burst; to poke out [yeux]; to puncture [pneu]; (pop.) to die; *crever de faim,* to starve.

crevette [krᵉvèt] *f.* shrimp; prawn.

cri [krì] *m.* cry; shout; shriek; *le dernier cri,* the latest fashion. ‖ **criailler** [-âyé] *v.* to bawl; to grouse. ‖ **criant** [-yaⁿ] *adj.* glaring, shocking. ‖ **criard** [-yàr] *adj.* crying; shrill [voix]; pressing [dettes]; loud, gaudy [couleurs].

crible [krìbl] *m.* sieve; screen (techn.). ‖ **cribler** [-é] *v.* to sift; to riddle; *criblé de dettes,* head over ears in debt.

cric [krìk] *m.* jack; lever.

cricket [krìkèt] *m.* cricket.

criée [krìé] *f.* auction. ‖ **crier** [-é] *v.* to cry, to shout, to scream; **crieur,** bawler; hawker; *crieur public,* town-crier.

crime [krìm] *m.* crime; felony (jur.); *crime d'incendie,* arson.

criminel [krìmìnèl] *m.* criminal; *adj.* criminal; unlawful.

crin [krìⁿ] *m.* horsehair; coarse hair.

crinière [krìnyèr] *f.* mane.

crique [krìk] *f.* creek, cove.

criquet [krìkè] *m.* locust; cricket (ent.); small pony; (pop.) little shrimp.

crise [krìz] *f.* crisis; fit; attack (med.); *crise nerveuse,* nervous breakdown; *crise du papier,* paper shortage.

crispation [krìspàsyoⁿ] *f.* contraction; twitching. ‖ **crisper** [krìspé] *v.* to contract; to shrivel; *cela me crispe,* that gets on my nerves; *se crisper,* to wince; to move convulsively.

crisser [krìsé] *v.* to grate; to squeak [freins]; to rasp.

cristal [krìstàl] *m.* crystal; cut glass. ‖ **cristallin** [-ìⁿ] *m.* lens [œil]; *adj.* crystalline, crystal-clear. ‖ **cristalliser** [-ìzé] *v.* to crystallize.

critère [krìtèr] *m.,* **critérium** [krìtéryòm] *m.* criterium; test.

critiquable [krìtìkàbl] *adj.* criticizable. ‖ **critique** [krìtìk] *m.* critic; *f.* criticism, review; *adj.* critical; decisive; crucial. ‖ **critiquer** [-é] *v.* to criticize; to find fault with; to nag; to censure.

croassement [kròàsmaⁿ] *m.* caw [corbeau]; croak.‖ **croasser** [kròàsé] *v.* to caw; to croak.

croc [kró] *m.* hook; tooth, fang [loup]; tusk [sanglier]; **croc-en-jambe,** trip up. ‖ **croche** [kròsh] *f.* quaver (mus.); *double croche,* semi-quaver; *triple croche,* demi-semi-quaver; *adj.* © bent, twisted, curved, crooked [*prop. et fig.*]. ‖ **crocher** [-é] *v.* to hook. ‖ **crochet** [-è] *m.* hook; crochet-hook; skeleton key; square bracket (typogr.); *dentelle au crochet*, crochet-work; *faire un crochet*, to swerve. ‖ **crocheter** [-té] *v.* to crochet; to pick [serrure]. ‖ **crochu** [-ü] *adj.* hooked; crooked.

crocodile [kròkòdil] *m.* crocodile.

croire [krwàr] *v.** to believe; to think; *croire à*, to believe in; *s'en croire*, to be conceited.

croisade [krwàzàd] *f.* crusade.

croisé [krwàzé] *m.* crusader, twill (text.); *adj.* crossed; folded [bras]; twilled (text.); *mots croisés*, cross-word puzzle. ‖ **croisée** [-é] *f.* crossing; transept [église]; casement-window. ‖ **croisement** [-màⁿ] *m.* crossing; intersection; cross-breed. ‖ **croiser** [-é] *v.* to cross; to meet; to cruise (naut.). ‖ **croiseur** [-œr] *m.* cruiser. ‖ **croisière** [-yèr] *f.* cruise. ‖ **croisillon** [-ìyoⁿ] *m.* cross-bar; lattice.

croissance [krwàsàⁿs] *f.* growth; increase. ‖ **croissant** [-àⁿ] *m.* crescent roll; crescent; bill-hook; *adj.* growing; increasing.

croître [krwàtr] *v.** to grow; to increase; to lengthen.

croix [krwà] *f.* cross; crosswise; *Croix-Rouge*, Red Cross.

croquer [kròké] *v.* to crunch; to sketch; *croquer le marmot*, to cool one's heels; *croque-mort*, undertaker's assistant.

croquet [kròkè] *m.* croquet.

croquis [kròkì] *m.* sketch, rough draft; outline.

crosne [krôn] *m.* Chinese artichoke.

crosse [kròs] *f.* crook; crozier; butt [fusil]; stick, club [golf]; lacrosse [sport].

crotte [kròt] *f.* dirt; mud; dung [animal]; *interj.* bother! ‖ **crotter** [-é] *v.* to dirty. ‖ **crottin** [-íⁿ] *m.* horse-dung, droppings.

crouler [krûlé] *v.* to collapse; to totter; to crumble; *faire crouler*, to bring down.

croup [krûp] *m.* croup (med.).

croupe [krûp] *f.* croup, rump [animal]; brow [colline]; *monter en croupe*, to ride behind.

croupetons (à) [àkrûpetoⁿ] *adv.* squatting.

croupi [krûpì] *adj.* stagnant, foul.

croupier [krûpyé] *m.* croupier.

croupière [krûpyèr] *f.* crupper; *tailler des croupières à*, to make rough work for.

croupion [krûpyoⁿ] *m.* rump; parson's nose, *Am.* pope's nose.

croupir [krûpîr] *v.* to stagnate; to wallow [personnes].

croustillant [krûstìyaⁿ] *adj.* crisp, spicy [histoire].

croûte [krût] *f.* crust, rind [fromage]; scab; (pop.) daub [tableau]; old fossil; *casser la croûte*, to have a snack; *croûter*, to grub (pop.); *croûton*, bit of crust; (pop.) duffer.

croyable [krwàyàbl] *adj.* believable. ‖ **croyance** [krwàyaⁿs] *f.* belief; creed; faith. ‖ **croyant** [krwàyaⁿ] *m.* believer; *adj.* believing; *les croyants*, the faithful.

cru [krü] *p. p. of* croire.

cru [krü] *adj.* raw, crude, uncooked; rude, coarse; *monter à cru*, to ride bareback; *lumière crue*, hard light, glaring light.

cru [krü] *m.* wine region; vineyard; *grands crus*, high-class wines; *vin du cru*, local wine; *de votre cru*, of your own making.

crû [krü] *p. p. of* croître.

cruauté [krüôté] *f.* cruelty.

cruche [krüsh] *f.* pitcher, jar, jug; blockhead; *cruchon*, small jug; mug of beer; stoneware hot-water bottle; pig; dolt, duffer (fam.).

crucial [krüsyàl] *adj.** crucial.

crucifier [krüsìfyé] *v.* to crucify. ‖ **crucifix** [krüsìfì] *m.* crucifix. ‖ **crucifixion** [-ksyoⁿ] *f.* crucifixion.

crudité [krüdìté] *f.* crudity, coarseness; rawness; raw vegetables.

crue [krü] *f.* rise, swelling; *en crue*, in flood.

cruel [krüèl] *adj.** cruel, harsh, pitiless; painful.

crustacé [krüstàsé] *m.* crustacean, shellfish.

crypte [krìpt] *f.* crypt.

cryptogame [krìptògàm] *m.* cryptogam.

cryptogramme [krìptògràm] *m.* cryptogram.

cubage [kübàj] *m.* cubage; cubic content. ‖ **cube** [küb] *m.* cube; *adj.* cubic; *cuber*, to cube; *cubique*, cubic; *cubisme*, cubism.

cueillette [kœyèt] *f.* picking; harvest-time. ‖ **cueillir** [kœyîr] *v.** to pick, to pluck, to gather; (fam.) to nab.

cuiller *or* **cuillère** [küìyèr] *f.* spoon; *cuiller à soupe*, table-spoon; *cuiller à entremets*, dessert-spoon. ‖ **cuillerée** [küìyré] *f.* spoonful; *cuillerée à café*, tea-spoonful.

cuir [küìr] *m.* leather; skin, hide; (fam.) bloomer [prononciation]; *cuir à rasoir*, razor-strop; *cuir chevelu*, scalp.

cuirasse [küìràs] *f.* armo(u)r; *plaque de cuirasse*, armo(u)r-plate. ‖ *cuirassé* [-é] *m.* battleship; *adj.* armo(u)red. ‖ *cuirasser* [-é] *v.* to armo(u)r; to protect; to harden. ‖ *cuirassier* [-yé] *m.* cuirassier.

cuire [küîr] *v.** to cook; to bake [four]; to boil [eau]; to burn [soleil]; to smart; *faire cuire*, to cook; *il lui en cuira*, he'll be sorry for it; *cuisant*, smarting; bitter.

cuisine [küìzîn] *f.* kitchen; cookery; cooking; galley (naut.); *faire la cuisine*, to do the cooking. ‖ *cuisiner* [-ìné] *v.* to cook; to pump, to grill (pop.). ‖ *cuisinier* [-ìnyé] *m.* cook, chef. ‖ *cuisinière* [-ìnyèr] *f.* cook; kitchen range, cooker, kitchen stove.

cuisse [küîs] *f.* thigh; leg [poulet]. ‖ *cuisseau* [-ô] *m.** leg.

cuisson [küìsoⁿ] *f.* cooking, baking; smarting pain.

cuissot [küìsò] *m.* haunch.

cuistre [küîstr] *m.* pedant.

cuit [küî] *adj.* cooked, baked, done; *trop cuit*, overdone; *cuit à point*, done to a turn. ‖ *cuite* [küît] *f.* baking; *prendre une cuite*, to get drunk, to have one too many.

cuivre [küîvr] *m.* copper; *cuivre jaune*, brass; *les cuivres*, the brass (mus.); *cuivré*, copper-colo(u)red; bronzed. ‖ *cuivrer* [küìvré] *v.* to copper; to bronze.

cul [kü] *m.* (pop.) backside, bottom; *cul-de-jatte*, legless cripple; *cul-de-lampe*, pendant; tail-piece (typogr.); *cul-de-sac*, blind alley; dead end.

culasse [külàs] *f.* breech [arme à feu]; combustion head.

culbute [külbüt] *f.* somersault; tumble; cropper (fig.). ‖ *culbuter* [-é] *v.* to throw over; to topple over; to upset; to take a tumble. ‖ *culbuteur* [-œr] *m.* tipping device; valve rocker; tumbler.

culinaire [külìnèr] *adj.* culinary.

culminant [külmìnaⁿ] *adj.* culminating, highest. ‖ *culminer* [-é] *v.* to culminate.

culot [külô] *m.* base, bottom; residue; lastborn; (pop.) nerve, *Br.* cheek; *avoir du culot*, *Br.* to be cheeky, *Am.* to have a lot of nerve.

culotte [külòt] *f.* breeches; trousers, *Am.* pants; rump [bœuf]; *culottes courtes*, shorts. ‖ *culotter* [-é] *v.* to season [pipe]; *se culotter*, to put one's trousers on; to season, to color [pipe].

culpabilité [külpàbìlìté] *f.* guilt.

culte [kült] *m.* worship; form of worship; cult; sect.

cultivable [kültìvàbl] *adj.* arable. ‖ *cultivateur, -trice* [-àtœr, -trìs] *m., f.* farmer, cultivator. ‖ *cultivé* [-é] *adj.* cultivated; cultured [personne]. ‖ *cultiver* [-é] *v.* to cultivate, to till; to raise [blé].

culture [kültür] *f.* culture; cultivation; tillage. ‖ *culturel* [-èl] *adj.** cultural.

cumul [kümül] *m.* lumping; cumulation; pluralism; accumulation. ‖ *cumuler* [kümülé] *v.* to hold a plurality (of offices); to cumulate; to pluralize.

cupide [küpîd] *adj.* greedy, grasping, covetous. ‖ *cupidité* [-ìté] *f.* greed, cupidity; graspingness.

curable [küràbl] *adj.* curable. ‖ *curatif* [küràtìf] *adj.** curative.

cure [kür] *f.* rectory; living (eccles.).

cure [kür] *f.* care; cure; treatment; *cure-dents*, tooth-pick.

curé [küré] *m.* parson, parish priest, rector, vicar.

curée [küré] *f.* quarry; rush, scramble.

curer [küré] *v.* to clean out; to pick [dents]; to dredge [rivière]; *curetage*, cleansing; *curette*, scraper (med.).

curieux [küryé] *adj.** interested; inquisitive; odd, curious; *m.* sightseer. ‖ *curiosité* [-yòzìté] *f.* curiosity; *pl.* sights.

curseur [kürsœr] *m.* slide, runner.

cutané [kütàné] *adj.* cutaneous, of the skin.

cuticule [kütìkül] *f.* cuticle.

cuti-réaction [kütìréàksyoⁿ] *f.* skintest.

cuve [küv] *f.* vat; tank; cistern; *cuvée*, vatful. ‖ *cuver* [küvé] *v.* to ferment, to work. ‖ *cuvette* [-èt] *f.* basin; wash-bowl; dish; pan [cabinet]. ‖ *cuvier* [-yé] *m.* wash-tub.

cyanure [syànür] *m.* cyanide.

cycle [sìkl] *m.* cycle; *cyclique*, cyclic. ‖ *cyclisme* [-ìsm] *m.* cycling. ‖ *cycliste* [-ìst] *m., f.*, cyclist. ‖ *cyclomoteur* [sìklòmòtœr] *m.* auto-cycle.

cyclone [sìklòn] *m.* cyclone.

cygne [sîñ] *m.* swan; *jeune cygne*, cygnet.

cylindrage [sìlìndràj] *m.* road-rolling; mangling. ‖ *cylindre* [sìlìⁿdr] *m.* cylinder; roller; *cylindrique*, cylindrical.

cymaise v. **cimaise.**

cynique [sìnìk] *m.* cynic; *adj.* cynical; impudent; unblushing, barefaced [mensonge]; *cynisme,* cynicism; shamelessness.

cyprès [sìprè] *m.* cypress.

cystite [sìstìt] *f.* cystitis.

D

d', *see* de.

dactylographe [dàktìlògràf] *m.*, *f.* typist; *m.* © typewriter. ‖ *dactylographie* [-î] *f.* typing, typewriting. ‖ *dactylographier* [-yé] *v.* to type.

dada [dàdà] *m.* gee-gee; hobby; fad.

dague [dàg] *f.* dagger, dirk.

daigner [dèñé] *v.* to deign, to condescend.

daim [dìⁿ] *m.* deer; buckskin, suède [peau]. ‖ *daine* [dèn] *f.* doe.

dais [dè] *m.* canopy; dais.

dallage [dàlàj] *m.* paving; tiled floor. ‖ *dalle* [dàl] *f.* paving-stone, flagstone; floor tile. ‖ *daller* [-é] *v.* to pave.

daltonisme [dàltònìsm] *m.* colo(u)r-blindness.

dam [dàⁿ] *m.* damnation; displeasure.

damassé [dàmàsé] *adj.* damask.

dame [dàm] *f.* (married) lady; queen [cartes, échecs]; king [dames]; rowlock [rame]; *jouer aux dames*, Br. to play draughts, Am. to play checkers.

dame-jeanne [dàmjàn] *f.* demijohn.

damer [dàmé] *v.* to crown [dames]; to ram [terre]; *damer le pion à*, to outwit. ‖ *damier* [-yé] *m.* check [étoffe]; Br. draught-board, Am. checker-board.

damnation [dànàsyoⁿ] *f.* damnation. ‖ *damner* [dàné] *v.* to damn.

dandiner (se) [sᵉdàⁿdìné] *v.* to waddle; to strut.

danger [dàⁿjé] *m.* danger, peril; risk; jeopardy; *dangereux*, dangerous.

dans [dàⁿ] *prep.* in; within; during; into; from; *boire dans une tasse*, to drink out of a cup; *dans les 200 francs*, about 200 francs; *dans le temps*, formerly.

danse [dàⁿs] *f.* dance, dancing; *danse de Saint-Guy*, St. Vitus's dance. ‖ *danser* [-é] *v.* to dance; *il m'a fait danser*, he led me a dance; *danseur*, dancer; ballet-dancer; partner [danse].

dard [dàr] *m.* dart; sting; burning ray [soleil]; *darder* [-é] *v.* to hurl; to spear.

dartre [dàrtr] *f.* herpes; scurf.

date [dàt] *f.* date; *en date de*, under date of. ‖ *dater* [-é] *v.* to date; *à dater de ce jour*, from to-day. ‖ *dateur* [-œr] *m.* date-marker.

datte [dàt] *f.* date; *dattier*, date-palm.

dauphin [dôfìⁿ] *m.* dolphin; dauphin (hist.).

daurade [dôràd] *f.* gilt-head.

davantage [dàvaⁿtàj] *adv.* more [quantité]; longer [espace, temps].

davier [dàvyé] *m.* dental forceps; davit (naut.).

de [dᵉ] *prep.* (de becomes d' before a vowel and a mute h, du replaces de le, des replaces de les [of the, from the]) of; from; by; on; with; any; some; than; from; at; *de Paris à Rome*, from Paris to Rome; *il tira un couteau de sa poche*, he pulled a knife out of his pocket; *estimé de ses amis*, esteemed by his friends; *de nom*, by name; *il tombe de fatigue*, he is ready to drop with fatigue; *je bois du thé*, I drink tea; *il a du pain*, he has some bread; *d'un côté*, on one side; *plus de cinq*, more than five; *il se moque de moi*, he laughs at me; *de vingt à trente personnes*, between twenty and thirty people.

dé [dé] *m.* dice; domino; tee [golf].

dé [dé] *m.* thimble.

déambuler [déaⁿbülé] *v.* to stroll about, to saunter.

débâcle [débâkl] *f.* breaking up; disaster; downfall; collapse; rout.

déballage [débàlàj] *m.* unpacking. ‖ *déballer* [-é] *v.* to unpack.

débandade [débaⁿdàd] *f.* confusion; rout, stampede, flight. ‖ *débander* [-é] *v.* to disband (mil.); *se débander*, to disband; to disperse.

débander [débaⁿdé] *v.* to relax; to loosen; to unbandage.

débarbouiller [débàrbûyé] *v.* to wash [visage]; *se débarbouiller*, to wash one's face; to clean up (fam.); *débarbouillette*, *f.* © facecloth.

débarcadère [débàrkàdèr] *m.* wharf, landing stage (naut.); arrival platform.

débardeur [débàrdœr] *m.* stevedore.

débarquement [débàrkᵉmaⁿ] *m.* disembarkment, landing; unloading; detraining (mil.); arrival. ‖ *débarquer* [-é] *v.* to disembark; to land; to unload; to detrain (mil.).

débarras [débàrà] *m.* riddance; lumber-room; storeroom. ‖ *débarrasser* [-sé] *v.* to rid; to clear; *se débarrasser de*, to get rid of; to extricate oneself from.

débat [débà] *m.* dispute; discussion; debate; contest; *pl.* court hearing; proceedings.

débattre [débàtr] *v.** to discuss; *se débattre*, to struggle.

débauche [débôsh] *f.* debauch; fling (fam.). ‖ **débauché** [-é] *m.* debauchee; rake; *adj.* debauched, dissolute. ‖ **débaucher** [-é] *v.* to debauch; to lead astray; to discharge, to lay off; *se débaucher,* to go astray, to become dissolute.

débet [débè] *m.* debit balance, balance due.

débile [débìl] *adj.* feeble, weak, frail, puny. ‖ **débilité** [-lté] *f.* weakness, debility, deficiency. ‖ **débiliter** [-ìté] *v.* to weaken; to debilitate (med.).

débiner [débìné] *v.* (fam.) to run down, to crab; *se débiner* (fam.) to run each other down; to hop it, *Am.* to scram.

débit [débì] *m.* sale; retail shop; output; delivery; *débit de boissons,* public-house, *Am.* tavern, café; *débit de tabac,* tobacconist's shop.

débit [débì] *m.* debit; *portez à mon débit,* debit me with.

débitant [débìtaⁿ] *m.* dealer, retailer; *débitant de boissons,* publican, *Am.* bartender; *débitant de tabac,* tobacconist. ‖ **débiter** [-é] *v.* to retail, to sell (com.); to debit (fin.); to cut up [bois]; to give out, to discharge; to recite; to utter. ‖ **débiteur** [-œr] *m.* debtor; *compte débiteur,* debit account.

déblaiement [déblèmaⁿ] *m.* clearing; digging out, excavating. ‖ **déblayer** [-èyé] *v.* to remove, to clear away.

déblatérer [déblàtéré] *v.* to utter; to bluster out; to rail (*contre,* against).

débloquer [déblòké] *v.* to free, to release; to relieve; to unlock; to take off; to go astray (fam.).

déboire [débwàr] *m.* disappointment; let-down; nasty taste.

déboiser [débwàzé] *v.* to deforest; to clear of trees.

déboîter [débwàté] *v.* to dislocate, to put out of joint; to disconnect.

débonnaire [débònèr] *adj.* debonair; good natured, easy-going.

débordant [débòrdaⁿ] *adj.* protruding; outflanking (mil.); overflowing; exuberant; bursting (*de,* with). ‖ **débordé** [débòrdé] *adj.* overflowing [rivière]; overwhelmed [travail]. ‖ **débordement** [-ᵉmaⁿ] *m.* overflowing, flood; dissipation; invasion; outflanking (mil.). ‖ **déborder** [-é] *v.* to overflow; to run over; to jut out; to sheer off (naut.); to outflank (mil.); to trim (techn.).

débouché [débûshé] *m.* outlet; way out; opening; market (comm.); expedient. ‖ **déboucher** [-é] *v.* to open; to uncork; to clear; to lead (*dans,* into); to emerge; to debouch (mil.).

déboulonner [débûlòné] *v.* to unrivet, to unbolt; to debunk (pop.).

débourrer [débûré] *v.* to remove the stuffing from; to extract the wad from [fusil]; to clean out [pipe].

débours [débûr] *m.* outlay, expenses. ‖ **débourser** [-sé] *v.* to lay out, to disburse, to spend.

debout [dᵉbû] *adv.* upright; standing (up); on its hind legs [animal]; out of bed; *interj.* up you get!, *se tenir debout,* to stand.

débouter [débûté] *v.* to nonsuit; to dismiss (jur.); to reject.

déboutonner [débûtòné] *v.* to unbutton.

débraillé [débrâyé] *adj.* untidy; scarcely decent; loose.

débrancher [débraⁿshé] *v.* to disconnect [électr.].

débrayage [débrèyàj] *m.* disengaging, declutching; uncoupling; clutch pedal. ‖ **débrayer** [-èyé] *v.* to disengage, to declutch, to let out the clutch.

débrider [débrìdé] *v.* to unbridle [cheval]; to stop.

débris [débrì] *m.* debris, remains, wreckage; *pl.* waste products; rubbish; rubble.

débrouillard [débrûyàr] *m.* (fam.) resourceful person, *Am.* go-getter; *adj.* (fam.) resourceful, all there. ‖ **débrouiller** [-ûyé] *v.* to disentangle; to clear up; to sort out; *se débrouiller,* to manage; to see it through.

début [débü] *m.* beginning, start, outset; first move [jeux]; *faire ses débuts,* to make one's first appearance; *débutant(e),* beginner; novice; debutante. ‖ **débuter** [-é] *v.* to begin; to have first move [jeux]; to make one's first appearance.

deçà [dᵉsà] *adv.* on this side; *en deçà de,* on this side of.

décacheter [dékàshté] *v.* to unseal, to open.

décade [dékàd] *f.* decade; period of ten days.

décadence [dékàdaⁿs] *f.* decadence, decline, decay. ‖ **décadent** [-aⁿ] *adj.* decadent, declining.

décaféiné [dékàféiné] *adj.* decaffeinated, caffeine-free.

décalcifier [dékàlsìfyé] *v.* to decalcify; *se décalcifier,* to become decalcified.

décaler [dékàlé] *v.* to unwedge; to shift, to alter; to readjust.

décalitre [dékàlìtr] *m.* decalitre.

décalquer [dékàlké] *v.* to transfer; to trace off; *papier à décalquer,* tracing-paper.

décamper [dékaⁿpé] v. to decamp; to move off; to clear out; to make off, to bolt.

décapant [dékàpaⁿ] m. pickle; paint (or) ·varnish (or) polish remover; scouring solution. ‖ *décaper* [dékàpé] v. to scour; to scrape; to cleanse.

décapiter [dékàpité] v. to decapitate, to behead.

décapsuler [dékàpsülé] v. to remove the crown cork of.

décatir [dékàtìr] v. to sponge; to take the gloss off (text.); *se décatir*, to become worn.

décédé [dédédé] m., adj. deceased, departed, defunct. ‖ *décéder* [-é] v. to die, to decease (jur.).

déceler [déslé] v. to disclose; to betray; to reveal.

décembre [désaⁿbr] m. December.

décemment [désàmaⁿ] adv. decently. ‖ *décence* [désaⁿs] f. decency, decorum; *décent*, decent, becoming, proper; *peu décent*, unseemly.

décentraliser [désaⁿtràlizé] v. to decentralize.

déception [désèpsyoⁿ] f. deception; disappointment.

décerner [désèrné] v. to award; to confer; to bestow; to issue [mandat d'arrêt].

décès [désè] m. decease (jur.).

décevant [désvaⁿ] adj. deceptive; misleading; disappointing. ‖ *décevoir* [-wàr] v.* to deceive; to disappoint.

déchaînement [déshènmaⁿ] m. un-bridling, letting loose; outburst; fury. ‖ *déchaîner* [-é] v. to let loose; *se déchaîner*, to rage; to break loose; to break [orage].

déchanter [déshaⁿté] v. to alter one's tone; to sing small, to come down a peg (pop.).

décharge [déshàrj] f. unloading; discharge; release, acquittal (jur.); outlet; relief; volley (mil.); lumber-room. ‖ *décharger* [-é] v. to unload, to unlade; to discharge; to relieve; to vent; to acquit; to dismiss; *se décharger*, to discharge; to go off, to fire [fusil]; to give vent to; *déchargeur*, docker; stevedore; coal-heaver; lightning conductor.

décharné [déshàrné] adj. lean, emaciated, skinny, fleshless; gaunt.

déchaussé [déshôsé] adj. barefooted; bare; gumless [dents]; *se déchausser*, to take off one's shoes.

dèche [dèsh] f. (pop.). straits.

déchéance [déshéaⁿs] f. downfall; decay [morale]; forfeiture; deprivation of civil rights; ⅹxpiration.

déchet [déshè] m. loss; decrease; waste, scrap; refuse; offal [viande].

déchiffrer [déshìfré] v. to decipher; to decode [messages]; to read at sight (theat.), to sight-read (mus.).

déchiqueter [déshìkté] v. to hack, to slash, to tear up, to tear to shreds, to mangle.

déchirant [déshìraⁿ] adj. heart-rending. ‖ *déchirement* [-maⁿ] m. tearing, rending; laceration; pang. ‖ *déchirer* [-é] v. to rend, to tear (up); to defame. ‖ *déchirure* [-ür] f. tear, rent; laceration.

déchoir [déshwàr] v.* to fall off, to decay, to decline. ‖ *déchu* [-ü] adj. fallen; expired [police]; disqualified.

décidé [désìdé] adj. decided, determined; resolute. ‖ *décider* [-é] v. to decide, to settle; to rule (jur.); to persuade; *se décider*, to make up one's mind, to resolve.

décigramme [désìgràm] m. decigram.

décilitre [désìlìtr] m. decilitre.

décimal [désìmàl] adj.* decimal.

décimer [désìmé] v. to decimate; to deplete.

décimètre [désìmètr] m. decimeter.

décisif [désìzìf] adj.* decisive; conclusive. ‖ *décision* [-yoⁿ] f. decision; ruling (jur.); resolution.

déclamation [déklàmàsyoⁿ] f. declamation; ranting. ‖ *déclamatoire* [-àtwàr] adj. declamatory; ranting. ‖ *déclamer* [-é] v. to declaim; to rant.

déclaration [déklàràsyoⁿ] f. declaration; announcement, proclamation. ‖ *déclarer* [-é] v. to declare; to proclaim, to make known; to certify; to notify; *se déclarer*, to declare oneself; to break out [feu].

déclassé [déklàsé] m. social outcast; adj. obsolete; come down in the world. ‖ *déclasser* [-é] v. to bring down in the world; to declare obsolete.

déclencher [déklaⁿshé] v. to unlatch; to disengage (mech.); to set in motion; to launch [attaque].

déclic [déklìk] m. catch; pawl; trigger; pl. nippers.

déclin [déklìⁿ] m. decline, decay, wane [lune]; ebb [marée]. ‖ *déclinaison* [-inèzoⁿ] f. declination, variation [boussole]; declension (gramm.). ‖ *décliner* [-iné] v. to decline; to refuse; to state [nom]; to wane; to deviate [boussole].

déclouer [déklûé] v. to unnail.

décocher [dékòshé] v. to shoot, to let fly; to discharge.

décoiffer [dékwàfé] v. to remove someone's hat; to take someone's hair down; to disarrange.

décollage [dékòlàj] *m.* unsticking; ungluing; taking-off (aviat.). ‖ *décoller* [-é] *v.* to unstick; to disengage; to loosen; to take off (aviat.); se *décoller,* to come off.

décolleté [dékòlté] *adj.* wearing a low dress; low-necked [robe].

décoloration [dékòlòràsyon] *f.* discolo(u)ration, bleaching, fading. ‖ *décolorer* [-é] *v.* to discolo(u)r; to fade; to bleach; se *décolorer,* to fade; to lose one's colo(u)r.

décombres [dékonbr] *m. pl.* rubbish; debris, rubble.

décommander [dékòmandé] *v.* to cancel; to countermand.

décomposer [dékonpòzé] *v.* to decompose; to decay; to distort [traits]; se *décomposer,* to decompose, to rot; to become distorted. ‖ *décomposition* [-ìsyon] *f.* decomposition; rotting, decay; distortion [traits].

décompte [dékont] *m.* deduction; balance due. ‖ *décompter* [-é] *v.* to deduct; to be disappointed.

déconcerter [dékonsèrté] *v.* to disconcert; to upset; to put out.

déconfit [dékonfì] *adj.* discomfited; crest-fallen. ‖ *déconfiture* [-tür] *f.* ruin; insolvency.

déconnecter [dékònèkté] *v.* to disconnect; to switch off.

déconseiller [dékonsèyé] *v.* to advise against, to dissuade.

déconsidérer [dékonsìdéré] *v.* to discredit; se *déconsidérer,* to belittle oneself.

décontenancer [dékontnansé] *v.* to put out of countenance, to abash, to mortify; se *décontenancer,* to lose countenance.

décontracter [dékontràkté] *v.* to relax.

déconvenue [dékonvnü] *f.* disappointment; trying mishap; discomfiture; failure.

décor [dékòr] *m.* decoration; set (theat.); *pl.* scenery. ‖ *décorateur* [-àtœr] *m.* decorator; stage-designer. ‖ *décoratif* [-àtìf] *adj.** decorative, ornamental. ‖ *décoration* [-àsyon] *f.* decoration; insignia; medal. ‖ *décorer* [-é] *v.* to decorate; to ornament.

décortiquer [dékòrtìké] *v.* to husk [riz]; to shell [noix].

décorum [dékòròm] *m.* decorum, propriety.

découcher [dékûshé] *v.* to sleep out; to stay out all night.

découler [dékûlé] *v.* to trickle; to flow; to be derived, to follow (de, from).

découper [dékûpé] *v.* to carve; to cut out; to cut up; to stamp out [métal]; se *découper,* to stand out (sur, against).

découplé [dékûplé] *adj.* strapping, well built. ‖ *découpler* [-é] *v.* to uncouple; to unleash.

découragement [dékûràjman] *m.* discouragement, despondency. ‖ *décourager* [-é] *v.* to discourage, to dishearten; se *décourager,* to lose heart.

décousu [dékûzü] *adj.* unstitched; unconnected, disjointed; loose; desultory [tir].

découvert [dékûvèr] *m.* overdraft; uncovered balance; open ground (mil.); *adj.* uncovered; open; exposed, bare; overdrawn [compte]; *à découvert,* in the open. ‖ *découverte* [-èrt] *f.* discovery; detection; *aller à la découverte,* to explore, to reconnoitre (mil.). ‖ *découvrir* [-rîr] *v.* to uncover; to expose, to lay bare; to find out, to detect; to discover.

décrasser [dékràsé] *v.* to clean, to scour; to scrape; to decarbonize [moteur].

décrépit [dékrépì] *adj.* decrepit, worn out; broken-down; delapidated. ‖ *décrépitude* [-üd] *f.* decrepitude.

décret [dékrè] *m.* decree, order; *décret-loi, Br.* order in council, *Am.* executive order. ‖ *décréter* [dékrété] *v.* to decree, to enact; to issue a writ against (jur.).

décrier [dékrìé] *v.* to decry, to disparage; to discredit; to run down.

décrire [dékrîr] *v.** to describe; to depict.

décrocher [dékròshé] *v.* to unhook; to unsling; to take down; to take off; to disconnect; to disengage (mil.); *décrochez-moi-ça,* reach-me-down, ready-made suit; old clothes shop.

décroître [dékrwâtr] *v.** to decrease, to diminish, to shorten; to subside; to wane [lune].

décrotter [dékròté] *v.* to clean, to brush up; to scrape; *décrotteur,* shoe-black; *décrottoir,* door-scraper.

décrue [dékrü] *f.* fall, subsidence; decrease.

déçu [désü] *p. p. of décevoir.*

déculotter [dékülòté] *v.* to unbreech; se *déculotter,* to take off one's breeches.

décupler [déküplé] *v.* to decuple; se *décupler,* to increase tenfold.

dédaigner [dédèñé] *v.* to scorn; to disregard, to slight; to disdain. ‖ *dédaigneux* [-ë] *adj.** scornful, disdainful, contemptuous. ‖ *dédain* [dédin] *m.* scorn, disdain, contempt.

dédale [dédàl] *m.* maze, **labyrinth**; intricacy (fig.).

dedans [dᵉdaⁿ] *m.* inside, interior; *adv.* in, inside, within; *au-dedans de,* within; *en dedans,* inside; *mettre quelqu'un dedans,* to take someone in.

dédicace [dédìkàs] *f.* dedication. ‖ **dédicacer** [-é] *v.* to dedicate.

dédier [dédyé] *v.* to dedicate; **to inscribe** [livre]; to devote.

dédire [dédîr] *v.* to disown; to retract; to refute; *se dédire,* to retract, to take back. ‖ **dédit** [dédì] *m.* renunciation; retractation; withdrawal; breaking [promesse]; forfeit; penalty.

dédommagement [dédòmàjmaⁿ] *m.* indemnity; compensation, damages. ‖ **dédommager** [-é] *v.* to indemnify, to compensate.

dédouaner [dédwàné] *v.* to clear through the Customs.

dédoublement [dédûblᵉmaⁿ] *m.* dividing into two; duplication; *dédoublement de la personnalité,* dual personality. ‖ **dédoubler** [dédûblé] *v.* to divide into two; to unline [habit]; to undouble [étoffe]; to form single file (mil.).

déduction [dédüksyoⁿ] *f.* deduction; inference. ‖ **déduire** [dédüîr] *v.** to deduce, to infer; to deduct.

défaillance [défàyaⁿs] *f.* fainting, swoon; shortcoming; lapse; failure. ‖ **défaillir** [-àyîr] *v.** to faint; to fail; to become feeble; to default (jur.).

défaire [défèr] *v.** to undo; to defeat; to pull down; to unpack; *se défaire,* to come undone, to come apart; to get rid; to take one's coat off. ‖ **défait** [défè] *adj.* undone; defeated; drawn [visage]; wan; wasted [traits]. ‖ **défaite** [défèt] *f.* defeat; evasion, shift, poor excuse; disposal (comm.).

défalquer [défàlké] *v.* to deduct; to write off [dette].

défaut [défô] *m.* defect; blemish; default; lack; absence; shortcoming; flaw (techn.); *sans défaut,* faultless; *à défaut de,* for want of; in place of; *mettre en défaut,* to baffle; *vous nous avez fait défaut,* we have missed you; *prendre en défaut,* to catch napping.

défavorable [défàvòràbl] *adj.* unfavo(u)rable; disadvantageous. ‖ **défavoriser** [défàvòrizé] *v.* to disadvantage.

défectif [défèktìf] *adj.** defective, faulty. ‖ **défection** [-èksyoⁿ] *f.* defection; *faire défection,* to desert. ‖ **défectueux** [-èktüë] *adj.** faulty, defective. ‖ **défectuosité** [-èktüòzìté] *f.* defect, flaw.

défendable [défaⁿdàbl] *adj.* defensible; tenable. ‖ **défendeur, -eresse** [-œr, -ᵉrès] *m.*, *f.* defendant. ‖ **défendre** [défaⁿdr] *v.* to defend, to

protect; to uphold; to forbid, to prohibit; *à son corps défendant,* reluctantly; in self-defense; *il ne put se défendre de rire,* he couldn't help laughing.

défense [défaⁿs] *f.* Br. defence, *Am.* defense; protection; justification; prohibition; plea (jur.); counsel; tusk [éléphant]; fender (naut.); *défense de fumer,* no smoking; *faire défense,* to forbid; *légitime défense,* self-defense; *défense passive,* air-raid precautions. ‖ **défenseur** [-œr] *m.* defender; supporter; counsel for defense. ‖ **défensif** [-ìf] *adj.** defensive.

déférence [déféraⁿs] *f.* deference, regard, respect, esteem. ‖ **déférer** [-é] *v.* to award; to submit (jur.); to impeach; to comply (à, with); to refer (jur.).

déferler [défèrlé] *v.* to unfurl; to break [vagues].

défi [défì] *m.* challenge; *lancer un défi à,* to challenge. ‖ **défiance** [-yaⁿs] *f.* mistrust, suspicion; diffidence. ‖ **défiant** [-yaⁿ] *adj.* distrustful, wary, cautious.

déficience [défìsyaⁿs] *f.* deficiency. ‖ **déficient** [-yaⁿ] *adj.*, *m.* deficient.

déficit [défìsìt] *m.* deficit, shortage; deficiency.

défier [défyé] *v.* to challenge; to dare; to brave; to defy; *se défier,* to beware; to distrust.

défigurer [défìgüré] *v.* to disfigure; to distort [vérité]; to deface; to mar.

défilé [défìlé] *m.* defile, pass; gorge; march past, parade. ‖ **défiler** [-é] *v.* to file off; to march past.

défini [défìnì] *adj.* definite; defined; fixed; *passé défini,* past historic, preterite (gramm.). ‖ **définir** [-îr] *v.* to define; *se définir,* to become clear. ‖ **définissable** [-ìsàbl] *adj.* definable. ‖ **définitif** [-ìtìf] *adj.** definitive; final; standard [œuvre]; *à titre définitif,* permanently. ‖ **définition** [-ìsyoⁿ] *f.* definition.

déflagration [déflàgràsyoⁿ] *f.* deflagration.

déflation [déflàsyoⁿ] *f.* deflation; devaluation.

déflorer [déflòré] *v.* to deflower; to stale, to spoil.

défoncer [défoⁿsé] *v.* to stave in; to break up [terre, routes]; *se défoncer,* to break up; to give way.

déformation [défòrmàsyoⁿ] *f.* deformation; distorsion. ‖ **déformer** [-é] *v.* to deform, to put out of shape; to distort [faits]; to buckle; *se déformer,* to get out of shape; to warp [bois].

défraîchi [défrèshì] *adj.* Br. shop-soiled, *Am.* shop-worn.

défrayer [défrèyé] *v.* to defray; to entertain.

défricher [défrishé] *v.* to clear, to reclaim [terrain]; to break up.

défroque [défròk] *f.* cast-off clothing. ‖ **défroqué** [-é] *adj.* unfrocked.

défunt [défuⁿ] *adj.* defunct, late, deceased.

dégagé [dègàjé] *adj.* unconstrained; free and easy; off-hand [manière]. ‖ **dégagement** [-maⁿ] *m.* release; escape; relief; disengagement; redemption [prêt sur gages]. ‖ **dégager** [-é] *v.* to redeem [prêt sur gages]; to disengage; to rescue; to release; to make out [signification]; to emit; *se dégager*, to get out of, to escape, to be emitted; to be revealed [vérité].

dégarnir [dégàrnîr] *v.* to strip; to dismantle; to unrig [voilier]; to unfurnish; *se dégarnir*, to part with; to be stripped.

dégât [dégâ] *m.* damage; devastation, havoc.

dégel [déjèl] *m.* thaw. ‖ **dégeler** [déjlé] *v.* to thaw.

dégénérer [déjénéré] *v.* to degenerate, to decline; *dégénérescence*, degeneration (med.).

dégingandé [déjingaⁿdé] *adj.* ungainly, gawky, loosely built.

déglinguer [déglingé] *v.* (fam.) to dislocate.

déglutition [déglütisyoⁿ] *f.* swallowing, deglutition.

dégoiser [dégwàzé] *v.* (fam.) to rattle off (or) on.

dégonfler [dégoⁿflé] *v.* to deflate; to debunk; *Br.* to climb down (fam.); *se dégonfler*, to subside, to collapse; to funk it (fam.).

dégorger [dégòrjé] *v.* to disgorge; to unstop; to flow out; to overflow.

dégoter [dégòté] *v.* (pop.) to pick up, to ferret out.

dégourdir [dégûrdîr] *v.* to take the chill off [eau]; to revive; to stretch [jambes]; to smarten up; *se dégourdir*, to feel warmer; to stretch; to become more alert; *dégourdi*, lively, sharp, smart.

dégoût [dégû] *m.* disgust, aversion; dislike. ‖ **dégoûtant** [-aⁿ] *adj.* disgusting, loathsome, nauseating, revolting. ‖ **dégoûté** [-té] *adj.* disgusted; fastidious, squeamish. ‖ **dégoûter** [-té] *v.* to disgust, to repel, to nauseate, to sicken; *se dégoûter*, to take a dislike (*de*, to).

dégoutter [dégûté] *v.* to drip, to trickle.

dégradation [dégràdàsyoⁿ] *f.* degradation, reduction to the ranks (mil.);

gradation, shading off [couleurs]; damage. ‖ **dégrader** [-é] *v.* to degrade; to demote, to reduce to the ranks (mil.); to damage, to deface; to shade off; to tone down [couleurs]; *se dégrader*, to debase oneself.

dégrafer [dégràfé] *v.* to unhook; to unfasten.

dégraissage [dégrèsàj] *m.* cleaning; skimming. ‖ **dégraisser** [-é] *v.* to clean; to scour; to skim; to impoverish [terre].

degré [degré] *m.* degree; stage; step; *à ce degré de*, to this pitch of.

dégrever [dégreᵛé] *v.* to reduce; to relieve [impôts]; to free.

dégriser [dégrìzé] *v.* to sober down, to cool down.

dégrossir [dégrôsîr] *v.* to rough out; to lick into shape (fam.).

déguenillé [dégeⁿìyé] *adj.* tattered, ragged, in rags.

déguerpir [dégèrpîr] *v.* (pop.) to clear out; *Am.* to beat it.

déguisement [déglzmaⁿ] *m.* disguise; *sans déguisement*, openly. ‖ **déguiser** [déglzé] *v.* to disguise; to conceal.

déguster [dégüsté] *v.* to taste; to sample; to sip up; to relish.

dehors [deòr] *m.* outside; exterior; appearances; *adv.* outside; abroad; in the offing, spread [voiles]; *en dehors du sujet*, beside the point; *mettre dehors*, to turn out; to oust; to sack, to lay off.

déjà [déjá] *adv.* already, before.

déjection [déjèksyoⁿ] *f.* evacuation; dejection (med.).

déjeter [déjté] *v.* to warp [bois]; to buckle [métal]; *se déjeter*, to warp, to buckle.

déjeuner [déjœné] *m.* breakfast; lunch; *v.* to breakfast; to lunch; *petit déjeuner*, breakfast.

déjouer [déjûé] *v.* to baffle; to foil, to outwit, to thwart, to upset.

delà [deⁿlá] *adv.*, *prep.*, beyond; *au-delà de*, beyond, above; *par-delà les mers*, beyond the seas; *l'au-delà*, the next world.

délabré [délàbré] *adj.* ruined; dilapidated; ramshackle, tumbledown; shattered [santé].

délacer [délàsé] *v.* to unlace; to undo [souliers]; *se délacer*, to come undone.

délai [délè] *m.* delay; respite; reprieve (jur.); *à court délai*, at short notice; *dernier délai*, deadline.

délaisser [délèssé] *v.* to forsake, to desert, to abandon; to relinquish (jur.).

délassant [délàsaⁿ] *adj.* relaxing; recreating. ‖ **délassement** [délâsmaⁿ] *m.* relaxation. ‖ **délasser** [-é] *v.* to relax, to rest; *se délasser,* to relax; to take a rest.

délation [délàsyoⁿ] *f.* informing, denunciation, squealing (pop.).

délavé [délàvé] *adj.* washed out; wishy-washy.

délayer [délèyé] *v.* to dilute; to spin out [discours].

délectable [délèktàbl] *adj.* delectable, delicious, delightful. ‖ *délectation* [-àsyoⁿ] *f.* delight, enjoyment. ‖ *délecter* [-é] *v.* to delight; *se délecter,* to take delight (*à,* in), to relish; to revel.

délégation [délégàsyoⁿ] *f.* delegation; assignment; allotment. ‖ *délégué* [-é] *m., adj.* delegate, deputy. ‖ *déléguer* [-égé] *v.* to delegate; to assign.

délester [délèsté] *v.* to unballast [bateau]; to unload; to relieve (fig.).

délibération [délìbérasyoⁿ] *f.* deliberation; discussion; decision. ‖ *délibéré* [-é] *adj.* deliberate; resolute; *m.* consultation (jur.). ‖ *délibérer* [-é] *v.* to deliberate; to resolve.

délicat [délìkà] *adj.* delicate; dainty; nice, tricky [question]; fastidious [mangeur]; fragile; embarrassing; sensitive; awkward [situation]; *procédés peu délicats,* unscrupulous behavio(u)r; *faire le délicat,* to be finicky. ‖ *délicatesse* [-tès] *f.* delicacy; fragility; fastidiousness; *pl.* niceties.

délice [délìs] *m.* (*f.* in *pl.*) delight, pleasure; *faire les délices de,* to be the delight of. ‖ *délicieux* [-yë] *adj.** delicious, delightful; charming; lovely.

délictueux [délìktüë] *adj.** unlawful, punishable; *acte délictueux, Br.* offense, *Am.* offense, misdemeano(u)r.

délié [délìé] *adj.* slim, thin; glib [langue]; nimble [esprit]. ‖ *délier* [délìé] *v.* to untie, to undo; to release; *sans bourse délier,* without spending a penny.

délimitation [délìmìtàsyoⁿ] *f.* delimitation; demarcation. ‖ *délimiter* [-é] *v.* to fix the boundaries of; to define [pouvoirs].

délinquant [délìⁿkaⁿ] *m.* delinquent, offender.

délirant [délìraⁿ] *adj.* frantic, frenzied; rapturous; delirious. ‖ *délire* [délîr] *m.* delirium; frenzy; ecstasy; *avoir le délire,* to be delirious, to rave, to wander. ‖ *délirer* [-ìré] *v.* to be delirious; to rave.

délit [délì] *m.* misdemeano(u)r; offence; *en flagrant délit,* in the very act, red-handed.

délivrance [délìvraⁿs] *f.* delivery; rescue; childbirth; issue [billets]. ‖ *délivrer* [-é] *v.* to deliver; to rescue; to issue [billets].

déloger [délòjé] *v.* to dislodge; to remove; to go away; to drive away, to turn out; to oust.

déloyal [délwàyàl] *adj.** disloyal; false; dishonest; treacherous; unfair; foul [jeu]. ‖ *déloyauté* [délwàyôté] *f.* disloyalty, treachery.

déluge [délüj] *m.* deluge, flood.

déluré [déluré] *adj.* smart, wide-awake, knowing, sharp, no fool.

démagogue [démàgòg] *m.* demagogue.

démailler [démâyé] *v.* to unpick; *se démailler,* to run, *Br.* to ladder [bas].

demain [d^emiⁿ] *m., adv.* to-morrow; *demain matin,* to-morrow morning; *demain en huit,* to-morrow week; *à demain,* good-bye till to-morrow; *après-demain,* the day after to-morrow.

démancher [démaⁿshé] *v.* to unhaft [outil]; to put out of joint; to shift [violon].

demande [d^emaⁿd] *f.* request; question; inquiry; demand (comm.); claim; *sur demande,* on application. ‖ *demander* [-é] *v.* to ask; to ask for; to beg, to request; to wish, to want; to apply for; to order; *demander à quelqu'un,* to ask someone; *demander quelqu'un,* to ask for someone; *on est venu vous demander,* someone called for you; *se demander,* to wonder. ‖ *demandeur, -eresse* [-œr, -^erès] *m., f.* plaintiff (jur.).

démangeaison [démaⁿjèzoⁿ] *f.* itching. ‖ *démanger* [-é] *v.* to itch.

démanteler [démaⁿtlé] *v.* to dismantle.

démaquillage [démàkìyàj] *m.* cleansing. ‖ *se démaquiller* [s^edémàkìyé] *v.* to take off one's make-up.

démarcation [démàrkàsyoⁿ] *f.* demarcation, boundary.

démarche [démàrsh] *f.* step; walk; gait; conduct; *faire des démarches pour,* to take steps to. ‖ *démarcheur* [-œr] *m.* canvasser, *Am.* solicitor.

démarquer [démàrké] *v.* to mark down [prix]; to remove the marks from.

démarrer [démàré] *v.* to cast off [bateau]; to start [voiture]; to slip moorings. ‖ *démarreur* [-œr] *m.* self-starter; crank.

démasquer [démàské] *v.* to unmask, to expose; to divulge.

démêlé [démèlé] *m.* dispute; contest. ‖ *démêler* [-é] *v.* to unravel; to make out; to extricate; to contend.

démembrer [démaⁿbré] *v.* to dismember.

déménagement [déménàjmaⁿ] *m.* removal, moving; *voiture de déménagement,* furniture van. || *déménager* [-é] *v.* to remove, to move out; (fam.) to be out of one's mind. || *déménageur* [-œr] *m.* furniture remover.

démence [démaⁿs] *f.* insanity, lunacy, folly, madness.

dément [démaⁿ] *m.*, *adj.* insane.

démenti [démaⁿtî] *m.* denial, contradiction. || *démentir* [-îr] *v.** to give the lie to, to contradict; to refute; to belie; *se démentir,* to contradict oneself; to fail.

démériter [démérîté] *v.* to be blameworthy; to forfeit the esteem (*de,* of).

démesure [démᵉzür] *f.* excessiveness; disproportion. || *démesuré* [démᵉzüré] *adj.* inordinate, huge, beyond measure; out of all proportion, excessive.

démettre [démɛtr] *v.** to dislocate, to put out of joint; to dismiss; *se démettre,* to resign; to give up.

demeure [dᵉmœr] *f.* dwelling, residence; delay; *à demeure,* fixed; *mettre en demeure de,* to order to || *demeuré* [-é] *adj.*, *m.* mentally deficient. || *demeurer* [-é] *v.* to live, to reside; to dwell; to stay, to remain; *au demeurant,* after all, on the whole.

demi [dᵉmî] *m.*, *adj.*; *à demi,* by halves; *une demi-heure,* half an hour; *une heure et demie,* one hour and a half; *il est une heure et demie,* it is half past one; *demi-cercle,* semicircle; *demi-teinte,* half-tint, halftone, mezzotint; *demi-ton,* semitone; *demi-tour,* half-turn; about turn (mil.).

démission [démîsyoⁿ] *f.* resignation. || *démissionner* [-yòné] *v.* to resign.

démobilisation [démòbîlîzàsyoⁿ] *f.* demobilization. || *démobiliser* [-é] *v.* to demobilize.

démocrate [démòkràt] *m.*, *f.* democrat. || *démocratie* [-àsî] *f.* democracy.

démodé [démòdé] *adj.* old-fashioned; out of date, antiquated.

demoiselle [dᵉmwàzɛl] *f.* young lady; spinster; rowlock (naut.); dragon-fly (ent.); *demoiselle d'honneur,* bridesmaid.

démolir [démòlîr] *v.* to demolish, to pull down; to overthrow; to ruin, to wreck. || *démolition* [-îsyoⁿ] *f.* demolition, pulling down; *pl.* rubbish.

démon [démoⁿ] *m.* demon, devil; fiend; imp.

démonétiser [démònétîzé] *v.* to demonetize; to withdraw.

démonstrateur [démoⁿstràtœr] *m.* demonstrator. || *démonstratif* [-àtîf] *adj.** demonstrative. || *démonstration* [-àsyoⁿ] *f.* demonstration; show of force (mil.); proof (math.).

démontable [démoⁿtàbl] *adj.* detachable; collapsible. || *démonter* [-é] *v.* to unseat; to dismantle; to take to pieces; to upset (fig.); *se démonter,* to get out of order; to run down [montre]; to be disconcerted. **démonte-pneu,** *Br.* tyre-lever, *Am.* tire-iron.

démontrer [démoⁿtré] *v.* to demonstrate, to show.

démoraliser [démòràlîzé] *v.* to demoralize, to dishearten.

démordre [démòrdr] *v.* to let go; to give in; to desist.

démunir (se) [sᵉdémünîr] *v.* to part with; to deprive oneself of.

dénaturé [dénàtüré] *adj.* unnatural; cruel; perverted, depraved; *alcool dénaturé,* methylated spirit. || *dénaturer* [-é] *v.* to distort; to misrepresent; to pervert.

dénégation [dénégàsyoⁿ] *f.* denial.

déni [dénî] *m.* denial; refusal.

déniaiser [dényèzé] *v.* to wise up.

dénicher [dénîshé] *v.* to take from the nest; to find, to unearth.

denier [dᵉnyé] *m.* small coin, penny; cent; money; *les deniers publics,* public funds.

dénigrer [dénîgré] *v.* to disparage, to run down.

dénivellation [dénîvɛllàsyoⁿ] *f.* unevenness; gradients; subsidence.

dénombrer [dénoⁿbré] *v.* to take a census of; to count, to enumerate.

dénomination [dénòmînàsyoⁿ] *f.* name; denomination. || *dénommer* [dénòmé] *v.* to name, to denominate.

dénoncer [dénoⁿsé] *v.* to denounce; to betray; to expose. || *dénonciateur, -trice* [dénoⁿsyàtœr, -trîs] *m.*, *f.* informer, *Am.* stool-pigeon (pop.). || *dénonciation* [-yàsyoⁿ] *f.* denunciation; notice of termination [traité].

dénoter [dénòté] *v.* to denote, to show, to mark.

dénouement [dénümaⁿ] *m.* untying; result; solution; dénouement (theat.). || *dénouer* [dénüé] *v.* to untie, to unravel; *se dénouer,* to come undone; to be solved; to end.

dénoyauter [dénwàyòté] *v.* to stone, *Am.* to pit.

denrée [daⁿré] *f.* commodity; produce; *denrées alimentaires,* foodstuffs.

dense [daⁿs] *adj.* dense; thick. || *densité* [-îté] *f.* denseness, density; compactness; fullness, substance.

dent [daⁿ] *f.* tooth; prong [fourchette]; cog [roue]; *mal aux dents,* toothache; *sans dents,* toothless; *serrer les dents,* to set one's teeth; *avoir une dent contre,* to have a grudge against; *sur les dents*, fagged, worn out. ‖ **dentaire** [-tèr], **dental** [-tàl] *adj.* dental. ‖ **denté** [-é] *adj.* toothed; *roue dentée*, cogwheel.

denteler [daⁿtlé] *v.* to indent; to notch; to cog [roue]; to serrate.

dentelle [daⁿtèl] *f.* lace; lace-work. ‖ **dentelure** [daⁿtlür] *f.* perforation [timbre]; indentation; dogtooth (techn.).

dentier [daⁿtyé] *m.* denture, set of false teeth, plate. ‖ **dentifrice** [-ifrìs] *m.* dentifrice, tooth-paste; *adj.* dental. ‖ **dentiste** [-ìst] *m.*, *f.* dentist. ‖ **dentition** [-ìsyoⁿ] *f.* teething; set of teeth. ‖ **denture** [-ür] *f.* set of teeth; teeth (mech.).

dénuder [dénüdé] *v.* to lay bare; to strip.

dénuement [dénümaⁿ] *m.* destitution, poverty. ‖ **dénuer** [-üé] *v.* to strip; to deprive.

dépannage [dépànàj] *m.* repairs [auto]; breakdown service. ‖ **dépanner** [-é] *v.* to repair; to help (fig.).

dépareillé [déparèyé] *adj.* odd; incomplete; unmatched.

départ [dépàr] *m.* departure, start, sailing [bateau]; setting out; *sur le départ*, on the point of leaving; *départ lancé*, flying start; *point de départ*, starting point.

département [départe maⁿ] *m.* department; *Br.* Ministry; section; province; **départemental**, departmental.

départir [départìr] *v.** to distribute, to allot, to dispense; *se départir de*, to give up; to depart from.

dépasser [dépâsé] *v.* to pass, to go beyond; to exceed; to overtake; to project beyond; *dépasser à la course*, to outrun.

dépayser [dépéìzé] *v.* to take out of one's element; to remove from home; *être dépaysé*, to be uprooted, to be at a loss; *se dépayser*, to leave home; to go abroad.

dépecer [dép*sé] *v.* to cut up; to dismember.

dépêche [dépèsh] *f.* dispatch; message; telegram, wire (fam.). ‖ **dépêcher** [-é] *v.* to hasten; to expedite; to dispatch; *se dépêcher*, to hurry up, to make haste.

dépeindre [dépiⁿdr] *v.** to depict; to describe.

dépeinturer [dépiⁿtüré] *v.* © to remove paint [from wall, etc.].

dépenaillé [dépnàyé] *adj.* (fam.) in rags, in tatters.

dépendance [dépaⁿdaⁿs] *f.* dependency [pays]; dependence; subordination; *pl.* offices; outbuildings; annexes. ‖ **dépendre** [dépaⁿdr] *v.* to depend (*de*, on).

dépendre [dépaⁿdr] *v.* to take down, to unhang.

dépens [dépaⁿ] *m. pl.* cost, expense, charges, costs (jur.). ‖ **dépense** [dépaⁿs] *f.* expenditure, outlay; consumption [gaz]; pantry; *dépenses de bouche*, living expenses; *dépense de temps*, waste of time. ‖ **dépenser** [-é] *v.* to spend; to expend; *se dépenser*, to be spent; to spare no effort; to waste one's energy. ‖ **dépensier** [-yé] *adj.** extravagant, spendthrift.

déperdition [dépèrdìsyoⁿ] *f.* waste; loss; leakage.

dépérir [dépérìr] *v.* to decline, to pine away, to dwindle.

dépeupler [dépœplé] *v.* to depopulate; to thin [forêt].

dépilatoire [dépìlàtwàr] *adj.*, *m.* depilatory.

dépister [dépìsté] *v.* to hunt out, to track down, to ferret out; to throw off the scent; to outwit.

dépit [dépì] *m.* spite, resentment, grudge; *en dépit de*, in spite of; *par dépit*, out of spite. ‖ **dépiter** [-té] *v.* to vex, to spite; *se dépiter*, to be annoyed; to be hurt.

déplacé [déplàsé] *adj.* unbecoming, improper. ‖ **déplacement** [-maⁿ] *m.* displacement; removal; travel(l)ing; movement [bateau]; *frais de déplacement*, travel(l)ing expenses. ‖ **déplacer** [-é] *v.* to displace; to dislodge, to move; to have a displacement of [bateau]; to replace; *se déplacer*, to move; to travel.

déplaire [déplèr] *v.** to offend, to displease; *il me déplaît*, I don't like him; *ne vous en déplaise*, with all due deference to you; *se déplaire*, to dislike. ‖ **déplaisant** [déplèzaⁿ] *adj.* disagreeable, unpleasant. ‖ **déplaisir** [-ìr] *m.* displeasure, vexation; grief.

dépliant [dépliyaⁿ] *m.* folder. ‖ **déplier** [-iyé] *v.* to unfold. ‖ **déploiement** [déplwâmaⁿ] *m.* deployment (mil.); show, display; unfolding.

déplorable [déplòràbl] *adj.* deplorable, lamentable; wretched. ‖ **déplorer** [-é] *v.* to deplore; to lament, to mourn.

déployer [déplwàyé] *v.* to unfold; to unfurl [voile]; to spread out; to display; to deploy (mil.).

déplu [déplü] *p. p.* of **déplaire**.

déplumer [déplümé] *v.* to pluck; *se déplumer*, to moult; (pop.) to grow bald.

dépoli [dépòlì] *adj.* ground; frosted.

déportation [dépòrtàsyoⁿ] *f.* deportation. ‖ **déporté** [dépòrté] *adj.* deported, displaced; transported; *m.* deportee. ‖ **déportements** [-*maⁿ] *m. pl.* misconduct, misbehavio(u)r. ‖

déporter [-é] *v.* to deport; *se déporter,* to desist.

déposant [dépòzaⁿ] *m.* depositor; deponent, witness (jur.). ‖ **déposer** [-é] *v.* to deposit [argent]; to put down; to leave; to depose; to give evidence; to introduce [projet de loi]. ‖ **dépositaire** [-itèr] *m.*, *f.* trustee; agent. ‖ **déposition** [-ìsyoⁿ] *f.* deposition; statement (jur.).

déposséder [dépòsédé] *v.* to dispossess; to deprive. ‖ **dépossession** [déposésyoⁿ] *f.* dispossession; eviction.

dépôt [dépô] *m.* deposit; handing in [télégramme], store, depot; warehouse; police station; bond [douane]; sediment; dump; *en dépôt,* on sale; in stock.

dépoter [dépòté] *v.* to unpot; to decant.

dépotoir [dépòtwàr] *m.* dump.

dépouille [dépúy] *f.* skin [animal]; slough [serpent]; *pl.* spoils, booty; *dépouille mortelle,* mortal remains. ‖ **dépouillement** [-maⁿ] *m.* despoiling; scrutiny; count [scrutin]. ‖ **dépouiller** [-é] *v.* to skin; to strip; to plunder; to rob; to cast off; to inspect; to count [scrutin]; to go through [courrier]; to study [documents].

dépourvu [dépûrvü] *adj.* destitute, devoid; *au dépourvu,* unawares.

dépoussiérer [dépûsyéré] *v.* to dust.

dépravation [dépràvàsyoⁿ] *f.* depravity, corruption. ‖ **dépraver** [-é] *v.* to deprave, to pervert, to corrupt.

dépréciation [déprésyàsyoⁿ] *f.* depreciation; wear and tear. ‖ **déprécier** [-yé] *v.* to depreciate; to belittle, to disparage; to devalue.

déprédation [déprédasyoⁿ] *f.* depredation.

dépression [déprèsyoⁿ] *f.* depression; hollow; fall in pressure. ‖ **déprimer** [déprìmé] *v.* to depress; *se déprimer,* to get depressed; to get dejected.

depuis [dëpüi] *adv.*, *prep.* since; from; for; after; *depuis combien?,* since when?; *je suis ici depuis trois semaines,* I have been here for three weeks.

dépuratif [dépüràtìf] *adj.*, *m.* depurative; blood-cleansing.

députation [dépütàsyoⁿ] *f.* deputation; *se présenter à la députation,* to put up for Parliament. ‖ **député** [-é] *m.* deputy; member of Parliament, Br. M. P., *Am.* Congressman. ‖ **députer** [-é] *v.* to depute; to delegate.

déraciner [déràsìné] *v.* to uproot, to eradicate.

déraillement [déràymaⁿ] *m.* derailment, railway accident. ‖ **dérailler** [-é] *v.* to go off the rails; *faire dérailler,* to derail. ‖ **dérailleur** [-ær] *m.*, gearshift, three-speed gear [bicyclette].

déraison [dérèzoⁿ] *f.* unreasonableness, want of sense. ‖ **déraisonnable** [-ònàbl] *adj.* unreasonable; unwise; senseless, absurd, foolish. ‖ **déraisonner** [-òné] *v.* to talk nonsense, to rave.

dérangement [déràⁿjmaⁿ] *m.* disturbance, disorder; trouble; fault (mech.). ‖ **déranger** [-é] *v.* to derange; to bother, to disturb; to upset [projets]; *se déranger,* to get out of order [machine]; to trouble; to live a wild life.

dérapage [déràpàj] *m.* skidding; dragging (naut.). ‖ **déraper** [-é] *v.* to skid [auto]; to drag its anchor [bateau]; to weigh anchor.

dératisation [déràtìzasyoⁿ] *f.* deratisation. ‖ **dératiser** [-é] *v.* to exterminate rats.

dérèglement [dérèglᵉmaⁿ] *m.* disorder; irregularity [pouls]; dissoluteness. ‖ **dérégler** [dérégé] *v.* to upset; to unsettle; *se dérégler,* to get out of order [montre]; to lead an abandoned life, to run wild (fig.).

dérider (se) [sᵉdérìdé] *v.* to brighten up, to begin to smile.

dérision [dérìzyoⁿ] *f.* derision, mockery; *tourner quelqu'un en dérision,* to make a laughing-stock of someone. ‖ **dérisoire** [-wàr] *adj.* ridiculous, absurd, ludicrous.

dérivatif [dérìvàtìf] *adj.** derivative. ‖ **dérivation** [-àsyoⁿ] *f.* derivation; diversion; shunting, shunt (electr.); drift (mil.); loop [ch. de fer].

dérive [dérìv] *f.* leeway (naut.); *à la dérive,* adrift.

dériver [dérìvé] *v.* to drift (naut.).

dériver [dérìvé] *v.* to derive (*de,* from); to unplug (*de,* from); to divert; to shunt (electr.).

dermatologie [dèrmàtòlòjí] *f.* dermatology.

dernier [dèrnyé] *m.*, *adj.** last, latest; final; closing [prix]; utmost [importance]; *mettre la dernière main à,* to give the finishing touch to. ‖ **dernièrement** [-yèrmaⁿ] *adv.* recently, lately.

dérobade [déròbàd] *f.* escape; evading, evasion. ‖ **dérober** [déròbé] *v.* to steal; to hide; *se dérober,* to steal away; to hide; to swerve [cheval]; to elude, to evade; to shirk; *à la dérobée,* stealthily, on the sly.

dérogation [dérògàsyoⁿ] *f.* derogation. ‖ **déroger** [déròjé] *v.* to derogate (*à,* from); to lower oneself, to stoop.

déroulement [dérûlmaⁿ] *m.* passing; unfolding. ‖ **dérouler** [dérûlé] *v.* to unroll; to unreel; to unfold; *se dérouler,* to unfold; to take place; to develop.

déroute [dérût] *f.* rout; *mettre en déroute*, to rout; *en pleine déroute*, in full flight. ‖ **dérouter** [-é] *v.* to put off the track; to bewilder, to baffle; to lead astray.

derrière [dèryèr] *adv.* behind; astern (naut.); *prep.* behind, after; astern of (naut.); *m.* back, rear; bottom, backside (fam.); stern (naut.); *par-derrière*, from the rear, from behind; *pattes de derrière*, hind legs.

des [dé, dè], see de.

dès [dè] *prep.* from, since; upon; as early as; *dès lors*, from then on; *dès aujourd'hui*, from today; *dès que*, as soon as.

désabuser [dézàbüzé] *v.* to undeceive; to disillusion; *se désabuser*, to have one's eyes opened.

désaccord [dézàkòr] *m.* discord; dissension; disagreement; *en désaccord*, at variance. ‖ **désaccorder** [-é] *v.* to set at variance; to untune (mus.); *se désaccorder*, to get out of tune.

désaffecter [dézàfèkté] *v.* to deconsecrate (eccles.); to release (jur.).

désaffection [dézàfèksyon] *f.* disaffection; *se désaffectionner*, to lose one's affection (*de*, for).

désagréable [dézàgréàbl] *adj.* disagreeable, unpleasant, nasty.

désagréger [dézàgréjé] *v.* to disintegrate; *se désagréger*, to break up; to disaggregate.

désagrément [dézàgréman] *m.* unpleasantness; source of annoyance; inconvenience; discomfort.

désaltérer [dézàltéré] *v.* to refresh, to quench (someone's) thirst.

désamorcer [dézàmòrsé] *v.* to uncap.

désappointement [dézàpwintman] *m.* disappointment. ‖ **désappointer** [-é] *v.* to disappoint.

désapprobateur, -trice [dézàpròbàtœr, -trìs] *adj.* disapproving. ‖ **désapprobation** [-àsyon] *f.* disapprobation, disapproval. ‖ **désapprouver** [dézàprûvé] *v.* to disapprove of, to object to; to disagree with.

désarçonner [dézàrsòné] *v.* to unseat; to dumbfound, to flabbergast (pop.).

désarmement [dézàrmeman] *m.* disarmament; laying up (naut.). ‖ **désarmer** [-é] *v.* to disarm; to lay up, to decommission [navire]; to unload [canon]; to uncock [fusil].

désarroi [dézàrwà] *m.* confusion, disorder, disarray.

désastre [dézàstr] *m.* disaster; *désastreux*, desastrous.

désavantage [dézàvantàj] *m.* disadvantage; drawback. ‖ **désavantager**

[-é] *v.* to put at a disadvantage, to handicap. ‖ **désavantageux** [-ë] *adj.** disadvantageous, unfavourable; prejudicial, detrimental.

désaveu [dézàvë] *m.** disavowal, denial; repudiation; disowning. ‖ **désavouer** [dézàvüé] *v.* to disown, to deny; to repudiate; to disclaim.

descendance [dèsandans] *f.* descent; descendants. ‖ **descendant** [-an] *m.* descendant; offspring; *adj.* descending, going down, downward. ‖ **descendre** [dèsandr] *v.* to descend, to come down, to go down; to take down; to let down; *descendre de cheval*, to dismount; *descendre de l'autobus*, to get off the bus; *descendre à l'hôtel*, to stop at the hotel; *tout le monde descend*, all change. ‖ **descente** [-ant] *f.* descent; slope; declivity; raid; rupture; dismounting [cheval]; downstroke [piston]; *descente de bain*, bathmat; *descente de justice*, search (jur.).

descriptif [dèskrìptìf] *adj.** descriptive. ‖ **description** [-ìpsyon] *f.* description.

désemparer [dézanpàré] *v.* to disable; to leave; *sans désemparer*, without stopping; *être désemparé*, to be in distress (or) at a loss (or) helpless.

désenchantement [dézanshantman] *m.* disenchantment; disillusion. ‖ **désenchanter** [-é] *v.* to disenchant; to disillusion.

désensibiliser [désansìbìlìzé] *v.* to desensitize.

déséquilibre [dézékìlìbr] *m.* lack of balance. ‖ **déséquilibrer** [-é] *v.* to unbalance, to throw out of balance.

désert [dézèr] *m.* desert, wilderness; *adj.* deserted, desert; lonely; wild.

déserter [dézèrté] *v.* to desert; to forsake; to abandon. ‖ **déserteur** [-tœr] *m.* deserter. ‖ **désertion** [-syon] *f.* desertion.

désertique [dézèrtìk] *adj.* desert, barren.

désespérant [dézèspéran] *adj.* hopeless; heart-breaking. ‖ **désespéré** [-éré] *adj.* desperate, hopeless; disheartened; *en désespéré*, like mad. ‖ **désespérer** [-éré] *v.* to despair, to be disheartened; to drive to despair. ‖ **désespoir** [-wàr] *m.* despair, desperation; *en désespoir de cause*, as a last resource, as a desperate shift.

déshabillé [dézàbìyé] *m.* wrap; *en déshabillé*, in dishabille; in undress. ‖ **déshabiller** [-é] *v.* to undress, to strip, to disrobe.

déshabituer [dézàbìtüé] *v.* to disaccustom; *se déshabituer*, to rid oneself of the habit (*de*, of).

désherber [dézèrbé] *v.* to weed.

déshériter [dézérìté] *v.* to disinherit.

déshonneur [dézònœr] *m.* dishono-o(u)r, disgrace. ‖ **déshonorant** [-òra^n] *adj.* dishono(u)ring, disgraceful. ‖ **déshonorer** [-òré] *v.* to dishono(u)r, to disgrace; to defile.

déshydrater [dézìdràté] *v.* to dehydrate.

désignation [dézìñàsyo^n] *f.* designation; appointment, nomination. ‖ **désigner** [-é] *v.* to designate; to appoint; to indicate; *désigner du doigt*, to point out.

désillusion [dézìllüzyo^n] *f.* disillusion. ‖ **désillusionner** [-yòné] *v.* to disillusion.

désinence [dézìnà^{n}s] *f.* ending.

désinfectant [dézì^{n}fèkta^n] *m.*, *adj.* disinfectant. ‖ **désinfecter** [-é] *v.* to disinfect; to fumigate; to decontaminate. ‖ **désinfection** [dézì^{n}fèksyo^n] *f.* disinfection.

désintégration [dézì^{n}tégràsyo^n] *f.* disintegration; splitting, fission. ‖ **désintégrer** [-é] *v.* to disintegrate; to split; *se désintégrer*, to disintegrate.

désintéressé [dézì^{n}térésé] *adj.* unselfish, disinterested. ‖ **désintéressement** [-ma^n] *m.* unselfishness; impartiality. ‖ **désintéresser** [-é] *v.* to indemnify; to buy out; *se désintéresser*, to give up; to take no further interest.

désintoxication [dézì^{n}tòksìkàsyo^n] *f.* detoxication. ‖ **désintoxiquer** [-é] *v.* to detoxicate.

désinvolte [dézì^{n}vòlt] *adj.* free, easy; off-hand, airy; detached. ‖**désinvolture** [-ür] *f.* off-handedness; ease, freedom; cheek, nerve (fam.).

désir [dézîr] *m.* desire, wish. ‖ **désirable** [-ìràbl] *adj.* desirable; *peu désirable*, undesirable. ‖ **désirer** [-ìré] *v.* to desire, to wish; to want; *cela laisse à désirer*, it's not altogether satisfactory. ‖ **désireux** [-ìrë] *adj.* desirous, eager.

désistement [dézìst^{e}ma^n] *m.* standing down, withdrawal.

désister (se) [s^{e}dézìsté] *v.* to withdraw; to desist (*de*, from); to waive; to renounce.

désobéir [dézòbéîr] *v.* to disobey; *désobéir à quelqu'un*, to disobey someone. ‖ **désobéissance** [-ìsa^{n}s] *f.* disobedience. ‖ **désobéissant** [-ìsa^n] *adj.* disobedient.

désobligeant [dézòblìja^n] *adj.* disobliging; uncivil; unpleasant. ‖ **désobliger** [-é] *v.* to disoblige; to displease.

désœuvré [dézœvré] *adj.* idle, at a loose end; unoccupied; unemployed.

désolant [dézòla^n] *adj.* distressing; sad; most annoying. ‖ **désolation** [-àsyo^n] *f.* desolation; devastation; dis-

tress. ‖ **désoler** [-é] *v.* to grieve; to annoy; to lay waste.

désolidariser (se) [s^{e}désòlìdàrìzé] *v.* to dissociate oneself (*de*, from).

désopilant [dézòpìla^n] *adj.* (fam.) side-splitting.

désordonné [dézòrdòné] *adj.* disorderly; untidy; unruly. ‖ **désordre** [dézòrdr] *m.* disorder, confusion; chaos; untidiness; *pl.* riots, disturbances.

désorganisation [dézòrgànìzàsyo^n] *f.* disorganization. ‖ **désorganiser** [-é] *v.* to disorganize; to upset; to confuse.

désorienter [dézòrya^{n}té] *v.* to mislead; to bewilder; *tout désorienté*, all at sea.

désormais [dézòrmè] *adv.* henceforth, hereafter, from now on; for the future.

désossé [dézòsé] *adj.* boneless; boned.

despote [dèspòt] *m.* despot; *despotique*, despotic; *despotisme*, despotism.

desquels, desquelles, *see* **lequel**.

dessaisir [désèzîr] *v.* to dispossess; *se dessaisir de*, to part with, to give up, to relinquish.

dessaler [dèsàlé] *v.* to unsalt; to soak (*viande*); to sharpen (someone's) wits; *se dessaler*, to learn a thing or two.

dessécher [déséshé] *v.* to dry up, to wither; to steel, to harden.

dessein [dèsì^n] *m.* design, scheme, project, plan; intention; *à dessein*, on purpose; *sans dessein*, unintentionally, © stupid, foolish; *avoir le dessein de*, to intend to.

desserrer [dèsèré] *v.* to loosen; to unclamp; to unscrew [écrou]; to release [frein].

dessert [dèsèr] *m.* dessert.

desservir [dèsèrvîr] *v.** to clear [table]; to clear away; to do an ill turn to; to disserve.

desservir [dèsèrvîr] *v.* to serve [transport]; to ply between; to officiate at (eccles.).

dessin [dèsì^n] *m.* drawing; sketch; plan; pattern; *dessin à main levée*, free-hand drawing; *dessin animé*, animated cartoon. ‖ **dessinateur, -trice** [dèsìnàtœr, -trìs] *m., f.* drawer; pattern-designer; draughtsman. ‖ **dessiner** [-ìné] *v.* to draw, to sketch; to design; to lay out [jardin]; to show; *se dessiner*, to stand out; to loom up; to appear; to take form.

dessouler [désûlé] *v.* to sober up.

dessous [d^{e}sû] *m.* lower part, under side; *adv.* under, underneath, beneath, below; *prep.* under; *vêtements de dessous*, underclothes; *les dessous*, the seamy side.

dessus [dᵉsü] *m.* top, upper side; lid; treble (mus.); advantage; *adv.* on; over, above; *prep.* on, upon; above, over; *prendre le dessus*, to get the upper hand.

destin [dèstⁱⁿ] *m.* fate, destiny. ‖ *destinataire* [dèstìnàtèr] *m.*, *f.* addressee; payee. ‖ *destination* [-àsyoⁿ] *f.* destination; *à destination de*, addressed to [colis], bound for [bateau]. ‖ *destinée* [-é] *f.* fate, destiny. ‖ *destiner* [-é] *v.* to destine; to intend; *se destiner*, to intend to enter [profession].

destituer [dèstìtüé] *v.* to dismiss, to discharge. ‖ *destitution* [-üsyoⁿ] *f.* dismissal; removal.

destrier [dèstryé] *m.* steed.

destructeur, -trice [dèstrüktœr, -trìs] *m.*, *f.* destructor, destroyer; *adj.* destructive. ‖ *destructif* [-tìf] *adj.* destructive. ‖ *destruction* [dèstrüksyoⁿ] *f.* destruction, destroying; demolition.

désuet [désüè] *adj.* obsolete.

désunion [dézünyoⁿ] *f.* separation; disunion. ‖ *désunir* [dézünîr] *v.* to separate, to divide, to disunite; *se désunir*, to come apart; to fall out.

détachement [détàshmaⁿ] *m.* detaching; detachment (mil.); indifference, unconcern. ‖ *détacher* [-é] *v.* to detach; to unfasten, to undo; to separate; to detail (mil.); *se détacher*, to come loose; to separate, to part; to stand out.

détacher [détàshé] *v.* to clean.

détail [détày] *m.* detail; particular; trifle; retail (comm.); detailed account; *marchand au détail*, retail dealer. ‖ *détaillant* [-aⁿ] *m.* retailer. ‖ *détailler* [-é] *v.* to detail; to relate in detail; to retail; to divide up.

détaler [détàlé] *v.* to scamper away.

détecter [détèkté] *v.* to detect. ‖ *détection* [-syoⁿ] *f.* detection. ‖ *détective* [détèktîv] *m.* detective.

déteindre [détⁱⁿdr] *v.* to take the colo(u)r out of; to lose colo(u)r, to fade.

dételer [détlé] *v.* to unyoke, to unharness; to ease off; to say good-bye to romance (fam.).

détendre [détaⁿdr] *v.* to slacken, to loosen; *se détendre*, to relax, to ease.

détenir [détnîr] *v.* to detain; to hold; to keep back.

détente [détaⁿt] *f.* relaxation; slackening; easing; expansion; trigger [fusil]; power stroke [moteur]; *dur à la détente*, close-fisted (fig.).

détention [détaⁿsyoⁿ] *f.* detention; imprisonment; detainment; holding. ‖ *détenu* [détnü] *m.* prisoner; *adj.* detained, imprisoned.

détergent [détèrjaⁿ] *adj.*, *m.* detergent.

détérioration [détéryòràsyoⁿ] *f.* damage; deterioration, wear and tear. ‖ *détériorer* [-é] *v.* to damage; to impair; to make worse.

déterminant [détèrmìnaⁿ] *m.* determinant; *adj.* determinating. ‖ *détermination* [-àsyoⁿ] *f.* resolution; determination. ‖ *déterminer* [-é] *v.* to determine, to settle; to ascertain; to induce; to cause; *se déterminer*, to make up one's mind, to resolve. ‖ *déterminisme* [-ìsm] *m.* determinism.

déterrer [détéré] *v.* to disinter; to unearth.

détersif [détèrsìf] *adj.*, *m.* detergent.

détestable [détèstàbl] *adj.* detestable, hateful. ‖ *détester* [-é] *v.* to detest, to hate.

détonateur [détònàtœr] *m.* detonator; fog-signal [chemin de fer]. ‖ *détonation* [-àsyoⁿ] *f.* detonation, report [arme à feu]. ‖ *détoner* [-é] *v.* to detonate, to explode.

détour [détûr] *m.* detour, roundabout way; bend; winding; ruse; *sans détour*, straightforward. ‖ *détourné* [-né] *adj.* out of the way; circuitous, roundabout; indirect. ‖ *détournement* [-nᵉmaⁿ] *m.* diversion; embezzlement [fonds]; abduction. ‖ *détourner* [-né] *v.* to divert [rivière]; to avert; to parry [coup]; to turn away; to misappropriate; to embezzle; *se détourner*, to give up; to turn away.

détracteur, -trice [détràktœr, -trìs] *m.*, *f.* detractor; slanderer; maligner; defamer.

détraqué [détràké] *adj.* out of order; deficient; crazy, cracked; unsettled. ‖ *détraquer* [détràké] *v.* to put out of order; to upset; to derange; *se détraquer*, to break down.

détremper [détraⁿpé] *v.* to moisten, to soak.

détresse [détrès] *f.* distress; danger; grief; *signal de détresse*, distress signal, S.O.S.

détriment [détrìmaⁿ] *m.* detriment; cost, loss; prejudice.

détritus [détrìtüs] *m.* detritus; refuse; rubbish.

détroit [détrwá] *m.* strait, channel.

détromper [détroⁿpé] *v.* to undeceive; *détrompez-vous!*, don't you believe it!

détrôner [détrôné] *v.* to dethrone; to debunk.

détrousser [détrûsé] *v.* to rob.

détruire [détrüîr] *v.* to destroy, to demolish, to pull down, to ruin; to overthrow.

dette [dèt] *f.* debt; obligation; *dettes actives,* assets; *dettes passives,* liabilities; *faire des dettes,* to run into debt.

deuil [dœy] *m.* mourning; bereavement.

deux [dë] *m.* two; second; *adj.* two; *tous les deux,* both; *Henri II,* Henry the Second; *le deux mai,* the second of May; *tous les deux jours,* every other day; *deux fois,* twice. ‖ *deuxième* [-zyèm] *m., f., adj.* second.

dévaler [dévàlé] *v.* to run down.

dévaliser [dévàlìzé] *v.* to rob, to rifle.

dévalorisation [dévàlòrìzàsyoⁿ] *f.* devaluation, fall in value, depreciation. ‖ *dévaloriser* [-é] *v.* to devalorize.

dévaluation [dévàlüàsyoⁿ] *f.* devaluation. ‖ *dévaluer* [-é] *v.* to devaluate.

devancer [devaⁿsé] *v.* to precede; to outstrip; to forestall. ‖ *devancier* [-yé] *m.* predecessor.

devant [devaⁿ] *m.* front, forepart; *adv.* in front, before, ahead; *prep.* in front of, before, ahead of; *pattes de devant,* forelegs; *prendre les devants,* to go on ahead; *devant la loi,* in the eyes of the law. ‖ *devanture* [-tür] *f.* front; shop-front.

dévaster [dévàsté] *v.* to devastate, to ravage, to lay waste, to wreck.

déveine [dévèn] *f.* ill-luck, bad luck.

développement [dévlòpmaⁿ] *m.* development; spreading out; gear ratio [auto]. ‖ *développer* [-é] *v.* to develop; to spread out, to unfold; to expound upon [texte]; *se développer,* to develop; to expand; to improve; to spread out.

devenir [devnîr] *v.** to become; to grow; to turn; *qu'est-il devenu?,* what has become of him?

déverser [dévèrsé] *v.* to incline; to lean; to slant; to warp [bois]; to pour off; to tip; *se déverser,* to flow out.

déviation [dévyàsyoⁿ] *f.* deviation, variation, swerving. ‖ *déviationnisme* [-ìsm] *m.* deviationism. ‖ *déviationniste* [-ìst] *m., f.* deviationist.

dévider [dévìdé] *v.* to unwind, to reel off. ‖ *dévidoir* [-wàr] *m.* winder; cable-drum (electr.).

dévier [dévyé] *v.* to deviate, to swerve; to diverge; to deflect; *se dévier,* to warp [bois]; to grow crooked; to curve (med.).

devin, devineresse [deviⁿ, -ìnrès] *m., f.* soothsayer; fortune-teller. ‖ *deviner* [-ìné] *v.* to guess; to find out. ‖ *devinette* [-ìnèt] *f.* riddle; puzzle.

devis [devì] *m.* estimate.

dévisager [dévìzàjé] *v.* to stare at.

devise [devîz] *f.* motto; currency. ‖ *deviser* [-ìzé] *v.* to chat, to have a chat, to talk.

dévisser [dévìsé] *v.* to unscrew.

dévitaliser [dévìtàlìzé] *v.* to devitalize.

dévoiler [dévwàlé] *v.* to unveil, to reveal, to disclose; to unmask; to discover.

devoir [devwàr] *m.* duty; exercise; home-work [écolier]; *pl.* respects; *v.** to owe; to have to; must; should, ought; *vous devriez le faire,* you ought to do it; *vous auriez dû le faire,* you should have done it; *je vous dois dix francs,* I owe you ten francs; *il doit partir demain,* he is to leave tomorrow.

dévolu [dévòlü] *m.* claim; choice; *adj.* devolved; fallen.

dévorer [dévòré] *v.* to devour; to consume; to squander [fortune]; to swallow [insulte]; *dévorer des yeux,* to gloat over; to gaze upon.

dévot [dévô] *m.* devotee, devout person; *adj.* devout; pious; sanctimonious. ‖ *dévotion* [-òsyoⁿ] *f.* devotion; devoutness, piety.

dévouement [dévümaⁿ] *m.* self-sacrifice; devotion; devotedness. ‖ *dévouer* [-üé] *v.* to devote; to dedicate.

dévoyé, -ée [dévwàyé] *m., f.* pervert; *adj.* depraved, perverted.

dévoyer [dévwàyé] *v.* to lead astray; *se dévoyer,* to stray.

dextérité [dèkstérìté] *f.* dexterity, ability, skill, cleverness.

diabète [dyàbèt] *m.* diabetes; *diabétique,* diabetic.

diable [dyàbl] *m.* devil; jack-in-the-box [jouet]; trolley; porter's barrow, *Am.* porter's dolly; *un pauvre diable,* a poor wretch; *tirer le diable par la queue,* to be hard up. ‖ *diablerie* [-erî] *f.* devilry, fun. ‖ *diablotin* [-òtiⁿ] *m.* imp; little devil; cracker. ‖ *diabolique* [-òlìk] *adj.* diabolical, fiendish; devilish.

diaconesse [dyàkònès] *f.* deaconess.

diacre [dyàkr] *m.* deacon.

diadème [dyàdèm] *m.* diadem.

diagnostic [dyàgnòstìk] *m.* diagnosis. ‖ *diagnostiquer* [-é] *v.* to diagnose.

diagonale [dyàgònàl] *f.* diagonal.

diagramme [dyàgràm] *m.* diagram.

dialecte [dyàlèkt] *m.* dialect; *dialectique* [dyàlèktìk] *f.* dialectics; *adj.* dialectic.

dialogue [dyàlòg] *m.* dialogue. ‖ *dialoguer* [-ògé] *v.* to converse, to talk; to put in the form of a dialogue.

diamant [dyàmaⁿ] *m.* diamond.

diamètre [dyàmètr] *m.* diameter.

diapason [dyàpàzoⁿ] *m.* tuning-fork; diapason; pitch.

diaphane [dyàfàn] *adj.* diaphanous, transparent.

diaphragme [dyàfràgm] *m.* diaphragm; sound-box; midriff.

diapositive [dyàpòzìtìv] *f.* transparency.

diapré [dyàpré] *adj.* mottled, variegated.

diarrhée [dyàré] *f.* diarrhea.

diatribe [dyàtrìb] *f.* diatribe; harangue.

dichotomie [dìkòtòmî] *f.* dichotomy; fee-splitting.

dictateur [dìktàtœr] *m.* dictator. ǁ *dictature* [-ür] *f.* dictatorship.

dictée [dìkté] *f.* dictation. ǁ *dicter* [-é] *v.* to dictate.

diction [dìksyoⁿ] *f.* diction; delivery; style.

dictionnaire [dìksyònèr] *m.* dictionary; lexicon; *dictionnaire géographique,* gazetteer.

dicton [dìktoⁿ] *m.* saying, proverb; saw.

didactique [dìdàktìk] *adj.* didactic.

dièse [dyèz] *m.* sharp (mus.).

diète [dyèt] *f.* diet; regimen; *à la diète,* on a low diet. ǁ *diététicien* [dyététìsyiⁿ] *m.* dietetician, *Am.* dietician. ǁ *diététique* [-tìk] *f.* dietetics.

dieu [dyë] *(pl. dieux) m.* god; God; *à Dieu ne plaise,* God forbid; *mon Dieu!,* dear me! good gracious!

diffamation [dìfàmàsyoⁿ] *f.* defamation. ǁ *diffamatoire* [-twàr] *adj.* defamatory, libellous. ǁ *diffamer* [dìfàmé] *v.* to defame, to libel, to slander.

différence [dìféràⁿs] *f.* difference, disparity, discrepancy. ǁ *différencier* [-àⁿsyé] *v.* to differentiate, to distinguish. ǁ *différend* [-àⁿ] *m.* difference, dispute, quarrel. ǁ *différent* [-àⁿ] *adj.* different, unlike. ǁ *différentiel* [-àⁿsyèl] *m., adj.* differential. ǁ *différer* [-é] *v.* to differ; to defer; to put off, to postpone.

difficile [dìfìsìl] *adj.* difficult, hard; awkward, hard to please; fastidious; finicky; squeamish. ǁ *difficulté* [dìfìkülté] *f.* difficulty; disagreement; obstacle; trouble; *faire des difficultés,* to raise objections.

difforme [dìfòrm] *adj.* misshapen, deformed. ǁ *difformité* [-ìté] *f.* deformity, malformation.

diffus [dìfü] *adj.* diffused; diffuse [style]. ǁ *diffuser* [-zé] *v.* to diffuse; to publish; to broadcast. ǁ *diffusion* [-zyoⁿ] *f.* diffusion; propagation; broadcasting; wordiness, verbosity.

digérer [dìjéré] *v.* to digest; to assimilate; to swallow [insulte]. ǁ *digeste* [-èst] *m.* digest; selection. ǁ *digestible* [-èstìbl] *adj.* digestible. ǁ *digestif* [-èstìf] *m., adj.* digestive. ǁ *digestion* [-èstyoⁿ] *f.* digestion.

digital [dìjìtàl] *adj.* digital; *empreintes digitales,* fingerprints.

digne [dìñ] *adj.* dignified; worthy, deserving; *digne d'éloges,* praiseworthy. ǁ *dignitaire* [-ìtèr] *m.* dignitary. ǁ *dignité* [-ìté] *f.* dignity.

digression [dìgrèsyoⁿ] *f.* digression.

digue [dîg] *f.* dike; dam; sea-wall; jetty; breakwater; embankment; barrier; obstacle (fig.).

dilapidation [dìlàpìdàsyoⁿ] *f.* squandering, peculation, wasting. ǁ *dilapider* [dìlàpìdé] *v.* to squander; to waste; to misappropriate.

dilatation [dìlàtàsyoⁿ] *f.* dilatation. ǁ *dilater* [dìlàté] *v.* to dilate, to expand; to distend (med.).

dilemme [dìlèm] *m.* dilemma, quandary.

diligence [dìlìjàⁿs] *f.* diligence, industry; haste, speed; stage-coach. ǁ *diligent* [-àⁿ] *adj.* diligent, industrious, hard-working.

diluer [dìlüé] *v.* to dilute, to water down.

diluvien [dìlüvyiⁿ] *adj.* diluvial.

dimanche [dìmàⁿsh] *m.* Sunday; *dimanche des Rameaux,* Palm Sunday.

dimension [dìmàⁿsyoⁿ] *f.* size, dimension.

diminuer [dìmìnüé] *v.* to diminish; to lessen; to reduce; to lower; to shorten [voile]; to abate; to decrease; to fall off. ǁ *diminutif* [-ütìf] *m., adj.* diminutive. ǁ *diminution* [-üsyoⁿ] *f.* diminution; reduction; decrease; abatement; impairment; shortening [robe]; lessening.

dinde [dìⁿd] *f.* turkey(-hen); goose (fig.), foolish woman. ǁ *dindon* [dìⁿdoⁿ] *m.* turkey-cock; dupe.

dîner [dìné] *v.* to dine, to have dinner; *m.* dinner; dinner-party. ǁ *dinette* [dìnèt] *f.* dolls' dinner-party; snack meal. ǁ *dîneur* [-œr] *m.* diner.

diocèse [dyòsèz] *m.* diocese.

diphtérie [dìftérî] *f.* diphtheria.

diplomate [dìplòmàt] *m.* diplomat. ǁ *diplomatie* [-àsî] *f.* diplomacy; tact; *diplomatique* [-àtìk] *adj.* diplomatic.

diplôme [dìplôm] *m.* diploma, certificate. ǁ *diplômé* [dìplômé] *adj., m.* certificated, graduated.

dire [dìr] *m.* speech, words; allegation; statement, account; *v.** to say; to tell; to recite [poème]; to bid; to order; *d'après ses dires*, from what he says; *on dit*, it is said, people say; *qu'en dites-vous?*, what do you think of it?; *vous l'avez dit*, exactly, *Am.* you said it; *on m'a dit de le faire*, I was told to do it; *cela ne me dit rien*, that conveys nothing to me; that does not appeal to me.

direct [dìrèkt] *adj.* direct; straight; through; express [train]. ‖ *directeur, -trice* [-tœr, -trìs] *m.* director, *f.* directress; manager, *f.* manageress; head; principal; governor; leader; editor; *adj.* directing, controlling, head. ‖ *direction* [-syoⁿ] *f.* direction; management; manager's office; steering gear (mech.); *mauvaise direction*, mismanagement; wrong way. ‖ *directive* [-tìv] *f.* directive, instruction.

dirigeable [dìrìjàbl] *m.* airship; *adj.* dirigible. ‖ *dirigeant* [-àⁿ] *m.* ruler, leader; *adj.* ruling, leading. ‖ *diriger* [-é] *v.* to direct, to manage; to steer (naut.); to conduct (mus.); to lead; to aim [fusil]; to plan; *se diriger*, to make one's way; to behave.

discernement [dìsèrnᵉmàⁿ] *m.* discernment; discrimination. ‖ *discerner* [-é] *v.* to discern, to perceive; to discriminate.

disciple [dìsìpl] *m.* disciple, follower.

discipline [dìsìplìn] *f.* discipline, order. ‖ *discipliner* [-ìné] *v.* to discipline.

discontinuer [dìskoⁿtìnüé] *v.* to discontinue.

discordant [dìskòrdàⁿ] *adj.* dissonant, discordant; conflicting; clashing, jarring. ‖ *discorde* [dìskòrd] *f.* discord, dissension.

discothèque [dìskòtèk] *f.* record library.

discourir [dìskûrîr] *v.* to discourse. ‖ *discours* [dìskûr] *m.* speech; discourse; talk; language; treatise.

discourtois [dìskûrtwà] *adj.* discourteous; unmannerly; rude.

discrédit [dìskrédì] *m.* discredit, disrepute. ‖ *discréditer* [-té] *v.* to bring into discredit; to disparage.

discret [dìskrè] *adj.** discreet; cautious; quiet; modest; discrete (math.). ‖ *discrétion* [-ésyoⁿ] *f.* discretion; prudence; reserve; mercy; *à discrétion*, unlimited; as much as you want.

disculper [dìskülpé] *v.* to exonerate, to exculpate, to clear, to vindicate.

discussion [dìsküsyoⁿ] *f.* discussion; debate; argument.

discuter [dìsküté] *v.* to discuss, to debate; to question; to argue.

disert [dìzèr] *adj.* eloquent; fluent.

disette [dìzèt] *f.* scarcity, dearth, want, lack, shortage.

diseur [dìzœr] *m.* speaker; reciter; *diseur de bonne aventure*, fortune-teller.

disgrâce [dìsgrâs] *f.* disgrace, disfavo(u)r; misfortune; adversity. ‖ *disgracier* [-àsyé] *v.* to disgrace, to dismiss from favo(u)r. ‖ *disgracieux* [-yè] *adj.** ungracious; awkward; uncouth; ugly; unpleasant.

disjoindre [dìzjwiⁿdr] *v.* to separate, to disunite; *se disjoindre*, to come apart.

disjoncteur [dìsjoⁿktœr] *m.* switch; circuit-breaker.

dislocation [dìslòkàsyoⁿ] *f.* dislocation; dispersal; dismemberment. ‖ *disloqué* [-é] *m.* contortionist. ‖ *disloquer* [dìslòké] *v.* to dislocate; to put out of action; to disband; to disperse; to break up.

disparaître [dìspàrètr] *v.** to disappear; to vanish; *faire disparaître*, to remove, to do away with; *soldat disparu*, missing soldier.

disparate [dìspàràt] *f.* disparity; *adj.* ill-assorted, ill-matched.

disparition [dìspàrìsyoⁿ] *f.* disappearance; disappearing.

disparu [dìspàrü] *p. p. of disparaître.*

dispendieux [dìspaⁿdyè] *adj.** expensive.

dispensaire [dìspaⁿsèr] *m.* dispensary, surgery; welfare center.

dispense [dìspaⁿs] *f.* exemption; certificate of exemption. ‖ *dispenser* [-é] *v.* to dispense; to excuse; to exempt; to distribute.

disperser [dìspèrsé] *v.* to disperse; to split up; to scatter. ‖ *dispersion* [-yoⁿ] *f.* dispersion; scattering; rout (mil.); breaking up; leakage (electr.).

disponibilité [dìspoⁿìbìlìté] *f.* availability; disposal; *pl.* available funds; *en disponibilité*, unattached (mil.). ‖ *disponible* [-ìbl] *adj.* available; spare; vacant.

dispos [dìspô] *adj.* alert; fit; cheerful; all right.

disposer [dìspôzé] *v.* to dispose; to arrange; to prepare; to provide (jur.); *l'argent dont je dispose*, the money at my disposal. ‖ *dispositif* [-ìtìf] *m.* apparatus, device, contrivance, gadget. ‖ *disposition* [-ìsyoⁿ] *f.* disposition, arrangement; bent; disposal; clause (jur.); tendency; state [esprit]; humo(u)r; *à votre entière disposition*, fully at your disposal.

disproportion [dìspròpòrsyoⁿ] *f.* disproportion. ‖ *disproportionné* [-syòné] *adj.* disproportionate.

dispute [dìspüt] *f.* dispute, quarrel; *chercher dispute à*, to pick a quarrel with. ‖ *disputer* [-é] *v.* to dispute, to wrangle ; to contest ; to contend for ; to play [match] ; *se disputer,* to quarrel ; to argue.

disquaire [dìskèr] *s.* record-dealer.

disqualification [dìskàlìfìkàsyoⁿ] *f.* disqualification. ‖ *disqualifier* [-yé] *v.* to disqualify.

disque [dìsk] *m.* disc ; signal [chemin de fer] ; plate [embrayage] ; record ; *disque longue durée,* long-playing record.

dissection [dìssèksyoⁿ] *f.* dissection.

dissemblable [dìssaⁿblàbl] *adj.* dissimilar, unlike. ‖ *dissemblance* [-aⁿs] *f.* unlikeness ; dissimilarity.

disséminer [dìsémìné] *v.* to disseminate ; *se disséminer,* to spread.

dissension [dìsaⁿsyoⁿ] *f.* discord, dissension. ‖ *dissentiment* [-aⁿtìmaⁿ] *m.* disagreement, dissent.

disséquer [dìsséké] *v.* to dissect.

dissertation [dìsèrtàsyoⁿ] *f.* dissertation ; treatise ; essay, composition. ‖ *disserter* [-é] *v.* to discourse, to hold forth.

dissidence [dìssìdaⁿs] *f.* dissent ; dissidence. ‖ *dissident* [-aⁿ] *adj.* dissident ; *m.* dissident ; dissenter.

dissimulateur, -trice [dìsìmülàtœr, -trìs] *m., f.* dissembler. ‖ *dissimulation* [-àsyoⁿ] *f.* deceit ; dissimulation ; concealment. ‖ *dissimulé* [-é] *adj.* secretive, deceptive. ‖ *dissimuler* [-é] *v.* to dissemble, to conceal ; to hide ; to cover up ; to affect indifference to ; *se dissimuler,* to hide.

dissipateur, -trice [dìsìpàtœr, -trìs] *m., f.* spendthrift ; *adj.* wasteful, extravagant. ‖ *dissipation* [-àsyoⁿ] *f.* dissipation ; waste ; inattention ; foolish conduct [lycée]. ‖ *dissiper* [-é] *v.* to dissipate ; to waste ; to disperse, to dispel ; to divert ; *se dissiper,* to pass away ; to amuse oneself ; to become dissipated.

dissocier [dìssòsyé] *v.* to dissociate.

dissolu [dìssòlü] *adj.* dissolute. ‖ *dissolution* [-syoⁿ] *f.* dissoluteness ; dissolution ; solution [liquide].

dissolvant [dìssòlvaⁿ] *m., adj.* solvent.

dissonance [dìssònaⁿs] *f.* dissonance ; discord (mus.). ‖ *dissonant* [-aⁿ] *adj.* discordant ; jarring.

dissoudre [dìssûdr] *v.** to dissolve ; to disintegrate ; to dispel.

dissuader [dìssüàdé] *v.* to dissuade (*de,* from). ‖ *dissuasion* [-zioⁿ] *f.* dissuasion.

distance [dìstaⁿs] *f.* distance ; interval ; *commande à distance,* remote control. ‖ *distancer* [-é] *v.* to outrun, to outstrip. ‖ *distant* [dìstaⁿ] *adj.* distant ; aloof.

distendre [dìstaⁿdr] *v.* to distend ; to pull [muscle].

distillation [dìstìlàsyoⁿ] *f.* distillation. ‖ *distiller* [-é] *v.* to distil ; to exude. ‖ *distillerie* [-rî] *f.* distillery.

distinct [dìstiⁿ] *adj.* distinct ; different ; separate ; audible [voix]. ‖ *distinctif* [-ktìf] *adj.** distinctive, characteristic. ‖ *distinction* [-ksyoⁿ] *f.* distinction ; difference ; good breeding ; discrimination ; polished manners ; *sans distinction,* indiscriminately.

distingué [dìstiⁿgé] *adj.* distinguished ; refined ; eminent. ‖ *distinguer* [-gé] *v.* to distinguish ; to discern ; to make out, to perceive ; to single out ; to hono(u)r ; *se distinguer,* to gain distinction ; to be conspicuous.

distorsion [dìstòrsyoⁿ] *f.* distortion.

distraction [dìstràksyoⁿ] *f.* absence of mind ; amusement ; recreation ; inattention.

distraire [dìstrèr] *v.* to separate ; to divert ; to amuse, to entertain ; to distract. ‖ *distrait* [dìstrè] *adj.* inattentive ; absent-minded.

distribuer [dìstrìbüé] *v.* to distribute ; to deal out ; to issue. ‖ *distributeur, -trice* [-ütœr, -trìs] *m., f.* distributor ; *Br.* petrol pump, *Am.* gasoline pump ; ticket-clerk. ‖ *distribution* [-üsyoⁿ] *f.* distribution ; delivery [courrier] ; issue ; cast (theat.) ; arrangement ; valve-gear (mech.).

dit [dì] *m.* saying, maxim ; *adj., p. p., see dire.*

diurne [dìürn] *adj.* diurnal, day.

divagation [dìvàgàsyoⁿ] *f.* divagation, wandering, incoherence ; desultoriness. ‖ *divaguer* [dìvàgé] *v.* to divagate ; to wander ; to ramble.

divan [dìvaⁿ] *m.* divan.

divergence [dìvèrjaⁿs] *f.* divergence ; difference. ‖ *divergent* [-aⁿ] *adj.* divergent ; diverging. ‖ *diverger* [-é] *v.* to branch off, to diverge.

divers [dìvèr] *adj.* diverse, miscellaneous ; varying ; several ; various ; sundry. ‖ *diversifier* [-sìfyé] *v.* to diversify, to vary. ‖ *diversion* [-syoⁿ] *f.* diversion ; change. ‖ *diversité* [-sìté] *f.* diversity ; variety.

divertir [dìvèrtîr] *v.* to divert, to amuse ; to entertain ; to distract. ‖ *divertissement* [-ìsmaⁿ] *m.* entertainment ; amusement ; pastime ; game ; divertissement (theatr.).

dividende [dìvìdaⁿd] *m.* dividend.

divin [dìviⁿ] *adj.* holy ; divine ; sublime ; heavenly.

divination [dìvìnàsyoⁿ] *f.* divination, fortune-telling ; sooth-saying.

diviniser [dìvìnìzé] *v.* to divinize; to exalt. ‖ **divinité** [dìvìnìté] *f.* divinity, deity; Godhead.

diviser [dìvìzé] *v.* to divide; to share; to separate. ‖ **diviseur** [-œr] *m.* divider; divisor (math.); factor (math.). ‖ **divisible** [-ìbl] *adj.* divisible. ‖ **division** [-yoⁿ] *f.* division; branch; portion; dissension; double bar (mus.).

divorce [dìvòrs] *m.* divorce; *demander le divorce,* to sue for divorce. ‖ **divorcer** [-é] *v.* to divorce.

divulgation [dìvülgàsyoⁿ] *f.* divulgement, disclosure. ‖ **divulguer** [-gé] *v.* to divulge; to reveal.

dix [dìs] ([dìz] before a vowel or a mute *h,* [dì] before a consonant) *m., adj.* ten; tenth [date]; the tenth [roi]; **dix-sept,** seventeen; **dix-huit,** eighteen; **dix-neuf,** nineteen; **dix-septième,** seventeenth; **dix-huitième,** eighteenth; **dix-neuvième,** nineteenth. ‖ **dixième** [dìzyèm] *m., f., adj.* tenth.

dizaine [dìzèn] *f.* half a score; about ten.

docile [dòsìl] *adj.* docile; meek; obedient; submissive. ‖ **docilité** [-ìté] *f.* docility; obedience; meekness.

dock [dòk] *m.* dock (naut.); warehouse.

docte [dòkt] *adj.* learned.

docteur [dòktœr] *m.* doctor; physician. ‖ **doctoral** [-òràl] *adj.** doctor's; pedantic; pompous. ‖ **doctorat** [-òrà] *m.* doctorate, Doctor's degree. ‖ **doctoresse** [-òrès] *f.* lady-doctor.

doctrine [dòktrìn] *f.* doctrine; tenet.

document [dòkümaⁿ] *m.* document; proof. ‖ **documentaire** [-tèr] *adj.* documentary. ‖ **documentaliste** [-lìst] *s.* research assistant. ‖ **documentariste** [-rìst] *s.* documentary director. ‖ **documentation** [-syoⁿ] *f.* documentation, documents. ‖ **documenter** [-té] *v.* to document; *bien documenté sur,* having a detailed knowledge of.

dodeliner [dòdlìné] *v.* to dandle [enfant]; to wag, to nod [tête].

dodu [dòdü] *adj.* plump, chubby.

dogmatique [dògmàtìk] *adj.* dogmatic; *dogmatisme,* dogmatism.

dogue [dòg] *m.* mastiff.

doigt [dwà] *m.* finger; toe; digit; *à deux doigts de,* within an ace of; *montrer du doigt,* to point at. ‖ **doigté** [-é] *m.* fingering (mus.); adroitness; tact.

doléance [dòléaⁿs] *f.* complaint; grievance.

dolent [dòlaⁿ] *adj.* painful; doleful; mournful.

dollar [dòlàr] *m.* dollar.

domaine [dòmèn] *m.* domain; realm; estate; property; land; sphere (fig.); *domaine public,* public property.

dôme [dôm] *m.* dome; cupola; vault [ciel].

domesticité [dòmèstìsìté] *f.* domesticity; household; domesticated state. ‖ **domestique** [dòmèstìk] *m., f.* servant; *adj.* domestic; menial. ‖ **domestiquer** [-é] *v.* to domesticate, to tame.

domicile [dòmìsìl] *m.* domicile; residence; abode; dwelling; address; *franco à domicile, Br.* carriage paid, *Am.* free delivery. ‖ **domicilié** [-yé] *adj.* domiciled.

dominante [dòmìnaⁿt] *f.* leading characteristic; dominant (mus.). ‖ **dominateur, -trice** [dòmìnàtœr, -trìs] *adj.* domineering; ruling. ‖ **domination** [-àsyoⁿ] *f.* domination, rule. ‖ **dominer** [-é] *v.* to dominate; to rule; to prevail; to overlook.

dominical [dòmìnìkàl] *adj.** dominical; *oraison dominicale,* Lord's prayer.

dommage [dòmàj] *m.* damage, harm, injury; loss; *quel dommage !,* what a pity !; *dommages-intérêts,* damages. ‖ **dommageable** [-àbl] *adj.* prejudicial.

dompter [doⁿté] *v.* to tame; to break in [cheval]; to subdue; to master. ‖ **dompteur** [-œr] *m.* tamer; trainer; subduer (fig.).

don [doⁿ] *m.* gift, present; donation; talent; knack. ‖ **donataire** [dònàtèr] *m.* beneficiary. ‖ **donateur, -trice** [-àtœr, trìs] *m., f.* donor, giver. ‖ **donation** [-àsyoⁿ] *f.* donation; contribution; gift.

donc [doⁿk] *conj.* then; therefore; now; so; hence; whence; well, so, now; *allons donc,* come on; nonsense; you don't mean it.

donjon [doⁿjoⁿ] *m.* keep; turret; donjon.

donne [dòn] *f.* deal [cartes]. ‖ **donnée** [-é] *f.* datum (*pl.* data); fundamental idea; theme. ‖ **donner** [-é] *v.* to give, to bestow, to present; to attribute; to supply, to yield [récoltes]; to deal [cartes]; to strike; to look; to overlook [ouvrir sur]; *donner dans le piège,* to fall into the trap. ‖ **donneur** [-œr] *m.* giver; dealer [cartes]; donor [sang]; informer [dénonciateur].

dont [doⁿ] *pron.* whose, of whom; of which; by whom; by which; from whom; from which; among whom; among which; about whom; about which; *voici dix crayons, dont deux rouges,* here are ten pencils, including two red ones.

doper [dòpé] *v.* to dope; to buck up.

dorade [dòràd] *f.* gilt-head (v. DAURADE); sea-bream.

doré [dòré] *adj.* gilt, gilded; golden; *m.* © wall-eyed pike, yellow pike.

dorénavant [dòrénàvaⁿ] *adv.* henceforth.

dorer [dòré] v. to gild; to brown [viande]; to egg [gâteau].

dorloter [dòrlòté] v. to coddle; to pamper.

dormant [dòrmaⁿ] m. sash; adj. sleeping; dormant; stagnant [eau]. ‖ **dormeur** [-œr] m. sleeper; sluggard. ‖ dormir [-îr] v.* to sleep; to lie still; to be latent; to stagnate; une histoire à dormir debout, a tall story; a boring tale; dormir comme une souche, to sleep like a log. ‖ **dormitif** [-ìtìf] m. sleeping-draught; adj.* soporific. ‖ **dortoir** [dòrtwàr] m. dormitory; sleeping-quarters.

dorure [dòrür] f. gilt; browning.

doryphore [dòrìfòr] m. potato bug, Colorado beetle.

dos [dô] m. back; ridge (geogr.); faire le gros dos, to set up one's back [chat]; en dos d'âne, ridged; saddleback; hump [pont].

dosage [dòzàj] m. dosing; measuring out. ‖ **dose** [dôz] f. dose; amount. ‖ **doser** [-é] v. to dose; to measure out.

dossier [dòsyé] m. back [chaise]; record; file; brief [avocat]; documents, papers.

dot [dòt] f. dowry; coureur de dots, fortune-hunter. ‖ **dotation** [-àsyoⁿ] f. endowment; foundation. ‖ **doter** [-é] v. to endow; to give a dowry to.

douane [dwàn] f. customs; customhouse; duty. ‖ **douanier** [-yé] m. customs officer; adj.* customs.

doublage [dûblàj] m. lining [pardessus]; plating. ‖ **double** [dûbl] m. double; duplicate; adj. double, twofold; deceitful; dual [commande]; double - feature (cinem.). ‖ **double-croche**, semi-quaver, Am. sixteenth note. ‖ **doublé** [-é] m. gold-plated metal. ‖ **doubler** [-é] v. to double; to fold in two; to line [pardessus]; to plate [métal]; to pass; to overtake [auto]; to understudy (theat.); to dub [film]. ‖ **doublure** [-ür] f. lining; understudy.

douce [dûs], see **doux**; douce-amère, f. woody nightshade, bitter-sweet. ‖ **doucereux** [-rë] adj.* sweetish, sickly, cloying; smooth-tongued. ‖ **douceur** [-œr] f. sweetness; softness; gentleness; mildness; pl. sweets, sweet things.

douche [dûsh] f. douche; shower-bath. ‖ **doucher** [-é] v. to give (somebody) a shower-bath; to douche; to douse; to cool off (fig.); se **doucher**, to shower.

douer [dwé] v. to endow; doué [-é] adj. gifted.

douille [dûy] f. socket; casing; cartridge case; boss [roue].

douillet [dûyè] adj.* soft; sensitive; delicate; effeminate; cosy, snug.

douleur [dûlœr] f. pain; suffering; ache; sorrow, grief; pang. ‖ **douloureux** [dûlûrë] adj.* painful; aching; sorrowful, sad.

doute [dût] m. doubt; misgiving; suspicion; sans doute, doubtless; no doubt. ‖ **douter** [-é] v. to doubt; to question; to mistrust; se **douter**, to suspect; je m'en doutais, I thought as much. ‖ **douteux** [-é] adj.* doubtful, dubious; questionable; uncertain.

douve [dûv] f. moat; stave [tonneau].

doux, douce [dû, dûs] adj. soft; sweet; mild; gentle; smooth; fresh [eau]; filer doux, to submit; to sing small; tout doux, gently; en douce, on the quiet.

douzaine [dûzèn] f. dozen; une demi-douzaine, half a dozen. ‖ **douze** [dûz] m., adj. twelve; le douze juin, the twelfth of June. ‖ **douzième** [-yèm] m., f., adj. twelfth.

doyen [dwàyⁿ] m. dean; doyen; senior; adj.* senior; eldest.

dragée [dràjé] f. sugar-plum; sugared almond; pill (med.).

dragon [dràgoⁿ] m. dragon; dragoon (mil.). ‖ **dragonne** [-òn] f. tassel.

drague [dràg] f. dredger; drag-net; drag. ‖ **draguer** [dràgé] v. to dredge; to drag. ‖ **dragueur** [-œr] m. dredger; dragueur de mines, minesweeper.

drain [drɛ̃ⁿ] m. drain; drain-pipe. ‖ **drainer** [drɛné] v. to drain.

dramatique [dràmàtìk] adj. dramatic. ‖ **dramatiser** [-ìzé] v. to dramatize. ‖ **dramaturge** [-ürj] m. dramatist, playwright. ‖ **drame** [dràm] m. drama; play; tragedy (fig.).

drap [drà] m. cloth; sheet [lit]; pall. ‖ **drapeau** [-pô] m.* flag; standard; colo(u)rs (mil.); sous les drapeaux, in the services. ‖ **draper** [-pé] v. to drape; to hang with cloth. ‖ **draperie** [-prí] f. drapery; cloth-trade. ‖ **drapier** [-pyé] m. draper, clothier.

drave [dràv] f. © drive, log-running [Fr. = flottage]. ‖ **draver** [-é] v. © to float, to drive. ‖ **draveur** [-œr] m. © driver, wood-floater, raftsman, logger.

dressage [drèsàj] m. training; fitting up; breaking [cheval]. ‖ **dresser** [-é] v. to erect, to raise; to lay; to set out; to draw up [liste]; to pitch [tente]; to train; to drill; to prick up [oreilles]; se **dresser**, to rise. ‖ **dresseur** [-œr] m. trainer; adjuster. ‖ **dressoir** [-wàr] m. dresser; sideboard.

drogue [dròg] f. drug; chemical; rubbish. ‖ **droguer** [drògé] v. to drug; to physic. ‖ **droguerie** [rì] f. drysalter's shop, drugstore. ‖ **droguiste** [-ìst] m. Br. drysalter.

droit, -e [drwà, àt] m. law; right; fee; f. the right hand; the right [pol.];

adj. straight; right [angle]; upright; vertical; virtuous; *adv.* straight; honestly; *faire son droit,* to study law; *droits de douane,* customs duty; *avoir droit à,* to have a right to; *donner droit à,* to entitle to; *tenir la droite,* to keep to the right; *tout droit,* straight on. ‖ **droiture** [-tür] *f.* uprightness; straightforwardness; integrity.

drôle [drôl] *m.* rascal, scamp; *adj.* droll, funny; odd, queer. ‖ **drôlerie** [-rî] *f.* drollery; jest, *Am.* gag.

dromadaire [dròmàdèr] *m.* dromedary.

dru [drü] *adj.* vigorous, sturdy; dense; thick; close-set; *adv.* thick; fast; vigorously; hard.

druide [drüìd] *m.* druid.

du [dü], *see de.*

dû, due [dü] *p. p. of* devoir; *m.* what is due; *adj.* due; owing.

dualité [düàlìté] *f.* duality.

dubitatif [dübìtàtìf] *adj.** dubitative.

duc [dük] *m.* duke; horned owl. ‖ **duché** [-é] *m.* dukedom; duchy. ‖ **duchesse** [-shès] *f.* duchess; duchess pear (bot.); duchess satin.

duègne [düèñ] *f.* duenna.

duel [düèl] *m.* duel; *se battre en duel,* to fight a duel.

dûment [dümaⁿ] *adv.* duly; in due form; properly.

dune [dün] *f.* dune, sand-hill; *pl.* downs.

duo [düô] *m.* duet.

dupe [düp] *f.* dupe. ‖ **duper** [-é] *v.* to dupe, to fool, to take in. ‖ **duperie** [-rî] *f.* dupery, trickery. ‖ **dupeur** [-œr] *m.* trickster, cheat, *Am.* sharper.

duplicata [düplìkàtà] *m.* duplicate, copy. ‖ **duplicateur** [-œr] *m.* duplicator.

duplicité [düplìsìté] *f.* duplicity, double-dealing.

duquel [dükèl], *see* lequel.

dur [dür] *adj.* hard; tough; difficult; hard-boiled; harsh; hardened; unfeeling; *adv.* hard; *dur d'oreille,* hard of hearing.

durable [düràbl] *adj.* durable; lasting; solid. ‖ **durant** [-aⁿ] *prep.* during; *sa vie durant,* his whole life long.

durcir [dürsîr] *v.* to harden. ‖ **durcissement** [-ìsmaⁿ] *m.* hardening, toughening, stiffening.

durée [düré] *f.* duration; wear; time. ‖ **durer** [-é] *v.* to endure, to last; to hold out; to wear well [étoffe]; to continue; *le temps me dure,* I find life dull.

dureté [dürté] *f.* hardness; harshness; difficulty; unkindness; hardheartedness.

durillon [dürìyoⁿ] *m.* corn [pied]; callosity.

duvet [düvè] *m.* down; fluff. ‖ **duveté** [düvté], **duveteux** [düvtë] *adj.** downy, fluffy.

dynamique [dìnàmìk] *f.* dynamics; *adj.* dynamic. ‖ **dynamisme** [-ìsm] *m.* dynamism.

dynamite [dìnàmît] *f.* dynamite. ‖ **dynamiter** [-é] *v.* to dynamite; to blow up.

dynamo [dìnàmô] *f.* dynamo.

dynastie [dìnàstî] *f.* dynasty.

dysenterie [dìsaⁿtrî] *f.* dysentery.

dyspepsie [dìspèpsî] *f.* dyspepsia. ‖ **dyspeptique** [tìk] *adj.* dyspeptic.

E

eau [ô] *f.* water; rain; juice [fruit]; wet; perspiration; *eau douce,* fresh water; *ville d'eaux,* watering-place; *faire eau,* to spring a leak (naut.); *être en eau,* to be dripping with perspiration; *eau de Javel,* chlorinated water; *eau-de-vie,* brandy; spirits; *eau-forte,* etching; nitric acid.

ébahir [ébàîr] *v.* to astound, to dumbfound, to stupefy, to flabbergast. ‖ **ébahissement** [-ìsmaⁿ] *m.* amazement, astonishment.

ébats [ébà] *m. pl.* frolics, sports, gambols. ‖ **ébattre (s')** [sébàtr] *v.* to frolic, to gambol, to frisk about.

ébauche [ébôsh] *f.* sketch; outline; rough draft. ‖ **ébaucher** [-é] *v.* to rough out, to sketch; to rough-hew. ‖ **ébauchoir** [-wàr] *m.* roughing-chisel.

ébène [ébèn] *f.* ebony. ‖ **ébéniste** [-ìst] *m.* cabinet-maker. ‖ **ébénisterie** [-ìst°rî] *f.* cabinet work; cabinet-making.

éberlué [ébèrlüé] *adj.* flabbergasted.

éblouir [éblüîr] *v.* to dazzle; to fascinate. ‖ **éblouissement** [-ìsmaⁿ] *m.* dazzle; glare; dizziness.

ébonite [ébònìt] *f.* ebonite, vulcanite.

éborgner [éborñé] *v.* to blind in one eye, to put (someone's) eye out; to disbud (hort.).

éboueur [ébüœr] *m.* scavenger.

ébouillanter [ébüyaⁿté] *v.* to scald.

éboulement [ébúlmaⁿ] *m.* caving in; giving way; fall of earth; landslide. ‖ **ébouler** [-é] *v.* to cave in; to crumble; to slip [terre], to fall.

éboulis [-ì] *m.* debris; fallen earth; scree.

ébouriffer [ébûrìfé] *v.* to ruffle; to dishevel; to startle, to amaze.

ébranlement [ébra^{n}lma^n] *m.* shaking; shock; commotion; disturbance. ‖ **ébranler** [-é] *v.* to shake; to loosen [dent]; to set in motion; to disturb; **s'ébranler,** to shake; to totter; to start, to move off.

ébrécher [ébréshé] *v.* to notch; to chip; to jag; to blunt [couteau]; to make inroads upon [fortune]. ‖ **ébréchure** [-ür] *f.* chip; notch.

ébriété [ébrìété] *f.* intoxication, drunkenness, inebriety.

ébrouer (s') [sébrûé] *v.* to snort.

ébruiter [ébrüìté] *v.* to spread, to make known; **s'ébruiter,** to spread, to become known.

ébullition [ébüllìsyo^n] *f.* ebullition, boiling; commotion, turmoil (fig.).

écaille [ékày] *f.* scale; shell [huître, tortue]; flake; chip. ‖ **écailler** [-é] *v.* to scale; to shell; to open [huître]; **s'écailler,** to peel off; to flake off.

écale [ékàl] *f.* pod [pois]; husk. ‖ **écaler** [-é] *v.* to shell, to husk, to shuck.

écarlate [ékàrlàt] *f.,* adj. scarlet.

écarquiller [ékàrkìyé] *v.* to open wide [yeux]; to goggle.

écart [ékàr] *m.* discard; discarding [cartes].

écart [ékàr] *m.* deviation; variation; difference; divergence; error; digression; swerve; *à l'écart,* apart; *faire un écart,* to swerve, to shy; *se tenir à l'écart,* to stand aside; to stand aloof. ‖ **écarté** [-té] *adj.* far apart; lonely; secluded, remote, isolated, out-of-the-way. ‖ **écarteler** [-t^{e}lé] *v.* to quarter. ‖ **écartement** [-t^{e}ma^n] *m.* separation; setting aside; gap, space; gauge [rails]. ‖ **écarter** [-té] *v.* to separate; to avert; to ward off, to turn aside; to dispel; to turn down [réclamation]; **s'écarter,** to deviate; to stray; to diverge; to make way for.

ecclésiastique [èklézyàstìk] *m.* clergyman, ecclesiastic; *adj.* clerical, ecclesiastical.

écervelé [èsèrv^{e}lé] *m.* madcap, harum-scarum; *adj.* scatter-brained, wild, thoughtless, flighty.

échafaud [éshàfô] *m.* scaffolding; stand; platform; gallows. ‖ **échafaudage** [-dàj] *m.* scaffolding. ‖ **échafauder** [-é] *v.* to erect scaffolding; to build up.

échalas [éshàlà] *m.* prop; hop-pole; (fam.) lanky person.

échalote [éshàlòt] *f.* shallot.

échancrer [ésha^{n}kré] *v.* to indent; to notch; to slope [couture]. ‖ **échancrure** [-ür] *f.* indentation, hollowing out; cut; opening [robe].

échange [ésha^{n}j] *m.* exchange; barter. ‖ **échanger** [-é] *v.* to exchange; to barter, to trade; to swap (fam.); to reciprocate.

échanson [ésha^{n}so^n] *m.* butler.

échantillon [ésha^{n}tìyo^n] *m.* sample; pattern; specimen; extract. ‖ **échantillonner** [-ìyòné] *v.* to sample; to check.

échappatoire [éshàpàtwàr] *f.* evasion; way out; loop-hole. ‖ **échappé** [-é] *m.,* adj. fugitive, runaway. ‖ **échappée** [-é] *f.* escape; spurt [sport]; short spell; vista; glimpse. ‖ **échappement** [-ma^n] *m.* escape; outlet; exhaust; *tuyau d'échappement,* exhaust-pipe. ‖ **échapper** [-é] *v.* to escape, to avoid; *laisser échapper,* to overlook; to set free; *son nom m'échappe,* his name has slipped my mind; *l'échapper belle,* to have a narrow escape; **s'échapper,** to escape (*de,* from); to slip out; to vanish.

écharde [éshàrd] *f.* splinter; sliver; prickle.

écharpe [éshàrp] *f.* scarf; sash; sling (med.); *en écharpe,* in a sling; across; diagonally.

écharper [éshàrpé] *v.* to slash; to hack (up), to cut to pieces.

échasse [éshàs] *f.* stilt; scaffold-pole. ‖ **échassier** [-syé] *m.* wader; spindle-shanks.

échauder [éshôdé] *v.* to scald.

échauffer [éshôfé] *v.* to heat; to overheat; to warm; to inflame; to incense; **s'échauffer,** to grow warm; to get overheated; to become aroused.

échauffourée [éshôfûré] *f.* rash undertaking; scuffle; clash; skirmish, affray.

échéance [éshéa^{n}s] *f.* falling due; maturity; term; expiration [bail]; *venir à échéance,* to fall due; *à courte échéance,* short-dated. ‖ **échéant** [-a^n] *adj.* falling due; *le cas échéant,* if such be the case; should the occasion arise; if necessary.

échec [éshèk] *m.* check; defeat; failure; reverse, blow; *pl.* chess; *échec et mat,* checkmate; *tenir en échec,* to hold at bay.

échelle [éshèl] *f.* ladder; scale; port (naut.); run [bas]; *échelle double,* pair of steps; *faire la courte échelle,* to give a helping hand; *sur une grande échelle,* on a big scale; *échelle mobile,* sliding scale. ‖ **échelon** [-e^{l}o^n] *m.* rung [échelle]; step; degree, echelon (mil.). ‖ **échelonner** [éshlòné] *v.* to grade; to space out; to stagger [congés]; to draw up in echelon (mil.).

écheniller [éshᵉnìyé] v. to clear of caterpillars.

écheveau [éshvô] m.* skein, hank.

échevelé [éshᵉvlé] adj. dishevelled; tangled; tousled, rumpled; wild.

échine [éshìn] f. backbone, spine; chine. ‖ *s'échiner* [séshìné] v. to tire oneself out.

écho [ékô] m. echo; *faire écho, to* echo.

échoir [éshwàr] v.* to fall due; to expire [bail]; to befall.

échoppe [éshòp] f. stall, booth.

échotier [ékòtyé] m. newsmonger; gossip-writer; columnist.

échouer [éshûé] v. to run aground; to beach; to strand; to fail; to fall through [projet]; *faire échouer, to* wreck; *s'échouer, to run aground.*

échu [éshü] p. p. of échoir.

éclabousser [éklàbûsé] v. to splash, to bespatter. ‖ *éclaboussure* [-ür] f. splash.

éclair [éklèr] m. flash of lightning; flash; éclair [pâtisserie]; pl. lightning. ‖ *éclairage* [-àj] m. light; lighting; illumination; scouting (mil.). ‖ *éclaircie* [-sî] f. clearing [forêt]; gap, break [nuages]; bright interval [temps]. ‖ *éclaircir* [-sîr] v. to clear (up); to brighten; to solve; to explain; to elucidate; to thin; *s'éclaircir, to* clear up; to get thin; to be enlightened. ‖ *éclaircissement* [-sìsmaⁿ] m. clearing up; explanation; enlightenment; elucidation.

éclairer [éklèré] v. to light; to enlighten; to reconnoitre (mil.). ‖ *éclaireur* [-œr] m. scout.

éclat [éklà] m. burst; explosion; peal [tonnerre]; flash; brightness; luster; brilliance; renown; splendo(u)r; outburst; piece; splinter; *rire aux éclats,* to laugh heartily; *faire un éclat, to* create a stir; *faux éclat,* tawdriness. ‖ *éclatant* [-taⁿ] adj. brilliant; loud; sparkling, glittering; magnificent; obvious. ‖ *éclatement* [-tmaⁿ] m. bursting; explosion. ‖ *éclater* [-té] v. to burst; to explode; to blow up; to break out [feu, rires]; to shatter; to clap [tonnerre]; to flash; *faire éclater,* to blow up; to burst; to break; *laisser éclater,* to give vent to [émotions].

éclipse [éklìps] f. eclipse. ‖ *éclipser* [-é] v. to eclipse; to outshine; to overshadow; *s'éclipser,* to become eclipsed; to vanish, to disappear.

éclisse [éklìs] f. splinter; splint (med.); fish-plate [rail].

éclopé [éklòpé] m. cripple; adj. crippled, lame.

éclore [éklòr] v.* to hatch [œufs]; to open; to burst; to blossom; *faire*

éclore, to hatch; to realize [projet]. ‖ *éclosion* [-ôzyoⁿ] f. hatching; opening; blossoming; breaking forth; dawning; dawn, birth (fig.).

écluse [éklüz] f. lock; sluice; floodgate. ‖ *éclusier* [-zyé] m. lock-keeper.

écœurement [ékœrmaⁿ] m. disgust, nausea. ‖ *écœurer* [-é] v. to sicken, to disgust, to nauseate; to dishearten.

école [ékòl] f. school; school-house; doctrine; instruction; *faire école, to* set a fashion; *école maternelle,* nursery school. ‖ *écolier* [-yé] m. schoolboy, pupil, learner; novice, beginner. ‖ *écolière* [-yèr] f. schoolgirl.

éconduire [ékoⁿdüìr] v. to show out; *être éconduit,* to be met with a polite refusal.

économat [ékònòmà] m. treasurership; steward's office, treasurer's office. ‖ *économe* [ékònòm] m., f. treasurer, steward, bursar [collège]; housekeeper; adj. economical, frugal, thrifty, sparing. ‖ *économie* [-î] f. economy; thrift; saving; pl. savings; *faire des économies,* to save up. ‖ *économique* [-ìk] adj. economic [science]; economical, cheap, inexpensive. ‖ *économiser* [-ìzé] v. to economize; to save, to put by. ‖ *économiste* [-ìst] m. economist.

écope [ékòp] f. scoop; ladle. ‖ *écoper* [-é] v. to bail out; to be hit; to suffer.

écorce [ékòrs] f. bark [arbre]; peel, rind; outside. ‖ *écorcer* [-sé] v. to bark; to peel.

écorcher [ékòrshé] v. to skin, to flay; to scratch; to graze; to fleece [clients]; to grate on [oreille]; to murder [langue]. ‖ *écorchure* [-ür] f. abrasion; graze; scratch.

écorner [ékòrné] v. to break the horns of; to dog-ear [livre]; to curtail, to reduce.

écornifler [ékòrnìflé] v. to cadge, to scrounge.

écossais [ékòsè] m. Scot; Scots [dialecte]; adj. Scottish. ‖ *Ecosse* [-ékòs] f. Scotland.

écosser [ékòsé] v. to shell, to husk.

écot [ékô] m. share, quota; reckoning; shot.

écoulement [ékûlmaⁿ] m. flow; discharge; outlet; sale, disposal. ‖ *écouler* [-é] v. to flow out; to pass [temps]; to sell, to dispose of; *s'écouler,* to flow away; to elapse [temps]; to sell.

écourter [ékûrté] v. to shorten; to curtail; to crop.

écoute [ékût] f. listening-post (mil.); listening in, reception [radio]; *aux écoutes,* eavesdropping. ‖ *écouter* [-é] v. to listen (to); to listen in; to heed, to pay attention; *s'écouter*, to coddle oneself; to indulge oneself. ‖ *écouteur* [-œr] *m.* receiver [téléphone]; headphone; listener; eavesdropper. ‖ *écoutille* [-îy] *f.* hatchway.

écran [ékraⁿ] *m.* screen; filter (phot.).

écrasement [ékrâzmaⁿ] *m.* crushing; defeat; disaster; crash. ‖ *écraser* [-é] *v.* to crush; to run over; to squash; to ruin; to overwhelm; *s'écraser*, to crash (aviat.).

écrémer [ékrémé] *v.* to take the cream off, to skim. ‖ *écrémeuse* [-ëz] *f.* separator.

écrevisse [ékrᵉvìs] *f.* crayfish.

écrier (s') [sékrìé] *v.* to cry out; to exclaim.

écrin [ékriⁿ] *m.* casket, case.

écrire [ékrîr] *v.* to write; to write down; to compose; *machine à écrire*, typewriter; *comment ce mot s'écrit-il?*, how do you spell that word? ‖ *écrit* [ékrì] *m.* writing; pamphlet; written examination; *adj.* written; *par écrit*, in writing. ‖ *écriteau* [-tô] *m.* bill, poster, placard, notice, board. ‖ *écriture* [-tür] *f.* writing; documents, records; entry [comptabilité]; *l'Ecriture sainte*, Holy Writ; *tenir les écritures*, to keep the accounts. ‖ *écrivailleur* [-vàyœr] *m.* scribbler. ‖ *écrivain* [-viⁿ] *m.* writer, author; authoress [femme].

écrou [ékrû] *m.* nut (mech.).

écrouer [ékrûé] *v.* to imprison, to send to prison.

écroulement [ékrûlmaⁿ] *m.* collapse; crumbling; falling in; downfall; ruin. ‖ *écrouler (s')* [sékrûlé] *v.* to collapse; to fall in; to give way; to crumble; to break up; to come to nothing.

écru [ékrü] *adj.* unbleached; raw [soie]; ecru [couleur].

écu [ékü] *m.* shield; crown [monnaie].

écueil [ékœy] *m.* rock; reef; sandbank; danger; temptation.

écuelle [éküèl] *f.* porringer; bowlful.

éculer [ékülé] *v.* to tread down at the heel [chaussures]; *éculé*, down-at-heel.

écume [éküm] *f.* foam [animal, vagues]; froth; lather; scum; *écume de mer*, meerschaum. ‖ *écumer* [-é] *v.* to foam, to froth; to skim; to scour [mer]. ‖ *écumoire* [-wàr] *f.* skimmer.

écureuil [éküræy] *m.* squirrel.

écurie [ékürî] *f.* stable; stud; boxing school.

écusson [éküsoⁿ] *m.* escutcheon; scutcheon; badge; tab.

écuyer [éküìyé] *m.* squire; horseman; riding-master; equestrian. ‖

écuyère [-yèr] *f.* horsewoman; equestrienne.

édenté [édaⁿté] *adj.* broken-toothed; toothless.

édicter [édìkté] *v.* to enact, to decree.

édification [édìfìkàsyoⁿ] *f.* edification; building, erection. ‖ *édifice* [-ìs] *m.* edifice, structure, building. ‖ *édifier* [-yé] *v.* to enlighten; to edify; to build, to erect.

édit [édì] *m.* edict, decree.

éditer [édìté] *v.* to edit; to publish. ‖ *éditeur*, *-trice* [-œr, -trìs] *m.* editor, *f.* editress; publisher. ‖ *édition* [-syoⁿ] *f.* edition; issue; publication. ‖ *éditorial* [édìtòryàl] *m.** leading article; *adj.** editorial. ‖ *éditorialiste* [-ìst] *s.* leader writer, *Am.* editorial writer.

édredon [édrᵉdoⁿ] *m.* eiderdown; eiderdown quilt.

éducateur, **-trice** [édükàtœr, -trìs] *m.*, *f.* educator; breeder. ‖ *éducatif* [-àtif] *adj.** educative, educational. ‖ *éducation* [-àsyoⁿ] *f.* education; training; upbringing; breeding; *sans éducation*, ill-bred. ‖ *éduquer* [édüké] *v.* to bring up; to educate; to train [animaux].

effacé [èfàsé] *adj.* retired; unobtrusive. ‖ *effacer* [èfàsé] *v.* to efface; to delete; to blot out; to erase; to outshine; to retract (aviat.); *s'effacer*, to become obliterated; to wear away; to give way, to stand aside.

effarer [èfàré] *v.* to scare, to bewilder, to fluster, to flurry.

effaroucher [èfàrûshé] *v.* to startle; to scare away; to alarm.

effectif [èfèktîf] *m.* total strength; numbers; complement (naut.); *adj.** effective; positive; actual. ‖ *effectivement* [-ìvmaⁿ] *adv.* effectively; just so; in actual fact. ‖ *effectuer* [-üé] *v.* to effect; to carry out, to execute, to achieve, to accomplish; *s'effectuer*, to be carried out; to be realized; to be performed.

efféminé [èfémìné] *adj.* effeminate.

effervescence [èfèrvèsaⁿs] *f.* effervescence, excitement. ‖ *effervescent* [-aⁿ] *adj.* effervescent; over-excited.

effet [èfè] *m.* effect, result; purpose; action; impression; bill (comm.); *pl.* property, belongings; kit, outfit (mil.); *sans effet*, ineffective, ineffectual; *en effet*, indeed; *faire l'effet de*, to look like.

effeuiller [èfëyé] *v.* to pluck off the petals of; to thin out the leaves of.

efficace [èfìkàs] *f.* efficacity (theol.); *adj.* efficacious; effectual, effective. ‖ *efficacité* [-ìté] *f.* efficacy, effectiveness; efficiency.

efficient [èfìsyaⁿ] *adj.* efficient.

effigie [èfiji] *f.* effigy.

effiler [èfilé] *v.* to unravel, to fray; to taper. || **effilocher** [-òshé] *v.* to ravel out; to fray.

efflanqué [èfla^{n}ké] *adj.* lanky.

effleurer [èflœré] *v.* to graze; to brush; to skim; to touch lightly on; to cross, to come into the mind of.

effluve [èflüv] *m.* effluvium.

effondrer [èfo^{n}dré] *v.* to break up [terre]; to stave in; to overwhelm; **s'effondrer**, to cave in; to collapse; to slump [prix].

efforcer (s') [sèfòrsé] *v.* to strive, to do one's best; to endeavour; to strain oneself. || **effort** [èfòr] *m.* effort, exertion; strain.

effraction [èfràksyo^n] *f.* house-breaking; *vol avec effraction*, burglary.

effrayant [èfrèya^n] *adj.* dreadful, awful, appalling. || **effrayer** [-èyé] *v.* to frighten, to terrify, to scare; **s'effrayer**, to be frightened, to take fright.

effréné [èfréné] *adj.* unbridled, unrestrained.

effriter [èfrité] *v.* to exhaust; **s'effriter**, to crumble; to weather [roche].

effroi [èfrwà] *m.* fear, terror, fright.

effronté [èfro^{n}té] *adj.* shameless; impudent; brazen; saucy [enfant]. || **effronterie** [-rî] *f.* effrontery, impudence, impertinence.

effroyable [èfrwàyàbl] *adj.* frightful; horrible; awful; shocking.

effusion [èfüzyo^n] *f.* effusion; outpouring; pouring out, gushing; effusiveness.

égal [égàl] *m.** equal; *adj.** equal, alike; regular; even; level, smooth, steady [allure]; *sans égal*, matchless; *ça m'est égal*, it's all the same to me, I don't mind. || **également** [-ma^n] *adv.* equally; likewise; as well, too. || **égaler** [-é] *v.* to equal; to match; to compare; to put on a par (with). || **égaliser** [-ìzé] *v.* to equalize; to level; to make even. || **égalité** [-ìté] *f.* equality; uniformity; regularity; evenness; *à égalité*, equal, deuce [tennis].

égard [égàr] *m.* regard, consideration, respect; *à l'égard de*, with regard to; *par égard pour*, out of respect for; *eu égard à*, considering; *à cet égard*, in this respect.

égarement [égàrma^n] *m.* straying; mislaying; aberration [esprit]; wildness; frenzy; disordered life. || **égarer** [-é] *v.* to lead astray; to mislead; to mislay; **s'égarer**, to lose one's way; to wander [esprit].

égayer [ègèyé] *v.* to cheer up; to enliven; to brighten up.

égide [éjìd] *f.* protection.

églantier [égla^{n}tyé] *m.* eglantine, sweet briar; wild rose. || **églantine** [-în] *f.* wild rose, dog-rose.

église [églîz] *f.* church; *l'Eglise anglicane*, the Church of England.

égoïsme [égòìsm] *m.* egoism, selfishness. || **égoïste** [égòìst] *m.*, *f.* egoist; *adj.* selfish.

égorger [égòrjé] *v.* to slaughter; to kill; to slit (someone's) throat.

égosiller (s') [ségòzìyé] *v.* to sing loudly [oiseau]; to shout like mad [personne].

égout [égû] *m.* drain; sewer; drainage; spout. || **égoutter** [-té] *v.* to drip; to drain (off). || **égouttoir** [-twàr] *m.* plate-rack, drainer.

égratigner [égràtîñé] *v.* to scratch. || **égratignure** [-ür] *f.* scratch.

égrener [égrené] *v.* to pick off [raisins]; to shell; to gin [coton]; **s'égrener**, to fall; to scatter.

éhonté [éo^{n}té] *adj.* brazen, shameless, umblushing.

éjectable [éjèktàbl] *adj.* ejector [siège]. || **éjection** [-syo^n] *f.* ejection.

élaborer [élàbòré] *v.* to elaborate, to work out.

élaguer [élàgé] *v.* to prune.

élan [éla^n] *m.* elk, eland (zool.).

élan [éla^n] *m.* spring, dash, bound; impetus; impulse; outburst. || **élancé** [-sé] *adj.* slim; slender. || **élancement** [-sma^n] *m.* spring; transport; twinge [douleur]. || **élancer** [-sé] *v.* to dart, to shoot; **s'élancer**, to shoot up; to spring; to dart forth.

élargir [élàrjîr] *v.* to enlarge; to widen; to broaden [idées]; to release; **s'élargir**, to get wider; to extend; to stretch [chaussures].

élastique [élàstìk] *m.* elastic; rubber; elastic band; *adj.* elastic; springy.

électeur, -trice [élèktœr, -trìs] *m.*, *f.* voter, elector. || **élection** [élèksyo^n] *f.* election, polling; preference, choice; *élection partielle*, by-election. || **électoral** [élèktòràl] *adj.** electoral.

électricien [élèktrìsyi^n] *m.* electrician. || **électricité** [élèktrìsîté] *f.* electricity. || **électrique** [-ìk] *adj.* electric, electrical. || **électriser** [-ìzé] *v.* to electrify. || **électro-aimant** [-òèma^n] *m.* electromagnet. || **électrocuter** [-òküté] *v.* to electrocute. || **électronique** [-ònîk] *adj.* electronic, electron; *f.* electronics.

élégamment [élégàma^n] *adv.* elegantly. || **élégance** [-a^{n}s] *f.* elegance, stylishness; beauty. || **élégant** [-a^n] *adj.* elegant, stylish; tasteful; *m.* person of fashion.

élément [élémaⁿ] *m.* element; cell (electr.); ingredient; *pl.* rudiments, basic principles. ‖ **élémentaire** [-tèr] *adj.* elementary; rudimentary; fundamental, basic.

éléphant [éléfaⁿ] *m.* elephant.

élevage [élvàj] *m.* breeding, rearing; ranch. ‖ **élévation** [élévàsyoⁿ] *f.* elevation; raising; lifting; rise; increase; loftiness. ‖ *élève* [élèv] *m.*, *f.* pupil, schoolboy (*f.* schoolgirl); student; disciple; *f.* breeding; seedling. ‖ **élevé** [élvé] *adj.* high; lofty; *mal élevé*, ill-bred. ‖ *élever* [-é] *v.* to raise; to lift; to erect; to set up; to bring up [enfant]; to breed; *s'élever*, to rise (up); to get up; to protest; to amount; to increase. ‖ **éleveur** [-œr] *m.* breeder [animaux].

éligible [élìjìbl] *adj.* eligible; fit.

éliminer [élìmìné] *v.* to eliminate, to get rid of; to cancel out.

élire [élír] *v.** to elect; to choose; to return [candidat].

élite [élìt] *f.* elite, best, pick, choice; *d'élite*, crack [régiment]; picked [troupes].

élixir [élìksìr] *m.* elixir.

elle, elles [èl] *pron.* she, her; it; *pl.* they, them; *elle-même*, herself; itself.

élocution [élòküsyoⁿ] *f.* elocution, delivery.

éloge [élòj] *m.* praise; eulogy; panegyric. ‖ **élogieux** [-yè] *adj.** laudatory; eulogistic.

éloigné [élwàñé] *adj.* far, remote, distant; absent. ‖ **éloignement** [-maⁿ] *m.* distance; absence; remoteness; removal; dislike; antipathy. ‖ **éloigner** [-é] *v.* to remove; to put away; to avert [soupçons]; to postpone; to alienate; *s'éloigner*, to retire; to go away; to differ; to digress.

éloquence [élòkàⁿs] *f.* eloquence. ‖ **éloquent** [-aⁿ] *adj.* eloquent.

élu [élü] *p. p. of* élire.

élucider [élüsìdé] *v.* to elucidate, to clear up.

éluder [élüdé] *v.* to elude, to dodge, to evade; to shirk.

Élysée [élìzé] *m.* Elysium; Paris residence of the President of the French Republic; *adj.* Elysian.

émacié [émàsyé] *adj.* emaciated.

émail [émày] *m.** enamel; glaze. ‖ **émailler** [-yé] *v.* to enamel; to dot.

émanation [émànàsyoⁿ] *f.* emanation.

émanciper [émàⁿsìpé] *v.* to emancipate; to liberate.

émaner [émàné] *v.* to emanate, to issue; to originate.

émarger [émàrjé] *v.* to sign, to write in the margin; to initial; to draw a salary.

emballage [aⁿbàlàj] *m.* packing; spurt [sport]. ‖ **emballer** [-é] *v.* to pack up; to wrap up; to spurt [sport]; to excite, to fill with enthusiasm; *s'emballer*, to bolt, to run off [cheval]; to race [moteur]; to get excited.

embarcadère [aⁿbàrkàdèr] *m.* landing-stage; wharf, quay; departure platform [gare]. ‖ **embarcation** [-àsyoⁿ] *f.* craft; ship's boat.

embardée [aⁿbàrdé] *f.* lurch, yaw (naut.); swerve [auto].

embarquement [aⁿbàrkemaⁿ] *m.* embarcation; shipment. ‖ **embarquer** [-é] *v.* to embark; to ship; to take on board; (pop.) to arrest; *s'embarquer*, to go aboard; to embark upon; to sail out.

embarras [aⁿbàrà] *m.* obstruction; impediment; difficulty, trouble; embarrassment; trafic jam; *faire des embarras*, to be fussy. ‖ **embarrasser** [-sé] *v.* to embarrass; to hinder; to encumber; to trouble; to puzzle, to perplex; *s'embarrasser*, to be burdened (*de*, with); to get entangled; to be at a loss.

embauche [aⁿbôsh] *f.* engaging; job. ‖ **embaucher** [aⁿbôshé] *v.* to hire, to engage; to take on.

embaumé [aⁿbômé] *adj.* balmy. ‖ **embaumer** [-é] *v.* to embalm; to perfume; to smell sweetly of.

embellir [aⁿbèlìr] *v.* to embellish; to doll up; to improve in looks. ‖ **embellissement** [aⁿbèlìsmaⁿ] *m.* embellishment; adornment.

embêtant [aⁿbètaⁿ] *adj.* (fam.) tiresome, annoying. ‖ **embêtement** [-maⁿ] *m.* (fam.) bother; nuisance; worry. ‖ **embêter** [-é] *v.* (fam.) to annoy; to bore; to get on one's nerves.

emblée (d') [daⁿblé] *loc. adv.* there and then; at once; right away; at the outset.

emblème [aⁿblèm] *m.* emblem; symbol; badge.

emboîter [aⁿbwâté] *v.* to encase; to fit in; to set [os]; to can; to box; to clamp; to interlock; to joint; *emboîter le pas à*, to dog s.o.'s footsteps; *s'emboîter*, to fit (*dans*, into).

embolie [aⁿbòlí] *f.* embolism.

embonpoint [aⁿboⁿpwiⁿ] *m.* stoutness; plumpness.

emboucher [aⁿbûshé] *v.* to put to one's mouth; to blow; to bit [cheval]; *mal embouché*, foul-mouthed, coarse. ‖ **embouchure** [-ür] *f.* mouth [rivière]; mouthpiece (mus.); opening.

embourber [aⁿbûrbé] *v.* to bog; **s'embourber,** to get bogged; to stick in the mud.

embouteillage [aⁿbûtèyàj] *m.* congestion; bottle-neck; traffic jam; bottling. ‖ **embouteiller** [-èyé] *v.* to bottle; to bottle up, to block up; to jam [route]; to bottleneck [comm.].

embboutir [aⁿbûtîr] *v.* to stamp; to beat out; to emboss; **s'emboutir,** to crash; to collide.

embranchement [aⁿbraⁿshmaⁿ] *m.* branching off; branch-road; road junction; branch-line. ‖ **embrancher** [-é] *v.* to connect; to join up.

embraser [aⁿbràzé] *v.* to set on fire; to fire; **s'embraser,** to catch fire, to take fire.

embrassade [aⁿbràsàd] *f.* kissing. ‖ **embrasse** [aⁿbràs] *f.* loop; curtain-band; arm-rest. ‖ **embrassement** [-maⁿ] *m.* embrace; hug. ‖ **embrasser** [-é] *v.* to embrace; to hug; to kiss; to espouse [cause]; to adopt; to include, to take in.

embrasure [aⁿbràzür] *f.* embrasure.

embrayage [aⁿbrèyàj] *m.* coupling, connecting; clutch; putting into gear; *arbre d'embrayage,* clutch-shaft. ‖ **embrayer** [-èyé] *v.* to couple, to connect; to throw into gear; to let in the clutch [auto].

embrigader [aⁿbrìgàdé] *v.* to brigade; to enrol.

embrouiller [aⁿbrûyé] *v.* to tangle up, to embroil; to mix up; to muddle; to confuse.

embrumer [aⁿbrümé] *v.* to haze; to muddle.

embrun [aⁿbruⁿ] *m.* spray; fog.

embûche [aⁿbüsh] *f.* ambush; trap.

embuer [aⁿbüé] *v.* to mist.

embuscade [aⁿbüskàd] *f.* ambush. ‖ **embusquer** [-é] *v.* to post under cover; **s'embusquer,** to lie in wait; to lie hidden; (fam.) to shirk; *un embusqué,* a shirker.

émeraude [émrôd] *f.,* *adj.* emerald.

émerger [émèrjé] *v.* to emerge; to appear, to come into view.

émeri [émrì] *m.* emery; *papier à l'émeri,* emery-paper.

émérite [mérìt] *adj.* emeritus; eminent.

émerveillement [émèrvèymaⁿ] *m.* amazement, wonder, astonishment. ‖ **émerveiller** [-èyé] *v.* to amaze, to fill with wonder, to astonish; **s'émerveiller,** to wonder, to marvel, to be amazed.

émetteur, -trice [émètœr, -trìs] *m.* issuer; transmitter; *adj.* issuing;

broadcasting; transmitting. ‖ **émettre** [émètr] *v.* to emit [son]; to issue [finances]; to send out; to express [opinion]; to broadcast, to transmit [radio].

émeute [émët] *f.* riot. ‖ **émeutier** [-yé] *m.* rioter.

émietter [émyèté] *v.* to crumble; to waste; **s'émietter,** to crumble away.

émigrant [émìgraⁿ] *m.* emigrant; *adj.* emigrating; migratory [oiseau]. ‖ **émigration** [-àsyoⁿ] *f.* emigration; migration. ‖ **émigré** [-é] *m.* emigrant; émigré; refugee. ‖ **émigrer** [-é] *v.* to emigrate.

émincé [émiⁿsé] *m.* hash; mincemeat; **émincer,** to mince.

éminemment [émìnàmaⁿ] *adv.* eminently; to a high degree. ‖ **éminence** [-aⁿs] *f.* eminence; prominence. ‖ **éminent** [-aⁿ] *adj.* eminent; distinguished; elevated, high.

émissaire [émìssèr] *m.* emissary; messenger. ‖ **émission** [-yoⁿ] *f.* emission; issue; broadcasting; transmission; radiation [chaleur].

emmagasiner [aⁿmàgàzìné] *v.* to store, to warehouse; to store up.

emmailloter [aⁿmàyòté] *v.* to swaddle; to swathe.

emmancher [aⁿmaⁿshé] *v.* to haft, to fix a handle to; to fit together; to start, to set about. ‖ **emmanchure** [-ür] *f.* sleeve-hole, arm-hole.

emmêler [aⁿmêlé] *v.* to tangle; to mix up; to muddle; to mat.

emménager [aⁿménàjé] *v.* to move in, *Br.* to move house; to install.

emmener [aⁿmⁿené] *v.* to take away; to lead away; to take.

emmitoufler [aⁿmìtûflé] *v.* to muffle up.

émoi [émwà] *m.* emotion; commotion; excitement; agitation; anxiety. ‖ **émotif** [émòtìf] *adj.** emotional; emotive. ‖ **émotion** [émòsyoⁿ] *f.* emotion; excitement; agitation; anxiety; feeling. ‖ **émotionnant** [-ònaⁿ] *adj.* moving; thrilling. ‖ **émotionner** [-òné] *v.* to move; to thrill. ‖ **émotivité** [-tìvìté] *f.* emotivity, emotiveness.

émousser [émûsé] *v.* to blunt; to take the edge off; to dull [sens]; **s'émousser,** to become blunt (or) blunted; to lose its edge [appétit].

émouvant [émûvaⁿ] *adj.* moving, affecting, touching; thrilling. ‖ **émouvoir** [-wàr] *v.** to move; to touch, to affect; to rouse, to stir.

empaqueter [aⁿpàkté] *v.* to pack up; to wrap up, to do up.

emparer (s') [saⁿpàré] *v.* to take possession of, to lay hands on, to secure, to seize.

empâter [aⁿpâté] v. to make sticky; to paste; to fatten, to cram.

empêchement [aⁿpèshmaⁿ] m. obstacle, hindrance, impediment. ‖ *empêcher* [-é] v. to prevent (*de*, from); to hinder, to impede; to obstruct; to put a stop to; *s'empêcher*, to refrain (*de*, from).

empereur [aⁿprœr] m. emperor.

empeser [aⁿpᵉzé] v. to starch, to stiffen.

empester [aⁿpèsté] v. to infect; to poison; to make (something) stink; to reek of.

emphase [aⁿfâz] f. bombast; pomposity; grandiloquence; over-emphasis. ‖ *emphatique* [-àtìk] adj. bombastic; pompous.

emphysème [aⁿfizèm] m. emphysema.

empiècement [aⁿpyèsmaⁿ] m. yoke.

empierrer [aⁿpyèré] v. to pave; to metal, to macadamize [route]; to ballast [voie].

empiéter [aⁿpyété] v. to encroach (*sur*, upon); to infringe; to usurp.

empiler [aⁿpilé] v. to pile up, to stack; (pop.) to cheat; to rob.

empire [aⁿpîr] m. empire; control; sway; rule; authority; mastery.

empirer [aⁿpìré] v. to grow worse; to worsen; to make worse; to aggravate; to deteriorate.

empirique [aⁿpìrìk] adj. empirical. ‖ *empirisme* [-ìsm] m. empiricism; *empiriste*, empiric, empiricist.

emplacement [aⁿplàsmaⁿ] m. site, place, location; emplacement (mil.).

emplâtre [aⁿplâtr] m. plaster; (pop.) *Br.* muff, *Am.* milk toast.

emplette [aⁿplèt] f. purchase; *aller faire des emplettes*, to go shopping.

emplir [aⁿplîr] v. to fill, to fill up.

emploi [aⁿplwà] m. employment; use; post, job; function; *mode d'emploi*, directions for use. ‖ *employé* [-yé] m. clerk; assistant [magasin]; employee; adj. employed. ‖ *employer* [-yé] v. to employ; to use; to lay out [argent]; to exert; *s'employer*, to busy oneself, to occupy oneself. ‖ *employeur* [-yœr] m. employer.

empocher [aⁿpòshé] v. to pocket.

empoigner [aⁿpwàñé] v. to grip; to grasp; to lay hold of; to arrest, to catch; to thrill; *s'empoigner*, to grapple.

empois [aⁿpwà] m. starch; dressing (text.).

empoisonnement [aⁿpwàzònmaⁿ] m. poisoning. ‖ *empoisonner* [-é] v. to poison; to corrupt; to infect; to reek of. ‖ *empoisonneur* [-œr] m. poisoner.

emporté [aⁿpòrté] adj. hot-headed; hasty; quick-tempered. ‖ *emportement* [-ᵉmaⁿ] m. fit of passion; outburst, transport. ‖ *emporter* [-é] v. to carry away, to take away; to remove; to capture; *l'emporter sur*, to prevail over, to get the better of; *s'emporter*, to flare up, to lose one's temper; to bolt [cheval].

empourprer [aⁿpûrpré] v. to purple; to flush; *s'empourprer*, to glow red; to purple; to blush.

empreindre [aⁿpriⁿdr] v. to impress; *empreint de*, stamped with. ‖ *empreinte* [-iⁿt] f. imprint; impress; stamp, mark.

empressé [aⁿprèsé] adj. eager; earnest, fervent; fussy. ‖ *empressement* [-maⁿ] m. eagerness, readiness, promptness; hurry. ‖ *empresser* (*s'*) [-é] v. to hasten; to be eager; to hurry.

emprise [aⁿprîz] f. hold; mastery.

emprisonnement [aⁿprìzònmaⁿ] m. imprisonment; custody. ‖ *emprisonner* [-é] v. to imprison; to confine.

emprunt [aⁿpruⁿ] m. loan; borrowing; *d'emprunt*, assumed. ‖ *emprunter* [-té] v. to borrow; to assume [nom]; to take [route]. ‖ *emprunteur*, *-teuse* [-tœr, -tèz] m., f. borrower; adj. borrowing.

ému [émü] p. p. of *émouvoir*.

émulation [émülàsyoⁿ] f. emulation; rivalry. ‖ *émule* [émül] m., f. emulator; rival, competitor.

en [aⁿ] prep. in; into; to; in the; in a; at; of; by; like; whilst; while; with; within; from; *aller en Amérique*, to go to America; *il entra en courant*, he came running in; *en un an*, within a year; *tout en regrettant*, while regretting; *en bois*, wooden; *en bas*, below; downstairs; *en été*, in summer; *en avant*, forward; *agir en homme*, to act like a man; **en-tête**, heading; headline.

en [aⁿ] pron. of him, of her; of it; of them; for it; for them; from there; some; any; *il en parle*, he is speaking of it; *il en est désolé*, he is sorry about it; *j'en ai*, I have some; *combien en voulez-vous?*, how many do you want?; *prenez-en*, take some; *il en est aimé*, he is loved by her; *je ne l'en admire pas moins*, I admire him none the less for it.

enamouré [aⁿamûré] adj. amorous; enamoured.

encadrement [aⁿkàdrᵉmaⁿ] m. framing; frame, framework; setting. ‖ *encadrer* [-é] v. to frame; to surround; to officer (mil.).

encaisse [aⁿkès] f. cash in hand, cash balance. ‖ *encaissé* [-é] adj.

encased; boxed-in; sunk [route]. ‖ **encaisser** [-é] v. to pack in cases; to box; to collect [argent]; (pop.) to take punishment. ‖ **encaisseur** [-œr] m. cash-collector; cashier.

encan [aⁿkaⁿ] m. public auction.

encarter [aⁿkàrté] v. to inset; to insert; to card; to card-index; to register.

encastrer [aⁿkàstré] v. to fit in; to embed.

encaustique [aⁿkôstìk] f. encaustic; wax polish, furniture polish. ‖ **encaustiquer** [-ké] v. to polish; to wax.

enceinte [aⁿsiⁿt] f. enclosure; walls; precincts; adj. f. pregnant, with child.

encens [aⁿsaⁿ] m. incense. ‖ **encenser** [-sé] v. to incense; to flatter. ‖ **encensoir** [-swàr] m. censer; flattery.

encercler [aⁿsèrklé] v. to encircle, to surround, to hem in; to shut in.

enchaînement [aⁿshènmaⁿ] m. chain; chaining; series; sequence. ‖ **enchaîner** [-é] v. to chain up; to fetter; to connect; to link; to curb, to paralyse (fig.); s'enchaîner, to be linked (or) connected.

enchanté [aⁿshaⁿté] adj. enchanted; delighted; pleased to meet you [présentation]. ‖ **enchanter** [-é] v. to enchant, to bewitch, to enrapture; to delight. ‖ **enchanteur, -eresse** [-œr, -rès] m., f. charmer; enchanter; adj. charming; enchanting; entrancing.

enchâsser [aⁿshâsé] v. to enshrine; to insert, to mount; to set [diamant].

enchère [aⁿshèr] f. bidding, bid; vente aux enchères, auction sale. ‖ **enchérir** [-érîr] v. to bid; to outbid; to raise the price of; to grow dearer; enchérir sur, to outdo, to go one better than.

enchevêtrement [aⁿshevètremaⁿ] m. tangle; confusion. ‖ **enchevêtrer** [-é] v. to entangle; to confuse; to halter [cheval]; to join.

enchifrené [aⁿshìfrené] adj. stuffed up; sniffling.

enclin [aⁿkliⁿ] adj. inclined; disposed; prone; apt.

enclos [aⁿklô] m. enclosure; paddock; wall. ‖ **enclore** [-klòr] v. to enclose, to close in.

enclume [aⁿklüm] f. anvil.

encoche [aⁿkòsh] f. notch; slot; pl. thumb-index [livres].

encoignure [aⁿkòñür] f. corner; corner-cupboard.

encolure [aⁿkòlür] f. neck; size in collars; neck-opening [robe].

encombrement [aⁿkoⁿbremaⁿ] m. obstruction; litter; congestion; traffic jam; glut (comm.); overcrowding. ‖

encombrer [-é] v. to obstruct; to block up; to congest; to crowd; to encumber; to litter; s'encombrer, to cumber (or) burden oneself (de, with).

encore [aⁿkòr] adv. again; yet; besides; too; pas encore, not yet; encore un peu, just a little more; a little longer; quoi encore?, what else?; encore que, although.

encouragement [aⁿkûràjmaⁿ] m. encouragement; inducement. ‖ **encourager** [-é] v. to encourage; to cheer.

encourir [aⁿkûrîr] v.* to incur.

encrasser [aⁿkràsé] v. to dirty, to soil; to grease; to smear; to stop up, to clog; to soot up [bougie]; to oil up; s'encrasser, to become dirty; to soot up; to clog; to fur; to get choked.

encre [aⁿkr] f. ink; encre de Chine, Indian ink, indelible ink; encre sympathique, invisible ink. ‖ **encrer** [-é] v. to ink. ‖ **encrier** [-ìyé] m. inkstand, inkwell.

encroûter [aⁿkrûté] v. to cover with a crust; to crust; to cake; to roughcast; s'encroûter, to crust; to fossilize, to get rusty.

encyclopédie [aⁿsìklòpédî] f. encyclopedia.

endetter [aⁿdèté] v. to involve in debt; s'endetter, to run into debt.

endeuiller [aⁿdœyé] v. to plunge into mourning; to sadden.

endiablé [aⁿdyàblé] adj. wild; reckless; possessed; furious; mischievous; frantic.

endiguer [aⁿdìgé] v. to dam up; to dyke; to localize; to check.

endive [aⁿdîv] f. endive.

endoctriner [aⁿdòktrìné] v. to indoctrinate; to brainwash.

endolori [aⁿdòlòrì] adj. sore, aching.

endommager [aⁿdòmàjé] v. to damage; to injure.

endormant [aⁿdòrmaⁿ] adj. soporific; boring; humdrum; tedious, wearisome. ‖ **endormi** [-î] adj. asleep; drowsy, sleepy; dormant; numb [membre]. ‖ **endormir** [-îr] v.* to put to sleep; to lull; to bore; to benumb; to humbug; to deaden [douleur]; s'endormir, to go to sleep; to fall asleep; to slack off (fig.).

endos, endossement [aⁿdô, -òsmaⁿ] m. endorsement. ‖ **endosser** [-òsé] v. to put on [habits]; to take on; to endorse; to back.

endroit [aⁿdrwà] m. place, spot, site; passage; right side [étoffe]; à l'endroit, right side out.

enduire [aⁿdüîr] v.* to coat; to plaster. ‖ **enduit** [-üî] m. coat, coating, plastering; glazing; dressing.

endurance [aⁿdüraⁿs] *f.* endurance; patience; resistance. ‖ **endurant** [-aⁿ] *adj.* enduring; patient; long-suffering.

endurcir [aⁿdürsîr] *v.* to harden; to inure; *s'endurcir*, to harden; to toughen; to become callous.

endurer [aⁿdüré] *v.* to bear, to endure, to put up with, to tolerate.

énergétique [énèrjétĭk] *adj.* energizing; *f.* energetics. ‖ **énergie** [énèrjî] *f.* energy; vigo(u)r. ‖ **énergique** [-jĭk] *adj.* energetic; vigo(u)rous; strenuous; strong; drastic; emphatic. ‖ **énergumène** [-gümèn] *m.*, *f.* person possessed; wild fanatic; madman; ranter.

énervement [énèrvᵉmaⁿ] *m.* enervation; nervous irritation. ‖ **énerver** [-é] *v.* to enervate; to irritate, to annoy; to get on (someone's) nerves; *s'énerver*, to become excited (or) irritable (or) nervy (or) nervous.

enfance [aⁿfaⁿs] *f.* childhood; infancy; dotage, second childhood. ‖ **enfant** [aⁿfaⁿ] *m.*, *f.* child (*pl.* children); boy; girl; youngster; son; daughter; *enfant terrible*, little terror; *enfant de chœur*, chorister; *enfant trouvé*, foundling. ‖ **enfantement** [-tmaⁿ] *m.* childbirth; production; beginning. ‖ **enfanter** [-té] *v.* to bear, to give birth to, to beget. ‖ **enfantillage** [-tĭyàj] *m.* childishness; trifle. ‖ **enfantin** [-tíⁿ] *adj.* childish; infantile.

enfariner [aⁿfàrĭné] *v.* to flour; to sprinkle with flour.

enfer [aⁿfèr] *m.* hell; *pl.* the underworld, Hades.

enfermer [aⁿfèrmé] *v.* to shut in; to close up; to enclose; to lock in.

enfiévrer [aⁿfyévré] *v.* to make (someone) feverish; to excite, to stir up, to fever.

enfiler [aⁿfĭlé] *v.* to thread [aiguille]; to string [perles]; to run through; to slip on [habits]; to turn down [rue]; to rake (mil.).

enfin [aⁿfíⁿ] *adv.* at last; finally; in short; that's to say; *interj.* at last! well!

enflammer [aⁿflàmé] *v.* to inflame; to set on fire; to enflame; *s'enflammer*, to catch fire; to become inflamed; to flare up (fig.).

enflé [aⁿflé] *adj.* swollen; bloated; turgid. ‖ **enfler** [-é] *v.* to swell; to puff out; to bloat; to elate; *s'enfler*, to swell; to rise [rivière]; to grow turgid. ‖ **enflure** [-ür] *f.* swelling; turgidity.

enfoncer [aⁿfoⁿsé] *v.* to break in; to break open; to drive in; to stave in; to sink; to cram [chapeau]; to get the better of; to do for (pop.). *s'enfoncer*, to sink; to subside, to go down; to plunge; to embed itself [balle].

enfouir [aⁿfûîr] *v.* to bury; to enclose; to conceal.

enfourcher [aⁿfûrshé] *v.* to sit astride; to mount.

enfreindre [aⁿfríⁿdr] *v.* to infringe, to break, to transgress [loi].

enfuir (s') [saⁿfüîr] *v.* to flee, to run away; to elope; to escape; to leak.

enfumer [aⁿfümé] *v.* to blacken (or) to fill with smoke; to smoke out.

engageant [aⁿgàjaⁿ] *adj.* engaging, winning; attractive; pleasing; inviting. ‖ **engagement** [-maⁿ] *m.* engagement; bond; promise; pawning; enlistment (mil.); appointment; action (mil.); entry [sport]; *pl.* liabilities. ‖ **engager** [-é] *v.* to engage; to pledge; to urge; to institute [poursuites]; to involve; to put in gear; to invest; to pawn; to sign on (naut.); to foul; to jam; to begin; to join [bataille]; *s'engager*, to promise; to undertake; to pledge oneself; to engage oneself; to enlist; to get stuck; to foul [ancre]; to enter; to begin.

engeance [aⁿjaⁿs] *f.* brood.

engelure [aⁿjlür] *f.* chilblain.

engendrer [aⁿjaⁿdré] *v.* to engender; to beget; to breed; to produce.

engin [aⁿjíⁿ] *m.* machine, engine; tool; device; trap.

englober [aⁿglòbé] *v.* to unite, to put together; to comprise, to include.

engloutir [aⁿglûtîr] *v.* to swallow up; to engulf; to swallow, to bolt.

engluer [aⁿglüé] *v.* to lime; to catch.

engoncé [aⁿgoⁿsé] *adj.* bundled up.

engorger [aⁿgòrjé] *v.* to block, to choke up, to obstruct, to congest.

engouement [aⁿgûmaⁿ] *m.* obstruction (med.); infatuation.

engourdir [aⁿgûrdîr] *v.* to numb, to benumb; to dull; *s'engourdir*, to grow numb; to become sluggish. ‖ **engourdissement** [-ĭsmaⁿ] *m.* numbness; dullness, sluggishness.

engrais [aⁿgrè] *m.* manure; fattening; grass; pasture; *engrais chimique*, fertilizer. ‖ **engraisser** [-sé] *v.* to fatten; to manure; to fertilize [sol]; to thrive; to grow stout.

engrenage [aⁿgrᵉnàj] *m.* gear; gearing; cogwheels; network (fig.); sequence.

engueulade [aⁿgᵉlàd] *f.* (pop.) bawling out. ‖ **engueuler** [-lé] *v.* (pop.) to blow out, to tell off; *s'engueuler* (pop.), to have a row (*avec*, with).

enguirlander [aⁿgĭrlaⁿdé] *v.* to garland; (fam.) to smack down.

énigmatique [énĭgmàtĭk] *adj.* enigmatic; puzzling. ‖ **énigme** [énĭgm] *f.* enigma, riddle.

enivrer [aⁿnìvré] *v.* to intoxicate, to make (someone) drunk; to carry away (fig.); *s'enivrer*, to get drunk; to be intoxicated.

enjambée [aⁿjaⁿbé] *f.* stride. ‖ *enjamber* [-é] *v.* to straddle; to stride over; to stride along; to encroach.

enjeu [aⁿjë] *m.** stake.

enjoindre [aⁿjwiⁿdr] *v.* to enjoin, to direct, to order; to call upon.

enjôler [aⁿjôlé] *v.* to wheedle, to coax; to humbug. ‖ *enjôleur, -euse* [œr, -ëz] *m., f.* wheedler, cajoler; *adj.* wheedling, coaxing.

enjoliver [aⁿjòlìvé] *v.* to beautify; to embellish; to adorn. ‖ *enjoliveur* [-œr] *m.* wheel-disc, hub-cap.

enjoué [aⁿjwé] *adj.* playful; sprightly, jaunty; lively, bright.

enlacer [aⁿlàsé] *v.* to entwine; to interlace; to embrace, to clasp; to hem in.

enlaidir [aⁿlèdîr] *v.* to disfigure; to make ugly (qqn); to grow ugly.

enlèvement [aⁿlèvmaⁿ] *m.* removal, carrying off; kidnapping; abduction; storming (mil.). ‖ *enlever* [aⁿlvé] *v.* to remove; to carry off; to lift up; to take off; to kidnap; to abduct; to storm (mil.); to win [prix]; to urge.

enliser [aⁿlìzé] *v.* to suck in; *s'enliser*, to sink (dans, in).

enluminer [aⁿlüminé] *v.* to illuminate; to colo(u)r; to redden, to flush; *enluminé*, flushed, rubicund; *enluminure*, illumination; ruddiness.

ennemi [ènmì] *m.* enemy, foe; adversary; *adj.* hostile; opposing, prejudicial.

ennui [aⁿnüï] *m.* worry; weariness; tediousness; trouble; nuisance, annoyance; bore. ‖ *ennuyer* [-yé] *v.* to worry; to annoy, to vex; to bother, to bore; *s'ennuyer*, to be bored; to feel dull; to be fed up (fam.). ‖ *ennuyeux* [-yé] *adj.** tedious; annoying; worrying.

énoncé [énoⁿsé] *m.* statement; wording. ‖ *énoncer* [-é] *v.* to enunciate; to express; to state.

enorgueillir [aⁿnòrgœyîr] *v.* to make proud; *s'enorgueillir*, to be proud; to pride oneself (de, on).

énorme [énòrm] *adj.* enormous, huge, tremendous; monstrous; outrageous; shocking. ‖ *énormité* [-ìté] *f.* enormity; hugeness; shocking thing; outrageousness.

enquérir (s') [saⁿkérîr] *v.* to inquire, to ask (de, after, about). ‖ *enquête* [aⁿkèt] *f.* inquiry, investigation. ‖ *enquêter* [aⁿkèté] *v.* to hold an inquiry, to investigate.

enraciner [aⁿràsìné] *v.* to root; to dig in; to implant; *s'enraciner*, to take root; to become rooted.

enragé [aⁿràjé] *m.* madman; *adj.* mad; enraged; keen, mad-and-out; enthusiastic. ‖ *enrager* [-é] *v.* to enrage; to madden (on); to be mad (fam.); *faire enrager*, to tease; to drive wild.

enrayer [aⁿrèyé] *v.* to brake; to check; to lock [roue]; to jam; to stop; to spoke.

enregistrement [aⁿrjîstrⁱmaⁿ] *m.* registration; entry; recording; registry. ‖ *enregistrer* [-é] *v.* to register; to record; to score. ‖ *enregistreur* [-œr] *m.* registrar; recorder; recording apparatus; *adj.** recording; self-registering [baromètre].

enrhumer (s') [saⁿrümé] *v.* to catch a cold; *être enrhumé*, to have a cold.

enrichi [aⁿrìshì] *m., adj.* upstart, newly rich. ‖ *enrichir* [-îr] *v.* to enrich; to adorn; *s'enrichir*, to grow rich; to thrive. ‖ *enrichissement* [-ìsmaⁿ] *m.* enrichment.

enrober [aⁿròbé] *v.* to coad (de, with).

enrôlement [aⁿrôlmaⁿ] *m.* enrolment; enlistment (mil.). ‖ *enrôler* [-é] *v.* to enrol; to recruit; to enlist (mil.); *s'enrôler*, to enlist.

enroué [aⁿrûé] *adj.* hoarse. ‖ *enrouement* [-ûmaⁿ] *m.* hoarseness. ‖ *s'enrouer* [saⁿrûé] *v.* to grow hoarse.

enrouler [aⁿrûlé] *v.* to coil up, to roll up, to wind; *s'enrouler*, to wrap (or) to fold oneself.

ensanglanté [aⁿsaⁿglaⁿté] *adj.* gory, bloody, blood-stained. ‖ *ensanglanter* *v.* to bloody; to steep in blood.

enseigne [aⁿsèñ] *f.* sign, sign-board; standard [drapeau]; *m.* ensign; sub-lieutenant.

enseignement [aⁿsèñmaⁿ] *m.* teaching; education; instruction. ‖ *enseigner* [-é] *v.* to teach; to instruct; to inform; *enseigner l'anglais à quelqu'un*, to teach someone English.

ensemble [aⁿsaⁿbl] *m.* ensemble; whole; mass; *adv.* together; at the same time; *dans l'ensemble*, on the whole; *vue d'ensemble*, general view.

ensemencer [aⁿsmaⁿsé] *v.* to sow.

enserrer [aⁿsèré] *v.* to enclose, to encompass; to shut in; to hem in; to lock up.

ensevelir [aⁿsevlîr] *v.* to bury; to shroud; *ensevelissement*, shrouding.

ensoleillé [aⁿsòlèyé] *adj.* sunny; sun-lit. ‖ *ensoleiller* *v.* to sun; to light up, to brighten.

ensommeillé [aⁿsòmèyé] *adj.* sleepy, drowsy.

ensorceler [aⁿsòrselé] *v.* to bewitch; to captivate; *ensorceleuse,* witch.

ensuite [aⁿsüìt] *adv.* after, afterwards, then; next.

ensuivre (s') [saⁿsüìvr] *v.** to follow, to result, to ensue.

entacher [aⁿtàshé] *v.* to taint; to sully.

entaille [aⁿtày] *f.* notch; groove; cut; gash. ‖ **entailler** [-é] *v.* to notch; to groove; to gash.

entamer [aⁿtàmé] *v.* to make the first cut in; to cut; to open [cartes]; to begin; to broach; to penetrate (mil.).

entasser [aⁿtàsé] *v.* to pile up; to heap up; to accumulate; to crowd together; to hoard [argent].

entendement [aⁿtaⁿdmaⁿ] *m.* understanding. ‖ **entendre** [-aⁿdr] *v.* to hear; to understand; to expect; to intend; to mean; *entendre dire que,* to hear that; *entendre parler de,* to hear of; *laisser entendre,* to hint; *s'entendre,* to agree; to be understood; to be heard; *il s'y entend,* he's an expert at it. ‖ **entendu** [-aⁿdü] *adj.* heard; understood; *Am.* O. K.; capable; *faire l'entendu,* to put on a knowing air; *c'est entendu,* that's settled; *bien entendu,* of course; clearly understood.

entente [aⁿtaⁿt] *f.* skill; understanding; agreement; sense; meaning.

entériner [aⁿtériné] *v.* to confirm, to ratify.

entérite [aⁿtérìt] *f.* enteritis.

enterrement [aⁿtermaⁿ] *m.* interment, burial; funeral. ‖ **enterrer** [-é] *v.* to inter, to bury; to shelve [question]; to outlive; *s'enterrer,* to bury oneself; to dig in (mil.); to live in seclusion; to vegetate.

en-tête [aⁿtèt] *f.* heading; headline; printed address; bill-head.

entêté [aⁿtèté] *adj.* headstrong, pigheaded; stubborn; infatuated, taken. ‖ **entêtement** [-maⁿ] *m.* obstinacy, stubbornness. ‖ **entêter** [-é] *v.* to give a headache to; to infatuate; to go to one's head; *s'entêter,* to be obstinate; to persist (à, in); to be bent (à, on).

enthousiasme [aⁿtûzyàsm] *m.* enthusiasm. ‖ **enthousiasmer** [-é] *v.* to fill with enthusiasm; to thrill; to carry (someone) away; *s'enthousiasmer,* to enthuse; to become enthusiastic; to be thrilled. ‖ **enthousiaste** [-yàst] *m., f.* enthusiast; *adj.* enthusiastic.

entiché [aⁿtishé] *adj.* infatuated (de, with).

entier [aⁿtyé] *m.* entirety; *adj.** whole; entire; complete; total; full; headstrong; outspoken; bluff; *nombre*

entier, integer; *en entier,* in full; **entièreté,** entirety.

entonner [aⁿtòné] *v.* to intone; to strike up; to celebrate [louange].

entonnoir [aⁿtònwàr] *m.* funnel; hollow; crater (mil.).

entorse [aⁿtòrs] *f.* sprain; twist; *se donner une entorse,* to sprain one's ankle.

entortiller [aⁿtòrtiyé] *v.* to twist, to wind; to entangle; to wrap up; to get round; *s'entortiller,* to twine; to get entangled.

entourage [aⁿtûràj] *m.* setting; frame; surroundings; circle; environment; attendants. ‖ **entourer** [-é] *v.* to surround; to encircle; to hem in; to gather round.

entournure [aⁿtûrnür] *f.* arm-hole.

entracte [aⁿtràkt] *m.* entracte, interlude; interval.

entrailles [aⁿtrày] *f. pl.* guts; bowels; womb; pity, mercy.

entrain [aⁿtrⁿ] *m.* liveliness; spirit, go, zest, life. ‖ **entraînement** [-èⁿmaⁿ] *m.* attraction; drive (mech.); allurement; carrying away; training. ‖ **entraîner** [-èné] *v.* to carry away; to draw along; to involve; to win over; to bring about; to train. ‖ **entraîneur** [-èncr] *m.* trainer; coach; pace-maker. ‖ **entraîneuse** [-èz] *f.* dance-hostess, *Am.* B-girl, shill.

entrave [aⁿtràv] *f.* fetter, shackle; impediment; obstacle. ‖ **entraver** [-é] *v.* to fetter, to shackle; to impede, to hinder; to clog.

entre [aⁿtr] *prep.* between; among; amid; into; together; *entre nous,* between ourselves; *il tomba entre leurs mains,* he fell into their hands; *plusieurs d'entre nous,* several of us; [*N. B.* s'entre- or s'entr' prefixed to a verb usually means *each other, one another; s'entre-tuer,* to kill one another]; *entre-deux,* space between; insertion [couture]; partition; *entre-temps,* interval; meanwhile; in the meantime.

entrebâiller [aⁿtrebâyé] *v.* to half-open; *entrebâillé* [-é] *adj.* ajar.

entrecôte [aⁿtrekôt] *f.* ribsteak.

entrecouper [aⁿtrekûpé] *v.* to intersect; to interrupt; to break; *entrecoupé,* broken; jerky.

entrecroiser [aⁿtrekrwàzé] *v.* to interlace; to cross; to intersect.

entrée [aⁿtré] *f.* entry; entrance; admission; access; price of entry; import duty; entrée, first course; beginning; inlet.

entrefaites [aⁿtrefèt] *f. pl.; sur ces entrefaites,* meanwhile, meantime.

entrefilet [ɑⁿtrᵉfilè] *m.* short newspaper paragraph.

entregent [ɑⁿtrᵉjaⁿ] *m.* resourcefulness; gumption (fam.).

entrelacer [ɑⁿtrᵉlasé] *v.* to interlace; to intertwine.

entremêler [ɑⁿtrᵉmèlé] *v.* to intermingle; to intersperse; to mix.

entremets [ɑⁿtrᵉmè] *m.* sweet dish, *Am.* dessert.

entremetteur [ɑⁿtrᵉmètœr] *m.* go-between; middleman (comm.); pimp. ‖ **entremetteuse** [-tëz] *f.* procuress. ‖ **s'entremettre** [saⁿtrᵉmètr] *v.* to intervene; to steep in. ‖ **entremise** [ɑⁿtrᵉmîz] *f.* mediation, intervention, *par l'entremise de,* through.

entrepont [ɑⁿtrᵉpoⁿ] *m.* between-decks.

entreposer [ɑⁿtrᵉpôzé] *v.* to store, to warehouse; to bond [douane]. ‖ **entrepôt** [-ô] *m.* store, warehouse; bonded warehouse.

entreprenant [ɑⁿtrᵉprᵉnaⁿ] *adj.* enterprising. ‖ **entreprendre** [-aⁿdr] *v.** to undertake; to take in hand; to contract for; to attempt. ‖ **entrepreneur** [-ᵉnœr] *m.* contractor. ‖ **entreprise** [-îz] *f.* enterprise; undertaking; concern; contract; attempt.

entrer [ɑⁿtré] *v.* to enter, to go in, to come in; to take part, to be concerned; to be included; *entrer en courant,* to run in; *défense d'entrer,* no admittance; *faire entrer,* to show in; *entrer en jeu,* to come into play.

entresol [ɑⁿtrᵉsòl] *m.* mezzanine; entresol.

entretenir [ɑⁿtrᵉtnîr] *v.* to maintain; to keep up; to support, to provide for; to keep in repair; to talk to; *s'entretenir,* to support oneself; to converse; to keep fit. ‖ **entretien** [-yiⁿ] *m.* maintenance; upkeep; keeping up; topic; conversation.

entrevoir [ɑⁿtrᵉvwàr] *v.** to catch a glimpse of; to be just able to make out; to foresee; *entrevue,* interview.

entrouvert [ɑⁿtrûvèr] *adj.* half-open; partly open; ajar [porte]; gaping [abîme].

énumération [énüméràsyoⁿ] *f.* enumeration. ‖ **énumérer** [énüméré] *v.* to enumerate; to number.

envahir [ɑⁿvàïr] *v.* to invade; to encroach upon; to overrun; to steal over [sensation]. ‖ **envahisseur** [-ìsœr] *m.* invader; *adj.* invading.

enveloppe [ɑⁿvlòp] *f.* envelope; wrapping; wrapper; cover; casing; jacket (mech.); outer cover [auto]; exterior. ‖ **envelopper** [-é] *v.* to envelop; to wrap up; to cover; to involve; to hem in, to surround.

envenimer [ɑⁿvnimé] *v.* to inflame (med.); to envenom (fig.).

envergure [ɑⁿvèrgür] *f.* span; spread; breadth; expanse; extent; scope.

envers [ɑⁿvèr] *m.* reverse, back; wrong side; seamy side (fig.); *prep.* to, towards; *à l'envers,* inside out; wrong way up.

enviable [ɑⁿvyàbl] *adj.* enviable. ‖ **envie** [ɑⁿvî] *f.* envy; longing, desire, fancy, wish; birthmark; hangnail; *avoir envie,* to want; to feel like, to fancy; *cela me fait envie,* that makes me envious. ‖ **envier** [-yé] *v.* to envy; to be envious of; to covet; to long for. ‖ **envieux** [-yë] *adj.** envious.

environ [ɑⁿvìroⁿ] *adv.* about, nearly; approximately; *m. pl.* vicinity, neighbo(u)rhood, surroundings. ‖ **environner** [-òné] *v.* to surround.

envisager [ɑⁿvìzàjé] *v.* to envisage; to consider; to look in the face.

envoi [ɑⁿvwà] *m.* sending, dispatch; consignment; goods; parcel, package; shipment; remittance [argent].

envol [ɑⁿvòl] *m.* flight (aviat.) taking off, take-off; (fig.) soaring. ‖ **envolée** [-é] *f.* flight. ‖ **s'envoler** [saⁿvòlé] *v.* to fly away; to take off (aviat.).

envoûter [ɑⁿvûté] *v.* to bewitch.

envoyé [ɑⁿvwàyé] *m.* envoy; messenger. ‖ **envoyer** [-é] *v.** to send, to dispatch; to forward; to delegate; *envoyer chercher,* to send for. ‖ **envoyeur** [-œr] *m.* sender.

épagneul [épàñœl] *m.* spaniel.

épais [épè] *adj.** thick; dense; stout; dull [esprit]. ‖ **épaisseur** [-sœr] *f.* thickness; depth; density; dullness. ‖ **épaissir** [-sîr] *v.* to thicken; to become dense; to grow stout.

épanchement [épaⁿshmaⁿ] *m.* effusion; pouring out; effusiveness. ‖ **épancher** [-é] *v.* to pour out; to shed; to open; to vent; *s'épancher,* to overflow; to unbosom oneself.

épanoui [épànwì] *adj.* in full bloom [fleur]; beaming; cheerful. ‖ **épanouir** [-îr] *v.* to open; to expand; to cheer, to brighten; to spread; *s'épanouir,* to open out; to blossom, to bloom; to light up. ‖ **épanouissement** [-ìsmaⁿ] *m.* opening; blooming; full bloom; brightening up; lighting up.

épargnant [épàrñaⁿ] *m.* investor. ‖ **épargne** [épàrñ] *f.* economy; thrift; saving. ‖ **épargner** [-é] *v.* to save, to economize; to spare.

éparpiller [épàrpìyé] *v.* to scatter, to disperse; *s'éparpiller,* to scatter; to be frittered away.

épars [épàr] *adj.* scattered; sparse; dispersed.

épatant [épàtaⁿ] *adj.* (fam.) wonderful, fine, terrific, first-rate, capital, *Am.* swell, great. ‖ *épaté* [-é] *adj.* amazed; flat [nez]. ‖ *épater* [-é] *v.* to flatten, to flabbergast.

épaule [ép$\hat{o}$l] *f.* shoulder; *coup d'épaule*, lift; shove; help. ‖ *épauler* [-é] *v.* to splay [cheval]; to bring to the shoulder; to back, to support. ‖ *épaulette* [-èt] *f.* epaulette (mil.); shoulder-strap.

épave [épàv] *f.* wreck; wreckage; waif, stray; *épaves flottantes*, flotsam, derelict.

épée [épé] *f.* sword; rapier.

épeler [éplé] *v.* to spell.

éperdu [épèrd$\ddot{u}$] *adj.* distracted, bewildered; desperate.

éperon [épronⁿ] *m.* spur; ridge; buttress [pont]; cutwater; ram [vaisseau de guerre]. ‖ *éperonner* [-òné] *v.* to spur; to spur on; to ram.

épervier [épèrvyé] *m.* sparrowhawk; sweep-net.

éphémère [éfémèr] *adj.* ephemeral; fleeting, transient; *m.* may-fly.

épi [épì] *m.* ear [blé]; cob; cluster [diamants]; spike (bot.); groyne; salient (typogr.).

épice [épìs] *f.* spice; *pain d'épice*, gingerbread. ‖ *épicé* [-é] *adj.* spiced, seasoned; spicy (fig.). ‖ *épicer* [-é] *v.* to spice, to make spicy. ‖ *épicerie* [-rî] *f.* groceries; grocer's shop. ‖ *épicier* [-yé] *m.* grocer.

épidémie [épìdémî] *f.* epidemic. ‖ *épidémique* [-ìk] *adj.* epidemic.

épiderme [épìdèrm] *m.* epidermis, cuticle; *il a l'épiderme sensible*, he is thin-skinned.

épier [épyé] *v.* to spy upon; to watch out for; to watch.

épieu [épyë] *m.** pike.

épigraphe [épìgràf] *f.* epigraph; chapter-heading.

épilation [épìlàsyoⁿ] *f.* depilation; removal of hair; plucking [sourcils]. ‖ *épiler* [épìlé] *v.* to depilate; to remove hairs; to pluck [sourcils].

épilepsie [épìlèpsî] *f.* epilepsy. ‖ *épileptique* [-tìk] *adj.*, *m.*, *f.* epileptic.

épinard [épìnàr] *m.* spinach.

épine [épîn] *f.* thorn; prickle; *épine dorsale*, backbone. ‖ *épineux* [-ìnë] *adj.** thorny; prickly; ticklish; knotty [question].

épinette [épìnèt] *f.* hen-coop; thornhook; spinet (mus.); © spruce [Fr. = épicéa].

épingle [épìⁿgl] *f.* pin; peg; *pl.* pin-money; *épingle de nourrice*, safety-

pin; *coup d'épingle*, pin-prick; *tirer son épingle du jeu*, to get out of a scrape; *tiré à quatre épingles*, spruce, spick and span. ‖ *épingler* [-é] *v.* to pin; to pin up.

épique [épìk] *adj.* epic; eventful.

épiscopal [épìskòpàl] *adj.* episcopal. ‖ *épiscopat* [-pà] *m.* bishopric, episcopacy.

épisode [épìzòd] *m.* episode; incident; *épisodique*, episodic; adventitious; transitory.

épistolaire [épìstòlèr] *adj.* epistolary. ‖ *épître* [épîtr] *f.* epistle.

éploré [éplòré] *adj.* in tears; tearful; distressed; mournful.

éplucher [éplüshé] *v.* to pick; to peel; to clean; to sift; to examine closely; to pick holes in (fig.). ‖ *épluchette* [-èt] *f.* © corn-husking bee. ‖ *épluchures* [-ür] *f. pl.* peelings; refuse, waste.

épointé [épwiⁿté] *adj.* blunt; broken.

éponge [époⁿj] *f.* sponge. ‖ *éponger* [-é] *v.* to sponge up; to sponge down; to mop; to dab.

épopée [épòpé] *f.* epic.

époque [épòk] *f.* epoch, age; time; period.

épouse [épûz] *f.* wife, spouse. ‖ *épouser* [-é] *v.* to marry, to wed; to take up [cause]; to fit.

épousseter [épûsté] *v.* to dust; to brush down.

épouvantable [épûvaⁿtàbl] *adj.* dreadful, frightful, appalling. ‖ *épouvantail* [-ày] *m.* scarecrow; bogy. ‖ *épouvante* [épûvaⁿt] *f.* dread, terror; fright. ‖ *épouvanter* [-é] *v.* to terrify; to appal; to scare, to frighten.

époux [épû] *m.* husband; *pl.* husband and wife.

éprendre (s') [sépraⁿdr] *v.* to fall in love [de, with].

épreuve [éprëv] *f.* proof; trial, test; print (phot.); ordeal; examination; *à l'épreuve du feu*, fire-proof; *mettre à l'épreuve*, to put to the test.

épris [éprì] *adj.* smitten, fond; in love; infatuated [de, with].

éprouver [éprûvé] *v.* to try; to test; to put to the test; to feel, to experience. ‖ *éprouvette* [-èt] *f.* test-tube.

épuisé [épü$\ddot{\i}$zé] *adj.* exhausted; spent; out of print [livre]. ‖ *épuisement* [-maⁿ] *m.* exhaustion; draining; using up; emptying. ‖ *épuiser* [-é] *v.* to exhaust; to consume, to use up; to drain; to wear out, to tire out; *s'épuiser*, to be exhausted; to be sold out; to give out; to run out. ‖ *épuisette* [-èt] *f.* landing-net; scoop.

épuration [épüràsyon] *f.* purifying; refining; filtering; purge. || *épure* [épür] *f.* diagram; plan; working-drawing. || *épurer* [-é] *v.* to cleanse; to purify; to refine; to filter; to clear; to purge.

équarrir [ékàrîr] *v.* to square; to cut up, to quarter.

équateur [ékwàtœr] *m.* equator; Ecuador.

équation [ékwàsyon] *f.* equation.

équerre [ékèr] *f.* square; angle-iron; set square [dessin]; *d'équerre*, square.

équilibre [ékìlîbr] *m.* equilibrium, poise, stability (aviat.), balance. || *équilibrer* [-é] *v.* to poise, to balance. || *équilibriste* [-ìst] *m.*, *f.* tight-rope walker; equilibrist.

équinoxe [ékìnoks] *m.* equinox.

équipage [ékìpàj] *m.* suite, retinue; crew (naut.); equipment; carriage; plight; hunt; turn-out; set; *train des équipages*, Army Service Corps. || *équipe* [ékìp] *f.* train of barges; squad; team, gang; working party (mil.); *chef d'équipe*, foreman. || *équipée* [-é] *f.* prank; crazy enterprise. || *équipement* [-man] *m.* equipment; kit; outfit. || *équiper* [-é] *v.* to equip; to fit out; to man. || *équipier* [-yé] *m.* member of a team.

équitable [ékìtàbl] *adj.* equitable, fair, just.

équitation [ékìtàsyon] *f.* equitation, horse-riding; horsemanship.

équité [ékìté] *f.* fairness, equity.

équivalent [ékìvàlan] *adj.* equivalent. || *équivaloir* [-wàr] *v.* to be equivalent, to be tantamount.

équivoque [ékìvòk] *f.* ambiguity; misunderstanding; *adj.* equivocal, ambiguous; dubious; uncertain.

érable [éràbl] *m.* maple-tree; *érable à sucre*, sugar maple; *eau d'érable*, maple sap; *sirop d'érable*, maple syrup; *sucre d'érable*, maple sugar. || *érablière* [- lèr] *f.* maple grove.

érafler [éràflé] *v.* to graze, to scratch. || *éraflure* [-ür] *f.* graze, abrasion; scratch.

éraillé [éràyé] *adj.* frayed; blood-shot [yeux]; rough; scratched; harsh [voix].

ère [èr] *f.* era.

érection [érèksyon] *f.* erection; setting up.

éreintement [érintman] *m.* (fam.) exhaustion; slating, harsh criticism. || *éreinter* [-é] *v.* to break the back of; (fam.) to ruin; to tire out, to fag; to slate, to pull to pieces, to run down.

ergot [èrgô] *m.* spur [coq]; dew-claw; catch (mech.); ergot. || *ergoter* [-té] *v.* to quibble, to cavil.

ériger [érìjé] *v.* to erect; to set up; to institute; to raise.

ermite [èrmìt] *m.* hermit.

érosion [éròzyon] *f.* erosion.

érotique [éròtìk] *adj.* erotic. || *érotisme* [-ìsm] *m.* eroticism.

errer [èré] *v.* to err; to be wrong; to stray, to wander; to stroll. || *erreur* [èrœr] *f.* error, mistake, slip; fallacy. || *erroné* [èròné] *adj.* erroneous, mistaken, wrong.

érudit [érüdì] *m.* scholar; *adj.* erudite, learned, scholarly. || *érudition* [-syon] *f.* erudition, learning, scholarship.

éruption [érüpsyon] *f.* eruption; rash (med.).

esbroufe [èsbrûf] *f.* (fam.) swagger.

escabeau [èskàbô] *m.** stool; step-ladder.

escadre [èskàdr] *f.* squadron. || *escadrille* [-îy] *f.* flotilla; squadron (aviat.). || *escadron* [-on] *m.* squadron (mil.); *chef d'escadron*, major.

escalade [èskàlàd] *f.* climbing; scaling; housebreaking (jur.). || *escalader* [-é] *v.* to climb, to scale. || *escale* [èskàl] *f.* port of call; call; *faire escale à*, to call at, to put in at. || *escalier* [-yé] *m.* stairs; staircase; *escalier roulant*, escalator.

escalope [èskàlòpe] *f.* cutlet.

escamoter [èskàmòté] *v.* to make (something) vanish; to conjure away; to retract (aviat.); to avoid; to pilfer, to pinch. || *escamoteur* [-œr] *m.* conjurer; sharper (fam.).

escapade [èskàpàd] *f.* escapade; prank.

escargot [èskàrgô] *m.* snail.

escarmouche [èskàrmûsh] *f.* skirmish, brush.

escarpé [èskàrpé] *adj.* steep, precipitous; sheer.

escarpin [èskàrpin] *m.* pump; dancing-shoe.

escarre [èskàr] *f.* scab, bed-sore.

escient [èssyan] *m.* knowledge; *à bon escient*, wittingly.

esclaffer (s') [sèsklàfé] *v.* to guffaw, to burst out laughing.

esclandre [èsklandr] *m.* scandal; scene.

esclavage [èsklàvàj] *m.* slavery, bondage. || *esclave* [èsklàv] *m.*, *f.* slave.

escompte [èskont] *m.* discount, rebate. || *escompter* [-é] *v.* to discount; to reckon on, to anticipate.

escorte [èskòrt] *f.* escort; convoy (naut.). || *escorter* [-é] *v.* to escort; to convoy (naut.).

escouade [èskwàd] *f.* squad; gang.

escrime [èskrĭm] *f.* fencing. ‖ *s'escrimer* [sèskrĭmé] *v.* to fence; to fight; to struggle; to strive. ‖ *escrimeur* [èskrĭmœr] *m.* fencer, swordsman.

escroc [èskrô] *m.* crook; fraud; swindler. ‖ *escroquer* [-òké] *v.* to swindle; to cheat out of. ‖ *escroquerie* [-òkrî] *f.* swindling; fraud.

espace [èspâs] *m.* space; interval; gap; room; lapse of time; *f.* space (typogr.). ‖ *espacer* [-àsé] *v.* to space; to space out; to separate; to leave room between.

espadon [èspàdon] *m.* sword-fish.

espadrille [èspàdrîy] *f.* fibre sandal; beach sandal.

Espagne [èspàñ] *f.* Spain. ‖ *espagnol* [-òl] *m.* Spanish [langue]; Spaniard; *adj.* Spanish.

espagnolette [èspàñòlèt] *f.* window-fastening.

espèce [èspès] *f.* species; sort, kind; nature; instance; *pl.* cash (fin.)

espérance [èspérans] *f.* hope; expectation. ‖ *espérer* [-é] *v.* to hope, to trust; to hope for; to expect.

espiègle [èspyègl] *m., f.* rogue, mischief; *adj.* roguish, mischievous. ‖ *espièglerie* [-rî] *f.* mischievousness; trick.

espion [èspyon] *m.* spy. ‖ *espionnage* [-yònàj] *f.* espionage, spying. ‖ *espionner* [-yòné] *v.* to spy; to spy on.

esplanade [èsplànàd] *f.* esplanade, promenade.

espoir [èspwàr] *m.* hope; expectation.

esprit [èsprî] *m.* spirit; mind; sense; wit; intelligence; talent; soul; meaning; *plein d'esprit*, very witty; full of fun; *faire de l'esprit*, to play the wit; *un bel esprit*, a wit; *esprit fort*, free thinker; *reprendre ses esprits*, to come to oneself; *présence d'esprit*, presence of mind; *esprit de corps*, fellow-spirit; team spirit; *état d'esprit*, disposition; *esprit de suite*, consistency; *esprit-de-vin*, spirit of wine; *Saint-Esprit*, Holy Ghost.

esquif [èskîf] *m.* small boat, skiff.

esquimau [èskĭmô] *m.* * Eskimo; choc-ice.

esquinter [èskinté] *v.* (fam.) to tire out; to slash; to ruin, *Am.* to mess up.

esquisse [èskĭs] *f.* sketch; outline; rough plan. ‖ *esquisser* [-é] *v.* to sketch; to outline.

esquiver [èskĭvé] *v.* to avoid; to dodge; *s'esquiver*, to steal away, to slip away, to slink off.

essai [èsè] *m.* trial, essay; test; try; attempt; *à l'essai*, on trial; *coup*

d'essai, first attempt; *faire l'essai de*, to test.

essaim [èsin] *m.* swarm. ‖ *essaimer* [-é] *v.* to swarm; to emigrate.

essayage [èsèyàj] *m.* testing; trying on; fitting. ‖ *essayer* [-èyé] *v.* to try; to attempt; to taste; to try on [habits]; to assay [métal]; *s'essayer*, to try one's hand (à, at). ‖ *essayeur* [-èyœr] *m.* assayer; fitter.

essence [èsans] *f.* essence; species [arbre]; *Br.* petrol, *Am.* gasoline; extract; attar [roses]; *poste d'essence*, filling-station, *Am.* service station.

essentiel [èsansyèl] *m.* gist; main point; *adj.** essential.

essieu [èsyë] *m.** axle; axle-tree.

essor [èsòr] *m.* flight, soaring; scope; *prendre son essor*, to take wing; to leap into action.

essorer [èsòré] *v.* to dry; to wring.

essoufflement [èsûflǝman] *m.* panting; puffing; breathlessness. ‖ *essouffler* [-é] *v.* to wind, to puff (fam.); *s'essouffler*, to get out of breath, to be winded.

essuyer [èsüyé] *v.* to wipe; to mop up; to dry; to endure, to suffer; to meet with [refus]; *essuie-glace*, windscreen wiper, *Am.* windshield wiper; *essuie-main*, towel.

est [èst] *m.* east; *adj.* east, easterly.

estafette [èstàfèt] *f.* courier; messenger; dispatch-rider (mil.).

estafilade [èstàfilàd] *f.* slash.

estampe [èstanp] *f.* print, engraving; stamp, punch. ‖ *estamper* [-é] *v.* to stamp; to emboss; (pop.) to rook, to fleece. ‖ *estampille* [-îy] *f.* stamp; trade-mark.

esthéticien [èstétisyin] *m.* aesthetician. ‖ *esthéticienne* [-syèn] *f.* beauty specialist, *Am.* beautician. ‖ *esthétique* [èstétĭk] *f.* aesthetics; *adj.* aesthetic; plastic [chirurgie].

estimable [èstĭmàbl] *adj.* estimable; worthy; quite good. ‖ *estimation* [-àsyon] *f.* estimation; valuation; estimate. ‖ *estime* [èstĭm] *f.* esteem; estimation; guesswork; reckoning. ‖ *estimer* [-ĭmé] *v.* to esteem; to deem; to estimate; to value; to think, to consider; to calculate; to reckon.

estival [èstĭvàl] *adj.** summer. ‖ *estivant* [-an] *m.* summer visitor.

estomac [èstòmà] *m.* stomach; *mal d'estomac*, stomach-ache. ‖ *estomaquer* [-ké] *v.* to stagger; to take (someone's) breath away.

estompe [èstonp] *f.* stump. ‖ *estomper* [-é] *v.* to stump; to shade off; to soften; to blur.

estrade [èstràd] *f.* platform; stand.

estragon [èstràgo^n] *m.* tarragon.

estropié [èstròpyé] *m.* cripple; *adj.* crippled; disabled; lame. ‖ *estropier* [-yé] *v.* to cripple; to maim, to disable; to murder, to distort, to mispronounce.

estuaire [èstüèr] *m.* estuary.

esturgeon [èstürjo^n] *m.* sturgeon.

et [-é] *conj.* and; *et... et,* both... and.

étable [étàbl] *f.* cattle-shed; pigsty.

établi [étàblì] *m.* bench; work-bench; *adj.* established, settled. ‖ *établir* [-îr] *v.* to establish; to set up; to settle; to ascertain; to construct; to prove; to lay down; to draw up [projet]; to found; to make out [compte]; *s'établir,* to become established; to establish oneself; to settle. ‖ *établissement* [-ìsma^n] *m.* establishment; institution; settlement; concern (comm.), business, firm.

étage [étàj] *m.* story, floor; degree, rank; stage (mech.); stratum, layer (geol.); *deuxième étage,* Br. second floor, Am. third floor. ‖ *étager* [-é] *v.* to range in tiers; to stagger [heures]. ‖ *étagère* [-èr] *f.* shelf; shelves; whatnot.

étai [étè] *m.* prop, stay, strut, shore.

étain [éti^n] *m.* tin; pewter; *feuille d'étain,* tinfoil.

étalage [étàlàj] *m.* show, display; display of goods; shop-window; frontage; showing off; *faire étalage,* to show off. ‖ *étalagiste* [-ìst] *m., f.* window-dresser; stall-holder. ‖ *étale* [étàl] *m.* slack; *adj.* slack [marée]; steady [brise]. ‖ *étaler* [-é] *v.* to display; to expose for sale; to spread out [cartes]; to stagger [vacances]; to show off; *s'étaler,* to stretch oneself out; to sprawl; to show off; to fall.

étalon [étàlo^n] *m.* stallion.

étalon [étàlo^n] *m.* standard; *étalon-or,* gold standard.

étamer [étàmé] *v.* to tin; to tin-plate; to silver; to galvanize. ‖ *étameur* [-œr] *m.* tinsmith; tinker; silverer.

étamine [étàmîn] *f.* stamen; butter-muslin.

étanche [étà^nsh] *adj.* watertight; airtight. ‖ *étancher* [-é] *v.* to stanch, to stem [sang]; to stop; to quench, to slake; to make watertight; to make airtight.

étang [étà^n] *m.* pond, pool.

étape [étàp] *f.* stage; halting place.

état [étà] *m.* state; occupation; profession; trade; government; establishment; estate; plight, predicament; estimate; statement of account; list; roster; inventory; condition; *en état de,* fit for; in a position to; *à l'état de neuf,* as good as new; *hors d'état,* useless; *dans tous ses états,* highly upset; *homme d'Etat,* statesman; *remettre en état,* to put in order; *état civil,* civil status; legal status; *état-major,* general staff; headquarters; *état tampon,* buffer state; *Etats-Unis,* United States. ‖ *étatisme* [-tìsm] *m.* state control.

étau [étó] *m.** vice, Am. vise.

étayer [étèyé] *v.* to prop, to shore up; to support.

été [été] *m.* summer; *été de la Saint-Martin* [© *été des sauvages, été des Indiens*], Indian summer.

été *p. p. of être.*

éteignoir [éténwàr] *m.* extinguisher; snuffer; wet blanket (fam.). ‖ *éteindre* [éti^ndr] *v.** to extinguish, to put out; to switch off; to quench; to slake; to exterminate, to destroy; to pay off [dette]; to cancel; to dim; to soften; *s'éteindre,* to become extinct; to die out; to subside; to grow dim; to fade.

étendard [éta^ndàr] *m.* standard, banner, flag, colo(u)rs.

étendre [éta^ndr] *v.* to extend; to expand; to stretch; to spread out; to dilute; to throw to the ground; *s'étendre,* to lie down; to stretch oneself out; to extend; to enlarge, to dwell (*sur,* upon); to run [couleurs]. ‖ *étendu* [éta^ndü] *adj.* extensive; widespread; outstretched. ‖ *étendue* [-ü] *f.* extent; expanse; range; stretch; scope.

éternel [étèrnèl] *adj.** eternal; everlasting; endless, perpetual. ‖ *éterniser* [-ìzé] *v.* to immortalize; to perpetuate; *s'éterniser,* to last for ever; to drag on. ‖ *éternité* [-ìté] *f.* eternity; ages (fam.).

éternuement [étèrnüma^n] *m.* sneeze; sneezing. ‖ *éternuer* [-é] *v.* to sneeze.

éther [étèr] *m.* ether. ‖ *éthéré* [-é] *adj.* ethereal; skyey.

éthique [étìk] *f.* ethics.

ethnique [ètnìk] *adj.* ethnic.

étiage [étyàj] *m.* low water; low water mark; level (fig.).

étinceler [éti^nslé] *v.* to sparkle, to flash, to glitter, to gleam; to twinkle. ‖ *étincelle* [-èl] *f.* spark, flash.

étioler (s') [sétyòlé] *v.* to become sick, emaciated; to blanch.

étiqueter [étìkté] *v.* to label. ‖ *étiquette* [-èt] *f.* label; tag; ticket; etiquette; ceremony.

étirer [étìré] *v.* to pull out, to draw out; to stretch.

étoffe [étòf] *f.* stuff, material, cloth, fabric; condition; worth. ‖ **étoffer** [-é] *v.* to make substantial; to stuff; to stiffen.

étoile [étwàl] *f.* star; decoration; asterisk (typogr.); *à la belle étoile*, in the open; *étoile de mer*, starfish. ‖ **étoilé** [-é] *adj.* starry; starshaped; *la Bannière étoilée*, the Star-Spangled Banner, the Stars and Stripes.

étonnant [étònaⁿ] *adj.* astonishing, surprising, amazing. ‖ **étonnement** [-maⁿ] *m.* surprise, astonishment, amazement, wonder. ‖ **étonner** [-é] *v.* to astonish, to amaze; to shake; *s'étonner*, to be astonished; to wonder; to be surprised.

étouffant [étúfaⁿ] *adj.* suffocating; sultry [temps]; stifling. ‖ **étouffée** [-é] *f.* stew; *à l'étouffée*, braised. ‖ **étouffement** [-maⁿ] *m.* suffocation; stifling; choking. ‖ **étouffer** [-é] *v.* to suffocate, to stifle; to choke; to smother; to damp [bruit]; to stamp out; to hush up [affaire].

étoupe [étúp] *f.* tow; oakum; packing (mech.).

étourderie [étúrderⁱî] *f.* thoughtlessness; blunder; careless mistake. ‖ **étourdi** [-ⁱ] *m.* scatter-brain; *adj.* thoughtless; giddy, scatter-brained. ‖ **étourdir** [-îr] *v.* to stun, to daze; to make dizzy; to deaden, to benumb [engourdir]; to calm, to allay; *s'étourdir*, to forget one's troubles; to be lost (*de*, in). ‖ **étourdissant** [-isaⁿ] *adj.* stunning; deafening; astounding. ‖ **étourdissement** [-ismaⁿ] *m.* dizziness, giddiness; dazing; blow (fig.).

étrange [étraⁿj] *adj.* strange; curious, odd, queer, peculiar. ‖ **étranger** [-é] *m.* foreigner; stranger [inconnu]; *adj.** foreign; strange, unknown; irrelevant; *à l'étranger*, abroad; *affaires étrangères*, foreign affairs. ‖ **étrangeté** [-té] *f.* strangeness, oddness.

étranglement [étraⁿglᵉmaⁿ] *m.* strangulation; narrow passage; constriction; choking. ‖ **étrangler** [-é] *v.* to strangle, to choke, to throttle, to stifle; to constrict.

étrave [étràv] *f.* stem (naut.).

être [ètr] *m.* being; creature; existence; *v.** to be; to exist; to have [verbe auxiliaire]; to go; to belong; to be able; to be dressed; *il est venu*, he has come; *elle s'était flattée*, she had flattered herself; *c'est à vous*, it is yours; *c'est à vous de jouer*, it is your turn; *il est à souhaiter*, it is to be hoped; *j'ai été voir*, I went to see; *il était une fois*, once upon a time, there was once; *où en êtes-vous de vos études?*, how far have you got in your studies?; *il n'en est rien*, nothing of the sort; *vous avez fini, n'est-ce pas?*, you've finished, haven't you?; *il*

fait beau, n'est-ce pas?, it is fine, isn't it?; *nous sommes le cinq*, it is the fifth to-day; *n'était mon travail*, if it were not for my work; *j'en suis pour mon argent*, I've lost my money; *c'en est assez*, enough; *toujours est-il que*, the fact remains that; *y être, see y.*

étreindre [étriⁿdr] *v.** to clasp; to grasp; to embrace, to hug; to bind. ‖ **étreinte** [-iⁿt] *f.* grasp; grip; embrace, hug.

étrenne [étrèn] *f.* New Year's gift; gift; first use of; *Jour des Etrennes*, Boxing Day. ‖ **étrenner** [-é] *v.* to handsel, to christen (fam.); to wear [vêtement] for the first time; to be the first customer of.

étrier [étrìé] *m.* stirrup; holder (mech.).

étriller [étrìyé] *v.* to curry, to comb; (fam.) to tan, to thrash.

étriqué [étrìké] *adj.* skimpy.

étroit [étrwà] *adj.* narrow; tight; confined; close; scanty; limited; strict [sens]; *à l'étroit*, cramped for room. ‖ **étroitesse** [-tès] *f.* narrowness; tightness; closeness; narrow-mindedness [esprit].

étude [étüd] *f.* study; research; office; article; essay; school-room; practice [avocat]; *à l'étude*, under consideration; under rehearsal (theat.). ‖ **étudiant** [-yaⁿ] *m.* student; undergraduate; *étudiant en droit*, law student. ‖ **étudier** [-yé] *v.* to study; to read [droit]; to investigate; to prepare; to watch, to observe; *s'étudier*, to try hard; to be very careful; to introspect; to be affected.

étui [étüì] *m.* case; cover; sheath; holster [revolver].

étuve [étüv] *f.* sweating-room; drying-stove; airing-cupboard, hot press; oven (fam.). ‖ **étuver** [-é] *v.* to stew; to steam [légumes]; to dry; to stove; to sterilize.

eucharistie [ëkàrìstî] *f.* eucharist. ‖ **eucharistique** [-tìk] *adj.* eucharistic(al).

eunuque [ënük] *m.* eunuch.

euphorie [ëfòrî] *f.* bliss, euphory.

Europe [ëròp] *f.* Europe. ‖ **européen** [-éⁿ] *adj.*, s.* European.

eux [ë] *pron.* they, them; *eux-mêmes*, themselves.

évacuer [évàküé] *v.* to evacuate; to drain; to vacate; to abandon [bateau].

évadé [évàdé] *m.* fugitive. ‖ **évader (s')** [sévàdé] *v.* to escape, to run away; to break loose.

évaluation [évàlüàsyoⁿ] *f.* valuation; estimate; assessment. ‖ **évaluer** [-üé] *v.* to value; to estimate; to assess.

évangélique [évaⁿjélìk] *adj.* Evangelic(al). ‖ *évangéliser* [-jélìzé] *v.* to evangelize. ‖ *évangile* [-jìl] *m.* gospel.

évanouir (s') [sévànwîr] *v.* to faint, to swoon; to vanish; to faint away. ‖

évanouissement [évànwìsmaⁿ] *m.* fainting, swoon; vanishing; disappearance; fading [radio].

évaporation [évàpòràsyoⁿ] *f.* evaporation; heedlessness. ‖ *évaporer (s')* [sévàpòré] *v.* to evaporate; to grow flighty.

évasé [évàzé] *adj.* bell-mouthed; splayed; cupped; flared [jupe].

évasif [évàzìf] *adj.* evasive. ‖ *évasion* [-yoⁿ] *f.* evasion; escape, flight; escapism (lit.).

évêché [évèshé] *m.* bishopric, diocese, see; bishop's palace.

éveil [évèy] *m.* awakening; alertness; alarm; warning; *en éveil*, on the watch. ‖ *éveillé* [-é] *adj.* awake; wide-awake; keen; alert; lively. ‖ *éveiller* [-é] *v.* to awaken; to rouse; *s'éveiller*, to wake up, to awake.

événement [évènmaⁿ] *m.* event; happening; occurrence; incident; result; emergency.

éventail [évaⁿtày] *m.* fan; range [des salaires].

éventaire [évaⁿtèr] *m.* stall, stand; flower-basket. ‖ *éventé* [-é] *adj.* flat; musty; stale; divulged. ‖ *éventer* [-é] *v.* to fan; to expose to the air; to find out; to let out [secret]; to scent; to get wind of; *s'éventer*, to go flat [vin]; to get stale; to fan oneself; to leak out [secret].

éventrer [évaⁿtré] *v.* to rip open; to gut [poisson]; to disembowel.

éventualité [évaⁿtüàlité] *f.* eventuality, possibility, contingency, occurrence. ‖ *éventuel* [-üèl] *adj.** eventual; contingent, possible; emergency.

évêque [évèk] *m.* bishop.

évertuer (s') [sévèrtüé] *v.* to strive, to do one's utmost.

éviction [évìksyoⁿ] *f.* eviction.

évidemment [évìdàmaⁿ] *adv.* evidently, obviously; of course. ‖ *évidence* [-aⁿs] *f.* evidence, obviousness; conspicuousness. ‖ *évident* [-aⁿ] *adj.* evident, plain; conspicuous, obvious.

évider [évìdé] *v.* to hollow out; to groove; to cut away.

évier [évìé] *m.* sink.

évincer [évìⁿsé] *v.* to evict, to turn out; to oust; to supplant.

évitable [évìtàbl] *adj.* avoidable. ‖ *éviter* [-é] *v.* to avoid; to shun; to dodge; to swing (naut.).

évocation [évòkàsyoⁿ] *f.* evocation; recalling; raising [esprits]; conjuring up.

évoluer [évòlüé] *v.* to develop, to evolve; to revolve; to go through evolutions. ‖ *évolution* [-üsyoⁿ] *f.* evolution; development. ‖ *évolutionnisme* [-ìsm] *m.* evolutionism.

évoquer [évòké] *v.* to evoke, to bring to mind, to conjure up; to raise [esprit].

exacerber [égzàsèrbé] *v.* to exacerbate.

exact [ègzàkt] *adj.* exact, correct, accurate; precise; punctual; strict; true.

exaction [ègzàksyoⁿ] *f.* exaction; extortion.

exactitude [ègzàktìtüd] *f.* exactitude, exactness, accuracy, precision; correctness; punctuality.

exagération [ègzàjéràsyoⁿ] *f.* exaggeration, overstatement. ‖ *exagérer* [-é] *v.* to exaggerate; to over-estimate; to overrate; to magnify; to go too far (fig.).

exaltation [ègzàltàsyoⁿ] *f.* exaltation; glorifying; excitement. ‖ *exalté* [-é] *m.* fanatic; *adj.* heated; excited; hot-headed; exalted. ‖ *exalter* [-é] *v.* to exalt; to extol; to rouse, to excite.

examen [ègzàmìⁿ] *m.* examination; investigation; test; survey. ‖ *examinateur, -trice* [-ìnàtœr, -trìs] *m., f.* tester; examiner. ‖ *examiner* [-ìné] *v.* to examine; to overhaul; to survey; to look into; to investigate; to scrutinize.

exaspération [ègzàspéràsyoⁿ] *f.* exasperation, irritation. ‖ *exaspérer* [-é] *v.* to exasperate, to irritate, to provoke; to aggravate.

exaucer [ègzôsé] *v.* to grant [prière], to fulfil(l) [désir].

excavation [èkskàvàsyoⁿ] *f.* excavation; excavating.

excédant [èkSédaⁿ] *adj.* excessive. ‖ *excédent* [-aⁿ] *m.* surplus, excess. ‖ *excéder* [-é] *v.* to exceed; to weary, to tire out; to aggravate.

excellence [èksèlaⁿs] *f.* excellence; Excellency [titre]. ‖ *excellent* [-aⁿ] *adj.* excellent; delicious; capital, first-rate (fam.). ‖ *exceller* [-é] *v.* to excel; to surpass.

excentricité [èksaⁿtrìsìté] *f.* eccentricity; remoteness. ‖ *excentrique* [èksaⁿtrìk] *m.* eccentric (mech.); *adj.* outlying [quartiers]; odd, peculiar, queer.

excepté [èksèpté] *prep.* except; excepting, save, all but. ‖ *excepter* [-é] *v.* to except, to bar. ‖ *exception* [èksèpsyoⁿ] *f.* exception. ‖ *exceptionnel* [-yònèl] *adj.** exceptional; out of the ordinary; unusual.

excès [èksè] *m.* excess; abuse; *pl.* outrages. || **excessif** [-sìf] *adj.** excessive; unreasonable; undue; extreme; exorbitant.

excitable [èksìtàbl] *adj.* excitable. || **excitant** [-aⁿ] *m.* stimulant (med.); *adj.* exciting, stimulating. || **excitation** [-àsyoⁿ] *f.* excitation; incitement. || **exciter** [-é] *v.* to excite; to stir up; to incite; to stimulate, to rouse; **s'exciter,** to get worked up, to get excited.

exclamation [èksklàmàsyoⁿ] *f.* exclamation. || **exclamer (s')** [sèksklàmé] *v.* to cry out; to exclaim.

exclure [èksklür] *v.** to exclude, to debar; to leave out; to shut out. || **exclusif** [-üzìf] *adj.** exclusive; special (comm.); sole [droit]. || **exclusion** [-üzyoⁿ] *f.* exclusion, debarring; *à l'exclusion de,* excluding. || **exclusivité** [-üzìvìté] *f.* exclusiveness; exclusive right; stage-rights.

excommunier [èkskòmünyé] *v.* to excommunicate.

excrément [èkskrémaⁿ] *m.* excrement.

excroissance [èkskrwàsaⁿs] *f.* excrescence.

excursion [èkskürsyoⁿ] *f.* excursion; tour; ramble; outing; trip; hike.

excusable [èksküzàbl] *adj.* excusable. || **excuse** [èsküz] *f.* excuse; *pl.* apologies. || **excuser** [-é] *v.* to excuse, to pardon; to apologize for; **s'excuser,** to apologize, to excuse oneself; to decline.

exécrable [ègzékràbl] *adj.* execrable; disgraceful; horrible; abominable. || **exécrer** [-é] *v.* to execrate, to loathe, to detest.

exécutant [ègzékütaⁿ] *m.* performer, executant. || **exécuter** [-é] *v.* to execute; to perform; to carry out [projet]; to fulfil(l); to put to death; to distrain on [débiteur]; **s'exécuter,** to be performed; to comply; to yield; to pay up (comm.); to sell off. || **exécuteur, -trice** [-œr, -trìs] *m., f.* performer; executor; executioner; *f.* executrix (jur.). || **exécutif** [-ìf] *m., adj.** executive. || **exécution** [ègzéküsyoⁿ] *f.* execution; performance; fulfil(l)ment; production; enforcement (jur.); *mettre à exécution,* to carry out.

exemplaire [ègzaⁿplèr] *m.* copy [livre]; sample, specimen; model; pattern; *adj.* exemplary. || **exemple** [ègzaⁿpl] *m.* example; copy; instance; precedent; warning, lesson; *par exemple,* for instance; *interj.* well I never!

exempt [ègzaⁿ] *adj.* exempt; free; immune. || **exempter** [-té] *v.* to exempt, to free, to dispense. || **exemption** [-psyoⁿ] *f.* exemption; freedom; immunity.

exercer [ègzèrsé] *v.* to exercise; to practise; to train; to carry on; to try [patience]; to drill; to exert; **s'exercer,** to practice; to train oneself. || **exercice** [-ìs] *m.* exercise; training; practice; drill (mil.); duties; inspection [douane]; financial year; balance-sheet.

exergue [ègzèrg] *m.* exergue.

exhalaison [ègzàlèzoⁿ] *f.* exhalation; smell; fumes; bouquet. || **exhaler** [ègzàlé] *v.* to exhale; to breathe; to breathe out; to emit, to send forth.

exhausser [ègzòsé] *v.* to raise, to heighten.

exhiber [ègzìbé] *v.* to exhibit; to display; to show off. || **exhibition** [ègzìbìsyoⁿ] *f.* exhibition; production, showing; showing off.

exhorter [ègzòrté] *v.* to exhort, to urge, to encourage.

exhumer [ègzümé] *v.* to exhume, to disinter; to unearth, to bring to light, to dig out (fam.).

exigeant [ègzìjaⁿ] *adj.* exacting, particular, hard to please. || **exigence** [-aⁿs] *f.* excessive demands; unreasonableness; exigency, requirements. || **exiger** [-é] *v.* to demand, to require; to exact, to insist on. || **exigible** [-ìbl] *adj.* due; demandable.

exigu, -uë [ègzìgü] *adj.* scanty; tiny; small. || **exiguïté** [-ìté] *f.* exiguity, exiguousness.

exil [ègzìl] *m.* exile, banishment. || **exilé** [-é] *m.* exile; *adj.* exiled, banished. || **exiler** [-é] *v.* to exile, to banish; **s'exiler,** to go into exile; to expatriate oneself.

existant [ègzìstaⁿ] *adj.* existing, living; extant. || **existence** [-s] *f.* existence; being; life; *pl.* stock (comm.); *moyens d'existence,* means of livelihood. || **existentialisme** [-syàlìsm] *m.* existentialism. || **exister** [ègzìsté] *v.* to exist, to be; to live; to be extant.

exode [ègzòd] *m.* exodus.

exonérer [ègzònéré] *v.* to exonerate; to exempt; to free; to discharge.

exorbitant [ègzòrbìtaⁿ] *adj.* exorbitant, excessive. || **exorbité** [-é] *adj.* starting out of one's head.

exotique [ègzòtìk] *adj.* exotic. || **exotisme** [-tìsm] *m.* exoticism.

expansif [èkspaⁿsìf] *adj.** expansive; effusive; exuberant. || **expansion,** expansion; expansiveness; enlargement.

expatrier [èkspàtrìé] *v.* to expatriate, to exile; **s'expatrier,** to expatriate oneself.

expectative [èkspèktàtîv] *f.* expectancy; prospect.

expédient [èkspédyaⁿ] *m.* expedient; dodge (fam.); makeshift; emergency device; *adj.* expedient. ‖ **expédier** [-yé] *v.* to dispatch; to send off; to forward; to expedite; to ship; to hurry through; to clear [navire]; to draw up [acte]. ‖ **expéditeur, -trice** [-îtœr, -trìs] *m., f.* sender; shipper; agent; *adj.* forwarding. ‖ **expéditif** [-îtîf] *adj.* prompt; expeditious. ‖ **expédition** [-îsyoⁿ] *f.* expedition; sending, dispatch; shipment; consignment; copy [acte]. ‖ **expéditionnaire** [-îsyònèr] *m.* sender; forwarding agent; shipper; consigner; copying clerk; *adj.* expeditionary.

expérience [èkspéryaⁿs] *f.* experience; experiment, test; *sans expérience,* inexperienced. ‖ **expérimental** [-îmaⁿtàl] *adj.* experimental. ‖ **expérimenter** [-îmaⁿté] *v.* to experiment; to test.

expert [èkspèr] *m.* expert; specialist; connoisseur; valuer (comm.); *adj.* expert, skilled. ‖ **expertise** [-tîz] *f.* valuation; survey; assessment; expert opinion; expert's report. ‖ **expertiser** [-tîzé] *v.* to value, to appraise; to survey.

expiration [èkspìràsyoⁿ] *f.* expiration; breathing out; termination. ‖ **expirer** [-é] *v.* to expire; to die; to breathe out; to terminate.

explicable [èksplìkàbl] *adj.* explainable, explicable. ‖ **explicatif** [-àtîf] *adj.** explanatory. ‖ **explication** [-àsyoⁿ] *f.* explanation. ‖ **explicite** [èksplìsìt] *adj.* explicit, express, clear, plain. ‖ **expliquer** [-ìké] *v.* to explain; to expound; to account for; *s'expliquer,* to be explained; to explain oneself.

exploit [èksplwà] *m.* exploit, feat; deed; achievement; writ, summons (jur.); *signifier un exploit à,* to serve a writ on. ‖ **exploitation** [-tàsyoⁿ] *f.* exploitation; working [mine]; cultivation; felling [arbres]; mine. ‖ **exploiter** [-té] *v.* to exploit; to work [mine]; to cultivate; to turn to account; to take advantage of; to oppress. ‖ **exploiteur** [-tœr] *m.* exploiter.

explorateur, -trice [èksplòràtœr, -trìs] *m., f.* explorer; *adj.* exploratory. ‖ **exploration** [-àsyoⁿ] *f.* exploration; scanning [télévision]. ‖ **explorer** [-é] *v.* to explore; to search; to scan [télévision].

exploser [èksplòzé] *v.* to explode; to blow up. ‖ **explosif** [-îf] *m., adj.** explosive. ‖ **explosion** [-yoⁿ] *f.* explosion; blowing up; bursting.

exportateur, -trice [èkspòrtàtœr, -trìs] *m., f.* exporter; *adj.* exporting.

‖ **exportation** [-àsyoⁿ] *f.* exportation; export. ‖ **exporter** [-é] *v.* to export.

exposant [èkspôzaⁿ] *m.* exhibitor; exponent (math.); petitioner (jur.). ‖ **exposé** [-é] *m.* report; outline; account; statement. ‖ **exposer** [-é] *v.* to expose; to lay bare; to exhibit; to state; to set forth; to endanger. ‖ **exposition** [-îsyoⁿ] *f.* exhibition; exposure; statement; account; aspect [maison]; lying in state [corps].

exprès [èksprè] *m.* express; *adv.* on purpose, intentionally. ‖ **exprès, -esse** [-è, -ès] *adj.* express, positive, definite, explicit. ‖ **express** [-s] *m., adj.* express [train]. ‖ **expressif** [-sîf] *adj.** expressive. ‖ **expression** [-syoⁿ] *f.* expression; utterance; squeezing; phrase; *la plus simple expression,* the simplest terms.

exprimable [èksprìmàbl] *adj.* expressible. ‖ **exprimer** [-é] *v.* to express; to voice; to manifest; to squeeze out [jus].

exproprier [èkspròprìyé] *v.* to expropriate.

expulser [èkspülsé] *v.* to expel; to turn out; to evict; to oust; to eject; to banish. ‖ **expulsion** [-yoⁿ] *f.* expulsion; ejection; ousting; eviction.

expurger [èkspürjé] *v.* to expurgate, to bowdlerize.

exquis [èkskî] *adj.* exquisite; delicious, delightful; choice.

exsangue [èksaⁿg] *adj.* bloodless; exsanguine.

extase [èkstâz] *f.* ecstasy, rapture; trance (med.). ‖ **extasier** [-àzyé] *v.* to transport; to enrapture; *s'extasier,* to go into ecstasies. ‖ **extatique** [-àtìk] *adj.* ecstatic.

extensible [èkstaⁿsìbl] *adj.* extending; expanding. ‖ **extension** [-yoⁿ] *f.* extent; extension; spreading; stretching.

exténuer [èksténüé] *v.* to extenuate; to tire out; to wear out; to exhaust.

extérieur [èkstéryœr] *m.* outside; appearance; foreign countries; exterior [cinéma]; *adj.* exterior, outer, outside, external; foreign; unreserved. ‖ **extérioriser** [-ryòrìzé] *v.* to exteriorize; to manifest; *s'extérioriser,* to unbosom oneself; to be expressed.

extermination [èkstèrmìnàsyoⁿ] *f.* extermination, wiping out. ‖ **exterminer** [-é] *v.* to exterminate; to annihilate; to wipe out.

externe [èkstèrn] *m.* day-pupil; non-resident medical student; *adj.* exterior, outer, external.

extincteur [èkstîⁿktœr] *m.* fire-extinguisher. ‖ **extinction** [-syoⁿ] *f.* extinction; loss [voix].

extirper [èkstìrpé] *v.* to extirpate; to cut out; to eradicate; to uproot.

extorquer [èkstòrké] *v.* to extort. ‖ *extorsion* [-syoⁿ] *f.* extortion.

extra [èkstrà] *m.*, *adv.* extra; *adj.* extra-special; *extra-fin*, superfine.

extraction [èkstràksyoⁿ] *f.* extraction; working [mines]; origin, birth, parentage.

extrader [èkstràdé] *v.* to extradite.

extraire [èkstrèr] *v.** to extract; to pull [dent]; to quarry [pierres]; to extricate. ‖ *extrait* [èkstrè] *m.* extract; excerpt; certificate; statement [compte].

extraordinaire [èkstràòrdìnèr] *adj.* extraordinary; uncommon; special; unusual; wonderful.

extravagance [èkstràvàgaⁿs] *f.* extravagance; absurdity; folly. ‖

extravagant [-aⁿ] *adj.* extravagant; exorbitant; absurd, foolish, wild.

extrême [èkstrèm] *m.* utmost limit; *adj.* extreme; utmost; severe; intense; *extrême-onction*, extreme unction; *Extrême-Orient*, Far East. ‖ *extrémiste* [-émìst] *s.* extremist. ‖ *extrémité* [-émité] *f.* extremity; very end; tip; extreme; border; urgency; *à l'extrémité.* to extremes.

exubérance [ègzübéraⁿs] *f.* exuberance. ‖ *exubérant* [ègzübéraⁿ] *adj.* exuberant; very rich; superabundant; lush; luxuriant.

exultation [ègzültàsyoⁿ] *f.* exultation, rejoicing. ‖ *exulter* [-é] *v.* to exult, to rejoice.

exutoire [ègzütwàr] *m.* exutory; outlet.

F

fable [fâbl] *f.* fable; story, tale; fiction; myth; untruth.

fabricant [fàbrìkaⁿ] *m.* maker, manufacturer. ‖ *fabrication* [-àsyoⁿ] *f.* making, manufacture; production; forging; fabrication. ‖ *fabrique* [fàbrìk] *f.* factory, works, manufactory; mill [papier]; make. ‖ *fabriquer* [-é] *v.* to make, to make up; to manufacture; to forge; to do, to be up to (fam.).

fabuleux [fàbülë] *adj.** fabulous; incredible; prodigious. ‖ *fabuliste* [-ìst] *m.* fabulist.

façade [fàsàd] *f.* façade, front, frontage; appearances (fig.).

face [fàs] *f.* face; countenance; aspect; front; surface; side [disque]; *faire face à*, to confront; to face; *en face de*, facing, in front of.

facétie [fàsésì] *f.* joke; prank.

facette [fàsèt] *f.* facet.

fâché [fâshé] *adj.* sorry; angry; annoyed, cross, vexed; offended; displeased. ‖ *fâcher* [-é] *v.* to incense, to anger; to grieve; to offend; *se fâcher*, to get angry, to lose one's temper; to quarrel. ‖ *fâcheux* [-ë] *m.* bore; *adj.** tiresome, annoying; vexing; awkward; unfortunate; grievous.

facial [fàsyàl] *adj.** facial.

facile [fàsìl] *adj.* easy; simple; facile; ready; pliable; accommodating; fluent [parole]. ‖ *facilité* [-ìté] *f.* ease; easiness; readiness; fluency [parole]; facility; gift; aptitude; pliancy; *pl.* easy terms [paiement]. ‖ *faciliter* [-ìté] *v.* to facilitate, to make easier, to simplify.

façon [fàsoⁿ] *f.* make; fashioning; work; workmanship; manner, way, mode; sort; *pl.* ceremony; affectation; fuss; *de façon à*, so as to; *de toute façon*, in any case; *en aucune façon*, by no means; *de façon que*, so that; *faire des façons*, to stand on ceremony. ‖ *façonner* [-òné] *v.* to shape; to form, to fashion; to make [robe]; to train; to accustom; to mould.

facteur [fàktœr] *m.* postman; transport agent; carman; porter [gare]; maker; factor (math.). ‖ *factice* [-tìs] *adj.* artificial, imitation, factitious. ‖ *factieux* [-syë] *adj.** factious; *m.* factionist. ‖ *faction* [-syoⁿ] *f.* faction; watch, guard, sentry-duty. ‖ *factionnaire* [-syònèr] *m.* sentry.

facture [fàktür] *f.* make; invoice (comm.); bill; account; *suivant facture*, as per invoice. ‖ *facturer* [-türé] *v.* to invoice. ‖ *facturier* [-ryé] *m.* sales-book; invoice-clerk.

facultatif [fàkültàtìf] *adj.** optional, facultative; *arrêt facultatif*, request stop. ‖ *faculté* [-é] *f.* faculty; option; power; privilege; branch of studies; *pl.* means, resources.

fadaise [fàdèz] *f.* nonsense, twaddle, Am. baloney (pop.).

fade [fàd] *adj.* tasteless, insipid; flat. ‖ *fadeur* [-œr] *f.* insipidity; sickliness [odeur]; pointlessness; tameness.

fagot [fàgô] *m.* faggot, bundle of sticks. ‖ *fagoté* [-é] *adj.* dowdy, frumpish (fam.).

faible [fèbl] *m.* weakness, foible; weakling; *adj.* weak, feeble; faint [voix]; light, slight; gentle [pente]; poor; slender [ressources]. ‖ *faiblesse* [-ès] *f.* weakness, feebleness; frailty;

weak point; fainting fit; smallness; poorness; slenderness; deficiency. ‖ **faiblir** [-îr] v. to weaken, to grow weak; to flag, to yield.

faïence [fàyàⁿs] f. earthenware; crockery.

faille [fày] f. fault (geol.). ‖ **failli** [-ì] m. bankrupt. ‖ **faillir** [-îr] v.* to fail; to err; to come near; to just miss; to go bankrupt (comm.); il a failli mourir, he nearly died. ‖ **faillite** [-ìt] f. failure, bankruptcy; faire faillite, to go bankrupt.

faim [fìⁿ] f. hunger; avoir faim, to be hungry; mourir de faim, to be starving.

fainéant [fènéaⁿ] m. idler, sluggard, slacker (fam.); adj. idle, lazy, sluggish; slothful.

faire [fèr] m. doing; technique; style; workmanship; v.* to make [fabriquer]; to cause; to get; to bring forth; to do; to perform; to suit; to fit; to deal [cartes]; to manage; to be [temps]; to play [musique]; to paint [tableau]; to produce; to go [distance]; to say; to pay [frais]; to persuade; to wage [guerre]; cela fait mon affaire, that suits me fine; faites attention, be careful; je lui ferai écrire une lettre, I shall have him write a letter; faites-moi le plaisir de, do me the favo(u)r of; faire savoir, to inform; faire voile, to set sail; se faire, to be done; to happen; to get used to; to become; cela ne se fait pas, that is not done; il peut se faire que, it may happen that; comment se fait-il que, how is it that; se faire comprendre, to make oneself understood; ne vous en faites pas, don't worry; faire-part, announcement, card, notification [mariage, décès]. ‖ **faisable** [f^ezàbl] adj. feasible, practicable.

faisan, -ane [f^ezaⁿ, -àn] m., f. pheasant, m.; hen-pheasant, f. ‖ **faisander** [-dé] v. to hang [viande].

faisceau [fèsô] m.* bundle; cluster; pile, stack [armes]; pencil [lumière]; pl. fasces.

faiseur [f^ezœr] m. maker, doer; quack, humbug.

fait [fè] m. fact; deed; act; feat, achievement; case; matter; point; adj. made; done; settled; used; ripe; grown; au fait, de fait, indeed; être au fait de, to be informed of; fait d'armes, feat of arms; fait divers, item of news; prendre sur le fait, to catch in the act; en venir au fait, to come to the point; c'en est fait de, it's all up with; c'est bien fait pour vous, it serves you right; fait-tout, stew-pan.

faîte [fèt] m. ridge [toit]; summit, top; peak, height (fig.).

faix [fè] m. burden, load.

falaise [fàlèz] f. cliff; bluff.

fallacieux [fàlàsyë] adj.* fallacious.

falloir [fàlwàr] v.* to be necessary; il lui faut un crayon, he needs a pencil; il faut qu'elle vienne, she must come; il fallait appeler, you should have called; comme il faut, proper; correct; respectable; gentlemanly; lady-like; il s'en faut de beaucoup, far from it; peu s'en fallut qu'il ne mourût, he very nearly died.

falot [fàlô] m. lantern.

falot [fàlô] adj. queer, quaint, droll, odd, amusing; wan, dull [lumière].

falsification [fàlsìfìkàsyoⁿ] f. falsification; adulteration; forgery; debasement; tampering with. ‖ **falsifier** [fàlsìfyé] v. to falsify; to counterfeit; to adulterate [nourriture]; to sophisticate; to forge; to debase; to tamper with.

famélique [fàmélìk] m. starveling; adj. starving, famished.

fameux [fàmë] adj.* famous, renowned, celebrated; Br. capital, Am. marvelous, swell (fam.).

familial [fàmìlyàl] adj.* family, domestic. ‖ **familiale** [-yàl] f. seven-seater saloon. Am. seven-passenger sedan. ‖ **familiariser** [fàmìlyàrìzé] v. to familiarize. ‖ **familiarité** [-ìté] f. familiarity, intimacy; pl. liberties. ‖ **familier** [fàmìlyé] adj.* family, domestic; familiar; well-known; intimate; colloquial. ‖ **famille** [fàmìy] f. family; household.

famine [fàmîn] f. famine, starvation.

fanal [fànàl] m.* lantern; beacon; signal-light; navigation light.

fanatique [fànàtìk] m., f. fanatic; adj. fanatical. ‖ **fanatisme** [-ìsm] m. fanaticism.

fane [fàn] f. top; haulm.

faner [fàné] v. to cause to fade; to make hay; to toss; se faner, to fade; to droop. ‖ **faneur** [-œr] m. haymaker.

fanfare [faⁿfàr] f. brass band; fanfare; flourish (mus.). ‖ **fanfaron** [-oⁿ] m. boaster, braggart, swaggerer; adj.* boastful, bragging. ‖ **fanfaronnade** [-ònàd] f. brag, boasting, bluster. ‖ **fanfaronner** [-òné] v. to brag, to bluster, to boast.

fanfreluche [faⁿfrelüch] f. fal-lal.

fange [faⁿj] f. mud, mire; filth, dirt; ooze. ‖ **fangeux** [-ë] adj.* muddy, dirty, filthy.

fanion [fànyoⁿ] m. flag pennon (mil.). ‖ **fanon** [fànoⁿ] m. pendant (eccles.); dewlap [bœuf]; fetlock [cheval]; whalebone.

fantaisie [faⁿtèzî] f. fancy, whim, caprice; imagination; fantasia (mus.); articles de fantaisie, fancy goods. ‖

fantaisiste [-ìst] *adj.* whimsical; fanciful; *m.* fanciful person.

fantasque [faⁿtàsk] *adj.* fantastic, changeable, flighty.

fantassin [faⁿtàsìⁿ] *m.* infantryman, foot-soldier.

fantastique [faⁿtàstìk] *adj.* fantastic, fanciful; incredible; outrageous.

fantôme [faⁿtôm] *m.* phantom, ghost, spectre; shadow.

faon [faⁿ] *m.* fawn.

farce [fàrs] *f.* stuffing, force-meat [cuisine]; farce, low comedy; trick, practical joke. ‖ *farceur* [-œr] *m.* wag, humorist; practical joker. ‖ *farcir* [-îr] *v.* to stuff.

fard [fàr] *m.* paint; make-up; rouge; artifice; disguise (fig.).

fardeau [fàrdô] *m.** burden, load.

farder [fàrdé] *v.* to paint; to make up; to disguise; *se farder,* to make up, to paint.

farfelu [fàrfᵉlü] *adj.* hare-brained; *m.* whipper-snapper.

farine [fàrîn] *f.* meal, flour; oatmeal [avoine]; *farine lactée,* malted milk. ‖ *farineux* [-ë] *adj.** mealy, floury, farinaceous.

farouche [fàrûsh] *adj.* wild, fierce, savage; cruel; shy, timid [peureux]; sullen.

fascicule [fàsìkül] *m.* fascic(u)le; small bundle; part, section [publication].

fascination [fàsìnàsyoⁿ] *f.* fascination, charm. ‖ *fasciner* [-é] *v.* to fascinate; to entrance, to charm.

faste [fàst] *m.* pomp, display, ostentation; *adj.* lucky; auspicious.

fastidieux [fàstìdyë] *adj.** tedious, dull; irksome; tiresome.

fastueux [fàstüë] *adj.** ostentatious, showy; splendid, sumptuous.

fat [fàt] *m.* fop; conceited idiot; *adj.* foppish; conceited, vain.

fatal [fàtàl] *adj.* fatal, inevitable; *c'est fatal,* it's bound to happen. ‖ *fatalisme* [-ìsm] *m.* fatalism. ‖ *fatalité* [-lté] *f.* fatality; fate; calamity; misfortune.

fatigant [fàtìgaⁿ] *adj.* tiring, wearisome, fatiguing; tiresome. ‖ *fatigue* [fàtîg] *f.* fatigue, tiredness, weariness; hard work. ‖ *fatigué* [fàtìgé] *adj.* tired, weary, jaded [cheval]; threadbare [vêtement]; well-thumbed [livre]. ‖ *fatiguer* [-é] *v.* to fatigue, to tire, to weary; to overwork, to strain; *se fatiguer,* to get tired; to tire oneself out; to grow sick [de, of].

fatuité [fàtüìté] *f.* conceit, self-satisfaction; foppishness.

faubourg [fôbûr] *m.* suburb; outskirts. ‖ *faubourien* [-ryiⁿ] *adj.** suburban; *Am.* downtown; common, vulgar.

faucher [fôshé] *v.* to mow, to reap; to mow down (fig.); to sweep by fire (mil.); to pinch (pop.). ‖ *faucheur* [-œr] *m.* mower reaper. ‖ *faucheuse* [-ëz] *f.* mowing-machine, reaper. ‖ *faucheux* [-ë] *m.* field spider, daddylonglegs.

faucille [fôsîy] *f.* sickle, reaping-hook.

faucon [fôkoⁿ] *m.* falcon, hawk.

faufiler [fôfìlé] *v.* to tack; to slip in; to insert; *se faufiler,* to creep in; to slip in; to insinuate oneself.

faune [fôn] *f.* fauna; set (fig.).

faussaire [fôsèr] *m.,* *f.* forger. ‖ *fausser* [-é] *v.* to falsify, to pervert; to bend, to warp; to force [serrure]; to break [parole]; to throw out of tune (mus.); *fausser compagnie à,* to give the slip to. ‖ *fausseté* [-té] *f.* falseness; falsehood; treachery.

faute [fôt] *f.* fault; error; mistake; want, lack; *faute de,* for want of; *sans faute,* without fail.

fauteuil [fôtœy] *m.* armchair; chair [president]; wheel chair [roulant]; seat; stall (theat.).

fautif [fôtìf] *adj.** wrong, faulty, incorrect; guilty.

fauve [fôv] *m.* wild beast; *adj.* tawny; musky [odeur]. ‖ *fauvette* [-èt] *f.* warbler.

faux [fô] *f.* scythe.

faux, fausse [fô, fôs] *m.* falsehood; forgery; *adj.* false, untrue, wrong, erroneous; inaccurate; imitation, sham; forged; fraudulent; out of tune (mus.); *adv.* falsely; out of tune (mus.); *faux pas,* slip; *faire fausse route,* to be on the wrong track; *faux col,* shirt-collar, detachable collar; *faux-fuyant,* evasion, subterfuge; *faux frais,* incidentals; *faux-monnayeur,* counterfeiter; *faux-semblant,* false pretence.

faveur [fàvœr] *f.* favo(u)r; kindness; boon; privilege; fashion, vogue; ribbon [ruban]; *conditions de faveur,* preferential terms; *billet de faveur,* complimentary ticket. ‖ *favorable* [fàvòràbl] *adj.* favo(u)rable, propitious; advantageous. ‖ *favori, -ite* [-ì, -ìt] *m.,* *f.,* *adj.* favo(u)rite; *m. pl.* side-whiskers. ‖ *favoriser* [-ìzé] *v.* to favo(u)r; to encourage; to patronize; to facilitate; to assist. ‖ *favoritisme* [-ìtìsm] *m.* favo(u)ritism.

fébrile [fébrìl] *adj.* febrile; feverish.

fécond [fékoⁿ] *adj.* fruitful, fertile, productive; prolific. ‖ *féconder* [-dé] *v.* to fecundate, to fertilize; to impregnate. ‖ **fécondité** [-ìté] *f.* fertility; fecundity; fruitfulness.

fécule [fékül] *f.* starch; fecula. ‖ **féculent** [-a^n] *m.* starchy food; *adj.* starchy, faeculent.

fédéral [fédéràl] *adj.** federal; *m.* ⓒ the Federal Government. ‖ **fédération** [-àsyo^n] *f.* federation. ‖ **fédéré** [-é] *adj.* federate.

fée [fé] *f.* fairy; *conte de fées*, fairy-tale. ‖ **féerie** [-rî] *f.* fairy scene; enchantment; pantomime; fairy-play; magic spectacle. ‖ **féerique** [-rìk] *adj.* fairy; magic; enchanting.

feignant [fènya^n] *adj.*, *m.* (pop.) *see fainéant.*

feindre [fi^ndr] *v.** to feign, to sham, to pretend; to limp [cheval]. ‖ **feinte** [fi^nt] *f.* sham, pretence; bluff; make-believe; feint [boxe].

fêler [fèlé] *v.* to crack.

félicitation [félìsìtàsyo^n] *f.* congratulation. ‖ **féliciter** [-é] *v.* to congratulate, to compliment.

félin [féli^n] *adj.*, *m.* cat-like; feline.

fêlure [fèlür] *f.* crack; fracture.

femelle [f^mèl] *f.* female.

féminin [félmìni^n] *adj.* feminine; female; womanly; womanish.

femme [fàm] *f.* woman [*pl.* women]; wife.

fenaison [f^nèzo^n] *f.* haymaking.

fendre [fa^ndr] *v.* to split, to cleave; to rend [air]; to slit; to break through [foule]; to crack; *se fendre*, to split, to crack; to cough up (fam.).

fenêtre [f^nètr] *f.* window; sash.

fente [fa^nt] *f.* crack, fissure, split; slit; gap; chink; cranny; crevice; opening; slot.

féodal [féòdàl] *adj.** feudal.

fer [fèr] *m.* iron; sword; shoe [cheval]; curling-tongs; flat-iron; *pl.* fetters, chains; captivity; forceps (med.); *fil de fer*, wire; *fer forgé*, wrought iron; *fer-blanc*, tin. ‖ **ferblanterie** [fèrbla^ntrî] *f.* tin ware, tin goods; tin-shop (ind.). ‖ **ferblantier** [-yé] *m.* tinsmith.

férié [féryé] *adj. jour férié*, public holiday, Bank Holiday.

ferlouche [fèrlûsh] *f.* ⓒ ferlouche (pie-filling).

fermage [fèrmàj] *m.* rent; tenant farming.

ferme [fèrm] *f.* farm; farming; farming lease [bail]; truss (techn.); *adj.* firm, rigid, steady, fast, fixed; stiff; resolute; definite; *adv.* firmly, fast.

fermé [fèrmé] *adj.* shut, closed; exclusive; impenetrable; impervious.

ferment [fèrma^n] *m.* ferment. ‖ **fermentation** [-tàsyo^n] *f.* fermentation; excitement; unrest. ‖ **fermenter** [-té] *v.* to ferment.

fermer [fèrmé] *v.* to close, to shut; to close down; to fasten; to switch off [lumière]; to turn out [gaz]; to clench [poing]; to lock [à clé]; to bolt [au verrou].

fermeté [fèrm^té] *f.* firmness; steadiness; steadfastness; constancy.

fermeture [fèrm^tür] *f.* shutting, closing; fastening; *fermeture à glissière*, zipper, zip fastener.

fermier [fèrmyé] *m.* farmer; farm tenant. ‖ **fermière** [-yèr] *f.* farmer's wife.

fermoir [fèrmwàr] *m.* clasp, catch, fastener.

féroce [féròs] *adj.* ferocious, fierce, savage, wild. ‖ **férocité** [-ìté] *f.* fierceness, ferocity.

ferraille [fèràÿ] *f.* scrap-iron, old iron; junk. ‖ **ferré** [-é] *adj.* fitted with iron; shod; well up in (fam.); hobnailed [soulier]. ‖ **ferrer** [-é] *v.* to fit with iron; to shoe [cheval]; to strike [poisson]; to metal [route]. ‖ **ferrure** [-ür] *f.* iron fitting; iron-work.

fertile [fèrtîl] *adj.* fertile; rich. ‖ **fertiliser** [-ìzé] *v.* to fertilize. ‖ **fertilisation** [-ìzàsyo^n] *f.* fertilization. ‖ **fertilité** [-ìté] *f.* fertility; abundance; fruitfulness.

féru [férü] *adj.* smitten; struck.

férule [férül] *f.* cane; sway.

fervent [fèrva^n] *m.* enthusiast; fan (fam.); *adj.* fervent, earnest. ‖ **ferveur** [-œr] *f.* fervo(u)r, earnestness.

fesse [fès] *f.* buttock; *pl.* bottom, backside; *fesse-mathieu*, skinflint. ‖ **fessée** [-é] *f.* spanking. ‖ **fesser** [-é] *v.* to spank.

festin [fèsti^n] *m.* feast, banquet.

feston [fèsto^n] *m.* festoon. ‖ **festonner** [-òné] *v.* to festoon; to scallop [ourlet].

festoyer [fèstwàyé] *v.* to feast; to regale.

fête [fèt] *f.* feast; festival; holiday; birthday; patron saint's day; *faire fête à*, to fête; *fête-Dieu*, Corpus Christi. ‖ **fêter** [-é] *v.* to keep [fête]; to fête; to entertain; to celebrate.

fétiche [fétìsh] *m.* fetish; mascot. ‖ **fétichisme** [-ìsm] *m.* fetishism.

fétide [fétìd] *adj.* fetid, stinking, rank; **fétidité**, fetidness.

fétu [fétü] *m.* straw.

feu [fé] *m.** fire; conflagration; flame; heat; firing [armes]; fire-place [foyer]; light; ardour spirit; *arme à feu*, fire-arm; *faire feu sur*, to fire at; *feu de* joie, bonfire ; *feu d'artifice,* fireworks ; *mettre le feu à,* to set fire to ; *à petit feu,* over a slow fire ; *donnez-moi du feu,* give me a light ; *faire long feu,* to hang fire, to misfire.

feu [-ë] *adj.* late ; deceased.

feuillage [fœyàj] *m.* foliage, leaves. ‖ **feuille** [fœy] *f.* leaf ; sheet [papier]. ‖ **feuillet** [-è] *m.* leaf ; form ; sheet. ‖ **feuilleté** [-té] *m.* puff paste. ‖ **feuilleter** [-té] *v.* to turn over the leaves of ; to thumb through ; to skim through [livre] ; to make flaky [pâte]. ‖ **feuilleton** [-toⁿ] *m.* serial story. ‖ **feuillu** [-ü] *adj.* leafy.

feutre [fëtr] *m.* felt ; felt hat. ‖ **feutré** [-é] *adj.* felty ; stealthy, soft [pas].

fève [fèv] *f.* bean ; broad bean.

février [févrìyé] *m.* February.

fiançailles [fyaⁿsày] *f. pl.* engagement, betrothal. ‖ **fiancé, -ée** [-sé] *m.* fiancé ; *f.* fiancée. ‖ **se fiancer** [sᵉfyaⁿsé] *v.* to become engaged.

fibre [fibr] *f.* Br. fibre, *Am.* fiber ; grain [bois] ; feeling. ‖ **fibreux** [-ë] *adj.** fibrous, stringy.

fibrome [fibrôm] *m.* fibrous tumo(u)r.

ficeler [fislé] *v.* to tie up, to do up. ‖ **ficelle** [fisèl] *f.* string, pack-thread, twine ; (pop.) trick, dodge.

fiche [fish] *f.* peg ; pin ; counter [cartes] ; slip [papier] ; form ; index-card ; label ; chit ; plug (electr.). ‖ **ficher** [-é] *v.* to stick in ; to drive in ; (pop.) to do ; to put ; to give ; to throw ; *se ficher,* to laugh (*de,* at) ; *je m'en fiche,* I don't care a hang. ‖ **fichier** [-yé] *m.* card-index ; card-index cabinet. ‖ **fichu** [-ü] *m.* neckerchief ; *adj.* (pop.) lost, done for ; *mal fichu,* wretched, out of sorts.

fictif [fiktìf] *adj.** fictitious. ‖ **fiction** [fiksyoⁿ] *f.* fiction ; fabrication ; figment ; invention.

fidèle [fidèl] *adj.* faithful ; loyal ; accurate ; exact [copie] ; *m. pl. les fidèles,* the faithful ; the congregation (eccles.). ‖ **fidélité** [-ìté] *f.* faithfulness, fidelity ; loyalty ; accuracy.

fieffé [fìéfé] *adj.* arrant, consummate.

fiel [fyèl] *m.* bile, gall [animaux] ; spleen ; malice, venom.

fier (se) [sᵉfyé] *v.* to rely (*à,* on) ; to trust [*à,* to].

fier [fyèr] *adj.** proud ; haughty ; (fam.) fine, precious. ‖ **fierté** [-té] *f.* pride ; dignity ; haughtiness.

fièvre [fyèvr] *f.* fever ; ague ; heat, excitement (fig.) ; *fièvre aphteuse,* foot-and-mouth disease. ‖ **fiévreux** [-ë] *adj.** feverish ; fever-ridden ; excited.

fifrelin [fifrœliⁿ] *m.* farthing, *Am.* red cent.

figaro [figàrô] *m.* barber.

figer [fìjé] *v.* to coagulate, to congeal ; *se figer,* to congeal, to clot ; to set [visage] ; to freeze [sourire] ; to stiffen [personne].

fignoler [fiñôlé] *v.* to finick over.

figue [fig] *f.* fig. ‖ **figuier** [figyé] *m.* fig-tree.

figurant [figüraⁿ] *m.* supernumerary, super (theat.). ‖ **figuration** [-àsyoⁿ] *f.* figuration, representation ; extras (theat.). ‖ **figure** [figür] *f.* figure ; face ; type ; appearance ; court-card [cartes]. ‖ **figuré** [-é] *adj.* figurative ; *au figuré,* figuratively. ‖ **figurer** [-é] *v.* to represent ; to act ; to figure ; to appear ; *se figurer,* to imagine, to fancy.

fil [fil] *m.* thread ; wire ; edge [lame] ; string ; linen ; grain [bois] ; clue ; course ; *fil à plomb,* plumb-line. ‖ **filament** [-àmaⁿ] *m.* filament. ‖ **filant** [-aⁿ] *adj.* flowing ; ropy [vin] ; shooting [étoile]. ‖ **filasse** [-às] *f.* tow ; oakum. ‖ **filateur** [-àtœr] *m.* spinning-mill owner ; spinner ; informer. ‖ **filature** [-àtür] *f.* spinning-mill, cotton-mill ; spinning ; tracking, shadowing. ‖ **file** [fil] *f.* file ; rank ; queue. ‖ **filer** [-ìlé] *v.* to spin ; to draw out ; to pay out [câble] ; to spin out (fig.) ; to shadow ; to flow ; to smoke [lampe] ; to run off ; to sneak away ; *filer à l'anglaise,* to take French leave. ‖ **filet** [-è] *m.* thread ; fillet [bœuf] ; trickle ; dash [citron] ; thread [vis] ; snare ; net [pêche] ; luggage rack ; *coup de filet,* catch, haul.

filial [filyàl] *adj.** filial. ‖ **filiale** [filyàl] *f.* subsidiary company ; sub-branch.

filière [filyèr] *f.* draw-plate ; usual channels (fig.).

filin [filiⁿ] *m.* rope.

fille [fiy] *f.* girl ; maid ; daughter ; sister [religieuse] ; (fam.) whore ; *jeune fille,* girl. ‖ **fillette** [-èt] *f.* little girl.

filleul [fiyœl] *m.* godson. ‖ **filleule** [fiyœl] *f.* god-daughter.

film [film] *m.* film, motion picture, *Am.* movie. ‖ **filmer** [-é] *v.* to film.

filon [filoⁿ] *m.* vein, lode ; (fam.) cushy job ; bonanza.

filou [filû] *m.* crook ; sharper ; swindler ; crook.

fils [fis] *m.* son ; boy, lad (fam.).

filtre [filtr] *m.* filter ; strainer ; percolator [cafetière] ; drip-coffee [café]. ‖ **filtrer** [-é] *v.* to filter ; to strain ; to percolate ; to leak out.

fin [fiⁿ] *f.* end ; termination, conclusion ; close ; *fin de semaine* ⓒ weekend ; object, aim, purpose ; extremity ; *à la fin,* in the long run ; at last ; *mettre fin à,* to put an end to.

fin [fɪⁿ] *adj.* fine; refined; pure; choice; slender; sly, artful; subtle; delicate; small; keen, quick [oreille]; *adv.* fine, finely; absolutely.

final [fɪnàl] *adj.** final, last; ultimate.

finance [fɪnaⁿs] *f.* finance; ready money; *pl.* resources; *le ministère des Finances, Br.* the Exchequer, *Am.* the Treasury. ‖ **financer** [-é] *v.* to finance, to supply with money. ‖ **financier** [-yé] *m.* financier; *adj.** financial; stock [marché].

finasser [fɪnàsé] *v.* to finesse. ‖ **finasserie** [-rî] *f.* trickery, foxiness; *pl.* wiles.

fine [fɪn] *f.* liqueur brandy.

finesse [fɪnès] *f.* finesse; fineness; nicety; thinness; delicacy; shrewdness; acuteness.

fini [fɪnî] *m.* finish; finishing touch; *adj.* ended, finished; settled; over; accomplished; finite. ‖ **finir** [-îr] *v.* to finish, to end; to cease, to leave off; to be over; to die. ‖ **finissant** [-ìsaⁿ] *m.* © senior, graduating student.

fioriture [fyòrìtür] *f.* flourish.

firmament [fìrmàmaⁿ] *m.* firmament, heavens.

firme [fìrm] *f.* firm.

fisc [fìsk] *m.* treasury; taxes, *Br.* Inland Revenue; *Am.* Internal Revenue. ‖ **fiscal** [-àl] *adj.** fiscal.

fissure [fìsür] *f.* fissure, crack, split, cleft, crevice.

fixe [fìks] *m.* fixed salary; *adj.* fixed; steady; fast; firm; regular; settled. ‖ **fixer** [-é] *v.* to fix; to fasten; to settle; to stare at; to decide; to determine; to hold; to attract [attention]; *se fixer,* to settle down; to get fixed.

flacon [flàkoⁿ] *m.* small bottle; flask; vial, phial.

flagellation [flàjèllàsyoⁿ] *f.* flagellation, scourging. ‖ **flageller** [flàjèllé] *v.* to scourge.

flageoler [flàjòlé] *v.* to shake, to tremble.

flageolet [flàjòlè] *m.* flageolet.

flagorner [flàgòrné] *v.* to flatter; to fawn upon.

flagrant [flàgraⁿ] *adj.* flagrant, obvious; glaring, rank.

flair [flèr] *m.* scent; sense of smell; flair. ‖ **flairer** [-é] *v.* to smell; to scent; to detect.

flamant [flàmaⁿ] *m.* flamingo.

flambant [flaⁿbaⁿ] *adj.* blazing; *flambant neuf,* brand-new. ‖ **flambeau** [-ô] *m.** torch; candlestick. ‖ **flambée** [-bé] *f.* blaze; rocketing [prix]. ‖ **flamber** [-é] *v.* to flame; to blaze; to singe; to sterilize. ‖ **flamboiement** [-wàmaⁿ] *m.* blaze. ‖ **flamboyant** [-wàyaⁿ] *adj.*

flamboyant (arch.); blazing; flaming. ‖ **flamboyer** [-wàyé] *v.* to blaze, to flame; to flash; to gleam.

flamme [flàm] *f.* flame; passion, love; pennant (mil.); *en flammes,* ablaze. ‖ **flammèche** [flàmèsh] *f.* flake (or) burning particle of fire.

flan [flaⁿ] *m.* custard tart; flong (typogr.); *à la flan,* botched; all flummery.

flanc [flaⁿ] *m.* side, flank; *sur le flanc,* laid up; done up.

flancher [flaⁿshé] *v.* to flinch; to give in; to break down [auto].

flanelle [flànèl] *f.* flannel.

flâner [flàné] *v.* to stroll; to lounge about; to saunter; to loaf. ‖ **flânerie** [-rî] *f.* lounging; idling. ‖ **flâneur** [-œr] *m.* stroller; loafer, lounger.

flanquer [flaⁿké] *v.* to flank.

flanquer [flaⁿké] *v.* to throw, to chuck (fam.); to land, to deal [coups].

flaque [flàk] *f.* puddle, pool.

flasque [flàsk] *adj.* flabby, limp.

flatter [flâté] *v.* to flatter; to caress, to stroke; to please; *se flatter de,* to pretend; to claim; to boast of. ‖ **flatterie** [-rî] *f.* flattery. ‖ **flatteur** [-œr] *m.* flatterer; sycophant; *adj.** flattering; gratifying; pleasing.

fléau [fléô] *m.** flail; beam [balance]; scourge; pest, plague (fig.).

flèche [flèsh] *f.* arrow; spire [église]; pole; jib [grue]; sag; *monter en flèche,* to shoot up. ‖ **fléchette** [fléshèt] *f.* dart.

fléchir [fléshîr] *v.* to bend; to give way; to weaken; to move to pity.

flegmatique [flègmàtìk] *adj.* phlegmatic; stolid; calm, cool. ‖ **flegme** [flègm] *m.* phlegm; coolness.

flétrir [flétrîr] *v.* to fade; to wither; to wilt; to blight. ‖ **flétrissure** [-ìsür] *f.* withering, fading.

flétrir [flétrîr] *v.* to brand; to stain (fig.). ‖ **flétrissure** [-ìsür] *f.* brand; blot.

fleur [flœr] *f.* flower; blossom; prime; bloom; *à fleur de,* level with. ‖ **fleuret** [-è] *m.* foil [escrime]; drill [mine]. ‖ **fleurette** [-èt] *f.* floweret; *conter fleurette,* to flirt. ‖ **fleurir** [-îr] *v.** to flower, to bloom; to thrive; to decorate with flowers. ‖ **fleuriste** [-ìst] *m., f.* florist.

fleuve [flœv] *m.* river.

flexibilité [flèksìbìlìté] *f.* flexibility; suppleness. ‖ **flexible** [-ìbl] *adj.* pliant; flexible; *m.* flex (electr.). ‖ **flexion** [-yoⁿ] *f.* bending, sagging, flexion.

flic [flìk] *m.* (fam.) cop, *Br.* bobby; slop, flattie; *Am.* flat-foot.

flirt [flœrt] *m.* flirt; flirting. ‖ **flirter** [-é] *v.* to flirt.

flocon [flòkoⁿ] *m.* flake [neige]; flock [laine]. ‖ **floconneux** [-ònë] *adj.** flaky; fluffy.

floraison [flòrèzoⁿ] *f.* blossoming; blossom-time.

florissant [flòrìsaⁿ] *adj.* flourishing, thriving.

flot [flô] *m.* wave; tide; crowd; flood (fig.); *à flot,* afloat; *à flots,* in torrents; *se mettre à flot,* to get up to date.

flottage [flòtàj] *m.* floating, drive. ‖ **flottaison** [-èzoⁿ] *f.* floating; waterline (naut.). ‖ **flotte** [flòt] *f.* fleet; navy; (fam.) rain, water. ‖ **flottement** [-maⁿ] *m.* swaying; wavering, hesitation. ‖ **flotter** [-é] *v.* to float; to waver, to hesitate, to drive. ‖ **flotteur** [-œr] *m.* raftsman; float (techn.); buoy [bouée]. ‖ **flottille** [-ŷ] *f.* flotilla.

flou [flû] *m.* softness; haziness; *adj.* soft; blurred; hazy; fuzzy, foggy [photo]; fluffy [cheveux].

fluctuer [flüktüé] *v.* to fluctuate.

fluide [flüîd] *m.,* *adj.* fluid.

flûte [flüt] *f.* flute; tall champagne glass; long thin roll of bread; *interj.* bother!, *Br.* blow it!

flux [flü] *m.* flux; flow; *le flux et le reflux,* the ebb and flow. ‖ **fluxion** [-ksyoⁿ] *f.* inflammation; congestion.

foi [fwà] *f.* faith, belief; trust, confidence; evidence [preuve]; *de bonne foi,* in good faith; *digne de foi,* reliable, trustworthy; *qui fait foi,* authentic, conclusive.

foie [fwà] *m.* liver.

foin [fwiⁿ] *m.* hay.

foire [fwàr] *f.* fair; spree.

foirer [fwàré] *v.* to hang fire [fusée]; to strip [vis]; to flop (fam.).

fois [fwà] *f.* time, occasion; *une fois,* once; *deux fois,* twice; *combien de fois,* how often; *à la fois,* at the same time; *encore une fois,* once more; *une fois que,* when, once; *une seule fois,* only once.

foison [fwàzoⁿ] *f.* plenty, abundance. ‖ **foisonner** [-òné] *v.* to be plentiful, to abound; to swarm; to swell; to buckle.

fol, *see* **fou.** ‖ **folâtre** [fòlâtr] *adj.* playful, frisky. ‖ **folâtrer** [-é] *v.* to frolic, to frisk; to gambol. ‖ **folie** [fòlî] *f.* madness; folly; mania; *aimer à la folie,* to love to distraction; *faire des folies,* to act extravagantly, to be overgenerous. ‖ **folle,** *see* **fou.**

fomenter [fòmaⁿté] *v.* to foment; to stir up.

foncé [foⁿsé] *adj.* dark, deep. ‖ **foncer** [-é] *v.* to drive in, to bore [puits];

to deepen; to darken; to rush, to charge; *se foncer,* to darken, to deepen.

foncier [foⁿsyé] *adj.** landed; real; fundamental; thorough; *propriétaire foncier,* landowner.

fonction [foⁿksyoⁿ] *f.* function; office; duty; working; *faire fonction de,* to act as. ‖ **fonctionnaire** [-yònèr] *m.,* *f.* official; civil servant. ‖ **fonctionnement** [-nⁿmaⁿ] *m.* working; functioning. ‖ **fonctionner** [-yòné] *v.* to function; to work; to act.

fond [foⁿ] *m.* bottom; bed [mer]; foundation; gist; essence; basis; background [tableau]; back; *à fond,* thoroughly; *au fond,* in reality; after all.

fondamental [foⁿdàmaⁿtàl] *adj.** fundamental; radical; essential; basic.

fondateur, -trice [foⁿdàtœr, -trìs] *m.,* *f.* founder. ‖ **fondation** [-àsyoⁿ] *f.* founding; foundation; basis; endowment [legs]. ‖ **fondé** [-é] *adj.* founded; authorized; *m.* *fondé de pouvoir,* proxy (jur.); manager (comm.). ‖ **fondement** [-maⁿ] *m.* base; foundation; *sans fondement,* groundless. ‖ **fonder** [-é] *v.* to found; to ground, to base, to justify.

fonderie [foⁿdrî] *f.* casting; smelting; foundry; smelting works. ‖ **fondeur** [foⁿdœr] *m.* founder; smelter. ‖ **fondre** [foⁿdr] *v.* to melt; to thaw; to smelt [fer]; to cast [statue]; to dissolve; to soften (fig.); to blend [couleurs]; to swoop, to pounce; *fondre en larmes,* to burst into tears.

fondrière [foⁿdrièr] *f.* bog, quagmire; hollow; pot-hole.

fonds [foⁿ] *m.* land, estate; stock-in-trade; fund; business; *pl.* cash; capital; *fonds de commerce,* business concern; *bon fonds,* good nature.

fontaine [foⁿtèn] *f.* fountain; spring; source.

fonte [foⁿt] *f.* melting; smelting; casting; thawing [neige]; cast iron; fount (typogr.).

forage [fòràj] *m.* boring, drilling; bore-hole.

forain [fòriⁿ] *adj.* alien, foreign; travel(l)ing, itinerant; *marchand forain,* hawker; *fête foraine,* fair.

forban [fòrbaⁿ] *m.* pirate; bandit.

forçat [fòrsà] *m.* convict.

force [fòrs] *f.* force; strength; might; vigo(u)r; power; authority; violence; *pl.* forces, troops; *à force de,* by dint of; *force majeure,* absolute necessity, overpowering circumstances. ‖ **forcément** [-émaⁿ] *adv.* necessarily; inevitably.

forcené [fòrsⁿé] *m.* madman; *adj.* frantic, mad, frenzied.

forceps [fòrsèps] *m.* forceps.

forcer [fòrsé] *v.* to force; to compel, to oblige; to take by storm (mil.); to run [blocus]; to break open; to break through [traverser]; to strain; to increase [augmenter]; to pick [serrure] to exaggerate; to win (admiration).

forer [fòré] *v.* to drill, to bore.

forestier [fòrèstyé] *m.* forester; *adj.** forest.

foret [fòrè] *m.* drill; bit; gimlet.

forêt [fòrè] *f.* forest.

forfait [fòrfè] *m.* crime. ‖ *forfaiture* [-ür] *f.* forfeiture; prevarication.

forfait [fòrfè] *m.* contract; *travail à forfait*, job work; work by contract.

forfait [fòrfè] *m.* forfeit; *déclarer forfait*, to give it up.

forfanterie [fòrfantrî] *f.* bragging, boasting.

forge [fòrj] *f.* forge, smithy; iron-works. ‖ *forger* [-é] *v.* to forge; to hammer; to invent; to coin [mot]; to make up; *se forger*, to fancy. ‖ *forgeron* [-∘ronᵑ] *m.* blacksmith.

formaliser (se) [sefòrmàlìzé] *v.* to take offense. ‖ *formalisme* [fòrmàlìsm] *m.* formalism; conventionalism. ‖ *formalité* [fòrmàlìté] *f.* form, formality; ceremoniousness.

format [fòrmà] *m.* size; format [livre]. ‖ *formation* [-syonᵑ] *f.* formation; making; development. ‖ *forme* [fòrm] *f.* form; shape; former (techn.); pattern; mould; last [chaussures]; procedure; *pl.* shoe-trees; etiquette; *en forme*, fit, in fine fettle. ‖ *formel* [-èl] *adj.** formal; categorical; express; strict. ‖ *former* [-é] *v.* to form; to fashion, to shape; to mould; to constitute; *se former*, to take shape; to form; to be formed; to be trained.

formidable [fòrmìdàbl] *adj.* formidable, dreadful; (fam.) terrific, tremendous, *Am.* swell.

formulaire [fòrmülèr] *m.* formulary. ‖ *formule* [fòrmül] *f.* formula; form; prescription; phrase. ‖ *formuler* [-é] *v.* to draw up; to formulate; to lay down; to express; to lodge [plainte].

fort [fòr] *m.* strong man; strong point; center; fortress; *adj.* strong; robust; clever; good; skilful; thick; large; ample; stout; heavy [mer]; high [vent]; big; steep [pente]; severe; difficult; *se faire fort de*, to undertake to; *adv.* very; loud; strongly; *au plus fort du combat*, in the thick of the fight. ‖ *forteresse* [-tᵉrès] *f.* fortress, stronghold. ‖ *fortifiant* [-tìfyanᵑ] *m.* tonic; *adj.* fortifying; invigorating; bracing. ‖ *fortification* [-tìfìkàsyonᵑ] *f.* fortification. ‖ *fortifier* [-tìfyé] *v.* to fortify; to invigorate; to strengthen. ‖ *fortin* [-tinᵑ] *m.* fortlet.

fortuit [fòrtüï] *adj.* fortuitous, chance, accidental; casual.

fortune [fòrtün] *f.* fortune; chance; luck; wealth; *mauvaise fortune*, misfortune. ‖ *fortuné* [-é] *adj.* fortunate; happy; rich, well-off.

fosse [fôs] *f.* pit; hole; trench; grave; den [lions]. ‖ *fossé* [fòsé] *m.* ditch; trench; moat [douve]. ‖ *fossette* [-èt] *f.* dimple. ‖ *fossile* [-ìl] *m.*, *adj.* fossil. ‖ *fossoyeur* [-wàyœr] *m.* grave-digger.

fou, folle [fû, fòl] *adj.* [fol, *m.*, before a vowel or a mute *h*] mad, insane; crazy; wild; frantic; silly, stupid; enormous, tremendous passionately fond; *m., f.* madman, *m.;* madwoman, *f.;* lunatic; maniac; jester; gannet [oiseau]; bishop [échecs]; *devenir fou*, to go mad; *rendre fou*, to drive mad; *maison de fous*, lunatic asylum, madhouse; *un monde fou*, a fearful crowd.

foudre [fûdr] *f.* thunder; lightning; thunderbolt; *coup de foudre*, bolt from the blue; love at first sight. ‖ *foudroyant* [-wàyanᵑ] *adj.* terrifying; terrific; crushing; overwhelming. ‖ *foudroyer* [-wàyé] *v.* to strike down; to blast; to dumbfound; to confound; to strike dead.

fouet [fwè] *m.* whip, lash; birch; whipcord; egg-whisk [cuisine]. ‖ *fouetter* [-té] *v.* to whip, to lash; to flog, to birch; to stimulate, to rouse; to beat [œufs].

fougère [fûjèr] *f.* fern; bracken.

fougue [fûg] *f.* fire, mettle, dash, spirit. ‖ *fougueux* [fûgë] *adj.** fiery; impetuous; spirited [cheval].

fouille [fûy] *f.* excavation; search. ‖ *fouiller* [-é] *v.* to excavate; to dig; to search [personne]; to pry; to rummage. ‖ *fouillis* [-ì] *m.* jumble, mess.

fouine [fûìn] *f.* stone-marten. ‖ *fouiner* [-é] *v.* to nose about.

foulard [fûlàr] *m.* foulard [étoffe]; silk handkerchief; silk neckerchief; kerchief; scarf.

foule [fûl] *f.* crowd; multitude; throng; mob; fulling [drap]; crushing; *venir en foule*, to flock. ‖ *fouler* [-é] *v.* to tread; to trample down; to tread upon; to press; to crush; to full [drap]; to wrench, to twist [cheville]. ‖ *foulon* [-onᵑ] *m.* fuller. ‖ *foulure* [-ür] *f.* wrench, sprain.

four [fûr] *m.* oven; bakehouse; kiln [chaux]; furnace; (pop.) failure.

fourbe [fûrb] *m., f.* cheat, rascal; *adj.* rascally, deceitful. ‖ *fourberie* [-erî] *f.* cheating; deceit; trickery; swindle.

fourbi [fûrbì] *m.* (fam.) whole caboodle.

fourbir [fûrbîr] *v.* to furbish, to polish up.

fourbu [fûrbü] *adj.* broken-down; exhausted, tired out.

fourche [fûrsh] *f.* fork; pitchfork; *en fourche,* forked. ‖ **fourcher** [-é] *v.* to fork, to branch off; to slip [langue]. ‖ **fourchette** [-èt] *f.* fork, table fork; wishbone. ‖ **fourchu** [-ü] *adj.* forked; cloven [pied]; branching.

fourgon [fûrgoⁿ] *m.* wagon; van; *Br.* luggage van, *Am.* freight car, baggage car. ‖ **fourgonnette** [-ònèt] *f.* delivery van (or) truck.

fourmi [fûrmì] *f.* ant; *avoir des fourmis,* to have pins and needles. ‖ **fourmilière** [-lyèr] *f.* ant-hill; ants' nest. ‖ **fourmiller** [-yé] *v.* to swarm; to tingle.

fournaise [fûrnèz] *f.* furnace. ‖ **fourneau** [-ô] *m.** furnace; stove; cooker; kitchen-range; bowl [pipe]; chamber [mine]; *haut fourneau,* blast furnace.

fourni [fûrnì] *adj.* supplied; abundant; thick; bushy.

fournil [fûrnìl] *m.* bakehouse.

fourniment [fûrnìmaⁿ] *m.* kit, equipment. ‖ **fournir** [-îr] *v.* to furnish, to supply, to provide with; to stock; to draw (comm.). ‖ **fournisseur** [-ìsœr] *m.* supplier, caterer; tradesman; shipchandler. ‖ **fourniture** [-ìtür] *f.* supplying; *pl.* supplies; equipment.

fourrage [fûràj] *m.* forage, fodder; foraging (mil.). ‖ **fourrager** [-é] *v.* to forage, to rummage, to search; to ravage.

fourré [fûré] *m.* thicket; *adj.* thick; wooded; furry; lined with fur; filled.

fourreau [fûrò] *m.** sheath; scabbard; sleeve; case, cover.

fourrer [fûré] *v.* to line with fur; to stuff; to poke. ‖ **fourreur** [-œr] *m.* furrier. ‖ **fourrure** [-ür] *f.* fur; skin; lining.

fourvoyer [fûrvwàyé] *v.* to lead astray; *se fourvoyer,* to go astray.

foutaise [fûtèz] *f.* (pop.) twaddle, bunkum.

foyer [fwàyé] *m.* hearth; fire-place; fire-box [machine]; furnace; home; focus (geom.); seat (med.); foyer (theat.); home, hostel.

fracas [fràkâ] *m.* crash; din, shindy. ‖ **fracasser** [-àsé] *v.* to shatter; to smash to pieces.

fraction [fràksyoⁿ] *f.* fraction; portion; group [politique]. ‖ **fractionnement** [-syònmaⁿ] *m.* fractionation; splitting up. ‖ **fractionner** [-syòné] *v.* to divide into fractions; to split up. ‖ **fracture** [-tür] *f.* fracture (med.); breaking open. ‖ **fracturer** [-türé] *v.* to fracture (med.); to force, to break open; to break (gramm.).

fragile [fràjìl] *adj.* fragile; brittle; frail. ‖ **fragilité** [-lté] *f.* fragility; brittleness; frailty.

fragment [fràgmaⁿ] *m.* fragment; bit; extract. ‖ **fragmentaire** [-tèr] *adj.* fragmentary. ‖ **fragmenter** [-té] *v.* to break up.

fraîche, *see* **frais.** ‖ **fraîcheur** [frèshœr] *f.* freshness; coolness; bloom [fleur]. ‖ **fraîchir** [-îr] *v.* to freshen, to grow colder; to cool down.

frais, fraîche [frè, frèsh] *adj.* fresh; cool; recent; new-laid [œufs]; new [pain]; wet [peinture]; *m.* cool; coolness; fresh breeze; *au frais,* in a cool place; *adv.* freshly; newly.

frais [frè] *m. pl.* cost, expenses, charge; outlay; fees; costs (jur.); *à peu de frais,* at little cost; *se mettre en frais,* to go to expense; *faire les frais de,* to bear the cost of; *aux frais de,* at the charge of.

fraise [frèz] *f.* ruff [col]; wattle; countersink (techn.); drill [dentiste].

fraise [frèz] *f.* strawberry. ‖ **fraisier** [-yé] *m.* strawberry-plant.

framboise [fraⁿbwàz] *f.* raspberry. ‖ **framboisier** [-yé] *m.* raspberry-bush.

franc [fraⁿ] *m.* franc.

franc, -che [fraⁿ, -sh] *adj.* frank; free; candid, open; downright, straightforward; natural [fruits]; fair [jeu]; *franc de port,* carriage paid; postpaid [lettre]; *parlez franc,* speak your mind; *franc-maçon,* freemason.

français [fraⁿsè] *m.* French [langue]; Frenchman; *adj.* French; *les Français,* the French. ‖ **française** [-sèz] *f.* Frenchwoman. ‖ **France** [fraⁿs] *f.* France.

franchement [fraⁿshmaⁿ] *adv.* frankly, candidly; really. ‖ **franchir** [-îr] *v.* to jump over; to pass over; to clear; to cross; to weather [cap]; to overcome. ‖ **franchise** [-îz] *f.* frankness, openness; exemption; freedom; immunity; *en franchise,* duty-free; *franchise de port,* post-free.

franco [fraⁿkô] *adv.* free of charge.

frange [fraⁿj] *f.* fringe.

frappant [fràpaⁿ] *adj.* conspicuous; striking. ‖ **frappe** [fràp] *f.* minting; striking; impression, stamp. ‖ **frapper** [-é] *v.* to strike, to hit; © to bat; to knock [porte]; to mint [monnaie]; to punch; to type; to ice [boisson]; *frapper du pied,* to stamp; *se frapper,* to get alarmed (fam.). ‖ **frappeur** [-œr] *m.* © batter.

frasque [fràsk] *f.* prank.

fraternel [fràtèrnèl] *adj.** brotherly, fraternal. ‖ **fraterniser** [-ìzé] *v.* to fraternize. ‖ **fraternité** [-lté] *f.* brotherhood, fraternity.

fraude [frôd] *f.* fraud, deception; *faire entrer en fraude,* to smuggle in. ‖ **frauder** [-é] *v.* to defraud; to cheat; to smuggle. ‖ **fraudeur** [-œr] *m.* defrauder, cheat; smuggler. ‖ **frauduleux** [-ülé] *adj.** fraudulent; bogus, *Am.* phony.

frayer [frèyé] *v.* to clear, to open up [chemin]; to rub; to spawn [poissons]; to associate, to mix; to wear thin; *se frayer un passage à travers,* to break through.

frayeur [frèyœr] *f.* fright; terror; dread; fear.

fredaine [fredèn] *f.* prank.

fredonner [fredoné] *v.* to hum; to trill.

frégate [frégàt] *f.* frigate; frigate-bird.

frein [frin] *m.* brake [voiture]; bit [cheval]; curb, restraint; *mettre un frein à,* to curb. ‖ **freiner** [-é] *v.* to brake, to put on the brakes; to restrain.

frelater [frelàté] *v.* to adulterate.

frêle [frèl] *adj.* frail; weak.

frelon [frelon] *m.* hornet.

frémir [frémîr] *v.* to quiver; to shake, to tremble; to shudder; to rustle [feuillage]; to sigh [vent]. ‖ **frémissement** [-ismàn] *m.* quivering; tremor; shuddering; rustling; sighing [vent].

frêne [frèn] *m.* ash, ash-tree.

frénésie [frénézî] *f.* frenzy. ‖ **frénétique** [-étìk] *adj.* frantic, frenzied.

fréquemment [frékàmàn] *adv.* frequently. ‖ **fréquence** [-àns] *f.* frequency. ‖ **fréquent** [-àn] *adj.* frequent; rapid. ‖ **fréquentation** [-àntàsyon] *f.* frequenting; frequentation. ‖ **fréquenter** [-ànté] *v.* to frequent; to visit; to associate with.

frère [frèr] *m.* brother; monk, friar.

fresque [frèsk] *f.* fresco.

fret [frè] *m.* freight; load, cargo; chartering. ‖ **fréter** [frété] *v.* to charter; to freight. ‖ **fréteur** [-tœr] *m.* charterer.

frétiller [frétìyé] *v.* to wriggle; to frisk about; to wag.

fretin [fretin] *m.* fry.

friable [frìyàbl] *adj.* friable, crumbly.

friand [frìàn] *adj.* dainty; *friand de,* fond of, partial to. ‖ **friandise** [-dîz] *f.* tit-bit, delicacy; liking for good food.

friche [frîsh] *f.* fallow land; *être en friche,* to lie fallow.

friction [frìksyon] *f.* friction (mech.); rubbing; massage. ‖ **frictionner** [-yòné] *v.* to rub; to massage; to shampoo [tête].

frigorifier [frìgòrìfyé] *v.* to refrigerate; *viande frigorifiée,* frozen meat. ‖ **frigorifique** [-ìk] *adj.* refrigerating, chilling.

frileux [frìlé] *adj.** chilly.

frimas [frìmà] *m.* rime; hoar-frost.

fringant [fringàn] *adj.* brisk, dapper, smart; frisky [cheval].

friper [frìpé] *v.* to crush, to crumple. ‖ **fripier** [-yé] *m.* old clothes dealer; ragman; *Am.* junkman.

fripon [frìpon] *m.* rascal, scamp; *adj.** roguish. ‖ **friponnerie** [-ònrî] *f.* roguery; roguish trick.

frire [frîr] *v.** to fry.

frise [frîz] *f.* frieze.

frisé [frìzé] *adj.* curly, crisp. ‖ **friser** [-é] *v.* to curl, to wave; to verge upon; to go near to.

frisson [frìson] *m.* shudder; shiver; thrill. ‖ **frissonner** [-òné] *v.* to shudder; to shiver; to quiver.

frites [frìt] *f. pl.* fried potatoes, chips, French fries. ‖ **friture** [-ür] *f.* frying; frying fat; fried fish; crackling; sizzling.

frivole [frìvòl] *adj.* frivolous; trifling. ‖ **frivolité** [-ìté] *f.* frivolity; trifle; tatting.

froid [frwà] *m.* cold; coldness; *adj.* cold; chilly; frigid; *en froid,* on chilly terms; *avoir froid,* to be cold; *il fait froid,* it is cold. ‖ **froideur** [-dœr] *f.* coldness; chilliness; indifference.

froisser [frwàsé] *v.* to crumple; to bruise; to ruffle; to offend; to hurt; *se froisser,* to get ruffled; to take offense.

frôler [frôlé] *v.* to graze; to brush past; to rustle.

fromage [fròmàj] *m.* cheese; (fam.) *Br.* cushy job, *Am.* snap. ‖ **fromagerie** [-rî] *f.* cheesemonger's, *Am.* cheese store; cheese-dairy.

froment [fròmàn] *m.* wheat.

fronce [frons] *f.* gather; crease. ‖ **froncement** [-màn] *m.* puckering; frown [sourcils]. ‖ **froncer** [-é] *v.* to pucker, to wrinkle; to gather; *froncer les sourcils,* to frown; to scowl.

frondaison [frondèzon] *f.* foliage; foliation.

front [fron] *m.* front; forehead, brow; face, impudence; *de front,* abreast; *faire front à,* to face. ‖ **frontalier** [-tàlyé] *adj.** frontier; *m.* borderer, frontiersman. ‖ **frontière** [-tyèr] *f.* border; frontier; boundary.

frottement [fròtmàn] *m.* rubbing; chafing; friction. ‖ **frotter** [-é] *v.* to rub; to scrub; to polish; to strike [allumette].

frousse [frûs] *f.* fear; *Br.* funk.

fructifier [früktǐfyé] *v.* to bear fruit. ‖ **fructueux** [-üë] *adj.** fruitful, profitable; lucrative.

frugal [frügàl] *adj.** frugal.

fruit [früǐ] *m.* fruit; advantage, profit; result. ‖ **fruitier** [-tyé] *m.* greengrocer; *adj.* fruit-bearing; *arbre fruitier,* fruit-tree.

fruste [früst] *adj.* defaced; rough, unpolished.

frustrer [früstré] *v.* to frustrate; to baulk; to defraud.

fugace [fügàs] *adj.* transient, fleeting. ‖ **fugitif** [fügǐtǐf] *m.* runaway, fugitive; *adj.** fugitive; fleeting; passing, transient. ‖ **fugue** [füg] *f.* escapade; fugue (mus.).

fuir [füǐr] *v.** to fly, to flee, to run away; to leak [tonneau]; to recede; to shun, to avoid. ‖ **fuite** [füǐt] *f.* flight; escape; leak, leakage [liquide].

fulgurant [fülgüraⁿ] *adj.* flashing.

fulminer [fülmǐné] *v.* to fulminate; to thunder forth.

fumée [fümé] *f.* smoke; fumes; steam. ‖ **fumer** [-é] *v.* to smoke; to steam; to fume; *fume-cigarette,* cigarette-holder.

fumer [fümé] *v.* to dung, to manure [terre].

fumet [fümè] *m.* flavo(u)r; scent. ‖ **fumeur** [-œr] *m.* smoker. ‖ **fumeux** [-ë] *adj.** smoky; hazy, nebulous.

fumier [fümyé] *m.* dung; manure [engrais]; dung-hill.

fumiste [fümǐst] *m.* stove-setter; (pop.) joker, crackpot, wag. ‖ **fumisterie** [-erǐ] *f.* hoax, bunkum, hooey. ‖ **fumoir** [-wàr] *m.* smoke house, smoking-room.

funèbre [fünèbr] *adj.* funeral; dismal, gloomy, funereal. ‖ **funérailles** [-éràỳ] *f. pl.* funeral.

funeste [fünèst] *adj.* fatal, deadly.

funiculaire [fünǐkülèr] *m.* cable-railway; *adj.* funicular.

furet [fürè] *m.* ferret. ‖ **fureter** [-té] *v.* to ferret; to pry, to nose about; to rummage.

fureur [fürœr] *f.* fury, rage; passion; *faire fureur,* to be all the rage. ‖ **furie** [-ĭ] *f.* fury, rage. ‖ **furieux** [-yë] *adj.** mad, furious, raging.

furoncle [füroⁿkl] *m.* boil; furuncle (med.).

furtif [fürtĭf] *adj.** furtive, stealthy.

fusain [füzaⁿ] *m.* charcoal; charcoal sketch.

fuseau [füzô] *m.** spindle; tapering (or) peg-top trousers. ‖ **fusée** [-é] *f.* fuse; flare; rocket. ‖ **fuselage** [-làĵ] *m.* fuselage. ‖ **fuselé** [-lé] *adj.* spindle-shaped; tapering, slender [doigts].

fuser [füzé] *v.* to spread; to fuse, to melt; to burn slowly. ‖ **fusible** [-ĭbl] *m.* fuse; fuse-wire; *adj.* fusible.

fusil [füzǐ] *m.* rifle; gun; steel; whetstone; *à portée de fusil,* within shot; *coup de fusil,* shot; (pop.) fleecing. ‖ **fusillade** [-yàd] *f.* shooting. ‖ **fusiller** [-yé] *v.* to shoot.

fusion [füzyoⁿ] *f.* fusion; melting; merger (comm.). ‖ **fusionner** [-yòné] *v.* to amalgamate, to merge; to blend.

fût [fû] *m.* stock [fusil]; handle; shaft [colonne]; barrel, cask, tun.

futaie [fütè] *f.* forest.

futé [füté] *adj.* sharp, cunning.

futile [fütǐl] *adj.* futile, idle, trifling; useless. ‖ **futilité** [-lté] *f.* trifle, futility.

futur [fütür] *m.* future (gramm.); intended husband; *adj.* future. ‖ **future** *f.* intended wife.

fuyant [füǐyaⁿ] *adj.* flying, fleeing; fleeting, transient; receding [front]; shifty, evasive, foxy [regard]. ‖ **fuyard** [füĭyàr] *m.* runaway, fugitive; coward.

G

gabardine [gàbàrdĭn] *f.* gabardine; twill raincoat.

gabarit [gàbàrǐ] *m.* mould [moule]; model [navires]; template; gauge.

gâche [gâsh] *f.* staple; wall-hook.

gâcher [gâshé] *v.* to mix; to waste; to bungle; to spoil.

gâchette [gâshèt] *f.* trigger [fusil]; catch; pawl (mech.).

gâchis [gâshǐ] *m.* wet mortar; mess, hash (fig.).

gaffe [gàf] *f.* boat-hook; gaff; (fam.) blunder, bloomer. ‖ **gaffer** [-é] *v.* to hook; (fam.) to blunder. ‖ **gaffeur** [-œr] *m.* (fam.) blunderer.

gage [gàĵ] *m.* pledge; pawn; stake [enjeu]; token [preuve]; forfeit; *pl.* wages; hire; *mettre en gage,* to pawn; *prêteur sur gages,* pawnbroker.

gageure [gàĵür] *f.* wager; stake; risky shot.

gagner [gàñé] *v.* to gain; to win; to earn [salaire]; to reach; to overtake; to win over; to spread; *se gagner,* to be contagious; *gagne-pain,* breadwinner; livelihood.

gai [gè] *adj.* gay; merry; jolly, cheerful; lively, bright. ‖ *gaieté* [gèté] *f.* mirth, merriment; cheerfulness.

gaillard [gàyàr] *m.* fellow, chap; good fellow; *adj.* merry, jolly, cheery; strong; bold; free, broad [libre].

gain [gin] *m.* gain, profit, earning.

gaine [gèn] *f.* case, casing; sheath; girdle [corset].

galamment [gàlàma'] *adv.* gallantly; courteously. ‖ *galant* [-a'] *m.* lover; ladies' man; *adj.* elegant; gallant; gay; courteous. ‖ *galanterie* [-a'trî] *f.* politeness; gallantry; love-affair.

galantine [gàla'tîn] *f.* galantine.

galbe [gàlb] *m.* lines; curves; outline; contours, shapeliness.

gale [gàl] *f.* mange; scabies (med.).

galère [gàlèr] *f.* galley.

galerie [gàlrî] *f.* gallery; © perron; balcony (theat.); spectators; arcade.

galet [gàlè] *m.* pebble; roller (mech.); *pl.* shingle.

galette [gàlèt] *f.* tart; *Br.* girdle-cake; ship's biscuit; (pop.) brass, oof, dough.

galimatias [gàlìmàtyà] *m.* gibberish.

gallon [gàlo'] *m.* gallon impérial, imperial gallon; *gallon américain*, US gallon.

galoche [gàlòsh] *f.* clog; galosh, *Am.* rubber.

galon [gàlo'] *m.* braid; lace; stripe (mil.); © measuring tape. ‖ *galonner* [-òné] *v.* to braid; to trim with lace.

galop [gàlô] *m.* gallop; *au grand galop*, at full gallop. ‖ *galoper* [-òpé] *v.* to gallop. ‖ *galopin* [-òpi'] *m.* urchin; scamp.

galurin [gàlüri'] *m.* topper, tile, lid (fam.).

galvaniser [gàlvànìzé] *v.* to galvanize; to zinc.

gambade [ga'bàd] *f.* gambol; caper. ‖ *gambader* [-é] *v.* to frisk about, to gambol.

gamelle [gàmèl] *f.* bowl; porringer; mess-tin (mil.).

gamin [gàmi'] *m.* urchin, street-arab; little imp; *adj.* roguish. ‖ *gamine* [-în] *f.* girl; street-girl.

gamme [gàm] *f.* scale, gamut (mus.); range; tone, tune (fig.).

ganglion [ga'glio'] *m.* ganglion.

gangrène [ga'grèn] *f.* gangrene, mortification; corruption. ‖ *gangrener* [ga'grené] *v.* to gangrene, to mortify; to corrupt.

ganse [ga's] *f.* braid, piping; loop.

gant [ga'] *m.* glove. ‖ *ganter* [-té] *v.* to glove; *se ganter*, to put on gloves.

garage [gàràj] *m.* garage [auto]; parking [autos]; docking (naut.); shunting; *voie de garage*, siding. ‖ *garagiste* [-ìst] *m.* garage owner, garage man.

garant [gàra'] *m.* surety; bail; security, guarantee. ‖ *garantie* [-tî] *f.* safeguard; guarantee; warranting; pledge; security. ‖ *garantir* [-tîr] *v.* to warrant; to guarantee; to vouch for; to insure; to protect.

garçon [gàrso'] *m.* boy; © son; lad; young man; bachelor; waiter [café]; *garçon d'honneur*, best man. ‖ *garçonnier* [-sònyé] *adj.** boyish. ‖ *garçonnière* [-sònyèr] *f.* bachelor's quarters.

garde [gàrd] *m.* guard; watchman; keeper; warder; guardsman (mil.); *f.* guard; care; watch; protection; keeping; custody; nurse; guards (mil.); end-paper [livre]; fly-leaf [page]; *de garde*, on guard; *sur ses gardes*, on one's guard; *prendre garde*, to beware; *garde à vous!*, attention!; *garde-barrière*, gate-keeper; *garde-boue*, *Br.* mudguard, *Am.* fender; *garde champêtre*, rural policeman; *garde-chasse*, gamekeeper; *garde-côte*, coastguard; coastguard vessel; *garde-fou*, parapet; railing; *garde-malade*, *m.* male nurse; *f.* nurse; *garde-manger*, larder, pantry; *garde-robe*, wardrobe; closet, privy. ‖ *garder* [-é] *v.* to keep; to preserve; to retain; to guard; to protect, to defend; to keep watch on; *se garder*, to protect oneself; to keep [fruits]; to beware; to abstain. ‖ *gardien* [-yi'] *m.* guardian; keeper; attendant; warder; *gardien de la paix*, policeman.

gare [gàr] *f.* station; *interj.* beware!, look out!; *chef de gare*, stationmaster; *gare maritime*, harbo(u)r-station; *gare aérienne*, air-port.

garenne [gàrèn] *f.* warren; preserve; *lapin de garenne*, wild rabbit.

garer [gàré] *v.* to shunt [train]; to park; to garage [auto]; to dock [bateau]; *se garer*, to shunt; to move out of the way.

gargariser [gàrgàrìzé] *v.* to gargle. ‖ *gargarisme* [-ìsm] *m.* gargle; gargling.

gargote [gàrgòt] *f.* cook-shop, *Am.* hash-house.

gargouille [gàrgúy] *f.* gargoyle (arch.); water-spout. ‖ *gargouiller* [-é] *v.* to gurgle; to rumble.

garnement [gàrnma'] *m.* scamp.

garni [gàrnì] *m.* furnished room; *adj.* furnished; trimmed. ‖ *garnir* [-îr] *v.* to adorn; to furnish; to trim; to line [doubler]; to fill; to stock [magasin]; to garrison. ‖ *garnison* [-zo'] *f.* garrison. ‖ *garniture* [-tür] *f.* fittings; trimmings; set; packing, lining.

garrot [gàrô] *m.* garrot; withers. ‖ **garrotter** [gàròté] *v.* to bind down; to strangle.

gaspillage [gàspìyàj] *m.* waste; squandering. ‖ **gaspiller** [-ìyé] *v.* to waste; to squander; to spoil.

gastrite [gàstrìt] *f.* gastritis. ‖ **gastronome** [-ònòm] *m.*, *f.* gastronome. ‖ **gastronomie** [-ònomî] *f.* gastronomy.

gâteau [gâtô] *m.** cake; tart; *gâteau de miel*, honeycomb.

gâter [gâté] *v.* to spoil; to pamper [enfant]; to damage; to taint [viande]; *se gâter*, to deteriorate. ‖ **gâterie** [-rî] *f.* treat; spoiling. ‖ **gâteux** [-ë] *m.* old dotard; *adj.** doddering. ‖ **gâtisme** [-ìsm] *m.* dotage.

gauche [gôsh] *f.* left hand; left-hand side; left-wing party; *adj.* left; crooked; awkward, clumsy; *à gauche*, on the left; *tourner à gauche*, to turn left; *tenir sa gauche*, to keep to the left. ‖ **gaucher** [-é] *adj.** left-handed. ‖ **gaucherie** [-rî] *f.* awkwardness; clumsiness. ‖ **gauchir** [-îr] *v.* to warp; to buckle. ‖ **gauchissement** [-ìsmaⁿ] *m.* warping; buckling.

gaufre [gôfr] *f.* waffle; wafer; honeycomb. ‖ **gaufrer** [-é] *v.* to emboss; to goffer, to crimp. ‖ **gaufrette** [-èt] *f.* wafer biscuit. ‖ **gaufrier** [-ìyé] *m.* waffle-iron.

gaule [gôl] *f.* pole; fishing-rod.

gaver [gàvé] *v.* to cram; to stuff; *se gaver*, to gorge.

gaz [gàz] *m.* gas.

gaze [gàz] *f.* gauze.

gazelle [gàzèl] *f.* gazelle.

gazette [gàzèt] *f.* gazette; newspaper; gossip (fam.).

gazeux [gàzë] *adj.** gaseous; aerated.

gazon [gàzoⁿ] *m.* grass; turf; lawn [pelouse].

gazouillement [gàzûymaⁿ] *m.* warbling, twittering [oiseaux]; babbling. ‖ **gazouiller** [-ûyé] *v.* to warble, to twitter [oiseaux]; to prattle [enfant]; to babble. ‖ **gazouillis**, see **gazouillement**.

geai [jè] *m.* jay.

géant [jéaⁿ] *m.* giant, *f.* giantess; *adj.* gigantic.

geindre [jiⁿdr] *v.* to moan; to whimper; to whine.

gel [jèl] *m.* frost, freezing.

gélatine [jélàtîn] *f.* gelatin. ‖ **gélatineux** [-në] *adj.* gelatinous.

gelée [jºlé] *f.* frost; jelly. ‖ **geler** [-é] *v.* to freeze.

gémir [jémîr] *v.* to moan; to groan; to lament, to bewail. ‖ **gémissement** [-ìsmaⁿ] *m.* groan; moan; groaning.

gemme [jèm] *f.* gem; *adj.* sel gemme, rock-salt.

gênant [jènaⁿ] *adj.* annoying; bothersome; embarrassing.

gencive [jaⁿsîv] *f.* gum (anat.).

gendarme [jaⁿdàrm] *m.* gendarme; constable; (pop.) virago; red herring. ‖ **gendarmerie** [-ºrî] *f.* constabulary; *Gendarmerie royale*, © Royal Canadian Mounted Police.

gendre [jaⁿdr] *m.* son-in-law.

gêne [jèn] *f.* rack [torture]; uneasiness; discomfort; difficulty, trouble; want; financial need, straits; *sans gêne*, free and easy; familiar. ‖ **gêné** [-é] *adj.* uneasy; embarrassed; awkward; short of money, hard up. ‖ **gêner** [-é] *v.* to cramp, to constrict; to pinch [soulier]; to embarrass; to inconvenience; to hamper; to hinder; to trouble; *se gêner*, to constrain oneself; to go to trouble, to put oneself out.

généalogie [jénéàlòjî] *f.* genealogy; lineage; pedigree.

général [jénéràl] *m.** *adj.** general; *en général*, generally. ‖ **générale** [-àl] *f.* general's wife; alarm call; dress-rehearsal. ‖ **généralisation** [-ìzàsyoⁿ] *f.* generalisation. ‖ **généraliser** [-ìzé] *v.* to generalize. ‖ **généralissime** [-ìsìm] *m.* commander-in-chief. ‖ **généralité** [-ìté] *f.* generality.

générateur, -trice [jénéràtœr, -trìs] *m.*, *f.* generator; *m.* dynamo; *adj.* generating; productive. ‖ **génération** [-àsyoⁿ] *f.* generation.

généreux [jénérë] *adj.** generous, liberal; abundant.

générique [jénérìk] *adj.* generic; *m.* production credits and cast.

générosité [jénéròzìté] *f.* generosity; liberality.

genêt [jºnè] *m.* broom; *genêt épineux*, gorse, furze.

gêneur [jènœr] *m.* intruder; nuisance; spoil-sport.

génial [jényàl] *adj.** full of genius; inspired. ‖ **génie** [-î] *m.* genius; character; spirit; engineers; *soldat du génie*, engineer, sapper.

genièvre [jºnyèvr] *m.* juniper-tree; juniper-berry; gin.

génisse [jénìs¹] *f.* heifer.

genou [jºnû] *m.** knee; ball-and-socket (mech.); *se mettre à genoux*, to kneel down.

genre [jaⁿr] *m.* genus, kind, family; way; gender (gramm.); style; fashion; manners; *le genre humain*, mankind.

gens [jaⁿ] *m. pl.* [preceded by an *adj.*, this word is *f.*]; people, folk; peoples.

gentiane [jaⁿsyàn] *f.* gentian.

gentil [jɑⁿtì] *adj.** nice; kind; pleasing. ‖ **gentilhomme** [-yòm] *m.* nobleman; gentleman. ‖ **gentillesse** [-yès] *f.* graciousness; politeness.

géographe [jéògrȧf] *s.* geographer. ‖ **géographie** [jéògrȧfî] *f.* geography. ‖ **géographique** [-ǐk] *adj.* geographical.

geôle [jôl] *f.* gaol; jail; prison. ‖ **geôlier** [-yé] *m.* gaoler, jailer.

géologie [jéòlògî] *f.* geology.

géométrie [jéòmétrî] *f.* geometry. ‖ **géométrique** [-ǐk] *adj.* geometrical.

gérance [jérȧⁿs] *f.* management; board of directors.

géranium [jérȧnyòm] *m.* geranium.

gérant [jérȧⁿ] *m.* director, manager.

gerbe [jèrb] *f.* sheaf; spout [eau]; shower [étincelles]; spray [fleurs].

gercer [jèrsé] *v.* to crack; to chap. ‖ **gerçure** [-ür] *f.* crack, fissure; chap.

gérer [jéré] *v.* to manage; to administer; *mal gérer,* to mismanage.

germain [jèrmɛⁿ] *adj. cousin germain,* first cousin; *issu de germain,* second cousin.

germe [jèrm] *m.* germ; shoot; seed; origin. ‖ **germer** [-é] *v.* to germinate; to shoot, to sprout.

gésir [jézîr] *v.** to lie.

gestation [jèstȧsyoⁿ] *f.* gestation.

geste [jèst] *m.* gesture; motion; sign. ‖ **gesticuler** [-ǐkülé] *v.* to gesticulate.

gestion [jèstyoⁿ] *f.* administration, management.

gibecière [jǐbsyèr] *f.* game-bag.

gibet [jǐbè] *m.* gibbet, gallows.

gibier [jǐbyé] *m.* game.

giboulée [jǐbûlé] *f.* sudden shower; April shower.

gicler [jǐklé] *v.* to squirt, to spurt. ‖ **gicleur** [-œr] *m.* jet; nozzle.

gifle [jǐfl] *f.* slap; box on the ear. ‖ **gifler** [-é] *v.* to slap (someone's) face; to box (someone's) ears.

gigantesque [jǐgȧⁿtèsk] *adj.* gigantic, giant. ‖ **gigantisme** [-tìsm] *m.* giantism, gigantism.

gigot [jǐgô] *m.* leg of mutton; *pl.* hind legs [cheval]. ‖ **gigoter** [-té] *v.* to kick; to jig; to fidget.

gilet [jǐlè] *m.* waistcoat; vest; cardigan [tricot].

gingembre [jɛⁿjȧⁿbr] *m.* ginger.

girafe [jǐrȧf] *f.* giraffe.

girofle [jǐròfl] *m.* clove; *clou de girofle,* clove. ‖ **giroflée** [-é] *f.* stock; wall-flower; smack.

girouette [jǐrûèt] *f.* weathercock, vane.

gisement [jǐzmȧⁿ] *m.* bed, layer; vein [minerai]; bearing (naut.).

gitan, -ane [jìtȧⁿ, -ȧn] *m., f.* gipsy.

gîte [jît] *m.* shelter, refuge; lodging; lair [animal]; seam, vein, bed [mine]; *f.* list, heeling (naut.).

givre [jîvr] *m.* rime, hoar-frost; *givré* [-é] *adj.* frosted, rimy, rimed.

glabre [glȧbr] *adj.* hairless, smooth, clean-shaven, beardless [visage].

glace [glȧs] *f.* ice; ice-cream; icing [cuisine]; glass, mirror; chill (fig.); *f.* ‖ **glacé** [-é] *adj.* freezing, icy cold; frigid; iced; frozen; glazed; glossy [étoffe]; candied. ‖ **glacer** [-é] *v.* to chill; to freeze; to ice; to glaze. ‖ **glacial** [-yȧl] *adj.** glacial, icy; frosty; biting [vent]. ‖ **glacier** [-yé] *m.* glacier; ice-cream seller. ‖ **glacière** [-yèr] *f.* ice-house; refrigerator. ‖ **glaçon** [-oⁿ] *m.* floe; cake of ice; icicle.

glaïeul [glȧyœl] *m.* gladiolus.

glaire [glèr] *f.* glair.

glaise [glèz] *f.* clay; potter's clay; loam.

glaive [glèv] *m.* glaive, sword.

gland [glȧⁿ] *m.* acorn; tassel [rideau]. ‖ **glande** [glȧⁿd] *f.* gland.

glaner [glȧné] *v.* to glean.

glapir [glȧpîr] *v.* to yelp; to yap; to squeak.

glas [glâ] *m.* knell; tolling.

glauque [glôk] *adj.* glaucous, sea-green.

glissade [glìsȧd] *f.* slip; sliding; slide; glide. ‖ **glissant** [-ȧⁿ] *adj.* sliding; slippery. ‖ **glissement** [-mȧⁿ] *m.* slipping; sliding; slip. ‖ **glisser** [-é] *v.* to slip; to slide; to skid [roue]; to glide (aviat.); *se glisser,* to slip, to creep. ‖ **glissière** [-yèr] *f.* slide. ‖ **glissoire** [-wàr] *f.* slide; © toboggan slide.

global [glòbȧl] *adj.** total, inclusive; gross. ‖ **globe** [glòb] *m.* globe, sphere; orb; eyeball [œil]. ‖ **globule** [-ül] *m.* globule.

gloire [glwàr] *f.* glory; fame; pride; halo; *se faire gloire de,* to glory in. ‖ **glorieux** [glòryë] *m.* braggart; *adj.** glorious; vainglorious, conceited. ‖ **glorification** [-ìfìkȧsyoⁿ] *f.* glorification. ‖ **glorifier** [-ìfyé] *v.* to glorify; *se glorifier,* to boast; to glory (*de,* in). ‖ **gloriole** [-yòl] *f.* vainglory; swank (fam.).

glose [glôz] *f.* comment, criticism; commentary. ‖ **gloser** [-zé] *v.* to gloss; to carp at.

glossaire [glòsèr] *m.* glossary.

glotte [glòt] *f.* glottis.

glousser [glûsé] *v.* to cluck [poule]; to gobble [dinde]; to chuckle.

glouton [glûtoⁿ] *m.* glutton; *adj.** greedy, gluttonous. || **gloutonnerie** [-ònrî] *f.* gluttony.

glu [glü] *f.* glue; bird-lime. || **gluant** [-aⁿ] *adj.* sticky, gluey, gummy.

glucose [glükôz] *m.* glucose.

glycérine [glisérîn] *f.* glycerine.

gobelet [gòblè] *m.* cup; goblet; mug. || **gober** [gòbé] *v.* to swallow, to gulp down; to take in (fig.); to have a great admiration for. || **gobeur** [-œr] *m.* (pop.) guzzler; gull; sucker; simpleton; *adj.* credulous.

goder [gòdé] *v.* to pucker, to crease; to bag [pantalon].

godet [gòdè] *m.* mug; cup; bowl; bucket; flare [couture]; *à godets,* flared.

goéland [gòélaⁿ] *m.* sea-gull. || **goélette** [-èt] *f.* schooner. || **goémon** [gòémoⁿ] *m.* seaweed; wrack.

goguenard, -arde [gògnàr, ard] *adj.* jeering; scoffing.

goinfre [gwìnfr] *m.* (pop.) glutton, guzzler. || **goinfrerie** [-ᵉrî] *f.* gluttony.

goitre [gwàtr] *m.* goiter; wen (fam.).

golf [gòlf] *m.* golf; *terrain de golf,* golf links.

golfe [gòlf] *m.* gulf; bay.

gomme [gòm] *f.* gum; india-rubber. || **gommer** [gòmé] *v.* to gum; to erase.

gond [goⁿ] *m.* hinge; *sortir de ses gonds,* to fly into a rage.

gondole [goⁿdòl] *f.* gondola. || **gondoler** [goⁿdòlé] *v.* to warp; to blister; to cockle.

gonflement [goⁿflᵉmaⁿ] *m.* inflating, inflation; swelling; distension [estomac]; blowing up; bulging. || **gonfler** [-é] *v.* to inflate [pneus]; to blow up; to swell; to distend [estomac]; to puff up. || **gonfleur** [-œr] *m.* air-pump.

gong [goⁿg] *m.* gong.

goret [gòrè] *m.* young pig, piglet; dirty pig (fig.).

gorge [gòrj] *f.* throat, neck; breast, bosom; gorge; gullet; pass; defile; groove (techn.): *à pleine gorge,* at the top of one's voice; *mal à la gorge,* sore throat. || **gorgée** [-é] *f.* draught; gulp; *petite gorgée,* sip. || **gorger** [-é] *v.* to gorge; to cram; *se gorger,* to stuff oneself.

gorille [gòrîy] *m.* gorilla.

gosier [gòzyé] *m.* throat; gullet.

gosse [gòs] *m., f.* kid, youngster; brat; tot.

gothique [gòtìk] *m., adj.* Gothic.

gouailleur [gûàyœr] *adj.* waggish; jeering.

goudron [gûdroⁿ] *m.* tar; pitch; coaltar [de houille]. || **goudronner** [-òné] *v.* to tar; *toile goudronnée,* tarpaulin.

gouffre [gûfr] *m.* gulf, abyss; chasm.

goujat [gûjà] *m.* hodman; farmhand; cad, blackguard. || **goujaterie** [-rî] *f.* caddishness.

goujon [gûjoⁿ] *m.* gudgeon [poisson].

goulot [gûlô] *m.* neck [bouteille].

goulu [gûlü] *adj.* greedy, gluttonous.

goupille [gûpîy] *f.* pin; bolt; gudgeon.

gourd [gûr] *adj.* benumbed; stiff; numb. || **gourde** [gûrd] *f.* gourd (bot.); flask; water-bottle; (fam.) fathead, *Am.* dumbbell.

gourdin [gûrdìⁿ] *m.* cudgel, club.

gourmand [gûrmaⁿ] *m.* glutton; gourmand, gormandizer; *adj.* greedy; gluttonous. || **gourmander** [-dé] *v.* to guzzle; to chide; to rebuke. || **gourmandise** [-dîz] *f.* greediness, gluttony; *pl.* sweetmeats.

gourme [gûrm] *f.* impetigo; rash; strangles [cheval]; *jeter sa gourme,* to sow one's wild oats. || **gourmé** [-é] *adj.* stiff, formal.

gourmet [gûrmè] *m.* gourmet, epicure.

gourmette [gûrmèt] *f.* curb; bracelet; chain.

gousse [gûs] *f.* pod, shell; clove [ail]. || **gousset** [-è] *m.* arm-pit; gusset; fob pocket.

goût [gû] *m.* taste; flavo(u)r; smell; liking, fancy, preference; manner, style. || **goûter** [-té] *m.* snack, lunch; *v.* to taste; to enjoy, to relish, to appreciate; to eat a little, to have a snack.

goutte [gût] *f.* drop; drip; spot, little bit; gout (med.). || **gouttière** [-yèr] *f.* gutter; spout; cradle (med.); *pl.* eaves.

gouvernail [gûvèrnày] *m.* rudder; helm. || **gouvernante** [-aⁿt] *f.* governess; housekeeper. || **gouvernement** [-ᵉmaⁿ] *m.* government; management; care. || **gouverner** [-é] *v.* to govern, to rule, to control; to manage; to take care of; to steer (naut.). || **gouverneur** [-œr] *m.* governor; tutor.

grabat [gràbà] *m.* pallet; humble bed.

grabuge [gràbüj] *m.* (fam.) row, rumpus.

grâce [grâs] *f.* grace; gracefulness, charm; favo(u)r; mercy; pardon (jur.); *pl.* thanks; *coup de grâce,* finishing stroke; *grâce à,* thanks to, owing to; *action de grâces,* thanksgiving. || **gracier** [-yé] *v.* to pardon, to reprieve. || **gracieux** [-yë] *adj.** graceful, pleasing; gracious; courteous; *à titre gracieux,* free of charge.

gracile [gràsìl] *adj.* slender, slim. ‖ **gracilité** [-ìté] *f.* gracility, slimness.

grade [gràd] *m.* rank, grade; degree (univ.). ‖ **gradé** [-é] *m.* non-commissioned officer. ‖ **gradin** [-ìⁿ] *m.* step; bench; *en gradins*, in tiers. ‖ **graduation** [-üàsyoⁿ] *f.* scale; graduation. ‖ **graduel** [-üèl] *adj.* gradual. ‖ **graduer** [-üé] *v.* to grade; to graduate.

grain [grìⁿ] *m.* grain; seed; bean [café]; bead; speck, particle; texture; squall [vent]; *grain de beauté*, beauty spot; *à gros grains*, coarse-grained. ‖ **graine** [grèn] *f.* seed; berry; *mauvaise graine*, bad lot. ‖ **grainetier** [-tyé] *m.* seed-merchant.

graissage [grèsàj] *m.* greasing; lubrication; oiling. ‖ **graisse** [grès] *f.* grease; fat. ‖ **graisser** [-é] *v.* to grease; to lubricate; to oil; (pop.) to bribe. ‖ **graisseux** [-ë] *adj.* greasy; fatty; oily; ropy [vin].

grammaire [gràmmèr] *f.* grammar. ‖ **grammairien** [-ryìⁿ] *m.* grammarian. ‖ **grammatical** [-màtìkàl] *adj.* grammatical.

gramme [gràm] *m.* gram.

gramophone [gràmòfòn] *m.* record-player, gramophone, *Am.* phonograph.

grand [graⁿ] *m.* great man; adult, grown-up; *adj.* great; big; large; tall; high; wide; extensive; grown-up; noble, majestic; fashionable; high-class [vin]; *un homme grand*, a tall man; *un grand homme*, a great man; *grand-mère*, grandmother; *grand-messe*, high mass; *grand-oncle*, great-uncle; *grand-père*, grandfather; *grands-parents*, grandparents; *grand-tante*, great-aunt. ‖ **grandeur** [-dœr] *f.* size; height; greatness; nobleness; grandeur; scale; importance; extent; magnitude; *grandeur naturelle*, life-size. ‖ **grandiose** [-dyôz] *adj.* grand, impressive, splendid. ‖ **grandir** [-dîr] *v.* to grow tall; to grow up; to increase; to enlarge.

grange [graⁿj] *f.* grange; barn.

granit [grànìt] *m.* granite.

granule [grànül] *m.* granule. ‖ **granulé** [-é] *adj.* granulated, granular. ‖ **granuleux** [-ë] *adj.* granulous.

graphique [gràfìk] *m.* graph, diagram; *adj.* graphic.

grappe [gràp] *f.* bunch; cluster. ‖ **grappin** [gràpìⁿ] *m.* grapnel; grappling-iron; hook; grab.

gras, grasse [grâ, gràs] *m.* fat; *adj.* fat; fatty; greasy; oily; plump, stout, obese; thick, heavy; broad, smutty [indécent]; *jour gras*, meat day. ‖ **grassouillet** [-sûyè] *adj.* plump, chubby, podgy.

gratification [gràtìfìkàsyoⁿ] *f.* bonus; gratuity, tip. ‖ **gratifier** [-yé] *v.* to reward; to favo(u)r; to bestow on, to confer.

gratin [gràtìⁿ] *m.* gratin; smart set (fig.).

gratitude [gràtìtüd] *f.* gratitude, gratefulness, thankfulness.

gratter [gràté] *v.* to scrape; to scratch; to cross out [mot]; to out-distance, to pass; to graft; *gratte-ciel*, skyscraper. ‖ **grattoir** [-wàr] *m.* scraper; eraser.

gratuit [gràtüì] *adj.* free; gratuitous; wanton. ‖ **gratuité** [-té] *f.* gratuitousness.

grave [gràv] *adj.* grave; solemn; sober [visage]; important; serious; low, deep (mus.).

graver [gràvé] *v.* to engrave; to etch [eau-forte]; to imprint (fig.). ‖ **graveur** [-œr] *m.* engraver; etcher.

gravier [gràvyé] *m.* gravel; grit.

gravir [gràvîr] *v.* to climb; to ascend; to clamber up.

gravité [gràvìté] *f.* gravity; seriousness; deepness (mus.).

gravure [gràvür] *f.* engraving; etching [eau-forte]; print; line-engraving [au trait]; copper-plate engraving [taille-douce]; woodcut [bois].

gré [gré] *m.* will, wish, pleasure; liking; taste; agreement; consent; *bon gré mal gré*, willy nilly; *contre son gré*, unwillingly; *savoir gré*, to be grateful (de, for).

gredin [gredìⁿ] *m.* scoundrel, rogue.

gréement [grémaⁿ] *m.* rigging; gear. ‖ **gréer** [gréé] *v.* to rig; to rig up.

greffe [grèf] *m.* registry; clerk's office.

greffe [grèf] *f.* graft; grafting. ‖ **greffer** [-é] *v.* to graft.

greffier [grèfyé] *m.* registrar; clerk of the court.

greffon [grèfoⁿ] *m.* graft, scion.

grêle [grèl] *adj.* slender; thin; shrill [voix]; small [intestin].

grêle [grèl] *f.* hail; shower (fig.). ‖ **grêler** [-é] *v.* to hail; to damage by hail; to pock-mark. ‖ **grêlon** [-oⁿ] *m.* hail-stone.

grelot [grelô] *m.* small bell; sheep-bell. ‖ **grelotter** [-òté] *v.* to shiver; to shake; to tinkle [cloche].

grenade [grenàd] *f.* pomegranate; grenade. ‖ **grenadier** [-yé] *m.* pomegranate-tree; grenadier (mil.).

grenaille [grenày] *f.* small grain; lead shot [de plomb]; granulated metal.

grenier [grenyé] *m.* granary; hayloft [foin]; corn-loft [grain]; garret, attic; lumber-room.

grenouille [grᵊnúy] *f.* frog.

grenu [grᵊnü] *adj.* grained; granular; grainy.

grès [grè] *m.* sandstone; stoneware.

grésil [grézìl] *m.* sleet; hail. ‖ **grésiller** [-ìyé] *v.* to sleet; to patter [bruit].

grève [grèv] *f.* shore; bank; beach; strike; *en grève,* on strike; *grève perlée, Br.* go-slow strike, *Am.* slow-down strike; *grève sur le tas,* sit-down strike.

grever [grᵊvé] *v.* to burden; to mortgage; to encumber; to saddle.

gréviste [grévìst] *m., f.* striker.

gribouillage [grìbûyàj] *m.* scribble, scrawl; daub [peinture]. ‖ **gribouiller** [-ûyé] *v.* to scribble, to scrawl; to daub.

grief [grièf] *m.* grievance; complaint; cause for complaint.

grièvement [grièvmaⁿ] *adv.* grievously, gravely, sorely; deeply.

griffe [grìf] *f.* claw; talon; catch (techn.); signature; signature stamp; *coup de griffe.* scratch. ‖ **griffer** [-é] *v.* to scratch; to claw; to stamp. ‖ *griffonnage* [-ònàj] *m.* scrawl, scribble. ‖ *griffonner* [-òné] *v.* to scrawl, to scribble.

grignoter [grìñòté] *v.* to nibble; to pick at; to munch.

gril [grì] *m.* gridiron, grill. ‖ **grillade** [grìyàd] *f.* piece of toast; grilled meat, grill; grilling; roasting; broiling; toasting; wire-netting; grating. ‖ *grillage* [-àj] *m.* lattice; grating; grid. ‖ *grille* [grìy] *f.* grate; grating; iron gate; railing; grid [radio]. ‖ *griller* [-ìyé] *v.* to grill; to roast; to broil; to toast [pain]; to calcine; to scorch; to burn; to rail in.

grillon [grìyoⁿ] *m.* cricket.

grimace [grìmàs] *f.* grimace, grin, wry face; humbug; sham; *faire des grimaces,* to make faces. ‖ *grimacer* [-é] *v.* to grimace; to grin; (fam.) to simper; to pucker.

grimer [grìmé] *v.* to make up.

grimper [grìⁿpé] *v.* to climb; to creep up; to clamber up.

grincement [grìⁿsmaⁿ] *m.* creaking [porte]; grating; gnashing [dents]. ‖ *grincer* [-é] *v.* to creak [porte]; to grate; to gnash [dents]. ‖ *grincheux* [grìⁿshë] *m.* (pop.) grouser; *adj.* grumpy, testy; surly; touchy; sulky; crabbed.

grippe [grìp] *f.* grippe; influenza, flu (fam.); *prendre en grippe,* to take a dislike to. ‖ *grippé* [-é] *adj.* down with the flu. ‖ *gripper* [-é] *v.* to seize up; to jam; (fam.) to snatch.

gris [grì] *adj.* grey; dull [temps]; (fam.) tipsy. ‖ *grisâtre* [-zâtr] *adj.*

greyish. ‖ **griser** [-zé] *v.* to intoxicate. ‖ *griserie* [-zrî] *f.* intoxication; exhilaration. ‖ *grisonner* [-zòné] *v.* to turn grey, to go grey.

grive [grìv] *f.* thrush.

grivois [grìvwà] *adj.* broad, licentious, spicy [histoire].

grog [gròg] *m.* grog.

grognement [gròñmaⁿ] *m.* grunt; growl; snarl; grumbling. ‖ *grogner* [-é] *v.* to grunt; to growl; to snarl; to grouse, to grumble. ‖ *grognon* [-oⁿ] *m.* grumbler; *adj.* grumbling, peevish.

groin [grwiⁿ] *m.* snout.

grommeler [gròmlé] *v.* to mutter; to growl; to grumble.

grondement [gròⁿdmaⁿ] *m.* rumble; rumbling; roaring; boom [mer]. ‖ *gronder* [-é] *v.* to roar; to growl; to rumble [tonnerre]; to scold, to chide. ‖ *gronderie* [-rî] *f.* scolding.

gros, grosse [grô, grôs] *adj.* big; large; stout; thick; fat; coarse [grossier]; foul [temps]; heavy [mer]; pregnant; swollen; teeming; *en gros,* on the whole; roughly; wholesale [marchand]; *gros mots,* abuse.

gros [grô] *m.* bulk, main part; wholesale trade (comm.); *en gros,* approximately (fig.).

groseille [gròzèy] *f.* currant; gooseberry [à maquereau].

grosse [gròs] *adj..* see **gros;** *f.* gross, twelve dozen; large-hand [écriture]; engrossed copy. ‖ *grossesse* [-ès] *f.* pregnancy. ‖ *grosseur* [-œr] *f.* size; bulk; swelling. ‖ *grossier* [-yé] *adj.* coarse; gross; rude [impoli]; vulgar; rough; boorish. ‖ *grossièreté* [-yèrté] *f.* coarseness; roughness; rudeness; grossness; coarse language; *pl.* abuse. ‖ *grossir* [-ìr] *v.* to increase; to enlarge; to magnify; to swell [enfler]; to grow bigger. ‖ *grossiste* [-ìst] *m.* wholesaler.

grotesque [gròtèsk] *adj.* grotesque; absurd, fantastic; odd.

grotte [gròt] *f.* grotto; cave.

grouillement [grûymaⁿ] *m.* crawling; swarming; rumbling. ‖ *grouiller* [grûyé] *v.* to swarm, to crawl, to teem, to be alive (de, with), to hustle (fam.).

groupe [grûp] *m.* group; cluster [étoiles]; clump [arbres]; division; unit (mil.). ‖ *groupement* [-maⁿ] *m.* group; grouping; trust, pool. ‖ *grouper* [-é] *v.* to group; to concentrate [efforts]; *se grouper,* to gather.

grue [grü] *f.* crane; (pop.) prostitute, whore, streetwalker.

grumeau [grümò] *m.* clot; lump.

gruyère [grüyèr] *m.* gruyere cheese.

gué [gé] *m.* ford; *passer une rivière à gué,* to ford a river.

guenille [genîy] *f.* rag, *pl.* tatters.

guenon [genon] *f.* she-monkey; fright.

g u ê p e [gèp] *f.* wasp. ‖ *guêpier* [gépyé] *m.* wasps' nest; bee-eater [oiseau]; tricky situation.

guère [gèr] *adv.* hardly; little; scarcely; *il ne tardera guère à arriver*, it won't be long before he comes; *je n'en ai guère*, I've hardly any.

guéret [gérè] *m.* fallow ground; ploughed land.

guéridon [gérìdon] *m.* pedestal table.

guérilla [gérìyà] *f.* guerilla warfare; band of guerillas. ‖ *guérillero* [-èrò] *m.* guerilla.

guérir [gérîr] *v.* to cure; to heal; to recover; to get back to health. ‖ *guérison* [-ìzon] *f.* cure; healing; recovering, recovery. ‖ *guérissable* [-ìsàbl] *adj.* curable; medicable. ‖ *guérisseur* [-ìsœr] *adj.* healing; *m.* healer.

guérite [gérît] *f.* sentry-box (mil.); signal-box [chemin de fer]; look-out; shelter.

guerre [gèr] *f.* war, warfare; feud, quarrel; *faire la guerre à*, to wage war against ; *le ministère de la Guerre*, *Br.* the War Office; *Am.* Department of Defense, the Pentagon; *d'avant-guerre*, pre-war. ‖ *guerrier* [-yé] *m.* warrior; *adj.** warlike. ‖ *guerroyer* [-wàyé] *v.* to wage war.

guet [gè] *m.* watch · look-out; patrol; *faire le guet*, to be on the look-out; *guet-apens*, ambush; snare, trap; foul play; treacherous scheme.

guêtres [gètr] *f. pl.* gaiters; spats; leggings.

guetter [gété] *v.* to watch [occasion]; to watch for, to lie in wait for. ‖ *guetteur* [-œr] *m.* watchman; look-out man; signalman.

gueule [gœl] *f.* mouth [animaux]; opening; muzzle [canon]; (pop.) mug, jaw. ‖ *gueuler* [-é] *v.* to bawl. ‖ *gueuleton* [-ton] *m.* (pop.) slap-up meal.

gueuse [gëz] *f.* pig-iron [fonte]; sow [moule].

gueux, gueuse [gë, gëz] *m.*, *f.* tramp; vagabond; beggar; scoundrel; *adj.* poor, poverty-stricken.

gui [gì] *m.* mistletoe.

guichet [gìshè] *m.* wicket-gate; entrance; turnstile; barrier; booking-office window; pay-desk; cash-desk; counter.

guide [gìd] *m.* guide; guide-book; *f.* rein. ‖ *guider* [gìdé] *v.* to guide; to lead; to drive [cheval]; to steer [bateau]. ‖ *guidon* [-on] *m.* foresight [fusil]; handle-bar [bicyclette]; pennant (naut.).

guigne [gìñ] *f.* black cherry; (pop.) bad luck; ill luck; *Am.* jinx.

guigner [gìñé] *v.* to peer; to peep at; to ogle; to covet.

guignol [gìñòl] *m.* Punch and Judy show; puppet show; puppet.

guignolée [gìñòlé] *f.* © house-to-house collection for the poor.

guillemets [gìymè] *m. pl.* inverted commas, quotation marks.

guilleret [gìyrè] *adj.** sprightly, lively, gay; smart; over-free.

guillotine [gìyòtìn] *f.* guillotine; *fenêtre à guillotine*, sash-window. ‖ *guillotiner* [-ìné] *v.* to guillotine.

guimauve [gìmòv] *f.* marshmallow.

guimbarde [gìnbàrd] *f.* wagon; jew's-harp (mus.); (pop.) bone-shaker, rattletrap, *Am.* jalopy.

guindé [gìndé] *adj.* stiff; stilted.

guirlande [gìrland] *f.* garland, wreath; festoon.

guise [gìz] *f.* way, manner; fancy; *à votre guise*, as you like, as you will; *en guise de*, by way of.

guitare [gìtàr] *f.* guitar. ‖ *guitariste* [-rìst] *s.* guitarist.

gymnase [jìmnâz] *m.* gymnasium. ‖ *gymnastique* [jìmnàstìk] *f.* gymnastics; *adj.* gymnastic.

H

The French h is never aspirated as in English; no liaison should be made when the phonetic transcription is preceded by ', while in other cases initial h is mute.

habile [àbìl] *adj.* skilful, clever; artful, cunning, sharp; expert; qualified (jur.). ‖ *habileté* [-té] *f.* skill, ability; cleverness; cunning, artfulness [ruse].

habiliter [àbìlìté] *v.* to capacitate; to empower, to entitle.

habillement [àbìyman] *m.* clothing; clothes; dress; apparel; suit [complet]. ‖ *habiller* [-ìyé] *v.* to dress; to clothe; to prepare; to trim; to fit; *habillé*, clad; *s'habiller*, to dress, to get dressed; to dress up.

habit [àbì] *m.* dress; habit (eccles.); coat; dress-coat [de soirée]; *pl.* clothes.

habitant [àbìtan] *m.* inhabitant; dweller; inmate; resident; © farmer

[*Fr.* = paysan]. ‖ *habitat* [-à] *m.* habitat. ‖ *habitation* [-àsyoⁿ] *f.* habitation; home; dwelling, abode, residence. ‖ *habiter* [-é] *v.* to live in, to inhabit, to dwell at; to live, to reside; to occupy [maison].

habitude [àbìtüd] *f.* habit; custom, practice; use; *avoir l'habitude de,* to be used to; *d'habitude,* usually. ‖ *habitué* [-üé] *m.* frequenter; regular attendant. ‖ *habituel* [-üèl] *adj.** usual, customary, regular, habitual. ‖ *habituer* [-üé] *v.* to habituate, to accustom; to inure [endurcir]; *s'habituer,* to grow accustomed, to get used.

hache [àsh] *f.* axe; hatchet. ‖ *hacher* [-é] *v.* to chop; to hew; to hack up; to hash [viande]; to mince. ‖ *hachereau* [-rô] *m.** hatchet. ‖ *hachis* [-ì] *m.* hash, mince; minced meat. ‖ *hachoir* [-wàr] *m.* chopper; chopping-board. ‖ *hachuré* [-üré] *adj.* streaked.

hagard [àgàr] *adj.* haggard; drawn; wild-looking; staring.

haie [è] *f.* hedge, hedgerow; line, row; hurdle; *faire la haie,* to line the streets.

haillon [àyoⁿ] *m.* rag; *pl.* tatters.

haine [èn] *f.* hate, hatred; detestation. ‖ *haineux* [-ë] *adj.** hateful; full of hatred.

haïr [àìr] *v.** to hate, to detest, to loathe. ‖ *haïssable* [àìsàbl] *adj.* hateful, odious, detestable.

halage [àlàj] *m.* hauling; towing.

hâle [àl] *m.* tanning, browning; sunburn; tan; tanned complexion. ‖ *hâlé* [-é] *adj.* tanned, sunburnt; weather-beaten.

haleine [àlèn] *f.* breath; wind.

haler [àlé] *v.* to haul; to haul in; to tow; to heave.

hâler [àlé] *v.* to tan, to brown; to burn; to sunburn.

haleter [àlté] *v.* to puff, to pant, to blow; to gasp.

halle [àl] *f.* covered market, market hall.

hallucinant [àlüsìnaⁿ] *adj.* hallucinating, haunting.

halte [àlt] *f.* halt, stop; stopping-place; wayside station; *interj.* hold on! halt!

hamac [àmàk] *m.* hammock.

hameau [àmô] *m.** hamlet.

hameçon [àmsoⁿ] *m.* hook; fish-hook; bait (fig.).

hampe [aⁿp] *f.* shaft [lance]; staff, pole; stem.

hanche [aⁿsh] *f.* hip; haunch [cheval]; *les poings sur les hanches,* arms akimbo.

handicap [aⁿdìkàp] *m.* handicap. ‖ *handicaper* [-é] *v.* to handicap.

hangar [aⁿgàr] *m.* hangar (aviat.); shed; penthouse.

hanneton [àntoⁿ] *m.* may-bug, cock-chafer; scatterbrain (fig.).

hanter [aⁿté] *v.* to haunt; to frequent; to keep company with. ‖ *hantise* [-ìz] *f.* obsession.

happer [àpé] *v.* to snap up, to snatch, to catch; to waylay.

harangue [àraⁿg] *f.* harangue; address, speech. ‖ *haranguer* [àraⁿgé] *v.* to harangue; to address.

harasser [àràsé] *v.* to exhaust, to wear out.

harceler [àrsᵉlé] *f.* to harass; to harry; to worry; to pester; to nag.

hardi [àrdì] *adj.* audacious, bold; daring; rash; impudent, saucy. ‖ *hardiesse* [-yès] *f.* boldness; temerity; effrontery, impudence; audacity, cheek; pluck, daring; rashness. ‖ *hardiment* [-lmaⁿ] *adv.* boldly, audaciously.

hareng [àraⁿ] *m.* herring; *hareng fumé,* kipper. ‖ *harengère* [-lèr] *f.* fish-wife.

hargneux [àrñë] *adj.** surly; peevish; bad-tempered; nagging [femme]; harsh, cross [ton].

haricot [àrìkô] *m.* haricot, bean, kidney-bean; *haricots verts, Br.* French beans, *Am.* string beans.

harmonie [àrmònì] *f.* harmony; concord; accord, agreement. ‖ *harmonieux* [-yë] *adj.** harmonious; tuneful, melodious. ‖ *harmonique* [-ìk] *m.*, *adj.* harmonic. ‖ *harmoniser* [-ìzé] *v.* to harmonize; to match.

harnacher [àrnàshé] *v.* to harness; to rig out [personnes]. ‖ *harnais* [-è] *m.* harness; gearing (mech.); saddlery; trappings.

harpe [àrp] *f.* harp.

harpie [àrpì] *f.* harpy; shrew.

harpiste [àrpìst] *s.* harp-player.

harpon [àrpoⁿ] *m.* harpoon; wall-staple. ‖ *harponner* [-òné] *v.* to harpoon; to waylay.

hasard [àzàr] *m.* chance, luck; risk; danger; hazard; *au hasard,* at random; *par hasard,* by chance. ‖ *hasardé* [-dé] *adj.* hazardous, risky, rash, bold, foolhardy. ‖ *hasarder* [-dé] *v.* to hazard, to venture; to risk. ‖ *hasardeux* [-dë] *adj.** perilous, risky, venturous; bold, daring.

hâte [àt] *f.* haste, hurry; eagerness; *à la hâte,* hastily, in a hurry; *avoir hâte,* to be eager; to be in a hurry; to long (*de,* to). ‖ *hâter* [-é] *v.* to hasten; to speed up; to expedite; to force [fruits]; se **hâter,** to hurry up, to make haste. ‖ **hâtif** [-if] *adj.** hasty; premature; early; ill-considered.

hausse ['ôs] *f.* rise, *Am.* backsight [fusil]; range (mil.); *à la hausse,* on the rise. ‖ **haussement** [-maⁿ] *m.* raising; *haussement d'épaules,* shrug. ‖ **hausser** [-é] *v.* to lift; to raise; to increase; to shrug [épaules]; to rise, to go up. ‖ **haussière** [-yèr] *f.* hawser. ‖ **haut** ['ô] *m.* height; top; summit; *adj.* high; tall; lofty; elevated; important, eminent, great; loud [voix]; erect [tête]; haughty; aloud; *en haut,* upstairs; up above; at the top; *vingt pieds de haut, haut de vingt pieds,* twenty feet high; **haut-fond,** shoal, shallows; **haut-le-cœur,** retching; nausea; **haut-le-corps,** start, jump; **haut-parleur,** loudspeaker. ‖ **hautain** ['ôtⁿ] *adj.* haughty; lofty. ‖ **hauteur** ['ôtœr] *f.* height; altitude; eminence, hill; pitch (mus.); arrogance, haughtiness; position (naut.); *être à la hauteur de,* to be equal to; to be a match for; to be up to.

hâve ['âv] *adj.* wan; emaciated; gaunt, drawn, haggard.

havre ['àvr] *m.* harbour, haven.

hebdomadaire [èbdòmàdèr] *adj.* weekly; *m.* weekly publication, weekly (fam.).

héberger [ébèrjé] *v.* to lodge; to harbo(u)r.

hébéter [ébété] *v.* to stupefy; to daze; to stun. ‖ **hébétude** [-tüd] *f.* daze; hebetude.

hécatombe [ékàtoⁿb] *f.* hecatomb.

hélas! [élâs] *interj.* alas!

héler [élé] *v.* to hail; to call.

hélice [élis] *f.* screw; propellor; *en hélice,* spiral.

hélicoptère [élikòptèr] *m.* helicopter.

hémisphère [émìsfèr] *m.* hemisphere.

hémorragie [émòràjí] *f.* hemorrhage, bleeding.

hennir ['ènîr] *v.* to neigh; to whinny.

herbe [èrb] *f.* grass; herb, plant; weed [mauvaise]; *herbe à puces,* © poison-ivy; seaweed [marine]; *fines herbes,* herbs for seasoning; *en herbe,* unripe; budding (fig.). ‖ **herbeux** [-ë] *adj.** grassy. ‖ **herboriste** [-òrist] *m.,* *f.* herbalist.

héréditaire [érédìtèr] *adj.* hereditary. ‖ **hérédité** [-é] *f.* heredity; heirship.

hérisser [érìsé] *v.* to bristle up; to ruffle [plumes]; to cover with spikes; **se hérisser,** to bristle; to stand on end; to get ruffled [personne]. ‖ **hérisson** [-oⁿ] *m.* hedgehog; sea-urchin [de mer]; row of spikes; sprocket-wheel; flue-brush.

héritage [érìtàj] *m.* heritage, inheritance; heirloom. ‖ **hériter** [-é] *v.* to inherit, to come into. ‖ **héritier, -ière** [-yé, yèr] *m.* heir; *f.* heiress.

hermétique [èrmétìk] *adj.* hermetic; airtight; abstruse.

hermine [èrmìn] *f.* ermine, stoat. ‖ **herminette** [-ìnèt] *f.* adze.

hernie [èrnî] *f.* hernia, rupture.

héroïne [éròìn] *f.* heroine [personnage]; heroin [stupéfiant]. ‖ **héroïque** [éròìk] *adj.* heroic, heroical. ‖ **héroïsme** [éròìsm] *m.* heroism.

héron ['éroⁿ] *m.* heron, hern.

héros ['érô] *m.* hero.

herse ['èrs] *f.* harrow; portcullis. ‖ **herser** [-é] *v.* to harrow, to drag [champ].

hésitation [ézìtàsyoⁿ] *f.* hesitation; hesitancy, wavering; faltering [pas]; misgiving. ‖ **hésiter** [-é] *v.* to hesitate, to waver; to falter.

hétéroclite [étéròklìt] *adj.* unusual, strange; eccentric; incongruous.

hêtre [ètr] *m.* beech, beech-tree.

heure [œr] *f.* hour; o'clock; time; moment; period; *quelle heure est-il?,* what time is it?; *six heures dix,* ten (minutes) past six, six ten; *six heures moins dix,* ten (minutes) to six; *six heures et demie,* half past six; *c'est l'heure,* time is up; *heure légale,* standard time; *heure d'été,* summer time, daylight-saving time; *dernière heure,* last-minute news; *être à l'heure,* to be on time, to be punctual; *heures supplémentaires,* overtime; *de bonne heure,* early; *tout à l'heure,* just now, a few minutes ago; presently, in a few minutes; *à tout à l'heure,* so long!, see you presently, see you later.

heureusement [œrëzmaⁿ] *adv.* happily; fortunately; successfully.

heureux [œrë] *adj.** happy; glad, pleased, delighted; lucky, fortunate, favo(u)red, blessed; successful, prosperous; auspicious, favo(u)rable; pleasing, apt, felicitous [phrase].

heurt ['œr] *m.* shock; blow. ‖ **heurter** ['œrté] *v.* to knock, to hit, to strike; to jostle, to bump, to run into, to crash with, to collide with; to shock, to offend; to wound [sensibilité]; to clash, to jar [couleurs]; to ram, to barge into (naut.); to stub [pied]; **se heurter,** to collide; to clash (fig.).

hibou ['ìbú] *m.** owl; *jeune hibou,* owlet.

hideux ['ìdë] *adj.** hideous; horrible, frightful, appalling, shocking.

hier [yèr] *adv.* yesterday; *hier soir,* last night, last evening.

hiérarchie ['yéràrshî] *f.* hierarchy. ‖ **hiérarchique** [-chìk] *adj.* hierarchical.

hilarant [ìlàraⁿ] *adj.* mirth-provoking, exhilarating; *gaz hilarant*, laughing-gas.

hippique [ìpìk] *adj.* hippic, equine; *concours hippique*, horse-show; *Br.* race-meeting, *Am.* race-meet. ‖ **hippodrome** [-òdròm] *m.* hippodrome, circus; race-track, race-course.

hippopotame [ìpòpòtàm] *m.* hippopotamus.

hirondelle [ìroⁿdèl] *f.* swallow; small river steamer.

hirsute [ìrsüt] *adj.* hirsute, hairy, shaggy; unkempt; rough, boorish.

hisser [ìssé] *v.* to hoist, to heave, to lift, to raise, to pull up, *Am.* to heft.

histoire [ìstwàr] *f.* history; story, tale, narration, narrative; yarn (fam.); invention, fib; thing, affair, matter; *faire des histoires*, to make a fuss, to make a to-do. ‖ **historien** [ìstòryìⁿ] *m.* historian, chronicler, recorder; narrator. ‖ **historique** [-ìk] *adj.* historic; historical; *m.* historical account, recital, chronicle.

histrion [ìstrìyoⁿ] *m.* histrion; mountebank.

hiver [ìvèr] *m.* winter. ‖ **hiverner** [-né] *v.* to winter, to spend the winter; to hibernate.

hocher ['òshé] *v.* to shake, to toss, to nod, to wag. ‖ **hochet** [-è] *m.* rattle [de bébé]; toy, bauble.

hollandais ['òlaⁿdè] *adj.* Dutch; *m.* Dutchman. ‖ **Hollande** ['òlaⁿd] *f.* Holland; Netherlands.

homard ['òmàr] *m.* lobster.

homélie [òmélî] *f.* homily.

homéopathie [òméòpàtî] *f.* homœopathy. ‖ **homéopathique** [-tìk] *adj.* homœopathic.

homicide [òmìsìd] *adj.* murderous, homicidal; *m.* murder [volontaire]; manslaughter [involontaire].

hommage [òmàj] *m.* homage, respect, veneration, tribute, esteem; service; acknowledgment, token, gift, testimony; *pl.* respects, compliments; *rendre hommage*, to do homage, to pay tribute.

homme [òm] *m.* man; *pl.* men; mankind; *homme d'affaires*, businessman; *homme de peine*, laborer.

homologuer [òmòlògé] *v.* to homologate; to ratify; to recognize.

honnête [ònèt] *adj.* honest, hono(u)rable, upright, decent; respectable; genteel, courteous, well-bred; seemly, becoming, decorous [conduite]; advantageous, reasonable, moderate [prix]; virtuous [femme]; *honnêtes gens*, decent people; *procédés honnêtes*, square dealings. ‖ **honnêteté** [-té] *f.* honesty, integrity, uprightness; civility, politeness; decency, respectability, seemliness; reasonableness, fairness.

honneur [ònœr] *m.* hono(u)r, rectitude, probity, integrity; repute, credit; respect; chastity; virtue; distinction; court-card [cartes]; *pl.* regalia, hono(u)rs, preferments.

honorable [ònòràbl] *adj.* hono(u)rable; respectable, reputable, creditable. ‖ **honoraire** [-èr] *adj.* honorary; *m. pl.* fee, fees, honorarium; stipend; retainer [avocat]. ‖ **honorer** [-é] *v.* to hono(u)r, to respect; to do hono(u)r to; to be an hono(u)r to; to meet [obligation]; *s'honorer*, to pride oneself (*de*, on). ‖ **honorifique** [-ìfìk] *adj.* honorary, titular [titre].

honte ['oⁿt] *f.* shame, disgrace, discredit; reproach; confusion, bashfulness; *avoir honte*, to be ashamed; *sans honte*, shameless; *faire honte à*, to make ashamed, to put to shame. ‖ **honteux** [-è] *adj.** ashamed; shameful, disgraceful, scandalous; bashful, shy.

hôpital [ôpìtàl] *m.** hospital, infirmary; alms-house, poor-house, asylum [hospice].

hoquet ['òkè] *m.* hiccough, hiccup; hic; gasp. ‖ **hoqueter** [-té] *v.* to hiccup; to hiccough.

horaire [òrèr] *m.* time-table, schedule; *adj.* horary, hourly; per hour.

horizon [òrìzoⁿ] *m.* horizon, skyline; sea-line; outlook; scope (fig.). ‖ **horizontal** [-tàl] *adj.** horizontal.

horloge [òrlòj] *f.* clock; time-piece, time-keeper, chronometer. ‖ **horloger** [-é] *m.* watch-maker, clock-maker. ‖ **horlogerie** [-rî] *f.* watch-making, clock-making; watch and clock-trade; clockmaker's shop; *mouvement d'horlogerie*, clockwork.

hormis ['òrmì] *prep.* except, but, save, excepting.

horreur [òrœr] *f.* horror, dread; abhorrence, loathing, repulsion, repugnance, disgust; atrocity, heinousness; *avoir en horreur*, to abhor, to detest, to abominate; *faire horreur à*, to horrify, to disgust. ‖ **horrible** [-ìbl] *adj.* horrible, awful, dreadful, fearful, frightful, horrid; appalling, ghastly, gruesome. ‖ **horrifiant** [-ìfyaⁿ] *adj.* horrifying. ‖ **horrifier** [-ìfyé] *v.* to horrify, to appal.

hors ['òr] *prep.* out of, outside of; without; but, except, save; beyond; past; *hors de combat*, disabled, out of action; *hors de saison*, unseasonable; *hors de doute*, unquestionable; *hors-d'œuvre*, hors-d'œuvre, appetizer; digression, irrelevancy; outwork, outbuilding (arch.); *hors-la-loi,* outlaw; *hors-texte,* bookplate.

hortensia [òrtaⁿsyà] *m.* hydrangea.

hospice [òspîs] *m.* hospice; asylum; refuge; alms-house; home, institution. || *hospitalier* [-ìtàlyé] *adj.** hospitable; welcoming. || *hospitaliser* [-ìtàlìsé] *v. Br.* to send to hospital, *Am.* to hospitalize; to admit to a home. || *hospitalité* [-ìtàlìté] *f.* hospitality; hospitableness; harbo(u)rage.

hostile [òstìl] *adj.* hostile, unfriendly, opposed, adverse, contrary, inimical. || *hostilité* [-ìté] *f.* hostility, enmity, opposition.

hôte, hôtesse [ôt, ôtès] *m., f.* host, *m.;* hostess, *f.;* innkeeper; landlord, *m.;* landlady, *f.;* guest, visitor; lodger; occupier, inmate; *table d'hôte,* table d'hôte, regular or ordinary meal. || *hôtel* [ôtèl] *m.* hotel, hostelry, inn; mansion, town-house, private residence; public building; *hôtel meublé,* lodging-house. || *hôtelier* [-ᵉlyé] *m.* hotel-keeper, innkeeper; landlord; host; hosteller [monastère]. || *hôtellerie* [-èlrî] *f.* hostelry, inn, hotel; hotel trade; guest-house.

hotte ['òt] *f.* basket; pannier, dosser; hod [maçon]; hood, canopy [cheminée].

houblon ['ûblòⁿ] *m.* hop.

houe ['û] *f.* hoe.

houille ['ûy] *f.* coal; *houille blanche,* water power; *houille brune,* lignite. || *houiller* [-é] *adj.** coal; coal-bearing. || *houillère* [-èr] *f.* coal-mine, coal-pit; colliery.

houle ['ûl] *f.* swell, surge, billows. || *houleux* [-lé] *adj.** swelling; stormy; tumultuous.

houppe ['ûp] *f.* tuft, bunch; pompon; tassel, bob; crest, topknot [cheveux]; powder-puff [poudre]. || *houppette* [-èt] *f.* powder-puff.

hourra ['ûrà] *m., interj.* hurrah.

housse ['ûs] *f.* covering; dust-sheet; *Am.* slip-cover; garment-bag; spare-tire cover [auto]; propeller-cover (aviat.); saddle-cloth.

houx ['û] *f.* holly, holly-tree.

hoyau ['wàyô] *m.** mattock, grubbing-hoe; pickaxe.

huard [üàr] *m.* ⓒ loon.

hublot [üblò] *m.* scuttle, port-hole.

huche ['üsh] *f.* bin.

hue! ['ü] *interj.* gee!

huer ['üé] *v.* to boo, to hoot, to jeer; to shout, to whoop; to halloo [chasse].

huile [üìl] *f.* oil; *huile de table,* salad oil; *huile de coude,* elbow-grease. ||

huiler [-é] *v.* to oil; to lubricate; to grease; to exude oil. || *huileux* [-ë] *adj.** oily, greasy. || *huilier* [-yé] *m.* oil-can; cruet-stand; oil-maker; oil-merchant.

huissier [üìsyé] *m.* process-server; usher, monitor; beadle.

huit [üìt] *m., adj.* eight; eighth [date, titre]; *huit jours,* a week; *d'aujourd'hui en huit,* to-day week, a week from to-day. || *huitaine* [-èn] *f.* about eight; week. || *huitième* [-yèm] *m., f., adj.* eighth.

huître [üìtr] *f.* oyster.

humain [ümⁿ] *adj.* human; humane [bon]; *m.* human being; *pl.* humanity, mankind, men. || *humaniser* [ümànìzé] *v.* to humanize, to civilize; to soften, to mollify. || *humanitaire* [-ìtèr] *adj., s.* humanitarian. || *humanité* [-ìté] *f.* humanity; human nature; mankind; humaneness, kindness; *pl.* humanities, classical studies.

humble [uⁿbl] *adj.* humble, lowly, modest; mean.

humecter [ümèkté] *v.* to dampen, to moisten, to wet.

humer [ümé] *v.* to inhale; to suck up; to sip.

humeur [ümœr] *f.* humo(u)r; disposition, temperament; mood, spirits; fancy; caprice; ill-humo(u)r; temper, anger; *avec humeur,* peevishly, crossly.

humide [ümîd] *adj.* damp, moist, humid, wet, dank; muggy [temps]. || *humidifier* [-ìfyé] *v.* to humidify. || *humidité* [ümìdìté] *f.* humidity, moisture, dampness, wetness, dankness; mugginess [temps].

humilier [ümìlyé] *v.* to humiliate, to mortify, to humble, to abase. || *humilité* [-ìté] *f.* humility, humbleness.

humoriste [ümòrìst] *adj.* humorous, humoristic; *m., f.* humorist. || *humour* [-ûr] *m.* humo(u)r; comic sense.

hune ['ün] *f.* top (naut.); *hune de vigie,* crow's-nest.

huppe ['üp] *f.* tuft, crest; hoopoe [oiseau]. || *huppé* [-é] *adj.* tufted; smart, swell (fam.).

hurlement ['ürlᵉmaⁿ] *m.* howl, howling, yelling, roaring; roar; bellow, bellowing. || *hurler* [-é] *v.* to howl, to yell, to roar; to bellow; to bawl.

hurluberlu [ürlübèrlü] *adj.* scatterbrained; *m.* harum-scarum.

hutte ['üt] *f.* hut, cabin, shanty, shed.

hyacinthe [yàsⁿt] *m.* hyacinth.

hydraulique [ìdrôlìk] *adj.* hydraulic; *f.* hydraulics; *force hydraulique,* water-power.

hydravion [ìdràvyoⁿ] *m.* hydroplane, sea-plane.

hydrogène [ìdròjèn] *m.* hydrogen.

hygiène [ìjyèn] *f.* hygiene; sanitation. ‖ *hygiénique* [-yénìk] *adj.* hygienic, healthful; sanitary.

hymne [ìmn] *m.* hymn; song; anthem [national].

hypnose [ìpnôz] *f.* hypnosis. ‖ *hypnotiser* [ìpnòtìzé] *v.* to hypnotize.

hypocrisie [ìpòkrìzî] *f.* hypocrisy; cant. ‖ *hypocrite* [-ìt] *adj.* hypocritical; *m., f.* hypocrite.

hypothécaire [ìpòtékèr] *adj.* on mortgage. ‖ *hypothèque* [ìpòtèk] *f.* mortgage. ‖ *hypothéquer* [-éké] *v.* to hypothecate, to mortgage.

hypothèse [ìpòtèz] *f.* hypothesis; assumption, supposition, theory.

hystérie [ìstérî] *f.* hysteria. ‖ *hystérique* [-ìk] *adj.* hysteric, hysterical.

I

ici [ìsî] *adv.* here; now, at this point; *ici-bas,* on earth.

idéal [ìdéàl] *adj.** ideal; imaginary, visionary; *m.** ideal. ‖ *idéalisme* [-ìsm] *m.* idealism. ‖ *idéaliste* [-ìst] *adj.* idealistic; *m., f.* idealist.

idée [ìdé] *f.* idea; notion, conception; mind; intention, purpose; whim, fancy; hint, suggestion.

identification [ìdaⁿtìfìkàsyoⁿ] *f.* identification, identifying. ‖ *identifier* [-ìfyé] *v.* to identify. ‖ *identique* [-ìk] *adj.* identical; equal, equivalent. ‖ *identité* [-ìté] *f.* identity; *carte d'identité,* identification card, identity card.

idiot [ìdyô] *adj.* idiotic, absurd, senseless, stupid; *m.* idiot; fool, silly ass, *Am.* nut (pop.). ‖ *idiotie* [-sî] *f.* idiocy; stupidity; piece of nonsense.

idiotisme [ìdyòtìsm] *m.* idiomatic expression; idiom.

idole [ìdòl] *f.* idol; god.

idylle [ìdìl] *f.* idyl(l); romance.

igloo [ìglû] *m.* igloo.

ignifuge [ìgnîfüj] *adj.* non-inflammable, fireproof.

ignoble [ìñòbl] *adj.* ignoble; low-born; vile, base; beastly, filthy; disgraceful, contemptible. ‖ *ignominie* [ìñòmìnî] *f.* ignominy, disgrace.

ignorance [ìñòraⁿs] *f.* ignorance. ‖ *ignorant* [-aⁿ] *adj.* ignorant; uninformed; illiterate; unlearned; unaware; *m.* ignoramus, dunce. ‖ *ignorer* [-é] *v.* to be unaware of, to be ignorant of, not to know, to ignore [passer sous silence].

il, ils [ìl] *pron.* he; it; she [bateau]; *pl.* they.

île [ìl] *f.* island, isle.

illégal [ìllégàl] *adj.** illegal, unlawful, illicit. ‖ *illégitime* [ìlléjìtîm] *adj.* illegitimate [enfant]; unlawful [mariage]; unwarranted [réclamation]; spurious [titre]. ‖ *illégitimité* [-ìté] *f.* illegitimacy.

illettré [ìllètré] *adj.* uneducated; illiterate.

illicite [ìllìsìt] *adj.* illicit; foul [coup]; unallowed.

illimité [ìllìmìté] *adj.* boundless, unlimited, unbounded; indefinite.

illisible [ìllìzìbl] *adj.* illegible; unreadable.

illogique [ìllòjìk] *adj.* illogical. ‖ *illogisme* [-ìsm] *m.* illogicality.

illumination [ìllümìnàsyoⁿ] *f.* illumination; lighting; flood-lighting [projecteur]; *pl.* lights; inspiration (fig.); enlightenment. ‖ *illuminer* [-né] *v.* to illuminate; to light up; to enlighten; to brighten.

illusion [ìllüzyoⁿ] *f.* illusion, delusion, fallacy; self-deception; chimera. ‖ *illusionner* [-yòné] *v.* to delude, to deceive. ‖ *illusoire* [-wàr] *adj.* illusory, illusive; deceptive.

illustration [ìllüstràsyoⁿ] *f.* illustration; picture; illustrating; illustriousness, renown; explanation, elucidation, expounding; *pl.* notes. ‖ *illustrer* [-é] *v.* to render illustrious; to illustrate [livre]; to elucidate, to annotate; *s'illustrer,* to become famous.

îlot [ìlô] *m.* islet; block [maisons].

image [ìmàj] *f.* image; picture; likeness, resemblance; effigy; idea, impression; simile; metaphor; *pl.* imagery. ‖ *imaginable* [-ìnàbl] *adj.* imaginable. ‖ *imaginaire* [-ìnèr] *adj.* imaginary, fancied, fictitious. ‖ *imaginatif* [-ìnàtìf] *adj.** imaginative. ‖ *imagination* [-ìnàsyoⁿ] *f.* imagination; conception; fancy, invention, conceit. ‖ *imaginer* [-ìné] *v.* to imagine; to conceive; to fancy, to suppose; *s'imaginer,* to imagine oneself; to conjecture; to delude oneself.

imbécile [iⁿbésìl] *adj.* imbecile, idiotic; half-witted; silly, foolish; *m.* imbecile; fool, simpleton, ninny, fathead, *Am.* nut (pop.). ‖ *imbécillité* [-ìté] *f.* imbecility, feeble-mindedness, silliness; nonsense.

imberbe [iⁿbèrb] *adj.* beardless, smooth-chinned.

imbiber [iⁿbìbé] v. to soak, to steep; to imbue, to impregnate; to imbibe; *imbibé d'eau*, wet.

imbu [iⁿbü] adj. imbued.

imbuvable [iⁿbüvàbl] adj. undrinkable; insufferable (fam.).

imitable [ìmìtàbl] adj. imitable. ‖ *imitateur* [-tœr] m. imitator. ‖ *imitatif* [-tìf] adj.* imitative. ‖ *imitation* [ìmìtàsyoⁿ] f. imitation; imitating, copying; forgery; mimicking. ‖ *imiter* [-é] v. to imitate, to copy; to forge; to mimic, to ape.

immaculé [ìmmàkülé] adj. immaculate, stainless, undefiled.

immangeable [iⁿmaⁿjàbl] adj. inedible, uneatable.

immanquable [iⁿmaⁿkàbl] adj. impossible to miss; inevitable.

immatriculer [ìmmàtrìkülé] v. to matriculate; to register.

immédiat [ìmmédyà] adj. immediate; near, close; direct; urgent.

immense [ìmmaⁿs] adj. immense, huge, vast. ‖ *immensité* [-ìté] f. immensity; vastness; boundlessness; hugeness.

immerger [ìmmèrjé] v. to immerse, to plunge, to dip. ‖ *immersion* [-syoⁿ] f. immersion, plunging, dipping; submergence, submersion (naut.).

immeuble [ìmmœbl] m. real estate, realty, landed property; building, edifice; premises.

immigrant [ìmmìgraⁿ] m. immigrant. ‖ *immigration* [-àsyoⁿ] f. immigration. ‖ *immigrer* [-é] v. to immigrate.

imminent [ìmmìnaⁿ] adj. imminent, impending.

immiscer [ìmmìsé] v. to mix up; to involve; *s'immiscer*, to interfere, to intrude. ‖ *immixtion* [-ksyoⁿ] f. interference, meddling.

immobile [ìmmòbìl] adj. motionless, immobile, unmoving; unshaken, steady. ‖ *immobiliser* [-ìzé] v. to immobilize (mil.); to fix; to lock up [argent]; to convert, to realize (comm.); *s'immobiliser*, to stop. ‖ *immobilité* [-ìté] f. immobility, motionlessness.

immodéré [ìmmòdéré] adj. immoderate, inordinate, intemperate.

immonde [ìmmoⁿd] adj. unclean, foul, filthy.

immoral [ìmmòràl] adj.* immoral. ‖ *immoralité* [-ìté] f. immorality, licentiousness.

immortalité [ìmmòrtàlìté] f. immortality. ‖ *immortel* [-èl] adj.* immortal, everlasting, undying; imperishable; m. immortal.

immunité [ìmmünìté] f. immunity; privilege; exemption [impôts].

impair [iⁿpèr] adj. odd, uneven; m. blunder, bloomer (fam.).

impardonnable [iⁿpàrdònàbl] adj. unforgivable; unpardonable.

imparfait [iⁿpàrfè] adj.* imperfect, defective; unfinished; m. imperfect.

impartial [iⁿpàrsyàl] adj.* impartial, unbiassed, unprejudiced. ‖ *impartialité* [-ìté] f. impartiality, fair-mindedness.

impartir [iⁿpàrtìr] v. to grant; to invest; to allow, to bestow.

impassibilité [iⁿpàsìbìlìté] f. impassibility, impassiveness. ‖ *impassible* [iⁿpàsìbl] adj. impassive, impassible, unfeeling; unmoved; unimpressionable; unperturbed.

impatience [iⁿpàsyaⁿs] f. impatience, intolerance; eagerness, longing; fidgeting. ‖ *impatient* [-yaⁿ] adj. impatient, intolerant; eager; all agog; restless. ‖ *impatienter* [-yaⁿté] v. to provoke, to get (someone) out of patience, to irritate; *s'impatienter*, to lose patience, to become impatient.

impayable [iⁿpèyàbl] adj. inestimable, invaluable, priceless; (fam.) screaming, killing, *Br.* capital, ripping.

impeccable [iⁿpèkàbl] adj. impeccable, faultless; flawless.

impénétrable [iⁿpénétràbl] adj. impenetrable; impervious [imperméable]; inscrutable [visage]; unfathomable [mystère]; close [secret].

impératif [iⁿpéràtìf] adj.* imperative; imperious; m. imperative (gramm.).

impératrice [iⁿpéràtrìs] f. empress.

imperceptible [iⁿpèrsèptìbl] adj. imperceptible, undiscernible.

imperfection [iⁿpèrfèksyoⁿ] f. imperfection; incompleteness; defect, fault; flaw, blemish.

impérial [iⁿpéryàl] adj.* imperial. ‖ *impériale* [-yàl] f. roof, top, upper-deck [autobus]; imperial, tuft [barbe].

impérieux [iⁿpéryë] adj.* imperious; domineering; peremptory; urgent.

impérissable [iⁿpérìsàbl] adj. imperishable; unperishing.

imperméable [iⁿpèrméàbl] adj. impermeable, waterproof, watertight; impervious; m. waterproof, raincoat.

impersonnel [iⁿpèrsònèl] adj.* impersonal.

impertinence [iⁿpèrtìnaⁿs] f. impertinence; pertness, nerve, cheek; irrelevance (jur.). ‖ *impertinent* [-aⁿ] adj. impertinent, saucy, pert, nervy, cheeky; flippant; irrelevant (jur.).

imperturbable [iⁿpèrtürbàbl] adj. imperturbable, unmoved, phlegmatic.

impétueux [inpétüë] *adj.** impetuous, hasty, precipitate, headlong; passionate. || *impétuosité* [-üòżìté] *f.* impetuosity.

impie [inpï] *adj.* impious, ungodly; irreligious; blasphemous; *m.* unbeliever. || *impiété* [-pyété] *f.* impiety; impious deed.

impitoyable [inpìtwàyàbl] *adj.* pitiless; unmerciful; ruthless; unrelenting.

implacable [inplàkàbl] *adj.* implacable, unpardoning.

implication [inplìkàsyon] *f.* implication.

implicite [inplìsìt] *adj.* implicit, implied; tacit. || *impliquer* [-ìké] *v.* to imply; to implicate.

implorer [inplòré] *v.* to implore, to beseech, to entreat.

impoli [inpòlì] *adj.* impolite, rude. || *impolitesse* [-tès] *f.* rude act; impoliteness; discourtesy.

importance [inpòrtans] *f.* importance; largeness, considerableness; consequence; social position; authority, credit; self-conceit. || *important* [-an] *adj.* important, considerable; weighty; self-important, bumptious (fam.); *m.* essential point, main thing.

importateur, -trice [inpòrtàtœr, -trìs] *m., f.* importer [marchandises]; *adj.* importing. || *importation* [-àsyon] *f.* importation; import. || *importer* [-é] *v.* to import.

importer [inpòrté] *v.* to matter; to import, to be of consequence; *n'importe comment*, no matter how, anyhow, anyway; *n'importe quoi*, no matter what, anything; *qu'importe?*, what's the difference?

importun [inpòrtun] *adj.* importunate, obtrusive, bothersome, troublesome; unseasonable; *m.* pestering person, bore. || *importuner* [-üné] *v.* to importune, to bother, to pester, to bore, to trouble, to inconvenience; to badger (fam.); to dun (débiteur). || *importunité* [-ünìté] *f.* importunity.

imposable [inpòzàbl] *adj.* taxable. || *imposant* [-an] *adj.* imposing, impressive; commanding, stately. || *imposer* [-é] *v.* to impose, to prescribe, to assign, to inflict [tâche]; to enforce, to lay down [règlement]; to tax, to charge; to thrust, to force (à, upon); to lay on [mains]; *s'imposer*, to assert oneself, to command attention; to obtrude oneself; to be called for. || *imposition* [-ìsyon] *f.* imposition; laying on [mains]; prescribing [tâche]; tax, duty.

impossibilité [inpòsìbìlìté] *f.* impossibility. || *impossible* [-ìbl] *adj.* impossible; impracticable.

imposteur [inpòstœr] *m.* impostor, deceiver, fake, *Am.* phony (pop.).

impôt [inpô] *m.* tax, duty; taxation.

impotent [inpòtan] *adj.* impotent; crippled; *m., f.* cripple, invalid.

impraticable [inpràtìkàbl] *adj.* impracticable, unfeasible; unworkable; impassable.

imprécis [inprésì] *adj.* unprecise. || *imprécision* [-zyon] *f.* vagueness; haziness; looseness.

imprégner [inpréñé] *v.* to impregnate.

impression [inprèsyon] *f.* pressing, impressing; impression, impress; mark, stamp; printing; print; issue, edition; feeling; sensation. || *impressionnant* [-yònan] *adj.* impressive; moving, stirring. || *impressionner* [-yòné] *v.* to impress, to affect, to move; to make an impression on.

imprévisible [inprévìzìbl] *adj.* unforeseeable; unpredictable.

imprévoyant [inprévwàyan] *adj.* improvident. || *imprévu* [-ü] *adj.* unforeseen, unexpected, unlooked-for; sudden.

imprimé [inprìmé] *adj.* printed; *m.* printed form, paper, book; *pl.* printed matter. || *imprimer* [-é] *v.* to print; to communicate [mouvement]; to impress, to stamp; to prime [toile]. || *imprimerie* [-rî] *f.* printing; printing-office; printing works. || *imprimeur* [-œr] *m.* printer.

improbabilité [inpròbàbìlìté] *f.* unlikelihood; improbable event. || *improbable* [inpròbàbl] *adj.* improbable, unlikely.

improductif [inpròdüktìf] *adj.** unproductive; idle [argent].

impropre [inpròpr] *adj.* unfit, unsuitable; improper. || *impropriété* [-lété] *f.* impropriety, incorrectness.

improviser [inpròvìzé] *v.* to improvise; to do (something) extempore; to ad-lib (fam.).

imprudence [inprüdans] *f.* imprudence, rashness; unwariness, heedlessness. || *imprudent* [-an] *adj.* imprudent; heedless, unwary; fool-hardy; incautious.

impudence [inpüdans] *f.* impudence; immodesty, shamelessness; cheek. || *impudent* [-an] *adj.* impudent; immodest, shameless; cheeky, saucy, *Am.* nervy. || *impudeur* [-œr] *f.* shamelessness; lewdness.

impuissant [inpüìsan] *adj.* powerless, helpless, incapable, impotent; ineffective, vain; unavailing.

impulsif [inpülsìf] *adj.** impulsive; impetuous. || *impulsion* [-yon] *f.* impulse, urge; impetus; stimulus; prompting.

impuni [iⁿpüni] *adj.* unpunished. ‖ *impunité* [-té] *f.* impunity.

impur [iⁿpür] *adj.* impure, unclean; tainted; unchaste, lewd. ‖ *impureté* [-té] *f.* impurity, uncleanliness, unchastity, lewdness.

imputer [iⁿpüté] *v.* to impute, to ascribe, to attribute; to charge, to debit, to deduct [compte].

inabordable [inàbòrdàbl] *adj.* unapproachable; prohibitive [prix].

inaccessible [inàksèsìbl] *adj.* inaccessible, unattainable.

inaccoutumé [inàkûtümé] *adj.* unaccustomed; unusual; inhabitual; unwonted.

inachevé [inàshvé] *adj.* unfinished.

inaction [inàksyoⁿ] *f.* inaction; dullness [affaires].

inadapté [inàdàpté] *adj.* misfit.

inadvertance [inàdvèrtaⁿs] *f.* inadvertence, unwariness; oversight.

inamovible [inàmòvìbl] *adj.* permanent, irremovable.

inappréciable [inàprésyàbl] *adj.* inappreciable; invaluable.

inattendu [inàtaⁿdü] *adj.* unexpected; unlooked-for.

inattention [inàtaⁿsyoⁿ] *f.* heedlessness; absent-mindedness; inattention.

inaugurer [inôgüré] *v.* to inaugurate, to open; to institute; to unveil [monument]; to usher in [époque].

incapable [iⁿkàpàbl] *adj.* incapable, unfit; unable; incompetent; unqualified. ‖ *incapacité* [-àsìté] *f.* incapacity; inability; incompetency; disability (jur.).

incartade [iⁿkàrtàd] *f.* freak; prank, folly; indiscretion; outburst.

incassable [iⁿkàsàbl] *adj.* unbreakable.

incendie [iⁿsaⁿdi] *m.* fire, conflagration; arson. ‖ *incendier* [-yé] *v.* to set fire to.

incertain [iⁿsèrtiⁿ] *adj.* uncertain, doubtful, questionable; unreliable; unsettled [temps]. ‖ *incertitude* [-ìtüd] *f.* uncertainty, incertitude; perplexity; suspense; instability; dubiousness; unsettled state [temps].

incessant [iⁿsèsaⁿ] *adj.* unceasing, ceaseless; uninterrupted.

incidence [iⁿsìdaⁿs] *f.* incidence.

incident [iⁿsìdaⁿ] *m.* incident, occurrence, happening; difficulty; hitch, mishap; *adj.* incidental; incident.

incision [iⁿsìzyoⁿ] *f.* notch; incision; cutting; lancing (med.); tapping [arbre].

inciter [iⁿsìté] *v.* to incite, to urge on, to egg on; to induce.

inclinaison [iⁿklìnèzoⁿ] *f.* inclination, slope, slant, declivity; list [bateau]; nod [tête]. ‖ *inclination* [-àsyoⁿ] *f.* inclination, bent, cant, propensity; bowing [corps]; nod [tête]; attachment. ‖ *incliner* [-é] *v.* to incline, to cant, to bend; to slope, to tilt, to lean; to list [bateau]; to dip [aiguille]; **s'incliner**, to bow; to bank (aviat.); to heel (naut.); to slant; to slope; to yield, to give in (fig.).

inclure [iⁿklür] *v.* * to enclose, to include; to insert (jur.). ‖ *inclusif* [-üzìf] *adj.* * inclusive.

incohérence [iⁿkòèraⁿs] *f.* incoherence. ‖ *incohérent* [-raⁿ] *adj.* incoherent.

incolore [iⁿkòlôr] *adj.* colourless.

incomber [iⁿkoⁿbé] *v.* to be incumbent; to devolve (à, upon).

incommode [iⁿkòmòd] *adj.* inconvenient; uncomfortable; unhandy [outil]; troublesome. ‖ *incommoder* [-é] *v.* to inconvenience, to hinder; to disturb, to trouble; to disagree with [nourriture].

incomparable [iⁿkoⁿpàràbl] *adj.* incomparable, unrivalled, peerless.

incompatible [iⁿkoⁿpàtìbl] *adj.* incompatible.

incompétent [iⁿkoⁿpétaⁿ] *adj.* incompetent; unqualified (jur.).

incomplet [iⁿkoⁿplè] *adj.* * incomplete, unfinished.

incompréhensible [iⁿkoⁿpréaⁿsìbl] *adj.* incomprehensible, unintelligible. ‖ *incompréhension* [-syoⁿ] *f.* incomprehension.

inconduite [iⁿkoⁿdüìt] *f.* misbehavio(u)r, misconduct (jur.).

inconnu [iⁿkònü] *adj.* unknown, unheard-of; *m.* stranger.

inconscience [iⁿkoⁿsyaⁿs] *f.* unconsciousness. ‖ *inconscient* [-yaⁿ] *m.*, *adj.* unconscious.

inconséquent [iⁿkoⁿsékaⁿ] *adj.* inconsistent, inconsequent.

inconsidéré [iⁿkoⁿsìdéré] *adj.* inconsiderate, thoughtless; unconsidered.

inconsistance [iⁿkoⁿsìstaⁿs] *f.* inconsistency; flabbiness.

inconstant [iⁿkoⁿstaⁿ] *adj.* inconstant, fickle; changeable.

incontestable [iⁿkoⁿtèstàbl] *adj.* incontestable, unquestionable, indisputable; incontrovertible.

inconvenance [iⁿkoⁿvnaⁿs] *f.* unsuitableness; impropriety; indecency. ‖ *inconvenant* [-aⁿ] *adj.* improper, indecorous, unbecoming; indecent.

inconvénient [iⁿkoⁿvényaⁿ] *m.* disadvantage, drawback ; inconvenience.

incorporer [iⁿkòrpòré] *v.* to incorporate, to embody ; to mix.

incorrect [iⁿkòrèkt] *adj.* incorrect ; inaccurate ; unbusinesslike. ‖ *incorrigible* [-ìȷìbl] *adj.* incorrigible ; unamendable.

incrédule [iⁿkrédül] *adj.* incredulous ; unbelieving ; *m.* unbeliever. ‖ *incroyable* [iⁿkrwàyàbl] *adj.* unbelievable. ‖ *incroyant* [-yaⁿ] *adj.* unbelieving ; *m.* unbeliever.

inculpation [iⁿkülpàsyoⁿ] *f.* charge, indictment. ‖ *inculpé* [-é] *m.* accused, defendant. ‖ *inculper* [-é] *v.* to charge, to indict.

inculquer [iⁿkülké] *v.* to inculcate.

inculte [iⁿkült] *adj.* uncultivated, waste ; rough.

incursion [iⁿkürsyoⁿ] *f.* inroad, foray, raid, incursion.

indécis [iⁿdésì] *adj.* undecided ; vague ; blurred ; irresolute, wavering. ‖ *indécision* [-zyoⁿ] *f.* irresolution ; uncertainty.

indéfini [iⁿdéfìnì] *adj.* indefinite ; undefined ; *passé indéfini*, present perfect (gramm.). ‖ *indéfinissable* [-sàbl] *adj.* undefinable ; hard to describe ; nondescript.

indéfrisable [iⁿdéfrìzàbl] *f.* permanent wave.

indélicat [iⁿdélìkà] *adj.* indelicate, coarse ; tactless ; dishonest, unscrupulous.

indémaillable [iⁿdémàyàbl] *adj.* ladder-proof, *Am.* non-run, runproof.

indemne [iⁿdèmn] *adj.* undamaged, uninjured, unscathed. ‖ *indemniser* [-ìzé] *v.* to indemnify, to make good. ‖ *indemnité* [-ìté] *f.* indemnity, allowance, grant ; *indemnité de chômage*, unemployment benefit.

indéniable [iⁿdényàbl] *adj.* undeniable.

indépendance [iⁿdépaⁿdaⁿs] *f.* independence.

indéréglable [iⁿdéréglàbl] *adj.* foolproof ; never-failing.

indescriptible [iⁿdèskrìptìbl] *adj.* indescribable.

index [iⁿdèks] *m.* forefinger ; index [livre] ; pointer ; black-list ; Index. ‖ *indexer* [-é] *v.* to index ; to peg.

indicateur, -trice [iⁿdìkàtœr, -trìs] *adj.* indicatory, indicating ; *m.* indicator, gauge, guide ; directory ; timetable ; pointer ; informer, police spy. ‖ *indicatif* [-àtìf] *adj.* indicative ; indicatory ; *m.* call sign [radio]. ‖ *indication* [-àsyoⁿ] *f.* indication ; sign, token ; mark ; declaration (jur.) ; stage-direc-

tions (theat.). ‖ *indice* [iⁿdìs] *m.* indication, sign ; clue ; landmark (naut.) ; index ; trace (comm.).

indicible [iⁿdìsìbl] *adj.* unspeakable, inexpressible ; unutterable.

indifférence [iⁿdìféraⁿs] *f.* indifference, apathy. ‖ *indifférent* [-aⁿ] *adj.* indifferent ; unaffected (à, by) ; unconcerned ; emotionless ; unimportant ; trifling ; inert.

indigence [iⁿdìjaⁿs] *f.* indigence ; lack, want.

indigène [iⁿdìjèn] *adj.* indigenous ; *m.*, *f.* native.

indigent [iⁿdìjaⁿ] *adj.* indigent, needy ; *m.* pauper ; *pl.* the poor, the needy, the destitute.

indigeste [iⁿdìjèst] *adj.* indigestible, stodgy. ‖ *indigestion* [-tyoⁿ] *f.* indigestion ; surfeit.

indignation [iⁿdìñàsyoⁿ] *f.* indignation. ‖ *indigne* [iⁿdìñ] *adj.* unworthy ; undeserving ; scandalous, worthless ; disqualified, debarred (jur.). ‖ *indigné* [-é] *adj.* indignant. ‖ *indigner* [-é] *v.* to shock ; to anger ; *s'indigner*, to be indignant. ‖ *indignité* [-ìté] *f.* unworthiness ; indignity ; vileness ; disqualification (jur.).

indiquer [iⁿdìké] *v.* to indicate ; to point out ; to denote ; to appoint ; to prescribe ; to outline, to sketch ; to betoken ; to recommend ; to denounce.

indirect [iⁿdìrèkt] *adj.* indirect ; devious ; oblique ; circumstantial.

indiscipliné [iⁿdìsìplìné] *adj.* undisciplined, unruly.

indiscret [iⁿdìskrè] *adj.** indiscreet ; inquisitive ; prying, nosy (fam.) ; telltale, blabbing (fam.). ‖ *indiscrétion* [-ésyoⁿ] *f.* indiscretion, indiscreetness.

indiscutable [iⁿdìskütàbl] *adj.* indisputable, unquestionable. ‖ *indiscuté* [-té] *adj.* unquestioned ; beyond question.

indispensable [iⁿdìspaⁿsàbl] *adj.* indispensable ; requisite ; vital ; staple [nourriture].

indisponible [iⁿdìspònìbl] *adj.* unavailable ; entailed (jur.).

indisposer [iⁿdìspòzé] *v.* to indispose, to upset, to disagree with [nourriture] ; to antagonize ; to disaffect. ‖ *indisposition* [-ìsyoⁿ] *f.* indisposition, upset ; illness ; disinclination.

indistinct [iⁿdìstiⁿ] *adj.* indistinct ; hazy, vague ; blurred ; dim [lumière].

individu [iⁿdìvìdü] *m.* individual ; person ; fellow, chap, guy, character, customer (fam.) ; self. ‖ *individuel* [-üèl] *adj.** individual, personal ; private ; respective.

indivisible [iⁿdìvìzìbl] *adj.* indivisible.

indolent [indòla n] *adj.* indolent, slothful, sluggish.

indolore [indòlòr] *adj.* painless.

indomptable [indo n tàbl] *adj.* indomitable; untamable; unruly, wayward; unconquerable. ‖ *indompté* [-té] *adj.* untamed; uncontrolled, ungoverned.

indubitable [indübìtàbl] *adj.* unquestionable, undeniable.

induction [indüksyo n] *f.* induction. ‖ *induire* [-üîr] *v.** to induce; to infer; to imply.

indulgence [indülja n s] *f.* indulgence, leniency; forbearance. ‖ *indulgent* [-a n] *adj.* indulgent, lenient, condoning, long-suffering.

indûment [indüma n] *adv.* unduly; improperly.

industrie [indüstrî] *f.* industry; activity; trade, manufacture; skill, dexterity. ‖ *industriel* [-ièl] *adj.** industrial; manufacturing; *m.* industrialist; manufacturer; mill-owner. ‖ *industrieux* [-iè] *adj.** industrious, busy; skilful, ingenious.

inébranlable [inébra n làbl] *adj.* unshakeable, steady, steadfast; unyielding; unflinching.

inédit [inédì] *adj.* unpublished; unedited; *m.* unpublished material; original matter.

ineffaçable [inéfàsàbl] *adj.* ineffaceable; ineradicable; indelible.

inefficace [inéfìkàs] *adj.* ineffective, inefficacious, unavailing. ‖ *inefficacité* [-ìté] *f.* inefficacy; inefficiency.

inégal [inégàl] *adj.** unequal; uneven; irregular [pouls]; shifting, changeable [vent]; unequable [tempérament]; disproportioned (fig.). ‖ *inégalité* [-ìté] *f.* inequality; disparity; unevenness; ruggedness.

inélégant [inéléga n] *adj.* inelegant.

inéligible [inélìjìbl] *adj.* ineligible.

inéluctable [inélüktàbl] *adj.* ineluctable.

inepte [inèpt] *adj.* inept, stupid, idiotic, fatuous. ‖ *ineptie* [inèpsî] *f.* ineptness, ineptitude, absurdity.

inépuisable [inépüìzàbl] *adj.* inexhaustible; never-failing.

inerte [inèrt] *adj.* inert; inactive; passive. ‖ *inertie* [inèrsî] *f.* inertia; listlessness.

inespéré [inèspéré] *adj.* unhoped-for, unexpected.

inestimable [inèstìmàbl] *adj.* inestimable, invaluable.

inévitable [inévìtàbl] *adj.* inevitable, unavoidable.

inexact [inègzàkt] *adj.* inexact, inaccurate; unpunctual. ‖ *inexactitude*

[-ìtüd] *f.* inaccuracy, inexactitude; unpunctuality; unreliability.

inexpérience [inèkspérya n s] *f.* inexperience. ‖ *inexpérimenté* [-ìma n té] *adj.* inexperienced, unpractised; untried, untested. ‖ *inexpert* [inèkspèr] *adj.* inexpert.

inexplicable [inèksplìkàbl] *adj.* inexplicable, unexplainable, unaccountable. ‖ *inexpliqué* [-ké] *adj.* unexplained, unaccounted for.

inexprimable [inèksprìmàbl] *adj.* inexpressible; unspeakable.

infaillible [infàyìbl] *adj.* infallible.

infaisable [infe zàbl] *adj.* unfeasible.

infâme [infâm] *adj.* infamous; vile, squalid. ‖ *infamie* [-àmî] *f.* infamy; ignominy; infamous deed (or) expression.

infanterie [infa n trî] *f.* infantry.

infatigable [infàtìgàbl] *adj.* indefatigable, tireless.

infect [infèkt] *adj.* stinking; noisome; filthy. ‖ *infecter* [-é] *v.* to infect, to contaminate; to pollute; to stink.

inférieur [inféryœr] *adj.* inferior; lower, nether; subordinate; *m.* inferior, underling, subaltern, subordinate. ‖ *infériorité* [-yòrìté] *f.* inferiority.

infernal [infèrnal] *adj.** infernal; hellish; diabolical, devilish.

infester [infèsté] *v.* to infest.

infidèle [infìdèl] *adj.* unfaithful; faithless, misleading; infidel, heathen; unbelieving; *m.* infidel, unbeliever. ‖ *infidélité* [-élìté] *f.* infidelity; faithlessness, unfaithfulness; inaccuracy; unbelief; unfaithful act.

infini [infìnì] *adj.* infinite; endless; *m.* infinity; infinite. ‖ *infinité* [-té] *f.* infinity; great number.

infirme [infìrm] *adj.* infirm; disabled, crippled; *m.*, *f.* invalid, cripple. ‖ *infirmerie* [-rî] *f.* infirmary; sickward, sick-room; sick-bay (naut.). ‖ *infirmier* [-yé] *m.* attendant; male nurse; ambulance man; orderly (mil.). ‖ *infirmière* [-yèr] *f.* nurse; attendant. ‖ *infirmité* [-ìté] *f.* infirmity, disability; frailty (fig.).

inflammation [infla n màsyo n] *f.* inflammation.

inflation [inflàsyo n] *f.* inflation.

inflexible [inflèksìbl] *adj.* inflexible, unbending; unyielding.

inflexion [inflèksyo n] *f.* inflexion; modulation [voix].

infliger [inflìjé] *v.* to inflict.

influence [influa n s] *f.* influence; ascendancy. ‖ *influent* [-üa n] *adj.* influential; powerful.

influenza [iⁿflüaⁿzà] *f.* influenza, flu (fam.).

influer [iⁿflüé] *v.* to influence; to affect; to exert influence.

informateur, -trice [iⁿfòrmàtœr, -trìs] *s.* informant, informer. ‖ *information* [iⁿfòrmàsyoⁿ] *f.* information; inquiry; investigation; *pl.* news items, *Am.* new coverage [presse]; *Br.* news, *Am.* newcast [radio].

informe [iⁿfòrm] *adj.* unformed; shapeless; unshapely; informal; irregular (jur.).

informer [iⁿfòrmé] *v.* to inform; to notify; to investigate, to inquire (jur.); *s'informer*, to inquire; to ask about.

infortune [iⁿfòrtün] *f.* misfortune. ‖ *infortuné* [-é] *adj.* unfortunate, unlucky, luckless, hapless.

infroissable [iⁿfrwàsàbl] *adj.* uncreasable, wrinkle-proof.

infructueux [iⁿfrüktüë] *adj.** unfruitful, unfructuous; unsuccessful; unavailing; fruitless.

infuser [iⁿfüzé] *v.* to infuse; to instil; to steep [thé]; *infusion,* infusion, steeping.

ingénieur [iⁿjényœr] *m.* engineer; *ingénieur du son,* *Br.* monitor man, *Am.* sound man. ‖ *ingénieux* [-yë] *adj.** ingenious. ‖ *ingéniosité* [-yòzìté] *f.* ingenuity.

ingénu [iⁿjénü] *adj.* ingenuous, artless, unsophisticated. ‖ *ingénue* [-ü] *f.* artless girl; ingénue (theat.). ‖ *ingénuité* [-ìté] *f.* ingenuousness.

ingrat [iⁿgrà] *adj.* ungrateful, thankless; unproductive; unpleasing; repellent [travail]; plain [visage]. ‖ *ingratitude* [-tìtüd] *f.* ingratitude, thanklessness.

ingrédient [iⁿgrédyaⁿ] *m.* ingredient; constituent.

inguérissable [iⁿgérìsabl] *adj.* incurable; inconsolable.

ingurgiter [iⁿgürjìté] *v.* to ingurgitate; to swallow; to wolf.

inhabile [ìnàbìl] *adj.* unskilful, inexpert; incompetent (jur.).

inhabitable [ìnàbìtàbl] *adj.* uninhabitable; untenantable.

inhabitué [ìnàbìtüé] *adj.* unaccustomed, unhabituated. ‖ *inhabituel* [-èl] *adj.** unusual.

inhérent [ìnéraⁿ] *adj.* inherent, intrinsic.

inhumain [ìnümìⁿ] *adj.* inhuman.

inhumer [ìnümé] *v.* to bury, to inter, to inhume.

inimitié [ìnìmìtyé] *f.* enmity, hostility; unfriendliness.

iniquité [ìnìkìté] *f.* iniquity.

initial [ìnìsyàl] *adj.** initial; starting [prix]. ‖ *initiale* [-yàl] *f.* initial [lettre].

initiative [ìnìsyàtîv] *f.* initiative. ‖ *initier* [-yé] *v.* to initiate.

injecter [iⁿjèkté] *v.* to inject; *injecté de sang,* bloodshot, congested. ‖ *injection* [-èksyoⁿ] *f.* injection; enema, douche (med.).

injonction [iⁿjoⁿksyoⁿ] *f.* injunction, order.

injure [iⁿjür] *f.* insult, offense; injury; *pl.* abuse. ‖ *injurier* [-yé] *v.* to insult, to abuse; to call (someone) names; to revile. ‖ *injurieux* [-yë] *adj.** insulting, abusive, injurious, offensive.

injuste [iⁿjüst] *adj.* unjust, unfair. ‖ *injustice* [-tìs] *f.* injustice; unfair action. ‖ *injustifiable* [-tìfyàbl] *adj.* unjustifiable. ‖ *injustifié* [-tìfyé] *adj.* unjustified.

inlassable [iⁿlàsàbl] *adj.* untiring; tireless, indefatigable.

inné [ìnné] *adj.* innate, inborn.

innocence [ìnòsaⁿs] *f.* innocence; guiltlessness; harmlessness; artlessness, guilelessness. ‖ *innocenter* [-aⁿté] *v.* to absolve; to justify.

innombrable [ìnnoⁿbràbl] *adj.* innumerable, numberless.

innovation [ìnnòvàsyoⁿ] *f.* innovation; novelty.

inoffensif [ìnòfaⁿsìf] *adj.** inoffensive; innocuous.

inondation [ìnoⁿdàsyoⁿ] *f.* inundation. ‖ *inonder* [-é] *v.* to flood; to overwhelm; to overflow; to glut [marché].

inopiné [ìnòpìné] *adj.* unexpected, unlooked for.

inopportun [ìnòpòrtuⁿ] *adj.* inopportune; untimely.

inoubliable [ìnûblìàbl] *adj.* unforgettable.

inouï [ìnwì] *adj.* unheard-of.

inoxydable [ìnòksìdàbl] *adj.* rustproof; stainless [métal].

inquiet [iⁿkyè] *adj.** anxious, uneasy, apprehensive; disturbed; upset; agitated. ‖ *inquiéter* [-yété] *v.* to disturb, to trouble, to alarm; to make anxious or uneasy; *s'inquiéter,* to be anxious, to worry; to be concerned (*de,* about). ‖ *inquiétude* [-yétüd] *f.* anxiety, concern, apprehension, uneasiness.

inquisition [iⁿkìzìsyoⁿ] *f.* inquisition; inquiry.

insaisissable [iⁿsèzìsàbl] *adj.* unseizable, imperceptible; not attachable (jur.); elusive, slippery.

insalubre [iⁿsàlübr] unhealthy; insanitary.

insatiable [iⁿsàsyàbl] *adj.* insatiable

inscription [i^{n}skrìpsyo^n] f. inscription; registration, entry, matriculation; enrolment; conscription (naut.). ‖ *inscrire* [-îr] v. to inscribe, to write down; to enter, to enroll; *s'inscrire*, to register.

insecte [i^{n}sèkt] m. insect; bug (fam.). ‖ *insecticide* [-ìsìd] m., adj. insecticide.

insensé [i^{n}sa^{n}sé] adj. mad, insane; senseless, extravagant; m. madman.

insensibilisation [i^{n}sa^{n}sìbìlìzàsyo^n] f. anaesthetization. ‖ *insensibiliser* [-zé] v. to anaesthetize. ‖ *insensibilité* [-té] f. insensibility; insensitiveness. ‖ *insensible* [i^{n}sa^{n}sìbl] adj. insensible; insensitive; unfeeling; indifferent; unconscious; imperceptible; unaffected (à, by).

inséparable [i^{n}sépàràbl] adj. inseparable.

insérer [i^{n}séré] v. to insert; to wedge in, to sandwich in.

insigne [i^{n}sìñ] adj. signal; notorious, arrant; m. badge, emblem; pl. insignia.

insignifiant [i^{n}sìñìfya^n] adj. insignificant; trifling, nominal [somme]; vacuous [visage].

insinuer [i^{n}sìnüé] v. to insinuate, to hint, to suggest, to imply; to insert (med.); *s'insinuer*, to insinuate oneself; to worm one's way.

insipide [i^{n}sìpìd] adj. insipid, tasteless; flat; uninteresting.

insistance [i^{n}sìsta^{n}s] f. insistence. ‖ *insister* [-é] v. to insist; to persist; to stress; *n'insistez pas*, don't keep on.

insolation [i^{n}sòlàsyo^n] f. sunstroke.

insolence [i^{n}sòla^{n}s] f. insolence, pertness, incivility; insolent remark. ‖ *insolent* [-a^n] adj. insolent, pert; saucy, cheeky; Am. nervy; m. insolent person.

insolvable [i^{n}sòlvàbl] adj. insolvent.

insomnie [i^{n}sòmnî] f. sleeplessness, insomnia.

insonorisation [i^{n}sònòrìzàsyo^n] f. sound-proofing.

insouciance [i^{n}sûsya^{n}s] f. unconcern, jauntiness; carelessness; heedlessness. ‖ *insouciant* [-ya^n] adj. carefree, jaunty; careless, thoughtless.

insoumis [i^{n}sûmî] adj. unsubdued; refractory, unruly; insubordinate; m. absentee, Am. draft-dodger.

insoutenable [i^{n}sûtnàbl] adj. untenable; indefensible; unbearable.

inspecter [i^{n}spèkté] v. to inspect; to survey. ‖ *inspecteur, -trice* [-ær, -trîs] m., f. inspector, m.; inspectress, f.; surveyor; overseer; Br. shop-walker, Am. floor-walker. ‖ *inspection* [-syo^n] f. inspection; inspectorship.

inspiration [i^{n}spìràsyo^n] f. inspiration; prompting.

instable [i^{n}stàbl] adj. unstable; unsteady, rickety.

installer [i^{n}stàlé] v. to install; to fit up; to settle; to induct [officier]; to stow (naut.); *s'installer*, to take up one's abode; to set up.

instamment [i^{n}stàma^n] adv. insistently, urgently.

instance [i^{n}sta^{n}s] f. instancy, entreaty; immediacy; suit (jur.). ‖ *instant* [-a^n] m. instant; jiffy (fam.). ‖ *instantané* [-a^{n}tàné] adj. instantaneous; m. snapshot [photo]. ‖ *instantanéité* [-néìté] f. instantaneousness. ‖ *instantanément* [-néma^n] adv. immediately, at once.

instigation [i^{n}stìgàsyo^n] f. instigation; inducement.

instinct [i^{n}stì^n] m. instinct. ‖ *instinctif* [-ktîf] adj.* instinctive.

instituer [i^{n}stìtüé] v. to institute; to found; to appoint; to initiate (jur.). ‖ *instituteur, -trice* [-ütær, -trîs] m., f. schoolteacher, m., f.; schoolmistress, f.; tutor, m.; governess, f.

instruction [i^{n}strüksyo^n] f. instruction, tuition, schooling, education; knowledge; training (mil.); direction; investigation (jur.). ‖ *instruire* [i^{n}strüîr] v.* to instruct, to teach; to inform; to train, to drill (milit.); to investigate, to examine (jur.); *s'instruire*, to learn, to educate oneself, to improve one's mind.

instrument [i^{n}strüma^n] m. instrument; implement, tool; agent; document; *instrumentiste*, m. instrumentalist.

insu [i^{n}sü] m. unawareness; à l'insu de, without the knowledge of; à mon insu, unknown to me.

insuffisant [i^{n}süfìza^n] adj. insufficient, deficient, inefficient.

insulaire [i^{n}sülèr] adj. insular; s. islander.

insulte [i^{n}sült] f. insult; taunt, jibe; abuse. ‖ *insulter* [-é] v. to insult; to revile, to abuse; to jeer at, to jibe at.

insupportable [i^{n}süpòrtàbl] adj. unbearable, unendurable; insufferable; provoking.

insurgé [i^{n}sürjé] m., adj. insurgent. ‖ *insurger (s')* [si^{n}sürjé] v. to revolt, to rebel, to rise.

insurmontable [i^{n}sürmo^{n}tàbl] adj. insuperable; unconquerable; unsurmountable.

insurrection [i^{n}sürèksyo^n] f. insurrection, rising; uprising. ‖ *insurrectionnel* [-ònèl] adj.* insurrectional, insurrectionary.

intact [i^{n}tàkt] adj. intact; untouched, undamaged, unscathed; unblemished [réputation].

intarissable [iⁿtàrìsȧbl] *adj.* inexhaustible; perennial [source]; long-winded (fam.).

intégral [iⁿtégràl] *adj.* * integral, whole; unexpurgated [texte].

intègre [iⁿtègr] *adj.* upright, honest; incorruptible. ‖ **intégrité** [-égrìté] *f.* integrity; entirety.

intellectuel [iⁿtèllèktüèl] *m., adj.* * intellectual.

intelligence [iⁿtèllìjaⁿs] *f.* understanding, intelligence, intellect; agreement, terms; *d'intelligence avec*, in collusion with, *Am.* in cahoots with. ‖ **intelligent** [-aⁿ] *adj.* intelligent; clever, shrewd, brainy (fam.). ‖ **intelligibilité** [-ìbìlìté] *f.* intelligibility. ‖ **intelligible** [-ìbl] *adj.* intelligible; understandable; audible.

intempérance [iⁿtaⁿpéraⁿs] *f.* intemperance; insobriety.

intempéries [iⁿtaⁿpérí] *f. pl.* bad weather.

intempestif [iⁿtaⁿpèstìf] *adj.* * untimely, ill-timed, unseasonable.

intendance [iⁿtaⁿdaⁿs] *f.* intendance, stewardship; managership; commissariat (milit.); office [lycée]. ‖ **intendant** [-aⁿ] *m.* intendant; steward; paymaster (naut.); commissariat officer (milit.).

intense [iⁿtaⁿs] *adj.* intense; loud [bruit]; heavy [canonnade]; intensive [propagande]; deep [couleur]; high [fièvre]; strong [courant]; bitter [froid]; strenuous [vie]. ‖ **intensifier** [-ìfyé] *v.* to intensify. ‖ **intensité** [-ìté] *f.* intensity, intenseness; force [vent]; brilliancy [lumière]; depth [couleur]; bitterness [froid].

intenter [iⁿtaⁿté] *v.* to bring, to initiate (jur.). ‖ **intention** [iⁿtaⁿsyoⁿ] *f.* intention, intent, purpose; meaning, drift; wish; *avoir l'intention de*, to intend, to mean. ‖ **intentionné** [-yòné] *adj.* disposed. ‖ **intentionnel** [-yònèl] *adj.* * intentional, deliberate.

intercéder [iⁿtèrsédé] *v.* to intercede, to mediate.

intercepter [iⁿtèrsèpté] *v.* to intercept; to shut out; to tap.

intercession [iⁿtèrsèsyoⁿ] *f.* intercession, mediation.

interdiction [iⁿtèrdìksyoⁿ] *f.* interdiction; prohibition, forbidding; suspension; banishment. ‖ **interdire** [-îr] *v.* * to interdict, to veto, to prohibit, to forbid; to bewilder, to dumbfound. ‖ **interdit** [-ì] *adj.* forbidden, prohibited; out of bounds, *Am.* off limits (mil.); non-plussed, abashed, dumbfounded; *m.* interdict (jur.; eccles.); *sens interdit*, no thoroughfare.

intéressant [iⁿtérèsaⁿ] *adj.* interesting; advantageous, attractive [prix]. ‖ **intéressé** [-é] *adj.* interested; concerned; self-seeking; stingy; *m.* interested party. ‖ **intéresser** [-é] *v.* to interest; to concern; to attract, to be interesting to; *s'intéresser*, to become interested, to take an interest (à, in). ‖ **intérêt** [-è] *m.* interest; share, stake; benefit; concern; self-interest; *par intérêt*, out of selfishness; *sans intérêt*, uninteresting.

intérieur [iⁿtéryœr] *m.* interior, inside; home; inner nature; *adj.* interior, inner; inward; domestic; inland (naut.).

interlocuteur [iⁿtèrlòkütœr] *m.* interlocutor. ‖ **interlocutrice** [-trìs] *f.* interlocutress.

intermède [iⁿtèrmèd] *m.* interlude.

intermédiaire [iⁿtèrmédyèr] *adj.* intermediate; *m.* intermediary, go-between, neutral; middleman (comm.); medium.

interminable [iⁿtèrmìnàbl] *adj.* interminable, endless, never-ending.

intermittent [iⁿtèrmìtaⁿ] *adj.* intermittent; irregular; alternating.

internat [iⁿtèrnà] *m.* living-in; boarding-in [école]; boarding-school; internship (med.); boarders.

international [iⁿtèrnàsyòn̄àl] *adj.* * international.

interne [iⁿtèrn] *adj.* internal; inner; resident; *m.* boarder; resident; intern (med.). ‖ **interner** [-é] *v.* to intern; to confine; *interné*, internee.

interpeller [iⁿtèrpèlé] *v.* to interpellate; to question; to summon to answer (jur.).

interposer [iⁿtèrpòzé] *v.* to interpose.

interprétation [iⁿtèrprétasyoⁿ] *f.* interpretation, interpreting; rendering; reading. ‖ **interprète** [-èt] *m., f.* interpreter; translator; expositor. ‖ **interpréter** [-été] *v.* to interpret; to translate; to render; to expound.

interrogateur, -trice [iⁿtèrògàtœr, -trìs] *adj.* interrogative; questioning; *m., f.* questioner, interrogator; examiner. ‖ **interrogatif** [-tìf] *adj.* interrogative. ‖ **interrogation** [-syoⁿ] *f.* interrogation, questioning. ‖ **interrogatoire** [-wàr] *m.* interrogation, examination (jur.); questioning (mil.). ‖ **interroger** [iⁿtèròjé] *v.* to interrogate, to question, to examine.

interrompre [iⁿtèroⁿpr] *v.* to interrupt; to stop, to suspend; to break [voyage]; to cut in, to break in [conversation]. ‖ **interrupteur, -trice** [-üptœr, -trìs] *adj.* interrupting; *m.* interrupter; switch, contact-breaker, circuit-breaker (electr.); cut-out (electr.). ‖ **interruption** [-üpsyoⁿ] *f.*

interruption; stopping; severance [communication]; breaking in [conversation]; breaking off (electr.); stoppage [travail].

intersection [i^{n}tèrsèksyo^n] f. intersection; crossing.

interurbain [i^{n}tèrürbi^n] adj. interurban; m. interurban; Am. long distance, Br. trunk line [téléph.].

intervalle [i^{n}tèrvàl] m. interval; distance; period [temps]; par intervalles, off and on; dans l'intervalle, in the meantime.

intervenir [i^{n}tèrve^{n}îr] v.* to intervene; to interfere; to occur.

intervertir [i^{n}tèrvèrtîr] v. to invert, to reverse, to transpose.

intestin [i^{n}tèsti^n] m. intestine; bowel; gut; adj. internal; domestic; civil; intestine.

intime [i^{n}tîm] adj. intimate, close; inward; private; secret; m. familiar, close friend, intimate.

intimer [i^{n}timé] v. to intimate; to notify; to summons (jur.).

intimider [i^{n}timidé] v. to intimidate, to cow; to browbeat, to bully.

intimité [i^{n}timité] f. intimacy, closeness; familiarity; dans l'intimité, in private.

intituler [i^{n}titülé] v. to entitle; s'intituler, to style oneself.

intolérable [i^{n}tòléràbl] adj. intolerable, unbearable. ‖ **intolérance** [-a^{n}s] f. intolerance; illiberality.

intonation [i^{n}tònàsyo^n] f. intonation; pitch, ring [voix].

intoxication [i^{n}tòksìkàsyo^n] f. poisoning. ‖ **intoxiquer** [-é] v. to poison.

intransigeant [i^{n}tra^{n}zìjà^n] adj. intransigent, uncompromising, unbending; peremptory.

intrépide [i^{n}trépîd] adj. intrepid, fearless.

intrigue [i^{n}trîg] f. intrigue; plot; love-affair; lobbyism; underhand manœuvres. ‖ **intriguer** [-ìgé] v. to puzzle; to intrigue; to scheme, to plot; to elaborate.

introduction [i^{n}tròdüksyo^n] f. introduction, introducing; presentation; admission (mech.); foreword. ‖ **introduire** [-üîr] v. to introduce; to usher; to lead in; to show in; to admit (mech.); s'introduire, to get in.

introuvable [i^{n}trûvàbl] adj. undiscoverable; unobtainable.

intrus [i^{n}trü] adj. intruding; m. intruder.

intuition [i^{n}tüìsyo^n] f. intuition.

inusable [ìnüzàbl] adj. indestructible; everlasting; long-wearing.

inusité [ìnüzìté] adj. unusual; obsolete; little used.

inutile [ìnütìl] adj. useless, unavailing, fruitless, unprofitable; needless. ‖ **inutilisable** [-ìzàbl] adj. unusable. ‖ **inutilisé** [-ìzé] adj. unused; untapped [ressources]. ‖ **inutilité** [-ìté] f. uselessness, inutility; unprofitableness; fruitlessness.

invalide [i^{n}vàlìd] adj. invalid, infirm; disabled; rickety [meuble]; null and void (jur.); m. invalid; disabled soldier; pensioner. ‖ **invalider** [-é] v. to invalidate; to nullify; to quash [election]. ‖ **invalidité** [-ìté] f. invalidism; disability; nullity (jur.).

invariable [i^{n}vàryàbl] adj. invariable, unvarying, unchanging.

invasion [i^{n}vàzyo^n] f. invasion.

invective [i^{n}vèktîv] f. invective; abuse. ‖ **invectiver** [i^{n}vèktìvé] v. to rail; to abuse.

invendable [i^{n}va^{n}dàbl] adj. unsaleable. ‖ **invendu** [-ü] adj. unsold; m. left over.

inventaire [i^{n}va^{n}tèr] m. inventory, stock-taking; list, schedule; faire l'inventaire, to take stock.

inventer [i^{n}va^{n}té] v. to invent; to discover; to contrive; to make up [histoire]; to coin [phrase]. ‖ **inventeur, -trice** [-œr, -trìs] m., f. inventor; discoverer; contriver; finder (jur.); adj. inventive. ‖ **inventif** [-ìf] adj.* inventive. ‖ **invention** [i^{n}va^{n}syo^n] f. invention, contriving, devising; inventiveness, discovery; coining; fib.

inventorier [i^{n}va^{n}tòryé] v. to enter on an inventory; to take stock of.

inverse [i^{n}vèrs] adj. inverted, inverse, contrary; reverse. ‖ **inverser** [-sé] v. to invert; to reverse.

investigateur, -trice [i^{n}vèstìgàtœr, -trìs] m., f. investigator, inquirer; adj. investigating, searching [regard].

investir [i^{n}vèstîr] v. to invest; to entrust; to blockade (mil.).

invétéré [i^{n}vétéré] adj. inveterate.

invisible [i^{n}vìzìbl] adj. invisible.

invitation [i^{n}vìtàsyo^n] f. invitation; request. ‖ **invité** [-é] adj. invited, bidden; m. guest. ‖ **inviter** [-é] v. to invite; to request; to incite.

involontaire [i^{n}vòlo^{n}tèr] adj. involuntary; unintentional.

invoquer [i^{n}vòké] v. to invoke; to call forth [upon]; to refer to (jur.).

invraisemblable [i^{n}vrèsa^{n}blàbl] adj. unlikely, implausible, tall.

iode [yòd] m. iodine.

ion [yo^n] m. ion.

irai [ìré] future of aller.

iris [ìrìs] *m.* iris; flag (bot.).

irlandais [ìrlaⁿdè] *adj.* Irish; *m.* Irishman. ‖ *Irlande* [-aⁿd] *f.* Ireland, Eire.

ironie [ìrònì] *f.* irony. ‖ *ironique* [-ìk] *adj.* ironical.

irréalisable [ìrréàlìzàbl] *adj.* unrealizable; impossible.

irrecevable [ìrrᵉsᵉvàbl] *adj.* inadmissible; unacceptable.

irrécupérable [ìrréküpéràbl] *adj.* irretrievable.

irrécusable [ìrréküzàbl] *adj.* unimpeachable; unchallengeable (jur.).

irréel [ìrréèl] *adj.** unreal.

irréfléchi [ìrréfléshì] *adj.* unconsidered, thoughtless; inconsiderate. ‖ *irréflexion* [-flèksyoⁿ] *f.* thoughtlessness.

irrégularité [ìrrégülàrìté] *f.* irregularity. ‖ *irrégulier* [-lyé] *adj.** irregular; anomalous; erratic [pouls]; broken [sommeil].

irrémédiable [ìrrémédyàbl] *adj.* irremediable; incurable.

irréparable [ìrrépàràbl] *adj.* irreparable; irretrievable.

irréprochable [ìrrépròshàbl] *adj.* irreproachable; blameless; unimpeachable [témoin].

irrésolu [ìrrézòlü] *adj.* irresolute; unsolved [problème].

irrespectueux [ìrrèspèktüë] *adj.** disrespectful, uncivil.

irrespirable [ìrrèspìràbl] *adj.* unbreathable, irrespirable.

irresponsabilité [ìrrèspoⁿsàbìlìté] *f.* irresponsibility. ‖ *irresponsable* [-àbl] *adj.* irresponsible.

irrigation [ìrrìgàsyoⁿ] *f.* irrigation; flooding.

irritable [ìrrìtàbl] *adj.* irritable; sensitive [peau]; peevish. ‖ *irritation* [-àsyoⁿ] *f.* irritation; inflammation (med.). ‖ *irriter* [-é] *v.* to irritate; to provoke; to vex; to inflame (med.).

irruption [ìrrüpsyoⁿ] *f.* irruption; raid; inrush.

islandais [ìslaⁿdè] *adj.* Icelandic; *s.* Icelander. ‖ *Islande* [-laⁿd] *f.* Iceland.

isolant [ìzòlaⁿ] *adj.*, *isolateur, -trice* [-àtœr, -trìs] *adj.* insulating; *m.* insulator. ‖ *isolement* [-maⁿ] *m.* isolation, loneliness; insulation (electr.). ‖ *isoler* [-é] *v.* to isolate; to segregate; to insulate (electr.). ‖ *isoloir* [-wàr] *m.* insulator; polling-booth.

Israël [ìsraèl] *m.* Israel. ‖ *israélien* [-élyiⁿ] *adj.*, *s.* Israeli. ‖ *israélite* [-élìt] *adj.*, *s.* Israelite.

issu [ìsü] *adj.* born; sprung (*de,* from). ‖ *issue* [-ü] *f.* issue, end; upshot, result; outlet, egress; *pl.* offal.

isthme [ìsm] *m.* isthmus.

italique [ìtàlìk] *m.*, *adj.* italic.

itinéraire [ìtìnérèr] *m.* itinerary, route; guide-book.

ivoire [ìvwàr] *f.* ivory.

ivre [ìvr] *adj.* drunk, intoxicated, inebriated; tipsy (fam.). ‖ *ivresse* [ìvrès] *f.* intoxication; drunkenness, inebriation; rapture, ecstasy (fig.). ‖ *ivrogne, -esse* [-òñ, -ès] *m.*, *f.* drunkard, tippler, toper; boozer, sot (pop.). ‖ *ivrognerie* [-òñrî] *f.* wine-bibbing.

J

jabot [jàbô] *m.* crop [oiseau]; frill, jabot [chemise].

jacasser [jàkàsé] *v.* to chatter; *Am.* to yak.

jachère [jàshèr] *f.* fallow.

jacinthe [jàsiⁿt] *f.* hyacinth; bluebell.

jade [jàd] *m.* jade.

jadis [jàdìs] *adv.* formerly, of old.

jaguar [jàgwàr] *m.* jaguar.

jaillir [jàyîr] *v.* to gush, to spurt out; to shoot forth; to fly [étincelles]; to flash [lumière]. ‖ *jaillissement* [-yìsmaⁿ] *m.* gushing, spouting; jet; springing forth; flash.

jais [jè] *m.* jet.

jalon [jàloⁿ] *m.* surveying-staff; range-pole; landmark; aiming-post, alignment picket (milit.). ‖ *jalonner* [-òné] *v.* to stake out; to mark out.

jalouser [jàlûzé] *v.* to envy. ‖ *jalousie* [jàlûzî] *f.* jealousy; venetian-blind, sun-blind. ‖ *jaloux* [-û] *adj.**, *s.* jealous; envious; unsafe.

jamais [jàmè] *adv.* ever; never; *ne...* *jamais,* never, not ever; *à jamais,* forever.

jambage [jaⁿbàj] *m.* jamb [porte]; post [fenêtre]; cheek [cheminée]; down-stroke, pot-hook [écriture].

jambe [jaⁿb] *f.* leg; shank; stone pier [maçonnerie]; stay-rod [auto]. ‖ *jambière* [-yèr] *f.* legging; leg-guard; greave (arch.). ‖ *jambon* [-oⁿ] *m.* ham. ‖ *jambonneau* [-ònô] *m.** ham knuckle, small ham.

jante [jaⁿt] *f.* felloe, felly [roue]; rim (auto).

janvier [jɑⁿvyé] *m.* January.

japper [jàpé] *v.* to yelp, to yap.

jaquette [jàkèt] *f.* morning coat, tailcoat [homme]; jacket [dame].

jardin [jàrdiⁿ] *m.* garden; park; *pl.* grounds. ‖ *jardinage* [-ìnàj] *m.* gardening; garden-produce. ‖ *jardinier* [-ìnyé] *m.* gardener. ‖ *jardinière* [-ìnyèr] *f.* gardener; flower stand; spring cart; mixed vegetables.

jargon [jàrgoⁿ] *m.* jargon, lingo; gibberish.

jarre [jàr] *f.* earthenware jar.

jarret [jàrè] *m.* hock, ham, hamstring, hough; shin [bœuf]. ‖ *jarretelle* [-tèl] *f.* stocking suspender, garter. ‖ *jarretière* [-tyèr] *f.* garter; sling [fusil].

jars [jàr] *m.* gander.

jaser [jàzé] *v.* to chatter, to gossip, to prattle, to babble; to blab (fam.); to chat. ‖ *jaseur* [-œr] *adj.* talkative.

jasmin [jàsmiⁿ] *m.* jasmine.

jaspe [jàsp] *m.* jasper.

jatte [jàt] *f.* flat bowl.

jauge [jôj] *f.* gauge; gauging-rod; tonnage, burden (naut.); *Br.* petrolgauge, *Am.* gasoline-gauge [auto]; trench [horticulture]. ‖ *jauger* [-é] *v.* to gauge, to measure; to size up.

jaunâtre [jônâtr] *adj.* yellowish; sallow.

jaune [jôn] *adj.* yellow; *m.* yellow; yolk [œuf]; strikebreaker, scab, *Br.* blackleg [grève]; *rire jaune,* to give a sickly smile. ‖ *jaunir* [-îr] *v.* to yellow; to turn yellow. ‖ *jaunisse* [-ìs] *f.* jaundice.

javelle [jàvèl] *f.* swath.

javelliser [jàvèlìzé] *v.* to chlorinate.

je [jᵉ] *pron.* I.

jeannette [jànèt] *f.* sleeve-board [repassage].

jet [jè] *m.* throw, cast; jet, gush, spurt [liquide]; flash [lumière]; casting [métal]; jetsam (naut.; jur.); shoot, sprout (bot.); *armes de jet,* projectile weapons; *jet d'eau,* fountain, spray; *du premier jet,* at the first try. ‖ *jetée* [jᵉté] *f.* jetty, pier; mole, breakwater. ‖ *jeter* [-é] *v.* to throw, to fling, to cast, to toss; to hurl; to throw away, to cast down; to let go; to drop [ancre]; to utter [cri]; to lay [fondements]; to jettison (naut.); to discharge (med.); *se jeter,* to throw oneself, to jump, to plunge; to pounce (*sur,* on); to rush, to flow, to empty [rivière]. ‖ *jeton* [-oⁿ] *m.* token, tally, mark; counter; *jeton de téléphone,* telephone token, *Am.* slug (fam.).

jeu [jë] *m.** play; sport; game, pastime; fun, frolic; acting [acteur]; execution, playing [musicien]; gambling, gaming; set [échecs]; pack, *Am.* deck [cartes]; stop [orgue]; action, activity (fig.); working (mech.); *jeu de mots,* pun; *franc jeu,* fair play.

jeudi [jëdì] *m.* Thursday; *jeudi saint,* Maundy Thursday.

jeun (à) [àjuⁿ] *adv. phr.* fasting; on an empty stomach.

jeune [jœn] *adj.* young; youthful; juvenile; younger, junior; recent; new; early, unripe, green; immature *m., f.* young person; *jeune fille,* girl, young lady; *jeune homme,* youngster, youth, stripling; lad; *jeunes gens,* young people; young men; youth.

jeûne [jën] *m.* fast, fasting, abstinence. ‖ *jeûner* [-é] *v.* to fast, to abstain.

jeunesse [jœnès] *f.* youth, young days; boyhood, girlhood; young people; youthfulness, freshness, prime; newness [vin]. ‖ *jeunet* [jœnè] *adj.** youngish, rather young.

joaillerie [jòàyᵉrì] *f.* jewellery, *Am.* jewelry. ‖ *joaillier* [-yé] *m.* jeweller, *Am.* jeweler.

joie [jwà] *f.* joy, delight, gladness, elation; gaiety, mirth, merriment, glee; exhilaration.

joindre [jwiⁿdr] *v.** to join; to link; to unite, to combine; to bring together; to adjoin; to enclose [enveloppe]; to clasp [mains]; *se joindre,* to join, to unite; to adjoin. ‖ *joint* [jwiⁿ] *adj., p. p., see joindre; m.* joint, join, junction, coupling; seam (metall.); packing (mech.); *pièces jointes,* enclosures. ‖ *jointure* [-tür] *f.* joint; articulation; knuckle [doigt].

joli [jòlì] *adj.* pretty; good-looking; nice; attractive; piquant, nice, fine [ironique]. ‖ *joliesse* [-lyès] *f.* prettiness.

jonc [joⁿ] *m.* rush; cane, rattan; guard ring [bijou]; © wedding ring.

joncher [joⁿshé] *v.* to strew, to litter.

jonction [joⁿksyoⁿ] *f.* junction, joining; meeting; connector (electr.).

jongler [joⁿglé] *v.* to juggle. ‖ *jongleur* [-œr] *m.* juggler; trickster.

jonque [joⁿk] *f.* junk [bateau].

jonquille [joⁿkìy] *f.* jonquil.

joue [jû] *f.* cheek; *coucher en joue,* to aim at.

jouer [jwé] *v.* to play; to toy, to trifle; to speculate, to gamble; to stake; to act, to perform, to show (theat.); to feign; to warp, to shrink, to swell [boiserie]; to function (mech.); to fit loosely (mech.); *jouer au tennis,* to play tennis; *jouer du piano,* to play the piano; *jouer des coudes,* to elbow one's way; *se jouer,* to play, to sport, to frolic; to be played; *se jouer de,* to make game of, to make light of. ‖

jouet [jwè] *m.* plaything, toy. ‖
joueur [jwær] *m.* player; performer;
actor; gambler, gamester; speculator
[Bourse].

joufflu [jûfiü] *adj.* chubby, chubby-
cheeked.

joug [jûg] *m.* yoke; bondage; slavery (fig.).

jouir [jûr] *v.* to enjoy; to revel (*de*,
in); to possess [faculté]. ‖ **jouissance**
[-ìsans] *f.* enjoyment, delight; use,
possession, tenure; fruition. ‖ **jouis-
seur** [-ìsœr] *m.* pleasure seeker.

joujou [jûjû] *m.** plaything, toy.

jour [jûr] *m.* day; daylight, light,
lighting; dawn, day-break; day-time;
aperture; opening, gap, chink; open-
work [couture]; *demi-jour*, half-light,
twilight; *grand jour*, broad daylight;
jour de fête, holiday; *de nos jours*,
in our time, nowadays; *donner le jour
à*, to bring to light; to give birth to;
au jour le jour, from hand to mouth.

journal [jûrnàl] *m.** journal, diary,
record; newspaper; gazette; day-book
(comm.); log-book (naut.); *les journaux*, the press; *style de journal*, jour-
nalese. ‖ **journalier** [-yé] *adj.** daily;
everyday; variable; *m.* day-labo(u)rer,
journey-man. ‖ **journalisme** [-ìsm] *m.*
journalism. ‖ **journaliste** [-ìst] *m.* journalist, reporter, pressman, newspaper-
man; columnist; journalizer (comm.).
‖ **journalistique** [-ìstìk] *adj.* journal-
istic.

journée [jûrné] *f.* day; daytime;
day's work; day's journey; *toute la
journée*, all day long; *femme de journée*, charwoman; *à la journée*, by the
day. ‖ **journellement** [-èlman] *adv.*
daily, every day.

joute [jût] *f.* © game, match.

joyau [jwàyô] *m.** jewel, gem.

joyeux [jwàyè] *adj.** joyous, joyful,
merry, elated, blithe.

jubilé [jübilé] *m.* jubilee; fiftieth
anniversary; golden wedding. ‖ **jubiler**
v. to exult, to gloat.

jucher [jüshé] *v.* to roost; to perch.

judiciaire [jüdìsyèr] *adj.* judicial, forensic. ‖ **judicieux** [-yé] *adj.** judicious, sensible, well-advised.

judo [jüdò] *m.* judo.

juge [jüj] *m.* judge; magistrate, justice; arbiter; *pl.* bench; *juge d'instruction*, examining magistrate; *juge de
paix*, justice of the peace. ‖ **jugement**
[-man] *m.* judgment; verdict, decision;
decree; opinion; trial; sentence; discrimination, sense. ‖ **juger** [-é] *v.* to
judge; to try [accusé]; to adjudicate;
to decide; to pass sentence on; to
consider, to think; to believe, to deem.

jugulaire [jügülèr] *f.* chin-strap. ‖
juguler [-lé] *v.* to jugulate; to choke.

juif, juive [jüìf, -ìv] *adj.* Jewish;
m. Jew, *f.* Jewess.

juillet [jüìyè] *m.* July.

juin [jüìn] *m.* June.

julienne [jülyèn] *f.* vegetable soup.

jumeau, -melle [jümô, -mèl] *m.*, f.,
adj.** twin; double. ‖ **jumeler** [-melé]
v. to couple; to reinforce. ‖ **jumelles**
[-èl] *f. pl.* binoculars; field-glasses;
opera-glasses.

jument [jüman] *f.* mare.

jungle [jungl] *f.* jungle.

jupe [jüp] *f.* skirt. ‖ **jupon** [-on] *m.*
petticoat, underskirt. *Am.* half-slip.

juré [jüré] *adj.* sworn; *m.* juror, juryman. ‖ **jurement** [-man] *m.* swearing,
oath. ‖ **jurer** [-é] *v.* to swear; to vow,
to take oath; to blaspheme; to clash,
to jar [couleurs].

juridiction [jürìdìksyon] *f.* jurisdiction; domain, venue (jur.); department
(fig.). ‖ **juridique** [-dìk] *adj.* juridical;
legal. ‖ **jurisprudence** [jürìsprüdans] *f.*
jurisprudence. ‖ **juriste** [-rìst] *s.* jurist.

juron [jüron] *m.* oath, blasphemy,
curse, swear-word.

jury [jürì] *m.* jury; selection committee, examining board [concours].

jus [jü] *m.* juice; gravy [viande];
(pop.) coffee; (pop.) electric current.

jusant [jüzan] *m.* ebb-tide, ebb.

jusque [jüsk] *prep.* until, till; as far
as, up to; even to, down to; *jusqu'ici*,
so far, up to now; *jusqu'où*, how far;
jusqu'à quand, how long.

juste [jüst] *adj.* just, equitable;
righteous; fair, lawful; proper, fit, apt;
exact [mot]; accurate, correct; sound;
tight; *adv.* just, exactly; precisely;
true (mus.); barely, scarcely; *m.*
virtuous person, upright man. ‖ **justesse** [-ès] *f.* exactness, correctness,
accuracy; appropriateness; *de justesse*, just in time.

justice [jüstìs] *f.* justice, righteousness, equity; jurisdiction; courts of
justice, judges; legal proceedings; *Palais de Justice*, law-courts; *traduire en
justice*, to prosecute. ‖ **justicier** [-syé]
m. justiciary.

justificateur [jüstìfìkàtœr] *adj.* justificatory. ‖ **justificatif** [-tif] *adj.** justificative; *pièce justificative*, voucher,
supporting document. ‖ **justification**
[-àsyon] *f.* justification, vindication;
line adjustment (typogr.). ‖ **justifier**
[jüstìfyé] *v.* to justify, to vindicate; to
give proof of; to adjust (typogr.).

jute [jüt] *m.* jute.

juteux [jütè] *adj.** juicy.

juvénile [jüvénìl] *adj.* youthful;
juvenile.

juxtaposer [jükstàpòzé] *v.* to juxta-
pose.

K

kakatoès [kàkàtòès] *m.* cockatoo.

kaki [kàkì] *adj., m.* khaki.

kangourou [kaⁿgûrû] *m.* kangaroo.

képi [képì] *m.* kepi.

kermesse [kèrmès] *f.* charity fête; village fair.

kilogramme [kìlògràm] *m.* kilogram. ‖ *kilomètre* [-òmètr] *m.* kilometer. ‖ *kilométrage* [-òmètràj] *m.* mileage.

kimono [kìmònò] *m.* kimono.

kiosque [kyòsk] *m.* kiosk, stand;

news-stand; flower-stall; conning-tower [sous-marin]; band-stand (mus.).

Klaxon [klàksoⁿ] *m.* (trade-mark) horn, klaxon, hooter. ‖ *klaxonner* [-né] *v.* to hoot, to honk.

kleptomane [klèptòmàn] *s.* klepto-maniac.

krach [kràk] *m.* financial crash, smash, collapse.

kyrielle [kìryèl] *f.* long rigmarole; string [de, of].

kyste [kìst] *m.* cyst.

L

l' *art., pron.,* see le.

la [là] *art., pron.,* see le.

là [là] *adv.* there; *cet homme-là,* that man; *là-dessus,* thereupon; *là-haut,* up there; *là-bas,* down there, over yonder.

labeur [làbœr] *m.* labo(u)r, toil.

laboratoire [làbòràtwàr] *m.* laboratory.

laborieux [làbòryë] *adj.** laborious, hard-working; toilsome; painstaking.

labour [làbûr] *m.* ploughing, tillage. ‖ *labourable* [-àbl] *adj.* arable, tillable. ‖ *labourer* [-é] *v.* Br. to plough, Am. to plow; to till; to furrow. ‖ *laboureur* [-œr] *m.* farm-hand; Br. ploughman, Am. plowman.

labyrinthe [làbìriⁿt] *m.* labyrinth, maze.

lac [làk] *m.* lake.

lacer [làsé] *v.* to lace.

lacérer [làséré] *v.* to tear; to lacerate; to slash; to maul.

lacet [làsè] *m.* lace, shoestring, boot-lace; noose, snare [chasse]; turning, winding, hairpin bend [route].

lâche [lâsh] *adj.* loose, slack; lax, slipshod; cowardly; dastardly; *m.* coward, dastard. ‖ *lâcher* [-é] *v.* to release; to slacken, to loosen; to drop; to set free, to let go. ‖ *lâcheté* [-té] *f.* cowardice.

lacis [làsì] *m.* network (mil.).

lacrymogène [làkrìmòjèn] *adj.* tear-producing, tear-exciting; *gaz lacrymogène,* tear-gas.

lacs [lâ] *m.* noose, snare; toils.

lacté [làkté] *adj.* milky.

lacune [làkün] *f.* gap, blank; hiatus.

lacustre [làküstr] *adj.* lacustral, lake.

lad [làd] *m.* stable-boy.

ladre [lâdr] *adj.* leprous; stingy; *m.* leper; miser; skinflint. ‖ *ladrerie* [làdr•rì] *f.* leprosy; meanness, stingi-ness; measles [porc].

lagune [làgün] *f.* lagoon.

laïc, laïque [làìk] *adj.* laic; lay, secular; *m.* layman; *pl.* the laity. ‖ *laïciser* [làìsìzé] *v.* to secularize. ‖ *laïcité* [-té] *f.* secularity, undenomina-tionalism.

laid [lè] *adj.* ugly; unsightly; plain, Am. homely. ‖ *laideron* [-droⁿ] *m.* ugly person; fright (fam.). ‖ *laideur* f. ugliness; plainness, Am. homeliness.

laie [lè] *f.* wild sow.

lainage [lènàj] *m.* wool(l)en goods. ‖ *laine* [lèn] *f.* wool; worsted. ‖ *laineux* [-ë] *adj.** woolly, fleecy.

laisse [lès] *f.* leash. ‖ *laisser* [-é] *v.* to leave; to let, to allow, to permit; to quit, to abandon; *laisser-aller, m.* unconstraint; carelessness; *laissez-passer m.* permit, pass.

lait [lè] *m.* milk; *lait de chaux,* whitewash. ‖ *laitage* [-tàj] *m.* dairy products. ‖ *laitance* [-aⁿs] *f.* milt; soft roe. ‖ *laiterie* [-trî] *f.* dairy; dairy-farming. ‖ *laitière* [-tyèr] *f.* dairy-maid; milkmaid; *adj.* milch [vache].

laiton [lètoⁿ] *m.* brass.

laitue [lètü] *f.* lettuce.

laïus [làìüs] *m.* (fam.) speech.

lambeau [laⁿbò] *m.** strip, scrap, shred, bit; rag.

lambiner [laⁿbìné] *v.* (fam.) to dawdle, to loiter.

lambris [laⁿbrì] *m.* wainscoting; wall-lining; panelling.

lame [làm] *f.* lamina, thin plate [mé-tal]; blade; foil; wave.

lamé [làmé] *adj.* spangled; *m.* lamé.

lamentation [làmaⁿtàsyoⁿ] *f.* lament-ation, wailing; complaint. ‖ *lamenter* [làmᵃⁿté] v. to lament; se *lamenter,* to lament, to bewail, to deplore, to bemoan.

laminer [làmìné] v. to laminate, to roll. || *laminoir* [-wàr] m. rolling-mill, flatting-mill.

lampadaire [laⁿpàdèr] m. standard lamp; candelabrum. || *lampe* [laⁿp] f. lamp; radio tube; *lampe à alcool,* spirit-lamp; *lampe de poche,* Br. torch, Am. flashlight. || *lampion* [-yoⁿ] m. illumination-lamp; Chinese lantern. || *lampiste* [-ìst] m. lamp-maker; lamp-lighter; Am. fall guy (pop.).

lance [laⁿs] f. spear; lance; nozzle; *lance-flammes,* flame-thrower; *lance-torpille,* torpedo-tube. || *lancement* [-maⁿ] m. throwing, flinging; launching [bateau]; swinging [hélice]. || *lancer* [-é] v. to throw, to fling, to cast; to launch (naut.); to fire [torpille] © to pitch [base-ball], to shoot [hockey]; *se lancer,* to rush, to dash, to dart; *se lancer dans,* to embark on; © to shoot [hockey]. || *lancette* [-èt] f. lancet. || *lanceur* [-œr] m. © pitcher [base-ball]. || *lanciner* [-ìné] v. to twinge, to lancinate.

landau [laⁿdò] m.* landau.

lande [laⁿd] f. moor, wasteland, heath.

langage [laⁿgàj] m. language, speech; *langage chiffré,* coded text.

lange [laⁿj] f. swaddling-cloth.

langoureux [laⁿgûrё] adj.* languid, languishing.

langouste [laⁿgûst] f. lobster; crayfish. || *langoustine* [-tìn] f. Norway lobster, Dublin prawn, scamp, Am. prawn.

langue [laⁿg] f. tongue; language; strip of land; gore [terre]; *mauvaise langue,* backbiter, mischief-maker, scandalmonger; *langues vivantes,* modern languages; *donner sa langue au chat,* to give up.

langueur [laⁿgœr] f. languor, languidness; dullness (comm.). || *languir* [laⁿgîr] v. to languish, to pine; to mope; to decline; to drag, to be dull (comm.); *languissant,* languid, listless.

lanière [lànyèr] f. thong, lash.

lanterne [laⁿtèrn] f. lantern; streetlamp. || *lanterner* [-é] v. (fam.) to dilly-dally, to lag.

lapider [làpìdé] v. to stone.

lapin [làpîⁿ] m. rabbit; *peau de lapin,* cony; *poser un lapin à qqn,* to let s.o. down, Am. to stand s.o. up.

lapsus [làpsüs] m. slip.

laquais [làkè] m. lackey; flunkey.

laque [làk] f. lac; m. lacquer. || *laquer* [-é] v. to lacquer.

larcin [làrsîⁿ] m. larceny, pilfering.

lard [làr] m. bacon; back-fat; *lard salé,* © salt pork; *fèves au lard,* © pork and beans. || *larder* [-dé] v. to lard, to interlard; to inflict [coups]. || *lardon* [-doⁿ] m. lardoon; gibe; kid (pop.).

largable [làrgàbl] adj. releasable. || *largage* [-gàj] m. letting go; unfurling.

large [làrj] adj. broad, wide; generous; big, ample; lax; m. room, space; breadth, width; offing; open-sea. || *largesse* [-ès] f. liberality; bounty, largesse. || *largeur* [-œr] f. breadth, width.

larguer [làrgé] v. to loosen, to slacken; to unfurl.

larme [làrm] f. tear; drop. || *larmoyer* [-wàyé] v. to water [yeux]; to weep, to snivel.

larron [làroⁿ] m. robber.

larve [làrv] f. larva; grub.

larynx [làrîⁿks] m. larynx.

las, lasse [lâ, lâs] adj. tired, weary.

lascar [làskàr] m. (fam.) tough guy.

lascif [làsîf] adj.* lewd.

lasser [làsé] v. to weary, to tire. || *lassitude* [-ìtüd] f. lassitude, fatigue; tiredness; weariness.

latent [làtaⁿ] adj. latent; hidden.

latéral [làtéràl] adj.* lateral; *rue latérale,* side-street, cross-street.

latin [làtîⁿ] m. Latin; adj. Latin; lateen (naut.).

latitude [làtìtüd] f. latitude; freedom; scope, range.

latte [làt] f. lath.

lauréat [lòréà] m., adj. laureate. || *laurier* [lòryé] m. laurel, bay tree; hono(u)r.

lavable [làvàbl] adj. washable. || *lavabo* [-àbô] m. wash-stand; lavatory. || *lavage* [-àj] m. washing; scrubbing; dilution; (pop.) popping, Am. hocking.

lavande [làvaⁿd] f. lavender.

lavasse [làvàs] f. slops.

lave [làv] f. lava.

lavement [làvmaⁿ] m. washing; enema. || *laver* [-é] v. to wash; to bathe; to cleanse. || *lavette* [-èt] f. dish-mop; dish-cloth. || *laveuse* [-ёz] f. washerwoman, scrubwoman; washing-machine. || *lavoir* [-wàr] m. wash-house, washing-place; scullery.

laxatif [làksàtîf] m., adj.* laxative.

layette [lèyèt] f. baby-linen, layette.

le [lᵉ] def. art. m. (l' before a vowel or a mute h) [f. la, pl. les] the; pron. m. him; it (f. her; it); pl. them).

lé [lé] m. width, breadth [tissu].

leader [lîdœr] m. leader.

lèchefrite [lèshfrìt] *f.* dripping-pan. ‖ **lécher** [léshé] *v.* to lick; to elaborate, to over-polish.

leçon [lᵉsoⁿ] *f.* reading; lecture; lesson; advice.

lecteur, -trice [lèktœr, -trìs] *m., f.* reader; foreign assistant (univ.). ‖ **lecture** [-ür] *f.* reading; perusal.

légal [légàl] *adj.** legal; statutory; lawful, licit; forensic [médecine]. ‖ **légaliser** [-ìzé] *v.* to legalize; to certify, to authenticate. ‖ **légalité** [-lté] *f.* legality, lawfulness, law.

légataire [légàtèr] *m., f.* legatee; *légataire universel,* residuary legatee; general legatee.

légation [légàsyoⁿ] *f.* legation.

légendaire [léjaⁿdèr] *adj.* legendary. ‖ **légende** [-aⁿd] *f.* legend; caption; inscription; motto; key.

léger [léjé] *adj.** light; slight; thoughtless, frivolous; gentle; fickle; wanton. ‖ **légèreté** [-èrté] *f.* lightness, nimbleness, agility; slightness; weakness; levity; flightiness; fickleness, frivolity.

légiférer [léjìféré] *v.* to legislate.

légion [léjyoⁿ] *f.* legion.

législateur, -trice [léjìslàtœr, -trìs] *m., f.* legislator, lawgiver; *adj.* legislative. ‖ **législation** [-àsyoⁿ] *f.* legislation, law-giving. ‖ **législature** [-àtür] *f.* legislature; session. ‖ **légiste** [léjìst] *m.* legist; *médecin légiste,* medical expert.

légitime [léjìtìm] *adj.* legitimate, lawful; rightful. ‖ **légitimer** [-ìmé] *v.* to legitimate; to justify; to recognize [titre]. ‖ **légitimité** [-ìmìté] *f.* lawfulness; justness, legitimacy.

legs [lèg *or* lè] *m.* legacy, bequest. ‖ **léguer** [légé] *v.* to bequeath, to leave, to will.

légume [légüm] *m.* vegetable; *grosse légume,* bigwig, *Br.* big bug, *Am.* big shot, wheel (pop.). ‖ **légumier** [-yé] *m.* vegetable dish.

lendemain [laⁿdmìⁿ] *m.* next day, morrow, the day after.

lent [laⁿ] *adj.* slow, sluggish. ‖ **lenteur** [-tœr] *f.* slowness; sluggishness; backwardness; dilatoriness.

lentille [laⁿtîy] *f.* lentil; lens; freckle.

léopard [léòpàr] *m.* leopard.

lèpre [lèpr] *f.* leprosy. ‖ **lépreux** [-prë] *adj.** leprous; *m.* leper. ‖ **léproserie** [-pròzrì] *f.* lazar-house, leprosery.

lequel [lᵉkèl] (*f.* **laquelle,** *pl. m.* **lesquels,** *pl. f.* **lesquelles**) *pron. m.* who [sujet]; whom [complément]; which, that [choses]; *interrog. pron.* which, which one? *duquel,* of whom; whose; from which; of which (one)? *desquels,*

of whom; whose; from which; of which (ones)? *auquel,* to which; to whom; to which(one)? *auxquels,* to which; to whom; to which (ones)?

les [lè] *pl. of* **le.**

léser [lézé] *v.* to wrong; to injure; to endanger; *lèse-majesté,* high treason.

lésiner [lézìné] *v.* to be stingy, to stint; *Am.* to dicker; to haggle.

lessive [lèsìv] *f.* wash, washing; lye-wash; washing-powder. ‖ **lessiveuse** [-ìvëz] *f.* washing-machine.

lest [lèst] *m.* ballast; sinkers.

leste [lèst] *adj.* brisk, nimble; quick; agile; unscrupulous, sharp; spicy.

lester [lèsté] *v.* to ballast; to weight.

lettre [lètr] *f.* letter; *pl.* literature, letters; *lettre recommandée,* registered letter; *en toutes lettres,* in full; *à la lettre,* literally, word for word. ‖ **lettré** [-é] *adj.* lettered; *m.* scholar; well-read man.

leur [lœr] *pron.* them, to them; *poss. adj.* their; *le leur, la leur, les leurs,* theirs.

leurre [lœr] *m.* lure; decoy; bait; allurement, catch [fig.]. ‖ **leurrer** [-é] *v.* to lure; to decoy; to bait; to entice; *se leurrer,* to delude oneself.

levain [lᵉvìⁿ] *m.* yeast.

levant [lᵉvaⁿ] *m.* east; Levant.

levée [lᵉvé] *f.* raising, lifting; closing, adjourning [séance]; uprising; levying (mil.); embankment, causeway; collection [poste]; gathering [récolte]; breaking-up, striking [camp]; swell [mer]; weighing [ancre]; trick [cartes]. ‖ **lever** [-é] *v.* to lift, to raise; to adjourn [séance]; to weigh [ancre]; to collect [poste]; to draw [plan]; to shrug [épaules]; to remit [condamnation]; *m.* raising, rise; levee (mil.); sunrise [soleil]; *se lever,* to rise, to arise; to get up, to stand up; to clear up [ciel]. ‖ **levier** [-yé] *m.* lever.

lèvre [lèvr] *f.* lip.

levrette [lᵉvrèt] *f.* greyhound bitch. ‖ **lévrier** [lévrìyé] *m.* greyhound.

levure [lᵉvür] *f.* yeast; baking-powder; barm [bière].

lexique [lèksìk] *m.* lexicon.

lézard [lézàr] *m.* lizard; idler, lounger (fam.). ‖ **lézarde** [-d] *f.* split, crevice, chink. ‖ **lézarder** [-dé] *v.* to crack, to split; to bask in the sun; to idle, to loaf, to lounge.

liaison [lyèzoⁿ] *f.* joining; connection; linking; acquaintance, intimacy; communications, liaison (mil.); slur (mus.); love-affair, liaison; *faire la liaison,* to link two words together (gramm.).

liasse [lyàs] *f.* bundle, packet; wad.

libelle [lìbèl] *m.* lampoon; libel (jur.). ‖ *libeller* [-lé] *v.* to draw up, to word [documents]; to fill out [chèque].

libellule [lìbèllül] *f.* dragonfly, *Am.* darning-needle.

libéral [lìbéràl] *adj.** liberal, generous; broad, wide. ‖ *libéralité* [-ité] *f.* liberality. ‖ *libérateur, -trice* [-àtœr, -trìs] *m., f.* liberator, deliverer; rescuer; *adj.* liberating. ‖ *libération* [-àsyon] *f.* liberation, freeing, releasing; exemption (mil.); discharge [prisonnier]. ‖ *libérer* [-é] *v.* to liberate, to release; to set free; to discharge.

liberté [lìbèrté] *f.* liberty, freedom.

libertin [lìbèrtin] *adj.* licentious, wayward; *m.* libertine. ‖ *libertinage* [-tìnàj] *m.* profligacy.

libraire [lìbrèr] *m., f.* bookseller, bookdealer. ‖ *librairie* [-î] *f.* bookshop; book-trade.

libre [lìbr] *adj.* free; open, unoccupied, vacant; *libre-échange,* free-trade; *libre-service,* self-service; self-service store.

lice [lîs] *f.* lists; bitch.

licence [lìsàns] *f.* licence, leave, permission; licentiate's degree; licentiousness. ‖ *licencié* [-yé] *m.* licentiate; licence-holder; *licencié ès lettres,* master of arts. ‖ *licencier* [-yé] *v.* to dismiss, to discharge; to disband (mil.). ‖ *licencieux* [-yë] *adj.** licencious, loose.

licite [lìsìt] *adj.* licit.

licol, licou [lìkòl, lìkû] *m.* halter.

lie [lî] *f.* lees, dregs; scum.

liège [lyèj] *m.* cork; float [pêche].

lien [lyin] *m.* tie, bond, link; connection. ‖ *lier* [lyé] *v.* to bind, to fasten; to link, to connect; *lier connaissance,* to strike up an acquaintance.

lierre [lyèr] *m.* ivy.

liesse [lyès] *f.* gaiety.

lieu [lyë] *m.** place; locality, spot; grounds, reason, cause; *au lieu de,* instead of; *avoir lieu,* to take place, places; *en premier lieu,* firstly; *lieu-dit,* place, locality.

lieue [lyë] *f.* league.

lieutenant [lyëtnan] *m.* lieutenant.

lièvre [lyèvr] *m.* hare.

lignage [lìñàj] *m.* lineage. ‖ *ligne* [lìñ] *f.* line; cord; row, range; *ligne aérienne,* airline; *à la ligne,* indent. ‖ *lignée* [-é] *f.* issue; offspring, progeny; stock.

ligoter [lìgòté] *v.* to bind, to tie up; *Am.* to hog-tie.

ligue [lîg] *f.* league. ‖ *liguer* [lîgé], *se liguer v.* to league.

lilas [lìlà] *m.* lilac.

limace [lìmàs] *f.* slug. ‖ *limaçon* [-on] *m.* snail.

limaille [lìmày] *f.* filings.

limande [lìmand] *f.* dab; slap (pop.).

limbes [linb] *m. pl.* limbo.

lime [lîm] *f.* file. ‖ *limer* [-é] *v.* to file; to polish.

limitation [lìmìtàsyon] *f.* limitation, restriction; marking off. ‖ *limite* [lìmìt] *f.* limit; boundary; maximum [vitesse]. ‖ *limiter* [-ité] *v.* to limit; to restrict. ‖ *limitrophe* [-ìtròf] *adj.* bordering, adjacent, abutting.

limoger [lìmòjé] *v.* to supersede (milit.); to bowler-hat, to sack, *Am.* to shelve.

limon [lìmon] *m.* mud, clay, loam; lime (bot.).

limonade [lìmònàd] *f.* lemonade.

limpide [linpîd] *adj.* limpid; pellucid. ‖ *limpidité* [-ité] *f.* limpidity, limpidiness, clarity.

lin [lin] *m.* flax; linen.

linceul [linsœl] *m.* shroud.

linéaire [lìnéèr] *adj.* linear.

linge [linj] *m.* linen; calico. ‖ *lingerie* [-rî] *f.* linen-drapery; linen-room; linen-trade; underwear; undergarment.

lingot [lingò] *m.* ingot.

linguiste [lingüìst] *m.* linguist. ‖ *linguistique* [-îk] *adj.* linguistic; *f.* linguistics.

linoléum [lìnòléòm] *m.* linoleum.

linon [lìnon] *m.* lawn.

linotte [lìnòt] *f.* linnet; *tête de linotte,* feather-brained.

linteau [lintô] *m.** lintel.

lion [lyon] *m.* lion. ‖ *lionceau* [-sò] *m.** lion cub. ‖ *lionne* [lyòn] *f.* lioness.

lippe [lìp] *f.* thick lower lip; blubber lip; *faire la lippe,* to pout.

liquéfier [lìkéfyé] *v.* to liquefy.

liqueur [lìkœr] *f.* liquor; liqueur; solution (chem.).

liquidation [lìkìdàsyon] *f.* liquidation; settlement; clearance sale; winding up (comm.). ‖ *liquide* [lìkìd] *m., adj.* liquid, fluid; *argent liquide,* ready money. ‖ *liquider* [-é] *v.* to liquidate; to settle; to wind up (comm.).

liquoreux [lìkòrë] *adj.** sweet, luscious, juicy.

lire [lîr] *v.** to read; to peruse.

lis [lìs] *m.* lily; *fleur de lis,* fleur de lis.

liséré [lìzéré] *adj.* edged, bordered, piped; *m.* border, edging.

liseron [lìzroⁿ] *m.* bindweed.

liseuse [lìzëz] *f.* bed jacket; book-wrapper; reading lamp. ‖ **lisible** [lìzìbl] *adj.* legible, readable.

lisière [lìzyèr] *f.* selvedge, list; edge, border, skirt [forêt]; leading-strings (fig.).

lisse [lìs] *adj.* smooth, sleek, slick. ‖ **lisser** [-é] *v.* to sleek; to preen; to smooth, to polish, to gloss; to glaze.

liste [lìst] *f.* list, roll; roster (mil.); panel [jurés].

lit [lì] *m.* bed; bedstead; layer, stratum; bottom [rivière]. ‖ **literie** [lìtrî] *f.* bedding, bedclothes. ‖ **litière** [lìtyèr] *f.* litter.

litige [lìtìj] *m.* litigation; lawsuit.

litre [lìtr] *m. Br.* litre, *Am.* liter.

littéraire [lìtérèr] *adj.* literary. ‖ **littéral** [lìtéràl] *adj.** literal. ‖ **littérature** [-àtür] *f.* literature.

littoral [lìtòràl] *adj.** littoral; *m.** coast-line, littoral.

liturgie [lìtürjî] *f.* liturgy.

livide [lìvìd] *adj.* livid, ghastly.

livraison [lìvrèzoⁿ] *f.* delivery; part, instalment [livre]; copy, issue [revue].

livre [lìvr] *m.* book; register; journal; *livre de bord,* ship's register; *grand livre,* ledger.

livre [lìvr] *f.* pound [poids; monnaie].

livrée [lìvré] *f.* livery. ‖ **livrer** [-é] *v.* to deliver; to surrender; to wage [bataille]; *se livrer,* to devote oneself, to give oneself over (*à,* to); to indulge (*à,* in).

livret [lìvrè] *m.* booklet; libretto; *livret militaire,* service record; *livret de l'étudiant,* student's handbook; scholastic record book.

livreur [lìvrœr] *m.* delivery-man.

local [lòkàl] *adj.** local; *m.** premises. ‖ **localiser** [-àlìzé] *v.* to localize; to locate. ‖ **localité** [-àlìté] *f.* locality. ‖ **locataire** [-àtèr] *m.* tenant; lodger; hirer, renter, lessee (jur.). ‖ **location** [-àsyoⁿ] *f.* hiring; letting, renting; tenancy; booking; reservation; *bureau de location,* booking-office, box-office; *prix de location,* rent; *location-vente,* hire-purchase system.

locomotive [lòkòmòtîv] *f.* locomotive, engine. ‖ **locomotrice** [-trìs] *f.* electric engine.

locution [lòküsyoⁿ] *f.* idiom, phrase.

loge [lòj] *f.* hut, cabin; lodge [concierge]; kennel [chien]; box (theat.); dressing-room [artiste]. ‖ **logement** [-maⁿ] *m.* lodging, housing; dwelling, accommodation, *Br.* diggings, digs; quarters, billet (mil.); container (comm.); *indemnité de logement,* housing allotment. ‖ **loger** [-é] *v.* to

lodge; to put up; to quarter, to billet (mil.); to house, to live. ‖ **logeuse** [-ëz] *f.* landlady.

logique [lòjìk] *adj.* logical; *f.* logic.

logis [lòjì] *m.* house, home, dwelling.

loi [lwà] *f.* law; rule; *hors la loi,* outlaw; *projet de loi,* bill.

loin [lwiⁿ] *adv.* far, distant; *de loin,* at a distance; *de loin en loin,* at long intervals; *loin de.* ‖ **lointain** [-tiⁿ] *adj.* remote, far off; *m.* distance.

loir [lwàr] *m.* dormouse, loir.

loisible [lwàzìbl] *adj.* permissible; optional.

loisir [lwàzîr] *m.* leisure, spare time, time off.

long, longue [loⁿ, loⁿg] *adj.* long; slow; *m.* length; *le long de,* along; *à la longue,* in the long run; *dix mètres de long,* ten meters long. ‖ **longe** [loⁿj] *f.* tether; thong [fouet]; lunge, lunging rein.

longe [loⁿj] *f.* loin [veau].

longer [loⁿjé] *v.* to pass along, to go along; to extend along. ‖ **longévité** [-vìté] *f.* longevity. ‖ **longitude** [-ìtüd] *f.* longitude. ‖ **longtemps** [loⁿtaⁿ] *adj.* long; a long time. ‖ **longueur** [loⁿgœr] *f.* length; slowness. ‖ **longue-vue** [-vü] *f.* telescope, field-glass, spy-glass.

looping [lûpiⁿ] *m.* loop.

lopin [lòpiⁿ] *m.* patch, plot, allotment.

loquace [lòkwàs or -kas] *adj.* loquacious, talkative; garrulous. ‖ **loquacité** [-ìté] *f.* loquacity, talkativeness.

loque [lòk] *f.* rag; *en loques,* falling to pieces, in tatters.

loquet [lòkè] *m.* latch, clasp.

loqueteux [lòktë] *adj.** ragged.

lorgner [lòrñé] *v.* to ogle, to leer at. ‖ **lorgnette** [-èt] *f.* opera-glasses. ‖ **lorgnon** [-oⁿ] *m.* pince-nez, eye-glasses.

lors [lòr] *adv.* then; *lors de,* at the time of; *lors même que,* even when. ‖ **lorsque** [lòrske] *conj.* when.

losange [lòzaⁿj] *m.* lozenge, diamond.

lot [lô] *m.* portion, share, lot; prize; *gros lot, Am.* jackpot. ‖ **loterie** [lòtrî] *f.* lottery. ‖ **loti** [-tì] *adj.* provided for; *mal loti,* badly off.

lotion [lòsyoⁿ] *f.* lotion.

lotir [lòtìr] *v.* to allot; to parcel out. ‖ **lotissement** [-ìsmaⁿ] *m.* allotment; development [terrain].

louable [lûàbl] *adj.* laudable, praise-worthy. ‖ **louange** [lûaⁿj] *f.* praise.

louche [lûsh] *f.* soup-ladle; basting-spoon; reamer (mech.).

louche [lûsh] *adj.* cross-eyed; squinting; ambiguous; suspicious; fishy,

Am. phony (pop.). ‖ **loucher** [-é] *v.* to squint; (fam.) to cast longing eyes (*vers,* at).

louer [lûé] *v.* to rent, to hire; to book, to reserve.

louer [lûé] *v.* to praise, to laud, to commend; *se louer,* to be pleased, to be well satisfied (*de,* with).

loufoque [lûfòk] *adj.* (fam.) daft, nutty.

loup [lû] *m.* wolf; mask; crow-bar; error; *loup de mer,* sea-dog, old salt; *à pas de loup,* stealthily; *loup-cervier,* lynx; *loup-garou,* werewolf.

loupe [lûp] *f.* wen (med.); excrescence; burr [arbre]; lens, magnifying glass [optique].

louper [lûpé] *v.* to miss; to botch, to bungle.

lourd [lûr] *adj.* heavy, *Am.* hefty; clumsy; dull-witted; sultry, close [temps]. ‖ **lourdeur** [-dœr] *f.* heaviness; ponderousness; clumsiness; dullness; mugginess, sultriness [temps].

loustic [lûstìk] *m.* (fam.) wag.

loutre [lûtr] *f.* otter; *peau de loutre,* sealskin.

louve [lûv] *f.* she-wolf. ‖ **louveteau** [-tô] *m.** wolf-cub.

louvoyer [lûvwàyé] *v.* to tack (naut.); to manœuvre; to be evasive.

loyal [lwàyàl] *adj.** fair, straightforward; on the level (fam.); loyal, faithful. ‖ **loyauté** [lwàyôté] *f.* honesty; fairness; loyalty.

loyer [lwàyé] *m.* rent, rental.

lu [lü] *p. p. of lire.*

lubie [lübî] *f.* whim, crotchet, fad.

lubrifiant [lübrìfyan] *m.* lubricant; *adj.* lubricating.

lucarne [lükàrn] *f.* dormer, attic-window. gable-window; skylight.

lucide [lüsîd] *adj.* lucid, clear-headed. ‖ **lucidité** [-té] *f.* lucidity.

luciole [lüsyòl] *f.* firefly.

lucratif [lükràtìf] *adj.** lucrative.

luette [lüèt] *f.* uvula.

lueur [lüœr] *f.* gleam, glimmer, glow, flash, glare; ray.

luge [lüj] *f.* luge, toboggan.

lugubre [lügübr] *adj.* dismal, gloomy; lugubrious.

lui [lüi] *pron.* him, to him; her, to her; *c'est lui,* it is he; *à lui,* his.

luire [lüîr] *v.** to shine, to gleam.

lumière [lümyèr] *f.* light; lamp; enlightenment. ‖ **luminaire** [-ìnèr] *m.* luminary. ‖ **lumineux** [-ìnè] *adj.** luminous. ‖ **luminosité** [-ìnôzìté] *f.* luminosity, sheen.

lunaire [lünèr] *adj.* lunar. ‖ **lunatique** [lünàtìk] *adj.* moonstruck; whimsical.

lunch [lunsh] *m.* luncheon, lunch; buffet-lunch.

lundi [lundì] *m.* Monday.

lune [lün] *f.* moon; *lune de miel,* honeymoon; *clair de lune,* moonlight. ‖ **lunette** [-èt] *f.* spyglass; *pl.* spectacles, eye-glasses.

luron [lüron] *m.* jolly chap.

lustre [lüstr] *m.* luster, gloss; chandelier. ‖ **lustrer** [-é] *v.* to glaze, to gloss, to polish up.

luth [lüt] *m.* lute.

lutin [lütin] *m.* imp, elf, goblin.

lutrin [lütrin] *m.* lectern.

lutte [lüt] *f.* wrestling; fight, struggle, tussle; strife. ‖ **lutter** [-é] *v.* to wrestle; to struggle, to contend, to fight. ‖ **lutteur** [-œr] *m.* wrestler; fighter.

luxation [lüksàsyon] *f.* luxation.

luxe [lüks] *m.* luxury; profusion.

luxueux [lüksüè] *adj.** luxurious.

luxure [lüksür] *f.* lewdness. ‖ **luxurieux** [-yè] *adj.** lewd.

luzerne [lüzèrn] *f.* lucern; *Am.* alfalfa.

lycée [lìsé] *m.* lycée, secondary school [France].

lymphatique [linfàtìk] *adj.* lymphatic; *lymphe,* lymph.

lyncher [linshé] *v.* to lynch.

lynx [links] *m.* lynx.

lyre [lîr] *f.* lyre. ‖ **lyrique** [-ìk] *adj.* lyrical, lyric. ‖ **lyrisme** [-ìsm] *m.* lyricism.

M

ma [mà] *poss. adj. f.* my; *see mon.*

maboul [màbûl] *adj.* (fam.) crazy.

macabre [màkàbr] *adj.* gruesome.

macaron [màkàron] *m.* macaroon. ‖ **macaroni** [-ònì] *m.* macaroni.

macédoine [màsédwàn] *f.* diced vegetables; cut-up fruit, fruit salad; hotch-potch (fig.).

macérer [màséré] *v.* to macerate.

mâche [mâsh] *f.* corn-salad. ‖ **mâche-fer** [-fèr] *m.* clinker; dross. ‖ **mâcher** [-é] *v.* to chew, to munch, to masticate.

machin [màshin] *m.* thing, gadget, *Am.* gimmick; what's-his-name, so-and-so. ‖ **machinal** [-ìnàl] *adj.** mechanical, unconscious, involuntary. ‖ **machination** [-ìnàsyon] *f.* plot, scheming. ‖ **machine** [-în] *f.* machine;

engine; dynamo (electr.); *pl.* machinery. ‖ **machiner** [-ìné] *v.* to plot, to scheme; to supply (mech.). ‖ **machiniste** [-ìnìst] *m.* engineer; bus driver; stage-hand, scene-shifter (theat.).

mâchoire [mâshwàr] *f.* jaw, jaw-bone; clamp. ‖ **mâchonner** [-shòné] *v.* to chew; to mutter.

maçon [màso*ⁿ*] *m.* mason, bricklayer. ‖ **maçonnerie** [-ònrî] *f.* masonry; stonework.

maculer [màkülé] *v.* to stain.

madame [màdàm] *f.* (*pl.* **mesdames**) Mrs.; madam.

madeleine [màdlèn] *f.* sponge-cake.

mademoiselle [màdmwàzèl] *f.* (*pl.* **mesdemoiselles**) Miss; young lady.

madré [màdré] *adj.* sly, *Am.* cagey.

magasin [màgàzi*ⁿ*] *m.* shop, *Am.* store; warehouse. ‖ **magasinage** [-zìnàj] *m.* storing; © shopping. ‖ **magasiner** [-é] *v.* © to go shopping. ‖ **magasinier** [-nyé] *m.* warehouse man, storeman.

magicien [màjìsy*ⁿ*] *m.* magician, wizard. ‖ **magie** [-jî] *f.* magic. ‖ **magique** [màjìk] *adj.* magic(al).

magistrat [màjìstrà] *m.* magistrate, judge. ‖ **magistrature** [-tür] *f.* magistrature; magistracy.

magnanime [màñàním] *adj.* magnanimous; **magnanimité**, magnanimity.

magnétique [màñétìk] *adj.* magnetic.

magnétophone [màñétòfòn] *m.* tape recorder.

magnifique [màñìfìk] *adj.* magnificent, splendid, glorious; generous.

mai [mè] *m.* May; May-pole.

maigre [mègr] *adj.* thin, lean, skinny; scrawny, gaunt; meagre, scanty; lean meat. ‖ **maigreur** [-œr] *f.* thinness; scantiness; emaciation. ‖ **maigrir** [-îr] *v.* to grow thin.

maille [mây] *f.* stitch; link; mesh, mail. ‖ **maillon** [-o*ⁿ*] *m.* mail.

maillot [màyô] *m.* swaddling clothes; bathing-suit; tights; jersey, singlet.

main [mi*ⁿ*] *f.* hand; handwriting; quire [papier]; **main-d'œuvre,** manual labo(u)r; manpower.

maint [mi*ⁿ*] *adj.* many a; *maintes fois,* many times.

maintenant [mi*ⁿ*tna*ⁿ*] *adv.* now. ‖ **maintenir** [-îr] *v.** to maintain; to keep; to support; to uphold; *se maintenir,* to remain; to continue. ‖ **maintien** [mi*ⁿ*ty*ⁿ*] *m.* maintenance, upholding, keeping; bearing.

maire [mèr] *m.* mayor. ‖ **mairie** [-î] *f.* town hall.

mais [mè] *conj.* but.

maïs [màìs] *m.* maize, Indian corn; *Am.* corn.

maison [mèzo*ⁿ*] *f.* house; firm; home; household; family; *maison de rapport,* apartment house. ‖ **maisonnette** [-ònèt] *f.* cottage, bungalow.

maître [mètr] *m.* master; ruler; owner; teacher [école]; petty officer (naut.); *adj.* chief, main; *maître d'hôtel,* steward, head-waiter; *maître chanteur,* blackmailer. ‖ **maîtresse** [-ès] *f.* mistress; teacher [école]; *adj.* chief. ‖ **maîtrise** [-ìz] *f.* mastery. ‖ **maîtriser** [-ìzé] *v.* to master, to overcome; to control; to deal with; *se maîtriser,* to control oneself.

majesté [màjèsté] *f.* majesty. ‖ **majestueux** [-üë] *adj.** majestic; stately.

majeur [màjœr] *adj.* major, greater, of age; *m.* major; middle finger. ‖ **major** [-òr] *m.* regimental adjutant (mil.); *état-major,* staff. ‖ **majorité** [-òrìté] *f.* majority; coming of age; legal age.

majuscule [màjüskül] *adj.* capital; *f.* capital letter.

mal [màl] *m.** evil; hurt, harm; pain; wrong; disease; *adv.* badly, ill; uncomfortable; *mal au cœur,* nausea; *mal à la tête,* headache; *pas mal,* presentable; good-looking; not bad; *pas mal de,* a large number, a good many.

malade [màlàd] *adj.* ill, sick; diseased; *m., f.* patient. ‖ **maladie** [-î] *f.* illness, sickness, malady, disease, ailment. ‖ **maladif** [-ìf] *adj.** sickly, unhealthy, ailing.

maladresse [màlàdrès] *f.* clumsiness; blunder. ‖ **maladroit** [-wà] *adj.* clumsy, awkward; blundering; *m.* duffer.

malaise [màlèz] *m.* discomfort, uneasiness. ‖ **malaisé** [-é] *adj.* difficult.

malappris [màlàprì] *adj.* ill-bred; *m.* boor, *Am.* slob.

malaxer [màlàksé] *v.* to mix; to knead; to work.

malchance [màlsha*ⁿ*s] *f.* bad luck; mishap. ‖ **malchanceux** [-ë] *adj.** unlucky, luckless.

mâle [màl] *m., adj.* male.

malédiction [màlédìksyo*ⁿ*] *f.* curse.

maléfique [màléfìk] *adj.* maleficient, baleful.

malencontreux [màla*ⁿ*ko*ⁿ*trë] *adj.** untoward; unhappy; ill-timed.

malentendu [màla*ⁿ*ta*ⁿ*dü] *m.* misunderstanding, misapprehension.

malfaisant [màlf*e*za*ⁿ*] *adj.* harmful; mischievous. ‖ **malfaiteur** [-tœr] *m.* evil-doer, scoundrel.

malfamé [màlfàmé] *adj.* ill-famed.

malgré [màlgré] *prep.* despite.

malheur [màlœr] *m.* misfortune; unhappiness. || *malheureux* [-ë] *adj.* * unhappy; unfortunate; wretched, trivial; *s.* unfortunate person; *pl.* the destitute.

malhonnête [màlònèt] *adj.* dishonest; impolite, indecent. || *malhonnêteté* [-té] *f.* dishonesty, improbity; dishonest act, sharp practice.

malice [màlìs] *f.* malice, trick. || *malicieux* [-syë] *adj.* * mischievous, impish, arch.

malin, -igne [màlⁱⁿ, -ìñ] *adj.* malignant; wicked; cunning, sharp, sly; *m.* devil Evil One.

malle [màl] *f.* trunk; mail-bag. || *mallette* [-èt] *f.* suitcase.

malsain [màlsⁱⁿ] *adj.* unhealthy.

maltraiter [màltrètè] *v.* to maltreat, to ill-use; to manhandle.

malveillance [màlvèyàⁿs] *f.* malevolence, ill-will; evil intent; foul play; criminal machination.

malversation [màlvèrsàsyoⁿ] *f.* embezzlement.

maman [màmàⁿ] *f.* mama; mother; mummy (fam.).

mamelle [màmèl] *f.* breast; udder. || *mamelon* [màmloⁿ] *m.* nipple; dug; hillock; boss, swell (mech.).

manche [màⁿsh] *m.* handle; haft; stick [balai]; joy-stick (aviat.).

manche [màⁿsh] *f.* sleeve; hose [eau]; shaft [air]; rubber, game [cartes]; set [tennis]; *la Manche*, the English Channel. || *manchette* [-èt] *f.* cuff; wristband; headline [journal]; *pl.* handcuffs (pop.). || *manchon* [-oⁿ] *m.* muff; casing, socket (techn.); flange (mech.). || *manchot* [-ô] *adj.* one-armed; *m.* one-armed person.

mandarin [màⁿdàrⁱⁿ] *m.* mandarin. || *mandarine* [-ìn] *f.* tangerine, mandarine.

mandat [màⁿdà] *m.* mandate; commission; warrant (jur.); money-order, draft (fin.); *mandat-poste*, postal money-order. || *mandataire* [-tèr] *m.* mandatory; agent; trustee; attorney.

manège [mànèj] *m.* horsemanship, riding; wile, stratagem; treadmill; merry-go-round [foire].

manette [mànèt] *f.* hand-lever.

mangeoire [màⁿjwàr] *f.* manger; feeding-trough. || *manger* [-é] *v.* to eat; to squander [argent]; to corrode [métal]; to fret [corde].

maniable [mànyàbl] *adj.* manageable; tractable.

maniaque [mànyàk] *m., f., adj.* maniac. || *manie* [-î] *f.* mania; craze.

manier [mànyé] *v.* to handle; to feel; to ply.

manière [mànyèr] *f.* manner, way; affectation; deportment; *de manière que*, so that; *de manière à*, so as to. || *maniéré* [-yéré] *adj.* affected.

manifestant [mànifèstaⁿ] *m.* demonstrator. || *manifestation* [-àsyoⁿ] *f.* manifestation; demonstration (pol.). || *manifeste* [-fèst] *adj.* manifest, evident, obvious; *m.* manifesto. || *manifester* [-é] *v.* to manifest, to reveal; to show; to demonstrate.

manipuler [mànìpülé] *v.* to manipulate; to handle; to wield; to key [télégraphe].

manitou [mànìtû] *m.* Manitou.

manivelle [mànìvèl] *f.* crank; winch.

mannequin [mànkⁱⁿ] *m.* manikin; dummy; fashion model.

manœuvre [mànœvr] *f.* working, managing; handling [bateau]; drill (mil.); rigging (naut.); control (aviat.); intrigue; *m.* unskilled workman. || *manœuvrer* [-é] *v.* to work; to ply; to shunt; to scheme; *Br.* to manœuvre, *Am.* to maneuver.

manomètre [mànòmètr] *m.* manometer, pressure-gauge.

manque [màⁿk] *m.* lack, want, need; deficiency, shortage; breach [parole]. || *manqué* [-é] *adj.* missed; unsuccessful, abortive. || *manquer* [-é] *v.* to lack, to want; to fail; to miss; *manquer de tomber*, to nearly fall.

mansarde [màⁿsàrd] *f.* attic, garret; dormer-window; *mansardé*, mansard-roofed.

manteau [màⁿtô] *m.* * coat, cloak, mantle; mantelpiece [cheminée].

manucure [mànükür] *f.* manicure.

manuel [mànüèl] *m.* hand-book; *adj.* * manual.

manufacture [mànüfàktür] *f.* factory; mill; works; plant. || *manufacturer* [-é] *v.* to manufacture.

manuscrit [mànüskrì] *m.* manuscript; *adj.* hand-written.

manutention [mànütaⁿsyoⁿ] *f.* handling; manipulation; commissary, *Am.* post-exchange; bakery; store-house (mil.).

maquereau [màkrô] *m.* * mackerel [poisson]; pimp [personne].

maquette [màkèt] *f.* model, figure; mock-up; dummy [livre].

maquillage [màkìyàj] *m.* make-up; grease-paint (theat.); working-up (phot.). || *maquiller* [-yé] *v.* to make up; to fake; *se maquiller*, to make up, to paint.

maquis [màkì] *m.* scrub; underground resistance forces, maquis [guerre]; (fig.) maze.

marais [màrè] *m.* marsh, swamp.

marasme [màràsm] *m.* despondency; stagnation; dumps.

marâtre [màrâtr] *f.* step-mother; unkind mother.

marauder [màrôdé] *v.* to maraud; to filch; to crawl, to cruise [taxi].

marbre [màrbr] *m.* marble; slab; *sur le marbre,* at press, *Am.* on the press. ‖ *marbrer* [-é] *v.* to marble; to mottle.

marc [màr] *m.* marc [raisin]; grounds [café]; dregs.

marchand [màrshaⁿ] *m.* merchant, dealer, tradesman, shopkeeper; *adj.* marketable; commercial [ville]. ‖ *marchander* [-dé] *v.* to haggle, to bargain. ‖ *marchandise* [-dîz] *f.* merchandise, goods, wares.

marche [màrsh] *f.* step, stair [escalier]; tread; walk; march (mil.); running [machine]; *marche arrière,* backing; reverse.

marché [màrshé] *m.* deal, bargain, contract; market; transaction; *marché aux puces,* flea market, thieves' market; *bon marché,* cheap; *faire marché avec,* to contract.

marchepied [màrsh°pyé] *m.* step; footstool; foot-board; folding-steps [voiture]; running-board [auto]; step-ladder [escabeau]. ‖ *marcher* [màrshé] *v.* to tread; to walk; to march; to work, to run [machine]; *faire marcher* (fam.), to spoof, *Am.* to kid.

mardi [màrdî] *m.* Tuesday; *mardi gras,* Shrove Tuesday.

mare [màr] *f.* pool, pond. ‖ *marécage* [-ékàj] *m.* fen, marshland; bog, swamp; quagmire. ‖ *marécageux* [-ékàjë] *adj.* marshy, boggy.

maréchal [màréshàl] *m.** marshal; farrier [ferrant].

marée [màré] *f.* tide, flow; sea fish; *marée basse,* low-tide; *marée haute,* high-tide.

marelle [màrèl] *f.* hopscotch [jeu].

marge [màrj] *f.* border, edge; fringe; margin [page]; scope, lee-way. ‖ *margelle* [-èl] *f.* curb.

marguerite [màrg°rìt] *f.* (bot.) daisy, marguerite; *Marguerite,* Margret, Maggie, Peggy.

mari [màrî] *m.* husband. ‖ *mariage* [-yàj] *m.* marriage; wedlock; matrimony; wedding; nuptials. ‖ *marié* [-yé] *adj.* married; *m.* bridegroom. ‖ *mariée* [-yé] *f.* bride. ‖ *marier* [-yé] *v.* to marry; to unite; to blend [couleurs]; *se marier,* to get married, to marry, to wed.

marin [màrîⁿ] *m.* sailor; mariner, seaman; *adj.* marine; nautical; sea-going. ‖ *marinades* [-inàd] *f. pl.* © pickles. ‖ *marine* [-în] *f.* navy; sea-front; sea-

scape [tableau]. ‖ *mariner* [-îné] *v.* to pickle; to marinade. ‖ *marinier* [-înyé] *m.* bargee, waterman.

maringouin [màriⁿgwiⁿ] *m.* © gnat, mosquito.

marionnette [màryònèt] *f.* puppet.

maritime [màrìtîm] *adj.* maritime.

marmelade [màrm°làd] *f.* marmalade; compote.

marmite [màrmìt] *f.* kettle, pot; heavy shell (mil.). ‖ *marmiton* [-oⁿ] *m.* scullion; kitchen-hand, cook's helper.

marmonner [màrmòné] *v.* to mutter; to mumble.

marmot [màrmô] *m.* brat. ‖ *marmotte* [-òt] *f.* marmot, *Am.* woodchuck. ‖ *marmotter* [-òté] *v.* to mutter, to mumble.

Maroc [màròk] *m.* Morocco. ‖ *marocain* [-iⁿ] *m.,* adj. Moroccan.

maronner [màròné] *v.* (fam.) to grumble, to growl.

maroquin [màròkiⁿ] *m.* Morocco leather. ‖ *maroquinerie* [-ìnrì] *f.* leather goods (or) trade.

marotte [màròt] *f.* fad.

marquant [màrkaⁿ] *adj.* conspicuous; striking; prominent. ‖ *marque* [màrk] *f.* mark; trade-mark, brand; distinction; *vin de marque,* choice wine. ‖ *marquer* [-é] *v.* to mark, to stamp, to brand; to indicate, to denote; to testify. ‖ *marqueterie* [-°trî] *f.* inlaid-work.

marquis [màrkî] *m.* marquis, marquess. ‖ *marquise* [-îz] *f.* marchioness; marquee; glass-roof; glass-porch; awning.

marraine [màrèn] *f.* godmother; sponsor.

marron [màroⁿ] *m.* chestnut; blow [coup]; *adj.* maroon, chestnut-colo(u)red. ‖ *marronnier* [-ònyé] *m.* chestnut-tree.

mars [màrs] *m.* March [mois]; Mars [planète].

marsouin [màrswiⁿ] *m.* porpoise; sea-hog.

marteau [màrtô] *m.** hammer; knocker [porte]; striker [horloge]; hammer-head [poisson]; *marteau-pilon,* power-hammer; forging-press. ‖ *marteler* [-°lé] *v.* to hammer; to batter out.

martial [màrsyàl] *adj.** martial.

martinet [màrtìnè] *m.* tilt-hammer (metall.); cat-o'-nine-tails [fouet]; clothes-beater; martlet [oiseau].

martingale [màrtiⁿgàl] *f.* martingale; half-belt.

martin-pêcheur [màrtiⁿpèchœr] *m.* kingfisher.

martre [màrtr] *f.* marten.

martyr [màrtîr] *m.* martyr. ‖ *martyre* [-îr] *m.* martyrdom. ‖ *martyriser* [-ìrìzé] *v.* to torment; to martyr.

mascarade [màskàràd] *f.* masquerade.

masculin [màskülin] *adj.* masculine; male; mannish.

masque [màsk] *m.* mask. ‖ *masquer* [-é] *v.* to mask; to conceal.

massacre [màsàkr] *m.* massacre, slaughter.

massage [màsàj] *m.* massage.

masse [màs] *f.* mass; bulk; heap; crowd [gens]; mace [arme]; sledge-hammer.

masser [màsé] *v.* to mass; to massage. ‖ *massif* [-îf] *m.* clump; cluster; *adj.** massive, bulky; solid [or]; heavy.

massue [màsü] *f.* club.

mastic [màstìk] *m.* putty. ‖ *mastiquer* [-é] *v.* to masticate, to chew; to putty.

masure [màzür] *f.* shanty, hovel, shack.

mat [màt] *m.* mate [échecs].

mat [màt] *adj.* mat, dull, flat.

mât [mâ] *m.* mast; pole.

matamore [màtàmòr] *m.* swashbuckler, braggart.

matelas [màtlà] *m.* mattress; pad. ‖ *matelasser* [-sé] *v.* to pad; to stuff.

matelot [màtlô] *m.* sailor, seaman.

mater [màté] *v.* to checkmate [échecs]; to subdue.

matérialiser [màtéryàlìzé] *v.* to materialize. ‖ *matérialisme* [-lìsm] *m.* materialism. ‖ *matériel* [-yèl] *m.* working-stock; apparatus; *adj.** material; corporeal, real; *matériel sanitaire,* medical supplies.

maternel [màtèrnèl] *adj.** maternal.

mathématicien [màtémàtìsyin] *m.* mathematician. ‖ *mathématique* [-ìk] *adj.* mathematical. ‖ *mathématiques* [-ìk] *f. pl.* mathematics.

matière [màtyèr] *f.* material; matter, substance; subject.

matin [màtin] *m.* morning.

mâtin [mâtin] *m.* mastiff.

matinal [màtìnàl] *adj.** early rising; morning, matutinal. ‖ *matinée* [-é] *f.* morning, forenoon; afternoon performance (theat.).

matois [màtwà] *adj.* sly, foxy.

matou [màtû] *m.* tom-cat.

matraque [màtràk] *f.* bludgeon.

matrice [màtrìs] *f.* uterus; matrix; die; original; master record.

matricule [màtrìkül] *f.* roll, register; registration; *m.* serial-number.

maturation [màtüràsyon] *f.* maturation. ‖ *maturité* [màtürìté] *f.* maturity; ripeness; full growth.

maudire [môdîr] *v.** to curse, to imprecate. ‖ *maudit* [-ì] *adj.* cursed, accursed; execrable, damnable.

maugréer [môgréé] *v.* to curse.

maure [môr] *m.* Moor; *adj.* Moorish.

maussade [môsàd] *adj.* surly, sullen, sulky; glum; grumpy, crusty; dull, cloudy [temps].

mauvais [môvè] *adj.* evil, ill; wicked, bad; unpleasant, nasty; wrong; harmful; sharp [langue]; *il fait mauvais,* it's bad weather.

mauve [môv] *adj.* mauve, purple; *f.* mallow.

maux [mô] *pl. of* **mal.**

maxillaire [màksìlèr] *m.* jaw-bone.

maxime [màksìm] *f.* maxim.

mazout [màzût] *m.* oil fuel; crude oil; *Am.* mazut.

me [me] *pron.* me, to me; myself.

méandre [méandr] *m.* meander, winding.

mécanicien [mékànìsyin] *m.* mechanic, artificer; mechanician; machinist; engine-driver, *Am.* engineer (railw.). ‖ *mécanique* [-ìk] *adj.* mechanical; *f.* mechanics; mechanism, machinery. ‖ *mécanisme* [-ìsm] *m.* mechanism; works, machinery.

méchanceté [méshansté] *f.* wickedness, naughtiness, mischievousness; unkindness, ill-nature. ‖ *méchant* [méshan] *adj.* wicked, evil; naughty; miserable; sorry.

mèche [mèsh] *f.* wick [chandelle]; tinder [briquet]; fuse [mine]; cracker, *Am.* snapper [fouet]; lock, wisp [cheveux]; bit, drill (mech.); *de mèche avec,* in collusion with.

mécompte [mékont] *m.* miscalculation, miscount; disappointment.

méconnaître [mékònètr] *v.** to fail to recognize; to misappreciate; to belittle; to disown.

mécontent [mékontan] *adj.* discontented, dissatisfied; *m.* malcontent. ‖ *mécontentement* [-tman] *m.* discontent, dissatisfaction; displeasure.

mécréant [mékréan] *m.* unbeliever.

médaille [médày] *f.* medal.

médecin [médsin] *m.* doctor, physician. ‖ *médecine* [-în] *f.* medicine; physic; dose, drug.

médiane [médyàn] *f.* median.

médiateur [médyàtœr] *m.* mediator. ‖ *médiation* [-syon] *f.* mediation. ‖ *médiatrice* [-trìs] *f.* mediatrix.

médical [médìkàl] *adj.** medical. ‖
médicament [-àmaⁿ] *m.* medicine;
medicament; *médication,* medication;
médicinal, medicinal.

médiéval [médyévàl] *adj.** medi-
(a)eval.

médiocre [médyòkr] *adj.* mediocre,
middling, indifferent; *m.* mediocrity;
ordinary. ‖ *médiocrité* [-ìté] *f.* mediocrity; poorness; slenderness.

médire [médîr] *v.** to slander, to
vilify. ‖ *médisance* [ìzaⁿs] *f.* slander,
scandal-mongering.

méditation [médìtàsyoⁿ] *f.* meditation. ‖ *méditer* [médìté] *v.* to meditate; to think over (ou) of; to plan,
to contemplate.

médius [médyüs] *m.* middle finger.

méduse [médüz] *f.* jelly-fish.

méfait [méfè] *m.* misdeed.

méfiance [méfyaⁿs] *f.* distrust. ‖ *méfier (se)* [sᵉméfyé] *v.* to mistrust; to
be on one's guard.

mégarde [mégàrd] *f.* inadvertence;
par mégarde. inadvertently.

mégère [méjèr] *f.* shrew, termagant,
scold.

mégot [mégô] *m.* butt [cigarette];
stump [cigare].

meilleur [mèyœr] *adj.* better; *meilleur marché,* cheaper; *le meilleur,* the
best.

mélancolie [mélaⁿkòlî] *f.* melancholy, mournfulness, gloom. ‖ *mélancolique* [-lìk] *adj.* melancholy, glum,
downcast, mopish.

mélange [mélaⁿj] *m.* mixture, blend.
‖ *mélanger* [-é] *v.* to mix, to blend,
to mingle; *se mélanger,* to mix, to get
mixed, to mingle.

mélasse [mélàs] *f.* molasses, treacle.

mêlée [mélé] *f.* conflict, fray, melee,
scramble, scuffle. ‖ *mêler* [-é] *v.* to
mix, to mingle, to blend; to jumble,
to tangle; to shuffle [cartes]; *se mêler,*
to mingle; to interfere, to meddle (*de,*
with); to take a hand (*de,* in).

mélèze [mélèz] *m.* larch.

mélodie [mélòdî] *f.* melody. ‖ *mélodieux* [-dyé] *adj.** melodious.

melon [mᵉloⁿ] *m.* melon; bowler
[chapeau].

membrane [maⁿbràn] *f.* membrane;
web [palmipède].

membre [maⁿbr] *m.* member; limb
[corps].

même [mèm] *adj.* same; self; very;
adv. even; *de même,* likewise; *être à
même de,* to be able to.

mémoire [mémwàr] *f.* memory;
recollection, remembrance; *de mémoire,* by heart; *m.* memorandum;

memorial; report (jur.); memoir, dissertation. ‖ *mémorable* [-mòràbl] *adj.*
memorable, noteworthy; eventful.

menace [mᵉnàs] *f.* threat, menace. ‖
menacer [-é] *v.* to threaten; to menace
(*de,* with).

ménage [ménàj] *m.* housekeeping,
housework; household goods; couple;
femme de ménage, charwoman. ‖ *ménager* [-é] *v.* to save, to spare; to
adjust; *adj.* domestic; thrifty, sparing.
‖ *ménagère* [-èr] *f.* housewife.

mendiant [maⁿdyaⁿ] *m.* beggar;
mixed nuts. ‖ *mendicité* [-ìsìté] *f.*
begging; beggardom; beggary. ‖ *mendier* [-yé] *v.* to beg.

menée [mᵉné] *f.* track [chasse];
scheming, intrigue. ‖ *mener* [-é] *v.*
to lead; to conduct, to guide; to drive;
to steer; to manage [entreprise].

ménestrel [ménèstrèl] *m.* minstrel,
gleeman.

méningite [méniⁿjìt] *f.* meningitis.

menotte [mᵉnòt] *f.* small hand; *pl.*
handcuffs, manacles.

mensonge [maⁿsoⁿj] *m.* lie, untruth,
fib, falsehood.

mensualité [maⁿsüàlìté] *f.* monthly
payment. ‖ *mensuel* [-èl] *adj.**
monthly.

mensurable [maⁿsüràbl] *adj.* measurable; *mensuration,* mensuration.

mental [maⁿtàl] *adj.** mental. ‖ *mentalité* [-ìté] *f.* mentality; turn of mind.

menteur, -teuse [maⁿtœr, -tèz] *adj.*
lying, fibbing, mendacious; *m.* liar.

menthe [maⁿt] *f.* mint.

mention [maⁿsyoⁿ] *f.* mention. ‖
mentionner [-òné] *v.* to mention; to
specify.

mentir [maⁿtîr] *v.** to lie, to fib.

menton [maⁿtoⁿ] *m.* chin.

menu [mᵉnü] *adj.* small, tiny; slender,
slim; petty, trifling; *m.* menu, bill of
fare; detail.

menuet [mᵉnüè] *m.* minuet.

menuiserie [mᵉnüizrî] *f.* joinery,
woodwork, carpentry. ‖ *menuisier*
[-yé] *m.* joiner, carpenter.

méprendre (se) [sᵉmépraⁿdr] *v.** to
mistake, to misjudge; to be mistaken.

mépris [méprì] *m.* contempt, scorn.
‖ *méprisable* [-zàbl] *adj.* contemptible,
despicable. ‖ *méprisant* [-zaⁿ] *adj.*
contemptuous, scornful.

méprise [méprîz] *f.* mistake.

mépriser [méprìzé] *v.* to despise, to
scorn; to slight.

mer [mèr] *f.* sea.

mercantile [mèrkaⁿtìl] *adj.* mercantile; money-grubbing. ‖ *mercanti-
lisme* [-ìsm] *m.* mercenary spirit.

mercenaire [mèrs^enèr] *m.*, *adj.* mercenary.

mercerie [mèrs^erî] *f.* haberdashery; *Am.* notions shop, notions.

merci [mèrsî] *f.* mercy, discretion; *m.* thanks, thank you.

mercier [mèrsyé] *m.* haberdasher.

mercredi [mèrkr^edî] *m.* Wednesday; *mercredi des Cendres,* Ash Wednesday.

mercure [mèrkür] *m.* mercury, quick-silver.

mercuriale [mèrküryàl] *f.* remonstrance; market price-list.

merde [mèrd] *f.* excrement; dung, shit [not in decent use]; *interj.* oh hell !

mère [mèr] *f.* mother; dam [animaux]; source, reason (fig.); *adj.* mother, parent; *maison mère,* head office.

méridien [mérîdyⁱⁿ] *m.*, *adj.* meridian. ‖ *méridional* [-yònàl] *m.** southerner; *adj.** southern.

merise [merîz] *f.* wild cherry, gean. ‖ *merisier* [^erîzyé] *m.* wild cherry tree.

mérite [mérît] *m.* merit, worth. ‖ *mériter* [-é] *v.* to merit, to deserve. ‖ *méritoire* [-wàr] *adj.* deserving, praiseworthy, commendable.

merlan [mèrlaⁿ] *m.* whiting [poisson].

merle [mèrl] *m.* blackbird.

merveille [mèrvèy] *f.* marvel, wonder; *à merveille,* wonderfully. ‖ *merveilleux* [-ë] *adj.** marvelous, wonderful; *m.* supernatural element, marvellous.

mes [mè] *poss. adj. pl.* my; *see* **mon.**

mésalliance [mézàlyaⁿs] *f.* misalliance. ‖ *mésallier* [-lyé] *v.* to misally; *se mésallier,* to marry beneath one's station.

mésange [mézaⁿj] *f.* titmouse, tomtit.

mésaventure [mézàvaⁿtür] *f.* misadventure, mishap, mischance.

mésentente [mézaⁿtaⁿt] *f.* misunderstanding, disagreement.

mésestimer [mézèstîmé] *v.* to underestimate, to underrate, to undervalue.

mésintelligence [méziⁿtèllìjaⁿs] *f.* disagreement; misunderstanding.

mesquin [mèskiⁿ] *adj.* mean, shabby; paltry, petty [caractère]; stingy [personne]. ‖ *mesquinerie* [-inrî] *f.* meanness; stinginess; mean action.

mess [mès] *m.* officers' mess.

message [mèsàj] *m.* message. ‖ *messager* [-é] *m.* messenger; carrier. ‖ *messagerie* [-rî] *f.* carrying trade; parcel delivery [service]; shipping line

[maritime]; stage-coach office [bureau].

messe [mès] *f.* mass (eccles.).

messieurs [mèsyë] *m. pl.* gentlemen, sirs; Messrs.; *see* **monsieur.**

mesurable [m^ezüràbl] *adj.* measurable. ‖ *mesure* [-ür] *f.* measure; extent; gauge, standard; moderation, decorum (fig.); bar (mus.); *à mesure que,* in proportion as, as; *en mesure de,* in a position to; *sur mesure,* made to order [vêtement]. ‖ *mesurer* [-üré] *v.* to measure; to calculate; *se mesurer avec,* to cope with.

mésuser [mézüzé] *v.* to misuse.

métairie [métèrî] *f.* small farm.

métal [métàl] *m.** metal; bullion [barres]. ‖ *métallique* [-lìk] *adj.* metallic. ‖ *métallurgie* [-lürjî] *f.* metallurgy; smelting. ‖ *métallurgique* [-jìk] *adj.* metallurgic. ‖ *métallurgiste* [-jìst] *m.* metallurgist.

métamorphose [métàmòrfôz] *f.* metamorphosis. ‖ *métamorphoser* [-zé] *v.* to metamorphose.

métaphore [métàfòr] *f.* metaphor.

métayer [métèyé] *m.* tenant-farmer, *Am.* share-cropper.

météorologie [météòròlòjî] *f.* meteorology; *la Météo,* the weather bureau.

méthode [métòd] *f.* method, system; way. ‖ *méthodique* [-ìk] *adj.* methodical, systematic.

méticuleux [métìkülë] *adj.** meticulous, punctilious; overscrupulous.

métier [métyé] *m.* trade, profession, craft; loom [à tisser]; handicraft [manuel].

métis, -sse [métìs] *adj.* cross-bred, half-caste [personne]; hybrid [plante]; *m.* half-breed; mongrel; cross-bred; mestizo, metif, metis.

métrage [métràj] *m.* measurement; metric length; footage, length [film]. ‖ *mètre* [mètr] *m.* meter; yardstick (fam.); tape-measure [ruban]; metre [vers]. ‖ *métrique* [-ìk] *adj.* metric.

métro [métrô] *m.* underground railway, *Br.* tube, *Am.* subway.

métropole [métròpòl] *f.* metropolis; capital. ‖ *métropolitain* [-ìtiⁿ] *adj.* metropolitan; *m. see* **métro.**

mets [mè] *m.* food, viand, dish.

mettable [mèttàbl] *adj.* wearable. ‖ *metteur* [-tœr] *m.* setter, layer; *metteur en scène,* director; producer (theat.). ‖ *mettre* [mètr] *v.** to put, to lay, to place, to set; to put on [vêtement]; to devote [soins]; *mettre bas,* to bring forth, to drop [animaux]; *mettre en colère,* to anger, *Am.* to madden; *mettre en état,* to enable; *mettre au point,* to adjust; to focus [lentille];

to perfect [invention]; to tune [mo-teur]; to clarify [affaire]; *se mettre*, to place oneself; to stand; to go, to get; *se mettre à*, to begin, to start; *s'y mettre*, to set about it.

meuble [mœbl] *m.* furniture; *pl.* furnishings; *adj.* movable, loose. ‖ *meubler* [-é] *v.* to furnish; to stock; to store (fig.).

meuglement [mëglᵉmaⁿ] *m.* lowing; mooing. ‖ *meugler* [-é] *v.* to low; to moo [vache].

meule [mœl] *f.* millstone; grindstone; stack, cock, rick [foin]; round [fro-mage].

meunier [mёnyé] *m.* miller.

meurtre [mœrtr] *m.* murder. ‖ *meur-trier* [-îyé] *m.* murderer; *adj.** murder-ous, deadly. ‖ *meurtrière* [-îyèr] *f.* murderess; loop-hole [château fort]. ‖ *meurtrir* [-îr] *v.* to bruise. ‖ *meurtris-sure* [-îsür] *f.* bruise.

meute [mët] *f.* pack [chiens].

mévente [mévaⁿt] *f.* slump, stagna-tion (comm.).

mi [mî] *adv.* half, mid, semi-; *Mi-Carême*, mid-Lent; *à mi-chemin*, half-way; *à mi-hauteur*, half-way up.

miaulement [myôlmaⁿ] *m.* mewing, caterwauling. ‖ *miauler* [myôlé] *v.* to mew, to miaow.

mica [mîkà] *m.* mica.

miche [mîsh] *f.* round loaf [pain].

micheline [mìshlîn] *f.* electric rail-car.

micro [mîkrò] *m.* (fam.) mike.

microbe [mîkròb] *m.* microbe, germ.

microfilm [mîkròfîlm] *m.* microfilm.

microphone [mîkròfòn] *m.* micro-phone, mike (fam.).

microscope [mîkròskòp] *m.* micro-scope; *microscopique*, microscopic.

microsillon [mîkròsìlyoⁿ] *m.* long-playing record; minigroove.

midi [mîdî] *m.* midday, noon, twelve o'clock; south (geogr.).

mie [mî] *f.* crumb, soft part [pain].

miel [myèl] *m.* honey. ‖ *mielleux* [-ë] *adj.** honeyed, sugary [paroles]; bland [sourire].

mien, mienne [myîⁿ, myèn] *poss. pron.* m., f. mine.

miette [myèt] *f.* crumb [pain]; bit.

mieux [myё] *m.*, *adv.* better; *le mieux*, the best; *à qui mieux mieux*, in keen competition; *aimer mieux*, to prefer.

mièvre [myèvr] *adj.* finical, affected.

mignard [mînàr] *adj.* dainty; minc-ing, simpering. ‖ *mignon* [-oⁿ] *adj.** dainty, tiny, darling, *Am.* cute; *m.* darling, pet.

migraine [mìgrèn] *f.* migraine, sick headache.

mijoter [mìjòté] *v.* to stew, to sim-mer; (fam.) to plot, to concoct.

mil [mîl], *see* mille.

milan [mìlaⁿ] *m.* kite [oiseau].

milieu [mîlyё] *m.** middle, midst; medium; sphere [social]; surround-ings; middle course; underworld, gangsterdom; *le juste milieu*, the gold-en mean.

militaire [mìlîtèr] *adj.* military; *m.* soldier, military man. ‖ *militariser* [-àrìzé] *v.* to militarize. ‖ *militarisme* [-àrìsm] *m.* militarism.

millage [mîlàj] *m.* © mileage.

mille [mîl] *m.*, *adj.* thousand, a thou-sand, one thousand; *Mille et Une Nuits*, Arabian Nights; *mille-pattes*, centipede.

mille [mîl] *m.* mile. ‖ *milliaire* [mì-lyèr] *adj.* milliary; *borne milliaire*, milestone.

milliard [mîlyàr] *m.* milliard, billion. ‖ *milliardaire* [-lyàrdèr] *m.*, *adj.* multi-millionaire. ‖ *millième* [-yèm] *m.*, *adj.* thousandth. ‖ *millier* [-yé] *m.* thou-sand, about a thousand. ‖ *million* [-yoⁿ] *m.* million. ‖ *millionième* [-yònyèm] *adj.* millionth. ‖ *million-naire* [-yònèr] *m.*, *f.*, *adj.* million-aire.

mime [mîm] *m.* mime; mimic. ‖ *mi-mer* [mìmé] *v.* to mime; to mimic, to ape. ‖ *mimétisme* [-tìsm] *m.* mimicry. ‖ *mimique* [mìmîk] *f.* mimicry; dumb show, *Am.* pantomime.

mimosa [mìmòzà] *m.* mimosa.

minable [mìnàbl] *adj.* shabby.

minauder [mìnôdé] *v.* to simper, to smirk.

mince [mîⁿs] *adj.* thin; slender, slight, slim; scanty [revenu]; flimsy [pré-texte]. ‖ *minceur* [-œr] *f.* thinness; slenderness, slimness; scantiness.

mine [mîn] *f.* appearance, look, mien, aspect; *avoir bonne mine*, to look well; *pl.* airs, simperings.

mine [mîn] *f.* mine; ore [fer]; lead [crayon]; fund (fig.). ‖ *miner* [mìné] *v.* to mine; to undermine; to consume. ‖ *minerai* [-rè] *m.* ore. ‖ *minéral* [-éràl] *adj.** mineral; inorganic [chi-mie].

minet [mînè] *m.* pussy, tabby, puss.

mineur [mìnœr] *adj.* minor; under age; *m.* minor.

mineur [mìnœr] *m.* miner, collier; sapper (mil.).

miniature [mìnyàtür] *f.* miniature.

minime [mìnîm] *adj.* tiny. ‖ *mini-mum* [-ìmòm] *m.*, *adj.* minimum.

ministère [mìnìstèr] *m.* agency; ministry; office; cabinet; department; *Ministère public,* public prosecutor (jur.); *ministère des Affaires étrangères, Br.* Foreign Office, *Am.* Department of State. ‖ *ministériel* [-éryèl] *adj.** ministerial. ‖ *ministre* [mìnìstr] *m.* minister; secretary; clergyman; *ministre des Finances, Br.* Chancellor of the Exchequer, *Am.* Secretary of the Treasury.

minorité [mìnòrìté] *f.* minority; nonage (jur.).

minotier [mìnòtyé] *m.* flour-miller.

minuit [mìnüì] *m.* midnight.

minuscule [mìnüskül] *adj.* tiny, wee; *f.* small letter, lower-case letter.

minute [mìnüt] *f.* minute; draft. ‖ *minuter* [-té] *v.* to time. ‖ *minuterie* [-rî] *f.* time-switch. ‖ *minutie* [mìnüsî] *f.* minuteness; detail, trifle; minutiae. ‖ *minutieux* [-yé] *adj.** minute, detailed, thorough, painstaking.

mioche [myòsh] *m., f.* urchin, kiddie, tot; brat.

mirabelle [mìràbèl] *f.* mirabelle plum.

miracle [mìràkl] *m.* miracle. ‖ *miraculeux* [-àkülé] *adj.** miraculous.

mirage [mìràj] *m.* mirage.

mire [mîr] *f.* sighting, aiming [fusil]; surveyor's rod. ‖ *mirer* [mìré] *v.* to aim at [viser]; to hold against the light.

miroir [mìrwàr] *m.* mirror, looking-glass. ‖ *miroiter* [mìrwàté] *v.* to flash; to glisten; to shimmer [eau]; to sparkle [joyau].

mis [mì] *adj.* dressed; *see* **mettre.**

misaine [mìzèn] *f.* foresail.

mise [mîz] *f.* placing, putting; bid [enchères]; stake [jeu]; dress, attire; *mise à exécution,* carrying-out; *mise au point,* rectification; tuning-up (techn.); *mise en scène,* staging [theat.]; *être de mise,* to be suitable (ou) appropriate. ‖ *miser* [mìzé] *v.* to bid; to stake; to count (*sur,* on) [fig.].

misérable [mìzéràbl] *m., f.* wretch, miserable person; outcast; *adj.* miserable; destitute; worthless. ‖ *misère* [mìzèr] *f.* misery; trifle. ‖ *miséricorde* [mìzérìkòrd] *f.* mercy. ‖ *miséricordieux* [-yé] *adj.** merciful, compassionate.

mission [mìsyòⁿ] *f.* mission. ‖ *missionnaire* [-yònèr] *m.* missionary.

mitaine [mìtèn] *f.* mitten.

mite [mìt] *f.* moth; tick. ‖ *mité* [-é] *adj.* moth-eaten, mity. ‖ *miteux* [-tœ] *adj.** shabby.

mitiger [mìtìjé] *v.* to mitigate.

mitoyen [mìtwàyìⁿ] *adj.** mean, middle; intermediate; party [mur].

mitraille [mìtrây] *f.* grape-shot. ‖ *mitrailler* [-àyé] *v.* to machine-gun, to strafe. ‖ *mitraillette* [-àyèt] *f.* sub-machine-gun. ‖ *mitrailleuse* [-àyèz] *f.* machine-gun.

mitre [mìtr] *f.* miter.

mixeur [mìksœr] *m.* mixer, *Am.* muddler, swizzlestick [cocktail].

mixte [mìkst] *adj.* mixed; joint. ‖ *mixture* [-ür] *f.* mixture.

mobile [mòbìl] *adj.* mobile, movable; unstable, changeable; detachable (mech.); *m.* moving body; driving power; mover; motive. ‖ *mobilier* [-yé] *m.* furniture; *adj.* movable; transferable (jur.). ‖ *mobilisation* [-ìzàsyòⁿ] *f.* mobilization; liquidation (fin.). ‖ *mobiliser* [-ìzé] *v.* to mobilize; to liquidate. ‖ *mobilité* [-ìté] *f.* mobility, movableness; changeableness; instability; fickleness.

moche [mòsh] *adj.* (pop.) rotten, lousy [conduite]; shoddy [travail]; ugly; dowdy [personne].

modalité [mòdàlìté] *f.* modality, method, scheme.

mode [mòd] *f.* fashion, mode; manner; vogue; *à la mode,* fashionable; *m.* method, mode; mood (gramm.); *mode d'emploi,* directions for use.

modèle [mòdèl] *m.* model, pattern; *adj.* exemplary. ‖ *modeler* [mòdlé] *v.* to model; to mould; to shape, to pattern.

modérateur, -trice [mòdéràtœr, -trìs] *adj.* moderating, restraining. ‖ *modération* [-àsyòⁿ] *f.* moderation. ‖ *modérer* [-é] *v.* to moderate, to restrain; to regulate (mech.).

moderne [mòdèrn] *m., adj.* modern. ‖ *moderniser* [-ìzé] *v.* to modernize, to bring up to date.

modeste [mòdèst] *adj.* modest; unassuming [person]; quiet, simple. ‖ *modestie* [-î] *f.* modesty.

modification [mòdìfìkàsyòⁿ] *f.* modification. ‖ *modifier* [-yé] *v.* to modify, to change, to alter.

modique [mòdìk] *adj.* moderate, reasonable [prix]; slender [ressources].

modiste [mòdìst] *f.* milliner, modiste.

moduler [mòdülé] *v.* to modulate.

moelle [mwàl] *f.* marrow; medulla (anat.); pith, core, marrow (fig.); *moelle épinière,* spinal cord. ‖ *moelleux* [-lœ] *adj.** soft; downy; juicy.

moellon [mwàlòⁿ] *m.* quarry-stone.

mœurs [mœr, mœrs] *f. pl.* morals; manners, customs, ways; habits [animaux].

moi [mwà] *pron.* me, to me [complément]; I [sujet]; *m.* self, ego; *c'est à moi,* it is mine; *c'est moi,* it is I; *moi-même,* myself.

moignon [mwàñoⁿ] *m.* stump.

moindre [mwiⁿdr] *adj.* less, lesser, smaller; lower [prix]; *le moindre,* the least; the slightest.

moine [mwàn] *m.* monk, friar; bed-warmer; long light (naut.). || **moineau** [-ô] *m.* * sparrow.

moins [mwiⁿ] *adv.* less; fewer; *prep.* minus, less; *m.* dash (typogr.); *à moins que,* unless; *le moins,* the least; *au moins, du moins,* at least.

mois [mwâ] *m.* month; month's pay; *par mois,* monthly.

moisir [mwàzîr] *v.* to mildew, to mould. || **moisissure** [-zìsür] *f.* mould, mildew.

moisson [mwàsoⁿ] *f.* harvest; harvest time. || **moissonner** [-òné] *v.* to harvest, to reap; to gather. || **moissonneur** [-sònœr] *m.* harvester, reaper. || **moissonneuse** [-ònëz] *f.* harvester, reaper; **moissonneuse-batteuse,** combine harvester.

moite [mwàt] *adj.* moist, damp; clammy. || **moiteur** [-œr] *f.* moistness; perspiration.

moitié [mwàtyé] *f.* half; moiety; (pop.) wife, better half.

mol [mòl] *adj.,* see mou.

molaire [mòlèr] *f.* molar [dent].

môle [môl] *m.* mole, pier; breakwater.

molécule [mòlékül] *f.* molecule.

molester [mòlèsté] *v.* to molest.

molle [mòl] *adj.,* see mou.

mollesse [mòlès] *f.* softness; flabbiness; slackness; indolence. || **mollet** [-è] *adj.* softish; coddled [œufs]; *m.* calf [jambe]. || **molletière** [mòltyèr] *f.* legging; puttees [bande]. || **molleton** [-oⁿ] *m.* swanskin; flannel; duffel; bunting; quilting. || **mollir** [mòlîr] *v.* to soften; to slacken; to subside [vent].

mollusque [mòlüsk] *m.* mollusc. (fig.) molly-coddle.

moment [mòmaⁿ] *m.* moment; *pour le moment,* for the time being; *par moments,* at times. || **momentané** [-tà-né] *adj.* momentary; temporary. || **momentanément** [-tànémaⁿ] *adv.* momentarily; temporarily.

momie [momî] *f.* mummy; old fogey; sleepy-head; fossil (fam.).

mon [moⁿ] *poss. adj. m.* (*f.* ma, pl. mes) my.

monacal [mònàkàl] *adj.* * monastic.

monarchie [mònàrshî] *f.* monarchy. || **monarque** [-àrk] *m.* monarch.

monastère [mònàstèr] *m.* monastery; convent [nonnes]; **monastique,** monastic.

monceau [moⁿsô] *m.* * heap, pile.

mondain [moⁿdiⁿ] *adj.* mundane, worldly, earthly; *m.* worldly-minded person, man-about-town. || **mondanité** [-ànìté] *f.* worldliness; society news [journal]; *pl.* fashionable gatherings. || **monde** [moⁿd] *m.* world; people; family; society; crowd; *tout le monde,* everybody; *recevoir du monde,* to entertain. || **mondial** [-yàl] *adj.* * worldwide; world [guerre].

monétaire [mònétèr] *adj.* monetary.

moniteur, -trice [mònìtœr, -trìs] *m., f.* monitor, monitress; coach [sports].

monnaie [mònè] *f.* money, coin; currency; change; *monnaie légale,* legal tender; mint [hôtel]. || **monnayer** [-yé] *v.* to coin, to mint; to cash in on (fig.). || **monnayeur** [-yœr] *m.* coiner, minter; *faux-monnayeur,* counterfeiter.

monologue [mònòlòg] *m.* monologue; soliloquy; **monologuer,** to soliloquize.

monopole [mònòpòl] *m.* monopoly. || **monopoliser** [-lzé] *v.* to monopolize.

Monoprix [mònòprì] *m.* one-price shop.

monosyllabe [mònòsìllàb] *m.* monosyllable; *adj.* monosyllabic.

monotone [mònòtòn] *adj.* monotonous; dull, stale, humdrum. || **monotonie** [-î] *f.* monotony; sameness.

monseigneur [moⁿsèñœr] *m.* my lord; your grace [duc]; your royal highness [prince]; *pince-monseigneur,* crowbar, jemmy [cambrioleur]. || **monsieur** [mᵉsyë] *m.* (*pl.* messieurs [mésyë]) Mr.; sir; man, gentleman.

monstre [moⁿstr] *m.* monster; freak; *adj.* huge, colossal, enormous, prodigious. || **monstrueux** [-üë] *adj.* * monstrous; unnatural; huge, colossal; dreadful. || **monstruosité** [-üòzìté] *f.* monstrosity.

mont [moⁿ] *m.* mount, mountain; hill; *par monts et par vaux,* up hill and down dale; *mont-de-piété,* pawn-shop. || **montage** [-tàj] *m.* carrying up, hoisting; setting, mounting [joyau]; assembling [appareil]; equipping [magasin]; wiring (electr.); editing [film].

montagnard [moⁿtàñàr] *m.* mountaineer, highlander. || **montagne** [-àñ] *f.* mountain. || **montagneux** [-àñë] *adj.* * mountainous, hilly.

montant [moⁿtaⁿ] *adj.* rising, ascending, uphill; high-necked [robe]; *m.* upright; leg; pillar; pole [tente]; riser [escalier]; stile [porte]; stanchion (naut.). || **montant** [moⁿt] *f.* mounting; covering; **monte-charge,** hoist, freight elevator. || **montée** [-é] *f.* rising; rise; ascent, gradient, up grade. || **monter** [-é] *v.* to climb, to ascend, to mount, to go up; to ride [cheval]; to stock [magasin]; to get on, *Am.* to board [train]; to set [joyau]; to carry up, to bring up; to rise [prix]; to connect up (electr.); *se monter,* to amount; to equip oneself; to get excited.

montre [mõⁿtr] *f.* show, display; shop-window; watch; clock [auto]; *montre-bracelet,* wrist-watch. ‖ *montrer* [-é] *v.* to show; to display, to exhibit; to indicate; to denote; *se montrer,* to show oneself; to appear.

monture [mõⁿtür] *f.* mount [cheval]; mounting, assembling [machine]; setting [joyau]; frame [lunettes]; equipment; cargo.

monument [mònümaⁿ] *m.* monument, memorial; historic building; *pl.* sights. ‖ *monumental* [-tàl] *adj.** monumental; (fam.) colossal.

moquer [mòké] *v.* to mock, to ridicule, to scoff at; to deride; *se moquer de,* to make fun of, to laugh at; *s'en moquer,* not to care. ‖ *moquerie* [mòkrî] *f.* scoffing, ridicule, derision.

moquette [mòkèt] *f.* moquette, carpeting.

moqueur [mòkœr] *adj.** mocking, scoffing; *m.* mocker, scoffer.

moral [mòràl] *adj.** moral; ethical; mental, intellectual; *m.* morale. ‖ *morale* [-àl] *f.* morals; ethics; moral [fable]. ‖ *moraliser* [-àlizé] *v.* to moralize. ‖ *moralité* [-àlìté] *f.* morality; morality play.

morbide [mòrbîd] *adj.* morbid, sickly, unhealthy.

morceau [mòrsô] *m.** piece, morsel; bit, scrap, fragment; lump [sucre]; piece of music. ‖ *morceler* [mòrs'lé] *v.* to cut up, to parcel out; to divide.

mordant [mòrdaⁿ] *adj.* corrosive; biting, caustic; mordacious; *m.* corrosiveness; mordancy, causticity. ‖ *mordiller* [-ìyé] *v.* to nibble; to bite playfully.

mordoré [mòrdòré] *adj.* reddish brown, bronze-coloured.

mordre [mòrdr] *v.* to bite; to gnaw; to corrode; to catch [roue]; to criticize; to sting.

morfondre [mòrfõⁿdr] *v.* to freeze; *se morfondre,* to mope; to be bored; to kick one's heels.

morgue [mòrg] *f.* haughtiness, arrogance; mortuary, morgue.

moribond [mòrìbõⁿ] *adj.* moribund, dying; *m.* dying person.

morigéner [mòrìjéné] *v.* to chide, to scold, to rate.

morille [mòrîy] *f.* morel.

morne [mòrn] *adj.* dejected, gloomy, cheerless; dismal, dreary, bleak [paysage]; glum, dejected [personne].

morose [mòrôz] *adj.* morose; gloomy.

mors [mòr] *m.* bit [harnais]; jaw [étau].

morse [mòrs] *m.* walrus.

morsure [mòrsür] *f.* bite; sting.

mort [mòr] *adj.* dead; lifeless; stagnant [eau]; out [feu]; *m.* dead person, deceased; corpse; dummy [cartes]; *f.* death; *jour des morts,* All Souls' Day; *mort-né,* still-born; *morte-saison,* slack season, off-season. ‖ *mortalité* [-tàlìté] *f.* mortality, death-rate. ‖ *mortel* [-tèl] *adj.** mortal; fatal [accident]; deadly [péché]; deadly dull [soirée]; *m.* mortal.

mortier [mòrtyé] *m.* mortar.

mortifier [mòrtìfyé] *v.* to mortify; to humiliate; to hang [gibier].

mortuaire [mòrtüèr] *adj.* mortuary; *drap mortuaire,* pall; *salon mortuaire,* © funeral home.

morue [mòrü] *f.* cod.

morve [mòrv] *f.* glanders (vet.); mucus, snot. ‖ *morveux* [-vœ] *adj.** snotty; *m.* whipper-snapper.

mosaïque [mòzàìk] *f.* mosaic.

mosquée [mòské] *f.* mosque.

mot [mô] *m.* word; note, letter; *mot d'ordre,* countersign; key-note; *bon mot,* joke, witticism.

moteur, -trice [mòtœr, -trìs] *adj.* motive, propulsive; motory (anat.); *m.* mover; motor; *f.* motor-carriage.

motif [mòtìf] *adj.* motive; *m.* motive, incentive; grounds (jur.).

motion [mòsyoⁿ] *f.* motion; proposal.

motiver [mòtìvé] *v.* to motivate.

motocyclette [mòtòsìklèt] *f.* motorcycle; *motocycliste,* motor-cyclist. ‖ *motoriser* [-rìzé] *v.* to motorize.

motrice, see *moteur.*

motte [mòt] *f.* mound; clod, lump; turf [gazon].

mou, molle [mû, mòl] (*mol, m.,* before a vowel or a mute *h*) *adj.* soft; weak; flabby, flaccid [chair]; lax; spineless (fig.).

mou [mû] *m.* lights, lungs.

mouchard [mûshàr] *m.* sneak, informer, police-spy, *Am.* stool-pigeon. ‖ *moucharder* [-dé] *v.* to spy; to blab.

mouche [mûsh] *f.* fly; beauty-patch; button [fleuret]; bull's eye [cible]; *prendre la mouche,* to take offence.

moucher [mûshé] *v.* to wipe (someone's) nose; to snuff [chandelle]; to trim [cordage]; *moucher qqn,* to put s. o. in his place; *se moucher,* to blow one's nose.

moucheron [mûshroⁿ] *m.* gnat, midge.

moucheté [mûshté] *adj.* spotty, speckled, flecked.

mouchoir [mûshwàr] *m.* handkerchief.

moudre [mûdr] *v.** to grind, to mill; to thrash.

moue [mû] *f.* pout; *faire la moue,* to pout.

mouette [mûèt] *f.* gull, seamew.

mouffette [mûfèt] *f.* skunk.

moufle [mûfl] *f.* mitt; muffle; pulley-block (mech.).

mouflon [mûflon] *m.* moufflon.

mouillage [mûyàj] *m.* moistening, dampening; watering [vin]; anchoring (naut.); laying [mine]; *être au mouillage,* to ride at anchor. ‖ *mouiller* [mûyé] *v.* to wet, to moisten, to dampen; to cast, to drop [ancre]; to lay [mine] (naut.); to moor (naut.); to palatalize [consonne]; *se mouiller,* to water [yeux]; to get wet [personne].

mouise [mwîz] *f.* (pop.) poverty.

moulage [mûlàj] *m.* casting, moulding; founding (metall.); plaster cast. ‖ *moule* [mûl] *m.* mould; matrix.

moule [mûl] *f.* mussel [coquillage]; simpleton [naïf]; molly-coddle [mou].

moulé [mûlé] *adj.* moulded; cast; block [lettres]. ‖ *mouler* [-é] *v.* to cast; to mould; to found [fer]; to fit tightly [robe].

moulin [mûlin] *m.* mill; *moulin à vent,* windmill; *moulin à café,* coffee-mill. ‖ *moulinet* [-lnè] *m.* winch; reel [canne à pêche]; turnstile; paddle-wheel; twirl [escrime].

moulure [mûlür] *f.* mo(u)lding.

mourant [mûran] *adj.* dying, expiring; fading, faint; *m.* dying person. ‖ *mourir* [-îr] *v.** to die, to expire; to perish; to go out [feu]; to be out [jeu].

mousquet [mûskè] *m.* musket. *mousquetaire* [-tèr] *m.* musketeer. *mousqueton* [-eton] *m.* cavalry magazine rifle; snap-hook.

mousse [mûs] *m.* ship's boy, cabin-boy, deck-boy.

mousse [mûs] *f.* moss; froth, foam; head [bière]; suds, lather [savon]; whipped cream.

mousseline [mûslin] *f.* muslin.

mousser [mûsé] *v.* to froth, to foam; to lather [savon]; to effervesce, to fizz [eau gazeuse]; *se faire mousser,* to advertize oneself. ‖ *mousseux* [-è] *adj.** mossy; frothy, foaming; lathery, *Am.* sudsy; sparkling [vin].

mousson [mûson] *f.* monsoon.

moussu [mûsü] *adj.* mossy; moss-grown.

moustache [mûstàsh] *f.* mustache; whiskers [chat].

moustiquaire [mûstikèr] *f.* mosquito-net. ‖ *moustique* [-ìk] *m.* mosquito; gnat; sand-fly.

moût [mû] *m.* must [vin]; wort [bière].

moutard [mûtàr] *m.* (pop.) kid.

moutarde [mûtàrd] *f.* mustard.

mouton [mûton] *m.* sheep; mutton [viande]; ram, monkey (mech.); decoy, prison spy (pop.); *pl.* white-caps, white horses [mer]. ‖ *moutonneux* [-ònè] *adj.** fleecy [ciel]; frothy, foamy [mer]. ‖ *moutonnier* [-nyé] *adj.** sheeplike.

mouture [mûtür] *f.* grinding, milling; grist.

mouvant [mûvan] *adj.* actuating [force]; moving, mobile; shifting; *sables mouvants,* quicksand. ‖ *mouvement* [-man] *m.* movement; motion; change; traffic [circulation]; works, action (mech.); impulse. ‖ *mouvementé* [-manté] *adj.* animated, lively; eventful [vie]; undulating [terrain]. ‖ *mouvoir* [-wàr] *v.** to drive, to propel; to actuate; *se mouvoir,* to move, to stir.

moyen [mwàyin] *adj.** middle; average, mean; medium; *m.* means; way, manner; medium; *pl.* resources; *Moyen Age,* Middle Ages; *au moyen de,* by means of; *moyenâgeux,* medieval. ‖ *moyennant* [mwàyènan] *prep.* by means of. ‖ *moyenne* [mwàyèn] *f.* average; mean; pass-mark [école].

moyeu [mwàyë] *m.** hub, nave, boss [roue].

mû [mü], *see* mouvoir.

mucosité [mükòzìté] *f.* mucus, mucosity.

mue [mü] *f.* moulting [oiseaux]; shedding [animaux]; sloughing [reptiles]; breaking [voix]; mew [faucon]; coop [volaille]. ‖ *muer* [-é] *v.* to change; to moult; to shed; to slough; to break [voix]; *se muer,* to change (*en,* into).

muet [müè] *adj.** dumb, mute; speechless; silent; *m.* mute, dumb person.

mufle [müfl] *m.* snout, muzzle [animal]; cad, rotter, skunk [personne]. ‖ *muflerie* [-rî] *f.* caddishness; rotten trick.

mugir [müjîr] *v.* to bellow [taureau]; to low [vache]; to roar, to boom [mer]; to moan, to howl [vent]. ‖ *mugissement* [-ìsman] *m.* bellowing; lowing; roaring, booming, moaning, howling.

muguet [mügè] *m.* lily of the valley; thrush (med.).

mulâtre, -tresse [mülâtr, -très] *m.* mulatto; *f.* mulatress.

mule [mül] *f.* she-mule [bête].

mule [mül] *f.* mule, slipper.

mulet [mülè] *m.* mule. || **muletier** [mültyé] *m.* muleteer.

mulot [mülò] *m.* field-mouse.

multicolore [mültìkòlòr] *adj.* multicoloured, *Am.* parti-colored.

multiforme [mültìfòrm] *adj.* multiform.

multiple [mültìpl] *adj.* multiple, manifold; multifarious; *m.* multiple. || **multiplication** [-ìkàsyòⁿ] *f.* multiplication; gear-ratio, step-up (mech.). || **multiplier** [-ìyé] *v.* to multiply; to step up (mech.).

multitude [mültìtüd] *f.* multitude; crowd, throng; heap, lots.

municipal [münìsìpàl] *adj.* municipal. || **municipalité** [-ìté] *f.* municipality, township, corporation.

munificence [münìfìsàⁿs] *f.* munificence; *avec munificence,* munificently.

munir [münîr] *v.* to furnish, to supply, to fit, to equip, to provide (*de,* with); to arm, to fortify (mil.). || **munition** [-ìsyoⁿ] *f.* munitioning; provisioning; stores, supplies; ammunition (mil.).

muqueuse [mükœz] *f.* mucous membrane. || **muqueux** [mükë] *adj.* mucous.

mur [mür] *m.* wall; *mur mitoyen,* party-wall; *franchir le mur du son,* to break through the sound-barrier.

mûr [mür] *adj.* ripe; mellow; mature.

muraille [müràȳ] *f.* high defensive wall; side (naut.). || **mural** [-àl] *adj.* mural; wall.

mûre [mür] *f.* mulberry; brambleberry, blackberry.

mûrement [mürmaⁿ] *adv.* maturely.

murer [müré] *v.* to wall in, to block up.

mûrir [mürîr] *v.* to ripen, to mature.

murmure [mürmür] *m.* murmur; hum [voix]; whisper [chuchotement]; muttering, grumbling. || **murmurer** [-é] *v.* to murmur; to whisper; to grumble, to complain.

musaraigne [müzàrèñ] *f.* shrewmouse.

musarder [müzàrdé] *v.* to dawdle; to idle; to dilly-dally; to fribble away one's time.

musc [müsk] *m.* musk; musk-deer.

muscade [müskàd] *f.* nutmeg.

muscle [müskl] *m.* muscle, brawn, sinew. || **musclé** [-é] *adj.* brawny, athletic. || **musculaire** [-ülèr] *adj.* muscular. || **musculeux** [-ülë] *adj.* muscular, brawny; beefy [personne].

museau [müzô] *m.* muzzle, snout; nose.

musée [müzé] *m.* museum.

museler [müzlé] *v.* to muzzle; to gag, to silence. || **muselière** [-^elyèr] *f.* muzzle.

muser [müzé] *v.* to idle, to dawdle.

musette [müzèt] *f.* bagpipe (mus.); bag, satchel, pouch; nose-bag [cheval].

muséum [müzéòm] *m.* museum.

musical [müzìkàl] *adj.* musical. || **musicalité** [-ìté] *f.* musicality; musicalness. || **musicien** [-ìsyiⁿ] *m.* musician; bandsman. || **musique** [müzìk] *f.* music; band. || **musiquette** [-kèt] *f.* cheap music.

musquer [müské] *v.* to musk; *poire musquée,* musk-pear; *rat musqué,* muskrat.

musulman [müzülmaⁿ] *m.* Mohammedan, Moslem.

mutation [mütàsyoⁿ] *f.* change, mutation, alteration; transfer. || **muter** [-é] *v.* to transfer.

mutilation [mütìlàsyoⁿ] *f.* mutilation, maiming; defacement; garbling [texte]. || **mutiler** [-é] *v.* to mutilate, to maim; to deface; to garble.

mutin [mütiⁿ] *adj.* unruly; mutinous; insubordinate [soldat]; *m.* mutineer, rioter. || **mutiner** [-ìné] *v.* to incite to rebellion; *se mutiner,* to revolt; to mutiny. || **mutinerie** [-ìnrî] *f.* rebellion; mutiny; roguishness.

mutisme [mütìsm] *m.* dumbness, muteness; silence.

mutualiste [mütüàlìst] *s.* mutualist. || **mutualité** [-ìté] *f.* mutuality; reciprocity; mutual insurance. || **mutuel** [mütüèl] *adj.* mutual, reciprocal; *secours mutuels,* mutual benefit [société]; *mutuellement,* mutually, reciprocally.

myope [myòp] *adj.* myopic, *Br.* shortsighted, *Am.* nearsighted. || **myopie** [-î] *f.* myopia.

myosotis [myòzòtìs] *m.* forget-me-not, myosotis.

myriade [mìryàd] *f.* myriad.

myrrhe [mîr] *f.* myrrh.

myrte [mîrt] *m.* myrtle. || **myrtille** [mîrtíy] *f.* whortleberry, blueberry.

mystère [mìstèr] *m.* mystery; secrecy; mystery play. || **mystérieux** [-éryë] *adj.* mysterious; enigmatic; uncanny. || **mysticisme** [-ìsìsm] *m.* mysticism. || **mystification** [-ìfìkàsyoⁿ] *f.* mystification; hoax. || **mystifier** [-ìfyé] *v.* to mystify; to hoax, to fool, to spoof. || **mystique** [-ìk] *m.,* *f.* mystic [personne]; *f.* mystical theology; *adj.* mystic, mystical.

mythe [mìt] *m.* myth; legend, fable. || **mythique** [-ìk] *adj.* mythical. || **mythologie** [-òlòjî] *f.* mythology.

N

nabot [nàbò] *m.* dwarf, midget.

nacelle [nàsèl] *f.* skiff, wherry, dinghy (naut.); pontoon-boat (mil.); gondola [dirigeable]; nacelle, cockpit (aviat.).

nacre [nàkr] *f.* mother of pearl. ‖ *nacré* [-é] *adj.* nacreous, pearly.

nage [nàʒ] *f.* swimming; rowing; pulling (naut.); stroke [natation]; rowlock; *en nage,* bathed in perspiration. ‖ *nageoire* [-wàr] *f.* fin. ‖ *nager* [-é] *v.* to row, to pull; to scull; to swim; to wallow in [opulence]; to be all at sea (fam.).

naguère [nàgèr] *adv.* lately; erstwhile.

naïf, -ïve [nàïf, -ïv] *adj.* naïve, artless, ingenuous, unaffected; credulous, guileless, unsophisticated; (fam.) green.

nain [nɛⁿ] *m.* dwarf, midget, pygmy; (fam.) runt; *adj.* dwarfish, stunted.

naissance [nèsɑⁿs] *f.* birth; extraction; beginning; rise [rivière]. ‖ *naître* [nètr] *v.** to be born; to originate; to begin; to dawn.

naïveté [nàïvté] *f.* artlessness, simplicity, ingenuousness, naïveté, guilelessness; (fam.) greenness.

nantir [nɑⁿtïr] *v.* to provide. ‖ *nantissement* [nɑⁿtismɑⁿ] *m.* security; lien, hypothecation.

napalm [nàpàlm] *m.* napalm.

naphtaline [nàftàlïn] *f.* moth-balls.

nappe [nàp] *f.* tablecloth, cloth, cover; sheet [eau]; layer [brouillard]. ‖ *napperon* [-roⁿ] *m.* napkin; doily; place-mat; tea-cloth.

narcisse [nàrsïs] *m.* narcissus.

narcotique [nàrkòtïk] *m.*, *adj.* narcotic.

narguer [nàrgé] *v.* to flout; to jeer at; to set at defiance.

narine [nàrïn] *f.* nostril.

narquois [nàrkwà] *adj.* bantering.

narrateur, -trice [nàràtœr, -trïs] *m.*, *f.* narrator, relater, teller. ‖ *narration* [-syoⁿ] *f.* narration, narrative. ‖ *narrer* [-é] *v.* to narrate, to relate, to tell.

nasal [nàzàl] *adj.** nasal. ‖ *nasale* [-àl] *f.* nasal. ‖ *naseau* [-ô] *m.** nostril. ‖ *nasillard* [-ïyàr] *adj.* nasal; snuffling; twanging. ‖ *nasiller* [-ïyé] *v.* to twang.

nasse [nàs] *f.* wicker-trap.

natal [nàtàl] *adj.* (*pl.* natals) native, natal. ‖ *natalité* [-ïté] *f.* birth-rate.

natation [nàtàsyoⁿ] *f.* swimming.

natif [nàtïf] *adj.** native; natural, inborn.

nation [nàsyoⁿ] *f.* nation. ‖ *national* [-syònàl] *adj.** national. ‖ *nationaliser* [-nàlïzé] *v.* to nationalize. ‖ *nationalité* [-yònàlïté] *f.* nationality; citizenship.

nativité [nàtïvïté] *f.* nativity.

natte [nàt] *f.* mat, matting [paille]; plait, braid; (fam.) pigtail [cheveux]. ‖ *natter* [-é] *v.* to plait, to braid; to mat.

naturalisation [nàtüràlïzàsyoⁿ] *f.* naturalization; stuffing [taxidermie]. ‖ *naturaliser* [-é] *v.* to naturalize; to stuff.

nature [nàtür] *f.* nature; kind, constitution, character; temperament, disposition; *adj.* plain; *nature morte,* still-life. ‖ *naturel* [-èl] *adj.** natural; unaffected; native; innate; illegitimate [enfant]; *m.* naturalness; character. ‖ *naturellement* [-èlmɑⁿ] *adv.* naturally; of course.

naufrage [nôfràʒ] *m.* shipwreck. ‖ *naufragé* [-é] *adj.* shipwrecked; *m.* shipwrecked person, castaway.

nauséabond [nôzéàboⁿ] *adj.* nauseous; evil-smelling. ‖ *nausée* [-é] *f.* nausea; seasickness; loathing, disgust. ‖ *nauséeux* [-éœ] *adj.** nauseous, nauseating; loathsome.

nautique [nôtïk] *adj.* nautical; aquatic [sports].

naval [nàvàl] (*pl.* navals) *adj.* naval, nautical.

navet [nàvè] *m.* turnip; daub, dud; unsuccessful play, *Am.* turkey (pop.).

navette [nàvèt] *f.* shuttle; incense-box; *faire la navette,* to ply between, to go to and fro.

navigable [nàvïgàbl] *adj.* navigable [rivière]; seaworthy [bateau]; airworthy (aviat.). ‖ *navigation* [-àsyoⁿ] *f.* navigation. ‖ *naviguer* [nàvïgé] *v.* to navigate, to sail.

navire [nàvïr] *m.* ship, vessel; *navire marchand,* merchantman.

navrant [nàvrɑⁿ] *adj.* heart-rending; harrowing; agonizing. ‖ *navré* [-é] *adj.* heart-broken; grieved; sorry.

nazi [nàzï] *m.*, *adj.* Nazi.

ne [nⁿ] *adv.* no; not.

né [né] *adj.* born; *il est né,* he was born.

néanmoins [néɑⁿmwɛⁿ] *adv.* nevertheless, however; yet, still.

néant [néɑⁿ] *m.* nothingness, naught, nullity.

nébuleux [nébülœ] *adj.** nebulous; cloudy, misty; turbid [liquide]; gloomy [visage]; obscure [théorie].

nécessaire [nésèsèr] *adj.* necessary, needed; *m.* necessities of life; indispensable; outfit, kit. ‖ *nécessité* [-ìté] *f.* necessity, need, want. ‖ *nécessiter* [-ìté] *v.* to necessitate, to require, to entail. ‖ *nécessiteux* [-ìtë] *adj.* necessitous, needy, destitute.

nécrologe [nékròlòj] *m.* obituary list. ‖ *nécrologie* [-jî] *f.* necrology, obituary. ‖ *nécrologique* [-jîk] *adj.* obituary.

néerlandais [néèrlaⁿdè] *adj.*, *m.* Dutch.

nef [nèf] *f.* nave (église); ship, vessel [poétique].

néfaste [néfàst] *adj.* ill-omened, baneful; ill-fated; pernicious.

nèfle [nèfl] *f.* medlar.

négatif [négàtîf] *m.*, *adj.* negative. ‖ *négation* [-àsyoⁿ] *f.* negation, denial; negative (gramm.).

négligé [néglìjé] *adj.* neglected, careless, slovenly, sloppy, slipshod; *m.* undress; dishabille; informal dress. ‖ *négligeable* [-àbl] *adj.* negligible; trifling. ‖ *négligence* [-aⁿs] *f.* negligence, neglect. ‖ *négligent* [-aⁿ] *adj.* negligent, neglectful; slack, remiss. ‖ *négliger* [-é] *v.* to neglect; to slight; to disregard, to overlook, to omit.

négoce [négòs] *m.* trade, business; trafficking. ‖ *négociant* [-yaⁿ] *m.* merchant; trader; wholesaler. ‖ *négociateur, -trice* [-yàtœr, -trìs] *m.*, *f.* negotiator, transactor. ‖ *négociation* [-yàsyoⁿ] *f.* negotiation; transaction (comm.). ‖ *négocier* [-yé] *v.* to trade, to traffic; to negotiate [traité]; to deal (*avec*, with).

nègre [nègr] *m.* negro; ghost writer, *Am.* stooge (écrivain). ‖ *négresse* [négrès] *f.* negress. ‖ *négrier* [négrìyé] *m.* slave-trader; slave-ship. ‖ *négrillon* [-yoⁿ] *m.* nigger-boy.

neige [nèj] *f.* snow. ‖ *neiger* [-é] *v.* to snow. ‖ *neigeux* [-ë] *adj.* snowy; snow-covered.

nénuphar [nénüfàr] *m.* water-lily.

néon [néoⁿ] *m.* neon.

nerf [nèr] *m.* nerve; sinew; vein [feuille]; cord [reliure]; rib, fillet (arch.). ‖ *nerveux* [-vë] *adj.* nervous; sinewy, wiry, vigorous, terse [style]; excitable, fidgety; responsive [voiture]. ‖ *nervosité* [-vòzìté] *f.* nervousness, irritability, fidgets, edginess. ‖ *nervure* [-vür] *f.* nervure, rib; vein; fillet, moulding (arch.); piping [couture].

net, nette [nèt] *adj.* clean, spotless; net [prix]; clear; plain; distinct (phot.); *adv.* flatly. ‖ *netteté* [-té] *f.* cleanness, cleanliness; distinctness [image]; clarity, sharpness (phot.); vividness; flatness [refus]. ‖ *nettoiement, nettoyage* [-wàmaⁿ, -wàyàj]

m. cleaning, clearing; scouring; mopping-up (mil.); *nettoyage à sec*, dry-cleaning. ‖ *nettoyer* [-wàyé] *v.* to clean, to clear; to scour; to plunder; to mop up (mil.).

neuf [nœf] *m.*, *adj.* nine; ninth [titre, date].

neuf, neuve [nœf, nœv] *adj.* new; brand-new; *remettre à neuf*, to renovate.

neurasthénie [nœràsténî] *f.* neurasthenia.

neutraliser [nœtràlìzé] *v.* to neutralize. ‖ *neutralité* [-té] *f.* neutrality. ‖ *neutre* [nœtr] *adj.* neuter; neutral.

neuvaine [nœvèn] *f.* novena. ‖ *neuvième* [nœvyèm] *m.*, *adj.* ninth.

neveu [nⁿvë] *m.* nephew.

névralgie [névràljî] *f.* neuralgia. ‖ *névralgique* [-jîk] *adj.* neuralgic; *point névralgique*, nerve-centre. ‖ *névrose* [névrôz] *f.* neurosis. ‖ *névrosé* [-zé] *adj.* neurotic.

nez [né] *m.* nose; snout [animaux]; nose [bateau, avion]; *nez à nez*, face to face; *piquer du nez*, to nose-dive.

ni [nì] *conj.* nor, or; neither... nor; *ni moi non plus*, nor I either.

niais [nìè] *adj.* simple, foolish, silly; *Am.* dumb; *m.* fool, simpleton, booby, *Am.* dumbbell. ‖ *niaiserie* [-zrî] *f.* silliness; twaddle.

niche [nìsh] *f.* kennel [chien]; niche, nook (archit.).

niche [nìsh] *f.* trick, prank.

nichée [nìshé] *f.* nestful; brood. ‖ *nicher* [-é] *v.* to nest; (fam.) to hang out; *se nicher*, to nest; to nestle.

nickel [nìkèl] *m.* nickel.

nid [nì] *m.* nest; *nid d'abeilles*, waffle weave [tissu].

nièce [nyès] *f.* niece.

nielle [nyèl] *f.* smut, blight [blé].

nier [nyé] *v.* to deny; to repudiate [dette].

nigaud [nìgô] *adj.* simple, silly; *m.* booby, simpleton.

nitouche [nìtûsh] *f.* demure girl; *faire la sainte nitouche*, to look as if butter would not melt in one's mouth.

nitrate [nìtràt] *m.* nitrate.

niveau [nìvô] *m.* level; standard; *au niveau de*, even with. ‖ *niveler* [-lé] *v.* to level, to even up; to true up (mech.). ‖ *nivellement* [-èlmaⁿ] *m.* levelling; surveying, contouring [terre].

noble [nòbl] *adj.* noble; stately; high-minded; *m.* noble(man). ‖ *noblesse* [-ès] *f.* nobility; nobleness.

noce [nòs] *f.* wedding; spree, *Am.* binge; *pl.* marriage, nuptials. ‖ *noceur* [-œr] *m.* reveller, roisterer; fast liver.

nocif [nòsìf] *adj.** noxious.

noctambule [nòktaⁿbül] *s.* noctam-bulist; night-prowler.

nocturne [nòktürn] *adj.* nocturnal; *m.* nocturne.

Noël [nòèl] *m.* Christmas, Noel; yule-tide; Christmas carol.

nœud [në] *m.* knot; bow [carré]; hitch, bend (naut.); gnarl [bois]; node, joint [tige]; knuckle [doigt]; *nœud coulant,* slip-knot, noose; *nœud papillon,* bow-tie.

noir [nwàr] *adj.* black; dark; gloomy [idées]; wicked; (fam.) drunk; *m.* black, Negro; bruise (med.). ‖ *noirâtre* [-âtr] *adj.* blackish, darkish. ‖ *noirceur* [-sœr] *f.* blackness; dark-ness; gloominess; smudge; atrocity [crime]. ‖ *noircir* [-sîr] *v.* to blacken; to darken; to sully; to besmirch; to scribble on [papier].

noise [nwàz] *f.* quarrel; *chercher noise à quelqu'un,* to try to pick a quarrel with someone.

noisetier [nwàztyé] *m.* hazel-tree. ‖ *noisette* [-èt] *f.* hazel-nut. ‖ *noix* [nwà] *f.* walnut; nut; cushion [veau].

nom [noⁿ] *m.* name; noun (gramm.); *nom de plume,* pen-name; *nom de famille,* family name, last name; *petit nom,* first name; given name; *nom et prénoms,* full name.

nomade [nòmàd] *adj.* nomadic; *m.,* *f.* nomad.

nombre [noⁿbr] *m.* number; *bon nombre de,* a good many; *nombre entier,* integer. ‖ *nombreux* [-ë] *adj.** numerous; multifarious, manifold.

nombril [noⁿbrì] *m.* navel.

nomenclature [nòmaⁿklàtür] *f.* no-menclature, list.

nominal [nòmìnàl] *adj.** nominal; *appel nominal,* roll-call. ‖ *nominatif* [-àtìf] *m.* nominative; subject (gramm.); *adj.** registered [titres].

nommer [nòmé] *v.* to name; to men-tion; to appoint; *se nommer,* to be named; to give one's name.

non [noⁿ] *adv.* no; not.

nonce [noⁿs] *m.* nuncio.

nonchalance [noⁿshàlaⁿs] *f.* languid-ness; nonchalance. ‖ *nonchalant* [-aⁿ] *adj.* nonchalant; languid; supine.

non-lieu [noⁿlyë] *m.* no true bill; *obtenir un non-lieu,* to be discharged.

nonne [nòn] *f.* nun.

nonobstant [nònòbstaⁿ] *prep.* not-withstanding.

non-sens [noⁿsaⁿs] *m.* meaningless act; nonsense.

nord [nòr] *m.* north; *perdre le nord,* to lose one's bearings.

normal [nòrmàl] *adj.** normal; usual; natural; standard. ‖ *normaliser* [-ìzé] *v.* to normalize, to standardize.

normand [nòrmaⁿ] *adj., m., f.* Nor-man. ‖ *Normandie* [-dî] *f.* Normandy.

norme [nòrm] *f.* norm.

nos [nô] *poss. adj. pl.* our; *see notre.*

nostalgie [nòstàljî] *f.* nostalgia, home-sickness. ‖ *nostalgique* [-ìk] *adj.* nostalgic; home-sick.

notable [nòtàbl] *adj.* notable, note-worthy; distinguished; *m.* person of distinction.

notaire [nòtèr] *m.* notary.

notamment [nòtàmaⁿ] *adv.* espe-cially, particularly.

note [nòt] *f.* note, memo(randum); minute; annotation; notice; mark, *Am.* grade [école]; bill, account [hô-tel]; repute; note (mus.). ‖ *noter* [-é] *v.* to note; to notice; to mark; to jot down. ‖ *notice* [-ìs] *f.* notice, account; review. ‖ *notification* [nòtìfìkàsyoⁿ] *f.* notification, advice. ‖ *notifier* [-é] *v.* to notify; to intimate; to signify.

notion [nòsyoⁿ] *f.* notion, idea; smat-tering.

notoire [nòtwàr] *adj.* well-known; manifest; notorious [brigand]. ‖ *noto-riété* [-òrìété] *f.* notoriety, notorious-ness; repute, reputation.

notre [nòtr] *poss. adj.* (*pl.* *nos*) our.

nôtre [nôtr] *poss. pron.* ours; our own.

nouer [nüé] *v.* to tie, to knot; to establish [relations]; *se nouer,* to kink, to twist; to cling; to knit; to be anchylosed. ‖ *noueux* [-ë] *adj.** knotty; gnarled [mains]; arthritic [rhumatisme].

nouilles [nûy] *f.* noodle; (fam.) nin-compoop.

nourrice [nûrìs] *f.* nurse, wet-nurse; service-tank (tech.); feed-pipe (aviat.). ‖ *nourricier* [-yé] *m.* foster-father; *adj.** nutritious, nutritive. ‖ *nourrir* [nûrîr] *v.* to feed, to nourish; to nurse, to suckle [enfant]; to foster [haine]; to harbo(u)r [pensée]; to cherish [espoir]; to maintain, to sustain [feu] (mil.). ‖ *nourrissant* [-ìsaⁿ] *adj.* nourishing, nu-tritive, nutritious; rich [aliment]. ‖ *nourrisson* [-ìsoⁿ] *m.* nursling, suck-ling; foster-child. ‖ *nourriture* [-ìtür] *f.* feeding; food, nourishment.

nous [nû] *pron.* we [sujet]; us, to us [complément]; ourselves; each other; *chez nous,* at our house.

nouveau, -elle [nûvô, -èl] *adj.** (*nou-vel, m.,* before a vowel or a mute *h*) new; new-style; recent, fresh; novel; another, additional, further; *nouvel an,* new year; *de nouveau,* again; *à nouveau,* anew, afresh; *nouveau-né,*

new-born child. ‖ **nouveauté** [-té] *f.*
newness, novelty; change, innovation;
fancy article, latest model. ‖ **nouvelle**
[nûvèl] *f.* news, tidings; short story.

novateur, -trice [nòvàtœr, -trìs] *m.*,
f. innovator; *adj.* innovating.

novembre [nòvᵃⁿbr] *m.* November.

novice [nòvìs] *m.* novice; probation-
er; tyro; apprentice; *adj.* inexperienced, green; new (*en*, into).

noyade [nwàyàd] *f.* drowning.

noyau [nwàyô] *m.** stone, kernel,
Am. pit [fruit]; nucleus [atome];
group, knot; cell (fig.)

noyer [nwàyé] *v.* to drown; to flood,
to inundate; *se noyer*, to be drowned
[accident]; to drown oneself [suicide];
to flounder (fig.).

noyer [nwàyé] *m.* walnut-tree.

nu [nü] *adj.* naked, nude; bare; plain,
unadorned; *m.* nude; nudity; *nu-
pieds*, bare-footed; *nu-tête*, bare-
headed.

nuage [nüàj] *m.* cloud; *nuage artificiel*, smoke screen. ‖ **nuageux** [-ë]
adj.* cloudy; overcast; nebulous.

nuance [nüᵃⁿs] *f.* shade, hue; nuance;
gradation. ‖ **nuancé** [nüᵃⁿsé] *adj.* delicately shaded; delicately expressive. ‖
nuancer [-sé] *v.* to shade; to blend.

nucléaire [nükléèr] *adj.* nuclear.

nudité [nüdìté] *f.* nudity, nakedness.

nue [nü] *f.* high cloud; *pl.* skies. ‖
nuée [-é] *f.* cloud; swarm, host.

nuire [nüîr] *v.** to harm, to hurt; to
be injurious. ‖ **nuisible** [nüìzìbl] *adj.*
hurtful, harmful, noxious, detrimental,
prejudicial.

nuit [nüì] *f.* night.

nul, nulle [nül] *adj.* no, not one; nul,
void; *pron.* no one, nobody, not one.
‖ **nullement** [-mᵃⁿ] *adv.* not at all; in
no way, by no means. ‖ **nullité** [-ìté] *f.*
nullity, invalidity; nothingness; non-
existence; nonentity [personne].

numéraire [nümérèr] *adj.* legal
[monnaie]; numerary [valeur]; *m.*
metallic currency, specie; cash. ‖ **numéral** [-àl] *adj.** numeral. ‖ **numérique** [-ìk] *adj.* numerical. ‖ **numéro**
[-ô] *m.* number; issue [périodique];
turn [music-hall]. ‖ **numéroter** [-òté]
v. to number; to page [livre].

nuptial [nüpsyàl] *adj.** wedding; marriage; bridal.

nuque [nük] *f.* nape, scruff of the
neck.

nutritif [nütrìtìf] *adj.** nutritive. ‖
nutrition [-ìsyoⁿ] *f.* nutrition.

O

obéir [òbéîr] *v.* to obey; to comply;
to respond (aviat.). ‖ **obéissance**
[-ìsᵃⁿs] *f.* obedience; compliance, submission; pliancy. ‖ **obéissant** [-ìsaⁿ]
adj. obedient, compliant, dutiful; submissive; responsive.

obélisque [òbélìsk] *m.* obelisk.

obèse [òbèz] *adj.* obese, fat. ‖ **obésité**
[òbézìté] *f.* obesity, corpulence, stoutness, portliness.

objecter [òbjèkté] *v.* to raise an
objection; to object. ‖ **objectif** [-tìf]
adj.* objective; *m.* objective; aim. end;
lens (phot.); target; aim. ‖ **objection**
[-syoⁿ] *f.* objection. ‖ **objet** [òbjè] *m.*
object, thing; article; complement
(gramm.); subject.

obligation [òblìgàsyoⁿ] *f.* obligation,
duty; bond [Bourse]; debenture
(comm.); favo(u)r; liability (mil.). ‖
obligatoire [-àtwàr] *adj.* obligatory;
compulsory.

obligeance [òblìjaⁿs] *f.* obligingness.
‖ **obligeant** [-aⁿ] *adj.* obliging; kind,
civil. ‖ **obliger** [-é] *v.* to oblige, to
constrain, to bind.

oblique [òblìk] *adj.* oblique; slanting;
devious, crooked [moyens]. ‖ **obliquer**
[-é] *v.* to oblique; to slant; to incline;
to swerve.

oblitérer [òblìtéré] *v.* to obliterate;
to cancel, to deface [timbre-poste].

obole [òbòl] *f.* obol; farthing, mite.

obscène [òbsèn] *adj.* obscene; lewd;
smutty. ‖ **obscénité** [-énìté] *f.* obscenity; lewdness.

obscur [òbskür] *adj.* dark; gloomy;
somber; obscure; abstruse [sujet];
indistinct, dim; lowly, humble [nais-
sance]; unknown [écrivain]. ‖ **obscurcir** [-sîr] *v.* to obscure; to darken; to
dim; to fog; *s'obscurcir*, to grow
dark, to darken; to cloud over [ciel].
‖ **obscurcissement** [-sìsmaⁿ] *m.* dark-
ening; dimness. ‖ **obscurité** [-ìté] *f.*
obscurity; darkness; obscureness;
vagueness; gloom.

obsédant [òbsédaⁿ] *adj.* haunting;
obsessive. ‖ **obséder** [-é] *v.* to obsess;
to beset; to importune.

obsèques [òbsèk] *f. pl.* obsequies;
funeral.

obséquieux [òbsékyë] *adj.** obsequious; servile. ‖ **obséquiosité** [-kyò-
zìté] *f.* obsequiousness; oily pleading.

observance [òbsèrvaⁿs] *f.* observance, keeping. ‖ **observateur, -trice**
[-àtœr, -trìs] *m.*, *f.* observer; spotter
(mil.); *adj.* observant. ‖ **observation**

[-àsyoⁿ] f. observation. ‖ *observatoire* [-àtwàr] m. observatory. ‖ *observer* [-é] v. to observe, to notice; to remark; to keep [règlements]; *s'observer,* to be careful, to be cautious; to be on one's guard.

obsession [òbsèsyoⁿ] f. obsession.

obstacle [òbstàkl] m. obstacle, hindrance, impediment; jump, fence [course].

obstination [òbstìnàsyoⁿ] f. obstinacy, stubbornness. ‖ *obstiner* [-é] v. to make (someone) obstinate; *s'obstiner,* to persist; to grow obstinate.

obstruction [òbstrüksyoⁿ] f. obstruction; blocking; *Am.* filibustering [politique]; choking, clogging (techn.). ‖ *obstruer* [òbstrüé] v. to obstruct; to block; to choke; to throttle; to jam.

obtempérer [òbtaⁿpéré] v. to comply, to accede.

obtenir [òbt^enîr] v.* to obtain, to get, to procure.

obturateur [òbtüràtœr] m. stopper; obturator; shutter; stop-valve. ‖ *obturation* [-syoⁿ] f. obturation; filling [dent]. ‖ *obturer* [òbtüré] v. to stop, to seal, to obturate; to fill [dent].

obtus [òbtü] adj. blunt; obtuse, dull [personne].

obus [òbü] m. shell. ‖ *obusier* [-zyé] m. howitzer.

obvier [òbvyé] v. to obviate.

occasion [òkàzyoⁿ] f. opportunity, chance, occasion; bargain; motive; *d'occasion,* second-hand. ‖ *occasionner* [-yòné] v. to occasion, to cause, to provoke; to give rise to.

occident [òksìdaⁿ] m. Occident, West. ‖ *occidental* [-tàl] adj.* Occidental, Western.

occulte [òkült] adj. occult; secret. ‖ *occultisme* [-tìsm] m. occultism.

occupant [òküpaⁿ] adj. occupying; engrossing; m. occupant. ‖ *occupation* [-àsyoⁿ] f. occupation; occupancy; business, employment, work. ‖ *occupé* [-é] adj. occupied; engaged; busy [personne, téléphone]. ‖ *occuper* [-é] v. to occupy; to inhabit, to reside in; to hold (mil.); to employ; to fill [temps]; *s'occuper,* to keep busy; to be interested (*de,* in); to look after.

occurrence [òküraⁿs] f. occurrence; emergency, juncture, occasion; *en l'occurrence,* under the circumstances.

océan [òséaⁿ] m. ocean, sea.

ocre [òkr] f. ochre.

octobre [òktòbr] m. October.

octroi [òktrwà] m. concession, granting; dues, toll; toll-house. ‖ *octroyer* [-é] v. to grant, to concede, to allow; to bestow (on).

oculaire [òkülèr] adj. ocular; m. eye-piece, ocular; *témoin oculaire,* eyewitness. ‖ *oculiste* [-ìst] m. oculist.

ode [òd] f. ode.

odeur [òdœr] f. odo(u)r, scent, smell.

odieux [òdyë] adj.* odious; hateful [personne]; heinous [crime]; m. odiousness, hatefulness.

odorant [òdòraⁿ] adj. odorous, fragrant, odoriferous. ‖ *odorat* [-à] m. olfactory sense; smell. ‖ *odoriférant* [-rìféraⁿ] adj. fragrant.

œdème [édèm] m. oedema, *Am.* edema.

œil [œy] m. (*pl. yeux* [yë]) eye; opening; hole; *coup d'œil,* glance; *faire de l'œil,* to ogle; *œil-de-bœuf,* bull's-eye [fenêtre]; *œil-de-perdrix,* soft corn [callosité]. ‖ *œillade* [-àd] f. glance, ogle, leer. ‖ *œillère* [-èr] f. blinker, *Am.* blinder [cheval]; eyecup (méd.). ‖ *œillet* [-è] m. eyelet; pink, carnation (bot.).

œuf [œf, *pl.* ë] m. egg; ovum (biol.); spawn, roe [poisson]; *œufs sur le plat,* fried eggs; *œufs à la coque,* soft-boiled eggs; *œuf dur,* hard-boiled egg; *œufs brouillés,* scrambled eggs.

œuvre [œvr] f. work; production; society, institution [bienfaisance]; m. wall, foundation; complete works; opus. ‖ *œuvrer* [-é] v. to work.

offense [òfaⁿs] f. offense; transgression; contempt (jur.). ‖ *offenser* [-é] v. to offend; to injure, to shock; *s'offenser,* to take offense (*de,* at). ‖ *offenseur* [-œr] m. offender. ‖ *offensif* [-ìf] adj.* offensive [armes]. ‖ *offensive* [-ìv] f. offensive (mil.).

office [òfîs] m. office, functions, duty; employment; f. butler's pantry; servants' hall. ‖ *officiel* [-yèl] adj.* official; formal [visite]. ‖ *officier* [-yé] m. officer; v. to officiate. ‖ *officieux* [-yë] adj.* officious; unofficial; m. busybody.

offrande [òfraⁿd] f. offering; offertory (eccles.). ‖ *offre* [òfr] f. offer; bid [enchères]; tender [contrat]; proposal. ‖ *offrir* [-ìr] v.* to offer; to proffer, to give, to present; to bid [enchères]; to tender [contrat]; *s'offrir,* to offer oneself; to volunteer [personne]; to turn up [chance].

offusquer [òfüské] v. to obscure; to obfuscate, to befog, to cloud; to dazzle [yeux]; to offend, to shock (someone); *s'offusquer,* to become clouded; to take offense, to be huffy.

ogive [òjìv] f. rib; gothic arch; ogive.

ogre, ogresse [ògr, ògrès] m. ogre, f. ogress.

oie [wâ] f. goose.

oignon [òñoⁿ] m. onion; bulb [tulipe]; bunion [callosité]; (pop.) watch, turnip.

oindre [wĭⁿdr] v.* to oil; to anoint.

oiseau [wàzô] m.* bird; (fam.) Am. guy; jeune oiseau, fledgling; oiseau-mouche, humming-bird.

oiseux [wàzë] adj.* idle; useless. ‖ oisif [-ĭf] adj.* lazy; unemployed; uninvested [capital]. ‖ oisiveté [-ĭvté] f. idleness, sloth.

oison [wàzoⁿ] m. gosling.

oléagineux [òléàĭnë] adj.* oleaginous; m. oil-seed.

olive [òlĭv] f. olive. ‖ olivier [-yé] m. olive-tree.

ombilical [oⁿbĭlĭkàl] adj.* umbilical.

ombrage [oⁿbràj] m. shade [arbre]; umbrage, offense. ‖ ombrager [-é] v. to shade; to screen. ‖ ombrageux [-ë] adj.* shy, skittish [cheval]; touchy, suspicious [personne]. ‖ ombre [oⁿbr] f. shadow; shade; gloom; ghost [revenant]. ‖ ombrelle [-èl] f. parasol, sunshade. ‖ ombrer [-é] v. to shade; to darken. ‖ ombreux [-ë] adj.* shady.

omelette [òmlèt] f. omelet.

omettre [òmètr] v.* to omit, to leave out, to skip, to overlook; to fail, to neglect. ‖ omission [-ĭsyoⁿ] f. omission; oversight.

omnibus [òmnĭbüs] m. omnibus, bus.

omnipotent [òmnĭpòtaⁿ] adj. omnipotent. ‖ omniscient [-sjaⁿ] adj. all-knowing.

omoplate [òmòplàt] f. shoulder-blade, scapula, omoplate.

on [oⁿ] indef. pron. one, people, they, we, you, men, somebody; on dit, it is said; on-dit, rumo(u)r.

once [oⁿs] f. ounce; bit.

oncle [oⁿkl] m. uncle.

onction [oⁿksyoⁿ] f. oiling; unction; anointing, unctuousness. ‖ onctueux [-tüë] adj.* unctuous, oily; suave, bland; mellow.

onde [oⁿd] f. wave; undulation; billow; corrugation [tôle]; grandes ondes, long waves [radio]; onde sonore, sound-wave. ‖ ondée [-é] f. shower. ‖ ondoyant [-wàyaⁿ] adj. undulating, waving; billowy; swaying; changeable, fluctuating. ‖ ondoyer [-wàyé] v. to undulate, to wave, to ripple; to waver. ‖ ondulant [-ülaⁿ] adj. undulating; waving; flowing. ‖ ondulation [oⁿdülàsyoⁿ] f. waving, flowing; undulation; wave. ‖ ondulé [-ülé] adj. undulating, rolling; wavy [cheveux]; corrugated [tôle]; curly-grained [bois]. ‖ onduler [-ülé] v. to undulate, to ripple; to wave [cheveux]; to corrugate [tôle]. ‖ onduleux [-ülë] adj.* undulous, wavy, sinuous.

onéreux [ònérë] adj.* onerous; burdensome; heavy; costly.

ongle [oⁿgl] m. nail [doigt]; claw [animal]; talon [faucon]; coup d'ongle, scratch.

onguent [oⁿgaⁿ] m. ointment, unguent, salve, liniment.

onze [oⁿz] m., adj. eleven; eleventh [titre, date]. ‖ onzième [-yèm] m., adj. eleventh.

opale [òpàl] f. opal.

opaque [òpàk] adj. opaque.

opéra [òpérà] m. opera.

opérateur, -trice [òpéràtœr, -trĭs] m., f. operator. ‖ opération [-àsyoⁿ] f. operation; transaction. ‖ opératoire [-àtwàr] adj. operative. ‖ opérer [-é] v. to operate; to effect, to bring about; to perform.

opérette [òpérèt] f. operetta.

opiner [òpĭné] v. to opine; to nod in approval. ‖ opiniâtre [-yâtr] adj. stubborn, opinionated, obstinate; unyielding. ‖ opiniâtreté [-yâtrᵉté] f. obstinacy, stubbornness. ‖ opinion [-yoⁿ] f. opinion.

opium [òpyòm] m. opium.

opportun [òpòrtuⁿ] adj. opportune, timely, convenient. ‖ opportunité [-ünĭté] f. opportuneness, seasonableness, timeliness; expediency.

opposant [òpòzaⁿ] adj. opposing, adverse; m. opponent, adversary. ‖ opposé [-é] adj. opposite; opposed; facing. ‖ opposer [-é] v. to oppose; to compare, to contrast; s'opposer à, to be opposed to. ‖ opposition [-ĭsyoⁿ] f. opposition; contrast.

oppresser [òprésé] v. to oppress; to lie heavy on; to squeeze, to crush, to cramp. ‖ oppresseur [-sœr] adj.* oppressive; m. oppressor. ‖ oppressif [-ĭf] adj.* oppressive. ‖ oppression [-yoⁿ] f. oppression.

opprimer [òprĭmé] v. to oppress, to crush, to underfoot.

opprobre [òpròbr] m. opprobrium, shame, disgrace.

opter [òpté] v. to choose.

opticien [òptĭsyⁱⁿ] m. optician.

optimisme [òptĭmĭsm] m. optimism. ‖ optimiste [-ĭst] m., f. optimist; adj. optimistic.

option [òpsyoⁿ] f. option, choice.

optique [òptĭk] f. optics; perspective; adj. optical.

opulence [òpülaⁿs] f. opulence. ‖ opulent [-aⁿ] adj. opulent, wealthy, rich; buxom [poitrine].

opuscule [òpüskül] m. pamphlet, tract, booklet.

or [òr] m., adj. gold.

or [òr] conj. now; but.

oracle [òràkl] m. oracle.

orage [òràj] *m.* storm; disturbance, turmoil (fig.). ‖ *orageux* [-ë] *adj.** stormy; threatening [temps]; lowering [ciel].

oraison [òrèzoⁿ] *f.* orison; oration.

oral [òràl] *adj.**, *m.** oral.

orange [òraⁿj] *f.* orange. ‖ *orangé* [òraⁿjé] *adj.* orange-coloured, orangy; *m.* orange. ‖ *orangeade* [-jàd] *f.* orangeade. ‖ *oranger* [-é] *m.* orange-tree.

orateur [òràtœr] *m.* orator. ‖ *oratoire* [-wàr] *adj.* oratorical; *m.* oratory; chapel.

orbe [òrb] *m.* orb; globe; sphere. ‖ *orbite* [-ìt] *f.* orbit; socket (anat.).

orchestre [òrkèstr] *m.* orchestra; *chef d'orchestre,* conductor; band-master. ‖ *orchestrer* [-é] *v.* to score, to orchestrate.

orchidée [òrkìdé] *f.* orchid.

ordinaire [òrdìnèr] *adj.* ordinary, usual, customary, common; *m.* custom; daily fare; mess (mil.); *d'ordinaire,* usually, ordinarily; *peu ordinaire,* unusual.

ordinal [òrdìnàl] *adj.** ordinal.

ordinateur [òrdìnàtœr] *m.* computer.

ordonnance [òrdònaⁿs] *f.* order, arrangement; disposition; ordinance; prescription (med.); judgment (jur.); orderly (mil.). ‖ *ordonnancement* [-maⁿ] *m.* order to pay. ‖ *ordonnateur, -trice* [òrdònàtœr, -trìs] *m., f.,* arranger; master of ceremonies; *adj.* directing, managing. ‖ *ordonné* [-é] *adj.* orderly, regulated; tidy; ordained (eccles.). ‖ *ordonner* [-é] *v.* to order, to command, to direct; to arrange; to tidy; to prescribe (med.).

ordre [òrdr] *m.* order, command; arrangement; sequence; orderliness, tidiness; discipline; class, category; array [bataille]; *pl.* holy orders; *numéro d'ordre,* serial number; *de premier ordre,* first-class.

ordure [òrdür] *f.* dirt, filth, muck; garbage, refuse, rubbish; dung; lewdness. ‖ *ordurier* [-yé] *adj.** filthy, lewd; scurrilous.

orée [òré] *f.* verge, skirt, edge, border.

oreille [òrèy] *f.* ear; hearing; handle [anse]; *prêter l'oreille,* to listen attentively. ‖ *oreiller* [-é] *m.* pillow. ‖ *oreillette* [-èt] *f.* auricle. ‖ *oreillons* [-oⁿ] *m. pl.* mumps (med.).

orfèvre [òrfèvr] *m.* goldsmith. ‖ *orfèvrerie* [-rî] *f.* goldsmith's trade; gold plate.

organe [òrgàn] *m.* organ (anat.); voice; agent, means, medium, instrument; part (mech.). ‖ *organique* [-ìk] *adj.* organic. ‖ *organisateur, -trice*

[-ìzàtœr, -trìs] *m., f.* organizer; *adj.* organizing. ‖ *organisation* [-ìzàsyoⁿ] *f.* organization; structure; organizing. ‖ *organiser* [-ìzé] *v.* to organize; to form; to arrange; *s'organiser,* to get into working order; to settle down. ‖ *organisme* [-ìsm] *m.* organism; system (med.); organization, body.

organiste [òrgànìst] *m.* organist.

orge [òrj] *f.* barley.

orgelet [òrjᵉlè] *m.* stye (med.).

orgie [òrjî] *f.* orgy; profusion, riot [couleurs].

orgue [òrg] *m. (f.* in *pl.)* organ (mus.).

orgueil [òrgœy] *m.* pride, conceit. ‖ *orgueilleux* [-ë] *adj.** proud, conceited, bumptious.

orient [òryaⁿ] *m.* Orient, East; water [perle]. ‖ *orientable* [-tàbl] *adj.* swivelling; revolving. ‖ *oriental* [-tàl] *adj.** Oriental, Eastern. ‖ *orientation* [-tàsyoⁿ] *f.* orientation; direction; bearings. ‖ *orienter* [-té] *v.* to orient; to take bearings; to direct; *s'orienter,* to find one's bearings, to get one's position. ‖ *orienteur* [-tœr] *m.* orientator; *orienteur professionnel,* vocational guide.

orifice [òrìfìs] *m.* orifice, hole, opening, aperture.

originaire [òrìjìnèr] *adj.* originating; native; *m., f.* native; original member. ‖ *original* [-àl] *adj.**, *m.** original [texte]; inventive; *s.* eccentric [personne]. ‖ *origine* [òrìjìn] *f.* origin; beginning; source. ‖ *originel* [-nèl] *adj.** primordial, original, primitive.

orignal [òrìnàl] *m.* © moose.

oripeau [òrìpô] *m.** tinsel; *pl.* rags.

orme [òrm] *m.* elm-tree.

ornement [òrnᵉmaⁿ] *m.* ornament, adornment, embellishment, trimming. ‖ *ornemental* [-tàl] *adj.** ornamental, decorative. ‖ *ornementation* [-tàsyoⁿ] *f.* ornamentation. ‖ *ornementer* [-té] *v.* to ornament. ‖ *orner* [òrné] *v.* to ornament, to adorn, to decorate, to trim; to enrich (fig.).

ornière [òrnyèr] *f.* rut; groove.

orphelin [òrfᵉliⁿ] *m.* orphan; *adj.* orphaned. ‖ *orphelinat* [-ìnà] *m.* orphanage. ‖ *orpheline* [-ìn] *f.* orphan-girl.

orteil [òrtèy] *m.* toe.

orthodoxe [òrtòdòks] *adj.* orthodox. ‖ *orthodoxie* [-ksî] *f.* orthodoxy.

orthographe [òrtògràf] *f.* spelling, orthography; *faute d'orthographe,* misspelling. ‖ *orthographier* [-yé] *v.* to spell.

ortie [òrtî] *f.* nettle.

orvet [òrvè] *m.* blind-worm.

os [òs, *pl.* ô] *m.* bone.

oscillation [òsìllàsyoⁿ] *f.* oscillation; swing; vibration (mech.); fluctuation [marché]. ‖ **osciller** [-é] *v.* to oscillate; to sway; to swing; to rock; to waver [personne]; to fluctuate [marché].

osé [òzé] *adj.* bold, daring.

oseille [òzèy] *f.* sorrel.

oser [òzé] *v.* to dare, to venture.

osier [òzyé] *m.* osier, willow (bot.); wicker.

ossature [òsàtür] *f.* frame, skeleton [corps]; ossature [bâtiment]; carcass (aviat.). ‖ **ossements** [-maⁿ] *m. pl.* bones, remains [morts]. ‖ **osseux** [-ë] *adj.** bony; osseous [tissu]. ‖ **ossifier** [-ìfyé] *v.* to ossify. ‖ **ossuaire** [-òsüèr] *m.* ossuary.

ostensible [òstaⁿsìbl] *adj.* ostensible, patent. ‖ **ostensoir** [-wàr] *m.* monstrance (eccles.). ‖ **ostentateur, -trice** [òstaⁿtàtœr, -trìs] *adj.* ostentatious, showy. ‖ **ostentation** [-àsyoⁿ] *f.* ostentation, show, display.

otage [òtàj] *m.* hostage; guarantee, surety; security.

otarie [òtàrî] *f.* otary, sea-lion.

ôter [òté] *v.* to remove, to take off; to doff; to subtract, to deduct; *s'ôter,* to get out of the way.

ou [û] *conj.* or; either...or; else.

où [û] *adv.* where; when [temps]; at which, in which.

ouananiche [wànànîsh] *f.* © land-locked salmon, wananish.

ouaouaron [wàwàroⁿ] *m.* © bullfrog.

ouate [ûàt] *f.* wadding; cotton-wool. ‖ **ouater** [-é] *v.* to wad; to pad; to quilt; to soften; to blur.

oubli [ûblì] *m.* forgetting, neglect; forgetfulness; oblivion; omission, oversight. ‖ **oubliable** [-àbl] *adj.* forgettable. ‖ **oublier** [ûblìyé] *v.* to forget; to neglect; to overlook; *s'oublier,* to forget oneself; to be careless. ‖ **oubliettes** [-ìyèt] *f. pl.* secret dungeon. ‖ **oublieux** [-ìyë] *adj.** forgetful; oblivious; unmindful.

ouest [wèst] *m.* west; *adj.* west, western.

oui [wì] *adv.* yes.

ouï-dire [wìdîr] *m.* hearsay. ‖ **ouïe** [wì] *f.* hearing; ear (mech.); *pl.* gills.

ouistiti [wìstìtî] *m.* wistiti.

ouragan [ûràgaⁿ] *m.* hurricane, storm, gale, tempest.

ourdir [ûrdîr] *v.* to warp [tissu]; to hatch, to weave [complot, intrigue].

ourler [ûrlé] *v.* to hem; *ourler à jour,* to hemstitch. ‖ **ourlet** [-è] *m.* hem; rim [oreille].

ours [ûrs] *m.* bear. ‖ **ourse** *f.* she-bear; *la Grande Ourse,* Ursa Major, Great Bear. ‖ **oursin** [-ìⁿ] *m.* sea-urchin. ‖ **ourson** [-oⁿ] *m.* bear-cub.

outarde [ûtàrd] *f.* bustard; © Canada goose.

outil [ûtì] *m.* tool, implement. ‖ **outillage** [-yàj] *m.* tool set, tool kit; gear, equipment, machinery [usine]. ‖ **outiller** [-yé] *v.* to equip with tools.

outrage [ûtràj] *m.* outrage. ‖ **outrager** [-é] *v.* to outrage, to insult; to desecrate. ‖ **outrageux** [-ë] *adj.** insulting, scurrilous.

outre [ûtr] *f.* goatskin, leather-bottle.

outre [ûtr] *prep.* beyond; in addition to; *adv.* further; *en outre,* besides, moreover; *passer outre,* to go on; to ignore, to overrule (jur.). ‖ **outré** [-é] *adj.* excessive, undue; infuriated, indignant.

outrecuidance [ûtrᵉküïdaⁿs] *f.* self-conceit; cocksureness; cheek; **outrecuidant,** overweening, presumptuous; cocksure (fam.). ‖ **outre-mer,** overseas; **outrepasser,** to exceed; to exaggerate.

outrer [ûtré] *v.* to exaggerate; to overdo; to infuriate.

ouvert [ûvèr] *adj.* open, opened. ‖ **ouverture** [-tür] *f.* opening; aperture; overture (mus.); mouth [baie]; broad-mindedness; *heures d'ouverture,* business hours.

ouvrable [ûvràbl] *adj.* workable; *jour ouvrable,* working-day. ‖ **ouvrage** [-àj] *m.* work; product. ‖ **ouvragé** [-àjé] *adj.* wrought; figured. ‖ **ouvré** [-é] *adj.* worked [bois]; wrought [fer].

ouvre-boîtes [ûvrᵉbwàt] *m.* tin-opener, *Am.* can-opener. ‖ **ouvre-huîtres** [-üïtr] *m.* oyster-knife.

ouvreur [ûvrœr] *m.* opener; usher (theat.). ‖ **ouvreuse** [-ëz] *f.* usherette (theat.).

ouvrier [ûvrìyé] *m.* worker; workman; craftsman; labo(u)rer; *adj.** working, operative; *classe ouvrière,* working class. ‖ **ouvrière** [-yèr] *f.* workwoman; worker bee [abeille].

ouvrir [ûvrîr] *v.** to open; to unfasten, to unlock [porte]; to turn on [lumière]; to cut through [canal]; to begin, to start [débat]; *s'ouvrir,* to open; to unburden oneself.

ovaire [òvèr] *m.* ovary.

ovale [òvàl] *adj.* oval; egg-shaped.

ovation [òvàsyoⁿ] *f.* ovation. ‖ **ovationner** [-syòné] *v.* to acclaim.

oxygène [òksìjèn] *m.* oxygen. ‖ **oxygéné** [-éné] *adj.* oxygenated; per-oxide [eau].

P

pacage [pàkàj] *m.* pasture-land; pasturage.

pacificateur, -trice [pàsìfìkàtœr, -trìs] *m.*, *f.* pacifier; *adj.* pacifying. ‖ *pacification* [-fìkàsyoⁿ] *f.* pacification. ‖ *pacifier* [pàsìfyé] *v.* to pacify, to appease. ‖ *pacifique* [-ìk] *adj.* pacific, peaceful. ‖ *pacifisme* [-fìsm] *m.* pacifism.

pacotille [pàkòtîy] *f.* shoddy goods, trash.

pacte [pàkt] *m.* pact, agreement. ‖ *pactiser* [-ìzé] *v.* to come to terms, to make a pact.

pagaie [pàgè] *f.* paddle.

pagaïe, pagaille [pàgày] *f.* disorder, clutter, mess, muddle.

paganisme [pàgànìsm] *m.* paganism.

page [pàj] *f.* page; *à la page,* up to date.

page [pàj] *m.* page-boy, *Am.* bellhop.

paie [pè] *f.* wages [ouvrier]; *jour de paie,* pay-day. ‖ *paiement* [-maⁿ] *m.* payment; disbursement.

païen [pàyⁿ] *m.*, *adj.** pagan, heathen.

paillasse [pàyàs] *f.* straw mattress, pallet; draining-board, *Am.* drainboard, deserter; *m.* clown. ‖ *paillasson* [-oⁿ] *m.* mat, matting; door-mat. ‖ *paille* [pày] *f.* straw; chaff [balle]; flaw [joyau]; *paille de fer,* iron shavings, steel wool; *tirer à la courte paille,* to draw straws.

pailleter [pàyté] *v.* to spangle. ‖ *paillette* [-èt] *f.* spangle; flake; flaw [joyau].

pain [pⁿ] *m.* bread; loaf; cake, bar [savon]; lump [sucre]; *pain grillé,* toast; *petit pain,* roll; *pain bis,* brown bread; *pain complet,* whole-wheat bread; *pain d'épice,* gingerbread; *pain de mie,* sandwich loaf.

pair [pèr] *m.* peer; equal; par; *adj.* equal; even [numéro]; *au pair,* for board and lodging. ‖ *paire* [pèr] *f.* pair; couple; brace [perdrix]; yoke [bœufs].

paisible [pèzìbl] *adj.* peaceful.

paître [pètr] *v.** to graze, to crop, to feed, to put to grass; to browse, to graze on.

paix [pè] *f.* peace; quiet; reconciliation.

pal [pàl] *m.* pale.

palais [pàlè] *m.* palace; law-courts; palate (med.).

palan [pàlaⁿ] *m.* pulley-block, tackle.

pâle [pâl] *adj.* pale, pallid; wan; ashen.

palefrenier [pàlfrⁿyé] *m.* stableman, groom, ostler.

paletot [pàltô] *m.* overcoat, greatcoat.

palette [pàlèt] *f.* blade [aviron]; paddle [roue]; palette [artiste]; bat, *Am.* paddle [jeu].

pâleur [pâlœr] *f.* paleness, pallor, pallidness, wanness.

palier [pàlyé] *m.* landing; stage; plummer-block (mech.); level (aviat.); gradation.

pâlir [pâlîr] *v.* to grow pale, to blanch; to fade; to be on the wane (fig.).

palissade [pàlìsàd] *f.* paling, fence, palisade; stockade.

palissandre [pàlìsaⁿdr] *m.* rosewood.

pallier [pàlyé] *v.* to palliate, to mitigate, to alleviate.

palme [pàlm] *f.* palm-branch. ‖ *palmé* [-é] *adj.* palmate (bot.); web-footed. ‖ *palmier* [-yé] *m.* palm-tree. ‖ *palmipède* [-ìpèd] *m.*, *adj.* palmiped; web-footed.

palpable [pàlpàbl] *adj.* palpable; tangible; obvious. ‖ *palper* [-é] *v.* to feel, to touch; to palpate (med.).

palpitation [pàlpìtàsyoⁿ] *f.* palpitation; throb; fluttering [pouls]. ‖ *palpiter* [-é] *v.* to palpitate; to throb, to beat [cœur]; to flicker.

pamphlet [paⁿflè] *m.* lampoon, satire.

pamplemousse [paⁿplⁿmûs] *m.* grapefruit.

pan [paⁿ] *m.* nap; section; face [prisme]; piece; side, section, panel [mur]; patch, stretch [ciel].

panacée [pànàsé] *f.* cure-all.

panache [pànàsh] *m.* plume, tuft; trail [fumée]; stripe [couleurs]; swagger, flourish. ‖ *panaché* [-é] *adj.* plumed; feathered; variegated; mixed, assorted; *m.* shandy.

panais [pànè] *m.* parsnip.

panaris [pànàrì] *m.* whitlow, felon.

pancarte [paⁿkàrt] *f.* placard, bill; label; show card.

pancréas [paⁿkréàs] *m.* pancreas. ‖ *pancréatique* [-tìk] *adj.* pancreatic.

panier [pànyé] *m.* basket; hamper; pannier, hoop-skirt; (fam.) *panier à salade,* prison van, Black Maria, *Am.* paddy-wagon.

panique [pànìk] *f.*, *adj.* panic.

panne [pàn] *f.* hog's fat.

panne [pàn] *f.* breakdown, mishap; *en panne,* out of order, *Am.* on the blink (fam.); hove to (naut.); *panne de moteur*, engine trouble.

panneau [pànô] *m.** snare, net [chasse]; panel [bois]; bulletin-board [affiches]; hatch (naut.).

panorama [pànòràmà] *m.* panorama; view-point; panoramic view.

panse [panˢ] *f.* belly (fam.), paunch.

pansement [panˢmanˢ] *m.* dressing. ‖ *panser* [-é] *v.* to dress; to groom [cheval].

pantalon [pantàlonˢ] *m.* long pants, trousers, pair of pants; drawers, knickers.

panteler [pantlé] *v.* to pant.

panthère [pantèr] *f.* panther.

pantin [pantinˢ] *m.* jumping-jack; puppet [personne].

pantoufle [pantûfl] *f.* slipper.

paon [panˢ] *m.* peacock.

papa [pàpà] *m.* papa, daddy, dad.

papal [pàpàl] *adj.** papal. ‖ *papauté* [-ôté] *f.* papacy. ‖ *pape* [pàp] *m.* pope.

paperasse [pàpràs] *f.* useless paper. ‖ *paperasserie* [-rî] *f.* red tape.

papeterie [pàptrî] *f.* paper-shop; stationery; paper-manufacturing. ‖ *papetier* [-tyé] *m.* stationer; paper-manufacturer. ‖ *papier* [-yé] *m.* paper; document; *papier buvard*, blotting paper; *papier collant*, sticking-tape; *papier écolier*, foolscap; *papier d'emballage*, wrapping paper; *papier à lettres*, writing paper; *papier peint*, wall-paper; *papier pelure*, tissue paper, onion-skin paper; *papier de soie*, silk paper; *papier de verre*, sand-paper.

papillon [pàpìyonˢ] *m.* butterfly; leaflet, fly-bill [affiche]; rider [document]; throttle [auto]; bow-tie [nœud]; giddy-head [personne]. ‖ *papillonner* [-yòné] *v.* to flutter; to flit about; to hover.

papillote [pàpìyòt] *f.* curl-paper. ‖ *papilloter* [pàpìyòté] *v.* to blink [yeux]; to twinkle, to flicker [lumière]; to dazzle, to glitter; to curl [cheveux].

papoter [pàpòté] *v.* to tittle-tattle.

pâque [pâk] *f.* Passover.

paquebot [pàkbô] *m.* passenger-liner, packet-boat, steamer.

pâquerette [pàkrèt] *f.* daisy.

Pâques [pâk] *f. pl.* Easter.

paquet [pàkè] *m.* package, parcel; bundle; mail.

par [pàr] *prep.* by; per; through; from; *par exemple*, for example, for instance; *par la fenêtre*, out of the window; *par ici*, this way; *par trop*, far too much; *par-dessous*, underneath, below; *par-dessus*, over, above; *par-dessus le marché*, into the bargain.

parachever [pàràshᵉvé] *v.* to perfect, to complete.

parachute [pàràshüt] *m.* parachute. ‖ *parachuter* [-té] *v.* to parachute. ‖ *parachutiste* [-ìst] *m.* parachutist; paratrooper.

parade [pàràd] *f.* parade, show, ostentation; checking [cheval]; parry [escrime]. ‖ *parader* [-é] *v.* to parade; to strut; to show off.

paradis [pàràdî] *m.* paradise; top gallery, cheap seats, *Br.* the gods, *Am.* peanut gallery (theat.).

paradoxe [pàràdòks] *m.* paradox.

parages [pàràj] *m. pl.* localities [océan]; latitudes, regions (naut.); parts, quarters, vicinity.

paragraphe [pàràgràf] *m.* paragraph.

paraître [pàrètr] *v.** to appear; to seem, to look; to be published, to come out [livre]; *vient de paraître*, just out.

parallèle [pàràllèl] *f., adj.* parallel; *m.* parallel, comparison.

paralyser [pàràlìzé] *v.* to paralyse; to incapacitate. ‖ *paralysie* [-î] *f.* paralysis; palsy.

parapet [pàràpè] *m.* parapet; breast-work [château fort].

paraphe [pàràf] *m.* paraph; initials.

parapluie [pàràplüì] *m.* umbrella.

parasite [pàràzìt] *m.* parasite; sponger, hanger-on [personne]; interference, *Am.* (pop.) bugs [radio]; *adj.* parasitic.

parasol [pàràsòl] *m.* parasol, sunshade; visor (auto).

paratonnerre [pàràtònèr] *m.* lightning-rod, lightning-conductor.

paravent [pàràvanˢ] *m.* folding screen.

parc [pàrk] *m.* park; enclosure; paddock [chevaux]; pen [bestiaux]; fold [moutons]; bed [huîtres].

parcelle [pàrsèl] *f.* fragment, particle; lot, plot; bit, grain.

parce que [pàrskᵉ] *conj.* because.

parchemin [pàrshᵉminˢ] *m.* parchment; sheepskin.

parcimonie [pàrsìmònî] *f.* parsimony. ‖ *parcimonieux* [-nyœ] *adj.** parsimonious, sparing.

parcourir [pàrkûrîr] *v.** to travel through, to go over, to traverse; to examine, to peruse; to look over [texte]; to cover [distance]. ‖ *parcours* [pàrkûr] *m.* distance covered; course, way, road, route.

pardessus [pàrd^{e}sü] *m.* overcoat, greatcoat, top-coat.

pardon [pàrdo^n] *m.* pardon; forgiveness; excuse me; pilgrimage [Bretagne]. ‖ *pardonner* [-òné] *v.* to pardon, to forgive, to excuse.

pare-brise [pàrbrìz] *m.* wind-screen, *Am.* windshield. ‖ *pare-chocs* [shòk] *m.* bumper-bar.

pareil [pàrèy] *adj.** like, alike, similar; equal, same, identical; such, like that; *m.* equal, match.

parement [pàrma^n] *m.* adorning; ornament; cuff [manche]; facing [col]; dressing [pierre]; *Br.* kerb, *Am.* curbstone.

parent [pàra^n] *m.* relative, kinsman; *pl.* parents; relatives; *plus proche parent,* next-of-kin. ‖ *parenté* [-té] *f.* kinship, relationship; consanguinity; kindred, relations; affinity (fig.).

parenthèse [pàra^{n}tèz] *f.* parenthesis; bracket; digression.

parer [pàré] *v.* to adorn, to deck out; to trim; to array.

parer [pàré] *v.* to avoid, to ward off; to guard against, to avert, to obviate; to parry [boxe, escrime]; to reduce sail (naut.).

paresse [pàrès] *f.* laziness, idleness, sloth. ‖ *paresseux* [-è] *adj.** lazy, idle, slothful; *m.* idler, loafer; sloth.

parfait [parfè] *adj.* perfect, faultless, flawless; *m.* perfect (gramm.); ice-cream; *adv.* fine.

parfois [pàrfwà] *adv.* sometimes, at times, occasionally, now and then.

parfum [pàrfu^n] *m.* perfume; scent; fragrance; flavo(u)r [glace]; bouquet [vin]. ‖ *parfumer* [-ümé] *v.* to perfume, to scent. ‖ *parfumeur* [-mœr] *m.* perfumer.

pari [pàrì] *m.* bet, wager; betting; *pari mutuel,* mutual stake; totalizator system. ‖ *parier* [pàryé] *v.* to bet.

Paris [pàrì] *m.* Paris. ‖ *parisien* [-zyi^n] *adj.** Parisian.

parjure [pàrjür] *m.* perjury; perjurer; *adj.* perjured, forsworn. ‖ *parjurer (se)* [-é] *v.* to perjure oneself, to forswear oneself.

parlant [pàrla^n] *adj.* speaking, talking; life-like [portrait]; eloquent [geste]. ‖ *Parlement* [-^{e}ma^n] *m.* legislative assembly; *Br.* Parliament, *Am.* Congress. ‖ *parlementaire* [-^{e}ma^{n}tèr] *adj.* parliamentary; *Am.* Congressional; *m. Br.* Member of Parliament, *Am.* Congressman. ‖ *parlementer* [-^{e}ma^{n}té] *v.* to parley. ‖ *parler* [-pàrlé] *v.* to speak, to talk; to converse; *m.* speech; accent; dialect. ‖ *parleur* [-œr] *m.* talker, speaker; announcer. ‖ *parloir* [-wàr] *m.* parlo(u)r. ‖ *parlote* [-òt] *f.* empty chatter.

parmi [pàrmì] *prep.* among, amid.

parodie [pàròdì] *f.* parody. ‖ *parodier* [-yé] *v.* to parody, to travesty, to burlesque.

paroi [pàrwà] *f.* partition-wall; inner side.

paroisse [pàrwàs] *f.* parish. ‖ *paroissial* [-yàl] *adj.* parochial. ‖ *paroissien* [-yi^n] *m.* parishioner; prayer book.

parole [pàròl] *f.* word; utterance; promise; parole (mil.); speech, speaking, delivery; eloquence; *avoir la parole,* to have the floor.

paroxysme [pàròksìsm] *m.* paroxysm; culminating point.

parquer [pàrké] *v.* to pen [bestiaux]; to fold [moutons]; to put in paddock [cheval]; to park [auto]; to enclose. ‖ *parquet* [-è] *m.* floor, flooring; public prosecutor's department; ring [Bourse]. ‖ *parqueter* [-té] *v.* to floor.

parrain [pàri^n] *m.* godfather; sponsor. ‖ *parrainer* [-né] *v.* to sponsor.

parricide [pàrìsìd] *s.* parricide; *adj.* parricidal.

parsemer [pàrs^{e}mé] *v.* to strew, to sprinkle; to stud, to spangle.

part [pàr] *f.* share, part, portion; participation; place where; *à part,* apart, separately, aside; except for; *autre part,* elsewhere; *d'une part... d'autre part,* on one hand... on the other hand; *d'autre part,* besides; *de part et d'autre,* on all sides; *de part en part,* through and through; *de la part de,* from, by courtesy of; *nulle part,* no-where. ‖ *partage* [-tàj] *m.* division; sharing, allotment, apportionment; partition, share, portion, lot. ‖ *partager* [-tàjé] *v.* to share; to divide; to apportion; to split; to halve [en deux]; *se partager,* to come in two, to divide; to differ; to fork.

partenaire [pàrt^{e}nèr] *s.* partner; sparring partner [boxe].

parterre [pàrtèr] *m.* flower-bed; pit (theat.).

parti [pàrtì] *m.* party [politique]; side; choice, course; decision; advantage, profit; match [mariage]; detachment (mil.); *parti pris,* foregone conclusion; *prendre son parti de,* to resign oneself to; *tirer parti de,* to turn to account.

partial [pàrsyàl] *adj.** partial; biased, one-sided. ‖ *partialité* [-ìté] *f.* partiality, bias, one-sidedness.

participation [pàrtìsìpàsyo^n] *f.* participation; *participation aux bénéfices,* profit-sharing. ‖ *participe* [pàrtìsìp] *m.* participle. ‖ *participer* [-é] *v.* to participate; to take part (à, in); to share; to partake.

particularité [pàrtìkülàrìté] *f.* particularity; detail; peculiarity.

particule [pàrtìkül] *f.* particle.

particulier [pàrtìkülyé] *adj.** particular, special; peculiar; characteristic; uncommon; private [chambre, leçon]; *m.* individual.

partie [pàrtî] *f.* part; party, game; match, contest; lot; line of business (comm.); *partie civile*, plaintiff; *partie double*, double entry (comm.); *partie nulle*, tied score. ‖ **partiel** [pàrsyèl] *adj.** partial.

partir [pàrtîr] *v.** to depart, to leave, to go, to be off; to set out, to start; to go off [fusil]; to emanate, to spring from; *à partir de*, from, starting with.

partisan [pàrtìzan] *m.* partisan, follower; upholder, supporter; backer [politique].

partitif [pàrtìtîf] *adj.** partitive.

partition [pàrtìsyon] *f.* score (mus.).

partout [pàrtû] *adv.* everywhere, all over, on all sides, in every direction; all [tennis].

parure [pàrür] *f.* adornment, ornament; finery.

parution [pàrüsyon] *f.* publication.

parvenir [pàrvenîr] *v.** to arrive; to reach; to succeed (*à*, in). ‖ **parvenu** [-ü] *m.* upstart, parvenu.

pas [pâ] *m.* step, pace, stride, gait, walk; footprint; threshold [seuil]; pass, passage; straits (geogr.); thread [vis]; *adv.* no; not; *faux pas*, slip; misstep.

pas [pâ] *adv.* not, no, none.

pascal [pàskàl] *adj.* paschal; Easter.

passable [pàsàbl] *adj.* passable, acceptable. ‖ **passablement** [-eman] *adv.* rather, fairly, tolerably.

passage [pàsàj] *m.* passage; lane; extract [livre]; transition, arcade [voûté]; *passage clouté*, pedestrian crossing, *Am.* pedestrian lane; *passage à niveau*, railway crossing, *Am.* grade crossing. ‖ **passager** [-é] *adj.** fleeting, transitory; momentary; migratory; *s.* passer-by; passenger. ‖ **passant** [pàsan] *adj.* busy, frequented, *s.* passerby, wayfarer; *en passant*, by the way. ‖ **passe** [pâs] *f.* passing, passage; permit, pass; thrust, pasado [escrime]; situation, predicament; navigable channel (naut.); overplus (typogr.); *adv.* all right; let it be so; *mauvaise passe*, bad fix; *mot de passe*, password; *passe-droit*, unjust favo(u)r; *passe-lacet*, bodkin; *passe-partout*, master-key; *passe-passe*, sleight-of-hand; *passe-temps*, pastime; *passe-thé*, tea-strainer. ‖ **passé** [-é] *adj.* past; gone; vanished; faded; *m.*

past; past tense (gramm.). ‖ **passer** [pàsé] *v.* to pass; to go; to cross; to die; to pass away; to vanish; to fade; to spend [temps]; to sift [farine]; to strain [liquide]; to put on [vêtement]; to take, to undergo [examen]; to excuse [erreur]; *se passer*, to happen, to take place; to cease; to elapse [temps]; *se passer de*, to do without, to dispense with; to refrain from.

passeport [pàspòr] *m.* passport.

passereau [pàsrô] *m.** sparrow.

passerelle [pàsrèl] *f.* foot-bridge; gangway; bridge (naut.).

passeur [pàscer] *m.* ferryman.

passible [pàsìbl] *adj.* passible; liable, subject.

passif [pàsîf] *adj.** passive; *m.* passive; liabilities, debt (comm.).

passion [pàsyon] *f.* passion; craze. ‖ **passionnant** [-yònan] *adj.* entrancing, thrilling, fascinating. ‖ **passionné** [-yòné] *adj.* passionate, impassioned, ardent, warm, eager; *m.* enthusiast, (fam.) fan. ‖ **passionner** [-yòné] *v.* to impassion; to excite; to fascinate; *se passionner*, to be impassioned.

passoire [pàswàr] *f.* strainer; colander [légumes].

pastel [pàstèl] *m.* pastel; crayon; *adj.* pastel.

pastèque [pàstèk] *f.* water-melon.

pasteur [pàstœr] *m.* minister, pastor; shepherd.

pasteuriser [pàstœrìzé] *v.* to pasteurize.

pastiche [pàstìsh] *m.* pastiche.

pastille [pàstîy] *f.* pastille, lozenge.

pastoral [pàstòràl] *adj.** pastoral. ‖ **pastorale** [-ràl] *f.* pastoral play, pastoral poem.

patate [pàtàt] *f.* sweet potato; (fam.) spud.

pataud [pàtô] *m.* clumsy-footed puppy; lout. ‖ **patauger** [-òjé] *v.* to flounder; to wallow; to paddle, to wade.

pâte [pât] *f.* paste; dough, batter [cuisine]; kind, mould. ‖ **pâté** [-é] *m.* pie; patty, pasty; paste [foie]; block [maisons]; clump [arbres]; blot [encre]. ‖ **pâtée** [-é] *f.* coarse food; dog food; mash [volaille].

patelin [pàtlin] *adj.* fawning; *m.* wheedler.

patelin *m.* (fam.) small town; native village.

patent [pàtan] *adj.* patent; obvious. ‖ **patente** [-ant] *f.* licence; tax (comm.); bill of health (naut.).

patère [pàtèr] *f.* hat-peg, coat-peg; curtain-hook.

paternel [pàtèrnèl] *adj.** paternal, fatherly. ‖ **paternité** [-ìté] *f.* paternity, fatherhood.

pâteux [pâtë] *adj.** pasty, clammy; thick, dull [voix].

pathétique [pàtétìk] *adj.* pathetic, moving; *m.* pathos.

pathos [pàtòs] *m.* bathos; affected pathos, bombast.

patience [pàsyaⁿs] *f.* patience, endurance, forbearance; perseverance; solitaire [cartes]. ‖ **patient** [-yaⁿ] *adj.* patient, enduring, forbearing; *m.* sufferer; patient. ‖ **patienter** [-yaⁿté] *v.* to exercise patience; to wait patiently.

patin [patìⁿ] *m.* skate; runner [traîneau]; skid (aviat.); shoe (mech.); base, flange (railw.); trolley [transbordeur]; patten (arch.); *patin à roulettes*, roller-skate. ‖ **patinage** [-nàj] *m.* skating; skidding. ‖ **patiner** [-ìné] *v.* to skate; to skid, to slip. ‖ **patineur** [-ìnœr] *m.* skater. ‖ **patinoire** [-nwàr] *f.* skating-rink.

pâtir [pâtìr] *v.* to suffer.

pâtisserie [pâtìsrî] *f.* pastry; pastry shop; pastry-making; *pl.* cakes. ‖ **pâtissier** [-yé] *m.* pastry-cook.

patois [pàtwà] *m.* dialect, patois; jargon, lingo.

pâtre [pâtr] *m.* herdsman; shepherd.

patriarche [pàtrìàrsh] *m.* patriarch.

patrie [pàtrì] *f.* fatherland, native land; mother country; home.

patrimoine [pàtrìmwàn] *m.* patrimony, inheritance.

patriote [pàtryòt] *m., f.* patriot. ‖ **patriotique** [-ìk] *adj.* patriotic. ‖ **patriotisme** [-ìsm] *m.* patriotism.

patron [pàtroⁿ] *m.* patron; protector; master; proprietor, boss; skipper (naut.); pattern, model. ‖ **patronner** [-òné] *v.* to patronize, to protect; to pattern; to stencil. ‖ **patronyme** [-ònîm] *m.* surname.

patrouille [pàtrûy] *f.* patrol; section (aviat.).

patte [pàt] *f.* paw [animal]; foot [oiseau]; leg [insecte]; flap [poche, enveloppe]; tab, strap [vêtement]; hasp, fastening; *à quatre pattes*, on all fours; *graisser la patte*, to bribe; *patte-d'oie*, crow's-foot [ride].

pâturage [pâtûràj] *m.* grazing; pasture; pasture-land. ‖ **pâturer** [-é] *v.* to graze, to pasture; to feed.

paume [pôm] *f.* palm [main]; tennis [jeu]. ‖ **paumer** [-é] *v.* (fam.) to lose.

paupière [pôpyèr] *f.* eyelid.

paupiette [pôpyèt] *f.* olive, *Am.* bird.

pause [pôz] *f.* pause, stop; rest. ‖ **pauser** [-é] *v.* to pause; to wait.

pauvre [pôvr] *adj.* poor; needy, penurious, indigent; scanty; unfortunate, wretched; *m., f.* pauper; beggar; *pauvre d'esprit*, dull-witted. ‖ **pauvreté** [-eté] *f.* poverty, indigence; wretchedness; poorness, banality.

pavé [pàvé] *m.* paving-stone; paving-block; street; *sur le pavé*, out of work. ‖ **paver** [-é] *v.* to pave.

pavillon [pàvìyoⁿ] *m.* pavilion; tent; canopy; detached building; cottage; horn [phonographe]; flag, colo(u)rs (naut.).

pavoiser [pàvwàzé] *v.* to deck out; to dress (naut.).

pavot [pàvô] *m.* poppy.

paye, see paie. ‖ **payement**, see paiement. ‖ **payer** [pèyé] *v.* to pay; to pay for; to defray [frais]; to remunerate, to requite; to expiate, to atone for; *payer d'audace*, to brazen it out; *payer de sa personne*, to risk one's skin; *se payer*, to be paid; to treat oneself to; *se payer la tête de*, to make fun of (someone); *s'en payer*, to have a good time. ‖ **payeur** [pèyœr] *m.* payer; disburser; pay-master (mil.).

pays [pèì] *m.* country, land; region; fatherland, home, birthplace; *mal du pays*, homesickness. ‖ **paysage** [-zàj] *m.* landscape; scenery. ‖ **paysan** [-zaⁿ] *m., adj.** peasant, rustic; countryman.

peau [pô] *f.** skin; hide, pelt; leather [animal]; rind, peel, husk [fruit, légume]; coating, film [lait].

pêche [pèsh] *f.* peach [fruit].

pêche [pèsh] *f.* fishing; catch; angling [ligne].

péché [péshé] *m.* sin; trespass; transgression; *péché mignon*, besetting sin. ‖ **pécher** [-é] *v.* to sin; to trespass; to offend.

pêcher [pèshé] *m.* peach-tree.

pêcher [pèshé] *v.* to fish; to angle; to drag up. ‖ **pêcherie** [-rî] *f.* fishery; fishing-ground. ‖ **pêcheur** [-œr] *m.* fisher, fisherman, angler.

pécheur, -eresse [péshœr, rès] *m., f.* sinner, offender; trespasser, transgressor; *adj.* sinning; sinful.

pécore [pékòr] *f.* (fam.) goose.

pécuniaire [pékünyèr] *adj.* pecuniary.

pédagogie [pédàgòjî] *f.* pedagogy. ‖ **pédagogique** [-ìk] *adj.* pedagogical. ‖ **pédagogue** [pédàgòg] *m., f.* pedagogue.

pédale [pédàl] *f.* pedal; treadle; *pédale d'embrayage*, clutch [auto]. ‖ **pédaler** [-é] *v.* to pedal, to bicycle. ‖ **pédalier** [-yé] *m.* crank-gear; pedal-board [orgue]; pedalier. ‖ **pédalo** [pédàlò] *m.* pedal-craft, pedal-boat.

pédant [pédaⁿ] *adj.* pedantic, priggish; *m.* pedant, prig. ‖ *pédantisme* [-ìsm] *m.* pedantry.

pédestre [pédèstr] *adj.* pedestrian.

pédicure [pédìkür] *m.*, *f.* chiropodist.

pègre [pègr] *f.* underworld, *Am.* gangsterdom.

peigne [pèñ] *m.* comb; clam. ‖ *peigner* [-é] *v.* to comb; to card [laine]. ‖ *peignoir* [-wàr] *m.* dressing-gown, negligee; bath-robe; wrapper.

peinard [pénàr] *adj.* (pop.) quiet, sly; *m.* slacker.

peindre [piⁿdr] *v.** to paint; to portray; to depict.

peine [pèn] *f.* punishment; penalty; pain, affliction; grief, sorrow; trouble, difficulty; labo(u)r, toil; *à peine*, hardly, scarcely; *faire de la peine à*, to hurt, to grieve; *être en peine de*, to be at a loss to; *valoir la peine*, to be worthwhile; *se donner la peine de*, to take the trouble to; *sous peine de*, under penalty of, under pain of. ‖ *peiner* [-é] *v.* to pain, to grieve; to toil, to labo(u)r; *se peiner*, to grieve, to fret.

peintre [piⁿtr] *m.* painter. ‖ *peinture* [-ür] *f.* paint; painting, picture; *attention à la peinture*, fresh paint, wet paint. ‖ *peinturer* [-é] *v.* © to paint. ‖ *peinturlurer* [-ürlüré] *v.* to daub.

péjoratif [péjòràtìf] *adj.** pejorative, depreciatory, disparaging.

pelage [pelàj] *m.* pelt, coat; wool, fur; skinning; peeling.

pêle-mêle [pèlmèl] *m.* disorder, jumble, mess; confusion; *adv.* pellmell, confusedly, helter-skelter, promiscuously.

peler [pelé] *v.* to peel, to skin, to pare, to strip.

pèlerin [pèlriⁿ] *m.* pilgrim. ‖ *pèlerinage* [-inàj] *m.* pilgrimage. ‖ *pèlerine* [-ín] *f.* cape, tippet.

pelle [pèl] *f.* shovel, scoop, spade; dustpan; (fam.) cropper.

pellicule [pèlìkül] *f.* film; dandruff, scurf [cuir chevelu].

pelote [pelòt] *f.* ball; pin-cushion; pelota [jeu]. ‖ *peloton* [-oⁿ] *m.* ball; group; platoon; squad [exécution]. ‖ *pelotonner* [-tòné] *v.* to wind into a ball; *se pelotonner*, to coil oneself up, to snuggle.

pelouse [pelüz] *f.* lawn, grass plot.

peluche [pelüsh] *f.* plush. ‖ *pelucheux* [-ë] *adj.** fluffy, plushy.

pelure [pelür] *f.* peel, rind, paring; onionskin [papier].

pénal [pénàl] *adj.** penal. ‖ *pénaliser* [-ìzé] *v.* to penalize. ‖ *pénalité* [-ité] *f.* penalty.

penaud [peⁿô] *adj.* abashed, crestfallen, sheepish.

penchant [paⁿshaⁿ] *m.* slope, declivity; leaning, tilt, inclination; propensity; bent, tendency; *adj.* sloping, inclined; leaning. ‖ *pencher* [-é] *v.* to tilt, to slope, to incline, to bend; to lean; *se pencher*, to stoop over, to bend; to slope, to be inclined.

pendable [paⁿdàbl] *adj.* meriting the gallows; abominable; scurvy [tour]. ‖ *pendaison* [-èzoⁿ] *f.* hanging. ‖ *pendant* [-aⁿ] *m.* pendant; counterpart; *adj.* pendent, hanging; depending; *prep.* during; *pendant que*, while. ‖ *pendeloque* [-lòk] *f.* ear-drop, earring. ‖ *pendentif* [-aⁿtìf] *m.* pendentive (arch.); pendant. ‖ *penderie* [-rî] *f.* closet, wardrobe. ‖ *pendiller* [paⁿdìyé] *v.* to dangle. ‖ *pendre* [paⁿdr] *v.* to hang; to suspend; to be hanging. ‖ *pendu* [paⁿdü] *m.* person hanged; *adj.* hung, hanging; hanged [personne]. ‖ *pendule* [paⁿdül] *m.* pendulum; *f.* clock, time-piece.

pêne [pèn] *m.* bolt; latch.

pénétrant [pénétraⁿ] *adj.* penetrating; keen, searching; impressive; acute; piercing [froid]. ‖ *pénétration* [-àsyoⁿ] *f.* penetration; acuteness; insight. ‖ *pénétrer* [-é] *v.* to penetrate, to go through; to enter; to affect; to pierce; to see through (someone); to go deep into [pays].

pénible [pénìbl] *adj.* painful, laborious; wearisome; distressing.

péniche [pénìsh] *f.* canal-boat; barge; landing-craft (mil.); cutter (douane).

pénicilline [pénìsìlìn] *f.* penicillin.

péninsule [péniⁿsül] *f.* peninsula.

pénitence [pénìtaⁿs] *f.* penitence, repentance; penance, punishment; penalty [jeux]. ‖ *pénitent* [-aⁿ] *m.* penitent. ‖ *pénitentiaire* [-aⁿsyèr] *adj.* penitentiary.

pénombre [pénoⁿbr] *f.* penumbra; gloom; dusk; shadowy light.

pensée [paⁿsé] *f.* pansy [fleur].

pensée [paⁿsé] *f.* thought; sentiment, opinion; notion, idea; conviction; *arrière-pensée*, ulterior motive. ‖ *penser* [-é] *v.* to think; to reflect; to consider; *pensez-vous!*, just imagine! don't believe it! ‖ *penseur* [-ær] *m.* thinker. ‖ *pensif* [-ìf] *adj.** pensive, thoughtful; wistful.

pension [paⁿsyoⁿ] *f.* boarding-house; boarding-school; payment for board; pension, annuity. ‖ *pensionnaire* [-yònèr] *m.*, *f.* boarder; in-pupil; pensioner. ‖ *pensionnat* [-yònà] *m.* boarding-school. ‖ *pensionner* [-yòné] *v.* to pension off.

pensum [piⁿsòm] *m.* imposition, *Am.* extra work.

pentagone [pɪⁿtàgòn] *m.* pentagon.

pente [pɑⁿt] *f.* slope, declivity; incline, gradient; tilt, pitch [toit]; propensity, bent; *aller en pente,* to slope.

Pentecôte [pɑⁿtkôt] *f.* Whitsuntide.

pénurie [pénürî] *f.* scarcity, dearth, want; shortage; penury.

pépie [pépî] *f.* pip, roup.

pépin [pépîⁿ] *m.* kernel, pip, stone, pit; gamp [parapluie]; hitch, snag [ennui]. ‖ **pépinière** [-ìnyèr] *f.* nursery garden; seedbed; professional preparatory school.

pépite [pépìt] *f.* nugget.

perçant [pèrsɑⁿ] *adj.* piercing; sharp; shrill; penetrating, keen [œil]. ‖ **percée** [-sé] *f.* clearing; break-through (mil.); run-through [rugby]. ‖ **percement** [-mɑⁿ] *m.* piercing; boring; perforation; tunneling.

percepteur [pèrsèptœr] *m.* tax-collector. ‖ **perceptible** [-tìbl] *adj.* perceptible; audible; collectable. ‖ **perception** [-syoⁿ] *f.* perception; gathering; collector's office.

percer [pèrsé] *v.* to pierce; to bore, to drill; to perforate; to broach; to penetrate; to open; to become known; to break through (mil.); to cut through [rue]. ‖ **perceuse** [-èz] *f.* borer.

percevoir [pèrsᵉwàr] *v.** to perceive; to collect.

perchaude [pèrshôd] *f.* ⓒ American perch.

perche [pèrsh] *f.* perch [poisson].

perche [pèrsh] *f.* perch, pole, rod. ‖ **percher** [-é] *v.* to perch, to roost. ‖ **perchoir** [-wàr] *m.* roost.

perclus [pèrklü] *adj.* impotent; anchylosed; stiff.

percolateur [pèrkòlàtœr] *m.* percolator; coffee-percolator.

percussion [pèrküsyoⁿ] *f.* percussion. ‖ **percuter** [-üté] *v.* to strike.

perdant [pèrdɑⁿ] *adj.* losing; *m.* loser. ‖ **perdition** [-ìsyoⁿ] *f.* loss; wreck; perdition (eccles.); distress (naut.). ‖ **perdre** [pèrdr] *v.* to lose; to waste; to ruin; to forfeit; *perdre de vue,* to lose sight of; *se perdre,* to be lost; to lose one's way; to spoil [aliment]; to fall into disuse.

perdreau [pèrdrô] *m.** young partridge.

perdrix [pèrdrì] *f.* partridge.

perdu [pèrdü] *adj.* lost; ruined; wrecked; spoilt [balle].

père [pèr] *m.* father; sire; *pl.* forefathers.

péremptoire [péraⁿptwàr] *adj.* peremptory.

pérennité [pérènìté] *f.* perennity.

péréquation [pérékwàsyoⁿ] *f.* equalizing.

perfection [pèrfèksyoⁿ] *f.* perfection. ‖ **perfectionnement** [-yònmɑⁿ] *m.* perfecting, improvement; *école de perfectionnement,* finishing school. ‖ **perfectionner** [-yòné] *v.* to perfect, to improve; *se perfectionner,* to improve one's knowledge; to make oneself more skilful.

perfide [pèrfìd] *adj.* perfidious, false, faithless. ‖ **perfidie** [-î] *f.* perfidy, treachery; false-heartedness. ‖ **perforatrice** [pèrfòràtrìs] *f.* boring-machine, drill. ‖ **perforer** [-é] *v.* to perforate, to bore; *cartes perforées,* punched cards.

péril [pérìl] *m.* peril, danger; jeopardy; risk. ‖ **périlleux** [pérìlyë] *adj.** perilous, dangerous, hazardous.

périmé [pérìmé] *adj.* lapsed, expired, overdue, forfeit; out of date.

périmètre [pérìmètr] *m.* perimeter.

période [péryòd] *f.* period; age, era, epoch; phase (med.). ‖ **périodique** [-ìk] *m.* periodical; *adj.* periodic.

péripétie [pérìpésî] *f.* sudden change; catastrophe; vicissitude; mishap.

périphrase [pérìfràz] *f.* circumlocution; periphrasis.

périr [pérîr] *v.* to perish; to die. ‖ **périssable** [-ìsàbl] *adj.* perishable.

perle [pèrl] *f.* pearl; bead. ‖ **perlé** [-é] *adj.* pearly. ‖ **perler** [-é] *v.* to bead.

permanence [pèrmànɑⁿs] *f.* permanence; offices; *en permanence,* without interruption. ‖ **permanent** [-ɑⁿ] *adj.* permanent, lasting. ‖ **permanente** [-ɑⁿt] *f.* permanent wave, perm.

perméable [pèrméàbl] *adj.* permeable; pervious.

permettre [pèrmètr] *v.** to permit, to allow, to let; *vous permettez?,* allow me?; *se permettre,* to take the liberty (of). ‖ **permis** [-ì] *m.* permit; permission; pass; licence. ‖ **permission** [-ìsyoⁿ] *f.* permission; leave, furlough (mil.); *permissionnaire,* soldier on furlough.

permuter [pèrmüté] *v.* to permute.

pernicieux [pèrnìsyë] *adj.** pernicious, noxious, baneful, malignant.

péroné [péròné] *m.* fibula.

péronnelle [pérònèl] *f.* pert woman.

pérorer [péròré] *v.* to perorate.

perpétrer [pèrpétré] *v.* to perpetrate; to commit.

perpétuel [pèrpétüèl] *adj.** perpetual; endless, everlasting. ‖ **perpétuer** [-üé] *v.* to perpetuate. ‖ **perpétuité** [pèrpétüìté] *f.* perpetuity; *à perpétuité,* for life, for ever.

perplexe [pèrplèks] *adj.* perplexed; puzzled. ‖ *perplexité* [-ìté] *f.* perplexity, puzzlement.

perquisition [pèrkìzìsyoⁿ] *f.* perquisition, search. ‖ *perquisitionner* [-yóné] *v.* to search.

perron [pèroⁿ] *m.* front steps, perron, *Am.* stoop.

perroquet [pèròkè] *m.* parrot; topgallant sail (naut.).

perruche [pèrüsh] *f.* parakeet.

perruque [pèrük] *f.* wig; periwig.

persécuter [pèrséküté] *v.* to persecute; to importune; to harass, to pester. ‖ *persécution* [-üsyoⁿ] *f.* persecution; importunity.

persévérance [pèrsévéraⁿs] *f.* perseverance. ‖ *persévérer* [-é] *v.* to persevere; to persist.

persienne [pèrsyèn] *f.* shutter; blind, persienne.

persiflage [pèrsìflàj] *m.* persiflage; banter, chaff. ‖ *persifler* [-flé] *v.* to banter.

persil [pèrsì] *m.* parsley.

persistance [pèrsìstaⁿs] *f.* persistence. ‖ *persistant* [-aⁿ] *adj.* persistent; perennial (bot.). ‖ *persister* [-é] *v.* to persist.

personnage [pèrsònàj] *m.* personage, person; character (theat.). ‖ *personnalité* [-àlìté] *f.* personality; person. ‖ *personne* [pèrsòn] *f.* person; body; *indef. pron. m.* no one, nobody, not anyone. ‖ *personnel* [-èl] *adj.** personal; individual; *m.* personnel, staff of employees. ‖ *personnifier* [-ìfyé] *v.* to personify, to impersonate; to embody.

perspective [pèrspèktìv] *f.* perspective; prospect; *en perspective,* in view, in prospect.

perspicace [pèrspìkàs] *adj.* perspicacious, shrewd. ‖ *perspicacité* [-ìté] *f.* perspicacity, shrewdness, insight; acumen; clearsightedness.

persuader [pèrsüàdé] *v.* to persuade, to induce; to convince. ‖ *persuasif* [-üàzìf] *adj.** persuasive; convincing. ‖ *persuasion* [-üàzyoⁿ] *f.* persuasion.

perte [pèrt] *f.* loss; waste; leakage; defeat (mil.); casualty (mil.); discharge (med.); *à perte de vue,* as far as the eye can see.

pertinent [pèrtìnaⁿ] *adj.* pertinent, relevant.

perturbateur, -trice [pèrtürbàtœr, -trìs] *m., f.* disturber, upsetter; *adj.* disturbing; upsetting. ‖ *perturbation* [-syoⁿ] *f.* perturbation; disorder; upheaval; *perturbations atmosphériques,* atmospherics. ‖ *perturber* [-bé] *v.* to perturb.

pervenche [pèrvaⁿsh] *f.* periwinkle.

pervers [pèrvèr] *adj.* perverse; depraved [goût]; warped [esprit]; wicked; *m.* evil-doer, pervert [sexuel]. ‖ *perversité* [-sìté] *f.* perversity, perverseness. ‖ *pervertir* [-tìr] *v.* to pervert; to corrupt.

pesage [pᵉzàj] *m.* weighing; paddock. ‖ *pesant* [-aⁿ] *adj.* heavy, ponderous, *Am.* hefty; dull [esprit]. ‖ *pesanteur* [-aⁿtœr] *f.* weigh; gravity; heaviness, *Am.* heftiness; dullness [esprit]. ‖ *peser* [-é] *v.* to weight; to be heavy; to bear on, to press; to consider, to think over.

pessimisme [pèsìmìsm] *m.* pessimism. ‖ *pessimiste* [-ìst] *m., f.* pessimist; *adj.* pessimistic.

peste [pèst] *f.* plague, pestilence; pest (fam.). ‖ *pester* [-é] *v.* to swear, to rave (*contre,* at). ‖ *pestiféré* [-ìféré] *adj.* plague-stricken. ‖ *pestilence* [-ìlaⁿs] *f.* pestilence.

pet [pè] *m.* fart; *pet-de-nonne,* fritter, doughnut.

pétale [pétàl] *f.* petal.

pétarade [pétàràd] *f.* farting; crackling [feu d'artifice]; backfire [moteur]. ‖ *pétarader* [-é] *v.* to pop; to pop back; to backfire; to crackle. ‖ *pétard* [-àr] *m.* petard; firecracker; row, din; bum; six-shooter, *Am.* heater. ‖ *pétillant* [-lyaⁿ] *adj.* crackling; sparkling [vin, yeux]. ‖ *pétillement* [-ìymaⁿ] *m.* crackling; sparkling [vin, yeux]; fizzing [eau]. ‖ *pétiller* [-yé] *v.* to crackle; to sparkle; to fizz.

petit [pᵉtì] *adj.* small, little; short; petty, slight; *m.* little one, little boy; cub, pup, whelp [animaux]; *petit enfant,* tot; *tout petit,* tiny, wee; *petit à petit,* by degrees, little by little; *petite-fille,* grand daughter; *petit-fils,* grandson; *petit-lait,* whey, buttermilk. ‖ *petitesse* [-tès] *f.* smallness; shortness; meanness; pettiness; narrow-mindedness; mean action.

pétition [pétìsyoⁿ] *f.* petition.

pétrifier [pétrìfyé] *v.* to petrify; to dumbfound.

pétrin [pétrìⁿ] *m.* kneading-trough; mess (fam.). ‖ *pétrir* [-ìr] *v.* to knead; to mould.

pétrole [pétròl] *m.* petroleum; mineral oil; kerosene. ‖ *pétrolier* [-yé] *m.* tanker, oiler [bateau]; *adj.** relating to oil; *industrie pétrolière,* oil industry.

pétulance [pétülaⁿs] *f.* sprightliness; friskiness.

peu [pë] *m.* little; few; a little bit; *adv.* little; few; not very; *peu de chose,* mere trifle.

peuplade [pœplàd] *f.* tribe; people. ‖ **peuple** [pœpl] *m.* people; *adj.* plebeian. ‖ **peupler** [-é] *v.* to people; *se peupler,* to become peopled, to be populous.

peuplier [pœpliyé] *m.* poplar.

peur [pœr] *f.* fear, dread, fright; *avoir peur,* to be afraid; *faire peur,* to frighten; *de peur que,* lest; *de peur de,* for fear of. ‖ **peureux** [-ë] *adj.** fearful.

peut-être [pœtètr] *adv.* perhaps, maybe; possibly.

phalange [fàlanj] *f.* phalanx; host.

phalène [fàlèn] *f.* moth.

phare [fàr] *m.* lighthouse; beacon; headlight [auto].

pharmacie [fàrmàsî] *f.* pharmacy; *Br.* chemist's, *Am.* drugstore; medicine-chest. ‖ **pharmacien** [-yin] *m.* apothecary; *Br.* chemist; *Am.* druggist; *pharmaceutique,* pharmaceutical.

phase [fâz] *f.* phase; stage, period.

phénomène [fénòmèn] *m.* phenomenon; prodigy; character (fam.).

philosophe [filòzòf] *m.* philosopher; *adj.* philosophical. ‖ **philosophie** [-î] *f.* philosophy.

phonographe [fònògràf] *m.* phonograph, record-player, gramophone.

phoque [fòk] *m.* seal.

phosphate [fòsfàt] *m.* phosphate. ‖ **phosphore** [-òr] *m.* phosphorus.

photographe [fòtògràf] *m.* photographer, cameraman. ‖ **photographie** [-î] *f.* photography; photograph. ‖ **photographier** [-yé] *v.* to photograph; *photocopie,* photostat, photoprint, photocopy.

phrase [fràz] *f.* phrase; sentence.

physicien [fizìsyin] *m.* physicist.

physionomie [fìzìònòmî] *f.* countenance, aspect, look; physiognomy.

physique [fizìk] *f.* physics; natural philosophy; *m.* physique, natural constitution; outward appearance;* *adj.* physical, material; bodily.

piaffer [pyàfé] *v.* to paw the ground, to prance; to fume, to fidget; to swagger.

piailler [pyàyé] *v.* to chirp, to cheep; to squall.

pianiste [pyànìst] *m.*, *f.* pianist. ‖ **piano** [-ô] *m.* piano; *piano droit,* upright piano; *piano à queue,* grand piano; *piano demi-queue,* baby-grand piano.

piastre [pyàstr] *f.* © dollar.

pic [pìk] *m.* pick, pickaxe; peak [montagne]; *à pic,* steep, sheer,

vertical; apeak (naut.); in the nick of time, just in time.

pic [pìk] *m.* woodpecker [oiseau].

pichenette [pìchnèt] *f.* (fam.) fillip, flick, flip.

pichet [pìshè] *m.* pitcher.

pick-up [pìkœp] *m.* record-player, gramophone; pick-up, reproducer.

picorer [pìkòré] *v.* to peck, to pick up; to pilfer (fig.).

picotement [pìkòtman] *m.* tingling, prickling. ‖ **picoter** [pìkòté] *v.* to prick, to peck; to tingle.

picotin [pìkòtin] *m.* peck.

pie [pì] *f.* magpie; *adj.* piebald; *pie-grièche,* shrike.

pièce [pyès] *f.* piece; bit, fragment; document; head [bétail]; barrel, cask; apartment, room; play; coin; medal; *pièce d'eau,* artificial pond; *pièce à conviction,* material or circumstancial evidence; *mettre en pièces,* to tear to pieces.

pied [pyé] *m.* foot; leg [meuble]; base; stalk [plante]; head [céleri]; *avoir pied,* to have a footing; *pieds nus,* barefoot; *au pied de la lettre,* literally; *coup de pied,* kick; *fouler aux pieds,* to tread on, to trample; *lâcher son pied,* to turn tail; *mettre sur pied,* to set up, to establish; *doigt de pied,* toe; *cou-de-pied,* instep; *pied-à-terre,* temporary lodging; *pied-bot,* club-footed person; *pied-de-biche,* presser-foot; *pied-de-roi,* © folding rule; claw. ‖ *piédestal* [pyédèstàl] *m.* pedestal.

piège [pyèj] *m.* trap, snare; pitfall. ‖ **piéger** [pyéjé] *v.* to snare, to trap.

pierre [pyèr] *f.* stone; *pierre à aiguiser,* grind stone; *pierre d'achoppement,* stumbling-block; *pierre à fusil,* flint; *pierre de taille,* free-stone. ‖ *pierreries* [-rî] *f. pl.* precious gems. ‖ **pierreux** [-ë] *adj.** stony, gritty; calculous (med.).

piété [pyété] *f.* piety.

piétiner [pyétìné] *v.* to stamp; to paw the ground; to trample.

piéton [pyéton] *m.* pedestrian.

piètre [pyètr] *adj.* shabby, paltry; poor; lame; wretched.

pieu [pyë] *m.** stake, pile, post.

pieuvre [pyèvr] *f.* octopus, poulpe, devil-fish.

pieux [pyë] *adj.** pious, devout.

pigeon [pìjon] *m.* pigeon; *pigeon voyageur,* carrier-pigeon. ‖ *pigeonnier* [-ònyé] *m.* pigeon-house, dove-cot.

piger [pìjé] *v.* (fam.) to get it; to twig.

pigment [pìgman] *m.* pigment. ‖ *pigmenté* [-té] *adj.* pigmented.

pignon [pìñoⁿ] *m.* gable; chain-wheel; pinion [roue].

pile [pìl] *f.* pile, heap; pier [pont]; cell, battery (electr.).

pile [pìl] *f.* reverse, tail [pièce de monnaie]; *pile ou face,* heads or tails.

piler [pìlé] *v.* to pound, to crush, to pulverise, to grind.

pilier [pìlyé] *m.* pillar, column, post; prop; supporter.

pillage [pìyàj] *m.* pillage, plunder; looting, pilfering, waste. ‖ *pillard* [pìyàr] *m.* plunderer; *adj.* pillaging, predatory, plundering. ‖ *piller* [pìyé] *v.* to pillage, to loot, to pilfer, to plunder; to ransack; to filch, to pirate.

pilon [pìloⁿ] *m.* pestle, beetle, rammer, stamper; *mettre au pilon,* to pulp. ‖ *pilonner* [-òné] *v.* to pound, to ram, to mill, to stamp.

pilotage [pìlòtàj] *m.* piloting. ‖ *pilote* [pìlòt] *m.* pilot; guide; *pilote d'essai,* test pilot. ‖ *piloter* [-é] *v.* to pilot; to guide.

pilotis [pìlòtì] *m.* pile-work, pile-foundation, piling; *sur pilotis,* on piles.

pilule [pìlül] *f.* pill.

pimbêche [piⁿbèch] *f.* (fam.) old cat.

piment [pìmaⁿ] *m.* pimento; allspice. ‖ *pimenter* [-té] *v.* to spice; to render piquant.

pimpant [piⁿpaⁿ] *adj.* natty, spruce, smart, trim, natty.

pin [piⁿ] *m.* pine-tree, fir-tree.

pince [piⁿs] *f.* pinch; pincers, nippers, pliers, tweezers; crowbar; claw [langouste]; toe [cheval]; grip [main]; tongs [sucre]; *pince-monseigneur,* burglar's jemmy; *pince-nez,* pince-nez, bowless eye-glasses. ‖ *pincé* [-é] *adj.* pinched; affected; stiff.

pinceau [piⁿsô] *m.** paint-brush; pencil.

pincée [piⁿsé] *f.* pinch. ‖ *pincer* [-é] *v.* to pinch; to nip; to bite; to compress; to grip; to pluck [guitare]; to purse [lèvres]; (pop.) to nab, to arrest. ‖ *pincette* [-èt] *f.* nip; tweezers, nippers; tongs. ‖ *pinçon* [-oⁿ] *m.* pinch-mark.

pinède [pìnèd] *f.* pine-wood.

pingouin [piⁿgwiⁿ] *m.* razorbill; auk.

pingre [piⁿgr] *adj.* (fam.) stingy; *m.* skinflint.

pinson [piⁿsoⁿ] *m.* finch; chaffinch.

pintade [piⁿtàd] *f.* guinea-fowl, guinea-hen.

pinte [piⁿt] *f.* pint, © quart.

pioche [pyòsh] *f.* pickaxe, pick, mattock. ‖ *piocher* [-é] *v.* to pick; to grind (fam.).

piolet [pyòlè] *m.* ice-axe.

pion [pyoⁿ] *m.* pawn [échecs]; man [dames]; study master, *Am.* proctor [école]. ‖ *pionnier* [-ònyé] *m.* pioneer; trail-blazer.

pipe [pìp] *f.* pipe; tube. ‖ *pipeau* [-ô] *m.** shepherd's pipe, reed-pipe; bird-call; bird-snare; pipe (mus.). ‖ *piper* [-é] *v.* to peep; to lure [oiseaux]; to load [dés].

piquant [pìkaⁿ] *adj.* prickling, stinging; pointed, sharp; biting; pungent; piquant; witty; *m.* prickle; sting; thorn [épine]; quill [porc-épic]; spike; piquancy, pith; pungency; zest.

pique [pìk] *f.* pike; *m.* spade [cartes]; pique, tiff [querelle]. ‖ *pique-bois* [pìkbwà] *m.* © woodpecker.

piqué [pìké] *adj.* quilted; pinked [tissu]; sour [vin]; *m.* nose-dive (aviat.). ‖ *piquer* [-é] *v.* to prick, to sting; to bite; to puncture; to stitch; to quilt; to stab; to insert; to nettle, to pique; to poke; to nose-dive (aviat.). *se piquer,* to prick oneself; to pride oneself; to take offence; to sour [vin]; *pique-assiette,* sponger, parasite; *pique-nique,* picnic. ‖ *piquet* [-è] *m.* peg, stake, post; picket (mil.); piquet [cartes]. ‖ *piqueter* [-té] *v.* to stake out; to picket; to dot, to spot. ‖ *piquette* [-èt] *f.* thin wine. ‖ *piqueur* [-œr] *m.* huntsman; outrider; stitcher, sewer. ‖ *piqûre* [-ür] *f.* sting, prick; bite; puncture; injection, vaccination, *Am.* shot (med.); stitching, sewing; quilting.

pirate [pìràt] *m.* pirate. ‖ *piraterie* [-rì] *f.* piracy.

pire [pîr] *adj.* worse; *le pire,* the worst.

pirouette [pìrûèt] *f,* pirouette, whirling. ‖ *pirouetter* [-é] *v.* to pirouette, to twirl.

pis [pì] *m.* udder, dug.

pis [pì] *adv.* worse; *le pis,* the worst; *pis-aller,* last resource; makeshift.

piscine [pìsîn] *f.* swimming-pool.

pissenlit [pìsaⁿlì] *m.* dandelion.

pistache [pìstàch] *f.* pistachio-nut; *adj.* pistachio-green.

piste [pìst] *f.* track; race-course; trail, clue, scent; landing strip, runway (aviat.); ring [cirque]. ‖ *pister* [-té] *v.* to track; to shadow.

pistolet [pìstòlè] *m.* pistol.

piston [pìstoⁿ] *m.* piston; sucker [pompe]; valve [cornet]; (fam.) influence, backing, pull. ‖ *pistonner* [-òné] *v.* to recommend, to back, to push, to help to get on.

piteux [pìtë] *adj.** piteous, woeful; pitiable, sorry. ‖ *pitié* [-yé] *f.* pity, mercy, compassion.

piton [pìtòⁿ] *m.* screw-ring, ringbolt; peak [montagne].

pitoyable [pìtwàyàbl] *adj.* pitiable, pitiful, piteous; compassionate, sympathetic; wretched, despicable.

pitre [pìtr] *m.* clown; buffoon.

pittoresque [pìtòrésk] *adj.* picturesque; colourful; *m.* picturesqueness, vividness.

pivert [pìvèr] *m.* green woodpecker.

pivoine [pìvwàn] *f.* paeony.

pivot [pìvô] *m.* pivot, pin, axis, spindle, stud, swivel; fulcrum [levier]; tap-root [racine]. ‖ **pivoter** [-òté] *v.* to pivot, to revolve, to hinge, to swivel.

placage [plàkàj] *m.* veneering.

placard [plàkar] *m.* cupboard, wallpress, closet; bill, poster, placard, notice; panel [porte]. ‖ **placarder** [-dé] *v.* to post, to stick, to placard.

place [plàs] *f.* place; position; stead; space, room; seat, reservation (theat.); job, employment, post; locality, spot; square [publique]; town, fortress; *sur place,* on the spot; *à la place de,* instead of. ‖ **placement** [-màⁿ] *m.* placing; sale, disposal (comm.); investing [argent]; hiring, engaging; *bureau de placement,* Br. labour exchange, Am. employment agency. ‖ **placer** [-é] *v.* to place; to put, to set; to seat [spectateurs]; to get employment for; to sell, to dispose of (comm.); to invest [argent].

placide [plàsìd] *adj.* placid, calm, tranquil, quiet.

placier [plàsyé] *m.* canvasser; salesman; agent.

plafond [plàfoⁿ] *m.* ceiling. ‖ **plafonnier** [-ònyé] *m.* ceiling-light.

plage [plàj] *f.* beach, shore.

plagiat [plàjyà] *m.* plagiarism, plagiary. ‖ **plagier** [-jyé] *v.* to plagiarize.

plaider [plèdé] *v.* to plead; to litigate; to allege; to intercede. ‖ **plaideur** [-œr] *m.* litigant, petitioner; suitor. ‖ **plaidoirie** [-wàrî] *f.* pleading; barrister's speech. ‖ **plaidoyer** [-wàyé] *m.* plea; argument.

plaie [plè] *f.* wound; sore; plague, scourge, affliction.

plaignant [plèñàⁿ] *m.* plaintiff, prosecutor; *adj.* complaining.

plain [plìⁿ] *adj.* level; *de plain-pied avec,* flush with, on a par with.

plaindre [plìⁿdr] *v.** to pity; to be sorry for; to sympathize with; to grudge; *se plaindre,* to complain; to grumble; to moan.

plaine [plèn] *f.* plain.

plainte [plìⁿt] *f.* complaint; lamentation; reproach; *déposer une plainte,* to file a complaint. ‖ **plaintif** [-ìf] *adj.** plaintive, complaining, doleful; querulous.

plaire [plèr] *v.* to please; to be pleasing; *s'il vous plaît,* if you please; *plaît-il?,* I beg your pardon?, what did you say?; *la pièce m'a plu,* I enjoyed the play; *se plaire,* to delight (*à,* in); to please one another; to be content.

plaisant [plèzàⁿ] *m.* jester, joker; *adj.* pleasant; humorous, amusing, funny. ‖ **plaisanter** [-té] *v.* to jest, to joke; to trifle. ‖ **plaisanterie** [-trî] *f.* jest, joke; witticism; wisecrack (fam.); humo(u)r. ‖ **plaisantin** [-tìⁿ] *m.* jester, practical joker.

plaisir [plèzîr] *m.* pleasure, delight; will, consent; diversion; *avec plaisir,* willingly; *à plaisir,* gratuitously; designedly; *faire plaisir à,* to please.

plan [plàⁿ] *m.* plan, scheme, project; plane surface; map; wing (aviat.); distance, ground [tableau]; *adj.* even, level, flat; *plan du métro,* subway map; *premier plan,* foreground; *arrière-plan,* background.

planche [plàⁿsh] *f.* plank, board; shelf; plate [métal]; bed [légumes]; *pl.* stage (theat.); **planchette,** small plank. ‖ **plancher** [-é] *m.* floor, floorboard [auto].

planer [plàné] *v.* to hover, to soar; to plane, to make smooth; *vol plané,* glide.

planétaire [plànétèr] *adj.* planetary. ‖ **planète** [plànèt] *f.* planet.

planeur [plànœr] *m.* sail-plane, glider.

planification [plànìfìkàsyoⁿ] *f.* planning. ‖ **planifier** [-fyé] *v.* to plan, to blueprint.

plant [plàⁿ] *m.* young plant, slip; sapling; plantation. ‖ **plantation** [-tàsyoⁿ] *f.* planting, plantation. ‖ **plante** [plàⁿt] *f.* plant; sole [pied]; seaweed [mer]. ‖ **planter** [-é] *v.* to plant; to set up; to leave flat, to give the slip to, to jilt. ‖ **planteur** [-œr] *m.* planter. ‖ **plantoir** [-wàr] *m.* dibble, planting-tool. ‖ **planton** [-oⁿ] *m.* orderly (mil.); *de planton,* on duty.

plantureux [plàⁿtürë] *adj.** plentiful, copious, abundant; fertile, prolific.

plaque [plàk] *f.* plate [métal]; plaque; badge, tag; slab [marbre]; *plaque tournante,* turn-table (railw.). ‖ **plaquer** [-é] *v.* to plate [métal]; to veneer [bois]; to strike [accord]; (fam.) to jilt, to leave flat. ‖ **plaquette** [-èt] *f.* small plate; thin slab; small book, pamphlet, booklet, brochure.

plastique [plàstìk] *f.* plastic art; *m.* plastic goods; *adj.* plastic.

plastron [plàstroⁿ] *m.* breast-plate; plastron; shirt-front, dicky. ‖ *plas-tronner* [-ònè] *v.* to pose, to strut.

plat [plà] *adj.* flat; level, even; dull [style]; straight [cheveux]; calm [mer]; *m.* dish; *plate-bande*, flower bed; moulding (arch.); *plate-forme*, platform.

platane [plàtàn] *m.* plane-tree.

plateau [plàtô] *m.** tray; table-land, plateau; scale [balance]; platform, stage [theat.].

platée [plàtè] *f.* dishful.

platine [plàtĭn] *f.* plate [serrure]; screw-plate [fusil]; platen [presse].

platine [plàtĭn] *m.* platinum.

platitude [plàtĭtüd] *f.* platitude, banal remark; flatness, dullness; obsequiousness, cringing attitude.

platonique [plàtònĭk] *adj.* platonic; useless.

plâtre [plâtr] *m.* plaster. ‖ *plâtrer* [-é] *v.* to plaster. ‖ *plâtrier* [-tryé] *m.* plasterer.

plausible [plôzĭbl] *adj.* plausible.

plèbe [plèb] *f.* common people; plebs.

plébiscite [plébĭssĭt] *m.* plebiscite.

plein [pliⁿ] *adj.* full; filled; replete; complete, entire, whole; solid [pneu]; pregnant, full [animaux]; (fam.) drunk; *m.* full; full part; full tide; middle; *plein jour*, broad daylight; *plein hiver*, dead of winter; *pleine mer*, high seas; *faire le plein*, to fill the tank [auto]. ‖ *plénipotentiaire* [plénĭpòtaⁿsyèr] *m.*, *adj.* plenipotentiary. ‖ *plénitude* [-ĭtüd] *f.* plenitude, fullness, completeness, abundance.

pléthore [plétòr] *f.* superabundance. ‖ *pléthorique* [-rĭk] *adj.* overabundant; overcrowded.

pleur [plœr] *m.* tear. ‖ *pleurer* [-é] *v.* to weep, to cry; to mourn; to run, to water [yeux]. ‖ *pleurnicher* [-nishé] *v.* to whimper, to whine, to snivel. ‖ *pleurnicheur* [-nishœr] *adj.** whimpering, snivelling; *m.* whimperer, sniveller, cry-baby.

pleutre [plœtr] *m.* coward.

pleuvoir [plœvwàr] *v.** to rain; *il pleut à verse*, it's pouring.

plèvre [plèvr] *f.* pleura.

pli [plĭ] *m.* fold, pleat; wrinkle, pucker, crease; habit; envelope, cover; letter, note; curl [lèvre]; undulation [terrain]; *sous ce pli*, enclosed, herewith; *mise en plis*, wave, hair-set [cheveux]. ‖ *pliable* [-yàbl] *adj.* pliable, foldable, flexible. ‖ *pliage* [-yàj] *m.* folding, creasing. ‖ *pliant* [-yaⁿ] *adj.* pliant, flexible; docile [caractère]; collapsible [chaise]; *m.* folding-stool; camp-stool.

‖ *plier* [-yé] *v.* to fold; to bend; to yield. ‖ *plieuse* [-yëz] *f.* folding-machine.

plinthe [pliⁿt] *f.* plinth; skirting-board.

plissement [plĭssmaⁿ] *m.* wrinkling [front]; pursing [lèvres]; plication (geol.). ‖ *plisser* [plĭsé] *v.* to pleat, to fold; to crease; to crumple, to crinkle; to pucker.

plomb [ploⁿ] *m.* lead; fuse (electr.); shot, bullet; weight, sinker; plummet [sonde]; lead seal [sceau]; *à plomb*, upright; perpendicular; *fil à plomb*, plumb-line; *faire sauter un plomb*, to blow out a fuse. ‖ *plombage* [-bàj] *m.* leading, plumbing; sealing [douane]; filling, Br. stopping [dents]. ‖ *plomber* [-bé] *v.* to lead; to plumb; to seal; to fill, Br. to stop [dents]. ‖ *plomberie* [-brî] *f.* plumbery; lead industry; leadworks. ‖ *plombier* [-byé] *m.* plumber; leadworker; *adj.* related to lead.

plongée [ploⁿjé] *f.* plunge, dive; submersion; submergence [sous-marin]; dip, slope [terrain]; declivity (arch.). ‖ *plongeon* [-oⁿ] *m.* plunge, dive [natation]; diver [oiseau]. ‖ *plonger* [-é] *v.* to plunge, to dive; to submerge [sous-marin]; to immerse, to dip; to pitch [bateau]; to thrust. ‖ *plongeur* [-œr] *m.* diver; dish-washer, scullery-boy; plunger (mech.).

ployer [plwàyé] *v.* to bend; to bow; to give way, to yield; to ploy (mil.).

pluie [plüĭ] *f.* rain; shower; *pluie battante*, pelting rain, downpour.

plumage [plümàj] *m.* plumage, feathers. ‖ *plume* [plüm] *f.* feather, plume; quill, pen. ‖ *plumeau* [-ô] *m.** feather-duster. ‖ *plumer* [-é] *v.* to pluck, to plume; (fam.) to fleece. ‖ *plumier* [-yé] *m.* pen-box; pencil-case. ‖ *plumitif* [-ĭtĭf] *m.* (fam.) scribbler, pen-pusher.

plupart [plüpàr] *f.* the most, the majority, the greater part, the bulk; *la plupart des gens*, most people; *pour la plupart*, mostly.

pluraliser [plüràlĭzé] *v.* to pluralize. ‖ *pluralité* [-té] *f.* plurality.

pluriel [plüryèl] *m.*, *adj.* plural.

plus [plü] *adv.* more; *m.* more; most; plus (math.); *plus âgé*, older; *ne... plus*, no longer; *au plus*, at most; *de plus*, furthermore; *non plus*, neither, either; *de plus en plus*, more and more; *plus-que-parfait*, pluperfect (gramm.); *plus-value*, increment value.

plusieurs [plüzyœr] *adj.*, *pron.* several.

plutôt [plütô] *adv.* rather, sooner; on the whole; instead.

pluvieux [plüvyë] *adj.** rainy, wet.

pneu [pnë] *m.* Br. tyre, Am. tire. ‖ **pneumatique** [-màtìk] *adj.* pneumatic; Br. tyre, Am. tire; *m.* express letter [Paris].

pneumonie [pnëmònî] *f.* pneumonia (med.).

pochade [pòshàd] *f.* rapid sketch, rough sketch. ‖ **pochard** [-àr] *m.* drunkard, sot. ‖ **poche** [pòsh] *f.* pocket; pouch; sack, bag. ‖ **poché** [-é] *adj.* poached [œuf]; black [œil]. ‖ **pochette** [-èt] *f.* small pocket; pocket; book [allumettes]; fancy handkerchief [mouchoir]. ‖ **pochoir** [-wàr] *m.* stencil plate; *peinture au pochoir*, stencilling.

poêle [pwàl] *m.* stove; cooker.

poêle [pwàl] *m.* pall [pompes funèbres].

poêle [pwàl] *f.* frying-pan. ‖ **poêlon** [-loⁿ] *m.* pan, pipkin.

poème [pòèm] *m.* poem. ‖ **poésie** [pòézî] *f.* poetry; poem. ‖ **poète** [pòèt] *m.* poet. ‖ **poétesse** [pòétès] *f.* poetess. ‖ **poétique** [-ìk] *adj.* poetic; poetical; *f.* poetics.

poids [pwà] *m.* weight; heaviness; importance; load, burden; *poids lourd*, heavy, Br. lorry, Am. truck.

poignant [pwàñaⁿ] *adj.* agonizing; heart-rending; sharp.

poignard [pwàñàr] *m.* dagger, poniard; dirk. ‖ **poignarder** [-dé] *v.* to stab, to pierce. ‖ **poigne** [pwàñ] *f.* grasp, grip. ‖ **poignée** [-é] *f.* handful; handle [porte]; hilt [épée]; grip [revolver]; haft [outil]; handshake [main]. ‖ **poignet** [-è] *m.* wrist; wristband, cuff.

poil [pwàl] *m.* hair; fur; nap, pile [velours]; bristle [brosse]; down, pubescence [plante]. ‖ **poilu** [-ü] *adj.* hairy, shaggy; nappy [tissu]; *m.* French soldier.

poinçon [pwìⁿsoⁿ] *m.* punch; stamp, die; awl; chisel; piercer, pricker [broderie]; puncheon; *poinçon de contrôle*, hall-mark. ‖ **poinçonner** [-òné] *v.* to punch; to prick; to stamp; to cancel; to hall-mark. ‖ **poinçonneur** [-ònœr] *m.* puncher.

poindre [pwìⁿdr] *v.** to break, to dawn [aube]; to sprout [plante].

poing [pwìⁿ] *m.* fist; hand.

point [pwìⁿ] *m.* point; speck, dot; stitch, pain (med.); instant; degree; Br. full stop, Am. period; *adv.* not, no, none; *point d'interrogation*, question mark; *deux-points*, colon; *points de suspension*, suspension dots; *point-virgule*, semi-colon; *arriver à point*, to come in the nick of time; *cuit à point*, cooked medium-well; *sur le point de*, about to; *sur ce point*, on that score, in that respect; *point mort*, Br. neutral, Am. dead center [auto].

pointage [pwìⁿtàj] *m.* levelling, pointing; checking; time-keeping [ouvrier]. ‖ **pointe** [pwìⁿt] *f.* point, nail; fichu; cape, foreland; tip, peak; sting, pungency; witticism; touch; dawn [jour]; *pointe de vitesse*, spurt; *pointe sèche*, dry-point engraving; *pointe des pieds*, tiptoe. ‖ **pointer** [-é] *v.* to point; to pierce; to mark; to check; to aim, to lay [fusil]. ‖ **pointeur** [-œr] *m.* pointer, marker; checker; gunlayer. ‖ **pointillé** [-ìyé] *adj.* dotted [ligne]; stippled; *m.* dotted line. ‖ **pointiller** [-ìyé] *v.* to dot; to stipple; to perforate; to bicker. ‖ **pointilleux** [-ìyë] *adj.** particular, punctilious; fastidious. ‖ **pointu** [-ü] *adj.* pointed, sharp. ‖ **pointure** [-ür] *f.* size.

poire [pwàr] *f.* pear; powder-flask; bulb (electr.); (fam.) dupe, (pop.) sucker.

poireau [pwàrô] *m.** leek. ‖ **poireauter** [-té] *v.* (pop.) to dance attendance.

poirier [pwàryé] *m.* pear-tree.

pois [pwà] *m.* pea; polka dot [dessin]; *petits pois*, green peas; *pois cassés*, split peas.

poison [pwàzoⁿ] *m.* poison.

poissarde [pwàsàrd] *f.* fish-wife.

poisse [pwàs] *f.* (pop.) tough luck; jinx.

poisseux [pwàsë] *adj.** pitchy, gluey, sticky.

poisson [pwàsoⁿ] *m.* fish; *poisson d'avril*, April Fool joke; *poisson rouge*, goldfish. ‖ **poissonnerie** [-ònrî] *f.* fishmarket. ‖ **poissonnière** [-ònyèr] *f.* fish-kettle; fish-wife.

poitrail [pwàtràý] *m.* breast.

poitrinaire [pwàtrìnèr] *m.*, *f.*, *adj.* consumptive. ‖ **poitrine** [pwàtrîn] *f.* breast, chest, bosom; bust.

poivre [pwàvr] *m.* pepper. ‖ **poivrer** [-é] *v.* to pepper; to spice. ‖ **poivrier** [-ìyé] *m.* pepper-shrub; pepper-shaker. ‖ **poivron** [-oⁿ] *m.* pimento, Jamaica pepper. ‖ **poivrot** [-ô] *m.* drunkard, tippler.

poix [pwà] *m.* pitch; *poix sèche*, resin.

polaire [pòlèr] *adj.* polar. ‖ **polarisation** [pòlàrìzàsyoⁿ] *f.* polarization. ‖ **polariser** [-rìzé] *v.* to polarize. ‖ **polarité** [-rìté] *f.* polarity. ‖ **pôle** [pôl] *m.* pole.

polémique [pòlémìk] *f.* controversy, polemics; *adj.* polemical. ‖ **polémiquer** [-mìké] *v.* to polemize. ‖ **polémiste** [-mìst] *s.* polemist.

poli [pòlì] *m.* polish, gloss; *adj.* buffed; polished, glossy; (fig.) polite, civil, courteous.

police [pòlìs] *f.* policy [assurance].

police [pòlìs] *f.* police; policing; *agent de police*, policeman; *Br.* bobby, *Am.* cop (fam.); *salle de police*, guard-room; *faire la police*, to keep order. ‖ *policer* [-é] *v.* to civilize, to establish law and order.

polichinelle [pòlìshìnèl] *m.* Punch; buffoon (fig.).

policier [pòlìsyé] *m.* police constable; policeman; detective; *adj.* * police.

polir [pòlîr] *v.* to polish, to buff. ‖ *polissoir* [-ìswàr] *m.* polishing tool; buffer.

polisson [pòlìsoⁿ] *m.* scamp, rascal; mischievous child; *adj.* naughty; licentious, indecent, depraved.

politesse [pòlìtès] *f.* politeness; civility; urbanity; compliment.

politicien [pòlìtìsyìⁿ] *m.* politician. ‖ *politique* [-ìk] *f.* politics; policy; *adj.* political; politic, prudent.

pollen [pòllèn] *m.* pollen.

polluer [pòllüé] *v.* to pollute, to defile; to profane.

poltron [pòltroⁿ] *m.* coward; *adj.* * cowardly, craven, pusillanimous. ‖ *poltronnerie* [-ònrî] *f.* cowardice, poltroonery.

polycopier [pòlìkòpyé] *v.* to manifold, to mimeograph.

pommade [pòmàd] *f.* pomade, ointment, salve, unguent.

pomme [pòm] *f.* apple; knob, ball; head [chou, laitue]; cone [pin]; *pomme de terre*, potato.

pommeau [pòmô] *m.* * pommel; knob. ‖ *pommelé* [-lé] *adj.* dappled, mottled; cloudy.

pommette [pòmèt] *f.* cheek-bone; knob; ball ornament. ‖ *pommier* [-yé] *m.* apple tree.

pompe [poⁿp] *f.* pomp, ceremony; display, parade; state; *entrepreneur de pompes funèbres*, undertaker, funeral director, *Am.* mortician.

pompe [poⁿp] *f.* pump. ‖ *pomper* [-é] *v.* to pump; to suck in.

pompeux [poⁿpë] *adj.* * pompous.

pompier [poⁿpyé] *m.* fireman.

pompiste [poⁿpìst] *s.* pump assistant, filling-station mechanic.

pompon [poⁿpoⁿ] *m.* pompon, tuft, tassel.

pomponner (se) [sᵉpoⁿpòné] *v.* to titivate, to smarten oneself up.

ponce [poⁿs] *f.* pumice. ‖ *poncer* [-é] *v.* to pumice; to pounce.

ponction [poⁿksyoⁿ] *f.* puncture; tapping [poumon]; pricking.

ponctualité [poⁿktüàlìté] *f.* punctuality, promptness.

ponctuation [poⁿktüàsyoⁿ] *f.* punctuation.

ponctuel [poⁿktüèl] *adj.* * punctual, prompt, exact.

pondération [poⁿdéràsyoⁿ] *f.* ponderation, balance, equilibrium. ‖ *pondéré* [-é] *adj.* poised; weighed; moderate, sensible; considered.

pondeuse [poⁿdëz] *f.* egg-layer. ‖ *pondre* [poⁿdr] *v.* to lay eggs.

pont [poⁿ] *m.* bridge; deck [bateau]; *pont aérien*, air-lift; *pont-levis*, drawbridge; *faire le pont*, to bridge the gap; *pont arrière*, differential, rear-axle (mech.).

pontife [poⁿtìf] *m.* pontiff.

ponton [poⁿtoⁿ] *m.* bridge of boats; pontoon; convict ship.

popote [pòpòt] *adj.* (fam.) stay-at-home; *f.* mess; cooking.

populace [pòpülàs] *f.* populace; mob, rabble. ‖ *populaire* [-èr] *adj.* popular; vulgar, common. ‖ *popularité* [-àrité] *f.* popularity. ‖ *population* [-àsyoⁿ] *f.* population. ‖ *populeux* [-ë] *adj.* * populous. ‖ *populo* [-o] *m.* (fam.) riff-raff, rabble.

porc [pòr] *m.* pork; pig, hog, swine; dirty person (fig.).

porcelaine [pòrsᵉlèn] *f.* china, chinaware.

porc-épic [pòrképìk] *m.* porcupine, *Am.* hedge-hog.

porche [pòrsh] *m.* porch, portal.

porcher [pòrshé] *m.* swine-herd. ‖ *porcherie* [-ᵉrî] *f.* pig-sty.

pore [pòr] *m.* pore. ‖ *poreux* [-ë] *adj.* * porous; permeable; unglazed.

port [pòr] *m.* port, harbo(u)r; seaport town; wharf, quay; haven; *arriver à bon port*, to arrive safely, to reach safe harbo(u)r.

port [pòr] *m.* carrying; transport; carriage; carrying charges; postage; bearing, gait; tonnage, burden (naut.).

portage [pòrtàj] *m.* portage. ‖ *porter* [-é] *v.* © to portage.

portail [pòrtày] *m.* portal, gate.

portant [pòrtaⁿ] *adj.* bearing, carrying (mech.); *m.* bearer, upright; stay, strut; tread [roue]; *bien portant*, in good health; *à bout portant*, point-blank. ‖ *portatif* [-àtìf] *adj.* * portable.

porte [pòrt] *f.* gate, door; gateway, doorway, entrance; eye [agrafe]; *adj.* portal (anat.); *porte cochère*, carriage entrance; *porte à tambour*, revolving door; *mettre à la porte*, to evict, to expel, to oust; to sack; to fire; *porte-fenêtre*, *Br.* French window, *Am.* French door; *porte-à-porte*, door-to-door transport, house-to-house canvassing.

porté [pòrté] *adj.* inclined, disposed, prone; carried, worn; *porté manquant*, reported missing. ‖ *portée* [-é] *f.* bearing; span; litter, brood [animaux]; projection; reach; scope; compass [voix]; import; comprehension; stave (mus.); *à portée de la main*, within reach, to hand. ‖ *porter* [-é] *v.* to carry; to bear, to support; to wear [vêtements]; to take; to bring; to strike, to deal, to aim [coup]; to inscribe, to enter (comm.); to induce, to incline, to prompt; to produce [animaux]; to pass [jugement]; to shoulder [armes]; *se porter*, to proceed, to go; to be [santé]; to offer oneself [candidat]; to be worn [vêtement]; *porte-avions*, aircraft carrier, *Am.* flat-top; *portebagages*, carrier, luggage-rack; *portebonheur*, talisman, good-luck piece; *porte-bouteilles*, bottle-stand; coaster; *porte-cartes*, card-case; *porte-cigarette*, cigarette-holder; *porte-couteau*, knife-rest; *porte-crayon*, pencil-case; *porte-drapeau*, colo(u)r-bearer; *porte-étendard*, standard-bearer; *portefaix*, street-porter; dock hand, stevedore; *portefeuille*, portfolio; bill-fold, pocket-book; *portemanteau*, portmanteau; coat-stand; coat-hanger; davit (naut.); *porte-mine*, pencil-case; evershape pencil; *porte-monnaie*, purse; *portemusique*, music-stand, music-case; *porte-parapluies*, umbrella stand; *porte-parole*, spokesman, mouthpiece; *porte-plume*, penholder; *porte-savon*, soap-dish; *porte-serviettes*, towel-rod; napkin-ring; *porte-voix*, megaphone, speaking tube. ‖ *porteur* [-œr] *m.* porter; bearer, carrier.

portier [pòrtyé] *m.* door-keeper; janitor. ‖ *portière* [-yèr] *f.* door [voiture]; door-curtain. ‖ *portillon* [-iyoⁿ] *m.* wicket-gate, side-gate (railw.).

portion [pòrsyoⁿ] *f.* portion, part, share; allowance; helping; *portion congrue*, bare subsistance.

portique [pòrtìk] *m.* portico; cross-beam [sports]; awning [chemin de fer].

porto [pòrtô] *m.* port wine.

portrait [pòrtrè] *m.* portrait, likeness, picture. ‖ *portraitiste* [-tìst] *s.* portrait-painter.

pose [pôz] *f.* putting, laying, posting; stationing (mil.); pose, attitude, posture; posing, affectation; time-exposure (phot.). ‖ *posé* [pôzé] *adj.* staid, grave, sedate; poised. ‖ *poser* [-é] *v.* to put, to set, to lay; to rest, to lie; to pose; to ask [question]; to post, to station (mil.); to put down (math.); to pitch (mus.); *se poser*, to alight, to perch [oiseau]; to land [avion]; to come up [question].

positif [pòzìtìf] *adj.** positive, certain, definite; matter-of-fact, practical [esprit]; actual, real; *m.* positive print (phot.); solid reality (fig.).

position [pòzìsyoⁿ] *f.* position; situation; condition; standing.

posologie [pòzòlòjì] *f.* dosage.

possédé [pòsédé] *adj.* possessed; *m.* madman. ‖ *posséder* [-é] *v.* to possess, to own; to have, to hold; to be master of [science], to dominate (someone). ‖ *possesseur* [pòsèsœr] *m.* possessor, owner. ‖ *possessif* [-sìf] *adj.** possessive. ‖ *possession* [-yoⁿ] *f.* possession, ownership; property, belonging; perfect knowledge.

possibilité [pòsìbìlìté] *f.* possibility. ‖ *possible* [pòsìbl] *adj.* possible; *faire tout son possible*, to do one's best, to do all one can.

postal [pòstàl] *adj.** postal.

poste [pòst] *f.* post-office; mail; post [relais]; *poste restante*, general delivery, *Br.* to be called for; *mettre à la poste*, to mail, to post.

poste [pòst] *m.* post, station; guard-house; guards (mil.); employment, position, post, job; entry, item, heading (comm.); signal-box (railw.); berth, quarters (naut.); *poste de T.S.F.*, *Br.* wireless, *Am.* radio set; *poste de secours*, medical aid station, first-aid station; *poste de télévision*, television set; *poste d'essence*, petrol-pump, *Am.* filling station; *poste d'incendie*, fire-house, fire-station.

poster [pòsté] *v.* to post, to mail.

postérieur [pòstéryœr] *adj.* posterior, subsequent, later; behind, back; *m.* behind, backside, rear.

postérité [pòstérìté] *f.* posterity.

posthume [pòstüm] *adj.* posthumous.

postiche [pòstìsh] *adj.* superadded; bogus, mock, dummy, false, sham; *m.* postiche; hair-pad, *Am.* rat.

postier [pòstyé] *m.* post-office employee, postal clerk.

postulant [pòstülaⁿ] *m.* applicant; candidate; postulant. ‖ *postulat* [-à] *m.* postulate. ‖ *postuler* [-é] *v.* to apply for, to solicit.

posture [pòstür] *f.* posture.

pot [pô] *m.* pot; jar, jug, can; *pot pourri*, hodge-podge; *pot aux roses*, secret plot; *pot-au-feu*, soup-pot; (fig.) stay-at-home; *pot-de-vin*, tip; bribe, graft, hush-money, rake-off (pop.); *pot-pourri*, medley.

potable [pòtàbl] *adj.* potable, drinkable; acceptable (fam.).

potache [pòtàsh] *m.* schoolboy.

potage [pòtàj] *m.* soup; pottage. ‖ *potager* [-é] *m.* kitchen garden; *adj.* vegetable.

potasse [pòtàs] *f.* potash. ‖ **potassium** [-yòm] *m.* potassium.

pote [pòt] *m.* (pop.) chum, pal, *Am.* buddy.

poteau [pòtô] *m.** post, stake; pole; *poteau indicateur*, signpost.

potelé [pòtlé] *adj.* plump, chubby, pudgy; dimpled.

potence [pòtaⁿs] *f.* gallows, gibbet.

potentiel [pòtaⁿsyèl] *adj.** potential; *m.* potentiality.

poterie [pòtrî] *f.* pottery; earthenware; *poterie de grès*, stoneware.

potiche [pòtìsh] *f.* porcelain vase.

potier [pòtyé] *m.* potter; pewterer.

potin [pòtiⁿ] *m.* (fam.) row, din; scandal, piece of gossip. ‖ **potiner** [pòtìné] *v.* to gossip.

potion [pòsyoⁿ] *f.* potion, draft.

potiron [pòtìroⁿ] *m.* pumpkin.

pou [pû] *m.** louse (*pl.* lice).

poubelle [pûbèl] *f.* metal garbage-can; dust-bin.

pouce [pûs] *m.* thumb; big toe; inch; © hitch-hiking; *faire du pouce,* © to hitch-hike.

poudre [pûdr] *f.* powder; dust; gun-powder; *café en poudre*, soluble coffee, powdered coffee; *sucre en poudre*, granulated sugar; *poudre de riz*, rice powder, face powder. ‖ **poudrer** [-é] *v.* to powder. ‖ **poudrerie** [-erî] *f.* gunpowder factory; ⊕ blizzard, drifting snow. ‖ **poudreux** [-é] *adj.** dusty, powdery; (*neige*) *poudreuse*, powdered snow. ‖ **poudrier** [-iyé] *m.* woman's powder box, compact. ‖ **poudrière** [-iyèr] *f.* powder-magazine.

pouffer [pûfé] *v.* to burst out laughing.

pouilleux [pûyë] *adj.** lice-infested, lousy.

poulailler [pûlàyé] *m.* hen-house, chicken-roost; poultry-cart; gallery, cheap seats, *Br.* gods, *Am.* peanut gallery (theat.).

poulain [pûliⁿ] *m.* colt, foal; pony-skin [fourrure]; trainee; promising youngster.

poularde [pûlàrd] *f.* fat pullet. ‖ **poule** [pûl] *f.* hen; fowl; pool [jeu]; mistress; tart [femme]; *chair de poule*, gooseflesh; *poule mouillée*, milksop, timid soul. ‖ **poulet** [-è] *m.* chicken; love-letter.

pouliche [pûlìsh] *f.* filly.

poulie [pûlî] *f.* pulley.

poulpe [pûlp] *m.* octopus, devil-fish.

pouls [pû] *m.* pulse.

poumon [pûmoⁿ] *m.* lung.

poupe [pûp] *f.* stern, poop (naut.).

poupée [pûpé] *f.* doll; puppet; bandaged finger. ‖ **poupin** [-piⁿ] *adj.* chubby. ‖ **poupon** [-oⁿ] *m.* baby. ‖ **pouponner** [-pòné] *v.* to mother; to nurse. ‖ **pouponnière** [-ònyèr] *f.* public nursery, creche, *Am.* day nursery.

pour [pûr] *prep.* for; on account of; for the sake of; as for; in order to; *pour ainsi dire*, as it were, so to speak; *pour que*, so that, in order that.

pourboire [pûrbwàr] *m.* tip, gratuity.

pourceau [pûrsô] *m.** pig, hog, swine.

pour-cent [pûrsaⁿ] *m.* percent. ‖ **pourcentage** [-tàj] *m.* percentage.

pourchasser [pûrshàsé] *v.* to pursue; to chase; to hound.

pourfendre [pûrfaⁿdr] *v.* to cleave asunder; to lunge at.

pourlécher [pûrléshé] *v.* to lick all over; *se pourlécher les babines*, to lick one's lips.

pourparlers [pûrpàrlé] *m. pl.* parley, conference, negotiations.

pourpoint [pûrpwiⁿ] *m.* doublet.

pourpre [pûrpr] *m.* purple colo(u)r; crimson; purple; crimson. ‖ *adj.* purple; crimson.

pourquoi [pûrkwà] *adv.* why.

pourrir [pûrîr] *v.* to rot, to spoil; to corrupt; to decay, to putrefy. ‖ **pourriture** [-ltür] *f.* rot, rottenness; putrefaction; corruption.

poursuite [pûrsüìt] *f.* pursuit; prosecution; lawsuit, legal action. ‖ **poursuivant** [-üìvaⁿ] *m.* candidate, applicant; plaintiff, prosecutor. ‖ **poursuivre** [pûrsüìvr] *v.** to pursue; to seek; to annoy, to beset; to proceed with; to go through with; to prosecute; to carry on [procès]; to continue.

pourtant [pûrtaⁿ] *adv.* yet, still, however, nevertheless.

pourtour [pûrtûr] *m.* circumference, periphery.

pourvoi [pûrvwà] *m.* appeal (jur.); petition. ‖ **pourvoir** [-wàr] *v.** to attend to, to see to; to furnish, to supply; to provide for, to make provision for; *se pourvoir*, to provide oneself; to petition; *se pourvoir en cassation*, to appeal for a reversal of judgment. ‖ **pourvu** [-ü] *adj.* provided; *pourvu que*, provided (that), so long as.

pousse [pûs] *f.* shoot, sprout. ‖ **poussée** [-é] *f.* push, shove, pressure. ‖ **pousser** [-é] *v.* to push, to shove; to impel, to incite; to urge on; to thrust; to utter [cri]; to heave [soupir]; to grow, to sprout.

poussette [pûsèt] *f.* go-cart; push-chair, *Am.* stroller.

poussier [pûsyé] *m.* coal-dust. ‖ **poussière** [-yèr] *f.* dust; powder; pollen; spray [eau]; remains [des

morts]. ‖ **poussiéreux** [-yérë] *adj.**
dusty; dust-colo(u)red.

poussif [pûsìf] *adj.** broken-winded,
short-winded, pursy, wheezy.

poussin [pûsìⁿ] *m.* chick, chicken.

poutre [pûtr] *f.* beam; girder; truss.
‖ **poutrelle** [-èl] *f.* small beam.

pouvoir [pûvwàr] *m.* power; might;
authority; command, government; *v.**
to be able; to have power; to be
possible; *je peux,* I can; *il se peut,* it
is possible, it may be.

prairie [prèrî] *f.* meadow, prairie.

praline [pràlîn] *f.* praline.

praticable [pràtìkàbl] *adj.* practicable, feasible; passable [chemin]; *m.*
practicable, movable stage prop. ‖
praticant [-ìkaⁿ] *adj.* church-going;
m. church-goer. ‖ **praticien** [-ìsyìⁿ] *m.*
practitioner. ‖ **pratique** [-ìk] *f.* practice; method, usage, habit; customers,
clientele, clients; *adj.* practical, busi-
ness-like; matter-of-fact; convenient;
expedient, advantageous, profitable. ‖
pratiquer [-ìké] *v* to practise; to
exercise [profession]; to frequent, to
associate with; to open, to contrive,
to build; to cut [chemin]; to pierce
[trou]; to be a church-goer (eccles.).

pré [pré] *m.* meadow.

préalable [préàlàbl] *adj.* previous;
preliminary; prior; anterior; *m.* preliminary.

préambule [préaⁿbül] *m.* preamble.

préau [préô] *m.** covered playground.

préavis [préavì] *m.* forewarning;
advance notice.

précaire [prékèr] *adj.* precarious;
risky, insecure; delicate [santé].

précaution [prékôsyoⁿ] *f.* precaution;
caution, circumspection, care, prudence. ‖ *précautionner* [-yòné] *v.* to
caution, to warn; to admonish; *se
précautionner,* to be cautious, to take
precautions. ‖ *précautionneux* [-në]
adj.* cautious, wary, prudent.

précédent [prèsédaⁿ] *adj.* preceding,
previous, prior, precedent; former;
m. precedent. ‖ *précéder* [-é] *v.* to
precede, to antecede; to antedate; to
take precedence (over).

précepte [présèpt] *m.* precept, rule;
principle, maxim; law, injunction. ‖
précepteur, -trice [-œr, -trìs] *m.,* *f.*
tutor, teacher. ‖ *préceptorat* [-tòrà]
m. tutorship.

prêche [prèsh] *m.* sermon. ‖ **prêcher**
[-é] *v.* to preach; to sermonize; to
exhort; to advocate.

précieux [présyé] *adj.** precious,
costly; valuable, affected, finical, over-
nice. ‖ *préciosité* [-yòzìté] *f.* affectation, preciosity.

précipice [présìpìs] *m.* precipice,
cliff; abyss, chasm, void, gulf.

précipitation [présìpìtàsyoⁿ] *f.* pre-
cipitancy, hurry, haste; precipitation
(chem.). ‖ *précipiter* [-é] *v.* to precipitate, to hurl, to dash down; to
hustle, to hurry, to hasten, to accelerate; *se précipiter,* to precipitate oneself, to hurl oneself; to rush forward,
to dash, to spring forth, to dart; to
hurry, to hasten; to swoop down.

précis [présì] *m.* summary, résumé,
précis; *adj.* precise, accurate, exact;
fixed, formal; terse; concise. ‖ *préciser* [-zé] *v.* to state precisely, to
define, to specify, to stipulate. ‖ *précision* [-zyoⁿ] *f.* precision, preciseness;
accuracy, correctness; definiteness,
conciseness.

précité [présìté] *adj.* above-mentioned, afore-said.

précoce [prékòs] *adj.* precocious,
early, premature, forward. ‖ *précocité*
[-ìté] *f.* precocity.

préconçu [prékoⁿsü] *adj.* precon-
ceived, foregone [opinion].

préconiser [prékonìzé] *v.* to advocate, to recommend, to extol.

précurseur [prékürsœr] *m.* forerunner, precursor; harbinger; *adj.*
premonitory.

prédécesseur [prédésèsœr] *m.* predecessor.

prédestination [prédèstìnàsyoⁿ] *f.*
predestination. ‖ *prédestiner* [prédès-
tìné] *v.* to predestinate; to foredoom.

prédicateur [prédìkàtœr] *m.* preacher ‖ *prédication* [-àsyoⁿ] *f.* preaching.

prédiction [prédìksyoⁿ] *f.* prediction,
forecast, prophecy, augury.

prédilection [prédìlèksyoⁿ] *f.* predilection; bias; taste; preference; *de
prédilection,* favo(u)rite.

prédire [prédîr] *v.** to predict, to
foretell.

prédisposer [prédìspòzé] *v.* to predispose.

prédominance [prédòmìnaⁿs] *f.* predominance, ascendancy, prevalence. ‖
prédominer [-é] *v.* to predominate, to
prevail.

prééminent [préémìnaⁿ] *adj.* pre-
eminent; prominent; superior.

préexister [préégzìsté] *v.* to pre-
exist.

préfabriquer [préfàbrìké] *v.* to prefabricate.

préface [préfàs] *f.* preface, foreword,
introduction. ‖ *préfacer* [-sé] *v.* to
preface.

préfecture [préfèktür] *f.* prefecture;
préfecture de police, police headquarters; police department.

préférable [préféràbl] *adj.* preferable. ‖ *préféré* [-é] *adj.* preferred, favo(u)rite. ‖ *préférence* [-aⁿs] *f.* preference. ‖ *préférer* [-é] *v.* to prefer. ‖ *préférentiel* [-aⁿsjèl] *adj.** preferential.

préfet [préfè] *m.* prefect; administrator of a department (France); *préfet de police*, chief commissioner of police; *préfet maritime*, port-admiral.

préjudice [préjüdìs] *m.* injury, hurt, detriment, damage, prejudice. ‖ *préjudiciable* [-yàbl] *adj.* prejudicial, detrimental, injurious, hurtful, damaging. ‖ *préjudiciel* [-yèl] *adj.** interlocutory.

préjugé [préjüjé] *m.* prejudice, bias, prejudgment; presumption, assumption. ‖ *préjuger* [-é] *v.* to prejudge.

prélasser (se) [sᵉprélàsé] *v.* to lounge, to relax.

prélat [prélà] *m.* prelate.

prélèvement [prélèvmaⁿ] *m.* previous deduction; advance withholding; appropriation; drawing; sample (med.). ‖ *prélever* [prélvé] *v.* to deduct beforehand, to withhold beforehand; to set aside, to levy; to take (med.).

préliminaire [prélìmìnèr] *m.*, *adj.* preliminary.

prélude [prélüd] *m.* prelude. ‖ *préluder* [-é] *v.* to prelude.

prématuré [prémàtüré] *adj.* premature; untimely.

préméditation [prémédìtàsyoⁿ] *f.* premeditation. ‖ *préméditer* [-é] *v.* to premeditate.

prémices [prémìs] *f. pl.* first-fruits; firstlings; beginnings (fig.).

premier [prᵉmyé] *adj.** first, foremost, principal, chief; best; primeval, ancient; former [de deux]; prime [nombre]; *m.* chief, head, leader; *Br.* first floor, *Am.* second floor; leading man (theat.); *Premier ministre*, Prime Minister, Premier; *matières premières*, raw materials. ‖ *première* [-yèr] *f.* first performance, opening night (theat.); forewoman. ‖ *premièrement* [-yèrmaⁿ] *adv.* first, firstly.

prémisse [prémìs] *f.* premise.

prémonition [prémònìsyoⁿ] *f.* premonition, foreboding. ‖ *prémunir* [-ünîr] *v.* to forewarn, to caution; se *prémunir*, to guard; to protect oneself; to take precautions.

prenable [prᵉnàbl] *adj.* seizable; corruptible. ‖ *prenant* [-aⁿ] *adj.* prehensile; engaging, captivating; *partie prenante*, payee. ‖ *prendre* [praⁿdr] *v.** to take; to get; to seize; to buy [billet]; to grasp; to capture; to eat, to have [repas]; to coagulate, to set, to congeal [liquide]; to catch [froid, feu]; to make [décision]; *prendre le*

large, to stand out to sea (naut.); *à tout prendre*, on the whole; se *prendre*, to catch, to be caught; to cling, to grasp; *s'en prendre à*, to blame, to attack (someone); *s'y prendre*, to go about it. ‖ *preneur* [prᵉnœr] *m.* taker; captor; lessee.

prénom [prénoⁿ] *m.* name, first name, given name, Christian name. ‖ se *prénommer* [sᵉprénòmé] *v.* to be called.

préoccupation [préòküpàsyoⁿ] *f.* preoccupation; anxiety, worry. ‖ *préoccuper* [-é] *v.* to preoccupy; to disturb, to worry, to trouble; to prejudice, se *préoccuper*, to busy oneself (de, with); to attend (de, to); to bother; to care.

préparateur, -trice [prépàràtœr, -trìs] *m.*, *f.* preparer, maker, assistant; demonstrator; coach, tutor; (fam.) crammer [école]. ‖ *préparatifs* [-àtìf] *m. pl.* preparation. ‖ *préparation* [-àsyoⁿ] *f.* preparation, preparing. ‖ *préparatoire* [-àtwàr] *adj.* preparatory; preliminary. ‖ *préparer* [-é] *v.* to prepare, to make ready; to arrange; se *préparer*, to prepare oneself; to be in the wind [événement]; to loom [malheur]; to brew [orage].

prépondérant [prépoⁿdéraⁿ] *adj.* preponderant; deciding [voix].

préposé [prépòzé] *m.* official in charge, superintendent, overseer; employee; keeper. ‖ *préposer* [-é] *v.* to appoint, to designate, to put in charge. ‖ *préposition* [prépòzìsyoⁿ] *f.* preposition.

prérogative [prérògàtîv] *f.* prerogative, privilege.

près [prè] *adv.* near; close (de, to); *à peu près*, almost, pretty near.

présage [prézàj] *m.* presage, portent, foreboding; omen. ‖ *présager* [-é] *v.* to presage, to bode, to portend; to predict, to augur.

presbyte [prèzbìt] *adj.* presbyopic, long-sighted, *Am.* far-sighted.

presbytère [prèzbìtèr] *m.* parsonage, vicarage; rectory; manse.

prescience [prèsyaⁿs] *f.* prescience, foreknowledge, foresight.

prescription [prèskrìpsyoⁿ] *f.* prescription; specification, limitation (jur.). ‖ *prescrire* [-îr] *v.** to prescribe; to enjoin; to specify, to stipulate.

présence [prézaⁿs] *f.* presence; attendance; bearing; appearance. ‖ *présent* [-aⁿ] *m.* present; present tense; gift; *adj.* present; attentive to. ‖ *présentable* [prézaⁿtàbl] *adj.* presentable. ‖ *présentateur* [-tàtœr] *m.* presenter. ‖ *présentation* [-àsyoⁿ] *f.* presentation; exhibition; introduction. ‖ *présenter* [-é] *v.* to present, to offer; to show, to exhibit; to introduce; *se présenter*, to appear; to occur; to arise [problème]; to introduce oneself [personne]; to sit [à un examen].

préservatif [prézèrvàtìf] *m.*, *adj.** preservative; contraceptive (med.). ‖ **préservation** [-àsyoⁿ] *f.* preservation, protection. ‖ **préserver** [-é] *v.* to preserve; to protect.

présidence [prézìdaⁿs] *f.* presidency, chairmanship. ‖ **président** [-aⁿ] *m.* president, chairman; presiding judge; speaker (of the *Br.* House of Commons, *Am.* House of Representatives). ‖ **présidentiel** [-aⁿsyèl] *adj.** presidential. ‖ **présider** [-é] *v.* to preside over.

présomptif [prézoⁿptìf] *adj.** presumptive, presumed; *héritier présomptif*, heir-apparent. ‖ **présomption** [-syoⁿ] *f.* presumption, self-conceit. ‖ **présomptueux** [-tüë] *adj.** presumptuous, presuming; self-conceited.

presque [prèsk] *adv.* almost, nearly, all but; *presqu'île*, peninsula.

pressant [prèsaⁿ] *adj.* pressing, urgent; earnest; importunate. ‖ **presse** [près] *f.* press; printing press; crowd; haste, hurry; pressure; impressment (mil.); *presse-papiers*, paper-weight; *presse-purée*, potato-masher. ‖ **pressé** [-é] *adj.* pressed; crowded; close; serried; in a hurry; pressing; eager.

pressentiment [prèsaⁿtìmaⁿ] *m.* presentiment; misgiving, apprehension, *Am.* hunch. ‖ **pressentir** [-îr] *v.* to have a presentiment; to sound (someone) out.

presser [prèsé] *v.* to press, to squeeze; to crowd; to hasten, to hurry; to urge, to entreat; to pull [détente]; *se presser*, to press; to crowd; to hurry. ‖ **pression** [-yoⁿ] *f.* pressure; tension; stress, strain; snap [bouton]; *bière à la pression*, draught beer, *Am.* steam beer. ‖ **pressoir** [-wàr] *m.* press; squeezer; push button. ‖ **pressurer** [-üré] *v.* to press; to squeeze; to grind down; to oppress; to bleed white.

prestance [prèstaⁿs] *f.* commanding appearance, good presence.

prestation [prèstàsyoⁿ] *f.* tax-money; required service; *prestation de serment*, taking of an oath.

preste [prèst] *adj.* nimble, agile, deft; quick, brisk; quick-witted.

prestidigitateur [prèstìdìjìtàtœr] *m.* conjuror, juggler, sleight of hand artist. ‖ **prestidigitation** [-àsyoⁿ] *f.* conjuring, juggling, legerdemain, sleight-of-hand, prestidigitation.

prestige [prèstìj] *m.* prestige. ‖ **prestigieux** [-jyœ] *adj.** dazzling, marvellous.

présumer [prézümé] *v.* to presume, to suppose, to assume.

présure [prézür] *f.* rennet.

prêt [prè] *adj.* ready, prepared; *prêt-à-porter*, ready-to-wear, ready-made.

prêt [prè] *m.* loan, lending; *prêt-bail*, lend-lease.

prétendant [prétaⁿdaⁿ] *m.* candidate; pretender [au trône]; suitor [amoureux]. ‖ **prétendre** [prétaⁿdr] *v.* to pretend, to claim; to assert, to affirm, to maintain; to intend, to mean; to aspire. ‖ **prétendu** [-ü] *adj.* alleged, pretended, supposed, so-called, would-be.

prétentieux [prétaⁿsyë] *adj.** pretentious, assuming, conceited, vain; affected; showy. ‖ **prétention** [-yoⁿ] *f.* pretention, claim, allegation; pretense; demand; conceit.

prêter [prètè] *v.* to lend; to ascribe, to attribute; to impart; to bestow; to stretch [tissu]; *prêter serment*, to take oath, to swear; *se prêter*, to lend oneself; to yield, to favo(u)r. ‖ **prêteur** [-œr] *m.* lender; bailor; *prêteur sur gages*, pawnbroker.

prétexte [prétèkst] *m.* pretext, pretense, excuse, blind. ‖ **prétexter** [-é] *v.* to pretend, to allege.

prêtre [prètr] *m.* priest; minister.

preuve [prëv] *f.* proof; evidence, testimony; test; *faire preuve de*, to show, to display.

prévaloir [prévàlwàr] *v.** to prevail; *se prévaloir*, to take advantage, to presume upon, to avail oneself; to pride oneself (*de*, on).

prévaricateur, -trice [prévàrìkàtœr, -trìs] *adj.* dishonest; *m.*, *f.* dishonest official. ‖ **prévarication** [-àsyoⁿ] *f.* abuse of trust; breach, default.

prévenance [prévnaⁿs] *f.* considerateness, obligingness; attention. ‖ **prévenant** [prévnaⁿ] *adj.* obliging; kind; attentive, considerate; prepossessing, engaging. ‖ **prévenir** [-îr] *v.* to precede; to forestall; to warn, to caution; to prejudice; to prevent; to anticipate [besoins].

préventif [prévaⁿtìf] *adj.** preventive. ‖ **prévention** [-aⁿsyoⁿ] *f.* prejudice, bias; accusation; confinement pending trial.

prévenu [prévnü] *adj.* prejudiced, biased; warned; forestalled; accused, indicted; *m.* prisoner, accused person.

prévision [prévìzyoⁿ] *f.* prevision, forecast; anticipation; estimate. ‖ **prévoir** [-wàr] *v.** to foresee, to forecast, to gauge; to anticipate. ‖ **prévoyance** [-wàyaⁿs] *f.* foresight; caution. ‖ **prévoyant** [-wàyaⁿ] *adj.* provident; careful, prudent, cautious. ‖

prévu [-ü] *adj.* foreseen, anticipated, provided, allowed.

prie-Dieu [prìdyë] *m.* kneeling-chair, prayer-stool.

prier [prìé] *v.* to pray; to entreat, to beseech, to request, to beg; to invite; *je vous en prie,* I beg of you; you are welcome; don't mention it. ‖ *prière* [prìyèr] *f.* prayer; request, entreaty.

primaire [prìmèr] *adj.* primary, elementary.

primauté [prìmôté] *f.* primacy.

prime [prìm] *f.* premium; prize, bonus; bounty, subsidy; encouragement; *faire prime,* to be highly appreciated.

prime [prìm] *adj.* first; prime (math.); *de prime abord,* at first. ‖ *primer* [-é] *v.* to surpass, to excel; to award prizes to. ‖ *primesautier* [-sôtyé] *adj.* impulsive, spontaneous. ‖ *primeur* [-œr] *f.* early product; newness; freshness.

primevère [prìm°vèr] *f.* primrose.

primitif [prìmìtìf] *adj.* first, early, primitive, aboriginal; pristine; *m.* primitive.

primo [prìmô] *adv.* firstly, in the first place.

primordial [prìmòrdyàl] *adj.* primordial, primeval.

prince [prìⁿs] *m.* prince. ‖ *princesse* [-ès] *f.* princess. ‖ *princier* [-yé] *adj.* princely.

principal [prìⁿsìpàl] *adj.* principal, chief, main; staple [nourriture]; *m.* principal; main thing; headmaster. ‖ *principauté* [-pôté] *f.* principality, princedom. ‖ *principe* [prìⁿsìp] *m.* principle; rudiment, element; source, basis, motive.

printanier [prìⁿtànyé] *adj.* vernal, spring-like. ‖ *printemps* [prìⁿtaⁿ] *m.* spring, springtime.

prioritaire [prìòrìtèr] *adj.* priority, priority-holder; *m.* priority-holder. ‖ *priorité* [prìòrìté] *f.* priority; precedence; right of way [route].

pris [prì] *p. p. of* prendre; *adj.* taken, caught, captured, seized; congealed, set [liquide]. ‖ *prise* [prìz] *f.* capture, taking, seizure; prize; hold, handle; quarrel; plug (electr.); dose (med.); pinch [tabac]; coupling [auto]; *pl.* fighting, close quarters; *donner prise,* to give a hold; *lâcher prise,* to let go one's hold; *être aux prises avec,* to grapple with; *prise d'armes,* parade under arms; *prise de bec,* squabble, wrangle; *prise de courant,* wall socket, outlet plug (electr.); *prise d'eau,* hydrant; *prise de vues,* shooting of the film, taking of pictures [cinéma].

priser [prìzé] *v.* to estimate; to value; to esteem.

priser [prìzé] *v.* to inhale snuff; to snuff up.

priseur [prìzœr] *m.* appraiser.

prisme [prìsm] *m.* prism.

prison ⌈prìzoⁿ⌉ *f.* prison, penitentiary; *Br.* gaol, *Am.* jail. ‖ *prisonnier* [-ònyé] *m.* prisoner, captive; *adj.** emprisoned; captive.

privation [prìvàsyoⁿ] *f.* privation, deprivation, loss; want, need. ‖ *privauté* [-ôté] *f.* familiarity, liberty. ‖ *priver* [-é] *v.* to deprive; to bereave; *se priver,* to deprive oneself; to do without; to stint oneself; to abstain (*de,* from).

privilège [prìvìlèj] *m.* privilege; license; prerogative. ‖ *privilégier* [-éjyé] *v.* to privilege, to license.

prix [prì] *m.* price, cost; rate, return; prize, reward, stakes; *prix de revient, prix de fabrique,* cost price: *prix de gros,* wholesale price; *prix courant,* market price; *prix homologué,* established price; *prix unique,* one-price.

probabilité [pròbàbìlìté] *f.* probability, likelihood. ‖ *probable* [-àbl] *adj.* probable, likely.

probant [pròbaⁿ] *adj.* convincing; cogent; probative (jur.).

probe [pròb] *adj.* honest, upright, straightforward. ‖ *probité* [-ìté] *f.* integrity, probity.

problématique [pròblémàtìk] *adj.* problematic(al); questionable. ‖ *problème* [-èm] *m.* problem, question, difficulty.

procédé [pròsédé] *m.* proceeding, behavio(u)r, conduct; process. ‖ *procéder* [-é] *v.* to come from, to originate in; to institute proceedings (jur.). ‖ *procédure* [-ür] *f.* practice, procedure; proceedings.

procès [pròsè] *m.* (law)suit, action; trial; case; *intenter un procès,* to institute proceedings.

procession [pròsèsyoⁿ] *f.* procession; parade.

processus [pròsèsüs] *m.* process, method; progress, march; evolution.

procès-verbal [pròsèvèrbàl] *m.** official report; proceedings.

prochain [pròshìⁿ] *adj.* next; nearest; proximate; immediate; *m.* neighbo(u)r; fellow being. ‖ *prochainement* [-ènmaⁿ] *adv.* shortly, soon. ‖ *proche* [pròsh] *adj.* near; *m. pl.* near relations, relatives, next of kin.

proclamation [pròklàmàsyoⁿ] *f.* proclamation, announcement. ‖ *proclamer* [-é] *v.* to proclaim.

procréateur, -trice [pròkréàtœr, -trìs] *adj.* procreative; *m., f.* procreator, parent. ‖ *procréer* [pròkréé] *v.* to procreate.

procuration [pròküràsyoⁿ] *f.* procuration, power of attorney, proxy. ‖ **procurer** [-é] *v.* to procure, to get, to obtain. ‖ **procureur** [-œr] *m.* procurator ; proxy.

prodigalité [pròdìgàlìté] *f.* prodigality, extravagance, lavishness.

prodige [pròdìj] *m.* prodigy, marvel. ‖ **prodigieux** [-yë] *adj.** prodigious, stupendous.

prodigue [pròdìg] *adj.* prodigal, lavish ; wasteful, thriftless ; *m.* prodigal, spendthrift, squanderer ; *l'Enfant prodigue,* the Prodigal Son. ‖ **prodiguer** [-ìgé] *v.* to be prodigal of, to lavish ; to waste, to squander.

producteur, -trice [pròdüktœr, -trìs] *m., f.* grower ; producer ; adj. productive, producing. ‖ **productif** [-tìf] *adj.** productive, fruitful, bearing, yielding. ‖ **production** [-syoⁿ] *f.* production ; output. ‖ **produire** [pròdüïr] *v.** to produce ; to yield ; to show ; *se produire,* to occur, to happen. ‖ **produit** [-üì] *m.* produce, production ; preparation ; proceeds, profit ; product (math.) ; *produit pharmaceutique,* patent medicine, *Br.* chemist's preparation, *Am.* drug ; *produits de beauté,* cosmetics ; *produits chimiques,* chemicals.

proéminence [pròémìnaⁿs] *f.* protuberance, projection ; prominence, prominency (fig.). ‖ **proéminent** [pròémìnaⁿ] *adj.* prominent ; protuberant ; projecting ; salient.

profanateur, -trice [pròfànàtœr, -trìs] *m., f.* profaner, desecrator. ‖ **profanation** [-àsyoⁿ] *f.* profanation, desecration, sacrilege. ‖ **profane** [pròfàn] *adj.* profane ; secular, temporal ; *m., f.* outsider ; layman. ‖ **profaner** [-é] *v.* to profane, to desecrate ; to defile.

proférer [pròféré] *v.* to utter.

professer [pròfèsé] *v.* to profess ; to teach ; to practise. ‖ **professeur** [-œr] *m.* professor, teacher. ‖ **profession** [-yoⁿ] *f.* profession ; declaration ; occupation, trade, calling, business. ‖ **professionnel** [-yònèl] *adj.** professional. ‖ **professoral** [-òràl] *adj.** professorial, **professorat** [-òrà] *m.* professorship ; teaching profession ; teacher's calling.

profil [pròfìl] *m.* profile, side-face ; outline, silhouette. ‖ **profiler** [-é] *v.* to shape, to contour ; to outline, to streamline.

profit [pròfì] *m.* profit, gain ; benefit ; expediency ; *mettre à profit,* to turn to account. ‖ **profitable** [-tàbl] *adj.* profitable, expedient, advantageous. ‖ **profiter** [-té] *v.* to profit (*de,* by) ; to benefit ; to avail oneself, to take advantage (*de,* of). ‖ **profiteur** [-tœr] *m.* profiteer.

profond [pròfoⁿ] *adj.* profound ; deep ; low ; vast ; heavy [soupir] ; sound [sommeil] ; dark [nuit]. ‖ **profondeur** [-dœr] *f.* depth ; profundity ; penetration [esprit].

profusion [pròfüzyoⁿ] *f.* profusion, abundance, plenty.

progéniture [pròjénìtür] *f.* offspring, progeny.

prognathe [prògnàt] *adj.* underhung [mâchoire] ; prognathous [personne].

programme [prògràm] *m.* program ; bill, list ; platform [politique] ; curriculum, syllabus [études].

progrès [prògrè] *m.* progress ; improvement, headway, advancement. ‖ **progresser** [-sé] *v.* to progress. ‖ **progressif** [-sìf] *adj.** progressive. ‖ **progression** [-syoⁿ] *f.* progression, advancement. ‖ **progressiste** [-sìst] *adj.* progressive ; *s.* progressist.

prohiber [pròìbé] *v.* to prohibit, to forbid. ‖ **prohibitif** [-ìtìf] *adj.* prohibitive. ‖ **prohibition** [-ìsyoⁿ] *f.* prohibition, forbidding ; *Am.* outlawing of alcoholic beverages.

proie [prwà] *f.* prey, prize, booty, spoil ; quarry [chasse].

projecteur [pròjèktœr] *m.* searchlight, floodlight. ‖ **projectile** [-tìl] *m.* projectile, missile. ‖ **projection** [-syoⁿ] *f.* projection ; *éclairage par projection,* floodlighting.

projet [pròjè] *m.* project, plan, scheme, design ; *projet de loi,* bill. ‖ **projeter** [pròjté] *v.* to project, to throw out ; to plan, to intend.

prolétaire [pròlétèr] *m., f., adj.* proletarian. ‖ **prolétariat** [-àryà] *m.* proletariat ; proletarianism. ‖ **prolétarien** [-ryⁿ] *adj.** proletarian.

prolifération [pròlìféràsyoⁿ] *f.* proliferation. ‖ **proliférer** [-féré] *v.* to proliferate.

prolixe [pròlìks] *adj.* prolix, diffuse, verbose, long-winded.

prolongation [pròloⁿgàsyoⁿ] *f.* prolongation, lengthening, protraction. ‖ **prolonge** [pròloⁿj] *f.* lashing-rope. **prolongement** [-maⁿ] *m.* extension, prolonging, continuation. ‖ **prolonger** [-é] *v.* to prolong, to protract, to lengthen, to extend.

promenade [pròmnàd] *f.* walk, walking ; stroll ; promenade ; excursion ; drive, ride [en voiture] ; row, sail, cruise [en bateau] ; *faire une promenade,* to take a walk. ‖ **promener** [-é] *v.* to take out walking ; to turn [regard] ; *se promener,* to walk, to go for a walk (stroll, ride, drive, row, sail). ‖ **promeneur** [-œr] *f.* walker, stroller ; rider. ‖ **promenoir** [-wàr] *m.* promenade, covered walk ; strolling gallery.

promesse [pròmès] *f.* promise, pledge, assurance; promissory note. ‖ **prometteur, -euse** [pròmètœr, -ëz] *adj.* attractive, promising. ‖ **promettre** [-ètr] *v.** to promise, to pledge; to be promising; *se promettre*, to resolve; to hope; to promise oneself. ‖ **promis** [-ì] *adj.* promised; intended, pledged; *m.* fiancé, betrothed.

promiscuité [pròmìsküìté] *f.* promiscuity, promiscuousness.

promontoire [pròmontwàr] *m.* promontory, foreland, headland, cape.

promoteur, -trice [pròmòtœr, -trìs] *m., f.* promoter. ‖ **promotion** [-òsyon] *f.* promotion, advancement, preferment. ‖ **promouvoir** [-mûvwàr] *v.** to promote.

prompt [pron] *adj.* prompt, quick, speedy, swift; hasty. ‖ **promptitude** [-tìtüd] *f.* promptitude, promptness, quickness.

promu [pròmü] *adj.* promoted.

promulguer [pròmülgé] *v.* to promulgate; to publish, to issue.

prône [prôn] *m.* prone. ‖ **prôner** [-é] *v.* to preach, to sermonize; to extol, to advocate.

pronom [prònon] *m.* pronoun.

prononcer [prònonsé] *v.* to pronounce; to declare; to pass, to return, to bring in [jugement]. ‖ **prononciation** [-yàsyon] *f.* pronunciation.

pronostic [prònòstìk] *m.* prognostic, forecast; pre-indication; prognosis (med.).

propagande [pròpàgand] *f.* propaganda; advertising, *Am.* ballyhoo.

propagation [pròpàgàsyon] *f.* propagation. ‖ **propager** [-àjé] *v.* to propagate, to spread.

propension [pròpansyon] *f.* propensity; proneness.

prophète [pròfèt] *m.* prophet, seer, prophesier. ‖ **prophétie** [-ésí] *f.* prophecy. ‖ **prophétiser** [-étìzé] *v.* to prophesy, to foretell.

propice [pròpìs] *adj.* propitious.

proportion [pròpòrsyon] *f.* proportion, ratio; rate; size, dimension. ‖ **proportionner** [-yòné] *v.* to proportion, to adjust.

propos [pròpò] *m.* discourse, talk, words; remark, utterance; purpose; *à propos*, by the way; relevant, pertinent. ‖ **proposer** [-zé] *v.* to propose; to offer; *se proposer*, to plan, to intend. ‖ **proposition** [-zìsyon] *f.* proposition, proposal; motion, suggestion.

propre [pròpr] *adj.* clean, neat, tidy; proper, correct, fitting, appropriate; own; peculiar; right [sens]; *m.* characteristic, attribute; property; proper

sense. ‖ **propreté** [-eté] *f.* cleanliness; neatness, tidiness; honesty, decency.

propriétaire [pròpriétèr] *m.* owner, proprietor; landlord. ‖ **propriété** [-é] *f.* property; realty; estate; ownership; quality, characteristic; propriety, correctness.

propulser [pròpülsé] *v.* to propel. ‖ **propulseur** [pròpülsœr] *m.* propeller; *adj.* propelling, propulsive.

prorogation [pròrògàsyon] *f.* prorogation; prolongation. ‖ **proroger** [-jé] *v.* to extend; to prorogue.

prosaïque [pròzàìk] *adj.* prosaic, flat, dull; matter-of-fact.

proscrire [pròskrìr] *v.** to prohibit, to proscribe; to outlaw; to banish. ‖ **proscrit** [-krì] *adj.* proscribed, forbidden; *m.* proscript, outlaw.

prose [pròz] *f.* prose.

prospecteur [pròspèktœr] *m.* prospector, miner. ‖ **prospection** [-syon] *f.* prospection; prospecting; canvassing (comm.).

prospectus [pròspèktüs] *m.* prospectus, handbill; blurb (fam.).

prospère [pròspèr] *adj.* prosperous, thriving. ‖ **prospérer** [-éré] *v.* to flourish, to prosper, to thrive, to succeed. ‖ **prospérité** [-érìté] *f.* prosperity, welfare, prosperousness.

prosterner (se) [sepròstèrné] *v.* to prostrate oneself, to bow down.

prostituée [pròstìtüé] *f.* prostitute, harlot, whore, strumpet. ‖ **prostituer** [-üé] *v.* to prostitute.

prostration [pròstràsyon] *f.* prostration. ‖ **prostré** [-tré] *adj.* prostrate.

protagoniste [pròtàgònìst] *s.* protagonist.

protecteur, -trice [pròtèktœr, -trìs] *m.* protector; patron; *f.* protectress; patroness; *adj.* protective; patronizing. ‖ **protection** [-syon] *f.* protection, shelter; cover; defence; support, patronage. ‖ **protectorat** [-tòrà] *m.* protectorate. ‖ **protégé** [pròtéjé] *m.* favo(u)rite, protégé. ‖ **protéger** [-é] *v.* to protect, to shield, to shelter.

protestant [pròtèstan] *m., adj.* Protestant. ‖ **protestation** [-àsyon] *f.* protest, protestation. ‖ **protester** [-é] *v.* to protest; to vow; to object; to affirm.

protocole [pròtòkòl] *m.* protocol; etiquette.

prototype [pròtòtìp] *m.* prototype.

protubérance [pròtübérans] *f.* protuberance.

proue [prû] *f.* prow, stem, bow (naut.); nose (aviat.).

prouesse [prûès] *f.* prowess.

prouver [prûvé] *v.* to prove.

provenance [pròvnɑⁿs] *f.* origin, source, provenance ; produce.

provenir [pròvnîr] *v.* to come, to stem, to issue, to proceed, to spring.

proverbe [pròvèrb] *m.* proverb.

providence [pròvìdɑⁿs] *f.* providence. || **providentiel** [-yèl] *adj.* providential ; opportune.

province [pròvîⁿs] *f.* province. || **provincial** [-yàl] *adj.* provincial ; countrified, country-like ; *m.* provincial, country-person.

proviseur [pròvìzœr] *m.* headmaster [lycée].

provision [pròvìzyoⁿ] *f.* provision, stock, store, hoard, supply ; funds, cover, deposit (comm.) ; retaining fee.

provisoire [pròvìzwàr] *adj.* provisional, temporary.

provocant [pròvòkaⁿ] *adj.* provoking, provocative ; exciting ; alluring, enticing. || **provocateur, -trice** [-àtœr, -trìs] *m.*, *f.* provoker ; aggressor, instigator ; *adj.* provoking, instigating, abetting ; *agent provocateur*, hired agitator ; instigating agent. || **provocation** [-àsyoⁿ] *f.* provocation. || **provoquer** [-é] *v.* to provoke, to incite, to bring on ; to instigate ; to challenge [duel].

proxénète [pròksénèt] *m.* procurer ; *f.* procuress.

proximité [pròksìmìté] *f.* proximity, nearness, vicinity.

pruche [prüsh] *f.* © hemlock fir.

prude [prüd] *adj.* prudish ; *f.* prude. || **prudence** [-ɑⁿs] *f.* prudence, discretion, caution ; carefulness. || **prudent** [-aⁿ] *adj.* prudent, discreet, cautious. || **pruderie** [-rî] *f.* prudery, prudishness.

prune [prün] *f.* plum. || **pruneau** [-ô] *m.** prune ; (pop.) bruise ; bullet. ||**prunelle** [-èl] *f.* sloe ; sloe-gin ; apple of the eye, pupil [œil]. || **prunier** [-yé] *m.* plum-tree.

prurit [prürì] *m.* itching.

psalmodier [psàlmòdyé] *v.* to psalmodize.

psaume [psôm] *m.* psalm.

pseudonyme [psêdònìm] *m.* pseudonym ; fictitious name ; pen-name.

psychanalyse [psìkànàlìz] *f.* psychoanalysis. || **psychanalyser** [-ìzé] *v.* to psychoanalyse. || **psychanalyste** [-ìst] *m.* psychoanalyst. || **psychiatre** [psìkìàtr] *m.*, *f.* psychiatrist. || **psychiatrie** [-trî] *f.* psychiatry. || **psychique** [psìshìk] *adj.* psychic. || **psychisme** [-shìsm] *m.* psychism.

psychologie [psìkòlòjî] *f.* psychology. || **psychologique** [-ìk] *adj.* psychological. || **psychologue** [psìkòlòg] *m.*, *f.* psychologist.

puant [püaⁿ] *adj.* stinking, smelly ; fetid, rank, foul ; conceited. || **puanteur** [-tœr] *f.* stench, stink, reek.

public [püblìk] *adj.** public ; open ; *m.* public ; audience [assistance]. || **publication** [-ìkàsyoⁿ] *f.* publication ; publishing ; published work. || **publiciste** [-ìsìst] *m.*, *f.* publicist. || **publicitaire** [-ìsìtèr] *adj.* advertising. || **publicité** [-ìsìté] *f.* publicity ; advertising ; public relations. || **publier** [-ìyé] *v.* to publish, to bring out, to issue.

puce [püs] *f.* flea ; *adj.* puce-coloured.

puceron [püsroⁿ] *m.* plant-louse.

pudeur [püdœr] *f.* modesty, decency ; bashfulness, shyness, reserve. || **pudibond** [-ìboⁿ] *adj.* prudish. || **pudique** [-ìk] *adj.* bashful, chaste.

puer [püé] *v.* to stink, to smell bad.

puériculture [püérìkültür] *f.* rearing of children ; child care.

puéril [püérìl] *adj.* childish.

pugilat [püjìlà] *m.* pugilism ; set-to.

puis [püì] *adv.* then, afterwards, next, following.

puisatier [püìzàtyé] *m.* well-digger. || **puiser** [-é] *v.* to draw up ; to derive, to borrow, to extract (fig.).

puisque [püìsk] *conj.* since, as ; seeing that.

puissamment [püìsàmaⁿ] *adv.* powerfully, potently. || **puissance** [-aⁿs] *f.* power ; force ; influence ; strength ; degree (math.) ; influential person ; horse-power [auto]. || **puissant** [-aⁿ] *adj.* powerful, strong, mighty ; wealthy ; influential ; numerous ; stout, corpulent ; (comm.) leading.

puits [püì] *m.* well, shaft, pit [mine] ; cockpit (aviat.).

pulluler [pülülé] *v.* to swarm, to throng ; to teem.

pulmonaire [pülmònèr] *adj.* pulmonary.

pulpe [pülp] *f.* pulp ; pad.

pulsation [pülsàsyoⁿ] *f.* pulsation, beat, throb.

pulvérisateur [pülvérìzàtœr] *m.* pulveriser ; atomizer ; spray, vaporizer. || **pulvériser** [-é] *v.* to pulverize ; to spray ; to smash.

punaise [pünèz] *f.* bug, bedbug ; *Br.* drawing-pin, *Am.* thumbtack.

punch [puⁿsh] *m.* punch [boisson, sport].

punir [pünîr] *v.* to punish, to chastise. || **punition** [-ìsyoⁿ] *f.* punishment, chastisement ; forfeit [jeux].

pupille [püpìy] *s.* ward, minor.

pupille [püpìy] *f.* pupil of the eye.

pupitre [püpìtr] *m.* desk ; lectern, reading-stand.

pur [pür] *adj.* pure; innocent; downright; sheer, stark; *pur sang*, pureblooded, thoroughbred.

purée [püré] *f.* puree; mash.

pureté [pürté] *f.* purity, innocence, pureness; chastity; clearness.

purgatif [pürgàtìf] *m.*, *adj.** purgative. ‖ *purgatoire* [-wàr] *m.* purgatory. ‖ **purge** [pürj] *f.* purge; cleansing; paying off [hypothèque]. ‖ *purger* [-é] *v.* to purge; to cleanse; to pay off; *purger une peine*, to serve one's sentence; *se purger*, to take medicine.

purifier [pürìfyé] *v.* to purify, to cleanse; to refine.

purin [pürìⁿ] *m.* liquid manure.

puritain [pürìtìⁿ] *adj.*, *m.* puritan.

pus [pü] *m.* pus, matter.

pusillanime [püzìlànìm] *adj.* fainthearted.

pustule [püstül] *f.* blotch; blister.

putain [pütìⁿ] *f.* whore [not in decent use].

putois [pütwà] *m.* polecat, skunk.

putréfier [pütréfyé] *v.* to putrefy, to rot, to decompose. ‖ *putride* [-ìd] *adj.* putrid; tainted; rotten, decayed, decomposed.

pyjama [pìjàmà] *m.* *Br.* pyjamas, *Am.* pajamas.

Q

quadrillage [kàdrìyàj] *m.* chequerwork. ‖ *quadrillé* [-ìyé] *adj.* chequered; ruled in squares.

quadrupède [kàdrüpèd] *m.* quadruped.

quadruple [kwàdrüpl] *adj.* quadruple; fourfold.

quai [kè] *m.* quay, wharf; embankment, mole; platform [gare].

qualificatif [kàlìfìkàtìf] *adj.** qualifying; *m.* epithet, name; qualificative (gramm.). ‖ *qualification* [-ìkàsyoⁿ] *f.* qualification. ‖ *qualifier* [-yé] *v.* to qualify; to style; to name.

qualité [kàlìté] *f.* quality; property; excellence; nature; qualification.

quand [kaⁿ] *conj.* when; whenever.

quant [kaⁿ] *adv.* as; *quant à*, as for.

quantitatif [kaⁿtìtàtìf] *adj.** quantitative. ‖ *quantité* [-é] *f.* quantity, amount, supply.

quarantaine [kàraⁿtèn] *f.* about forty, twoscore; quarantine; Lent. ‖ *quarante* [-aⁿt] *m.*, *adj.* forty. ‖ *quarantième* [-tyèm] *adj.*, *m.* fortieth.

quart [kàr] *m.* quarter, fourth part, quart [litre]; watch (naut.); *adj.* fourth; quartan.

quartier [kàrtyé] *m.* quarter, fourth part; piece, part; district, neighbo(u)rhood; quarter's rent, pay; flap [selle]; haunch [chevreuil]; *quartier général*, headquarters; *quartier-maître*, quartermaster.

quatorze [kàtòrz] *m.*, *adj.* fourteen. ‖ *quatorzième* [-yèm] *m.*, *f.*, *adj.* fourteenth.

quatre [kàtr] *m.*, *adj.* four, fourth; *quatre-vingts*, eighty; *quatre-vingt-dix*, ninety. ‖ *quatrième* [kàtryèm] *m.*, *f.*, *adj.* fourth.

quatuor [kwàtüòr] *m.* quartet.

que [ke] (*qu'* before a vowel) *rel. pron.* whom, that; which; what; *interrog. pron.* what?; why?

que (*qu'* before a vowel) *conj.* that; than; as; when; only, but; *ne... que*, only, nothing but, not until.

que [ke] (*qu'* before a vowel) *adv.* how, how much, how many.

quel [kèl] *adj.** what, which; what a; *quel dommage!* what a pity!

quelconque [kèlkoⁿk] *indef. adj.* whatever; mediocre, commonplace, undistinguished.

quelque [kèlke] *adj.* some, any; whatever, whatsoever; *pl.* a few; *adv.* however; some, about; *quelque chose*, something; *quelquefois*, sometimes, at times, now and then; *quelque part*, somewhere, anywhere; *quelqu'un*, someone, anyone, somebody, anybody; *pl.* some, any.

quémander [kémaⁿdé] *v.* to beg (for), to solicit.

qu'en-dira-t-on [kaⁿdìràtòⁿ] *m.* public opinion.

quenouille [kenûy] *f.* distaff.

querelle [kerèl] *f.* quarrel. ‖ *se quereller* [sekèrèlé] *v.* to quarrel.

question [kèstyoⁿ] *f.* question; query, interrogation; matter, issue. ‖ *questionnaire* [-yònèr] *m.* questionnaire, form, blank. ‖ *questionner* [-yòné] *v.* to question, to interrogate, to quiz; to examine.

quête [kèt] *f.* quest, search; collection; beating about [chasse]. ‖ *quêter* [-é] *v.* to go in quest of; to beg; to make a collection. ‖ *quêteur* [-œr] *m.* alms-collector; sidesman, collection-taker.

queue [kë] *f.* tail; stalk, stem; end; rear; billiard-cue; handle; train

[robe]; queue, file, string; *en queue,* in the rear; *faire queue,* to stand in line, to queue up.

qui [kì] *rel. pron.* who, which, that; whom; *qui que ce soit,* anyone whatever.

qui [kì] *interrog. pron.* who [sujet]; whom [complément direct]; *à qui est-ce?* whose is it?; *quiconque,* whoever, whosoever; whomever, whichever; anybody.

quiétude [kyétüd] *f.* quietude.

quignon [kìñoⁿ] *m.* chunk; hunk.

quille [kìy] *f.* keel (naut.).

quille [kìy] *f.* skittle, ninepin, pin [bowling]; *jeu de quilles,* ⓒ bowling alley; *jouer aux quilles,* ⓒ to bowl. ‖ *quilleur* [-œr] *m.* ⓒ bowler.

quincaillerie [kìⁿkàyrî] *f.* Br. iron-mongery, Am. hardware.

quinine [kìnîn] *f.* quinine.

quinte [kìⁿt] *f.* fifth (mus.); quinte [escrime]; fit, paroxysm [toux]; freak, whim (fig.).

quinteux [kìⁿtë] *adj.** moody, cantankerous, crotchety, restive.

quintuple [kìⁿtüpl] *m., adj.* quintuple, fivefold.

quinzaine [kìⁿzèn] *f.* about fifteen; fortnight, two weeks. ‖ *quinze* [kìⁿz] *m., adj.* fifteen; fifteenth; *quinze jours,* fortnight. ‖ *quinzième* [-zyèm] *adj., s.* fifteenth.

quiproquo [kìpròkò] *m.* misunderstanding; mistake, misapprehension.

quittance [kìtaⁿs] *f.* receipt, discharge.

quitte [kìt] *adj.* clear, free; rid; discharged, quit [dette]; *quitte à,* liable to; on the chance of; *nous sommes quittes,* we're even. ‖ *quitter* [-é] *v.* to depart (from); to leave; to give up; to resign [poste]; to take off [vêtements]; *ne quittez pas,* hold the line [téléphone]; *se quitter,* to part, to separate.

quoi [kwà] *rel. pron.* what; *quoi que je fasse,* whatever I may do; *quoi qu'il en soit,* be that as it may, however it may be.

quoi? [kwà] *interrog. pron.* what?

quoique [kwàk] *conj.* although.

quolibet [kòlibè] *m.* quibble, gibe.

quote-part [kòtpàr] *f.* quota, share.

quotidien [kòtìdyiⁿ] *m., adj.* daily; *adj.** everyday; quotidian [fièvre].

quotient [kòsyaⁿ] *m.* quotient.

R

rabâcher [ràbâshé] *v.* to repeat over and over.

rabais [ràbè] *m.* reduction, discount; rebate; abatement; depreciation [monnaie]; fall [des eaux]. ‖ *rabaisser* [-sé] *v.* to lower; to reduce; to depreciate; to disparage; to humble.

rabat [ràbà] *m.* band [col]; *rabat-joie,* spoil-sport, wet blanket. ‖ *rabatteur* [-tœr] *m.* beater; tout (comm.). ‖ *rabattre* [ràbàtr] *v.* to pull down, to put down; to beat down; to reduce, to diminish; to lower, to humble; to beat up [gibier]; to ward off [coup]; *se rabattre,* to turn off, to change; to come down; to fall on (*sur,* back). ‖ *rabattu* [-ü] *adj.* turned-down; felled.

rabiot [ràbyò] *m.* (fam.) extra profit; pickings; extra work, overtime.

râble [ràbl] *m.* back, saddle [lièvre]. ‖ *râblé* [-é] *adj.* thick-backed [lièvre]; strong, husky, sturdy.

rabot [ràbò] *m.* plane. ‖ *raboter* [-òté] *v.* to plane; to polish; to filch, Am. to lift (pop.). ‖ *raboteux* [-ë] *adj.** rough, rugged, uneven; knotty; harsh.

rabougri [ràbûgrì] *adj.* stunted, skimpy; scraggy [végétation].

rabrouer [ràbrûé] *v.* to snub.

racaille [ràkày] *f.* rabble, scum, riff-raff (fam.).

raccommodage [ràkòmòdàj] *m.* mending; darning; repairing. ‖ *raccommoder* [-é] *v.* to mend, to darn; to repair; to piece, to patch; to set right, to correct; to reconcile; *se raccommoder,* to make it up again.

raccord [ràkòr] *m.* joining, fitting, junction; connection [lampe]; accord; matching. ‖ *raccorder* [-dé] *v.* to join, to connect.

raccourci [ràkûrsì] *adj.* shortened, abridged; oblate, ellipsoid (geom.); squat [taille], bobbed [cheveux]; *m.* short cut [chemin]; abridgment, digest [livre]; foreshortening [tableau]. ‖ *raccourcir* [-îr] *v.* to shorten, to curtail, to abridge; to grow shorter.

raccrocher [ràkròshé] *v.* to hook up again, to hang up again; to recover, to retrieve; to ring off [téléphone]; (fam.) to solicit; *se raccrocher à,* to clutch at, to cling to, to hang on to.

race [ràs] *f.* race; stock, breed, blood; strain, line, ancestry; tribe; *de race,* pedigreed, pure-bred [chien]; thoroughbred [cheval].

rachat [ràshà] *m.* repurchase; redemption; surrender, cashing in. ‖

racheter [ràshté] *v.* to repurchase, to buy back; to redeem, to ransom; to compensate, to make up for; to atone for.

rachitique [ràshìtìk] *adj.* rickety, rachitic.

racine [ràsîn] *f.* root; origin.

racisme [ràsìsm] *m.* racialism, *Am.* racism. ‖ **raciste** [ràsìst] *adj.*, *s.* racialist, *Am.* racist.

raclée [ràklé] *f.* thrashing, hiding, drubbing. ‖ **racler** [-é] *v.* to scrape, to rake; to pilfer, to steal, to pinch, to lift (pop.). ‖ **racloir** [-wàr] *m.* scraper, road-scraper. ‖ **raclure** [-ür] *f.* scrapings.

racoler [ràkòlé] *v.* (fam.) to enlist; to tout for (comm.); to accost.

raconter [ràkonté] *v.* to relate, to tell, to narrate, to recount.

rade [ràd] *f.* roads, roadstead.

radeau [ràdô] *m.** raft, float.

radiateur [ràdyàtœr] *m.* radiator. ‖ **radiation** [-yàsyon] *f.* radiation.

radiation [ràdyàsyon] *f.* obliteration, striking out; deletion.

radical [ràdìkàl] *adj.** radical; fundamental; *m.** radical; root.

radier [ràdyé] *v.* to strike out, to obliterate, to cancel; to delete.

radieux [ràdyë] *adj.** radiant, beaming [sourire].

radin [ràdin] *adj.* (pop.) stingy.

radio [ràdìò] *f.* radio, wireless; X-ray (med.); *m.* radiogram, wireless message; wireless operator, telegraphist; *radio-activité*, radio-activity; *radio-diffuser*, to broadcast; *radiodiffusion*, broadcast, broadcasting; *radiologie*, radiology; X-ray treatment; *radiologue*, radiologist; *radioreportage*, news broadcast, running commentary; *radiothérapie*, radiotherapy, X-ray treatment.

radis [ràdì] *m.* radish.

radium [ràdyòm] *m.* radium.

radotage [ràdòtàj] *m.* drivel, nonsense, twaddle; dotage. ‖ **radoter** [-é] *v.* to talk drivel *or* twaddle; to ramble; to be in one's dotage.

radoub [ràdû] *m.* repairing, graving (naut.); dry-dock [bassin]. ‖ **radouber** [-bé] *v.* to repair, to mend.

radoucir [ràdûsîr] *v.* to soften, to make milder; to mitigate, to allay; to appease, to pacify, to mollify.

rafale [ràfàl] *f.* squall, gust [vent]; burst, volley, storm [tir].

raffermir [ràfèrmîr] *v.* to fortify, to strengthen; to secure, to make firm.

raffinage [ràfìnàj] *m.* refining [sucre]; distilling [huile]. ‖ **raffinement**

[-nˤman] *m.* refinement; subtlety. ‖ **raffiner** [-é] *v.* to refine; to be over-nice. ‖ **raffinerie** [-rî] *f.* refinery.

raffoler [ràfòlé] *v.* to dote (*de*, on); to be passionately fond (*de*, of); to be mad (*de*, about).

rafle [ràfl] *f.* stalk [raisin]; cob [maïs].

rafle [ràfl] *f.* foray, round-up, police raid; clean sweep [vol]; haul [pêche]. ‖ **rafler** [-é] *v.* to sweep off, to carry off; to round up.

rafraîchir [ràfrèshîr] *v.* to cool; to refresh; to revive; to freshen. ‖ **rafraîchissement** [-ìsman] *m.* cooling; *pl.* refreshments.

ragaillardir [ràgàyàrdîr] *v.* to buck up, to cheer.

rage [ràj] *f.* rabies, hydrophobia; frenzy, rage; violent pain; passion; mania. ‖ **rager** [-é] *v.* to rage; to fume. ‖ **rageur** [-œr] *adj.** choleric, violent-tempered; snappish.

ragot [ràgò] *m.* (fam.) gossip, tittle-tattle.

ragoût [ràgû] *m.* stew, ragout; relish, seasoning.

raid [rèd] *m.* raid, foray, incursion; endurance contest [sport].

raide [rèd] *adj.* stiff, rigid; tight, taut; stark; inflexible; steep; swift, rapid; (fam.) tall, exaggerated; *adv.* quickly, suddenly. ‖ **raideur** [-œr] *f.* stiffness, rigidity; firmness, inflexibility; tightness; steepness; swiftness; tenacity; harshness. ‖ **raidillon** [-lyon] *m.* steep path, up-hill stretch. ‖ **raidir** [-îr] *v.* to stiffen; to be inflexible.

raie [rè] *f.* ray, skate [poisson].

raie [rè] *f.* parting [cheveux]; streak, stripe; line, stroke; furrow.

rail [rày] *m.* rail.

railler [ràyé] *v.* to banter, to scoff at, to gibe at; to heckle; to jest; *Am.* to twit. ‖ **raillerie** [ràyrî] *f.* raillery, bantering; jesting; jest; jeer, mock, scoff. ‖ **railleur** [ràyœr] *adj.** bantering, joking; jeering, scoffing; *m.* banterer, joker; scoffer.

rainette [rènèt] *f.* tree-frog; rennet.

rainure [rènür] *f.* groove; slot, notch; rabbet.

raisin [rèzin] *m.* grape; *raisins secs*, raisins; *raisins de Corinthe*, *de Smyrne*, currants, sultanas.

raison [rèzon] *f.* reason; sense, sanity; reparation; justice, right; proof, ground; cause, motive; firm (comm.); ratio (math.); claim (jur.); *à raison de*, at the rate of; *avoir raison*, to be right; *donner raison à*, to decide in favo(u)r of; *à plus forte raison*, so much the more; *avoir raison de*, to get the better of; *en raison de*, in consideration of; *raison sociale*, firm name, trade name. ‖ **raisonnable** [-ònàbl] *adj.* reasonable, rational; right, just; sensible; fair, equitable; moderate [prix]. ‖ **r a i s o n n e m e n t** [-ònmaⁿ] *m.* reasoning, reason, argument. ‖ **raisonner** [-òné] *v.* to reason; to argue; to consider, to weigh.

rajeunir [ràjœnîr] *v.* to rejuvenate, to renovate, to renew; to grow young again. ‖ **rajeunissement** [-îsmaⁿ] *m.* rejuvenation, renovation; restoration.

rajouter [ràjûté] *v.* to add again, to add more.

rajuster [ràjüsté] *v.* to readjust; to reconcile (fig.).

râle [ràl] *m.* rail [oiseau].

râle [ràl] *m.* death-rattle; rattling in the throat.

ralenti [ràlaⁿtì] *m.* slow motion [cinéma]; idling [automobile]. ‖ **ralentir** [-tîr] *v.* to slacken, to slow; to lessen; to abate.

râler [ràlé] *v.* to have a rattle in one's throat; (pop.) to grumble.

ralliement [ràlìmaⁿ] *m.* rallying, rally. ‖ **rallier** [-yé] *v.* to rally; to rejoin; *se rallier*, to rally, to assemble; to hug the shore (naut.).

rallonge [ràlòⁿj] *f.* extension-piece, extra leaf. ‖ **rallonger** [-é] *v.* to lengthen, to elongate, to eke out; to thin [sauce]; to let out *or* down [jupe]; to put an extra leaf on [table].

rallye [ràlì] *m.* rally; treasure-hunt.

ramage [ràmàj] *m.* floral pattern; warbling, chirping, twittering.

ramassage [ràmàsàj] *m.* collection, gathering up. ‖ **ramasser** [-é] *v.* to gather; to pick up. ‖ **ramassis** [-ì] *m.* heap, collection; gang.

rame [ràm] *f.* oar.

rame [ràm] *f.* stick, prop (hort.); tenter-frame [textile].

rame [ràm] *f.* ream [papier]; convoy, string [bateaux]; lift, line [trains].

rameau [ràmô] *m.** bough, branch; subdivision; *dimanche des Rameaux*, Palm Sunday.

ramener [ràmné] *v.* to bring back; to take home; to restore; to recall; *se ramener*, to be reduced, to come down (à, to).

ramer [ràmé] *v.* to stick, to prop.

ramer [ràmé] *v.* to row. ‖ **rameur** [-œr] *m.* rower, oarsman.

ramier [ràmyé] *m.* wood-pigeon.

ramification [ràmìfìkàsyoⁿ] *f.* ramification; subdivision; outgrowth. ‖ **ramifier** [-yé] *v.* to ramify.

ramollir [ràmòlîr] *v.* to soften; to

enervate (fig.); *se ramollir*, to grow soft. ‖ **ramollissant** [-îsaⁿ] *adj.* softening; enervating.

ramonage [ràmònàj] *m.* chimney-sweeping. ‖ **ramoner** [-é] *v.* to sweep [cheminée]. ‖ **ramoneur** [-œr] *m.* chimney-sweep.

rampe [raⁿp] *f.* slope, incline; banister; footlights (theat.); inclined plane (tech.). ‖ **ramper** [-é] *v.* to creep, to crawl; to crouch, to cringe, to grovel; to fawn, to toady.

ramure [ràmür] *f.* boughs; antlers.

rancart [raⁿkàr] *m.* appointment (pop.); *au rancart* (fam.), on the shelf, cast aside.

rance [raⁿs] *adj.* rancid, rank; rusty (fig.); *m.* rancidness. ‖ **rancir** [-îr] *v.* to grow rancid.

rancœur [raⁿkœr] *f.* ranco(u)r.

rançon [raⁿsoⁿ] *f.* ransom.

rancune [raⁿkün] *f.* ranco(u)r, spite, grudge. ‖ **rancunier** [-yé] *adj.** spiteful, rancorous.

randonnée [raⁿdòné] *f.* circuit, ramble, long walk; round.

rang [raⁿ] *m.* line, row, column, range, rank; order, class; tier; rate [bateaux]; © rang (group of farms along the same road, or the road itself). ‖ **rangée** [-jé] *f.* row, range, file, line, tier. ‖ **ranger** [-jé] *v.* to put in order; to tidy up; to put away; to arrange; to range; to draw up [voitures]; to rate, to rank; to coast (naut.); to keep back, to subdue; *se ranger*, to make way; to draw up (mil.); to fall in (mil.); to mend one's ways.

ranimer [rànìmé] *v.* to revive, to reanimate; to stir up, to rouse, to enliven.

rapace [ràpàs] *adj.* rapacious; predatory; predaceous; ravenous.

rapatriement [ràpàtrìmaⁿ] *m.* repatriation. ‖ **rapatrier** [-ìyé] *v.* to repatriate.

râpe [ràp] *f.* grater; rasp; stalk [raisin]. ‖ **râpé** [-é] *adj.* grated, shredded; shabby, threadbare. ‖ **râper** [-é] *v.* to grate; to rasp; to make threadbare.

rapetisser [ràptìsé] *v.* to shorten, to make smaller; to shrink.

râpeux [ràpë] *adj.** rough, raspy, harsh.

rapide [ràpìd] *adj.* rapid, fast, swift, fleet; hasty, sudden; steep; *m.* fast train, express train. ‖ **rapidité** [-ìté] *f.* rapidity, speed.

rapiécer [ràpyésé] *v.* to patch up, to piece.

rapine [ràpìn] *f.* rapine; extortion. ‖ **rapiner** [-né] *v.* to plunder; to pillage.

rappel [ràpèl] *m.* recall, recalling; call [à l'ordre]; repeal, revocation; reminder, recollection; drum signal, bugle call (mil.); curtain-call (theat.). ‖ *rappeler* [ràplé] *v.* to call back, to call again; to recall; to restore [santé]; to summon up, to muster [courage]; to retract; to remind of; *se rappeler,* to remember, to recall, to recollect.

rapport [ràpòr] *m.* report, account; proceeds, profit, revenue; productiveness, bearing; conformity, analogy; relation, connection, relevancy; ratio; communication. ‖ *rapporter* [-té] *v.* to bring back, to take back; to bring in, to yield; to refund; to refer; to repeal; to report; to quote; to post (comm.); to trace (topogr.); to pay, to bring profit (comm.); to retrieve, to fetch [chiens]; *se rapporter,* to relate; to tally (à, with); *s'en rapporter à,* to rely on. ‖ *rapporteur* [-tœr] *m.* reporter; stenographer; chairman; rapporteur; informer, tattle-tale, tale-bearer.

rapprochement [ràpròshmaⁿ] *m.* bringing together; reconciliation; comparison. ‖ *rapprocher* [-é] *v.* to bring together; to reconcile; to compare; *se rapprocher,* to come near again, to draw nearer; to become reconciled; to approach, to approximate.

rapt [ràpt] *m.* abduction, kidnapping, *Am.* snatch (fam.); rape.

raquette [ràkèt] *f.* racket; battledore; snow-shoe. ‖ *raquetteur* [-œr] *m.* © snow-shoer.

rare [ràr] *adj.* rare, uncommon, unusual; few, scarce, scanty, sparse; slow [pouls]. ‖ *raréfier* [-éfyé] *v.* to rarefy; *se raréfier,* to rarefy, to become scarce. ‖ *rarement* [-maⁿ] *adv.* infrequently, rarely, seldom. ‖ *rareté* [-té] *f.* rarity; scarcity; unusualness.

ras [râ] *adj.* close-shaven, smooth-shaven, close-cropped, close-napped, shorn; bare, smooth; flat, low; *à ras de,* level with; *rase campagne,* open country; *rase-mottes,* hedge-hopping. ‖ *rasade* [-zàd] *f.* glassful, brimmer; brim-full glass. ‖ *raser* [-zé] *v.* to shave; to raze; to tear down [édifice]; to graze, to skim; to hug, to skirt [côte, terre]; (pop.) to bore. ‖ *raseur* [-zœr] *m.* shaver; (pop.) bore. ‖ *rasoir* [-zwàr] *m.* razor.

rassasier [ràsàzyé] *v.* to sate, to satiate; to cloy, to surfeit; to satisfy, to fill; *se rassasier,* to eat one's fill; to gorge oneself; to feast.

rassembler [ràsaⁿblé] *v.* to reassemble; to gather together; to collect; to muster (mil.).

rasséréner [ràséréné] *v.* to calm, to clear up, to soothe; *se rasséréner,* to be soothed; to recover one's serenity.

rassis [ràsì] *adj.* stale [pain]; settled; calm, staid, sedate; trite, hackneyed (fig.).

rassortir [ràsòrtîr] *v.* to sort, to match again; to restock.

rassurer [ràsüré] *v.* to reassure, to tranquil(l)ize; to strengthen.

rat [rà] *m.* rat; niggard; taper [bougie]; ballet-girl (theat.); miser, niggard, stingy (fam.).

ratatiner [ràtàtiné] *v.* to shrink, to shrivel up; to wrinkle; to wizen.

rate [ràt] *f.* spleen.

raté [ràté] *m.* misfiring [fusil, moteur]; failure, flop; wash-out, flash-in-the-pan (fam.); *adj.* miscarried, ineffectual; bungled.

râteau [râtô] *m.** rake; raker; scrapper; large comb [peigne]. ‖ *râteler* [-lé] *v.* to rake. ‖ *râtelier* [-ᵉlyé] *m.* rack [écurie]; (pop.) denture.

rater [ràté] *v.* to misfire; to miss [train]; to fail in; to bungle, to muff, to fluff (pop.); to fail, to miscarry.

ratier [ràtyé] *m.* rat-catcher. ‖ *ratière* [-yèr] *f.* rat-trap.

ratifier [ràtifyé] *v.* to ratify; to confirm; to sanction.

ration [ràsyoⁿ] *f.* ration, allowance, share. ‖ *rationnel* [-yònèl] *adj.** rational; reasonable. ‖ *rationnement* [-yònmaⁿ] *m.* rationing. ‖ *rationner* [-yòné] *v.* to ration.

ratisser [ràtisé] *v.* to rake, to scrape; to fleece (fam.).

rattacher [ràtàshé] *v.* to refasten, to attach again, to connect.

rattraper [ràtràpé] *v.* to catch again, to retake; to catch up with, to overtake; to recover; *se rattraper,* to catch hold; to make up for [perte]; to be recovered [occasion].

rature [ràtür] *f.* erasure, crossing out, cancellation. ‖ *raturer* [-é] *v.* to erase, to cross out, to cancel, to strike out.

rauque [rôk] *adj.* hoarse.

ravage [ràvàj] *m.* ravage, havoc. ‖ *ravager* [-é] *v.* to ravage, to ruin, to devastate, to lay waste.

ravalement [ràvàlmaⁿ] *m.* resurfacing, refinishing; rough-casting, plastering; hollowing out; disparagement (fig.). ‖ *ravaler* [-é] *v.* to resurface; to rough-cast.

ravauder [ràvôdé] *v.* to mend, to darn, to patch.

rave [ràv] *f.* rape.

ravi [ràvì] *adj.* entranced; delighted.

ravier [ràvyé] *m.* radish-dish.

ravigoter [ràvìgòté] *v.* to refresh, to perk up.

ravin [ràvin] *m.* ravine; hollow road. ‖ **ravine** [-ĭn] *f.* gully. ‖ **raviner** [-ĭné] *v.* to plough up.

ravir [ràvîr] *v.* to ravish, to abduct, to kidnap; to rob of; to charm, to delight, to enrapture (fig.).

raviser (se) [sᵉràvĭzé] *v.* to change one's mind, to think better.

ravissant [ràvĭsᵃⁿ] *adj.* ravishing, delightful; predatory; ravenous. ‖ **ravissement** [-mᵃⁿ] *m.* rapture, ravishment; kidnapping; rape. ‖ **ravisseur** [-œr] *m.* ravisher, kidnapper.

ravitaillement [ràvĭtàymᵃⁿ] *m.* supplying; replenishment; provisioning; revictual(l)ing; refue(l)ling [carburant]. ‖ **ravitailler** [-é] *v.* to supply; to replenish; to provision, to revictual; to refuel [carburant].

raviver [ràvĭvé] *v.* to revive; to reanimate; to enliven, to rouse.

rayer [rèyé] *v.* to stripe, to streak; to cancel, to scratch, to erase, to expunge, to strike out; to suppress (fig.); to rifle, to groove [fusil].

rayon [rèyoⁿ] *m.* ray, beam [lumière, soleil]; spoke [roue]; radius.

rayon [rèyoⁿ] *m.* shelf; rack; department [magasin]; specialty, *Am.* field [profession]; zone, circuit, sphere, honeycomb; *chef de rayon, Br.* shopwalker, *Am.* floorwalker.

rayonnant [rèyònᵃⁿ] *adj.* radiant, beaming; lambent.

rayonne [rèyòn] *f.* rayon [tissu].

rayonnement [rèyònmᵃⁿ] *m.* radiance, radiation; effulgence. ‖ **rayonner** [-é] *v.* to radiate; to beam, to shine; to spread abroad.

rayure [rèyür] *f.* stripe; streak, scratch; strike-out, erasure, cancellation; groove rifling [fusil].

raz [rà] *m.* strong current; *raz de marée*, tidal wave, tide-race.

réacteur [réàktœr] *m.* reactor; jet engine; jet plane. ‖ **réactif** [-tĭf] *m.* reagent (chem.); *adj.** reactive. ‖ **réaction** [-syoⁿ] *f.* reaction; conservatism; *avion à réaction*, jet plane. ‖ **réagir** [réàjĭr] *v.* to react.

réalisable [réàlĭzàbl] *adj.* realizable; feasible, practicable. ‖ **réalisation** [-àsyoⁿ] *f.* realization; fulfil(l)ment; conversion into money. ‖ **réaliser** [-é] *v.* to realize; to convert into money; *se réaliser*, to come true. ‖ **réalisme** [réàlĭsm] *m.* realism. ‖ **réaliste** [-ĭst] *m., f.* realist; *adj.* realistic. ‖ **réalité** [-ĭté] *f.* reality; *en réalité*, really, actually.

réanimation [réànĭmàsyoⁿ] *f.* resuscitation.

rébarbatif [rébàrbàtĭf] *adj.** surly; forbidding.

rebelle [rᵉbèl] *m.* rebel; *adj.* rebellious; insurgent, insubordinate; unyielding, obstinate; wayward; refractory. ‖ **rebeller (se)** [sᵉrᵉbèllé] *v.* to revolt, to rebel; to resist. ‖ **rébellion** [rébèlyoⁿ] *f.* rebellion, revolt; insurrection; insubordination.

rebondissement [rᵉboⁿdĭsmᵃⁿ] *m.* rebound, rebounding; repercussion.

rebord [rᵉbòr] *m.* edge, brim, border.

rebours [rᵉbûr] *m.* wrong way; opposite; *à rebours*, the wrong way; contrary to.

rebrousser [rᵉbrûsé] *v.* to turn up, to brush up [cheveux]; to turn back; to retrace [chemin].

rebuffade [rᵉbüfàd] *f.* rebuff, repulse, snub.

rebut [rᵉbü] *m.* repulse, rebuff, rejection, refusal, refuse, rubbish, garbage; outcast; *lettre au rebut*, deadletter. ‖ **rebuter** [-té] *v.* to rebuff, to repel; to reject, to discard; to refuse, to disallow (jur.); to disgust, to shock; to dishearten.

récalcitrant [rékàlsĭtrᵃⁿ] *adj.* recalcitrant, refractory.

recaler [rᵉkàlé] *v.* (fam.) to fail, to plough.

récapitulation [rékàpĭtülàsyoⁿ] *f.* recapitulation, summing up; repetition. ‖ **récapituler** [-é] *v.* to recapitulate, to sum up, to summarize.

recel [rᵉsèl] *m.* receiving, fencing; harbouring. ‖ **receler** [-sᵉlé] *v.* to receive; to harbour; to contain. ‖ **receleur** [rᵉslœr] *m.* receiver of stolen goods, fence.

recensement [rᵉsᵃⁿsmᵃⁿ] *m.* census, inventory; verification, checking. ‖ **recenser** [-sé] *v.* to count; to register; to inventory; to record; to take a census of.

récent [résᵃⁿ] *adj.* recent, late, new, fresh.

récépissé [résépĭsé] *m.* receipt; acknowledgment.

réceptacle [résèptàkl] *m.* receptacle, container; resort, haunt, nest [criminels]. ‖ **récepteur, -trice** [-tœr, -trĭs] *adj.* receiving; *m.* receiver; reservoir; collector [machine]. ‖ **réception** [-syoⁿ] *f.* reception; receiving, receipt; welcome; reception desk. ‖ **réceptionner** [-syòné] *v.* to take delivery. ‖ **réceptionniste** [-ĭst] *m., f.* receptionist, desk clerk.

récession [résèsyoⁿ] *f.* recession.

recette [rᵉsèt] *f.* receipts, returns [argent]; receivership [bureau]; recipe [cuisine].

recevable [r°s°vàbl] *adj.* receivable; admissible. ‖ *receveur* [-œr] *m.* receiver; addressee, collector [impôts]; conductor [tram]; ticket-taker (theat.); © catcher [base-ball]. ‖ *recevoir* [-wàr] *v.* to receive; to get; to incur; to accept, to admit; to welcome; to entertain, to be at home; © to catch [base-ball].

rechange [r°shanj] *m.* replacement, change; *pièce de rechange*, spare part; refill.

réchapper [réchàpé] *v.* to escape; to get off; to be saved (*de*, from).

réchaud [réshô] *m.* hot-plate, burner; *réchaud à alcool*, spirit stove. ‖ *réchauffer* [-fé] *v.* to warm over, to heat up; to rekindle.

rêche [rèsh] *adj.* rough [toucher]; sour [goût]; crabbed [moral].

recherche [r°shèrsh] *f.* search, quest, pursuit, research, inquiry, investigation; prospecting; affectation. ‖ *recherché* [-é] *adj.* sought after, in great demand; studied, affected; refined. ‖ *rechercher* [-é] *v.* to seek again, to search after; to investigate; to aspire to; to court.

rechute [r°shüt] *f.* relapse (med.); back-sliding (fig.).

récidive [résidîv] *f.* recidivism, second offense; recurrence. ‖ *récidiver* [-îvé] *v.* to relapse into crime, to repeat an offense. ‖ *récidiviste* [-îvìst] *m.* recidivist, old offender.

récif [résîf] *m.* reef.

récipient [résìpyan] *m.* container; recipient; reservoir.

réciprocité [résìpròsìté] *f.* reciprocity, reciprocation; interchange. ‖ *réciproque* [-òk] *adj.* reciprocal, mutual; converse (math.); *f.* the same, the like; converse, reciprocal (math.).

récit [résì] *m.* story, narrative, account, yarn (fam.); report. ‖ *récital* [-tàl] *m.* recital. ‖ *récitation* [-tàsyon] *f.* recitation, reciting. ‖ *réciter* [-té] *v.* to recite, to rehearse; to repeat; to tell, to narrate.

réclamation [réklàmàsyon] *f.* claim, demand; complaint, protest, objection; *bureau des réclamations*, Br. claims department, Am. adjustment bureau. ‖ *réclame* [réklàm] *f.* advertisement, advertising; sign; blurb, Am. ballyhoo (pop.); *faire de la réclame*, to advertise; *réclame du jour*, the day's special; *article de réclame*, feature article. ‖ *réclamer* [-é] *v.* to claim, to demand; to reclaim, to claim back; to complain, to object, to protest.

reclus [r°klü] *m.* recluse; *adj.* cloistered. ‖ *réclusion* [réklüzyon] *f.* seclusion, reclusion; solitary confinement.

recoin [r°kwin] *m.* nook, recess, cranny.

récolte [rékòlt] *f.* crop, harvest, vintage; collecting, gathering; profits (fig.). ‖ *récolter* [-é] *v.* to harvest, to reap; to gather in.

recommandable [r°kòmandàbl] *adj.* commendable; estimable; recommendable, advisable. ‖ *recommandation* [-àsyon] *f.* recommendation; reference, introduction; detainer (jur.); registration [postes]. ‖ *recommander* [-é] *v.* to recommend; to charge, to request; to lodge a detainer (jur.); to register, to insure [postes].

recommencer [r°kòmansé] *v.* to recommence, to begin anew, to start over (again).

récompense [rékonpans] *f.* reward; requital; award, compensation. ‖ *récompenser* [-é] *v.* to reward, to requite; to recompense, to repay.

réconciliation [rékonsìlyàsyon] *f.* reconciliation, reconcilement. ‖ *réconcilier* [-yé] *v.* to reconcile; *se réconcilier*, to become friends again, to make it up (*avec*, with).

reconduire [r°kondüîr] *v.** to reconduct, to escort, to lead back; to see home.

réconfort [rékonfòr] *m.* comfort, relief. ‖ *réconforter* [-té] *v.* to comfort, to cheer up.

reconnaissance [r°kònèsans] *f.* recognition; gratitude, thankfulness; acknowledgment, avowal; recognizance; pawn-ticket; reconnaissance, reconnoitring, exploration. ‖ *reconnaissant* [-an] *adj.* grateful, thankful. ‖ *reconnaître* [-ètr] *v.** to recognize; to identify; to discover; to acknowledge, to admit (to); to concede; to reconnoitre, to explore.

reconstituant [r°konstìtüan] *m.* tonic; reconstituant, restorative, Am. bracer (fam.). ‖ *reconstituer* [-üé] *v.* to reconstitute, to reorganize.

reconstruction [r°konstrüksyon] *f.* reconstruction, rebuilding. ‖ *reconstruire* [-üîr] *v.** to reconstruct, to rebuild.

reconversion [r°convèrsyon] *f.* reconversion.

recopier [r°còpyé] *v.* to recopy.

record [r°kòr] *m.* record [sports]; *recordman*, record-holder.

recoupement [r°kûpman] *m.* cross-checking, verification.

recourber [r°kûrbé] *v.* to bend again, to bend down (ou) back.

recourir [r°kûrîr] *v.** to have recourse, to resort (to); to appeal (jur.). ‖ *recours* [r°kûr] *m.* recourse; refuge, resort, resource; petition, appeal (jur.); *avoir recours à*, to resort to.

recouvrement [rᵉkûvrᵉmaⁿ] *m.* recovery; regaining, debts due.

recouvrer [rᵉkûvré] *v.* to recover, to retrieve, to get again; to recuperate, to recoup.

récréatif [rékréàtîf] *adj.* * recreative, recreational; relaxing. ‖ *récréation* [-syoⁿ] *f.* recreation; play-time, recess, break.

récrier (se) [sᵉrékrìyé] *v.* to exclaim, to cry out; to expostulate, to protest; to be amazed.

récriminer [rékrìmìné] *v.* to recriminate; to countercharge.

recroqueviller (se) [sᵉrᵉkròkvìyé] *v.* to shrivel up [personne]; to cockle [parchemin].

recrue [rᵉkrü] *f.* recruit, draftee, inductee. ‖ *recrutement* [-tmaⁿ] *m.* recruitment, engaging, drafting, enlistment, mustering.

rectangle [rèktaⁿgl] *m.* rectangle. ‖ *rectangulaire* [-ülèr] *adj.* rectangular, right-angled.

rectifier [rèktìfyé] *v.* to rectify, to set right, to correct, to amend, to adjust; to straighten. ‖ *rectitude* [-ìtüd] *m.* rectitude, uprightness, correctness, straightness.

reçu [rᵉsü] *adj.* received; admitted, recognized, customary, usual; *m.* receipt; *au reçu de*, upon receipt of; *être reçu*, to pass [examen].

recueil [rᵉkœy] *m.* collection, selection, assortment, miscellany, anthology, compendium. ‖ *recueillement* [-maⁿ] *m.* gathering; collectedness; mental repose. ‖ *recueillir* [-îr] *v.* * to gather, to get together, to assemble, to collect; to receive, to acquire; to take in, to reap; to shelter, to harbo(u)r; to inherit [succession]; *se recueillir*, to collect one's thoughts, to wrap oneself in meditation.

recul [rᵉkül] *m.* recoil; falling-back, retreat, kick [fusil]. ‖ *reculer* [-é] *v.* to draw back; to put back; to defer, to postpone; to extend [limites]; to retreat, to fall back, to recede; to recoil, to flinch; to go backwards; to rein back [cheval]; *à reculons*, backwards.

récupérable [réküpéràbl] *adj.* recoverable. ‖ *récupération* [-ràsyoⁿ] *f.* recuperation; recovery; salvage. ‖ *récupérer* [-ré] *v.* to recover; to recuperate [pertes]; to salvage.

récurer [réküré] *v.* to scour, to cleanse.

récuser [réküzé] *v.* to challenge, to take exception to (jur.); to impugn, to reject [témoignage]; *se récuser*, to disclaim competence (jur.).

rédacteur, -trice [rédàktœr, -trìs] *m., f.* writer, drafter [documents]; clerk; *rédacteur en chef*, chief editor. ‖ *rédaction* [rédàksyoⁿ] *f.* editing; editorial staff; drawing up; wording; newsroom; essay, composition [école].

reddition [rèdìsyoⁿ] *f.* surrender; rendering [comptes].

rédempteur [rédaⁿptœr] *m.* redeemer; *adj.* * redeeming.

redevable [rᵉdᵉvàbl] *adj.* indebted, owing; beholden; *m.* debtor. ‖ *redevance* [-vaⁿs] *f.* dues; rent; fees.

rédhibitoire [rédìbìtwàr] *adj.* redhibitory; latent [vice].

rédiger [rédìjé] *v.* to draw up; to edit; to draft, to word, to indite.

redingote [rᵉdiⁿgòt] *f.* frock-coat.

redire [rᵉdîr] *v.* * to repeat, to tell again; to reiterate; to criticize. ‖ *redite* [-ìt] *f.* repetition, redundancy; tautology.

redoubler [rᵉdûblé] *v.* to redouble; to increase; to re-line [vêtement].

redoutable [rᵉdûtàbl] *adj.* redoubtable, fearsome, awful. ‖ *redouter* [-é] *v.* to dread, to fear.

redresser [rᵉdrèsé] *v.* to re-erect; to straighten up; to put right, to redress, to reform; to right (aviat.); to hold up [tête]; to rebuke, to reprimand; *se redresser*, to straighten up again; to stand erect again; to right oneself, to be righted.

réduction [rédüksyoⁿ] *f.* reduction; abatement; laying-off; letting-out [personnel]; subjugation; reducing (mil.); mitigation (jur.).

réduire [rédüîr] *v.* * to reduce, to lessen, to abate, to diminish, to curtail; to boil down; to subjugate; to compel; *se réduire*, to be reduced, to diminish, to dwindle away; to amount (à, to). ‖ *réduit* [-üì] *m.* recess, nook; hovel; *adj.* reduced; brought to, obliged to.

réel [réél] *adj.* * real, actual; genuine, sterling; material; *m.* reality.

réfection [réfèksyoⁿ] *f.* repairing; rebuilding; recovery.

référence [référaⁿs] *f.* reference; allusion; *pl.* references. ‖ *référer* [-é] *v.* to refer; to allude; to impute, to ascribe; *se référer*, to refer, to relate; to leave it (à, to); *s'en référer*, to confide, to trust (à, to).

référendum [référìⁿdòm] *m.* referendum.

réfléchi [réflèshì] *adj.* reflected; deliberate, reflective, thoughtful; circumspect; wary; reflexive (gramm.). ‖ *réfléchir* [-îr] *v.* to reflect; to mirror;

to reverberate; to think over, to cogitate, to ponder. ‖ **réflecteur** [réflèktœr] *m.* reflector; *adj.* reflective. ‖ **reflet** [rᵉflè] *m.* reflection; gleam. ‖ **refléter** [rᵉflété] *v.* to reflect, to mirror [lumière].

réflexe [réflèks] *m., adj.* reflex. ‖ **réflexion** [-yoⁿ] *f.* reflection; thought, consideration; reproach, imputation; *toute réflexion faite,* all things considered.

refluer [rᵉflüé] *v.* to reflow, to ebb, to surge back.

reflux [rᵉflü] *m.* ebb.

refondre [rᵉfoⁿdr] *v.* to remelt; to refit; to recast. ‖ **refonte** [rᵉfoⁿt] *f.* recasting, refounding; recoining; remodel(l)ing; correction, repair.

réforme [réfòrm] *f.* reform, reformation; amendment; discharge (mil.); retirement, pension (mil.). ‖ **réformer** [-é] *v.* to reform, to rectify, to amend, to improve; to pension, to discharge (mil.).

refoulement [rᵉfûlmaⁿ] *m.* repression. ‖ **refouler** [rᵉfûlé] *v.* to drive back, to repel; to repress; to choke back.

réfractaire [réfràktèr] *adj.* refractory; stubborn, intractable, contumacious; *m.* defaulting conscript, *Am.* draft-dodger (mil.).

refrain [rᵉfrìⁿ] *m.* refrain, chorus, burden.

refréner [rᵉfréné] *v.* to bridle, to curb, to restrain.

réfrigérateur [réfrìjéràtœr] *m.* refrigerator; ice-box. ‖ **réfrigérer** [réfrìjéré] *v.* to refrigerate.

refroidir [rᵉfrwàdîr] *v.* to chill, to cool; to check, to temper, to dispirit (fig.). ‖ **refroidissement** [-ìsmaⁿ] *m.* cooling, refrigeration; coldness; chill, cold (med.).

refuge [rᵉfüj] *m.* refuge, shelter, asylum; protection; pretext, (fam.) dodge. ‖ **réfugié** [rétüjyé] *m.* refugee; displaced person. ‖ **réfugier (se)** [sᵉréfüjyé] *v.* to take refuge, to take shelter; to have recourse.

refus [rᵉfü] *m.* refusal, denial; rejection. ‖ **refuser** [-zé] *v.* to refuse, to reject, to deny, to decline; to withhold, to grudge, to demur; to haul ahead (naut.); to fail, to plough, *Am.* to flunk [candidat].

réfutation [réfütàsyoⁿ] *f.* refutation. ‖ **réfuter** [réfüté] *v.* to refute, to confute, to disprove.

regagner [rᵉgàñé] *v.* to regain, to recover, to reach [maison].

regain [rᵉgìⁿ] *m.* aftergrowth; revival, rejuvenation (fig.).

régal [régàl] *m.* treat; delight. ‖ **régaler** [-é] *v.* to treat to, to regale, to feast, to entertain; *se régaler,* to enjoy oneself, to have a good time.

regard [rᵉgàr] *m.* look; glance, gaze, stare; frown, scowl; notice, attention; man-hole; *en regard,* opposite, facing. ‖ **regarder** [-dé] *v.* to look at, to glance at, to gaze at, to stare at; to look into, to consider; to face, to be opposite; to regard, to concern; to pay heed; *ça me regarde,* that is my own business.

régate [régàt] *f.* regatta.

régénérer [réjénéré] *v.* to regenerate.

régent [réjaⁿ] *m., adj.* regent. ‖ **régenter** [-té] *v.* to direct; to govern; to domineer.

régie [réjí] *f.* administration; excise office; collection of taxes.

regimber [rᵉjìⁿbé] *v.* to kick; to balk; to jib.

régime [réjìm] *m.* diet; regimen; government; rules, regulations; regime, system; object, objective case (gramm.); cluster, bunch [bananes]; rate of flow [rivière].

régiment [réjìmaⁿ] *m.* regiment.

région [réjyoⁿ] *f.* region, area, sector, zone, district, territory, locality; *Am.* belt. ‖ **régional** [-yònàl] *adj.* local, regional. ‖ **régionalisme** [-yònàlìsm] *m.* regionalism.

régir [réjîr] *v.* to rule, to govern, to administer. ‖ **régisseur** [-ìsœr] *m.* bailiff; stage manager (theat.); assistant director [cinéma].

registre [rᵉjìstr] *m.* register, record; account-book (comm.); compass [voix].

réglage [réglàj] *m.* adjustment, adjusting; regulating; tuning. ‖ **règle** [règl] *f.* rule; ruler; order; regularity; example; principle, law; *pl.* menses; *en règle,* in order, correct, regular; *règle à calcul,* slide-rule. ‖ **réglé** [réglé] *adj.* ruled, lined [papier]; regular, steady, methodical; exact, fixed. ‖ **règlement** [règlᵉmaⁿ] *m.* settlement, adjustment [comptes]; regulation, statute; ordinance, by-law, rule. ‖ **réglementaire** [réglᵉmaⁿtèr] *adj.* regular, statutory, prescribed; reglementary. ‖ **réglementer** [-é] *v.* to regulate. ‖ **régler** [réglé] *v.* to rule, to line [papier]; to regulate, to order; to settle [comptes]; to set, to adjust, to time [horloge].

réglisse [réglìs] *f.* liquorice.

règne [rèñ] *m.* reign; prevalence, duration; influence; *règne animal,* animal kingdom. ‖ **régner** [réñé] *v.* to reign; to rule; to hold sway, to prevail; to reach, to extend.

regorger [rᵉgòrjé] *v.* to overflow; to abound (*de,* in); to be glutted.

régresser [régrésé] v. to regress; to
throw back.

regret [regrè] m. regret; repining,
yearning; *à regret*, with reluctance,
grudgingly. ‖ **regrettable** [-tàbl] *adj.*
deplorable, regrettable. ‖ *regretter*
[-té] v. to regret; to repent, to be
sorry for; to lament, to grieve; to
miss.

régulariser [régülàrizé] v. to regu-
larize. ‖ *régularité* [-ité] f. regularity,
punctuality; steadiness; equability;
evenness. ‖ *régulier* [régülyé] *adj.* regular; punctual, exact; systematic,
steady; right, correct, in order; valid;
normal; equable; orderly.

réhabiliter [réàbilité] v. to rehabil-
itate; to reinstate; to vindicate; to
whitewash (fig.).

rehausser [reôsé] v. to raise, to
heighten; to enhance; to set off.

rein [rin] m. kidney; pl. loins; *mal
aux reins*, backache, lumbago.

réincarnation [réinkàrnàsyon] f. reincarnation. ‖ *réincarner* [-né] v. to
reincarnate.

reine [rèn] f. queen; *reine-claude*,
greengage plum; *reine-marguerite*,
China aster. ‖ *reinette* [-nèt] f. rennet,
pippin.

réitérer [réitéré] v. to reiterate.

rejaillir [rejàyír] v. to rebound; to
splash, to gush, to spurt, to spout; to
spring, to leap out; to reflect, to recoil
(sur, on).

rejet [rejè] m. rejection; throwing out;
refusal; transfer [finance]; sprout,
shoot [plante]. ‖ *rejeter* [rejté] v. to
reject, to throw back, to refuse; to
discard, to shake off; to deny, to disallow (jur.); to spurn; to send forth
[plantes]; to transfer (comm.). ‖ *rejeton* [-on] m. shoot, sucker; offspring,
scion.

rejoindre [rejwindr] v.* to rejoin; to
reunite; to overtake [rattraper]; *se
rejoindre*, to meet, to join up.

réjoui [réjwì] *adj.* jolly, jovial, merry.
‖ *réjouir* [-îr] v. to gladden, to cheer,
to make merry; to divert, to delight,
to entertain; *se réjouir*, to rejoice, to
be glad, to make merry, to enjoy oneself, to be delighted. ‖ *réjouissance*
[-isans] f. rejoicing, merry-making.

relâche [relâsh] m. intermission, interruption, respite; closing (theat.); f.
putting-in, calling at port (naut.). ‖
relâché [-é] *adj.* lax, relaxed, loose,
slack, remiss. ‖ *relâchement* [-man]
m. slackening, loosening, relaxing; laxity, remissness; intermission; abatement. ‖ *relâcher* [-é] v. to slacken, to
loosen, to relax; to sag; to release, to
liberate, to unbend [esprit], to abate;
to touch port.

relais [relè] m. relay; *Am.* hook-up
[radio]; shift; relay-station; filling-
station [auto].

relater [relàté] v. to relate, to recount, to tell. ‖ *relatif* [-àtìf] *adj.* relative, relating, relevant, concerning;
m. relative (gramm.). ‖ *relation*
[-àsyon] f. relation, account, report,
statement, reference; relevance; connection; communication; pl. connections; *être en relation avec*, to be
connected with, to have dealings with.
‖ *relativité* [-àtivité] f. relativity.

relaxation [relàksàsyon] f. relaxation.
‖ *relaxer* [làksé] v. to release, to
liberate; to relax.

relayer [relèyé] v. to relay, to relieve; to take the place of; to change
horses; *se relayer*, to take it in turns.

reléguer [relégé] v. to relegate, to
banish, to exile; to consign.

relent [relan] m. musty taste; stale
smell.

relève [relèv] f. relief, shift; reliev-
ing party. ‖ *relevé* [relvé] *adj.* raised,
erect; elevated, lofty; pungent, spicy,
hot; noble, refined [ton]; m. statement. ‖ *relever* [-é] v. to raise again,
to lift again; to rebuild [maison]; to
pick up, to take up; to heighten, to
enhance; to criticize; to remark; to
spice, to season; to survey (topogr.);
to depend, to be dependent (de, on);
to stem (de, from); to take bearings
(naut.); to relieve [garde]; *relever de
maladie*, to recover.

relief [relyèf] m. relief, embossment;
enhancement; pl. left-overs [repas];
bas-relief, bas-relief; low relief.

relier [relyé] v. to connect; to link;
to join; to bind [livres]; to hoop
[tonneau]. ‖ *relieur* [-yœr] m. book-
binder.

religieux [relijyè] *adj.* religious;
scrupulous; m. monk, friar. ‖ *religieuse* [-ëz] f. nun, sister; double
cream-puff [pâtisserie]. ‖ *religion*
[-jyon] f. religion.

reliquaire [relikèr] m. reliquary.

reliquat [relikà] m. balance, remainder; after-effect (med.).

relique [relìk] f. relic, vestige.

reliure [relyür] f. binding [livres].

reluire [reluîr] v.* to shine, to glisten,
to glitter, to gleam.

remanier [remànyé] v. to manipulate, to handle again, to modify, to
alter, to revise, to recast.

remarier (se) [seremàryé] v. to remarry.

remarquable [remàrkàbl] *adj.* re-
markable, noteworthy, conspicuous,
outstanding, signal. ‖ *remarque* [re-
màrk] f. remark, observation, notice,

note; comment. ‖ **remarquer** [-é] *v.* to remark, to note, to observe, to notice; to distinguish.

remblayer [rɑⁿblèyé] *v.* to bank up.

rembourrer [rɑⁿbûré] *v.* to pad, to stuff, to upholster; to pack, to cram, to wad. ‖ *rembourreur* [-œr] *m.* © upholsterer.

remboursable [rɑⁿbûrsàbl] *adj.* repayable; redeemable. ‖ *remboursement* [-mɑⁿ] *m.* reimbursement, refund, repayment; *contre remboursement,* cash on delivery, C. O. D. ‖ *rembourser* [-é] *v.* to reimburse, to refund, to repay.

remède [rᵉmèd] *m.* remedy, medicine, cure. ‖ *remédier* [rᵉmédyé] *v.* to remedy, to cure, to relieve.

remémorer [rᵉmémòré] *v.* to remind; *se remémorer,* to remember, to recall.

remerciement [rᵉmèrsìmɑⁿ] *m.* thanking; gratitude; *pl.* thanks. ‖ *remercier* [-yé] *v.* to thank; to decline politely, to discharge, to dismiss; to sack, to fire, to oust.

remettre [rᵉmètr] *v.** to put back; to put again, to replace, to restore, to reinstate; to put off, to delay, to postpone, to defer, to deliver, to hand over, to remit, to confide, to trust; to cure; to forgive; to recognize; *se remettre,* to recover one's health; to compose oneself; to recommence; to call to mind, to recollect; *s'en remettre à,* to rely on.

réminiscence [rémìnìsɑⁿs] *f.* reminiscence, recollection.

remise [rᵉmîz] *f.* delivery; remittance; discount, reduction, rebate, commission (comm.); delay, deferment, postponement, remission (jur.); coach-house; shelter (naut.). ‖ *remiser* [-ìzé] *v.* to house; to put away [véhicule]; (fam.) to put in one's place.

rémission [rémìsyoⁿ] *f.* remission; abatement (med.); subsiding.

remmailler [rɑⁿmàyé] *v.* to graft a patch into.

remonter [rᵉmoⁿté] *v.* to remount, to get up again, to climb again; to re-equip, to restock; to rise; to increase [valeur]; to date back, to have origin; to wind [horloge]; to brace up [santé]; to cheer up [quelqu'un]. ‖ *remontoir* [-twàr] *m.* watch-key; key.

remontrance [rᵉmoⁿtrɑⁿs] *f.* expostulation, remonstrance, reproof. ‖ *remontrer* [-é] *v.* to show again; to demonstrate; to expostulate.

remords [rᵉmòr] *m.* remorse.

remorque [rᵉmòrk] *f.* towing; tow-line; trailer. ‖ *remorquer* [-é] *v.* to tow, to haul, to drag. ‖ *remorqueur* [-œr] *m.* tug(-boat).

rémouleur [rémûlœr] *m.* knife-grinder; tool-sharpener.

remous [rᵉmû] *m.* eddy, backwater; whirlpool; swirl; movement [foule]; public unrest.

rempailleur [rɑⁿpàyœr] *m.* chair-mender.

rempart [rɑⁿpàr] *m.* rampart; bulwark (fig.).

remplaçant [rɑⁿplàsɑⁿ] *m.* substitute. ‖ *remplacement* [-mɑⁿ] *m.* replacing, replacement; substitution. ‖ *remplacer* [-é] *v.* to take the place of, to supplant; to substitute for; to replace, to supersede.

remplir [rɑⁿplîr] *v.* to fill; to fill again, to replenish; to cram, to stuff; to hold, to perform, to keep [fonction]; to fulfil(l) [devoir]; to occupy [temps]; to supply, to stock. ‖ *remplissage* [-ìsàj] *m.* filling up; padding (fig.).

remporter [rɑⁿpòrté] *v.* to carry back, to take back; to carry off, to take away; to get, to obtain; to win [prix, victoire].

remuer [rᵉmüé] *v.* to stir; to move; to rouse; to turn up; to shake [tête]; to wag [queue]; to fidget; *remue-ménage,* rummaging, bustle, hubbub; *se remuer,* to move; to bustle about.

rémunérateur, -trice [rémünéràtœr, -trìs] *adj.* remunerative, rewarding; profitable. ‖ *rémunération* [-àsyoⁿ] *f.* remuneration, payment. ‖ *rémunérer* [-é] *v.* to remunerate; to pay for [services].

renâcler [rᵉnàklé] *v.* to snort, to sniff; to shirk [besogne]; to demur, to balk, to hang back (pop.).

renaissance [rᵉnèsɑⁿs] *f.* Renaissance, Renascence; rebirth.

renard [rᵉnàr] *m.* fox. ‖ *renarde* [-àrd] *f.* vixen.

renchérir [rɑⁿshérîr] *v.* to increase in price; to improve on.

rencontre [rɑⁿkoⁿtr] *f.* meeting, encounter; engagement (mil.); discovery; coincidence. ‖ *rencontrer* [-é] *v.* to meet, to encounter; to experience; to chance upon; *se rencontrer,* to meet each other; to be met with, to be found, to tally, to agree.

rendement [rɑⁿdmɑⁿ] *m.* output, yield, production; efficiency.

rendez-vous [rɑⁿdévû] *m.* appointment, rendez-vous, date, engagement; place of resort, haunt; meeting-place.

rendre [rɑⁿdr] *v.* to render, to return, to restore, to give back; to repay, to refund; to bring in, to yield, to produce; to make, to cause to be; to vomit; to void; to exhale, to emit; to express, to convey; to translate;

to give [verdict]; to bear [témoignage]; to do [hommage]; to pay [visite, honneur]; to dispense [justice]; to issue [arrêt]; *rendre l'âme*, to die, to give up the ghost; *rendre service*, to be of service; *rendre compte*, to render an account; *se rendre*, to go oneself; to surrender, to yield, to capitulate; *se rendre compte de*, to realize, to be aware of.

rêne [rèn] *f.* rein.

renfermé [raⁿfèrmé] *adj.* self-contained; shut up, closed in; *m.* mustiness. ‖ *renfermer* [-é] *v.* to shut up, to lock up; to confine; to enclose, to contain; to include; to conceal.

renfler [raⁿflé] *v.* to swell, to bulge.

renflouer [raⁿfluê] *v.* to refloat, to raise; to pull off the rocks [affaire].

renfoncement [raⁿfoⁿsmaⁿ] *m.* denting in, knocking in; recess, dint, dent.

renforcer [raⁿfôrsé] *v.* to reinforce, to strengthen; to augment, to increase; to intensify (phot.). ‖ *renfort* [-òr] *m.* reinforcement; strengthening piece; help, aid.

renfrogner (se) [seraⁿfròfié] *v.* to frown, to scowl.

rengaine [raⁿgèn] *f.* catch-phrase; *la même rengaine*, the same old story.

rengorger (se) [seraⁿgòrjé] *v.* to puff up one's chest, to give oneself airs.

reniement [renìmaⁿ] *m.* denying; disavowal, denial; disavowing. ‖ *renier* [renyé] *v.* to deny; to disown, to disavow; to abjure, to forswear.

reniflement [renìflemaⁿ] *m.* sniff; snuffling. ‖ *renifler* [renìflé] *v.* to sniff, to snuffle, to snivel; to spurn (fig.).

renne [rèn] *m.* reindeer.

renom [renoⁿ] *m.* renown, fame, celebrity. ‖ *renommé* [-òmé] *adj.* renowned, noted, famed. ‖ *renommée* [-òmé] *f.* renown, fame, reputation, celebrity.

renoncement [renoⁿsmaⁿ] *m.* renouncement, renunciation; abnegation; repudiation. ‖ *renoncer* [-é] *v.* to renounce, to relinquish, to swear off, to abjure; to repudiate; to recant, to retract; to disavow, to waive, to disown, to disclaim; to give up [succession]; to abdicate [trône]. ‖ *renonciation* [-yàsyoⁿ] *f.* renunciation.

renoncule [renoⁿkül] *f.* ranunculus.

renouer [renuê] *v.* to take up again; to renew; to resume.

renouveau [renuvô] *m.** springtime; renewal. ‖ *renouveler* [-lé] *v.* to renew, to renovate, to revive; to regenerate; to recommence, to repeat. ‖ *renouvellement* [-èlmaⁿ] *m.* renewal, renovation; increase, redoubling.

rénover [rénôvé] *v.* to renew, to renovate, to revive.

renseignement [raⁿsèñmaⁿ] *m.* information; knowledge, intelligence, account; *bureau de renseignements*, *Am.* information booth, *Br.* inquiry office. ‖ *renseigner* [-é] *v.* to inform, to give information; to teach again; to direct; *se renseigner*, to inquire, to obtain information.

rente [raⁿt] *f.* yearly income, revenue; stock, funds; annuity; rent; profit; *rente viagère*, life endowment, annuity. ‖ *rentier* [-yé] *m.* stockholder, investor annuitant.

rentrée [raⁿtré] *f.* re-entrance, reentering; reopening; reappearance; gathering in [récolte]; warehousing [marchandise]; collection [impôts]; reappearance, return [acteur]. ‖ *rentrer* [-é] *v.* to re-enter, to come in again; to collect [impôts]; to gather in [récolte]; to take in; to be contained, to be comprehended; to stifle, to suppress [rire]; to indent (typogr.).

renversement [raⁿvèrsemaⁿ] *m.* reversing, overturning, overthrow; upsetting, confusion, disorder; upheaval. ‖ *renverser* [-é] *v.* to throw down, to turn upside down, to upset, to overthrow, to overturn; to spill [liquide]; to throw into disorder, to confuse, to amaze, to stupefy; to transpose; to reverse [vapeur]; to drive back, to rout; to invert (math.; mus.); to defeat, to turn out [ministère]; to stagger (fam.); *se renverser*, to overturn, to capsize, to upset; to turn over.

renvoi [raⁿvwà] *m.* returning, sending back; sending away, dismissal, discharge, sacking, firing; referring [question]; adjournment [parlement]; remand (jur.); belch; reflection [lumière]; echo, reverberation [bruit]; repeat (mus.). ‖ *renvoyer* [-yé] *v.** to send back, to return; to dismiss, to discharge, to fire; to refer [affaire]; to dismiss [ministre]; to reject, to refuse; to refer [question]; to remand (jur.); to adjourn; to postpone, to defer; to reflect [lumière]; to echo, to reverberate [bruit].

repaire [repèr] *m.* den; haunt; nest; hide-out.

repaître (se) [serepètr] *v.** to feed (*de*, on).

répandre [répaⁿdr] *v.* to pour, to shed; to spill; to spread, to diffuse, to distribute, to scatter, to screw; to propagate; *se répandre*, to go out, to go about; to spread over; to be profuse; to spread; to gain ground.

réparable [réparàbl] *adj.* reparable, mendable; remediable; *Am.* fixable. ‖ *réparateur, -trice* [-àtœr, -tris] *adj.* reparative; restorative, refreshing;

m., f. repairer; restorer; *Am.* fixer. ‖
réparation [-àsyoⁿ] *f.* reparation;
repair, mending, *Am.* fixing; amends,
atonement, satisfaction [honneur]. ‖
réparer [-é] *v.* to repair, to mend, *Am.*
to fix; to make amends for; to retrieve
[pertes]; to redress [torts]; to recruit,
to restore [forces].

repartie [rᵉpàrtî] *f.* repartee, retort,
rejoinder, reply.

répartir [répàrtîr] *v.* to divide, to
distribute, to portion out; to assess. ‖
répartition [-îsyoⁿ] *f.* distribution, division; allotment; assessment.

repas [rᵉpâ] *m.* meal, repast.

repassage [rᵉpàsàj] *m.* repassing;
ironing, pressing [vêtements]; grinding, sharpening [coutellerie]. ‖ **repas-**
ser [-é] *v.* to repass; to call again; to
iron, to press; to grind, to sharpen; to
whet; to hone [pierre]; to strop [cuir];
to review; to revise; to ponder.

repentir [rᵉpaⁿtîr] *m.* repentance, remorse; regret, contrition, compunc-
tion; *se repentir, v.** to repent, to be
sorry, to regret.

répercussion [répèrküsyoⁿ] *f.* repercussion, reverberation; consequence,
after-effect. ‖ **répercuter** [-üté] *v.* to
reverberate, to echo, to resound.

repère [rᵉpèr] *m.* reference; mark;
landmark; *point de repère*, guide
mark, landmark; blaze [arbre]. ‖ **re-**
pérer [-éré] *v.* to mark; to locate, to
discover; to blaze.

répertoire [répèrtwàr] *m.* index,
card-file, catalog(ue); repertory, repository; directory; stock (theat.).

répéter [répété] *v.* to repeat, to
retell; to rehearse [theat.]; to reproduce (jur.). ‖ **répétiteur, -trice** [-îtᵉr,
-trîs] *m., f.* tutor, coach, private
teacher; assistant teacher; repeater
(telegr.). ‖ **répétition** [-îsyoⁿ] *f.* reit-
eration, repetition; rehearsal; recurrence, reproduction; private lesson;
répétition générale, dress rehearsal.

repeupler [rᵉpœplé] *v.* to repeople,
repopulate; to restock; to replant.

répit [répî] *m.* respite, delay, pause;
breather; reprieve (jur.).

replet [rᵉplè] *adj.* fat, bulky.

repli [rᵉplî] *m.* fold, crease; winding,
coil (fig.). ‖ **replier** [-yé] *v.* to fold
again, to fold back; to double back;
to bend back; to coil [corde]; to force
back (mil.); *se replier,* to twist oneself, to fold oneself; to wind, to
coil; to writhe; to fall back, to retreat
(mil.).

réplique [réplìk] *f.* reply, answer,
response, retort, rejoinder, *Am.* come-
back (fam.); repeat (mus.); cue
(theat.); replica [art]; *donner la
réplique,* to give the cue, *Am.* to play

the stooge (theat.). ‖ **répliquer** [-é] *v.*
to reply, to respond, to retort.

répondant [répoⁿdaⁿ] *m.* respond-
ent; defendant (jur.); security, guarantee. ‖ **répondre** [répoⁿdr] *v.* to
answer, to respond, to reply; to
satisfy, to come up to; to correspond;
répondre de, to warrant, to be answerable for, to vouch for, to be responsible for, to go bail for. ‖ **réponse**
[-oⁿs] *f.* answer, reply, response;
rejoinder (jur.).

report [rᵉpòr] *m.* carrying forward,
bringing forward (comm.); carry over
[montant]; continuation [Bourse]. ‖
reportage [-tàj] *m.* reporting; commentary. ‖ *reporter* [-tèr] *m.* reporter.
‖ **reporter** [-té] *v.* to carry forward
(comm.); to carry over [Bourse]; to
carry back, to take back; *se reporter,*
to refer, to go back, to be carried back
[par la mémoire].

repos [rᵉpô] *m.* rest, repose; quiet,
peace, tranquillity; sleep; pause
(mus.); half-cock [fusil]; *valeur de
tout repos,* gilt-edged security. ‖
reposé [-pòzé] *adj.* rested, reposed,
refreshed; quiet, calm; *à tête reposée,*
at leisure. ‖ *reposer* [-zé] *v.* to place
again, to set back; to rest, to repose;
to refresh; to be based, to be established; to be inactive, to be out of
use; to lie fallow [terre]; *se reposer,*
to rest; to rely; to alight, to light [oi-
seaux]; *se reposer sur,* to put one's
trust in. ‖ *reposoir* [-zwàr] *m.* temporary altar.

repoussant [rᵉpûsaⁿ] *adj.* repulsive,
disgusting, repugnant, offensive,
repellent, loathsome; forbidding. ‖ **re-**
poussé [-é] *adj.* embossed. ‖ **repousser**
[-é] *v.* to push again; to drive back,
to beat back, to repel; to thrust away,
to push aside; to reject, to spurn; to
repulse, to rebuff; to grow again, to
sprout; to recoil, to kick [fusil]; to
deny [accusation]; to decline [offre];
to put off, to postpone [rendez-vous]. ‖
repoussoir [-wàr] *m.* driving-bolt,
starting-bolt; dentist's punch; set-off,
contrast [tableau]; foil [personne].

répréhensible [répréaⁿsìbl] *adj.*
reprehensible; censurable.

reprendre [rᵉpraⁿdr] *v.** to retake,
to recapture, to get back, to recover;
to resume, to begin again; to revive;
to reprove, to criticize; to repair; to
reply; to take root again; to freeze
again.

représailles [rᵉprézàỳ] *f. pl.* reprisal,
retaliation; *user de représailles,* to
retaliate.

représentant [rᵉprézaⁿtaⁿ] *m.* representative, deputy, delegate; agent
(comm.), salesman. ‖ *représentatif*
[-àtìf] *adj.** representative. ‖ *représen-*
tation [-àsyoⁿ] *f.* representation;

exhibition, display; performance, show (theat.); remonstrance; agency, branch (comm.). ‖ **représenter** [-é] *v.* to represent; to exhibit, to produce; to perform [pièce]; to depict, to portray, to describe; to typify, to symbolize.

répression [réprèsyoⁿ] *f.* repression.

réprimande [réprìmàⁿd] *f.* reprimand, reproach. ‖ **réprimander** [-é] *v.* to reprimand, to reprove, to rebuke, to reproach, to chide, to upbraid; to blow up (fam.).

réprimer [réprìmé] *v.* to repress, to restrain, to curb, to stifle.

repris [rᵉprì] *adj.* retaken, taken up again; reset [os]; *repris de justice,* old offender, *Br.* old lag (pop.), *Am.* repeater. ‖ **reprise** [-îz] *f.* resumption, retaking, recapture; revival, renewal; return [maladie]; repair, darn, mending [couture]; chorus, refrain (mus.); underpinning [construction]; game [cartes]; bout; round; resumption of play [sport]; pick-up [autom.]. ‖ **repriser** [-ìzé] *v.* to darn, to mend.

réprobateur, -trice [répròbàtœr, -trìs] *adj.* reprobative, reproachful, reproving. ‖ **réprobation** [-àsyoⁿ] *f.* reprobation, reproval, censure.

reproche [rᵉpròsh] *m.* reproach, rebuke, reproof; taunt; *sans reproche,* blameless, unexceptionable. ‖ **reprocher** [-é] *v.* to reproach with; to blame for; to upbraid; to challenge (jur.); *reprocher à quelqu'un d'avoir fait quelque chose,* to reproach someone with having done something.

reproduction [rᵉpròdüksyoⁿ] *f.* reproduction; replica, copy. ‖ **reproduire** [-üîr] *v.** to reproduce; to reprint; *se reproduire,* to be reproduced; to reproduce; to multiply; to breed; to recur, to happen again, to occur again.

réprouver [réprûvé] *v.* to reprobate; to disapprove of; to damn, to cast off (theol.).

reptation [rèptàsyoⁿ] *f.* reptation. ‖ **reptile** [rèptìl] *m.* reptile.

repu [rᵉpü] *adj.* satiated, glutted, sated, full.

républicain [répüblìkiⁿ] *m.,* *adj.* republican. ‖ **république** [-ìk] *f.* republic.

répudier [répüdyé] *v.* to repudiate.

répugnance [répüñaⁿs] *f.* repugnance, loathing, repulsion; reluctance, unwillingness; *avoir de la répugnance à,* to be loath to. ‖ **répugnant** [-aⁿ] *adj.* repulsive, repugnant, repellent, distasteful, loathsome. ‖ **répugner** [-é] *v.* to be repugnant; to inspire repugnance; to feel repugnance, to feel loath; to be contrary to.

répulsion [répülsyoⁿ] *f.* repulsion, beating back; disgust, loathing.

réputation [répütàsyoⁿ] *f.* reputation, character; good repute, fame; *avoir la réputation de,* to pass for. ‖ **réputer** [-é] *v.* to esteem, to repute, to account, to deem.

requérir [rᵉkérîr] *v.** to request; to require, to exact, to demand; to claim, to summon. ‖ **requête** [-èt] *f.* request, petition, demand, application; address, suit (jur.).

requin [rᵉkiⁿ] *m.* shark.

requis [rᵉkì] *adj.* required, requisite; proper, necessary. ‖ **réquisition** [rékìzìsyoⁿ] *f.* requisition; summons, levy, demand; seizure. ‖ **réquisitionner** [-ìsyòné] *v.* to requisition, to commandeer; to seize. ‖ **réquisitoire** [-ìtwàr] *m.* indictment, list of charges; requisitory; stream of reproaches (fam.).

rescapé [rèskàpé] *adj.* rescued; *m.* survivor.

rescousse [rèskûs] *f.* rescue; help.

réseau [rézô] *m.** net; network; web, complication (fig.); system [radio, rail]; tracery (arch.); *réseau de barbelés,* barbed wire entanglements; *réseau de résistance,* resistance group.

réserve [rézèrv] *f.* reserve; reservation, caution, wariness, prudence; modesty, shyness; stock, store, supply; storehouse; preserve [gibier]. ‖ **réserver** [-é] *v.* to reserve; to keep, to intend; to lay by; to book [places]; *se réserver,* to hedge. ‖ **réserviste** [-ìst] *m.* reservist. ‖ **réservoir** [-wàr] *m.* reservoir; tank, cistern, well.

résidence [rézìdaⁿs] *f.* residence, residency; dwelling; house; place of abode; residentship. ‖ **résident** [-aⁿ] *m.* resident; representative (diplomate]. ‖ **résider** [-é] *v.* to reside, to dwell; to lie, to consist.

résidu [rézìdü] *m.* residue; remnant; remainder, balance (math.); amount owing (comm.). ‖ **résiduel** [-èl] *adj.** residual; supplemental.

résignation [rézìñàsyoⁿ] *f.* resignation; relinquishment, renunciation. ‖ **résigner** [-é] *v.* to resign; to relinquish, to renounce, to give up, to abdicate; *se résigner,* to resign oneself, to be resigned; to submit, to put up (*à,* with).

résiliation [rézìlyàsyoⁿ] *f.* cancelling, abrogation, annulment, invalidation; deletion; rescission. ‖ **résilier** [-yé] *v.* to cancel, to annul; to delete.

résille [rézìy] *f.* hair-net; lattice work.

résine [rézìn] *f.* resin. ‖ **résineux** [-ë] *adj.** resinous.

résistance [rézìsta*] f. resistance; opposition; underground forces [guerre]. ‖ **résistant** [-a*] adj. resistant, unyielding, lasting, sturdy, tough. ‖ **résister** [-é] v. to resist, to oppose, to withstand; to endure; to bear; to hold out.

résolu [rézòlü] p. p. of résoudre; adj. resolved, determined, decided; resolute; solved. ‖ **résolution** [-syo*] f. resolution; decision, determination; resolve; solution; reduction, conversion; annulment (jur.). ‖ **résolutoire** [-twàr] adj. resolutory.

résonance [rézòna*s] f. resonance; repercussion. ‖ **résonateur** [rézònàtœr] m. resonator. ‖ **résonnement** [-ma*] m. resounding, re-echoing; vibration. ‖ **résonner** [-é] v. to resound; to reverberate, to re-echo; to vibrate; to twang; to ring; to rattle.

résorber [rézòrbé] v. to reabsorb; to absorb, to imbibe.

résoudre [rézûdr] v.* to resolve; to solve, to settle [question]; to decide upon, to determine upon; to dissolve, to melt, to break down; to annul (jur.); se **résoudre**, to make up one's mind (à, to).

respect [rèspè] m. respect, regard, deference, awe; reverence. ‖ **respectable** [rèspèktàbl] adj. respectable, estimable, hono(u)rable, reputable. ‖ **respecter** [-é] v. to respect, to revere, to hono(u)r, to venerate.

respectif [rèspèktìf] adj.* respective.

respectueux [rèspèktüë] adj.* respectful, deferential, dutiful [enfant].

respiration [rèspìràsyo*] f. respiration, breathing. ‖ **respirer** [-é] v. to respire, to breathe; to inhale.

resplendir [rèspla*dîr] v. to shine brightly; to be resplendent; to gleam. ‖ **resplendissant** [-ìsa*] adj. resplendent, bright, glittering.

responsabilité [rèspo*sàbìlìté] f. responsibility, accountability; liability (comm.). ‖ **responsable** [-àbl] adj. responsible, accountable, answerable; liable (comm.).

resquille [rèskìy] f. wangling. ‖ **resquilleur** [rèskìyœr] m. gatecrasher; wangler; wide boy.

ressac [rᵉsàk] m. surf.

ressaisir [rᵉsèzîr] v. to seize again, to catch again; to recover possession of.

ressasser [rᵉsàsé] v. to harp on.

ressemblance [rᵉsa*bla*s] f. likeness, resemblance, similarity. ‖ **ressemblant** [-a*] adj. like, similar to; resembling. ‖ **ressembler** [-é] v. to resemble, to look like, to be similar to, to take after;

se **ressembler**, to look alike, to resemble each other; to be similar.

ressemelage [rᵉsᵉmlàj] m. resoling. ‖ **ressemeler** [-é] v. to resole.

ressentiment [rᵉsa*tìma*] m. resentment. ‖ **ressentir** [-îr] v.* to feel, to experience; to resent; se **ressentir**, to feel the effects; to resent; to be felt.

resserrer [rᵉsèré] v. to draw closer, to bind tighter; to coop up, to pen in; to restrain, to confine; to condense, to compress, to contract.

ressort [rᵉsòr] m. spring; elasticity, rebound, resiliency; incentive; spur; energy.

ressort [rᵉsòr] m. jurisdiction; department, province (fig.).

ressortir [rᵉsòrtîr] v.* to go out again, to re-exit; to stand out (fig.); to arise, to proceed, to result [de, from]; faire **ressortir**, to throw into relief, to point up.

ressortir à [rᵉsòrtîr] v. to be under the jurisdiction of, to be dependent on.

ressource [rᵉsûrs] f. resource, expedient, shift, resort, contrivance; pl. funds; means.

ressusciter [rᵉsüsìté] v. to resuscitate, to revive, to resurrect.

restant [rèsta*] adj. remaining, surviving, left; m. remainder, rest, residue.

restaurant [rèstòra*] m. restaurant, eating-place. ‖ **restaurateur** [-àtœr] m. restaurant-keeper; restorer [arts]. ‖ **restaurer** [-é] v. to restore, to refresh; to repair; to re-establish; se **restaurer**, to refresh oneself, to take refreshment, to refresh the inner man.

reste [rèst] m. rest, remainder, residue; trace, vestige; pl. remnants, leavings, remains, scraps; relics; leftovers [nourriture]; mortal remains, dead body; du reste, au reste, besides, furthermore, moreover; de reste, spare, remaining, over and above. ‖ **rester** [-é] v. to remain, to stay; to be left; to dwell, to continue.

restituer [rèstìtüé] v. to return, to refund, to repay; to restore [textes]. ‖ **restitution** [-üsyo*] f. restoration, restitution, repayment, returning, handing back.

restreindre [rèstri*dr] v.* to restrain, to confine, to circumscribe; to limit, to restrict, to stint, to curb, to inhibit. ‖ **restriction** [-ìksyo*] f. restriction, restraint; reserve; limitation, curb, check; austerity; restriction mentale, mental reservation.

résultat [rézültà] m. result, outcome, sequel, upshot; returns [élection]. ‖ **résulter** [-é] v. to result, to follow, to ensue.

résumé [rézümé] *m.* summary, summing-up; recapitulation; précis; outline; *en résumé,* on the whole, after all. ‖ **résumer** [-é] *v.* to sum up, to give a summary of; to recapitulate; to outline.

résurrection [rézürèksyoⁿ] *f.* resurrection; restoral, revival; resuscitation.

retable [rᵉtàbl] *m.* retable, reredos, altar-piece.

rétablir [rétàblîr] *v.* to re-establish, to set up again; to restore; to repair; to recover [santé]; to reinstate; to retrieve; *se rétablir,* to recover, to get back on one's feet; to be re-established, to be restored; to be repaired. ‖ **rétablissement** [-ismaⁿ] *m.* re-establishment, restoration; repair; recovery, reinstatement; return to health; revival (comm.).

rétamer [rétàmé] *v.* to tin over again, to re-plate; to re-silver. ‖ **rétameur** [-œr] *m.* tinker.

retard [rᵉtàr] *m.* delay, lateness, slowness [horloge]; retardation (mus.); *être en retard,* to be late. ‖ **retardataire** [-dàtèr] *m., f.* laggard, lagger, loiterer; defaulter; late-comer. ‖ **retardement** [-dᵉmaⁿ] *m.* retardment; delay; putting-off; *à retardement,* delayed-action [bombe]. ‖ **retarder** [-dé] *v.* to delay, to retard, to defer; to put back, to set back [horloge]; to be slow; to lose time [horloge]; to be behindhand [personne].

retenir [rᵉtnîr] *v.** to hold back; to retain; to withhold; to reserve, to book [places]; to moderate, to restrain; to curb; to hinder, to prevent, to hold up; to carry (math.); to engage, to hire; *se retenir,* to control oneself; to refrain, to forbear; to catch hold [à, of], to cling [à, to].

retentir [rᵉtaⁿtîr] *v.* to resound, to ring; to have repercussions; to rattle. ‖ **retentissant** [-isaⁿ] *adj.* resounding, echoing; sonorous. ‖ **retentissement** [-ismaⁿ] *m.* resounding; repercussion.

retenu [rᵉtnü] *adj.* reserved, discreet; detained, help up; booked [place]. ‖ **retenue** [-ü] *f.* reserve; discretion; self-control; detention; keeping in; stoppage [paie]; deduction; carry-over (math.).

réticence [rétisaⁿs] *f.* reticence, reserve, concealment. ‖ **réticent** [-saⁿ] *adj.* reticent; hesitant.

rétif [rétif] *adj.** restive, unmanageable; stubborn; balky [cheval].

retiré [rᵉtìré] *adj.* secluded, sequestered; retired; withdrawn. ‖ **retirer** [-é] *v.* to draw again; to pull back, to withdraw; to take out, to draw out; to take away; to remove, to take off [vêtement]; to derive, to reap, to get [bénéfice]; to redeem [dégager]; *se*

retirer, to withdraw, to retire, to retreat; to subside, to recede; to shrink, to contract.

retombée [rᵉtoⁿbé] *f.* fall; fall-out; springing; *retomber* [-é] *v.* to fall again; to fall back.

rétorquer [rétòrké] *v.* to retort, to return [argument]; to cast back, to hurl back [accusation].

retors [rᵉtòr] *adj.* twisted; artful, crafty, wily, sly.

retouche [rᵉtûsh] *f.* retouch, retouching. ‖ **retoucher** [-é] *v.* to retouch; to touch up, to improve.

retour [rᵉtûr] *m.* return; repetition, recurrence; change, vicissitude; reverse; angle, elbow (arch.); reversion (jur.); *être de retour,* to be back; *retour du courrier,* return mail; *sans retour,* forever, irretrievably; *retour de flamme,* backfire [moteur]; *sur le retour,* on the decline. ‖ **retournement** [-nᵉmaⁿ] *m.* turning over. ‖ **retourner** [-né] *v.* to return, to go back; to send back; to turn over; to turn up [cartes]; to think about; *se retourner,* to turn around; to veer round.

retracer [rᵉtràsé] *v.* to retrace; to relate; to recall.

rétracter [rétràkté] *v.* to retract, to disavow, to revoke; *se rétracter,* to recant; to retract.

retrait [rᵉtrè] *m.* withdrawal.

retraite [rᵉtrèt] *f.* retreat; retirement; pension; seclusion, privacy; shrinking, contraction; *battre en retraite,* to beat a retreat; *prendre sa retraite,* to retire. ‖ **retraité** [-é] *adj.* pensioned off, superannuated; *m.* pensioner.

retranchement [rᵉtraⁿshmaⁿ] *m.* retrenchment, abridgment; entrenchment (mil.). ‖ **retrancher** [-é] *v.* to retrench; to curtail, to cut short; to cut off; to diminish; to subtract, to deduct (math.); to entrench (mil.); *se retrancher,* to retrench; to entrench oneself, to dig in (mil.); to hedge, to take refuge.

rétréci [rétrési] *adj.* shrunk, contracted; restricted; narrow, cramped. ‖ **rétrécir** [-îr] *v.* to narrow; to shrink, to contract; to take in, to straiten; *se rétrécir,* to shrink, to contract; to grow narrower. ‖ **rétrécissement** [-ismaⁿ] *m.* shrinking; narrowing; cramping; stricture (med.).

rétribuer [rétribüé] *v.* to remunerate, to pay. ‖ **rétribution** [-üsyoⁿ] *f.* salary, pay; recompense.

rétroactif [rétròàktîf] *adj.** retroactive.

rétrocéder [rétròsédé] *v.* to retrocede, to cede back; to recede, to go back. ‖ **rétrocession** [-èsyoⁿ] *f.* retrocession; recession.

rétrograde [rétrògràd] *adj.* retrograde, backward; *s.* back number. ‖ **rétrograder** [-dé] *v.* to retrograde; to reduce to a lower rank.

rétrospectif [rétròspèktìf] *adj.** retrospective. ‖ **rétrospective** [-tìv] *f.* retrospect.

retroussé [retrûsé] *adj.* turned up; tucked up; snub [nez]. ‖ **retrousser** [-é] *v.* to turn up; to tuck up; to curl up; to roll up.

retrouver [retrûvé] *v.* to find again, to regain, to recover; *se retrouver,* to meet again.

rétroviseur [rétròvìzœr] *m.* reflector; rear-vision mirror, driving-mirror [auto].

rets [rè] *m.* net; snare; *pl.* toils (fig.).

réuni [réunì] *adj.* reunited; assembled; gathered; joined. ‖ **réunion** [-yoⁿ] *f.* reunion; meeting, assembly, party, gathering; junction; collection; reconciliation. ‖ **réunir** [-îr] *v.* to reunite; to bring together again; to gather, to assemble, to muster; to join; to collect; to reconcile; *se réunir,* to reunite, to assemble again; to meet, to gather.

réussi [réusì] *adj.* successful, well-executed. ‖ **réussir** [-îr] *v.* to succeed, to be successful (*à,* in); to prosper, to thrive; to carry out well, to accomplish successfully. ‖ **réussite** [-ìt] *f.* success; solitaire, patience [cartes].

revanche [revaⁿsh] *f.* revenge; retaliation, requital; return; return-match; *en revanche,* in return.

rêvasser [rèvàsé] *v.* to day-dream; to be wool-gathering. ‖ **rêve** [rèv] *m.* dream; illusion; idle fancy; *c'est le rêve,* it's ideal.

revêche [revèsh] *adj.* harsh, rough; cross, crabby, peevish.

réveil [révèy] *m.* waking, awaking, awakening; alarm-clock; disillusionment (fig.); reveille (mil.). ‖ **réveiller** [-èyé] *v.* to awaken, to awake, to wake, to arouse; to rouse up, to stir up, to quicken; to revive, to recall; *se réveiller,* to awake, to awaken, to wake up; to be roused. ‖ **réveillon** [-èyoⁿ] *m.* midnight supper. ‖ **réveillonner** [-òné] *v.* to go to a reveillon; to see the New Year in.

révélateur, -trice [révélàtœr, -trìs] *m., f.* developer (phot.), *m.;* revealer, informer; *adj.* revealing; significant. ‖ **révélation** [-àsyoⁿ] *f.* revelation, discovery, disclosure; avowal; information (jur.). ‖ **révéler** [-é] *v.* to reveal, to discover, to disclose; to develop (phot.).

revenant [revnaⁿ] *m.* ghost, spirit, specter, phantom.

revendeur [revaⁿdœr] *m.* retail dealer, peddler.

revendicateur, -trice [revaⁿdìkàtœr, -trìs] *m., f.* claimant. ‖ **revendication** [-àsyoⁿ] *f.* claim, demand; claiming, reclaiming. ‖ **revendiquer** [-é] *v.* to claim, to claim back; to insist on; to assume [responsabilité].

revenir [revnîr] *v.** to come again, to come back, to return; to recur; to reappear, to haunt [fantôme]; to begin again; to recover, to revive, to come to; to cost, to amount to; to accrue [bénéfices]; to recant, to withdraw, to retract; *revenir à soi,* to recover, to regain consciousness; *faire revenir,* to half-cook [cuisine]; *je n'en reviens pas,* I can't believe it, I can't get over it. ‖ **revenu** [-ü] *m.* income, revenue.

rêver [rèvé] *v.* to dream; to muse; to rave; to be light-headed; to ponder; to long, to yearn (*de,* for).

réverbération [révèrbéràsyoⁿ] *f.* reverberation; reflecting. ‖ **réverbère** [-èr] *m.* street lamp; reverberator.

révérence [révéraⁿs] *f.* reverence; veneration, awe; curtsy, bow.

rêverie [rèvrî] *f.* reverie, dreaming, musing; raving.

revers [revèr] *m.* back, reverse, wrong side, other side; counterpart; lapel, revers [vêtement]; turn-up [pantalon]; cuff [manche]; top [botte]; backhand stroke [tennis]; misfortune, setback (fig.).

réversible [révèrsìbl] *adj.* revertible [bien]; reversible [tissu].

revêtement [revètmaⁿ] *m.* revetment, lining, facing, casing [maçonnerie]; retaining wall; veneering. ‖ **revêtir** [revètîr] *v.** to clothe again; to put on, to don; to dress, to array; to invest with, to endow with; to assume [personnage]; to cloak (fig.).

rêveur [rèvœr] *adj.** dreaming; dreamy, pensive; *m.* dreamer, muser.

revient [revyìⁿ] *m.* cost.

revirement [revìrmaⁿ] *m.* tacking, tack; sudden turn; transfer (comm.).

réviser [révìzé] *v.* to revise, to review, to examine; to review (jur.); to overhaul [autom.]. ‖ **révision** [-yoⁿ] *f.* revisal, revision, review, re-examination; rehearing (jur.); proof-reading; *conseil de révision,* Br. recruiting board, Am. draft board.

revivifier [revìvìfyé] *v.* to revivify, to revive.

revivre [revìvr] *v.* to live again; to revive.

révocable [révòkàbl] *adj.* revocable, rescindable. ‖ **révocation** [-àsyoⁿ] *f.* revocation; annulment, repeal, cancellation; countermanding; dismissal, removal [fonctionnaire].

revoir [revwàr] *v.** to see again; to meet again; to revise, to review, to re-examine; *au revoir,* good-bye; *se revoir,* to meet each other again.

révoltant [révòltaⁿ] *adj.* revolting; shocking, offensive. ‖ **révolte** [révòlt] *f.* revolt, rebellion, mutiny. ‖ **révolté** [-é] *m.* rebel, mutineer, insurgent. ‖ **révolter** [-é] *v.* to cause to revolt; to rouse, to excite; to shock, to disgust, to horrify; *se révolter,* to revolt, to rebel, to mutiny.

révolu [révòlü] *adj.* revolved; accomplished, completed; elapsed, ended. ‖ **révolution** [-syoⁿ] *f.* revolution; revolving; rotation. ‖ **révolutionnaire** [-syònèr] *adj.* revolutionary; *m., f.* revolutionist. ‖ **révolutionner** [-syòné] *v.* to revolutionize; to upset.

revolver [révòlvèr] *m.* revolver, pistol; *poche à revolver,* hip-pocket. ‖ **révolvériser** [-rizé] *v.* (pop.) to shoot up.

révoquer [révòké] *v.* to revoke; to rescind, to countermand; to repeal, to annul; to dismiss, to recall [fonctionnaire].

revue [rᵉvü] *f.* review; survey, examination, revision; magazine, periodical publication; critical article; topical revue, *Am.* musical comedy (theat.); *passer en revue,* to review.

révulser [révülsé] *v.* to distort; to twist; to turn upwards [yeux]. ‖ **révulsif** [-sìf] *adj.*, m.* revulsive. ‖ **révulsion** [-syoⁿ] *f.* revulsion.

rez-de-chaussée [rédshôsé] *m.* ground-level; ground-floor, *Am.* first floor.

rhinocéros [rìnòsérôs] *m.* rhinoceros.

rhubarbe [rübàrb] *f.* rhubarb.

rhum [ròm] *m.* rum.

rhumatisme [rümàtìsm] *m.* rheumatism.

rhume [rüm] *m.* cold.

riant [rìaⁿ] *adj.* laughing, smiling, cheerful, pleasant, pleasing.

ricanement [rìkànᵉmaⁿ] *m.* sneering. ‖ **ricaner** [rìkàné] *v.* to sneer; to snigger; to grin; to giggle.

riche [rìsh] *adj.* rich, wealthy, opulent; abundant, copious; precious, costly, valuable; *m.* rich person; *pl.* the rich. ‖ **richesse** [-ès] *f.* riches, wealth, opulence; copiousness; richness, costliness.

ricin [rìsìⁿ] *m.* castor-oil plant; *huile de ricin,* castor-oil.

ricocher [rìkòshé] *v.* to rebound; to ricochet. ‖ **ricochet** [-è] *m.* ducks and drakes [jeu]; ricochet (mil.); series, chain, succession; *par ricochet,* indirectly.

ride [rìd] *f.* wrinkle, line; pucker; ripple; corrugation; lanyard (naut.). ‖ **ridé** [rìdé] *adj.* wrinkled, lined; puckered; rippled; shrivelled [pomme].

rideau [rìdô] *m.** curtain, drapery; screen; *rideau de fer,* iron curtain; *rideau de fumée,* smoke-screen; *lever le rideau,* curtain-raiser (theat.).

rider [rìdé] *v.* to wrinkle; to pucker; to ripple, to ruffle; to shrivel.

ridicule [rìdìkül] *adj.* ridiculous, laughable, ludicrous; absurd; *m.* ridicule, ridiculousness; quirk, whim. ‖ **ridiculiser** [-ìzé] *v.* to ridicule, to deride, to poke fun at.

rien [ryìⁿ] *m.* nothing, nought, not anything; anything; trifle, mere nothing; love [tennis]; *cela ne fait rien,* it doesn't matter; *de rien,* don't mention it.

rieur [ryœr] *adj.** laughing, joking; mocking; *m.* laugher.

rigide [rìjìd] *adj.* rigid, stiff; firm; erect; taut, tense; strict, severe; unbending, unyielding. ‖ **rigidité** [-ìdìté] *f.* rigidity, stiffness; sternness; harshness; strictness, severity.

rigolade [rìgòlàd] *f.* (pop.) laughter; tomfoolery.

rigole [rìgòl] *f.* channel, trench, small ditch; drain; gutter; furrow. ‖ **rigoler** [-é] *v.* to furrow; to channel; (fam.) to laugh, to have fun, to be merry; *rigolo* (pop.), funny, jolly.

rigoureux [rìgûrë] *adj.** rigorous, strict; severe, stern, harsh; inclement [temps]. ‖ **rigueur** [rìgœr] *f.* rigo(u)r, strictness; precision; severity, harshness; sternness, sharpness; inclemency; *à la rigueur,* strictly speaking, if necessary; *de rigueur,* required, enforced.

rillettes [rìyèt] *f. pl.* rillettes, potted minced pork.

rime [rìm] *f.* rhyme; verse. ‖ **rimer** [-é] *v.* to rhyme. ‖ **rimeur** [-œr] *m.* rhymer; rhymester.

rinçage [rìⁿsàj] *m.* rinsing; washing, cleansing. ‖ **rincer** [-é] *v.* to rinse; to wash, to cleanse; *rince-doigts,* finger-bowl. ‖ **rinçure** [-ür] *f.* rincings; slops.

ripaille [rìpày] *f.* feasting; *faire ripaille,* to feast.

riposte [rìpòst] *f.* repartee, retort; riposte, return [escrime]. ‖ **riposter** [-é] *v.* to retort; to return fire (mil.); to parry and thrust [escrime].

rire [rìr] *v.** to laugh (*de,* at); to be favo(u)rable, to be propitious; to jest, to joke; to mock, to scoff; *m.* laugh, laughter, laughing; *fou rire,* uncontrollable laughter; *gros rire,* guffaw.

ris [rì] *m.* reef [voiles].

ris [rì] *m.* sweetbread.

risée [rìzé] *f.* laugh; laughter, mockery, derision; laughing-stock, butt; gust, squall (naut.). ‖ **risette** [-èt] *f.* smile. ‖ **risible** [-ìbl] *adj.* laughable; ridiculous.

risque [rìsk] *m.* risk, hazard, peril, danger; *risque-tout*, dare-devil. ‖ *risqué* [rìské] *adj.* risky, hazardous; daring; risque. ‖ *risquer* [-é] *v.* to risk; to hazard, to venture; to chance, to run the risk of; to be exposed to.

rissoler [rìsòlé] *v.* to brown.

ristourne [rìstûrn] *f.* cancelling, annulment [police d'assurance]; rebate; return, refund.

rite [rìt] *m.* rite, ceremony, ritual. ‖ *rituel* [rìtüèl] *adj.**, *m.* ritual.

rivage [rìvàj] *m.* shore, strand, beach; bank.

rival [rìvàl] *adj.** rival, competitive; *m.** rival, competitor. ‖ *rivaliser* [-ìzé] *v.* to rival, to compete, to vie; to emulate. ‖ *rivalité* [-ìté] *f.* rivalry, competition, emulation.

rive [rìv] *f.* bank, shore, strand.

river [rìvé] *v.* to rivet; to clench.

riverain [rìvrìⁿ] *adj.* riparian; bordering; *m.* riverside resident; wayside dweller.

rivet [rìvè] *m.* rivet; pin, bolt. ‖ *riveter* [-té] *v.* to rivet.

rivière [rìvyèr] *f.* river, stream; necklace [collier].

rixe [rìks] *f.* fight, brawl, scuffle.

riz [rì] *m.* rice; *poudre de riz*, rice-powder, face powder. ‖ *riziculture* [-zìkültür] *f.* rice-growing. ‖ *rizière* [-zyèr] *f.* rice-field, rice-paddy.

robe [ròb] *f.* robe; dress, frock, gown; wrapper; coat [animal]; skin, husk, peel [fruit]; *gens de robe*, lawyers.

robinet [ròbìnè] *m. Br.* tap, *Am.* faucet, cock, spigot.

robuste [ròbüst] *adj.* robust, sturdy; firm, strong. ‖ *robustesse* [-tès] *f.* sturdiness, robustness, strength.

roc [ròk] *m.* rock.

rocaille [ròkày] *f.* rock-work; *jardin de rocaille*, © rock garden. ‖ *rocailleux* [ròkàyë] *adj.** rocky, flinty, stony; rough, harsh.

rocambolesque [ròkàⁿbòlèsk] *adj.* fantastic, incredible.

roche [ròsh] *f.* rock; boulder; stone, stony mass. ‖ *rocher* [-é] *m.* prominent rock, high rock. ‖ *rocheux* [-ë] *adj.** rocky, stony.

rodage [ròdàj] *m.* running-in, *Am.* breaking-in [moteur]. ‖ *roder* [-é] *v.* to run in [moteur].

rôder [rôdé] *v.* to prowl; to roam, to rove, to ramble; to lurk. ‖ *rôdeur* [-œr] *m.* prowler, roamer, rover, stroller; vagrant; lurker, loafer; beach-comber.

rodomontade [ròdòmoⁿtàd] *f.* bluster, braggadocio.

rogner [ròñé] *v.* to pare, to crop, to trim, to clip, to prune, to lop; to curtail, to retrench [dépenses].

rognon [ròñoⁿ] *m.* kidney.

rognure [ròñür] *f.* paring, clipping; *pl.* shavings, scraps, shreds.

rogue [ròg] *adj.* haughty, arrogant; overbearing, gruff.

roi [rwà] *m.* king; *fête des Rois*, Twelfth Night. ‖ *roitelet* [-tlè] *m.* petty king; wren [oiseau].

rôle [rôl] *m.* roll; roster, catalog(ue); part, character, rôle (theat.); *à tour de rôle*, in turn.

romaine [ròmèn] *f.* romaine lettuce; scale; steelyard [balance].

roman [ròmàⁿ] *adj.* Romance; Romanesque, *Br.* Norman [style].

roman [ròmàⁿ] *m.* novel; romance; *roman-feuilleton*, serial novel; *roman policier*, detective novel.

romance [ròmàⁿs] *f.* love-song, melody; sentimental ballad.

romancer [ròmàⁿsé] *v.* to write in novel form. ‖ *romancier* [-yé] *m.* novelist.

romanesque [ròmànèsk] *adj.* romantic; imaginary, fabulous; *m.* the romantic.

romanichel [ròmànìshèl] *m.* gipsy, romany.

romantique [ròmàⁿtìk] *adj.* romantic; *m.* Romanticist; Romantic genre. ‖ *romantisme* [ròmàⁿtìsm] *m.* romanticism.

rompre [roⁿpr] *v.** to break; to break off, to snap; to break asunder; to break up, to disrupt, to dissolve; to break in, to train, to inure; to interrupt; to refract; to rupture (med.); to upset [équilibre]; to call off [marché]; *rompre avec*, to fall out with; *rompre les rangs*, to fall out (mil.); *à tout rompre*, furiously, enthusiastically; *se rompre*, to break, to break off, to snap; to get used (to). ‖ *rompu* [-ü] *adj.* broken; dead tired, worn-out; *à bâtons rompus*, by fits and starts.

romsteck [ròmstèk] *m.* rump-steak.

ronce [roⁿs] *f.* bramble; thorn.

ronchonner [roⁿshòné] *v.* to grouse; to bellyache.

rond [roⁿ] *adj.* round, circular; rotund, plump; frank, open, dealing; even [somme]; (fam.) tipsy, *Am.* high; *m.* round, ring, circle, disk, orb; (pop.) nickel, cent; *rond-de-cuir*, air-cushion; (pop.) clerk, bureaucrat; *rond-point*, circular intersection, *Br.* circus, *Am.* traffic circle; *rond de serviette*, napkin-ring. ‖ *ronde* [roⁿd] *f.* round; patrol; roundelay; round-hand [écriture]; semi-breve (mus.). ‖ *rondelet* [-lè] *adj.** roundish, plumpish, stoutish; nice, tidy [somme]. ‖ *rondelle* [-èl] *f.* small round, disc; © puck [hockey]; ring; rundle; washer [robinet]. ‖ **rondement** [-ᵉmaⁿ] *adv.* roundly; straightforwardly. ‖ **rondeur** [-œr] *f.* roundness, rotundity; fullness; openness, frankness; straightforwardness.

ronflant [roⁿflaⁿ] *adj.* snoring; sonorous; high-sounding, high-flown, pretentious, bombastic [langage]. ‖ **ronflement** [-ᵉmaⁿ] *m.* snore; roaring; whir; humming. ‖ **ronfler** [-é] *v.* to snore; to snort; to roar [feu]; to hum [toupie]; to rumble.

ronger [roⁿjé] *v.* to gnaw, to nibble, to pick; to corrode, to consume, to eat away; to fret, to torment, to prey upon [esprit]; to bite [ongles]; to chafe at [frein]. ‖ **rongeur** [-œr] *adj.** gnawing; corroding; *m.* rodent.

ronronner [roⁿròné] *v.* to purr.

rosace [ròzàs] *f.* rose-window.

rosbif [ròsbîf] *m.* roast beef.

rose [ròz] *f.* rose; rose-colo(u)r; *adj.* pink, rosy, rose-colo(u)red. ‖ **rosé** [rozé] *adj.* rosy, roseate.

roseau [ròzô] *m.** reed.

rosée [ròzé] *f.* dew.

rosier [ròzyé] *m.* rose-bush.

rosse [ròs] *f.* jade; sarcastic person; *adj.* malicious, vicious. ‖ **rosser** [-é] *v.* to thrash, to flog, to drub, to cudgel.

rossignol [ròsìñòl] *m.* nightingale; (pop.) false key, skeleton key, picklock; (pop.) white elephant, unsaleable article.

rot [rò] *m.* belch, eructation.

rotation [ròtàsyoⁿ] *f.* rotation.

rôti [rôtì] *m.* roast, roast meat. ‖ **rôtie** [rôtì] *f.* toast. ‖ **rôtir** [rôtîr] *v.* to roast; to broil, to grill, to toast; to scorch; to parch (fig.). ‖ **rôtisserie** [-ìsrî] *f.* cook-shop, roast-meat shop; grill-room. ‖ **rôtissoire** [-ìswàr] *f.* roaster, Dutch oven.

rotule [ròtül] *f.* patella, knee-cap.

roturier [ròtüryé] *adj.** plebeian; vulgar, common; *m.* plebeian, commoner, roturier.

rouage [rûàj] *m.* wheelwork, wheels; machinery, gearing; movement [horlogerie].

roucoulement [rûkûlmaⁿ] *m.* cooing. ‖ **roucouler** [-lé] *v.* to coo.

roue [rû] *f.* wheel; paddle-wheel; torture-wheel; *faire la roue*, to strut, to show off; *roue libre*, free-wheeling [auto]; *roue de secours*, spare wheel.

roué [rûé] *adj.* crafty, artful, cunning, sly, sharp; thrashed [coups]; *m.* roué, rake, profligate; trickster.

rouelle [rûèl] *f.* fillet [veau].

rouer [rûé] *v.* to break upon the wheel; to thrash; to coil [câble]. ‖ **rouerie** [rûrî] *f.* craft, cunning; trickery, duplicity; dodge, trick; fast one.

rouet [rûè] *m.* spinning-wheel.

rouge [rûj] *adj.* red; *m.* red colo(u)r, redness; blush; rouge; *rouge-gorge*, robin. ‖ **rougeâtre** [-âtr] *adj.* reddish. ‖ **rougeaud** [-ô] *adj.* red-faced. ‖ **rougeole** [-òl] *f.* measles. ‖ **rougeoyer** [-wàyé] *v.* to redden; to glow. ‖ **rouget** [-è] *m.* red gurnet [poisson]; harvest bug [insecte]. ‖ **rougeur** [-œr] *f.* redness; flush, blush, glow, colo(u)r; *pl.* red blotches [peau]. ‖ **rougir** [-îr] *v.* to redden, to blush, to flush.

rouille [rûy] *f.* rust, rustiness; blight, blast, mildew. ‖ **rouillé** [-é] *adj.* rusty; blighted; out of practice. ‖ **rouiller** [-é] *v.* to rust; to blight; to impair.

roulade [rûlàd] *f.* trill; roulade, run (mus.). ‖ **roulant** [-aⁿ] *adj.* rolling; easy [chemin]; running [feu]; (pop.) killing; *fauteuil roulant*, wheel-chair. ‖ **rouleau** [-ô] *m.** roll; rolling-pin; coil; scroll; *au bout de son rouleau*, at one's wit's end. ‖ **roulement** [-maⁿ] *m.* rolling; roll; rumbling; rattle; rotation. ‖ **rouler** [-é] *v.* to roll; to roll up; to wind up; (pop.) to revolve; to fleece, to cheat, to do; to roll along, to drive, to ride; to ramble, to wander, to stroll [errer]. ‖ **roulette** [-èt] *f.* small wheel; roller, castor, truckle, trundle; bathchair; roulette [jeu]; dentist's drill. ‖ **roulis** [-ì] *m.* rolling, roll, swell [lames]; lurch [bateau]. ‖ **roulotte** [-òt] *f.* gipsy-van, caravan.

rouspéter [rûspété] *v.* (fam.) to protest; to complain; to gripe. ‖ **rouspéteur** [-tœr] *m.* (fam.) grouser, *Am.* griper, grouch.

rousse [rûs], *see* **roux**.

rousseur [rûsœr] *f.* redness; *tache de rousseur*, freckle. ‖ **roussi** [-ì] *m.* burnt smell. ‖ **roussir** [-îr] *v.* to singe, to scorch [viande]; *faire roussir*, to brown [viande].

route [rût] *f.* road, way; route, direction, path, course; *grand-route*, highway; *en route*, on the way; *faire route vers*, to make for; *faire fausse route*, to take a wrong course, to alter the course (naut.); *compagnon de route*, fellow-travel(l)er; *carte routière*, road map.

routine [rûtìn] *f.* routine, habit, practice. ‖ **routinier** [-yé] *adj.** routine(-like); habitual; routine-minded.

rouvrir [rûvrîr] *v.* to open again, to reopen.

roux, rousse [rû, rûs] *adj.* red-haired; reddish(-brown), russet; *m.* reddish colo(u)r; red-head [personne]; brown sauce.

royal [rwàyàl] *adj.** royal; regal, kingly. ‖ **royalisme** [-ìsm] *m.* royalism. ‖ **royaliste** [-ìst] *m.*, *f.*, *adj.* royalist. ‖ **royaume** [rwàyôm] *m.* kingdom; realm. ‖ **royauté** [rwàyôté] *f.* royalty.

ruade [rüàd] *f.* kick [cheval].

ruban [rübaⁿ] *m.* ribbon; tape; service ribbon; stretch, road [route].

rubéole [rübéól] *f.* rubella.

rubicond [rübikoⁿ] *adj.* rubicund, florid.

rubis [rübĭ] *m.* ruby.

rubrique [rübrĭk] *f.* red chalk; rubric. heading. head, title.

ruche [rüsh] *f* hive [abeilles]; frill, ruche, ruching. ‖ *rucher* [-é] *m.* apiary, set of hives, *v.* to frill.

rude [rüd] *adj.* rough, harsh; rugged, uneven grating stern. strict; rude, uncouth churlish [personne]; violent [choc], hard, difficult. troublesome [besogne] ‖ *rudement* [-maⁿ] *adv.* roughly harshly severely; awfully. ‖ *rudesse* [-ès] *f* roughness; ruggedness, harshness, rudeness.

rudiment [rüdĭmaⁿ] *m.* rudiment. ‖ *rudimentaire* [-tèr] *adj.* rudimentary; elementary

rudoyer [rüdwàyé] *v.* to treat roughly, to ill-treat; to bully.

rue [rü] *f.* street; thoroughfare.

ruée [rüé] *f.* rush, surge, flinging, hurling. stampede [chevaux].

ruelle [rüèl] *f.* lane, alley; passage.

ruer [rüé] *v.* to fling, to hurl; to kick [chevaux], to deal [coups]; *se ruer,* to throw oneself, to rush.

rugir [rüjĭr] *v.* to roar, to bellow. ‖ *rugissement* [-ĭsmaⁿ] *m.* roar, roaring; (fig.) howling.

rugosité [rügòzĭté] *f.* rugosity, roughness, unevenness. ‖ *rugueux* [rügë] *adj.** rough, uneven, rugose; gnarled [arbre]

ruine [rüĭn] *f.* ruin; shambles; decay, decline overthrow, destruction, downfall. ‖ *ruiner* [-iné] *v.* to ruin, to wreck, to lay waste; to spoil; to overthrow, to destroy. ‖ *ruineux* [-ë] *adj.** ruinous disastrous.

ruisseau [rüĭsô] *m.** brook, stream, rivulet, creek; gutter [rue]; flood

[larmes]; river [sang]. ‖ *ruisselant* [-laⁿ] *adj* streaming, running, dripping trickling. ‖ *ruisseler* [-lé] *v.* to stream to run down, to flow, to drip, to trickle ‖ *ruisselet* [-lè] *m.* brooklet rivulet ‖ *ruissellement* [-èlmaⁿ] *m.* streaming. running, flowing, dripping trickling flood, stream [lumière] shimmer [pierreries].

rumeur [rümœr] *f.* confused noise, muffled din, hum; roar, uproar, clamo(u)r report. rumo(u)r.

ruminant [rümĭnaⁿ] *adj.* ruminant, ruminating pondering (fig.). *m.* ruminant *ruminer* [-é] *v.* to ruminate, to chew the cud, to ponder, to brood on, to turn over in one's mind (fig.).

rumsteck [ròmstèk] *m.* rump-steak.

rupture [rüptür] *f.* breaking, rupture. discontinuance; parting, separation falling out; annulment breach abrogation; hernia (med.); fracture [os], loss [équilibre]; breaking off [relations].

rural [rüràl] *adj.** rural.

ruse [rüz] *f* cunning, craft, guile; artifice trick ruse, dodge, wile; stratagem [guerre] ‖ *rusé* [-é] *adj.* cunning, crafty sly artful, wily, guileful; slick [fam] ‖ *ruser* [-é] *v.* to dodge; to practise deceit; to double [chasse].

russe [rüs] *m., adj.* Russian. ‖ *Russie* [-ĭ] *f* Russia

rustaud [rüstô] *adj.* boorish, loutish; *m.* rustic clodhopper.

rustique [rüstĭk] *adj.* rustic, rural, *Br.* homely *Am* homey.

rustre [rüstr] *m.* churl, boor, lout.

rutabaga [rütàbàgà] *m.* Swedish turnip. *Am* rutabaga

rutilant [rütĭlaⁿ] *adj.* shining, brilliant glowing, radiant, shimmering; bright red

rythme [rĭtm] *m.* rhythm. ‖ *rythmer* [-é] *v.* to give rhythm to. ‖ *rythmique* [-ĭk] *adj.* rhythmic.

S

sa [sà] *poss. adj.* his, her, its, one's.

sabbat [sàbà] *m.* sabbath; row. ‖ *sabbatique* [-tĭk] *adj.* sabbatical.

sable [sàbl] *m.* sand. gravel; *sable mouvant* quicksand. ‖ *sablé* [-é] *adj* sanded. sandy. *m.* small dry cake. ‖ *sabler* [-é] *v.* to sand. to gravel; to swig, to toss off [vin]. ‖ *sablier* [-lyé] *m.* hour-glass, sand-box; sandman. ‖ *sablière* [-lyèr] *f* sand-pit. ‖ *sablonneux* [-ònè] *adj.** sandy, gritty.

sabord [sàbòr] *m.* port-hole. ‖ *saborder* [-dé] *v.* to scuttle [bateau].

sabot [sàbô] *m.* sabot, wooden shoe [chaussure]; hoof [pied]; shoe, skid, drag [frein]; socket [socle]; top [jouet] *sabotage* [-òtà] *m.* sabotage scamping botching bungling [travail sabot-making [chaussures]. ‖ *saboter* [té] *v.* to sabotage, to botch, to scamp *saboteur* [-tœr] *m.* botcher, bungler ‖ *sabotier* [-òtyé] *m.* sabot-maker

sabre [sàbr] *m.* sabre, sword, broadsword, sword-fish [poisson].

sac [sàk] *m.* sack, bag; purse; kit-bag, knapsack, haversack (mil.); valise, satchel; wallet [besace]; sac (anat.); pouch [animal]; sackcloth; sacking, pillage; *sac à main*, purse, hand-bag; *sac de couchage*, sleeping-bag; *sac de voyage*, travel(l)ing-case, overnight bag; *vider son sac*, to get it off one's chest.

saccade [sàkàd] *f.* jerk, jolt, start, fit; saccade [bride]. ‖ *saccadé* [-é] *adj.* jerky, abrupt, broken, jolting, irregular, uneven.

saccager [sàkàjé] *v.* to sack, to pillage, to plunder, to ravage, to ransack, to despoil; to play havoc with.

sacerdoce [sàsèrdòs] *m.* priesthood. ‖ *sacerdotal* [-dòtàl] *adj.** sacerdotal, priestly.

sachet [sàshè] *m.* satchel; sachet.

sacoche [sàkòsh] *f.* saddle-bag; courrier's bag; leather money bag; tool-bag [bicyclette].

sacre [sàkr] *m.* consecration; anointing; coronation; © oath, swear word. ‖ *sacré* [-é] *adj.* sacred; holy, consecrated; (pop.) damned, cursed, accursed, confounded, blasted. ‖ *sacrement* [-emàⁿ] *m.* sacrament; covenant. ‖ *sacrer* [-é] *v.* to consecrate; to anoint; to crown; (pop.) to curse, to swear.

sacrifice [sàkrifìs] *m.* sacrifice; privation; renunciation; oblation. ‖ *sacrifier* [-yé] *v.* to sacrifice; to immolate; to renounce, to give up; to devote.

sacrilège [sàkrilèj] *adj.* sacrilegious; *m.* sacrilege; sacrilegious person.

sacristain [sàkristìⁿ] *m.* sexton, sacristan. ‖ *sacristie* [-î] *f.* sacristy, vestry.

sadique [sàdìk] *adj.* sadistic; *s.* sadist.

safran [sàfràⁿ] *m.,* *adj.* saffron.

sagace [sàgàs] *adj.* sagacious; perspicacious. ‖ *sagacité* [-ìté] *f.* sagacity, shrewdness; discernment.

sage [sàj] *adj.* wise, sensible, sage, sapient; discreet; good, well-behaved; virtuous, modest; quiet, gentle [animal]; *m* wise man, sage; *sage-femme*, midwife ‖ *sagesse* [-ès] *f.* wisdom; goodness, good behavio(u)r; discretion; steadiness, sobriety; gentleness [animal]; modesty, chastity [femme].

saignant [sèñàⁿ] *adj.* bleeding, bloody; underdone, *Am.* rare [viande]. ‖ *saignée* [-é] *f.* bleeding; blood-letting; trench [écoulement]; drain [ressources]. ‖ *saignement* [-màⁿ] *m.* bleeding. ‖ *saigner* [-é] *v.* to bleed; to drain [ressources]; *se saigner aux quatre veines*, to bleed oneself white.

saillant [sàyàⁿ] *adj.* projecting, protruding, salient; outstanding; *m.* salient (arch.). ‖ *saillie* [sàyî] *f.* start, spurt, gush; sally, witticism; projection, protuberance; rabbet; servicing [animaux].

saillir [sàyîr] *v.** to gush, to spurt, to spout; to project, to protrude.

saillir [sàyîr] *v.* to cover, to service (zool.)

sain [sîⁿ] *adj.* healthy, sound, hale; healthful wholesome; sane; clear (naut.); *sain et sauf*, safe and sound, unscathed

saindoux [sîⁿdû] *m.* lard.

saint [sîⁿ] *adj.* holy, sacred; saintly; sainted, sanctified; *m.* saint; *Saint-Esprit* Holy Ghost, *sainte nitouche*, smooth hypocrite, *la Saint-Jean*, Midsummer Day. *sainteté* [sîⁿtté] *f.* holiness, saintliness; sanctity.

saisie [sèzî] *f* seizure; execution (jur.), requisitioning (mil.). ‖ *saisir* [-îr] *v* to seize to grasp, to comprehend, to understand; to strike, to startle, to impress; to instruct (jur.); to vest (jur.); to lash (naut.); *se saisir de*, to seize to take hold; to take possession *saisissable* [-ìsàbl] *adj.* seizable perceptible ‖ *saisissant* [-ìsàⁿ] *adj.* keen sharp, piercing; impressive striking, startling, thrilling, chilly [temps] ‖ *saisissement* [-ismàⁿ] *m.* seizure shock, thrill, access; pang, sudden chill

saison [sèzoⁿ] *f* season; cure (med.); *de saison* seasonable *marchand des quatre-saisons* street vendor. ‖ *saisonnier* [-ònyé] *adj.* seasonal.

salade [sàlàd] *f* salad; mess (fig.). ‖ *saladier* [-yé] *m* salad-bowl.

salaire [sàlèr] *m.* wages, pay; reward, retribution (fig.).

salaison [sàlèzoⁿ] *f.* salting; salt meat.

salamandre [sàlàmàⁿdr] *f.* salamander; *Salamandre*, stove [poêle].

salarié [sàlàryé] *adj.* salaried, paid; *m.* wage earner.

salaud [sàlô] *m.* (pop.) dirty person; sloven, slut; rotter, skunk, dirty dog (pop.). ‖ *sale* [sàl] *adj.* dirty, nasty, filthy, foul; coarse, indecent; dingy, squalid; dull [couleurs]; scurvy [tour]. ‖ *salé* [sàlé] *adj.* salted, salt; briny; pungent; broad, loose, coarse (fig.); overcharged [prix]; *m.* salt pork. ‖ *saler* [-é] *v.* to salt; to overcharge; (pop.) to fleece.

saleté [sàlté] *f.* dirtiness; filth; foulness; obscenity, smuttiness.

salière [sàlyèr] *f.* salt-cellar, salt-shaker eye-socket [cheval].

saligaud [sàligô] *s.* (pop.) filthy beast; rotter, swine.

salin [sàlìⁿ] *adj.* saline, salt, briny. ‖ *saline* [-în] *f.* salt works; salt marsh.

salir [sàlîr] *v.* to dirty, to soil; to stain, to taint, to sully, to tarnish. ‖ *salissant* [-ìsàⁿ] *adj.* dirtying; soiling; dirty; easily soiled.

salive [sàlìv] *f.* spittle, saliva. ‖ *saliver* [-ìvé] *v.* to salivate.

salle [sàl] *f.* hall; large room; ward [hôpital]; house (theat.); *salle à manger*, dining-room; *salle des pas perdus*, antechamber [palais de justice]; waiting-room [gare].

salmigondis [sàlmìgoⁿdì] *m.* salmagundi; hotchpotch.

saloir [sàlwàr] *m.* salting-tub; saltbox; salt-sprinkler.

salon [sàloⁿ] *m.* drawing-room, living-room; exhibition, show.

salopette [sàlòpèt] *f.* coverall, overalls, dungarees, *Am.* jeans.

salpêtre [sàlpètr] *m.* saltpetre, nitre.

salsifis [sàlsìfì] *m.* salsify, oysterplant.

saltimbanque [sàltìⁿbàⁿk] *m.* showman, tumbler; charlatan.

salubre [sàlübr] *adj.* salubrious, healthgiving. ‖ *salubrité* [-ìté] *f.* salubrity, wholesomeness, healthfulness.

saluer [sàlüé] *v.* to salute, to bow to; to greet; to hail. ‖ *salut* [-ü] *m.* safety; salvation; welfare, preservation, escape; salute, salutation; bow, greeting; hail, cheers; *léger salut,* nod; *Armée du Salut,* Salvation Army. ‖ *salutaire* [-ütèr] *adj.* salutary; advantageous, beneficial; healthful. ‖ *salutation* [-ütàsyoⁿ] *f.* greeting; salutation, salute; bow; *pl.* compliments [lettre].

salve [sàlv] *f.* salvo, volley; salute (artill.); burst of applause.

samedi [sàmdì] *m.* Saturday.

sanctifier [sàⁿktìfyé] *v.* to sanctify, to hallow, to consecrate.

sanction [sàⁿksyoⁿ] *f.* sanction, penalty; approbation, approval. ‖ *sanctionner* [-syòné] *v.* to sanction; to ratify.

sanctuaire [sàⁿktüèr] *m.* sanctuary.

sandale [sàⁿdàl] *f.* sandal.

sang [sàⁿ] *m.* blood; race, parentage, ancestry; *sang-froid,* coolness, self-control, composure; *de sang-froid,* in cold blood. ‖ *sanglant* [-glàⁿ] *adj.* bleeding; bloody; sanguinary; blood-shot; cutting, keen, bitter.

sangle [sàⁿgl] *f.* strap, band; belt; saddle-girth. ‖ *sangler* [-é] *v.* to strap; to lace tightly.

sanglier [sàⁿglìé] *m.* wild boar.

sanglot [sàⁿglô] *m.* sob. ‖ *sangloter* [-òté] *v.* to sob.

sangsue [sàⁿsü] *f.* leech; bloodsucker; extortioner.

sanguin [sàⁿgìⁿ] *adj.* full-blooded, sanguine; blood-colo(u)red, blooded;

vaisseau sanguin, blood-vessel. ‖ *sanguinaire* [-ìnèr] *adj.* sanguinary, blood-thirsty; *f.* bloodwort; bloodstone. ‖ *sanguinolent* [-ìnòlaⁿ] *adj.* blood-stained, sanguinolent.

sanitaire [sànìtèr] *adj.* sanitary; hygienic; medical.

sans [saⁿ] *prep.* without; free from; *sans-cœur,* heartless person; *sans-gêne,* off-handedness; off-handed.

sansonnet [saⁿsònè] *m.* starling.

santé [saⁿté] *f.* health; *maison de santé,* private hospital; mental home.

saoul, saouler, *see* **soûl, soûler.**

saper [sàpé] *v.* to sap, to undermine. ‖ *sapeur* [-œr] *m.* sapper; *sapeur-pompier,* fireman.

saphir [sàfìr] *m.* sapphire.

sapin [sàpìⁿ] *m.* fir(-tree); spruce.

sarcasme [sàrkàsm] *m.* sarcasm.

sarcelle [sàrsèl] *f.* teal.

sarclage [sàrklàj] *m.* weeding. ‖ *sarcler* [sàrklé] *v.* to weed. ‖ *sarcloir* [-klwàr] *m.* hoe.

sardine [sàrdìn] *f.* sardine.

sardonique [sàrdònìk] *adj.* sardonic.

sarment [sàrmaⁿ] *m.* vine-shoot, vine-branch, sarmentum.

sarrasin [sàràzìⁿ] *m.* Saracen; buckwheat.

sas [sà] *m.* sieve.

satané [sàtàné] *adj.* (fam.) devilish. ‖ *satanique* [-nìk] *adj.* fiendish.

satellite [sàtèllìt] *m.* satellite; henchman; stooge (fam.).

satiété [sàsyété] *f.* satiety.

satin [sàtìⁿ] *m.* satin. ‖ *satiné* [-ìné] *adj.* satiny; smooth; glazed; *satinette* [-ìnèt] *f.* sateen.

satire [sàtìr] *f.* satire; lampoon. ‖ *satirique* [-ìrìk] *adj.* satirical.

satisfaction [sàtìsfàksyoⁿ] *f.* satisfaction; contentment; atonement. ‖ *satisfaire* [-èr] *v.* to satisfy; to please; to give satisfaction; to make atonement; to appease [faim]. ‖ *satisfaisant* [-ᵉzaⁿ] *adj.* satisfying, satisfactory. ‖ *satisfait* [-è] *adj.* satisfied, contented, pleased.

saturer [sàtüré] *v.* to saturate.

sauce [sôs] *f.* sauce; gravy. ‖ *saucer* [-é] *v.* to dip in sauce; to drench, to soak. ‖ *saucière* [-yèr] *f.* sauce-dish, gravy-boat.

saucisse [sôsìs] *f.* sausage; kite-balloon (mil.). ‖ *saucisson* [-oⁿ] *m.* (large) sausage; fascine (mil.).

sauf [sôf] *adj.** safe; unhurt, unscathed; *prep.* save, except, barring; reserving, under; *sauf-conduit,* safe-conduct.

saugrenu [sògrᵉnü] *adj.* nonsensical.

saule [sôl] *m.* willow; *saule pleureur,* weeping-willow.

saumâtre [sòmâtr] *adj.* briny; nasty.

saumon [sômoⁿ] *m.* salmon [poisson]; pig, block (techn.).

saumure [sômür] *f.* brine, pickle.

saupoudrer [sôpûdré] *v.* to powder, to sprinkle, to dust; to intersperse.

saur [sôr] *adj.* dried; *hareng saur,* red herring, bloater.

saut [sô] *m.* leap, jump, spring, bound; vault; omission; *saut périlleux,* acrobatic somersault; *saut de haie,* hurdling. ‖ *sauter* [-té] *v.* to jump, to leap, to bound; to blow up, to explode; to omit; to leave out; to tumble (theat.); to veer, to shift (naut.); to fry quickly [cuisine]; *sauter aux yeux,* to be self-evident, to be obvious; *saute-mouton,* leap-frog. ‖ *sauterelle* [-trèl] *f.* grasshopper, locust. ‖ *sauterie* [-trî] *f.* dancing party, hop, *Am.* shindig (fam.). ‖ *sautillement* [-tìymaⁿ] *m.* hopping, skipping. ‖ *sautiller* [-tìyé] *v.* to hop, to skip.

sauvage [sôvàj] *adj.* savage, wild; untamed, uncivilized; rude, barbarous; shy, timid, unsociable; *m., f.* savage; unsociable person. ‖ *sauvagerie* [-rî] *f.* savagery; ferocity; wildness; shyness; unsociability.

sauvegarde [sôvgàrd] *f.* safeguard; guarantee; shield, protection; manrope (naut.). ‖ *sauvegarder* [-é] *v.* to safeguard; to save.

sauver [sôvé] *v.* to save; to rescue; to salvage; to deliver; to preserve [apparences]; to spare; *se sauver,* to escape; to run away, *Am.* to beat it (fam.). ‖ *sauvetage* [-tàj] *m.* rescue, saving; salvage; *ceinture de sauvetage,* life-belt; *bateau de sauvetage,* lifeboat. ‖ *sauveteur* [-tœr] *m.* rescuer, deliverer; life-saver; *adj.* saving, preserving. ‖ *sauveur* [-œr] *m.* saver, deliverer; Saviour.

savamment [sàvàmaⁿ] *adv.* learnedly, cleverly.

savane [sàvàn] *f.* savanna.

savant [sàvaⁿ] *adj.* learned, erudite; clever; expert; *m.* scholar; scientist; *femme savante,* bluestocking.

savate [sàvàt] *f.* old shoe, easy slipper; sole-plate (mech.); foot boxing [jeu]; bungler, clumsy workman.

saveur [sàver] *f.* savo(u)r, taste, flavo(u)r; zest, tang.

savoir [savwàr] *v.** to know, to be aware of; to know how, to be able; to understand; to find out, to learn, to be informed of; to be acquainted with [faits]; *m.* knowledge, learning, scholarship, erudition; *autant que je sache,* as far as I know; *savoir gré,* to be grateful; *à savoir,* namely, viz

(= videlicet); *savoir-faire,* knowingness, knowledgeability; *savoir-vivre,* good manners, social grace, etiquette.

savon [sàvoⁿ] *m.* soap; (pop.) rebuke; *savon à barbe,* shaving-soap. ‖ *savonnage* [sàvònàj] *m.* soaping, washing. ‖ *savonner* [-òné] *v.* to soap; to lather; to rebuke. ‖ *savonnette* [-ònèt] *f.* bar of soap. ‖ *savonneux, -euse* [-ònĕ, -ĕz] *adj.* soapy.

savourer [sàvûré] *v.* to relish, to savo(u)r; to enjoy. ‖ *savoureux* [-é] *adj.** savo(u)ry, tangy, tasty.

scabreux [skàbrĕ] *adj.** scabrous; salacious, risqué; dangerous.

scalpel [skàlpèl] *m.* scalpel. ‖ *scalper* [-é] *v.* to scalp.

scandale [skaⁿdàl] *m.* scandal. ‖ *scandaleux* [-é] *adj.** scandalous, shocking. ‖ *scandaliser* [-ìzé] *v.* to scandalize, to shock, to horrify.

scander [skaⁿdé] *v.* to scan; to emphasize.

scaphandre [skàfaⁿdr] *m.* diving-suit. ‖ *scaphandrier* [-ìyé] *m.* deep-sea diver.

scarabée [skàràbé] *m.* beetle.

scarlatine [skàrlàtìn] *f.* scarlet fever, scarlatina.

sceau [sô] *m.** seal; mark; confirmation (fig.).

scélérat [sélérà] *m.* scoundrel. ‖ *scélératesse* [-tès] *f.* villainy.

scellé [sèlé] *m.* seal. ‖ *sceller* [-é] *v.* to seal (up); to fasten, to fix [construction]; to confirm (fig.).

scénario [sénàryô] *m.* scenario; script. ‖ *scénariste* [-rìst] *s.* scriptwriter, scenario-writer.

scène [sèn] *f.* scene; stage; scenery.

scepticisme [sèptìsìsm] *m.* scepticism, *Am.* skepticism. ‖ *sceptique* [-ìk] *adj.* sceptic, *Am.* skeptic.

sceptre [sèptr] *m.* sceptre.

schéma [shémà] *m.* diagram, scheme. ‖ *schématique* [-màtìk] *adj.* schematic. ‖ *schématiser* [-màtìzé] *v.* to schematize

schisme [chìsm] *m.* schism.

sciatique [syàtìk] *adj.* sciatic; *f.* sciatica.

scie [sî] *f.* saw; saw-fish; (pop.) bore, trouble, nuisance.

sciemment [syàmaⁿ] *adv.* wittingly, knowingly, consciously; purposely. ‖ *science* [syaⁿs] *f.* science, learning; knowledge; skill, expertness. ‖ *scientifique* [syaⁿtìfìk] *adj.* scientific; *s.* scientist.

scier [syé] *v.* to saw (off). ‖ *scierie* [sîrî] *f.* saw-mill; lumber-mill.

scinder [siⁿdé] *v.* to divide, to sever.

scintillement [si^{n}tìyma^n] *m.* glitter, twinkling, sparkle; flickering. ‖ ***scintiller*** [-ìyé] *v.* to glitter, to twinkle, to sparkle; to flicker.

scission [sìsyo^n] *f.* scission; secession; *faire scission,* to secede.

sciure [syür] *f.* sawdust.

scolaire [skòlèr] *adj.* academic; *année scolaire,* school year. ‖ ***scolarité*** [-làrìté] *f.* school-attendance.

scrupule [skrüpül] *m.* scruple, qualm, misgiving; scrupulousness. ‖ ***scrupuleux*** [-ë] *adj.** scrupulous; punctilious; conscientious.

scruter [skrüté] *v.* to scrutinize; to investigate, to explore.

scrutin [skrüti^n] *m.* ballot, poll, vote.

sculpter [skülté] *v.* to sculpture, to carve. ‖ ***sculpteur*** [-œr] *m.* sculptor, carver. ‖ ***sculpture*** [-ür] *f.* sculpture, carving.

se [s^e] *refl. pron. m.* himself, itself, oneself; *f.* herself, itself; *pl.* themselves, each other, one another.

séance [séa^{n}s] *f.* sitting; seat; meeting, session; seance; *séance tenante,* immediately, on the spot. ‖ ***séant*** [séa^n] *adj.* fitting; *m.* bottom.

seau [sô] *m.** pail, bucket; scuttle; bucketful [contenu].

sec, sèche [sèk, sèsh] *adj.* dry, arid; plain; cold, unfeeling; *adv.* dryly, sharply; *m.* dryness; dry weather; *être à sec,* to be broke, to be hard up; *perte sèche,* dead loss; *coup sec,* sharp stroke, rap; *fruit sec,* failure, washout, flop; *en cinq sec,* in a jiffy.

sécateur [sékàtœr] *m.* pruning-scissors, pruning-shears.

sécession [sésèsyo^n] *f.* secession.

sécher [séshé] *v.* to dry; to dry up; to cure, to season; (pop.) to shun, to avoid; to wither; *sécher une classe,* to cut class; *sécher à un examen,* to fail an examination, *Am.* to flunk. ‖ ***sécheresse*** [-^{e}rès] *f.* dryness; aridity; drought; bareness; curtness. ‖ ***séchoir*** [-wàr] *m.* dryer; drying-room.

second [s^{e}go^n] *adj.* second; another, new; inferior; *m.* second; assistant; mate, second officer; *Br.* second floor, *Am.* third floor. ‖ ***secondaire*** [-dèr] *adj.* secondary; subordinate. ‖ ***seconde*** [-o^{n}d] *f.* second; second class; seconde [escrime]. ‖ ***seconder*** [-dé] *v.* to second; to assist.

secouer [s^{e}kûé] *v.* to shake, to jog, to jar, to jerk, to jolt; to rouse; ***se secouer,*** to shake oneself; to bestir oneself, to exert oneself.

secourable [s^{e}kûràbl] *adj.* helpful, helping; relievable. ‖ ***secourir*** [-îr] *v.** to help, to succo(u)r; to rescue. ‖ ***secouriste*** [-ìst] *s.* member of a first-aid association. ‖ ***secours*** [s^{e}kûr] *m.* help, assistance, aid, succo(u)r; relief; rescue; *au secours!,* help!; *premiers secours,* first-aid; *roue de secours,* spare-wheel.

secousse [s^{e}kûs] *f.* shake, jar, jerk.

secret [s^{e}krè] *adj.* secret; reserved, reticent; stealthy, secretive; furtive; *m.* secret; secrecy, privacy, mystery; secret drawer; solitary confinement. ‖ ***secrétaire*** [-étèr] *m.* secretary; writing-desk. ‖ ***secrétariat*** [-étàryà] *m.* secretariat, secretary's office; secretaryship.

sécréter [sékrété] *v.* to secrete. ‖ ***sécrétion*** [-syo^n] *f.* secretion.

sectaire [sèktèr] *m., adj.* sectarian. ‖ ***secte*** [sèkt] *f.* sect; cult, denomination; party (fig.).

secteur [sèktœr] *m.* sector; circuit (electr.).

section [sèksyo^n] *f.* section; division; portion; platoon (mil.). ‖ ***sectionner*** [-yòné] *v.* to divide; to sever; to cut up; to section off.

séculaire [séküllèr] *adj.* secular; centenarian; age-old, century-old. ‖ ***séculier*** [-yé] *adj.** secular, worldly; temporal, lay.

secundo [séko^{n}dò] *adv.* secondly.

sécurité [séküríté] *f.* security, safety; confidence; guarantee.

sédatif [sédàtìf] *adj.** sedative, quieting; *m.* sedative.

sédentaire [séda^{n}tèr] *adj.* sedentary; fixed, settled.

sédiment [sédìma^n] *m.* sediment.

séditieux [sédìsyë] *adj.** seditious. ‖ ***sédition*** [-yo^n] *f.* sedition.

séducteur [sédüktœr] *adj.** seductive; bewitching; tempting; alluring; *m.* seducer. ‖ ***séduction*** [-syo^n] *f.* seduction; enticement; allurement. ‖ ***séduire*** [sédüìr] *v.** to seduce; to beguile, to bewitch; to charm, to win over; to captivate; to bribe. ‖ ***séduisant*** [-üìza^n] *adj.* seductive; alluring, fascinating, beguiling.

ségrégation [ségrégasyo^n] *f.* segregation; apartheid.

seiche [sèsh] *f.* cuttle-fish, sepia.

seigle [sègl] *m.* rye.

seigneur [sèñœr] *m.* lord; squire; nobleman; Lord (eccles.). ‖ ***seigneurie*** [-î] *f.* lordship.

sein [si^n] *m.* breast; bosom; womb; heart, midst, middle (fig.).

séisme [séìsm] *m.* seism, earthquake.

seize [sèz] *m., adj.* sixteen; sixteenth [date, titre]. ‖ ***seizième*** [-yèm] *m., adj.* sixteenth.

séjour [séjûr] *m.* sojourn, stay; residence. ‖ ***séjourner*** [-né] *v.* to stay, to sojourn, to reside.

sel [sèl] _m._ salt; wit; pungency (fig.); _pl._ smelling-salts.

sélection [sélèksyoⁿ] _f._ selection; choice. ‖ **sélectionner** [-yòné] _v._ to select; to choose, to pick out.

selle [sèl] _f._ saddle; stool; faeces (med.). ‖ **seller** [-é] _v._ to saddle. ‖ **sellerie** [-rî] _f._ saddlery, saddle-room. ‖ **sellette** [-èt] _f._ culprits' seat; _mettre sur la sellette,_ to cross-question.

selon [seloⁿ] _prep._ according to; _selon que,_ according as.

semailles [semày] _f. pl._ sowing; seed.

semaine [semèn] _f._ week; week's work; week's wages.

semblable [saⁿblàbl] _adj._ similar, like, such; resembling; _m._ like; match, equal; fellow-creature. ‖ **semblant** [-aⁿ] _m._ appearance, look; pretence, show, feigning, bluff; _faire semblant,_ to pretend; _faux semblant,_ pretence. ‖ **sembler** [-é] _v._ to seem, to appear.

semelle [semèl] _f._ sole [chaussure]; foot [bas]; shoe [traîneau]; sleeper, bed-plate [techn.].

semence [semaⁿs] _f._ seed; semen; tack [clous]. ‖ **semer** [-é] _v._ to sow; to seed; to scatter, to sprinkle; to disseminate; to spread about; to distance; to shed (fam.).

semestre [semèstr] _m._ half-year, six months; semester, _Am._ term [école]. ‖ **semestriel** [-iyèl] _adj.*_ half-yearly, semi-annual.

semeur [semœr] _m._ sower; disseminator.

sémillant [sémiyaⁿ] _adj._ lively, sprightly.

séminaire [séminèr] _m._ seminary. ‖ **séminariste** [-àrìst] _m._ seminarist.

semis [semì] _m._ sowing; seed-bed, seedling. ‖ **semoir** [-wàr] _m._ seed-bag; sowing-machine, drill.

semonce [semoⁿs] _f._ admonishment, talking-to.

semoule [semúl] _f._ semolina.

sénat [sénà] _m._ senate. ‖ **sénateur** [-tœr] _m._ senator.

sénevé [sénvé] _m._ black mustard.

sénile [sénìl] _adj._ senile, elderly. ‖ **sénilité** [-é] _f._ senility.

sens [saⁿs] _m._ sense, senses, feelings; judgment, wits, intelligence; meaning, import; interpretation; opinion, sentiment; way, direction; _bon sens,_ common sense; _sens interdit,_ no entry; _sens unique,_ one-way; _sens dessus dessous,_ upside-down.

sensation [saⁿsàsyoⁿ] _f._ sensation, feeling. ‖ **sensationnel** [-yònèl] _adj.*_ sensational; dramatic.

sensé [saⁿsé] _adj._ sensible, wise, level-headed.

sensibiliser [saⁿsìbìlìzé] _v._ to sensitize. ‖ **sensibilité** [-ìté] _f._ sensibility, feeling. ‖ **sensible** [saⁿsìbl] _adj._ sensitive; susceptible; perceptible; evident, obvious; lively, acute; tender, sore [chair]; _être sensible à,_ to feel. ‖ **sensiblement** [-emaⁿ] _adv._ obviously; feelingly, keenly, deeply; noticeably, appreciably. ‖ **sensiblerie** [-erî] _f._ sentimentality; sob-stuff (fam.).

sensitif [saⁿsìtìf] _adj.*_ sensitive, sensory. ‖ **sensoriel** [-sòryèl] _adj.*_ sensorial, sensory.

sensualité [saⁿsüàlìté] _f._ sensuality; voluptuousness. ‖ **sensuel** [saⁿsüèl] _adj.*_ sensual; voluptuous.

sentence [saⁿtaⁿs] _f._ sentence; verdict; aphorism. ‖ **sentencieux** [-yë] _adj.*_ sententious, oracular, dogmatic.

senteur [saⁿtœr] _f._ scent, fragrance; _pois de senteur,_ sweet pea.

sentier [saⁿtyé] _m._ path, lane.

sentiment [saⁿtìmaⁿ] _m._ sentiment; feeling; affection; perception; sensibility; opinion. ‖ **sentimental** [-tàl] _adj.*_ sentimental. ‖ **sentimentalité** [-tàlìté] _f._ sentimentality.

sentinelle [saⁿtìnèl] _f._ sentry, sentinel.

sentir [saⁿtîr] _v.*_ to feel; to guess; to perceive; to smell, to scent; to taste of; to seem; _se sentir,_ to feel (oneself); to be conscious; to be felt.

séparable [sépàràbl] _adj._ separable; distinguishable. ‖ **séparation** [-àsyoⁿ] _f._ separation, severing; partition [mur]. ‖ **séparer** [-é] _v._ to separate, to divide; to sever; to part [cheveux]; _se séparer,_ to separate, to part; to divide; to break up [assemblée]; to disperse, to scatter.

sept [sèt] _m., adj._ seven; seventh [titre, date].

septembre [sèptaⁿbr] _m._ September.

septième [sètyèm] _m., adj._ seventh.

septique [sèptìk] _adj._ septic.

septuagénaire [sèptüàjénèr] _m., f., adj._ septuagenarian.

sépulcral [sépülkràl] _adj.*_ sepulchral; cavernous [voix]. ‖ **sépulcre** [sépülkr] _m._ sepulchre. ‖ **sépulture** [-tür] _f._ sepulture; burial-place, resting-place, tomb.

séquelle [sékèl] _f._ series [choses]; crew, gang [personnes].

séquence [sékaⁿs] _f._ sequence; run.

séquestration [sékèstràsyoⁿ] _f._ sequestration, seclusion. ‖ **séquestre** [sékèstr] _m._ sequestrator; embargo [bateau]. ‖ **séquestrer** [-é] _v._ to sequester; to confine, to keep in confinement.

sérail [séràiy] _m._ seraglio.

séraphin [séràfⁱⁿ] *m.* seraph [*pl.* seraphim]; © miser, stingy fellow.

serein [sᵉrⁱⁿ] *adj.* serene, placid. ǁ **sérénité** [sérénìtè] *f.* serenity.

sergent [sèrjaⁿ] *m.* sergeant; cramp [outil]; iron hook (naut.); *sergent de ville,* policeman.

série [sérî] *f.* series; break [billard]; succession; sequence; *en série,* standardized, mass produced; **sérier,** to seriate.

sérieux [séryë] *adj.** serious, grave; earnest; true, solid, substantial; *m.* seriousness, gravity.

serin [sᵉrⁱⁿ] *m.* canary; (pop.) sap, booby; **seriner,** to cram.

seringue [sᵉrⁱⁿg] *f.* syringe.

serment [sèrmaⁿ] *m.* oath, promise; *pl.* swearing; *prêter serment,* to be sworn in.

sermon [sèrmoⁿ] *m.* sermon; lecture. ǁ **sermonner** [-òné] *v.* to lecture, to preach, to sermonize.

serpe [sèrp] *f.* bill-hook, hedge-bill.

serpent [sèrpaⁿ] *m.* serpent, snake; *serpent à sonnettes,* rattlesnake. ǁ **serpenter** [-té] *v.* to wind, to meander, to twine, to twist.

serpillière [sèrpìyèr] *f.* packing-cloth, sacking.

serpolet [sèrpòlè] *m.* wild thyme.

serre [sèr] *f.* squeeze, pressure; talon, claw [oiseau]; greenhouse, conservatory; *serre chaude,* hot-house. ǁ **serré** [-é] *adj.* close, serried, compact; tight; clenched; concise, terse. ǁ **serrement** [-maⁿ] *m.* pressing, squeezing; pang [cœur]; handshake [main]. ǁ **serrer** [-é] *v.* to press, to tighten, to squeeze; to serry; to grip; to condense; to oppress [cœur]; to close [rangs]; to clench [dents, poings]; to skirt, to hug [côte]; to take in [voiles]; to apply, to put on [freins]; *serrer la main à,* to shake hands with; **serre-frein,** brakesman; *se serrer,* to contract; to crowd; to grow tighter; to sink [cœur].

serrure [sèrür] *f.* lock; *trou de serrure,* keyhole. ǁ **serrurier** [-yé] *m.* locksmith.

sertir [sèrtîr] *v.* to set, to mount.

sérum [séròm] *m.* serum.

servage [sèrvàj] *m.* servitude.

servant [sèrvaⁿ] *m.* servant; gunner; *adj.* serving, in-waiting. ǁ **servante** [-aⁿt] *f.* maidservant; dumb-waiter. ǁ **serveur** [-œr] *m.* waiter; dealer [cartes]; server [tennis]. ǁ **serveuse** [-èz] *f.* waitress. ǁ **serviable** [-yàbl] *adj.* serviceable, willing, obliging.

service [sèrvìs] *m.* service; attendance; duty; office, function; set [argenterie, vaisselle]; course [plats]; tradesmen's entrance; *service compris,* tip included; *chef de service,* head of department.

serviette [sèrvyèt] *f.* serviette, napkin; towel; briefcase, portfolio; *serviette éponge,* Turkish towel.

servile [sèrvìl] *adj.* servile, menial; mean, base; slavish.

servir [sèrvîr] *v.** to serve, to wait on; to help to; to be of service, to assist; to supply; to work, to operate; to be useful; to be in the service (mil.); *servir de,* to serve as, to be used as; *se servir,* to serve oneself, to help oneself; to avail oneself, to make use of; *se servir de,* to use, to avail oneself of.

serviteur [sèrvìtœr] *m.* servant. ǁ **servitude** [-üd] *f.* servitude.

ses [sè] *poss. adj. pl.* his; her; its.

session [sèsyoⁿ] *f.* session, sitting.

seuil [sœy] *m.* sill, threshold.

seul [sœl] *adj.* alone, by oneself; sole, only, single; mere, bare. ǁ **seulement** [-maⁿ] *adv.* only; but; solely, merely.

sève [sèv] *f.* sap; juice; pith.

sévère [sévèr] *adj.* severe, stern, austere; strict; correct. ǁ **sévérité** [-érìté] *f.* severity; sternness, strictness; correctness; austerity.

sévices [sévìs] *m. pl.* ill-treatment, cruelty. ǁ **sévir** [-îr] *v.* to chastise; to rage [guerre].

sevrage [sᵉvràj] *m.* weaning. ǁ **sevrer** [sᵉvré] *v.* to wean.

sexe [sèks] *m.* sex.

sexualité [sèksüalìté] *f.* sexuality. ǁ **sexuel** [sèksüèl] *adj.** sexual.

seyant [sèyaⁿ] *adj.* becoming, suitable.

shampooing [shaⁿpûⁱⁿ] *m.* shampoo.

short [shòrt] *m.* shorts.

si [sî] *conj.* if; whether; what if.

si [sî] *adv.* yes [après question négative]; so, so much, however much; *si fait,* yes, indeed; *si bien que,* so that.

sidéré [sìdéré] *adj.* thunderstruck; (fam.) flabbergasted. ǁ **sidérer** [sìdéré] *v.* to stupefy.

siècle [syèkl] *m.* century; age, period; world.

siège [syèj] *m.* seat; chair; coachman's box; bench (jur.); siege; see (eccles.); *le Saint-Siège,* the Holy See; *siège social,* head office.

siéger [syéjé] *v.* to sit [assemblée]; to have its head office (comm.); to be localized (fig.).

sien, sienne [syⁱⁿ, syèn] *poss. pron.* his, hers, its, one's; *les siens,* one's own people.

sieste [syɛ̀st] *f.* siesta, nap.

sifflement [sìfˡᵉmaⁿ] *m.* whistle, whistling; wheezing; whizzing [flèche]; hiss, hissing. ‖ **siffler** [-é] *v.* to whistle; to hiss; to pipe [oiseau]; to whizz; to wheeze; to hiss, to boo (theat.). ‖ **sifflet** [-ɛ̀] *m.* whistle; hissing; catcall, boo. ‖ **siffloter** [-òté] *v.* to whistle lightly; to whistle under one's breath.

signal [sìɲàl] *m.** signal; sign; watch-word; *Am.* wig-wag (railw.; mil.). ‖ **signalement** [-maⁿ] *m.* description [personne]. ‖ **signaler** [-é] *v.* to signal; to point out, to indicate; to give the description of; *Am.* to wig-wag (railw.; mil.). ‖ **signalisation** [-ìzàsyoⁿ] *f.* signalling; signal-system; road signs.

signature [sìɲàtür] *f.* signature.

signe [sìɲ] *m.* sign; signal; mark, token, emblem, symbol, indication, badge; clue; omen. ‖ **signer** [-é] *v.* to sign; to subscribe; to put one's name to; *se signer,* to cross oneself.

signet [sìɲɛ̀] *m.* bookmark.

significatif [sìɲìfìkàtìf] *adj.** signif-icant, significative; meaningful; expres-sive; momentous. ‖ **signification** [-àsyoⁿ] *f.* significance, signification, import, meaning; notification. ‖ **signi-fier** [sìɲìfyé] *v.* to signify, to mean; to notify; to intimate; to imply, to denote.

silence [sìlaⁿs] *m.* silence, stillness; quiet; secrecy; pause; reticence; rest (mus.); *passer sous silence,* to pass over in silence. ‖ **silencieux** [-yё] *adj.** silent, quiet, still; taciturn; noiseless (techn.); *m.* silencer, *Am.* muffler [auto].

silex [sìlɛ̀ks] *m.* silex; flint.

silhouette [sìlwɛ̀t] *f.* silhouette.

sillage [sìyàj] *m.* wake; speed, head-way.

sillon [sìyoⁿ] *m.* furrow, groove; track, trail, wake. ‖ **sillonner** [sìyòné] *v. Br.* to plough, *Am.* to plow, to furrow; to streak; to groove.

simagrées [sìmàgré] *f. pl.* affected airs; pretence.

similaire [sìmìlɛ̀r] *adj.* similar; analogous. ‖ **similitude** [-ìtüd] *f.* similitude, similarity.

simple [sìⁿpl] *adj.* simple; natural; plain; only, bare, mere; easy; sim-ple-minded; natural; single [chambre]; *m.* simpleton; single [sport]; *m. pl.* simples [plantes]; *simple soldat,* pri-vate; *simple matelot,* ordinary sea-man. ‖ **simplicité** [-ìsìté] *f.* plainness; simplicity; simple-mindedness. ‖ **sim-plification** [-fìkàsyoⁿ] *f.* simplification. ‖ **simplifier** [-ìfyé] *v.* to simplify. ‖ **simpliste** [-ìst] *adj.* over-simple.

simulacre [sìmülàkr] *m.* image; semblance, appearance, feint, sham.

simulateur, -trice [sìmülàtœr, -trìs] *m., f.* shammer, pretender; malingerer (mil.). ‖ **simulation** [-àsyoⁿ] *f.* simula-tion, feigning. ‖ **simuler** [-é] *v.* to simulate, to pretend, to feign, to sham; to malinger (mil.).

simultané [sìmültàné] *adj.* simul-taneous, coincident, synchronous.

sinapisme [sìnàpìsm] *m.* mustard plaster, sinapism.

sincère [sìⁿsɛ̀r] *adj.* sincere; frank, candid, open-hearted; genuine. ‖ **sin-cérité** [-érìté] *f.* sincerity, frankness; honesty; genuineness.

singe [sìⁿj] *m.* monkey, ape; imitator, mimic; hoist, windlass, winch, crab (techn.); (pop.) boss; bully beef (mil.). ‖ **singer** [-é] *v.* to ape, to imitate, to mimic. ‖ **singerie** [-rì] *f.* monkey trick; grimace; mimicry; apery.

singulariser [sìⁿgülàrìzé] *v.* to singu-larize; *se singulariser,* to make one-self noticed. ‖ **singularité** [-rìté] *f.* sin-gularity, peculiarity. ‖ **singulier** [-yé] *adj.** singular, peculiar, odd, bizarre, strange, queer; conspicuous.

sinistre [sìnìstr] *adj.* sinister, omi-nous, threatening, menacing, baleful, lurid; grim, forbidding, dismal; *m.* disaster; fire; loss. ‖ **sinistré** [-é] *m.* victim; *adj.* bomb-damaged, bombed-out; rendered homeless.

sinon [sìnoⁿ] *conj.* else, or else; other-wise; if not; except, unless.

sinueux [sìnüё] *adj.** sinuous, wind-ing, wavy, meandering, twining. ‖ **sinuosité** [-òzìté] *f.* sinuosity, winding; meandering.

sinus [sìnüs] *m.* sinus, antrum (med.); sine (math.). ‖ **sinusite** [-zìt] *f.* sinus-itis.

sioniste [syònìst] *s., adj.* Zionist.

siphon [sìfoⁿ] *m.* siphon; trap [évier]. ‖ **siphonner** [-né] *v.* to siphon.

sire [sìr] *m.* sire; lord.

sirène [sìrèn] *f.* siren, mermaid; fog-horn, hooter.

sirop [sìrô] *m.* syrup.

sismique [sìsmìk] *adj.* seismic.

site [sìt] *m.* site, location.

sitôt [sìtô] *adv.* so soon, as soon.

situation [sìtüàsyoⁿ] *f.* situation, site, location, position; place, job; predic-ament, plight; report; bearing (naut.). ‖ **situer** [sìtüé] *v.* to situate, to locate.

six [sìs] *m., adj.* six, sixth [titre, date]. ‖ **sixième** [sìzyèm] *m., f., adj.* sixth.

ski [skì] *m.* ski. ‖ **skieur** [skyœr] *m.* skier.

slip [slìp] *m.* slips; panties; briefs.

smoking [smòkìɲ] *m.* dinner-jacket; *Am.* tuxedo.

snob [snòb] *m.* snob. ‖ **snobisme** [-ìsm] *m.* snobbishness, snobbery.

sobre [sòbr] *adj.* sober, moderate, well-balanced; temperate; abstemious, frugal; restrained; sedate. ‖ **sobriété** [-ìyété] *f.* sobriety; abstemiousness, sedateness; restraint; quietness [vêtements].

sobriquet [sòbrìkè] *m.* nickname.

soc [sòk] *m.* ploughshare.

sociable [sòsyàbl] *adj.* sociable, companionable, affable, convivial.

social [sòsyàl] *adj.** social. ‖ **socialisme** [-ìsm] *m.* socialism. ‖ **socialiste** [-ìst] *m.*, *f.*, *adj.* socialist.

sociétaire [sòsyétèr] *m.* member, associate; partner; stockholder. ‖ **société** [-é] *f.* society; company, firm, association; partnership, fellowship; community; gathering.

socle [sòkl] *m.* socle.

Socquette [sòkèt] *f.* (trade-mark) ankle sock, anklet, bobby-sock.

soda [sòdà] *m.* soda; sparkling-water. ‖ **sodium** [-yòm] *m.* sodium.

sœur [sœr] *f.* sister; nun.

sofa [sòfà] *m.* sofa, divan.

soi [swà] *pers. pron.* oneself; himself, herself, itself; self; *cela va de soi,* that goes without saying; *soi-disant,* self-styled, so-called, alleged; *soi-même,* oneself.

soie [swà] *f.* silk; silken hair; bristle [porc]. ‖ **soierie** [-rî] *f.* silk goods; silk-trade; silk-factory.

soif [swàf] *f.* thirst; *avoir soif,* to be thirsty.

soigner [swàñé] *v.* to take care of, to nurse, to attend to, to take pains with; *se soigner,* to take care of oneself; to nurse oneself; to coddle oneself. ‖ **soigneux** [-é] *adj.** careful, mindful, attentive; painstaking; solicitous. ‖ **soin** [swìn] *m.* care; attention; *pl.* attentions, solicitude, pains, trouble; *aux bons soins de,* in care of, courtesy of; *soins de beauté,* beauty treatment; *soins médicaux,* medical care; *premiers soins,* first aid.

soir [swàr] *m.* evening; night; afternoon; *ce soir,* tonight. ‖ *'soirée* [-é] *f.* evening; evening party.

soit [swà] *see être; adv.* be it so, well and good, all right, agreed; suppose, grant it; *conj.* either, or; whether; *tant soit peu,* ever so little.

soixantaine [swàsantèn] *f.* three score; about sixty. ‖ **soixante** [-ant] *adj., m.* sixty; *soixante-dix,* seventy; *soixante-quinze,* seventy-five. ‖ **soixantième** [-antyèm] *m., f., adj.* sixtieth.

sol [sòl] *m.* ground; soil.

solaire [sòlèr] *adj.* solar [plexus]; sun [rayons]; *cadran solaire,* sun-dial.

soldat [sòldà] *m.* soldier; *Soldat inconnu,* Unknown Warrior.

solde [sòld] *f.* pay.

solde [sòld] *m.* balance owing; selling off, clearance sale; marked-down item; surplus stock; clearance lines, *Am.* broken lots.

solder [sòldé] *v.* to settle, to discharge [compte]; to sell off, to clear out [marchandises].

sole [sòl] *f.* sole [sabot d'un animal].

soie [sòl] *f.* sole [poisson].

soleil [sòlèy] *m.* sun; sunshine; star (fig.); *coup de soleil,* sunstroke.

solennel [sòlànèl] *adj.** solemn; formal, pompous; dignified. ‖ **solenniser** [-ìzé] *v.* to solemnize. ‖ **solennité** [-ìté] *f.* solemnity; ceremony; dignity, gravity.

solidaire [sòlìdèr] *adj.* mutually responsible; interdependent. ‖ **solidariser** [-àrìzé] *v.* to render jointly liable; *se solidariser,* to join in liability; to make common cause. ‖ **solidarité** [-àrìté] *f.* joint responsibility; solidarity; fellowship. ‖ **solide** [sòlìd] *adj.* solid; strong; tough, stout; stalwart; firm, stable; substantial; reliable; solvent; fast [couleur]; *m.* solid. ‖ **solidifier** [-ìfyé] *v.* to solidify. ‖ **solidité** [-ìté] *f.* solidity; firmness.

soliste [sòlìst] *s.* soloist; *adj.* solo.

solitaire [sòlìtèr] *adj.* solitary, single; lonely; desolate; *m.* hermit, recluse; solitaire [diamant]; old boar [sanglier]. ‖ **solitude** [-üd] *f.* solitude, loneliness; seclusion; wilderness, desert.

solive [sòlìv] *f.* joist; *Am.* stud, scantling. ‖ **soliveau** [-lvô] *m.** small joist; (fam.) block-head; King Log.

sollicitation [sòlìsìtàsyon] *f.* solicitation, entreaty; application (jur.) ‖ **solliciter** [-é] *v.* to solicit, to entreat; to incite, to urge; to impel. ‖ **solliciteur** [-œr] *m.* solicitor; petitioner. ‖ **sollicitude** [-üd] *f.* solicitude, care.

solo [sòlò] *adj.* solo.

soluble [sòlübl] *adj.* soluble, dissolvable. ‖ **solution** [-üsyon] *f.* solution; solving; answer (math.).

solvabilité [sòlvàbìlìté] *f.* solvency. ‖ **solvable** [-àbl] *adj.* solvent.

sombre [sonbr] *adj.* dark; sombre, gloomy; murky; dull, dim; overcast, murky, cloudy [ciel]; melancholy, dismal, glum [personne].

sombrer [sonbré] *v.* to founder (naut.); to sink, to collapse.

sommaire [sòmèr] *adj.* summary, brief; cursory, desultory; concise, abridged; *m.* summary.

sommation [sòmàsyoⁿ] *f.* summons, appeal; invitation.

somme [sòm] *f.* burden; *bête de somme*, beast of burden.

somme [sòm] *f.* sum, total; amount; summary; *en somme*, in short; *somme toute*, on the whole.

somme [sòm] *m.* nap, sleep. ‖ *sommeil* [-èy] *m.* sleep; sleepiness, slumber, drowsiness; *avoir sommeil*, to be sleepy. ‖ *sommeiller* [-èyé] *v.* to doze, to drowse, to snooze, to slumber; to lie dormant.

sommelier [sòmᵉlyé] *m.* butler; cellarman, wine-waiter.

sommer [sòmé] *v.* to summon, to call upon.

sommet [sòmè] *m.* top, summit, peak, crest; apex, acme; crown [tête]; extremity (zool.).

s o m m i e r [sòmyé] *m.* pack-horse, sumpter-mule; bed-mattress, spring-mattress; wind-chest [orgue]; timber support (mech.).

sommité [sòmìté] *f.* summit, top; head, principal; prominent person.

somnambule [sòmnaⁿbül] *m., f.* sleep-walker, somnambulist. ‖ *somnambulisme* [-lìsm] *m.* sleep-walking, somnambulism.

somnifère [sòmnìfèr] *m.* opiate; narcotic. ‖ *somnolence* [-òlaⁿs] *f.* sleepiness, drowsiness. ‖ *somnolent* [-òlaⁿ] *adj.* somnolent, sleepy, drowsy, slumberous. ‖ *somnoler* [-lé] *v.* to doze, to drowse.

somptuaire [soⁿptüèr] *adj.* sumptuary.

somptueux [soⁿptüë] *adj.* sumptuous; magnificent; lavish, luxurious. ‖ *somptuosité* [-üòzìté] *f.* sumptuousness; magnificence, splendo(u)r; lavishness, luxury.

son [soⁿ] *poss. adj. m.* (*f. sa, pl. ses*) his, her, its, one's.

son [soⁿ] *m.* sound, noise.

son [soⁿ] *m.* bran.

sonate [sònàt] *f.* sonata.

sondage [soⁿdàj] *m.* sounding; boring (min.); fathoming; probing. ‖ *sonde* [soⁿd] *f.* sounding-line, depth-line, lead (naut.); probe (med.); bore (min.). ‖ *sonder* [-é] *v.* to sound, to fathom; to probe, to bore [mine]; to search, to explore; to plumb (naut.).

songe [soⁿj] *m.* dream; dreaming. ‖ *songer* [-é] *v.* to dream; to muse, to ponder; to think; to imagine. ‖ *songerie* [-rî] *f.* dreaming; musing; reverie; meditating. ‖ *songeur* [-œr] *adj.** dreamy, thoughtful, musing.

sonnaille [sònày] *f.* bell [bétail]. ‖ *sonner* [-é] *v.* to sound; to ring, to toll; to strike [horloge]. ‖ *sonnerie* [-rî] *f.* tolling, ringing, ring; buzzer; buzzing; bells, chimes; striking, striking part [horloge].

sonnet [sònè] *m.* sonnet.

sonnette [sònèt] *f.* bell; small bell; house bell, hand-bell, door-bell; buzzer, push-button. ‖ *sonneur* [-œr] *m.* bell-ringer; trumpeter.

sonore [sònòr] *adj.* sonorous; resonant; deep-toned. ‖ *sonoriser* [-nòrìzé] *v.* to add the sound-track to [film]; to voice (gramm.). ‖ *sonorité* [-ìté] *f.* sonorousness; resonance.

sophisme [sòfìsm] *m.* sophism. ‖ *sophiste* [-ìst] *s.* sophist; *adj.* sophistical.

sophistiquer [sòfistìké] *v.* to adulterate; *sophistiqué*, sophisticated.

soporifique [sòpòrìfìk] *adj., m.* soporific.

sorbet [sòrbè] *m.* sorbet; sherbet.

s o r c e l l e r i e [sòrsèlrî] *f.* sorcery, witchcraft. ‖ *sorcier* [-yé] *m.* wizard, sorcerer. ‖ *sorcière* [-yèr] *f.* witch, sorceress; hag (fam.).

sordide [sòrdìd] *adj.* sordid, filthy, dirty, grubby; squalid; vile, base; mean, avaricious.

sorgho [sòrgô] *m.* sorghum.

sort [sòr] *m.* fate, destiny; lot, condition; hazard, chance; spell, charm.

sorte [sòrt] *f.* sort, kind, species, type; manner, way; cast (typogr.); *de sorte que*, so that; *en quelque sorte*, in a way, as it were.

sortie [sòrtî] *f.* going out, coming out; exit, way out, outlet, escape; excursion, outing; sally, sortie (mil.); outburst, outbreak.

sortilège [sòrtìlèj] *m.* sortilege, witchcraft; spell.

sortir [sòrtîr] *v.** to go out, to come out, to exit; to bring out, to take out; to pull out; to leave, to depart; to deviate; to protrude, to project; to result, to ensue; to recover [santé].

sosie [sòzî] *m.* double.

sot, sotte [sô, sòt] *adj.* stupid, silly, foolish; ridiculous, absurd; *m., f.* fool. ‖ *sottise* [sòtîz] *f.* foolishness, silliness, nonsense.

sou [sû] *m.* sou [monnaie]; penny, copper; *cent sous*, five francs.

soubassement [sûbàsmaⁿ] *m.* basement; substructure.

soubresaut [sûbrᵉsô] *m.* jerk, start; jolt; plunge [cheval].

souche [sûsh] *f.* stump, stock; stem; source, origin, root; head, founder [famille]; chimney-stack; counter-foil, stub [chèque, ticket]; tally.

souci [sûsì] *m.* anxiety, care, bother, worry; sollicitude, concern; marigold (bot.); *sans souci,* carefree. ‖ **soucier** [-yé] *v.* to trouble, to upset, to bother, to worry; *se soucier,* to care, to mind, to be concerned, to be anxious. ‖ *soucieux* [-yë] *adj.** anxious, solicitous, concerned, worried.

soucoupe [sûkûp] *f.* saucer; salver.

soudain [sûdìⁿ] *adj.* sudden, abrupt; *adv.* suddenly, abruptly. ‖ *soudaineté* [-ènté] *f.* suddenness, unexpectedness, abruptness.

soude [sûd] *f.* soda.

souder [sûdé] *v.* to solder, to weld, to braze; to cement.

soudoyer [sûdwàyé] *v.* to bribe.

soudure [sûdür] *f.* solder.

souffle [sûfl] *m.* breath, breathing; expiration; puff [vent]; inspiration (fig.). ‖ *soufflé* [-é] *m.* soufflé; adj. puffed [pâte]; amazed (fam.). ‖ *souffler* [-é] *v.* to breathe, to blow; to puff, to pant; to whisper; to prompt (theat.); to blow out [bougie]; to huff [pion]; to diddle (fam.). ‖ *soufflerie* [-ᵉrî] *f.* bellows [orgue]; blowing-apparatus. ‖ *soufflet* [-è] *m.* bellows; slap, box on the ear; affront. ‖ *souffleter* [-ᵉté] *v.* to slap, to box the ears; to outrage. ‖ *souffleur* [-ær] *m.* blower; prompter. ‖ *souffleuse* [-ëz] *f.* © snow-blower.

souffrance [sûfrãⁿs] *f.* suffering, pain; distress; *en souffrance,* suspended, in abeyance. ‖ *souffrant* [-ãⁿ] *adj.* suffering, in pain; ill, sick, unwell, poorly, ailing; injured; forbearing. ‖ *souffreteux* [-ᵉtë] *adj.** sickly, weak; needy; feeble; languid. ‖ *souffrir* [-îr] *v.** to suffer; to bear, to endure, to undergo; to tolerate; to allow; to be suffering, to be in pain, in trouble; *souffre-douleur,* butt, laughing-stock, whipping-boy, scapegoat.

soufre [sûfr] *m.* sulphur; brimstone. ‖ *soufrer* [-é] *v.* to sulphur.

souhait [sûè] *m.* wish, desire. ‖ *souhaitable* [-tàbl] *adj.* desirable. ‖ *souhaiter* [-té] *v.* to desire; to wish (something) to (someone).

souiller [sûyé] *v.* to soil, to stain, to dirty, to sully, to blemish; to defile. ‖ *souillon* [sûyoⁿ] *m.* slut, sloven; slattern; *f.* scullery-wench. ‖ *souillure* [sûyür] *f.* dirt, spot, stain; blot, blemish.

soûl [sû] *adj.* surfeited, glutted; (pop.) drunk, intoxicated, tipsy, *Am.* high (fam.); satiated, cloyed.

soulagement [sûlàjmãⁿ] *m.* relief, alleviation; solace. ‖ *soulager* [-é] *v.* to relieve, to alleviate, to assuage, to allay; to succo(u)r.

soûlard [sûlàr], **soûlaud** [sûlô] *m.* (fam.) drunkard, boozer. ‖ *soûler*

[sûlé] *v.* to fill, to glut; to intoxicate, to inebriate; *se soûler,* to get drunk.

soulèvement [sûlèvmãⁿ] *m.* heaving; upheaval; swelling [vagues]; rising [estomac]; insurrection. ‖ *soulever* [sûlvé] *v.* to raise, to lift, to heave; to excite, to stir up, to provoke; to sicken; *se soulever,* to raise oneself, to rise; to heave; to revolt, to rebel.

soulier [sûlyé] *m.* shoe; slipper.

souligner [sûliñé] *v.* to underline, to underscore; to emphasize.

soumettre [sûmètr] *v.** to submit, to defer; to subject; to subdue; to subordinate; *se soumettre,* to submit, to yield; to comply, to assent. ‖ *soumis* [-ì] *adj.* submissive, tractable, compliant, docile; subdued. ‖ *soumission* [-ìsyoⁿ] *f.* submission, compliance; submissiveness; subjection; tender [contrat]. ‖ *soumissionner* [-ìsyòné] *v.* to tender, to present.

soupape [sûpàp] *f.* valve; plug; *soupape de sûreté,* safety-valve.

soupçon [sûpsoⁿ] *m.* suspicion, mistrust, distrust, misgiving; idea, inkling, *Am.* hunch (pop.); surmise, conjecture; dash, touch, hint, dab, bit (fig.). ‖ *soupçonner* [-òné] *v.* to suspect, *Am.* to have a hunch (pop.); to surmise, to conjecture; to question. ‖ *soupçonneux* [-ònë] *adj.** suspicious, doubtful.

soupe [sûp] *f.* soup; food, grub (pop.); *Am.* chow (mil.).

soupente [sûpãⁿt] *f.* loft, garret.

souper [sûpé] *m.* supper; *v.* to have supper, to sup.

soupeser [sûpᵉzé] *v.* to weigh in one's hand, *Am.* to heft.

soupière [sûpyèr] *f.* soup-tureen.

soupir [sûpîr] *m.* sigh; gasp; breath; crotchet-rest (mus.). ‖ *soupirail* [sûpîràỳ] *m.** air-hole, vent. ‖ *soupirant* [-ìrãⁿ] *m.* suitor, wooer, lover. ‖ *soupirer* [-ìré] *v.* to sigh; to gasp; *soupirer après,* to long for.

souple [sûpl] *adj.* supple, pliant, flexible; compliant. ‖ *souplesse* [-ès] *f.* pliancy, suppleness, flexibility; compliance; versatility.

source [sûrs] *f.* spring; source. ‖ *sourcier* [sûrsyé] *m.* water-diviner, dowser.

sourcil [sûrsì] *m.* eyebrow, brow. ‖ *sourciller* [-yé] *v.* to frown; to flinch. ‖ *sourcilleux* [-yë] *adj.** supercilious.

sourd [sûr] *adj.* deaf; dull; insensible, dead; hollow, muffled [bruit]; secret, underhanded; *m.* deaf person; *sourd-muet,* deaf-mute. ‖ *sourdine* [-dîn] *f.* mute; *en sourdine,* on the sly.

souriant [sûryãⁿ] *adj.* smiling.

souricière [sûrìsyèr] *f.* mouse-trap.

sourire [sûrîr] *v.** to smile; to be favo(u)rable; *m.* smile.

souris [sûrî] *f.* mouse; *pl.* mice.

sournois [sûrnwà] *adj.* sly; sneaking, underhanded. ‖ **sournoiserie** [-zrî] *f.* slyness; cunning.

sous [sû] *prep.* under, beneath, below; on, upon; with, by; in; *sous peu,* before long, in a short while; *sous-bois,* undergrowth; *sous-chef,* deputy head; *sous-cutané,* subcutaneous; *sous-entendu,* understood; implied, hinted; implication, hint; *sous-lieutenant,* second-lieutenant; *sous-louer,* to sub-let, to sub-lease; *sous-main,* writing-pad; *sous-marin,* submarine; *sous-officier,* non-commissioned officer; N. C. O.; *sous-préfet,* sub-prefect; *sous-produit,* by-product; *je soussigné,* I, the undersigned; *sous-sol,* subsoil, substratum; basement, cellar; *sous-titre,* subtitle.

souscripteur [sûskrìptœr] *m.* subscriber. ‖ **souscription** [sûskrìpsyoⁿ] *f.* subscription; signature; underwriting. ‖ **souscrire** [-îr] *v.** to subscribe to; underwrite, to endorse.

soussigné [sûsìñé] *adj.* undersigned.

soustraction [sûstràksyoⁿ] *f.* subtraction; taking away, abstraction. ‖ **soustraire** [-èr] *v.* to subtract; to remove, to lift; *se soustraire,* to withdraw; to shirk [devoir].

soutache [sûtàsh] *f.* braid.

soutane [sûtàn] *f.* cassock, soutane.

soute [sût] *f.* bunker [charbon]; magazine [poudre]; store-room.

soutenir [sûtnîr] *v.** to support, to sustain, to hold up; to maintain, to contend, to uphold, to affirm; to bear, to endure, to stand; to defend [thèse]. ‖ **soutenu** [-ü] *adj.* sustained; constant, unceasing, unremitting.

souterrain [sûtèrⁱⁿ] *adj.* underground, subterranean; *m.* underground gallery; subway [métro].

soutien [sûtyⁱⁿ] *m.* support, prop, stay; supporter, upholder, vindicator; *soutien-gorge,* brassière.

soutirer [sûtìré] *v.* to draw off, to rack, to extract [liqueur]; to tap [vin]; to filch [argent].

souvenance [sûvnⁿs] *f.* remembrance. ‖ **souvenir** [-îr] *m.* remembrance, recollection, memory; reminder, memento, souvenir, keepsake; *v.** *se souvenir de,* to remember, to recall, to recollect.

souvent [sûvⁿ] *adv.* often, frequently.

souverain [sûvrⁱⁿ] *m.* sovereign; *adj.* sovereign, supreme; highest, extreme; without appeal (jur.). ‖

souveraineté [-ènté] *f.* sovereignty; dominion.

soviet [sòvyèt] *m.* soviet. ‖ **soviétique** [sòvyétìk] *adj.* soviet.

soya [sòyà] *m.* soya-bean, Am. soybean.

soyeux [swàyè] *adj.** silky, silken.

spacieux [spàsyë] *adj.** spacious, roomy, wide, expansive.

sparadrap [spàràdrà] *m.* adhesivetape, court-plaster, sticking-plaster.

spasme [spàsm] *m.* spasm. ‖ **spasmodique** [-òdìk] *adj.* spasmodic; spastic.

spatial [spàsiàl] *adj.** interplanetary; space.

spatule [spàtül] *f.* spatula; butterpat; ski-tip.

speaker [spìkœr] *m.* speaker; announcer, broadcaster [radio].

spécial [spésyàl] *adj.** special, specific, particular; professional, specialistic. ‖ **spécialiser** [-ìzé] *v.* to specialize; to specify; to particularize; *se spécialiser,* to specialize; Am. to major [étude]. ‖ **spécialiste** [-ìst] *m., f.* specialist. ‖ **spécialité** [-ìté] *f.* specialty; speciality; knack (fam.).

spécieux [spésyë] *adj.** specious.

spécifier [spésìfyé] *v.* to specify; to stipulate. ‖ **spécifique** [-ìk] *adj.* specific.

spécimen [spésìmèn] *m.* specimen, sample.

spectacle [spèktàkl] *m.* spectacle, sight; play, show. ‖ **spectateur, -trice** [-àtœr, -àtrìs] *m., f.* spectator, onlooker; bystander; *m. pl.* audience.

spectre [spèktr] *m.* spectre, ghost; spectrum [solaire].

spéculateur, -trice [spékülàtœr, trìs] *m., f.* theorizer, speculator. ‖ **spéculatif** [-àtìf] *adj.** speculative. ‖ **spéculation** [-àsyoⁿ] *f.* speculation. ‖ **spéculer** [-é] *v.* to speculate; to ponder; to theorize.

spéléologie [spéléòlòjî] *f.* speleology. ‖ **spéléologue** [-lòg] *s.* speleologist; pot-holer (fam.).

sphère [sfèr] *f.* sphere. ‖ **sphérique** [sférìk] *adj.* spherical.

spirale [spìràl] *f.* spiral.

spiritisme [spìrìtìsm] *m.* spiritualism. ‖ **spiritualité** [-tüàlìté] *f.* spirituality. ‖ **spirituel** [-üèl] *adj.** spiritual; religious; mental, intellectual; humorous, witty; sprightly. ‖ **spiritueux** [-üë] *adj.* spirituous; *m. pl.* spirits.

splendeur [splⁿdœr] *f.* splendo(u)r, radiance, glory; pomp, magnificence. ‖ **splendide** [-ìd] *adj.* splendid, sumptuous, magnificent.

spoliation [spòlyàsyoⁿ] *f.* spoliation. ‖ **spolier** [-yé] *v.* to despoil, to plunder; to defraud.

spongieux [spoⁿjyë] *adj.** spongy.

spontané [spoⁿtàné] *adj.* spontaneous. ‖ **spontanéité** [-éité] *f.* spontaneity, spontaneousness.

sporadique [spòràdìk] *adj.* sporadic.

sport [spòr] *m.* sport. ‖ **sportif** [-tìf] *adj.** sporting; *m.* sports lover. ‖ **sportivité** [-tìvìté] *f.* sportmanship.

square [skwàr] *m.* park, square.

squelette [skelèt] *m.* skeleton. ‖ **squelettique** [-tìk] *adj.* skeletal; thin, emaciate.

stabilisateur, -trice [stàbìlìzàtœr, -trìs] *adj.* stabilizing; *m., f.* stabilizer. ‖ **stabilisation** [-àsyoⁿ] *f.* stabilization, balancing. ‖ **stabiliser** [-é] *v.* to stabilize. ‖ **stabilité** [stàbìlìté] *f.* stability, steadfastness. ‖ **stable** [stàbl] *adj.* steady, stable; lasting; steadfast.

stade [stàd] *m.* stadium; stage.

stage [stàj] *m.* stage, period.

stalle [stàl] *f.* stall; seat.

stance [staⁿs] *f.* stanza.

station [stàsyoⁿ] *f.* station; stop; resort. ‖ **stationnaire** [-yonèr] *adj.* stationary. ‖ **stationner** [-yoné] *v.* to station; to stop, to stand, to park.

statistique [stàtìstìk] *f.* statistics; *adj.* statistical.

statue [stàtü] *f.* statue.

statuer [stàtüé] *v.* to decree, to ordain, to enact; to make laws.

stature [stàtür] *f.* stature.

statut [stàtü] *m.* statute; ordinance.

sténodactylo(graphe) [sténòdàktìlògràf] *m., f.* shorthand-typist. ‖ **sténo(graphe)** [sténògràf] *m., f.* stenographer. ‖ **sténo(graphie)** [-ì] *f.* stenography, shorthand. ‖ **sténographier** [-yé] *v.* to take down in shorthand.

stérile [stérìl] *adj.* sterile, barren; fruitless. ‖ **stériliser** [-ìzé] *v.* to sterilize; to castrate, to geld. ‖ **stérilité** [-ìté] *f.* sterility.

stigmate [stìgmàt] *m.* stigma. ‖ **stigmatisé** [-ìzé] *adj.* stigmatized; *m.* stigmatist.

stimuler [stìmülé] *v.* to stimulate, to excite, to stir; to whet [appétit].

stipuler [stìpülé] *v.* to stipulate, to specify; to contract, to covenant.

stock [stòk] *m.* stock, supply, hoard.

stop! [stòp] *interj.* stop!

stoppage [stòpàj] *m.* invisible mending, reweaving. ‖ **stopper** [-é] *v.* to reweave; to stop, to halt.

store [stòr] *m.* blind, shade; awning.

strapontin [stràpoⁿtiⁿ] *m.* folding-seat, *Am.* jumpseat.

stratagème [stràtàgèm] *m.* stratagem, dodge. ‖ **stratégie** [-éjì] *f.* strategy.

stratosphérique [stràtòsférìk] *adj.* strato(spheric).

strict [strìkt] *adj.* strict, severe.

strident [strìdaⁿ] *adj.* strident, shrill, rasping, jarring.

strophe [stròf] *f.* strophe.

structure [strüktür] *f.* structure.

stuc [stük] *m.* stucco.

studieux [stüdyë] *adj.** studious.

stupéfaction [stüpéfàksyoⁿ] *f.* stupefaction; amazement; bewilderment. ‖ **stupéfait** [-è] *adj.* astounded, stunned, stupefied, speechless. ‖ **stupéfiant** [-yaⁿ] *adj.* stupefying, astounding; *m.* narcotic, stupefacient. ‖ **stupéfier** [-yé] *v.* to stupefy, to amaze, to astound, to dumbfound.

stupeur [stüpœr] *f.* stupor, daze. ‖ **stupide** [-ìd] foolish, senseless, stupid, *Am.* dumb. ‖ **stupidité** [-ìdìté] *f.* stupidity, *Am.* dumbness.

style [stìl] *m.* style; stylus. ‖ **stylo** [-ô] *m.* fountain-pen; *stylo à bille,* ball-point pen.

suaire [süèr] *m.* shroud.

suave [süàv] *adj.* sweet, agreeable; soft; suave, bland, unctuous. ‖ **suavité** [-ìté] *f.* sweetness; suavity.

subalterne [sübàltèrn] *adj.* subaltern; *m.* underling, subaltern.

subdivision [sübdìvìzyoⁿ] *f.* subdivision; lot, tract [terre].

subir [sübìr] *v.* to undergo, to submit to; to take [examen].

subit [sübì] *adj.* sudden, brusque. ‖ **subitement** [-tmaⁿ] *adv.* suddenly, all at once, all of a sudden.

subjectif [sübjèktìf] *adj.** subjective.

subjonctif [sübjoⁿktìf] *m.* subjunctive.

subjuguer [sübjügé] *v.* to subjugate, to subdue; to master.

sublime [sübìm] *adj.* sublime, lofty; **sublimer** [-mé] *v.* to sublimate.

submerger [sübmèrjé] *v.* to submerge, to inundate; to sink. ‖ **submersion** [-syoⁿ] *f.* submersion; submergence.

subordonné [sübòrdòné] *adj.* subordinate; inferior, subaltern; subservient, dependent. ‖ **subordonner** [-é] *v.* to subordinate.

suborner [sübòrné] *v.* to bribe; to tamper with [témoin]. ‖ **suborneur** [-œr] *m.* suborner, briber.

subséquent [sübsékaⁿ] *adj.* subsequent, ensuing.

subside [sùbsìd] *m.* subsidy.

subsistance [sùbzìstaⁿs] *f.* subsistence, sustenance, maintenance ; *pl.* provisions, supplies. ‖ *subsister* [-é] *v.* to subsist, to stand ; to be extant ; to exist, to live.

substance [sùbstaⁿs] *f.* substance ; matter ; gist. ‖ *substantiel* [-yèl] *adj.** substantial ; solid, stout.

substantif [sùbstaⁿtìf] *m.* substantive, noun.

substituer [sùbstìtüé] *v.* to substitute. ‖ *substitut* [-ü] *m.* substitute. ‖ *substitution* [-üsyoⁿ] *f.* substitution.

subterfuge [sùbtèrfüj] *m.* evasion, shift, dodge.

subtil [sùbtìl] *adj.* subtle, shrewd, subtile ; cunning. ‖ *subtiliser* [-ìzé] *v.* to subtilize ; to filch. ‖ *subtilité* [-ìté] *f.* subtlety, shrewdness ; subtility.

subvenir [sùbvᵉnîr] *v.** to supply, to provide. ‖ *subvention* [-aⁿsyoⁿ] *f.* subsidy. ‖ *subventionner* [-aⁿsyòné] *v.* to subsidize.

subversif [sùbvèrsìf] *adj.** subversive. ‖ *subversion* [-syoⁿ] *f.* subversion.

suc [sùk] *m.* juice, sap ; pith.

succédané [sùksédàné] *m., adj.* substitute.

succéder [sùksédé] *v.* to succeed, to follow ; to replace ; to inherit.

succès [sùksè] *m.* success ; *succès fou,* wild success, smash hit.

successeur [sùksèsœr] *m.* successor ; heir. ‖ *successif* [-ìf] *adj.** successive, consecutive. ‖ *succession* [-yoⁿ] *f.* succession ; sequence, series ; inheritance.

succinct [sùksiⁿ] *adj.* succint, concise, terse.

succomber [sùkoⁿbé] *v.* to succumb, to die, to perish ; to yield.

succulent [sùkülaⁿ] *adj.* succulent, juicy, luscious ; tasty, toothsome.

succursale [sùkürsàl] *f.* branch agency, sub-office, regional office.

sucer [sùsé] *v.* to suck, to absorb ; to draw, to drain. ‖ *sucette* [-èt] *f.* sucker, lollipop [bonbon]. ‖ *suceur* [-œr] *adj.* sucking ; *m.* sucker ; nozzle.

sucre [sùkr] *m.* sugar ; *pain de sucre,* sugar-lump ; *sucre en morceaux,* lump-sugar ; *sucre semoule,* granulated sugar ; *sucre cristallisé,* coarse sugar ; *sucre candi,* crystallized sugar ; *sucre d'érable,* © maple sugar ; *partie de sucre,* © sugaring party. ‖ *sucres, m. pl.* © maple sugar time ; *aller aux sucres,* to go to a sugaring party. ‖ *sucrer* [-é] *v.* to sugar. ‖ *sucrerie* [-ᵉrî] *f.* sugar-works ; *Br.* sweet, *Am.* candy ; © maple bush, sugar bush. ‖ *sucrier* [-ìyé] *m.* sugar-bowl.

sud [sùd] *m.* south ; *du sud,* southern ; *sud-est,* south-east ; *sud-ouest,* south-west.

suer [süé] *v.* to sweat, to perspire ; to ooze [mur]. ‖ *sueur* [süœr] *f.* sweat, perspiration.

suffire [süfîr] *v.** to suffice, to be enough ; to be adequate ; *se suffire,* to be self-sufficient. ‖ *suffisamment* [-ìzàmaⁿ] *adv.* sufficiently, enough ; adequately. ‖ *suffisance* [-ìzaⁿs] *f.* sufficiency ; adequacy ; self-sufficiency, conceit. ‖ *suffisant* [-ìzaⁿ] *adj.* sufficient, plenty, enough ; conceited, self-sufficient.

suffocant [süfòkaⁿ] *adj.* suffocating ; startling, stunning. ‖ *suffocation* [-süfòkàsyoⁿ] *f.* suffocation, stifling. ‖ *suffoquer* [-é] *v.* to suffocate, to stifle ; to choke ; to take (s.o. 's) breath away.

suffrage [süfràj] *m.* suffrage, vote.

suggérer [sügjéré] *v.* to suggest ; to hint ; to prompt, to inspire. ‖ *suggestif* [-èstìf] *adj.** suggestive ; evocative. ‖ *suggestion* [-èstyoⁿ] *f.* instigation, incitement, hint ; proposal. ‖ *suggestionner* [-èstyòné] *v.* to suggest ; to prompt ; to influence by means of suggestion.

suicide [süìsìd] *m.* suicide. ‖ *suicider* (se) [sᵉsüìsìdé] *v.* to commit suicide, to kill oneself. ‖ *suicidé* [süìsìdé] *m.* self-murderer, suicide.

suie [süî] *f.* soot.

suif [süìf] *m.* tallow.

suinter [süiⁿté] *v.* to ooze, to seep, to sweat, to drip, to trickle, to leak, to exude.

Suisse [süìs] *f.* Switzerland ; *m.* Swiss ; beadle ; © chipmunk.

suite [süìt] *f.* following, pursuit ; continuation ; suite, retinue ; attendants ; order, series, sequence ; consequence, result ; *tout de suite,* at once, right away ; *donner suite à,* to follow up, to carry out ; *et ainsi de suite,* and so on, and so forth. ‖ *suivant* [-süìvaⁿ] *adj.* next, following ; *prep.* in the direction of ; according to ; *m.* attendant. ‖ *suivante* [-aⁿt] *f.* lady's maid. ‖ *suivre* [süìvr] *v.** to follow, to pursue ; to succeed ; to attend [cours, concert] ; *à suivre,* to be continued.

sujet, -ette [süjè, -èt] *adj.* subject, liable, prone, exposed, apt (*à,* to) ; *m.* subject ; topic, matter ; cause, reason, ground ; fellow, person ; *au sujet de,* concerning, about. ‖ *sujétion* [-ésyoⁿ] *f.* subjection.

sulfate [sülfàt] *m.* sulphate. ‖ *sulfater* [-té] *v.* to sulphate.

sulfureux [sülfürö] *adj.** sulphurous. ‖ *sulfurique* [-ìk] *adj.* sulphuric. ‖ *sulfurisé* [-ìzé] *adj.* butter, imitation parchment [papier].

sultan [sülta^n] *m.* sultan.

sumac [süm∂k] *m.* sumac; *sumac vénéneux*, poison-ivy.

superbe [süpèrb] *adj.* superb.

supercherie [süpèrsh^{e}rî] *f.* deceit, fraud, swindle; trickery.

superficie [süpèrfisî] *f.* area, surface. ‖ *superficiel* [-yèl] *adj.** superficial; shallow [esprit].

superflu [süpèrflü] *adj.* superfluous; redundant; useless; *m.* superfluity.

supérieur [süpéryœr] *adj.* superior; upper, higher; *m.* superior; principal. ‖ *supériorité* [-yòrìté] *f.* superiority; predominance; advantage; seniority [âge].

superlatif [süpèrlàtìf] *adj.**, *m.* superlative.

supersonique [süpèrsònìk] *adj.* supersonic.

superstitieux [süpèrstìsyë] *adj.** superstitious. ‖ *superstition* [-yo^n] *f.* superstition.

supplanter [süpla^{n}té] *v.* to supplant, to supersede, to oust.

suppléance [süpléa^{n}s] *f.* substitution, deputyship, temporary term. ‖ *suppléant* [-éa^n] *adj.* substitute, deputy, acting, temporary. ‖ *suppléer* [-éé] *v.* to replace, to substitute for; to supplement; to supply; to compensate; to deputize for.

supplément [süpléma^n] *m.* supplement; extra payment, extra fare. ‖ *supplémentaire* [-tèr] *adj.* supplementary, additional, extra; *heures supplémentaires*, overtime.

supplication [süplìkàsyo^n] *f.* supplication, entreaty, beseeching.

supplice [süplìs] *m.* torture; torment, agony. ‖ *supplicier* [-syé] *v.* to torture; to execute.

supplier [süplìyé] *v.* to supplicate, to implore, to entreat, to beseech.

support [süpòr] *m.* support, prop. ‖ *supportable* [-tàbl] *adj.* bearable, tolerable. ‖ *supporter* [-té] *v.* to support, to uphold; to prop, to sustain; to endure, to bear, to suffer; to tolerate. ‖ *supporter* [-tèr] *m.* supporter; fan.

supposé [süpòzé] *adj.* supposed, alleged; assumed; fictitious. ‖ *supposer* [-é] *v.* to suppose, to assume; to imply. ‖ *supposition* [-ìsyo^n] *f.* supposition, assumption, surmise.

suppositoire [süpòzìtwàr] *m.* suppository.

suppôt [süpò] *m.* henchman, tool.

suppression [süprèsyo^n] *f.* suppression; stoppage; removing; abatement [bruit]. ‖ *supprimer* [süprìmé] *v.* to

suppress, to abolish; to quell; to eliminate; to cancel; to do away with [personne].

suppuration [süpüràsyo^n] *f.* suppuration. ‖ *suppurer* [-ré] *v.* to suppurate.

supputer [süpüté] *v.* to reckon.

suprématie [süprémàsî] *f.* supremacy. ‖ *suprême* [-èm] *adj.* supreme, highest, crowning.

sur [sür] *prep.* on, upon; onto; above; over; towards, about [heure]; *sur-le-champ*, right away, immediately; *sur l'heure*, without delay, at once.

sur [sür] *adj.* sour, tart.

sûr [sür] *adj.* sure, certain; safe, secure; assured; reliable, trustworthy; infallible [remède].

surabondance [süràbo^{n}da^{n}s] *f.* superabundance, profusion. ‖ *surabondant* [-a^n] *adj.* superabundant, profuse. ‖ *surabonder* [-é] *v.* to superabound, to overflow with.

suraigu [sürègü] *adj.** high-pitched, shrill, acute (med.).

suralimentation [süràlìma^{n}tàsyo^n] *f.* overfeeding. ‖ *suralimenter* [-é] *v.* to overfeed.

surcharge [sürshàrj] *f.* overloading, overworking; overtax, overcharge; surcharge [timbre].

surcroît [sürkrwà] *m.* increase; surplus; *par surcroît*, in addition.

surdité [sürdìté] *f.* deafness.

sûrement [sürma^n] *adv.* safely, surely, securely; certainly, assuredly. ‖ *sûreté* [sürté] *f.* safety, security; guarantee; sureness; reliability; *la Sûreté*, Criminal Investigation Department, *Am.* Federal Bureau of Investigation.

surette [sürèt] *f.* © sorrel (*Fr.* oseille).

surexciter [sürèksìté] *v.* to overexcite.

surface [sürfàs] *f.* surface; area.

surfaire [sürfèr] *v.** to overcharge; to overrate; to overdo.

surgir [sürjîr] *v.* to rise, to surge, to loom up; to spring up, to bob up.

surhomme [süròm] *m.* superman. ‖ *surhumain* [-ümì^n] *adj.* superhuman.

surintendant [sürì^{n}ta^{n}da^n] *m.* superintendent, overseer.

surjet [sürjè] *m.* overcasting, whipping [couture].

surlendemain [sürla^{n}dmì^n] *m.* two days after, the second day after.

surmenage [sürm^{e}nàj] *m.* overworking, overexertion, overdoing. ‖ *surmener* [-é] *v.* to overwork, to overexert, to overstrain.

surmonter [sürmo^{n}té] *v.* to surmount, to top; to master.

surnaturel [sürnàtürèl] *adj.* super-natural, uncanny, weird, eerie.

surnom [sürnoⁿ] *m.* surname, fam-ily name; nickname.

surnombre [sürnoⁿbr] *m.* surplus.

surnommer [sürnòmé] *v.* to name, to style; to nickname.

surnuméraire [sürnümérèr] *m.*, *adj.* supernumerary.

suroît [sürwà] *m.* south-west; sou'-wester.

surpasser [sürpàsé] *v.* to surpass, to outdo, to excel, to exceed.

surplis [sürplì] *m.* surplice.

surplomber [sürploⁿbé] *v.* to over-hang, to jut out over.

surplus [sürplü] *m.* surplus, over-plus; *au surplus*, besides, moreover.

surprenant [sürprᵉnoⁿ] *adj.* surpris-ing, amazing, astonishing. ‖ *sur-prendre* [sürproⁿdr] *v.** to surprise, to astonish; to intercept; to overhear. ‖ *surprise* [-ìz] *f.* surprise.

surproduction [sürpròdüksyoⁿ] *f.* overproduction.

surréalisme [sürréàlìsm] *m.* surreal-ism.

sursaut [sürsô] *m.* start, jump. ‖ *sursauter* [-té] *v.* to start; *faire sur-sauter*, to startle.

surseoir [sürswàr] *v.** to postpone, to suspend, to defer, to delay; to stay [jugement]. ‖ *sursis* [-ì] *m.* delay, respite; reprieve.

surtaxe [sürtàks] *f.* surtax; extra postage, postage due [timbres]. ‖ *sur-taxer* [-ksé] *v.* to supertax, to overtax.

surtout [sürtû] *adv.* especially, above all, chiefly, principally.

surveillance [sürvèyaⁿs] *f.* super-vision, watching, superintendence, sur-veillance; observation, lookout (mil.). ‖ *surveillant* [-èyaⁿ] *m.* overseer, in-spector, supervisor. ‖ *surveiller* [-èyé] *v.* to superintend, to supervise, to oversee, to watch over; to tend, to look after [machine].

survenir [sürvᵉnîr] *v.** to occur, to happen, to supervene; to drop in.

survie [sürvî] *f.* survival.

survivance [sürvìvaⁿs] *f.* survival; outliving. ‖ *survivant* [-ìvaⁿ] *m.* sur-vivor. ‖ *survivre* [-ìvr] *v.** to survive, to outlive.

survol [sürvòl] *m.* flight over (aviat.); panning [cinéma]. ‖ *survoler* [-é] *v.* to fly over.

sus [süs] *prep.* on, upon; against; *en sus*, over and above, in addition, furthermore.

susceptibilité [süsèptìbìlìté] *f.* sus-ceptibility; sensitiveness, touchiness. ‖

susceptible [-ìbl] *adj.* susceptible, sen-sitive, touchy; capable (*de*, of), liable (*de*, to).

susciter [süsìté] *v.* to raise up; to instigate; to kindle, to arouse, to stir up; to create.

susdit [süsdì] *adj.* above-mentioned, aforesaid.

suspect [süspè] *adj.* suspicious; ques-tionable; *m.* suspect. ‖ *suspecter* [-kté] *v.* to suspect; to question.

suspendre [süspaⁿdr] *v.* to hang up, to suspend; to hold in abeyance; to defer, to stay [jugement]; to stop [paiement]. ‖ *suspens* [-aⁿ] *m.* sus-pense; *adj.* suspended; *en suspens*, in abeyance; outstanding. ‖ *suspension* [-aⁿsyoⁿ] *f.* suspension; hanging up, swinging; stoppage; springs [auto].

suspicion [süspìsyoⁿ] *f.* suspicion.

sustenter [süstaⁿté] *v.* to sustain, to nourish, to support.

susurrer [süsüré] *v.* to whisper; to buzz; to rustle, to susurrate.

suture [sütür] *f.* seam; suture, stitch-ing (med.). ‖ *suturer* [-ré] *v.* to suture.

suzerain [süzrⁿ] *m.*, *adj.* suzerain.

svelte [svèlt] *adj.* svelte, slender. ‖ *sveltesse* [-ès] *f.* slenderness.

syllabe [sìllàb] *f.* syllable. ‖ *sylla-bique* [-ìk] *adj.* syllabic.

symbole [siⁿbòl] *m.* symbol, emblem. ‖ *symbolique* [-ìk] *adj.* symbolic, emblematic; token [paiement]. ‖ *sym-boliser* [-ìzé] *v.* to symbolize. ‖ *sym-bolisme* [-ìsm] *m.* symbolism.

symétrie [sìmétrî] *f.* symmetry. ‖ *symétrique* [-ìk] *adj.* symmetrical.

sympathie [siⁿpàtî] *f.* sympathy; liking, attraction, congeniality. ‖ *sym-pathique* [-ìk] *adj.* sympathetic; attractive, pleasing, appealing. ‖ *sym-pathiser* [-zé] *v.* to sympathize; to harmonize, to correspond.

symphonie [siⁿfònî] *f.* symphony.

symptôme [siⁿptôm] *m.* symptom.

synagogue [sìnàgòg] *f.* synagogue.

syncope [siⁿkòp] *f.* syncope; faint; *tomber en syncope*, to faint.

syndical [siⁿdìkàl] *adj.** syndical; *chambre syndicale*, trade-union com-mittee. ‖ *syndicalisme* [-àlìsm] *m.* trade-unionism. ‖ *syndicat* [-à] *m.* trade-union, syndicate; *syndicat d'ini-tiative*, tourists' information bureau. ‖ *syndiqué* [-é] *adj.* syndicated; *m.* trade-unionist. ‖ *syndiquer* [-é] *v.* to syndicate; to form into a trade-union.

synthèse [siⁿtèz] *f.* synthesis.

systématique [sìstémàtìk] *adj.* sys-tematic, methodical. ‖ *système* [sìs-tèm] *m.* system, method; plan.

T

ta [tà] *poss. adj. f.* thy, your.

tabac [tàbà] *m.* tobacco. ‖ **tabatière** [-tyèr] *f.* snuff-box.

table [tàbl] *f.* table; meal; switch-board (teleph.); plate [métal]; *table des matières*, table of contents.

tableau [tàblô] *m.** picture, painting; scene, sight; list, catalog(ue), table; panel [jurés]; board, blackboard, bulletin-board, *Br.* notice board; telegraph-board; switchboard (electr.); indicator-board; *tableau de bord*, dashboard [auto]. ‖ **tabler** [tàblé] *v.* to count [*sur*, on]. ‖ **tablette** [-èt] *f.* tablet; note-book; writing-pad; shelf; bar, slab [chocolat]; lozenge, troche (pharm.). ‖ **tablier** [-ìyé] *m.* apron; hood [cheminée].

tabou [tàbú] *adj.* taboo, tabooed; forbidden; *m.* taboo.

tabouret [tàbûrè] *m.* stool.

tache [tàsh] *f.* stain, spot, blot, blob, blur, speck; taint, blemish, flaw.

tâche [tâsh] *f.* task, job.

tacher [tàshé] *v.* to stain, to spot; to taint, to blemish, to mar.

tâcher [tâshé] *v.* to try, to attempt.

tacheter [tàshté] *v.* to fleck, to speckle to mottle.

tacite [tàsìt] *adj.* tacit, implied. ‖ **taciturne** [-ürn] *adj.* taciturn.

tacot [tàkô] *m.* (fam.) bone-shaker, *Am.* jalopy [autom.]; puffer (railw.).

tact [tàkt] *m.* feeling, touch; tact, diplomacy. ‖ **tacticien** [-ìsyìⁿ] *m.* tactician. ‖ **tactique** [-ìk] *adj.* tactical; *f.* tactics.

taffetas [tàftà] *m.* taffeta; *taffetas gommé*, adhesive-tape.

taie [tè] *f.* pillow-case.

taillader [tàyàdé] *v.* to slash.

taille [tày] *f.* cutting; pruning, trimming, clipping; cut, shape; edge [couteau]; tally; waist, figure; stature, height, size, measure; *taille-crayon*, pencil-sharpener; *taille-douce*, copper-plate engraving. ‖ **tailler** [-é] *v.* to cut; to prune, to trim, to clip; to tally; to carve; to sharpen [crayon]; to cut out, to fashion [couture]. ‖ **tailleur** [-œr] *m.* tailor; cutter; tailored suit. ‖ **taillis** [-ì] *m.* copse.

tain [tìⁿ] *m.* silvering; foil.

taire [tèr] *v.** to keep secret, to hush up, to suppress, to keep dark; *se taire*, to be quiet, to fall silent.

talc [tàlk] *m.* French chalk; talcum.

talent [tàlaⁿ] *m.* talent, capacity.

taloche [tàlòsh] *f.* (fam.) cuff.

talon [tàloⁿ] *m.* heel; sole [gouvernail]; stock, reserve; pile [cartes]; shoulder [épée]; stub, counterfoil (comm.); beading, bead [pneu]. ‖ **talonner** [-òné] *v.* to follow, to tail, to dog; to dun; to spur [cheval]; to urge on; to pester.

talus [tàlü] *m.* slope, bank.

tambour [taⁿbûr] *m.* drum; drummer; barrel [horloge]; spool [bobine]; roller [treuil]; tambour, tympanum (anat.); *tambour-major*, drum-major. ‖ **tambouriner** [-ìné] *v.* to thrum.

tamis [tàmì] *m.* sieve, sifter. ‖ **tamiser** [-zé] *v.* to sift, to strain, to screen; to filter through; to bolt; to soften.

tampon [taⁿpoⁿ] *m.* stopper; plug; rubber stamp; buffer (railw.); pad [ouate]. ‖ **tamponnement** [-òⁿmaⁿ] *m.* plugging; collision, shock; thumping. ‖ **tamponner** [-òné] *v.* to plug; to rub with a pad, to dab; to collide with, to bump into.

tan [taⁿ] *m.* tan; tan-bark.

tancer [taⁿsé] *v.* to rate.

tanche [taⁿsh] *f.* tench.

tandem [taⁿdèm] *m.* tandem.

tandis [taⁿdì] *adv.* meanwhile; *tandis que*, while, whereas.

tangage [taⁿgàj] *m.* pitching, rocking.

tangent [taⁿjaⁿ] *adj.* tangent(ial). ‖ **tangente** [-aⁿt] *f.* tangent.

tangible [taⁿjìbl] *adj.* tangible.

tanguer [taⁿgé] *v.* to pitch, to rock.

tanière [tànyèr] *f.* den, lair.

tanin [tànìⁿ] *m.* tannin.

tannage [tànàj] *m.* tanning, dressing. ‖ **tanner** [-é] *v.* to tan, to dress, to cure [peaux]; (pop.) to bore. ‖ **tannerie** [-rì] *f.* tannery. ‖ **tanneur** [-œr] *m.* tanner.

tant [taⁿ] *adv.* so much, so many; as much, as many; so; so far; so long, as long; while; *tant pis*, so much the worse; too bad (fam.); *tant s'en faut*, far from it.

tante [taⁿt] *f.* aunt; pansy (pop.).

tantinet [taⁿtìnè] *adv.* (fam.) bit; somewhat.

tantôt [taⁿtô] *adv.* presently, by and by, anon; a little while ago, just now; sometimes, now... now.

taon [taⁿ] *m.* gadfly, horsefly.

tapage [tàpàj] *m.* noise, uproar, racket, din, rumpus. ‖ **tapageur** [-œr] *adj.** noisy, rowdy; gaudy, showy [couleur]; blustering [manière].

tape [tàp] *f.* rap, slap, tap, thump, pat. ‖ *taper* [-é] *v.* to hit, to slap; to smack, to tap; to stamp; to plug; to rap, to bang; to borrow from; to dab [peinture]; to type(write) [à la machine]. ‖ *tapette* [-èt] *f.* bat, carpet-beater; pansy (pop.). ‖ *tapeur* [-œr] *m.* (fam.) cadger.

tapioca [tàpyòkà] *m.* tapioca.

tapir (se) [s*e*tàpîr] *v.* to crouch; to squat; to skulk, to cower; to nestle.

tapis [tàpì] *m.* carpet, rug; cover, cloth; *tapis roulant*, endless belt, assembly line; *tapis-brosse*, door-mat. ‖ *tapisser* [-sé] *v.* to hang with tapestry; to carpet; to paper. ‖ *tapisserie* [-srî] *f.* tapestry; hangings; wallpaper; upholstery; *faire tapisserie*, to be a wallflower. ‖ *tapissier* [-yé] *m.* upholsterer.

tapoter [tàpòté] *v.* to rap, to tap; to drum, to thrum; to strum [piano].

taquet [tàkè] *m.* wedge, angle-block; peg; flange; belaying-cleat (naut.).

taquin [tàkin] *m.* tease; *adj.* teasing. ‖ *taquiner* [-iné] *v.* to tease, to tantalize, to plague, *Am.* to kid (pop.). ‖ *taquinerie* [-inrî] *f.* teasing, *Am.* kidding (pop.).

tarabiscoté [tàràbìskòté] *adj.* (fam.) over-elaborate, overloaded.

tarabuster [tàràbüsté] *v.* (fam.) to harass; to bully.

tard [tàr] *adv.* late; *tôt ou tard*, sooner or later. ‖ *tarder* [-dé] *v.* to delay; to be long (à, in); to tarry, to loiter, to dally; *il me tarde de*, I long to. ‖ *tardif* [-dîf] *adj.** late, tardy; backward; belated.

tare [tàr] *f.* tare [poids]; defect, blemish; taint [héréditaire]. ‖ *taré* [-é] *adj.* degenerate; corrupt.

targette [tàrjèt] *f.* slide-bolt.

targuer (se) [s*e*tàrgé] *v.* to boast, to brag, to pride oneself (de, on).

tarif [tàrìf] *m.* tariff, rate; price-list, schedule of charges; *tarifer*, to tariff.

tarir [tàrîr] *v.* to dry up; to drain; to exhaust; to leave off (fig.). ‖ *tarissable* [-ìsàbl] *adj.* exhaustible. ‖ *tarissement* [-ìsmaⁿ] *m.* draining, exhausting, drying up.

tarte [tàrt] *f.* tart; flan; *Am.* pie; slap; *adj.* stupid. ‖ *tartelette* [-èlèt] *f.* tartlet; *Am.* tart. ‖ *tartine* [-îⁿ] *f.* slice of bread; (pop.) tirade.

tartre [tàrtr] *m.* tartar; fur.

tas [tà] *m.* heap, pile; lot, set, batch; *mettre en tas*, to heap up, to pile up.

tasse [tàs] *f.* cup; *tasse à café*, coffee-cup; *tasse de café*, cup of coffee.

tasseau [tàsô] *m.** bracket, clamp.

tasser [tàsé] *v.* to heap, to pile up; to compress; to squeeze; to grow thick; *se tasser*, to sink, to subside, to settle; to set [mur]; to shrink with age; to crowd together, to squeeze together.

tâter [tâté] *v.* to feel, to touch; to try, to taste; to prod; to grope; to test; to feel [pouls]; *se tâter*, to think it over (fam.). ‖ *tâtonner* [tâtòné] *v.* to grope, to feel one's way, to fumble; *à tâtons*, fumblingly, gropingly; *chercher à tâtons*, to grope for.

tatouage [tàtûàj] *m.* tattoo. ‖ *tatouer* [-ûé] *v.* to tattoo.

taudis [tôdì] *m.* hovel; *pl.* slums.

taule [tôl] *f.* (pop.) clink.

taupe [tôp] *f.* mole, moleskin. ‖ *taupinière* [-inyèr] *f.* mole-hill.

taureau [tòrô] *m.** bull. ‖ *tauromachie* [-màshî] *f.* bull-fighting.

taux [tô] *m.* rate; fixed price.

taxe [tàks] *f.* tax, duty, rate, charge, dues; toll; impost; taxation, fixing of prices; established price; *taxe supplémentaire*, surcharge; late fee. ‖ *taxer* [-é] *v.* to tax; to rate; to fix the price of; to assess; to charge, to accuse (de, with, of).

taxi [tàksì] *m.* taxi(cab).

te [t*e*] *pers. pron.* you, to you; thee, to thee; yourself; thyself.

technicien [tèknìsyiⁿ] *m.* technician. ‖ *technicité* [-ìsìté] *f.* technicality. ‖ *technique* [-ìk] *adj.* technical; *f.* technique, technics.

teigne [tèñ] *f.* tinea; ringworm; scurf (bot.).

teindre [tiⁿdr] *v.** to dye, to tint; to tinge; to tincture. ‖ *teint* [-tiⁿ] *m.* colo(u)r, tint; dye; hue, shade; complexion; *adj.* dyed; *bon teint*, fast colo(u)r. ‖ *teinte* [tiⁿt] *f.* tint, colo(u)r, shade, hue; smack, touch; *demi-teinte*, mezzotint. ‖ *teinter* [-é] *v.* to tint; to tinge. ‖ *teinture* [-ür] *f.* dye, dyeing, tinting; tincture [d'iode]. ‖ *teinturerie* [-ürrî] *f.* dyeing; dye-works, dry-cleaner's. ‖ *teinturier* [-üryé] *m.* dyer.

tel, telle [tèl] *adj.* such; like, similar; *pron.* such a one; *tel que*, such as, like; *tel quel*, such as it is, just as it is; *de telle sorte que*, in such a way that; *monsieur Untel* (*un tel*), Mr. So-and-so.

télécommander [télékòmaⁿdé] *v.* to operate by remote control.

télégramme [télégràm] *m.* telegram, wire.

télégraphe [télégràf] *m.* telegraph. ‖ *télégraphie* [-î] *f.* telegraphy; *télégraphie sans fil*, wireless telegraphy,

radio. ‖ *télégraphier* [-yé] *v.* to telegraph. ‖ *télégraphiste* [-ìst] *m.*, *f.*
telegraphist, telegraph operator.

téléguidé [télégìdé] *adj.* guided. ‖
téléguider [-é] *v.* to radio-control.

téléobjectif [téléòbjèktìf] *m.* tele-
photo lens.

téléphone [téléfòn] *m.* (tele)phone. ‖
téléphoner [-é] *v.* to (tele)phone, to
call, to ring. ‖ *téléphonique* [-ìk] *adj.*
telephonic, telephone. ‖ *téléphoniste*
[-ìst] *m.*, *f.* telephonist; telephone
operator.

télescope [télèskòp] *m.* telescope. ‖
télescoper [-é] *v.* to telescope, to
crumple up.

téléscripteur [téléskrìptœr] *m.* tele-
printer.

téléspectateur [téléspèktàtœr] *m.*
televiewer.

téléviser [télévìzé] *v.* to televise. ‖
téléviseur [-zœr] *m.* television set,
televisor. ‖ *télévision* [-zyoⁿ] *f.* television.

tellement [tèlmaⁿ] *adv.* so, in such
a manner; so much, so far; to such
a degree; *tellement que*, so that.

téméraire [témérèr] *adj.* bold, daring, foolhardy, headstrong. ‖ *témérité*
[-ìté] *f.* audacity, temerity; recklessness, rashness.

témoignage [témwàñàj] *m.* testimony, evidence, witness; testimonial,
certificate; token, proof. ‖ *témoigner*
[-é] *v.* to testify, to bear witness to;
to show, to prove, to evince, to be a
sign of. ‖ *témoin* [témwìⁿ] *m.* witness;
spectator; evidence, proof, mark;
second [duel]; *prendre à témoin*, to
call to witness; *témoin à charge, à
décharge*, witness for the prosecution,
for the defense.

tempe [taⁿp] *f.* temple (anat.).

tempérament [taⁿpéràmaⁿ] *m.* constitution, temperament; character,
temper, disposition; middle-course;
avoir du tempérament, to be highly
sexed; *par tempérament*, constitu-
tionally; *vente à tempérament*, sale
on the instalment plan.

tempérance [taⁿpéraⁿs] *f.* temperance, moderation.

température [taⁿpéràtür] *f.* temperature. ‖ *tempérer* [-é] *v.* to temper,
to moderate, to assuage; to anneal
(metall.); *se tempérer*, to become
mild [temps].

tempête [taⁿpèt] *f.* tempest, storm,
blizzard. ‖ *tempéter* [-é] *v.* to fume,
to storm.

temple [taⁿpl] *m.* temple. ‖ *templier*
[-plyé] *m.* Knight Templar.

temporaire [taⁿpòrèr] *adj.* temporary; provisional.

temporel [taⁿpòrèl] *adj.** temporal,
worldly, secular.

temporiser [taⁿpòrìzé] *v.* to temporize, to procrastinate, to stall off.

temps [taⁿ] *m.* time, duration, period, term; age, epoch; hour, moment;
weather, season; phase (mech.); tense
(gramm.); measure (mus.); *à temps*,
in time; *de temps en temps*, from time
to time; *en même temps*, at the same
time; *quel temps fait-il?*, what's the
weather like?

tenace [tenàs] *adj.* tenacious; adhesive; clinging; stubborn, obstinate,
dogged, persistent; tough, cohesive;
retentive [mémoire]; stiff, resistant. ‖
ténacité [-ìté] *f.* tenacity; adhesive-
ness; stubbornness; toughness; reten-
tiveness; steadfastness [caractère].

tenaille [tenày] *f.* pincers, nippers,
pliers. ‖ *tenailler* [-é] *v.* to gnaw
[faim]; to rack [remords].

tenancier [tenaⁿsyé] *m.* tenant;
lessee; holder, keeper; tenant-farmer.

tendance [taⁿdaⁿs] *f.* tendency; bent,
leaning, trend, propensity. ‖ *tendancieux* [-syë] *adj.** suggestive; tenden-
tious, tendential; one-sided.

tendeur [taⁿdœr] *m.* spreader [pièce];
coupling-iron; shoe-tree [chaussures].

tendon [taⁿdoⁿ] *m.* tendon, sinew.

tendre [taⁿdr] *v.* to stretch, to strain;
to spread, to lay, to set; to pitch
[tente]; to hang; to hold out, to offer,
to proffer, to tender; to tend, to lead,
to conduce.

tendre [taⁿdr] *adj.* tender, soft; fond,
affectionate; early, young, new.

tendresse [taⁿdrès] *f.* tenderness,
fondness; *pl.* endearments, caresses.

tendu [taⁿdü] *p. p.* of *tendre.*

ténèbres [ténèbr] *f. pl.* darkness,
night, gloom, obscurity; uncertainty
(fig.). ‖ *ténébreux* [-ébré] *adj.** dark,
gloomy, overcast, obscure; melancholy; lowering [ciel]; shady, sinister.

teneur [tenœr] *f.* tenor, terms; purport; percentage; grade (metall.).

tenir [tenîr] *v.** to hold, to have, to
possess; to seize, to grasp; to occupy,
to take up, to keep; to keep in, to
manage; to retain; to deem to regard,
to look upon; to maintain; to side
with; to hold fast, to adhere, to stick,
to hold together, to depend, to result;
to be held [marché]; to remain, to
persist, to withstand; to be desirous,
to be anxious (*à*, to); to sail close to
the wind (naut.); *tenir compte de*, to
take into consideration; *tenir tête à*,
to resist; *tenir de la place*, to take
up room; *il m'a tenu lieu de père*, he
has been like a father to me; *je n'y
tiens pas*, I don't care for it; *il ne
tient qu'à vous de*, it only depends on

you to; *tiens!*, well!, say!, you don't say!; **se tenir**, to hold fast, to stand; to adhere, to stick; to consider oneself; to refrain; to be held, to take place; *s'en tenir à*, to abide by, to be content with; to stop at; *à quoi s'en tenir*, what to believe.

tennis [tènìs] *m.* tennis; tennis court.

ténor [ténòr] *m.* tenor.

tension [tãsyõ] *f.* tension, strain; intensity; voltage (electr.); blood pressure.

tentacule [tãtàkül] *m.* tentacle, feeler.

tentateur [tãtàtœr] *adj.** tempting; *m.* tempter. ‖ **tentation** [tãtàsyõ] *f.* temptation.

tentative [tãtàtìv] *f.* attempt, trial.

tente [tãt] *f.* tent; *dresser une tente*, to pitch a tent.

tenter [tãté] *v.* to attempt, to try, to endeavo(u)r, to strive; to tempt, to entice, to tantalize.

tenture [tãtür] *f.* hangings, tapestry; wall-paper; paper-hanging.

tenu [tᵉnü] *p. p.* of **tenir**; *adj.* kept; obliged, bound.

ténu [ténü] *adj.* tenuous; thin, fine.

tenue [tᵉnü] *f.* holding [assemblée]; session; attitude; behavio(u)r, deportment, bearing (mil.); appearance; seat [cavalier]; steadiness (mil.); keeping [livres]; holding-note (mus.); anchor-hold (naut.); *grande tenue*, full dress (mil.); *petite tenue*, undress (mil.); *tenue de corvée*, fatigues (mil.); *tenue de ville*, street dress; *tenue des livres*, bookkeeping.

térébenthine [térébãtîn] *f.* turpentine.

tergiversation [tèrjìvèrsàsyõ] *f.* tergiversation; shilly-shallying. ‖ **tergiverser** [tèrjìvèrsé] *v.* to tergiversate, to practise evasion, to be shifty, to beat around the bush.

terme [tèrm] *m.* term; relationship; termination, end; bound, limit; due date; appointed time; three months; quarter's rent; word, expression; *pl.* state, terms, condition; *à long terme*, long-dated.

terminaison [tèrmìnèzõ] *f.* termination, ending, conclusion. ‖ **terminer** [-é] *v.* to terminate, to end, to conclude, to finish; to bound.

terminus [tèrmìnüs] *m.* terminus; terminal point; last stop.

terne [tèrn] *adj.* dull, dim; wan; lustreless; colo(u)rless, drab; tarnished; tame, flat. ‖ **ternir** [-îr] *v.* to tarnish, to dull, to dim, to deaden; to sully, to besmirch [réputation]. ‖ **ternissure** [-nìsür] *f.* dullness; tarnished appearance.

terrain [tèrĩ] *m.* ground; groundplot, site, position; soil, earth; field; terrain (mil.); formation (geol.); *terrain d'aviation*, airfield.

terrasse [tèràs] *f.* terrace; bank, earthwork; flat roof, balcony. ‖ **terrasser** [-é] *v.* to embank, to bank up; to down, to throw, to floor; to overwhelm, to confound. ‖ **terrassier** [-yé] *m. Br.* navvy, *Am.* ditch-digger.

terre [tèr] *f.* earth, ground; land, shore; soil, loam, clay; world; estate, grounds, property; territory; *terre cuite*, terra-cotta; *terre à terre*, matter-of-fact, commonplace; *ventre à terre*, at full speed; *mettre pied à terre*, to alight; *terre-plein*, platform, terrace; road-bed. ‖ **terreau** [-ô] *m.* vegetable mo(u)ld, compost. ‖ **terrer** [-é] *v.* to earth up; to clay [sucre]; **se terrer**, to burrow; to dig in, to entrench oneself. ‖ **terrestre** [-èstr] *adj.* terrestrial, earthly, worldly; ground.

terreur [tèrœr] *f.* terror; fright, fear, dread; awe.

terreux [tèrë] *adj.** earthy, clayey; dull.

terrible [tèrìbl] *adj.* terrible, terrific, dreadful, awful; unmanageable; *enfant terrible*, little terror.

terrier [tèryé] *m.* burrow, hole; terrier dog.

terrifier [tèrìfyé] *v.* to terrify.

terrine [tèrìn] *f.* terrine.

territoire [tèrìtwàr] *m.* territory; district; extent of jurisdiction. ‖ **territorial** [-tòryàl] *adj.** territorial.

terroir [tèrwàr] *m.* soil.

terroriser [tèròrìzé] *v.* to terrorize; to coerce. ‖ **terrorisme** [-rìsm] *m.* terrorism. ‖ **terroriste** [-rìst] *s.* terrorist.

tertiaire [tèrsyèr] *adj.* tertiary.

tertre [tèrtr] *m.* hillock, mound, knoll, hump.

tes [tè] *poss. adj. pl.* thy; your.

tesson [tèsõ] *m.* potsherd, shard.

test [tèst] *m.* test, trial.

testament [tèstàmã] *m.* will, testament.

têtard [tètàr] *m.* tadpole, *Am.* polliwog; pollard, chub.

tête [tèt] *f.* head; head-piece, cranium; leader, head of an establishment; head of hair; front; beginning; summit, crown, top; vanguard; brains, sense, judgment; presence of mind, self-possession; *faire la tête à quelqu'un*, to frown at someone, to be sulky with someone; *faire une tête*, to look glum; *faire à sa tête*, to have one's own way; *une femme de tête*, a capable woman; *tenir tête à*, to stand up to; *tête de ligne*, rail-head; starting-point; *voiture de tête*, front train; *tête de pont*, bridge-head (mil.); *se monter la tête*, to get worked up; *forte tête*, unmanageable person, strong-minded person; *coup de tête*, rash action; *la tête la première*, headlong; *tête-à-tête*, private interview; sofa, settee, *Am.* love-seat.

tétée [tété] *f.* suck, suckling. ‖ **téter** [-é] *v.* to nurse, to suck, to suckle. ‖ **tétine** [-în] *f.* udder, dug; teat, nipple.

têtu [tètü] *adj.* stubborn, headstrong, wilful, obstinate; mulish, pig-headed.

teuf-teuf [tœftœf] *m.* (fam.) puff-puff.

texte [tèkst] *m.* text; textbook, manual; subject; passage.

textile [tèkstìl] *m.*, *adj.* textile.

textuel [tèkstüèl] *adj.** textual; verbatim.

texture [tèkstür] *f.* texture; disposition, arrangement.

thaumaturge [tômàtürj] *m.* thaumaturge; miracle-worker.

thé [té] *m.* tea; tea party; *boîte à thé*, tea-caddy; *thé des bois*, © wintergreen.

théâtral [téâtràl] *adj.** theatrical; stagy; spectacular. ‖ **théâtre** [-âtr] *m.* theater, playhouse; stage, scene, the boards; dramatic art; plays; setting, place of action.

théière [téyèr] *f.* teapot.

thème [tèm] *m.* theme, subject, topic; exercise.

théologie [téòlòjì] *f.* theology. ‖ **théologien** [-jyin] *m.* theologian.

théorème [téòrèm] *m.* theorem.

théorie [téòrì] *f.* theory; doctrine; training-manual (mil.). ‖ **théorique** [-ìk] *adj.* theoretic(al).

thérapeutique [téràpëtìk] *adj.* therapeutic; *f.* therapeutics.

thermal [tèrmàl] *adj.** thermal; *eaux thermales*, hot springs. ‖ **thermes** [tèrm] *m. pl.* thermal baths. ‖ **thermie** [-î] *f.* therm. ‖ **thermique** [-ìk] *adj.* thermic.

thermomètre [tèrmòmètr] *m.* thermometer.

thermostat [tèrmòstà] *m.* thermostat.

thésauriser [tézòrìzé] *v.* to hoard up, to pile up.

thèse [tèz] *f.* thesis.

thon [ton] *m.* tunny-fish, *Am.* tuna.

thym [tin] *m.* thyme.

tibia [tìbyà] *m.* tibia, shin-bone, shin.

tic [tìk] *m.* tic, twitch.

ticket [tìkè] *m.* ticket, check.

tiède [tyèd] *adj.* lukewarm, tepid; mild, soft; warm [wind]; indifferent (fig.). ‖ **tiédeur** [tyédœr] *f.* tepidness, tepidity, lukewarmness; indifference, coolness (fig.). ‖ **tiédir** [-îr] *v.* to cool, to tepefy, to grow lukewarm.

tien, tienne [tyin, -èn] *poss. pron.* yours, thine.

tiers, tierce [tyèr, tyèrs] *adj.* third; *m.*, *f.* third; third person; third party. ‖ **tiercé** [tyèrsé] *m.* State run bet on three horses in one race.

tige [tîj] *f.* stem, stalk, tige; trunk [arbre]; shaft [[colonne]; shank [ancre]; leg [botte]; stock [famille]; rod (mech.).

tigre, tigresse [tìgr, tìgrès] *m.* tiger, *f.* tigress.

tillac [tìyàk] *m.* deck (naut.).

tilleul [tìyœl] *m.* lime-tree; linden-tree.

timbale [tinbàl] *f.* kettledrum [musique]; metal cup; pie-dish. ‖ **timbalier** [-yé] *m.* kettledrummer.

timbre [tinbr] *m.* stamp; bell; tone, timbre; snare, cord [tambour]; *droit de timbre*, stamp fee; *timbre-poste*, postage-stamp. ‖ **timbré** [-é] *adj.* stamped [papier]; sonorous; (pop.) cracked, crazy, nuts. ‖ **timbrer** [-é] *v.* to stamp.

timide [tìmìd] *adj.* timid, shy; timorous, apprehensive. ‖ **timidité** [-ìté] *f.* timidity, shyness, diffidence.

timon [tìmon] *m.* pole, shaft; beam [charrue]; tiller (naut.). ‖ **timonier** [-ònyé] *m.* helmsman.

timoré [tìmòré] *adj.* timorous.

tintamarre [tintàmàr] *m.* (fam.) uproar; din, row; ballyhoo (fig.).

tinter [tinté] *v.* to ring, to toll; to tinkle; to jingle, to chink; to clink; to buzz, to tingle [oreilles].

tintouin [tintwin] *m.* (fam.) worry, trouble.

tique [tìk] *f.* tick, cattle-tick.

tir [tîr] *m.* shooting; firing; gunnery (artill.); shooting-match; *tir à la cible*, target-firing.

tirade [tìràd] *f.* tirade; passage.

tirage [tìràj] *m.* drawing, pulling, hauling, traction, towing; towing-path; print (phot.); striking off (typogr.); circulation, number printed [périodiques]; draught [cheminée]; difficulty, obstacle; quarrying, extraction [pierre]; blasting [poudre]; *tirage au sort*, drawing lots, balloting; *tirage à part*, off-print. ‖ **tirailler** [-àyé] *v.* to pull about; to fidget; to tease; to shoot wildly, to fire away; to skirmish, to snipe. ‖ **tirailleur** [-àyœr] *m.* sharpshooter. ‖ **tire** [tîr] *f.* pull, pulling,

tug; © molasses candy, taffy, maple taffy ; *voleur à la tire,* pickpocket ; *tire-au-flanc,* shirker, malingerer ; *tire-botte,* bootjack ; boothook ; *tire-bouchon,* corkscrew ; ringlet ; *tire-bouton,* buttonhook ; *tire-d'aile (à),* at full speed ; *tire-ligne,* drawing-pen ; scribing-tool ; *tirelire,* money-box. ‖ *tirer* [-é] *v.* to draw, to pull, to drag, to haul, to tug ; to stretch ; to pull out ; to pull off ; to draw [ligne] ; to wire-draw [métal] ; to shoot, to fire ; to infer, to deduce ; to print, to work off (typogr.) ; to get, to derive ; *tirer vanité de,* to take pride in ; *tirer à sa fin,* to draw to a close ; *se tirer,* to extricate oneself ; to get out ; to recover [santé] ; to beat it (pop.) ; *se tirer d'affaire,* to get along, to manage, to pull through ; to get out of trouble ; *s'en tirer,* to get along, to make ends meet ; to pull through, to scrape through.

tiret [tìrè] *m.* dash ; hyphen.

tirette [tìrèt] *f.* curtain cord ; slide.

tireur, -euse [tìrœr, -ëz] *m., f.* marksman, rifleman ; *tireuse de cartes,* fortune-teller.

tiroir [tìrwàr] *m.* drawer [table] ; slide, slide-valve (mech.) ; episode.

tisane [tìzàn] *f.* infusion, decoction ; herb tea.

tison [tìzoⁿ] *m.* fire-brand, ember, live-coal. ‖ **tisonner** [-òné] *v.* to poke, to stir, to fan a fire. ‖ **tisonnier** [-ònyé] *m.* poker, fire-iron.

tissage [tìsàj] *m.* weaving ; cloth-mill. ‖ **tissé** [-é] *adj.* woven. ‖ **tisser** [-é] *v.* to weave, to loom ; to plait ; to spin ; to contrive (fig.). ‖ **tisserand** [-raⁿ] *m.* weaver. ‖ **tissu** [-ü] *m.* texture ; textile, goods, fabric ; tissue, web ; *tissu de mensonges,* pack of lies ; *tissu-éponge,* towelling, sponge-cloth, *Am.* terry cloth.

titre [tìtr] *m.* title, style, denomination ; headline ; title-page ; head, heading ; right, claim ; standard [monnaie] ; voucher ; title-deed ; bond, stock, share (fin.) ; diploma, certificate ; *pl.* securities ; *à juste titre,* deservedly, justly ; *à titre de,* by right of, in virtue of ; *en titre,* titular, acknowledged ; *titre de créance,* proof of debt. ‖ **titrer** [-é] *v.* to confer a title upon ; to titrate (chem.).

tituber [tìtübé] *v.* to stagger, to totter, *Am.* to weave (fam.).

titulaire [tìtülèr] *adj.* titular ; regular ; *m., f.* holder, titular. ‖ **titulariser** [-àrizé] *v.* to appoint as titular.

toast [tòst] *m.* toast.

toboggan [tòbògaⁿ] *m.* toboggan.

toc [tòk] *m.* (fam.) sham goods.

tocsin [tòksiⁿ] *m.* alarm-bell.

toge [tòj] *f.* toga ; gown.

tohu-bohu [tòübòü] *m.* (fam.). hubbub ; invar ; confusion.

toi [twà] *pron.* thou, you.

toile [twàl] *f.* linen ; cloth ; canvas ; sail-cloth ; painting, picture ; curtain (theat.) ; *pl.* toils ; *toile écrue,* unbleached linen ; *toile d'avion,* airplane fabric ; *toile à matelas,* ticking ; *toile de coton,* calico ; *toile cirée,* oilcloth ; *toile vernie,* oilskin ; *toile d'araignée,* spider web, cobweb.

toilette [twàlèt] *f.* toilet, washing, dressing ; dressing table ; dress, costume ; lavatory ; *faire sa toilette,* to groom oneself, to dress ; *grande toilette,* full dress.

toise [twàz] *f.* fathom ; measuring apparatus. ‖ **toiser** [twàzé] *v.* to measure ; to size up ; to look (someone) up and down.

toison [twàzoⁿ] *f.* fleece ; mop, shock [cheveux].

toit [twà] *m.* roof ; *sous les toits,* in a garret. ‖ **toiture** [-tür] *f.* roofing.

tôle [tòl] *f.* sheet-iron ; boiler-plate ; *tôle ondulée,* corrugated iron ; *tôle de blindage,* armo(u)r plate.

tolérable [tòléràbl] *adj.* tolerable, bearable. ‖ **tolérance** [-aⁿs] *f.* tolerance ; forbearance ; allowance (comm.) ; *par tolérance,* on sufferance ; *maison de tolérance,* licensed brothel. ‖ **tolérer** [-é] *v.* to tolerate, to allow ; to suffer, to endure, to bear, to put up with ; to wink at.

tollé [tòllé] *m.* outcry.

tomate [tòmàt] *f.* tomato.

tombal [toⁿbàl] *adj.* ; *pierre tombale,* tombstone. ‖ **tombe** [toⁿb] *f.* tomb, grave ; tombstone. ‖ **tombeau** [-ô] *m.** see **tombe.**

tomber [toⁿbé] *v.* to fall, to drop down, to tumble down ; to sink ; to decay ; to crash (aviat.) ; to droop, to dwindle, to fail ; to sag ; to flag ; *tomber sur,* to meet, to run across ; to light ; *tomber bien,* to happen opportunely, to come at the right time ; *tomber mal,* to come at an inopportune moment, to be unlucky ; *tomber amoureux de,* to fall in love with ; *tomber en poussière,* to crumble into dust ; *laisser tomber,* to drop, to throw down. ‖ **tombereau** [toⁿbrô] *m.** tip-cart ; dumpcart ; cart-load.

tombola [toⁿbòlà] *f.* tombola, lottery.

tome [tòm] *m.* tome.

ton [toⁿ] *poss. adj. m.* (*f.* **ta,** *pl.* **tes**) your ; thy.

ton [toⁿ] *m.* tone ; intonation ; manner, style ; pitch (mus.) ; tint, colo(u)r, shade. ‖ **tonalité** [tònàlité] *f.* tonality.

tondeuse [toⁿdĕz] *f.* shearing-machine ; clippers ; lawn-mower [gazon]. ‖ **tondre** [toⁿdr] *v.* to shear ; to mow ; to clip ; to fleece. ‖ **tondu** [-ü] *adj.* shorn ; fleeced.

tonique [tònĭk] *m., adj.* tonic ; *f.* stressed syllable ; keynote (mus.).

tonitruant [tònĭtrüaⁿ] *adj.* thundering, thunderous. ‖ **tonitruer** [-é] *v.* to thunder.

tonnage [tònàj] *m.* tonnage.

tonne [tòn] *f.* tun ; ton [poids]. ‖ **tonneau** [-ô] *m.** cask, tun, barrel ; horizontal spin, roll (aviat.) ; tonneau [auto] ; *petit tonneau,* keg. ‖ **tonnelier** [-ᵉlyé] *m.* cooper. ‖ **tonnelle** [-èl] *f.* arbo(u)r, bower.

tonner [tòné] *v.* to thunder ; to boom. ‖ **tonnerre** [-èr] *m.* thunder ; thunderclap ; thunderbolt ; *coup de tonnerre,* clap, peal of thunder.

tonsure [toⁿsür] *f.* tonsure. ‖ **tonsurer** [-é] *v.* to tonsure. ‖ **tonte** [toⁿt] *f.* shearing ; mowing ; clip.

topaze [tòpàz] *f.* topaz.

topinambour [tòpìnaⁿbûr] *m.* Jerusalem artichoke.

topographie [tòpògràfĭ] *f.* topography ; surveying.

toponymie [tòpònìmĭ] *f.* toponymy.

toquade [tòkàd] *f.* (fam.) fancy, craze, infatuation.

toque [tòk] *f.* toque ; cap.

toqué [tòké] *adj.* crazy, cracked, *Am.* goofy, nuts (pop.).

torche [tòrsh] *f.* torch, link ; twist [paille]. ‖ **torchis** [-ĭ] *m.* loam ; cob. ‖ **torchon** [-oⁿ] *m.* towel, dish-towel ; dish-cloth ; dust-cloth ; twist [paille].

tordant [tòrdaⁿ] *adj.* (pop.) screamingly funny, killing ; *c'est tordant,* it's a scream, *Am.* it's a howl. ‖ **tordre** [tòrdr] *v.* to twist, to wring, to wring out ; to contort, to disfigure ; to wrest ; to beat (fam.) ; *se tordre,* to twist, to writhe ; *se tordre de rire,* to be convulsed with laughter.

toréador [tòréàdòr] *m.* toreador, bull-fighter.

tornade [tòrnàd] *f.* tornado.

torpeur [tòrpœr] *f.* torpor.

torpille [tòrpĭy] *f.* torpedo ; numb-fish. ‖ **torpiller** [-ĭyé] *v.* to torpedo ; to mine. ‖ **torpilleur** [-ĭyœr] *m.* torpedo-boat ; *contre-torpilleur,* destroyer.

torréfier [tòrréfyé] *v.* to torrefy, to roast, to grill ; to scorch.

torrent [tòràⁿ] *m.* torrent ; flow. ‖ **torrentiel** [-syèl] *adj.** torrential ; pelting, impetuous.

torride [tòrîd] *adj.* torrid, scorching, broiling, parching.

torsade [tòrsàd] *f.* twisted fringe, twisted cord ; coil [cheveux].

torse [tòrs] *m.* torso, trunk ; chest.

torsion [tòrsyoⁿ] *f.* twist, twisting.

tort [tòr] *m.* wrong ; mistake, fault ; injury, harm, hurt ; prejudice ; *avoir tort,* to be wrong ; *à tort,* wrongly ; *donner tort à,* to decide against ; *faire tort à,* to wrong ; *à tort et à travers,* at random, haphazardly.

torticolis [tòrtĭkòlĭ] *m.* stiff neck ; wryneck.

tortiller [tòrtĭyé] *v.* to twist ; to wriggle, to shuffle ; to waddle ; to twirl ; to kink ; *se tortiller,* to wriggle, to writhe, to twist, to squirm, to fidget.

tortionnaire [tòrsyònèr] *m.* torturer.

tortue [tòrtü] *f.* tortoise ; turtle.

tortueux [tòrtüĕ] *adj.** tortuous, winding ; wily, underhanded (fig.).

torture [tòrtür] *f.* torture. ‖ **torturer** [-é] *v.* to torture, to torment ; to put to the rack ; to tantalize ; to strain, to twist (fig.).

tôt [tô] *adv.* soon, quickly, speedily ; early ; *le plus tôt possible,* as soon as possible, at your earliest convenience ; *tôt ou tard,* sooner or later.

total [tòtàl] *adj.** total, whole, entire, complete ; utter, universal ; *m.** whole, total, sum-total. ‖ **totalisateur** [-ìzàtœr] *adj.* adding ; *m.* adding-machine ; totalizator, tote. ‖ **totaliser** [-ìzé] *v.* to totalize, to tot up, to add up. ‖ **totalitaire** [-ìtèr] *adj.* totalitarian. ‖ **totalitarisme** [-ìtàrìsm] *m.* totalitarianism. ‖ **totalité** [-ìté] *f.* totality, entirety, whole ; *en totalité,* as a whole.

toubib [tûbĭb] *m.* (fam.) doc, medico.

touchant [tûshaⁿ] *adj.* touching, moving, stirring ; *prep.* concerning, regarding, touching. ‖ **touche** [tûsh] *f.* touch, touching ; assay, trial ; stroke, style [peinture] ; key [clavier] ; fret [guitare] ; hit [escrime] ; drove [bétail] ; (fam.) look, mien ; *touche-à-tout,* meddler, busybody. ‖ **toucher** [-é] *v.* to touch ; to handle, to finger, to feel ; to move, to affect ; to try [métal] ; to receive [argent] ; to cash [chèque] ; to hit [escrime] ; to drive [bétail] ; to play [guitare] ; to call, to put in (naut.) ; *m.* touch, feeling ; *toucher à,* to touch on, to allude to ; to concern, to regard ; to meddle in, with ; to draw near, to approach ; to be like ; *se toucher,* to touch, to adjoin ; to be contiguous ; to touch each other.

touffe [tûf] *f.* tuft, wisp ; clump, cluster, bunch. ‖ **touffu** [-ü] *adj.* bushy, tufted ; thick, dense, close ; branchy, leafy ; full, luxuriant ; plethoric, turgid, bombastic [style].

toujours [tûjûr] *adv.* always, ever, forever ; *toujours est-il que,* the fact remains that.

toupet [tûpè] *m.* tuft [cheveux] ; forelock [cheval] ; (fam.) cheek, nerve, brass ; *avoir du toupet,* to be cheeky.

toupie [tûpî] *f.* top ; (pop.) head.

tour [tûr] *m.* turn, round, twining, winding ; rotation, revolution ; circuit, compass ; twist, strain ; tour, trip, excursion ; trick, dodge, wile ; manner, style ; place, order ; lathe [techn.] ; turning-box ; wheel [potier] ; *tour à tour,* by turns.

tour [tûr] *f.* tower ; rook, castle [échecs].

tourbe [tûrb] *f.* peat, turf ; mob. ‖ **tourbière** [-yèr] *f.* peat-bog.

tourbillon [tûrbìyòⁿ] *m.* whirlwind ; whirlpool, eddy ; whirl, bustle ; vortex. ‖ **tourbillonner** [-ìyòné] *v.* to whirl ; to eddy, to swirl.

tourelle [tûrèl] *f.* turret.

tourillon [tûrìyòⁿ] *m.* axle ; arbor ; swivel, spindle ; trunnion ; hinge.

tourisme [tûrìsm] *m.* touring, sight-seeing ; tourism. ‖ **touriste** [-ìst] *m.*, *f.* tourist, sight-seer. ‖ **touristique** [-ìstìk] *adj.* touristic.

tourment [tûrmaⁿ] *m.* torment ; anguish, worry ; agony, pain, pang. ‖ **tourmente** [-t] *f.* storm ; gale ; blizzard ; turmoil (fig.). ‖ **tourmenter** [-té] *v.* to torment ; to distress ; to worry ; to bother ; to molest ; to plague ; to tantalize ; to tease ; *se tourmenter,* to be uneasy, to worry, to fret ; to toss.

tournage [tûrnàj] *m.* shooting [cinéma] ; turning (techn.).

tournant [tûrnaⁿ] *m.* turning, turn, bend ; turning-space ; expedient ; whirlpool, eddy ; *au tournant de la rue,* around the corner. ‖ **tourne-broche** [-ᵉbròsh] *m.* turnspit ; roasting-jack. ‖ **tourne-disque** [-dìsk] *m.* record-player. ‖ **tournedos** [-ᵉdô] *m.* fillet steak. ‖ **tournée** [-é] *f.* round, turn, visit, journey, trip, tour ; circuit. ‖ **tourner** [-é] *v.* to turn ; to shape, to fashion ; to turn round, to revolve, to whirl, to twirl, to spin ; to wind ; to express ; to get round, to circumvent ; to outflank (mil.) ; to evade, to dodge ; to change, to cónvert ; to construe, to interpret ; to turn out, to result ; to tend ; to sour [vin] ; to curdle [lait] ; to shoot [film] ; *la tête me tourne,* I feel giddy ; *se tourner,* to turn round, to turn about ; to turn, to change. ‖ **tournesol** [-ᵉsòl] *m.* sunflower. ‖ **tournevis** [-vìs] *m.* screwdriver, turnscrew. ‖ **tourniquet** [-ìkè] *m.* turnstile, turnpike ; revolving stand ; swivel ; tourniquet. ‖ **tournoi**

[tûrnwà] *m.* tournament. ‖ **tournoyer** [-wàyé] *v.* to turn round and round, to whirl ; to spin ; to wheel ; to eddy, to swirl. ‖ **tournure** [-ür] *f.* turn, direction, course ; turning [tour] ; shape, form, figure ; cast [esprit, style] ; construction [phrase].

tourte [tûrt] *f.* pie ; duffer (fam.).

tourtereau [tûrtᵉrô] *m.** young turtle-dove ; lover. ‖ **tourterelle** [tûrtᵉrèl] *f.* turtle-dove.

tourtière [tûrtyèr] *f.* © meat-pie.

Toussaint [tûsⁱⁿ] *f.* All Saints' day ; *la veille de la Toussaint,* Hallowe'en.

tousser [tûsé] *v.* to cough ; to hem,

tout, toute [tû, tût] (*pl.* **tous, toutes**) [*tous* as a pronoun is pronounced tûs] *adj.* all ; whole, the whole of ; every ; each ; any ; *pron.* all, everything ; *m.* whole, lot ; main thing ; total (math.) ; *adv.* quite, entirely, thoroughly, very, wholly ; however ; *tous les deux,* both of them ; *tous les trois jours,* every third day ; *tout droit,* straight ahead ; *toutes les fois que,* whenever, each time that ; *toute la journée,* all day long ; *du tout,* not at all ; *du tout au tout,* utterly, entirely ; *tout nouveau,* quite new ; *tout neuf,* brand new ; *tout nu,* stark naked ; *tout fait,* ready-made ; *tout haut,* aloud ; *tout à fait,* entirely, completely, wholly, quite, altogether ; *tout à l'heure,* just now ; presently ; *à tout à l'heure !,* see you later ! ; *tout de même,* just the same, all the same ; *tout de suite,* at once, immediately, right away ; *tout au plus,* at the very most ; *tout en parlant,* while speaking ; **tout-à-l'égout,** sewage system. ‖ **toutefois** [tûtfwà] *adv.* however, yet, nevertheless.

toutou [tûtû] *m.* (fam.) doggie.

toux [tû] *f.* cough, coughing.

toxine [tòksîn] *f.* toxin. ‖ **toxique** [-ìk] *adj.* toxic ; *m.* poison.

trac [tràk] *m.* funk ; stage-fright.

tracas [tràkà] *m.* bother, worry, annoyance ; turmoil, bustle ; hoist-hole, *Am.* hoist-way. ‖ **tracasser** [-sé] *v.* to worry ; to fuss, to fidget.

trace [tràs] *f.* trace, track, mark ; footprint ; spoor, trail, scent ; clue ; vestige. ‖ **tracé** [-e] *m.* tracing ; sketching ; marking out, laying out ; outline, sketch, diagram, drawing ; graph, plotting [courbe]. ‖ **tracer** [-é] *v.* to trace, to draw, to sketch, to outline ; to lay out.

trachée [tràshé] *f.* trachea ; **trachée-artère,** windpipe.

tract [tràkt] *m.* tract, *Am.* drop.

tractation [tràktàsyòⁿ] *f.* bargaining ; negociation ; dealing ; deal.

tracteur [tràktœr] *m.* tractor, traction-engine. || **traction** [-syoⁿ] *f.* traction; pulling; *Br.* draught, *Am.* draft; motor traction.

tradition [tràdìsyoⁿ] *f.* tradition; custom. || **traditionnel** [-yònèl] *adj.* traditional.

traducteur, -trice [tràdüktœr, -trìs] *m., f.* translator. || **traduction** [-syoⁿ] *f.* translation; interpreting; crib, *Am.* pony [texte]. || **traduire** [tràdüïr] *v.* to translate; to interpret; to prosecute (jur.); to decode (radio).

trafic [tràfìk] *m.* traffic; trade; trading; dealings. || **trafiquant** [-aⁿ] *m.* trafficker, racketeer. || **trafiquer** [-é] *v.* to trade, to traffic, to deal.

tragédie [tràjédî] *f.* tragedy. || **tragédien** [-dyìⁿ] *m.* tragedian. || **tragédienne** [-dyèn] *f.* tragedienne. || **tragique** [tràjìk] *adj.* tragic, tragical; *m.* tragicness; tragic art.

trahir [tràïr] *v.* to betray; to deceive, to be false to; to disclose, to give away [secret]; to go back on, to fail, to play false. || **trahison** [-izoⁿ] *f.* betrayal, treachery, perfidy, foul play; treason (jur.).

train [trìⁿ] *m.* train; suite, attendants; pace, rate; way, course; noise, clatter; raft, float; railway-train; *train de marchandises, Br.* goods train, *Am.* freight train; *train de voyageurs,* passenger train; *train omnibus,* slow train, local train, *Am.* accommodation train; *train direct,* through-train, non-stop train; *train rapide,* fast express; *train de luxe,* Pullman-car express; *train d'atterrissage,* undercarriage; landing-gear (aviat.); *être en train de parler,* to be talking, to be busy talking; *mettre en train,* to start.

traînard [trènàr] *m.* loiterer, straggler, dawdler, laggard, *Am.* slowpoke (fam.). || **traîne** [trèn] *f.* dragging; drag [corde]; train [robe]; drag-net; rope's end (naut.); *à la traîne,* in tow, astern; *traîne sauvage,* © Indian toboggan. || **traineau** [-ô] *m.* sled, sledge, sleigh. || **traînée** [-é] *f.* trail, track; train [poudre]; air lag [bombe]; street-walker. || **traîner** [-é] *v.* to drag, to draw, to pull, to trail, to haul; to tow; to drag on, to drag out [existence]; to drawl [voix]; to protract, to spin out [discussion]; to trail, to draggle; to lag behind, to straggle; to linger, to loiter, to dawdle; to lie about, to litter; to flag, to droop, to languish; *traîner en longueur,* to drag on; *se traîner,* to crawl along, to creep; to lag; to hang heavy [temps].

traire [trèr] *v.* to milk [vache]; to draw [lait].

trait [trè] *m.* pulling; arrow, dart; stroke; streak, bar; trace [harnais]; leash [laisse]; draught, *Am.* draft;

gulp [liquide]; dash [tiret]; flash, beam [lumière]; idea, burst [éloquence]; cut [scie]; trait [caractère]; feature [visage]; characteristic touch; act, deed (fig.); relation, connection [rapport]; *tout d'un trait,* at one stretch; *d'un seul trait,* at one gulp; *trait d'esprit,* witticism, sally; *trait d'union,* hyphen.

traite [trèt] *f.* stage, stretch [voyage]; draft, bill (comm.); milking [lait]; *la traite des blanches,* white-slave traffic; *tout d'une traite,* at a stretch; straight off; at a sitting.

traité [trèté] *m.* treaty, compact, agreement; treatise. || **traitement** [-maⁿ] *m.* treatment; reception; salary, pay, stipend; *mauvais traitements,* ill-usage. || **traiter** [-é] *v.* to treat, to use, to behave towards; to deal by; to discuss, to handle, to discourse upon; to entertain, to receive; to qualify, to call, to style, to dub; to negotiate, to transact; to execute, to do. || **traiteur** [-œr] *m.* restaurant keeper.

traître, -esse [trètr, -ès] *m.* traitor; villain (theat.); *f.* traitress; *m., f.* treacherous person; *adj.* treacherous, false; vicious [animal]; dangerous. || **traîtrise** [-ìz] *f.* treachery; traitorous deed; treacherousness.

trajectoire [tràjèktwàr] *f.* trajectory.

trajet [tràjè] *m.* distance, way; passage, journey, voyage; course.

trame [tràm] *f.* web, weft, woof; plot, conspiracy. || **tramer** [-é] *v.* to weave; to plot, to contrive.

tramway [tràmwè] *m. Br.* tramway, tram; *Am.* streetcar, trolley car.

tranchant [traⁿshaⁿ] *adj.* cutting, sharp; decisive, sweeping; peremptory; salient; glaring [couleurs]; *m.* (cutting) edge. || **tranche** [traⁿsh] *f.* slice, chop; round [bœuf]; rasher [bacon]; edge [page]; block, portion [valeurs]; cross-section [vie]; period, series (math.); *doré sur tranche,* giltedged. || **tranchée** [-é] *f.* trench; entrenchment; *pl.* gripes, colic. || **trancher** [-é] *v.* to slice; to cut off, to sever, to chop off; to cut short, to break off; to settle, to solve [difficulté]; to contrast, to stand out [couleurs].

tranquille [traⁿkìl] *adj.* quiet, calm, still, serene; easy, undisturbed. || **tranquillisant** [-izaⁿ] *adj.* tranquillizing; *m.* tranquillizer. || **tranquilliser** [-ìzé] *v.* to tranquillize, to reassure, to soothe, to calm, to make easy. || **tranquillité** [-ìté] *f.* tranquillity.

transaction [traⁿzàksyoⁿ] *f.* transaction; compromise; *pl.* dealings.

transatlantique [traⁿzàtlaⁿtìk] *adj.* transatlantic; *m.* liner; deck-chair, steamer-chair.

transborder [traⁿsbòrdé] v. to transship; to transfer; to ferry. ‖ *transbordeur* [-œr] m. travel(l)ing-platform; transporter-bridge; aerial ferry [pont]; train-ferry [bac].

transcription [traⁿskrìpsyoⁿ] f. transcription; transcript. ‖ *transcrire* [traⁿskrîr] v.* to transcribe.

transe [traⁿs] f. trance; apprehension; mortal anxiety.

transférer [traⁿsféré] v. to transfer; to convey, to remove; to shift, to move, to postpone; to translate [évêque]; to assign (jur.). ‖ *transfert* [-fèr] m. transfer; removal (comm.).

transfigurer [traⁿsfigüré] v. to transfigure.

transformateur, -trice [traⁿsfòrmàtœr, -trìs] adj. transforming; m. transformer. ‖ *transformation* [-àsyoⁿ] f. transformation; conversion; wig, toupee. ‖ *transformer* [-é] v. to transform, to change, to alter, to convert.

transfusion [traⁿsfüzyoⁿ] f. transfusion.

transgresser [traⁿsgrèsé] v. to transgress, to trespass against, to break, to infringe against, to contravene. ‖ *transgresseur* [-œr] m. transgressor, trespasser.

transhumer [traⁿzümé] v. to transhume.

transiger [traⁿzìjé] v. to compound, to compromise, to come to terms.

transir [traⁿsîr] v. to chill, to benumb [froid]; to paralyze.

transistor [traⁿzìstòr] m. transistor.

transit [traⁿzìt] m. transit. ‖ *transitaire* [traⁿzìtèr] m. forwarding agent, transport agent.

transitif [traⁿzìtìf] adj.* transitive.

transition [traⁿzìsyoⁿ] f. transition; modulation (mus.). ‖ *transitoire* [-ìtwàr] adj. transitory.

translucide [traⁿslüsìd] adj. translucent.

transmettre [traⁿsmètr] v.* to transmit; to convey, to impart; to forward, to send on, to pass on; to relay; to hand down [héritage]; to transfer, to assign (jur.).

transmission [traⁿsmìsyoⁿ] f. transmission; transference, assignment (jur.); handing down.

transparaître [traⁿspàrètr] v.* to show through. ‖ *transparence* [traⁿspàraⁿs] f. transparency. ‖ *transparent* [-aⁿ] adj. transparent; pellucid.

transpercer [traⁿspèrsé] v. to transpierce, to transfix; to stab.

transpiration [traⁿspìràsyoⁿ] f. perspiration; transpiring. ‖ *transpirer* [-é] v. to perspire.

transplanter [traⁿsplaⁿté] v. to transplant.

transport [traⁿspòr] m. transport, removal; haulage, freight; carriage, conveyance; transfer; balance brought forward (comm.); troop-transport; rapture, ecstasy. ‖ *transporter* [-té] v. to transport, to convey, to remove, to carry; to transfer, to make over (jur.); to carry over (comm.); to enrapture, to ravish (fig.).

transposer [traⁿspôzé] v. to transpose; to transmute.

transvaser [traⁿsvàzé] v. to decant.

transversal [traⁿsvèrsàl] adj.* transversal, transverse; *rue transversale,* cross-street.

trapèze [tràpèz] m. trapeze; trapezium (geom.).

trappe [tràp] f. trap, pitfall [piège]. ‖ *trapper* [-é] v. © to trap, to hunt by trapping. ‖ *trappeur* [-œr] m. trapper.

trapu [tràpü] adj. thick-set, squat.

traquenard [tràknàr] m. trap; pitfall.

traquer [tràké] v. to beat up [gibier]; to track down [criminel].

traumatisme [trômàtìsm] m. traumatism.

travail [tràvày] m. (pl. *travaux*) work, labo(u)r; toil; industry; trouble; piece of work, task, job; workmanship; employment, occupation; working, operation; study; travail, childbirth; pl. works, constructions; transactions; proceedings; *travaux forcés,* hard labo(u)r; *travail en série,* mass production. ‖ *travailler* [-é] v. to work, to labo(u)r, to toil; to be industrious, to be at work; to fashion, to shape; to strive, to endeavo(u)r; to study, to take pains with; to cultivate, to till [terre]; to overwork, to fatigue; to torment, to obsess; to ferment [vin]; to knead [pâte]; to be strained [bateau]; to warp [bois]; to crack [mur]; to prey on [esprit]. ‖ *travailleur* [-œr] adj.* hard-working, diligent, industrious; painstaking; m. worker, workman, labo(u)rer, toiler. ‖ *travailliste* [-ìst] s. Labour member [député], member of the Labour Party.

travée [tràvé] f. bay; span [pont].

travers [tràvèr] m. breadth; defect; oddity, eccentricity; bad habit; broadside (naut.); *en travers,* across, athwart, crosswise; *au travers de, à travers,* through; *de travers,* askew, awry, amiss, askance. ‖ *traversée* [-sé] f. passage, crossing, voyage. ‖ *traverser* [-sé] v. to cross, to traverse; to go through, to pass through, to travel through; to run through [percer]; to lie across, to span; to intersect; to penetrate, to drench. ‖ **traversier** [-syé] *m.* cross-bar; © ferry-boat. ‖ **traversin** [-sⁱⁿ] *m.* bolster-pillow; transom; cross-tree (naut.).

travestir [tràvèstⁱr] *v.* to disguise.

trébucher [trébüshé] *v.* to stumble, to trip, to stagger, to totter, to slip; to blunder; to weigh down [monnaie].

trèfle [trèfl] *m.* clover, shamrock; trefoil; clubs [cartes].

tréfonds [tréfoⁿ] *m.* depth.

treille [trèy] *f.* vine-trellis.

treillis [trèyⁱ] *m.* trellis, lattice-work; coarse canvas, sackcloth.

treize [trèz] *m., adj.* thirteen; thirteenth [date, titre]. ‖ **treizième** [-yèm] *m., adj.* thirteenth.

tréma [trémà] *m.* dieresis.

tremble [traⁿbl] *m.* aspen. ‖ **tremblement** [-ᵉmaⁿ] *m.* trembling, shaking, shivering, shuddering, quivering, quaking; quavering; tremor; flickering [lumière]; quaver, tremolo (mus.); *tremblement de terre,* earthquake. ‖ **trembler** [-é] *v.* to tremble, to shake, to quake, to shiver. ‖ **trembloter** [-òté] *v.* to tremble slightly, to quiver; to quaver [voix]; to flicker [lumière]; to flutter [ailes].

trémolo [trémòlò] *m.* tremolo; quaver.

trémousser [trémûsé] *v.* to hustle; to flutter, to flap [ailes]; *se trémousser,* to frisk about.

trempe [traⁿp] *f.* temper [acier]; steeping; dipping; soaking; damping, wetting; character, stamp. ‖ **trempé** [-é] *adj.* wet, soaked, drenched, sopping. ‖ **tremper** [-é] *v.* to steep, to soak, to drench, to sop; to wet, to dampen; to temper [acier]; to water, to dilute [vin]; to imbrue; to dip, *Am.* to dunk. ‖ **trempette** [-èt] *f.* sippet [pain]; dip [bain].

tremplin [traⁿplⁱⁿ] *m.* springboard; diving-board; ski-jump.

trentaine [traⁿtèn] *f.* about thirty. ‖ **trente** [traⁿt] *m., adj.* thirty; thirtieth [date, titre]. ‖ **trentième** [-yèm] *m., f., adj.* thirtieth.

trépan [trépaⁿ] *m.* trepan, trephine. ‖ **trépaner** [-àné] *v.* to trepan.

trépas [trépà] *m.* death, decease. ‖ **trépasser** [trépàsé] *v.* to die.

trépidation [trépìdàsyoⁿ] *f.* vibration, trepidation, jarring; quaking; tremor [terre]; flurry.

trépigner [trépiñé] *v.* to stamp, to trample; to prance, to dance.

très [trè] *adv.* very; most; very much; quite; greatly, highly.

trésor [trézòr] *m.* treasure; treasury; riches; hoard; relics and ornaments [église]. ‖ **trésorerie** [-rî] *f.* treasury; *Br.* Exchequer. ‖ **trésorier** [-yé] *m.* treasurer; paymaster (mil.).

tressage [trèsàj] *m.* tressing, plaiting.

tressaillement [trèsàymaⁿ] *m.* start; shudder, quiver; flutter, disturbance; thrill; wince. ‖ **tressaillir** [-àyⁱr] *v.* to start, to give a start, to jump; to shudder, to quiver; to bound, to throb; to thrill; to wince.

tressauter [trèsôté] *v.* to start.

tresse [très] *f.* braid, tress; tape. ‖ **tresser** [-é] *v.* to weave, to braid, to plait; to wreathe.

tréteau [trétô] *m.** trestle; stage.

treuil [trœy] *m.* winch, windlass.

trêve [trèv] *f.* truce.

tri [trì] *m.* sorting; choosing.

triangle [trìaⁿgl] *m.* triangle.

tribord [trìbòr] *m.* starboard.

tribu [trìbü] *f.* tribe.

tribulation [trìbülàsyoⁿ] *f.* tribulation; trial, distress.

tribunal [trìbünàl] *m.** tribunal; court of justice, law-court; magistrates. ‖ **tribune** [-ün] *f.* tribune; rostrum, platform; gallery.

tribut [trìbü] *m.* tribute; contribution; tax; debt. ‖ **tributaire** [-tèr] *m., adj.* tributary.

tricher [trìshé] *v.* to cheat, to trick. ‖ **tricheur** [-œr] *m.* cheat, trickster, *Am.* four-flusher (fam.).

tricolore [trìkòlòr] *adj.* tricolour, tricoloured.

tricorne [trìkòrn] *m.* tricorn, three-cornered hat.

tricot [trìkô] *m.* knitting; knitted fabric; sweater, pullover, *Br.* jersey. ‖ **tricoter** [-òté] *v.* to knit.

trident [trìdaⁿ] *m.* trident; three-pronged pitchfork.

trier [trìyé] *v.* to sort (out), to screen; to classify, to arrange; to pick, to choose, to select. ‖ **trieuse** [trìyèz] *f.* sorting-machine; gin.

trifouiller [trìfûyé] *v.* (fam.) to fumble about; to meddle with.

trille [trìy] *m.* trill.

trimbaler [trⁱⁿbàlé] *v.* (fam.) to drag.

trimer [trìmé] *v.* to toil, to drudge.

trimestre [trìmèstr] *m.* quarter; three months; trimester; term, *Am.* session [école]; quarter's salary; quarter's rent. ‖ **trimestriel** [-ìyèl] *adj.** quarterly, trimestrial.

tringle [trⁱⁿgl] *f.* rod; curtain-rod.

trinquer [trĭⁿké] *v.* to clink glasses, to touch glasses; to hobnob with.

trio [trĭô] *m.* trio.

triomphal [trĭyoⁿfàl] *adj.** triumphal. || **triomphateur, -trice** [-àtœr, -trĭs] *adj.* triumphing; *m., f.* triumpher. || **triomphe** [trĭyoⁿf] *m.* triumph. || **triompher** [-é] *v.* to triumph; to overcome, to master; to excel; to exult, to glory; to boast.

tripe [trĭp] *f.* tripe; guts, entrails. || **triperie** [-rĭ] *f.* tripery. || **tripier** [-yé] *m.* tripe-dealer.

triple [trĭpl] *adj.* triple, treble, three-fold. || **triplé** [-é] *adj.* triplicate; *m.* triplet. || **tripler** [-é] *v.* to triple, to treble.

tripot [trĭpô] *m.* gambling-den, gaming-house; bawdy-house. || **tripotée** [-té] *f.* (fam.) thrashing [coups]; lots [tas]. || **tripoter** [-òté] *v.* to putter, to mess around, to fiddle about; to handle, to toy with, to finger, to manipulate, to paw; to meddle with; to tamper with; to gamble, to speculate in; to deal shadily. || **tripoteur** [-òtœr] *m.* intriguer; mischief-maker; shady speculator.

trique [trĭk] *f.* cudgel.

triste [trĭst] *adj.* sad, sorrowful, mournful, downcast, dejected, doleful; glum, blue, moping; woeful; woebegone [visage]; cheerless, gloomy; unfortunate, painful; mean, wretched, paltry. || **tristesse** [-ès] *f.* sadness, sorrow, gloom, melancholy; dullness.

trivial [trĭvyàl] *adj.** vulgar, low, coarse; trivial, trite, hackneyed. || **trivialité** [-ĭté] *f.* vulgarity.

troc [trŏk] *m.* exchange; barter; swop.

trogne [trŏñ] *f.* bloated face.

trognon [trŏñoⁿ] *m.* core; stump; stalk [chou]; (fam.) darling, pet.

trois [trwà] *m., adj.* three; third [titre, date]. || **troisième** [-zyèm] *m., f., adj.* third.

trombe [troⁿb] *f.* waterspout; whirlwind [vent].

trombone [troⁿbòn] *m.* trombone; paper-clip.

trompe [troⁿp] *f.* horn, trump; proboscis; probe [insecte]; trunk [éléphant]; blast-pump [forge].

tromper [troⁿpé] *v.* to deceive, to delude; to mislead; to cheat; to betray, to be unfaithful to [époux]; to elude [surveillance]; *se tromper,* to be mistaken, to be wrong, to make a mistake; to deceive one another; *se tromper de chemin,* to take the wrong road. || **tromperie** [-rĭ] *f.* deceit, deception, cheating; delusion.

trompeter [troⁿpété] *v.* to trumpet abroad; to sound the trumpet; to divulge; to scream [aigle]. || **trompette** [troⁿpèt] *f.* trumpet; *m.* trumpeter; *nez en trompette,* turned-up nose.

trompeur [troⁿpœr] *adj.** deceitful, delusive, misleading, deceptive.

tronc [troⁿ] *m.* trunk; bole, body, stem [arbre]; parent-stock [famille]; alms-box, poor box; frustum (geom.). || **tronçon** [-soⁿ] *m.* stub, stump, butt, fragment, broken piece; frustum [colonne].

trône [trôn] *m.* throne. || **trôner** [-é] *v.* to sit enthroned; to lord it.

tronquer [troⁿké] *v.* to truncate; to curtail; to mangle; to garble.

trop [trô] *adv.* too much, too many; too, over, overly, overmuch, unduly; too far, too long, too often; *m.* excess, superfluity; *de trop,* superfluous; unwelcome, unwanted; *trop-plein,* overflow, surplus.

trophée [trŏfé] *m.* trophy.

tropical [trŏpĭkàl] *adj.** tropical. || **tropique** [trŏpĭk] *m.* tropic.

troquer [trŏké] *v.* to exchange, to barter, to truck, *Br.* to swop, *Am.* to swap.

trot [trô] *m.* trot; *au petit trot,* at a jog-trot. || **trotte** [trŏt] *f.* (fam.) stretch, run, distance. || **trotter** [trŏté] *v.* to trot; to run about, to toddle [enfant]; to scamper [souris]. || **trotteur** [-tœr] *m.* trotter [cheval]. || **trottiner** [-ĭné] *v.* to trot short; to jog along; to trot about; to toddle [enfant]. || **trottinette** [-ĭnèt] *f.* scooter. || **trottoir** [-wàr] *m.* footway, footpath; pavement, *Am.* sidewalk; *bordure du trottoir, Br.* kerb, *Am.* curb.

trou [trû] *m.* hole; gap; cave, pothole; orifice, mouth; foramen (anat.); eye [aiguille]; *trou d'homme,* manhole; *trou d'air,* air-pocket; *boire comme un trou,* to drink like a fish, *Am.* to have a hollow leg.

trouble [trûbl] *adj.* turbid, roiled; muddy; murky; cloudy, overcast; dim, dull; confused; *m.* confusion, disorder, disturbance, turmoil, perturbation, uneasiness; turbidity, muddiness; dispute; *pl.* broils, dissensions, disorders, riots; *trouble-fête,* kill-joy, spoil-sport, wet-blanket. || **troubler** [-é] *v.* to disturb, to stir up, to make muddy, to cloud; to muddle; to disorder, to confuse; to agitate; to perplex, to upset, to disconcert; to mar; to ruffle, to annoy.

trouée [trûé] *f.* gap, breach; breakthrough. || **trouer** [-é] *v.* to bore, to pierce, to drill, to breach.

trouille [trûy] *f.* (pop.) funk, *Am.* scare.

troupe [trûp] *f.* troop, band ; crew, gang, set ; company, herd, flock, drove, throng ; *pl.* troops, forces. ‖ *troupeau* [-ô] *m.** herd, drove ; flock ; pack.

trousse [trûs] *f.* bundle ; truss ; package ; saddle-roll ; case, kit, pouch. ‖ *trousseau* [-ô] *m.** bunch ; kit ; outfit [vêtements] ; bride's trousseau. ‖ *trousser* [-é] *v.* to bundle up ; to tuck up ; to truss.

trouvaille [trûvày] *f.* discovery ; lucky find. ‖ *trouver* [-é] *v.* to find, to discover, to meet with, to hit upon ; to find out ; to invent ; to think, to deem, to judge, to consider ; *objets trouvés*, lost-and-found ; *enfant trouvé*, foundling ; *se trouver*, to be, to be found ; to be located, situated ; to feel ; to happen, to turn out, to prove ; to be met with, to exist ; *se trouver mal*, to feel ill, to swoon.

truc [trük] *m.* thing, gadget, whatnot, jigger, *Am.* gimmick (pop.) ; knack, hang, skill ; dodge, trick ; machinery (theat.) ; thingamajig.

trucage [trükàj] *m.* faking, counterfeit ; camouflage, dummy work ; trick picture [cinéma] ; gerrymandering [élection].

truelle [trüèl] *f.* trowel.

truffe [trüf] *f.* truffle (bot.) ; muzzle [chien].

truie [trüì] *f.* sow.

truite [trüìt] *f.* trout.

truquer [trüké] *v.* to fake ; to cook ; to gerrymander ; to cheat.

trust [trœst] *m.* trust. ‖ *truster* [-té] *v.* to monopolize ; to trust.

tu, toi, te [tü, twà, t°] *pers. pron.* you ; thou ; thee (obj.) ; *c'est à toi*, it is yours, it is thine.

tu *p. p. of* **taire.**

tub [tœb] *m.* tub ; (sponge-)bath.

tubage [tübàj] *m.* tubing. ‖ *tube* [tüb] *m.* tube, pipe.

tubercule [tübèrkül] *m.* tuber (bot.) ; tubercle (med.). ‖ *tuberculeux* [tübèrkülé] *adj.** tubercular (bot.) ; tuberculous (med.) ; *m.* consumptive. ‖ *tuberculose* [-ôz] *f.* tuberculosis, consumption.

tuer [tüé] *v.* to kill, to slay ; to slaughter, to butcher ; to bore to death ; to while away [temps] ; *se tuer*, to kill oneself, to commit suicide ; to be killed, to get killed ; to wear oneself out. ‖ *tuerie* [türî] *f.* slaughter, massacre.

tuile [tüìl] *f.* tile ; bad luck, *Am.* tough luck (pop.).

tulipe [tülîp] *f.* tulip ; tulip-shaped lamp-shade.

tulle [tül] *m.* tulle.

tuméfier [tüméfyé] *v.* to tumefy.

tumeur [-œr] *f.* tumo(u)r.

tumulte [tümült] *m.* tumult, hubbub, turmoil, uproar ; riot. ‖ *tumultueux* [-üé] *adj.** tumultuous, noisy ; riotous ; boisterous.

tunique [tünîk] *f.* tunic ; membrane.

tunnel [tünèl] *m.* tunnel.

tuque [tük] *f.* © tuque, stocking cap.

turban [türbaⁿ] *m.* turban.

turbine [türbîn] *f.* turbine. ‖ *turbiner* [-îné] *v.* (pop.) to swoot ; to slog, to grind.

turbulent [türbülaⁿ] *adj.* turbulent ; wild [enfants] ; stormy [vie].

turc, turque [türk] *adj.* Turkish ; *m.* Turkish language ; *m., f.* Turk ; *assis à la turque*, sitting cross-legged.

turf [türf] *m.* turf, racecourse. ‖ *turfiste* [-îst] *m.* race-goer.

turlupiner [türlüpiné] *v.* (fam.) to bother ; to worry.

turne [türn] *f.* (pop.) hovel ; digs ; den ; hole.

turpitude [türpìtüd] *f.* turpitude.

turque, *see* **turc.**

turquoise [türkwàz] *f.* turquoise.

tutelle [tütèl] *f.* tutelage, guardianship ; protection. ‖ *tuteur, -trice* [tütœr, -trîs] *m., f.* guardian ; *m.* prop [plante].

tutoyer [tütwàyé] *v.* to address as « *tu* » and « *toi* ».

tuyau [tüìyô] *m.** pipe, tube ; hose ; shaft, funnel ; chimney-flue ; stem [pipe], tip, pointer, hint (fam.) ; *avoir des tuyaux*, to be in the know (fam.) ; *tuyau d'échappement*, exhaust pipe [auto]. ‖ *tuyauter* [-té] *v.* to flute, to frill, to plait ; to give a tip-off to ; *tuyauter quelqu'un sur*, to put someone up to. ‖ *tuyauterie* [-trî] *f.* pipe system, pipage.

tympan [tiⁿpaⁿ] *m.* ear-drum.

type [tîp] *m.* type ; standard model ; symbol ; (fam.) fellow, chap, *Br.* bloke, *Am.* guy (pop).

typhoïde [tìfòìd] *f.* typhoid.

typhon [tifoⁿ] *m.* typhoon.

typhus [tìfüs] *m.* typhus.

typique [tìpîk] *adj.* typical.

typographie [tìpògràfî] *f.* typography.

tyran [tìraⁿ] *m.* tyrant. ‖ *tyrannie* [-ànî] *f.* tyranny. ‖ *tyrannique* [-ànîk] *adj.* tyrannical, despotic ; high-handed. ‖ *tyranniser* [-ànìzé] *v.* to tyrannize over, to oppress ; to bully.

U

ulcère [ülsèr] *m.* ulcer; sore. ‖ *ulcérer* [-éré] *v.* to ulcerate; to fester; to wound, to embitter, to gall.

ultérieur [ültéryœr] *adj.* ulterior, later; further.

ultimatum [ültìmàtòm] *m.* ultimatum. ‖ *ultime* [ültîm] *adj.* ultimate.

ultrason [ültràsoⁿ] *m.* ultra-sound; supersonic wave. ‖ *ultraviolet* [-vyòlè] *adj.** ultra-violet.

ululer [ülülé] *v.* to hoot, to tu-whoo; to ululate.

un, une [uⁿ, ün] *indef. art.* one; a, an (before a vowel); *adj., pron.* one; first; *un à un*, one by one; *les uns les autres*, one another; *les uns... les autres*, some... others; *l'un l'autre*, each other; *l'un et l'autre*, both; *l'un ou l'autre*, either.

unanime [ünànîm] *adj.* unanimous. ‖ *unanimité* [-ìmìté] *f.* unanimity; *à l'unanimité*, unanimously.

uni [üni] *adj.* united; harmonious (family); uniform; smooth, level, even; plain, all-over [couleur; dessin]. ‖ *unification* [-fìkàsyoⁿ] *f.* unification; merger (ind.). ‖ *unifier* [-fyé] *v.* to unify; to unite.

uniforme [ünìfòrm] *adj.* uniform; flat [tarif]; *m.* uniform; regimentals. ‖ *uniformiser* [-ìzé] *v.* to standardize, to make uniform. ‖ *uniformité* [-ìté] *f.* uniformity.

unilatéral [ünìlàtéràl] *adj.** unilateral; one-sided.

union [ünyoⁿ] *f.* union; junction, coalition, combination; blending [couleurs]; marriage; society, association; unity, concord, agreement; union-joint, coupling.

unique [ünìk] *adj.* only, sole, single; unique, unrivalled; *fils unique*, only son; *sens unique*, one-way; *prix unique*, one-price [magasin], *Am.* five-and-ten, dime store.

unir [ünîr] *v.* to unite, to join, to combine, to connect; to make one; to smooth; *s'unir*, to unite; to join forces (*à*, with); to marry.

unisson [ünìsoⁿ] *m.* unison, harmony; keeping (fig.).

unitaire [ünìtèr] *adj.* unitarian; unitary. ‖ *unité* [ünìté] *f.* unity.

univers [ünìvèr] *m.* universe. ‖ *universaliser* [-sàlìzé] *v.* to universalize. ‖ *universalité* [-sàlìté] *f.* universality. ‖ *universel* [-sèl] *adj.** universal.

universitaire [ünìvèrsìtèr] *adj.* university, academic; *m., f.* professor, Academic person. ‖ *université* [-é] *f.* university; *Am.* college.

uranium [ürànỳòm] *m.* uranium.

urbain [ürbiⁿ] *adj.* urban; town. ‖ *urbanisation* [ürbànìzàsyoⁿ] *f.* town-development. ‖ *urbaniser* [-ìzé] *v.* to urbanize; to polish up (fam.). ‖ *urbanisme* [-ìsm] *m.* town-planning, city-planning. ‖ *urbaniste* [-ìst] *s.* town-planner. ‖ *urbanité* [ürbànìté] *f.* urbanity.

urée [üré] *f.* urea. ‖ *urémie* [-émì] *f.* uraemia.

urgence [ürjaⁿs] *f.* urgency; emergency; pressure; *d'urgence*, immediately. ‖ *urgent* [-aⁿ] *adj.* urgent, pressing; instant; *cas urgent*, emergency.

urinaire [ürìnèr] *adj.* urinary. ‖ *urine* [ürìn] *f.* urine. ‖ *uriner* [-ìné] *v.* to urinate.

urne [ürn] *f.* urn, vessel; ballot-box.

urticaire [ürtìkèr] *f.* hives; nettle-rash.

usage [üzàj] *m.* use, using, employment; usage, habit, practice, wont; experience; service, every-day use; wear, wearing-out [vêtements]; *usage externe*, external application; *faire de l'usage*, to wear well. ‖ *usagé* [-é] *adj.* worn. ‖ *usager* [-é] *m.* user; commoner; *usagers du métro*, tube-travellers, *Am.* subway-riders.

usé [üzé] *adj.* worn out; shabby, threadbare [vêtement]; frayed [corde]; commonplace. ‖ *user* [-é] *v.* to use up, to consume; to abrade; to wear out, to wear down; *user de*, to use, to make use of, to avail oneself of; to resort to; *s'user*, to wear away, to wear down; to wear oneself out; to be used; to decay, to be spent.

usinage [üzìnàj] *m.* machining, manufacturing. ‖ *usine* [üzìn] *f.* (manu-)factory, works, plant; mills [textiles, papier]. ‖ *usiner* [-é] *v.* to machine, to tool. ‖ *usinier* [-yé] *m.* manufacturer; mill-owner.

usité [üzìté] *adj.* used, usual.

ustensile [üstaⁿsìl] *m.* utensil.

usuel [üzüèl] *adj.** usual, common.

usure [üzür] *f.* usury; wearing out; wear and tear; wearing away, erosion (geol.); *guerre d'usure*, war of attrition. ‖ *usurier* [-yé] *m.* usurer; money-lender.

usurpateur, -trice [üzürpàtœr, -trìs] *m.* usurper, *f.* usurpress; *adj.* usurping; arrogating; encroaching. ‖ *usurpation* [-àsyoⁿ] *f.* usurpation; arrogation; encroaching, encroachment. ‖ *usurper* [-é] *v.* to usurp; to arrogate; to encroach.

utérin [ütéri[n]] *adj.* uterine. ‖ *utérus* [-rüs] *m.* uterus.

utile [ütìl] *adj.* useful, serviceable, of use, convenient; expedient, beneficial; *m.* what is useful; *en temps utile,* in due time. ‖ *utilisable* [-ìzàbl] *adj.* utilizable. ‖ *utilisation* [-ìzàsyo[n]] *f.* utilization, use; utilizing. ‖ *utiliser* [-ìzé] *v.* to utilize, to use; to make use of. ‖ *utilitaire* [-ìtèr] *adj.* utilitarian; commercial; utility. ‖ *utilitarisme* [-ìtàrìsm] *m.* utilitarianism. ‖ *utilité* [-ìté] *f.* utility, usefulness; useful purpose; service, avail; utility-man (theat.).

utopie [ütòpî] *f.* utopia. ‖ *utopiste* [-ìst] *s.* utopian.

V

va, *see* **aller.**

vacance [vàka[n]s] *f.* vacancy; *Br.* abeyance; *Am.* opening [poste]; *pl.* vacation, holidays; recess [parlement]; *grandes vacances,* summer vacation. ‖ *vacant* [-a[n]] *adj.* vacant, unoccupied; tenantless.

vacarme [vàkàrm] *m.* uproar, din.

vaccin [vàksi[n]] *m.* vaccine. ‖ *vaccination* [-ìnàsyo[n]] *f.* vaccination; *Am.* shot. ‖ *vacciner* [-ìné] *v.* to vaccinate.

vache [vàsh] *f.* cow; cow-hide. ‖ *vacher* [-é] *m.* cowherd.

vacillant [vàsìya[n]] *adj.* unsteady, shaky; wobbly, staggering [pas]; flickering [lumière]; vacillating [esprit]. ‖ *vaciller* [-ìyé] *v.* to be unsteady, to shake; to wobble; to sway; to stagger, to totter, to reel, to lurch [tituber]; to flicker; to twinkle [étoile]; to vacillate; to hesitate; to be shaky; to waver.

vadrouiller [vàdrûyé] *v.* (fam.) to gad about; to pub-crawl; to wander about.

vagabond [vàgàbo[n]] *m.* vagabond, wanderer, vagrant; tramp, *Am.* hobo, bum; *adj.* roving; flighty, wayward. ‖ *vagabondage* [-dàj] *m.* vagabondage, vagrancy. ‖ *vagabonder* [-dé] *v.* to roam, to rove; to wander.

vagin [vàji[n]] *m.* vagina. ‖ *vaginite* [-ìt] *f.* vaginitis.

vagir [vàjîr] *v.* to wail. ‖ *vagissement* [vàjìsma[n]] *m.* wailing; squeaking [lièvre].

vague [vàg] *adj.* vague, indefinite; hazy; indeterminate, indecisive; rambling; vacant, uncultivated [terrain]; *m.* vagueness.

vague [vàg] *f.* wave, billow.

vaguemestre [vàgmèstr] *m.* baggage-master (mil.); army postman; navy postman.

vaillance [vàya[n]s] *f.* valo(u)r. ‖ *vaillant* [vàya[n]] *adj.* valiant.

vain [vi[n]] *adj.* vain, fruitless, sham; shadowy; idle, frivolous; vainglorious; *en vain,* vainly, in vain.

vaincre [vi[n]kr] *v.** to conquer, to vanquish, to beat, to win; to defeat, to overcome, to worst, to outdo; to master, to surmount [difficulté]. ‖ *vaincu* [vi[n]kü] *adj.* conquered, beaten. ‖ *vainqueur* [-œr] *adj. inv.* triumphant; victorious; *m.* vanquisher, conqueror, winner.

vairon [vèro[n]] *m.* minnow [poisson].

vaisseau [vèsô] *m.** vessel; ship; nave [église]; *brûler ses vaisseaux,* to burn one's boats.

vaisselle [vèsèl] *f.* table service; tableware; flatware plates and dishes, china; earthenware, crockery [faïence]; *faire la vaisselle,* to wash up, *Am.* to wash the dishes.

val [vàl] *m.* vale, dale.

valable [vàlàbl] *adj.* valid, good; worthwhile; cogent [raison]; available, valid [billet].

valet [vàlè] *m.* valet, (man-)servant, footman; varlet; groom [écurie]; farmhand [ferme]; hireling, knave, jack [cartes]; claw (techn.).

valétudinaire [vàlétüdìnèr] *adj.* valetudinary; *s.* valetudinarian.

valeur [vàlœr] *f.* value, worth; weight; import, meaning; length of note (mus.); valo(u)r, bravery; asset; *pl.* bills, paper, stocks, shares, securities; *mettre en valeur,* to emphasize; to enhance; to reclaim [terre]. ‖ *valeureux* [-ë] *adj.** valiant, valorous.

valide [vàlîd] *adj.* valid; good; sound, cogent; able-bodied, fit for service (mil.). ‖ *valider* [-é] *v.* to validate; to ratify; to authenticate. ‖ *validité* [-ìté] *f.* validity, availability (jur.); cogency.

valise [vàlîz] *f.* valise, portmanteau; suitcase; grip; *valise diplomatique,* embassy dispatch-bag.

vallée [vàlé] *f.* valley. ‖ *vallon* [-o[n]] *m.* dale, dell, vale; *Br.* glen. ‖ *vallonné* [vàlòné] *adj.* undulating.

valoir [vàlwàr] *v.** to be worth; to cost; to be equal to, to be as good as; to deserve; to procure, to furnish; *à valoir,* on account; *cela vaut la peine,* that is worthwhile; *valoir mieux,* to be better; *faire valoir,* to make the most of, to turn to account.

valse [vàls] *f.* waltz. ‖ *valser* [-é] *v.* to waltz.

valve [vàlv] *f.* valve.

vamp [vaⁿp] *f.* vamp.

vampire [vaⁿpîr] *m.* vampire; bloodsucker (fam.). ‖ *vampirisme* [-ìrìsm] *m.* vampirism; blood-sucking.

van [vaⁿ] *m.* winnowing-basket.

vandale [vaⁿdàl] *m.* vandal. ‖ *vandalisme* [-ìsm] *m.* vandalism.

vanille [vànîy] *f.* vanilla.

vanité [vànìté] *f.* vanity, conceit, self-sufficiency; futility, emptiness; *tirer vanité de,* to be vain of. ‖ *vaniteux* [-ë] *adj.** vain, conceited, stuck-up.

vanne [vàn] *f.* water-gate.

vanneau [vànô] *m.** lapwing.

vanner [vàné] *v.* to winnow, to fan, to sift [grain]; to van [minerai].

vannerie [vànrî] *f.* basket-making.

vantard [vaⁿtàr] *m.* bragger, braggart, boaster, vaunter, swaggerer, *Am.* blow-hard (pop.); *adj.* boasting, boastful. ‖ *vantardise* [-dîz] *f.* boasting, bragging, swaggering; braggadocio. ‖ *vanter* [-é] *v.* to vaunt, to extol; to advocate, to cry up, to boost, to puff, to push; *se vanter,* to boast, to brag.

vapeur [vàpœr] *f.* vapo(u)r; steam; haze, fume; *m.* steamer, steamship; *machine à vapeur,* steam-engine. ‖ *vaporeux* [vàpòrë] *adj.** vaporous, misty; steamy; filmy, hazy; nebulous. ‖ *vaporisateur* [-ìzàtœr] *m.* vaporizer; atomizer; sprayer; evaporator. ‖ *vaporiser* [-ìzé] *v.* to vaporize; to spray.

vaquer [vàké] *v.* to be vacant [situation]; to be on vacation [école]; to be recessed [parlement]; *vaquer à,* to attend to; to go about [affaires].

varech [vàrèk] *m.* seaweed, wrack.

vareuse [vàrëz] *f.* pea-jacket, pilot-jacket; jersey; jumper [marin]; *Am.* blouse (mil.).

variable [vàryàbl] *adj.* variable; changeable, unsteady; fickle, inconstant; unequal [pouls]; *f.* variable (math.). ‖ *variante* [-yaⁿt] *f.* variant [texte]; pickles (comm.). ‖ *variation* [-yàsyoⁿ] *f.* variation.

varice [vàrìs] *f.* varix. ‖ *varicelle* [-èl] *f.* chicken-pox.

varié [vàryé] *adj.* varied; various, sundry; variegated; miscellaneous. ‖ *varier* [-yé] *v.* to vary; to variegate; to diversify; to fluctuate (fin.); to disagree, to differ [opinions]. ‖ *variété* [-yété] *f.* variety; diversity; variedness; choice.

variole [vàryòl] *f.* smallpox.

variqueux [vàrìkë] *adj.** varicose.

varlope [vàrlòp] *f.* trying-plane.

vasculaire [vàskülèr] *adj.* vascular.

vase [vâz] *m.* vase.

vase [vâz] *f.* silt, slime, mire, ooze.

vaseline [vàzlîn] *f.* vaseline, *Am.* petroleum jelly, petrolatum.

vasistas [vàzìstàs] *m.* fanlight, *Am.* transom; casement window.

vasque [vàsk] *f.* bassin; bowl.

vassal [vàsàl] *m.** vassal.

vaste [vàst] *adj.* vast, wide.

vaticiner [vàtìsìné] *v.* to vaticinate.

vaudeville [vôdvìl] *m.* vaudeville.

vaurien [vôryiⁿ] *m.* good-for-nothing, ne'er-do-well.

vautour [vôtûr] *m.* vulture.

vautrer (se) [sᵉvôtré] *v.* to wallow, to welter; to sprawl; to revel (fig.).

veau [vô] *m.** calf [animal]; veal [viande]; calfskin [cuir].

vécu [vékü] *adj.* [*see* vivre] lived; authentic; realistic; real.

vedette [vᵉdèt] *f.* vedette; patrol boat, scout [bateau]; star, leading-man, leading lady (theat.).

végétal [véjétàl] *adj.** vegetable; *m.** plant. ‖ *végétarien* [-tàryiⁿ] *adj.**, *m.* vegetarian. ‖ *végétation* [-àsyoⁿ] *f.* vegetation; *pl.* adenoids (med.). ‖ *végéter* [-é] *v.* to vegetate.

véhémence [véémaⁿs] *f.* vehemence. ‖ *véhément* [-aⁿ] *adj.* vehement.

véhicule [véìkül] *m.* vehicle; medium (pharm.). ‖ *véhiculer* [-é] *v.* to convey.

veille [vèy] *f.* watching, vigil; waking; sleeplessness; sitting up, staying up [nuit]; night watch (mil.); look-out (naut.); eve. ‖ *veillée* [-é] *f.* evening; night attendance [malade]; watching, *Am.* wake [mort]; sitting up. ‖ *veiller* [-é] *v.* to sit up, to stay up, to keep awake; to watch, to be on the look-out (mil.; naut.); to watch over, to look after, to tend, to attend to [malade]; to watch, to wake [mort]; *veiller à,* to see to, to look after. ‖ *veilleur* [-œr] *m.* watcher; *veilleur de nuit,* night-watchman. ‖ *veilleuse* [-ëz] *f.* night-light; dimmer-bulb [auto]; *mettre en veilleuse,* to dim [auto].

veinard [vènàr] *adj.* lucky; *m.* lucky person. ‖ *veine* [vèn] *f.* vein; seam, lode [mine]; humo(u)r, luck. ‖ *veiner* [-é] *v.* to vein; to grain. ‖ *veineux* [-ë] *adj.** veiny; venous. ‖ *veinule* [-ül] *f.* veinlet, veinule. ‖ *veinure* [-ür] *f.* veining.

vélaire [vélèr] *adj.* velar; back; uvular; *f.* back consonant, back vowel.

vêler [vèlé] *v.* to calve.

vélin [véliⁿ] *m.* vellum.

velléité [vèllèité] *f.* inclination, whim, slight impulse.

vélo [vélò] *m.* (fam.) bike, cycle. ‖ **vélocité** [vélòsìté] *f.* velocity. ‖ **vélodrome** [-òdròm] *m.* velodrome. ‖ **vélomoteur** [-mòtœr] *m.* motor-assisted bicycle; moped (fam.).

velours [velûr] *m.* velvet; *velours côtelé*, corduroy; *velours de coton*, velveteen; *velours de laine*, velours. ‖ **velouté** [-ûté] *adj.* velvety; downy [joue, pêche]; mellow [vin].

velu [velü] *adj.* hairy, shaggy.

venaison [venèzoⁿ] *f.* venison.

vénal [vénàl] *adj.** venal.

vendange [vaⁿdaⁿj] *f.* vintage, grape-gathering; vine-harvest; *pl.* grapes. ‖ **vendanger** [-é] *v.* to harvest grapes. ‖ **vendangeur** [-œr] *m.* vintager; wine-harvester.

vendeur [vaⁿdœr] *m.* seller, vendor; salesman, dealer, salesclerk, *Br.* shopman, *Am.* storeclerk. ‖ **vendeuse** [-êz] *f.* salesgirl, saleswoman. ‖ **vendre** [vaⁿdr] *v.* to sell; to barter; to betray, to give away (fig.); *à vendre*, for sale; *se vendre*, to sell, to be sold.

vendredi [vaⁿdredì] *m.* Friday; *vendredi saint*, Good Friday.

vénéneux [vénéné] *adj.** poisonous.

vénérable [vénéràbl] *adj.* venerable. ‖ **vénération** [-àsyoⁿ] *f.* veneration. ‖ **vénérer** [-é] *v.* to venerate.

vénerie [vénrî] *f.* venery; hunting.

vénérien [vénéryⁱⁿ] *adj.** venereal.

veneur [venœr] *m.* huntsman.

vengeance [vaⁿjaⁿs] *f.* revenge; vengeance. ‖ **venger** [-é] *v.* to avenge; *se venger*, to revenge oneself; *se venger de*, to get revenge on. ‖ **vengeur, -eresse** [-œr, -rès] *m., f.* avenger, revenger; *adj.* avenging; vindictive.

véniel [vényèl] *adj.** venial.

venimeux [venìmé] *adj.** venomous; poisonous; malignant. ‖ **venin** [-ⁱⁿ] *m.* venom; poison; malice.

venir [venîr] *v.** to come, to be coming; to arrive; to reach; to occur, to happen; to grow; to issue, to proceed; to be descended; *je viens de voir*, I have just seen; *venir chercher*, to call for, to come and get; *faire venir*, to send for.

vent [vaⁿ] *m.* wind; scent [vénerie]; windage (artill.); emptiness (fig.); *sous le vent*, to leeward; *avoir vent de*, to get wind of.

vente [vaⁿt] *f.* sale; selling; *vente aux enchères*, auction.

ventilateur [vaⁿtìlàtœr] *m.* ventilator, fan, blower. ‖ **ventilation** [-àsyoⁿ] *f.* ventilation, airing; separate valuation (jur.); apportionment (comm.).

ventouse [vaⁿtûz] *f.* cupping(-glass); air-hole; nozzle [aspirateur]; sucker [sangsue]; air-scuttle (naut.); *appliquer des ventouses*, to cup.

ventre [vaⁿtr] *m.* abdomen, belly; stomach, paunch, tummy (fam.); womb; bowels, insides; *à plat ventre*, prone. ‖ **ventricule** [-ìkül] *m.* ventricle. ‖ **ventriloque** [-ìlòk] *adj.* ventriloquous; *s.* ventriloquist. ‖ **ventru** [-ü] *adj.* paunchy, big-bellied.

venu [venü] *adj.* come; *bienvenu*, welcome; *mal venu*, unwelcome, ill-received; *le premier venu*, the first comer, anybody; *nouveau venu*, newcomer. ‖ **venue** [-ü] *f.* coming, arrival, advent; growth; *allées et venues*, goings and comings.

vêpres [vèpr] *f. pl.* vespers; even-song.

ver [vèr] *m.* worm; maggot, mite; grub, larva; moth; *ver luisant*, glow-worm; *ver solitaire*, tape-worm; *ver à soie*, silk-worm.

véracité [véràsìté] *f.* truthfulness; veracity; accuracy.

véranda [véràndà] *f.* verandah.

verbal [vèrbàl] *adj.** verbal; oral. ‖ **verbaliser** [-ìzé] *v.* to minute; to draw up an official report. ‖ **verbe** [vèrb] *m.* verb; *avoir le verbe haut*, to be loud-mouthed, dictatorial. ‖ **verbeux** [-ë] *adj.** wordy, verbose, long-winded, prolix. ‖ **verbiage** [-yàj] *m.* wordiness, verbosity. ‖ **verbosité** [-òzìté] *f.* verbosity, long-windedness.

verdâtre [vèrdâtr] *adj.* greenish. ‖ **verdeur** [-œr] *f.* greenness; viridity; sap [bois]; vitality; tartness, acidity; acrimony; freedom, licentiousness.

verdict [vèrdìkt] *m.* verdict.

verdir [vèrdîr] *v.* to grow green; to colo(u)r green; to become covered with verdigris [cuivre]. ‖ **verdoyant** [-wàyaⁿ] *adj.* verdant; greenish. ‖ **verdure** [-ür] *f.* verdancy, verdure, greenery, foliage; greens; pot-herbs.

véreux [véré] *adj.** wormy, maggoty, worm-eaten; rotten; suspicious; shaky; bogus, *Am.* phony.

verge [vèrj] *f.* rod, wand, switch; staff; penis; sway; © yard, yardstick.

verger [vèrjé] *m.* orchard.

vergeté [vèrjeté] *adj.* streaky.

verglacé [vèrglàsé] *adj.* slippery, icy. ‖ **verglas** [-glà] *m.* glazed frost.

vergogne [vèrgòñ] *f.* shame.

vergue [vèrg] *f.* yard (naut.).

véridique [vérìdìk] *adj.* veracious.

vérificateur [vérìfìkàtœr] *m.* verifier, inspector, checker, tester, comptroller; auditor; gauge, calipers. ‖ **vérification** [-ìkàsyoⁿ] *f.* verification;

inspection, checking, testing; auditing; surveying; probate (jur.). || **vérifier** [-yé] v. to verify; to inspect, to check, to test; to overhaul (mech.); to audit; to scrutinize [suffrages].

véritable [vérìtàbl] *adj.* veritable, true, real, actual, genuine, authentic; veracious; staunch, thorough, downright. || **vérité** [-é] *f.* truth, verity; fact; truthfulness, sincerity; *en vérité,* truly, really.

verjus [vèrjü] *m.* verjuice.

vermeil [vèrmèy] *adj.* ruby; rosy; *m.* silver-gilt.

vermicelle [vèrmìsèl] *m.* vermicelli.

vermine [vèrmîn] *f.* vermin; rabble.

vermisseau [vèrmìsò] *m.** small worm, grub.

vermoulu [vèrmûlü] *adj.* worm-eaten.

vermouth [vèrmût] *m.* vermouth.

verni [vèrnì] *adj.* varnished; glazed; patent [cuir]; *toile vernie,* oilskin. || **vernir** [vèrnîr] *v.* to varnish; to polish; to japan; to glaze [céramique]. || **vernis** [-ì] *m.* varnish, polish, gloss; glaze, glazing. || **vernissage** [-ìsàj] *m.* varnishing; glazing; varnishing-day. || **vernisser** [-ìsé] *v.* to glaze. || **vernisseur** [-ìsœr] *m.* varnisher, polisher.

vérole [véròl] *f.* smallpox.

verrat [vèrà] *m.* boar.

verre [vèr] *m.* glass; lens [lentille]; crystal [montre]; *verre de vin,* glass of wine; *verre à vin,* wine-glass; *verre à pied,* stemmed glass; *toile vernie,* oilskin; liqueur glass, pony (pop.); *verre à vitre,* sheet-glass; *verre de sûreté,* safety-glass; *verre pilé,* ground glass. || **verrerie** [-rî] *f.* glassmaking; glassworks; glass-ware. || **verrière** [-yèr] *f.* glass casing; stained glass window. || **verroterie** [-òtrî] *f.* glass trinkets; glass beads, bugle beads.

verrou [vèrû] *m.* bolt, bar; lock. || **verrouiller** [-yé] *v.* to bolt, to lock.

verrue [vèrü] *f.* wart.

vers [vèr] *m.* verse, line.

vers [vèr] *prep.* toward(s), to; about.

versant [vèrsaⁿ] *m.* slope, versant.

versatile [vèrsàtìl] *adj.* changeable, fickle; variable; versatile (bot.). || **versatilité** [-ìté] *f.* fickleness, inconstancy, changeableness.

versé [vèrsé] *adj.* (well) versed, conversant, practised, experienced; poured; paid. || **versement** [-°maⁿ] *m.* payment; deposit; instalment; pouring; spilling, shedding; issue (mil.). || **verser** [-é] *v.* to pour [liquide]; to discharge; to spill, to shed [sang, larmes]; to pay in, to deposit [argent]; to upset [voiture]; to issue (mil.).

verset [vèrsè] *m.* verse.

version [vèrsyoⁿ] *f.* version.

vert [vèr] *adj.* green; verdant, grassy; sharp, harsh; tart; fresh, raw; unripe, sour; smutty, off-colo(u)r [histoire]; vigorous, robust, hale; sharp [réplique]; *m.* green, green colo(u)r, grass; food; tartness; putting-green [golf].

vertébral [vèrtébràl] *adj.** vertebral; *colonne vertébrale,* spinal column. || **vertèbre** [vèrtèbr] *f.* vertebra.

vertical [vèrtìkàl] *adj.** vertical.

vertige [vèrtìj] *m.* dizziness, vertigo, giddiness; bewilderment; intoxication (fig.); *avoir le vertige,* to feel dizzy. || **vertigineux** [-ìnë] *adj.** vertiginous, dizzy, giddy.

vertu [vèrtü] *f.* virtue; chastity; faculty; efficacy; *en vertu de,* by virtue of. || **vertueux** [-ë] *adj.** virtuous.

verve [vèrv] *f.* verve, zest, spirits.

verveine [vèrvèn] *f.* vervain, verbena.

vésicule [vézìkül] *f.* vesicle; *vésicule biliaire,* gall-bladder.

vespasienne [vèspàzyèn] *f.* street urinal.

vespéral [vèspéràl] *adj.** vespertine.

vessie [vèsì] *f.* bladder.

veste [vèst] *f.* jacket. || **vestiaire** [-yèr] *m.* cloakroom, *Am.* checkroom (theatr.); wardrobe-room, *Am.* coatroom [école]; hat-and-coat rack [meuble]; hat and coat, things [objets].

vestibule [vèstìbül] *m.* vestibule.

vestige [vèstìj] *m.* trace; remains.

vestimentaire [vèstìmaⁿtèr] *adj.* vestimentary.

veston [vèstoⁿ] *m.* man's jacket; lounge-coat; *veston d'intérieur,* smoking-jacket; *complet veston,* lounge suit, *Am.* business suit.

vêtement [vètmaⁿ] *m.* garment; vestment (eccles.); vesture, raiment [poésie]; cloak, disguise (fig.); *pl.* clothes, clothing, dress, apparel, attire; garb; weeds [deuil].

vétéran [vétéraⁿ] *m.* veteran; old hand; older boy.

vétérinaire [vétérìnèr] *adj.* veterinary; *m.* veterinarian.

vêtir [vètìr] *v.** to clothe, to dress; to put on, to don; *se vêtir,* to get dressed, to dress (oneself); to put on. || **vêtu** [-ü] *p. p.* of **vêtir**.

vétuste [vétüst] *adj.* decrepit, decayed; worn-out.

veuf, veuve [vœf, vœv] *m.* widower; *f.* widow; *adj.* widowed; bereft.

veuillez, see **vouloir.**

veule [vœl] *adj.* flabby; cowardly; toneless [voix]; flat [existence].

veuvage [vœvàj] *m.* widowhood, widowerhood, widowed state. ‖ *veuve, see* **veuf.**

vexant [vèksaⁿ] *adj.* vexing, provoking. ‖ **vexation** [vèksàsyoⁿ] *f.* vexation; annoyance, irritation; harassment, plaguing; molestation. ‖ **vexatoire** [-sàtwàr] *adj.* vexatious. ‖ **vexer** [-é] *v.* to vex; to annoy, to provoke, to irritate, to molest; to harass, to plague; *se vexer,* to get vexed, to be chagrined.

viable [vyàbl] *adj.* viable; durable; feasible.

viaduc [vyàdük] *m.* viaduct.

viager [vyàjé] *adj.** for life; *m.* life interest; *rente viagère,* life annuity; *en viager,* at life interest.

viande [vyaⁿd] *f.* meat; flesh.

viatique [vyàtìk] *m.* viaticum; provisions (fam.).

vibrant [vìbraⁿ] *adj.* vibrating, vibrant; resonant; ringing, quivering [voix]; rousing, stirring [discours]. ‖ *vibration* [-àsyoⁿ] *f.* vibration; fluttering (aviat.). ‖ *vibratoire* [-àtwàr] *adj.* vibratory; oscillatory. ‖ *vibrer* [-é] *v.* to vibrate; to tingle.

vicaire [vikèr] *m.* curate.

vice [vîs] *m.* vice; sin, blemish.

vice-président [vìsprézìdaⁿ] *m.* vice-chairman; vice-president.

vicier [vìsyé] *v.* to vitiate, to pollute; to invalidate [contrat]. ‖ *vicieux* [-yë] *adj.** vicious; defective, faulty; tricky, restive [cheval]; *usage vicieux,* wrong use; *m.* vicious person.

vicinal [vìsìnàl] *adj.** parochial; local.

vicissitude [vìsìsìtüd] *f.* vicissitude; *pl.* ups and downs.

vicomte [vìkoⁿt] *m.* viscount. ‖ *vicomtesse* [-tès] *f.* viscountess.

victime [vìktîm] *f.* victim; casualty.

victoire [vìktwàr] *f.* victory. ‖ *victorieux* [-òryè] *adj.** victorious.

victuailles [vìktüày] *f. pl.* victuals.

vidange [vìdaⁿj] *f.* cleaning out; ullage; draining. ‖ *vidanger* [-é] *v.* to clean out; to drain. ‖ *vidangeur* [-œr] *m.* nightman.

vide [vîd] *adj.* empty; void, vacant, unoccupied; devoid, destitute; *m.* void, vacuum; blank, empty space; gap, cavity, chasm, hole; emptiness, vanity; *à vide,* empty; *vide-poches,* tray, tidy; work-basket. ‖ *vider* [-é] *v.* to empty; to void; to drain, to draw off; to clear out; to bore, to hollow out; to vacate; to eviscerate; to draw [volaille]; to clean, to gut [poisson]; to core [pomme]; to stone [fruit]; to

bail [eau]; to adjust, to settle [querelle, comptes]; to decide, to end [querelle]; to exhaust [esprit].

vie [vî] *f.* life; lifetime; existence, days; vitality; livelihood, living; food, subsistence; profession, way of life; spirit, animation, noise; biography, memoir; *en vie,* alive; *gagner sa vie,* to earn one's living.

vieil, *see* **vieux.** ‖ *vieillard* [vyèyàr] *m.* old man, oldster, old fellow, greybeard; *pl.* the aged, old people. ‖ *vieillerie* [vyèyrî] *f.* old stuff; *pl.* old rubbish; outworn ideas. ‖ *vieillesse* [vyèyès] *f.* oldness; old age. ‖ *vieillir* [vyèyîr] *v.* to age, to grow old; to become obsolete *or* antiquated. ‖ *vieillot* [-ô] *adj.* oldish; wizened [visage]; old-fashioned [idée].

vierge [vyèrj] *f.* virgin, maiden, maid; *adj.* virgin(al), pure; untrodden, unwrought; blank [page]; unexposed (phot.); untarnished [réputation].

vieux, vieille [vyë, vyèy] (*vieil, m.,* before a vowel or a mute *h*), *adj.* old, aged, advanced in years, elderly; ancient, venerable; old-fashioned, old-style [mode]; obsolete; veteran; *m.* old man, oldster, old fellow; *f.* old woman, old lady; *vieille fille,* old maid, spinster.

vif, vive [vìf, vîv] *adj.* alive, live, living; fast, quick; lively, brisk, sprightly; ardent, eager, hasty; hot [feu]; bracing [air]; sharp, smart, alert [esprit]; sparkling [œil]; keen [plaisir]; violent [douleur]; bright, intense, vivid [couleurs]; mettlesome [cheval]; biting, piercing [froid]; *m.* quick; living person; *de vive voix,* by word of mouth, orally; *vif-argent,* quick-silver, mercury.

vigie [vìjî] *f.* lookout man; watchtower; observation-box (railw.); vigia (naut.); danger-buoy.

vigilance [vìjìlaⁿs] *f.* vigilance, watchfulness, wakefulness; caution. ‖ *vigilant* [-aⁿ] *adj.* vigilant, watchful, wakeful; cautious. ‖ *vigile* [vìjìl] *f.* vigil, eve.

vigne [vìñ] *f.* vine; vineyard; *vigne vierge,* Virginia creeper. ‖ *vigneron* [-eroⁿ] *m.* wine-grower.

vignette [vìñèt] *f.* vignette.

vignoble [vìñòbl] *m.* vineyard.

vigoureux [vìgûrë] *adj.** vigorous, strong, sturdy; forceful, energetic; stout, stalwart, sound. ‖ *vigueur* [vìgœr] *f.* vigo(u)r, strength; force, power, energy; stamina, endurance, sturdiness, stalwartness; effectiveness; *entrer en vigueur,* to come into effect; *mise en vigueur,* enforcing, enforcement (jur.).

vil [vìl] *adj.* vile, base; lowly; mean; paltry; *à vil prix*, dirt cheap.

vilain [vìlìⁿ] *adj.* ugly, unsightly; vile, villainous; nasty; undesirable; mean, scurvy, dirty [tour]; shabby; sordid, wretched; *m.* villein, bondman, serf; cad, blackguard, rascal; naughty child.

vilebrequin [vìlbrᵉkìⁿ] *m.* wimble.

vilenie [vìlnì] *f.* foul deed.

vilipender [vìlìpaⁿdé] *v.* to vilipend; to run down.

villa [vìlà] *f.* villa. ‖ *village* [vìlàj] *m.* village. ‖ *villageois* [-wà] *m.* villager; countryman; country bumpkin; *adj.* rustic, country.

ville [vìl] *f.* town, city; *hôtel de ville*, town hall, city hall; *costume de ville*, plain clothes; morning dress; *dîner en ville*, to dine out.

villégiature [vìléjyàtür] *f.* sojourn in the country; out-of-town holiday; *en villégiature*, on holiday.

vin [vìⁿ] *m.* wine; *vin ordinaire*, table wine; *vin de marque*, vintage wine; *vin mousseux*, sparkling wine; *vin chaud*, mulled wine.

vinaigre [vìnègr] *m.* vinegar. ‖ *vinaigrer* [-é] *v.* to season with vinegar. ‖ *vinaigrette* [-èt] *f.* vinegar dressing.

vindicatif [vìⁿdìkàtìf] *adj.** vindictive, revengeful. ‖ *vindicte* [vìⁿdìkt] *f.* contumely; prosecution.

vingt [vìⁿ] *m., adj.* twenty; a score; twentieth [date, titre]. ‖ *vingtaine* [-tèn] *f.* about twenty; a score. ‖ *vingtième* [-tyèm] *m., f., adj.* twentieth.

vinicole [vìnìkòl] *adj.* wine-growing; wine. ‖ *vinification* [-fìkàsyoⁿ] *f.* vinification.

viol [vyòl] *m.* rape; violation. ‖ *violateur, -trice* [-àtœr, -trìs] *m., f.* violator; infringer; transgressor, breaker; ravisher. ‖ *violation* [-àsyoⁿ] *f.* violation, infringement.

viole [vyòl] *f.* viol.

violence [vyòlàⁿs] *f.* violence; duress (jur.). ‖ *violent* [-àⁿ] *adj.* violent; fierce; high, buffeting [vent]. ‖ *violenter* [-àⁿté] *v.* to do violence to; to force; to rape, to ravish. ‖ *violer* [-é] *v.* to violate; to transgress [loi]; to break [promesse]; to rape, to ravish, to outrage [femme].

violet [vyòlè] *adj.** violet, purple. ‖ *violette* [-èt] *f.* violet. ‖ *violine* [vyòlìn] *adj.* purple.

violon [vyòloⁿ] *m.* violin, fiddle (fam.); violin player; (pop.) *Br.* quod, *Am.* clink, cooler (pop.). ‖ *violoncelle* [-sèl] *m.* violoncello. ‖ *violoncelliste* *m., f.* violoncellist. ‖ *violoneux* [-ë] *m.* fiddler. ‖ *violoniste* *m., f.* violinist.

viorne [vyòrn] *f.* viburnum.

vipère [vìpèr] *f.* viper. ‖ *vipérin* [-ìⁿ] *adj.* viperine; venomous, viperous.

virage [vìràj] *m.* turning; veering; swinging round, slewing round; tacking, going about (naut.); bank [piste]; toning (phot.); turn, corner, bend [auto]; *virage sans visibilité*, blind corner. ‖ *virement* [vìrmaⁿ] *m.* turning; veering; clearing, transfer (comm.). ‖ *virer* [-é] *v.* to turn; to veer; to transfer (comm.); to clear [chèque]; to bank (aviat.); to tack about (naut.); to tone (phot.).

virginal [vìrjìnàl] *adj.** maidenly; virginal. ‖ *virginité* [vìrjìnìté] *f.* virginity; maidenhood.

virgule [vìrgül] *f.* comma.

viril [vìrìl] *adj.* virile; male; manly. ‖ *virilité* [-ìté] *f.* virility.

virtuel [vìrtüèl] *adj.** virtual.

virtuose [vìrtüòz] *s.* virtuoso. ‖ *virtuosité* [-ìté] *f.* virtuosity.

virulence [vìrülaⁿs] *f.* virulence; malignity. ‖ *virulent* [-aⁿ] *adj.* virulent; malignant; noxious. ‖ *virus* [vìrüs] *m.* virus.

vis [vìs] *f.* screw.

visa [vìzà] *m.* visa, visé [passeport].

visage [vìzàj] *m.* face, countenance, visage; aspect, look, air.

vis-à-vis [vìzàvì] *m.* person opposite; vis-à-vis; *adv.* opposite; face to face; towards, with respect to.

viscère [vìsèr] *m.* internal organ.

visée [vìzé] *f.* aiming; sighting (mil.); *pl.* aims, designs, ambitions. ‖ *viser* [-é] *v.* to aim at; to sight, to take a sight on (topogr.); to have in view; to concern; to allude to, to refer to. ‖ *viseur* [-œr] *m.* aimer; view-finder (phot.); sighting-tube, eyepiece.

visibilité [vìzìbìlìté] *f.* visibility. ‖ *visible* [-ìbl] *adj.* visible, perceptible; obvious, evident; accessible; at home, ready to receive.

visière [vìzyèr] *f.* visor, vizor; peak [casquette]; eye-shade.

vision [vìzyoⁿ] *f.* vision; (eye)sight; seeing; view; fantasy; phantom. ‖ *visionnaire* [-yònèr] *m., f.* visionary; seer; *adj.* visionary. ‖ *visionner* [-yòné] *v.* to pre-view. ‖ *visionneuse* [-yònëz] *f.* viewer.

visite [vìzìt] *f.* visit; call; inspection; examination [douane]; search (jur.); attendance [médecin]; *faire des visites*, to pay calls; *carte de visite*, visiting-card, *Am.* calling-card. ‖ *visiter* [-é] *v.* to visit; to attend; to examine, to inspect; to tour; to search (jur.). ‖ *visiteur* [-œr] *m.* visitor, caller.

vison [vìzoⁿ] *m.* mink.

visqueux [vìskë] *adj.** viscous, gluey.

visser [vìsé] *v.* to screw.

visuel [vìzüèl] *adj.** visual ; *champ visuel,* field of vision.

vital [vìtàl] *adj.** vital ; *minimum vital,* basic minimum. ‖ *vitaliser* [-ìzé] *v.* to vitalize. ‖ *vitalité* [-ìté] *f.* vitality ; vigo(u)r. ‖ *vitamine* [vìtàmîn] *f.* vitamin.

vite [vìt] *adj.* fast, swift, rapid, speedy, quick ; *adv.* fast, swiftly, rapidly, speedily, quickly. ‖ *vitesse* [-ès] *f.* speed, swiftness, rapidity, quickness, fleetness, celerity ; velocity [son, lumière] ; *gagner de vitesse,* to outrun.

viticole [vìtìkòl] *adj.* viticultural ; wine [industrie]. ‖ *viticulteur* [-kültœr] *m.* viticulturalist ; wine-grower. ‖ *viticulture* [-ültür] *f.* viticulture.

vitrail [vìtràÿ] *m.* (*pl.* vitraux [vìtrô]) stained *or* leaded glass window. ‖ *vitre* [vìtr] *f.* (window-)pane. ‖ *vitré* [-é] *adj.* glazed ; vitreous, glassy ; *porte vitrée,* glass door. ‖ *vitrer* [-é] *v.* to equip with glass panes, to glaze. ‖ *vitreux* [-é] *adj.** vitreous. ‖ *vitrier* [-ìyé] *m.* glazier. ‖ *vitrifier* [-ìfyé] *v.* to vitrify. ‖ *vitrine* [-în] *f.* shop-window, store-window ; show-case.

vitriol [vìtrìyòl] *m.* vitriol. ‖ *vitrioler* [-é] *v.* to vitriolize.

vitupération [vìtüpèràsyoⁿ] *f.* vituperation, abuse. ‖ *vitupérer* [-péré] *v.* to vituperate.

vivable [vìvàbl] *adj.* livable-with. ‖ *vivace* [vìvàs] *adj.* long-lived ; perennial (bot.) ; everlasting, enduring, deep-rooted. ‖ *vivacité* [-ìté] *f.* promptness, alertness ; hastiness, petulance ; acuteness, intensity [discussion] ; vividness, brilliancy [couleur] ; vivaciousness, sprightliness ; mettle [cheval] ; readiness [esprit].

vivant [vìvàⁿ] *adj.* alive, living ; lively, animated ; vivid [image] ; modern [langues] ; lifelike [portrait] ; *m.* living person ; lifetime. ‖ *vive* [vìv] *see vif and vivre.* ‖ *viveur* [-œr] *m.* free liver, fast man, gay dog. ‖ *vivier* [-é] *m.* fish-pond, fish-preserve. ‖ *vivifier* [-ìfyé] *v.* to vivify, to quicken ; to enliven, to revive, to exhilarate. ‖ *vivisection* [-ìsèksyoⁿ] *f.* vivisection. ‖ *vivoir* [vìvwàr] *m.* © living-room. ‖ *vivoter* [-òté] *v.* to live from hand to mouth, to scrape along. ‖ *vivre* [vìvr] *v.** to live, to be alive ; to subsist ; to board ; to last ; to behave ; *m.* living ; board, food ; *pl.* provisions, supplies, victuals ; rations (mil.) ; *vive la reine !* long live the Queen ! *vive(nt) les vacances !* hurrah for the holidays !

vizir [vìzìr] *m.* vizier.

vocabulaire [vòkàbülèr] *m.* vocabulary ; word-list.

vocal [vòkàl] *adj.** vocal. ‖ *vocalise* [-ìz] *f.* vocalizing. ‖ *vocaliser* [-ìzé] *v.* to vocalize.

vocation [vòkàsyoⁿ] *f.* vocation ; calling, bent, inclination ; call.

vociférer [vòsìféré] *v.* to vociferate, to shout, to yell, to scream, to bawl.

vœu [vë] *m.** vow ; wish, desire ; *meilleurs vœux,* best wishes.

vogue [vòg] *f.* vogue, fashion, style, craze, fad, rage. ‖ *voguer* [vògé] *v.* to sail ; to row ; to float, to go, to scud along ; to forge ahead (fig.).

voici [vwàsì] *adv.* here is, here are ; see here, behold ; this is, these are ; *le voici qui vient,* here he comes ; *voici deux ans qu'il est ici,* he has been here for two years.

voie [vwâ] *f.* way ; highway ; path ; means, channel, course (fig.) ; duct, canal (anat.) ; leak (naut.) ; process (chem.) ; *voie ferrée,* railway (track), *Am.* railroad ; *voie de départ,* runway (aviat.) ; *voies de fait,* assault and battery (jur.) ; *voie d'eau,* leak.

voilà [vwàlà] *adv.* there is, there are ; see there, behold ; that is, those are ; *voilà tout,* that's all ; *le voilà qui vient,* there he comes.

voile [vwàl] *f.* sail ; canvas.

voile [vwàl] *m.* veil ; voile ; pretence, cover ; fog (phot.) ; *voile du palais,* soft palate. ‖ *voilé* [-é] *adj.* veiled ; hazy [ciel] ; muffled [tambour] ; fogged (phot.) ; buckled, bent (mech.). ‖ *voiler* [-é] *v.* to veil ; to conceal ; to dim, to obscure, to blur, to cloud ; to muffle [bruit] ; to shade [lumière] ; to buckle, to bend, to warp (mech.). ‖ *voilette* [-èt] *f.* hat-veil.

voilier [vwàlyé] *m.* sailing-boat. ‖ *voilure* [-ür] *f.* sails ; wings, flying surface (aviat.).

voir [vwàr] *v.** to see ; to behold, to perceive ; to sight ; to watch ; to witness ; to observe, to look at, to view ; to inspect ; to visit ; to attend [malades] ; to have to do with ; to understand ; *faire voir,* to show.

voire [vwàr] *adv.* indeed, even ; nay ; in truth.

voirie [vwàrî] *f.* Roads Department, *Am.* Highway Division.

voisin [vwàzìⁿ] *m.* neighbo(u)r ; *adj.* neighbo(u)ring, adjacent, adjoining, next ; *maison voisine,* next door. ‖ *voisinage* [-ìnàj] *m.* neighbo(u)rhood ; proximity, vicinity, nearness ; *bon voisinage,* neighbo(u)rliness. ‖ *voisiner* [-ìné] *v.* to be neighbo(u)rly, to border, to be adjacent ; to be next ; to be close [avec, to].

voiture [vwàtür] *f.* carriage, conveyance, vehicle; transportation; *Br.* car, *Am.* automobile; machine; van, cart, wagon; coach (railw.); freight, load; *voiture d'enfant*, perambulator, baby-carriage, pram (fam.); *petites voitures*, costers' barrows; *lettre de voiture*, way-bill, bill of lading; *en voiture!* take your seats!, *Am.* all aboard! ‖ **voiturée** [-é] *f.* cartload; car-load. ‖ **voiturer** [-é] *v.* to convey, to carry, to transport, to cart. ‖ **voiturier** [-yé] *m.* carrier, carter.

voix [vwà] *f.* voice; tone; vote, suffrage; part (mus.); opinion; judgment; speech; *mettre aux voix*, to put to the vote; *de vive voix*, by word of mouth.

vol [vòl] *m.* theft, robbery, thieving, stealing; *vol à la tire*, pickpocketing; *vol à l'étalage*, shop-lifting.

vol [vòl] *m.* flying, soaring; flight; flock, covey (oiseaux); spread (ailes); *au vol*, on the wing; *vue à vol d'oiseau*, bird's-eye view.

volage [vòlàj] *adj.* fickle, inconstant.

volaille [vòlày] *f.* poultry; fowl; *marchand de volaille*, poulterer.

volant [vòlaⁿ] *adj.* flying; loose, floating; movable, portable; *m.* shuttlecock [jeu]; sail [moulin]; flywheel, hand-wheel (techn.); steering-wheel [auto]; flounce, panel [couture]; *feuille volante*, loose-leaf.

volatil [vòlàtìl] *adj.* volatile. ‖ **volatiliser** [vòlàtìlìzé] *v.* to volatilize; *se volatiliser*, to volatilize, to go into thin air; to burn up [fusée].

volatile [vòlàtìl] *m.* winged creature.

volcan [vòlkaⁿ] *m.* volcano.

volée [vòlé] *f.* flight [oiseau]; volley [cloche, tennis]; shower [coups]; thrashing.

voler [vòlé] *v.* to steal; to rob; to usurp [titre]; to swipe (fam.).

voler [vòlé] *v.* to fly; to soar; to travel fast; *voler à voile*, to glide. ‖ **volet** [-è] *m.* shutter; flap (aviat.). ‖ **voleter** [-té] *v.* to flutter; to skip (fig.).

voleur [vòlœr] *m.* thief, robber, burglar; shoplifter; stealer, pilferer; plunderer; extortioner; *adj.** thievish; fleecing; pilfering.

volière [vòlyèr] *f.* aviary; bird-cage.

volontaire [vòloⁿtèr] *adj.* voluntary, spontaneous; intentional, deliberate; self-willed, wilful, wayward, head-strong, obstinate, stubborn; *m.* volunteer. ‖ **volonté** [-é] *f.* will; willingness; *pl.* whims, caprices; *payable à volonté*, payable on demand, promissory [bil-let]; *dernières volontés*, last will and testament; *mauvaise volonté*, unwillingness. ‖ **volontiers** [-yé] *adv.* willingly, gladly, readily.

volt [vòlt] *m.* volt. ‖ **voltage** [-àj] *m.* voltage.

volte [vòlt] *f.* volt [escrime]; vaulting [gymnastique]; *volte-face*, about-face; right-about turn; *faire volte-face*, to face about; to reverse one's opinions.

voltige [vòltìj] *f.* trick-riding; acrobatic exercises. ‖ **voltiger** [vòltìjé] *v.* to flutter; to fly about, to flit, to hover; to flap [rideau]; to perform on a tight-rope, on a trapeze; to tumble.

volubile [vòlübìl] *adj.* voluble; glib; volubile, twining (bot.). ‖ **volubilité** [-ìlté] *f.* glibness, garrulousness.

volume [vòlüm] *m.* volume, tome; bulk, mass; capacity; compass [voix]. ‖ **volumineux** [-iné] *adj.** voluminous; large, bulky, massive; capacious.

volupté [vòlüpté] *f.* delight. ‖ **voluptueux** [-üë] *adj.** voluptuous.

volute [vòlüt] *f.* volute; spiral, curl.

vomir [vòmîr] *v.* to vomit; to bring up, to throw up, to spew up; to puke (fam.); to belch forth (fig.). ‖ **vomissement** [-ìsmaⁿ] *m.* vomiting; vomit. ‖ **vomitif** [-ìtìf] *m.*, *adj.** emetic, vomitory.

vorace [vòràs] *adj.* voracious, greedy, ravenous, gluttonous. ‖ **voracité** [-ìté] *f.* voracity, greediness, gluttony; *avec voracité*, greedily, ravenously.

vos [vô] *poss. adj. pl.* your.

votant [vòtaⁿ] *adj.* voting, enfranchised; *m.* voter, poller; *pl.* constituents. ‖ **vote** [vòt] *m.* vote; voting, balloting, poll; returns, decision, result. ‖ **voter** [-é] *v.* to vote; to ballot; to pass, to carry [projet de loi]. ‖ **votif** [vòtìf] *adj.** votive.

votre [vòtr] *poss. adj.* your.

vôtre [vôtr] *poss. pron.* yours.

vouer [vûé] *v.* to vow, to dedicate, to consecrate; to swear; to pledge.

vouloir [vûlwàr] *v.** to want, to wish; to intend; to require; to need; to resolve, to determine; to try, to seek, to attempt; to endeavo(u)r; to admit, to grant; *m.* will; *vouloir dire*, to mean, to signify; *en vouloir à*, to bear (someone) a grudge; *je ne veux pas*, I won't, I refuse; *vouloir bien*, to be willing; *j'ai voulu le voir*, I tried to see him; *sans le vouloir*, unintentionally; *que voulez-vous?*, what do you want?; *je voudrais*, I should like; *je veux que vous sachiez*, I want you to know; *veuillez agréer*, please accept; *de son bon vouloir*, of one's own accord; *mauvais vouloir*, ill will. ‖ **voulu** [-ü] *adj.* required, requisite; deliberate, intentional; wished, desired; due, received; *en temps voulu*, in due time.

vous [vû] *pron.* you; to you; yourself.

voûte [vût] *f.* vault, arch; archway; roof (med.). ‖ **voûté** [-é] *adj.* vaulted, arched, curved, bowed, bent; stooping, stoop-shouldered, round-shouldered.

voyage [vwàyàj] *m.* travel, travel(l)ing; journey, excursion, trip, tour, run; visit, sojourn, stay; *faire un voyage*, to take a trip. ‖ **voyager** [-é] *v.* to travel; to migrate [oiseaux]; to be on the road (comm.); to be transported [marchandises]. ‖ **voyageur** [-œr] *m.* travel(l)er; tourist; passenger; fare [taxi]; commercial travel(l)er (comm.); *adj.* * travel(l)ing.

voyance [vwàyà^{n}s] *f.* clairvoyance. ‖ **voyant** [vwàyà^n] *adj.* showy, gaudy, garish, loud, vivid, conspicuous; *m.* seer, clairvoyant, prophet; sighting-slit (techn.); direction roller [auto]; signal.

voyelle [vwàyèl] *f.* vowel.

voyer [vwàyé] *m.* road-surveyor.

voyeur [vwàyœr] *m.* voyeur; Peeping Tom (fam.).

voyou [vwàyû] *m.* hooligan, loafer, street-arab; *Am.* hoodlum.

vrac [vràk] *m.* *en vrac*, in bulk; wholesale.

vrai [vrè] *adj.* true, truthful, correct; proper, right, accurate, veracious; real, genuine, authentic; downright, arrant, regular, very; legitimate [théâtre]; *adv.* truly, really, indeed; *m.* truth; *à vrai dire*, to tell the truth, actually; *être dans le vrai*, to be right. ‖ **vraiment** [-mà^n] *adv.* truly, really, in truth; indeed; actually; is that so?, indeed? ‖ **vraisemblable** [vrèsa^{n}blàbl] *adj.* likely, probable; plausible. ‖

vraisemblablement [-^{e}ma^n] *adv.* probably, to all appearances, very likely. ‖ **vraisemblance** [vrèsa^{n}blà^{n}s] *f.* probability, likelihood; verisimilitude.

vrille [vrîy] *f.* gimlet, borer, piercer; tendril (bot.); tail spin (aviat.). ‖ **vriller** [-é] *v.* to bore; to spiral up.

vrombir [vro^{n}bîr] *v.* to hum, to buzz [mouche, toupie]; to throb, to purr, to whirr [moteur]. ‖ **vrombissement** [-ìsma^n] *m.* buzzing, hum, humming; throbbing, purring, whirring.

vu [vü] *p. p. of voir; adj.* seen, observed; considered; *prep.* regarding; considering; *mal vu*, ill thought of. ‖ **vue** [vü] *f.* sight; view; eyesight; aspect; survey; prospect, outlook; appearance; light; intention, purpose, design; insight, penetration; *à première vue*, at first sight; *en vue de*, with a view to; *à vue d'œil*, visibly; *connaître de vue*, to know by sight; *hors de vue*, out of sight; *prise de vues*, shooting [film]; *en vue*, conspicuous, prominent; *perdre qqn de vue*, to lose touch with s.o.; *à vue de nez*, at a rough guess.

vulcaniser [vülkànìzé] *v.* to vulcanize.

vulgaire [vülgèr] *adj.* vulgar, common; ordinary, everyday; unrefined, coarse; *m.* the common people, the vulgar herd; *langue vulgaire*, vernacular. ‖ **vulgarisateur** [vülgàrìzàtœr] *m.* popularizer; *adj.* * popularizing. ‖ **vulgarisation** [vülgàrìzàsyo^n] *f.* vulgarization. ‖ **vulgariser** [-ìzé] *v.* to vulgarize, to popularize; to coarsen. ‖ **vulgarité** [-ìté] *f.* vulgarity; *vulgarité criarde*, blatancy.

vulnérable [vülnéràbl] *adj.* vulnerable.

W

wagon [vàgo^n] *m.* (railway) carriage; coach, car; wagon, truck; *wagon de marchandises*, *Br.* goods-van, *Am.* freight-car; *wagon frigorifique*, refrigerator car; *wagon-citerne*, tank-car; *wagon-lit*, sleeping-car, sleeper, *Am.* pullman; *wagon-poste*, *Br.* mail-van, *Am.* mail-car; *wagon-réservoir*, tank-car; *wagon-restaurant*, dining-car, diner, *wagon-salon*, saloon-car, *Am.*

observation car, parlo(u)r car. ‖ **wagonnet** [-ònè] *m.* tilt-truck, tip-wagon, *Am.* dump-truck.

warrant [wàra^n] *m.* warrant. ‖ **warranter** [-té] *v.* to warrant, to guarantee.

watt [wàt] *m.* watt.

whisky [wìskì] *m.* whisky, whiskey.

X

xénophobe [ksénòfòb] *s.* xenophobe; **xénophobie**, xenophobia.

xérès [ksérès] *m.* sherry; Jerez.
xylophone [ksìlòfòn] *m.* xylophone.

Y

y [ĭ] *adv.* there; here, thither; within; *pron.* to it; by it; at it; in it; *il y a*, there is, there are; *il y a dix ans*, ten years ago; *pendant que j'y pense*, while I think of it; *ça y est!* it's done!, that's it!; *vous y êtes?*, do you follow it?, are you with me?, do you get it?; *je n'y suis pour rien*, I had nothing to do with it, I had no part in it; *vous y gagnerez*, you will profit from it.

yacht [yòt, yàk] *m.* yacht.

yaourt [yàùrt] *m.* yogurt, yoghourt.

yeuse [yëz] *f.* holm-oak, holly-oak, ilex.

yeux [yë] *m. pl.* eyes; *see œil.*

yoga [yògà] *m.* yoga. ‖ **yogi** [-gĭ] *m.* yogi.

yole [yòl] *f.* yawl.

yougoslave [yûgòslàv] *adj., m., f.* Jugoslav, Yugoslav. ‖ **Yougoslavie** [-vĭ] *f.* Jugoslavia, Yugoslavia.

youyou [yûyû] *m.* dinghy.

ypérite [ipérìt] *f.* mustard-gas; yperite.

Z

zazou [zàzû] *m.* teddy boy, *Am.* zoot suiter; cool cat.

zèbre [zèbr] *m.* zebra. ‖ **zébrer** [-é] *v.* to stripe, to streak. ‖ **zébrure** [-brür] *f.* stripe, streak; *pl.* striped markings.

zélandais [zélaⁿdè] *m.* Zealander; *adj.* pertaining to Zealand. ‖ **Zélande** [-laⁿd] *f.* Zealand; *Nouvelle-Zélande*, New Zealand.

zèle [zèl] *m.* zeal. ‖ **zélé** [zélé] *adj.* zealous, ardent.

zénith [zénìt] *m.* zenith.

zéphir [zéfîr] *m.* zephyr.

zéro [zérô] *m.* zero, naught, cipher; freezing point; starting point; love [tennis]; nonentity, nobody (fam.).

zeste [zèst] *m.* peel, twist [citron].

zézaiement [zézèmaⁿ] *m.* lisp, lisping. ‖ **zézayer** [-èyé] *v.* to lisp.

zibeline [zìblĭn] *f.* sable.

zigzag [zìgzàg] *m.* zigzag; *éclair en zigzag*, forked lightning; *disposé en zigzag*, staggered. ‖ **zigzaguer** [-àgé] *v.* to zigzag; to flit about.

zinc [ziⁿg] *m.* zinc; spelter [plaques]; (pop.) bar, counter; airplane.

zizanie [zìzànĭ] *f.* zizania; discord.

zodiaque [zòdyàk] *m.* zodiac.

zona [zònà] *m.* zona, shingles.

zone [zôn] *f.* zone, area, region, sector; belt [climat]; circuit, girdle.

zoo [zòò] *m.* zoo. ‖ **zoologie** [zòòlòjì] *f.* zoology. ‖ **zoologique** [jìk] *adj.* zoological; *jardin zoologique*, zoo (fam.).

zozoter [zòzòté] *v.* to lisp.

zut! [züt] *interj.* hang it!, darn it!; *Br.* dash it!

DEUXIÈME PARTIE

ANGLAIS-FRANÇAIS

L'ESSENTIEL DE LA GRAMMAIRE ANGLAISE

L'ARTICLE

L'article défini.

L'article défini THE est invariable. Ex. : *le garçon*, THE BOY ; *la fille*, THE GIRL ; *les rois*, THE KINGS. — Il se prononce **[zhî]** devant une voyelle ou un *h* muet, et quand il est seul ou fortement accentué. Dans tous les autres cas, on le prononce [zhᵉ].

L'article défini ne s'emploie pas quand le sens est général, devant : 1° les noms pluriels ; 2° les noms abstraits ; 3° les noms de couleur ; 4° les noms de matière (pain, vin, bois, etc.) ; 5° les noms de langage ; 6° MAN et WOMAN. Ex. : *les chats*, CATS ; *la colère*, ANGER ; *le rouge*, RED ; *le pain*, BREAD ; *l'anglais*, ENGLISH.

Mais il faut toujours l'employer, comme en français, quand le sens n'est pas général. Ex. : *l'homme que je vois*, THE MAN THAT I SEE.

L'article indéfini.

L'article indéfini a deux formes :

1° Devant les consonnes (y compris *w*, *h* et *y* initial, et toute voyelle ou tout groupe de voyelles ayant le son *ye* ou *you*), on emploie la forme **a**. Ex. : *un homme*, A MAN ; *une dame*, A LADY ; *une maison*, A HOUSE ; *un usage*, A USE [ᵉ yous] ;

2° Devant une voyelle ou un *h* muet, on emploie **an**.

L'article indéfini n'a pas de pluriel. (V. L'ADJECTIF, *Quelque*.)

L'article indéfini s'emploie devant tout nom concret non précédé d'un autre article, d'un possessif ou d'un démonstratif. Ex. : *mon père, officier de marine, était veuf*, MY FATHER, A NAVAL OFFICER, WAS A WIDOWER ; *sans foyer*, WITHOUT A HOME.

L'article partitif. — V. L'ADJECTIF, *Adjectifs indéfinis*.

LE NOM

Pluriel.

On le forme en ajoutant **s** au singulier (cet *s* se prononce).

Exceptions.

Les noms terminés en **o, s, x, z, sh** ajoutent **es**. Ex. : BOX, BOXES ; POTATO, POTATOES. Cependant, les noms en IES restent *invariables*.
- Les noms terminés par **ch** ajoutent **es**, sauf lorsque le *ch* se prononce *k*. Ex. : CHURCH, CHURCHES ; MONARCH, MONARCHS.
- Les noms terminés en **y** forment leur pluriel : 1° en **ys** quand l'*y* est précédé par une *voyelle ;* 2° en **ies** quand l'*y* est précédé par une *consonne*. Ex. : BOY, BOYS ; FLY, FLIES ; LADY, LADIES.
- Les noms terminés par **fe** et dix noms terminés par **f** (CALF, ELF, HALF, LEAF, LOAF, SELF, SHEAF, SHELF, THIEF, WOLF) forment leur pluriel en **ves**. Ex. : KNIFE, ELF, SELF : pl. KNIVES, ELVES, SELVES.

• MAN, WOMAN, CHILD, OX font MEN, WOMEN, CHILDREN, OXEN. FOOT, TOOTH, GOOSE font FEET, TEETH, GEESE. MOUSE et LOUSE font MICE et LICE. DEER, SALMON, SHEEP, TROUT, SWINE et GROUSE sont invariables.

Genre des noms.

La plupart des noms anglais sont du masculin quand ils désignent un homme ou un être mâle, du féminin quand ils désignent une femme ou un être femelle, du neutre dans tous les autres cas. PARENT désigne le père ou la mère, COUSIN un cousin ou une cousine; les mots en er comme READER sont du masculin (lecteur), du féminin (lectrice) ou du neutre (livre de lecture).

Les principales exceptions sont : CHILD et BABY, généralement neutres, SHIP, ENGINE, généralement féminins.

Formation du féminin.

Comme en français, le féminin se forme de trois façons :

1° par un mot différent. Ex. : FATHER, BROTHER, SON, BOY ont pour féminin MOTHER, SISTER, DAUGHTER, GIRL ;

2° par un mot composé. Ex. : MILKMAN a pour féminin MILKMAID ;

3° par une désinence. Ex. : LION, ACTOR, PRINCE font au féminin LIONESS, ACTRESS, PRINCESS. WIDOW (veuve) fait au masculin WIDOWER (veuf).

Le cas possessif.

Le cas possessif ne peut s'employer que lorsque le possesseur est une personne ou un nom de mesure. On le forme en plaçant le nom possesseur, suivi d'une apostrophe et d'un s, devant le nom de l'objet possédé (dont l'article est supprimé). Ex. : le livre de Bob, BOB'S BOOK ; une promenade d'une heure, AN HOUR'S WALK.

Les noms pluriels terminés par s prennent seulement l'apostrophe. Ex. : les livres des élèves, THE PUPILS' BOOKS.

L'ADJECTIF

L'adjectif est invariable et se place avant le nom qu'il qualifie. Ex. : un bon garçon, A GOOD BOY ; une bonne fille, A GOOD GIRL ; des dames aimables, KIND LADIES.

Comparatif et superlatif.

Le comparatif et le superlatif des adjectifs de plus de deux syllabes se forment avec les adverbes MORE (plus) et THE MOST (le plus). Ex. : plus actif, MORE DILIGENT ; la plus élégante, THE MOST ELEGANT.

Les adjectifs d'une syllabe forment leur comparatif en prenant la désinence er et leur superlatif en prenant la désinence est. Ex. : petit, SMALL ; plus petit, SMALLER ; le plus petit, THE SMALLEST. (V. LE VERBE, Règle du redoublement de la consonne finale.)

La plupart des adjectifs de deux syllabes, et notamment tous ceux terminés par y, forment leur comparatif et leur superlatif comme ceux d'une syllabe. Ex. : NARROW, NARROWER, NARROWEST. (Ceux en y prennent ier et iest : LAZY, LAZIER, LAZIEST.)

Comparatifs et superlatifs irréguliers.

- GOOD (*bon*), BETTER (*meilleur*), THE BEST (*le meilleur*).
- BAD (*mauvais*), WORSE (*pire*), THE WORST (*le pire*).
- LITTLE (*petit*), LESS, LESSER (*moindre*), THE LEAST (*le moindre*).
- FAR (*éloigné*), FARTHER, THE FARTHEST.
- OLD (*vieux*) fait OLDER et THE OLDEST dans le sens général, mais ELDER et THE ELDEST dans le sens de *aîné*.
- FORE (*antérieur*) donne FORMER (*premier de deux*, opposé à LATTER, *dernier*) et THE FIRST (*le premier de tous*, opposé à LAST, *dernier*).

L'adjectif numéral cardinal.

- ONE, TWO, THREE, FOUR, FIVE, SIX, SEVEN, EIGHT, NINE, TEN, ELEVEN, TWELVE, THIRTEEN, FOURTEEN, FIFTEEN, SIXTEEN, SEVENTEEN, EIGHTEEN, NINETEEN, TWENTY, TWENTY-ONE...; THIRTY; FORTY; FIFTY; SIXTY; SEVENTY; EIGHTY; NINETY; ONE HUNDRED, ONE HUNDRED AND ONE...; TWO HUNDRED...; ONE THOUSAND...; TWO THOUSAND...; ONE MILLION...
- DOZEN, SCORE (*vingtaine*), HUNDRED, THOUSAND et MILLION prennent un *s* au pluriel quand on les emploie comme substantifs.

L'adjectif numéral ordinal.

- FIRST, SECOND, THIRD, FOURTH, FIFTH, SIXTH, SEVENTH, EIGHTH, NINTH, TENTH, ELEVENTH, TWELFTH, THIRTEENTH, FOURTEENTH, FIFTEENTH, SIXTEENTH, SEVENTEENTH, EIGHTEENTH, NINETEENTH, TWENTIETH, TWENTY-FIRST...; THIRTIETH; FORTIETH; FIFTIETH; SIXTIETH; SEVENTIETH; EIGHT-IETH; NINETIETH; HUNDREDTH...; THOUSANDTH...; MILLIONTH.

Adjectifs démonstratifs et possessifs. — V. LE PRONOM.

Adjectifs indéfinis.

- **Quelque** se traduit par SOME ou ANY. SOME s'emploie surtout dans les phrases affirmatives. Ex. : *J'ai quelques livres*, I HAVE SOME BOOKS.

Le véritable sens de ANY étant « n'importe quel », on s'en sert surtout dans les phrases interrogatives, négatives et dubitatives. Ex. : *Je lis n'importe quel livre*, I READ ANY BOOK; *il ne lit aucun livre*, HE DOES NOT READ ANY BOOK (« he does not read some books » voudrait dire : *il y a des livres qu'il ne lit pas*).

L'article partitif se traduit souvent, lui aussi, par SOME ou ANY. Ex. : *Voulez-vous du pain?* WILL YOU HAVE SOME BREAD ?

- **Quelqu'un** : SOMEBODY; **quelques-uns** : SOME.
- **Personne** : NOBODY, NOT... ANYBODY.
- **Quelque chose** : SOMETHING (**rien** : NOTHING, ou NOT... ANYTHING).
- **Beaucoup de** : MUCH (sing.), MANY (pl.).
- **Peu de** : LITTLE (sing.), FEW (pl.).
- **Un peu de** : A LITTLE (sing.), A FEW (pl.).
- **Chaque** : EACH (sing.), EVERY (collectif).
- **L'un ou l'autre** : EITHER.
- **Ni l'un ni l'autre** : NEITHER.
- **Assez de** : ENOUGH (placé devant ou après le nom).

LE PRONOM

Pronoms personnels sujets.

I, YOU, HE (m.), SHE (f.), IT (neutre); WE, YOU, THEY. Le pronom THOU (*tu*) n'est guère employé que dans les prières pour s'adresser à Dieu; même dans l'intimité, les Anglais et les Américains se disent YOU.

Dans certains cas où le pronom personnel est sujet, on emploie cependant la forme du pronom personnel complément (v. ci-dessous).

Pronoms personnels compléments.

ME, YOU, HIM (m.), HER (f.), IT (n.); US, YOU, THEM (THEE, *toi*, ne se dit qu'à Dieu).

Le pronom personnel complément est utilisé dans les comparaisons (*Il est plus grand que moi*, HE IS TALLER THAN ME) et dans les expressions THAT'S ME (*c'est moi*), THAT'S US (*c'est nous*), etc.

Adjectifs possessifs.

MY (*mon, ma, mes*), YOUR, HIS (m.), HER (f.), ITS (n.); OUR, YOUR, THEIR (tutoiement : THY).

A la troisième personne, l'adjectif possessif, comme le pronom, s'accorde avec le possesseur. Ex. : *son chapeau (de Jean)*, HIS HAT; *(de Jeanne)*, HER HAT; *son toit (de la maison, neutre)*, ITS ROOF; *ses livres (de Jean)*, HIS BOOKS; *(de Jeanne)*, HER BOOKS.

Pronoms possessifs.

MINE (*le mien, la mienne, les miens, les miennes*), YOURS, HIS, HERS, ITS (OWN); OURS, YOURS, THEIRS (tutoiement : THINE).

On emploie le pronom possessif pour traduire l'expression « à moi, à toi, etc. ». Ex. : *Ce chat est à toi*, THIS CAT IS YOURS.

Pronoms réfléchis.

MYSELF (*moi-même*), YOURSELF, HIMSELF (m.), HERSELF (f.), ITSELF (n.); OURSELVES, YOURSELVES, THEMSELVES. Toutes les fois que le pronom complément exprime la même personne que le sujet, on le traduit par le pronom réfléchi. Ex. : *Il se flatte*, HE FLATTERS HIMSELF; *Parle pour toi*, SPEAK FOR YOURSELF.

Pronoms indéfinis.

● **On** se traduit le plus souvent par le passif. Ex. : *On m'a puni*, I WAS PUNISHED; *On dit que vous êtes riche*, YOU ARE SAID TO BE RICH.

Autres façons de traduire **on** : *On frappe à la porte*, SOMEBODY IS KNOCKING AT THE DOOR; *on pourrait dire*, ONE MIGHT SAY.

Un Français dira à un Anglais : *En France on boit du vin, en Angleterre on boit de la bière, en Chine on boit du thé*, IN FRANCE WE DRINK WINE, IN ENGLAND YOU DRINK BEER, IN CHINA THEY DRINK TEA.

● **En, y** se traduisent de différentes façons selon qu'ils sont pronoms ou adverbes. Ex. : *J'en parlais*, I WAS SPEAKING OF IT; *j'en viens*, I COME FROM THERE; *donnez-m'en*, GIVE ME SOME; *j'en ai assez*, I HAVE ENOUGH (OF IT); *j'y songe*, I THINK OF IT; *vas-y*, GO THERE.

Adjectifs et pronoms démonstratifs.

THIS (pl. THESE) correspond à « ce...-ci » et indique un objet très proche. Ex. : THIS DAY, *ce jour-ci (aujourd'hui)*; THESE BOOKS, *ces livres (-ci)*;

THIS pronom veut dire « ceci ». THAT (pl. THOSE) correspond à « ce...-là », et comme pronom à « cela ». Ex. : THOSE PEOPLE, *ces gens-là;* ON THAT DAY, *ce jour-là.*

- **Celui de, ceux de...** se traduisent par THAT OF, THOSE OF...

- **Celui qui, ce que :** V. *Pronoms relatifs.*

- **Ce** employé avec le verbe *être* se traduit généralement par IT ou THAT. Ex. : *C'est encore l'hiver,* IT IS STILL WINTER ; *C'est tout ce que je peux vous dire,* THAT IS ALL I CAN TELL YOU. Dans certains cas, on ne le traduit pas. Ex. : *Essayer c'est réussir,* TO TRY IS TO SUCCEED.

Pronoms relatifs.

- Le pronom relatif THAT est invariable. Ex. : *l'homme (la femme) qui parle,* THE MAN (THE WOMAN) THAT SPEAKS ; *le livre (les livres) que je vois,* THE BOOK (THE BOOKS) THAT I SEE.

Le pronom THAT ne peut s'employer que lorsqu'il introduit une subordonnée déterminative, indispensable au sens de la phrase.

- L'autre pronom relatif, WHO, qu'on peut employer dans presque tous les cas, a quatre formes : WHO (sujet m., f., sing. et pl.), WHOM (compl. m., f., sing. et pl.), WHOSE (cas possessif ; v. *dont*) et WHICH (neutre sing. et pl.). Ex. : *l'homme (la femme) qui vient* ou *que je vois,* THE MAN (THE WOMAN) WHO COMES or WHOM I SEE ; *les livres qui sont là (que je vois),* THE BOOKS WHICH ARE HERE (WHICH I SEE).

- **Ce qui, ce que** se traduisent par WHAT quand « ce » appartient grammaticalement à la proposition principale et « qui » ou « que » à la subordonnée, par WHICH quand tout le groupe « ce que, ce qui » appartient à la subordonnée. Ex. : *Je sais ce que je dis,* I KNOW WHAT I SAY ; *Ce qu'il dit est très intéressant,* WHAT HE SAYS IS VERY INTERESTING ; *Je sais ma leçon, ce qui vous surprend,* I KNOW MY LESSON, WHICH SURPRISES YOU.

- **Quoi** se traduit comme *ce qui, ce que.*

- **Celui qui, celle qui,** etc., se traduisent pour les personnes par HE (m.) ou SHE (f.), HIM (m. compl.) ou HER (f. compl.), THEY (pl.), THEM (pl. compl.) suivis de WHO (sujet) ou WHOM (compl.) ; pour les choses, par THE ONE WHICH (pl. THE ONES WHICH). Ex. : *Celui que vous voyez,* HE WHOM YOU SEE ; *je vois celle qui parle,* I SEE HER WHO SPEAKS ; *prenez celui (le livre, neutre) que vous voudrez,* TAKE THE ONE (WHICH) YOU LIKE.

- **Dont** (ainsi que **de qui, duquel, de laquelle, desquels, desquelles**) se traduit par WHOSE toutes les fois qu'il exprime un rapport de possession et que le possesseur est une personne. Dans les autres cas, il faut décomposer *dont* en « de qui » et traduire séparément les deux mots. Ex. : *L'homme dont je lis le livre,* THE MAN WHOSE BOOK I READ ; *l'homme dont je parle,* THE MAN OF WHOM I SPEAK.

- **Où** se traduit par WHERE, même quand il est pronom relatif. Ex. : *Le quartier où s'est déclaré l'incendie,* THE DISTRICT WHERE THE FIRE OCCURRED.

L'ADVERBE

L'adverbe anglais se forme en ajoutant **ly** à l'adjectif. Ex. : POOR, *pauvre;* POORLY, *pauvrement.* Les adjectifs terminés par y (sauf ceux en *ly*) forment leur adverbe en **ily.** Ex. : HAPPY, *heureux;* HAPPILY, *heureusement.* Les adjectifs terminés en **ly** sont aussi employés comme adverbes.

LE VERBE

Désinences.

- Les verbes anglais n'ont que trois désinences : **s** pour la troisième personne du singulier de l'indicatif, **ed** pour le passé simple et le participe passé (toujours invariable), **ing** pour le participe présent. Ex. : *Je travaille*, I WORK ; *il travaille*, HE WORKS ; *il travailla*, HE WORKED ; *travaillé*, WORKED ; *travaillant*, WORKING.

- **Règle du redoublement de la consonne finale.** Devant une désinence commençant par une voyelle (**ed, ing** des verbes ; **er, est** du comparatif et superlatif ; **er** suffixe correspondant au français « eur, euse ») ; **y, ish** suffixes pour adjectifs ; **en** suffixe verbal, etc.), la consonne finale d'un mot d'**une syllabe** doit être doublée si elle est précédée par une seule voyelle. Ex. : TO STOP, STOPPING, STOPPED, STOPPER ; RED, REDDER, THE REDDEST, TO REDDEN, REDDISH.

La consonne finale d'un mot de deux ou plusieurs syllabes suit la règle précédente si l'accent porte sur la dernière syllabe. Ex. : TO PREFER, PREFERRED ; TO OFFER, OFFERED.

- **Verbes terminés en « y ».** Lorsque *y* est précédé par une **consonne**, ces verbes forment leur troisième personne du singulier de l'indicatif présent en **ies** et leur passé en **ied**. Ex. : TO STUDY *(étudier)* : *il étudie*, HE STUDIES ; *étudié*, STUDIED.

- **Verbes terminés par une chuintante ou par une sifflante.** Les verbes qui se terminent en **ch, sh**, ou en **s, x, z** forment leur troisième personne du singulier de l'indicatif présent en **es**. Ex. : TO COACH, HE COACHES ; TO PUSH, HE PUSHES ; TO GUESS, HE GUESSES ; TO RELAX, HE RELAXES ; TO WHIZZ, IT WHIZZES.

- **To do, to go.** Ces verbes prennent un e devant l'*s* à la troisième personne du singulier de l'indicatif présent : HE DOES, HE GOES.

- **Verbes terminés par un « e muet ».** Le *e* tombe devant la désinence **ing** du participe. Ex. : TO COME, COMING ; TO LIKE, LIKING. Toutefois, la terminaison **ie** se change en **y** devant **ing**. Ex. : TO DIE, DYING.

Temps.

- **L'imparfait français** se traduit parfois par le passé simple (ou prétérit), mais le plus souvent par la forme **progressive** (v. plus loin) quand il indique la continuation ou par la forme **fréquentative** (v. plus loin) quand il indique l'habitude.

- **Le passé simple** (ou prétérit) se forme en ajoutant **ed** à l'infinitif ; il a la même forme à toutes les personnes : I WORKED, YOU WORKED, etc. Il s'emploie pour traduire le passé simple français dans tous les cas, et le passé composé lorsque celui-ci exprime une action complètement passée dans un temps qui exclut le présent. Ex. : *Ma montre s'arrêta* (ou *s'est arrêtée*) hier, MY WATCH STOPPED YESTERDAY.

- **Le passé composé** se forme comme en français avec l'auxiliaire *avoir* et le participe passé, mais il ne s'emploie que pour indiquer une action qui se continue dans le présent ou qui embrasse une période comprenant le présent. Ex. : *J'ai reçu beaucoup de lettres cette année*, I HAVE RECEIVED MANY LETTERS THIS YEAR.

- **Le présent français** suivi de « depuis » ou précédé de « il y a... que » se traduit par un passé composé en anglais. Ex. : *J'habite Londres depuis six mois* (ou *il y a six mois que j'habite Londres*), I HAVE BEEN LIVING IN LONDON FOR SIX MONTHS.

- **Le futur** anglais se forme au moyen de deux auxiliaires (WILL et SHALL) et de l'infinitif. D'ordinaire, on emploie SHALL pour la 1re personne et WILL pour la 2e et la 3e. Ex. : *Je viendrai*, I SHALL COME ; *tu iras*, YOU WILL GO ; *elle vous verra*, SHE WILL SEE YOU.

A la première personne, WILL indiquerait la volonté ; aux autres personnes, SHALL indiquerait le commandement, l'obligation, la promesse ou la menace (v. *Verbes défectifs*).

Dans les propositions subordonnées où le français emploie le futur, l'anglais utilise généralement le présent. Ex. : *Nous mangerons dès qu'il sera là*, WE WILL HAVE LUNCH WHEN HE COMES.

Modes et voix.

- **L'impératif** anglais se forme au moyen de l'auxiliaire LET *(laisser)*, du pronom personnel complément et de l'infinitif, sauf à la 2e personne, où l'on emploie seulement l'infinitif. Ex. : *Qu'il parle*, LET HIM SPEAK ; *parlons*, LET US SPEAK ; *parle, parlez*, SPEAK.

- **Le conditionnel** se forme au moyen de deux auxiliaires, SHOULD pour la première personne, WOULD pour la 2e et la 3e. Ex. : *Il viendrait*, HE WOULD COME ; *j'irais*, I SHOULD GO.

- **Le subjonctif** est très rarement employé en anglais. Il ne diffère de l'indicatif qu'au présent et seulement à la 3e personne du singulier (qui ne prend pas d's). On traduit le subjonctif français tantôt par l'indicatif (notamment après « quoique », « avant que » et « jusqu'à ce que »), tantôt par SHOULD et l'**infinitif** (après « de peur que »), ou par MAY (passé MIGHT) et l'**infinitif** (après « afin que »), parfois par l'**infinitif**. Ex. : *Je veux qu'il travaille*, I WANT HIM TO WORK.

- **L'infinitif** anglais est généralement précédé de TO. Principales exceptions : on n'emploie pas TO après les verbes défectifs (sauf I AM, I HAVE et I OUGHT) et après les verbes de perception (*voir, entendre*, etc.).

- **L'infinitif** français se traduit généralement par l'infinitif. On le traduit par le **participe présent** : 1° après toutes les prépositions ; 2° après les verbes de commencement, de continuation ou de fin ; 3° quand l'infinitif joue le rôle d'un nom. Ex. : *Avant de parler*, BEFORE SPEAKING ; *il cessa de chanter*, HE STOPPED SINGING ; *nager est très sain*, SWIMMING IS VERY HEALTHY.

- **Le passif** se conjugue comme en français avec le verbe TO BE et le **participe passé**. Alors qu'en français seuls les verbes transitifs directs peuvent se mettre au passif, en anglais cette possibilité existe aussi pour les verbes transitifs indirects, qui sont alors suivis de leur préposition habituelle. Ex. : *On m'attend chez moi*, I AM WAITED FOR AT HOME.

« Avoir » et « être ».

- **Le verbe « avoir »** se traduit en anglais par TO HAVE, qui garde la même forme (HAVE) à toutes les personnes du présent de l'indicatif, sauf à la troisième du singulier (HAS). Le verbe TO HAVE sert d'auxiliaire du passé à tous les verbes, même neutres et réfléchis. Ex. : *Il est venu*, HE HAS COME ; *elle s'était flattée*, SHE HAD FLATTERED HERSELF.

- **Le verbe « être ».** — Ind. pr. : I AM, YOU ARE, HE IS, WE ARE, YOU ARE, THEY ARE. — Passé simple : I WAS, YOU WERE, HE WAS, WE WERE, YOU WERE, THEY WERE. — Passé comp. : I HAVE BEEN, HE HAS BEEN... — Pl.-q.-p. : I HAD BEEN... — Fut. : I SHALL BE, YOU WILL BE... — Fut. ant. : I SHALL HAVE BEEN, YOU WILL HAVE BEEN. — Cond. pr. : I SHOULD BE, YOU WOULD BE... — Cond. passé : I SHOULD HAVE BEEN, YOU WOULD HAVE BEEN... — Subj. : I BE, YOU BE, HE BE... — Subj. passé : I WERE, YOU WERE, HE WERE... — Inf. : TO BE. — Part. pr. : BEING. — Part. passé : BEEN.

Verbes défectifs.

Ils sont fréquemment employés comme auxiliaires.

- **Pouvoir** se traduit par le défectif CAN lorsqu'il indique la **capacité personnelle**, par MAY quand il indique la **permission** ou la **possibilité**.

- **Devoir** se traduit par OUGHT TO quand il indique l'**obligation de la conscience**, par MUST quand il indique l'**obligation extérieure** ou la **nécessité**.

- Les verbes défectifs n'ont que deux formes au plus : CAN fait au passé COULD ; MAY donne MIGHT ; WOULD (passé de WILL) et SHOULD (passé de SHALL) forment l'auxiliaire du conditionnel ; OUGHT et MUST n'ont qu'une forme.

Aux temps qui leur manquent, les verbes défectifs sont remplacés : CAN par TO BE ABLE TO, MAY par TO BE PERMITTED, MUST par TO BE OBLIGED TO. On supplée souvent au conditionnel passé en faisant suivre le verbe de l'**infinitif passé.** Ex. : *Elle aurait pu dire*, SHE MIGHT HAVE SAID (*elle pourrait avoir dit*).

Conjugaison négative.

Un verbe négatif doit toujours contenir un auxiliaire (sauf aux cas 3° et 4°).

1° Pour conjuguer négativement un verbe auxiliaire, on place NOT après ce verbe. Ex. : *Je veux*, I WILL ; *je ne veux pas*, I WILL NOT.

2° Pour conjuguer négativement un verbe non auxiliaire, on fait précéder l'infinitif de DO NOT au présent de l'indicatif (DOES NOT à la 3e personne du singulier) et de DID NOT au passé simple (tous les autres temps se conjuguent avec des auxiliaires). Ex. : *Il parle*, HE SPEAKS ; *il ne parle pas*, HE DOES NOT SPEAK ; *il s'arrêta*, HE STOPPED ; *il ne s'arrêta pas*, HE DID NOT STOP.

3° A l'infinitif ou au participe, on place NOT devant le verbe. Ex. : *Ne pas dire*, NOT TO TELL ; *ne voyant pas*, NOT SEEING.

4° Quand la phrase contient un mot négatif autre que NOT (c.-à-d. NOBODY, NOTHING, NOWHERE, etc.), le verbe reste affirmatif. Ex. : *Il voit quelqu'un*, HE SEES SOMEBODY ; *il ne voit personne*, HE SEES NOBODY.

5° L'infinitif négatif en français est parfois traduit par l'impératif : *ne pas se pencher au-dehors*, DO NOT LEAN OUT.

Conjugaison interrogative.

Un verbe interrogatif doit toujours contenir un auxiliaire (sauf lorsque le pronom interrogatif est sujet : *Qui va là?*, WHO GOES THERE ?).

1° Pour conjuguer interrogativement un verbe auxiliaire ou un verbe à un temps composé, on place le sujet après l'auxiliaire. Ex. : *Allez-vous bien?*, ARE YOU WELL ? ; *Votre père le saura-t-il?*, WILL YOUR FATHER KNOW IT ? ; *Avait-il parlé?*, HAD HE SPOKEN?

2° Pour conjuguer interrogativement un verbe non auxiliaire, au présent ou au passé simple, on retiendra la formule *D.S.I.* : *D* représentant DO pour le présent (DOES pour la 3e personne du singulier) ou DID pour le passé, *S* représentant le sujet, *I* représentant l'infinitif du verbe. Ex. : *Savez-vous?* (*D* : DO, *S* : YOU, *I* : KNOW) DO YOU KNOW ? ; *Votre père voit-il cela?* (*D* : does, *S* : your father, *I* : see) DOES YOUR FATHER SEE THIS?

Verbes réfléchis et réciproques.

- Les verbes réfléchis se forment avec le verbe et le pronom réfléchi. Ex. : *Elle se flatte*, SHE FLATTERS HERSELF. — Beaucoup de verbes réfléchis français se traduisent par des verbes neutres en anglais. Ex. : *Il s'arrêta*, HE STOPPED.

- On forme les verbes réciproques avec les pronoms EACH OTHER (ou ONE ANOTHER). Ex. : *Ils se flattent (mutuellement)*, THEY FLATTER EACH OTHER.

Forme progressive.

Particulière à l'anglais, cette forme consiste à employer le verbe *être* avec le participe présent (dans le sens de « être en train de »). Ex. : *Fumez-vous?*, ARE YOU SMOKING ? (« Do you smoke » signifie : « fumez-vous d'habitude, êtes-vous fumeur ? ».)

La forme progressive est commode pour traduire l'imparfait (de continuation) [v. *Imparfait*]. On l'emploie aussi dans l'expression « il y a... que ». Ex. : *Il y a six mois que j'apprends l'anglais*, I HAVE BEEN LEARNING ENGLISH FOR SIX MONTHS.

Pour exprimer le futur immédiat, on emploie **to go to** à la forme progressive. Cette expression peut être remplacée par **to be about to**. Ex. : *Il va pleuvoir*, IT IS GOING TO RAIN ; *Je vais partir*, I AM ABOUT TO GO.

Forme fréquentative.

Elle consiste à employer WOULD (ou USED TO) devant l'infinitif pour indiquer l'habitude (v. *Imparfait*). Ex. : *Je fumais un cigare de temps en temps*, I WOULD SMOKE A CIGAR NOW AND THEN (« used to » indiquerait une habitude plus régulière).

VERBES IRRÉGULIERS

NOTA. — Les verbes qui n'ont qu'une forme dans cette liste ont la même forme au présent, au passé simple et au participe passé.

Les verbes qui ont deux formes sont ceux qui ont une forme identique au passé simple et au participe passé.

Les formes entre parenthèses sont d'autres formes également employées aux mêmes temps.

To abide, abode : demeurer.
To arise, arose, arisen : se lever.
To awake, awoke, awoke (awaked) : s'éveiller.
To be, was, been : être.
To bear, bore, borne (born = né) : porter.
To beat, beat, beaten : battre.
To become, became, become : devenir.
To begin, began, begun : commencer.
To behold, beheld : contempler.
To bend, bent : ployer.
To bereave, bereft (bereaved) : priver.
To beseech, besought : supplier.
To bespeak, bespoke, bespoken : commander.
To bid, bade, bid (bidden) : ordonner.
To bind, bound : lier, relier.
To bite, bit, bit (bitten) : mordre.
To bleed, bled : saigner.
To blow, blew, blown : souffler.
To break, broke, broken : briser.
To breed, bred : élever.
To bring, brought : apporter.
To build, built (builded) : bâtir.
To burn, burnt (burned) : brûler.
To burst : éclater.
To buy, bought : acheter.

To cast : jeter.
To catch, caught : attraper.
To chide, chid, chid (chidden) : gronder.
To choose, chose, chosen : choisir.
To cleave, cleft, cleft (cloven) : fendre.
To cling, clung : se cramponner.
To clothe, clad, clad (clothed) : vêtir.
To come, came, come : venir.
To cost : coûter.
To creep, crept, crept : ramper.
To crow, crew (crowed), crowed : chanter (comme le coq).
To cut : couper.
To dare, durst, dared : oser.
To deal, dealt : trafiquer.
To dig, dug : creuser.
To do, did, done : faire.
To draw, drew, drawn : tirer.
To dream, dreamt (dreamed) : rêver.
To drink, drank, drunk : boire.
To drive, drove, driven : conduire.
To dwell, dwelt : demeurer.
To eat, ate, eaten : manger.
To fall, fell, fallen : tomber.
To feed, fed : nourrir.
To feel, felt : sentir, éprouver.
To fight, fought : combattre.

To find, found : trouver.
To flee, fled : fuir.
To fling, flung : lancer.
To fly, flew, flown : voler.
To forbear, forbore, forborne : s'abstenir.
To forbid, forbade, forbidden : défendre.
To forget, forgot, forgotten : oublier.
To forgive, forgave, forgiven : pardonner.
To forsake, forsook, forsaken : abandonner.
To freeze, froze, frozen : geler.
To get, got : obtenir.
To gild, gilt (gilded) : dorer.
To gird, girt (girded) : ceindre.
To give, gave, given : donner.
To go, went, gone : aller.
To grind, ground : moudre.
To grow, grew, grown : croître.
To hang, hung (hanged = pendu par le bourreau) : pendre.
To have, had : avoir.
To hear, heard : entendre.
To heave, hove (heaved) : se soulever.
To hew, hewed, hewn : tailler.
To hide, hid, hid (hidden) : cacher.
To hit : frapper, atteindre.
To hold, held : tenir.
To hurt : blesser.
To keep, kept : garder.
To kneel, knelt (kneeled) : s'agenouiller.
To knit, knit (knitted) : tricoter.
To know, knew, known : savoir.
To lade, laded, laden : charger.
To lay, laid : étendre.
To lead, led : conduire.
To lean, leant (leaned) : se pencher.
To leap, leapt (leaped) : bondir.
To learn, learnt : apprendre.
To leave, left : laisser.
To lend, lent : prêter.
To let, let : laisser.
To lie, lay, lain : être couché.
To light, lit (lighted) : allumer.
To lose, lost : perdre.
To make, made : faire.
To mean, meant : vouloir dire.
To meet, met : rencontrer.
To mistake, mistook, mistaken : se tromper.
To mow, mowed, mown : faucher.
To pay, paid : payer.
To pen, pent : parquer.
To put : mettre.
To read, read [pron. rèd] : lire.
To rend, rent : déchirer.
To rid : débarrasser.
To ride, rode, ridden : chevaucher.
To ring, rang, rung : sonner.
To rise, rose, risen : se lever.
To run, ran, run : courir.
To saw, sawed, sawn : scier.
To say, said : dire.
To see, saw, seen : voir.
To seek, sought : chercher.
To seethe, sod, sodden : bouillir.

To sell, sold : vendre.
To send, sent : envoyer.
To set : placer.
To sew, sewed, sewn (sewed) : coudre.
To shake, shook, shaken : secouer.
To shape, shaped, shaped (shapen) : façonner.
To shave, shaved, shaved (shaven) : raser.
To shear, shore (sheared), shorn : tondre.
To shed : verser.
To shine, shone : briller.
To shoe, shod : chausser.
To shoot, shot : tirer (un projectile).
To show, showed, shown : montrer.
To shred : lacérer.
To shrink, shrank (shrunk), shrunk : se ratatiner.
To shrive, shrove, shriven : confesser.
To shut : fermer.
To sing, sang, sung : chanter.
To sink, sank, sunk : sombrer.
To sit, sat : être assis.
To slay, slew, slain : tuer.
To sleep, slept : dormir.
To slide, slid, slid (slidden) : glisser.
To sling, slung : lancer.
To slink, slunk : se glisser.
To slit : fendre.
To smell, smelt (smelled) : sentir (une odeur).
To smite, smote, smitten : frapper.
To sow, sowed, sown : semer.
To speak, spoke, spoken : parler.
To speed, sped : se hâter.
To spell, spelt (spelled) : épeler.
To spend, spent : dépenser.
To spill, spilt (spilled) : répandre.
To spin, spun (span), spun : filer.
To spit, spit (spat), spit : cracher.
To split : fendre (en éclats).
To spoil, spoilt (spoiled) : gâter.
To spread : étaler.
To spring, sprang, sprung : jaillir.
To stand, stood : se tenir debout.
To steal, stole, stolen : voler.
To stick, stuck : coller.
To sting, stung : piquer.
To stink, stank, stunk : puer.
To strew, strewed, strewn : joncher.
To stride, strode, stridden : enjamber.
To strike, struck : frapper.
To string, strung : enfiler.
To strive, strove, striven : s'efforcer.
To swear, swore, sworn : jurer.
To sweat : suer.
To sweep, swept : balayer.
To swell, swelled, swollen : enfler.
To swim, swam, swum : nager.
To swing, swung : balancer.
To take, took, taken : prendre.
To teach, taught : enseigner.
To tear, tore, torn : déchirer.
To tell, told : dire.
To think, thought : penser.
To thrive, throve, thriven : prospérer.
To throw, threw, thrown : jeter.
To thrust : lancer.

To tread, trod, trodden : fouler aux pieds.

To understand, understood : comprendre.

To undo, undid, undone : défaire.

To upset : renverser.

To wear, wore, worn : porter, user.

To weave, wove, woven : tisser.

To weep, wept : pleurer.

To win, won : gagner.

To wind, wound : enrouler.

To withdraw, withdrew, withdrawn : retirer.

To withstand, withstood : résister à.

To work, wrought (worked) : travailler.

To wring, wrung : tordre.

To write, wrote, written : écrire.

To writhe, writhed, writhen : se tortiller.

MONNAIES, POIDS ET MESURES ANGLAIS, AMÉRICAINS ET CANADIENS

MONNAIES

En Angleterre (calculées avec la livre à 13 francs).

Farthing (1/4 d.) :		
1/4 de penny	0,013 F	
Half-penny (1/2 d.) :		
1/2 penny	0,027 F	
Penny (1 d.) :	0,05 F	
Shilling (1 s.) : 12 pence..	0,65 F	
Florin (2 s.) : 2 shillings..	1,30 F	
Half-crown (2/6) :		
2 shillings et 6 pence ..	1,60 F	
Crown (5 s.) : 5 shillings..	3,25 F	
Half-sovereign (10 s.) :		
10 shillings	6,50 F	
Sovereign (£ 1) :		
20 shillings	13,00 F	

- A five-pound banknote : un billet de banque de cinq livres; a one-pound Treasury note : une coupure d'une livre.
- La guinée (21 shillings) n'est plus en circulation, mais est encore utilisée pour indiquer le prix de certains objets de luxe.
- Dans le système décimal, la livre anglaise doit être divisée en 100 new pennies; la nouvelle monnaie comportera des pièces de 1/2, 2, 5, 10 et 50 new pennies, un new penny équivalant à 2,5 old pennies.

Aux États-Unis (calculées avec le dollar à 5,50 francs).
Le dollar américain ($) est divisé en 100 **cents** (1 cent = 0,055 F). On utilise aussi les divisions suivantes : **dime** (10 cents = 0,55 F); **quarter dollar** (1/4 de dollar = 1,40 F); **eagle** (10 dollars = 55,00 F).

Au Canada.
Les unités de monnaies sont les mêmes qu'aux Etats-Unis, mais le **dollar canadien** vaut environ 10 p. 100 de moins que le dollar américain.

POIDS

Système *avoirdupois.*

Grain (gr.)	0,064 g	
Dram : 27 grains	1,772 g	
Ounce (oz.)	28,35 g	
Pound (lb.) : 16 oz. ..	453,592 g	
Stone (st.) : 14 lb. ...	6,350 kg	
Quarter (Qr.) : 28 lb. .	12,695 kg	

Hundredweight (cwt) :		
112 lb.	50,8	kg
Ton : 20 cwts ..	1 017	kg
Am. 25 pounds	11,34	kg
Am. 100 pounds ...	45,36	kg
Am. A short ton ..	907,18	kg
Am. Central, Quintal.	45,36	kg

Système *troy* **pour les matières précieuses.**

Grain (gr.)	0,064 g	
Pennyweight (dwt) :		
24 grains	1,555 g	

Ounce troy : 20 dwts.	31,10	g
Pound troy : 12 oz. ..	373,23	g

MESURES DE LONGUEUR

Inch (in.) : 12 lines	0,0254 m	
Foot (ft.) : 12 inches ..	0,3048 m	
Yard (yd.) : 3 feet	0,9144 m	
Fathom (fthm.) : 6 ft. ..	1,8288 m	
Pole, rod, perch : 5,5 yds.	5,0292 m	

Chain : 4 poles	20,116 m	
Rood *ou* furlong :		
40 poles	201,16 m	
Mile (m.) : 8 furlongs.	1 609,432 m	
Knot *ou* nautical mile :		
2 025 yards	1 853	m

MESURES DE SUPERFICIE

Square inch : 6,451 cm²; square foot : 929 cm²; square yard : 0,8361 m²; rood : 10,11 ares; acre : 40,46 ares.

MESURES DE VOLUME

Cubic inch : 16,387 cm³; cubic foot : 28,315 dm³; cubic yard : 764 dm³.

MESURES DE CAPACITÉ

En Angleterre et au Canada.
Pint : 0,567 litre; quart (2 pints) : 1,135 l; gallon (4 quarts) : 4,543 l; bushel (8 gallons) : 36,347 l; quarter (8 bushels) : 290,780 l.

Aux États-Unis.
Dry pint : 0,551 litre; dry quart : 1,11 l; dry gallon : 4,41 l; peck : 8,81 l; bushel : 35,24 l; liquid gill : 0,118 l; liquid pint : 0,473 l; liquid quart : 0,946 l; liquid gallon : 3,785 l; barrel : 119 l; barrel petroleum : 158,97 l.

LES SONS DE LA LANGUE ANGLAISE EXPLIQUÉS AUX FRANÇAIS

SIGNE	MOT TYPE ANGLAIS	SON FRANÇAIS VOISIN	EXPLICATION
i	sick	sic	Son anglais entre *sic* et *sec*.
ì	bin	(bo)bine	Le son anglais est plus bref.
î	eel	île	Le son anglais est plus long.
è	beck	bec	Son anglais entre *è* et *é*.
e	a(gain)	re(gain)	C'est notre *e* muet.
ë	burr	bœufs	Son entre *bœufs* et *beurre*.
œ	puff	paf	Son entre *paf* et *peuf*.
a	bag	bague	Son entre *bague* et *bègue*.
à	can	canne	Le son anglais est plus bref.
â	palm	pâme	
o	boss	bosse	Son entre *bosse* et *basse*.
au	law	lau(re)	Comme le précédent, mais plus long.
ou	pool	poule	Très long, sauf dans *good*, *book*, etc.
é¹	pay	pays	*i* final à peine prononcé.
a¹	tie	taille	
aᵒᵘ	cow	caou(tchouc)	*ou* final à peine prononcé.
oᵒᵘ	low	lôhou	Le son *ou* final à peine perceptible, sauf en Angleterre.
èᵉʳ	air	air	Remplacer le son *r* par un *e* muet.
iᵉʳ	dear	dire	Remplacer le son *r* final par un *e* muet. Cet *r* se prononce quand il est lié à une voyelle suivante.
t, d			Placer la langue plus en arrière que pour le son français, et serrer un peu les dents.
l			Bloquer les bords de la langue et en creuser le centre.
r			Placer la langue comme pour rouler un *r* et ébaucher le roulement.
w			C'est le son *ou* très bref que l'on prononce dans *bois*.
y			Toujours comme dans *yeux* et dans *yes*.
g, g			Toujours dur (get = guette).
h			Aspiration, comme dans *hem !*
th, zh			Le *th* est tantôt un *s* blésé (avec la langue entre les dents), tantôt un *z* blésé. On prononcera *thick* comme *sic* avec un *s* blésé et on prononcera *breathe* (brîzh) comme *brise* avec un *z* blésé.
ng			C'est le son *ou* très bref que l'on prononce dans *bois*. à *gn* français dans *signe*, mais la base de la langue reste bloquée, ce qui accentue le son nasal.
ʳ final			Rarement prononcé par les Anglais (sauf quand il se lie à la voyelle initiale du mot suivant), il est plus nettement prononcé par les Irlandais, les Ecossais et les Américains, qui le roulent avec plus ou moins de force.
s			Ne se prononce jamais *z*.

Accent. — Prononcer plus fortement la voyelle ou diphtongue en italique. Les monosyllabes sont toujours accentués.

Remarques importantes. — Les sons français **u, an, on, in, un, eux** n'existent pas en anglais. *La prononciation indiquée dans le dictionnaire est toujours la prononciation américaine.*

ANGLAIS - FRANÇAIS

A

a [ᵉ, éⁱ] *indef. art.* un, une ; *what a ... !,* quel !, quelle ! ; *such a,* tel, telle.

abandon [ᵉbàndⁿ] *v.* abandonner, laisser ; *s.* abandon, m. ; désinvolture, f. ‖ *abandoned* [-d] *adj.* abandonné, laissé ; immoral, déréglé, perdu. ‖ *abandonment* [-mᵉnt] *s.* abandon, délaissement ; désistement, m.

abase [ᵉbéⁱs] *v.* abaisser ; humilier.

abashed [ᵉbasht] *adj.* confus.

abate [ᵉbéⁱt] *v.* abattre, réduire ; faiblir, se calmer. ‖ *abatement* [-mᵉnt] *s.* diminution ; décrue, f. ; rabais, m.

abbey [abi] *s.* abbaye, f.

abbot [abᵉt] *s.* abbé, m.

abbreviate [ᵉbrîviéⁱt] *v.* abréger ; réduire (math.). ‖ *abbreviation* [ᵉbriviéshᵉn] *s.* abréviation ; réduction, f.

abdicate [abdikéⁱt] *v.* abdiquer. ‖ *abdication* [-eⁱshᵉn] *s.* abdication, f.

abdomen [abdᵉmᵉn] *s.* abdomen, m. ‖ *abdominal* [-omn'l] *adj.* abdominal.

abduct [abdœkt] *v.* enlever [rapt].

abed [ᵉbèd] *adj.* au lit.

aberration [abᵉréⁱshᵉn] *s.* aberration, f. ; égarement, m. ; déviation, divergence, anomalie, f.

abet [ᵉbèt] *v.* inciter.

abhor [ᵉbhauʳ] *v.* abhorrer, détester. ‖ *abhorrence* [-rᵉns] *s.* horreur, aversion, f.

abide [ᵉbaⁱd] *v.* attendre ; endurer ; séjourner, rester ; persister ; *to abide by,* se conformer, rester fidèle à ; *to abide with,* habiter chez.

ability [ᵉbîlᵉti] *s.** capacité, habileté, capacité légale, f. ; *pl.* ressources, f.

abject [abdjèkt] *adj.* abject. ‖ *abjectness* [abdjèktnis] *s.* abjection, f.

abjure [abdjouᵉʳ] *v.* abjurer.

able [éⁱb'l] *adj.* capable ; compétent ; *able-bodied,* bon pour le service ; *to be able to,* pouvoir, être capable de ; *ably,* habilement.

abnegation [abni'géⁱshᵉn] *s.* reniement, désaveu ; renoncement, m. ; *self-abnegation,* abnégation, f.

abnormal [abnaurm'l] *adj.* anormal. ‖ *abnormality* [abnaurmaliti] *s.** anomalie ; difformité, f.

aboard [ᵉbaurd] *adv.* à bord ; *to go aboard,* embarquer.

abode [ᵉbouᵈ] *s.* séjour, domicile, m. ; *pret., p. p. of* **to abide.**

abolish [ᵉbálish] *v.* abolir, annuler. ‖ *abolition* [ᵉbᵉlishᵉn] *s.* abolition, abrogation, f.

abominable [ᵉbámnᵉb'l] *adj.* abominable, horrible. ‖ *abominate* [ᵉbáminéⁱt] *v.* détester. ‖ *abomination* [-eⁱshᵉn] *s.* abomination, f.

abort [ᵉbauʳt] *v.* avorter. ‖ *abortion* [ᵉbauʳshᵉn] *s.* avortement ; avorton, m.

abound [ᵉbaouⁿd] *v.* abonder (*with,* en) ; regorger (*with,* de).

about [ᵉbaout] *adv.* autour ; à peu près, presque ; sur le point de ; çà et là ; plus ou moins ; *prep.* autour de ; environ ; vers ; au sujet de ; à, pour ; *about eleven,* vers onze heures ; *put about,* ennuyé ; *to be about,* s'agir de ; *to be about to,* être sur le point de.

above [ᵉbœv] *prep.* au-dessus de ; (en) plus de, outre ; *adv.* en haut, au-dessus, en outre, ci-dessus ; *above all,* surtout ; *above-mentioned,* susdit ; *over and above,* en sus de, en outre.

abreast [ᵉbrèst] *adv.* de front.

abridge [ᵉbridj] *v.* abréger.

abroad [ᵉbraud] *adv.* au loin ; (au-) dehors ; à l'étranger.

abrogate [abrogéⁱt] *v.* abroger.

abrupt [ᵉbrœpt] *adj.* abrupt ; brusque ; heurté [style]. ‖ *abruptly* [-li] *adv.* brusquement.

abscess [absès] *s.** abcès, m.

abscond [ᵉbskoⁿd] *v.* déguerpir.

absence [absᵉns] *s.* absence, f. ; *absence of mind,* distraction ; *leave of absence,* permission, congé. ‖ *absent* [absᵉnt] *adj.* absent ; distrait ; *absentminded,* distrait ; [absèⁿt] *v. to absent oneself,* s'absenter. ‖ *absentee* [absᵉntî] *s.* absentéiste, manquant, m.

absolute [abs'lout] *adj.* absolu ; complet ; formel ; certain. ‖ *absolutely* [-li] *adv.* absolument.

absolution [absᵉloushᵉn] *s.* absolution ; rémission, f. ; acquittement, m. ‖ *absolve* [absálv] *v.* absoudre ; acquitter ; délier [obligation].

absorb [ᵉbsauʳb] *v.* absorber. ‖ *absorbent* [-ᵉnt] *adj.* absorbant. ‖ *absorber* [-ᵉʳ] *s.* amortisseur, m.

absorption [ᵉbsaurpshᵉn] *s.* absorption, f. ; amortissement, m. ; concentration, f.

abstain [ᵉbsté¹n] *v.* s'abstenir. ‖ *abstemious* [-tîmyᵉs] *adj.* abstème. ‖ *abstinence* [abstinᵉns] *s.* abstinence, f.

abstract [abstrakt] *s.* abrégé; extrait, m.; [abstrakt] *adj.* abstrait; *v.* abstraire; soustraire; extraire; résumer. ‖ *abstraction* [abstraksh°n] *s.* abstraction; distraction, f.; détournement, m.

absurd [°bsë²d] *adj.* absurde. ‖ *absurdity* [-°ti] *s.** absurdité, f.

abundance [°bœnd°ns] *s.* abondance, f. ‖ *abundant* [°bœnd°nt] *adj.* abondant, copieux; opulent.

abuse [°byous] *s.* abus, m.; insulte, f.; [°byouz] *v.* abuser de; médire de; insulter; léser, nuire à. ‖ *abusive* [-siv] *adj.* abusif; insultant, injurieux.

abyss [°bis] *s.** abîme, m.

acacia [°ké¹sh°] *s.* acacia, m.; *Am.* gomme arabique, f.

academic [ak°dëmik] *adj.* académique; *Am.* classique. ‖ *academy* [°kad°mi] *s.** académie; école, f.

accede [aksïd] *v.* accéder, parvenir; atteindre; consentir à.

accelerate [aksèl°ré¹t] *v.* accélérer. ‖ *acceleration* [aksèl°ré¹sh°n] *s.* accélération, f. ‖ *accelerator* [aksèl°ré¹t°r] *s.* accélérateur, m.

accent [aksènt] *s.* accent, m.; [aksènt] *v.* accentuer. ‖ *accentuate* [aksèntyoué¹t] *v.* accentuer. ‖ *accentuation* [aksèntyoué¹sh°n] *s.* accentuation, f.

accept [°ksèpt] *v.* accepter; admettre. ‖ *acceptable* [-°b'l] *adj.* acceptable, agréable. ‖ *acceptance* [-°ns] *s.* acceptation; popularité; lettre de change acceptée, f. ‖ *acceptation* [°ksèptè¹-sh°n] *s.* acception, f.

access [aksès] *s.** accès, m.; admission; crise, f. ‖ *accessible* [aksès°b'l] *adj.* accessible. ‖ *accessory* [aksès°ri] *adj.* accessoire, secondaire; *s.** complice m.; *pl.* accessoires, m. pl.

accident [aks°d°nt] *s.* accident, hasard, contretemps, m. ‖ *accidental* [aks°dènt'l] *adj.* accidentel, fortuit; accessoire; occasionnel.

acclaim [°klé¹m] *v.* acclamer. ‖ *acclamation* [akl°mé¹sh°n] *s.* acclamation, f.

acclimate [°kla¹mit] *v.* (s') acclimater. ‖ *acclimation* [akl°mé¹sh°n] *s.* acclimatation, f.

acclivity [°klïviti] *s.** montée, côte, rampe, f.

accommodate [°kâm°dé¹t] *v.* accommoder; adapter; concilier; loger; rendre service; *to accommodate oneself,* s'adapter. ‖ *accommodation* [°kâm°dé¹sh°n] *s.* accommodement; logement; emménagement, m.; adaptation; conciliation; installation, f.; *accommodation-train, Am.* train omnibus. ‖ *accommodation unit,* bloc de logements, m.

accompaniment [°kœmp°nim°nt] *s.* accompagnement; accessoire, m. ‖ *accompanist* [-ist] *s.* accompagnateur, m. ‖ *accompany* [-i] *v.* accompagner, escorter; faire suivre.

accomplice [°kâmplis] *s.* complice, m.

accomplish [°kâmplish] *v.* accomplir; réaliser. ‖ *accomplished* [-t] *adj.* accompli, effectué; parfait, consommé. ‖ *accomplishment* [-m°nt] *s.* accomplissement, m.; *pl.* arts d'agrément, m.

accord [°kau²d] *s.* accord; consentement, m.; convenance, f.; *of one's own accord,* spontanément; *v.* s'accorder, s'entendre; concéder; arranger, régler. ‖ *accordance* [-°ns] *s.* accord, m.; concession; conformité, f. ‖ *according as* [-ingaz] *conj.* suivant que, selon que. ‖ *according to* [-ingtou] *prep.* d'accord avec, conformément à, selon. ‖ *accordingly* [-ingli] *adv.* en conséquence, conformément.

accordion [°kau²dy°n] *s.* accordéon, m.

accost [°kaust] *v.* accoster.

account [°ka°unt] *s.* compte; rapport; relevé, m.; estime; importance; cause, f.; *on account of,* à cause de; *of no account,* sans importance; *current account,* compte courant; *on account,* en acompte; *v.* estimer; *to account for,* expliquer. ‖ *accountable* [-°b'l] *adj.* responsable; explicable. ‖ *accountant* [-°nt] *s.* comptable, m.; *chartered accountant,* expert-comptable. ‖ *accounting* [-ing] *s.* comptabilité, f.

accoutre [°kout°r] *v.* accoutrer; équiper.

accredit [°krèdit] *v.* accréditer; mettre sur le compte de.

accrue [°krou] *v.* croître; résulter.

accumulate [°kyoumy°lé¹t] *v.* accumuler; s'entasser. ‖ *accumulation* [°kyoumy°lé¹sh°n] *s.* accumulation, f.; montant [sum], m. ‖ *accumulator* [°kyoumy°lé¹t°r] *s.* accu(mulateur), m.

accuracy [aky°r°si] *s.* exactitude, précision, f. ‖ *accurate* [aky°rit] *adj.* précis, exact, correct.

accursed [°kër²st] *adj.* maudit.

accusation [aky°zé¹sh°n] *s.* accusation, f. ‖ *accusative* [°kyouzé¹tiv] *adj.* s. accusatif, m. ‖ *accusatory* [-târi] *adj.* accusateur. ‖ *accuse* [°kyouz] *v.* accuser. ‖ *accuser* [-°r] *s.* accusateur, dénonciateur, m.

accustom [°kœst°m] *v.* habituer, accoutumer; *to get accustomed to,* s'accoutumer à. ‖ *accustomed* [-d] *p. p.,* *adj.* accoutumé; habituel, coutumier.

ace [é¹s] *s.* as; homme supérieur, m.

ache [é¹k] *s.* douleur, f.; *v.* souffrir; faire mal; *headache,* mal de tête; **toothache,** mal de dents.

achieve [ɐtshīv] *v.* achever; acquérir; obtenir; accomplir, réaliser; remporter [victory]. ‖ *achievable* [-ɐb'l] *adj.* faisable. ‖ *achievement* [-mɐnt] *s.* achèvement; succès, exploit, m.; réalisation; prouesse, réussite, f.

aching [é¹king] *adj.* douloureux.

acid [asid] *adj., s.* acide. ‖ *acidify* [ɐsídefa¹] *v.* acidifier. ‖ *acidity* [ɐsídeti] *s.* acidité, f. ‖ *acidulate* [ɐsídylé¹t] *v.* aciduler, aigrir.

acknowledge [ɐknálidj] *v.* reconnaître, admettre, avouer. ‖ *acknowledgment* [-mɐnt] *s.* reconnaissance; réponse, f.; remerciement; accusé de réception, m.

acorn [é¹kɐrn] *s.* gland, m. ‖ *acorn-cup,* cupule, f.

acoustics [ɐkoustiks] *s.* acoustique, f.

acquaint [ɐkwé¹nt] *v.* informer, renseigner; *to acquaint oneself with,* se mettre au courant de; *to get acquainted with,* faire la connaissance de. ‖ *acquaintance* [-ɐns] *s.* connaissance, f.; *pl.* relations, f. pl.

acquest [ɐkwèst] *s.* acquisition, f.; acquêt, m.

acquiesce [akwiès] *v.* acquiescer, accéder à. ‖ *acquiescence* [-ɐns] *s.* acquiescement, m. ‖ *acquiescent* [-ɐnt] *adj.* accommodant; consentant.

acquire [ɐkwa¹ɐr] *v.* acquérir, obtenir; apprendre; *acquirement* [-mɐnt] *s.* acquisition, f.; connaissances, f. pl. ‖ *acquisition* [akwᵉzízhᵉn] *s.* acquisition, f.

acquit [ɐkwit] *v.* acquitter; exonérer; *to acquit oneself of,* s'acquitter de, se libérer de. ‖ *acquittal* [-'l] *s.* acquittement, m.

acre [é¹kᵉr] *s.* acre, f.; arpent, m.

acrimonious [akrᵉmauny ᵉs] *adj.* acrimonieux. ‖ *acrimony* [akrᵉmoᵘni] *s.* acrimonie, f.

acrobat [akrᵉbat] *s.* acrobate, m. ‖ *acrobatics* [akrᵉbatiks] *s.* acrobatie, f.

across [ᵉkraus] *prep.* en travers de; à travers; sur, par-dessus; *adv.* en croix; d'un côté à l'autre.

act [akt] *s.* acte, m.; action, f.; *Br.* thèse (univ.), loi (jur.), f.; acte [theater], m.; *v.* agir; exécuter; commettre; faire représenter [play]; jouer [part]; feindre; *to act as,* faire fonction de. ‖ *acting* [-ing] *s.* représentation; action, f.; *adj.* suppléant, intérimaire. ‖ *action* [akshᵉn] *s.* action, f.; geste; fonctionnement [gun]; combat, m.; pf. conduite, entreprise, f. ‖ *active* [aktiv] *adj.* actif, alerte. ‖ *activity* [aktívᵉti] *s.* activité, f. ‖ *actor* [aktᵉr] *s.* acteur, m.

‖ *actress* [aktris] *s.* * actrice, f. ‖ *actual* [aktshoué¹] *adj.* réel, véritable. ‖ *actuality* [aktyoualiti] *s.* réalité; existence effective, f. ‖ *actually* [-i] *adv.* réellement, effectivement.

acumen [ᵉkyoumin] *s.* perspicacité, finesse, f.

acute [ᵉkyout] *adj.* aigu, pénétrant. ‖ *acuteness* [-nis] *s.* acuité, perspicacité; finesse; profondeur, f.

adamant [adᵉmant] *adj.* infrangible; inflexible; diamant, m.

adapt [ᵉdapt] *v.* adapter. ‖ *adaptability* [ᵉdaptᵉbíliti] *s.* adaptabilité, souplesse, faculté d'adaptation, f. ‖ *adaptation* [adᵉpté¹shᵉn] *s.* adaptation, f.

add [ad] *v.* ajouter, additionner.

adder [adᵉr] *s.* vipère, f.

addict [adikt] *s.* toxicomane; fanatique, m. (sport); [ᵉdíkt] *v.* s'adonner à.

addition [ᵉdíshᵉn] *s.* addition; somme, f.; *in addition to,* en plus de. ‖ *additional* [-'l] *adj.* additionnel, supplémentaire.

addle [ad'l] *adj.* pourri; croupissant; brouillé, confus; *addle-brained,* écervelé, brouillon.

address [ᵉdrès] *s.* * adresse, f.; discours, m.; *v.* adresser, interpeller; s'adresser à. ‖ *addressee* [ᵉdrèsî] *s.* destinataire, m. ‖ *addresser* [ᵉdrèsᵉ] *s.* expéditeur.

adduce [ᵉdyous] *v.* fournir, alléguer. ‖ *adduction* [ᵉdœkshᵉn] *s.* adduction; allégation, f.

adept [ᵉdèpt] *adj.* expert, initié; [adèpt] *s.* expert; adepte, m.

adequate [adᵉkwit] *adj.* adéquat; proportionné; suffisant.

adhere [ᵉdhiᵉr] *v.* adhérer; maintenir [decision]; tenir [promise]. ‖ *adherence* [-rᵉns] *s.* adhérence, f. ‖ *adherent* [-rᵉnt] *adj., s.* adhérent. ‖ *adhesion* [ᵉdhijᵉn] *s.* adhésion, f. ‖ *adhesive* [ᵉdhisiv] *adj.* adhésif, collant, gommé; *adhesive tape,* sparadrap, taffetas gommé, m.

adjacent [ᵉdjé¹sᵉnt] *adj.* adjacent.

adjective [adjiktiv] *s.* adjectif, m.

adjoin [ᵉdjo¹n] *v.* toucher à, avoisiner, attenir à. ‖ *adjoining* [-ing] *adj.* contigu, voisin, adjacent.

adjourn [ᵉdjë̈rn] *v.* ajourner; différer; proroger; s'ajourner [meeting]; lever [session]. ‖ *adjournment* [-mᵉnt] *s.* ajournement, m.

adjudge [ᵉdjædj] *v.* juger; adjuger. ‖ *adjudication* [ᵉdjoudiké¹shᵉn] *s.* décision du tribunal, prononcé de jugement, m.

adjunct [adjængkt] *adj., s.* adjoint.

adjure [ᵉdjouᵉr] *v.* adjurer.

adjust [ᵊdjœst] *v.* ajuster, régler; *to adjust oneself*, se conformer, s'adapter. || *adjustment* [-mᵉnt] *s.* ajustage, réglage, m.; adaptation, f.; accord harmonieux, m.

administer [ᵊdminestᵉr] *v.* administrer; gérer; *to administer an oath*, faire prêter serment. || *administration* [ᵊdministré¹shᵉn] *s.* administration; gestion; curatelle, f. || *administrative* [ᵊdministré¹tiv] *adj.* administratif. || *administrator* [ᵊdministré¹tᵉr] *s.* administrateur; curateur (jur.), m.

admirable [admᵉreb'l] *adj.* admirable. || *admirably* [-i] *adv.* admirablement.

admiral [admᵉrel] *s.* amiral; vaisseau amiral, m. || *admiralty* [-ti] *s.* amirauté, f.; ministère de la Marine, m.

admiration [admᵉré¹shᵉn] *s.* admiration, f. || *admire* [ᵊdma¹ᵉr] *v.* admirer; estimer; *Am.* éprouver du plaisir à. || *admirer* [ᵊdma¹ᵉrᵉr] *s.* admirateur; soupirant, m. || *admiring* [-ring] *adj.* admiratif.

admissibility [ᵊdmisibiliti] *s.* admissibilité, recevabilité, f. || *admissible* [-b'l] *adj.* admissible, acceptable, recevable. || *admission* [ᵊdmishᵉn] *s.* admission; concession, f.; aveu (jur.); accès; prix d'entrée, m. || *admit* [ᵊdmit] *v.* admettre, accepter; convenir de; avouer; permettre, rendre possible; donner entrée. || *admittance* [-ᵉns] *s.* admission; entrée, f.; accès, m.; droit (m.) d'entrée.

admonish [ᵊdmânish] *v.* avertir; admonester; diriger, guider; informer. || *admonition* [admᵉnishᵉn] *s.* admonestation, f.; conseil, m.

ado [ᵊdou] *s.* agitation, activité; affaire, f.; bruit, m.

adolescence [ad'lèsᵉns] *s.* adolescence, f. || *adolescent* [-t] *adj., s.* adolescent.

adopt [ᵊdâpt] *v.* adopter; se rallier à. || *adoptee* [ᵊdâptî] *s.* adopté, m. f. || *adoption* [ᵊdâpshᵉn] *s.* adoption, f. || *adoptive* [ᵊdâptiv] *adj.* adoptif.

adoration [adᵉré¹shᵉn] *s.* adoration, f. || *adore* [ᵊdauᵉr] *v.* adorer. || *adorer* [-rᵉr] *s.* adorateur; soupirant, m.

adorn [ᵊdauʳn] *v.* orner, parer. || *adornment* [-mᵉnt] *s.* ornement, m.

adrift [ᵊdrift] *adv.* à la dérive; à l'aventure; *Am. to be adrift*, divaguer.

adroit [ᵊdro¹t] *adj.* adroit.

adulate [adyoulé¹t] *v.* aduler, flagorner.

adult [ᵊdœlt] *adj., s.* adulte.

adulterate [ᵊdœltᵉré¹t] *v.* adultérer, falsifier; frelater; *adj.* frelaté; adultérin, adultère, m. || *adulterer* [ᵊdœltᵉrᵉr] *s.* amant, adultère, m. || *adultery*

[ᵊdœlteri] *s.* adultère, m. || *adulteration* [ᵊdœltᵉré¹shᵉn] *s.* falsification, f.; produit falsifié, m.

advance [ᵊdvâns] *v.* avancer; hausser [price]; accélérer; anticiper; *s.* avance; augmentation; promotion, f.; progrès; paiement anticipé; avancement, m.; *pl.* avances, démarches, f.; *advance corps, Am.* avant-garde. || *advanced* [-t] *adj.* avancé; en saillie; âgé; avancé, d'avant-garde [opinion]; plus élevé [price]. || *advancement* [-mᵉnt] *s.* avancement; progrès, m.; promotion; donation (jur.), f.

advantage [ᵊdvântidj] *s.* avantage, bénéfice, m.; utilité; supériorité, f.; *to derive (to reap) advantage from*, tirer avantage de. || *advantageous* [advᵊnté¹djᵉs] *adj.* avantageux; profitable; seyant.

advent [advènt] *s.* venue, arrivée, f.; *Advent*, Avent, m.

adventure [ᵊdvèntshᵉr] *s.* aventure; spéculation hasardeuse, f. || *adventurer* [ᵊdvèntshᵉrᵉr] *s.* aventurier; chevalier d'industrie, m. || *adventurous* [ᵊdvèntshᵉrᵉs] *adj.* aventureux, entreprenant; *Am.* risqué.

adverb [advᵉʳb] *s.* adverbe, m.

adversary [advèrsèri] *s.* adversaire, m. || *adverse* [ᵊdvᵉʳs] *adj.* adverse; hostile. || *adversity* [-èti] *s.* adversité; infortune, f.

advert [ᵊdvᵉʳt] *v.* faire attention; faire allusion à; parler de. || *advertence* [ᵊdvᵉʳtᵉns] *s.* attention, f. || *advertise* [advᵉʳta¹z] *v.* avertir, aviser, informer; faire de la réclame; demander par voie d'annonce. || *advertisement* [advᵉʳta¹zmᵉnt] *s.* avertissement, m.; préface; annonce, réclame, f. || *advertiser* [advᵉʳta¹zᵉr] *s.* annonceur; journal d'annonces, m. || *advertising* [advᵉʳta¹zing] *s.* réclame, f.; *advertising agency*, agence de publicité.

advice [ᵊdva¹s] *s.* avis, conseil, m.; *to seek legal advice*, consulter un avocat; *as per advice*, suivant avis (comm.). || *advisable* [ᵊdva¹zᵉb'l] *adj.* judicieux, prudent; opportun, indiqué, à propos. || *advise* [ᵊdvaiz] *v.* conseiller; informer, aviser; *to advise with*, prendre conseil de, consulter; *to advise against*, déconseiller. || *advised* [-d] *adj.* avisé; délibéré, en connaissance de cause. || *adviser, advisor* [-ᵉr] *s.* conseiller, conseilleur, m.

advocacy [advᵉkᵉsi] *s.** plaidoyer, m.; défense, f.; || *advocate* [advᵉkit] *s.* avocat, défenseur, m.; [advᵉké¹t] *v.* plaider pour.

aerate [é¹ᵉré¹t] *v.* aérer; *aerated water*, eau gazeuse. || *aeration* [è¹ᵉré¹shᵉn] *s.* aération, f. || *aerial* [éri·ᵉl] *adj.* aérien; *s.* antenne, f. || *aerialist* [-ist] *s. Am.* trapéziste, m., f.

aerodrome [érᵉdroᵒᵘm], *see* **airport**.

aeronautics [èᵉro'nautiks] *s.* aéronautique, f. || **aeroplane** [érᵘplé¹n], *see* **airplane**. || **aeropulse** [èᵉraupœls] *s.* avion (m.) à réaction.

aesthetic [èsthètic], *see* **esthetic**.

afar [ᵉfâr] *adv.* loin, au loin.

affability [afᵉbíleti] *s.* affabilité, f. || **affable** [afᵉb'l] *adj.* affable.

affair [ᵉfèᵉr] *s.* affaire, f.; négoce, m.; chose, f.; événement, m.; fonction; *pl.* affaires, f.

affect [ᵉfèkt] *v.* affecter; émouvoir; afficher; feindre; influer sur. || **affectation** [afiktéʼshen] *s.* affectation, ostentation, f. || **affected** [ᵉfèktid] *adj.* affecté; ému; artificiel; feint; *well affected to*, bien disposé envers; *affected by*, influencé par; atteint de. || **affecting** [-ing] *adj.* émouvant, touchant. || **affection** [ᵉfèkshᵉn] *s.* affection, inclination; maladie, f. || **affectionate** [ᵉfèkshᵉnit] *adj.* affectueux.

affidavit [afᵉdéʼvit] *s.* affidavit, m.; déclaration sous serment, f.

affiliate [ᵉfiliéʼt] *v.* affilier; s'associer; adopter [child]; [ᵉfilit] *s.* compagnie associée, f.

affinity [ᵉfinᵉti] *s.** affinité, f.

affirm [ᵉfěrm] *v.* affirmer; soutenir; déclarer solennellement.

affirmative [ᵉfěrmᵉtiv] *adj.* affirmatif; *s.* affirmative, f.

affix [ᵉfiks] *v.* apposer [signature]; fixer; afficher; [afiks] *s.** affixe, m.

afflict [ᵉflikt] *v.* affliger, tourmenter. || **affliction** [ᵉflikshen] *s.* affliction, f.; chagrin, m.; *pl.* infirmités, f. pl.

affluence [aflouᵉns] *s.* opulence, affluence, f. || **affluent** [aflouᵉnt] *adj.* opulent, abondant; cossu; *s.* affluent, m. || **afflux** [aflœks] *s.* afflux, m.; affluence, f.

afford [ᵉfoᵒurd] *v.* donner, fournir; avoir les moyens de.

affray [ᵉfrèʼ] *s.* échauffourée, rixe, f.

affront [ᵉfrœnt] *s.* affront, m.; *v.* faire face à; affronter; insulter.

afield [ᵉfîld] *adv.* en campagne; *far afield*, très loin.

afire [ᵉfaᵢᵉr] *adj.* en feu; ardent.

afloat [ᵉfloᵒut] *adj., adv.* à flot, sur l'eau; en circulation [rumor].

afoot [ᵉfout] *adv.* à pied; sur pied; en cours; en route.

aforesaid [ᵉfoᵒursèd] *adj.* susdit; ci-dessus mentionné; en question. || **aforethought** [-thaut] *adj.* prémédité.

afoul [ᵉfaᵒul] *adj.* en collision; *to run afoul of*, emboutir.

afraid [ᵉfréʼd] *adj.* effrayé; hésitant; *to be afraid*, craindre, avoir peur (*of*, de).

afresh [ᵉfrèsh] *adv.* de nouveau.

after [aftᵉr] *prep.* après; d'après; *adv.* après, plus tard; *conj.* après que, quand; *adj.* ultérieur, postérieur; de l'arrière (naut.); *after my own liking*, d'après mon goût; *aftermath*, regain [crop]; répercussions, séquelles; *afterpiece*, baisser de rideau; *aftertaste*, arrière-goût; *afterthought*, réflexion après coup, explication ultérieure.

afternoon [aftᵉrnoᵘn] *s.* après-midi, m., f.

afterwards [aftᵉrwᵉrdz] *adv.* après, ensuite.

again [ᵉgèn] *adv.* de nouveau, aussi; *never again*, jamais plus; *now and again*, de temps à autre.

against [ᵉgènst] *prep.* contre; en vue de; *against the grain*, à contre-poil; *against a bad harvest*, en prévision d'une mauvaise récolte; *over against*, en face de.

age [éʼdj] *s.* âge, m.; époque; maturité; génération, f.; *of age*, majeur; *under age*, mineur; *v.* vieillir; *the Middle Ages*, le Moyen Age. || **aged** [-id] *adj.* âgé; vieux; âgé de; vieilli [wine]; *middle-aged*, entre deux âges.

agency [éʼdjensi] *s.** agence; action, activité; intervention, f. || **agent** [éʼdjent] *s.* agent; représentant; mandataire; moyen, m.

agenda [ᵉdjèndᵉ] *s.* ordre du jour; mémorandum; programme; agenda, m.

aggrandize [agrendaʼz] *v.* agrandir, accroître, exagérer.

aggravate [agrᵉvéʼt] *v.* aggraver; exaspérer. || **aggravation** [agrᵉvéʼshen] *s.* aggravation; irritation, f.

aggregate [agrigit] *s.* total; agrégat, m.; [agrigéʼt] *v.* réunir, rassembler; s'agréger. || **aggregation** [agrigéʼshen] *s.* agrégation; affiliation, foule, f.; assemblage, m.

aggression [ᵉgrèshen] *s.* agression, f. || **aggressive** [ᵉgrèsiv] *adj.* agressif. || **aggressor** [ᵉgrèsᵉr] *s.* agresseur, m.

aggrieve [ᵉgrîv] *v.* chagriner; léser.

aghast [ᵉgast] *adj.* épouvanté.

agile [adjᵉl] *adj.* agile. || **agility** [ᵉdjilᵉti] *s.* agilité, f.

agitate [adjᵉtéʼt] *v.* agiter, troubler; faire campagne pour; machiner; débattre [question]. || **agitation** [adjᵉtéʼshen] *s.* agitation; discussion; campagne, f. || **agitator** [adjᵉtéʼtᵉr] *s.* agitateur, m.

aglow [ᵉgloᵒu] *adj.* embrasé.

agnate [agnéʼt] *adj.* consanguin; apparenté; *s.* agnat, m.

ago [ᵉgoᵒᵘ] *adj., adv.* passé, écoulé; *many years ago,* il y a de nombreuses années; *how long ago?,* combien de temps y a-t-il?

agonize [agᵉnaⁱz] *v.* torturer; être au supplice; souffrir cruellement. ‖ *agony* [agᵉni] *s.** angoisse, f.; paroxysme, m.; agonie, f. (med.).

agree [ᵉgrî] *v.* s'entendre; être d'accord; consentir; convenir à; concorder; s'accorder (gramm.); *agreed,* d'accord. ‖ *agreeable* [-ebᵓl] *adj.* agréable, conforme; consentant; concordant. ‖ *agreement* [-mᵉnt] *s.* pacte, contrat; accord commercial, m.; convention, f.; *to be in agreement,* être d'accord; *as per agreement,* comme convenu.

agricultural [agrikœltshᵉrᵓl] *adj.* agricole. ‖ *agriculture* [agrikœltshᵉr] *s.* agriculture, f. ‖ *agriculturist* [-rist] *s.* agriculteur, m.

agued [éⁱgyoud] *adj.* fébrile, frissonnant.

ahead [ᵉhèd] *adv.* en avant; devant; de face; *adj.* avant; en avant; *to go ahead,* aller de l'avant; passer le premier; *to look ahead,* penser à l'avenir.

aheap [ᵉhîp] *adv.* en bloc, en tas.

aid [éⁱd] *s.* aide, assistance, f.; *v.* aider, secourir; *pl.* subsides, m. pl.

ail [éⁱl] *v.* faire mal; affecter douloureusement; *what ails you?,* qu'avez-vous? ‖ *ailment* [-mᵉnt] *s.* malaise, mal, m.; indisposition, f.

aim [éⁱm] *s.* but, m.; cible; trajectoire, f.; *v.* viser; pointer [weapon]; porter [blow]; diriger [effort]; *aimless,* sans but.

air [èᵉr] *s.* air, m.; brise; mine; allure, f.; *adj.* aérien; d'aviation; *v.* aérer; exposer; publier; exhiber; *airbed,* matelas pneumatique; *airborne,* aéroporté; *air-conditioning,* climatisation; *airfield,* terrain d'aviation; *air force,* aviation militaire; armée de l'air; *air hostess,* hôtesse de l'air; *airline,* ligne aérienne; *air mail,* poste aérienne; *air raid,* attaque aérienne; *airship,* aéronef; *by air mail,* par avion; *air terminal,* aérogare; *to be on the air,* émettre [radio]; *they put on airs,* ils se donnent des airs. ‖ *aircraft* [èrkraft] *s.* avion, appareil, m.; *aircraft carrier,* porte-avions. ‖ *airman* [èrmᵉn] *s.* aviateur, m. ‖ *airplane* [èrpléⁱn] *s.* avion, m. ‖ *airport* [èrpoᵒurt] *s.* aéroport, m. ‖ *airscrew* [èrskrou] *s.* hélice, f. ‖ *airship* [-ship] *s.* dirigeable, m. ‖ *airtight* [èrtaⁱt] *adj.* hermétique, imperméable à l'air, étanche. ‖ *airy* [èri] *adj.* aéré, ventilé; léger, gracieux; vain, en l'air.

aisle [aⁱl] *s.* bas-côté, m.; nef latérale, f.; passage central, m.

ajar [ᵉdjâr] *adj.* entrouvert.

akimbo [ᵉkimboᵒ] *adv.* arms akimbo, les poings sur les hanches.

akin [ᵉkin] *adj.* apparenté [*to,* à]; voisin, proche [*to,* de].

alarm [ᵉlârm] *s.* alarme, alerte; inquiétude, f.; *v.* alarmer, s'alarmer; effrayer; *alarm bell,* tocsin; *alarm box,* avertisseur d'incendie; *alarm clock,* réveille-matin.

alcohol [alkᵉhaul] *s.* alcool, m. ‖ *alcoholic* [-ik] *adj.* alcoolique. ‖ *alcoholism* [-izᵉm] *s.* alcoolisme, m.

alcove [alkoᵒuv] *s.* alcôve, f.

alderman [auldᵉrmᵉn] *s.* (*pl.* **aldermen** [mᵉn]) *s.* échevin; conseiller municipal, m.

ale [éⁱl] *s.* bière, ale, f.

alert [ᵉlë̈rt] *adj.* alerte, vif; *s.* alerte, f.; *v.* alerter.

alfalfa [alfafᵉ] *s.* luzerne, f.

algebra [aldjebre] *s.* algèbre, f.

alibi ['alibaⁱ] *s.* alibi, m.; excuse, f.

alien [éⁱlyen] *adj., s.* étranger. ‖ *alienate* [-è¹t] *v.* aliéner; détacher, éloigner. ‖ *alienation* [éⁱlyené¹shᵉn] *s.* aliénation, f.

alienist [éⁱlyenist] *s.* aliéniste, m.

alight [ᵉlaⁱt] *v.* descendre; mettre pied à terre; se poser [bird]; atterrir, amerrir (aviat.).

alight [ᵉlaⁱt] *adj.* allumé; éclairé.

align [ᵉlaⁱn] *v.* aligner; se mettre en ligne.

alike [ᵉlaⁱk] *adj.* semblable, pareil; *to be alike to,* être égal à; ressembler à; *adv.* également, de la même façon.

aliment ['alimᵉnt] *s.* aliment, m. ‖ *alimentary* [-eri] *adj.* alimentaire. ‖ *alimentation* [alimèné¹shᵉn] *s.* alimentation, f.

alimony [alimauni] *s.** pension alimentaire après divorce (jur.), f.

alive [ᵉlaⁱv] *adj.* vivant; vif; actif.

all [aul] *adᵢ.* tout, toute, tous; *adv.* entièrement; *all at once,* tout à coup; *all in,* fatigué; *all out,* complet; *all right,* bien, bon!; *not at all,* pas du tout; *most of all,* surtout; *all in all,* à tout prendre; *that's all,* voilà tout; *all over,* fini; *all-included,* tout compris; *all-in-wrestling,* catch, m.; *all-of-a-sudden,* primesautier; *all-purpose,* tous usages.

allay [ᵉléⁱ] *v.* apaiser, calmer.

allegation [alegé¹shᵉn] *s.* allégation; conclusions (jur.), f. ‖ *allege* [ᵉlèdj] *v.* alléguer, prétendre.

allegiance [ᵉlîdjens] *s.* fidélité; obéissance, allégeance, f.

allergy [alërdji] *s.** allergie, f.

alleviate [elîvié¹t] *v.* alléger; soulager. ‖ **alleviation** [elivié¹sh°n] *s.* allégement, soulagement, m.

alley [ali] *s.* passage, m.; ruelle, f.; *blind alley*, impasse; *to be up one's alley*, être dans ses cordes.

alliance [ela¹°ns] *s.* alliance, entente, f. ‖ **allied** [ela¹d] *adj.* allié; parent; connexe.

alligator [al°gé¹t°r] *s.* alligator, m.; *alligator pear*, poire avocat.

allocate [aloké¹t] *v.* assigner; allouer; *Am.* localiser.

allocution [alokyoush°n] *s.* allocution, f.

allot [elât] *v.* assigner, répartir.

allow [ela°u] *v.* accorder; approuver; allouer; permettre; admettre; *to allow for*, tenir compte de, faire la part de. ‖ **allowable** [-eb'l] *adj.* admissible; permis. ‖ **allowance** [-°ns] *s.* allocation; pension; indemnité; ration; remise; concession, tolérance, f.; rabais, m.; *monthly allowance*, mensualité; *travel(l)ing allowance*, indemnité de déplacement.

alloy [alo¹] *s.* alliage; mélange, m.; [°lo¹] *v.* allier; altérer; s'allier.

allude [elyoud] *v.* faire allusion.

allure [elyou°r] *v.* attirer; séduire, charmer. ‖ **allurement** [-m°nt] *s.* séduction, f.; charme, m. ‖ **alluring** [-ing] *adj.* séduisant.

allusion [°louj°n] *s.* allusion, f.

ally [ela¹] *v.* allier; unir; *to ally oneself with*, s'allier à; [ala¹] *s.** allié, m.

almanac [aulm°nak] *s.* almanach, m.

almighty [aulma¹ti] *adj.* omnipotent, tout-puissant.

almond [âm°nd] *s.* amande, f.

almost [aulmo°ust] *adv.* presque; quasi; *I had almost thrown myself...*, j'avais failli me jeter...

alms [âmz] *s.* aumône; charité, f.; *alms box*, tronc des pauvres, *alms-house*, hospice; *almsman*, vieillard assisté.

aloft [elauft] *adv.* en haut.

alone [elo°un] *adj.* seul; isolé; unique; *adv.* seulement; *to let alone*, laisser tranquille; ne pas s'occuper de; renoncer à.

along [elaung] *prep.* le long de; sur; *adv.* dans le sens de la longueur; *along with*, avec, joint à; ainsi que; *all along*, tout le temps, toujours; *come along!* venez donc! *to go along*, passer, s'en aller, longer. ‖ **alongside** [-sa¹d] *prep.*, *adv.* le long de; à côté de; *to come alongside*, accoster, aborder.

aloof [°louf] *adj.* à distance; à l'écart; séparé; distant, peu abordable.

‖ **aloofness** [-nis] *s.* froideur, réserve, indifférence; attitude distante, f.

aloud [ela°ud] *adv.* à haute voix.

alp [alp] *s.* alpe, f.; pâturage de montagne, m.; *the Alps*, les Alpes.

alphabet [alf°bèt] *s.* alphabet, m. ‖ **alphabetical** [alf°bétik'l] *adj.* alphabétique.

alpinist [alpinist] *s.* alpiniste, m., f.

already [aulrèdi] *adv.* déjà.

Alsace [alsas] *s.* Alsace, f. ‖ **Alsatian** [alsé¹sh°n] *adj.*, *s.* alsacien.

also [aulso] *adv.* de même façon; également; aussi; de plus.

altar [ault°r] *s.* autel, m.; *altar-cloth*, nappe d'autel, *altar-piece*, *altar-screen*, retable.

alter [ault°r] *v.* modifier; se modifier. ‖ **alteration** [aulteré¹sh°n] *s.* remaniement, m.; falsification, f.; changement, m.; modification, f.

altercation [ault°rké¹sh°n] *s.* altercation, f.

alternate [ault°rnit] *v.* alterner; *adj.* alterné, alternatif, réciproque. ‖ **alternately** [-li] *adv.* alternativement; tour à tour. ‖ **alternating** [-ing] *adj.* alternatif (électr.). ‖ **alternation** [ault°rné¹sh°n] *s.* alternance; alternative, f. ‖ **alternative** [ault°rné¹tiv] *s.* alternative, f.; *adj.* alternatif.

although [aulzho°u] *conj.* quoique, bien que; quand bien même.

altitude [alt°tyoud] *s.* altitude, f.

altogether [ault°gèzh°r] *adv.* entièrement; absolument; tout compris.

altruism [altrouiz'm] *s.* altruisme, m. ‖ **altruist** [-ist] *s.* altruiste, m., f.

alum [al°m] *s.* alun, m.; *v.* aluner.

alumine [elyoumin°] *s.* alumine, f. ‖ **aluminate** [-yé¹t] *v.* aluminer. ‖ **alumin(i)um** [-°m] *s.* aluminium, m.

alumnus [°læmn°s] (*pl.* **alumni** [-a¹]) *s.* diplômé; ancien élève, m.

always [aulwiz] *adv.* toujours.

am [am], *see* **to be.**

amalgamate [°malg°mé¹t] *v.* amalgamer, mélanger; fusionner [shares]. ‖ **amalgamation** [°malg°mé¹sh°n] *s.* mélange, m.; fusion, f.

amanuensis [°manyouènsis] (*pl.* *amanuenses*) *s.* secrétaire, m., f.

amass [°mas] *v.* amasser.

amateur [am°tshour] *s.* amateur, m.

amatory [am°tauri] *adj.* amoureux; d'amour; érotique.

amaze [°mé¹z] *v.* étonner; émerveiller; confondre. ‖ **amazement** [-m°nt] *s.* étonnement, émerveillement, m. ‖ **amazing** [-ing] *adj.* étonnant.

ambassador [àmbasse̸de̸r] *s.* ambassadeur, m.

amber [àmbe̸r] *s.* ambre, m.; *adj.* ambré; *v.* ambrer.

ambiance ['a̸nbya̸ns] *s.* ambiance, f.

ambiguity [àmbigyou̸eti] *s.** ambiguïté, équivoque, f. ‖ *ambiguous* [àmbígyou̸es] *adj.* ambigu.

ambition [àmbíshe̸n] *s.* ambition, aspiration, f. ‖ *ambitious* [àmbíshe̸s] *adj.* ambitieux.

amble [àmb'l] *s.* amble, m.; *v.* ambler; se promener.

ambulance [àmbye̸le̸ns] *s.* ambulance, f.; *Ambulance Corps,* Service sanitaire.

ambush [àmboush] *v.* embusquer; s'embusquer; surprendre dans une embuscade; *s.** embuscade, embûche, f.

ameliorate [e̸mĭlyeré̸it] *v.* améliorer; s'améliorer, f. ‖ *amelioration* [e̸mĭlye̸ré̸ishe̸n] *s.* amélioration, f.

amenable [e̸míne̸b'l] *adj.* soumis, docile; justiciable; responsable.

amend [e̸mé̸nd] *v.* modifier; corriger; s'amender; s'améliorer; *s. pl.* compensation, f.; dédommagement, m.; *to make amends for,* racheter, dédommager. ‖ *amendment* [e̸mé̸ndme̸nt] *s.* rectification, f.; amendement, m.; amélioration, f.

American [e̸mère̸ke̸n] *adj., s.* américain. ‖ *americanism* [-iz'm] *s.* américanisme, m.

amethyst [àme̸thist] *s.* améthyste, f.

amiable [é̸imie̸b'l] *adj.* aimable; affable; prévenant; amical.

amicable [àmik̸e̸b'l] *adj.* amical; à l'amiable [arrangement].

amid [e̸mĭd], **amidst** [-st] *prep.* au milieu de; parmi; entre.

amiss [e̸mĭs] *adv.* mal, de travers; *adj.* inconvenant; fautif; impropre; *to take amiss,* prendre mal.

amity [àme̸ti] *s.* amitié, bonnes relations (internationales), f.

ammonia [e̸mo̸ou̸nye̸] *s.* ammoniaque, f. ‖ *ammoniac* [-nyak] *adj.* ammoniac. ‖ *ammoniacal* [àmo̸ou̸na̸ike̸l] *adj.* ammoniacal.

ammunition [àmye̸níshe̸n] *s.* munitions, f.; moyens (m.) de défense.

amnesia [àmnĭjie] *s.* amnésie, f. ‖ *amnesic* [-sik] *adj., s.* amnésique, m., f.

amnesty [àmnĕsti] *s.** amnistie, f.; *v.* amnistier.

among [e̸mæng], **amongst** [-st] *prep.* au milieu de; entre; parmi; chez.

amorous [àme̸re̸s] *adj.* concupiscent; érotique; porté à l'amour; *amorously,* amoureusement.

amortize [e̸ma̸u̸rta̸iz] *v.* amortir [debt]. ‖ *amortization* [amo̸u̸rte̸zéi̸she̸n] *s.* amortissement, m.

amount [e̸ma̸ou̸nt] *v.* s'élever à; se chiffrer; équivaloir; *s.* total, m.; somme, f.; montant, m.; *in amount,* au total; *to the amount of,* jusqu'à concurrence de.

amour [e̸mo̸ou̸r] *s.* liaison, intrigue, affaire (f.) d'amour.

amphitheater [àmfe̸thíete̸r] *s.* amphithéâtre, m.

ample [àmp'l] *adj.* ample; spacieux; abondant; suffisant. ‖ *amplifier* [àmple̸fai̸e̸r] *s.* amplificateur, m. ‖ *amplify* [àmple̸fai̸] *v.* amplifier; s'étendre sur [subject].

ampoule [ampou̸l] *s.* ampoule (med.), f.

amputate [àmpye̸té̸it] *v.* amputer. ‖ *amputation* [àmpye̸té̸ishe̸n] *s.* amputation, f.

amuse [e̸myou̸z] *v.* amuser, divertir; tromper; s'amuser. ‖ *amusement* [-me̸nt] *s.* amusement, m. ‖ *amusing* [-ing] *adj.* amusant; *amusement park,* parc des attractions.

an [e̸n, àn] *indef. art.* un, une.

anachronic [ane̸kra̸unik] *adj.* anachronique. ‖ *anachronism* [e̸nàkre̸niz'm] *s.* anachronisme, m.

anaesthesia [anisthĭzye] *s.* anesthésie, f. ‖ *anaesthetic* [anisthétik] *adj.* insensibilisateur; *s.* anesthésique, m. ‖ *anaesthetize* [-ta̸iz] *v.* anesthésier.

analogical [àne̸lâdjike̸l] *adj.* analogique. ‖ *analogous* [e̸nàle̸ge̸s] *adj.* analogue. ‖ *analogy* [e̸nàle̸dji] *s.** analogie, f.

analysis [e̸nàle̸sis] (pl. *analyses* [-ĭz]) *s.* analyse, f. ‖ *analyze* [àne̸la̸iz] *v.* analyser.

anarchic [e̸nâ̸rkik] *adj.* anarchique. ‖ *anarchy* [àne̸rki] *s.* anarchie, f.

anatomy [e̸nàte̸mi] *s.** anatomie, f.; dissection, f.

ancestor [ànsèste̸r] *s.* ancêtre, m. ‖ *ancestral* [-tre̸l] *adj.* ancestral. ‖ *ancestry* [-tri] *s.* lignage, m.

anchor [àngke̸r] *s.* ancre, f.; *v.* ancrer, mouiller; attacher, fixer. ‖ *anchorage* [-ridj] *s.* ancrage; mouillage; (fig.) havre, m.

anchovy [àntshoo̸uvi] *s.** anchois, m.

ancient [é̸inshe̸nt] *adj.* ancien.

and [e̸nd, ànd] *conj.* et.

andiron [ànda̸ie̸n] *s.* chenet, m.

anecdote [ànikdoo̸ut] *s.* anecdote, f.

anemia [e̸nĭmie̸] *s.* anémie, f. ‖ *anemic* [e̸nĭmik] *adj.* anémique.

anemone [e̸némau̸ni] *s.* anémone, f.

anew [ᵉnyou] *adv.* de nouveau, à nouveau ; à neuf.

angel [éᵢndjᵉl] *s.* ange, m. ‖ *angelic* [àndjèlik] *adj.* angélique.

anger [ànggᵉr] *s.* colère, f.; *v.* irriter, courroucer.

angina [àndjaᵢnᵉ] *s.* angine, f.

angle [ànggᵉl] *s.* hameçon, m.; ligne, f.; *v.* pêcher à la ligne; essayer d'attraper. ‖ *angler* [-ᵉr] *s.* pêcheur à la ligne, m.

angle [ànggᵉl] *s.* angle ; point de vue ; aspect, m.; *v. Am.* former en angle; présenter sous un certain angle.

angry [ànggri] *adj.* irrité, fâché; en colère.

anguish [ànggwish] *s.** angoisse, f.; tourment, m.; *v.* angoisser.

animadversion [ànᵉmadvᵉrjᵉn] *s.* critique, f.; blâme, m.

animal [anᵉm'l] *adj.*, *s.* animal.

animate [ᵃnᵉmit] *v.* animer; encourager; stimuler; exciter; *adj.* animé, vivant. ‖ *animation* [anᵉméᵢshᵉn] *s.* animation; verve, f. ‖ *animator* [àniméᵢtᵉr] *s.* animateur, m.; animatrice, f.

animosity [anᵉmâseti] *s.* animosité, f.

anise [ᵃnis] *s.* anis, m.

ankle [àngk'l] *s.* cheville [foot], f.; *ankle-sock*, socquette.

annals [an'lz] *s. pl.* annales, f. pl.

annex [anèks] *v.* annexer, joindre; attacher; *s.** annexe, f. ‖ *annexation* [anèkséᵢshᵉn] *s.* annexion, f.

annihilate [ᵉnaᵢléᵢt] *v.* annihiler.

anniversary [anᵉvᵉrsᵉri] *adj.*, *s.** anniversaire.

annotate [anoᵒutéᵢt] *v.* annoter. ‖ *annotation* [anoᵒutéᵢshᵉn] *s.* annotation, note, f.

announce [ᵉnaᵒuns] *v.* annoncer; présager; prononcer. ‖ *announcement* [-mᵉnt] *s.* avertissement, avis, m.; annonce, f. ‖ *announcer* [-ᵉr] *s.* annoncier; speaker [radio] m.; *woman announcer,* speakerine.

annoy [ᵉnoᵢ] *v.* contrarier, importuner. ‖ *annoyance* [-ᵉns] *s.* désagrément, m.; vexation, f. ‖ *annoying* [-ing] *adj.* ennuyeux, contrariant; importun, gênant.

annual [ᵃnyouᵉl] *adj.* annuel; annuaire; *s.* plante annuelle, f.; *annually,* annuellement. ‖ *annuity* [ᵉnouᵉti] *s.** annuité, rente, f.

annulary [anyoulᵉri] *adj.*, *s.* annulaire.

annunciate [ᵉnœnshìéᵢt] *v.* annoncer. ‖ *annunciation* [ᵉncensiéᵢshᵉn] *s.* annonce; annonciation, f.

anoint [ᵉnoᵢnt] *v.* oindre; sacrer; administrer l'extrême-onction.

anon [ᵉnân] *adv.* immédiatement, bientôt, tout à l'heure.

anonymity [anonᵢmiti] *s.* anonymat, m. ‖ *anonymous* [ᵉnânᵉmᵉs] *adj.* anonyme.

another [ᵉnœzhᵉr] *adj.*, *pron.* un autre ; un de plus ; encore un ; autrui ; *one another,* l'un l'autre, les uns les autres ; réciproquement.

answer [ànsᵉr] *s.* réponse ; réplique ; solution [problem], f.; *v.* répondre ; réussir; être conforme à ; *to answer for,* répondre de ; *to answer the purpose,* faire l'affaire ; *to answer the door,* aller ouvrir. ‖ *answerable* [-ᵉb'l] *adj.* admettant une réponse ; réfutable ; solidaire ; responsable, garant ; soluble.

ant [ànt] *s.* fourmi, f.; *ant-eater,* fourmilier ; *ant-hill,* fourmilière.

antagonism [àntagᵉnizᵉm] *s.* antagonisme, m. ‖ *antagonist* [-nist] *s.* antagoniste, m. ‖ *antagonize* [-naᵢz] *v.* s'aliéner; offusquer.

antecedent [àntᵉsîd'nt] *s.* antécédent, m.; *adj.* antérieur; présumé.

antechamber [àntitshéᵢmbᵉr] *s.* antichambre, f.

antedate [antidéᵢt] *s.* antidate, f.; *v.* antidater; anticiper sur; devancer.

antenna [àntènᵉ] *pl.* antennæ [-nî] *s.* antenne, f.

anterior [antiᵉriᵉr] *adj.* antérieur.

anteroom [àntiroum] *s.* antichambre; salle d'attente, f.

anthem [ànthᵉm] *s.* antienne, f.; hymne, chant, m.

anthracite [ànthrᵉsaᵢt] *s.* anthracite, m.

antibiotic [antibaᵢautik] *s.* antibiotique, m.

antibody [-baudi] *s.** anticorps, m.

antic [antik] *s.* singerie; cabriole, f.; *v. Am.* faire des singeries (or) des cabrioles.

antidote [antidoᵒut] *s.* antidote, m.

anticipate [àntᵢsᵉpéᵢt] *v.* anticiper; empiéter; prévoir; s'attendre à. ‖ *anticipation* [àntisᵉpéᵢshᵉn] *s.* anticipation; prévision, f.

antipathy [àntipᵉthi] *s.* antipathie, f.

antiquary [àntikwᵉri] *s.** antiquaire, m., f. ‖ *antiquity* [àntíkwᵉti] *s.** antiquité, f.

antiseptic [àntᵉsèptik] *adj.*, *s.* antiseptique.

antler [àntl⁽ᵉʳ⁾] s. andouiller, bois, m.

anvil [ànvil] s. enclume, f.

anxiety [àngzaⁱeti] s. anxiété, inquiétude, f. ‖ **anxious** [àngkshⁱᵉs] adj. inquiet; désireux; inquiétant; pénible; **anxiously,** anxieusement.

any [èni] adj., pron. quelque; du, de, des; de la; en; quiconque; aucun; nul; personne; n'importe quel; adv. si peu que ce soit; any way, n'importe comment; de toute façon; any time, à tout moment.

anybody [ènibâdi] pron. quelqu'un; personne; n'importe qui.

anyhow [ènihaᵒᵘ] adv. en tout cas.

anyone [èniwⁱᵉn] pron. = anybody.

anything [ènithing] pron. quelque chose; n'importe quoi; rien; adv. un peu; si peu que ce soit.

anyway [èniwé¹] adv. en tout cas.

anywhere [ènihwèⁱʳ] adv. n'importe où; quelque part; nulle part.

apart [epârt] adv. à part, à l'écart; séparé; to move apart, se séparer; s'écarter; to tell apart, distinguer; to set apart, mettre de côté; différencier.

apartment [epârtmⁱᵉnt] s. appartement, m.; Br. grande pièce; salle, f.; pl. logement, m.; **apartment-house,** maison meublée.

apathetic [apethétik] adj. apathique, indifférent; **apathy,** apathie.

ape [éⁱp] s. singe, m.; guenon, f.; v. imiter, singer.

aperture [apⁱᵉrtshⁱᵉr] s. ouverture, f.

apex [éⁱpèks] s.* sommet; bout [finger], m.; apogée [glory], m.

apiece [epîs] adv. la pièce; chacun.

apocalypse [epokⁱlips] s. apocalypse, f. [eccles.].

apologetic [epâlᵉdjètik] adj. relatif à des excuses; **apologetically,** en s'excusant. ‖ **apologize** [epâlᵉdjaⁱz] v. s'excuser. ‖ **apology** [epâlᵉdji] s.* apologie; excuse, f.; semblant, substitut, m.; amende honorable, f.

apoplexy [apᵉplèksi] s. apoplexie, f.

apostasy [epaustᵉsi] s. apostasie, f. ‖ **apostatize** [-tᵉtaⁱz] v. apostasier.

apostle [epâs'l] s. apôtre, m. ‖ **apostleship** [-ship] s. apostolat, m. ‖ **apostolic(al)** [epᵉstâlik('l)] adj. apostolique.

apostrophe [epaustrⁱfi] s. apostrophe, f.; **apostrophize,** apostropher.

appal [epaul] v. terrifier. ‖ **appalling** [-ing] adj. terrifiant.

apparatus [apⁱréⁱtᵉs] s.* appareil; attirail, m.

apparel [eparⁱl] s. habillement, m.; v. vêtir; équiper; orner.

apparent [eparⁱnt] adj. apparent, évident; heir apparent, héritier présomptif. ‖ **apparently** [-li] adv. apparemment, visiblement. ‖ **apparition** [apⁱrishⁱn] s. apparition, f.; fantôme, spectre, m.

appeal [epîl] v. interjeter appel [law]; implorer; en appeler à; avoir recours à; attirer; s. appel; attrait; recours, m.; does that appeal to you? est-ce que cela vous dit quelque chose?

appear [epiⁱr] v. apparaître, paraître; comparaître; sembler; se manifester; it appears that, il appert que (jur.). ‖ **appearance** [apîrⁱns] s. aspect, m.; apparence; publication; représentation; comparution, f.; semblant, m.; first appearance, début [artist].

appease [epîz] v. apaiser. ‖ **appeasement** [epîzmⁱnt] s. apaisement, m.; conciliation, f.

appellant [epèlⁱnt] adj., s. appelant (jur.). ‖ **appellation** [apelé¹shⁱn] s. appellation, f.; titre, m. ‖ **appellee** [apelî] s. intimé (jur.), m.

append [epènd] v. annexer, joindre; apposer. ‖ **appendicitis** [ependisaⁱtis] s. appendicite, f. ‖ **appendix** [epèndiks] s.* appendice, m.

appertain [apⁱrté¹n] v. appartenir.

appetite [apⁱta¹t] s. appétit; désir, m. ‖ **appetizer** [apⁱta¹zer] s. apéritif, m. ‖ **appetizing** [apⁱta¹zing] adj. appétissant.

applaud [eplaud] v. applaudir; approuver. ‖ **applause** [eplauz] s. applaudissements, m. pl.

apple [ap'l] s. pomme, f.; apple of the eye, prunelle de l'œil; apple-pie, chausson aux pommes; in apple-pie order, en ordre parfait; apple-polish, v. Am. faire de la lèche à; apple-polisher, s. Am. lèche-bottes, m.; apple-sauce, compote de pommes; flagornerie; Am. boniments; Am. blague (slang).

appliance [epla¹ⁿs] s. mise en pratique, f.; engin; appareil, m.

applicable [aplikⁱb'l] adj. applicable. ‖ **applicant** [aplⁱkⁱnt] s. postulant, candidat; demandeur (jur.), m. ‖ **application** [aplⁱké¹shⁱn] s. application; demande d'emploi; démarche, f.

apply [epla¹] v. appliquer; infliger; diriger vers; to apply oneself to, s'appliquer à; to apply for, faire une demande, une démarche; solliciter; to apply to, s'adresser à.

appoint [epo¹nt] v. désigner; assigner; nommer; établir, instituer; décider; résoudre; équiper. ‖ **appointment** [epo¹ntmⁱnt] s. nomination; situation, f.; rendez-vous, m.; pl. équipement, m.; installation, f.; mobilier, m.

apportion [ᵉpoᵒᵘrshᵉn] v. répartir, distribuer; proportionner. ‖ *apportionment* [-mᵉnt] s. répartition, f.; prorata, m.

appraisal [ᵉpréᵻz'l] s. estimation, évaluation, f. ‖ *appraise* [ᵉpréᵻz] v. évaluer; estimer. ‖ *appraiser* [-ᵉr] s. commissaire-priseur, m.

appreciable [ᵉprîshieᵇ'l] adj. appréciable. ‖ *appreciate* [ᵉprîshiéᵻt] v. apprécier; augmenter [price]; *Am.* être reconnaissant de. ‖ *appreciation* [ᵉprîshiéᵻshᵉn] s. appréciation; hausse [price], f.; *Am.* reconnaissance, f.

apprehend [aprihὲnd] v. appréhender; arrêter; comprendre; supposer. ‖ *apprehension* [aprihὲnshᵉn] s. arrestation; compréhension; crainte, f. ‖ *apprehensive* [-siv] adj. inquiet; anxieux; compréhensif, vif, perceptif.

apprentice [ᵉprὲntis] s. apprenti; élève; stagiaire, m., f.; v. mettre en apprentissage. ‖ *apprenticeship* [-ship] s. apprentissage, m.

approach [ᵉproᵒᵘtsh] v. approcher; aborder; s'approcher de; s. approche, f.; abord, m.; proximité, f.; pl. avances, f.; accès, abords; travaux d'approche, m. ‖ *approachable* [-ᵉb'l] adj. approchable, accessible; abordable.

approbation [aprᵉbéᵻshᵉn] s. approbation, f.

appropriate [ᵉproᵒᵘpriéᵻt] v. s'approprier; affecter à; attribuer; [ᵉproᵒᵘpriit] adj. approprié, indiqué. ‖ *appropriation* [ᵉproᵒᵘpriéᵻshᵉn] s. somme affectée; destination [sum], f.; crédit, m.; (jur.) détournement, m.

approval [ᵉproᵘv'l] s. approbation, ratification, f. ‖ *approve* [ᵉproᵘv] v. approuver; consentir; *to approve oneself,* se montrer. ‖ *approving* [-ing] adj. approbateur; approbatif.

approximate [ᵉpráksᵉméᵻt] v. approcher, rapprocher; [ᵉpráksᵉmit] adj. proche; approximatif. ‖ *approximately* [-li] adv. presque, environ, approximativement. ‖ *approximation* [ᵉprauksiméᵻshᵉn] s. approximation, f.; rapprochement, m. ‖ *approximative* [-mᵉtiv] adj. approximatif.

appurtenance [ᵉpᵉrt'nᵉns] s. propriété; dépendances; suite, f.

apricot [éᵻprikât] s. abricot, m.

April [éᵻprᵉl] s. avril, m.; *April fool joke,* poisson d'avril.

apron [éᵻprᵉn] s. tablier, m.

apt [apt] adj. apte à; sujet à; doué pour; enclin à; habile. ‖ *aptitude* [aptᵉtyoud] s. aptitude, capacité, f.

aquarium [ᵉkwèriᵉm] s. aquarium, m.

aquatic [ᵉkwatik] adj. aquatique; s. plante, sport aquatique.

aqueduct [akwidœkt] s. aqueduc, m.

Arab [arᵉb] adj., s. arabe.

Arabia [ᵉréᵻbyᵉ] s. Arabie, f. ‖ *Arabian* [-n] adj. arabe.

arbiter [ârbitᵉr] s. arbitre, m. ‖ *arbitrament* [ârbᵻtrᵉmᵉnt] s. arbitrage, m.; sentence, f. ‖ *arbitrary* [ârbᵉtrὲri] adj. arbitraire. ‖ *arbitrate* [ârbᵉtréᵻt] v. arbitrer. ‖ *arbitration* [ârbᵉtréᵻshᵉn] s. arbitrage, m. ‖ *arbitrator* [ârbᵉtréᵻtᵉr] s. arbitre, juge, m.

arbor [ârbᵉr] s. verger; bosquet, m.

arc [ârk] s. arc, m.

arcade [ârkéᵻd] s. arcade, f.

arch [ârtsh] s.* arche; voûte, f.; arc (geom.), m.; v. jeter un pont, une arche; arquer, courber; adj. maniéré; pref. principal.

archaic [ârkéᵻik] adj. archaïque. ‖ *archaism* [ârkiizᵉm] s. archaïsme, m.

archbishop [âtshbishᵉp] s. archevêque, m. ‖ *archbishopric* [-rik] s. archevêché; archiépiscopat, m.

archipelago [ârkᵉpὲlᵉgoᵒᵘ] s. archipel, m.

architect [ârkᵉtὲkt] s. architecte, m. ‖ *architecture* [ârkᵉtὲktshᵉr] s. architecture, f.

archives [âkaᵻvz] s. pl. archives, f. pl.

archway [ârtshwéᵻ] s. voûte, f.

arctic [ârktik] adj. arctique.

ardent [ârd'nt] adj. ardent; passionné; *ardent spirits,* spiritueux. ‖ *ardo(u)r* [ârdᵉr] s. ardeur, ferveur, f.; zèle, m.

arduous [ârdjoᵘs] adj. ardu.

are [âr] pl. indic. of *to be;* sommes, êtes, sont.

area [ὲriᵉ] s. aire, superficie; région (mil.); cour, f.; quartier, m.

arena [ᵉrînᵉ] s. arène, f.; sable, gravier (med.), m.

argue [ârgyou] v. argumenter; débattre; soutenir [opinion]; prouver; *to argue down,* réduire au silence; *to argue into,* persuader. ‖ *argument* [ârgyᵉmᵉnt] s. argument, m.; preuve; argumentation; discussion, f.; débat, m.; sommaire; (jur.) plaidoyer, m.; thèse, f.

arid [arid] adj. aride, sec. ‖ *aridity* [ᵉridᵉti] s. sécheresse, aridité, f.

arise [ᵉraᵻz] v.* se lever; s'élever; surgir; provenir; se produire; se révolter (*against,* contre). ‖ *arisen* [ᵉriz'n] p. p. of *to arise.*

aristocracy [arᵉstâkrᵉsi] s.* aristocratie; élite, f. ‖ *aristocrat* [ᵉristᵉkrat] s. aristocrate, m., f. ‖ *aristocratic* [ᵉristᵉkratik] adj. aristocratique.

arithmetic [ᵉrithmᵉtik] s. arithmétique, f.

ark [ârk] *s.* arche, f.; *Noah's ark,* arche de Noé.

arm [ârm] *s.* arme, f.; *v.* (s')armer.

arm [ârm] *s.* bras, m.; *arm in arm,* bras dessus, bras dessous; *at arm's length,* à bout de bras; *arm-hole,* emmanchure.

armada [ârmâd^e] *s.* flotte, escadre, f.

armament [ârm^em^ent] *s.* armement, m.

armature [ârm^etsh^er] *s.* arme, armature (arch.); armure (electr.), f.

armchair [ârmtshèr] *s.* fauteuil, m.

armful [ârmf^el] *s.* brassée, f.

armistice [ârm^estis] *s.* armistice, m.

armo(u)r [ârm^er] *s.* armure; cuirasse, f.; blindage, m.; *v.* cuirasser, blinder. ‖ *armo(u)red* [ârm^erd] *p. p.* blindé, cuirassé. ‖ *armourer* [-r^er] *s.* armurier, m. ‖ *armo(u)ry* [ârm^eri] *s.** armurerie, f.; arsenal, m.; armes, f. pl.; *Am.* fabrique (f.) d'armes.

armpit [ârmpit] *s.* aisselle, f.

army [ârmi] *s.** armée; multitude, f.; *adj.* militaire; de l'armée; *army area,* zone de l'armée; *to enter the army,* entrer dans l'armée; *Am. army hostess,* cantinière.

aroma [^eroo^um^e] *s.* arome, m. ‖ *aromatic* [^ar^ematik] *adj.* aromatique. ‖ *aromatise* [^aroo^umeta^iz] *v.* aromatiser.

arose [ero^ouz] *pret. of* **to arise.**

around [era^ound] *adv.* autour, alentour; de tous côtés; *prep.* autour de; *Am.* à travers; çà et là; dans.

arouse [era^ouz] *v.* (r)éveiller; stimuler, provoquer, susciter.

arraign [^eré^in] *v.* traduire en justice; accuser. ‖ *arraignment* [-m^ent] *s.* mise en accusation, f.

arrange [^eré^indj] *v.* arranger; disposer; régler [business]; convenir de; fixer; s'entendre pour. ‖ *arrangement* [^eré^indjm^ent] *s.* arrangement; préparatif, m.; transaction; organisation; combinaison, mesure, f.

array [^eré^i] *v.* ranger; disposer; orner; faire l'appel (mil.) ‖ *s.* ordre, m.; formation [battle], f.; troupe, f.; vêtements; gala, m.; constitution de jury, f.

arrear [^eri^er] *s.* retard, m.; *pl.* arrérages, m.

arrest [^erèst] *v.* arrêter; fixer; surseoir; retenir [attention]; prévenir [danger]; *s.* arrêt, m.; arrestation, f.; surséance (jur.), f.; arrêts (mil.), m. pl.

arrival [^era^iv'l] *s.* arrivée, f.; arrivage, m. ‖ *arrive* [^era^iv] *v.* arriver; aboutir; survenir.

arrogance [^ar^eg^ens] *s.* arrogance, f. ‖ *arrogant* [^ar^eg^ent] *adj.* arrogant.

arrogate [^ar^egé^it] *v.* s'arroger; attribuer. ‖ *arrogation* [^ar^egé^ish^en] *s.* usurpation; prétentions injustifiées, f.

arrow [^aro^ou] *s.* flèche, f.; *arrow-root,* marante.

arsenal [ârs'n^el] *s.* arsenal, m.

arsenic [ârs^enik] *s.* arsenic, m.

arson [ârs'n] *s.* crime d'incendie volontaire, m.

art [ârt] *s.* art; artifice, m.; ruse, f.; *fine arts,* beaux-arts.

arterial [âti^eri^el] *adj.* artériel; national [road]. ‖ *artery* [ârt^eri] *s.** artère; grande route, f.; fleuve navigable, m.

artful [ârtf^el] *adj.* ingénieux, adroit; rusé; artificiel.

arthritis [âthra^itis] *s.* arthrite, f. ‖ *arthrosis* [-thro^ousis] *s.* arthrose, f.

artichoke [ârtitsho^ouk] *s.* artichaut; *Jerusalem artichoke,* topinambour.

article [ârtik'l] *s.* article, m.; *pl.* contrat d'apprentissage, m.; rôle d'équipage (naut.), m.; *v.* mettre en apprentissage; stipuler; passer un contrat (naut.); accuser (jur.).

articulate [ârt^iky^elit] *adj.* articulé; manifeste; intelligible; [ârt^iky^elé^it] *v.* articuler; énoncer. ‖ *articulation* [ârt^iky^elé^ish^en] *s.* articulation, f.

artifice [ârt^efis] *s.* artifice, m.; ruse, f. ‖ *artificial* [ârt^efish^el] *adj.* artificiel; feint; affecté.

artillery [ârt^il^eri] *s.* artillerie, f.; *artillery-man,* artilleur.

artisan [ârt^ez'n] *s.* artisan, m.

artist [ârtist] *s.* artiste, m., f. ‖ *artistic* [ârt^istik] *adj.* artistique; *artistically,* artistiquement, avec art.

artless [ârtlis] *adj.* peu artistique; gauche; candide; sans artifice; naturel. ‖ *artlessness* [-nis] *s.* ingénuité, f.

as [^ez] *adv., conj., prep.* comme; si, aussi; ainsi que; tant que; de même que; puisque; en tant que; *as regards, as for,* quant à; *as if,* comme si; *as it were,* pour ainsi dire; *the same as,* le même que.

ascend [^esènd] *v.* monter; s'élever. ‖ *ascendancy* [-^ensi] *s.* ascendant, m. ‖ *ascension* [^esènsh^en] *s.* ascension, f. ‖ *ascent* [^esènt] *s.* ascension, montée; remontée, f.

ascertain [^esèrté^in] *v.* vérifier; confirmer; s'informer; constater.

ascetic [^esétik] *adj.* ascétique; *s.* ascète, m. ‖ *asceticism* [-isiz'm] *s.* ascétisme, m.; ascèse, f.

ascribe [^eskra^ib] *v.* attribuer; imputer.

asepsis [^esepsis] *s.* asepsie, f. ‖ *asepticize* [-tisa^iz] *v.* aseptiser.

ash [ash] *s.** frêne, m.

ash [ash] *s.* cendre, f.; *v.* réduire en cendres; *ash-colo(u)red*, cendré; *ash-tray*, cendrier; *Ash Wednesday*, mercredi des Cendres.

ashamed [ᵉshé¹md] *adj.* honteux.

ashore [ᵉshoºuʳ] *adv.* à terre; sur terre; échoué; à la côte; *to ashore*, débarquer.

aside [ᵉsa¹d] *adv.* à part; à l'écart; de côté; *Am.* en dehors de, à côté de; *aside from*, *Am.* outre, en plus de; *s.* aparté [theater], m.

ask [ask] *v.* demander; solliciter; inviter; poser [question]; *to ask somebody for something*, demander quelque chose à quelqu'un.

askance [ᵉskàns] *adv.* de travers, de côté, du coin de l'œil.

asleep [ᵉslîp] *adj.* endormi; engourdi; *to fall asleep*, s'endormir; *to be asleep*, dormir.

aslope [ᵉsloºup] *adv., adj.* en pente.

asparagus [ᵉsparᵉgᵉs] *s.* asperge, f.; *asparagus fern*, asparagus.

aspect [aspèkt] *s.* aspect; air, m.; physionomie; orientation, exposition, f.; *in its true aspect*, sous son vrai jour, sous son angle véritable.

aspen [aspᵉn] *s.* tremble [tree], m.

asperity [aspériti] *s.* aspérité, f.; rigueur, âpreté, f.

asphalt [asfault] *s.* asphalte, m.

asphyxiate [asfiksié¹t] *v.* asphyxier. ‖ *asphyxia* [-siᵉ] *s.* asphyxie, f.

aspiration [aspéré¹shᵉn] *s.* aspiration, f.; souffle, m. ‖ *aspirator* [aspᵉré¹tᵉʳ] *s.* aspirateur, m. ‖ *aspire* [ᵉspa¹r] *v.* aspirer; exhaler; ambitionner; se porter [ambition].

ass [as] *s.* âne, imbécile (fam.), m.; *she-ass*, ânesse.

assail [ᵉsé¹l] *v.* assaillir, attaquer. ‖ *assailant* [ᵉsé¹lᵉnt] *s.* agresseur, assaillant, m.

assassin [ᵉsassin] *s.* assassin, m. ‖ *assassinate* [ᵉsas'né¹t] *v.* assassiner. ‖ *assassination* [ᵉsas'né¹shᵉn] *s.* assassinat, m.

assault [ᵉsault] *s.* assaut (mil.), m.; agression (jur.); attaque, f.; *v.* assaillir, attaquer. ‖ *assaulter* [-ᵉʳ] *s.* assaillant, agresseur, m.

assay [ᵉsé¹] *s.* essai [metal], m.; analyse; vérification [weight, quantity], f.; *v.* faire l'essai; titrer; essayer, tenter.

assemble [ᵉsèmb'l] *v.* assembler; ajuster, monter; se réunir. ‖ *assembly* [ᵉsèmbli] *s.* réunion; assemblée, f.; montage, m.

assent [ᵉsènt] *v.* acquiescer, adhérer; *s.* assentiment, m.

assert [ᵉsëʳt] *v.* revendiquer; affirmer. ‖ *assertion* [ᵉsëʳshᵉn] *s.* revendication; affirmation, f. ‖ *assertive* [-tiv] *adj.* affirmatif; péremptoire, cassant.

assess [ᵉsès] *v.* imposer; évaluer; assigner; taxer. ‖ *assessment* [-mᵉnt] *s.* taxation; évaluation; imposition, f.; *reduction of assessment*, dégrèvement d'impôt.

asset [asèt] *s.* qualité, f.; avantage, m.; *pl.* avoirs; actif, capital, m.

assiduity [asᵉdyoᵘeti] *s.* assiduité, f. ‖ *assiduous* [ᵉsidjouᵉs] *adj.* assidu; empressé.

assign [ᵉsa¹n] *v.* attribuer; affecter (mil.); alléguer [reason]; assigner; nommer; transférer [law]. ‖ *assignment* [ᵉsa¹nment] *s.* attribution; cession; affectation (mil.), f.; transfert [property]; *Am.* devoir (educ.), m.

assimilate [ᵉsim'lé¹t] *v.* assimiler; comparer; s'assimiler. ‖ *assimilation* [ᵉsimilé¹shᵉn] *s.* assimilation, f.

assist [ᵉsist] *v.* assister, aider; faciliter; contribuer à. ‖ *assistance* [ᵉsistᵉns] *s.* assistance; aide, f. ‖ *assistant* [ᵉsistᵉnt] *adj., s.* assistant; adjoint, aide; auxiliaire.

assizes [ᵉsa¹ziz] *s. pl.* assises, f. pl.; tribunal, m.

associate [ᵉsoºushiit] *adj.* associé; *s.* associé; compagnon; confrère, collègue; complice, m.; titre académique; [ᵉsoºushié¹t] *v.* associer; s'associer. ‖ *association* [ᵉsoºusié¹shᵉn] *s.* association; société, f.; *pl.* relations, f.

assort [ᵉsauʳt] *v.* classer, trier; assortir; être assorti; fréquenter. ‖ *assortment* [ᵉsauʳtmᵉnt] *s.* classement; tri; assortiment, m.

assuage [ᵉswé¹dj] *v.* assouvir, satisfaire [hunger]; étancher [thirst]; soulager [pain]; apaiser [anger].

assume [ᵉsoᵘm] *v.* assumer; prendre; s'emparer de; s'arroger; feindre; présumer. ‖ *assumed* [-d] *adj., p. p.* feint; d'emprunt [name].

assumption [ᵉsæmpshᵉn] *s.* prétention; hypothèse; action d'assumer; Assomption, f.

assurance [ᵉshourᵉns] *s.* affirmation, conviction; promesse; assurance, garantie, f.

assure [ᵉshour] *v.* assurer; certifier. ‖ *assuredly* [-idli] *adv.* assurément; avec assurance.

asterisk [astᵉrisk] *s.* astérisque, m.

astern [ᵉstëʳn] *adv.* à l'arrière; *en* arrière; *adj.* arrière.

asthma [asmᵉ] *s.* asthme, m.

astonish [ᵉstànish] *v.* confondre; étonner. ‖ *astonishing* [-ing] *adj.* étonnant; surprenant. ‖ *astonishment* [-mᵉnt] *s.* étonnement, m.

astound [está°und] *v.* stupéfier.

astray [estré¹] *adv.* hors du chemin; perdu; de travers; dérangé; erroné; *to go astray,* s'égarer; *adj.* égaré.

astride [estra¹d] *adv.* à cheval; à califourchon; jambes écartées.

astringent [estrindjent] *adj.* astringent; austère; *s.* astringent, m.

astrologer [astraulaudjer] *s.* astrologue, m. ‖ *astrology* [-lᵉdji] *s.* astrologie, f.

astronomer [estrânᵉmᵉr] *s.* astronome, m. ‖ *astronomy* [estrânᵉmi] *s.* astronomie, f.

astute [estyout] *adj.* fin, rusé, sagace.

asunder [esᵉcændᵉr] *adj.* séparé; écarté; *adv.* coupé en deux.

asylum [esa¹lᵉm] *s.* asile; hospice, hôpital, m.

at [at] *prep.* à; au; de; dans; chez; sur; par; *I live at my brother's,* j'habite chez mon frère; *at hand,* à portée de la main; *at sea,* en mer; *at any rate,* en tout cas; *at any sacrifice,* au prix de n'importe quel sacrifice; *at last,* enfin; *at this,* sur ce.

atavism [atᵉviz'm] *s.* atavisme, m.

ate [é¹t] *pret. of* to eat.

atheist [e¹thiist] *s.* athée, m.

athlete [athlīt] *s.* athlète, m. ‖ *athletic* [athlètik] *adj.* athlétique. ‖ *athletics* [athlètiks] *s.* gymnastique, f.; athlétisme, m.

atmosphere [atmᵉsfiᵉr] *s.* atmosphère, f. ‖ *atmospheric* [atmᵉsfèrik] *adj.* atmosphérique.

atoll [atǎl] *s.* atoll, m.

atom [atᵉm] *s.* atome, m.; molécule, f.; *atom bomb,* bombe atomique; *atom free,* dénucléarisé. ‖ *atomic* [etâmik] *adj.* atomique. ‖ *atomist* [-ist] *s.* atomiste, m. ‖ *atomize* [-a¹z] *v.* atomiser, pulvériser, vaporiser.

atone [eto°un] *v.* expier; racheter; compenser; concilier. ‖ *atonement* [-mᵉnt] *s.* réconciliation; compensation; expiation; rédemption, f.

atrocious [etro°ushᵉs] *adj.* atroce. ‖ *atrocity* [etrâsᵉti] *s.* ∗ atrocité, f.

atrophy [atrᵉfi] *s.* atrophie, f.; *v.* atrophier.

attach [etatsh] *v.* attacher; imputer; saisir [law]. ‖ *attachment* [-mᵉnt] *s.* attachement, m.; saisie-arrêt, f. (jur.); embargo, m.

attack [etak] *v.* attaquer; entamer; commencer; *s.* attaque, offensive, f. ‖ *attacker* [-ᵉr] *s.* assaillant, m.

attain [eté¹n] *v.* atteindre; acquérir; parvenir à. ‖ *attainder* [-dᵉr] *s.* condamnation [treason]; flétrissure, f. ‖ *attainment* [-mᵉnt] *s.* acquisition;

réalisation; connaissances, f.; savoir, m.; *classical attainments,* culture classique.

attempt [etᵉmpt] *s.* tentative, f.; effort; essai; attentat, m.; *v.* tenter; tâcher; attenter à.

attend [etᵉnd] *v.* faire attention [to, à]; suivre [lessons]; assister à [lectures]; vaquer à [work]. ‖ *attendance* [-ᵉns] *s.* présence; assistance, f.; soins (med.); service [hotel], m. ‖ *attendant* [-ᵉnt] *adj.* résultant, découlant de; au service de; *s.* assistant, aide; serviteur, garçon, m.; ouvreuse; *pl.* suite, f.

attention [etᵉnshᵉn] *s.* attention, f.; égards, m.; garde-à-vous (mil.), m.; *to pay attention to,* faire attention à. ‖ *attentive* [etᵉntiv] *adj.* attentif.

attenuate [etᵉ¹nyoué¹t] *v.* atténuer; amaigrir. ‖ *attenuation* [etᵉ¹nyoué¹-shᵉn] *s.* atténuation, f.

attest [etᵉst] *v.* attester; *s.* témoignage, m.; attestation, f. ‖ *attestation* [atèsté¹shᵉn] *s.* attestation, f.

attic [atik] *s.* mansarde, f.; grenier, m.

attire [eta¹r] *s.* vêtement, m.; parure, f.; *v.* orner, parer; vêtir.

attitude [atᵉtyoud] *s.* attitude, f.

attorney [etᵉ̈rn¹] *s.* avoué; mandataire, m.; *by attorney,* par procuration; *Attorney-general,* procureur général; *Am.* procureur du gouvernement; *public attorney,* procureur de la République.

attract [etrakt] *v.* attirer. ‖ *attraction* [-shᵉn] *s.* attrait, m.; séduction, f. ‖ *attractive* [-tiv] *adj.* attrayant, séduisant.

attribute [atrᵉbyout] *s.* attribut, m.; [etribyout] *v.* attribuer, imputer. ‖ *attribution* [atribyoushᵉn] *s.* attribution; prérogative, f.

attune [etyoun] *v.* accorder; harmoniser (to, avec).

auburn [aubᵉ̈rn] *adj.* brun-rouge.

auction [aukshᵉn] *s.* enchère, f.; *v.* vendre aux enchères; *Am. auction-room,* salle des ventes. ‖ *auctioneer* [aukshᵉn¹ᵉr] *s.* commissaire-priseur; courtier inscrit, m.

audacious [audé¹shᵉs] *adj.* audacieux. ‖ *audacity* [audasᵉti] *s.* audace, f.

audible [audᵉb'l] *adj.* perceptible [ear]. ‖ *audience* [audiᵉns] *s.* audience [hearing], f.; spectateurs; auditoire [hearers], m.; assistance, f. ‖ *audio-visual* [audio°uvizyoueᵉl] *adj.* audio-visuel. ‖ *audit* [audit] *v.* apurer; vérifier; *s.* bilan; apurement, m.; vérification, f.; *audit-office,* cour des comptes. ‖ *audition* [audishᵉn] *s.* audition; ouïe, f. ‖ *auditor* [auditᵉr] *s.* auditeur ; vérificateur, *m.* ‖ **auditorium** [aud°to°uri°m] *s.* salle de conférences ou de concerts, *f.* ; parloir, *m.* ‖ **auditory** [-t°ri] *adj.* auditif ; *s.* auditoire ; auditorium, *m.*

auger [aug°r] *s.* tarière ; sonde, *f.*

aught [aut] *pron., s.* quelque chose ; rien ; *for aught I know,* pour autant que je sache.

augment [augmènt] *s.* accroissement, *m.* ; [augmènt] *v.* augmenter. ‖ **augmentation** [augmènté¹sh°n] *s.* augmentation, *f.*

augur [aug°r] *s.* augure, *m.* ; *v.* augurer.

august [augèst] *adj.* auguste ; *s.* août, *m.*

auk [auk] *s.* pingouin, *m.*

aunt [ânt] *s.* tante, *f.*

auscultate [auskœlté¹t] *v.* ausculter.

auspices [auspisiz] *s.* auspices, *m.* ‖ **auspicious** [auspish°s] *adj.* propice, favorable ; prospère, fortuné.

austere [austi°r] *adj.* austère. ‖ **austerity** [austèr°ti] *s.* austérité *f.* ; *austerity plan,* plan de restrictions.

authenticate [authéntiké¹t] *v.* authentifier ; certifier ; homologuer ; valider. ‖ **authenticity** [auth°ntis°ti] *s.* authenticité, *f.*

author [auth°r] *s.* auteur, *m.*

authoritative [°thaur°té¹tiv] *adj.* autorisé ; qui fait autorité ; autoritaire. ‖ **authority** [°thaur°ti] *s.* autorité, source, *f.* ‖ **authorize** [°thaura¹z] *v.* autoriser ; justifier.

auto, automobile [auto°u] [aut°m°bîl] *s.* auto, automobile, *f.* ; **autobahn,** autoroute ; **autocar,** autocar. ‖ **automat** [automat] *s. Am.* restaurant à service automatique, *m.* ‖ **automatic** [aut°matik] *adj.* automatique ; *s.* revolver, *m.* ; **automatically,** d'office ; automatiquement. ‖ **automation** [autom鹹sh°n] *s.* automatisation, automation, *f.* ‖ **automatism** [autaum°tiz'm] *s.* automatisme, *m.* ‖ **automaton** [-°n] *(pl.* **automata)** *s.* automate, *m.*

autonomous [autân°m°s] *adj.* autonome. ‖ **autonomy** [autân°mi] *s.* autonomie, *f.*

autopsy [aut°psi] *s.* autopsie, *f.*

autostrada [autostrâd°] *s.* autostrade, *f.*

autumn [aut°m] *s.* automne, *m.*

auxiliary [augzil°ri] *adj., s.* auxiliaire.

avail [°vé¹l] *s.* utilité, *f.* ; profit, *m.* ; *v.* servir ; être utile ; se servir de. ‖ **available** [-°b'l] *adj.* disponible, utilisable ; valable, valide [ticket] ; *available funds,* disponibilités ; *I am available,* je suis à votre disposition.

avaricious [°v°rish°s] *adj.* avare.

avenge [°vèndj] *v.* venger. ‖ **avenger** [-°r] *s.* vengeur, *m.* ; vengeresse, f.

avenue [°v°nyou] *s.* avenue, f.

average [avridj] *adj.* moyen ; ordinaire ; *s.* moyenne ; avarie [ship], *f.* ; *v.* faire, donner une moyenne de.

averse [°vë°s] *adj.* opposé ; adversaire de ; non disposé à. ‖ **aversion** [°vë°j°n] *s.* aversion, *f.* ‖ **avert** [°vë°t] *v.* détourner ; éviter ; empêcher ; prévenir [accident] ; conjurer [danger].

aviation [é¹vi°sh°n] *s.* aviation, *f.* ‖ **aviator** [é¹vié¹t°r] *s.* aviateur, *m.*

avidity [°vid°ti] *s.* avidité, *f.*

avoid [°vo¹d] *v.* éviter ; annuler [law]. ‖ **avoidable** [-°b'l] *adj.* évitable ; annulable.

avouch [°va°utsh] *v.* affirmer, déclarer, assurer ; reconnaître, avouer.

avow [°va°u] *v.* avouer ; reconnaître. ‖ **avowal** [-°l] *s.* aveu, *m.*

await [°wé¹t] *v.* attendre ; guetter.

awake [°wé¹k] *v.** éveiller ; inspirer ; exciter [interest] ; se réveiller, s'éveiller ; *adj.* éveillé ; vigilant. ‖ **awaken** [-°n] *v.* éveiller, réveiller ; ranimer ; susciter. ‖ **awakening** [-°ning] *s.* réveil ; désappointement, *m.*

award [°waurd] *s.* décision, *f.* ; dommages-intérêts (jur.), *m.* pl. ; récompense, *f.* ; prix, *m.* ; *v.* décider ; décerner ; accorder.

aware [°wèr] *adj.* au courant de ; averti de ; qui a conscience de.

away [°wé¹] *adv.* au loin, loin ; *away back,* il y a longtemps, il y a loin ; *to keep away,* se tenir à l'écart ; *right away,* tout de suite ; *going-away,* départ ; *ten miles away,* à dix milles de distance ; *adj.* absent, éloigné.

awe [au] *s.* crainte ; terreur, *f.* ; *v.* inspirer de la crainte. ‖ **awful** [auf°l] *adj.* terrible ; formidable. ‖ **awfully** [-i] *adv.* terriblement ; extrêmement.

awhile [°hwa¹l] *adv.* quelque temps ; un instant ; de si tôt.

awkward [aukw°rd] *adj.* gauche, embarrassé ; incommode, gênant. ‖ **awkwardness** [-nis] *s.* gêne, gaucherie ; incommodité, *f.*

awl [aul] *s.* alène, f.

awry [°ra¹] *adj., adv.* de travers.

axe [aks] *s.* hache, f.

axis [aksis] *(pl.* **axes** [aksiz]) *s.* axe, *m.*

axle [aks'l] *s.* essieu ; tourillon [wheel], *m.* ; *stub axle,* fusée, f.

aye [a¹] *adv.* oui ; vote affirmatif.

azure [aj°r] *adj.* azur ; *s.* azur, m.

B

baa [bâ] s. bêlement, m.; v. bêler.

babble [bab'l] s. babil; v. babiller; **babbling**, babillard.

baby [béᵢbi] s.* bébé; enfant; petit, m.; adj. puéril; d'enfant; v. Am. dorloter, câliner, cajoler; **baby-carriage**, voiture d'enfant; **baby-linen**, layette; **baby-grand**, demi-queue [piano]; **baby-sitter**, gardienne d'enfant, garde-bébé; **baby-sitting**, garde d'enfants.

bach [batsh] v. Am. vivre en célibataire. ∥ **bachelor** [-eˡeʳ] s. célibataire; bachelier (univ.), m.

back [bak] s. arrière; dos; reins; revers [hand]; verso [sheet], m.; adj. d'arrière; adv. en arrière; to be back, être de retour; v. aller en arrière; renforcer [wall]; soutenir; endosser [document]; renverser [steam]; reculer; to back up, faire marche arrière; soutenir; appuyer; to backslide, récidiver; **backache**, mal de reins; **backbite**, dénigrer, médire de; **backbone**, colonne vertébrale, épine dorsale, f.; **backfire**, retour de flamme; **background**, arrière-plan, fond; **backhanded**, déloyal, équivoque; **backhead**, Am. occiput; **backing**, appui, soutien, protection; **back-shop**, arrière-boutique; **backstairs**, escalier de service; **backstitch**, point arrière; **backwash**, remous, m. ∥ **backward** [-weʳd] adj. en retard; arriéré. ∥ **backwardness** [-weʳdnis] s. hésitation; lenteur d'intelligence, f.; défaut d'empressement, m. ∥ **backwards** [-weʳdz] adv. en arrière; à la renverse; à rebours.

bacon [béᵢken] s. lard, m.

bacteriology [baktiriâˡedji] s. bactériologie, f.

bad [bad] adj. mauvais, méchant; hostile, dangereux, insuffisant [price]; **bad-tempered**, acariâtre; to look bad, être mauvais signe; to be on bad terms with, être en mauvais termes avec. ∥ **badly** [-li] adv. méchamment; mal.

bade [bad] pret. of to bid.

badge [badj] s. insigne; brassard, m.; plaque [policeman].*

badger [badjeʳ] s. blaireau, m.; v. harceler, tourmenter.

badness [badnis] s. méchanceté; mauvaise qualité, f.; mauvais état, m.

baffle [baf'l] v. déjouer [curiosity]; dérouter; se défaire; chicane; cloison, f.; **baffle-board**, revêtement insonorisant. ∥ **baffling** [-ing] adj. déconcertant; **baffling winds**, brises folles.

bag [bag] s. sac, m.; valise, f.; Am. balle [cotton], f.; v. ensacher; chiper; tuer [hunt]; **money-bag**, porte-monnaie.

bagatelle [bagetél] s. bagatelle, f.; divertissement musical; billard, m.

baggage [bagidj] s. bagages; équipement, m.; **baggage-car**, fourgon; **baggage-check**, bulletin de bagages; **baggage-tag**, étiquette; **baggage-truck**, chariot à bagages.

bagpipe [bagpaᵢp] s. cornemuse, f.; **bagpiper**, joueur de cornemuse.

bail [béᵢl] s. seau, m.; v. vider; écoper (naut.); to bail out of a plane, sauter en parachute.

bail [béᵢl] v. libérer sous caution; se porter garant de; s. caution; liberté sous caution, f.; répondant, m.

bait [béᵢt] v. amorcer [fish]; harceler [person]; s. appât, m.

baize [béᵢz] s. feutrine, f.

bake [béᵢk] v. faire cuire au four; s. fournée, f.; **half-baked**, prématuré, inexpérimenté, mal fait. ∥ **baker** [-eʳ] s. boulanger; Am. petit four, m. ∥ **bakery** [-eri] s.* boulangerie; fournil, m. ∥ **baking** [-ing] s. cuisson, cuite, f.; **baking-pan**, tourtière; **baking-powder**, levure anglaise.

balance [balⁱens] s. balance, f.; stabilité; indécision, f.; équilibre; compte; bilan; solde [account]; reste, m.; v. balancer; équilibrer; solder [account]; **balance-beam**, fléau de balance; **balance-weight**, contrepoids.

balcony [balkⁱeni] s.* balcon, m.

bald [bauld] adj. chauve; dénudé; dépouillé; plat [style].

bale [béᵢl] v. écoper (naut.); to bale out, sauter en parachute.

bale [béᵢl] s. ballot [wares, cotton], m.; balle; botte [hay], f.; v. emballer.

baleful [béᵢlful] adj. nuisible, pernicieux, funeste.

baler [béᵢleʳ] s. emballeur, m.

balk [bauk] s. déception; solive, f.; obstacle; contretemps, m.; v. faire obstacle à; contrarier; frustrer; se dérober [horse].

ball [baul] s. balle, f.; ballon, m.; boule; bille, f.; boulet, m.; balle [firearms]; boulette [flesh]; pelote [wool], f.; abbrev. of baseball; goof balls, barbituriques, m.; v. mettre en boule, en pelote; to ball up, échouer; embrouiller.

ball [boul] *s.* bal, m.
ballad [bal⁰ᵈ] *s.* ballade, f.; romance [music], f.
ballast [bal⁰st] *s.* lest; ballast, m.; *v.* lester, ballaster.
ballet [bale¹] *s.* ballet, m.; *ballet-girl*, danseuse, ballerine; *ballet-skirt*, tutu.
ballistics [belístiks] *s.* balistique, f.
balloon [beloun] *s.* ballon; aérostat, m.; *balloon sleeve*, manche ballon.
ballot [bal⁰t] *s. Am.* bulletin de vote, m.; scrutin secret, m.; *v.* voter; élire; *ballot-box*, urne électorale; *ballot-paper*, bulletin de vote; *second ballot*, ballottage.
balm [bâm] *s.* baume, m.; *v.* embaumer. ‖ *balmy* [-i] *adj.* embaumé; lénifiant; calmant; maboul (pop.).
baloney [bel⁰ouni] *s. Am.* blague, foutaise, f.; boniment, m.
balsam [baouls⁰m] *s.* baume, m.; balsamine, f.
bamboo [bàmbou] *s.* bambou, m. ‖ *bamboozle* [bàmbouz'l] *v.* duper, tromper, « refaire ».
ban [bàn] *s.* ban; bannissement; embargo, m.; *v.* proscrire; maudire; *marriage ban(n)s*, publications de mariage, bans.
banana [ben⁰an⁰] *s.* banane, f.; *banana boat*, bananier [ship]; *banana tree*, bananier.
band [bànd] *s.* lien; bandage; ruban; orchestre; troupeau, m.; bande, bague [bird], f.; *v.* se liguer; grouper; baguer [bird]. ‖ *bandage* [-idj] *s.* bandage; bandeau, m.; *v.* bander. ‖ *band-box* [-bauks] *s.** carton à chapeau, m.; boîte (f.) à rubans.
bandit [bàndit] *s.* bandit, m.
bandy [bàndi] *v.* renvoyer; échanger; lutter; *adj.* arqué; *bandy-legged*, bancal.
bane [bé¹n] *s.* poison; fléau, m. ‖ *baneful* [-foul] *adj.* empoisonné; pernicieux.
bang [bàng] *v.* cogner; claquer [door]; couper à la chien [hair]; *s.* coup; fracas, m.; détonation; frange [hair], f.; *interj.* pan !
banish [bànish] *v.* bannir; chasser. ‖ *banishment* [-m⁰nt] *s.* exil, m.
banister [banist⁰r] *s.* balustrade; rampe, f.
bank [bàngk] *s.* berge; digue, f.; talus; banc [sand], m.; *v.* couvrir [fire]; endiguer; faire un talus; virer [plane]; s'amonceler [snow].
bank [bàngk] *s.* banque, f.; *v.* mettre en banque; diriger une banque; *to bank on*, compter sur. ‖ *banker* [-⁰r] *s.* banquier, m. ‖ *banking* [-ing] *s.* opérations bancaires; profession de

banquier, f.; *adj.* bancaire. ‖ *banknote* [-no⁰ut] *s.* billet de banque, m. ‖ *bankrupt* [-rœpt] *s.* banqueroutier, m.; *adj.* en faillite; insolvable; *to go bankrupt*, faire faillite. ‖ *bankruptcy* [-rœptsi] *s.** banqueroute, faillite, f.
banner [bàn⁰r] *s.* bannière, f.; étendard, m.; *Am. adj.* principal, exceptionnel; *banner headline*, titre flamboyant; *v. Am.* titrer en manchettes énormes.
banquet [bàngkwit] *s.* banquet, m.; *v.* banqueter.
banter [bànt⁰r] *v.* plaisanter; taquiner; *s.* plaisanterie; taquinerie, f.
banting [banting] *s.* régime amaigrissant, m.
baptism [baptiz⁰m] *s.* baptême, m. ‖ *baptize* [bapta¹z] *v.* baptiser.
bar [bâr] *s.* barre; barrière; buvette; mesure [music]; bande [flag], f.; obstacle; bar; lingot; barreau [law], m.; *v.* barrer; annuler; exclure; *to bar oneself in*, se barricader chez soi.
barb [bârb] *s.* barbe [arrow], f.; barbillon, m.; *v.* barbeler; barder; *barbed wire*, fil de fer barbelé.
barbarian [bârbèri⁰n] *adj., s.* barbare. ‖ *barbarous* [bârber⁰s] *adj.* barbare.
barbecue [bârbikyou] *s. Am.* boucan, gril; animal rôti, m.; *v.* préparer le barbecue.
barbed [bâʳbd] *adj.* barbelé [wire]; acéré [word]. ‖ *barber* [-bᵉr] *s.* barbier; coiffeur pour hommes, m.
barbiturate [barbityouré¹t] *s.* barbiturique, m. ‖ *barbituric* [-rík] *adj.* barbiturique.
bard [bâʳd] *s.* barde [poet.], m.; barde [bacon], f.; *v.* barder.
bare [bèr] *adj.* nu, dénudé; simple; démuni; manifeste; *v.* découvrir; dénuder; révéler; *barefaced*, éhonté; *barefoot(ed)*, nu-pieds; *bare-headed*, nu-tête; *bare-legged*, nu-jambes. ‖ *barely* [-li] *adv.* à peine, tout au plus. ‖ *bareness* [-nis] *s.* nudité, f.; dénuement, m.
bargain [bârgin] *s.* marché, négoce; pacte, m.; emplette; occasion, f.; solde, m.; *v.* traiter; conclure; marchander; *into the bargain*, par-dessus le marché; *at bargain price*, à bas prix; *bargain day*, jour de solde; *bargain counter, Am.* rayon des soldes. ‖ *bargaining* [-ing] *s.* marchandage, m.; négociations, f.
barge [bârdj] *s.* chaland, m.; *v. Am.* transporter par péniche. ‖ *bargee* [bâ⁰djî] *s.* marinier, m.
bark [bârk] *s.* écorce, f.; *v.* écorcer; décortiquer; écorcher [leg].
bark [bârk] *s.* aboiement, m.; *v.* aboyer.

barley [bârli] *s.* orge, f.

barm [bârm] *s.* levure de bière, f. ‖ **barmy** [-i] *adj.* écumeux; loufoque (fam.).

barn [bârn] *s.* grange, f.; grenier; hangar, m.; *v.* engranger; abriter sous hangar; *streetcar barn,* dépôt de tramways; *barnyard,* cour de ferme, basse-cour; *barn-stormer,* acteur ambulant; *Am.* orateur électoral.

barnacle [bârⁿek'll] *s.* bernacle; barnacle, f.; crampon, m.

barometer [berâmetⁿr] *s.* baromètre, m.

baron [barⁿn] *s.* baron, m.; *Am.* magnat de la finance ou du commerce, m. ‖ **baroness** [-is] *s.** baronne, f.

barracks [bareks] *s.* caserne, f.; baraquements; abri agricole, m.

barrage [barâj] *s.* barrage, m.

barrel [barel] *s.* baril, fût; canon [gun]; tambour [machine]; corps [pump], m.; caque [herring]; hampe [feather]; mesure [corn], f.; *v.* embariller; bomber [road]; *double-barrel(l)ed,* à deux coups.

barren [barⁿn] *adj.* aride, stérile. ‖ **barrenness** [-nis] *s.* stérilité, f.

barrette [beré¹t] *s.* barrette, f.

barricade [barekéⁱd] *s.* barricade, f.; *v.* barricader.

barrier [bariⁿr] *s.* barrière, f.; obstacle, m.; limite, f.

barrister [baristⁿr] *s.* avocat, m.

barrow [baroᵘ] *s.* brouette, f.; diable [porter], m.; baladeuse [coster], f.; brancard, m.; civière, f.; *v.* brouetter.

barrow [baroᵘ] *s.* tumulus, m.

bartender [bârtendⁿr] *s.* barman, m.

barter [bârtⁿr] *v.* troquer; *s.* troc, m.

base [béⁱs] *adj.* bas; vil. ‖ **baseness** [-nis] *s.* bassesse, f.

base [béⁱs] *s.* base, f.; *v.* fonder; établir. ‖ **basement** [-mⁿnt] *s.* soubassement; sous-sol [story], m.

baseball [béⁱsbaul] *s.* base-ball, m.

bash [bash] *v.* cogner; cabosser; *s.** gnon, m.

bashful [bashfⁿl] *adj.* timide. ‖ **bashfulness** [-nis] *s.* timidité, f.

basic [béⁱsik] *adj.* fondamental.

basin [béⁱs'n] *s.* bassin, m.

basis [béⁱsis] (*pl.* **bases** [béⁱsiz]) *s.* base, f.; fondement, m.

bask [bask] *v.* se chauffer.

basket [baskit] *s.* panier, m.; corbeille, f.; *basket-maker,* vannier; *basket-work,* vannerie; *the pick of the basket,* le dessus du panier, l'élite; *v.* mettre dans un panier; clisser [bottle]. ‖ **basket-ball** [-baul] *s.* basket(-ball) [game], m.

bass [béⁱs] *s.** basse [music], contre-basse, f.; *adj.* grave [music]; *bass-horn,* cor de basset.

bass [bas] *s.** bar [fish], m.; perche [fish], f.; *black bass,* Fr. Can. achigan, m.; *calico bass,* Fr. Can. crapet calicot, m.; *rock bass,* Fr. Can. crapet gris, m.

basset [basit] *s.* basset, m.

bastard [bastⁿrd] *adj., s.* bâtard. ‖ **bastardize** [-aⁱz] *v.* (s')abâtardir.

baste [béⁱst] *v.* arroser (culin.).

baste [béⁱst] *v.* bâtir [to sew].

baste [béⁱst] *v.* bâtonner, battre.

bat [bat] *s.* bâton, m.; crosse, f.; battoir [cricket], m.; *v.* frapper.

bat [bat] *s.* chauve-souris, f.

bat [bat] *v.* Am. cligner.

batch [batsh] *s.** fournée, grande quantité, f.; tas, m.; *v.* réunir.

bath [bath] *s.* bain, m.; *bath-house,* cabine de bain; *bath-robe,* peignoir de bain; *bathroom,* salle de bains; *bath-tub,* baignoire, f. ‖ **bathe** [béⁱzh] *v.* se baigner. ‖ **bather** [-ⁿr] *s.* baigneur, m. ‖ **bathing** [-ing] *s.* baignade, f.

baton [batⁿn] *s.* bâton, m.; baguette, f.

battalion [betalyⁿn] *s.* bataillon, m.

batter [batⁿr] *s.* pâte, f.

batter [batⁿr] *s.* batteur [baseball], m.; Fr. Can. frappeur, m.; *v.* frapper, heurter; démolir; bossuer; délabrer; taper sur (mil.); *battering gun,* pièce de siège.

battery [bateri] *s.** batterie, f.

battle [bat'l] *s.* bataille, f.; combat, m.; *v.* combattre; se battre; *battle-dress,* tenue de campagne; *battlefield,* champ de bataille. ‖ **battlement** [-mⁿnt] *s.* créneau, m.; *pl.* remparts, m. pl. ‖ **battleship** [-ship] *s.* cuirassé, m.

bawd [baud] *s.* proxénète, m., f. ‖ **bawdy** [-i] *adj.* obscène, ordurier.

bawl [baul] *v.* crier; *s.* cri, m.; *to bawl out,* engueulander (fam.).

bay [béⁱ] *s.* baie, f.; *bay-tree,* laurier; *bay-window,* fenêtre, baie.

bay [béⁱ] *v.* aboyer; *s.* abois, m.; *to stand at bay,* être aux abois.

bay [béⁱ] *adj.* bai [color].

bayonet [béⁱenit] *s.* baïonnette, f.; *v.* attaquer à la baïonnette.

bazaar [bezâr] *s.* bazar, m.; vente, f.

be [bî] *v.** être; se porter; se trouver; *I am well,* je vais bien; *I am hungry,* j'ai faim; *it is fine,* il fait beau; *the hall is twenty feet long,* la salle a vingt pieds de long; *to be born*, naître; *how much is that?*, combien coûte cela ?

beach [bîtsh] *s.** plage ; rive ; grève, f. ; *v.* tirer à sec ; *beachcomber*, clochard ; *beached*, échoué ; *beach-head*, tête de pont.

beacon [bîk⁰n] *s.* signal, m. ; balise, f. ; phare, m. ; *v.* baliser ; signaliser.

bead [bîd] *s.* grain (rosary), m. ; perle [necklace] ; mire [gun] ; goutte [sweat], f. ; *pl.* chapelet, m. ; *v.* orner de perles ; *to bead with*, émailler de ; *Am. to draw a bead on*, coucher en joue.

beadle [bîd'l] *s.* huissier, appariteur, m. ; bedeau, m. ‖ *beadledom* [-daum] *s.* bureaucratie, f.

beak [bîk] *s.* bec [bird], m. ; proue [ship], f. ; *beak-iron*, bigorne.

beam [bîm] *s.* poutre, f. ; fléau [balance] ; timon ; bau [ship] ; rayon [light] ; éclat ; rayonnement, m. ; *v.* briller ; rayonner ; émettre ; *radio beam*, signal par radio. ‖ *beaming* [-ing] *adj.* radieux ; rayonnant.

bean [bîn] *s.* fève, f. ; haricot [coffee], m. ; *green beans, French beans*, haricots verts.

bear [bèr] *s.* ours ; baissier [market price], m. ; *bear-pit*, fosse aux ours ; *ant-bear*, tamanoir.

bear [bèr] *v.** porter ; supporter ; rapporter ; peser sur ; *to bear upon*, avoir du rapport ; *to bear out*, confirmer ; *to bear up*, résister ; *to bear with*, excuser ; avoir de la patience ; *to bear five per cent*, rapporter cinq pour cent ; *to bring to bear*, mettre en jeu. ‖ *bearer* [-ᵉʳ] *s.* porteur ; support, m. ; *ensign-bearer*, porte-drapeau ; *fruit-bearer*, arbre fruitier ; *stretcher-bearer*, brancardier ; *tale-bearer*, cancanier. ‖ *bearing* [-ing] *s.* endurance ; relation ; applicabilité, f. ; relèvement (naut.), m. ; conduite, f. ; *pl.* tenants et aboutissants, m. ; situation, position, f. ; *adj.* porteur ; productif ; *to take bearings*, faire le point [ship] ; *child-bearing*, gestation.

beard [bîᵉrd] *s.* barbe, f. ; *v.* tirer par la barbe ; défier ; braver ; narguer ; *white-beard*, barbon. ‖ *bearded* [-id] *adj.* barbu ; *bearded lady*, femme à barbe. ‖ *beardless* [-lis] *adj.* imberbe.

beast [bîst] *s.* bête, f. ; animal, m.

beat [bît] *v.** battre ; frapper ; *s.* battement, m. ; pulsation ; batterie [drum] ; ronde, tournée, f. ; *to beat back*, refouler ; *to beat in*, enfoncer ; *Am. to beat it*, filer, décamper ; *that beats everything !*, ça c'est le comble ! ; *adj.* épuisé, fourbu ; *to beat up*, battre, fouetter [eggs] ; *dead beat*, éreinté. ‖ *beaten* [-'n] *p. p. of to beat ; adj.* battu ; rebattu. ‖ *beater* [-ᵉʳ] *s.*

batteur ; rabatteur ; *Am.* vainqueur, m. ; *egg-beater*, fouet (culin.) ; *drum-beater*, tambour [man]. ‖ *beating* [-ing] *s.* battement, m. ; raclée ; défaite, f. ; louvoyage (naut.), m. ; *adj., pr. p.* palpitant.

beatitude [biatᵉtyoud] *s.* béatitude, f.

beau [boᵒu] *s.* galant, amoureux, prétendant, m. ‖ *beauteous* [byouti°s] *adj.* beau, belle ; accompli. ‖ *beautiful* [byoutᵉfᵉl] *adj.* beau, belle ; admirable. ‖ *beautify* [byoutᵉfa¹] *v.* embellir. ‖ *beauty* [byouti] *s.** beauté, f. ; *beauty-spot*, grain de beauté ; *that's the beauty of it*, c'est le plus beau de l'affaire.

beaver [bîvᵉr] *adj., s.* castor, m. ; *beavertree*, magnolia, m.

became [biké¹m] *pret. of to become.*

because [bikauz] *conj.* parce que ; car ; *adv. because of*, à cause de.

beck [bèk] *s.* signe, appel, m. ; *at s.o.'s beck and call*, aux ordres de qqn. ‖ *beckon* [bèkᵉn] *v.* faire signe.

become [bikœm] *v.** devenir ; convenir [suit] ; aller bien à ; *to become red*, rougir ; *to become warm*, s'échauffer ; *what has become of you?*, qu'êtes-vous devenu ? ‖ *becoming* [-ing] *adj.* convenable ; seyant.

bed [bèd] *s.* lit, m. ; plate-bande, f. ; gisement ; banc [oyster], m. ; couche, f. ; *v.* coucher ; reposer ; *ill in bed*, alité ; *to tuck up the bed*, border le lit ; *sick-bed*, lit de douleur ; *single bed*, lit à une place ; *double bed*, lit à deux places ; *bedbug*, punaise ; *bedclothes*, linge de lit ; *bed-quilt*, couvre-pieds piqué ; *bedside*, chevet ; *bed-spring*, ressort du sommier ; *folding-bedstead*, lit pliant ; *bedtime*, heure du coucher. ‖ *bedded* [-id] *adj.* couché. ‖ *bedding* [-ing] *s.* literie, f.

bee [bî] *s.* abeille, f. ; *Am.* réunion de travail, f. ; *bee-bread*, pollen ; *bee-culture*, apiculture ; *bee-garden*, rucher ; *bee-hive*, ruche ; *to have a bee in one's bonnet*, avoir une araignée au plafond.

beech [bîtsh] *s.** hêtre, m. ; *beech-nut*, faine.

beef [bîf] *s.* viande de bœuf, f. ; *v. Am.* tuer un bovin ; gémir ; rouspéter ; *beefsteak*, bifteck ; *corned-beef*, bœuf salé ; *roast beef*, rosbif. ‖ *beefy* [-i] *adj.* costaud ; rougeaud.

been [bîn, bèn] *p. p. of to be.*

beer [bîᵉr] *s.* bière, f. ; *beer-pull, beer-pump*, pompe à bière.

beet [bît] *s.* bette ; betterave, f. ; *sugar-beet*, betterave sucrière ; *beet-radish*, betterave rouge.

beetle [bî'l] *s.* demoiselle [paving], f. ; pilon, m. ; *v.* pilonner.

beetle [bît'l] *s.* escargot, scarabée, m.; *black-beetle*, cafard.

beetle [bît'l] *v.* surplomber; *beetle-browed*, aux sourcils proéminents.

befall [bifául] *v.* arriver à, échoir à; avoir lieu. || *befallen*, *p. p.*; *befell*, *pret. of* **to befall**.

befit [bifít] *v.* convenir. || *befitting* [-ing] *adj.* convenable.

before [bifoóur] *adv.* avant; devant; auparavant; *conj.* avant que; *before long*, avant peu, sans tarder. || *beforehand* [-hand] *adv.* d'avance; au préalable; à l'avance.

befriend [bifrénd] *v.* traiter en ami; favoriser; venir en aide à.

beg [bèg] *v.* prier; solliciter; mendier; *I beg your pardon*, je vous demande pardon; *to beg the question*, faire une pétition de principe.

began [bigan] *pret. of* **to begin**.

beget [bigèt] *v.* engendrer; causer.

beggar [bègeʳ] *s.* mendiant, m.; *v.* réduire à la mendicité, ruiner. || *begging* [bèging] *s.* mendicité, f.

begin [bigín] *v.** commencer; débuter; se mettre à; *to begin with*, pour commencer, d'abord. || *beginner* [-eʳ] *s.* commençant; débutant, m. || *beginning* [-ing] *s.* commencement, début, m.; origine, f.; fait initial, m.

begot [bigát] *pret., p. p. of* **to beget**. || *begotten*, *p. p. of* **to beget**.

begrudge [bigrœdj] *v.* donner à contrecœur; envier; lésiner sur.

beguile [bigaíl] *v.* tromper, séduire.

begun [bigœn] *p. p. of* **to begin**.

behalf [bihaf] *s.* sujet, intérêt, m.; cause, f.; *in his behalf*, en sa faveur; *on behalf of*, au nom de.

behave [bihéiv] *v.* se conduire; se comporter; *behave!*, sois sage! || *behavio(u)r* [-yeʳ] *s.* comportement, m.; tenue; manières, f.

behead [bihèd] *v.* décapiter.

beheld [bihèld] *pret., p. p. of* **to behold**.

behemoth [bihîmauth] *s.* hippopotame, m.

behind [bihaínd] *adv.* arrière; derrière; en arrière; en réserve, de côté; *prep.* derrière; *behindhand*, en retard; *s.* arrière [baseball], m.

behold [bihoóuld] *v.** regarder; contempler; *interj.* voyez! voici! || *beholden* [-'n] *adj., p. p.* obligé, redevable. || *beholder* [-eʳ] *s.* spectateur, m.; spectatrice, f.

behove [bihóuv] *v.* incomber, être du devoir de; être utile (*to*, à).

being [bîing] *s.* être, m.; existence, f.; *pr. p.* étant; *adj.* existant.

belated [bilé¹tid] *adj.* attardé; en retard; tardif.

belay [bilé¹] *v.* amarrer; *Am.* arrêter, cesser (colloq.).

belch [bèltsh] *v.* roter; vomir; *Am.* rouspéter, râler (fam.); *s.** éructation, f.

beleaguer [biligeʳ] *v.* assiéger.

belfry [bèlfri] *s.** beffroi; clocher, m.

Belgian [bèldji⁵n] *adj., s.* belge.

Belgium [bèldjiem] *s.* Belgique, f.

belie [bila¹] *v.* démentir.

belief [belîf] *s.* croyance; foi; conviction; opinion, f. || *believable* [belîv⁵b'l] *adj.* croyable. || *believe* [belîv] *v.* croire, avoir foi en. || *believer* [-eʳ] *s.* croyant; convaincu, m. || *believing* [-ing] *adj.* croyant; crédule.

belittle [bilit'l] *v.* déprécier; dévaloriser; discréditer. || *belittling* [-ing] *s.* discrédit, m.; dépréciation, f.

bell [bèl] *s.* cloche; clochette; sonnette, f.; *bellboy*, groom d'hôtel; *bell-flower*, campanule; *bell-tower*, beffroi, clocher, m.; *call-bell*, timbre, m.; *jingle-bell*, grelot.

bell [bèl] *v.* bramer.

belle [bèl] *s.* belle, beauté, f.

bellied [bélid] *adj.* pot-bellied, ventru.

belligerent [belídjeʳent] *adj., s.* belligérant.

bellow [bèloóu] *v.* mugir, beugler; hurler; *s.* mugissement, hurlement, m.

bellows [bèloóuz] *s.* soufflet, m.

belly [bèli] *s.** ventre; estomac, m.; *v.* gonfler; s'enfler.

belong [belaung] *v.* appartenir; incomber à; être le propre de; *to belong here*, être à sa place ici, être du pays. || *belongings* [-ingz] *s.* effets, m.; affaires; possessions, f.

beloved [bilœvid] *adj.* bien-aimé.

below [beloóu] *adv.* au-dessous; en bas; en aval; ci-dessous; *prep.* au-dessous de; sous; *here below*, ici-bas.

belt [bèlt] *s.* ceinture, f.; ceinturon; bandage (med.), m.; courroie (mech.); zone (geogr.), f.; *v.* ceindre; ceinturer; *belt-line*, ligne de ceinture; *belt-work*, travail à la chaîne.

bemoan [bimoóun] *v.* se lamenter.

bench [bèntsh] *s.** banc, m.; banquette, f.; tribunal, m.; magistrature, f.; gradin, m.

bend [bènd] *s.* courbure, f.; tournant [road]; nœud [rope]; pli [limb], salut, m.; inclinaison, f.; *v.** courber, plier; bander [bow]; fléchir [will]; diriger [steps]; fixer [eyes]; appliquer [mind]; enverguer [sail]; se courber; se soumettre à.

beneath [binîth] *prep.* sous; au-dessous de; *adv.* au-dessous : *it is beneath you,* c'est indigne de vous.

benediction [bènediksh͏ᵉn] *s.* bénédiction, f.

benefactor [bènefaktᵉr] *s.* bienfaiteur, m. ‖ **benefactress** [bènefaktris] *s.* bienfaitrice, f.

benefice [bé¹nefis] *s.* bénéfice, m. ‖ **beneficent** [bènéfe'snt] *adj.* bienfaisant. ‖ **beneficial** [benefîshᵉl] *adj.* avantageux; salutaire. ‖ **benefit** [bènefît] *s.* profit; bienfait; avantage, m.; *v.* profiter à, être avantageux pour; profiter, tirer profit de; *benefit society,* société de secours mutuel; *for the benefit of,* au profit de.

benevolence [benèvelᵉns] *s.* bienveillance, f. ‖ **benevolent** [benève-lᵉnt] *adj.* bienveillant; charitable [institution].

benign [bina¹n] *adj.* bénin; doux; affable. ‖ **benignant** [benîgnᵉnt] *adj.* doux, bienfaisant.

bent [bènt] *s.* penchant, m.; inclination; tendance, f.; *pret., p. p. of to bend; adj.* courbé; *Fr. Can.* croche; penché; tendu [mind]; *to be bent on,* être décidé à.

bequeath [bikwîzh] *v.* léguer. ‖ **bequest** [bikwèst] *s.* legs, m.

bereave [birîv] *v.* priver; perdre, être en deuil de.

berry [bèri] *s.* * baie [fruit], f.; grain [coffee], m.

berth [bᵉrth] *s.* couchette [sleeping-car]; cabine [ship], f.; mouillage (naut.); emplacement (naut.), m.; *v.* placer à quai; *to give a wide berth to,* se tenir à l'écart de.

beseech [bisîtsh] *v.* supplier.

beset [bisèt] *v.* assaillir; parsemer; *besetting sin,* péché mignon.

beside [bisa¹d] *prep.* à côté de; hors de; *beside oneself,* hors de soi; *beside the mark,* hors de propos; à côté du but. ‖ **besides** [-z] *adv.* d'ailleurs; en outre; en plus; de plus; *prep.* outre.

besiege [bisîdj] *v.* assiéger. ‖ **besieger** [-ᵉr] *s.* assaillant, m.

besmear [bismiᵉr] *v.* souiller, barbouiller.

besot [bisaut] *v.* abrutir, hébéter.

besought [bisaut] *pret., p. p. of to beseech.*

bespeak [bispîk] *v.* commander [meal]; réserver [room]; faire prévoir; prouver; *bespoke tailor,* tailleur à façon.

besprinkle [bispri͏ngk'l] *v.* asperger; saupoudrer; parsemer.

best [bèst] *adj.* meilleur; le meilleur; le mieux; *to have the best of,* avoir le dessus, l'avantage; *as best I could,* de mon mieux; *in one's best,* sur son trente et un; *to make the best of,* tirer le meilleur parti de; *best-seller,* livre à succès.

bestow [bistoᵘ] *v.* accorder, donner; consacrer à.

bestride [bistra¹d] *v.* monter; chevaucher; enjamber.

bet [bèt] *v.* parier; *s.* pari, m.

betake [bité¹k] *v.* se rendre (à); avoir recours à; se mettre à. ‖ **betaken** [bité¹k'n] *p. p. of to betake.*

betoken [bitoᵘk'n] *v.* annoncer; présager; dénoter; révéler.

betook [bitouk] *pret. of to betake.*

betray [bitré¹] *v.* trahir; tromper. ‖ **betrayal** [-el] *s.* trahison, f. ‖ **betrayer** [-ᵉr] *s.* traître, m.

betrothal [bitrauthᵉl] *s.* fiançailles, f. ‖ **betrothed** [bitrautht] *s.* fiancé, m.; fiancée, f.

better [bètᵉr] *adj.* meilleur; *adv.* mieux; *v.* améliorer; *s.* supériorité, f.; *pl.* supérieurs, m.; *you had better,* vous feriez mieux; *so much the better,* tant mieux; *to know better,* être fixé; *all the better because,* d'autant mieux que; *betterment,* amélioration, f.

betting [bétî͏ng] *s.* pari, m.

between [betwîn], **betwixt** [bᵉtwikst] *prep.* entre; *adv.* parmi; entre; *between-decks,* entrepont; *between-season,* demi-saison; *betweenwhiles,* dans l'intervalle, de temps en temps.

bevel [bé¹v'l] *s.* biseau; biveau, m.; *adj.* de biais, oblique; *v.* biseauter.

beverage [bévridj] *s.* boisson, f.

bewail [biwé¹l] *v.* se lamenter; déplorer.

beware [biwèr] *v.* prendre garde; *interj.* attention!

bewilder [biwîldᵉr] *v.* affoler; dérouter, déconcerter. ‖ **bewilderment** [-mᵉnt] *s.* affolement, m.

bewitch [biwitsh] *v.* ensorceler; captiver. ‖ **bewitcher** [-ᵉr] *s.* ensorceleur, m. ‖ **bewitchment** [-mᵉnt] *s.* ensorcellement; enchantement, m.

beyond [biyând] *adv.* au-delà; là-bas; *prep.* au-delà de, outre; en dehors de; *the house beyond,* la maison d'à côté; *it is beyond me,* ça me dépasse.

bias [ba¹es] *s.* * biais, m.; tendance, f.; préjugé, m.; *adj.* de biais, oblique; *adv.* obliquement; *v.* influencer, détourner; biaiser.

bib [bib] *s.* bavette, f.; *v.* siroter.

Bible [ba¹b'l] *s.* Bible, f. ‖ **biblical** [biblik'l] *adj.* biblique.

bibliography [bibli'augrᵉfi] *s.** bibliographie. || **bibliophile** [-fa¹l] *s.* bibliophile, m., f.

biceps [ba¹seps] *s.* biceps, m.

bicker [bikᵉr] *v.* se chamailler; couler vite. || **bickering** [-ring] *s.* dispute, bisbille, prise (f.) de bec.

bicycle [ba¹sik'l] *s.* bicyclette, f.; *v.* aller à bicyclette. || **bicyclist** [-ist] *s.* cycliste, m., f.

bid [bid] *v.** inviter; ordonner; offrir [price]; demander; souhaiter; *s.* offre; enchère; invitation; demande [cards], f.; *to bid the ban(n)s*, publier les bans; *to call for bids*, mettre en adjudication; *the last bid*, la dernière mise. || **bidden** [bidᵉn] *p. p.* of **to bid**, **to bide**. || **bidding** [-ing] *s.* ordre, m.; enchères, f. pl.

bide [ba¹d] *v.* attendre; endurer; résider; *to bide one's time*, attendre le moment favorable.

biennial [ba¹éniᵉl] *adj.* biennal.

bier [bîr] *s.* civière, f.; cercueil, m.

bifurcate [ba¹fᵉrké¹t] *v.* bifurquer. || **bifurcation** [ba¹fᵉrké¹shᵉn] *s.* bifurcation, f.

big [big] *adj.* gros; grand; important; *to talk big*, le prendre de haut; faire le fanfaron; *Br. big-end*, *Am. big-head*, tête de bielle [auto]. || **bigness** [-nis] *s.* grosseur, grande taille, f.

bigamist [bigᵉmist] *s.* bigame, m. || **bigamous** [-ᵉs] *adj.* bigame.

bigot [bigᵉt] *s.* bigot; fanatique, m. || **bigotry** [-tri] *s.* bigoterie, f.

bike [ba¹k] *s. Am.* bécane, f.; *v.* aller à bicyclette.

bilberry [bilbèri] *s.** myrtille, f.; *Fr. Can.* bleuet, m.

bile [ba¹l] *s.* bile; colère, f.; *bile-cyst*, vésicule biliaire; *bile-stone*, calcul biliaire.

bilge [bildj] *s.* fond de cale, m.

bilingual [ba¹lingwᵉl] *adj.* bilingue. || **bilingualism** [-iz'm] *s.* bilinguisme, m.

bilious [bilyᵉs] *adj.* bilieux; colérique; *bilious attack*, embarras gastrique.

bill [bil] *s.* facture; addition [restaurant]; note [hotel]; traite, f.; billet à ordre (comm.), m.; *Am.* billet de banque; projet de loi, m.; affiche [theatre], f.; programme [theatre], m.; état, m.; table, f.; *v.* facturer; faire un compte; établir une liste; annoncer par affiche; *bill of fare*, menu; *bill of exchange*, lettre de change; *to discount a bill*, escompter un effet; *to settle a bill*, régler une note; *billboard*, tableau d'affichage.

billet [bilit] *s.* billet, m.; lettre, f.; billet de logement, m.; *v.* donner un billet de logement; loger.

billiards [bilyᵉrdz] *s.* billard, m.

billion [bilyᵉn] *s.* billion, m.; *Am.* milliard, m.

billow [biloᵘ] *s.* vagues; houle, f.; *v.* ondoyer. || **billowy** [bilᵉwi] *adj.* houleux; ondoyant.

bin [bìn] *s.* coffre, m.; caisse; huche, f.; casier, m.; *v.* ranger en caisse.

binary [ba¹nᵉri] *adj.* binaire.

bind [ba¹nd] *v.** attacher; lier; obliger, forcer; relier [book]. || **binding** [-ing] *s.* reliure, f.; lien, m.; *adj.* obligatoire; **cloth-binding**, reliure en toile.

bindweed [ba¹ndwînd] *s.* liseron, m.

biographer [ba¹âgrᵉfᵉr] *s.* biographe, m., f. || **biography** [-grᵉfi] *s.** biographie, f.

biologist [ba¹âlᵉdjist] *s.* biologiste, m., f. || **biology** [-lᵉdji] *s.* biologie, f.

biopsy [ba¹âpsi] *s.* biopsie, f.

birch [bᵉrtsh] *s.** bouleau, m.; verges, f. pl.; *v.* fouetter.

bird [bᵉrd] *s.* oiseau, m.; *early bird*, personne matinale; *bird-lime*, glu; *bird's eye view*, vue à vol d'oiseau.

birth [bᵉrth] *s.* naissance, f.; enfantement, m.; origine, f.; commencement, m.; extraction, f.; *birth certificate*, acte de naissance; *birth-control*, limitation des naissances; *birthday*, anniversaire; *birthplace*, pays natal; *birthrate*, natalité; *birthright*, droit d'aînesse.

biscuit [biskit] *s.* biscuit, m.

bishop [bishᵉp] *s.* évêque; fou [chess], m. || **bishopric** [-ric] *s.* évêché; épiscopat, m.

bit [bit] *s.* morceau; fragment, m.; mèche [tool], f.; mors [horse], m.; *adv.* un peu; *to champ at the bit*, ronger son frein; *a good bit older*, sensiblement plus âgé; *not a bit*, pas un brin; *pret.*, *p. p.* of **to bite**.

bistoury [bistouri] *s.** bistouri, m.

bistre [bistᵉr] *adj.*, *s.* bistre.

bitch [bitsh] *s.** chienne; femelle; garce, f.

bite [ba¹t] *v.** mordre; piquer [insect]; *s.* morsure, piqûre; bouchée, f. || **bitten** [bitᵉn] *p. p.* of **to bite**.

bitter [bitᵉr] *adj.* amer; âpre; aigre; mordant; cruel; *s. pl.* amers [drink], m. || **bitterly** [-li] *adv.* amèrement, violemment; extrêmement. || **bitterness** [-nis] *s.* amertume; irritation; violence; hostilité; acuité, f. || **bittersweet** [-swit] *s.* douce-amère, f.; *adj.* aigre-doux.

bitumen [bi*t*youmin] *s.* bitume, m.

bivouac [bi*v*ouak] *s.* bivouac, m.; *v.* bivouaquer.

bizarre [bizâr] *adj.* bizarre.

black [blak] *adj.* noir; obscur; sombre; poché [eye]; sinistre, mauvais; *s.* nègre. Noir, m.; *v.* noircir, dénigrer; *Black Monday*, lundi de Pâques, *black-out*, camouflage des lumières. ‖ *blackberry* [-bèri] *s.** mûre, f. ‖ *blackbird* [-bërd] *s.* merle, m. ‖ *blackboard* [boourd] *s.* tableau noir, m. ‖ *blacken* [-ën] *v.* noircir; dénigrer. ‖ *blackjack* [-djak] *s.* *Am.* assommoir; vingt-et-un [cards], m. ‖ *blackleg* [-lèg] *s.* *Br.* escroc, tricheur; jaune [strikebreaker], m. ‖ *blackmail* [-mé¹l] *s.* chantage, m.; *v.* faire chanter. ‖ *blackmailer* [-mé¹le*r*] *s.* maître chanteur, m. ‖ *blackness* [-nis] *s.* noirceur; couleur noire, f. ‖ *black-pudding* [-pouding] *s.* boudin, m. ‖ *blacksmith* [-smith] *s.* forgeron, m. ‖ *blackthorn* [-thaurn] *s.* prunellier, m. ‖ *blacky* [-i] *s.** Noir; moricaud (pop.), m.

bladder [blade*r*] *s.* vessie; vésicule, f.

blade [blé¹d] *s.* feuille; lame [knife], f.; brin [grass]; plat [oar], m.; palette [propeller]; aile d'hélice, f.; *shoulder-blade*, omoplate.

blain [blé¹n] *s.* pustule, f.

blamable [blé¹meb'l] *adj.* blâmable. ‖ *blame* [blé¹m] *s.* blâme, m.; *v.* blâmer; reprocher. ‖ *blameless* [-lis] *adj.* irréprochable. ‖ *blameworthy adj.* blâmable, fautif.

blanch [blàntsh] *v.* blanchir.

bland [blànd] *adj.* doux; aimable.

blandish [blandish] *v.* cajoler, aduler.

blank [blàngk] *adj.* blanc; déconcerté; vide; vain; en blanc; à blanc; complet, total; blanc, non rimé [verse]; *s.* blanc, m.; lacune, f.; vide, trou, m.; *to look blank*, avoir l'air confondu.

blanket [blàngkit] *s.* couverture, f.; *v.* couvrir; *Am.* inclure sous une rubrique générale; étouffer [scandal]; *blanket ballot*, bulletin électoral général; *blanket statement*, propos (or) énoncé général.

blare [blèr] *v.* retentir; résonner; proclamer; *s.* bruit, fracas, m.

blarney [blâni] *s.* boniment, m.; flagornerie, f.; *v.* embobeliner, flagorner.

blasé [blâzé¹] *adj.* blasé.

blaspheme [blasfîm] *v.* blasphémer. ‖ *blasphemy* [blasfimi] *s.** blasphème, m.

blast [blast] *s.* rafale [wind], f.; éclat [trumpet], m.; explosion [dynamite], f.; souffle [bomb], m.; *v.* exploser; détruire; flétrir [reputation]; *blast*

furnace, haut fourneau; *blasting-oil*, nitroglycérine.

blatancy [blé¹t'nsi] *s.* vulgarité, f. ‖ *blatant* [-ënt] *adj.* criard; voyant; flagrant, criant.

blaze [blé¹z] *s.* flamme, f.; éclat, m.; *v.* flamber, resplendir; marquer [trees]; *in a blaze*, en feu. ‖ *blazer* [-e*r*] *s.* blazer; bobard, m.; *Am.* casserole, f.

blazon [blé¹z*ë*n] *s.* blason, m.; parade, f.; *v.* blasonner; claironner.

bleach [blîtsh] *v.* blanchir; pâlir. ‖ *bleacher* [-e*r*] *s.* blanchisseur, m.; *pl.* *Am.* gradins, m.

bleak [blîk] *adj.* froid, venteux; désolé, lugubre; désert; morne.

blear [blie*r*] *adj.* chassieux [eyes]; indistinct, indécis [outline]; imprécis [mind].

bleat [blît] *v.* bêler; *s.* bêlement, m.

bled [blèd] *pret., p. p. of to bleed.* ‖ *bleed* [blîd] *v.* saigner. ‖ *bleeding* [-ing] *s.* saignement, m.; saignée; hémorragie, f.

blemish [blèmish] *v.* ternir; flétrir; souiller; *s.** défaut, m.; faute, tache, imperfection, f.

blench [blèntsh] *v.* reculer; éviter, fuir; broncher.

blench [blèntsh] *v.* blêmir; pâlir; faire pâlir.

blend [blènd] *s.* mélange, m.; *v.* mélanger, mêler; dégrader [colors]; fondre [sounds], harmoniser; se mélanger. ‖ *blending* [-ing] *s.* mélange, m.

bless [blès] *v.* bénir. ‖ *blessed* [-id] *adj.* béni; saint; bienheureux; [blèst] *pret., p. p. of to bless.* ‖ *blessing* [-ing] *s.* bénédiction; grâce, f.; bienfait, m.

blest, *see blessed.*

blew [blou] *pret. of to blow.*

blight [bla¹t] *s.* nielle [corn]; rouille; influence perverse, f.; *v.* brouir; gâcher; ruiner [hope].

blind [bla¹nd] *adj.* aveugle; *s.* persiennes; œillère [horse], f.; abat-jour; prétexte; store; masque, m.; *v.* aveugler; *blind lantern*, lanterne sourde; *stone-blind*, complètement aveugle. ‖ *blinder* [-e*r*] *s.* œillère; *Am.* persienne, f. ‖ *blindfold* [-foould] *v.* aveugler; bander les yeux à; *adj.* qui a les yeux bandés; *s.* ruse, f. ‖ *blindly* [-li] *adv.* à l'aveuglette. ‖ *blindness* [-nis] *s.* cécité, f.; aveuglement, m. ‖ *blindworm* [-wërm] *s.* orvet, m.

blink [blingk] *v.* clignoter; cligner des yeux; fermer les yeux sur; *s.* coup d'œil; clignotement; aperçu, m.; lueur, f. ‖ *blinker* [-e*r*] *s.* œillère, f.; (autom.) clignotant, m. ‖ *blinking* [-ing] *adj.* clignotant; vacillant [flame].

bliss [blis] *s.* félicité; béatitude, f. ‖
blissful [-fᵉl] *adj.* bienheureux. ‖
blissfulness [-fᵉlnis] *s.* béatitude, f.;
bonheur total, m.

blister [blistᵉʳ] *s.* pustule; ampoule;
boursouflure, f.; *v.* boursoufler.

blithe [bla¹zh] *adj.* gai; heureux. ‖
blitheness [-nis] *s.* joie, gaieté, f.

blizzard [blizᵉʳd] *s.* tempête de
neige; *Fr. Can.* poudrerie, f.; *Am.* attaque violente.

bloat [blo°ut] *v.* enfler; se gonfler;
adj. Am. prétentieux, « gonflé »; mé-
téorisant [cattle]. ‖ **bloater** [-ᵉʳ] *s.*
hareng saur, m.

block [blâk] *s.* bloc; pâté, îlot
[houses], m.; forme [hat], f.; encombrement, m.; *v.* bloquer; encombrer;
block writing, écriture en lettres d'imprimerie.

blockade [blâkⁱd] *s.* blocus; *Am.*
blocage, m.; obstruction, f.; *v.* bloquer, obstruer. ‖ **blockhead** [blâkèd]
s. lourdaud; imbécile, m.

blond(e) [blând] *adj., s.* blond(e).

blood [blæd] *s.* sang, m.; *v.* acharner
[hound]; donner le baptême du sang;
blood bank, banque du sang; *blood
count,* numération globulaire; *blood
group,* groupe sanguin; *blood pressure,* tension artérielle; *blood-sugar,*
glycémie; *blood test,* examen du sang;
blood typing Am. recherche du
groupe sanguin; *blood vessel,* vaisseau sanguin. ‖ **blooded** [-id] *adj.* de
race, pur sang. ‖ **bloodshed** [-shèd] *s.*
effusion de sang, f. ‖ **bloodshot** [-shât]
adj. injecté de sang. ‖ **bloodthirsty**
[-thë°ʳsti] *adj.* sanguinaire. ‖ **bloodsucker** [-sœkᵉʳ] *s.* sangsue, f. ‖
bloody [-i] *adj.* sanglant; ensanglanté.

bloom [blo°um] *s.* fleur; floraison, f.;
incarnat, m.; *v.* fleurir, s'épanouir. ‖
bloomer [-ᵉʳ] *s.* gaffe, bourde, f. ‖
blooming [-ing] *adj.* en fleur, florissant; *s.* floraison, f.

blossom [blâsᵉm] *s.* fleur, f.;
épanouissement, m.; *Am.* variété de
quartz; *v.* fleurir, s'épanouir.

blot [blât] *s.* tache, f.; pâté [ink],
m.; rature; faute, erreur, f.; *v.* tacher; maculer; buvarder.

blotch [blâtsh] *s.** pustule; éclaboussure; tache, f.; *v.* tacher.

blotter [blâtᵉʳ] *s.* buvard, m.; brouillard (comm.); *Am.* livre de po-
lice, m. ‖ **blotting** [-ing] *adj.* qui
sèche; *blotting-pad,* sous-main; *blotting paper,* buvard.

blouse [bla°us] *s.* blouse, chemisette,
f.; chemisier, corsage, m.

blow [blo°u]- *v.** fleurir, s'ouvrir.

blow [blo°u] *v.** souffler; sonner
[trumpet]; s'envoler; *Am.* déguerpir;

s. coup; soufflement; coup de vent,
m.; *to blow a fuse,* faire sauter un
plomb; *to blow one's nose,* se moucher; *to blow out,* éteindre; éclater
[tire]. ‖ **blower** [-ᵉʳ] *s.* souffleur, ventilateur, m.; soufflerie, f. ‖ **blown** [-n]
p. p. of to **blow.**

blowout [blo°ua°ut] *s.* éclatement,
m.; crevaison [tire]; ventrée, f.

blowpipe [blo°upa¹p] *s.* chalumeau, m.; sarbacane, f.

blowzy [bla°uzi] *adj.* rouge; ébourif-
fée, mal soignée [woman].

blubber [blæbᵉʳ] *v.* pleurnicher; *s.*
pleurnicherie, f.

bludgeon [blædjᵉn] *s.* matraque, f.;
v. matraquer.

blue [blou] *adj.* bleu; triste; *s.* bleu,
ciel, azur, m.; *pl.* mélancolie, f.;
v. bleuir; passer au bleu; *out of the
blue,* soudainement; *to feel blue,* avoir
le cafard; *bluecap,* bluet; *blue light,*
feu de Bengale; *blue-stone,* sulfate de
cuivre. ‖ **bluebell** [-bèl] *s.* jacinthe des
prés, f. ‖ **blueberry** [-bèri] *s.** myrtille,
f.; *Fr. Can.* bleuet, m.

bluff [blæf] *s.* falaise, f.; escarpement; bluff, m.; *adj.* escarpé; rude;
brusque; *v.* bluffer. ‖ **bluffer** [-ᵉʳ] *s.*
bluffeur, m. ‖ **bluffly** [-li] *adv.* rudement, brutalement.

bluing [blouing] *s.* bleu de blanchisseuse, m. ‖ **bluish** [blouish] *adj.*
bleuâtre; *bluish green,* glauque.

blunder [blændᵉʳ] *s.* bévue, gaffe,
sottise, f.; *v.* gaffer, commettre une
maladresse. ‖ **blunderer** [-rᵉʳ] *s.* gaffeur, m.; maladroit, m.

blunt [blœnt] *adj.* émoussé; obtus,
stupide; brusque, rude; *v.* émousser;
amortir [blow].

blur [blëʳ] *s.* tache; bavochure; buée,
f.; *v.* brouiller; tacher; ternir; estomper; ennuager.

blurb [blëʳb] *s. Am.* réclame; prière
d'insérer [book]; publicité, f.

blurt [blëʳt] *v.* parler à l'étourdi;
gaffer; *to blurt out,* lancer, lâcher
[word].

blush [blœsh] *s.** rougeur, f.; incarnat, m.; *v.* rougir.

bluster [blœstᵉʳ] *s.* tapage, m.; tempête; forfanterie, f.; *v.* faire une
bourrasque; faire le fanfaron. ‖ **blustering** [-ring] *adj.* fanfaron.

boa [bo°ua] *s.* boa, m.

boar [bo°uʳ] *s.* verrat; sanglier, m.

board [bo°uʳd] *s.* planche; table; pension, f.; écriteau; carton; comité;
établi; bord [ship], m.; côte (naut.),
f.; *pl.* le théâtre, m.; *v.* planchéier;
nourrir; prendre pension; aborder;
board and room, pension complète;

Board of Trade, ministère du Commerce ; *to board out*, mettre en pension. ‖ **boarder** [-ᵉʳ] *s.* pensionnaire, m., f. ‖ **boarding-house** [-inghaᵘˢ] *s.* pension de famille, f. ‖ **boarding-school** [-ingskoul] *s.* pensionnat, m.

boast [boᵘst] *s.* vantardise, f. ; *v.* se vanter, s'enorgueillir. ‖ **boastful** [-fᵉl] *adj.* vantard, vaniteux. ‖ **boasting** [-ing] *s.* vantardise, f.

boat [boᵘt] *s.* bateau, m. ; embarcation, f. ‖ **boater** [-ᵉʳ] *s.* canotier, m. ‖ **boathouse** [-haᵘˢs] *s.* hangar à bateaux, m. ‖ **boating** [-ing] *s.* canotage ; transport par bateau, m. ‖ **boatman** [-mᵉn] *s.* batelier, navigateur, marin, m. ‖ **boatswain** [boᵘsn] *s.* maître (m.) d'équipage.

bob [bâb] *s.* pendant [ear] ; plomb [line] ; gland, m. ; lentille [clock] ; secousse ; monnaie [shilling] ; coiffure à la Ninon, f. ; *v.* secouer par saccades ; ballotter ; écourter [tail] ; pendiller ; *to bob up and down*, tanguer ; *bob-sleigh*, traîneau.

bobolink [bobᵉlingk] *s.* troupiale, m. [bird] ; *Fr. Can.* goglu, m.

bode [boᵘd] *pret., p. p. of* **to bide**.

bodice [bâdis] *s.* corsage, m.

bodiless [bâdilis] *adj.* immatériel ; sans corps. ‖ **bodily** [bâdili] *adj.* corporel ; matériel ; sensible ; *adv.* corporellement ; par corps ; d'un bloc ; unanimement. ‖ **body** [bâdi] *s.** corps ; code, recueil ; corsage ; fuselage (aviat.), m. ; nef [church] ; carrosserie [auto] ; masse [water], f. ; *to come in a body*, venir en masse ; *as a body*, dans l'ensemble, collectivement ; *the constituent body*, le collège électoral ; *body guard*, garde du corps.

bog [bâg] *s.* marais, m. ; *v.* embourber ; *to bog down*, s'enliser. ‖ **boggy** [-i] *adj.* marécageux.

bog(e)y [boᵘgi] *s.* croquemitaine, m.

bogus [boᵘgᵉs] *adj.* factice ; *bogus concern*, attrape-nigaud.

Bohemian [boᵘhimiᵉn] *adj.* bohémien.

boil [boᶦl] *s.* furoncle, m.

boil [boᶦl] *v.* bouillir ; faire bouillir ; *s.* ébullition, f. ; *to boil over*, déborder en bouillant ; *to boil away*, s'évaporer en bouillant ; *to boil down*, faire réduire à l'ébullition, condenser. ‖ **boiler** [-ᵉʳ] *s.* bouilloire ; chaudière, f. ; calorifère, m. ; *double boiler*, bain-marie.

boisterous [boᶦstᵉrᵉs] *adj.* bruyant, tumultueux ; turbulent.

bold [boᵘld] *adj.* hardi ; courageux ; escarpé [cliff] ; gras (typogr.) ; *bold-faced*, effronté. ‖ **boldly** [-li] *adv.* hardiment. ‖ **boldness** [-nis] *s.* audace, hardiesse ; insolence, f.

bolero [belᵉᵉroᵘ] *s.* boléro, m. (mus.).

bolero [baulᵉroᵘ] *s.* boléro, m. [costume].

Bolivia [bauliviᵉ] *s.* Bolivie, f. ; *Bolivian*, bolivien.

Bolshevik [boᵘlshevik] *adj.* bolchevique ; *Bolshevist* s. bolcheviste, m., f.

bolster [boᵘlstᵉr] *s.* traversin, m. ; *v. to bolster up*, étayer [doctrine] ; soutenir [person].

bolt [boᵘlt] *s.* verrou ; boulon ; bond ; rouleau [paper], m. ; cheville [pin] ; flèche [arrow] ; culasse [rifle] ; foudre [thunder] ; fuite, f. ; *adj.* rapide et droit ; *v.* verrouiller ; boulonner ; avaler ; fuir ; bluter ; tamiser ; *Am.* se retirer d'un parti, s'abstenir de voter. ‖ **bolter** [-ᵉʳ] *s.* blutoir ; *Am.* dissident d'un parti, m.

bomb [bâm] *s.* bombe, f. ; *v.* bombarder ; *bomb - crater*, entonnoir ; *bomb-release*, lancement de bombes ; *bomb-shell*, obus ; bombe (fig.) ; *bomb-thrower*, lance-bombes ; *bombed-out*, sinistré ; *bombing plane*, bombardier (aviat.). ‖ **bombard** [bâmbârd] *v.* bombarder. ‖ **bombardier** [bâmbᵉdîr] *s.* bombardier, m. ‖ **bombardment** [bâmbârdmᵉnt] *s.* bombardement, m.

bombastic [bâmbastik] *adj.* ampoulé, amphigourique.

bomber [bâmᵉr] *s.* bombardier, m.

bonanza [bo'nanzᵉ] *s.* filon, m.

bond [bând] *s.* lien, m. ; obligation, f. ; *v.* garantir par obligations ; entreposer à la douane. ‖ **bondage** [-idj] *s.* esclavage, servitude, f. ‖ **bondsman** [-zmᵉn] *s.* garant, m. ; serf, esclave, m.

bone [boᵘn] *s.* os, m. ; arête [fish] ; baleine de corset, f. ; *v.* désosser ; baleiner ; *Am.* bûcher, travailler dur ; *a bone of contention*, une pomme de discorde ; *he is a bag of bones*, il n'a que la peau et les os ; *to make no bones about*, n'avoir pas de scrupules à ; *I feel it in my bones*, j'en ai le pressentiment. ‖ **boner** [-ᵉʳ] *s.* bourde, gaffe, boulette, énormité, f.

bonfire [bânfaᶦr] *s.* bûcher ; feu de joie, m.

bonnet [bânit] *s.* capote, f. ; capot [auto] ; complice, m. ; *v.* coiffer.

bonus [boᵘnᵉs] *s.* prime, f. ; boni, m.

bony [boᵘni] *adj.* osseux ; plein d'arêtes.

bonze [bânz] *s.* bonze, m.

boo [bou] *v.* huer ; *s. pl.* huées, f.

booby [boubi] *s.**, *adj.* nigaud ; lourdaud ; *booby-trap*, attrape-nigaud ; mine-piège (milit.).

boohoo [bouhou] *v.* braire.

book [bouk] *s.* livre; registre, m.; *book of tickets*, carnet de tickets; *on the books*, inscrit dans la comptabilité; *order-book*, carnet de commandes; *to book one's place*, louer sa place. ‖ *bookcase* [-kéᶦs] *s.* bibliothèque, f. ‖ *booking* [-ing] *s.* enregistrement, m. ‖ *bookish* [-ish] *adj.* pédantesque. ‖ *bookkeeper* [-kîᵖᵉʳ] *s.* comptable, m., f. ‖ *bookkeeping* [-kîping] *s.* comptabilité, f.; *double-entry bookkeeping*, comptabilité en partie double. ‖ *booklet* [-lèt] *s.* livret, opuscule, m. ‖ *bookseller* [-sèlᵉʳ] *s.* libraire, m. ‖ *bookshelf* [-shèlf] (*pl.* *bookshelves* [-shèlvz]) *s.* étagère de bibliothèque, f. ‖ *bookshop* [-shâp], *bookstore* [-stoᵘʳ] *s.* librairie, f. ‖ *bookstall* [-staul], *Am.* *bookstand* [-stand] *s.* étalage (m.) de librairie; bibliothèque de gare, f.

boom [boum] *s.* grondement, m.; boom, emballement des cours, m.; vogue, f.; chaîne, f.; *v.* gronder [wind]; voguer rapidement; prospérer; augmenter; *boom and bust*, prospérité et dépression.

boon [boun] *adj.* gai, joyeux.

boon [boun] *s.* bienfait, m.; faveur, f.

boor [bour] *s.* rustre; lourdaud, m. ‖ *boorish* [bourish] *adj.* rustre.

boost [boust] *s.* *Am.* poussée; augmentation, f.; *v.* pousser, faire l'article; augmenter [price]. ‖ *booster* [-ᵉʳ] *s.* amplificateur; survolteur; prôneur, m.; *booster-rocket*, fusée porteuse; *booster-shot*, piqûre de rappel. ‖ *boosting* [-ing] *s.* battage, m.

boot [bout] *s.* surplus, m.; *to boot*, en plus, par-dessus le marché.

boot [bout] *s.* chaussure, botte, bottine, f.; brodequin [torture]; coffre [vehicle]; coup de pied, m.; *v.* botter; donner un coup de pied. ‖ *bootblack* [-blak] *s.* cireur de bottes, m.

booth [bouzh] *s.* cabine; baraque, f.; isoloir, m.

bootlegger [boutlègᵉʳ] *s.* *Am.* contre-bandier (m.) de spiritueux.

bootlick [boutlik] *v.* *Am.* lécher les bottes, flagorner.

booty [bouti] *s.** butin, m.

booze [bouz] *s.* noce, ribote; gnôle (fam.), f.; *v.* siroter (fam.); *boozer*, pochard.

border [baurdᵉʳ] *s.* bord, m.; bordure; frontière, f.; *v.* border; être limitrophe de; *border-line*, ligne de démarcation; *border-line case*, cas limite.

bore [boᵘʳ] *pret. of* to bear.

bore [boᵘʳ] *v.* percer; forer; *s.* trou; calibre [gun]; mascaret [tide]; alésage (mech.), m.; sonde [mine], f.

bore [boᵘʳ] *v.* ennuyer, importuner; *s.* ennui; importun; raseur (fam.), m. ‖ *boredom* [-dᵉm] *s.* ennui, m. ‖ *boring* [-ing] *adj.* ennuyeux.

born [baurn] *p. p. of* to bear; *adj.* né; inné. ‖ *borne* [baurn] *p. p. of* to bear.

borough [bᵉʳoᵘ] *s.* bourg, m.; cité; circonscription électorale, f.

borrow [bauroᵘ] *v.* emprunter, « taper ». ‖ *borrowed* [-d] *adj.* d'emprunt, faux, usurpé. ‖ *borrower* [-ᵉʳ] *s.* emprunteur, m. ‖ *borrowing* [-ing] *s.* emprunt, m.

bosom [bouzᵉm] *s.* sein; cœur; plastron [shirt], m.; *bosom friend*, ami intime.

boss [baus] *s.** bosse; butée; protubérance, f.; *v.* bosseler.

boss [baus] *s.** patron, m.; *Am.* politicien influent; *adj.* de premier ordre; en chef; *v.* diriger, contrôler; *to boss it*, gouverner. ‖ *bossy* [-i] *adj.* autoritaire, impérieux.

botany [bâtᵉni] *s.* botanique, f.

botch [bâtsh] *v.* rafistoler; saboter, bousiller (fam.).

both [boᵘth] *adj., pron., conj.* tous les deux; ensemble; à la fois; *both of us*, nous deux; *on both sides*, des deux côtés.

bother [bâzhᵉʳ] *s.* tracas; ennui; souci, m.; *v.* ennuyer, tourmenter; se tracasser. ‖ *bothersome* [-sᵉm] *adj.* ennuyant; inquiétant.

bottle [bât'l] *s.* bouteille, f.; flacon, m.; botte [hay], f.; *v.* mettre en bouteille; *to bottle up*, embouteiller, bloquer; *bottle brush*, rince-bouteilles; *bottle cap*, capsule; *bottleneck*, goulot; embouteillage.

bottom [bâtᵉm] *s.* fond; bout; bas [page], m.; carène (naut.), f.; *bottoms up!* à la vôtre!, *to be at the bottom of*, être l'instigateur de; *bottomless*, sans fond, insondable.

bough [baᵒᵘ] *s.* rameau, m.

bought [baut] *pret., p. p. of* to buy.

boulder [boᵘldᵉʳ] *s.* rocher, m.

boulevard [boulvâʳ] *s.* boulevard, m.

bounce [baᵒᵘns] *v.* sauter; se jeter sur; rebondir; faire sauter; se vanter, exagérer; *Am.* expulser, congédier; *s.* saut, rebondissement; bruit, m.; explosion; vantardise, f.; *Am.* expulsion, f.; renvoi, m.

bound [baᵒᵘnd] *adj., p. p.* lié, attaché; *Am.* résolu à; décidé à; *bound up in*, entièrement pris par; *bound to happen*, inévitable.

bound [baᵒᵘnd] *s.* limite, f.; bond, m.; *adj.* à destination de; tenu; *v.*

borner; bondir; *out of bounds,* accès défendu. ‖ **boundary** [ba^{ou}nd^eri] *s.** borne; frontière, f. ‖ **boundless** [ba^{ou}ndlis] *adj.* illimité, sans borne.

bountiful [ba^{ou}nt^ef^el] *adj.* libéral, généreux. ‖ **bounty** [ba^{ou}nti] *s.** bonté, f.; largesses, f. pl.; gratification, prime, f.

bouquet [bouké¹] *s.* bouquet, m.

bout [ba^{ou}t] *s.* coup; match, m.; partie; crise (med.), f.

bow [ba^{ou}] *s.* salut, m.; inclinaison; proue (naut.), f.; *v.* s'incliner; courber; saluer; ployer, fléchir; *bow-side,* tribord.

bow [bo^{ou}] *s.* arc; archet; nœud; arçon [saddle], m.; monture [spectacles], f.; *bow-legged,* bancal.

bowels [ba^{ou}elz] *s. pl.* intestins, m.pl.; entrailles, tripes, f. pl.

bower [ba^{ou}er] *s.* tonnelle, f.; boudoir, m.; maisonnette, f.

bowl [bo^{ou}l] *s.* bol; vase rond; fourneau [pipe], m.; boule, f.; *v.* jouer aux boules, jouer aux quilles; rouler [carriage]; servir la balle [game]. ‖ *bowler* [-^er] *s.* joueur; *Fr. Can.* quilleur; chapeau melon, m. ‖ **bowling** [-ing] *s.* bowling, jeu de quilles, m.; *bowling-alley,* boulodrome, m.; *bowling-pin,* quille, f.

bowman [bo^{ou}m^en] (*pl* **bowmen**) *s.* archer, m.

box [bâks] *s.** boîte, malle; loge (theat.), f.; compartiment; carton; banc, box, m.; guérite, cabine, f.; *box-office,* bureau de location.

box [bâks] *s.* buis [wood], m.

box [bâks] *s.** gifle, claque, f.; *v.* gifler; boxer. ‖ *boxer* [-^er] *s.* boxeur, m. ‖ *boxing* [-ing] boxe, f.; *Boxing Day,* jour des étrennes.

boy [bo¹] *s.* garçon, m.

boycott [bo¹kât] *v.* boycotter; *s.* boycottage, m.

boyhood [bo¹houd] *s.* enfance, f. ‖ *boyish* [bo¹ish] *adj.* puéril; d'enfant; garçonnier.

bra [brâ] *s.* soutien-gorge, m.

brace [bré¹s] *s.* paire; attache; agrafe (mech.); accolade (typogr.); *pl. Br.* bretelles, f.; *v.* attacher; consolider, étayer; tonifier; bander, tendre; accolader; *carpenter's brace,* vilebrequin; *to brace up,* fortifier, tonifier.

bracelet [bré¹slit] *s.* bracelet, m.

bracken [brak^en] *s.* fougère, f.

bracket [brakit] *s.* applique, f.; tasseau; crochet (typogr.), m.; *v.* mettre entre crochets; réunir.

brag [brag] *s.* fanfaronnade, f.; *v.* se vanter; *braggart,* fanfaron.

braid [bré¹d] *s.* galon, m.; tresse; soutache, f.; *v.* tresser.

brain [bré¹n] *s.* cerveau, m.; cervelle, f.; *v.* casser la tête; faire sauter la cervelle à; *brainstorm,* idée de génie, trouvaille. ‖ *brainwash* [-waush] *v.* faire un lavage de cerveau à; endoctriner. ‖ *brainwashing* [-ing] *s.* lavage de cerveau, endoctrinement, m.

brake [bré¹k] *s.* frein; bordage (mech.), m.; *v.* ralentir, freiner; enrayer; *brake(s)man,* serre-frein.

bramble [bràmb'l] *s.* ronce, f.; *bramble-berry,* mûre; *bramble-rose,* églantine.

bran [bràn] *s.* son [wheat], m.

branch [bràntsh] *s.** branche; succursale, agence; bifurcation, f.; embranchement; affluent, m.; *v.* s'embrancher; se ramifier.

brand [brànd] *s.* tison; stigmate, m.; flétrissure; marque de fabrique; sorte, f.; *v.* stigmatiser, marquer au fer rouge; marquer les bestiaux; *brandnew,* flambant neuf.

brandish [bràndish] *v.* brandir; secouer; agiter.

brandy [bràndi] *s.** brandy, m.; eau-de-vie, f.

brass [bra] *s.* cuivre, laiton, airain, m.; *adj.* de cuivre; *v.* cuivrer; *brass-band,* fanfare; *brass tacks,* le fond de l'affaire, l'essentiel.

brassière [brasiè^r] *s.* soutien-gorge, m.

brat [brat] *s.* marmot, gosse, m.

brave [bré¹v] *adj.* brave, beau, chic; *v.* braver, défier. ‖ *bravery* [-^eri] *s.* bravoure; élégance; parure, f.

bravo [bravo^{ou}] *interj., s.* bravo.

brawl [braul] *v.* crier, brailler; *s.* vacarme, m.; querelle, rixe, f.

brawn [braun] *s.* muscle, m.; fromage (m.) de tête; *brawny,* musclé.

bray [bré¹] *s.* braiment, m.; *v.* braire.

brazen [bré¹z'n] *adj.* de cuivre, d'airain; impudent, effronté.

brazier [bré¹jer] *s.* chaudronnier; braséro, m.

breach [brîtsh] *s*.* brèche; rupture; infraction à, violation de, f.; *v.* ouvrir une brèche dans.

bread [brèd] *s.* pain, m.; *v.* paner; *brown bread,* pain bis; *stale bread,* pain rassis; *bread-crumb,* chapelure; *v.* paner; *bread-winner,* gagne-pain.

breadth [brèdth] *s.* largeur; dimension, f.

break [bré¹k] *s.* brèche, trouée; interruption, lacune, rupture; baisse [price], f.; aubaine, f.; *v*.* casser, briser; violer [law]; ruiner, délabrer [health]; éclater [storm]; annoncer, faire part de [purpose]; *to break down*, abattre ; broyer ; *to break out*, éclater [war]; *to break up*, se séparer, (se) disperser, cesser ; *to give a break*, donner une chance. ‖ **breakable** [-ᵉb'l] *adj.* cassable. ‖ **breakdown** [bréˡkdaᵘⁿ] *s.* rupture (f.) de négociations ; dépression nerveuse (f.) ; effondrement ; fiasco, m.; panne, f. ‖ **breaker** [-ᵉʳ] *s.* briseur ; perturbateur ; interrupteur ; brisants [waves], m. ‖ **breakfast** [-fᵉst] *s., v.* déjeuner, petit déjeuner ; *breakfast food, Fr. Can.* céréales, f. pl.

breast [brèst] *s.* poitrine, f.; sein ; poitrail ; cœur ; sentiment ; blanc de volaille, m.; *v.* lutter contre ; *to make a clean breast*, faire des aveux complets ; **breastbone**, sternum ; bréchet ; **breastwork**, parapet.

breath [brèth] *s.* souffle, m.; haleine, f.; *v.* respirer, souffler ; *out of breath*, à bout de souffle ; *to gasp for breath*, haleter.

breathe [brîzh] *v.* respirer ; exhaler ; souffler ; *to breathe one's last*, rendre le dernier soupir ; *not to breathe a word*, ne pas souffler mot. ‖ **breather** [-ᵉʳ] *s.* moment de répit, m.; bol d'air, m. ‖ **breathing** [-ing] *s.* respiration, f. ; souffle, m.; répit, m.; détente, f.; **breathing-hole**, soupirail. ‖ **breathless** [brèthlis] *adj.* essoufflé ; suffocant ; étouffant ; oppressé ; sans vie ; en haleine, haletant.

bred [brèd] *pret., p. p. of* **to breed ;** *well-bred*, bien élevé.

breeches [brîtshiz] *s. pl.* pantalon, m.

breed [brîd] *s.* race ; sorte, espèce, f.; *v.** élever, nourrir ; éduquer ; engendrer. ‖ **breeder** [-ᵉʳ] *s.* étalon ; éleveur ; éducateur, m. ‖ **breeding** [-ing] *s.* procréation, f.; éducation, f.; élevage, m.

breeze [brîz] *s.* brise, f. ‖ **breezy** [-i] *adj.* aéré ; animé, vif ; jovial, désinvolte.

brethren [brèzhrin] *s. pl.* frères ; confrères, m. pl.

breve [brîv] *s.* brève (mus.), f. ‖ **breviary** [brívⁱᵉri] *s.** bréviaire, m. ‖ **brevity** [brèvᵉti] *s.** brièveté, f.

brew [broᵤ] *v.* brasser [ale] ; tramer, comploter ; faire infuser [tea] ; *s.* bière, f. ‖ **brewer** [-ᵉʳ] *s.* brasseur, m. ‖ **brewery** [-ᵉri] *s.** brasserie, f.

briar [braⁱᵉʳ] *s.* ronce, f.; églantier, m.

bribe [braⁱb] *s.* paiement illicite, pot-de-vin, m.; *v.* corrompre. ‖ **bribery** [-ᵉⁱ] *s.** concussion, f.

brick [brîk] *s.* brique, f.; *Am.* brave type, b.n garçon; *v.* briqueter ; **bricklayer**, maçon ; **brickwork**, briquetage ;

brickyard, briqueterie. ‖ **brickbat** [-bat] *s.* briqueton ; brocard, m.; insulte, f.

bridal [braⁱd'l] *adj.* nuptial. ‖ **bride** [braⁱd] *s.* mariée, f.; *the bride and groom*, les nouveaux mariés. ‖ **bridegroom** [-groum] *s.* marié, m. ‖ **bridesmaid** [-zméⁱd] *s.* demoiselle d'honneur, f. ‖ **bridesman** [-zmᵉn] (*pl.* **bridesmen**) *s.* garçon d'honneur, m.

bridge [bridj] *s.* pont, m.; passerelle (naut.), f.; chevalet [violin]; dos [nose]; prothèse dentaire, f.; jeu de cartes, m.; *v.* jeter un pont sur ; *drawbridge*, pont-levis ; **bridge-head**, tête de pont.

bridle [braⁱd'l] *s.* bride, f.; frein, m.; restriction, f.; *v.* brider ; maîtriser, subjuguer ; se rengorger ; **bridlepath**, piste cavalière.

brief [brîf] *adj.* bref, concis ; *s.* dossier (jur.); sommaire, abrégé ; bref apostolique, m.; *v.* abréger ; résumer ; documenter (*on*, sur). ‖ **briefly** [-li] *adv.* brièvement. ‖ **briefcase** [-kéⁱs] *s.* portefeuille, m.; serviette ; chemise, f. ‖ **briefness** [-nis] *s.* brièveté, f. ‖ **briefs** [-s] *s. pl.* cache-sexe, slip, m.

brier, *see* **briar.**

brig [brig] *s.* brick (naut.), m.; *Am.* prison (fam.), f.

brigade [brigéⁱd] *s.* brigade, f.; *v.* embrigader ; **brigadier**, général de brigade.

bright [braⁱt] *adj.* brillant ; gai ; intelligent ; vif [color]; *Am.* blond [tobacco]. ‖ **brighten** [-'n] *v.* faire briller ; égayer ; embellir ; polir ; s'éclairer. ‖ **brightness** [-nis] *s.* éclat, m.; clarté ; splendeur ; vivacité ; gaieté, f.

brilliance [brílyᵉns] *s.* éclat ; lustre ; brillant, m.; splendeur, f. ‖ **brilliant** [brílyᵉnt] *adj.* brillant, éclatant ; talentueux, s. brillant, m. ‖ **brilliantine** [brílyᵉntin] *s.* brillantine, f.; **brilliantin** [brílyᵉntin] *v.* brillantiner.

brim [brîm] *s.* bord, m.; *v.* remplir jusqu'au bord ; être tout à fait plein ; *to brim over*, déborder. ‖ **brimmer** [-ᵉʳ] *s.* rasade, f.; verre arasé, m.

brimstone [brîmstoᵘn] *s.* soufre, m.

brine [braⁱn] *s.* saumure ; eau salée, f.; *v.* plonger dans la saumure ; **brine-pit**, saline, f.; **briny**, saumâtre, salé ; amer.

bring [bring] *v.** amener, conduire ; apporter ; coûter, revenir [price]; *to bring along*, apporter, amener ; *to bring about*, produire, occasionner ; *to bring back*, rapporter, ramener ; *to bring down*, faire descendre ; humilier ; abattre ; *to bring forth*, produire ; *to bring forward*, avancer, reporter [sum];

to bring in, introduire ; *to bring out,* faire sortir ; publier ; *to bring off,* renflouer ; *to bring up,* élever, nourrir ; mettre sur le tapis [subject] ; *how much does coal bring?,* combien coûte le charbon ?

brink [bringk] *s.* bord, m.

brioche [bri°u°sh] *s.* brioche, f.

briquette [brik**è**t] *s.* briquette, f.

brisk [brisk] *adj.* vif ; actif (comm.) ; animé, alerte. ‖ **briskly** [-li] *adv.* allégrement, activement.

bristle [bris'l] *s.* soie [pig], f. ; *v.* se hérisser. ‖ **bristly** [-i] *adj.* hérissé.

Britain [brit'n] *s.* Grande-Bretagne, f. ‖ **British** [british] *adj., s.* britannique, anglais. ‖ **Brittany** [brit'ni] *s.* Bretagne, Armorique, f.

brittle [brit'l] *adj.* fragile, cassant ; friable. ‖ **brittleness** [-nis] *s.* fragilité, f.

broach [bro°u°tsh] *s.** broche, f. ; *v.* embrocher ; mettre en perce [cask] ; entamer [subject].

broad [braud] *adj.* large, vaste ; hardi ; fort [accent] ; tolérant [mind] ; clair [hint] ; **broad-minded,** à l'esprit large. ‖ **broadcast** [-kast] *s.* radiodiffusion ; émission ; transmission, f. ; *v.* radiodiffuser, émettre ; semer à la volée. ‖ **broaden** [-ᵉn] *v.* élargir ; s'élargir.

brocade [bro°uké¹d] *s.* brocart, m.

broil [bro¹l] *s.* querelle, échauffourée, f. ; tumulte, m.

broil [bro¹l] *v.* griller, rôtir ; faire rôtir. ‖ **broiler** [-ᵉr] *s.* gril, m. ; *Am.* journée torride, f.

broke [bro°uk] *pret. of* **to break ;** *adj.* ruiné, fauché. ‖ **broken** [-ᵉn] *p. p. of* **to break ;** *adj.* brisé, rompu ; délabré, en ruine ; fractionnaire [number] ; vague [hint] ; entrecoupé [voice] ; *broken French,* mauvais français.

broker [bro°ukᵉr] *s.* courtier ; brocanteur ; prêteur sur gages, m. ‖ **brokerage** [bro°ukᵉridʒ] *s.* courtage, m. ; *brokerage fee,* commission de courtier.

bromide [bro°uma¹d] *s.* bromure ; raseur, m. ; platitude, f.

bronchitis [brânka¹tis] *s.* bronchite, f.

bronze [brânz] *s.* bronze, m. ; *adj.* bronzé ; *v.* bronzer.

brooch [broutsh] *s.** broche [clasp], f.

brood [broud] *s.* couvée, nichée, foule, flopée, f. (colloq.) ; *v.* couver, méditer ; ruminer ; menacer, planer sur. ‖ **brooder** [-ᵉr] *s.* couveuse, f.

brook [brouk] *s.* ruisseau, m.

brook [brouk] *v.* supporter.

broom [broum] *s.* genêt ; balai, m. ; *v.* balayer ; **broomstick,** manche à balai.

broth [brauth] *s.* bouillon ; potage, m.

brother [bræzhᵉr] *s.* frère ; collègue, m. ; *brother - in - law,* beau-frère. ‖ **brotherhood** [-houd] *s.* fraternité ; confraternité ; confrérie, f. ‖ **brotherly** [-li] *adj.* fraternel.

brought [braut] *pret., p. p. of* **to bring.**

brow [bra°u] *s.* sourcil ; front ; sommet [hill], m. ‖ **browbeat** [-bìt] *v.* rudoyer, malmener.

brown [bra°un] *adj.* brun ; sombre ; bis ; marron ; châtain ; bronzé ; *v.* brunir ; *browned off,* déprimé.

browning [bra°uning] *s.* revolver, m.

browse [bra°uz] *v.* brouter ; bouquiner ; *s.* pousse verte, f.

bruise [brouz] *s.* contusion, f. ; bleu, m. ; *v.* contusionner, meurtrir.

brunette [broun**è**t] *s.* brunette, f.

brunt [br**œ**nt] *s.* choc ; assaut, m.

brush [br**œ**sh] *s.** fourré ; pinceau, m. ; brosse ; escarmouche ; friche, f. ; *v.* brosser ; effleurer ; *to brush aside,* écarter ; *to brush away,* essuyer, balayer ; *to brush up a lesson,* repasser une leçon ; **brush-off,** coup de balai ; **brush-up,** coup de brosse. ‖ **brushwood** [-woud] *s.* fourré, m. ; broussailles, f. pl.

brusque [br**œ**sk] *adj.* brusque.

brutal [brout'l] *adj.* brutal. ‖ **brutality** [broutal**e**ti] *s.** brutalité, f. ‖ **brute** [brout] *s.* brute, f. ; *adj.* brut ; bestial ; grossier ; brutal. ‖ **brutify** [-ifa¹] *v.* abrutir. ‖ **brutish** [-ish] *adj.* brutal, de brute, grossier.

bubble [bœb'l] *s.* bulle, f. ; bouillon, bouillonnement, m. ; chimère, f. ; *v.* bouillonner ; faire des bulles. ‖ **bubbly** [-i] *adj.* plein de bulles ; mousseux, pétillant ; champagnisé.

buck [bœk] *s.* mâle (renne, antilope, lièvre, lapin) ; *Am.* dollar (fam.), m.

buck [bœk] *s.* ruade, f. ; *v.* ruer ; désarçonner ; *to buck up,* (se) ravigoter.

bucket [bœkit] *s.* seau ; baquet ; auget [wheel] ; piston [pump], m. ; *to kick the bucket,* casser sa pipe (fam.).

buckle [bœk'l] *s.* boucle, f. ; *v.* boucler ; s'atteler à [work] ; *to buckle down,* travailler dur.

buckshee [bœkshì] *adj.* aux frais de la princesse.

buckshot [bœkshât] *s.* chevrotine, f.

buckwheat [bœkhwìt] *s.* sarrazin, m.

bud [bœd] *s.* bourgeon ; bouton, m. ; *v.* bourgeonner. ‖ **buddy** [-i] *s.* Am.* camarade, copain, m.

budge [bœdj] *v.* bouger; faire bouger.

budget [bœdjit] *s.* budget; sac, m.

buff [bœf] *s.* peau de buffle, f.; chamois, m.; *Am.* fanatique, m.

buff [bœf] *s.* coup, soufflet, m.; *blind-man's buff*, colin-maillard.

buffalo [bœf'lo⁰⁰] *s.* buffle, bison, m.

buffer [bœf⁵r] *s.* tampon; *Am.* pare-chocs, m.; *buffer-state*, Etat-tampon; **buffer-stop**, butoir.

buffet [bœfit] *s.* coup, soufflet, m.; *v.* souffleter; cahoter; se débattre (*with*, contre).

buffet [bœfé¹] *s.* buffet; [boufé¹] *s.* restaurant, m.; *Am.* **buffet-car**, wagon-buvard.

bug [bœg] *s.* punaise, f.; microbe, germe, m. ‖ **bugbear** [-bèr] *s.* croque-mitaine, épouvantail, m.; bête noire, f.

bugle [byou¹] *s.* cor de chasse; clairon, m.; *v.* claironner.

build [bild] *s.* structure; stature; taille, f.; *v.** bâtir, construire; établir; *to build up*, édifier; *to build upon*, compter sur. ‖ **builder** [-⁵r] *s.* entrepreneur, constructeur, m. ‖ **building** [-ing] *s.* construction, f.; bâtiment, m.; *public building*, édifice public; *adj.* de construction; à bâtir; du bâtiment; *building land*, terrain à bâtir; *building plot*, lotissement. ‖ **built** [bilt] *adj.*, *p. p.* bâti; façonné.

bulb [bœlb] *s.* bulbe, oignon; globe [eye], m.; ampoule (electr.); poire [rubber], f.

bulge [bœldj] *s.* renflement, m.; bosse, f.; *v.* bomber; faire eau (naut.). ‖ **bulgy** [-i] *adj.* tors.

bulk [bœlk] *s.* masse, f.; volume, m.; *Am.* pile de tabac, f.; *in bulk*, en vrac, en gros; *to bulk large*, faire figure importante. ‖ **bulky** [-i] *adj.* volumineux, massif; lourd.

bull [boul] *s.* taureau; haussier [Stock Exchange]; *Am.* agent de police; boniment, m.; *adj.* de hausse; *v.* provoquer la hausse.

bull [boul] *s.* bulle [papal], f.

bulldozer [bouldoo⁰z⁵r] *s.* bull-dozer, m.

bullet [boulit] *s.* balle [gun], f.

bulletin [boul⁵t'n] *s.* bulletin, m.; *v. Am.* publier, annoncer; *bulletin board,* panneau d'affichage.

bullfight [boulfa¹t] *s.* course (f.) de taureaux; corrida, f.; *bullfighter*, torero.

bullfinch [boulfintsh] *s.** *Br.* bouvreuil, m.

bullion [bouly⁵n] *s.* or en barres; lingot, m.; encaisse métallique, f.

bully [bouli] *s.** matamore, m.; *adj.* fanfaron; jovial; épatant; *v.* intimider; malmener; le faire à l'influence.

bulwark [boulw⁵rk] *s.* fortification; défense, f.; rempart, m.; *pl.* bastingage, m. (naut.).

bum [bœm] *s.* vagabond; écornifleur; débauché, m.; *adj. Am.* de mauvaise qualité, inutilisable; *v.* rouler sa bosse; vivre aux crochets de; écornifler.

bumblebee [bœmb'lbî] *s.* bourdon, m.

bump [bœmp] *s.* bosse, f.; coup, m.; *v.* se cogner; heurter; cahoter; *to bump off,* démolir. ‖ **bumper** [-⁵r] *s.* pare-chocs, m.; *adj.* excellent, abondant.

bun [bœn] *s.* brioche (f.) aux raisins; pain au lait, m.; chignon, m.; *Am.* cuite, f.

bunch [bœntsh] *s.** botte [vegetables]; grappe [grapes]; bosse [hump], f.; bouquet; trousseau [keys], m.; *v.* se grouper; réunir; se renfler; faire une bosse.

bundle [bœnd'l] *s.* paquet; fagot, m.; botte; liasse, f.; *v.* botteler; entasser; *to bundle up,* emmitoufler, empaqueter; *to bundle in,* (s')entasser.

bunghole [bœngho⁰ul] *s.* bonde, f.

bungle [bœngg'l] *v.* gâcher, bousiller; *s.* gâchis, m.

bunion [bœny⁵n] *s.* oignon, m.

bunk [bœngk] *s.* couchette; blague, foutaise, f.; bourrage de crâne, m.; *v.* partager une chambre; se mettre au lit; filer, décaniller (colloq.).

bunny [bœni] *s.** lapin, m.

buoy [bo¹] *s.* bouée, f.; *v.* maintenir à flot; *to buoy up,* soutenir. ‖ **buoyant** [-⁵nt] *adj.* qui peut flotter; léger; gai, vif; plein de ressort.

bur [bër] *s.* grasseyement, m.; *v.* grasseyer.

burden [bër d⁵n] *s.* fardeau, m.; charge, f; tonnage (naut.), m.; *v.* charger.

burden [bër d⁵n] *s.* refrain, m.; thème, m. [speech]. ‖ **burdensome** [-s⁵m] *adj.* lourd, pesant.

burdock [bër dâk] *s.* bardane, f.

bureau [byouro⁰u] *s.* bureau; cabinet; secrétaire, m.; *travel bureau,* agence de voyage; *weather bureau,* office de météorologie. ‖ **bureaucracy** [byou'rákr⁵si] *s.* bureaucratie, f.

burglar [bër gl⁵r] *s.* cambrioleur, voleur, m. ‖ **burglarize** [-ra¹z] *v.* cambrioler. ‖ **burglary** [-ri] *s.** cambriolage, m.

burial [bèri⁵l] *s.* enterrement, m.; *burial-ground, burial-place,* cimetière, caveau, tombe.

burlap [bĕʳlap] *s.* serpillière; toile (f.) à sac.

burly [bĕʳli] *adj.* corpulent; bien charpenté.

burn [bĕʳn] *s.* brûlure, f.; *v.** brûler; incendier; être enflammé; *to burn to ashes*, réduire en cendres. || *burner* [-eʳ] *s.* brûleur; bec [lamp]; réchaud, m. || *burning* [-ing] *s.* incendie, feu, m.; *adj.* brûlant, ardent.

burnish [bĕʳnish] *v.* brunir; polir; *s.* brunissage, polissage, éclat, m.

burnt [bĕʳnt] *pret., p. p. of* **to burn.**

burrow [bĕʳoᵒᵘl] *s.* terrier, m.; *v.* se terrer; creuser; miner.

bursar [bĕʳseʳ] *s.* boursier; économe, m.; *bursary,* économat.

burst [bĕʳst] *s.* éclat; mouvement brusque; élan, m.; explosion, f.; *v.** éclater; jaillir; crever; faire éclater; *to burst open,* enfoncer; *to burst into tears,* éclater en sanglots; *pret. of* **to burst.**

bury [bĕri] *v.* enterrer; *buried in thought,* perdu dans ses pensées.

bus [bœs] *s.** autobus, bus; omnibus; *Am.* car, m.

bush [boush] *s.** fourré; buisson; arbuste, m.; brousse; *Am.* friche, f.; *bush-fighter,* franc-tireur, m.; *bush-ranger,* coureur de(s) bois, m.; *maple bush, Fr. Can.* sucrerie, f.

bushel [boushᵉl] *s.* boisseau, m.

bushy [boushi] *adj.* touffu, épais.

busily [bĭzli] *adv.* activement, avec diligence. || *business* [bĭznis] *s.* affaires; occupations, f. pl.; commerce, négoce, m.; *adj.* concernant les affaires; *to send someone about his business,* envoyer promener quelqu'un; *business house,* maison de commerce; *to make it one's business,* se charger de. || *businesslike* [-laᶦk] *adj.* méthodique; efficace; pratique. || *businessman* [-man] (*pl.* **businessmen**) *s.* homme d'affaires, m.

bust [bœst] *s.* buste, m.

bust [bœst] *s.* four, fiasco, m.; *Am.* banqueroute, f.; *v. Am.* dompter [horse]; réduire à la faillite; faire faillite.

bustle [bœst'l] *s.* confusion; agitation, f.; remue-ménage, m.; *v.* se remuer; s'empresser; bousculer.

busy [bĭzi] *adj.* affairé; occupé; diligent; laborieux. || *busybody* [-bâdi] *s.* officieux; ardélion; indiscret, m.; commère, f.

but [bœt] *conj., prep., adv.* mais; ne... pas; ne... que, seulement; excepté, sauf; *but for him,* sans lui; *it was but a moment,* ce fut l'affaire d'un instant; *nothing but,* rien que; *but yesterday,* pas plus tard qu'hier.

butcher [boutsheʳ] *s.* boucher, m.; *v.* massacrer; *butcher's shop,* boucherie. || *butchery* [boutsheri] *s.* carnage, m.; *Am.* boucherie, f.

butler [bœtleʳ] *s.* sommelier; maître d'hôtel, m.

butt [bœt] *s.* bout; derrière; trognon; culot; mégot, m.; crosse [gun]; cible; victime, f.; *butt and butt,* bout à bout; *the butt of ridicule,* un objet de risée.

butt [bœt] *s.* barrique, f.

butt [bœt] *v.* donner des coups de tête, de cornes; *s.* coup de tête; coup de corne, m.; botte [fencing], f.; *to butt in,* se mêler de ce qui ne vous regarde pas; interrompre.

butter [bæteʳ] *s.* beurre, m.; *v.* beurrer; *butter-dish,* beurrier; *butter-fingered,* maladroit; *butter-pat,* coquille de beurre. || *buttermilk* [-milk] *s.* babeurre, m. || *butterscotch* [-skâtsh] *s.* caramel au beurre, m.

buttercup [bæteʳkœp] *s.* bouton d'or, m.

butterfly [bæteʳflaᶦ] *s.** papillon, m.

buttocks [bæteks] *s. pl.* derrière, m.; fesses, f. pl.

button [bœt'n] *s.* bouton, m.; *v.* boutonner; *button hook,* tire-bouton. || *buttonhole* [-hoᵒᵘl] *s.* boutonnière, f.; *v.* cramponner.

buttress [bætris] *s.** arc-boutant, pilier, soutien, m.; *v.* soutenir.

buxom [bækseml] *adj.* dodu, potelé; gracieux.

buy [baᶦ] *v.** acheter; *to buy back,* racheter; *to buy up,* accaparer. || *buyer* [-eʳ] *s.* acheteur, m.

buzz [bœz] *s.** bourdonnement, m.; *v.* bourdonner; chuchoter.

buzzard [bœzeʳd] *s.* buse, f.; *Am.* urubu, m.; (fig.) vautour, m.

buzzer [bœzeʳ] *s.* vibreur, couineur, m.

by [baᶦ] *prep.* par; de; en; à; près de; envers; sur; *by far,* de beaucoup; *one by one,* un à un; *by twelve,* vers midi; *by day,* de jour; *close by,* tout près; *by and by,* peu après, tout à l'heure; *by the by,* en passant, incidemment; *by the way,* à propos; *by oneself,* tout seul; *two feet by four,* deux pieds sur quatre; *by the pound,* à la livre. || *bygone* [-gaun] *adj.* passé; démodé; d'autrefois; *s.* passé, m. || *bylaw* [-lau] *s.* loi locale, f.; règlement, statut, m. || *bypath* [-path] *s.* chemin détourné, m. || *by-product* [-prâdekt] *s.* sous-produit, m. || *bystander* [-standeʳ] *s.* spectateur, assistant, m. || *byword* [-wĕʳd] *s.* proverbe; objet de risée, m.

C

cab [kab] *s.* fiacre ; taxi ; *Am.* abri de locomotive, m. ; *cab-driver, cabman,* cocher, chauffeur ; *cab-stand,* station de taxis.

cabbage [kabidj] *s.* chou, m.

cabin [kabin] *s.* cabane ; cabine, *f.*

cabinet [kabinit] *s.* cabinet, m.

cable [ké¹b'l] *s.* câble, m. ; *v.* câbler ; *cablegram,* câblogramme.

cackle [kak'l] *s.* caquet, m. ; *v.* caqueter, bavarder.

cactus [kaktᵉs] (*pl.* **cacti** [kakta¹]) *s.* cactus, m.

cad [kad] *s.* voyou ; goujat, m.

cadaverous [kᵉdavᵉrᵉs] *adj.* cadavérique ; livide.

cadence [ké¹d'ns] *s.* cadence, f.

cadet [kᵉdèt] *s.* cadet, m.

café [kᵉfé¹] *s.* café, restaurant, m. ‖ *cafeteria* [kaf°tᵉri°] *s. Am.* restaurant de libre-service, m. ; *Fr. Can.* cafétéria, f. ‖ *caffeine* [kafiïn] *s.* caféine, f. ; *caffeine-free,* décaféiné.

cage [ké¹dj] *s.* cage, f.

cake [ké¹k] *s.* gâteau ; tourteau ; pain [soap], m. ; tablette [chocolate], f. ; *v.* recouvrir d'une croûte ; coaguler.

calaboose [kalᵉbous] *s. Am.* taule, f. (fam.).

calamitous [kᵉlamitᵉs] *adj.* catastrophique. ‖ *calamity* [kᵉlamiti] *s.** calamité, f.

calcify [kalsifa¹] *v.* (se) calcifier.

calcine [kalsa¹n] *v.* (se) calciner.

calcium [kalsiᵉm] *s.* calcium, m.

calculate [kalkyᵉlé¹t] *v.* calculer ; *to calculate on,* compter sur. ‖ *calculation* [kalkyᵉlé¹sh°n] *s.* calcul, m. ; conjectures, f. ‖ *calculator* [kalkyᵉlé¹tᵉr] *s.* calculateur, m. ; machine à calculer, f. ‖ *calculus* [kalkyᵉlᵉs] (*pl.* **calculi** [-a¹]) *s.* calcul (med.) ; calcul infinitésimal, m.

caldron [kauldrᵉn] *s.* chaudron, m.

calendar [kalᵉndᵉr] *s.* calendrier, m.

calf [kaf] (*pl.* **calves** [kavz]) *s.* veau ; mollet, m. ; *calfskin,* veau [leather] ; *calf love,* amour juvénile ; *calf-length trousers,* corsaire, pantalon corsaire.

caliber [kalᵉbᵉr] *s.* calibre, m. ‖ *calibrate* [kalᵉbré¹t] *v.* calibrer.

calico [kalᵉkoᵘu] *s.** calicot, m. ; indienne, f.

calk [kauk] *v.* calfater

call [kaul] *s.* appel, m. ; invitation ; visite ; convocation ; vocation, f. ; coup de fil, m. ; *v.* appeler ; visiter ; téléphoner ; convoquer ; toucher (naut.) ; *to call at a port,* faire escale à un port ; *to call for,* demander ; *to call forth,* faire naître, évoquer ; *to call in,* faire entrer ; *to be called,* s'appeler ; *to call up on the phone,* appeler par téléphone ; *call-box,* cabine téléphonique ; *call-number,* numéro de téléphone. ‖ *caller* [-ᵉr] *s.* visiteur, m. ‖ *calling* [-ing] *s.* appel, m. ; convocation ; vocation, f.

callosity [kalâsîti] *s.** callosité, f. ; endurcissement, m. ‖ *callous* [kalᵉs] *adj.* calleux ; dur. ‖ *callus* [kalᵉs] (*pl.* **calli** [-a¹]) *s.* cal, durillon, m.

calm [kâm] *adj., s.* calme ; *v.* calmer, tranquilliser. ‖ *calmness* [-nis] *s.* calme, m. ; tranquillité, f.

calorie [kalᵉri] *s.* calorie, f. ‖ *calorific* [kalᵉrifik] *adj.* calorifique.

calumniate [kᵉlœmnié¹t] *v.* calomnier ; *calumny,* calomnie.

calyx [ké¹liks] (*pl.* **calyces** [kalisîz]) *s.* calice (bot.), m.

came [ké¹m] *pret. of* **to come.**

camel [kàm'l] *s.* chameau, m.

camera [kamᵉrᵉ] *s.* appareil photographique, m.

camomile [kamoma¹l] *s.* camomille, f. ; *camomile tea,* camomille.

camouflage [kam°flâj] *s.* camouflage, m. ; *v.* camoufler.

camp [kàmp] *s.* camp, m. ; *v.* camper ; *camp-bed,* lit de camp ; *camp-stool,* pliant ; *political camp,* parti politique.

campaign [kàmpé¹n] *s.* campagne, f. ; *v.* faire campagne.

camphor [kàmfᵉr] *s.* camphre, m.

camping [kamping] *s.* camping ; campement, m. ‖ *campus* [kàmpᵉs] *s.* Am.* terrain de l'université, m.

can [kàn] *s.* pot ; bidon, m. ; boîte ; jarre, f. ; *Fr. Can.* canette [of beer, soft drink], f. ; *v.* mettre en boîte, en conserve ; *can-opener,* ouvre-boîtes, m.

can [kàn] *v.* savoir ; pouvoir, être capable ; *who can tell?,* qui le sait ?

Canada [kànᵉdᵉ] *s.* Canada, m. ; *Canadian,* canadien.

canal [kᵉnal] *s.* canal, m. ‖ *canalization* [kᵉnalᵉzé¹sh°n] *s.* canalisation, f. ‖ *canalize* [kᵉnala¹z] *v.* canaliser.

canary [kɛnèèri] *s.** canari, serin, m.

cancel [kàns'l] *v.* annuler; biffer; décommander; résilier; *s.* annulation, f.; deleatur, m.; poinçonneuse, f.

cancer [kànsɛr] *s.* cancer, m.; *cancerous*, cancéreux; *cancer-producing*, cancérigène; *cancroid*, cancériforme; cancroïde.

candid [kàndid] *adj.* franc, loyal; impartial, sans prévention.

candidacy [kàndɛdɛsi] *s.** candidature, f. || *candidate* [kàndɛdéit] *s.* candidat, m.

candied [kàndid] *adj.* confit, candi.

candle [kànd'l] *s.* chandelle; bougie, f.; *Candlemas*, Chandeleur; *candlestick*, chandelier, bougeoir.

candor [kàndɛr] *s.* bonne foi; sincérité; loyauté; spontanéité; impartialité, f.

candy [kàndi] *s.** bonbon; candi, m.; *candy-shop*, confiserie; *v.* confire; *candied-almonds*, pralines.

cane [kéin] *s.* canne, f.; *v.* bâtonner; canner; *sugar-cane*, canne à sucre; *walking-cane*, canne.

canicular [kɛnikyoulɛr] *adj.* caniculaire.

canine [kéinain] *adj.* canin; *s.* canine, f.

canker [kankɛr] *v.* (s') ulcérer; *s.* chancre, ulcère, m.

canned [kànd] *adj.* en conserve, en boîte; *canned goods*, conserves alimentaires. || *cannery* [kàneri] *s.* fabrique de conserves, f.

cannibal [kànibɛl] *s.*, *adj.* cannibale; *cannibalism*, cannibalisme, m.; *cannibalize*, démonter et réutiliser [engine].

cannon [kànɛn] *s.* canon; carambolage [billiards], m. || *cannonade* [kanɛnéid] *s.* cannonade, f.; *v.* canonner. || *cannoneer* [kanɛnîr] *s.* canonnier, m.

cannot [kànât] = *can not, see can.*

canoe [kɛnou] *s.* canot, m.; chaloupe; pirogue, f.; *v.* canoter.

canon [kànɛn] *s.* canon; règlement; chanoine, m. || *canoness* [-is] *s.** chanoinesse, f. || *canonic* [kɛnânik] *adj.* canonique. || *canonization* [kanɛnaizéishɛn] *s.* canonisation, f. || *canonize* [kànɛnaiz] *v.* canoniser.

canopy [kànɛpi] *s.** dais; baldaquin; conopée (eccles.), m.; voûte (fig.), f.

cantaloupe [kàntlooup] *s.* melon cantaloup, m.

cantankerous [kàntàngkɛrɛs] *adj.* désagréable; revêche.

canteen [kàntîn] *s.* cantine, f.; bidon, m.

canter [kàntɛr] *s.* petit galop, m.; *v.* aller au petit galop.

canticle [kàntik'l] *s.* cantique, m.

canton [kàntɛn] *s.* canton, m.; région, f.; [kàntân] *v.* diviser en cantons; [kàntân] cantonner. || *cantonment* [kàntânmɛnt] *s.* cantonnement, m.

canvas [kànvɛs] *s.* grosse toile, toile de tenté, f.

canvass [kànvɛs] *s.** enquête; inspection; sollicitation des votes, campagne électorale, *Fr. Can.* cabale, f.; *v.* examiner; prospecter, visiter, faire le démarcheur; enquêter; faire une campagne électorale, *Fr. Can.* cabaler; dépouiller le scrutin. || *canvasser* [-ɛr] *s.* agent électoral, *Fr. Can.* cabaleur; démarcheur, prospecteur, représentant, m.

canyon [kànyɛn] *s.* cañon, m.

cap [kap] *s.* bonnet, m.; casquette; toque, calotte, barrette; capsule, f.; *v.* coiffer d'un bonnet; surmonter; capsuler.

capability [kéipɛbileti] *s.** capacité, aptitude, f.; *capable* [kéipɛb'l] *adj.* capable, compétent. || *capacious* [kɛpéishɛs] *adj.* vaste, ample, spacieux. || *capacity* [kɛpaseti] *s.** capacité; contenance; aptitude; compétence légale, qualité, f.

cape [kéip] *s.* cap, promontoire, m.

cape [kéip] *s.* collet, m.; pèlerine, f.

caper [kéipɛr] *s.* cabriole, f.; *v.* cabrioler.

caper [kéipɛr] *s.* câpre; câprier, m.

capillarity [kapilariti] *s.* capillarité, f. || *capillary* [kɛpilɛri] *adj.*, *s.* capillaire.

capital [kapɛt'l] *s.* capital; chapiteau, m.; capitale; majuscule, f.; *adj.* capital; excellent; principal. || *capitalism* [-izɛm] *s.* capitalisme, m. || *capitalist* [-ist] *s.* capitaliste, m. || *capitalize* [-aiz] *v.* capitaliser; accumuler; écrire en majuscules; écrire avec une majuscule initiale.

capitulate [kɛpitshɛléit] *v.* capituler. || *capitulation* [kɛpitshɛléishɛn] *s.* capitulation, f.

capote [kɛpoout] *s.* capote, f.

caprice [kɛprîs] *s.* caprice, m. || *capricious* [kɛprishɛs] *adj.* capricieux.

capsize [kapsaiz] *v.* chavirer, faire chavirer.

capstan [kapstɛn] *s.* cabestan, m.

capsule [kaps'l] *s.* capsule, f.

captain [kaptin] *s.* capitaine, m.; *v.* commander.

caption [kapshɛn] *s. Am.* sous-titre, m.; légende, f.; chapeau, m.; arrestation, f. (jur.).

captious [kapsh⁰s] *adj.* pointilleux ; critique ; captieux.

captivate [kapt⁰vé¹t] *v.* captiver. ‖ *captive* [kaptiv] *adj., s.* captif, prisonnier. ‖ *captivity* [kaptiv⁰ti] *s.* captivité, f. ‖ *capture* [kaptsh⁰ʳ] *s.* capture, prise, f. ; *v.* capturer.

car [kâr] *s.* voiture ; auto, f. ; wagon ; ascenseur, m. ; *Am.* *car-licence*, carte grise ; *car-sickness*, mal des transports ; *dining-car*, wagon-restaurant ; *Am.* *freight-car*, wagon de marchandises.

caramel [kar⁰m'l] *s.* caramel, m.

carat [kar⁰t] *s.* carat, m.

caravan [kar⁰van] *s.* caravane, f.

carbolic [kârbâlik] *adj.* phénique.

carbon [kârbân] *s.* carbone, m. ; *carbon-copy*, double ; *carbon-paper*, papier-carbone.

carbonate [kârb⁰nit] *s.* carbonate, m.

carbuncle [kâʳbœngk'l] *s.* escarboucle, f. ; anthrax, m.

carburation [kârb⁰ré¹sh⁰n] *s.* carburation, f. ‖ *carburetor* [kârb⁰ré¹t⁰ʳ] *s.* carburateur, m.

carcasse [kârk⁰s] *s.** carcasse, f. ; cadavre, m.

card [kârd] *s.* carte ; lettre de fairepart ; fiche (comm.) ; rose des vents (naut.), f. ; diagramme (mech.) m. ; *to play cards*, jouer aux cartes.

card [kârd] *s.* carde, f. ; *v.* carder.

cardboard [kârdbo⁰rd] *s.* carton, m.

cardiac [kâʳdiak] *adj.* du cœur ; cardiaque.

cardinal [kârdin⁰l] *adj., s.* cardinal.

care [kèr] *s.* soin ; souci, m. ; attention, f. ; *v.* se soucier de ; faire attention à ; *to take care of*, avoir soin de ; prendre garde à ; *with care*, fragile [wares] ; *care of*, aux bons soins de.

careen [k⁰rîn] *v.* caréner (naut.) ; *s.* carénage, m.

career [k⁰rîr] *s.* carrière ; profession ; course, f. ; cours, m.

careful [kèrf⁰l] *adj.* soigneux ; soucieux ; prudent ; attentif ; *be careful !*, prenez garde ! ‖ *carefully* [-li] *adv.* avec soin, attentivement, avec anxiété. ‖ *carefulness* [-nis] *s.* attention, vigilance, f. ; soin ; souci, m. ‖ *careless* [kèrlis] *adj.* négligent, insouciant. ‖ *carelessly* [-li] *adv.* négligemment, avec insouciance, sans soin. ‖ *carelessness* [-nis] *s.* négligence, f.

caress [k⁰ré¹s] *s.** caresse, f. ; *v.* caresser.

caretaker [kèrté¹k⁰ʳ] *s.* gardien, m.

careworn [kèrwo⁰rn] *adj.* dévoré de souci ; rongé d'angoisse.

cargo [kârgo⁰u] *s.** cargaison, f. ; fret, m. ; *cargo boat*, cargo.

cariboo [kàr⁰bou] *s.* *Fr. Can.* caribou, m.

caricature [karik⁰tsh⁰ʳ] *s.* caricature, f. ; *v.* caricaturer. ‖ *caricaturist* [-rist] *s.* caricaturiste, m.

caries [kèⁱriⁱz] *s.** carie, f.

carload [kârlo⁰d] *s.* chargement d'un wagon, m. ; voiturée, f. ‖ *carman* [-m⁰n] *(pl.* *carmen*) *s.* voiturier ; camionneur ; livreur ; *Am.* conducteur de tramway, m.

carnal [kârn'l] *adj.* charnel.

carnation [kârné¹sh⁰n] *s.* œillet, m. ; carnat, m.

carnival [kârn⁰v'l] *s.* carnaval, m.

carnivorous [kârniv⁰r⁰s] *adj.* carnivore.

carol [kar⁰l] *s.* chant, cantique, m. ; *v.* chanter ; *Christmas carol*, noël (mus.).

carom [kar⁰m] *s.* carambolage, m. ; *v.* caramboler, heurter.

carouse [k⁰ra⁰uz] *v.* festoyer ; faire la noce.

carousel [kar⁰zèl] *s.* carrousel, m.

carpenter [kârp⁰nt⁰ʳ] *s.* charpentier, menuisier, m. ‖ *carpentry* [-ri] *s.* menuiserie ; charpenterie, f.

carpet [kârpit] *s.* tapis, m. ; moquette, f. ; *v.* couvrir d'un tapis ; mettre sur le tapis [subject] ; *bedside carpet*, descente de lit ; *carpet-sweeper*, balai mécanique.

carriage [karidj] *s.* voiture, f. ; véhicule ; transport ; wagon ; port, m. ; attitude, f. ; *sea-carriage*, transport par mer ; *carriage-paid*, franco ; *carriage way*, route carrossable.

carrier [kari⁰ʳ] *s.* porteur ; transporteur ; voiturier, m. ; compagnie de transport, f. ; *airplane carrier*, porte-avions ; *disease carrier*, porteur de germes ; *mail-carrier*, facteur ; *carrier wave*, onde porteuse.

carrion [kari⁰n] *s.* charogne, f.

carrot [kar⁰t] *s.* carotte, f.

carry [kari] *v.* porter ; emporter ; emmener ; faire voter [law] ; reporter [sum] ; *to carry away*, entraîner, enthousiasmer, remporter [victory] ; *to carry on*, continuer ; *to carry out*, mettre à exécution.

cart [kârt] *s.* charrette, f. ; fourgon, m. ; *v.* transporter dans une charrette, charrier.

cartilage [kârtilidj] *s.* cartilage, m.

cartograph [kârt⁰graf] *s.* cartographe, m., f. ‖ *cartography* [-i] *s.* cartographie, f.

carton [kârt'n] *s.* carton, m.

cartoon [kârtoun] *s.* caricature, f.; dessin animé, m. ‖ **cartoonist** [-ist] *s.* caricaturiste; dessinateur de dessins animés, m.

cartridge [kârtridj] *s.* cartouche, f.; **cartridge-belt**, cartouchière.

carve [kârv] *v.* sculpter; graver; ciseler; découper [meat]; *to carve up*, démembrer. ‖ **carver** [-ᵉʳ] *s.* sculpteur; graveur; découpeur, m.; **fish-carver**, truelle à poisson. ‖ **carving** [-ing] *s.* sculpture; ciselure, f.; découpage, m.; **carving-knife**, couteau à découper.

cascade [kaskéⁱd] *s.* cascade, f.

case [kéⁱs] *s.* caisse; taie; trousse, f.; étui; boîtier; écrin, m.

case [kéⁱs] *s.* cas; événement; état, m.; condition; affaire; cause [law], f.; *in case*, au cas où; *in any case*, en tout cas; **case-history**, dossier médical; **case-law**, jurisprudence.

casement [kéⁱsmᵉnt] *s.* croisée; fenêtre, f.

casern [kᵉzë̃'n] *s.* caserne, f.

cash [kash] *s.* espèces, f. pl.; numéraire; argent comptant, m.; *v.* payer; toucher [check]; **cash box**, caisse; **cash payment**, paiement comptant; **cash on delivery** (*c. o. d.*), contre remboursement. ‖ **cashier** [-iᵉʳ] *s.* caissier, m.

casino [kᵉsinoᵘ] *s.* casino, m.

cask [kask] *s.* tonneau, fût, m.

casket [kaskit] *s.* cassette, f.; écrin, coffret; *Am.* cercueil, m.

casque [kask] *s.* casque, m.

casserole [kasᵉroᵘl] *s.* daubière, f.; ragoût, m.

cassock [kasᵉk] *s.* soutane, f.

cast [kast] *s.* jet; lancement; coup [dice]; mouvement [eye]; moulage, m.; disposition [mind]; distribution [theat.]; interprétation [theat.], f.; *v.** jeter; couler [metal]; clicher [print]; monter; distribuer [theat.]; *to cast a ballot*, voter; *to cast about*, chercher de tous côtés; *to cast aside*, mettre de côté; *to cast away*, rejeter, repousser; *to cast in*, partager; *to cast out*, expulser; *to cast lots*, tirer au sort; *to have a cast in the eye*, loucher; *to cast down*, décourager; baisser [eyes]; *pret., p. p. of* **to cast**; **cast-iron**, fonte, en fonte; d'acier (fig.).

castanets [kastᵉnèts] *s. pl.* castagnettes, f. pl.

castaway [kastᵉwéⁱ] *s.* naufragé, m.

caste [kast] *s.* caste, f; *to lose caste*, perdre son prestige social.

castigate [kastᵉgéⁱt] *v.* châtier.

castle [kas'l] *s.* château, m.; tour [chess], f.

castoff [kastauf] *adj.* de rebut.

castor [kastᵉʳ] *s.* castor, m.; **castor oil**, huile de ricin.

castor [kastᵉʳ] *s.* saupoudroir, m.; salière; poivrière; roulette [armchair], f.

casual [kajouᵉl] *adj.* fortuit; accidentel; *Am.* sans cérémonie; à bâtons rompus; temporaire, intermittent; désinvolte; *s.* travailleur temporaire, m. ‖ **casualty** [-ti] *s.** accident; blessé, accidenté, m.; victime, f.; pertes (mil.), f.

cat [kat] *s.* chat, m.; chatte, f.; **cat's eye**, feu arrière [bicycle]; cataphote, m. [reflector].

cataclysm [katᵉkliz'm] *s.* cataclysme, m.

catacomb [katᵉkooᵘm] *s.* catacombe, f.

catalepsy [katᵉlèpsi] *s.* catalepsie, f.

catalog(ue) [katᵉloug] *s.* catalogue, m.; *v.* cataloguer.

cataract [katᵉrakt] *s.* cataracte, f.

catarrh [kᵉtâr] *s.* catarrhe, m.

catastrophe [kᵉtastrᵉfi] *s.* catastrophe, f.; **catastrophic**, catastrophique.

catch [katsh] *s.** prise, f.; loquet; crampon; air à reprises (mus.), m.; *v.** attraper, saisir, *Fr. Can.*, recevoir [baseball]; surprendre; donner, appliquer; *to catch fire*, prendre feu; *to catch cold*, prendre froid; *to catch on*, comprendre; *catch-as-catch-can*, catch [sport]; *to catch up with*, rattraper. ‖ **catcher** [-ᵉʳ] *s. Fr. Can.* receveur [baseball], m. ‖ **catching** [-ing] *adj.* prenant, séduisant; contagieux; *s.* prise, f. ‖ **catchpenny** [-pèni] *s.* attrape-nigaud, m. ‖ **catchy** [-i] *adj.* entraînant; facile à retenir; insidieux.

catechesis [katᵉki̇sis] *s.* catéchèse, f. ‖ **catechism** [katᵉkiz'm] *s.* catéchisme, m. ‖ **catechist** [-kist] *s.* catéchiste, m., f. ‖ **catechize** [-kaⁱz] *v.* catéchiser. ‖ **catechumen** [katikyoumᵉn] *s.* catéchumène, m., f.

categorical [katᵉgaurik'l] *adj.* catégorique. ‖ **category** [katᵉgoouᵘri] *s.** catégorie, f.

cater [kéⁱtᵉʳ] *v.* approvisionner.

caterpillar [katᵉrpilᵉʳ] *s.* chenille, f.; profiteur, m. (colloq.); **caterpillar-tractor**, autochenille.

catfish [katfish] *s.** poisson-chat, m.; *Fr. Can.* barbote, f.

cathedral [kᵉthi̇drᵉl] *s.* cathédrale, f.

catholic [kathᵉlik] *adj., s.* catholique. ‖ **catholicism** [kᵉthalᵉsiz'm] *s.* catholicisme, m. ‖ **catholicity** [kàthᵉli̇siti] *s.* catholicité; universalité, f.

catkin [katkin] *s.* chaton, m. (bot.).

cattle [kat'l] *s.* bétail ; bestiaux, m.

caught [kaut] *pret., p. p. of* **to catch.**

cauliflower [kauleflaouer] *s.* chou-fleur, m.

caulk [kauk] *v.* calfeutrer ; calfater ; *Am.* étanchéifier.

cause [kauz] *s.* cause, f. ; *v.* causer ; *there is cause to,* il y a lieu de.

causeway [kauzwé¹] *s.* chaussée, f.

caustic [kaustik] *adj., s.* caustique.

cauterize [kauterⁱa¹z] *v.* cautériser ; endurcir. ‖ *cautery* [-i] *s.* * cautère, m.

caution [kaushen] *s.* avertissement, m. ; précaution ; caution, f. ; *v.* avertir ; mettre en garde ; *interj.* attention ! ‖ *cautious* [kaushes] *adj.* circonspect, prudent. ‖ *cautiousness* [-nis] *s.* circonspection, prudence, f.

cavalier [kavelier] *adj., s.* cavalier. ‖ *cavalry* [kav'lri] *s.* * cavalerie, f.

cave [ké¹v] *s.* caverne, f. ; repaire, m. ; *v.* creuser ; *to cave in,* s'effondrer, s'affaisser.

cavern [kavërn] *s.* caverne, f. ‖ *cavernous* [-es] *adj.* caverneux ; cave.

cavity [kaveti] *s.* * cavité ; carie, f.

caw [kau] *s.* croassement, m. ; *v.* croasser.

cayman [ké¹men] *s.* caïman, m.

cease [sîs] *v.* cesser ; arrêter ; renoncer à ; interrompre ; *s.* cessation, cesse ; relâche, f. ; répit ; arrêt, m. ; *ceaseless,* incessant.

cecity [sìsiti] *s.* cécité, f. ; aveuglement, m.

cedar [sider] *s.* cèdre, m.

cede [sîd] *v.* céder.

ceiling [sîling] *s.* plafond, m. ; *ceiling price,* prix maximum.

celebrate [selebré¹t] *v.* célébrer. ‖ *celebrated* [-id] *adj.* célèbre. ‖ *celebration* [selebré¹shen] *s.* célébration, f. ‖ *celebrity* [selebreti] *s.* célébrité, f.

celery [seleri] *s.* * céleri, m.

celestial [selèstshel] *adj.* céleste.

celibacy [selebesi] *s.* célibat, m. ‖ *celibate* [-bit] *s.* célibataire, m., f.

cell [sèl] *s.* cellule, f. ; cachot, m. ; pile électrique, f.

cellar [seler] *s.* cave, f. ; cellier, m.

Celluloid [sélyelo¹d] *s.* Celluloïd, m.

cement [sement] *s.* ciment, m. ; *v.* cimenter ; *reinforced cement,* ciment armé.

cemetery [semeteri] *s.* * cimetière, m.

censor [senser] *s.* censeur ; critique, m. ; *v.* censurer. ‖ *censorship* [-ship] *s.* censure ; fonction de censeur, f. ‖ *censure* [sensher] *s.* censure, f. ; *v.* censurer, blâmer, critiquer.

census [senses] *s.* recensement, m.

cent [sènt] *s.* cent, m. ; *Am.* pièce de monnaie, f. ; *per cent,* pour cent. ‖ *centenarian* [séntinèⁱrⁱen] *adj., s.* centenaire, m., f. ‖ *centenary* [séntineri] *adj., s.* * centenaire, m. ‖ *centennial* [sentèniel] *adj., s.* centenaire.

center [senter] *s.* centre ; cintre (arch.), m. ; *v.* centrer ; placer au centre ; (se) concentrer.

centigrade [sèntegré¹d] *adj.* centigrade. ‖ *centigram(me)* [-gram] *s.* centigramme, m. ‖ *centilitre* [-lìter] *s.* centilitre, m. ‖ *centimetre* [-mìter] *s.* centimètre, m.

centipede [sèntepîd] *s.* mille-pattes, m. ; scolopendre, f.

central [sèntrel] *adj.* central ; *s.* central téléphonique, m. ‖ *centralize* [sèntrela¹z] *v.* centraliser.

century [sentsheri] *s.* * siècle, m.

ceramics [si'ramiks] *s. pl.* céramique, f.

cereal [siriel] *adj., s.* céréale.

cerebral [séribrel] *adj.* cérébral.

ceremonial [seremouniel] *adj., s.* cérémonial. ‖ *ceremonious* [-nies] *adj.* cérémonieux, solennel. ‖ *ceremony* [sèremouni] *s.* * cérémonie, f.

certain [sërt'n] *adj.* certain, sûr. ‖ *certainly* [-li] *adv.* certainement, assurément. ‖ *certainty* [-ti] *s.* certitude, assurance, f.

certificate [sërtifekit] *s.* certificat ; diplôme ; brevet, m.

certify [sërtefa¹] *v.* certifier ; légaliser ; garantir.

certitude [sërtetyoud] *s.* certitude, assurance, f.

cessation [sèsé¹shen] *s.* arrêt, m. ; interruption ; suspension, f. ; *cessation of arms,* armistice.

cession [sèshen] *s.* cession, f.

cesspool [sèspoul] *s.* cloaque, m. ; fosse d'aisances, f.

chafe [tshé¹f] *v.* chauffer ; irriter ; frotter ; raguer (naut.) ; s'érailler [rope] ; s'échauffer.

chaff [tshaf] *s.* balle [corn] ; paille d'avoine ; paille hachée, f. ; *v.* railler, plaisanter. ‖ *chaffer* [-er] *s.* taquin, plaisantin, m.

chaffinch [tshafintsh] *s.* pinson, m.

chafing [tshé¹fing] *s.* irritation, f.

chagrin [shegrin] *s.* contrariété, f. ; désappointement, m. ; *v.* contrarier, chagriner.

chain [tshé¹n] *s.* chaîne, f. ; *v.* enchaîner ; captiver ; *Am.* *chain store,* succursale commerciale ; *chain stitch,* point de chaînette ; *chain work,* travail à la chaîne.

chair [tshèr] *s.* siège, m.; chaise; chaire, f.; *armchair, easy-chair,* fauteuil; *rocking-chair,* fauteuil à bascule. || *chairman* [tshèrm°n] (*pl. chairmen*) *s.* président [meeting], m.

chaise [shé¹z] *s.* cabriolet, m.; chaise de poste, f.

chalice [tshalis] *s.* calice, m.

chalk [tshauk] *s.* craie; « ardoise », somme due [account], f.; *v.* marquer à la craie; blanchir; *French chalk,* talc; *to chalk up,* inscrire une somme au compte de; *chalky,* crayeux, blanc.

challenge [tshalindj] *s.* défi, m.; provocation; interpellation; sommation; récusation (jur.), f.; *interj.* qui vive?; *v.* défier; revendiquer; interpeller; récuser (jur.); arrêter [sentry]; héler (naut.).

chamber [tshé¹mb°r] *s.* chambre; salle; âme [gun], f.; *air chamber,* chambre à air. || *chamberlain* [-°lin] *s.* chambellan; camérier, m. || *chambermaid* [-mé¹d] *s.* femme de chambre, f.

chameleon [k°mìly°n] *s.* caméléon, m.

chamfer [tshàmf°r] *s.* chanfrein, m.

champagne [shàmpé¹n] *s.* champagne [wine], m.

champion [tshàmpi°n] *s.* champion, m.; *v.* défendre, protéger. || *championship* [-ship] *s.* championnat, m.

chance [tshàns] *s.* sort, hasard, m.; occasion; probabilité, f.; billet de loterie, m.; *adj.* accidentel, fortuit; *v.* survenir; avoir lieu; avoir l'occasion de; risquer; *by chance,* par hasard; *to run a chance,* courir le risque.

chancellery [tshàns°l°ri] *s.* chancellerie, f. || *chancellor* [tshàns°l°r] *s.* chancelier; recteur [univ.]; *Am.* juge, m.

chandelier [shànd'li°r] *s.* lustre, m.

change [tshé¹ndj] *s.* changement; linge de rechange, m.; monnaie; la Bourse, f.; *v.* changer; modifier; *small change,* petite monnaie; *to get change,* faire de la monnaie. || *changeable* [-°b'l] *adj.* variable, changeant; inconstant. || *changer* [-°r] *s.* changeur, m.

channel [tshàn'l] *s.* canal; chenal; porte-hauban (naut.); lit [river], m.; *the English Channel,* la Manche.

chant [tshànt] *s.* plain-chant, m.; *v.* psalmodier.

chaos [ké¹âs] *s.* chaos, m.

chap [tshap] *s.* gerçure; crevasse, f.; *v.* se gercer, se crevasser.

chap [tshap] *s.* camarade, copain; garçon, individu, type, m.

chapel [tshap'l] *s.* chapelle, f.

chaperon [shap°ro°n] *s.* chaperon, m.; duègne, f.; *v.* chaperonner.

chaplain [tshaplin] *s.* chapelain, m.; *army chaplain,* aumônier militaire.

chapter [tshapt°r] *s.* chapitre [book]; chapitre des chanoines, m.; *Am.* branche d'une société, f.; *v.* chapitrer.

char [tshâr] *v.* carboniser; *s.* noir animal, m.

char [tshâr] *s.* femme (f) de ménage; *v.* faire des ménages.

character [karikt°r] *s.* marque, qualité dominante; réputation, f.; caractère; genre; personnage; rôle (theat.); certificat, m. || *characteristic* [karikt°ristik] *adj., s.* caractéristique. || *characterization* [karikt°ra¹zé¹sh°n] *s.* caractérisation; personnification, f. || *characterize* [-ra¹z] *v.* caractériser.

charcoal [tshârko°ul] *s.* charbon de bois, m.; *charcoal-drawing,* fusain.

charge [tshârdj] *s.* charge; accusation, f.; prix, frais, m.; *v.* charger; percevoir; faire payer; grever; accuser, accabler; recharger (electr.); *at my own charge,* à mes frais; *charge account,* compte dans un magasin; *charge prepaid,* port payé. || *charger* [-°r] *s.* cheval de bataille; chargeur; plateau, m.

chariot [tshari°t] *s.* char, m.; voiture, f.; *v.* voiturer; rouler carrosse.

charitable [tshar°tb'l] *adj.* charitable. || *charity* [tshar°ti] *s.** charité; offrande; bonnes œuvres, f.; *charity bazaar,* vente de charité; *charity school,* orphelinat.

charlatan [shârl°t'n] *s.* charlatan, m.

charm [tshârm] *s.* charme; attrait; talisman, m.; *v.* charmer. || *charming* [-ing] *adj.* charmant.

chart [tshârt] *s.* carte marine, f.; diagramme; graphique, m.; *v.* cartographier; hydrographier.

charter [tshârt°r] *s.* charte, f.; affrètement, m.; *v.* affréter; louer; accorder une charte.

charwoman [tshârwoum°n] (*pl. charwomen*) *s.* femme de ménage (or) de journée.

chary [tshèri] *adj.* économe, chiche; circonspect, avisé; emprunté.

chase [tshé¹s] *s.* chasse, poursuite, f.; *v.* chasser, courre.

chase [tshé¹s] *s.* rainure, ciselure, f.

chasm [kaz°m] *s.* abîme, m.; crevasse; lacune, f.

chassis [shasì] *s.* châssis, m.

chaste [tshé¹st] *adj.* chaste, pudique.

chastise [tshasta¹z] *v.* châtier. || *chastisement* [tshastizm°nt] *s.* châtiment, m.; punition, f.

chastity [tsh*a*st*ĕ*ti] *s.* chasteté, f.

chasuble [tsh*a*zoub'l] *s.* chasuble, f.

chat [tshat] *s.* causerie, causette, f.; *v.* causer, bavarder.

chattels [tsh*a*t'ls] *s. pl.* biens meubles, m. pl.; propriété, f.

chatter [tsh*a*t*ĕ*ʳ] *s.* cri de la pie; cri du singe; claquement de dents; bavardage, m.; jacasserie, f.; *v.* jaser; jacasser; claquer [teeth]. ‖ *chatterbox* [-bâks] *s.** moulin (m.) à paroles (fam.).

chauffeur [sho*ou*f*er*] *s.* chauffeur, m.

chauvinist [sho*ou*vinist] *s.* chauvin, m.

cheap [tsh*ī*p] *adj., adv., s.* bon marché; *at a cheap rate,* à bas prix; *to hold cheap,* faire peu de cas de; *to feel cheap,* se sentir honteux. ‖ *cheapen* [-*ĕ*n] *v.* marchander; déprécier. ‖ *cheaply* [-li] *adv.* bon marché. ‖ *cheapness* [-nis] *s.* bas prix, m.; basse qualité, f.

cheat [tsh*ī*t] *s.* escroquerie, f.; escroc; tricheur, m.; *v.* duper; escroquer; tricher [cards].

check [tsh*ĕ*k] *s.* échec, m.; rebuffade, f.; frein; obstacle, empêchement; poinçon; chèque bancaire, m.; contremarque, f.; *Am.* note de restaurant, f.; jeton de vestiaire, m.; *v.* faire échec; réprimer, entraver, enregistrer; contrôler; consigner [luggage]; laisser au vestiaire. ‖ *checkbook* [-bouk] *s.* carnet de chèques; carnet à souches, m. ‖ *checkroom* [-roum] *s.* bureau d'enregistrement des bagages; vestiaire, m.; consigne, f. ‖ *checker* [-*ĕ*ʳ] *s.* pion du jeu de dames; dessin à carreaux; pointeur; contrôleur, m.; *v.* orner de carreaux; diversifier; *checker board,* damier.

cheek [tsh*ī*k] *s.* joue; bajoue; impudence, f.; *cheekbone,* pommette. ‖ *cheeky* [-i] *adj.* effronté.

cheep [tsh*ī*p] *v.* gazouiller; piauler; *s.* gazouillis; piaulement, m.

cheer [tsh*ī*ʳ] *s.* joie; bonne humeur; acclamation; chère [fare], f.; *v.* encourager; égayer; acclamer; *to cheer up,* réconforter. ‖ *cheerful* [f*ĕ*l] *adj.* gai, allègre; réconfortant. ‖ *cheerfully* [-f*ĕ*li] *adv.* allègrement, de bon cœur. ‖ *cheerfulness* [-f*ĕ*lnis] *s.* allégresse, gaieté, bonne humeur, f. ‖ *cheerless* [-lis] *adj.* abattu, morne.

cheese [tsh*ī*z] *s.* fromage, m.; *cheese cover,* cloche à fromage; *cheese hopper,* asticot; *cottage cheese,* fromage blanc.

chemical [k*ĕ*mik'l] *adj.* chimique; *s.* produit chimique, m.; *chemical warfare,* guerre des gaz. ‖ *chemist*

[k*ĕ*mist] *s. Br.* pharmacien, m.; *Am.* chimiste, m. ‖ *chemistry* [-ri] *s.* chimie, f.

cheque [tsh*ĕ*k] *s.* chèque, m.

chequer [tsh*ĕ*k*ĕ*ʳ] *s.* damier, m.; étoffe (f.) à carreaux; *v.* quadriller; bigarrer, diaprer; *chequered,* à carreaux; varié, mouvementé.

cherish [tsh*ĕ*rish] *v.* chérir; soigner; nourrir [hope].

cherry [tsh*ĕ*ri] *s.** cerise, f.; *cherry stone,* noyau de cerise.

chervil [tsh*ĕ*rvil] *s.* cerfeuil, m.

chess [tsh*ĕ*s] *s.* échecs, m. pl.; *chessboard,* échiquier.

chest [tsh*ĕ*st] *s.* coffre, m.; caisse, boîte; poitrine, f.; poitrail, m.; *chest of drawers,* commode.

chestnut [tsh*ĕ*sn*ĕ*t] *s.* châtaigne, f.; marron, m.; plaisanterie, f.; *adj.* châtain; *chestnut horse,* alezan; *chestnut-tree,* châtaignier.

chew [tshou] *s.* chique, f.; *v.* chiquer; mâcher; ruminer, ressasser; *chewing-gum,* chewing-gum.

chicane [shik*ē*n] *s.* chicane, f.; *v.* chicaner. ‖ *chicanery* [-ri] *s.** chicanerie, argutie, chicane, f.

chick [tsh*ī*k] *s.* poussin, m.; *chickpea,* pois chiche. ‖ *chicken* [-in] *s.* poulet, m.; *chicken pox,* varicelle; *chicken-hearted,* poule mouillée.

chicory [tsh*ī*k*ĕ*ri] *s.* chicorée; endive, f.

chide [tsha*ᵢ*d] *v.** gronder, réprimander; *chiding,* réprimande.

chief [tsh*ī*f] *s.* chef, m.; *adj.* principal; *chief justice,* président de la Cour suprême. ‖ *chiefly* [-li] *adv.* surtout, principalement.

chiffon [shif*â*n] *s.* gaze, f.

chilblain [tsh*ī*lblé*ᵢ*n] *s.* engelure, f.

child [tsha*ᵢ*ld] (*pl.* **children** [tsh*ī*ldr*ĕ*n]) *s.* enfant, m., f.; *godchild,* filleul; *with child,* enceinte. ‖ *childbirth* [-b*ĕ*ʳth] *s.* accouchement, m. ‖ *childhood* [-houd] *s.* enfance, f. ‖ *childish* [-ish] *adj.* puéril, enfantin. ‖ *childless* [-lis] *adj.* sans enfants. ‖ *childlike* [-la*ᵢ*k] *adj.* enfantin, candide, innocent.

chili [tsh*ī*li] *s. Am.* poivre de Cayenne; piment, m.

chill [tsh*ī*l] *s.* froid, refroidissement, m.; *adj.* glacé; *v.* glacer; se refroidir; congeler, frigorifier. ‖ *chilly* [-i] *adj.* froid; frileux; frisquet; réfrigérant.

chim(a)era [k*ĕ*m*ī*r*ĕ*] *s.* chimère, f.

chime [tsha*ᵢ*m] *s.* carillon, m.; harmonie, f.; *v.* carillonner; *to chime in,* placer son mot; *to chime with,* être en harmonie avec.

chimney [tshimni] s. cheminée, f.;
lamp chimney, verre de lampe; *chimney hook,* crémaillère; *chimney piece,* manteau (m.) de cheminée; *chimney pot,* cheminée extérieure; *chimney sweep,* ramoneur.

chin [tshin] s. menton, m.

China [tshaᴵne] s. Chine, f.; *China aster,* reine-marguerite.

china [tshaᴵne] s. porcelaine, f.;
adj. de Chine; de porcelaine, porcelainier; *china closet,* vitrine; *chinaware,* porcelaine.

chinch [tshintsh] s.* *Am.* punaise, f.

chincough [tshinkâf] s. coqueluche, f.

Chinese [tshaᴵniz] *adj.,* s. chinois.

chink [tshingk] s. crevasse, fente, f.;
v. fendiller, crevasser.

chink [tshingk] s. tintement, m.; *v.* faire tinter; tinter.

chip [tship] s. copeau; fragment, m.;
Am. incision dans un pin, f.; *v.* couper, hacher; chapeler; s'effriter; inciser; *Am. to chip in,* placer son mot; mettre son grain de sel.

chipmunk [tshipmœngk] s. tamia, *Fr. Can.* suisse, m.

chiropractic [kaᴵrepraktik] s. chiropraxie; ostéopathie, *Fr. Can.* chiropratique, f. ‖ *chiropractor* [-ᵉʳ] s. ostéopathe; *Fr. Can.* chiropraticien, m.

chirp [tshᵉrp] s. gazouillement, m.;
v. gazouiller. ‖ *chirping* [-ing] s. pépiement, m.

chisel [tshizˡl] s. ciseau, m.; *v.* ciseler; filouter (pop.).

chivalrous [shivˡres] *adj.* chevaleresque, f. ‖ *chivalry* [shivˡlri] s. chevalerie; courtoisie, f.

chlorine [klooᵘrin] s. chlore, m. ‖ *chloroform* [klooᵘraufaurm] s. chloroforme, m.; *v.* chloroformer.

chocolate [tshauklit] *adj.,* s. chocolat; *chocolate pot,* chocolatière.

choice [tshoᴵs] s. choix; assortiment, m.; alternative, f.; *adj.* choisi, excellent; *by choice,* par goût, volontairement; *for choice,* de préférence.

choir [kwâᴵeʳ] s. chœur, m.; *v.* chanter en chœur; *choir-school,* manécanterie, maîtrise.

choke [tshoᵘuk] *v.* étouffer; obstruer; étrangler; régulariser [motor]; s. suffocation; constriction, f.; obturateur [auto], m.

cholera [kâlᵉre] s. choléra, m.

choose [tshouz] *v.** choisir; décider; préférer; opter; *to pick and choose,* faire son choix.

chop [tshâp] *v.* taillader; hacher; gercer; s. côtelette, f; coup de hache, de couperet, m. ‖ *chopping* [-ing] s.

coupe, f.; hachage, m.; *chopping-block, chopping-knife,* hachoir.

choral [koᵘurel] s. chœur, m.; *adj.* choral.

chord [kaurd] s. corde [music], f.; accord [music], m.

chore [tshoᵘur] s. *Am.* besogne, f.

chorus [koᵘures] s. chœur, m.; *v.* chanter, répéter en chœur.

chose [tshoᵘuz] *pret. of* to choose.
‖ *chosen* [-'n] *p. p. of* to choose.

chrism [krizᵉm] s. chrême, m.

Christ [kraᴵst] s. Christ, m. ‖ *christen* [kris'n] *v.* baptiser. ‖ *christening* [-ing] s. baptême, m. ‖ *christian* [kristshᵉn] *adj.,* s. chrétien; *christian name,* prénom. ‖ *christianity* [kristshianᵉti] s. christianisme, m.

Christmas [krismᵉs] s. Noël, m., f.;
Christmas Eve, nuit de Noël; *Christmas log,* bûche de Noël.

chronic [krânik] *adj.* chronique.

chronicle [krânikˡl] s. chronique, f.;
v. relater, narrer. ‖ *chronicler* [-ᵉʳ] s. chroniqueur, m.

chronological [krânᵉlâdjikˡl] *adj.* chronologique.

chronometer [krᵉnâmᵉtᵉʳ] s. chronomètre, m.

chrysalid [kris'lid] s. chrysalide, f.

chrysanthemum [krisànthᵉmᵉm] s. chrysanthème, m.

chubby [tshœbi] *adj.* joufflu, dodu.

chuck [tshœk] s. gloussement, m.;
v. glousser.

chuck [tshœk] s. tapotement, m.;
v. tapoter.

chuckle [tshœkˡl] s. rire étouffé; gloussement, m.; *v.* glousser.

chum [tshœm] s. camarade, copain, m.; *chummy,* intime.

chump [tshœmp] s. bûche, f.; lourdaud, m.

chunk [tshœngk] s. gros morceau; quignon [bread], m. ‖ *chunky* [-i] *adj. Am.* trapu, grassouillet.

church [tshᵉʳtsh] s.* église, f.; temple, m. ‖ *churchman* [-mᵉn] (*pl. churchmen*) s. ecclésiastique, m. ‖ *churchy* [-i] *adj.* cagot; calotin. ‖ *churchyard* [-yârd] s. cimetière, m.

churl [tshᵉrl] s. rustre; grigou; crin, ronchon, m. (fam.); *churlish,* fruste, mal dégrossi; grincheux; regardant.

churn [tshᵉrn] s. baratte, f.; *v.* baratter; fouetter [cream].

chute [shout] s. glissière, f.; rapide, m.; *coal chute,* manche à charbon; *refuse chute,* vide-ordures.

cicada [sikéᴵde] s. cigale, f.

cider [saꞮdᵉʳ] s. cidre, m.

cigar [sigâr] s. cigare, m.; *cigar-store*, débit de tabac. ‖ *cigarette* [sigᵉrèt] s. cigarette, f.; *cigarette holder*, fume-cigarette; *cigarette case*, étui à cigarettes; *cigarette lighter*, briquet. \

cinch [sintsh] s.* Am. sangle, f.; « filon », m.; v. sangler.

cinder [sindᵉʳ] s. braise; escarbille, f.; pl. cendres, f.

cinema [sinᵉmᵉ] s. cinéma, m. ‖ *cinematograph* [sinimat°grâf] s. cinéma, m.; v. cinématographier.

cinnamon [sinᵃmᵉn] s. cannelle, f.

cipher [saꞮfᵉʳ] s. zéro; chiffre; code secret, m.; v. chiffrer; calculer; *cipherer*, officier du chiffre.

circle [sěrkꞌl] s. cercle; milieu social, m.; v. encercler; circuler; tournoyer.

circuit [sěrkit] s. circuit; parcours, tour; pourtour, m.; tournée, rotation, révolution, f.; *circuit breaker*, disjoncteur. ‖ *circuitous* [sᵉrkyouꞮtᵉs] adj. indirect; détourné.

circular [sěrkyelᵉʳ] adj., s. circulaire. ‖ *circulate* [sěrkyeléꞮt] v. circuler; répandre; *circulating library*, bibliothèque circulante. ‖ *circulation* [sěrkyeléꞮshᵉn] s. circulation, f.

circumference [sěrkᵒmfᵉrᵉns] s. circonférence; périphérie, f. ‖ *circumlocution* [sěrkᵒmloᵘᵏyouᵉshᵉn] s. circonlocution, f.

circumscribe [sěrkᵒmskraꞮb] v. circonscrire.

circumspect [sěrkᵒmspèkt] adj. circonspect. ‖ *circumspection* [sěrkᵒmspèkshᵉn] s. circonspection, f.

circumstance [sěrkᵒmstans] s. circonstance, f.; événement; détail, m.; pl. situation de fortune, f.; *in no circumstances*, en aucun cas. ‖ *circumstantial* [sᵉrkᵒmꞌstanshᵉl] adj. circonstancié; accessoire; indirect (jur.).

circus [sěrkᵉs] s.* cirque; rond-point, m.

cistern [sistᵉrn] s. citerne, cuve, f.; réservoir, m.; chasse d'eau, f.

citadel [sitᵉdꞌl] s. citadelle, f.

citation [saꞮtéꞮshᵉn] s. citation; mention, f. ‖ *cite* [saꞮt] v. citer; mentionner; appeler en justice.

citizen [sitᵉzꞌn] s. citoyen; civil; citadin; ressortissant, m. ‖ *citizenship* [-ship] s. droit de cité, m.; nationalité, f.

citron [sitrᵉn] s. cédrat, m.

city [siti] s.* cité, ville, f.; adj. urbain; municipal; *city council*, municipalité, f.; *city hall*, mairie; *city item*, Am. nouvelle locale.

civic [sivik] adj. civique. ‖ *civics* [-s] s. Am. instruction civique, f.

civil [sivꞌl] adj. civil; *civil duty*, devoir civique. ‖ *civilian* [sᵉvilyᵉn] s. civil; *civilian clothes*, habit civil. ‖ *civility* [sᵉvilti] s.* urbanité, courtoisie, f. ‖ *civilization* [sivꞌlᵉzéꞮshᵉn] s. civilisation, f. ‖ *civilize* [sivꞌlaꞮz] v. civiliser. ‖ *civism* [sivizꞌm] s. civisme, m.

clad [klad] pret., p. p. of **clothe**.

claim [kléꞮm] s. demande; revendication; prétention, f.; droit, titre, m.; v. revendiquer; prétendre à; accaparer [attention]. ‖ *claimant* [-ᵉnt] s. réclamant; prétendant [throne]; postulant; requérant, m.

clairvoyant [klèrvoꞌᵉnt] adj. clairvoyant; voyant.

clam [klàm] s. peigne [shellfish], m.; palourde, f.; *clam-diggers*, Am. corsaire [trousers].

clamber [klambᵉʳ] v. grimper.

clammy [klami] adj. visqueux, gluant.

clamor [klamᵉʳ] s. clameur, f.; v. clamer, vociférer. ‖ *clamorous* [klamᵉrᵉs] adj. bruyant; revendicateur.

clamp [klàmp] s. crampon, m.; armature; agrafe, f.; v. cramponner; assujettir; marcher lourdement.

clan [klàn] s. clan, m.; *clannish*, attaché à sa coterie, partisan.

clandestine [klàndèstin] adj. clandestin.

clang [klàng] s. sonnerie, f.; bruit métallique, m.; v. sonner, tinter; résonner, retentir. ‖ *clango(u)r* [-ᵉʳ] s. son éclatant, m.; v. retentir. ‖ *clangorous* [-gᵉrᵉs] adj. retentissant.

clap [klap] s. claquement; coup, m.; v. claquer; taper; battre [wings]; applaudir; *clap of thunder*, coup de tonnerre.

claret [klarᵉt] s. bordeaux [wine], m.

clarify [klarᵉfaꞌ] v. clarifier, élucider; s'éclaircir.

clarinet [klarᵉnèt] s. clarinette, f.

clarion [klariᵉn] s. clairon, m.

clarity [klarᵉti] s. clarté, lumière, f.

clash [klash] s.* collision, f.; choc, fracas, m.; v. choquer, heurter; entrer en lutte; résonner; se heurter.

clasp [klasp] s. fermoir; clip, m.; agrafe; étreinte, f.; v. agrafer; étreindre; joindre [hands].

class [klas] s.* classe; leçon; catégorie, f.; cours; ordre; rang, m.; v. classer, classifier; *the lower classes*, le prolétariat. ‖ *classic* [-ik] adj., s. classique; *classic scholar*, humaniste. ‖ *classical* [-ikꞌl] adj. classique. ‖ *classify* [-ifaꞌ] v. classifier. ‖ *classmate* [-méꞌt] s. condisciple, m. ‖ *classroom* [-roum] s. salle de classe, f.

clatter [klatᵉʳ] *s.* fracas; bruit de roue, m.; *v.* résonner; cliqueter; caqueter.

clause [klauz] *s.* article, m.; clause, proposition (gramm.), f.; membre de phrase, m.; avenant, m. (jur.).

clavicle [klavik'l] *s.* clavicule, f.

claw [klau] *s.* griffe; serre [eagle]; pince [crab], f.; valet [bench], m.; *v.* griffer; agripper; égratigner; érafler; gratter (fam.).

clay [kléⁱ] *s.* argile; glaise, f.; limon, m.; *clayish*, argileux.

clean [klîn] *adj.* propre; pur; net; *adv.* absolument, totalement; *v.* nettoyer; purifier; vider [fish]; *clean-cut*, bien coupé, élégant, net; *clean-handed*, probe. ‖ *cleaner* [-ᵉʳ] *s.* nettoyeur; dégraisseur; cireur, m.; *vacuum cleaner*, aspirateur. ‖ *cleaning* [-ing] *s.* nettoyage, dégraissage, m. ‖ *cleanliness* [klènlinis] *s.* propreté, f. ‖ *cleanly* [klénli] *adv.* proprement; *adj.* propre. ‖ *cleanness* [klinnis] *s.* propreté, f. ‖ *cleanse* [klènz] *v.* nettoyer, purifier. ‖ *cleanser* [klènsᵉʳ] *s.* produit d'entretien, m. ‖ *cleansing* [-ing] *adj.* détersif; *s.* nettoyage, m.; dépuration; purification, f.

clear [kliᵉʳ] *adj.* clair; serein; évident; pur; sans mélange; entier; débarrassé de; *adv.* clairement; entièrement; *v.* clarifier; éclaircir; nettoyer; défricher; débarrasser; disculper; ouvrir [way]; dégager; franchir; liquider; toucher net [sum]; *s.* espace dégagé, m.; *clear loss*, perte sèche; *clear majority*, majorité absolue; *clear profit*, bénéfice net; *to clear the ground*, déblayer le terrain; *to clear the table*, desservir; *the sky clears up*, le ciel s'éclaire; *clear-sighted*, clairvoyant. ‖ *clearance* [-rᵉns] *s.* dégagement; déblaiement; dédouanement; congé (naut.), m.; *clearance sale*, liquidation. ‖ *clearing* [-ring] *s.* éclaircissement; déblaiement; dédouanement, m.; justification, f.; terrain défriché, m.; éclaircie [wood]; liquidation [account]; compensation bancaire, f. ‖ *clearness* [-nis] *s.* clarté, f.

cleat [klît] *s.* taquet; tasseau, m.

cleave [klîv] *v.* fendre. ‖ *cleaver* [-ᵉʳ] *s.* couperet; fendoir, m.

cleave [klîv] *v.* coller, adhérer à; s'attacher à.

clef [klèf] *s.* clef (mus.), f.

cleft [klèft] *s.* fente, fissure, f.; *adj.* fendu, fissuré; *p. p. of* **to cleave**.

clematis [klèmᵉtis] *s.* clématite, f.

clemency [klèmᵉnsi] *s.* clémence; douceur [weather], f. ‖ *clement* [klèmᵉnt] *adj.* clément, indulgent; doux, clément [weather].

clementina [klèmᵉntìnᵉ] *s.* clémentine, f.

clench [klèntsh] *s.** crampon, rivet, m.; *v.* river [nail]; serrer [teeth]; serrer [fist]; empoigner.

clergy [klᵉʳdji] *s.* clergé, m. ‖ *clergyman* [-mᵉn] *s.* ecclésiastique, m.

clerical [klérik'l] *adj.* ecclésiastique, clérical; de bureau; *clerical work*, travail d'écritures.

clerk [klᵉʳk] *s.* clerc; commis; employé; secrétaire municipal; *Am.* vendeur, m.; *law-clerk*, greffier.

clever [klèvᵉʳ] *adj.* habile; intelligent; adroit. ‖ *cleverly* [-li] *adv.* habilement; sagement; bien. ‖ *cleverness* [-nis] *s.* dextérité; habileté; intelligence, ingéniosité; promptitude (f.) d'esprit.

clew [klou] *s. Br.* fil conducteur; indice; écheveau, m.; piste; pelote; trace, f.; *v.* peloter; mettre sur la piste; *to clew up*, carguer.

cliché [klishéⁱ] *s.* cliché; lieu commun, m.; banalité, f.

click [klik] *s.* cliquetis; clic; clappement [tongue]; bruit métallique, m.; *v.* cliqueter; claquer; *to click the heels*, claquer des talons.

client [klaⁱent] *s.* client, m., cliente, f. ‖ *clientele* [klaⁱèntèl] *s.* clientèle, f.; habitués, m. pl. (theatr.).

cliff [klif] *s.* falaise, f.; rocher escarpé, m.; varappe, f.

climate [klaⁱmit] *s.* climat [weather], m. ‖ *climatize* [-ᵉtaⁱz] *v.* acclimater.

climax [klaⁱmaks] *s.* gradation, f.; comble; faîte, sommet, m.; *v.* culminer; amener au point culminant.

climb [klaⁱm] *v.* grimper; gravir; escalader; s'élever; *s.* ascension, escalade, f.; *to climb down*, descendre; en rabattre, baisser pavillon. ‖ *climber* [-ᵉʳ] *s.* grimpeur; alpiniste, m.; plante grimpante, f.; *Am.* arriviste, m. ‖ *climbing* [-ing] *s.* montée, escalade, f.; arrivisme, m.

clinch [klìntsh] *v.* river; serrer; tenir bon; assujettir; *s.** crampon; corps-à-corps [boxing], m.

cling [kling] *v.** se cramponner; adhérer; coller à; s'en tenir, rester attaché [to, à].

clinic [klinik] *s.* clinique, f. ‖ *clinical* [-ᵉl] *adj.* clinique.

clink [klingk] *v.* cliqueter; *s.* cliquetis; tintement, m. ‖ *clinker* [-ᵉʳ] *s.* mâchefer, m.; type formidable, m.

clip [klip] *s.* broche; attache, agrafe, f.; *v.* serrer, pincer; agrafer; écourter.

clip [klip] *s.* tonte, f.; coup, m.; *v.* tondre; rogner; couper ras; donner des coups de poing (fam.); *to go a good clip*, marcher à vive allure, « allonger le compas ». ‖ **clipper** [-ᵉʳ] *s.* tondeuse, f.; clipper [ship, plane], m. ‖ **clipping** [-ing] *s.* tonte; taille [hair], f.; *Am.* coupure de presse, f.; *clipping bureau*, argus de la presse.

clique [klik] *s.* clique, coterie, f.

cloak [kloᵘk] *s.* manteau, pardessus, m.; capote, f.; prétexte; masque, m.; *v.* couvrir d'un manteau; masquer, dissimuler. ‖ *cloakroom* [-roum] *s.* vestiaire (theat.), m.; consigne (railw.), f.; *Am.* antichambre [Capitole, Washington].

clock [klâk] *s.* horloge; pendule; montre, f.; *adj.* régulier, réglé; *v.* minuter [race]; chronométrer; *alarm clock*, réveille-matin; *to set a clock by*, régler une pendule sur; *the clock is fast*, l'horloge avance; *time-recording clock*, pendule enregistreuse; *clockwise*, dans le sens des aiguilles d'une montre; *clockwork*, rouages.

clod [klâd] *s.* motte de terre, f.; caillot; lourdaud, m.; *v.* s'agglomérer [earth].

clodhopper [klâdhâpᵉʳ] *s.* paysan; cul-terreux, m.; godasse, f.

clog [klâg] *s.* entrave, f.; obstacle, empêchement, m.; galoche, f.; *v.* obstruer; se boucher; s'étouffer.

cloister [klo¹stᵉʳ] *s.* cloître, m.; *v.* cloîtrer; *cloistral*, claustral.

close [kloᵘz] *s.* fin, conclusion; clôture, f.; enclos, m.; *v.* fermer; enfermer; se clore; arrêter [account]; conclure; serrer [ranks]; *to close out*, liquider; *closed session*, huis-clos (jur.).

close [kloᵘs] *adj.* clos, fermé; enclos; mesquin, avare; lourd [weather]; renfermé [air]; suffocant; compact; serré [questioning]; étroit, rigoureux; intime; ininterrompu [bombardment]; appliqué, attentif; littéral [translation]; *adv.* hermétiquement, tout près, tout de suite; *close-fitting*, ajusté, collant; *close-mouthed*, peu communicatif; *close shaven*, rasé de près. ‖ *closely* [-li] *adv.* de près; étroitement; rigoureusement, secrètement. ‖ *closeness* [-nis] *s.* proximité, étroitesse; ladrerie; solitude, f.; rapprochement; isolement; manque d'air, m.; fidélité [translation]; rigueur; texture serrée, f.; caractère renfermé, m.

closet [klâzit] *s.* cabinet, m.; armoire, penderie, m.; *adj.* secret, intime; *v.* conférer secrètement; prendre à part.

closure [kloᵘjᵉʳ] *s.* clôture; conclusion, f.; *v.* clôturer, clore.

clot [klât] *s.* grumeau, caillot, m.; (fam.) idiot, m.; *v.* se cailler, se coaguler.

cloth [klauth] *s.* toile; nappe; étoffe; livrée, f.; tapis de table; tissu; uniforme; drap; torchon, m.; *tea cloth*, nappe à thé; *man of the cloth*, ministre du culte; *American cloth*, toile cirée; *cloth-maker*, drapier. ‖ *clothe* [kloᵘzh] *v.* * vêtir; habiller. ‖ *clothes* [kloᵘz] *s. pl.* habits, vêtements; linge, m.; *underclothes*, sous-vêtements; *suit of clothes*, complet; *clothes pin*, pince à linge; *clothes-rack* (or) *-tree*, porte-habits, portemanteau. ‖ *clothier* [kloᵘzhyᵉʳ] *s.* drapier; fabricant de vêtements, m. ‖ *clothing* [kloᵘzhing] *s.* costume; vêtement; linge, m.; fabrication du drap, f.

cloud [klaᵘd] *s.* nuage, m.; foule; nuée, f.; *v.* couvrir de nuages; s'assombrir; se voiler; menacer; ternir; s'amonceler. ‖ *cloudburst* [-bë²rst] *s.* averse, trombe, f. ‖ *cloudiness* [-inis] *s.* aspect nuageux; aspect trouble; air sombre, m.; obscurité, f. ‖ *cloudless* [-lis] *adj.* serein, clair, sans nuage. ‖ *cloudy* [-i] *adj.* nuageux, couvert; sombre; trouble [liquid]; nébuleux [idea].

clove [kloᵘv] *s.* clou de girofle, m.; *clove of garlic*, gousse d'ail.

clover [kloᵘvᵉʳ] *s.* trèfle, m.; *to be in clover*, être dans l'abondance.

clown [klaᵘn] *s.* rustre; bouffon, clown; *v.* faire le clown.

cloy [klo¹] *v.* rassasier, repaître; gorger; lasser, dégoûter, blaser.

club [klœb] *s.* massue; trique, f.; trèfle [cards]; club, m.; *v.* frapper, assommer; se réunir; s'associer; *club-foot*, pied-bot; *clubhouse*, club, cercle.

cluck [klœk] *s.* gloussement, m.; *v.* glousser.

clue, see *clew*.

clump [klœmp] *s.* groupe, bloc, m.; bouquet, massif [trees], m.; *Am.* bloc [houses], m.; bruit sourd, m.; *v.* grouper en bouquet; marcher d'un pas lourd.

clumsy [klœmzi] *adj.* engourdi; gauche, maladroit; disgracieux.

clung *pret., p. p. of* **to cling**.

cluster [klœstᵉʳ] *s.* grappe, f.; bouquet; groupe; essaim [bees], m.; *Am.* entourage [gems], m.; *v.* (se) grouper; se mettre en grappe.

clutch [klœtsh] *s.* * prise, f.; griffe, serre; couvée [eggs], f.; embrayage [auto], m.; *v.* saisir, empoigner; accrocher; *to step on the clutch*, débrayer; *to throw in the clutch*, embrayer; *clutch-disc*, disque d'embrayage; *clutch-fork*, embrayeur; *foot clutch*, pédale d'embrayage.

clutter [klœtᵉʳ] *v.* désordre, m.; confusion, f.; *v.* mettre en désordre; rendre confus; se démener, s'affairer.

coach [ko^{ou}tsh] *s.** voiture, f.; car; wagon, m.; entraîneur; répétiteur, m.; *v.* préparer, guider, mettre au courant. ‖ *coachman* [-m^en] *s.* conducteur; cocher, m.

coagulate [ko^{ou}agy^eléⁱt] *v.* coaguler; se cailler; se coaguler.

coal [ko^{ou}l] *s.* charbon, m.; houille, f.; *v.* approvisionner en charbon; *hard coal*, anthracite; *coal-dust*, poussier; *coal oil*, pétrole.

coalesce [ko^{ou}elès] *v.* s'unir, se combiner, se fondre.

coalition [ko^{ou}elish^en] *s.* coalition, f.

coarse [ko^{ou}rs] *adj.* grossier; brut; vulgaire. ‖ *coarseness* [-nis] *s.* rudesse; grossièreté, vulgarité, f.

coast [ko^{ou}st] *s.* côte; berge; pente [hill], f.; littoral, m.; *v.* côtoyer; caboter (naut.); *Am.* glisser le long de; *coastal*, côtier; *coastline*, littoral.

coat [ko^{ou}t] *s.* habit, m.; veste; tunique; peau [snake]; robe [animal]; couche [paint], f.; *v.* revêtir; enduire; peindre; goudronner; glacer (culin.); *coated*, chargé [tongue]; couché [paper]. ‖ *coat-hanger*, portemanteau; *to turn one's coat*, tourner casaque. ‖ *coating* [-ing] *s.* enduit, revêtement, m.

coax [ko^{ou}ks] *v.* cajoler; caresser; enjôler; amadouer.

cob [kâb] *s.* épi de maïs; bidet [horse], m.; boule [bread], f.; torchis, m.

cobalt [ko^{ou}bault] *s.* cobalt, m.

cobble [kâb'l] *s.* pavé rond, m.; *v.* paver.

cobble [kâb'l] *v.* raccommoder [shoes]. ‖ *cobbler* [-^{er}] *s.* cordonnier; cobbler [drink], m.; *Am.* tourte aux fruits, f.

cobra [ko^{ou}bre] *s.* cobra, m.

cobweb [kâbwèb] *s.* toile d'araignée, f.

cocaine [ko^{ou}kéⁱn] *s.* cocaïne, f.

cock [kâk] *s.* coq; oiseau mâle; robinet [tap]; chien [gun], m.; meule [hay], f.; *v.* relever [hat]; armer [gun]; *fuel cock*, robinet d'essence; *cock-eyed*, qui louche; *safety cock*, cran d'arrêt; *cock-sure*, absolument sûr; *cock-a-doodle-doo*, cocorico.

cockade [kâkéⁱd] *s.* cocarde, f.

cockatoo [kâket^{ou}] *s.* cacatoès, m.

cockchafer [kâktshèⁱfer] *s.* hanneton, m.

cockle *s.* clovisse; froissure, f.; faux pli, m.; *v.* (se) froisser; (se) chiffonner.

cockroach* [kâkro^{ou}tsh] *s.* blatte, f.; cafard, m.

cocktail [kâktéⁱl] *s.* cocktail, m.

cocky [kâki] *adj.* impertinent, insolent; fat; suffisant; tranchant.

cocoa [ko^{ou}ko^{ou}] *s.* cacao, m.

coconut [ko^{ou}ken^et] *s.* noix de coco, f.

cocoon [k^eko^un] *s.* cocon, m.

cod [kâd] *s.* morue, f.; *cod-liver oil*, huile de foie de morue.

coddle [kâd'l] *v.* mitonner; choyer; câliner; *Am.* faire mijoter.

code [ko^{ou}d] *s.* code, m.; *v.* chiffrer; *code message*, message chiffré.

codger [kâdjer] *s.* type; original; gaillard, m.

codicil [kâdes'l] *s.* codicille, m.

codify [kâdefaⁱ] *v.* codifier.

coefficient [koifish^ent] *s.* coefficient, m.

cœnobite [sìnobaⁱt] *s.* cénobite, m.

coerce [ko^{ou}ërs] *v.* contraindre; réprimer. ‖ *coercion* [ko^{ou}ër·shen] *s.* coercition, contrainte; coaction (jur.), f. ‖ *coercive* [ko^{ou}ërsiv] *adj.* coercitif.

coffee [kaufi] *s.* café, m.; *coffee-cup*, tasse à café; *coffee-mill*, moulin à café; *coffee-pot*, cafetière; *coffee-tree*, caféier.

coffer [kaufer] *s.* coffre, m.; cassette, f.; *v.* mettre au coffre.

coffin [kaufin] *s.* cercueil, m.; *v.* mettre en bière.

cog [ko^{ou}g] *s.* dent [wheel], f.; rouage, m.; *cogwheel*, roue dentée.

cogent [ko^{ou}djent] *adj.* convaincant; puissant [argument].

cogitate [kâdjitéⁱt] *v.* méditer; réfléchir à.

cognate [kâgnéⁱt] *adj.* apparenté; *s.* congénère, parent, m.

coherent [ko^{ou}hír^ent] *adj.* cohérent. ‖ *cohesion* [ko^{ou}hij^en] *s.* cohésion, f.

coiffeur [kwâfër] *s.* coiffeur, m. ‖ *coiffure* [kwâfyou^r] *s.* coiffure [hairdo], f.

coil [koⁱl] *s.* rouleau; repli, m.; spirale, f.; glène [rope]; bobine (electr.), f.; *v.* s'enrouler; lover.

coin [koⁱn] *s.* pièce de monnaie, f.; coin, m.; *v.* battre [money]; inventer; fabriquer; *to pay one in his own coin*, rendre à quelqu'un la monnaie de sa pièce. ‖ *coinage* [-idj] *s.* monnayage, m.; frappe; invention, f.

coincide [ko^{ou}insaⁱd] *v.* coïncider. ‖ *coincidence* [ko^{ou}inse^dens] *s.* coïncidence, f.

coke [ko^{ou}k] *s.* coke, m.

colander [kœlend^{er}] *s.* tamis, m.

cold [ko^{ou}ld] *adj.* froid; *s.* froid; refroidissement; rhume, m.; *cold-cream*, crème de beauté; *to give the* *cold shoulder*, battre froid; *head cold*, rhume de cerveau; *chest cold*, rhume de poitrine. ‖ **coldness** [-nis] *s.* froidure; froideur, f.

cole-seed [koᵒᵘlsîd] *s.* graine de colza, f.

collaborate [kᵉlabᵉré¹t] *v.* collaborer. ‖ **collaboration** [kᵉlabᵉré¹shᵉn] *s.* collaboration, f. ‖ **collaborator** [kᵉlabᵉré¹tᵉr] *s.* collaborateur, m.; collaboratrice, f.

collapse [kᵉlaps] *v.* s'écrouler; s'effondrer; être démoralisé; *s.* effondrement; évanouissement, m.; prostration, f.

collar [kâlᵉr] *s.* collier [dog]; col [shirt]; collet, m.; *v.* colleter; prendre au collet; *stiff collar*, faux col; *collarbone*, clavicule; *collar size*, encolure.

collateral [kᵉlatᵉrᵉl] *adj.* collatéral; secondaire, accessoire; coïncident; *s.* nantissement; collatéral, m.

colleague [kᵉlîg] *s.* collègue, m., f.

collect [kᵉlèkt] *v.* rassembler; collectionner; percevoir [taxes]; recouvrer [debts]; faire la levée [mail]; s'amasser; *s.* collecte, f.; *to collect oneself*, se ressaisir, se recueillir; *collect on delivery*, en port dû. ‖ **collection** [kᵉlèkshᵉn] *s.* collection; accumulation; perception; collecte; levée [letters], f.; ramassage; encaissement, m.; *to take up a collection*, faire la quête. ‖ **collective** [kᵉlèktiv] *adj.* collectif. ‖ **collector** [kᵉlèktᵉr] *s.* collecteur; percepteur; quêteur; collectionneur, m.

college [kâlidj] *s.* collège; corps constitué, m.; faculté [univ.], f.

collide [kᵉla¹d] *v.* entrer en collision; s'emboutir.

collier [kâlyᵉr] *s.* mineur, m.; navire charbonnier, m.

collision [kâlijᵉn] *s.* collision f.; heurt, choc; abordage; conflit, m.

colloquial [kᵉloᵒᵘkwiᵉl] *adj.* familier; de la conversation courante. ‖ **colloquy** [-i] *s.** colloque, entretien, m.

collusion [kâlyouⱼᵉn] *s.* collusion, f.

colon [koᵒᵘlᵉn] *s.* côlon [anat.], m.

colon [koᵒᵘlᵉn] *s.* deux-points [ponctuation], m. pl.

colonel [kën'l] *s.* colonel, m.

colonial [kᵉloᵒᵘniᵉl] *adj., s.* colonial. ‖ **colonist** [kâlᵉnist] *s.* colon, m. ‖ **colonization** [kâlᵉnᵉzé¹shᵉn] *s.* colonisation, f. ‖ **colonize** [kâlᵉna¹z] *v.* coloniser. ‖ **colonizer** [-ᵉr] *s.* colonisateur, m.; colonisatrice, f. ‖ **colony** [kâlᵉni] *s.** colonie, f.

colo(u)r [kᵅlᵉr] *s.* couleur, teinte, f.; ton, m.; *pl.* drapeau, m.; *v.* colorer; colorier; teinter; rougir; se colorer;

colo(u)rblind, daltonien. ‖ **colo(u)red** [-d] *adj.* coloré; colorié; de couleur. ‖ **colo(u)rful** [-fᵉl] *adj.* haut en couleurs. ‖ **colo(u)ring** [-ing] *s.* coloration, f.; coloris; prétexte, m. ‖ **colo(u)rless** [-lis] *adj.* incolore, terne.

colossal [kᵉlâs'l] *adj.* colossal. ‖ **colossus** [kᵉlâsᵉs] *s.** colosse, m.

colt [koᵒᵘlt] *s.* revolver, colt; poulain, m.

column [kâlᵉm] *s.* colonne, f. ‖ **columnist** [-ist] *s.* journaliste, m.

coma [koᵒᵘmᵉ] *s.* coma, m.; **comatose**, comateux.

comb [koᵒᵘm] *s.* peigne, m.; étrille; carde; crête [cock, wave], f.; rayon [honey], m.; *v.* peigner; étriller; carder; déferler [wave].

combat [kâmbat] *s.* combat, m.; *v.* combattre, se battre. ‖ **combatant** [kâmbᵉtᵉnt] *adj., s.* combattant. ‖ **combative** [-iv] *adj.* combatif.

comber [koᵒᵘmbᵉr] *s.* cardeur; brisant, m.

combination [kâmbᵉné¹shᵉn] *s.* combinaison; coalition; association, f.; syndicat, m.; chemise-culotte, f. ‖ **combine** [kᵉmba¹n] *v.* combiner; s'unir, s'associer; se syndiquer; se liguer; *s.* [′kâmbaⁱn] corporation, f.; trust, m.; **combine-harvester**, moissonneuse-batteuse.

combustible [kᵉmbᵅstᵉb'l] *adj., s.* combustible. ‖ **combustion** [kᵉmbᵅstshᵉn] *s.* combustion, f.

come [kᵅm] *v.** venir; arriver; provenir; advenir; parvenir; *p. p. of* **to come**; *to come across*, traverser; venir à l'esprit; *to come away*, s'en aller; *to come back*, retourner; *to come forth*, paraître, être publié; *to come in*, entrer; *to come out*, sortir; *to come of age*, atteindre sa majorité; *to come near*, approcher; *to come on*, avancer; *to come to pass*, se faire, se réaliser; *to come up*, pousser, monter, surgir; *to make up a come-back*, se rétablir; faire une rentrée.

comedian [kᵉmídiᵉn] *s.* comédien; comique, m. ‖ **comedy** [kâmᵉdi] *s.* comédie, f.

comely [kᵅmli] *adj.* gracieux, séduisant, avenant. ‖ **comeliness** [-nis] *s.* beauté, grâce, f.; charme, m.

comestible [kᵉméstib'l] *adj., s.* comestible, m.

comet [kâmit] *s.* comète, f.

comfit [kᵅmfit] *s.* dragée, f.; **comfitmaker**, confiseur.

comfort [kᵅmfᵉrt] *s.* confort, bien-être; réconfort, m.; aisance; consolation, f.; *v.* réconforter. ‖ **comfortable** [-ᵉb'l] *adj.* confortable; consolant;

aisé [life]. ‖ **comfortably** [-ᵉb'li] *adv.*
confortablement. ‖ **comforter** [-ᵉʳ] *s.*
consolateur, m. ; *Br.* cache-nez ; *Am.*
couvre-pied, m. ; couverture piquée, f.
‖ **comfortless** [-lis] *adj.* triste ; incommode ; délaissé.

comic [kâmik] *adj.* comique ; *s.* comique ; dessin humoristique, m. ‖ *comical* [-'l] *adj.* plaisant, drôle.

coming [kᵒming] *adj.* prochain ; *s.*
venue, arrivée, f.

comma [kâmᵉ] *s.* virgule, f. ; *Br.
inverted commas*, guillemets.

command [kᵉmànd] *s.* ordre ; pouvoir, m. ; autorité, maîtrise ; région
militaire, f. ; *v.* commander ; dominer ;
to have full command of, être entièrement maître de. ‖ **commander** [-ᵉʳ] *s.*
commandant, chef, m. ‖ **commandment** [-mᵉnt] *s.* commandement, m.

commemorate [kᵉmèmᵉréⁱt] *v.* commémorer. ‖ **commemoration** [kᵉmé-
mâréⁱshᵉn] *s.* commémoration ; com-
mémoraison, f.

commence [kᵉmèns] *v.* commencer.
‖ **commencement** [-mᵉnt] *s.* début,
commencement, m. ; distribution des
diplômes, f.

commend [kᵉmènd] *v.* recommander ; louer ; confier. ‖ **commendable**
[-ᵉb'l] *adj.* recommandable, louable. ‖
commendation [kâmᵉndéⁱshᵉn] *s.* recommandation ; approbation, f.

commensal [kᵉmènsᵉl] *s.* commensal, m.

comment [kâmᵉnt] *s.* commentaire,
m. ; annotation ; critique, f. ; *v.* commenter ; annoter. ‖ **commentary** [-ᵉri]
s.* commentaire, m. ; *running commentary*, reportage en direct. ‖ **commentator** [-éⁱtᵉʳ] *s.* commentateur, m.

commerce [kâmᵉʳs] *s.* commerce international, m. ; commerce amoureux,
m. ‖ **commercial** [kᵉmëʳshᵉl] *adj.*
commercial. ‖ **commercialize** [kᵉmœʳ-
shᵉla'z] *v.* commercialiser.

commiseration [kᵉmizᵉréⁱshᵉn] *s.*
compassion ; condoléances, f.

commissary [kâmᵉsèri] *s.** délégué ;
commissaire du gouvernement ; intendant militaire ; vicaire général, m. ;
Am. coopérative, f.

commission [kᵉmishᵉn] *s.* commission ; autorisation ; mission ; gratification ; remise ; réunion, f. ; mandat ;
brevet (mil.), m. ; *v.* charger de ; mandater ; armer (naut.). ‖ **commissioner**
[-ᵉʳ] *s.* commissaire ; mandataire ; gérant, m.

commit [kᵉmit] *v.* commettre ;
confier ; envoyer ; *to commit to memory*, apprendre par cœur ; *to commit
oneself*, se compromettre ; *to commit
to prison*, faire incarcérer.

committee [kᵉmiti] *s.* comité, m.

commodious [kᵉmoᵒdiᵉs] *adj.* spacieux. ‖ **commodity** [kᵉmâdᵉti] *s.** produit, m. ; denrée, marchandise, f.

commodore [kâmᵉdoᵒuʳ] *s.* chef d'escadre, m.

common [kâmᵉn] *adj.* commun ;
public ; général ; familier ; usuel ; vulgaire ; *s.* terrains communaux, m. ; réfectoire ; repas, m. ; *pl.* Communes,
f. ; *v.* manger en commun ; *common
law*, droit coutumier ; *common prayer*, liturgie anglicane ; *common road*,
sentiers battus ; *common sense*, sens
commun. ‖ **commonly** [-li] *adv.* com-
munément. ‖ **commonness** [-nis] *s.* fréquence ; banalité, f. ‖ **commonplace**
[-pléⁱs] *adj.* banal ; *s.* banalité, f. ‖
commonweal [-wîl] *s.* bien public, m. ;
chose publique, f. ‖ **commonwealth**
[-wèlth] *s.* république ; collectivité ;
confédération, f. ; gouvernement, m.

commotion [kᵉmoᵒushᵉn] *s.* commotion ; agitation, f. ; trouble, m.

commune [kᵉmyoun] *v.* converser ;
to commune with oneself, se recueillir ; [kâmyoun] *s.* commune, f. ‖ **communicate** [kᵉmyounᵉkéⁱt] *v.* communiquer ; communier. ‖ **communication**
[kᵉmyounᵉkéⁱshᵉn] *s.* communication,
f. ; message, m. ‖ **communicative**
[kᵉmyounᵉkéⁱtiv] *adj.* communicatif.
‖ **communion** [kᵉmyounyᵉn] *s.* communion, f. ‖ **communism** [kâmyounizᵉm]
s. communisme, m. ‖ **communist**
[kâmyounist] *adj.*, *s.* communiste.
‖ **community** [kᵉmyounᵉti] *s.** communauté, société, f. ; *community chest*,
fonds commun.

commutation [kâmyoutéⁱshᵉn] *s.*
commutation ; substitution, f. ; remplacement ; échange ; paiement anticipé
et réduit, m. ; *commutation ticket*,
Am. carte d'abonnement au chemin de
fer. ‖ **commutator** [kâmyoutéⁱtᵉʳ] *s.*
commutateur, m. ‖ **commute** [kᵉ-
myout] *v.* commuer ; *Am.* voyager
avec un abonnement. ‖ **commuter**
[kᵉmyoutᵉʳ] *s.* abonné des chemins de
fer, m.

compact [kᵉmpakt] *adj.* compact,
dense ; *v.* condenser ; tasser.

compact [kâmpakt] *s.* pacte, m. ;
poudrier, m.

companion [kᵉmpanyᵉn] *s.* compagnon, m. ; compagne, f. ‖ **compa-
nionship** [-ship] *s.* camaraderie ;
compagnie, f. ; équipe, f. ‖ **company**
[kœmpᵉni] *s.** compagnie ; troupe ; société, f. ; *limited company*, société à
responsabilité limitée ; *joint-stock
company*, société par actions.

comparable [kâmpᵉrᵉb'l] *adj.* comparable. ‖ **comparative** [kᵉmparᵉtiv]
adj. comparatif ; comparé. ‖ **compare**

[k^empèr] v. comparer; s. comparaison, f.; *beyond compare,* incomparable. || *comparison* [k^emparis'n] s. comparaison, f.; *by comparison with,* en comparaison de.

compartment [k^empârtm^ent] s. compartiment, m.; section, f.

compass [k^æmp^es] s.* enceinte; limites; boussole, f.; enclos; circuit; compas, m.; v. entourer; faire un circuit; atteindre [ends]; *compass card,* rose des vents.

compassion [k^empash^en] s. compassion, f. || *compassionate* [-it] adj. compatissant; v. compatir à.

compatibility [k^empati'bⁱlⁱti] s. compatibilité, f. || *compatible* [-pat^eb'l] adj. compatible.

compatriot [k^empéⁱtri^et] s. compatriote, m., f.

compel [k^empèl] v. contraindre.

compendious [k^empèndi^es] adj. abrégé, compendieux. || *compendium* [-em] m. condensé, abrégé, m.

compensate [kàmp^enséⁱt] v. compenser; indemniser. || *compensation* [kàmp^enséⁱsh^en] s. compensation; rémunération, f.; dédommagement, m.

compete [k^empît] v. concourir, rivaliser; faire concurrence à.

competence [kàmp^et^ens] s. compétence, f. || *competent* [kàmp^et^ent] adj. compétent; admissible; honnête, suffisant.

competition [kàmp^etish^en] s. concours, m.; compétition; concurrence, f. || *competitive* [k^empètⁱtiv] adj. compétitif; concurrent; *competitive examination,* concours, s. || *competitor* [k^empèt^et^er] s. rival, concurrent, compétiteur, m.

compilation [k^empiléⁱsh^en] s. compilation, f. || *compile* [-paⁱl] v. compiler. || *compiler* [-^er] s. compilateur, m.; compilatrice, f.

complacent [k^emplès'nt] adj. content de soi; obligeant.

complain [k^empléⁱn] v. gémir; se plaindre; porter plainte, réclamer. || *complaint* [-t] s. plainte; réclamation; maladie, f.; grief, m.; doléances, f. pl.; élégie, f.; *complaint book,* registre des réclamations.

complaisance [k^empléⁱz^ens] s. complaisance, obligeance; courtoisie, f. || *complaisant* [-^ent] adj. complaisant, obligeant; courtois.

complement [kàmpl^em^ent] s. complément; effectif, personnel, m.; [kàmpl^emènt] v. compléter. || *complementary* [kàmplimént^eri] adj. complémentaire.

complete [k^emplît] adj. complet; achevé; entier; v. achever, compléter.

|| *completeness* [-nis] s. plénitude, f. || *completion* [k^emplîsh^en] s. achèvement; accomplissement, m.; conclusion; exécution [contract], f.

complex [kàmplèks] s.* complexe; pl. assemblage, m.; [k^emplèks] adj. complexe. || *complexion* [k^emplèksh^en] s. complexion, f.; tempérament; teint [skin], m. || *complexity* [k^emplèks^eti] s.* complexité, f.; complication, f.

compliance [k^emplaⁱens] s.* acquiescement, m.; complaisance; soumission, f.; *in compliance with,* conformément à, d'accord avec. || *compliant* [k^emplaⁱent] adj. souple, complaisant.

complicate [kàmpl^ekéⁱt] v. compliquer; embrouiller. || *complication* [kampl^ekéⁱsh^en] s. complication, f.

complicity [k^emplísⁱti] s.* complicité, f.

compliment [kàmpl^em^ent] s. compliment; cadeau, m.; [kàmpl^emènt] v. complimenter; féliciter; faire un cadeau; *complimentary,* flatteur; gratis, gracieux, de faveur [ticket].

comply [k^emplaⁱ] v. se plier à; se conformer; accéder à; consentir; *complying* [-ing] adj. accommodant, conciliant, complaisant.

component [k^empo^{ou}nent] adj., s. composant.

compose [k^empo^{ou}z] v. composer; apaiser; *to compose oneself,* se calmer, se disposer à. || *composer* [-^er] s. compositeur; auteur; conciliateur, m. || *composite* [k^empàzit] adj. composite, varié; s. mélange; composé, m. || *composition* [kàmp^ezish^en] s. constitution; composition; transaction, f.; accommodement; compromis, arrangement, m. || *composure* [k^empo^{ou}jer] s. calme, sang-froid, m.

compound [kàmpa^{ou}nd] s. composé, m.; [kàmpa^{ou}nd] adj. composé; v. composer; mêler, combiner; transiger; *to compound interest,* calculer les intérêts composés.

comprehend [kàmprihènd] v. comprendre; concevoir; inclure. || *comprehensible* [kàmprihèns^eb'l] adj. compréhensible, intelligible. || *comprehension* [-sh^en] s. compréhension, f. || *comprehensive* [-siv] adj. compréhensif; total, d'ensemble. || *comprehensively* [-sivli] adv. en bloc, en général; avec concision. || *comprehensiveness* [-sivnis] s. concision; étendue; compréhension, f.

compress [kàmprès] s.* compresse, f.; *Am.* machine à comprimer le coton; [k^emprès] v. comprimer; condenser; tasser. || *compression* [kaumprèsh^en] s. compression, f. || *compressor* [-s^er] s. compresseur, m.

comprise [k^empraⁱz] v. comprendre, renfermer, contenir, inclure.

compromise [kâmprᵉma¹z] s. compromis, m.; transaction, f.; v. transiger; compromettre, risquer.

comptroller [kᵉntroᵒᵘlᵉr] s. contrôleur; économe; intendant, m.

compulsion [kᵉmpœlshᵉn] s. contrainte, f. ‖ **compulsory** [kᵉmpœlsᵉri] adj. obligatoire, forcé; requis; coercitif, contraignant.

computation [kâmpyᵉté¹shᵉn] s. supputation, estimation, f.; calcul, m. ‖ **compute** [kᵉmpyoᵘt] v. calculer; supputer; compter. ‖ **computer** [-ᵉr] s. ordinateur, m.

comrade [kâmrad] s. camarade, m.

concave [kânké¹v] adj. concave.

conceal [kᵉnsîl] v. cacher, dissimuler; recéler. ‖ **concealment** [-mᵉnt] s. dissimulation, f.; secret, mystère; recel, m.

concede [kᵉnsîd] v. concéder, accorder; admettre, reconnaître.

conceited [kᵉnsî¹tid] adj. vaniteux, présomptueux, suffisant.

conceivable [kᵉnsivᵉb'l] adj. concevable. ‖ **conceive** [kᵉnsîv] v. concevoir, imaginer; éprouver, ressentir; exprimer; penser, se faire une idée.

concentrate [kâns'ntré¹t] v. concentrer; condenser. ‖ **concentration** [kâns'ntré¹shᵉn] s. concentration, f.

concept [kânsèpt] s. concept, m.; idée, opinion, f. ‖ **conception** [kᵉnsèpshᵉn] s. conception, f.; projet, m.

concern [kᵉnsë̈rn] s. affaire; préoccupation; entreprise commerciale, f.; souci, m.; v. concerner; intéresser; préoccuper; *it is no concern of mine*, cela ne me regarde pas; *to be concerned about*, se préoccuper de. ‖ **concerning** [-ing] prep. concernant, au sujet de, relatif à.

concert [kânsë̈rt] s. concert; accord, m.; [kᵉnsë̈rt] v. concerter; organiser.

concession [kᵉnsèshᵉn] s. concession; réduction; *Am.* licence, f. ‖ **concessionaire** [-ᵉr] s. concessionnaire, m.

conciliate [kᵉnsîlié¹t] v. concilier; gagner; réconcilier, apaiser. ‖ **conciliation** [kᵉnsîlié¹shᵉn] s. conciliation, réconciliation, f. ‖ **conciliatory** [kᵉnsîliᵉtᵉri] adj. conciliateur; conciliatoire, de conciliation.

concise [kᵉnsa¹z] adj. concis. ‖ **conciseness** [-nis] s. concision, f.

conclave [kânklé¹v] s. conclave, m.

conclude [kᵉnkloud] v. conclure; décider, juger; résoudre. ‖ **conclusion** [-jᵉn] s. conclusion; fin; décision, f. ‖ **conclusive** [-siv] adj. concluant.

concoct [kânkâkt] v. préparer [food]; ourdir, tramer. ‖ **concoction** [kânkâkshᵉn] s. mélange, m.; élaboration; machination, f.

concord [kânkaurd] s. concorde, f.; accord, pacte, m.

concordance [kᵉnkârdᵉns] s. concordance, f. ‖ **concordant** [-ᵉnt] adj. concordant; harmonieux.

concrete [kânkrît] adj. concret.

concrete [kânkrît] s. béton; ciment, m.; v. cimenter.

concrete [kânkrît] v. coaguler, solidifier, congeler.

concubinage [kᵉnkyoubinidj] s. concubinage, m.

concur [kᵉnkë̈r] v. s'unir; être d'accord, s'accorder. ‖ **concurrence** [kᵉnkë̈rᵉns] s. concours, m.; coïncidence; approbation, f.

condemn [kᵉndèm] v. condamner. ‖ **condemnation** [kândèmné¹shᵉn] s. condamnation, f.

condensation [kândènsé¹shᵉn] s. condensation, f.; résumé, abrégé, m. ‖ **condense** [kᵉndèns] v. (se) condenser; raccourcir. ‖ **condenser** [-ᵉr] s. condensateur, m.

condescend [kândisènd] v. condescendre. ‖ **condescension** [kândisènshᵉn] s. condescendance, f.

condiment [kândᵉmᵉnt] s. condiment, m.

condition [kᵉndishᵉn] s. condition; situation; clause, f.; pl. état des affaires, m.; situation de fortune, f.; *Am.* travail de «rattrapage» (éduc.), m.; v. stipuler; limiter; conditionner; mettre en bon état; *Am.* ajourner sous conditions (educ.). ‖ **conditional** [-'l] adj. conditionnel.

condole [kᵉndoᵒᵘl] v. déplorer; faire des condoléances; exprimer sa sympathie; compatir. ‖ **condolence** [-ᵉns] s. condoléances, f. pl.

condone [kᵉndoᵒᵘn] v. pardonner; réparer.

conduce [kᵉndyoᵘs] v. conduire, amener, faire aboutir [to, à]. ‖ **conducive** [-iv] adj. contributif; efficace; favorable.

conduct [kândœkt] s. conduite, f.; comportement, m.; [kᵉndœkt] v. conduire, diriger. ‖ **conductor** [-ᵉr] s. conducteur; guide; chef, directeur, m.; receveur; *Am.* chef de train, m.; *orchestra conductor*, chef d'orchestre; *lightning conductor*, paratonnerre.

conduit [kândit] s. conduit, m.; canalisation, f.

cone [koᵒᵘn] s. cône; *Am.* cornet de glace [cake], m.; *pine cone*, pomme de pin; *cone-shaped*, conique.

confection [kᵉnfèkshᵉn] s. sucrerie, confiserie, f.; v. confectionner; confire; faire. ‖ **confectioner** [-ᵉr] s. confiseur,

m. ‖ *confectionery* [-èri] *s.* confiserie, f.; bonbons, m. pl.

confederacy [kᵉnfèdᵉrᵉsi] *s.** confédération, f. ‖ *confederate* [kᵉnfèdᵉrit] *s.* confédéré, m.; *v.* confédérer.

confer [kᵉnfë̃r] *v.* conférer; comparer; tenir une conférence; gratifier de; communiquer. ‖ *conference* [kânfᵉrᵉns] *s.* conférence, f.; entretien; congrès, m.

confess [kᵉnfès] *v.* (se) confesser; admettre; avouer. ‖ *confession* [kᵉnfèshᵉn] *s.* confession, f. ‖ *confessional* [-'l] *s.* confessionnal, m. ‖ *confessor* [kᵉnfèsᵉr] *s.* confesseur, m.

confidant [kânfᵉdɑnt] *s.* confident, m. ‖ *confide* [kᵉnfa¹d] *v.* confier; charger; se fier. ‖ *confidence* [kânfᵉdᵉns] *s.* confidence; assurance; confiance, f.; *Am.* **confidence game**, escroquerie; **confidence man**, escroc. ‖ *confident* [kânfᵉdᵉnt] *adj.* confiant; assuré; présomptueux. ‖ *confidential* [kânfᵉdènshᵉl] *adj.* confidentiel, secret; de confiance; intime.

configuration [kᵉnfigyourᵉ¹shᵉn] *s.* configuration, f.

confine [kânfa¹n] *s.* confins, m. pl.; limites, f. pl.; [kᵉnfa¹n] *v.* confiner; emprisonner, limiter; *to confine oneself to*, se borner à. ‖ *confinement* [-mᵉnt] *s.* détention, réclusion; limitation, restriction, f.; couches, f. pl.

confirm [kᵉnfë̃rm] *v.* confirmer. ‖ *confirmation* [kânfᵉrmᵉ¹shᵉn] *s.* confirmation, f.

confiscate [kânfiskᵉ¹t] *v.* confisquer. ‖ *confiscation* [kânfiskᵉ¹shᵉn] *s.* confiscation, f.

conflagration [kânflᵉgrᵉ¹shᵉn] *s.* incendie, m.; conflagration, f.

conflict [kânflikt] *s.* conflit; antagonisme, m.; [kᵉnflikt] *v.* s'opposer à; entrer en conflit; être en contradiction (*with*, avec).

conform [kᵉnfau̯rm] *v.* (se) conformer; se rallier. ‖ *conformable* [-ᵉb'l] *adj.* conforme; soumis. ‖ *conformation* [kᵉnfaurmᵉ¹shᵉn] *s.* conformation; adaptation, f. ‖ *conformism* [-miz'm] *s.* conformisme, m. ‖ *conformist* [-ist] *s.* conformiste, m. ‖ *conformity* [kᵉnfaurmᵉti] *s.** conformité, f.

confound [kânfaᵒund] *v.* confondre; déconcerter; *confound it!* le diable l'emporte!; *confounded*, sacré, fieffé, satané, fichu.

confront [kᵉnfrɑnt] *v.* confronter; affronter; se rencontrer. ‖ *confrontation* [kânfrœntᵉ¹shᵉn] *s.* confrontation, f.

confuse [kᵉnfyouz] *v.* embrouiller; dérouter; confondre; bouleverser. ‖ *confusing* [-ing] *adj.* confus, déconcertant. ‖ *confusion* [kᵉnfyouᵊᵉn] *s.*

confusion, f.; désarroi, désordre; tumulte, m.; honte, f.

confutation [kânfyoutᵉ¹shᵉn] *s.* réfutation, f. ‖ *confute* [kᵉnfyout] *v.* réfuter.

congeal [kᵉndjîl] *v.* geler; se congeler; coaguler. ‖ *congealment* [-mᵉnt], *congelation* [kândjilᵉ¹shᵉn] *s.* congélation, f.

congenial [kᵉndjînyᵉl] *adj.* en harmonie avec; *to be congenial with*, sympathiser avec. ‖ *congeniality* [kᵉndjîniᵃlᵉti] *s.* affinité, sympathie, f.

congestion [kᵉndjèstshᵉn] *s.* congestion, f.; encombrement, m.

conglomerate [kᵉnglâmᵉrit] *adj.* conglonéré, aggloméré; *s.* conglomérat, m.; agglomération, f.; [kᵉnglâmᵉrᵉ¹t] *v.* conglomérer; agglomérer.

congratulate [kᵉngratshᵉlᵉ¹t] *v.* féliciter. ‖ *congratulation* [kᵉngratshᵉlᵉ¹shᵉn] *s.* félicitations, f. pl.; compliment, m.

congregate [kânggrigᵉ¹t] *v.* assembler; se réunir. ‖ *congregation* [kânggrigᵉ¹shᵉn] *s.* réunion; congrégation; assemblée des fidèles, f.

congress [kânggrès] *s.** congrès, m.; assemblée, f.; *Am.* Parlement national des Etats-Unis, m.; *congressman*, député, membre du Congrès.

congruity [kᵉngrouᵉti] *s.** convenance; conformité, f.; accord, m.

conical [kânik'l] *adj.* conique.

conifer [koᵒunifᵉr] *s.* conifère, m.

conjecture [kᵉndjèktshᵉr] *s.* conjecture, f.; *v.* conjecturer.

conjugal [kândjougᵉl] *adj.* conjugal. ‖ *conjugate* [-gᵉ¹t] *v.* unir, accoupler; conjuguer (gramm.). ‖ *conjugation* [kândjᵉgᵉ¹shᵉn] *s.* conjugaison, f.

conjunction [kᵉndjængkshᵉn] *s.* conjonction; rencontre, f.

conjuncture [kᵉndjængktshᵉr] *s.* conjoncture, f.; situation critique, f.

conjure [kændjᵉr] *v.* conjurer [magic]; [kᵉndjour] implorer, supplier. ‖ *conjurer* [kændjᵉrᵉr] *s.* prestidigitateur, m. ‖ *conjuring* [-ing] *s.* prestidigitation, f.; *conjuring trick*, tour de passe-passe.

connect [kᵉnèkt] *v.* joindre, unir; associer [mind]; relier [road]; correspondre avec [train]. ‖ *connection* [kᵉnèkshᵉn] *s.* jonction, union; liaison (gramm.); famille, parenté; relations d'amitiés ou d'affaires; clientèle; correspondance, communication [train, boat], f.; groupe, parti, m.; *to miss connections*, manquer la correspondance; *air connection*, liaison aérienne.

conniption [kᵉnɪpshᵉn] *s.* accès de colère, de passion (slang), m.

connivance [kᵉnaɪvᵉns] *s.* connivence, complicité, f. ‖ *connive* v. être de connivence; fermer les yeux [at, sur]; tremper (at, dans).

connoisseur [kânᵉsёr] *s.* connaisseur, m.

conquer [kângkᵉr] *v.* conquérir; subjuguer. ‖ *conqueror* [-rᵉr] *s.* conquérant; vainqueur, m. ‖ *conquest* [kânkwèst] *s.* conquête, f.

conscience [kânshᵉns] *s.* conscience, f.; *conscience stricken*, pris de remords. ‖ *conscientious* [kânshiènshᵉs] *adj.* consciencieux. ‖ *conscious* [kânshᵉs] *adj.* conscient; intentionnel; au courant de; *conscious of*, sensible à. ‖ *consciousness* [-nis] *s.* conscience, connaissance, f.

conscript [kᵉnskrɪpt] *v.* enrôler; [kânskrɪpt] *s.* conscrit, m.

consecrate [kânsikréɪt] *v.* consacrer; dédier. ‖ *consecration* [kânsikréɪshᵉn] *s.* consécration, dédicace, f.

consecutive [kᵉnsèkyᵉtiv] *adj.* consécutif, successif.

consent [kᵉnsènt] *v.* consentir; approuver; *s.* consentement; accord, m.; acceptation, f.

consequence [kânsᵉkwèns] *s.* conséquence; importance, f. ‖ *consequent* [kânsᵉkwènt] *adj.* résultant, conséquent. ‖ *consequently* [-li] *adv.* en conséquence, par conséquent.

conservation [kânsᵉrvéɪshᵉn] *s.* conservation, préservation, f. ‖ *conservative* [kᵉnsёrvᵉtiv] *adj.* conservatif, conservateur; *s.* conservateur, m. ‖ *conservator* [-tᵉr] *s.* conservateur, m.; *Am.* curateur, m. ‖ *conservatory* [kᵉnsёrvᵉtoᵘri] *s.* conservatoire [music], m.; serre [greenhouse], f. ‖ *conserve* [kᵉnsœrv] *s.* confiture (ou) conserve (f.) de fruits; *v.* mettre en conserve; conserver.

conshie [kânshi] *s.* objecteur (m.) de conscience.

consider [kᵉnsidᵉr] *v.* considérer. ‖ *considerable* [kᵉnsidᵉrᵉb'l] *adj.* considérable; important; éminent; beaucoup de (fam.).

considerate [kᵉnsidᵉrit] *adj.* modéré, tolérant; prévenant. ‖ *consideration* [kᵉnsidᵉréɪshᵉn] *s.* considération; réflexion; compensation; cause (jur.), f.; motif, mobile; jugement, m. ‖ *considering* [kᵉnsidᵉriŋ] *prep.* attendu que, étant donné que, vu que.

consign [kᵉnsaɪn] *v.* consigner (comm.); livrer; confier, remettre; expédier [wares]. ‖ *consignation* [kânsignéɪshᵉn], *consignment* [kᵉnsaɪnmᵉnt] *s.* expédition; consignation, f.

consist [kᵉnsɪst] *v.* consister [in, en]. ‖ *consistency* [-ᵉnsi] *s.** consistance; stabilité, harmonie; cohésion; solidité, f.; esprit de suite, m. ‖ *consistent* [-ᵉnt] *adj.* consistant; cohérent; solide; compatible (with, avec).

consolation [kânsᵉléɪshᵉn] *s.* consolation, f. ‖ *consolatory* [kânsâlᵉtᵉri] *adj.* consolateur. ‖ *console* [kᵉnsoᵘl] *v.* consoler.

consolidate [kᵉnsâlᵉdéɪt] *v.* consolider; combiner; s'unir.

consommé [kânsᵉméɪ] *s.* consommé, bouillon, m.

consonant [kânsᵉnᵉnt] *adj.* en harmonie; compatible; sympathique; *s.* consonne, f.

consort [kânsaurt] *s.* époux; consort [prince]; navire d'escorte, m.; conserve, f. (naut.); [kᵉnsaurt] *v.* s'associer (with, avec); fréquenter.

conspicuous [kᵉnspɪkyouᵉs] *adj.* notoire, manifeste; remarquable.

conspiracy [kᵉnspɪresi] *s.** conspiration, f. ‖ *conspirator* [kᵉnspɪrᵉtᵉr] *s.* conspirateur, m. ‖ *conspire* [kᵉnspaɪr] *v.* conspirer.

conspue [kᵉnspyou] *v.* conspuer.

constable [kœnstᵉb'l] *s.* constable, agent de police, m. ‖ *constabulary* [kᵉnstabyoulᵉri] *s.** police, f.; *adj.* de police.

constancy [kânstᵉnsi] *s.* constance, persévérance; stabilité, f. ‖ *constant* [kânstᵉnt] *adj.* constant; *s.* constante, f.

constellation [kânstᵉléɪt] *v.* consteller. ‖ *constellation* [-shᵉn] *s.* constellation, f.

consternation [kânstёrnéɪshᵉn] *s.* atterrement, m. ‖ *consternate* ['kânstᵉnéɪt] *v.* atterrer.

constipate [kânstipéɪt] *v.* constiper. ‖ *constipation* [kânstipéɪshᵉn] *s.* constipation, f.

constituent [kᵉnstɪtshouᵉnt] *adj.* constituant; constitutif; électoral; *s.* élément constituant; électeur; commettant, m. ‖ *constitute* [kânstᵉtyout] *v.* constituer; établir; élire, nommer. ‖ *constitution* [kânstᵉtyoushᵉn] *s.* constitution (med.; jur.), f. ‖ *constitutional* [-shn'l] *adj.* constitutionnel; *Am.* fédéral; *s.* promenade hygiénique, f. ‖ *constitutive* [kânstityoutiv] *adj.* constitutif; fondamental; constituant; essentiel.

constrain [kᵉnstréɪn] *v.* contraindre; gêner; réprimer. ‖ *constraint* [kᵉnstréɪnt] *s.* contrainte, f.

constrict [kᵉnstrɪkt] *v.* contracter; comprimer; resserrer. ‖ *constriction* [-shᵉn] *s.* constriction, f.

construct [kənstrǽkt] v. construire, fabriquer. ‖ **construction** [kənstrǽkshən] s. construction; structure; interprétation, f. ‖ **constructive** [kənstrǽktiv] adj. constructif. ‖ **construe** [kǽnstrou] v. expliquer; traduire; construire (gramm.).

consul [kǽnsʼl] s. consul, m. ‖ **consulate** [-it] s. consulat, m.

consult [kənsǽlt] v. consulter; conférer; tenir compte de. ‖ **consultation** [kǽnsʼltéishən] s. consultation, f.

consume [kənsoum] v. consumer; consommer; absorber. ‖ **consumer** [-ᵉr] s. consommateur, m.

consummate [kǽnsəméit] v. consommer, achever; [kənsǽmit] adj. consommé, achevé, parfait. ‖ **consummation** [kǽnsəméishən] s. consommation, f.; accomplissement, m.

consumption [kənsǽmpshən] s. consommation [goods]; tuberculose, f. ‖ **consumptive** [kənsǽmptiv] adj. tuberculeux; destructeur; ruineux.

contact [kǽntakt] s. contact, m.; [kǽntakt] v. toucher; être en contact; entrer en relations avec; **contactor**, interrupteur automatique (electr.).

contagion [kəntéidjən] s. contagion, f. ‖ **contagious** [kəntéidjəs] adj. contagieux.

contain [kəntéin] v. contenir; enclore; inclure; refréner; se contenir. ‖ **container** [-ᵉr] s. récipient; réservoir; container, m.

contaminate [kəntaménéit] v. contaminer; infecter; polluer. ‖ **contamination** [kəntaménéishən] s. contamination, f.

contemn [kəntèm] v. mépriser.

contemplate [kǽntᵉmpléit] v. contempler; méditer; projeter. ‖ **contemplation** [kǽntᵉmpléishən] s. contemplation, f.; projet, m. ‖ **contemplative** [kǽntᵉmpléitiv] adj. méditatif, pensif, songeur; contemplatif.

contemporary [kəntèmpᵉrèri] adj., s.* contemporain, m.

contempt [kəntèmpt] s. mépris, dédain, m.; défaut, m.; non-comparution; infraction, f. ‖ **contemptible** [-ᵉbʼl] adj. méprisable. ‖ **contemptuous** [-shouᵉs] adj. méprisant, dédaigneux.

contend [kəntènd] v. rivaliser de; concourir; lutter; discuter; soutenir [opinion]; affirmer, prétendre.

content [kəntènt] adj. content, satisfait; consentant; v. satisfaire; s. contentement, m.; Br. assentiment, vote favorable, m.

content [kǽntènt] s. contenu; volume, m.; capacité; contenance, f.; table of contents, table des matières.

contention [kəntènshən] s. contestation; controverse; affirmation, assertion, f.; argument, m. ‖ **contentious** [kəntènshᵉs] adj. contentieux; litigieux; querelleur.

contentment [kəntèntmᵉnt] s. contentement, m.; satisfaction, f.

contest [kǽntèst] s. lutte; rencontre; controverse, dispute; épreuve, compétition, f.; combat; débat m.; [kəntèst] v. lutter, combattre; disputer; rivaliser (with, avec). ‖ **contestable** [kəntéstᵉbʼl] adj. contestable. ‖ **contestation** [kǽntèstéishən] s. contestation, f.; litige, m.

context [kǽntèkst] s. contexte, m.

contexture [kəntékstshᵉr] s. texture; contexture, f.

contiguous [kəntígyouᵉs] adj. contigu, voisin.

continence [kǽntᵉnᵉns] s. continence, f.; empire sur soi, m. ‖ **continent** [kǽntᵉnᵉnt] adj. continent, chaste; modéré, retenu, sobre.

continent [kǽntᵉnᵉnt] s. continent, m. ‖ **continental** [kǽntᵉnèntʼl] adj., s. continental.

contingency [kəntíndjᵉnsi] s.* contingence; éventualité, f. ‖ **contingent** [kəntíndjᵉnt] adj. contingent; éventuel; aléatoire; conditionnel; s. événement contingent; contingent militaire, m.

continual [kəntínyouᵉl] adj. continu, ininterrompu. ‖ **continually** [-i] adv. continuellement, sans interruption. ‖ **continuance** [kəntínyouᵉns] s. continuation, durée; continuité; prorogation [law], f. ‖ **continuation** [kəntínyouéishᵉn] s. continuation, prolongation, suite, f. ‖ **continue** [kəntínyou] v. continuer; maintenir; prolonger; demeurer (with, chez); persister. ‖ **continuity** [kǽntᵉnouᵉti] s.* continuité, f.; scénario, m. ‖ **continuous** [kəntínyouᵉs] adj. continu; permanent (cinéma).

contorsion [kəntaurshᵉn] s. contorsion, f.

contour [kǽntour] s. contour; profil de terrain, m.

contraband [kǽntrᵉband] s. contrebande, f.

contrabass [kǽntrᵉbéis] s.* contrebasse, f.

contraceptive [kǽntrᵉséptiv] adj. contraceptif; s. préservatif, m.

contract [kǽntrakt] s. contrat; pacte; marché; traité, m.; convention; entreprise, f.; [kəntrakt] v. attraper; contracter [illness]; acquérir; abréger [words]; froncer [eyebrows]; [kəntrakt] passer un contrat. ‖ **contraction** [kəntrakshᵉn] s. contraction, f. ‖

contractor [kəntrakt^{ɐr}] s. contractant ; entrepreneur ; adjudicataire ; fournisseur (mil.), m.

contradict [kântredíkt] v. contredire. ‖ **contradiction** [kântredíkshⁿn] s. contradiction, f. ; *beyond all contradiction*, sans contredit. ‖ **contradictory** [kântredíkt^ⁿri] *adj.* contradictoire.

contrariety [kântrer^ⁿa¹eti] s.* opposition, f. ; désaccord, m. ‖ **contrariness** [kântr^ⁿrinis] s. esprit (m.) de contradiction.

contrary [kântrèri] *adj.* contraire, opposé ; défavorable ; hostile ; *s.* contraire, m. ; *on the contrary*, au contraire.

contrary [kⁿntrèⁿri] *adj.* contrariant, obstiné, têtu.

contrast [kântrast] s. contraste, m. ; [kⁿntrast] v. contraster.

contravene [kântrevín] v. contrarier, aller à l'encontre de ; contredire ; contrevenir à.

contribute [kⁿntríbyout] v. contribuer. ‖ **contribution** [kântr^ⁿbyoushⁿn] s. apport, m. ; contribution ; souscription ; cotisation, f. ‖ **contributor** [kⁿntríbyet^{ⁿr}] s. souscripteur, collaborateur, m.

contrite [kântra¹t] *adj.* contrit ; de contrition. ‖ **contrition** [kⁿntrishⁿn] s. contrition, f.

contrivance [kⁿntra¹vⁿns] s. procédé, plans, m. ; invention, f. ; appareil ; expédient, m. ‖ **contrive** [kⁿntra¹v] v. inventer ; agencer ; réussir. ‖ **contriver** [-ⁿr] s. inventeur ; auteur de complot, m.

control [kⁿntro^{ou}l] s. contrôle, m. ; autorité, influence, f. ; levier de commande, frein régulateur (mech.), m. ; *control lever*, levier de commande ; v. contrôler ; diriger ; réfréner ; régler ; *to control oneself*, se maîtriser. ‖ **controller** [-ⁿr] s. contrôleur, appareil de contrôle, m.

controversy [kântⁿvë^rsi] s.* controverse, polémique, f. ‖ **controvert** [-vë^rt] v. controverser, débattre ; contester.

contumacious [kântyoumé¹shⁿs] *adj.* contumace ; rebelle.

contumelious [kantyoumíliⁿs] *adj.* injurieux ; méprisant. ‖ **contumely** [kântyoumili] s.* injure, f. ; outrage, m. ; mépris, dédain, m.

conundrum [kⁿnœdrⁿm] s. énigme, devinette, « colle », f.

convalesce [kânvⁿlès] v. se rétablir [health]. ‖ **convalescence** [kânvⁿlès'ns] s. convalescence, f. ‖ **convalescent** [-n't] s. convalescent, m.

convene [kⁿnvín] v. assembler, convoquer ; citer (jur.) ; se réunir.

convenience [kⁿnvínyⁿns] s. commodité, convenance, f. ‖ **convenient** [kⁿnvínyⁿnt] *adj.* commode ; convenable ; loisible, possible ; acceptable ; pratique.

convent [kânvⁿnt] s. couvent, m.

convention [kⁿnvènshⁿn] s. convention ; bienséance ; convenances, f. pl. ; usages, m. pl. ; assemblée, f. ; accord, contrat, m. ‖ **conventional** [-'l] *adj.* conventionnel ; classique.

converge [kⁿnvë^rdj] v. converger.

conversant [kânvⁿrs'nt] *adj.* versé (*with*, dans) ; familier avec. ‖ **conversation** [kânvⁿrsé¹shⁿn] s. conversation, f. ‖ **converse** [kⁿnvë^rs] v. converser, causer ; fréquenter ; *adj.* inverse, réciproque ; [kânvⁿrs] s. contrepartie ; réciproque ; conversation, f. ; rapports, m. pl.

conversion [kⁿnvë^rshⁿn] s. conversion, f. ; détournement [law], m. ‖ **convert** [kânvë^rt] s. converti, m. ; [kⁿnvë^rt] v. convertir ; transformer ; changer [*into*, en]. ‖ **converter** [kânvë^rtⁿr] s. convertisseur ; adaptateur ; transformateur, m. ‖ **convertible** [kⁿnvë^rtib'l] *adj.* convertible ; convertissable ; décapotable [autom.].

convex [kânvèks] *adj.* convexe ; bombé [road].

convey [kⁿnvé¹] v. transporter ; communiquer ; exprimer [thanks] ; céder [property] ; donner [idea]. ‖ **conveyance** [-ⁿns] s. transport ; transfert ; acte de vente, m. ; transmission, f. ; *public conveyance*, véhicule de transport en commun.

convict [kânvikt] s. condamné, forçat, m. ; [kⁿnvikt] v. convaincre de culpabilité ; condamner. ‖ **conviction** [kⁿnvikshⁿn] s. conviction ; preuve de culpabilité ; condamnation, f. ‖ **convince** [kⁿnvins] v. convaincre. ‖ **convincing** [-ing] *adj.* convaincant.

convocation [kânvⁿké¹shⁿn] s. convocation ; assemblée, f. ‖ **convoke** [kⁿnvo^{ou}k] v. convoquer.

convoy [kânvo¹] s. convoi, m. ; escorte, f. ; escorteur, m. (naut.) ; [kⁿnvo¹] v. convoyer ; escorter ; protéger.

convulse [kⁿnvœls] v. convulser. ‖ **convulsion** [-shⁿn] s. convulsion, f.

cony [ko^{ou}ni] s.* lapin [animal, fur], m. ; *cony-wool*, poil de lapin.

coo [kou] s. roucoulement, m. ; v. roucouler.

cook [kouk] s. cuisinier, m. ; cuisinière, f. ; coq [naut.], m. ; v. cuisiner ; cuire ; préparer ; *cook book*, livre de cuisine. ‖ **cooker** [-ⁿr] s. cuisinière, f. ; cuiseur, m. ; *pressure cooker*, autocuiseur (Cocotte Minute). ‖ **cookery** [-ⁿri] s. cuisine, f. ; art culinaire, m. ‖

cookie, cooky [-i] *s.** petit gâteau ;
biscuit, m. ‖ *cooking* [-ing] *s.* cuisson ;
cuisine, f. ; *cooking utensils,* ustensiles de cuisine, m. pl.

cool [koul] *adj.* frais, fraîche ; calme,
froid ; indifférent ; impudent ; évalué
sans exagération ; *s.* fraîcheur, f. ;
frais, m. ; *v.* rafraîchir ; calmer ; (se) refroidir. ‖ *cooler* [-ᵉʳ] *s.* réfrigérateur ;
garde-frais ; cocktail frais, m. ; *Am.*
taule (slang), f. ‖ *coolness* [-nis] *s.*
fraîcheur ; froideur, f.

coon [koun] *s. Am.* raton [animal] ;
nègre (slang), m.

coop [koup] *s.* cage [hens] ; mue, f. ;
poulailler, m. ; *v.* enfermer ; *to coop
up,* claquemurer. ‖ *cooper* [-ᵉʳ] *s.* tonnelier, m.

cooperate [koᵒᵘâpᵉrᵉ¹t] *v.* coopérer.
‖ *cooperation* [koᵒᵘâpᵉrᵉ¹shᵉn] *s.* coopération, f. ‖ *cooperative* [koᵒᵘâpᵉ-
rᵉ¹tiv] *adj.* coopératif ; *s.* coopérative, f.

coordinate [koᵒᵘaurd'nᵉ¹t] *v.* coordonner ; [koᵒᵘaurd'nit] *adj.* coor-
donné. ‖ *coordination* [koᵒᵘaurd-
'nᵉ¹shᵉn] *s.* coordination, f.

coot [kout] *s.* foulque, f.

cop [kâp] *s. Am.* flic, m. ; *v.* (fam.)
pincer, choper ; *to cop it,* écoper.

cope [koᵒᵘp] *v.* se mesurer ; tenir tête
(*with*, à).

copious [koᵒᵘpiᵉs] *adj.* copieux.

copper [kâpᵉr] *s.* cuivre ; sou [coin] ;
Am. policier, m. ; *adj.* cuivré ; en
cuivre ; *v.* cuivrer ; *coppersmith,* chaudronnier, m.

coppice [kâpis], **copse** [kâps] *s.* taillis, m.

copy [kâpi] *s.** copie, f. ; double ;
exemplaire [book] ; numéro [news-
paper], m. ; *v.* copier, imiter. ‖ *copyright* [-ra¹t] *s.* propriété littéraire,
f. ; droits d'auteur, m. ; *v.* prendre le
copyright.

coquette [koᵒᵘkèt] *s.* coquette, f.

coral [kaurᵉl] *adj.*, *s.* corail.

cord [kaurd] *s.* corde, f. ; cordon ;
cordage, m. ; *pl.* pantalon de velours à
côtes ; *spinal cord,* moelle épinière.

cordial [kaurdjᵉl] *adj., s.* cordial. ‖
cordiality [kâʳdialiti] *s.* cordialité, f.

cordon [kaurd'n] *s.* cordon, m.

corduroy [kaurdᵉroᵒ¹] *s.* velours côtelé, m. ; *pl.* pantalon de velours ; *adj.*
en velours côtelé ; *Am.* en rondins,
fasciné [road] ; *v. Am.* bâtir en rondins.

core [koᵒᵘr] *s.* centre, noyau ; trognon [apple], m. ; *v.* dénoyauter.

coreligionist [koᵒᵘriliⱼᵉnist] *s.* co-
religionnaire, m. f.

cork [kaurk] *s.* liège ; bouchon, m. ;
v. boucher ; *to be corked,* être éreinté ;
cork-tree, chêne-liège ; *corkscrew,*
tire-bouchon.

corn [kaurn] *s.* grain ; blé ; *Am.*
maïs, *Fr. Can.* blé d'Inde, m. ; *corn-
husking bee, Fr. Can.* épluchette de
blé d'Inde, f. ; *v.* saler [corned-beef] ;
cornflower ; bleuet.

corn [kaurn] *s.* cor [foot], m.

cornea [kâniᵉ] *s.* cornée, f.

corned [kâʳnd] *adj.* en conserve.

cornel [kâʳn'l] *s.* cornouiller, m.

corner [kaurnᵉr] *s.* angle, coin, m. ;
encoignure, f. ; *v.* rencogner ; acculer ;
coincer ; accaparer.

cornet [kaurnèt] *s.* cornet à pistons,
m. ; cornette, f.

cornfield [kaurnfîld] *s. Am.* champ
de maïs ; *Br.* champ de blé, d'avoine,
de seigle, d'orge, m.

cornice [kaurnis] *s.* corniche, f.

corollary [kᵉrâlᵉri] *s.** corollaire, m.

coronation [kaurénᵉ¹shᵉn] *s.* couronnement, m.

coroner [kaurᵉnᵉr] *s.* coroner ; officier de police judiciaire, m.

coronet [kaurᵉnit] *s.* couronne, f. ;
diadème, m.

corporal [kaurpᵉrᵉl] *adj.* corporel,
matériel ; *s.* corporal, m.

corporal [kaurpᵉrᵉl] *s.* caporal, m.

corporation [kaurpᵉrᵉ¹shᵉn] *s.* municipalité ; corporation, société, f. ;
Am. organisme, m. ; rotondité, bedaine, f. (fam.).

corps [koᵒᵘr] (*pl.* [-z]) *s.* corps (mil.),
m. ; forces (mil.), f. pl.

corpse [kaurps] *s.* cadavre, m.

corpulence [kaurpyelᵉns] *s.* corpulence, f.

corpuscle [kaurpᵉs'l] *s.* corpuscule ;
globule [blood], m.

corral [kᵉral] *s. Am.* enclos, m. ; *v.*
enfermer dans un enclos ; capturer.

correct [kᵉrèkt] *v.* corriger ; redresser ; *adj.* exact, juste ; conforme. ‖
correction [kᵉrèkshᵉn] *s.* correction,
f. ‖ *correctly* [-li] *adv.* correctement,
exactement. ‖ *correctness* [kᵉrèktnis]
s. exactitude ; correction ; justesse, f. ‖
corrector [kᵉrèktᵉr] *s.* correcteur, m. ;
correctrice, f. ; correctif, m.

correlate [kaurᵉlᵉ¹t] *v.* mettre en relation ; relier. ‖ *correlation* [kârilᵉ¹-
shᵉn] *s.* corrélation, f. ‖ *correlative*
[kᵉrélᵉtiv] *adj., s.* corrélatif.

correspond [kᵉrᵉspând] *v.* correspondre ; être assorti ; écrire. ‖ *cor-
respondence* [-ᵉns] *s.* correspondance ;
harmonie ; relations ; lettres, f. ; accord, m. ‖ *correspondent* [-ᵉnt] *adj., s.*

correspondant; **special correspondent,** envoyé spécial [newspaper]. || **corresponding** [-ing] adj. correspondant.

corridor [kaur⁽ᵉ⁾dᵉr] s. couloir, m.

corroborate [kᵉrăbᵉréⁱt] v. corroborer, confirmer.

corrode [kᵉroᵘd] v. corroder. || **corrosive** [kᵉroᵘsⁱv] adj. corrosif.

corrugated [kârougé⁽ⁱ⁾tid] adj. gaufré (paper); **corrugated iron,** tôle ondulée.

corrupt [kᵉrœpt] v. corrompre; pervertir, suborner; adj. dépravé, pervers; corrompu. || **corruption** [kᵉrœpshⁿ] s. corruption; dépravation; concussion, f.

corsage [kaursâj] s. bouquet (or) garniture de costume; corsage, m.

corsair [kausèᵉr] s. corsaire, m.

corset [kaursit] s. corset, m.; **corset bone,** baleine de corset.

cortege [kaurté⁽ⁱ⁾j] s. cortège, m.

corvette [kaurvèt] s. corvette, f.

cosmetic [kâzmètik] s. cosmétique, m.; pl. produits (m. pl.) de beauté.

cosmic [kâzmik] adj. cosmique.

cosmopolitan [kâzmᵉpâlᵉt'n] adj. cosmopolite.

cosmos [kâzmâz] s. cosmos, m.

cost [kaust] s. coût, prix; frais, m.; dépens (jur.), m. pl.; v.* coûter; **cost price,** prix coûtant; **at any cost,** coûte que coûte; **to bear the cost of,** faire les frais de; pret., p. p. of **to cost.**

costermonger [kastᵉrmœnggᵉr] s. marchand (m.) des quatre-saisons.

costly [kaustli] adj. coûteux.

costume [kâstyoum] s. costume, m.; [kastyoum] v. costumer. || **costumer** [-ᵉr] s. Am. costumier, m.

cosy [koᵘzi] adj. confortable; à l'aise, s.* causeuse, f.; couvre-théière, f.

cot [kât] s. lit d'enfant, lit pliant, lit de camp, m.; couchette, f.

cottage [kâtidj] s. maisonnette, f.

cotton [kât'n] s. coton, m.; cotonnade, f.; adj. en coton; **cotton batting,** rouleau de coton cardé; **cotton mill,** filature de coton; **cotton wool,** ouate; **absorbent cotton,** coton hydrophile; **sewing cotton,** fil à coudre.

couch [kaᵘtsh] s.* canapé, divan, m.; couche (techn.), f.; v. coucher; étendre une couche; rédiger; se coucher, se tapir.

cough [kauf] s. toux, f.; v. tousser; **whooping cough,** coqueluche; **to cough up,** expectorer.

could [koud] pret. of **to can.**

council [kaoⁿns'l] s. assemblée en conseil, f.; concile, m.; **City Council,** conseil municipal; **councilman,** conseiller municipal.

counsel [kaoⁿns'l] s. conseil, avis; projet; avocat conseil, m.; délibération, f.; v. conseiller; **private counsel,** fondé de pouvoir. || **counselor** [-ᵉr] s. conseiller; avocat, m.

count [kaoⁿnt] s. compte; calcul; chef d'accusation (jur.); dépouillement du scrutin, m.; v. compter.

count [kaoⁿnt] s. comte, m.

countenance [kaoⁿntᵉnⁿs] s. physionomie, f.; aspect, air; encouragement, m.; v. favoriser, appuyer; encourager.

counter [kaoⁿntᵉr] s. comptoir; compteur, m.

counter [kaoⁿntᵉr] adj. opposé, contraire, adverse; adv. à l'encontre; s. contraire; contre [fencing], m.; v. riposter; s'opposer. || **counteract** [kaoⁿntᵉrakt] v. contrecarrer, neutraliser. || **counterbalance** [-balᵉns] v. contrebalancer. || **counter-clockwise** [-klâkwaⁱz] adv. au sens inverse des aiguilles d'une montre. || **counterfeit** [kaoⁿntᵉrfit] s. contrefaçon, f.; v. contrefaire, feindre; adj. faux, contrefait. || **countermand** [-mand] s. contrordre, m.; [-mand] v. décommander, donner contrordre. || **counterpane** [-péⁿn] s. couverture, f.; couvre-pieds, m. || **counterpart** [-pârt] s. contre-partie, copie, f.; pendant, m. || **counterpoise** [-poⁱs] s. contrepoids, m.; v. contrebalancer.

countess [kaoⁿntis] s.* comtesse, f.

countinghouse [kaoⁿntinghaoᵘs] s. bureaux; comptoir-caisse, m.

countless [kaoⁿntlis] adj. innombrable.

country [kœntri] s.* pays, territoire, m.; région, contrée; patrie; campagne, province, f.; **country seat,** propriété à la campagne. || **countryman** [-mᵉn] (pl. **countrymen**) s. paysan; compatriote, m.

county [kaoⁿnti] s.* comté, m.; division d'un territoire, f.

coup [kou] s. coup; coup de main, m.

coupé [koupé⁽ⁱ⁾] s. coupé, m.

couple [kœp'l] s. couple, m.; paire, f.; v. coupler, accoupler; associer. || **coupling** [-ing] s. accouplement, m.; attache [railway]; union, f.

coupon [koupân] s. coupon [stocks, ticket], m.

courage [kᵉridj] s. courage, m. || **courageous** [kᵉré⁽ⁱ⁾djᵉs] adj. courageux, brave.

courier [kouriᵉr] s. courrier, m.

course [koᵘrs] s. course; direction, f.; cours, courant; service [meal], m.;

succession, f.; cours des études, m.;
v. poursuivre; courir; *race course,*
champ de courses; *of course,* naturellement.

court [ko°urt] *s.* cour [house; king;
homage; justice; tribunal], f.; court
[tennis], m.; *v.* courtiser; solliciter;
court day, jour d'audience; *court
house,* palais de justice. ‖ *courteous*
[kĕrti°s] *adj.* courtois. ‖ *courtesy*
[kĕrt°si] *s.** courtoisie; politesse;
attention aimable, f. ‖ *courtier* [ko°ur-
ti°r] *s.* courtisan, m. ‖ *courtship*
[ko°urtship] *s.* cour, galanterie, assi-
duités, f. ‖ *courtyard* [ko°urtyârd] *s.*
cour de maison, f.

cousin [kŏz'n] *s.* cousin, m.; cousine,
f.; *first cousin,* cousin germain.

cove [ko°uv] *s.* anse, crique, f.

covenant [kœven°nt] *s.* contrat,
accord, engagement, m.; convention,
alliance, f.; *v.* s'engager; stipuler par
contrat.

cover [kœver] *s.* couvercle, m.; couverture, housse; protection, f.; abri;
déguisement; tapis de table, m.; enveloppe [letter], f.; *v.* couvrir; recouvrir; protéger; inclure; dissimuler;
embrasser; s'étendre sur; féconder;
couvrir [stocks]; *Am.* assurer un
reportage; *cover-girl,* modèle (phot.).
‖ *covering* [-ing] *s.* couverture; enveloppe, f.; abri; revêtement, m. ‖ *covert*
[kŭvert] *adj.* voilé, secret, indirect.

covet [kœvit] *v.* convoiter. ‖ *covetous* [-°s] *adj.* avide, cupide. ‖ *covetousness* [-nis] *s.* convoitise; cupidité;
avidité, f.

cow [ka°u] *s.* vache; femelle des rumi-
nants, f.

cow [ka°u] *v.* intimider; atterrer.

coward [ka°uerd] *adj., s.* couard, poltron. ‖ *cowardice* [-is] *s.* poltronnerie,
f. ‖ *cowardly* [-li] *adj.* poltron; *adv.*
lâchement.

cowboy [ka°ubo°i] *s.* cow-boy, m.

cower [ka°uer] *v.* ramper de peur ou
de honte; s'accroupir; plier l'échine
(*before,* devant).

cowl [ka°ul] *s.* capuchon, m.; capuce,
m.; capot, m. (autom.).

cowlick [ka°ulik] *s.* épi [hair], m.

cowslip [ka°uslip] *s.* coucou, m.
(bot.).

coy [ko°i] *adj.* réservé, modeste;
timide; coquette et mijaurée.

cozen [kŏz'n] *v.* tromper, duper.

crab [crab] *s.* crabe, m.; *crab apple,*
pomme sauvage. ‖ *crabbed* [-id] *adj.*
aigre, acariâtre; obscur, indéchiffrable.

crack [krak] *s.* craquement; coup de
feu, m.; fissure, lézarde; crevasse;
Am. pointe, méchanceté; toquade, f.;

mensonge, m.; *adj.* excellent; *v.* craquer; muer [voice]; se fendre; fissu-
rer; gercer; casser [nuts]; faire claquer [whip]. ‖ *cracker* [-er] *s.* pétard;
craquelin [cake], m. ‖ *crackle* [-'l] *v.*
crépiter, pétiller; se craqueler; *s.* crépitement, pétillement, m.; craquelure,
f. ‖ *crackling* [-ling] *s.* friton, grat-
ton, m.; grésillement, m.

cradle [kré'd'l] *s.* berceau; cadre, ber
(naut.); cerceau, m.; gouttière, f.
(med.); *v.* bercer; endormir; coucher
dans un berceau.

craft [kraft] *s.* habileté, adresse; ruse,
f.; art, métier; appareil, m. (aviat.);
unité (naut.), f. ‖ *craftsman* [-smen]
s. artisan, m. ‖ *crafty* [-i] *adj.* rusé,
astucieux.

crag [krag] *s.* rocher escarpé, m.;
varappe, f. ‖ *craggy* [-i] *adj.* à pic;
rocailleux.

cram [kràm] *v.* s'empiffrer; entasser;
bourrer; chauffer [study]; bachoter;
se bourrer; *s.* cohue, presse, f.; bourrage, m.; blague, f.

cramp [kràmp] *s.* crampe; colique,
f.; crampon; étau, m.; crispation, f.;
v. cramponner; restreindre; gêner;
donner des crampes à.

cranberry [krànbèri] *s.** airelle, f.

crane [kré'n] *s.* grue [bird, machine],
f.; *v.* tendre le cou.

crank [krànk] *s.* manivelle; lubie,
manie, f.; maniaque (fam.), m.; *v.*
faire partir à la manivelle; tourner la
manivelle. ‖ *cranky* [-i] *adj.* détraqué;
excentrique; revêche.

cranny [kràni] *s.** fente, lézarde, f.

crape [kré'p] *s.* crêpe [mourning], m.;
v. crêper [hair].

crash [krash] *s.** fracas, m.; collision; catastrophe, f.; atterrissage brutal; écrasement; krach (fin.), m.;
grosse toile de fil, f.; *v.* fracasser; faire
du fracas; s'écraser; « casser du bois »
(aviat.).

crate [kré't] *s.* cadre [frame]; cageot, m.

crater [kré'ter] *s.* cratère; entonnoir, m.

cravat [krevat] *s.* foulard, m.

crave [kré'v] *v.* implorer; convoiter;
être avide de. ‖ *craving* [-ing] *s.* désir
(ou) besoin intense, m.; passion, f.;
adj. intense; dévorant; passionné.

craw [krau] *s.* langouste, f.

crawl [kraul] *s.* marche lente, f.;
crawl [swimming], m.; *v.* ramper;
s'insinuer; *to crawl with,* grouiller de.

crayfish [kré'fish] *s.* écrevisse; langouste, f.; *v.* marcher à reculons; se
dérober.

crayon [kré¹en] s. fusain ; pastel, m. ; v. faire du pastel ; esquisser ; ébaucher [plan].

craze [kré¹z] v. rendre fou ; s. folie ; insanité ; toquade, f. ‖ **crazy** [-i] adj. fou, toqué ; *to be crazy about,* raffoler de.

creak [krîk] v. grincer [door] ; craquer [shoes] ; chanter [insects] ; s. grincement, crissement.

cream [krîm] s. crème [milk, cosmetic, cookery] ; élite, f. ; jaune crème, m. ; v. écrémer ; battre en crème ; **creamy**, crémeux. ‖ **creamery** [-eri] s.* crémerie, f.

crease [krîs] s. pli, faux pli, m. ; v. plisser ; faire des faux plis ; chiffonner, froisser ; **creaseless**, infroissable ; **creasy**, chiffonné, froissé.

create [krié¹t] v. créer. ‖ **creation** [krié¹shen] s. création, f. ‖ **creative** [krié¹tiv] adj. créateur, créatrice. ‖ **creator** [krié¹ter] s. créateur, m. ‖ **creature** [krîtsher] s. créature, f.

credence [krîd'ns] s. créance, foi, f. ; crédit, m. ‖ **credentials** [kridènshelz] s. pl. lettres de créance, f. ; certificat, m. ; copie conforme, f. ; pl. pièces d'identité, f. ‖ **credible** [krèdeb'l] adj. digne de foi ; croyable, admissible.

credit [krèdit] s. estime ; influence, f. ; crédit ; honneur, mérite ; actif (comm.), m. ; v. croire, attribuer à ; créditer ; fournir à crédit. ‖ **creditable** [-eb'l] adj. honorable, estimable ; louable. ‖ **creditor** [-er] s. créancier, crédit, m.

credulity [kridyouliti] s. crédulité, f. ‖ **credulous** [krèdyeles] adj. crédule.

creed [krîd] s. credo, m. ; croyance ; profession de foi, f.

creek [krîk] s. crique, f. ; ruisseau, m.

creep [krîp] v.* ramper ; se glisser, s'insinuer ; se hérisser ; s. pl. appréhension, horreur, f. ; chair de poule, f. ‖ **creeper** [-er] s. plante grimpante, f. ; grimpereau [bird], m. ‖ **crept** [krèpt] pret., p. p. *of* **to creep**.

crescent [krès'nt] adj., s. croissant.

cress [krès] s. cresson, m.

crest [krèst] s. crête, f. ; cimier ; écusson [heraldry], m. ; **crest-fallen,** abattu, penaud.

cretin [krétin] s. crétin, m.

crevice [krèvis] s. crevasse, f.

crew [krou] s. bande, troupe, f. ; équipage (naut.), m. ; équipe, f. ‖ **crew-cut** [-kët] s. Am. coupe (f.) de cheveux en brosse.

crib [krib] s. crêche, mangeoire, f. ; petit lit ; coffre [grain], m. ; traduction juxtalinéaire, f. ; v. enfermer, encager ; piller, copier, chiper.

cricket [krîkit] s. grillon, m.

cricket [krîkit] s. cricket [game], m.

crime [kra¹m] s. crime, m. ‖ **criminal** [krim'n'l] adj., s. criminel.

crimp [krimp] v. gaufrer ; onduler [hair] ; crêper ; tuyauter.

crimson [krimz'n] adj., s. cramoisi ; pourpre, m.

cringe [krindj] v. s'accroupir ; s'aplatir ; s. courbette, f.

cripple [krip'l] s. estropié, boiteux, m. ; v. estropier ; paralyser (fig.).

crisis [kra¹sis] (pl. **crises** [kra¹zìz]) s. crise, f. ; point crucial, m.

crisp [krisp] adj. crépu, frisé ; croustillant, friable [cake] ; vif [fire, repartee] ; frais [lettuce] ; frisquet [wind] ; v. crêper, friser.

criterion [kra¹tirien] s. critérium ; critère, m.

critic [kritik] s. critique, m. ‖ **critical** [-'l] adj. critique. ‖ **criticism** [kritesizem] s. critique, f. ‖ **criticize** [kritesa¹z] v. critiquer. ‖ **critique** [kritîk] s. critique, f.

croak [kroouk] v. coasser ; coasser ; grogner ; Am. claquer, crever ; descendre, démolir ; s. coassement ; croassement, m.

crochet [krooushé¹] s. crochet [knitting], m. ; v. faire du crochet ; **crochet hook,** crochet [needle].

crock [krâk] s. pot, m. ; cruche, f. ‖ **crockery** [-eri] s. poterie, faïence, f.

crocodile [krâkeda¹l] s. crocodile, m.

crony [kroouni] s.* commère, f. ; compère ; copain, m.

crook [krouk] s. manche recourbé, m. ; houlette, crosse, f. ; escroc (fam.), m. ; v. courber ; se courber ; s'incurver. ‖ **crooked** [-id] adj. tordu ; crochu, Fr. Can. croche ; tortueux ; frauduleux ; voûté, courbé. ‖ **crookedness** [-idnis] s. courbure ; voussure ; tortuosité, perversité, f.

croon [kroun] v. chantonner ; fredonner ; s. fredon, m. ; complainte, f. ‖ **crooner** [-er] s. chanteur de charme, m.

crop [krâp] s. jabot [bird] ; manche de fouet, m. ; récolte, f. ; coupe, f. [of hair] ; v. épointer ; bretauder ; récolter ; produire. ‖ **cropper** [-er] s. tondeuse, f. ; agriculteur, m. ; chute, f.

crosier [krooujer] s. crosse (eccles.), f.

cross [kraus] s.* croix, f. ; crucifix ; croisement, m. ; adj. transversal ; contraire, opposé ; maussade, désagréable ; métis ; v. croiser ; traverser ; rencontrer ; contrarier ; barrer [check] ; franchir [door] ; métisser ; **crossword puzzle,** mots croisés. ‖ **crossing** [-ing] s. croisement ; passage ; barrement [check]; signe de croix, m.; contrariété; traversée [sea], f.; *river-crossing*, gué; *railroad crossing*, passage à niveau.

crotchety [krâtshiti] *adj.* fantasque, excentrique; quinteux, acariâtre.

crouch [kra⁰ᵘtsh] *v.* se tapir, s'accroupir; s'aplatir (fig.).

croup [kroup] *s.* croupe [horse], f.

croup [kroup] *s.* croup, m.

crouton [kroután] *s.* croûton, m.

crow [kro⁰ᵘ] *s.* corneille, f.; *crow's feet*, pattes d'oie, rides.

crow [kro⁰ᵘ] *v.** chanter comme le coq; se vanter, triompher.

crowbar [kro⁰ᵘbâr] *s.* pince [lever], f.

crowd [kra⁰ᵘd] *s.* foule, multitude, troupe, bande, f.; rassemblement, m.; *v.* pousser, serrer; entasser; affluer; se presser; bonder, encombrer.

crown [kra⁰ᵘn] *s.* couronne; pièce de monnaie, f.; fond [hat]; sommet, m.; *v.* couronner; achever; honorer; récompenser.

crozier, *see* **crosier.**

crucial [kroushᵉl] *adj.* décisif; éprouvant; critique.

crucible [krousᵉb'l] *s.* creuset, m.

crucifix [krousᵉfiks] *s.** crucifix, m. ‖ **crucifixion** [krousᵉfíkshᵉn] *s.* crucifixion, f. ‖ **crucify** [krousᵉfa¹] *v.* crucifier.

crude [kroud] *adj.* cru; brut; grossier; fruste.

cruel [krouᵉl] *adj.* cruel. ‖ **cruelty** [-ti] *s.** cruauté, f.

cruet [krouit] *s.* burette, f.; *vinegar cruet*, vinaigrier; *oil cruet*, huilier.

cruise [krouz] *s.* croisière, f.; *v.* croiser; marauder [taxi]. ‖ **cruiser** [-ᵉʳ] *s.* croiseur (naut.); car de police, m.

cruller [krælᵉʳ] *s.* beignet, m.

crumb [krœm] *s.* miette; mie, f.; *v.* émietter; *crumb-scoop*, ramasse-miettes.

crumble [krœmb'l] *v.* pulvériser; (s')émietter.

crumple [krœmp'l] *v.* froisser, chiffonner; se friper; *Am.* flancher.

crunch [krœntsh] *v.* croquer; broyer; *s.** bruit de broiement, m.

crupper [krœpᵉʳ] *s.* croupière, f.

crusade [krousé¹d] *s.* croisade, f.; *v.* entreprendre une croisade; *crusader*, croisé.

crush [krœsh] *s.** écrasement, m.; cohue, f.; béguin, m.; *v.* écraser; opprimer, dominer; *to crush out*, exprimer, extraire [juice]; réprimer [revolt]; *to crush in*, s'écraser pour entrer; *to crush up*, se serrer.

crust [krœst] *s.* croûte, f.; *v.* faire croûte; couvrir d'une croûte; *crusty*, croûteux; revêche.

crustacean [krœsté¹shᵉn] *s.* crustacé, m.

crutch [krœtsh] *s.** béquille, f.

crux [krœks] *s.** difficulté, f.; point crucial, m.

cry [kra¹] *s.** cri; appel, m.; proclamation; crise de larmes, f.; *v.* crier; pleurer; réclamer; proclamer; *to cry out against*, se récrier contre; *to cry down*, décrier; *to cry up*, vanter; *Am. cry-baby*, pleurnicheur.

crystal [krist'l] *s.* cristal, m. ‖ **crystalline** [-in] *adj.* cristallin. ‖ **crystallize** [-a¹z] *v.* cristalliser.

cub [kœb] *s.* petit d'animal; lionceau, louveteau, renardeau, ourson; gosse; débutant, m.

cube [kyoub] *s.* cube, m.; *v.* cuber; *cubic*, cubique; *cubism*, cubisme; *cubist*, cubiste.

cuckoo [koukou] *s.* coucou [bird], m.; *cuckoo clock*, coucou.

cucumber [kyoukœmbᵉʳ] *s.* concombre, m.; *Am. cucumber tree*, magnolia.

cud [kœd] *s.* aliment ruminé, m.; chique, f.

cuddle [kœd'l] *s.* enlacement, m.; *v.* embrasser; s'étreindre; câliner; *to cuddle up*, se pelotonner.

cudgel [kœdjᵉl] *s.* trique, f.; gourdin, m.; *v.* bâtonner, rosser.

cue [kyou] *s.* réplique (theat.); queue [billiards], f.; indication, directive, consigne, f.; mot d'ordre, m.

cuff [kœf] *s.* manchette [sleeve], f.; parement; revers [trousers], m.

cuff [kœf] *s.* soufflet, coup de poing, m.; *v.* gifler; cogner.

cuirass [kwiras] *s.** cuirasse, f.

culinary [kyoulᵉnèri] *adj.* culinaire.

cull [kœl] *v.* cueillir; choisir.

culminate [kœlmᵉné¹t] *v.* culminer.

culprit [kœlprit] *s.* inculpé; coupable, m.

cult [kœlt] *s.* culte, m.; secte, f.

cultivate [kœltᵉvé¹t] *v.* cultiver; civiliser; chérir. ‖ **cultivation** [kœltᵉvé¹shᵉn] *s.* culture, f. ‖ **cultivator** [kœltᵉvé¹tᵉʳ] *s.* cultivateur, m. ‖ **cultural** [kœltshᵉrᵉl] *adj.* cultural; culturel. ‖ **culture** [kœltshᵉʳ] *s.* culture, f.

culver [kœlvᵉʳ] *s.* ramier, m.

cumbersome [kœmbᵉrsᵉm] *adj.* encombrant; pesant.

cumulative [kyoumyᵉlé¹tiv] *adj.* cumulatif; plural; composé.

cunning [kœning] *adj.* rusé, astucieux ; ingénieux ; *Am.* attrayant, gentil ; *s.* ruse, astuce, adresse, f. ; talent, m.

cup [kœp] *s.* coupe ; tasse, f. ; bol ; calice, m. ; *v.* mettre des ventouses ; *egg-cup*, coquetier ; *tin cup*, quart (mil.) ; *wet cup*, ventouse scarifiée. ‖ *cupboard* [kœbë²d] *s.* buffet ; placard, m. ‖ *cupcake* [-ké¹k] *s.* petit four, m.

cur [kë²r] *s.* corniaud ; cabot [dog] ; être méprisable ; chien, m. (fam.).

curate [kyourit] *s.* vicaire, m.

curb [kë²b] *s.* gourmette [horse], f. ; frein, m. ; margelle du puits, f. ; bord du trottoir ; marché libre (fin.), m. ; *v.* refréner, brider.

curd [kë²d] *v.* (se) cailler ; *s.* caillé, m. ‖ *curdle* [-'l] *v.* cailler ; se figer, se glacer (fig.).

cure [kyour] *s.* soin spirituel, m. ; charge d'âme ; cure (med.) ; guérison, f. ; remède, m. ; *v.* guérir ; remédier ; saler [meat] ; faire sécher [hay, tobacco] ; *cure-all*, panacée, *cureless*, incurable.

curfew [kë²fyou] *s.* couvre-feu, m.

curio [kyourioᵘ] *s.* curiosité ; rareté, f. ‖ *curiosity* [kyouriâ²ti] *s.** curiosité, f. ; *curiosity shop*, magasin d'antiquités. ‖ *curious* [kyouri⁴s] *adj.* curieux ; inhabituel ; étrange.

curl [kë²l] *s.* boucle ; spirale, f. ; *v.* boucler, friser ; s'enrouler ; s'élever en volutes ; *curly*, bouclé, frisé ; *curled cabbage*, chou frisé.

currant [kë²⁴nt] *s.* raisin de Corinthe, m. ; groseille, f. ; *black currant*, cassis [fruit] ; *currant bush*, groseillier ; *currant wine*, cassis [liquor].

currency [kë²ensi] *s.** circulation [money] ; devise ; monnaie en circulation, f. ; cours, m. (fig.) ; *papercurrency*, papier-monnaie. ‖ *current* [kë²⁴nt] *adj.* courant [change] ; habituel ; *s.* courant, m. ; *current price*, prix courant ; *current-breaker*, interrupteur (electr.).

curse [kë²s] *s.* malédiction ; calamité, f. ; *v.* maudire ; jurer ; *cursed*, maudit.

cursory [kæ²seri] *adj.* superficiel, en diagonale [reading].

curt [kë²t] *adj.* bref, cassant ; concis.

curtail [kë²té¹l] *v.* rogner, raccourcir ; réduire. ‖ *curtailment* [-m⁴nt] *s.* diminution, f.

curtain [kë²t'n] *s.* rideau, m. ; *v.* poser des rideaux ; voiler.

curtsy [kœ²tsi] *s.** révérence, f.

curvature [kë²vetshe²] *s.* courbure, f. ‖ *curve* [kë²v] *s.* courbe, f. ; virage, m. ; *v.* (se) courber.

cushion [koush⁴n] *s.* coussin ; coussinet (mech.) ; amortisseur, m. ; bande [billiard table], f. ; *v.* garnir de coussins ; amortir ; *air cushion*, coussin pneumatique. ‖ *cushy* [-i] *adj.* ouaté, douillet ; pépère (fam.).

custard [kœstë²d] *s.* flan, m. ; crème renversée, f.

custodian [kœstoᵘdi⁴n] *s.* gardien, m. ; conservateur, m. [museum]. ‖ *custody* [kœstedi] *s.** garde, protection ; détention, f. ; *in custody*, en état d'arrestation.

custom [kœst⁴m] *s.* coutume ; habitude ; *Br.* clientèle, f. ; achalandage, m. ; *pl.* droits de douane ; *adj.* fait sur mesure ; *custom garments*, vêtements sur mesure. ‖ *customary* [-e²i] *adj.* coutumier, usuel. ‖ *customer* [-e²] *s.* marchand ; client, m. ‖ *customhouse* [-haoᵘs] *s.* administration, bureaux des douanes ; *customhouse official*, douanier.

cut [kœt] *s.* coupure, entaille ; blessure ; tranchée ; tranche ; coupe [clothes] ; réduction [price] ; gravure, planche ; parcelle de terre cultivée ; coupe de bois, f. ; *Am.* tunnel, m. ; *v.** couper, tailler, *Fr. Can.* bûcher [trees] ; séparer ; diminuer [price] ; traverser ; couper, cingler ; prendre un raccourci ; creuser [canal, road] ; tailler sur un patron [cloth] ; manquer [class] ; *short cut*, raccourci ; *to cut out*, couper (electr.) ; exclure ; *pret., p. p. of* **to cut**.

cute [kyout] *adj.* adroit ; attirant.

cuticle [kyoutik'l] *s.* cuticule ; envie, f. ; épiderme, m.

cutlery [kœtle²i] *s.* coutellerie, f.

cutlet [kœtlit] *s.* côtelette, f.

cutter [kœte²] *s.* coupeur [wood, cloth] ; cotre, cutter (naut.) ; *Am.* navire garde-côte (naut.) ; coutre de moissonneuse ou de faucheuse ; petit traîneau, m.

cuttlefish [kœt'lfish] *s.** seiche, f.

cyclamen [siklem⁴n] *s.* cyclamen, m.

cycle [sa¹k'l] *s.* cycle, m. ; bicyclette, f. ; *v.* faire de la bicyclette ; revenir par cycle. ‖ *cyclist* [-ist] *s.* cycliste, m. f.

cyclone [sa¹kloᵘn] *s.* cyclone, m. ; *cyclone cellar*, *Am.* abri anti-cyclone.

cylinder [silinde²] *s.* cylindre ; barillet [revolver] ; corps de pompe (mech.), m.

cynic [sinik] *s.* cynique ; misanthrope, m. ‖ *cynical* [-'l] *adj.* sceptique ; désabusé ; sarcastique.

cypress [sa¹pres] *s.** cyprès, m.

cyst [sist] *s.* kyste, m. ‖ *cystitis* [sista¹tis] *s.* cystite, f.

D

dab [dab] v. tapoter; s. tapotement, m.; tape; touche; tache; empreinte, f. ‖ **dabble** [-'l] v. barboter; *to dabble in*, s'occuper un peu de.

dad, daddy [dad, dadi] s. papa, m.; *daddy-long-legs*, faucheux.

daffodil [dafᵉdil] s. jonquille, f.; coucou, m.

daft [daft] adj. idiot; toqué.

dagger [dagᵉr] s. poignard, m.

dahlia [dalyᵉ] s. dahlia, m.

daily [déⁱli] adj. journalier; adv. journellement; s.* quotidien [newspaper], m.

dainty [déⁱnti] adj. gracieux; délicat; exquis; s.* friandise, f.

dairy [dèri] s.* laiterie, f.

daisy [déⁱzi] s.* pâquerette, f.

dale [déⁱl] s. vallon, m.

dally [dali] v. badiner; batifoler; flâner, se retarder.

dam [dam] s. digue; écluse, f.; barrage, m.; v. endiguer.

damage [dàmidj] s. dommage; dégât; préjudice, m.; pl. dommages-intérêts v. abîmer; nuire à; s'endommager; *to pay for damages*, dédommager.

dame [déⁱm] s. dame; douairière, f.

damn [dàm] v. damner; jurer. ‖ **damnation** [damnéⁱshᵉn] s. damnation, f.; éreintement, m. ‖ **damned** [-d] adj. damné; sacré.

damp [dàmp] adj. humide; s. humidité, f.; v. humidifier; étouffer [fire]; décourager, abattre. ‖ **dampness** [-nis] s. humidité, f.

dance [dàns] s. danse, f.; bal, m.; v. gambader, danser. ‖ **dancer** [-ᵉr] s. danseur, danseuse. ‖ **dancing** [-ing] s. danse, f.; *dancing-partner*, danseur.

dandelion [dànd'laⁱᵉn] s. pissenlit, m.

dandruff [dàndrᵉf] s. pellicules, f. pl.

dandy [dàndi] s. dandy, m.; chose élégante, f.; adj. Am. élégant, excellent, chic.

danger [déⁱndjᵉr] s. danger, risque, m. ‖ **dangerous** [-rᵉs] adj. dangereux.

dangle [dàng'l] v. pendre, pendiller.

dapple [dap'l] s. tacheture, f.; adj. tacheté, pommelé; v. tacheter, pommeler; se tacheter.

dare [dèᵉr] s. défi, m.; audace, f.; v.* oser; défier; affronter; *dare-devil*, casse-cou. ‖ **daring** [-ring] s. audace, f.; adj. audacieux.

dark [dârk] adj. obscur; sombre; noir; ténébreux; foncé; secret; s. obscurité; ignorance, f.; noir, secret, m.; *dark-complexioned*, basané, bronzé. ‖ **darken** [-ᵉn] v. obscurcir; noircir. ‖ **darkness** [-nis] s. obscurité, ténèbres; noirceur, f.

darling [dârling] adj., s. chéri.

darn [dârn] s. reprise, f.; v. repriser; interj. maudit soit!; *darning needle*, aiguille à repriser.

darnel [dârn'l] s. ivraie, f.

dart [dârt] s. dard; trait; brusque mouvement, élan, m.; v. lancer; s'élancer.

dash [dash] s.* choc; élan; coup de main, m.; impétuosité; petite quantité, dose; course, f.; tiret, m.; v. heurter, cogner; lancer; éclabousser; ruiner; déprimer; griffonner; se précipiter. ‖ **dasher** [-ᵉr] s. baratton, m.; épateur, m. (colloq.); Am. garde-boue, m. ‖ **dashing** [-ing] adj. fougueux; brillant; dynamique; tapageur.

data [déⁱtᵉ] s. pl. données, f. pl.

date [déⁱt] s. datte [fruit], f.

date [déⁱt] s. date; échéance, f.; terme; Am. rendez-vous, m.; v. dater; être daté; *up to date*, à la page; *at short date*, à courte échéance; *to date from*, remonter à; *under the date of*, en date de.

daub [daub] v. barbouiller; souiller; plâtrer [trees]; s. enduit; barbouillage, m.; croûte, f. [painting].

daughter [dautᵉr] s. fille, f.; *daughter-in-law*, bru; *daughterly*, filial.

daunt [daunt] v. intimider, effrayer; *dauntless*, intrépide.

davenport [davᵉnpoᵘrt] s. secrétaire; Am. canapé-lit, m.

dawdle [daud'l] v. flâner, musarder.

dawn [daun] s. aube, f.; commencement, m.; v. poindre; apparaître.

day [déⁱ] s. jour, m.; journée; époque, f.; âge, m.; *a week from today* (Br. this day week), d'aujourd'hui en huit; *today*, aujourd'hui; *to the day*, au jour fixé; *by day*, de jour; *daybreak*, aurore, aube; *day laborer*, journalier [man]; *daylight*, lumière du jour; *day nursery*, garderie d'enfants; *day school*, externat; *daytime*, journée; *day work*, travail à la journée.

daze [déⁱz] v. hébéter; étourdir; éblouir; s. étourdissement, m.; confusion, f.; ahurissement, m. ‖ **dazzle** [daz'l] v. éblouir; s. éblouissement, m.

deacon [dîk⁰n] *s.* diacre, m. ‖ **deaconess** [-is] *s.** diaconesse, f. ‖ **deaconship** [-ship] *s.* diaconat, m.

dead [dèd] *adj.* mort; amorti; inactif; insensible; terne [color]; éteint [fire]; disparu [language]; *s.* mort, m.; période la plus calme, f.; *adv.* extrêmement; droit, directement; net [stop]; **dead center,** point mort (mech.); **dead letter,** lettre au rebut; **dead shot,** excellent tireur; **dead tired,** éreinté; **dead wall,** mur aveugle. ‖ **deaden** [-'n] *v.* amortir; émousser; assourdir. ‖ **deadly** [-li] *adj.* mortel; meurtrier; implacable; *adv.* mortellement; terriblement.

deaf [dèf] *adj.* sourd; **deaf-mute,** sourd-muet. ‖ **deafen** [-⁰n] *v.* assourdir; étourdir. ‖ **deafening** [-⁰ning] *adj.* assourdissant. ‖ **deafness** [-nis] *s.** surdité, f.

deal [dîl] *s.* quantité; donne [cards]; opération commerciale; *Am.* transaction; partie liée (pol.), f.; marché, m.; *v.** distribuer; faire le commerce (*in,* de); négocier (*with,* avec); *a great deal of,* beaucoup de; *to give a square deal,* se montrer juste envers. ‖ **dealer** [-⁰r] *s.* marchand, négociant, m. ‖ **dealings** [-ingz] *s. pl.* affaires, négociations, f. pl.; commerce, m.

deal [dîl] *s.* bois blanc, sapin, m.; planche, f.; madrier, m.

dealt [dèlt] *pret., p. p. of* **to deal.**

dean [dîn] *s.* doyen, m. ‖ **deanship** [-ship] *s.* décanat; doyenné, m.

dear [di⁰r] *adj.* cher, aimé; précieux; coûteux; *s.* être cher, m. ‖ **dearly** [-li] *adv.* avec tendresse; chèrement, à prix élevé.

dearth [dër̃th] *s.* disette; pénurie, f.

death [dèth] *s.* mort; fin, f.; décès, m.; **death-bell,** glas; **death rate,** mortalité; **deathless,** immortel; **deathlike,** cadavérique, sépulcral, de mort; **deathly,** mortel; mortellement.

debacle [dé⁰bâk'l] *s.* débâcle, f.

debar [dibâr] *v.* exclure, éliminer.

debark [dibârk] *v.* débarquer.

debase [dibé⁰s] *v.* avilir; dégrader.

debate [dibé⁰t] *s.* débat, m.; discussion, f.; *v.* discuter, débattre. ‖ **debater** [-⁰r] *s.* controversiste, argumentateur, m.

debauch [dibautsh] *s.** débauche, f.; *v.* débaucher, pervertir. ‖ **debauchee** [débâtshî] *s.* débauché, m. f. ‖ **debauchery** [dibautsh⁰ri] *s.* débauche, corruption, f.

debilitate [dibíl⁰té⁰t] *v.* débiliter, déprimer. ‖ **debility** [dibíl⁰ti] *s.** débilité, faiblesse, f.

debit [dèbit] *s.* débit; débet; doit, m.; *v.* débiter; passer au débit.

debris [débris] (*pl.* **debris**) *s.* décombres, m. pl.

debt [dèt] *s.* dette; créance, f.; *to run into debt,* s'endetter; **gambling debt,** dette de jeu; **national debt,** dette publique. ‖ **debtor** [-⁰r] *s.* débiteur, m.; débitrice, f.

debut [dibyou] *s.* début, m.

decade [dèké⁰d] *s.* décade; décennie, f.

decadence [diké⁰d'ns] *s.* décadence, f. ‖ **decadent,** décadent.

decaffeinated [dikafiîné⁰tid] *adj.* décaféiné.

decalcify [dikalsifa⁰] *v.* décalcifier.

decamp [dikàmp] *v.* décamper; lever le camp.

decant [dikànt] *v.* décanter. ‖ **decanter** [-⁰r] *s.* carafe, f.

decapitate [dikap⁰té⁰t] *v.* décapiter.

decay [diké⁰] *s.* délabrement; dépérissement, m.; décadence; carie [teeth], f.; *v.* décliner; dépérir; se délabrer; se carier; se pourrir.

decease [disîs] *s.* décès, m.; *v.* décéder. ‖ **deceased** [-t] *adj., s.* défunt, mort.

deceit [disît] *s.* tromperie, f. ‖ **deceitful** [-fel] *adj.* trompeur. ‖ **deceive** [disîv] *v.* tromper, abuser.

decelerate [disèl⁰ré⁰t] *v.* ralentir.

December [disèmb⁰r] *s.* décembre, m.

decency [dîs'nsi] *s.** bienséance, f. ‖ **decent** [dîs'nt] *adj.* bienséant, décent; convenable, suffisant.

deception [disèpsh⁰n] *s.* tromperie; illusion, f.; mécompte, m.

decide [disa⁰d] *v.* décider.

decimal [dès⁰m'l] *adj.* décimal; *s.* décimale, f.

decimate [dès⁰mé⁰t] *v.* décimer.

decipher [disa⁰f⁰r] *v.* déchiffrer.

decision [disíj⁰n] *s.* décision, f.; arrêt; jugement, m. ‖ **decisive** [disa⁰siv] *adj.* décisif.

deck [dèk] *s.* pont, tillac (naut.), m.; *Am.* toit [train]; jeu de cartes, m.; *v.* couvrir, orner; **flight deck,** pont d'envol; **fore-deck,** gaillard d'avant; **quarter deck,** gaillard d'arrière.

declaim [diklé⁰m] *v.* déclamer. ‖ **declamation** [dèklⁱmé⁰sh⁰n] *s.* déclamation, f. ‖ **declamatory** [diklàm⁰t⁰ri] *adj.* déclamatoire.

declaration [dèkl⁰ré⁰sh⁰n] *s.* déclaration, f. ‖ **declare** [diklèr] *v.* déclarer; proclamer; affirmer; annoncer [cards]; se déclarer.

declension [diklènsh⁰n] *s.* déclinaison (gramm.); baisse, pente, f. ‖ **decline** [dikla⁰n] *v.* incliner, pencher;

baisser [price]; refuser; décliner (gramm.).; *s.* déclin, m.; décadence; pente; baisse [price]; consommation (med.), f.

declivity [dikl*iv* eti] *s.** pente, déclivité, descente, f.

decode [diko*ou*d] *v.* déchiffrer.

decompose [dik*e*mp*ou*z] *v.* (se) décomposer; (se) pourrir. ‖ *decomposition* [dikâmp*e*z*i*sh*e*n] *s.* décomposition, f.

decorate [dèk*e*ré¹t] *v.* décorer; enjoliver. ‖ *decoration* [dèk*e*ré¹sh*e*n] *s.* décoration; médaille, f.; pavoisement; décor, m. ‖ *decorative* [dèk*e*ré¹tiv] *adj.* décoratif. ‖ *decorum* [diko*ou*r*e*m] *s.* décorum, m.; bienséance; étiquette, f.

decoy [diko¹] *s.* leurre; appât; piège, m.; *v.* leurrer, attirer.

decrease [dikr*î*s] *v.* décroître; diminuer; [d*î*krîs] *s.* décroissance, diminution; baisse, décrue, f.

decree [dikr*î*] *s.* décret, arrêt, m.; *v.* décréter, décider.

decrepit [dikrèpit] *adj.* décrépit.

decrial [dikra¹*e*l] *s.* dénigrement, m. ‖ *decry* [dikra¹] *v.* décrier, dénigrer.

decuple [dèkyoup'l] *s.* décuple; *v.* décupler.

dedicate [dèd*e*ké¹t] *v.* dédier. ‖ *dedication* [dèd*e*ké¹sh*e*n] *s.* dédicace; consécration, f.

deduce [didyo*u*s] *v.* déduire. ‖ *deduct* [didækt] *v.* décompter, retrancher. ‖ *deduction* [didæksh*e*n] *s.* déduction; retenue, f.

deed [d*î*d] *s.* action, f.; haut fait; acte, document (jur.), m.; *v.* transférer par un acte; *deed of gift,* donation; *foul deed,* forfait; *private deed,* acte sous seing privé.

deem [d*î*m] *v.* juger; estimer.

deep [d*î*p] *adj.* profond; sage, pénétrant; intense [feeling]; foncé [color]; grave [tone]; grand [mourning]; *deep in thought,* absorbé; *s.* océan; ciel; abîme, m.; profondeur, f.; *adv.* profondément; tout au fond; intensément. ‖ *deepen* [-*e*n] *v.* approfondir; creuser; assombrir; sombrer [voice]; foncer. ‖ *deepness* [-nis] *s.* profondeur, f.

deer [di*e*r] *s.* daim, cerf, cervidé, m.; *deerhound,* chien courant; *deerskin,* peau de daim.

deface [dif*é*¹s] *v.* défigurer, mutiler.

defalcation [difalké¹sh*e*n] *s.* détournement de fonds, m.

defamation [dèf*e*mé¹sh*e*n] *s.* diffamation, f. ‖ *defame* [dif*é*¹m] *v.* diffamer.

default [dif*au*lt] *s.* défaut (jur.), m.; déficience, f.; *v.* faire défaut (jur.);

faillir à. ‖ *defaulter* [-*e*r] *s.* concussionnaire; délinquant; contumace; défaillant; insoumis; réfractaire, m.

defeat [dif*î*t] *s.* défaite; frustration, f.; *v.* battre, défaire; frustrer; déjouer [plan]; mettre en minorité.

defect [dif*è*kt] *s.* défaut, m.; imperfection; tare, f. ‖ *defection* [difèksh*e*n] *s.* défection, f. ‖ *defective* [-iv] *adj.* défectueux; déficient; défectif (gramm.).

defence [difèns] *s.* défense, f. ‖ *defend* [difènd] *v.* protéger; défendre (jur.). ‖ *defendant* [-*e*nt] *s.* défendeur (jur.), m. ‖ *defender* [-*e*r] *s.* défenseur (jur.), m. ‖ *defense* [difèns] *s.* défense, f. ‖ *defensive* [-iv] *adj.* défensif; *s.* défensive, f.

defer [dif*e*r] *v.* différer, remettre, ajourner; mettre en sursis (milit.).

defer [dif*e*r] *v.* déférer; s'en rapporter. ‖ *deference* [dèf*e*r*e*ns] *s.* déférence, f. ‖ *deferential* [dèf*e*rènsh*e*l] *adj.* respectueux, déférent.

defiance [difa¹*e*ns] *s.* défi, m.; résistance, f. ‖ *defiant* [difa¹*e*nt] *adj.* provocant, agressif; défiant.

deficiency [difish*e*nsi] *s.** manque, défaut, m.; carence, déficience, lacune, f.; déficit, m. ‖ *deficient* [difish*e*nt] *adj.* insuffisant, défectueux; *s.* débile mental, m. ‖ *deficit* [dèf*e*sit] *s.* déficit; découvert, m.

defile [difa¹l] *s.* défilé, m.; gorge, f.

defile [difa¹l] *v.* souiller, corrompre. ‖ *defilement* [-m*e*nt] *s.* souillure, f.

define [difa¹n] *v.* définir. ‖ *definite* [dèf*e*nit] *adj.* déterminé, précis; défini (gramm.). ‖ *definition* [dèf*e*nish*e*n] *s.* définition, f. ‖ *definitive* [difin*e*tiv] *adj.* définitif, décisif; déterminatif (gramm.).

deflagrate [dèfl*e*gré¹t] *v.* embraser; prendre feu. ‖ *deflagration* [dèfl*e*gré¹sh*e*n] *s.* déflagration, f.

deflate [diflé¹t] *v.* dégonfler. ‖ *deflation* [diflé¹sh*e*n] *s.* déflation, f.

deflect [diflèkt] *v.* détourner, dévier; braquer [wheels].

deform [difa*u*rm] *v.* déformer; défigurer. ‖ *deformed* [-d] *adj.* difforme. ‖ *deformity* [-*e*ti] *s.** difformité, f.

defraud [difra*u*d] *v.* frustrer; frauder, tromper; léser, faire tort à.

defray [difré¹] *v.* défrayer; payer.

defrost [difrâst] *v.* dégivrer; décongeler; *defroster,* dégivreur.

deft [dèft] *adj.* agile, adroit.

defy [difa¹] *v.* défier, braver.

degenerate [didjèn*e*rit] *adj.*, *s.* dégénéré; [-ré¹t] *v.* dégénérer.

deglutition [diglo*u*tish*e*n] *s.* déglutition, f.

degradation [dègredé¹shen] *s.* dégradation, f.; avilissement, m. ‖ **degrade** [digré¹d] *v.* dégrader; avilir.

degree [digrî] *s.* degré; rang; diplôme (educ.); degré (math., gramm.), m.; puissance (math.), f.; *by degrees,* peu à peu.

degustate [digœsté¹t] *v.* déguster.

dehydrate [diha¹dré¹t] *v.* déshydrater; *dehydrated eggs,* œufs en poudre.

de-ice [dî'a¹s] *v.* dégivrer; *de-icer,* dégivreur.

deign [dé¹n] *v.* daigner.

deity [dî²ti] *s.* * divinité; déité, f.

dejected [didjèktid] *adj.* abattu, découragé. ‖ **dejection** [didjèksh°n] *s.* abattement, découragement, m.

delay [dilé¹] *s.* délai; retard, sursis, m.; *v.* différer, retarder; tarder.

delectable [dilèktºb'l] *adj.* délectable, délicieux.

delegate [dèl°gé¹t] *s.* délégué, représentant; *Am.* député, m.; *v.* déléguer. ‖ **delegation** [dél°gé¹sh°n] *s.* délégation, f.

delete [dilît] *v.* effacer, biffer.

deliberate [dilíberit] *adj.* délibéré; prémédité; circonspect; [dilíberé¹t] *v.* délibérer; peser, examiner. ‖ **deliberation** [dilíberé¹sh°n] *s.* délibération; réflexion; discussion, f.

delicacy [dèl°kesi] *s.* * friandise; délicatesse; fragilité; sensibilité, f. ‖ **delicate** [dèl°ket] *adj.* délicat; raffiné; fragile. ‖ **delicatessen** [dèl°keté¹s'n] *s.* plats cuisinés, m. pl.

delicious [dilishºs] *adj.* délicieux.

delight [dila¹t] *s.* délice, joie, f.; *v.* ravir, enchanter; prendre plaisir à. ‖ **delightful** [-fºl] *adj.* délicieux, charmant, ravissant.

delimit [dilímit] *v.* délimiter.

delineate [dilíné¹t] *v.* tracer, esquisser; délimiter.

delinquent [dilíngkwºnt] *adj., s.* délinquant (jur.).

delirious [dilíriºs] *adj.* délirant (med.); extravagant; *to be delirious,* délirer. ‖ **delirium** [dilíriºm] *s.* délire, m.

deliver [dilívºr] *v.* délivrer, libérer; exprimer, énoncer; remettre; distribuer [letters]; prononcer [speech]; donner [blow]; accoucher de. ‖ **deliverance** [-rºns] *s.* délivrance; libération, f. ‖ **deliveree** [dilívºrî] *s. Am.* destinataire, m. ‖ **deliverer** [dilívºrºr] *s.* libérateur; livreur, m. ‖ **delivery** [dilívºri] *s.* * délivrance; livraison [goods]; distribution [letters]; élocution, f.; accouchement; service [baseball], m.; *delivery man,* livreur; *delivery truck,* voiture de livraison.

dell [dèl] *s.* vallon, m.

delouse [dila°us] *v.* épouiller.

delude [diloud] *v.* tromper, abuser.

deluge [dèlyoudj] *s.* déluge, m.; *v.* inonder.

delusion [dilou̯jºn] *s.* tromperie; erreur, f.; *optical delusion,* illusion d'optique. ‖ **delusive** [dilousiv] *adj.* trompeur; illusoire.

delve [dèlv] *v.* bêcher; fouiller (fig.).

demagogic [dèm°gâgik] *adj.* démagogique. ‖ **demagogism** [démºgâgiz'm] *s.* démagogie. ‖ **demagogue** [dèm°gaug] *s.* démagogue, m. ‖ **demagoguery** [démºgâgri], **demagogy** [démºgogi] *s.* démagogie, f.

demand [dimand] *s.* exigence; réclamation; prétention; commandes (econ.); sommation (jur.), f.; débouché (comm.), m.; *v.* exiger; revendiquer; solliciter; s'enquérir. ‖ **demanding** [-ing] *adj.* exigeant; revendicatif.

demean [dimîn] *v.* abaisser, avilir.

demeanor [dimînºr] *s.* conduite, f.; maintien, comportement, m.

demented [dimèntid] *adj.* dément.

demerit [dimèrit] *s.* faute, f.; mauvais point (educ.); *Am.* blâme, m.

demobilize [dimo°ub'la¹z] *v.* démobiliser. ‖ **demobilization** [dimo°ub'lezé¹sh°n] *s.* démobilisation, f.

democracy [dem°krèsi] *s.* * démocratie, f. ‖ **democrat** [dèmºkrat] *s.* démocrate, m. ‖ **democratic** [dèmºkratik] *adj.* démocratique. ‖ **democratize** [dimákrºta¹z] *v.* (se) démocratiser.

demolish [dimálish] *v.* démolir. ‖ **demolisher** [-ºr] *s.* démolisseur, m. ‖ **demolition** [dim°lish°n] *s.* démolition, f.

demoniac [dimo°uniak] *adj.* démoniaque; *s.* possédé, m.

demonstrate [dèm°nstré¹t] *v.* démontrer. ‖ **demonstration** [dèm°nstré¹sh°n] *s.* démonstration, f. ‖ **demonstrative** [dimánstrºtiv] *adj.* démonstratif; expansif; probant.

demoralize [dimaurºla¹z] *v.* démoraliser; dépraver, pervertir.

demur [dimºr] *v.* objecter; hésiter.

demure [dimyour] *adj.* grave; prude.

demurrage [dimºridj] *s.* surestarie (naut.), f.

den [dèn] *s.* antre, repaire; cabinet de travail, m.

denegation [dînigé¹sh°n] *s.* dénégation, f.

denial [dina¹ºl] *s.* démenti; refus, déni, m.; dénégation, f.

denigrate [dînigré¹t] *v.* dénigrer; *denigration,* dénigration; *denigrator,* dénigreur.

denomination [dinâm⁻né¹sh⁻n] *s.* dénomination; confession religieuse; valeur d'une coupure [money], f.

denote [dino⁰ᵘt] *v.* dénoter.

denounce [dina⁰ᵘns] *v.* dénoncer; stigmatiser; rompre [treaty].

dense [dèns] *adj.* dense, épais, compact; stupide. ‖ **density** [-⁻ti] *s.* densité; sottise, f.

dent [dènt] *s.* entaille, f.; *v.* entailler. ‖ **dental** [-'l] *adj.* dentaire; *s.* dentale (gramm.), f.: *dental office*, cabinet dentaire. ‖ **dentist** [-ist] *s.* dentiste, m. ‖ **dentistry** [-tistri] *s.* art dentaire, m. ‖ **dentition** [dentish⁻n] *s.* dentition, f. ‖ **denture** [dèntsh⁻r] *s.* dentier, m.

denunciation [dinⱼnsié¹sh⁻n] *s.* dénonciation; accusation publique; rupture [treaty], f.; **denunciator**, dénonciateur.

deny [dina¹] *v.* nier; démentir; refuser; *to deny oneself to callers*, ne pas recevoir, interdire sa porte.

deodorize [dìo⁰ᵘd⁻ra¹z] *v.* désodoriser; défruiter [olive oil].

depart [dipârt] *v.* partir; se retirer; mourir. ‖ **departed** [-id] *adj.* absent; défunt. ‖ **department** [-m⁻nt] *s.* département; ministère; service (comm.); rayon, comptoir, m.; administration, section; discipline (univ.); division (mil.), f. ‖ **departure** [-sh⁻r] *s.* départ, m.; déviation, f.

depend [dipènd] *v.* dépendre (*on, de*); compter (*on,* sur). ‖ **dependable** [-⁻b'l] *adj.* digne de confiance, sûr. ‖ **dependence** [-⁻ns] *s.* dépendance; confiance, f. ‖ **dependency** [-⁻nsi] *s.* dépendance; colonie, f. ‖ **dependent** [-⁻nt] *adj.* dépendant; subordonné (gramm.); *s.* protégé, m.

depict [dipîkt] *v.* peindre; décrire.

depilate [dépilé¹t] *v.* épiler. ‖ **depilation** [dépilé¹sh⁻n] *s.* épilation, f. ‖ **depilatory** [dépíl⁻t⁻ri] *s.*, *adj.* dépilatoire, m.

deplete [diplît] *v.* épuiser, vider.

deplorable [diplo⁰ᵘr⁻b'l] *adj.* déplorable. ‖ **deplore** [diplo⁰ᵘr] *v.* déplorer; pleurer.

deploy [diplo¹] *v.* (se) déployer.

depopulate [dipaupyºule¹t] *v.* dépeupler; **depopulation**, dépopulation, f.

deport [dipo⁰ᵘrt] *v.* déporter; *to deport oneself*, se comporter. ‖ **deportation** [dipo⁰ᵘrté¹sh⁻n] *s.* déportation, f. ‖ **deportment** [dipo⁰ᵘrtm⁻nt] *s.* comportement, m.

depose [dipo⁰ᵘz] *v.* déposer, destituer; témoigner. ‖ **deposit** [dipâzit] *v.* mettre en dépôt; consigner; déposer; verser; *s.* dépôt; versement; cautionnement [money]; gisement (geol.),

m.; consignation, f. ‖ **deposition** [dèp⁻zish⁻n] *s.* déposition; destitution, f.; témoignage; dépôt, m. ‖ **depositor** [dipâzit⁻r] *s.* déposant, m. ‖ **depot** [dípo⁰ᵘ] *s.* entrepôt, m.; *Am.* gare, f.

depravation [dipré¹sh⁻n] *s.* dépravation, f. ‖ **deprave** [dipré¹v] *v.* dépraver.

depreciate [diprîshié¹t] *v.* (se) déprécier; faire baisser le prix. ‖ **depreciative** [-iv] *adj.* péjoratif.

depredation [dèpr⁻dé¹sh⁻n] *s.* déprédation, f.

depress [diprès] *v.* déprimer; humilier; déprécier; accabler. ‖ **depressed** [-t] *adj.* déprimé, abattu. ‖ **depression** [diprèsh⁻n] *s.* dépression; crise (comm.); baisse, f.; affaissement; dénivellement; découragement, m.

deprive [dipra¹v] *v.* priver.

depth [dèpth] *s.* profondeur, f.; gravité [sound]; vivacité [colors], f., abîme; fond, m.

depurative [dipyourᵉtiv] *adj., s.* dépuratif, m.

deputation [dèpy⁻té¹sh⁻n] *s.* députation; délégation, f. ‖ **depute** [dipyout] *v.* députer, déléguer. ‖ **deputy** [dèpyeti] *s.* député, délégué; suppléant, adjoint, m.

derail [diré¹l] *v.* dérailler. ‖ **derailment** [-m⁻nt] *s.* déraillement, m.

derange [diré¹ndj] *v.* déranger; troubler; affoler; rendre fou.

derelict [dèr⁻likt] *s.* épave, f.; *adj.* abandonné.

deride [dira¹d] *v.* railler; ridiculiser, rire de. ‖ **derision** [dirij⁻n] *s.* dérision, f.

derivation [dèr⁻vé¹sh⁻n] *s.* dérivation, f. ‖ **derivative** [dirív⁻tiv] *s., adj.* dérivé, m. ‖ **derive** [dira¹v] *v.* provenir; tirer; recevoir; déduire; dériver (gramm.).

derm [dœrm] *s.* derme, m. ‖ **dermatology** [-⁻tâl⁻dji] *s.* dermatologie, f.

derogate [dérogé¹t] *v.* déroger; porter atteinte (*from,* à). ‖ **derogation** [dérogé¹sh⁻n] *s.* dérogation; atteinte, f.; amoindrissement, m.

descend [disènd] *v.* descendre; déchoir; être transmis par héritage. ‖ **descendant** [-⁻nt] *adj., s.* descendant. ‖ **descent** [disènt] *s.* descente; origine, extraction; pente; transmission par héritage, f.

describe [diskra¹b] *v.* décrire. ‖ **description** [diskripsh⁻n] *s.* signalement, m.; description; sorte, espèce, f.

descry [diskra¹] *v.* apercevoir, discerner; détecter, découvrir.

desert [dizë⁻rt] *s.* mérite, m.; sanction, f.

desert [dèzᵉrt] *adj.*, *s.* désert.

desert [dizër't] *v.* déserter; abandonner. ‖ *deserter* [dizër'tᵉr] *s.* déserteur, m. ‖ *desertion* [dizër'shᵉn] *s.* désertion, f.; abandon, m.

deserve [dizër'v] *v.* mériter. ‖ *deserving* [-ing] *adj.* méritant; méritoire; digne (*of*, de).

design [diza¹n] *s.* dessein, projet; plan; dessin, m.; *v.* projeter; faire le plan de; destiner (*for*, à); *designing*, intrigant; *designedly*, à dessein.

designate [dèzigné¹t] *v.* désigner; spécifier; nommer. ‖ *designation* [dèzigné¹shᵉn] *s.* désignation, f.

designer [diza¹nᵉr] *s.* dessinateur, architecte; intrigant, m.

desirability [diza¹rᵉbilᵉti] *s.* utilité, f. ‖ *desirable* [diza¹rᵉb'l] *adj.* désirable. ‖ *desire* [diza¹r] *s.* désir, m.; *v.* désirer, souhaiter. ‖ *desirous* [diza¹rᵉs] *adj.* désireux.

desist [dizist] *v.* cesser.

desk [dèsk] *s.* bureau, pupitre, m.; chaire, f.; *desk clerk*, réceptionniste.

desolate [dès'lit] *adj.* désolé; désert; dévasté; [dès'lé¹t] *v.* désoler; ravager; affliger; délaisser, abandonner. ‖ *desolation* [dès'lé¹shᵉn] *s.* désolation, f.

despair [dispèr] *s.* désespoir, m.; *v.* désespérer. ‖ *despairing* [-ing] *adj.* désespéré.

desperate [dèsprit] *adj.* désespéré; forcené; téméraire; très grave (med.); *to do something desperate*, faire un malheur. ‖ *desperation* [dèsᵉré¹shᵉn] *s.* désespoir, m.; témérité désespérée, f.

despicable [dèspikᵉb'l] *adj.* méprisable.

despise [dispa¹z] *v.* mépriser; dédaigner.

despite [dispa¹t] *prep.* en dépit de, malgré.

despoil [dispo¹l] *v.* dépouiller. ‖ *despoliation* [dispoᵘlié¹shᵉn] *s.* spoliation, f.

despond [dispând] *v.* se décourager. ‖ *despondency* [-ᵉnsi] *s.* découragement, m.; dépression, f. ‖ *despondent* [-ᵉnt] *adj.* abattu, découragé, déprimé.

despot [dèspᵉt] *s.* despote, tyran, m. ‖ *despotic* [dispâtik] *adj.* despotique. ‖ *despotism* [dèspᵉtizᵉm] *s.* despotisme, m.

dessert [dizërt] *s.* dessert, m.

destination [dèstᵉné¹shᵉn] *s.* destination, f. ‖ *destine* [dèstin] *v.* destiner. ‖ *destiny* [dèstᵉni] *s.** destinée, f.; destin, m.; *pl.* Parques, f. pl.

destitute [dèstᵉtyout] *adj.* dénué, dépourvu; indigent, nécessiteux. ‖ *destitution* [dèstᵉtyoushᵉn] *s.* dénuement, m.; pauvreté, indigence; destitution, f.

destroy [distro¹] *v.* détruire; exterminer; *to destroy oneself*, se suicider. ‖ *destroyer* [-ᵉr] *s.* destructeur; meurtrier; destroyer (naut.), m. ‖ *destruction* [distrᵃkshᵉn] *s.* destruction; ruine, f. ‖ *destructive* [distrᵃktiv] *adj.* destructif, destructeur.

desultory [désᵉltᵉri] *adj.* décousu; à bâtons rompus; sans méthode.

detach [ditᵃtsh] *v.* détacher; séparer; retrancher. ‖ *detachment* [-mᵉnt] *s.* détachement (mil.), m; séparation; indifférence, f.

detail [dîté¹l] *s.* détail; détachement (mil.), m.; [dité¹l] *v.* détailler; attribuer, assigner; détacher (mil.); *to go into details*, entrer dans les détails.

detain [dité¹n] *v.* détenir; retenir. ‖ *detainer* [-ᵉr] *s.* détenteur, m.

detect [ditèkt] *v.* déceler, détecter. ‖ *detection* [ditèkshᵉn] *s.* découverte, f.; fait d'être découvert, m. ‖ *detective* [ditèktiv] *s.* détective, m.; *adj.* révélateur; policier.

detention [ditènshᵉn] *s.* détention, f.; emprisonnement; retard involontaire, m.; retenue, f.

deter [ditër] *v.* dissuader.

detergent [ditërdjᵉnt] *adj.*, *s.* détergent, détersif.

deteriorate [ditirié¹ré¹t] *v.* (se) détériorer. ‖ *deterioration* [ditirié¹ré¹shᵉn] *s.* détérioration, f.

determination [ditërmᵉné¹shᵉn] *s.* décision; résolution; délimitation; détermination, f. ‖ *determine* [ditër'min] *v.* déterminer; délimiter; décider; résoudre; produire.

deterrent [ditérᵉnt] *adj.* décourageant; dissuadant; préventif; *s.* préventif, m.; force de dissuasion, f.

detest [ditèst] *v.* détester. ‖ *detestable* [di'tést'b'l] *adj.* détestable.

dethrone [dithroᵘn] *v.* détrôner.

detonate [dètᵉné¹t] *v.* détoner; faire exploser. ‖ *detonation* [détoné¹shᵉn] *s.* détonation, f. ‖ *detonator* [détoné¹tᵉr] *s.* détonateur; pétard, m.

detour [dîtour] *s.* détour, m.; déviation [way], f.; *v.* prendre un détour, aller par un détour.

detoxicate [dìtᵃksiké'¹t] *v.* désintoxiquer. ‖ *detoxication* [dìtᵃksiké¹shᵉn] *s.* désintoxication, f.

detract [ditrᵃkt] *v.* enlever; dénigrer; déroger. ‖ *detractor* [-ᵉr] *s.* détracteur, m.

detriment [dètrᵉmᵉnt] *s.* détriment, préjudice, m. ‖ *detrimental* [détrimént'l] *adj.* préjudiciable; désavantageux.

devaluation [dìvalyou'é¹shᵉn] *s.* dévaluation, f.

devastate [dèvestéit] v. dévaster, ravager ; *devastation,* dévastation, f.

develop [divèlep] v. développer ; exposer ; exploiter ; accroître ; développer (phot.) ; se manifester ; se développer. ‖ *developer* [-er] s. révélateur (phot.), m. ‖ *development* [-ment] s. développement, m.

deviate [dîviéit] v. dévier ; s'écarter. ‖ *deviation* [dîviéishen] s. déviation, f. ; écart, m.

device [divais] s. projet ; plan, système ; stratagème ; mécanisme ; appareil ; engin, dispositif ; procédé, m. ; invention ; devise, f. ; *pl.* désir, m.

devil [dèv'l] s. démon, diable ; homme méchant ou cruel ; apprenti imprimeur, m. ; v. tourmenter ; endiabler ; assaisonner fortement (culin.) ; *devilry,* diablerie ; *devil-may-care,* étourdi, insouciant. ‖ *devilish* [-ish] adj. diabolique ; endiablé.

devious [dîvies] adj. détourné ; sinueux ; dévié.

devise [divaiz] v. imaginer, inventer ; ourdir ; léguer ; s. legs, m.

devoid [divoid] adj. dénué, privé, dépourvu (*of,* de.)

devolve [divâlv] v. échoir, transmettre par héritage ; incomber (*on, upon,* à).

devote [divoout] v. consacrer ; vouer ; *to devote oneself to,* se livrer à. ‖ *devoted* [divooutid] adj. adonné (*to,* à) ; dévoué ‖ *devotee* [dèvo'tî] s. dévot, fervent, m. ‖ *devotion* [divooushen] s. dévotion ; consécration, f. ; dévouement, m. ; *pl.* dévotions, f. pl.

devour [divaour] v. dévorer.

devout [divaout] adj. dévot, pieux ; fervent, zélé.

dew [dyou] s. rosée, f. ; v. couvrir de rosée ; humecter ; *dewberry,* mûre ; *dewdrop,* goutte de rosée ; *dewlap,* fanon. ‖ *dewy* [-i] adj. couvert de rosée ; pareil à la rosée.

dexterity [dèkstèreti] s. dextérité ; adresse. f. ‖ *dexterous* [dèkstres] adj. adroit ; droitier.

diabetes [daiebîtis] s. diabète, m.

diadem [daiedèm] s. diadème, m.

diagnose [daiegnoous] v. diagnostiquer.

diagonal [daiagen'l] s. diagonale, f.

diagram [daiagram] s. diagramme, m.

dial [daiel] s. cadran, m. ; v. capter, connecter (teleph.) ; *dial telephone,* téléphone automatique ; *to dial a number,* composer un numéro (teleph.).

dialect [daielèkt] s. dialecte, m.

dialogize [daialedjaiz] v. dialoguer. ‖ *dialog(ue)* [daielaug] s. dialogue, m. ; v. dialoguer.

diameter [daiameter] s. diamètre, m.

diamond [daiemend] s. diamant ; losange (geom.) ; carreau [cards] ; terrain de base-ball, m.

diapason [daiepéiz'n] s. diapason, m.

diaper [daieper] s. linge (m.) nid d'abeilles ; couche [infant] ; serviette hygiénique, f. ; v. langer ; losanger.

diarrhea [daierîe] s. diarrhée, f.

diary [daieri] s.* journal particulier ; agenda, m.

dibble [dib'l] s. plantoir, m.

dice [dais] s. pl. dés, m. ; *dice box,* cornet.

dickens [dikinz] s. diable, m.

dicker [diker] v. Am. marchander.

dictate [diktéit] v. ordre. m. ; v. dicter ; ordonner. ‖ *dictation* [diktéishen] s. dictée ; domination, f. ‖ *dictator* [diktéiter] s. dictateur, m. ‖ *dictatorship* [-ship] s. dictature, f.

diction [dikshen] s. diction, f.

dictionary [dikshenèri], Br. [dikshenri] s.* dictionnaire, m.

did [did] pret. of **to do.**

die [dai] (*pl.* dice [-s]) s. dé à jouer, m. ; (*pl.* dies [-z]) coin [tool], m. ; matrice (mech.), f.

die [dai] v. mourir, périr.

dieresis [daièrsis] (*pl.* diereses) s. tréma, m.

diet [daiet] s. alimentation ; nourriture, f. ; régime, m. ; v. nourrir ; donner, suivre un régime ; *low diet,* diète.

dietician [daietétishen] s. diététicien, m. ; diététicienne, f. ‖ *dietetics* [daietétiks] s. pl. diététique, f.

differ [difer] v. différer ; n'être pas d'accord (*with,* avec). ‖ *difference* [difrns] s. différence ; divergence ; dissension, discussion, f. ; différend, m. ; *it makes no difference,* cela ne fait rien. ‖ *different* [difrnt] adj. différent. ‖ *differentiate* [diferènshiéit] v. différencier, se distinguer. ‖ *differently* [difrntli] adv. différemment.

difficult [difikœlt] adj. difficile, ardu. ‖ *difficulty* [difkœlti] s.* difficulté, f. ; embarras d'argent, m.

diffidence [difedns] s. manque (m.) d'assurance. ‖ *diffident* [difedent] adj. dépourvu d'assurance ; embarrassé, timide.

diffuse [difyouz] v. diffuser, répandre ; [difyous] adj. répandu ; diffus, prolixe. ‖ *diffusion* [difyoujen] s. diffusion, f.

dig [dig] v.* creuser ; bêcher ; déterrer ; s. coup ; sarcasme, m.

digest [daidjèst] s. compilation, f. ; digeste, m. ; [d'djèst] v. digérer ; assimiler, compiler. ‖ *digestible* [-eb'l] *adj.* digestible. ‖ *digestion* [d°djès-tsh°n] *s.* digestion, f. ‖ *digestive* [d°djèstiv] *adj., s.* digestif.

digger [dig°] *s.* terrassier ; chercheur d'or, m.; *digger-up* (fam.), dénicheur.

dignified [dign°fa¹d] *adj.* digne, solennel, sérieux, grave. ‖ *dignify* [dign°fa¹] *v.* honorer. ‖ *dignitary* [dign°tèri] *s.** dignitaire, m. ‖ *dignity* [dign°ti] *s.** dignité ; gravité ; importance, f.

digress [d°grès] *v.* s'écarter du sujet. ‖ *digression* [d°grèshen] *s.* digression, f.

dike [da¹k] *s.* fossé, m.; digue, f.

dilapidate [d°lap°dé¹t] *v.* dilapider ; délabrer ; tomber en ruines. ‖ *dilapidation* [dilapidé¹shen] *s.* dilapidation, f.; délabrement, m.

dilatation [da¹l°té¹shen] *s.* dilatation, f. ‖ *dilate* [da° lé¹t] *v.* dilater, distendre ; s'étendre (*on, sur*). ‖ *dilatory* [dil°too°ri] *adj.* lent, dilatoire.

dilemma [d°lèm°] *s.* dilemme, m.

diligence [dil°dj°ns] *s.* diligence ; application, f. ‖ *diligent* [dil°dj°nt] *adj.* diligent, actif, appliqué.

dilute [dilout] *v.* diluer ; délayer ; baptiser [wine] ; édulcorer, adoucir (fig.) ; se délayer ; s'édulcorer.

dim [dim] *adj.* sombre, indistinct ; terne ; *v.* assombrir, obscurcir, voiler ; s'effacer.

dime [da¹m] *s. Am.* pièce de dix cents, f.; *dime novel,* roman populaire à bon marché ; *dime store,* prix unique, monoprix.

dimension [d°mènshen] *s.* dimension, mesure, f.

diminish [d°minish] *v.* diminuer, réduire. ‖ *diminution* [dim°nyoush°n] *s.* diminution, f. ‖ *diminutive* [d°miny°tiv] *adj., s.* diminutif.

dimmer [dim°r] *s.* régulateur d'éclairage ; réducteur code, m. (autom.).

dimness [dimnis] *s.* pénombre, matité ; faiblesse, f. [of light] ; imprécision, f. [of memory].

dimple [dimp'l] *s.* fossette, f.; *v.* creuser des fossettes.

din [din] *s.* vacarme, m.; *v.* assourdir ; rabâcher ; faire du tintamarre.

dine [da¹n] *v.* dîner ; faire dîner ; *dining-room,* salle à manger ‖ *diner* [-°r] *s.* dîneur ; *Am.* voiture-restaurant, m. ‖ *dinette* [dinèt] *s. Am.* coinrepas, m.

dinghy [dingi] *s.** yole, f.; canot, m.

dingle [dingg'l] *s.* vallon, m.

dingy [dindji] *adj.* terne, sale, gris.

dinner [din°r] *s.* dîner, déjeuner, m.; *dinner jacket,* smoking ; *dinner service,* service de table.

dint [dint] *s.* coup, m.; *by dint of,* à force de, grâce à.

diocese [da¹°sis] *s.* diocèse, m.

dip [dip] *s.* plongeon ; bain [sheep], m.; pente, f.; *v.* immerger, plonger ; s'incliner ; baisser [headlight] ; saluer [flag] ; *sheep-dip,* produit désinfectant.

diphtheria [difthiri°] *s.* diphtérie, f.

diphthong [difthaung] *s.* diphtongue, f.

diploma [diploo°m°] *s.* diplôme, m.

diplomacy [diploo°m°si] *s.* diplomatie, f. ‖ *diplomat* [dipl°mat] *s.* diplomate, m. ‖ *diplomatic* [dipl°matik] *adj.* diplomatique.

dipper [dip°r] *s.* plongeur, m ; louche, f.; martin-pêcheur, m.; *dipper-switch,* basculeur de phares.

dire [da¹°r] *adj.* horrible ; sinistre.

direct [d°rèkt] *adj.* direct ; franc ; immédiat, imminent ; *v.* diriger ; guider ; indiquer ; prescrire ; adresser [letter]. *adv.* directement ; tout droit. ‖ *direction* [d°rèkshen] *s.* direction ; instruction, adresse, f.; mode d'emploi, m. ‖ *directive* [d°rèktiv] *adj.* directif ; *s* directive, f. ‖ *directness* [d°rèktnis] · franchise, spontanéité, f. ‖ *director* [d°rèkt°r] *s.* directeur ; membre d'un conseil d'administration ; conducteur [locomotive], officier superviseur, m. ‖ *directory* [d°rèkt°ri] *s.** conseil d'administration, répertoire d'adresses, m ; *telephone directory,* annuaire téléphonique.

dirigible [dir°djèb'l] *adj., s.* dirigeable.

dirt [dërt] *s.* ordure, boue ; saleté ; impuretés (mech.), f.; *dirt floor,* plancher en terre battue. ‖ *dirty* [-i] *adj.* sale, crasseux, couvert [weather] ; *v.* salir.

disable [disé¹b'l] *v.* estropier ; mettre hors d'usage ou de combat ; disqualifier ; frapper d'incapacité (jur.) ; désemparer (naut.).

disabuse [dis°byouz] *v.* désabuser.

disadvantage [dis°dvàntidj] *s.* désavantage, m.; *v.* désavantager ; *at a disadvantage,* dans des conditions d'infériorité.

disagree [dis°grî] *v.* différer ; se disputer (*with,* avec) ; ne pas convenir. ‖ *disagreeable* [-°b'l] *adj.* désagréable ; incommodant ‖ *disagreement* [-m°nt] *s.* désaccord, m.; discordance, f.

disappear [dis°pi°r] *v.* disparaître. ‖ *disappearance* [-r°ns] *s.* disparition, f.

disappoint [dis°po¹nt] *v.* désappointer ; décevoir. ‖ *disappointing* [-ing] *adj.* décevant. ‖ *disappointment* [-m°nt] *s.* désappointement, m.; contrariété, f.

disapproval [dise^prouv'l] *s.* désapprobation, f. ‖ **disapprove** [dise^prouv] *v.* désapprouver.

disarm [disârm] *v.* désarmer. ‖ **disarmament** [-^em^ent] *s.* désarmement, m.

disarrange [dise^réⁱndj] *v.* déranger.

disarray [dise^réⁱ] *s.* désarroi, désordre, m.; confusion, f.; *in disarray*, en négligé.

disaster [dizaste^r] *s.* désastre, m. ‖ **disastrous** [dizastr^es] *adj.* désastreux; catastrophique.

disavow [dise^va^{ou}] *v.* désavouer.

disband [disbànd] *v.* licencier; disperser; se débander.

disbelief [disbelî^f] *s.* incrédulité, f. ‖ **disbelieve** [-b^elîv] *v.* ne pas croire (*in*, à); nier.

disburse [disbërs] *v.* débourser. ‖ **disbursement** [-m^ent] *s.* débours, m.; dépense, f.; déboursement, m.

discard [diskârd] *s.* écart [cards], m.; [diskârd] *v.* écarter; rejeter; se défausser.

discern [dizë^rn] *v.* discerner; distinguer. ‖ **discernment** [-m^ent] *s.* discernement, m.

discharge [distshârdj] *v.* décharger [load, gun]; libérer [prisoner]; congédier [servant]; acquitter [debt]; remplir [duty]; lancer [projectile]; suppurer [wound]; *s.* déchargement; acquittement; élargissement; accomplissement; congé [soldier]; débit [river], m.; décharge; quittance (comm.); libération; suppuration, f.

disciple [disaⁱp'l] *s.* disciple, m.

disciplinary [dise^plin^eri] *adj.* disciplinaire. ‖ **discipline** [-plin] *s.* discipline, f.; *v.* discipliner; punir.

disclaim [diskléim] *v.* désavouer; rejeter; se défendre de.

disclose [disklo^{ou}z] *v.* découvrir; divulguer. ‖ **disclosure** [disklo^{ou}je^r] *s.* divulgation, révélation, f.

discolo(u)r [diskœle^r] *v.* décolorer.

discomfit [diskœmfit] *v.* déconfire.

discomfort [diskœmfë^rt] *v.* peiner; incommoder, gêner; *s.* malaise, m.; gêne, incommodité, f.

disconcert [diskonsë^rt] *v.* déconcerter, embarrasser; déranger, gêner.

disconnect [diskonèkt] *v.* dissocier; séparer; débrancher; couper [telephone line]. ‖ **disconnected** [-id] *adj.* détaché; décousu; isolé; désuni; incohérent.

disconsolate [diskâns'lit] *adj.* inconsolable; morose, triste.

discontent [diskontènt] *s.* mécontentement, m.; *v.* mécontenter.

discontinuance [diskontinyou^ens] *s.* interruption; suspension; solution de continuité, f. ‖ **discontinue** [diskontinyou] *v.* interrompre; suspendre; cesser; discontinuer. ‖ **discontinuity** [diskânt^enyou^eti] *s.* discontinuité, f.

discord [diskourd] *s.* discorde; dissonance, f. ‖ **discordant** ['nt] *adj.* discordant; dissonant.

discount [diska^{ou}nt] *s.* rabais; escompte, m.; *v.* rabattre, déduire [sum]; décompter; escompter; faire une remise; réduire à ses justes proportions.

discourage [diskë^ridj] *v.* décourager; dissuader (*from*, de). ‖ **discouragement** [-m^ent] *s.* découragement, m.

discourse [disko^{ou}rs] *s.* discours; entretien, m.; [disko^{ou}rs] *v.* discourir; causer; s'entretenir.

discourteous [diskë^rti^es] *adj.* discourtois. ‖ **discourtesy** [diskë^rt^esi] *s.* discourtoisie, f.

discover [diskœve^r] *v.* découvrir; dévoiler, révéler. ‖ **discoverer** [-r^er] *s.* découvreur, inventeur, m. ‖ **discovery** [diskœv^eri] *s.** découverte; invention; révélation, f.

discredit [diskrèdit] *s.* discrédit; doute, m.; *v.* discréditer; perdre confiance en; élever des doutes sur.

discreet [diskrît] *adj.* prudent, circonspect, discret.

discrepancy [diskrèp^ensi] *s.** différence [account]; discordance, contradiction; variation, f.

discrete [diskrît] *adj.* distinct.

discretion [diskrèsh^en] *s.* prudence, circonspection; discrétion; libre disposition, f.; discernement, m.

discriminate [diskrim^enéⁱt] *v.* distinguer; discriminer; **discriminating**, plein de discernement, fin.

discursive [diskë^rsiv] *adj.* discursif; décousu, incohérent.

discus [diskœs] *s.** disque, m.

discuss [diskœs] *v.* discuter. ‖ **discussion** [diskœsh^en] *s.* discussion, f.; débat, m.

disdain [disdéⁱn] *s.* dédain, mépris, m.; *v.* dédaigner; **disdainful**, dédaigneux.

disease [dizîz] *s.* maladie, f. ‖ **diseased** [-d] *adj.* malade; morbide, maladif; malsain.

disembark [disimbârk] *v.* débarquer. ‖ **disembarkation** [disèmbârkéⁱsh^en] *s.* débarquement, m.

disenchant [disintshànt] *v.* désenchanter, désillusionner.

disengage [dising^éidj] *v.* dégager; se libérer; débrayer (mech.).

disentangle [disintàngg'l] *v.* démêler, débrouiller ; élucider.

disfigure [disfígyᵉʳ] *v.* défigurer.

disgorge [disgaurdj] *v.* dégorger.

disgrace [disgré¹s] *s.* disgrâce ; honte, f. ; déshonneur, m. ; *v.* disgracier ; déshonorer ; discréditer ; *disgraceful*, honteux ; dégradant.

disgruntled [disgrœnt'ld] *adj.* mécontent, maussade.

disguise [disga¹z] *s.* déguisement, m. ; dissimulation, f. ; *v.* déguiser.

disgust [disgœst] *s.* dégoût, m. ; *v.* dégoûter ; *disgusting*, répugnant.

dish [dish] *s.** plat ; mets, m. ; *pl.* vaisselle, f. ; *v.* apprêter, accommoder ; arranger, servir ; *dish-cloth*, torchon ; *dish-drainer*, égouttoir ; *dish-mop*, lavette ; *dish-warmer*, chauffe-plat.

dishearten [dishárt'n] *v.* décourager, démoraliser.

dishevel [dishèv'l] *v.* écheveler.

dishonest [disӑnist] *adj.* malhonnête ; frauduleux. ‖ *dishonesty* [-i] *s.** malhonnêteté ; déloyauté, f. ‖ *dishono(u)r* [disӑnᵉʳ] *v.* déshonorer ; laisser protester (comm.) ; *s.* déshonneur, m. ; protêt, m. (comm.). ‖ *dishono(u)rable* [-rᵉb'l] *adj.* déshonorant.

disillusion [disiloujᵉn] *s.* désillusion, f. ; *v.* désillusionner.

disinfect [disinfèkt] *v.* désinfecter. ‖ *disinfectant* [-ᵉnt] *s.* désinfectant, m.

disinherit [disinhèrit] *v.* déshériter.

disintegrate [disintegré¹t] *v.* (se) désintégrer ; (se) désagréger. ‖ *disintegration* [disintigré¹shᵉn] *f.* désintégration ; désagrégation, f.

disinter [disintœr] *v.* déterrer.

disinterested [disintᵉrestid] *adj.* désintéressé.

disjoin [disdjo¹n] *v.* disjoindre.

disk [disk] *s.* disque, m.

dislike [disla¹k] *s.* antipathie, f. ; *v.* ne pas aimer ; *to take a dislike to*, prendre en grippe ; *to be disliked by*, être mal vu de.

dislocate [dislooᵘké¹t] *v.* disloquer.

dislodge [dislӑdj] *v.* déloger.

disloyal [dislaui⁰l] *adj.* déloyal. ‖ *disloyalty* [-ti] *s.* déloyauté, f.

dismal [dizm'l] *adj.* lugubre, sombre.

dismantle [dismànt'l] *v.* démanteler [fort] ; dépouiller [clothes] ; vider [house] ; désarmer [ship].

dismast [dismast] *v.* démâter.

dismay [dismé¹] *s.* consternation ; stupeur, f. ; *v.* terrifier ; consterner, décourager ; abattre.

dismiss [dismís] *v.* renvoyer ; congédier ; révoquer ; bannir [thought] ; *Am.*

dismissal [-'l] *s.* congé, m. ; révocation, expulsion, f.

dismount [dismaᵘⁿt] *v.* descendre de cheval ; démonter [gun, jewel] ; désarçonner.

disnature [disné¹tshᵉr] *v.* dénaturer.

disobedience [disᵒbĭdiᵉns] *s.* désobéissance f. ‖ *disobedient* [disᵉbĭdiᵉnt] *adj.* désobéissant ‖ *disobey* [disᵉbéi] *v.* désobéir à, enfreindre.

disoblige [disᵉbla¹dj] *v.* désobliger.

disorder [disaurdᵉr] *s.* désordre ; trouble, m. ; anarchie, émeute, confusion ; maladie f. ; *v.* déranger, dérégler ; bouleverser ‖ *disorderly* [-li] *adj.* en désordre ; déréglé ; perturbé ; débauché ; *adv.* d'une manière désordonnée ou déréglée.

disorganization [disaurgᵉnᵉzé¹shᵉn] *s.* désorganisation, f. ‖ *disorganize* [disârg'na¹z] *v.* désorganiser.

disown [disoᵘn] *v.* désavouer ; nier ; renier.

disparage [disparidj] *v.* déprécier ; dénigrer.

disparate [dispᵉrit] *adj.* disparate.

dispassionate [dispashᵉnit] *adj.* calme ; impartial ; objectif.

dispatch [dispatsh] *s.** envoi, m. ; dépêche hâte ; expédition, f. ; *cipher dispatch*, message chiffré ; *v.* expédier ; dépêcher ; exécuter.

dispel [dispèl] *v.* dissiper, chasser.

dispensary [dispènsᵉri] *s.** dispensaire. m.; officine pharmacie, f.

dispensation [dispᵉnsé¹shᵉn] *s.* dispensation ; exemption, administration ; disposition ; dispense, loi religieuse, f. ‖ *dispense* [dispèns] *v.* dispenser ; distribuer, administrer ; exempter *(from,* de) ; se dispenser *(with,* de) ; *gasoline dispenser*, distributeur d'essence.

disperse [dispᵉrs] *v.* disperser. ‖ *dispersion* [dispᵉrshᵉn] *s.* dispersion, f.

dispirited [dispíritid] *adj.* déprimé, découragé

displace [displé¹s] *v.* déplacer ; muter ; supplanter.

display [displé¹] *v.* déployer ; étaler ; exhiber faire étalage de ; *s.* déploiement ; étalage m., exhibition, f. ; *display window*, vitrine.

displease [displîz] *v.* déplaire ; mécontenter. ‖ *displeasure* [displèjᵉr] *s.* mécontentement, déplaisir, m. ; colère, f.

disport [dispoᵘrt] *v.* s'amuser ; *s.* divertissement. m.

disposal [dispooᵘz'l] *s.* disposition ; répartition ; dispensation ; vente, f. ;

‖ **dispose** [dispoᵒuz] *v.* disposer; arranger; vendre, céder; incliner à; *to dispose of*, se défaire de; vaincre. ‖ **disposition** [dispᵉzishᵉn] *s.* disposition; aptitude; inclination; humeur; décision, f.; agencement, m.

dispossess [dispᵉzès] *v.* déposséder.

disproportionate [disprᵉpaᵘrshᵉnit] *adj.* disproportionné.

disprove [disproᵘv] *v.* réfuter.

disputable [dispyouteᵇ'l] *adj.* discutable. ‖ **disputation** [dispyouté¹shᵉn] *s.* débat, m.; contestation, f. ‖ **dispute** [dispyout] *s.* dispute; discussion, f.; *v.* disputer; discuter.

disqualification [diskwâlifiké¹shᵉn] *s.* disqualification, f. ‖ **disqualify** [diskwâlᵉfa¹] *v.* disqualifier; mettre dans l'incapacité de.

disquiet [diskwa¹et] *adj.* inquiet; *s.* inquiétude, f.; *v.* inquiéter.

disregard [disrigârd] *v.* négliger; dédaigner; *s.* dédain, m.

disreputable [disrèpyᵉteᵇ'l] *adj.* mal famé, discrédité.

disrespect [disrispèkt] *s.* irrespect; manque d'égards, m.

dissatisfaction [dissatisfaksʰᵉn] *s.* insatisfaction, f.; mécontentement, m. ‖ **dissatisfy** [dissatisfa¹] *v.* mécontenter.

dissect [disèkt] *v.* disséquer.

dissemble [disèmb'l] *v.* dissimuler; simuler, feindre.

disseminate [disèmᵉné¹t] *v.* disséminer.

dissension [disènshᵉn] *s.* dissension, f. ‖ **dissent** [disènt] *v.* être en désaccord ou en dissidence; *s.* dissentiment, m.; dissidence (eccles.); divergence, f.

dissertation [disᵉrté¹shᵉn] *s.* dissertation, f.; mémoire, m.; discours, m.

dissever [disèvᵉr] *v.* séparer.

dissimilar [disimᵉlᵉr] *adj.* différent.

dissimulation [disimyᵉléᵎshᵉn] *s.* dissimulation, f. ‖ **dissimulator** [disimyoulé¹tᵉr] *s.* dissimulateur, m.; -trice, f.

dissipate [disᵉpé¹t] *v.* dissiper; disperser. ‖ **dissipation** [disᵉpéᵎshᵉn] *s.* dissipation; dispersion, f.

dissociate [disoᵒushié¹t] *v.* dissocier, séparer.

dissolute [disᵉlout] *adj.* dissolu. **dissoluteness** [-nis] *s.* débauche, f. ‖ **dissolution** [disᵉlousʰᵉn] *s.* dissolution; dispersion, f. ‖ **dissolve** [dizâlv] *v.* séparer; disperser; détruire; (se) dissoudre.

dissuade [diswé¹d] *v.* dissuader. ‖ **dissuasion** [diswé¹jᵉn] *s.* dissuasion, f.

distaff [distaf] *s.* quenouille, f.

distance [distᵉns] *s.* distance, f.; lointain, m.; *v.* distancer, devancer. ‖ **distant** [distᵉnt] *adj.* éloigné; distant, hautain.

distaste [disté¹st] *s.* répulsion, f.; dégoût, m. ‖ **distasteful** [-fᵉl] *adj.* repoussant, répugnant.

distend [distènd] *v.* distendre.

distil [distil] *v.* distiller. ‖ **distillation** [dis'tléᵎshᵉn] *s.* distillation, f. ‖ **distillery** [distilᵉri] *s.** distillerie, f.

distinct [distingkt] *adj.* distinct. ‖ **distinction** [distingshᵉn] *s.* distinction, f. ‖ **distinctive** [distingktiv] *adj.* distinctif. ‖ **distinctness** [-nis] *s.* netteté; différenciation, f.

distinguish [distingwish] *v.* distinguer; discerner; différencier. ‖ **distinguishing** [-ing] *adj.* distinctif, caractéristique.

distort [distaᵘrt] *v.* déformer; fausser; distordre; altérer [truth].

distract [distrakt] *v.* distraire; détourner; rendre fou. ‖ **distraction** [distraksʰᵉn] *s.* distraction; perturbation, f.; affolement, m.

distrain [distré¹n] *v.* saisir (jur.).

distress [distrès] *s.** détresse; saisie (jur.), f.; *v.* affliger; saisir (jur.).

distribute [distribyout] *v.* distribuer; répartir; classifier. ‖ **distribution** [distrᵉbyoushᵉn] *s.* distribution, répartition, f. ‖ **distributor** [distribyᵉtᵉr] *s.* distributeur, m.; concessionnaire, m.

district [distrikt] *s.* district; arrondissement; quartier, m.; région, f.; circonscription, f.; canton; secteur, m.

distrust [distrᵃst] *s.* défiance, méfiance, f.; *v.* se défier de. ‖ **distrustful** [-fᵉl] *adj.* défiant, soupçonneux.

disturb [distᵉ̈rb] *v.* déranger; inquiéter; incommoder. ‖ **disturbance** [distᵉ̈rbᵉns] *s.* dérangement; tumulte; ennui; désordre, m.; inquiétude, f.; trouble, m.; émeute; perturbation, f. ‖ **disturber** [distᵉ̈rbᵉr] *s.* perturbateur, m.

disunion [disyounyᵉn] *s.* désunion, f. ‖ **disunite** [disyouna¹t] *v.* désunir.

disuse [disyous] *s.* désuétude, f.; [disyouz] *v.* ne plus employer.

ditch [ditsh] *s.** fossé, m.; rigole, f.; *v.* creuser un fossé; drainer ou arroser [meadow]; *Am.* plaquer.

ditto [ditoᵒu] *s.* dito, idem, m.

ditty [diti] *s.** chansonnette, f.

diurnal [da¹ᵉ̈rn'l] *adj.* quotidien.

divan [da¹vàn] *s.* divan, m.

dive [da¹v] *s.* plongeon, m.; piqué (aviat.); bistrot, m.; *v.* plonger; piquer (aviat.). ‖ **diver** [-ᵉr] *s.* plongeur; scaphandrier; plongeon [bird], m. **pearl diver,** pêcheur de perles.

diverge [deverdj] *v.* diverger; différer. ‖ **divergence** [-ens] *s.* divergence, f. ‖ **divergent** [-ent] *adj.* divergent.

divers [daıverz] *adj.* divers. ‖ **diverse** [devers] *adj.* différent. ‖ **diversify** [daıversıfaı] *v.* diversifier. ‖ **diversion** [deverjen] *s.* diversion; distraction, f. **diversity** [deversti] *s.* diversité, f. ‖ **divert** [devert] *v.* dévier; divertir.

divest [daıvèst] *v.* dévêtir; déposséder, dépouiller.

divide [devaıd] *v.* diviser; séparer; partager; désunir. ‖ **dividend** [divedènd] *s.* dividende (math.; comm.), f. ‖ **dividers** [devaıderz] *s. pl.* compas, m.

divination [divenéıshen] *s.* divination, f. ‖ **divine** [devaın] *adj.* divin; *s.* théologien, prêtre, m.; *v.* deviner. ‖ **divinity** [devineti] *s.* ⃰ divinité; théologie, f.

divisible [devizeb'l] *adj.* divisible. ‖ **division** [devijen] *s.* division, f. ‖ **divisor** [devaızer] *s.* diviseur, m.

divorce [devoours] *s.* divorce, m.; *v.* divorcer d'avec; prononcer le divorce de. ‖ **divorcee** [divauɔsi] *s.* divorcé, m. f. ‖ **divorcement** [divausment] *s.* divorce, m.

divulgation [daıvœlgéıshen] *s.* divulgation, f. ‖ **divulge** [devœldj] *v.* divulguer.

dizziness [diz'nis] *s.* vertige, m. ‖ **dizzy** [dizi] *adj.* étourdi; *to feel dizzy,* avoir le vertige.

do [dou] *v.* ⃰ faire; accomplir; réussir; exécuter; préparer; arranger; se porter; prospérer; travailler; suffire; *he tried to do me,* il a essayé de me refaire; *we cannot do without him,* nous ne pouvons nous passer de lui; *do not lie,* ne mentez pas; *how do you do?,* comment allez-vous?; *he sees us, does he not?,* il nous voit, n'est-ce pas?; *you hate me. I do not,* vous me détestez. Pas du tout; *I must do without,* il faut que je m'en passe; *do stay for dinner with us,* restez dîner avec nous; *he is done in,* il est fourbu; *that will do,* cela suffit; *well-to-do,* aisé, cossu; *well done,* bravo, à la bonne heure.

docile [dousaıl] *adj.* docile. ‖ **docility** [dousileti] *s.* docilité, f.

dock [dâk] *s.* dock; bassin; quai, m.; *dry dock,* cale sèche; *v.* faire entrer dans le dock; diminuer [wages]; rogner (*off,* sur); **docker,** docker.

doctor [dâkter] *s.* docteur; médecin, m.; *v.* soigner; exercer la médecine; *eye-doctor,* oculiste. ‖ **doctorate** [-rit] *s.* doctorat, m.

doctrine [dâktrin] *s.* doctrine, f.

document [dâkyement] *s.* document, m.; [dâkyemènt] *v.* documenter; **document-case,** porte-documents. ‖ **documentary** [dâkyoumént'ri] *adj.* documentaire. ‖ **documentation** [dâkyoumént'ish'n] *s.* documentation, f.

dodder [dauder] *v.* dodeliner du chef; chanceler; traîner la patte (fam.).

dodge [dâdj] *s.* ruse, f.; détour; stratagème, m.; *v.* esquiver; louvoyer; ruser; faire marcher; lanterner.

doe [douʳ] *s.* femelle du daim, du lapin, du lièvre, f.

doff [dâf] *v.* enlever, ôter.

dog [daug] *s.* chien; chenêt; crampon (mech.), m.; suivre à la piste, chasser; **dogberry tree,** cornouiller; **dog days,** canicule; **dog-rose,** églantine; **doggedly,** avec acharnement; **dog-house,** niche; **dog's ear,** corne à un livre; **dog show,** exposition canine; **dog-tired,** éreinté; **doggish,** hargneux, grincheux; *Am.* plastronneur.

dogma [daugme] *s.* dogme, m.; **dogmatic,** dogmatique, catégorique.

doings [douingz] *s. pl.* agissements, m. pl.; conduite, f.; actions, f. pl.

doldrums [dâldremz] *s. pl.* cafard; marasme, m.; calmes équatoriaux, m. pl.

dole [dooul] *s.* distribution gratuite; aumône, f.; secours, m.; *v.* distribuer; **unemployment dole,** indemnité de chômage.

doleful [dooulfel] *adj.* lugubre; endeuillé; plaintif; dolent, triste.

doll [dâl] *s.* poupée, f.

dollar [dâler] *s.* dollar, m.; *Fr. Can.* piastre, f.

dolly [dâli] *s.* ⃰ chariot, m.; poupée, f.

dolor [dooulerʳ] *s.* douleur, f.

dolphin [dâlfin] *s.* dauphin [mammal], m.; daurade, f. [fish].

dolt [dooult] *s.* lourdaud, sot, m.

domain [doumeín] *s.* domaine, m.

dome [dooum] *s.* dôme, m.

domestic [demèstik] *adj.* domestique; privé; national; apprivoisé; *s.* domestique, serviteur, m.

domicile [dâmes'l] *s.* domicile, m.; *v.* (se) domicilier.

dominant [dâmenent] *adj.* dominant. ‖ **dominate** [dâmenéıt] *v.* dominer. ‖ **domination** [dâmenéıshen] *s.* domination, f. ‖ **domineer** [dâmenierʳ] *v.* tyranniser, opprimer.

dominion [deminyen] *s.* dominion, m.; domination; souveraineté, f.

domino [dâmenoou] *s.* ⃰ domino [costume, mask, game], m.

don [dân] *v.* mettre, vêtir.

donate [do⁰né¹t] v. donner, accorder. ‖ **donation** [do⁰né¹sh⁰n] s. donation, f.; don, m.

done [dœn] p. p. of **to do**; fait, achevé; *to be done with*, en avoir fini avec; *to be done for*, être épuisé, ruiné; *overdone*, trop cuit.

donee [doni] s. donataire, m.

donkey [dãnki] s. âne, m.

donor [do⁰n⁰r] s. donateur; donneur, m.

doodle [doud'l] v. griffonner des petits dessins; s. griffonnage, m.

doom [doum] s. jugement, m.; sentence; destinée, f.; **doomsday**, jour du jugement dernier; v. condamner; destiner, vouer [*to*, à].

door [do⁰r] s. porte; entrée; portière, f.; **doorframe**, chambranle; **doorkeeper**, portier, huissier; **doorknob**, bouton; **doormat**, paillasson; **doorstep**, pas de porte, seuil; **doorway**, entrée; *next door*, à côté.

dope [do⁰p] s. stupéfiant; opium; *Am.* tuyau (slang); benêt, m.; v. droguer, doper; **dope fiend**, morphinomane.

dormer [daurm⁰r] s. lucarne, f.

dormitory [daurm⁰to⁰uri] s.* dortoir, m.

dormouse [daurma⁰us] s. loir, m.

dorsal [daurs'l] adj. dorsal.

dosage [do⁰usidj] s. dosage, m.; posologie, f. ‖ **dose** [do⁰us] s. dose, f.; v. médicamenter.

dot [dât] s. point, m.; v. mettre des points; pointiller; *to a dot*, parfaitement, minutieusement; **polka dots**, pois sur étoffe.

dotage [do⁰utidj] s. radotage, m. ‖ **dotard** [do⁰ut⁰rd] s. radoteur, m.

double [dœb'l] adj. double; s. double; duplicata; pli; contre [bridge], m.; ruse, duplicité, f.; v. doubler; plier; replier; redoubler; serrer [fists]; adv. doublement; **double-bedroom**, chambre à deux lits; **double-breasted**, croisé; **double-deal**, duplicité; **double-quick**, pas gymnastique (mil.); *to double-cross*, duper.

doubt [da⁰ut] s. doute, m.; v. douter; hésiter; soupçonner; **doubtful**, douteux; indécis; **doubtless**, sans aucun doute, indubitablement.

douche [doush] s. douche; injection, f.; bock, m.; v. (se) doucher; donner (or) prendre une injection.

dough [do⁰u] s. pâte, f.; argent (slang); **doughboy**, fantassin américain; **doughnut**, beignet, *Fr. Can.* beigne, m.; **doughtray**, pétrin.

doughty [da⁰uti] adj. courageux.

douse [da⁰us] v. tremper, doucher; éteindre.

dove [do⁰uv] pret. of **to dive**.

dove [dœv] s. colombe, f.; pigeon, m.; **dove-cot**, pigeonnier; **dovetail**, queue d'aronde.

dowager [da⁰uedj⁰r] s. douairière, f.

dowdy [da⁰udi] adj. négligé; mal tenu; fagoté.

dower [da⁰uer] s. douaire, m.; dot, f.; v. donner en douaire; doter.

down [da⁰un] s. dune, f.

down [da⁰un] s. duvet, m.; **downy**, duveteux.

down [da⁰un] adv. en bas; bas; au fond; à terre; adj. descendant; déprimé; baissé, abaissé; prep. du haut en bas de; s. descente, f.; v. baisser; descendre; renverser; *the sun is down*, le soleil est couché; *down here*, ici-bas; *to pay down*, verser des arrhes; **downcast**, abattu; **downdraft**, trou d'air (aviat.); **down-stream**, au fil du courant. ‖ **downfall** [-faul] s. chute, f. ‖ **downpour** [-po⁰ur] s. averse, f. ‖ **downright** [-ra¹t] adj. vertical; franc, catégorique. ‖ **downstairs** [-stèrz] adv. en bas; adj. du rez-de-chaussée. ‖ **downward** [-w⁰rd] adj. en pente; incliné; adv. en descendant; vers le bas; en bas.

dowry [da⁰uri] s.* dot, f.; douaire, m.

dowser [da⁰uz⁰r] s. radiesthésiste, m.

doze [do⁰uz] s. somme, m.; sieste, f.; v. sommeiller; s'assoupir.

dozen [dœz'n] s. douzaine, f.; *a baker's dozen*, treize à la douzaine.

drab [drab] adj. grisâtre; monotone.

draft [draft] s. tirage; puisage; plan; brouillon; dessin; virement bancaire; courant d'air; détachement (mil.); tirant d'eau (naut.), m.; circonscription (mil.); boisson; traite (comm.), f.; pl. dames [game], f.; v. esquisser; dessiner; faire un brouillon; détacher (mil.); **draftee**, conscrit; **draftsman**, dessinateur; *to rough-draft*, ébaucher.

drag [drag] s. herse; drague, f.; grappin; frein, sabot; obstacle; drag, m.; trace artificielle du renard [hunting], f.; v. traîner; draguer; pêcher à la seine; passer lentement [time]; enrayer [wheel]; chasser sur ses ancres (naut.); chasser le renard [hunting]; **dragnet**, drège; *Am.* rafle.

dragon [drag⁰n] s. dragon, m. ‖ **dragonfly** [drag⁰nfla¹] s.* libellule, f.

drain [dré¹n] s. drain; conduit d'écoulement; égout, m.; v. drainer; assécher; épuiser; vider; s'égoutter. ‖ **drainage** [-¹dj] s. drainage; soutirage; assèchement; écoulement, m.

drake [dré¹k] s. canard, m.

dram [dram] *s.* drachme [weight], f.; goutte [drink], f.

drama [drâm^e] *s.* drame, m. ‖ *dramatic* [dr^ematik] *adj.* dramatique. ‖ *dramatist* [drâm^etist] *s.* dramaturge, auteur dramatique, m. ‖ *dramatize* [dram^etaⁱz] *v.* dramatiser.

drank [dràngk] *pret. of* to drink.

drape [dréⁱp] *s.* draperie, f.; rideau, m.; *v.* draper. ‖ *draper* [-^er] *s.* drapier, marchand de nouveautés, m. ‖ *drapery* [-^eri] *s.* draperie; étoffes, f.; métier de drapier, m.

drastic [drastik] *adj.* rigoureux.

draught [draft], see draft.

draw [drau] *v.** tirer; haler; extraire; dégainer [sword]; inspirer [breath]; tirer, gagner [lot]; toucher [money]; attirer; tirer [chimney]; tirer sur (comm.); dessiner, esquisser [teeth]; étirer [wire]; puiser [water]; faire match nul; *to draw up,* pousser [sigh]; rédiger [document]; relever, tirer en haut; *to draw together,* se rapprocher, se rassembler; *s.* lot gagné; tirage du lot; montant obtenu ou touché, m.; partie nulle; attraction, f.; *drawback,* obstacle, handicap; drawback (comm.); *drawbridge,* pont-levis. ‖ *drawer* [-^er] *s.* tireur; tiroir, m.; [-^erz] *pl.* caleçon, m. ‖ *drawing* [-ing] *s.* tirage; dessin, m.; extraction; attraction; quantité de thé à infuser, f.; *drawing-paper,* papier à dessin; *drawing-pin,* punaise; *drawing-room,* salon. ‖ *drawn* [-n] *p. p. of* to draw.

drawl [draul] *v.* ânonner; *s.* élocution lente et traînante, f.

dray [dréⁱ] *s.* camion, m.; *drayage,* camionnage.

dread [drèd] *s.* crainte, terreur, f.; *adj.* terrible; *v.* redouter, s'épouvanter. ‖ *dreadful* [-f^el] *adj.* terrifiant, épouvantable, redoutable.

dreadnought [drèdnaut] *s.* dreadnought, m.; ratine [cloth], f.

dream [drîm] *s.* rêve, m.; *v.** rêver. ‖ *dreamer* [-^er] *s.* rêveur, m. ‖ *dreamily* [-ili] *adv.* rêveusement. ‖ *dreamt* [drèmt] *pret., p. p. of* to dream. ‖ *dreamy* [drîmi] *adj.* rêveur, mélancolique; irréel; vague.

dreary [driri] *adj.* morne; lugubre.

dredge [drèdj] *s.* drague, f.; *v.* draguer; *dredge boat,* dragueur.

dredge [drèdj] *v.* saupoudrer. ‖ *dredger* [-^er] *s.* saupoudroir, m.

dregs [drègz] *s. pl.* lie, f.

drench [drèntsh] *s.** averse; saucée (colloq.), f.; purge, f. [for animals]; *v.* tremper; inonder; faire boire; purger.

dress [drès] *s.** habillement, m.; robe; toilette, tenue, f.; *v.* habiller, vêtir; apprêter; orner; parer; coiffer [hair]; tanner [leather]; cultiver [land]; panser [wound]; pavoiser [ship]; aligner [soldiers]; s'habiller; se parer; s'aligner (mil.); *dress-coat,* habit de soirée; *dress-rehearsal,* répétition générale. ‖ *dresser* [-^er] *s.* coiffeuse, f. ‖ *dressing* [-ing] *s.* toilette; sauce; raclée (fam.), f.; assaisonnement; apprêt (techn.); alignement (mil.), m.; *French dressing,* vinaigrette; *dressing-gown,* robe de chambre. ‖ *dressmaker* [-méⁱk^er] *s.* couturier, m.; couturière, f. ‖ *dressmaking* [-méⁱking] *s.* couture, f. ‖ *dressy* [-i] *adj.* chic, élégant.

drew *pret. of* to draw.

dribble [drib'l] *v.* dégoutter; verser goutte à goutte; dribbler [game]; *s.* goutte, f. ‖ *driblet* [drîblit] *s.* goutte; bribe, f.; brin, soupçon, m.

dried [draⁱd] *pret., p. p. of* to dry; *adj.* sec; déshydraté; tapé [pear]. ‖ *drier* [draⁱer] *s.* séchoir, m.; sécheuse, f.; siccatif, m.

drift [drift] *s.* poussée; tendance; alluvion; dérive (naut.); masse [snow], f.; nuage [dust]; *v.* pousser; amonceler; aller à la dérive; s'amasser; être chassé par le vent.

drill [dril] *s.* foret; exercice (mil.), m.; *v.* forer, percer; faire l'exercice; *drill ground,* terrain de manœuvres.

drill [dril] *s.* sillon; semoir, m.; *v.* semer par sillon.

drily [draⁱli], see dryly.

drink [dringk] *s.* boisson, f.; alcool, m.; *v.** boire; *to drink up,* vider [glass]; *to drink in,* écouter attentivement, absorber; *to drink off,* boire d'un trait; *drink-money,* pourboire. ‖ *drinkable* [-^eb'l] *adj.* buvable, potable. ‖ *drinker* [-^er] *s.* buveur, m. ‖ *drinking* [-ing] *s.* boire, m.; boisson; ivrognerie, f.; *drinking-bout,* beuverie; *drinking-water,* eau potable.

drip [drip] *s.* égouttement, m.; *v.* dégoutter; *drip-coffee,* café-filtre; *dripping-pan,* lèche-frite.

drive [draⁱv] *s.* promenade en voiture; route carrossable; presse (comm.); vente-réclame (comm.); transmission (mech.); *Am.* touche [cattle]; drive [sport], m.; flottage, m., *Fr. Can.* drave, f.; *v.** pousser; conduire [auto]; faire marcher, actionner; contraindre; enfoncer [nail]; toucher [cattle]; *Fr. Can.* draver; driver; aller en voiture; percer [tunnel]; *he has a lot of drive,* il a beaucoup d'allant; *what are you driving at?,* où voulez-vous en venir?; *driving wheel,* roue motrice.

drivel [driv'l] *v.* baver; radoter; *s.* bave; bêtises, f.

driven [driv^en] *p. p. of* **to drive**. ‖ **driver** [draⁱv^er] *s.* conducteur; chauffeur; mécanicien; machiniste; driver [sport]; *Fr. Can.* draveur, m.

drizzle [driz'l] *v.* bruiner; *s.* bruine, f.

droll [dro^oul] *adj.* drôle, amusant.

dromedary [drâm^ed^eri] *s.* dromadaire, m.

drone [dro^oun] *s.* bourdon; bourdonnement; parasite, m.; *v.* bourdonner; paresser; vivre en parasite.

droop [droup] *v.* se pencher; languir; s'affaiblir; se voûter; pencher [head]; baisser [eyes]; *s.* affaissement, m.

drop [drâp] *s.* goutte; chute; pendeloque, f.; *v.* laisser tomber; goutter; tomber; jeter [anchor]; lâcher [bombs]; sauter [stitch]; laisser échapper [word]; *cough drop,* pastille contre la toux; *drop curtain,* rideau de théâtre; *dropper, dropping tube,* compte-gouttes.

dropsy [drâpsi] *s.* hydropisie, f.

drought [dra^out] *s.* sécheresse, f.

drove [dro^ouv] *s.* troupeau, m.

drove [dro^ouv] *pret. of* **to drive.**

drown [dra^oun] *v.* noyer; étouffer [sound]; submerger; se noyer.

drowse [dra^ouz] *v.* sommeiller; somnoler. ‖ **drowsiness** [dra^ouzinis] *s.* somnolence, f. ‖ **drowsy** [dra^ouzi] *adj.* somnolent, assoupi; soporifique, endormant; apathique, endormi.

drudge [drœdj] *v.* peiner, trimer; *s.* trimeur, forçat, esclave, m. ‖ **drudgery,** corvée; besogne harassante; turbin (colloq.).

drug [drœg] *s.* produit pharmaceutique, m.; drogue f.; stupéfiant, m.; *v.* droguer; *drug-addict,* toxicomane. ‖ **druggist** [-ist] *s.* droguiste, pharmacien, m. ‖ **drugstore** [-sto^or] *s.* pharmacie, droguerie, f.; bazar, m.

druid [dro^ouìd] *s.* druide, m.

drum [drœm] *s.* tambour; tympan; cylindre; rouleau, m.; *v.* tambouriner; battre du tambour; *bass drum,* grosse caisse; *drumhead,* peau de tambour; *drum major,* tambour-major; *drumstick,* baguette de tambour. ‖ **drummer** [-^er] *s.* tambour [man]; *Am.* commis voyageur, m.

drunk [drœngk] *p. p. of* **to drink**; *adj.* ivre; *to get drunk,* prendre une cuite (fam.), *Fr. Can.* prendre une brosse. ‖ **drunkard** [-^erd] *s.* ivrogne, poivrot, m. ‖ **drunken** [-^en] *adj.* ivre. ‖ **drunkenness** [-^enis] *s.* ivresse, ivrognerie, f.

dry [draⁱ] *adj.* sec, sèche; desséché; aride, altéré; caustique; ardu; *Am.* antialcoolique; ennuyeux, « rasoir »; *v.* sécher; faire sécher; essuyer

[dishes]; se tarir; *s.* Am.* prohibitionniste, m.; *dry goods,* nouveautés; *dry cleaning,* nettoyage à sec; *drysalter,* droguiste; ‖ **dryly** [-li] *adv.* sèchement; ‖ **dryness** [-nis] *s.* sécheresse; dessiccation; aridité, f.

dual [dyou^el] *adj.* double; *dual control,* double commande; *dual office,* cumul. ‖ **duality** [dyoualiti] *s.** dualité, f.

dub [dœb] *v.* qualifier; doubler [film]; raboter, aplanir.

dubious [dyoubi^es] *adj.* douteux; contestable; problématique. ‖ **dubitative** [-bit^etiv] *adj.* dubitatif.

duchess [dœtshis] *s.** duchesse, f.

duck [dœk] *s.* coutil, m.

duck [dœk] *s.* canard, m.; cane, f.; *duckling,* caneton.

duck [dœk] *v.* plonger; immerger; éviter en baissant la tête; *s.* plongeon, m.; esquive, f.

duct [dœkt] *s.* conduit, m.

ductile [dœkt'l] *adj.* ductile, docile.

dudgeon [dœdj^en] *s.* colère, f.

due [dyou] *adj.* dû; convenable; échu [bill]; qui doit arriver; *s.* dû; droit, m.; taxe, f.; *due North,* droit vers le Nord; *what is it due to?,* à quoi cela tient-il?; *in due time,* en temps voulu; *the train is due at six,* le train doit arriver à six heures; *town dues,* octroi.

duel [dyou^el] *s.* duel, m.; *v.* se battre en duel.

duet [dyouèt] *s.* duo, m. ‖ **duettist** [-ist] *s.* duettiste, m. f.

duffer [dœf^er] *s.* colporteur; faussaire; faux; cancre; sot, m.

dug *pret., p. p. of* **to dig**. ‖ **dugout** [dœga^out] *s.* abri, m.; cagna; pirogue, f.

duke [dyouk] *s.* duc, m.; *dukedom,* duché, m.

dull [dœl] *adj.* stupide, hébété; borné; traînard; morne, terne; ennuyeux; ralenti (comm.); triste; gris [sky]; sourd [sound]; pâle [color]; émoussé [blade]; *v.* hébéter, engourdir; ternir; émousser; amortir. ‖ **dullness** [-nis] *s.* stupidité; lenteur; torpeur; tristesse, f.; ennui; engourdissement, m.

duly [dyouli] *adv.* dûment.

dumb [dœm] *adj.* muet, muette; silencieux; *Am.* stupide; *dumb-waiter,* monte-plat. ‖ **dumbness** [-nis] *s.* mutisme, m.; stupidité, f.

dumfound [dœmfa^ound] *v.* abasourdir, confondre, désarçonner, ébahir.

dummy [dœmi] *s.** mannequin; acteur d'un rôle muet; homme de paille; mort [bridge]; objet factice, m.;

maquette; sucette, f.; *adj.* factice, truqué; *agissant comme* prête-nom.

dump [dœmp] *s.* dépôt; dépotoir, m.; décharge publique des ordures, f.; *v.* décharger, vider; entasser.

dumps [dœmps] *s. pl.* cafard, m.; idées noires, f. pl.

dumpy [dœmpi] *adj.* trapu, replet.

dun [dœn] *v.* harceler (a debtor); *s.* créancier impatient, m.

dunce [dœns] *s.* ignorant, m.; *dunce's cap,* bonnet d'âne.

dune [dyoun] *s.* dune, f.

dung [dœng] *s.* fumier, m.; crotte, f.; *v.* fumer; *dunghill,* tas de fumier.

dungeon [dœndjᵉn] *s.* cachot, m.

dunk [dœnk] *v.* tremper, faire des mouillettes; faire trempette.

Dunkirk [dœnkᵉrk] *s.* Dunkerque.

duo [dyouoᵒᵘ] *s.* duo, m.

dupe [dyoup] *s.* dupe, f.; *v.* duper.

duplicate [dyouplᵉkit] *adj.* double; *s.* double, duplicata, m.; [dyouplᵉkéⁱt] *v.* copier; établir en double; faire un duplicata; reproduire.

duplicity [dyouplⁱsti] *s.** duplicité, hypocrisie, f.

durable [dyouʳeb'l] *adj.* durable. ‖ **duration** [dyouréⁱshᵉn] *s.* durée, f. ‖ **duress** [dyouʳèrs] *s.* contrainte; captivité, f. ‖ **during** [dyouring] *prep.* durant, pendant.

dusk [dœsk] *s.* crépuscule, m.; *Fr. Can.* brunante, f. ‖ **dusky** [-i] *adj.* sombre, obscur; hâlé.

dust [dœst] *s.* poussière; cendres [corpse], f.; ordures, balayures, f.; poussier, m.; *v.* épousseter; saupoudrer; *saw-dust,* sciure; *dust coat,* cache-poussière; *dust-pan,* pelle à ordures. ‖

duster [-ᵉʳ] *s.* torchon, essuie-meuble; *Am.* cache-poussière, m.; *feather-duster,* plumeau. ‖ **dusty** [-i] *adj.* poussiéreux; poudreux.

Dutch [dœtsh] *adj., s.* Hollandais, Néerlandais; *Dutch oven,* rôtissoire. ‖ **Dutchman** [-mᵉn] (*pl.* **Dutchmen**) *s.* Hollandais, m.

dutiable [dyoutieb'l] *adj.* soumis aux droits de douane. ‖ **dutiful** [dyouti-fᵉl] *adj.* soumis; déférent; respectueux. ‖ **duty** [dyouti] *s.** devoir; respect, m.; tâche, obligation; taxe, imposition, f.; *duty-free,* exempt d'impôt.

dwarf [dwaʳf] *adj., s.* nain, naine; *v.* rapetisser; arrêter la croissance; réduire (*to,* à).

dwell [dwèl] *v.** habiter, demeurer; rester; insister (*on,* sur). ‖ **dweller** [-ᵉʳ] *s.* habitant, résident, m. ‖ **dwelling** [-ing] *s.* habitation, f.; domicile, m. ‖ **dwelt** [-t] *pret., p. p. of* **to dwell**.

dwindle [dwind'l] *v.* diminuer; dépérir; se ratatiner.

dye [daⁱ] *s.* teinture; couleur, f.; *v.* teindre; *Br.* dye-house; *Am.* dye-work, teinturerie. ‖ **dyer** [-ᵉʳ] *s.* teinturier, m.

dying [daⁱing] *adj.* moribond, mourant.

dynamic [daⁱnamik] *adj.* dynamique; énergique; *s. pl.* dynamique, f. ‖ **dynamism** [daⁱnᵉmiz'm] *s.* dynamisme, m.

dynamite [daⁱnᵉmaⁱt] *s.* dynamite, f.; *v.* dynamiter, miner. ‖ **dynamiter** [-ᵉʳ] *s.* dynamiteur, m.

dynamo [daⁱnᵉmᵒ] *s.* dynamo, f.

dynasty [dinᵉsti] *s.** dynastie, f.

dysentery [dis'ntèri] *s.* dysenterie, f.

dyspepsia [dispèpshᵉ] *s.* dyspepsie, f.

E

each [îtsh] *adj.* chaque; *pron.* chacun, chacune; *each other,* l'un l'autre.

eager [îgᵉr] *adj.* avide; ardent; impatient. ‖ **eagerness** [-nis] *s.* avidité; ardeur; impatience, f.; zèle, m.

eagle [îg'l] *s.* aigle, m.; *eagle-owl,* grand-duc.

ear [iᵉr] *s.* oreille; anse, f.; épi, m.; *ear-drum,* tympan; *ear-ring,* boucle d'oreille; *ear-trumpet,* cornet acoustique; *ear-wax,* cérumen.

earl [ᵉrl] *s.* comte, m.

early [ᵉrli] *adv.* tôt, de bonne heure; *adj.* matinal; précoce; prompt; de primeur [fruit]; bas [age].

earn [ᵉrn] *v.* gagner; acquérir; mériter; *earnings,* salaire.

earnest [ᵉrnist] *adj.* sérieux; sincère; ardent; *s.* sérieux, m.; *in earnest,* sérieusement, pour de bon; *earnest money,* arrhes. ‖ **earnestly** [-li] *adv.* avec sérieux; avec ardeur.

earnings [ᵉrningz] *s.* gain, salaire, m.; appointements, m. pl.; bénéfices, m. pl.

earphone [iᵉrfooᵘn], **earpiece** [iᵉr-pîs] *s.* écouteur, m. ‖ **earshot** [-shôt] *s.* portée d'ouïe, f.

earth [ᵉrth] *s.* terre, f.; monde; univers; sol, m. ‖ **earthen** [-ᵉn] *adj.* en terre; de terre; *earthenware,* poterie, faïence. ‖ **earthly** [-li] *adj.* terrestre; mondain; matériel. ‖ **earthquake** [-kwéⁱk] *s.* tremblement de terre, m. ‖ **earthwork** [-wᵉrk] *s.* terrassement,

m. ‖ **earthworm** [-wër̄m] *s.* ver de terre; lombric, m. ‖ **earthy** [-i] *adj.* terreux; fruste; truculent.

ease [īz] *s.* aise, confort; soulagement, m.; aisance; facilité; détente, f.; *v.* soulager; détendre; faciliter; mollir (naut.); alléger.

easel [īz'l] *s.* chevalet, m.

easily [īzᵉli] *adv.* aisément.

east [īst] *s.* est; orient; levant, m.; *adj.* oriental; *adv.* à l'est, vers l'est, de l'est; *Near East*, Proche-Orient; *Far East*, Extrême-Orient.

Easter [īstᵉr] *s.* Pâques, m. pl.

eastern [īstᵉrn] *adj.* oriental, de l'est. ‖ **eastward** [īstwᵉrd] *adv., adj.* vers l'est.

easy [īzi] *adj.* facile; à l'aise; léger; libre; docile; tranquille; *to feel easy*, se sentir à son aise; *easy-going*, placide, accommodant; *by easy stages*, à petites étapes.

eat [īt] *v.* manger; *to eat up the miles*, dévorer les kilomètres. ‖ **eatables** [ītᵉb'lz] *s. pl.* aliments, m.; choses comestibles, f. ‖ **eaten** [īt'n] *p. p. of to eat.* ‖ **eater** [-ᵉr] *s.* mangeur, m. ‖ **eating-house** [ītinghaᵒus] *s.* restaurant, m.

eaves [īvz] *s.* larmier, m.; *eaves-drop*, écouter aux portes; *eaves-dropper*, espion, indiscret.

ebb [èb] *s.* reflux; déclin, m.; baisse, f.; *v.* refluer; décliner; péricliter; *ebb tide*, jusant.

ebony [èbᵉni] *s.* ébène, m.

ebullient [ibælyᵉnt] *adj.* bouillonnant, effervescent; exubérant. ‖ **ebullition** [èbᵉlishᵉn] *s.* ébullition, f.

eccentric [iksèntrik] *adj., s.* excentrique, original. ‖ **eccentricity** [èksèntrisiti] *s.* excentricité, f.

ecclesiastic [ikliziastik] *adj., s.* ecclésiastique.

echo [èkoᵒu] *s.* écho, m.; *v.* répéter; faire écho, répercuter.

éclair [éᵏklèᵉr] *s.* éclair, m. (culin.).

eclipse [iklips] *s.* éclipse, f.; *v.* éclipser; *to become eclipsed*, s'éclipser.

economical [ikᵉnâmik'l] *adj.* économique; économe, épargnant. ‖ **economically** [-'li] *adv.* économiquement. ‖ **economics** [ikᵉnâmiks] *s.* économie politique, f. ‖ **economist** [ikânᵉmist] *s.* économiste, m. ‖ **economize** [ikânᵉmaᵏz] *v.* économiser; ménager, épargner. ‖ **economy** [ikânᵉmi] *s.* économie, parcimonie; frugalité; épargne, f.; système économique, m.

ecstasy [èkstᵉsi] *s.* extase, f. ‖ **ecstatic** [èkstatik] *adj.* extatique.

eczema [ékzimᵉ] *s.* eczéma, m.

eddy [èdi] *s.* tourbillon, remous, m.; *v.* tourbillonner.

edge [èdj] *s.* tranchant; bord; fil [sword], m.; lisière; tranche [book]; acuité, f.; *v.* aiguiser; border; se faufiler; *to set the teeth on edge*, agacer les dents; *gilt-edged*, doré sur tranche.

edible [èdᵉb'l] *adj., s.* comestible.

edict [īdikt] *s.* édit, m.

edification [édifiké¹shᵉn] *s.* édification, f. ‖ **edificatory** [-tᵉri] *adj.* édifiant. ‖ **edifice** [èdᵉfis] *s.* édifice, m. ‖ **edify** [èdᵉfa¹] *v.* édifier.

edit [èdit] *v.* réviser; éditer. ‖ **edition** [idishᵉn] *s.* édition, f. ‖ **editor** [èditᵉr] *s.* rédacteur en chef; directeur de journal ou de collection, m. ‖ **editorial** [èdᵉtoᵒuri⁴l] *adj., s.* éditorial, m.; *Am. editorial writer*, éditorialiste.

educate [èdjᵉké¹t] *v.* éduquer; élever; instruire. ‖ **education** [èdjᵉké¹shᵉn] *s.* éducation; pédagogie; études, f. ‖ **educational** [-'l] *adj.* instructif; pédagogique. ‖ **educative** [èdjᵉké¹tiv] *adj.* éducatif. ‖ **educator** [èdjᵉké¹tᵉr] *s.* éducateur, m.; éducatrice, f.

eel [īl] *s.* anguille, f.; *eel-pout*, barbote.

efface [ifès] *v.* effacer. ‖ **effacement** [-mᵉnt] *s.* effacement, m.

effect [ᵉfèkt] *s.* effet, résultat; sens; accomplissement, m.; réalisation; influence, f.; *pl.* effets, biens, m. pl.; *v.* effectuer, accomplir. ‖ **effective** [-iv] *adj.* effectif; efficace; impressionnant; en vigueur (jur.); bon pour le service (mil.). ‖ **effectiveness** [-nis] *s.* efficacité, f.; effet, m.; sensation, f. ‖ **effectual** [ᵉfèktshouᵉl] *adj.* efficace.

effeminate [ᵉfèmᵉnit] *adj.* efféminé.

effervescent [èfᵉrvès'nt] *adj.* effervescent; exubérant, surexcité.

effete [èfīt] *adj.* épuisé; stérile.

efficacious [éfiké¹shᵉs] *adj.* efficace. ‖ **efficacy** [èfᵉkᵉsi] *s.* efficacité, f.

efficiency [ᵉfishᵉnsi] *s.* efficience, f. ‖ **efficient** [ᵉfishᵉnt] *adj.* efficient; compétent; capable; utile.

effigy [èfᵉdji] *s.* effigie, f.

effluvium [èflouviᵉm] *s.* effluve, m.

effort [èfᵉrt] *s.* effort, m.

effrontery [ᵉfrǣntᵉri] *s.* effronterie, impudence, f.

effulgence [èfǣldjᵉns] *s.* éclat, brillant, m.; splendeur, f.

effusion [èfyouijᵉn] *s.* effusion, f.; épanchement, m. ‖ **effusive** [èfyousiv] *adj.* expansif, démonstratif.

egg [èg] *s.* œuf, m.; *boiled egg*, œuf à la coque; *fried egg*, œuf sur le plat; *hard-boiled egg*, œuf dur; *poached egg*, œuf poché; *scrambled eggs*, œufs brouillés; *egg-cup,* coquetier; *eggplant,* aubergine; *egg-shell,* coquille d'œuf.

egocentric [égoᵒᵘséntrik] *adj.* égocentriste. ‖ *egocentricity* [ègoᵒᵘséntrisᵉti] *s.* égocentrisme, m. ‖ *egoism* [égoᵒᵘiz'm] *s.* égoïsme, m. ‖ *egoist* [-ist] *s.* égoïste, m. f. ‖ *egotism* [ìgᵉtizᵉm] *s.* égotisme, m. ‖ *egotist* [-ist] *s.* égotiste, m. f.

egregious [igrìdjiᵉs] *adj.* insigne, notoire, signalé.

Egypt [ídjipt] *s.* Égypte, f.; *Egyptian,* égyptien, Égyptien.

eider [a¹dᵉr] *s.* eider, m.; *eider-down,* duvet; édredon, m.

eight [é¹t] *adj.* huit. ‖ *eighth* [-th] *adj.* huitième. ‖ *eighty* [-i] *adj.* quatre-vingts.

either [ìzhᵉr] *adj.,* *pron.* l'un ou l'autre; *conj.* ou bien; *adv.* non plus; *either of them,* chacun d'eux; *nor he either,* ni lui non plus; *in either case,* dans les deux cas.

eject [idjèkt] *v.* éjecter, expulser. ‖ *ejection* [-shᵉn] *s.* expulsion, f.

elaborate [ilabᵉrit] *adj.* compliqué, recherché; soigné, fini; [ilabᵉré¹t] *v.* élaborer, produire.

elapse [ilaps] *v.* s'écouler [time].

elastic [ilastik] *adj.* élastique; souple; *s.* élastique, m. ‖ *elasticity* [ilastisᵉti] *s.* élasticité, f.

elate [ilé¹t] *v.* exalter, transporter.

elbow [èlboᵘ] *s.* coude, m.; *v.* coudoyer; *to elbow one's way,* jouer des coudes pour se frayer un chemin; *elbow grease,* huile d'un coude.

elder [èldᵉr] *adj.* aîné; plus âgé; ancien; *s.* aîné, ancien; dignitaire (eccles.), m. ‖ *elderly* [-li] *adj.* d'un certain âge. ‖ *eldest* [èldist] *adj.* aîné.

elder [èldᵉr] *s.* sureau, m.

elect [ilèkt] *adj.* élu; d'élite; *v.* élire. ‖ *election* [ilèkshᵉn] *s.* élection, f. ‖ *elective* [-tiv] *adj.* électif; électoral; facultatif; *s.* matière à option, f. ‖ *elector* [ilèktᵉr] *s.* électeur, m. ‖ *electoral* [ilèktᵉrᵉl] *adj.* électoral.

electric [ilèktrik] *adj.* électrique. ‖ *electrical* [-'l] *adj.* électrique; *electrical engineering,* électrotechnique. ‖ *electrician* [ilèktrishᵉn] *s.* électricien, m. ‖ *electricity* [ilèktrisᵉti] *s.* électricité, f. ‖ *electrify* [ilèktrᵉfa¹] *v.* électrifier; électriser. ‖ *electrocute* [ilèktrᵉkyout] *v.* électrocuter. ‖ *electrode* [ilèktroᵘd] *s.* électrode, f. ‖ *electromagnet* [ilèktroᵘmagnit] *s.* électro-aimant, m. ‖ *electron* [ilèktrân] *s.* électron, m. ‖ *electronics* [-iks] *s.* électronique, f.

elegance [èlᵉgᵉns] *s.* élégance, f. ‖ *elegant* [èlᵉgᵉnt] *adj.* élégant.

elegy [élìdji] *s.* * élégie, f.

element [èlᵉmᵉnt] *s.* élément, m. ‖ *elementary* [-ᵉri] *adj.* élémentaire; primaire [school].

elephant [èlᵉfᵉnt] *s.* éléphant, m.

elevate [èlᵉvé¹t] *v.* élever, hausser; exalter, ennoblir; enthousiasmer. ‖ *elevation* [èlᵉvé¹shᵉn] *s.* élévation; altitude; exaltation, f. ‖ *elevator* [èlᵉvé¹tᵉr] *s.* ascenseur; élévateur, m.

eleven [ilèvᵉn] *adj.* onze.

elicit [ilisit] *v.* tirer, arracher [word]; susciter [applause].

eligible [èlidjᵉb'l] *adj.* éligible.

eliminate [ilimᵉné¹t] *v.* éliminer. ‖ *elimination* [ilimᵉné¹shᵉn] *s.* élimination, f. ‖ *eliminatory* [ilimᵉnᵉtori] *adj.* éliminatoire.

elixir [ilíksᵉr] *s.* élixir, m.

elk [èlk] *s.* élan; *Am.* wapiti, m.

ellipse [ilíps] *s.* ellipse, f.

elm [èlm] *s.* orme, m.

elocution [élᵉkyoushᵉn] *s.* élocution; diction, f.

elope [iloᵒᵘp] *v.* s'enfuir *(from,* de); se faire enlever *(with,* par).

eloquence [èlᵉkwᵉns] *s.* éloquence, f. ‖ *eloquent* [èlᵉkwᵉnt] *adj.* éloquent.

else [èls] *adj.* autre; *adv.* autrement; *nothing else,* rien d'autre; *or else,* ou bien; *everything else,* tout le reste; *nowhere else,* nulle part ailleurs. ‖ *elsewhere* [-hwèᵉr] *adv.* ailleurs.

elucidate [ilousᵉdé¹t] *v.* élucider; clarifier. ‖ *elucidation* [ilousᵉdé¹shᵉn] *s.* élucidation, explication, f.; éclaircissement, m.

elude [iloud] *v.* éluder; échapper à. ‖ *elusive* [ilyousiv] *adj.* évasif, fuyant; déconcertant.

emaciate [imé¹shié¹t] *v.* amaigrir.

emanate [èmᵉné¹t] *v.* émaner. ‖ *emanation* [èmᵉné¹shᵉn] *s.* émanation, f.

emancipate [imansᵉpé¹t] *v.* émanciper. ‖ *emancipation* [imansᵉpé¹shᵉn] *s.* émancipation, f.

embalm [imbâm] *v.* embaumer.

embankment [imbàngkmᵉnt] *s.* digue, f.; remblai; quai, m.

embargo [imbârgoᵒᵘ] *s.* embargo, m.

embark [imbârk] *v.* (s')embarquer.

embarrass [imbârᵉs] *v.* embarrasser; déconcerter; causer des difficultés financières. ‖ *embarrassment* [-mᵉnt] *s.* embarras; trouble, m.; gêne pécuniaire, f.

embassy [èmbᵉsi] *s.* * ambassade, f.

embellish [imbèlish] *v.* embellir.

ember [èmbᵉr] *s.* cendre, f.; *pl.* braises, f.; tison, m.

embezzle [imbèz'l] *v.* détourner [money]. ‖ *embezzlement* [-mᵉnt] *s.* détournement, m.

embitter [imbiteʳ] *v.* rendre amer; aigrir [feelings].

emblem [èmblᵉm] *s.* emblème, m.

embody [imbâdi] *v.* incorporer; incarner; matérialiser.

embolden [imboᵘld'n] *v.* enhardir.

emboss [imbaus] *v.* gaufrer; frapper; bosseler.

embrace [imbréˢs] *s.* embrassement, m.; étreinte, f.; *v.* embrasser; inclure; adopter [profession]; *embracement,* embrassement, enlacement.

embroider [imbroʳdᵉr] *v.* broder. ‖ *embroidery* [-ᵉri] *s.** broderie, f.

embryo [èmbrioᵘ] *s.* embryon, m.

emend [imènd] *v.* corriger.

emerald [èmᵉreld] *s.* émeraude, f.

emerge [imëʳdj] *v.* émerger. ‖ *emergency* [-ᵉnsi] *s.** circonstance critique, f.; cas urgent, m.; *Am. to call « emergency »,* appeler police-secours.

emery [èmᵉri] *s.* émeri, m.

emigrant [èmᵉgrᵉnt] *adj., s.* émigrant. ‖ *emigrate* [èmᵉgréˢt] *v.* émigrer. ‖ *emigration* [èmᵉgréˢshᵉn] *s.* émigration, f.

eminence [èmᵉnᵉns] *s.* éminence, f. ‖ *eminent* [èmᵉnᵉnt] *adj.* éminent; élevé; remarquable.

emissary [èmᵉsèri] *s.** émissaire; agent secret, m.

emission [imishᵉn] *s.* émission, f.

emit [imit] *v.* émettre [paper money]; dégager [smoke]; publier [decree].

emotion [imoᵘshᵉn] *s.* émotion, f. ‖ *emotional* [imoᵘshᵉn'l] *adj.* émotionnel; émotif; ému. ‖ *emotive* [imoᵘtiv] *adj.* émotif. ‖ *emotiveness* [-ivnis] *adj.* émotivité, f.

emperor [èmpᵉrᵉr] *s.* empereur, m.

emphasis [èmfᵉsis] (*pl. emphases*) *s.* accent oratoire, m.; force, énergie, f. ‖ *emphasize* [èmfᵉsaˢz] *v.* accentuer; appuyer sur; insister. ‖ *emphatic* [imfatik] *adj.* accentué, appuyé.

emphysema [emfisîmᵉ] *s.* emphysème, m.

empire [èmpaˢr] *s.* empire, m.

empiric [émpírik] *adj.* empirique. ‖ *empiricism* [émpírisiz'm] *s.* empirisme, m.

employ [imploˢ] *v.* employer; occuper [time]; *s.* emploi, m. ‖ *employee* [imploˢî] *s.* employé, m. ‖ *employer* [imploˢᵉr] *s.* employeur, m. ‖ *employment* [-mᵉnt] *s.* emploi, m.; occupation, charge, f.

emporium [èmpoᵘriᵉm] *s.* entrepôt, magasin, marché, m.

empress [èmpris] *s.** impératrice, f.

emptiness [èmptinis] *s.* vide, m. ‖ *empty* [èmpti] *adj.* vide; stérile; vain; *v.* vider; se jeter [river].

emulate [èmyᵉléˢt] *v.* rivaliser avec. ‖ *emulation* [émyouléˢshᵉn] *s.* émulation, f. ‖ *emulator* [émyoulᵉtᵉr] *s.* émule, m. f.

enable [inéˢb'l] *v.* habiliter; mettre à même de.

enact [inakt] *v.* décréter, promulguer (jur.).

enamel [inam'l] *s.* émail, m.; *v.* émailler.

enamo(u)r [inamᵉr] *v.* séduire.

encamp [inkàmp] *v.* camper. ‖ *encampment* [-mᵉnt] *s.* campement, m.

enchain [èntshéˢn] *v.* enchaîner.

enchant [intshànt] *v.* enchanter; fasciner. ‖ *enchanter* [-ᵉr] *s.* enchanteur, m. ‖ *enchantment* [-mᵉnt] *s.* enchantement, m.; féerie, f.

encircle [insëʳk'l] *v.* encercler.

enclose [inkloᵘz] *v.* enclore; enfermer; entourer [surround]; inclure. ‖ *enclosure* [inkloᵘjᵉr] *s.* enclos; pli [letter], m.; clôture, f.

encomium [ènkoᵘmiᵉm] *s.* éloge, panégyrique, m.

encompass [inkæmpᵉs] *v.* encercler; contenir.

encore [ângkaur] *interj.* bis!; *s.* rappel, bis, m.; *v.* bisser.

encounter [inkaᵘntᵉr] *s.* rencontre, bataille, f.; *v.* rencontrer, affronter; combattre.

encourage [inkëʳidj] *v.* encourager; inciter; aider. ‖ *encouragement* [-mᵉnt] *s.* encouragement, stimulant; soutien, m.

encroach [inkroᵘtsh] *v.* empiéter (*upon,* sur).

encumber [inkæmbᵉr] *v.* encombrer; charger; gêner; accabler [with, de].

encyclic [ènsaˢklik] *s.* encyclique, f.

encyclopedia [énsaˢklᵉpîdiᵉ] *s.* encyclopédie, f. ‖ *encyclopedical* [énsaˢklopìdik'l] *adj.* encyclopédique.

end [ènd] *s.* fin; extrémité; mort, f.; bout; but, m.; *v.* finir; achever; aboutir; se terminer; mourir; *to secure one's end,* arriver à ses fins; *to make an end to,* en finir avec.

endanger [indéˢndjᵉr] *v.* mettre en danger; risquer.

endear [indiᵉr] *v.* rendre cher, faire aimer. ‖ *endearment* [-mᵉnt] *s.* caresse; affection, f.

endeavo(u)r [indèvᵉr] *s.* effort, m.; tentative, f.; *v.* essayer; s'efforcer (*to,* de); tenter.

ending [ènding] *s.* conclusion; fin, mort, f. ‖ **endless** [èndlis] *adj.* perpétuel; interminable; incessant.

endorse, *see* **indorse.**

endow [indaºu] *v.* doter; douer. ‖ **endowment** [-mᵉnt] *s.* dotation, f.; don, m.

endue [indyou] *v.* douer; investir.

endurance [indyouᵉrns] *s.* endurance; résistance; patience, f. ‖ **endure** [indyouᵃr] *v.* durer; endurer; patienter; supporter, tolérer.

enema [ènèmᵉ] *s.* lavement; broc, m.

enemy [ènèmi] *s.** ennemi, m.

energetic [ènᵉrdjètik] *adj.* énergique. ‖ **energy** [ènᵉrdji] *s.** énergie, f.

enervate [ènᵉrvéⁱt] *v.* énerver; débiliter; [ènᵉrvit] *adj.* énervé, abattu, débilité, affaibli.

enfeeble [infîb'l] *v.* affaiblir.

enfold, *see* **infold.**

enforce [infoºurs] *v.* forcer [obedience]; faire appliquer [law]; faire valoir [right]. ‖ **enforcement** [-mᵉnt] *s.* contrainte; exécution; application, f.

enfranchise [ènfrᵃntshaⁱz] *v.* affranchir; donner droit de cité ou de vote.

engage [ingéⁱdj] *v.* engager; garantir; attirer [attention]; attaquer; se fiancer; employer; embrayer (mech.); s'engager; se livrer à [business]; s'engrener (mech.). ‖ **engagement** [-mᵉnt] *s.* fiançailles, f. pl.; occupation; promesse, f.; engagement; combat; contrat; engrenage (mech.); rendez-vous, m.

engender [indjèndᵉr] *v.* engendrer.

engine [èndjᵉn] *s.* machine; locomotive, f.; engin [war]; moteur, m.; *engine trouble,* panne de moteur. ‖ **engineer** [èndjᵉniᵉr] *s.* ingénieur; mécanicien; soldat du génie, m.; *v.* diriger la construction de; établir des plans. ‖ **engineering** [-ing] *s.* art de l'ingénieur; génie, m.; logistique industrielle, f.; manigances, f. pl. (colloq.).

England [inggland] *s.* Angleterre, f. ‖ **English** [ingglish] *adj., s.* anglais. ‖ **Englishman** [-mᵉn] *s.* Anglais, m. ‖ **Englishwoman** [-woumᵉn] *s.* Anglaise, f.

engraft [èngraft] *v.* greffer.

engrave [ingréⁱv] *v.* graver. ‖ **engraver** [-ᵉr] *s.* graveur, m. ‖ **engraving** [-ing] *s.* gravure, f.

engross [ingroºus] *v.* grossoyer [writing]; absorber [attention]; monopoliser.

engulf [ingœlf] *v.* engloutir.

enhance [inhᵃns] *v.* augmenter; intensifier; rehausser.

enigma [inigmᵉ] *s.* énigme, f. ‖ **enigmatic(al)** [ènigmatik('l)] *adj.* énigmatique.

enjoin [indjoⁱn] *v.* enjoindre; interdire *(from,* de).

enjoy [indjoⁱ] *v.* jouir de; apprécier; savourer; *to enjoy oneself,* se divertir; *to enjoy the use of,* avoir l'usufruit de. ‖ **enjoyable** [-ᵉb'l] *adj.* agréable, attirant. ‖ **enjoyment** [-mᵉnt] *s.* jouissance, f.; plaisir; usufruit, m.

enkindle [ènkind'l] *v.* enflammer.

enlarge [inlârdj] *v.* agrandir, étendre, élargir; s'accroître; commenter, s'étendre *(upon,* sur). ‖ **enlargement** [-mᵉnt] *s.* agrandissement, développement; accroissement, m.; hypertrophie, f. (med.).

enlighten [inlaⁱt'n] *v.* éclairer; instruire; illuminer.

enlist [inlist] *v.* enrôler; s'engager. ‖ **enlistment** [-mᵉnt] *s.* recrutement; engagement, m.

enliven [inlaⁱvᵉn] *v.* animer, égayer; stimuler [business].

enmity [ènmᵉti] *s.* inimitié, f.

ennoble [inoºub'l] *v.* ennoblir; anoblir; grandir.

enormity [inauᵣmiti] *s.** énormité, f. ‖ **enormous** [inaurmᵉs] *adj.* énorme.

enough [ᵉnœf] *adj.* suffisant; *adv.* assez; *s.* quantité suffisante, f.; *enough to pay,* de quoi payer; *good enough,* assez bon; *more than enough,* plus qu'il n'en faut.

enounce [inoºuns] *v.* proclamer; énoncer; mentionner. ‖ **enouncement** [-mᵉnt] *s.* proclamation, déclaration, mention, f.

enquire, *see* **inquire.**

enrage [inréⁱdj] *v.* enrager.

enrapture [inraptshᵉr] *v.* ravir.

enrich [inritsh] *v.* enrichir.

enroll [inroºul] *v.* enrôler; immatriculer; s'inscrire. ‖ **enrollment** [-mᵉnt] *s.* enrôlement; enregistrement; registre, rôle, m.

enshroud [ènshraºud] *v.* ensevelir.

ensign [èns'n] *s.* enseigne de vaisseau, m.; [ènsaⁱn] *s.* enseigne, f.; étendard; insigne, m.

enslave [insléⁱv] *v.* asservir.

ensnare [ènsnᵉᵉr] *v.* prendre au piège.

ensue [ènsou] *v.* s'ensuivre, résulter.

ensure [inshourr] *v.* assurer.

entail [intéⁱl] *v.* léguer (jur.); entraîner [consequence].

entangle [intᵃngg'l] *v.* enchevêtrer, embrouiller.

enter [ènt^er] v. entrer; commencer; prendre part à; s'affilier à; enregistrer [act, address]; notifier (jur.); embrasser [profession].

enteritis [ènt^era¹tis] s. entérite, f.

enterprise [ènt^epra¹z] s. entreprise; initiative, f. ‖ *enterprising* [-ing] adj. entreprenant.

entertain [ènt^eté¹n] v. recevoir [guest]; accueillir [suggestion]; caresser [hope]; nourrir [project]; divertir, amuser. ‖ *entertaining* [-ing] adj. amusant. ‖ *entertainment* [-m^ent] s. accueil; divertissement, m.

enthrall [inthraul] v. asservir.

enthusiasm [inthyouzíaz^em] s. enthousiasme, m. ‖ *enthusiast* [-ziast] s. enthousiaste, m., f. ‖ *enthusiastic* [-ziastik] adj. enthousiaste.

entice [inta¹s] v. attirer, séduire. ‖ *enticement* [-m^ent] s. attrait, m.

entire [inta¹r] adj. entier, complet, total. ‖ *entirely* [-li] adv. entièrement, intégralement. ‖ *entirety* [-ti] s. totalité, intégralité, f.

entitle [inta¹t'l] v. intituler; habiliter; donner le droit à.

entity [ènt^eti] s.* entité, f.

entomb [intoum] v. enterrer.

entrails [èntr^elz] s. entrailles, f. pl.

entrance [èntr^ens] s. entrée; introduction, f.; début; accès; droit d'entrée, m.

entrance [intràns] v. jeter en transe; ravir.

entreat [intrît] v. supplier, implorer. ‖ *entreaty* [-ti] s.* supplication, instances, f.

entree [àntré¹] s. entrée [dish], f.

entrust [intr^est] v. confier; remettre, déposer; charger.

entry [èntri] s.* entrée [passage]; inscription; écriture (comm.); prise de possession (jur.), f.; débuts, m. pl.; *entry form,* feuille d'inscription.

entwine [intwa¹n] v. entrelacer.

enumerate [inyoum^eré¹t] v. énumérer. ‖ *enumeration* [inyoum^eré¹sh^en] s. énumération, f.

enunciate [inènsié¹t] v. énoncer; annoncer; prononcer. ‖ *enunciation* [inènshié¹sh^en] s. énonciation; déclaration; prononciation, f.

envelop [invèl^ep] v. envelopper. ‖ *envelope* [ènv^eloo^up] s. enveloppe, f.

enviable [ènvi^eb'l] adj. enviable. ‖ *envious* [ènvi^es] adj. envieux.

environ [inva¹r^en] v. environner. ‖ *environment* [-m^ent] s. environs; milieu environnant, m. ‖ *environs* [-z] s. environs, m. pl.

envisage [invízidj] v. envisager.

envoy [ènvo¹] s. envoyé, m.

envy [ènvi] s.* envie, f.; v. envier.

enwrap [inrap] v. envelopper.

epaulet [èp^elèt] s. épaulette, f.

ephemeral [^efèm^er^el] adj. éphémère.

epic [èpik] adj. épique; s. épopée, f.

epidemic [èp^edèmik] adj. épidémique; s. épidémie, f.

epidermal [épidèrm^el] adj. épidermique. ‖ *epidermis* [-mis] s. épiderme, m.

episcopal [ipísk^ep^el] adj. épiscopal. ‖ *episcopate* [ipísk^epit] s. épiscopat, m.

episode [épiso^ud] s. épisode, m. ‖ *episodic* [épisàdik] adj. épisodique.

epistle [ipís'l] s. épître, f.

epitaph [èp^etaf] s. épitaphe, f.

epoch [èp^ek] s. époque, f.

equal [ikw^el] adj. égal; capable de; s. égal, pair, m.; v. égaler; *I don't feel equal to it,* je ne m'en sens pas la force; *equally,* également. ‖ *equality* [ikwàl^eti] s. égalité, f. ‖ *equalize* [ikwela¹z] v. égaliser; niveler.

equation [ikwé¹j^en] s. équation, f.

equator [ikwé¹t^er] s. équateur, m.

equestrian [ikwèstri^en] adj. équestre; s. cavalier, m.

equilibrium [ikw^elí/bri^em] s. équilibre, m.

equip [ikwíp] v. équiper; outiller. ‖ ‖ *equipment* [-m^ent] s. équipement; outillage, m.

equitable [èkwit^eb'l] adj. équitable. ‖ *equity* [èkw^eti] s. équité, f.

equivalence [ikwív^el^ens] s. équivalence, f. ‖ *equivalent* [ikwív^el^ent] adj. équivalent.

equivocal [ikwív^ek'l] adj. équivoque. ‖ *equivocate* [-ké¹t] v. biaiser.

era [í^ere] s. ère, époque, f.

eradicate [iradiké¹t] v. déraciner.

erase [iré¹s] v. raturer. ‖ *eraser* [-^er] s. grattoir, m.; gomme, f. ‖ *erasure* [iré¹j^er] s. rature, f.

ere [èr] prep. avant de; conj. avant que.

erect [irèkt] adj. droit; v. ériger; dresser; monter [machine].

ermine [ë^rmin] s. hermine, f.

erode [iro^ud] v. éroder; corroder. ‖ *erosion* [iro^uj^en] s. érosion, f.

erotic [iràtik] adj. érotique. ‖ *eroticism* [-isiz'm] s. érotisme, m.

err [ë^r] v. errer; se tromper; s'égarer.

errand [èr^end] s. commission; course, f.; message, m.; *errand boy,* commissionnaire, coursier, m.

errant [èrªnt] *adj.* errant.

erroneous [ºroªuniªs] *adj.* erroné. ‖ **error** [èrªr] *s.* erreur, f.

erudite [èroudaⁱt] *adj.* érudit. ‖ **erudition** [èroudishªn] *s.* érudition, f.

eruption [irᵃpshªn] *s.* éruption, f.

escalade [èskªléⁱd] *v.* escalader; *s.* escalade, f.

escalator [èskªléⁱtªr] *s.* escalier roulant, m.

escapade [èskªpéⁱd] *s.* escapade, f. ‖ **escape** [èskéⁱp] *v.* s'échapper; éluder; éviter [pain]; échapper à; *s.* évasion; fuite [gas], f.; moyen de salut, m.; *fire escape*, échelle de sauvetage; *escaped prisoner*, évadé. ‖ **escapism** [iskéⁱpiz'm] *s.* évasion, f.

eschew [èstshou] *v.* éviter.

escort [èskaurt] *s.* escorte, f.; convoi, m.; [iskaurt] escorter; convoyer.

escutcheon [iskœtshªn] *s.* écusson, m.

especial [ªspèshªl] *adj.* spécial; **especially**, spécialement, surtout.

espionage [èspiªnidj] *s.* espionnage, m.

espouse [ispaᵒuz] *v.* épouser.

esquire [iskwaⁱªr] *s.* Monsieur (courtesy title); cavalier, m.

essay [èséⁱ] *s.* essai, m.; [ºséⁱ] *v.* essayer, tenter.

essence [ès'ns] *s.* essence, f. ‖ **essential** [isènshªl] *adj.* essentiel.

establish [ºstablish] *v.* établir; installer; démontrer; fonder [firm]. ‖ **establishment** [-mªnt] *s.* établissement, effectifs (mil.), m.; maison de commerce, f.

estate [ºstéⁱt] *s.* état; biens, domaine, m.; condition sociale; fortune, f.; *family estate*, patrimoine.

esteem [ºstîm] *v.* estimer; *s.* estime, f. ‖ **estimable** [èstªmªb'l] *adj.* estimable. ‖ **estimate** [èstªmit] *s.* estimation, f.; devis, m.; [èstªméⁱt] *v.* estimer; évaluer; juger. ‖ **estimation** [èstªméⁱshªn] *s.* estimation; appréciation; évaluation, f.; jugement, m.

estrange [ºstréⁱndj] *v.* aliéner [affection]; détourner; dépayser.

estuary [èstshouªri] *s.** estuaire, m.

etch [ètsh] *v.* graver à l'eau-forte; **etching**, eau-forte.

eternal [itᵉr'n'l] *adj.* éternel. ‖ **eternity** [itᵉrnªti] *s.** éternité, f.

ether [îthªr] *s.* éther, m. ‖ **ethereal** [ithiriªl] *adj.* éthéré.

ethical [èthik'l] *adj.* éthique. ‖ **ethics** [èthiks] *s.* morale, éthique, f.

ethnography [èthnᴬgrªfi] *s.* ethnographie, f. ‖ **ethnology** [-dji] *s.* ethnologie, f.

etiquette [ètikèt] *s.* étiquette, f.; cérémonial, m.; bonnes manières, f. pl.

ethnic [èthnik] *adj.* ethnique.

etymological [étimªlâdjikªl] *adj.* étymologique. ‖ **etymology** [ètªmâlªdji] *s.** étymologie, f.

eucalyptus [youkªliptªs] *s.** eucalyptus, m.

euphemism [youfªmizªm] *s.* euphémisme, m.

European [yourªpiªn] *adj.*, *s.* européen.

euthanasia [youthªnéⁱziª] *s.* euthanasie, f.

evacuate [ivakyouéⁱt] *v.* évacuer. ‖ **evacuation** [ivakyouéⁱshªn] *s.* évacuation, f. ‖ **evacuee** [ìvakyouî] *s.* évacué, m. f.

evade [ivéⁱd] *v.* éviter; éluder; s'évader; s'esquiver.

evaluate [ivalyouéⁱt] *v.* évaluer. ‖ **evaluation** [ivalyouéⁱshªn] *s.* évaluation, f.

evangelical [ìvàndjèlik'l] *adj.* évangélique.

evaporate [ivapªréⁱt] *v.* (s') évaporer. ‖ **evaporation** [ivapªréⁱshªn] *s.* évaporation, f.

evasion [ivéⁱjªn] *s.* échappatoire; évasion, f. ‖ **evasive** [ivéⁱsiv] *adj.* évasif; fuyant.

eve [îv] *s.* veille; vigile, f.; soir, m.

even [îvªn] *adj.* égal; uni; plat; équivalent; pair [number]; juste; *adv.* même; exactement; également; *v.* égaliser; aplanir; niveler; *to get even with*, rendre la pareille à; *to be even with*, être quitte avec; *even-handed*, équitable; *even money*, compte rond; *even now*, à l'instant; *even so*, pourtant; *even though*, quand même.

evening [îvning] *s.* soir, m.

event [ivènt] *s.* événement; incident; résultat; « event », m. ‖ **eventful** [-fªl] *adj.* mouvementé; mémorable. ‖ **eventual** [-shouªl] *adj.* final; éventuel; **eventually**, finalement. ‖ **eventuality** [ivèntshouªlªti] *s.* éventualité, f.

ever [èvªr] *adv.* toujours; *if ever*, si jamais; *ever so little*, si peu que ce soit; *hardly ever*, presque jamais; *ever so much*, infiniment. ‖ **evergreen** [-grîn] *adj.* toujours vert [plant]. ‖ **everlasting** [-lasting] *adj.* perpétuel; *s.* éternité; éternelle [plant], f. ‖ **evermore** [-moᵒur] *adv.* pour jamais.

every [èvri] *adj.* chaque; tout, toute, tous; *every day*, tous les jours; *every other day*, tous les deux jours; *every now and then*, de temps à autre; *every one*, chacun, tous. ‖ **everybody** [-bâdi] *pron.* tout le monde. ‖ **everyday** [-déⁱ] *adj.* quotidien; habituel. ‖ **everyone** [-wœn] *pron.* chacun; tous; tout le monde. ‖ *everything* [-thing] *pron.* tout, toute chose. ‖ *everywhere* [-hwèr] *adv.* partout.

evict [ivíkt] *v.* évincer; expulser. ‖ *eviction* [ivíksh°n] *s.* éviction, f.

evidence [èv°d°ns] *s.* évidence; indication; preuve, f.; témoignage (jur.), m. ‖ *evident* [èv°d°nt] *adj.* évident, manifeste.

evil [îv'l] *adj.* mauvais; *s.* mal; malheur, m.; *adv.* mal; *evil-doer,* malfaiteur.

evince [ivíns] *v.* montrer; déployer.

evocation [èvoºkéish°n] *s.* évocation, f. ‖ *evoke* [ivoºk] *v.* évoquer; provoquer [laughter].

evolution [èv°loúsh°n] *s.* évolution, f. ‖ *evolve* [iválv] *v.* développer.

ewe [you] *s.* brebis, f.

ewer [you°r] *s.* aiguière, f.

exact [igzakt] *adj.* exact; *exactly,* exactement. ‖ *exactitude* [igzakte-tyoud] *s.* exactitude, f.

exact [igzakt] *v.* exiger; commettre des exactions. ‖ *exacting* [-ing] *adj.* exigeant [person]; épuisant [work].

exaggerate [igzadj°réit] *v.* exagérer. ‖ *exaggeration* [igzadjeréish°n] *s.* exagération, f.

exalt [igzault] *v.* exalter. ‖ *exaltation* [ègzaultéish°n] *s.* exaltation, f.

examination [igzaménéish°n] *s.* examen; interrogatoire [prisoner], m.; visite [customs]; instruction (jur.), f.; *examination-paper,* composition, épreuve, f. ‖ *examine* [igzamín] *v.* examiner; interroger (jur.; univ.); visiter (customs). ‖ *examinee* [igzamenî] *s.* candidat, m. ‖ *examiner* [igzamin°r] *s.* examinateur; juge d'instruction, m.

example [igzàmp'l] *s.* exemple, m.

exasperate [igzaspºréit] *v.* exaspérer; irriter. ‖ *exasperation* [igzaspe-réish°n] *s.* exaspération, f.

excavate [èksk°véit] *v.* creuser. ‖ *excavation* [èksk°véish°n] *s.* excavation; fouille, f.

exceed [iksîd] *v.* excéder; outrepasser; *exceedingly,* extrêmement.

excel [iksèl] *v.* exceller; surpasser. ‖ *excellence* [èks'l°ns] *s.* excellence, f. ‖ *excellent* [èks'l°nt] *adj.* excellent.

except [iksèpt] *prep.* excepté, sauf; *conj.* à moins que; *v.* excepter; objecter (*against,* contre). ‖ *excepting* [-ing] *prep.* excepté, hormis. ‖ *exception* [iksèpsh°n] *s.* exception; objection; opposition (jur.), f. ‖ *exceptional* [-'l] *adj.* exceptionnel.

excerpt [èksér°pt] *v.* prendre un extrait de, extraire; [èksérpt] *s.* extrait, m.

excess [iksès] *s.** excès; dérèglement; *excess baggage,* excédent de bagages. ‖ *excessive* [iksèsiv] *adj.* excessif; *excessively,* excessivement.

exchange [ikstshéindj] *s.* échange; change [money]; bureau central [telephone], m.; Bourse [place]; permutation (mil.), f.; *v.* échanger, troquer; changer [money]; permuter (mil.); *rate of exchange,* taux du change.

exchequer [ikstshék°r] *s.* échiquier; trésor public, m.

excise [eksaíz] *s.* impôt indirect, m.; *v.* imposer; pressurer; faire une incision dans.

excitable [iksaíteb'l] *adj.* excitable. ‖ *excitant* [èksit°nt] *s.* excitant, m. ‖ *excitation* [èksitéish°n] *s.* excitation, f. ‖ *excite* [iksaít] *v.* exciter; irriter; stimuler. ‖ *excited* [-id] *adj.* agité; impatient; enthousiasmé. ‖ *excitement* [-m°nt] *s.* excitation; émotion; animation, f. ‖ *exciting* [-ing] *adj.* excitant; émouvant; passionnant.

exclaim [iksléim] *v.* s'exclamer; protester. ‖ *exclamation* [èkskl°méish°n] *s.* exclamation, f.; *exclamation mark,* point d'exclamation.

exclude [ikskloud] *v.* exclure. ‖ *excluding* [-ing] *prep.* non compris. ‖ *exclusion* [ikskloúj°n] *s.* exclusion, f. ‖ *exclusive* [ikskloúsiv] *adj.* exclusif; privé, fermé; *exclusive of,* sans compter, non compris.

excommunicate [èksk°myoun°kéit] *v.* excommunier. ‖ *excommunication* [èksk°myoun°kéish°n] *s.* excommunication, f.

excoriate [iksooºrié¹t] *v.* écorcher.

excrement [èkskrim°nt] *s.* excrément, m.

exculpate [èkskœlpéit] *v.* disculper.

excursion [iksk°rj°n] *s.* excursion; sortie, f.; raid, m. (mil.); digression, f.; *excursion train,* train de plaisir. ‖ *excursionist* [-ist] *s.* excursionniste, m. f.

excusable [ikskyouzeb'l] *adj.* excusable. ‖ *excuse* [ikskyous] *s.* excuse, f.; [ikskyouz] *v.* excuser; dispenser de.

execrable [èkskreb'l] *adj.* exécrable; détestable. ‖ *execrate* [-éit] *v.* exécrer. ‖ *execration* [èkskréish°n] *s.* exécration, f.

execute [èksikyout] *v.* exécuter; accomplir; mettre à mort. ‖ *execution* [èksikyoúsh°n] *s.* accomplissement, m.; exécution; saisie-exécution (jur.), f. ‖ *executioner* [-°r] *s.* bourreau, m. ‖ *executive* [ègzékyoutiv] *adj.* exécutif. ‖ *executor* [igzéky°t°r] *s.* exécuteur testamentaire, m.; [èksikyout°r] *s.* exécutant, m.

exegesis [èksidjísis] (*pl. exegeses*) *s.* exégèse, f.

exemplary [igzèmpl⁼ri] *adj.* exemplaire. || *exemplify* [igzèmpl⁼fa¹] *v.* illustrer par des exemples.

exempt [igzèmpt] *adj.* exempt; *v.* exempter. || *exemption* [igzèmpsh⁼n] *s.* exemption, f.

exercise [èks⁼rsa¹z] *s.* exercice; usage; devoir scolaire, m.; occupation, f.; *pl.* programme de variétés, m.; *v.* exercer; pratiquer; faire de l'exercice; *to be exercised about,* être préoccupé par.

exert [igzⁿrt] *v.* exercer; *to exert oneself,* s'efforcer de; se dépenser. || *exertion* [igzⁿrsh⁼n] *s.* effort, m.

exhalation [èks⁼lé¹sh⁼n] *s.* exhalaison, f. || *exhale* [èks-hé¹l] *v.* émettre; (s')exhaler.

exhaust [igzaust] *v.* achever; débiliter; *s.* évacuation (mech.), f.; *to be exhausted,* être à bout de forces. || *exhaustion* [igzaustsh⁼n] *s.* épuisement, m. || *exhaustive* [igzaustiv] *adj.* complet.

exhibit [igzibit] *v.* exhiber; exposer. || *exhibition* [èks⁼bish⁼n] *s.* exhibition; exposition, f.

exhilarate [igzil⁼ré¹t] *v.* égayer.

exhort [igzaurt] *v.* exhorter. || *exhortation* [ègzâté¹sh⁼n] *s.* exhortation, f.

exhume [igzyoum] *v.* exhumer.

exigency [èks⁼dj⁼nsi] *s.** exigence; urgence. f. || *exigent* [èks⁼dj⁼nt] *adj.* exigeant; urgent.

exiguity [èksigyouiti] *s.* exiguïté, f. || *exiguous* [igzigyou⁼s] *adj.* exigu.

exile [ègza¹l] *s.* exilé; exil, m.; *v.* exiler.

exist [ègzist] *v.* exister. || *existence* [-⁼ns] *s.* existence, f. || *existent* [-⁼nt] *adj.* existant. || *existentialism* [ègzistènshⁱliz'm] *s.* existentialisme, m.

exit [ègzit] *s.* sortie, f.; *v.* sortir.

exodus [èks⁼d⁼s] *s.* exode, m.

exonerate [igzân⁼ré¹t] *v.* disculper; exempter, dispenser de.

exorbitant [igzaurb⁼t⁼nt] *adj.* exorbitant; extravagant, prohibitif.

exorcism [èks⁼urⁱsiz'm] *s.* exorcisme, m. || *exorcize* [-a¹z] *v.* exorciser.

exotic [igzâtik] *adj.* exotique. || *exoticism* [-tisiz'm] *s.* exotisme, m.

expand [ikspànd] *v.* étendre; développer; amplifier; se dilater, s'agrandir. || *expanse* [ikspàns] *s.* étendue, f. || *expansion* [ikspànsh⁼n] *s.* expansion, dilatation; f. || *expansive* [ikspànsiv] *adj.* expansif.

expatriate [èkspé¹trié¹t] *v.* expatrier.

expect [ikspèkt] *v.* attendre; s'attendre à; exiger; *what to expect,* à quoi s'en tenir. || *expectancy* [-⁼nsi]

*s.** expectative; attente, f. || *expectation* [èkspèkté¹sh⁼n] *s.* attente; espérance; expectative. f.; *pl.* espérances.

expectorate [ikspèkt⁼ré¹t] *v.* expectorer. *expectoration,* expectoration.

expediency [ikspìdi⁼nsi] *s.** convenance; opportunité. f.; opportunisme, m. || *expedient* [ikspídi⁼nt] *adj.* opportun; avantageux; *s.* expédient, m.

expedition [èkspidish⁼n] *s.* diligence; hâte; expédition. f || *expeditionary* [-⁼ri] *adj* expéditionnaire. || *expeditious* [èkspidish⁼s] *adj.* expéditif.

expel [ikspèl] *v.* expulser.

expend [ikspènd] *v.* dépenser. *expenditure* [-itsh⁼r] *s.* dépense, f. || *expense* [ikspèns] *s.* dépense, f.; frais; dépen (jur.), m. pl. || *expensive* [-iv] *adj.* coûteux, cher. || *expensiveness* [-ivnis] *s* cherté, f.

experience [ikspiri⁼ns] *s.* expérience, f.; *v.* éprouver, expérimenter; subir [feeling]. || *experienced* [-t] *adj.* expérimenté, expert. || *experiment* [ikspèr⁼m⁼nt] *s.* expérience, f.; *v.* expérimenter || *experimental* [èkspèrⁱm⁼nt'll] *adj* expérimental; d'essai. || *experimentation* [ikspèr⁼m⁼ènté¹sh⁼n] *s.* expérimentation, f.

expert [èkspⁿrt] *s.* expert, spécialiste, m. [ikspⁿrt] *adj.* expert. || *expertise* [ekspⁿⁱtìz] *s.* expertise; compétence, f. || *expertness* [èkspⁿrtnis] *s.* maîtrise, f.

expiate [èkspié¹t] *v.* expier. || *expiation* [èkspié¹sh⁼n] *s.* expiation, f. || *expiatory* [èkspi⁼t⁼ri] *adj.* expiatoire.

expiration [èksp⁼ré¹sh⁼n] *s.* expiration, f. || *expire* [ikspa¹r] *v.* expirer; prendre fin; exhaler [air].

explain [iksplé¹n] *v.* expliquer. *explainable* [-⁼b'l] *adj.* explicable. || *explanation* [èkspl⁼né¹sh⁼n] *s.* explication. f. *explanatory* [iksplan⁼to⁼uri] *adj* explicatif.

explode [iksplo⁼ud] *v.* exploser; faire sauter; discréditer.

exploit [èksplo¹t] *s.* exploit, m.; [iksplo¹t] ⁱ exploiter; utiliser; abuser de. || *exploitation* [èksplo¹té¹sh⁼n] *s.* exploitation, f.

exploration [èkspl⁼ré¹sh⁼n] *s.* exploration, f. || *explore* [ikspla⁼ur] *v.* explorer. || *explorer* [-⁼r] *s.* explorateur, m.

explosion [iksplo⁼uj⁼n] *s.* explosion, f. || *explosive* [iksplo⁼usiv] *adj.*, *s.* explosif.

exponent [ikspo⁼un⁼nt] *s.* exposant; représentant; interprète; exécutant, m.

export [èkspo⁼urt] *s.* exportation, f.; article d'exportation, m.; [ikspo⁼urt] *v.* exporter. || *exportation* [èkspau⁼rté¹sh⁼n] *s.* exportation, f. || *exporter* [èkspau⁼rt⁼r] *s.* exportateur, m.

expose [ikspoᵘz] *v.* exposer; exhiber; démasquer. ‖ *exposition* [èkspəzíshᵉn] *s.* exposition; exhibition, f.; exposé, m.

expostulate [ikspástshᵉléit] *v.* gourmander, faire la morale (*with*, à).

exposure [ikspoᵘjᵉr] *s.* exposition; divulgation; pose (phot.), f.

expound [ikspaᵘnd] *v.* expliquer.

express [ikspròs] *adj.* exprès; formel; précis; rapide; *s.** exprès [messenger]; express [train], m.; *Am.* factage, service de transport des colis, m.; *v.* exprimer; extraire; exposer; envoyer par exprès; *adv.* exprès; d'urgence; rapidement. ‖ *expression* [ikspréishᵉn] *s.* expression, f. ‖ *expressive* [iksprésiv] *adj.* expressif.

expressly [iksprèsli] *adv.* expressément, explicitement; volontairement.

expropriate [èksproᵘpriéit] *v.* exproprier; déposséder (fig.).

expulsion [ikspœlshᵉn] *s.* expulsion, f.

expunge [ikspoundj] *v.* effacer; supprimer.

expurgate [èkspᵉrgéit] *v.* expurger.

exquisite [èkskwizit] *adj.* exquis; intense; *exquisite despair*, désespoir atroce. ‖ *exquisiteness* [-nis] *s.* raffinement, m.; intensité, f.

exsanguinate [èksangkwinéit] *v.* saigner à blanc; *exsanguine*, exsangue, anémique.

extant [ikstànt] *adj.* existant.

extemporaneous [èkstémpᵉrᵉinyᵉs] *adj.* improvisé; impromptu. ‖ *extemporization* [èkstémpᵉraˡzéishᵉn] *s.* improvisation, f. ‖ *extemporize* [èkstémpᵉraˡz] *v.* improviser.

extend [ikstènd] *v.* étendre; prolonger; accroître; accorder [protection]; s'étendre. ‖ *extension* [ikstènshᵉn] *s.* extension; prolongation; prorogation, f.; *extension table*, table à rallonges. ‖ *extensive* [ikstènsiv] *adj.* étendu; spacieux. ‖ *extent* [ikstènt] *s.* étendue, f.; *to such an extent*, à tel point.

extenuate [ikstènyouéit] *v.* atténuer; amoindrir.

exterior [ikstiriᵉr] *adj.*, *s.* extérieur. ‖ *exteriorization* [èkstiᵉriᵉraˡzéishᵉn] *s.* extériorisation, f. ‖ *exteriorize* [èkstiᵉriᵉraˡz] *v.* extérioriser.

exterminate [ikstëŕmᵉnéit] *v.* exterminer. ‖ *extermination* [ikstëŕmᵉnéishᵉn] *s.* extermination, f.

external [ikstëŕn'l] *adj.* externe.

extinct [ikstingkt] *adj.* éteint; aboli. ‖ *extinguish* [ikstinggwish] *v.* éteindre, détruire. ‖ *extinguishment* [-mᵉnt] *s.* extinction, f.

extirpate [èkstᵉrpéit] *v.* extirper.

extol [ikstoᵘl] *v.* exalter, glorifier.

extort [ikstaurt] *v.* extorquer. ‖ *extortion* [ikstaurshᵉn] *s.* extorsion, f.

extra [èkstrᵉ] *adj.* supplémentaire, extra; *extra tire*, pneu de secours; *do you have an extra copy?*, avez-vous un exemplaire de trop?; *s.* supplément [payment]; figurant [cinema]; extra [workman], m.; édition spéciale, f.; *adv.* extra.

extract [èkstrakt] *s.* extrait, m.; [ikstrakt] *v.* extraire. ‖ *extraction* [ikstrakshᵉn] *s.* extraction; origine, f.; extrait, m.

extradite [èkstrᵉdaˡt] *v.* extrader.

extraneous [ikstréiniᵉs] *adj.* étranger (*to*, à).

extraordinary [ikstraurd'nᵉri] *adj.* extraordinaire; *extraordinarily*, extraordinairement.

extravagance [ikstravᵉgᵉns] *s.* extravagance; prodigalité, f.; gaspillage, m. ‖ *extravagant* [ikstravᵉgᵉnt] *adj.* extravagant; prodigue; exorbitant [price]; excessif.

extreme [ikstrîm] *adj.* extrême; ultime; exceptionnel [case]; rigoureux; avancé [opinion]; *s.* extrémité, f.; extrême, m.; *extremely*, extrêmement. ‖ *extremity* [ikstrèmᵗti] *s.** extrémité, f.; extrême; bout; besoin; danger, m.

extricate [èkstrikéit] *v.* dégager.

extrinsic [èkstrinsik] *adj.* extrinsèque.

extrude [èkstroud] *v.* rejeter, expulser; faire saillie, dépasser. ‖ *extrusion* [èkstroujᵉn] *s.* expulsion, f.

exuberance [igzyoubᵉrᵉns] *s.* exubérance, f. ‖ *exuberant* [igzyoubᵉrᵉnt] *adj.* exubérant.

exult [igzœlt] *v.* exulter. ‖ *exultation* [ègzœltéishᵉn] *s.* exultation, f.

eye [aˡ] *s.* œil; œillet [cloth]; chas [needle]; piton, m.; vision; discrimination, f.; *v.* observer; examiner; toiser; *to keep an eye on*, ne pas perdre de vue; *hook and eye*, crochet et porte; *to make eyes at*, faire les yeux doux; *pearl-eye*, cataracte; *eye-opener*, nouvelle sensationnelle; *eye-wash*, collyre; tape-à-l'œil, f. ‖ *eyeball* [-baul] *s.* globe de l'œil, m. ‖ *eyebrow* [-braᵘ] *s.* sourcil, m. ‖ *eyeglass* [-glas] *s.** lorgnon; oculaire, m.; jumelles; lunettes, f. pl. ‖ *eyelash* [-lash] *s.** cil, m. ‖ *eyelet* [-lit] *s.* œillet de lacet, m. ‖ *eyelid* [-lid] *s.* paupière, f. ‖ *eyesight* [-saˡt] *s.* vue, f. ‖ *eyesore* [-soᵘr] *s.* mal d'yeux; repoussoir [person], m.

eyot [èit] *s.* îlot, m.

eyrie [èri] *s.* aire [nest]; nichée, f.; nid d'aigle (arch.), m.

F

fable [féᶦb'l] s. fable, f.

fabric [fabrik] s. tissu, textile; ouvrage; édifice, m. ‖ **fabricate** [-éᶦt] v. fabriquer; construire; inventer. ‖ **fabrication** [fabrikéᶦshᵉn] s. fabrication; construction; invention, f.

fabulist [fabyoulist] s. fabuliste, m. ‖ **fabulous** [fabyᵉlᵉs] adj. fabuleux.

façade [fᵉsâd] s. façade, f.

face [féᶦs] s. face, figure; façade; facette [diamond]; physionomie; apparence; tournure; surface, f.; aspect; cadran [dial]; œil (typogr.). m.; pl. grimace; **face-cloth**, gant de toilette, m.; Fr. Can. débarbouillette, f.; **face-lifting**, chirurgie esthétique; v. affronter; faire face; donner sur [house]; to face a coat, mettre des revers à une veste; to face out, payer d'audace; to about-face, faire demi-tour (mil.).

facet [fasit] s. facette, f.

facetious [fᵉsishᵉs] adj. facétieux.

facial [féᶦshᵉl] adj. facial.

facilitate [fᵉsiᶦtéᶦt] v. faciliter. ‖ **facility** [fᵉsiᶦti] s.* facilité, f.

facing [féᶦsing] s. revêtement; revers; parement [cloth], m.

fact [fakt] s. fait, m.; as a matter of fact, en réalité.

faction [fakshᵉn] s. faction, f.

factor [faktᵉʳ] s. facteur; agent, m.; v. mettre en facteur. ‖ **factorage** [-ridj] s. courtage; droits de commission, m. pl. ‖ **factory** [faktri] s.* fabrique; usine, f.; atelier, m.

facultative [fakœltᵉtiv] adj. facultatif; conditionnel; occasionnel.

faculty [fak'lti] s.* faculté, f.

fad [fad] s. marotte; vogue, f.

fade [féᶦd] v. se flétrir; dépérir; s'évanouir; disparaître.

faery [fèᵉri] adj. féerique; s. pays (m.) des fées.

fag [fag] v. peiner; s'éreinter; s. trimeur, manœuvre, m.; (fam.) cigarette; cibiche, f.; fag-end, bout, mégot.

faience [faᶦauns] s. faïence, f.

fail [féᶦl] v. échouer; manquer à; faiblir; faire faillite (comm.); he will not fail to, il ne manquera pas de; without fail, sans faute. ‖ **failure** [-yᵉʳ] s. manque; manquement; échec; raté, m.; faillite; panne [current], f.

faint [féᶦnt] adj. faible; épuisé; pusillanime; vague; v. défaillir; s'évanouir; faint-hearted, lâche. ‖ **faintness** [-nis] s. faiblesse; timidité, f.; découragement, m.

fair [fèr] s. foire, f.

fair [fèr] adj. beau; belle; favorable; bon [wind]; clair [complexion]; blond [hair]; juste; moyen; adv. bien, convenablement; au net; en plein; carrément, franchement; v. tourner au beau [weather]; Am. just fair, médiocrement; fair play, franc jeu; fair price, prix honnête; to bid fair to, promettre de; a fair copy, une copie au propre. ‖ **faired** [-d] adj. fuselé; caréné (aviat.). ‖ **fairing** [-ing] s. profilage, carénage, m. (aviat.). ‖ **fairly** [-li] adv. honnêtement; loyalement; passablement. ‖ **fairness** [-nis] s. beauté; équité; honnêteté; bonne foi, f. ‖ **fairway** [-wéᶦ] s. passe, f.; chenal navigable (naut.); Am. parcours normal, m. [golf].

fairy [fèri] adj. féerique; s.* fée; **fairyland**, pays des fées.

faith [féᶦth] s. foi; fidélité; croyance; confiance, f.; to break faith, manquer à sa parole. ‖ **faithful** [-fᵉl] adj. fidèle; loyal; **faithfully**, loyalement; fidèlement. ‖ **faithfulness** [-nis] s. fidélité; loyauté, f. ‖ **faithless** [-lis] adj. infidèle; déloyal. ‖ **faithlessness** [-lisnis] s. déloyauté; infidélité; incroyance, f.

fake [féᶦk] s. trucage; faux, m.; adj. truqué, falsifié; prétendu, feint; v. truquer, maquiller; feindre.

fakir [fâkiᵉʳ] s. fakir, m.

falange [fᵉlàndj] s. phalange, f.

falcon [faulkᵉn] s. faucon, m. ‖ **falconry** [-ri] s. fauconnerie, f.

fall [faul] s. chute; tombée [night]; déchéance; baisse [price]; cascade [water]; décrue [waters], f.; renversement [government]; éboulement [earth]; automne [season], m.; v.* tomber; baisser; succomber; to fall back, se replier (mil.); to fall into a spin, descendre en vrille (aviat.); to fall behind, rester en arrière; to fall out with, se brouiller avec; to fall through, s'échouer; fall guy, « lampiste » (fam.). ‖ **fallen** [-ᵉn] p. p. of to fall. ‖ **falling** [-ing] s. chute, f.; falling away, amaigrissement; affaissement; falling back, repli; falling in, écroulement [building], rassemblement (mil.).

fallow [faloᵘ] adj. en jachère; s. jachère, f.; v. jachérer.

false [fauls] adj. faux, fausse; false answer, faux témoignage (jur.); to play false, tricher, tromper; **falsely**, faussement. ‖ **falsehood** [-houd] s. fausseté, f.; mensonge, m. ‖ **falseness** [-nis] s. fausseté; perfidie, f. ‖ **falsification** [fâlsifikéᶦshᵉn] s. falsification,

f. ‖ **falsify** [-ᵉfa¹] *v.* falsifier. ‖ **falsity** [-ᵉti] *s.* fausseté, f.

falter [faultᵉr] *v.* chanceler; hésiter; balbutier; *s.* balbutiement; tremblement; vertige, m.

fame [féⁱm] *s.* renommée, réputation, f.; *of ill fame,* mal famé. ‖ **famed** [-d] *adj.* célèbre, réputé.

familiar [fᵉmilyᵉr] *adj.* familier; intime; familiarisé (*with,* avec); *s.* familier, m. ‖ **familiarity** [fᵉmiliarᵉti] *s.** familiarité, f. ‖ **familiarize** [fᵉmilyᵉra¹z] *v.* familiariser. ‖ **family** [famli] *s.** famille, f.; *family name,* nom de famille; *family tree,* arbre généalogique; *to be in a family way,* être enceinte.

famine [famìn] *s.* famine, f.

famish [famish] *v.* affamer; mourir de faim.

famous [féⁱmᵉs] *adj.* fameux; célèbre; renommé.

fan [fàn] *s.* éventail; ventilateur; van; *Am.* amateur, admirateur, m.; *v.* éventer; vanner [grain]; attiser [fire]; *to fan out,* se déployer (mil.).

fanatic [fᵉnatik] *adj., s.* fanatique. ‖ **fanaticism** [fᵉnatᵉsizᵉm] *s.* fanatisme, m.

fanciful [fànsifᵉl] *adj.* capricieux; fantasque; fantastique. ‖ **fancy** [fànsi] *s.** fantaisie; imagination, f.; goût; caprice, m.; *v.* s'imaginer; avoir du goût pour; *to take a fancy to,* s'éprendre de; *to fancy oneself,* s'imaginer; *fancy ball,* bal costumé; *fancy goods,* nouveautés, fantaisies.

fang [fàng] *s.* croc [dog]; crochet [snake], m.; racine [tooth], f.

fantastic [fàntastik] *adj.* fantastique; extravagant. ‖ **fantasy** [fàntᵉsi] *s.** fantaisie; imagination, f.; caprice, m.

far [fâr] *adv.* loin; au loin; *adj.* lointain; éloigné; reculé; *far and wide,* de tous côtés; *in so far as,* dans la mesure où; *as far as,* aussi loin que, autant que; *how far?* jusqu'où; *so far,* jusqu'ici; *far from it,* tant s'en faut; *by far,* de beaucoup; **farfetched,** recherché; **faraway,** lointain.

farce [fârs] *s.* farce, f.

fare [fèᵉr] *s.* prix du voyage, de la course; tarif, m.; nourriture, f.; *v.* voyager; avoir tel ou tel sort; se porter [health]; *bill of fare,* menu, carte; *round trip fare,* prix d'un aller et retour. ‖ **farewell** [-wèl] *s.* adieu, m.

farina [fᵉraⁱnᵉ] *s.* farine, f.; amidon, m.

farm [fârm] *s.* ferme; métairie, f.; *v.* affermer; exploiter; *farm products,* produits agricoles; *to farm out,* donner à ferme. ‖ **farmer** [-ᵉr] *s.* fermier; cultivateur, *Fr. Can.* habitant, m. ‖

farming [-ing] *s.* agriculture; exploitation agricole, f.; *adj.* agricole; de la terre.

farrier [fariᵉr] *s.* maréchal-ferrant, m.

farsightedness [fârsa¹tidnis] *s.* clairvoyance; presbytie (med.), f.

farther [fârzhᵉr] *adv.* plus loin; au-delà; en outre; davantage, de plus; *adj.* ultérieur; plus éloigné. ‖ **farthest** [fârzhist] *adv.* le plus loin; *adj.* le plus éloigné.

farthing [fârzhing] *s.* liard, sou, m.

fascinate [fas'néⁱt] *v.* fasciner, séduire. ‖ **fascination** [fas'néⁱshᵉn] *s.* fascination, f.

fascism [fashiz'm] *s.* fascisme, m. ‖ **fascist** [-ist] *s.* fasciste, m.

fashion [fashᵉn] *s.* façon; forme, mode, f.; usage; style, m.; *v.* façonner; former; *to go out of fashion,* passer de mode; *to bring into fashion,* mettre à la mode; *after a fashion,* tant bien que mal, en quelque sorte; **fashion-show,** présentation de collection; **fashion-writer,** chroniqueur de mode. ‖ **fashionable** [-ᵉb'l] *adj.* élégant, à la mode, chic.

fast [fast] *adj.* rapide; dissipé [life]; en avance [clock]; *adv.* vite, rapidement; *to live fast,* mener la vie à grandes guides.

fast [fast] *s.* jeûne, m.; *v.* jeûner; **breakfast,** déjeuner; **fast day,** jour maigre.

fast [fast] *adj.* ferme; solide; fixe; amarré (naut.); bon teint [dye]; serré [tie]; fidèle [friend]; profond [sleep]; *adv.* solidement; profondément; fermement.

fasten [fas'n] *v.* fixer; attacher; fermer [door]; agrafer; cramponner; *to fasten on,* imputer à. ‖ **fastener** [-ᵉr] *s.* agrafe, f.; fermoir, m.; *paper fastener,* trombone; *zip-fastener,* fermeture à glissière, fermeture Éclair.

fastidious [fastidiᵉs] *adj.* difficile, délicat, chipoteur.

fastness [fastnis] *s.* fermeté; forteresse; promptitude; dissipation, licence, f.

fat [fat] *adj.* gros; gras; *s.* graisse, f.; gras, m.; *v.* engraisser; *fat profits,* profits substantiels.

fatal [féⁱt'l] *adj.* fatal; mortel [disease]. ‖ **fatalism** [-tᵉliz'm] *s.* fatalisme, m. ‖ **fatalist** [-tᵉlist] *s.* fataliste, m. f. ‖ **fatality** [fᵉtalᵉti] *s.** fatalité, f. ‖ **fate** [féⁱt] *s.* destin; sort, m. ‖ **fated** [-id] *adj.* inéluctable; marqué par le destin. ‖ **fateful** [-foul] *adj.* décisif; fatal.

father [fâzhᵉr] *s.* père, m. ‖ **fatherhood** [-houd] *s.* paternité, f. ‖ **father-in-law** [-ìnlau] *s.* beau-père, m. ‖

fatherland [-land] *s.* patrie, f. || **fatherless** [-lis] *adj.* orphelin de père. || **fatherly** [-li] *adj.* paternel ; *adv.* paternellement.

fathom [fa*zh*e*m*] *s.* brasse, f.; *v.* sonder ; approfondir ; pénétrer. || **fathomable** [-e*b*'l] *adj.* sondable. || **fathomless** [-lis] *adj.* insondable ; impénétrable.

fatigue [fe*t*ig] *s.* fatigue ; corvée (mil.) ; usure [material], f.; *v.* fatiguer.

fatness [fatnis] *s.* embonpoint, m.; fertilité [land], f. || **fatten** [-'n] *v.* engraisser. || **fatty** [-i] *adj.* graisseux.

fatuity [fe*t*youiti] *s.* sottise, f. || **fatuous** [fatshoue*s*] *adj.* sot, vain.

fauces [fausîz] *s. pl.* gosier, m.

faucet [fausit] *s.* robinet ; fausset, m.; douille, f.

fault [fault] *s.* défaut, m.; faute ; faille (geol.), f.; *to be at fault*, être en défaut ; *faultfinder*, critiqueur ; *faultiness*, imperfection ; *faultless*, parfait. || **faulty** [-i] *adj.* fautif ; en faute ; défectueux, imparfait.

favo(u)r [fé¹ve*r*] *s.* faveur, f.; *v.* favoriser ; gratifier ; préférer ; *to have everything in one's favo(u)r*, avoir tout pour soi ; *to find favo(u)r with*, se faire bien voir de. || **favo(u)rable** [-e*b*'l] *adj.* favorable. || **favo(u)red** [-d] *adj.* favorisé ; *well-favo(u)red*, de bonne mine. || **favo(u)rite** [-rit] *adj. s.* favori. || **favo(u)ritism** [fé¹vritize*m*] *s.* favoritisme, m.

fawn [faun] *s.* faon, m.; *adj.* fauve.

fawn [faun] *v.* ramper, se coucher [dog] ; s'aplatir, flagorner [man]. || **fawning** [-ing] *s.* servilité, flatterie, f.

fealty [fié¹lti] *s.* loyauté, f.

fear [fie*r*] *s.* crainte ; peur, f.; *v.* craindre ; redouter. || **fearful** [-fe*l*] *adj.* craintif ; timide ; redoutable. || **fearless** [-lis] *adj.* intrépide ; sans peur. || **fearlessness** [-lisnis] *s.* intrépidité ; bravoure, f.

feasible [fîze*b*'l] *adj.* faisable ; réalisable, praticable.

feast [fîst] *s.* fête, f.; festin, m.; *v.* fêter ; régaler ; *to feast one's eyes with*, se repaître les yeux de.

feat [fît] *s.* exploit, m.; *feat of arms*, fait d'armes.

feather [fè*zh*e*r*] *s.* plume, f.; sillage d'un sous-marin (naut.), m.; *v.* emplumer ; empenner ; *to feather one's nest*, s'enrichir ; *to show the white feather*, laisser voir qu'on a peur ; *featherless*, déplumé ; *feather - weight*, poids plume ; *feathery*, couvert de plumes ; duveteux ; léger ; doux.

feature [fîtshe*r*] *s.* trait, m.; caractéristique, f.; gros titre ; clou ; grand film, m.; *v.* donner la vedette à ; représenter, dépeindre ; imaginer ; *featureless*, terne, peu caractéristique.

February [fébrouèri] *s.* février, m.

feculent [fèkyoule*n*t] *s.* féculent, m.

fecund [fèke*n*d] *adj.* fécond. || **fecundate** [-é¹t] *v.* féconder. || **fecundation** [fékœndé¹she*n*] *s.* fécondation, f. || **fecundity** [fikœnditi] *s.* fécondité, f.

federal [fède*r*e*l*] *adj.* fédéral. || **federate** [fède*r*it] *adj., s.* fédéré. || **federation** [fède*r*é¹she*n*] *s.* fédération ; confédération, f.

fee [fî] *s.* fief ; honoraires, m.; propriété héréditaire (jur.), f.; *admission fee*, droit d'entrée ; *retaining fee*, provisions à un avocat.

feeble [fîb'l] *adj.* faible, débile ; *feebleness*, faiblesse ; *feebly*, faiblement.

feed [fîd] *v.** nourrir ; faire paître [cattle] ; *s.* nourriture ; alimentation ; pâture, f.; *fuel feed*, alimentation en combustible ou en essence ; *feedingbottle*, biberon. || **feeder** [-e*r*] *s.* mangeur ; pourvoyeur ; éleveur [cattle] ; alimenteur (mech.), m.; mangeoire, f.

feel [fîl] *v.** sentir ; se sentir ; toucher ; éprouver ; *s.* toucher, tact, m.; sensation, f.; *to feel one's way*, avancer à tâtons ; *to feel strongly on*, avoir à cœur ; *to feel for*, partager la douleur de ; *to feel like*, avoir envie de. || **feeler** [-e*r*] *s.* antenne [insect] ; moustache [cat], f.; ballon d'essai, m. || **feeling** [-ing] *s.* toucher [sense] ; sentiment, m.; sensation ; sensibilité, f.; *adj.* sensible, ému ; *feelingly*, d'une manière émue.

feet [fît] *pl. of* **foot**.

feign [fé¹n] *v.* feindre ; simuler. || **feint** [fé¹nt] *s.* feinte, f.

felicitate [fèlisité¹t] *v.* féliciter. || **felicitous** [filisite*s*] *adj.* heureux. || **felicity** [-ti] *s.** félicité, f.

fell [fèl] *v.* abattre [tree], *Fr. Can.* bûcher ; rabattre [seam] ; *pret. of* **to fall**.

fellow [fèloᵘ] *s.* camarade, compagnon ; individu ; membre [society] ; universitaire ; pendant [thing], m.; *fellow citizen*, concitoyen ; *fellow student*, condisciple. || **fellowship** [-ship] *s.* association ; camaraderie, situation universitaire ; bourse à un étudiant gradué, f.

felon [fèle*n*] *s.* criminel ; panaris (med.), m.; *adj.* perfide, scélérat. || **felony** [-i] *s.** crime, m.

felt [fèlt] *pret. of* **to feel**.

felt [fèlt] *s.* feutre, m.; *adj.* en feutre ; *v.* (se) feutrer.

female [fîmé¹l] *adj.* féminin ; femelle ; *s.* femme ; femelle, f.; *female friend*, amie.

feminine [fèmᵉnin] adj. féminin; effēminé. ‖ **femininity** [fèminⁱniti] s. féminité; gent féminine, f. ‖ **feminism** [fèminiz'm] s. féminisme, m. ‖ **feminist** [-ist] adj., s. féministe.

fen [fèn] s. marécage, m.

fence [fèns] s. clôture; enceinte; escrime, f.; recéleur, m.; v. enclore; faire de l'escrime; *to be on the fence,* être indécis. ‖ **fencing** [-ing] s. escrime, f.; **fencing school,** salle d'armes.

fend [fènd] v. parer; détourner. ‖ **fender** [-ᵉr] s. pare-feu; *Am.* garde-boue; pare-choc [auto] m.; *Am.* chasse-pierres, m.

fennel [fèn'l] s. fenouil, m.

ferment [fërmᵉnt] s. ferment, m.; agitation, f.; [fërmènt] v. fermenter. ‖ **fermentation** [fërmèntéⁱshᵉn] s. fermentation, f.

fern [fërn] s. fougère, f.

ferocious [fᵉrouᵘshᵉs] adj. féroce. ‖ **ferocity** [fᵉrâsᵉti] s. férocité, f.

ferret [fèrit] s. furet, m.; v. fureter; dénicher; *to ferret out,* dépister.

ferrous [fèrᵉs] adj. ferreux.

ferrule [fèrᵉl] s. virole, f.; bout ferré; manchon, m.

ferry [fèri] s.* bac; passage de rivière, m.; v. passer en bac; transporter par mer ou air; passeur; *aerial ferry,* pont transbordeur; **ferry-boat,** bac transbordeur, *Fr. Can.* traversier; **ferryman,** passeur; **ferry-pilot,** convoyeur.

fertile [fërt'l] adj. fertile. ‖ **fertility** [fërtⁱlⁱeti] s.* fertilité; fécondation, f. ‖ **fertilize** [fërt'laⁱz] v. fertiliser; féconder. ‖ **fertilizer** [fërt'laⁱzᵉr] s. engrais, m.

fervent [fërvᵉnt] adj. fervent. ‖ **fervid** [-vid] adj. bouillant, ardent. ‖ **fervo(u)r** [fërvᵉr] s. ferveur; ardeur, f.

fester [fèstᵉr] v. (s')envenimer; s. pustule, f.

festival [fèstᵉv'l] s. fête, f. ‖ **festivity** [fèstⁱveti] s.* festivité; fête, f.

festoon [fèstoun] s. guirlande, f.; feston, m.; v. festonner.

fetch [fètsh] v. aller chercher; amener; apporter; pousser [sigh]; atteindre [price].

fetid [fètid] adj. fétide.

fetish [fétish] s. fétiche, m.

fetter [fètᵉr] s. entraves, f. pl.; fers, m. pl.; v. entraver; enchaîner.

feud [fyoud] s. brouille à mort; haine; vendetta, f.

feud [fyoud] s. fief, m.; **feudal,** féodal; **feudality,** féodalité.

fever [fîvᵉr] s. fièvre, f.; **scarlet fever,** scarlatine; **swamp fever,** paludisme, malaria. ‖ **feverish** [-rish] adj. fiévreux; fébrile. ‖ **feverishness** [-rish-nis] s. fièvre, fébrilité, f.

few [fyou] adj., pron. peu; *a few,* quelques.

fiancé(e) [fⁱénséⁱ] s. fiancé, m.; fiancée, f.

fib [fib] s. petit mensonge, m.; blague, f.; v. mentir, blaguer. ‖ **fibber** [-ᵉr] s. menteur, blagueur, m.

fiber [faⁱbᵉr] s. fibre, f.; filament, m.

fibroma [faⁱbrouᵘmᵉ] s. fibrome, m.

fibrous [faⁱbrᵉs] adj. fibreux.

fickle [fik'l] adj. inconstant; volage. ‖ **fickleness** [-nis] s. inconstance, f.

fiction [fikshᵉn] s. fiction, f. ‖ **fictitious** [fiktⁱshᵉs] adj. fictif.

fiddle [fid'l] s. violon, m.; v. jouer du violon; gesticuler; **fiddle stick,** archet; *fiddlesticks,* sornettes, balivernes.

fidelity [faⁱdèlᵉti] s. fidélité, f.

fidget [fidjit] v. s'agiter; s. sursaut, m.; agitation, f.; agité, m. ‖ **fidgety** [-i] adj. remuant; fébrile.

field [fîld] s. champ; champ de bataille; terrain; espace, m.; campagne, f.; *in the field,* aux armées; **field of study,** spécialité; **landing field,** terrain d'atterrissage.

fiend [fînd] s. diable, démon; *Am.* fanatique, mordu, m.; **fiendish,** diabolique, démoniaque.

fierce [fiᵉrs] adj. féroce; furieux; farouche. ‖ **fierceness** [-nis] s. férocité, fureur; violence, f.

fiery [faⁱri] adj. embrasé, flamboyant; fougueux, ardent.

fifteen [fiftîn] adj., m. quinze. ‖ **fifteenth** [-th] adj., s. quinzième. ‖ **fifth** [fifth] adj., s. cinquième. ‖ **fiftieth** [fiftiith] adj., s. cinquantième. ‖ **fifty** [fifti] adj. cinquante.

fig [fig] s. figue, f.; **fig-tree,** figuier.

fight [faⁱt] s. combat, m.; lutte; rixe; action (mil.), f.; v.* combattre; se battre; **air fight,** combat aérien; **dog fight,** mêlée générale; **hand-to-hand fight,** corps-à-corps. ‖ **fighter** [-ᵉr] s. combattant; lutteur; avion de combat ou de chasse, m. ‖ **fighting** [-ing] s. combat, m.; lutte, f.

figuration [figyouréⁱshᵉn] s. figuration; forme, f. ‖ **figurative** [figyᵉretiv] adj. figuré. ‖ **figure** [figyᵉr] s. figure; silhouette; forme; taille; v. tournure, f.; dessin; chiffre, m. v. figurer; calculer; *to figure on,* compter sur; se trouver sur [list].

filament [filᵉmᵉnt] s. filament, m.

file [faⁱl] s. lime, f.; v. limer.

file [fa¹l] s. file, f.; classeur; pl. dossier, m.; v. défiler; classer; **file card**, fiche; **file closer**, serre-file; **card index file**, fichier.

filial [fíliel] adj. filial. ‖ **filiation** [filié¹shen] s. filiation, f.

filing [fa¹ling] s. limaille, f.

fill [fil] s. suffisance, f.; content; remblai [road], m.; v. remplir; tenir [part]; combler; rassasier [food]; plomber [tooth]; occuper [post]; exécuter [order]; **to fill out a blank**, remplir une formule; **to fill in**, insérer. ‖ **filler** [-er] s. compte-gouttes, m.; recharge, f.

fillet [filé¹] s. filet [meat], m.; [filit] s. bande, f.; ruban; bandeau; bloc de remplissage (aviat.); collet (mech.), m.

filling [filing] s. remplissage; plombage, m.; **filling-station**, poste d'essence; **gold filling**, aurification.

filly [fili] s.* pouliche, f.

film [film] s. pellicule; taie; bande [cinema]; couche, f.; film, m.; v. couvrir d'une pellicule; filmer.

filter [filter] s. filtre, m.; v. filtrer; **filter-tip**, bout filtre.

filth [filth] s. ordure, f.; immondice, m.; **filthy**, sale, immonde.

fin [fin] s. nageoire [fish]; ailette [auto]; aileron (aviat.); *Am.* billet de cinq dollars (slang), m.

final [fa¹n'l] adj. final; définitif; **finally**, finalement, définitivement.

finance [fenàns] s. finance, f.; pl. finances, f.; fonds, m.; v. financer; commanditer. ‖ **financial** [fenànshel] adj. financier, pécuniaire. ‖ **financier** [finensíer] s. financier, m. ‖ **financing** [fenànsing] s. financement, m.

finch [fintsh] s. pinson, m.

find [fa¹nd] v.* trouver; découvrir; constater; **to find guilty**, déclarer coupable. ‖ **finder** [-er] s. trouveur [person]; chercheur; viseur (phot.), m.; lunette de repère [telescope], f.; **altitude finder**, altimètre. ‖ **finding** [-ing] s. découverte; constatation; trouvaille, f.; pl. conclusions (jur.), f.

fine [fa¹n] s. amende, f.; v. mettre à l'amende.

fine [fa¹n] adj. fin; menu; subtil; joli; raffiné; excellent; *I am fine*, je vais bien; **fine arts**, beaux-arts; v. affiner; amincir; clarifier [wine]. ‖ **fineness** [-nis] s. finesse; délicatesse; élégance; excellence, f. ‖ **finery** [-eri] s. parure, f. ‖ **finesse** [finès] s. ruse; habileté; impasse, f.; v. finasser.

finger [finger] s. doigt, m.; **little finger**, auriculaire; **middle finger**,

médius; **ring finger**, annulaire; **fingerprint**, empreinte digitale; **finger tip**, bout du doigt; v. toucher, palper.

finicky [finiki] adj. difficile, délicat, chipoteur; soigné, fignolé.

finish [finish] v. finir; terminer; compléter; s. fin; conclusion, f.; fini; finissage, m.; *he's finished*, c'en est fait de lui; **to finish up**, mettre la dernière main.

Finn [fin] s. Finnois, m.

fir [fër] s. sapin, m.

fire [fa¹r] s. feu; incendie; tir, m.; flamme, ardeur, f.; v. allumer; enflammer; incendier; faire feu; congédier; **belt of fire**, zone de feu; **drum fire**, feu roulant; **firearm**, arme à feu; **firebrand**, tison; **firecracker**, pétard; **fire extinguisher**, extincteur; **fire insurance**, assurance-incendie; **firewood**, bois de chauffage; **fireworks**, feu d'artifice. ‖ **firehouse** [-ha°us] s. poste des pompiers, m. ‖ **fireman** [-men] (pl. **firemen**) s. pompier; chauffeur (mech.), m. ‖ **fireplace** [-plé¹s] s. cheminée, f.; âtre, foyer, m. ‖ **fireproof** [-prouf] adj. incombustible; ignifuge. ‖ **fireside** [-sa¹d] s. coin du feu, m.; adj. intime. ‖ **firewater** [-wauter] s. eau-de-vie, f.; alcool, m.

firm [fërm] s. firme, maison de commerce, f.

firm [fërm] adj. ferme; résolu; stable [price]; **firmly**, fermement; solidement.

firmament [fërmement] s. firmament, m.

firmness [fërmnis] s. fermeté, f.

first [fërst] adj., s. premier; adv. premièrement; s. commencement, début, m.; *at first*, d'abord; **first aid kit**, pansement individuel; **first born**, aîné; **first class**, de qualité supérieure; **first hand**, de première main; **first rate**, de premier ordre; **first sergeant**, sergent-chef.

fisc [fisk] s. fisc, m. ‖ **fiscal** [-'l] adj. fiscal; **fiscal year**, année budgétaire.

fish [fish] (pl. **fishes**) s. poisson, m.; v. pêcher; **fish bone**, arête; **fish story**, histoire à dormir debout. ‖ **fisher** [-er], **fisherman** [-ermen] s. pêcheur, m. ‖ **fishing** [-ing], **fishery** [-eri] s.* pêche, f. ‖ **fishhook** [-houk] s. hameçon, m. ‖ **fishmonger** [-moenger] s. marchand de poisson, m. ‖ **fishwife** [-wa¹f] s. marchande (f.) de poisson; harangère, f. ‖ **fishy** [-i] adj. poissonneux; de poisson; vitreux; louche.

fission [fishen] s. fission, f.

fissure [fisher] s. fissure; fente, f.

fist [fist] s. poing, m.; **to clench one's fist**, serrer les poings.

fistula [fístshoule] `s. fistule (med.), f.

fit [fit] s. attaque ; crise (med.), f. ; accès, m. ; *by fits and starts*, par accès ; *to throw into fits*, donner des convulsions à. ‖ **fitful** [-fel] *adj.* agité ; capricieux ; variable ; quinteux (med.).

fit [fit] *adj.* propre, convenable ; opportun ; en bonne santé ; s. ajustement ; ajustage (mech.), m. ; v. convenir à ; ajuster ; adapter ; *to think fit*, juger bon ; *to fit in with*, s'harmoniser avec ; *to fit out*, équiper ; *to fit up a shop*, monter une boutique ; *a coat that fits you*, un habit qui vous va bien. ‖ **fitness** [-nis] s. aptitude ; bienséance ; justesse, f. ‖ **fitted** [-id] *adj.* ajusté, monté. ‖ **fitter** [-er] s. ajusteur ; monteur (mech.) ; installateur (electr.) ; essayeur [tailor], m. ‖ **fitting** [-ing] *adj.* convenable, opportun ; s. garniture, fournitures, f. ; agencement ; montage, m.

five [faⁱv] *adj.* cinq.

fix [fiks] v. fixer ; établir ; régler ; repérer [radio] ; s.* embarras, m. ; difficulté, f. ; point observé (naut.), m. ‖ **fixed** [-t] *adj.* fixe ; ferme ; *to be fixed for*, disposer de. ‖ **fixity** [-iti] s. fixité, f. ‖ **fixture** [-tsher] s. meuble, m.

fizz [fiz] v. siffler ; pétiller ; s. pétillement, m. ; **fizz-water**, eau gazeuse.

flabbergasted [flabergâstid] *adj.* éberlué, ébahi ; épaté.

flabby [flabi] *adj.* flasque, mou.

flaccid [flaksid] *adj.* mou, flasque.

flag [flag] s. glaïeul, m.

flag [flag] s. dalle [stone], f. ; v. daller.

flag [flag] s. drapeau ; pavillon, m. ; v. pavoiser ; faire des signaux ; *flag at half-mast*, drapeau en berne ; **flagship**, vaisseau amiral ; **flagstaff**, hampe.

flag [flag] v. faiblir, languir.

flagrant [flé¹grent] *adj.* flagrant ; énorme ; scandaleux.

flail [fléⁱl] s. fléau, m. ; v. battre au fléau [corn].

flair [flèer] s. flair, instinct, m.

flake [fléⁱk] s. flocon [snow], m. ; écaille, f. ; v. floconner ; s'écailler ; **corn flakes**, flocons de maïs.

flame [fléⁱm] s. flamme, f. ; feu ; zèle, m. ; v. flamber, flamboyer ; s'enflammer ; *to flame up*, s'emporter ; **flame thrower**, lance-flammes ; **flaming**, flamboyant ; passionné.

flamingo [flemínggoᵘ] s. flamant, m.

flange [flàndj] s. rebord ; collet (mech.) ; patin [rail], m.

flank [flàngk] s. flanc, m. ; v. flanquer ; prendre de flanc.

flannel [flàn'l] s. flanelle, f.

flap [flap] s. tape, f. ; claquement ; coup, m. ; pan [coat] ; bord [hat] ; battant [table] ; rabat [envelope] ; bord [ear] ; lambeau [flesh] ; volet (aviat.) ; affolement (colloq.), m. ; patte [pocket] ; trappe [cellar], f. ; v. taper ; battre ; pendre.

flare [flèer] s. flamme vacillante ; fusée éclairante, f. ; feu signalisateur, m. ; v. flamber ; s'enflammer ; **ground flare**, feu d'atterrissage (aviat.) ; *to flare up*, s'emporter.

flash [flash] s.* éclair ; éclat ; trait ; clin d'œil, instant, m. ; v. jeter des lueurs ; étinceler ; jaillir ; darder ; *a flash of hope*, un rayon d'espoir ; *a flash of lightning*, un éclair d'orage ; *a flash of wit*, un trait d'esprit ; *it flashed upon me*, soudain l'idée me vint ; **news flash**, dernières nouvelles ; **flashlight**, lampe de poche. ‖ **flashy** [flashi] *adj.* voyant, tapageur, criard.

flask [flask] s. flacon, m. ; bouteille, f. ; flasque (artill.), m.

flat [flat] *adj.* plat ; uni ; épaté [nose] ; éventé [drink] ; dégonflé [tire] ; monotone, terne ; bémol [music] ; s. plaine, f. ; appartement ; bas-fond (naut.), m. ; paume [hand], f. ; *to fall flat*, tomber à plat ; **flat rate**, à prix fixe ; **flat car**, wagon-plate-forme ; **flat iron**, fer à repasser ; *to sing flat*, chanter faux. ‖ **flatten** [-'n] v. aplanir ; laminer ; (s')aplatir ; **flattening mill**, laminoir.

flatter [flater] v. flatter. ‖ **flatterer** [-rer] s. flatteur, m. ‖ **flattering** [-ring] *adj.* flatteur ; **flattery**, flatterie.

flaunt [flaunt] v. se pavaner ; étaler ; s. étalage, m. ; parade, ostentation, f.

flavo(u)r [fléⁱver] s. saveur, f. ; goût ; arôme ; bouquet [wine], m. ; v. donner du goût ; assaisonner ; aromatiser. ‖ **flavo(u)rless** [-lis] *adj.* insipide ; fade.

flaw [flau] s. défaut ; vice (jur.), m. ; imperfection ; paille [metal] ; fêlure [glass], f. ; v. rendre défectueux ; fêler [glass]. ‖ **flawless**, impeccable.

flax [flaks] s. lin, m. ; **flaxseed**, graine de lin ; **flaxen**, de lin ; blond.

flay [fléⁱ] v. écorcher ; s'acharner sur.

flea [flî] s. puce, f. ; **fleabite**, piqûre de puce.

fleck [flèk] s. tache ; moucheture, f. ; v. moucheter.

fled [flèd] *pret., p. p.* of **to flee**.

flee [flî] v.* fuir ; s'enfuir ; échapper.

fleece [flîs] s. toison, f. ; v. tondre ; dépouiller.

fleet [flît] s. flotte, f. ; **home fleet**, flotte britannique.

fleet [flît] *adj.* prompt, rapide. ‖ **fleeting** [-ing] *adj.* fugace ; éphémère.

Flemish [flèmish] *adj., s.* flamand.

flesh [flèsh] *s.* chair; viande; pulpe [fruit], f.; *v.* assouvir; acharner [dogs]; **flesh-broth**, bouillon de viande; **flesh-eater**, carnassier; **fleshless**, décharné; **fleshliness**, désirs charnels; **flesh-worm**, asticot; **fleshy**, charnel; charnu.

flew [flou] *pret. of* **to fly.**

flex [flèks] *v.* fléchir. ‖ **flexibility** [flèks⁰bí'ti] *s.* flexibilité, f. ‖ **flexible** [flèks⁰b'l] *adj.* flexible, souple; influençable. ‖ **flexor** [flèks⁰ʳ] *s.* fléchisseur, m. ‖ **flexure** [flèksh⁰ʳ] *s.* flexion; courbure, f.; fléchissement, m.

flick [flik] *s.* chiquenaude, f.; claquement; sursaut, m.; *v.* donner une chiquenaude à.

flicker [flík⁰ʳ] *s.* vacillement; battement [wing], m.; lueur [interest], f.; *v.* vaciller; clignoter; battre [wing]; trembler; papilloter.

flier [fla¹⁰ʳ] *s.* avion; aviateur, m.

flight [fla¹t] *s.* vol; essor, m.; volée; fuite; *Am.* unité de trois à six avions, f.; *flight of stairs*, escalier; *to put to flight*, mettre en fuite; *soaring flight*, vol à voile.

flimsy [flímzi] *adj.* fragile; sans valeur; sans force; *s.* papier pelure, m.

flinch [flìntsh] *v.* fléchir; défaillir; broncher.

fling [fling] *v.** jeter, lancer; désarçonner; *s.* coup; trait; sarcasme, m.; joyeuse vie, f.; *to fling out*, tuer; *to fling at*, viser.

flint [flìnt] *s.* silex, m.; pierre à briquet, à fusil, f.

flip [flip] *s.* chiquenaude, f.; *v.* voleter; caresser ou épousseter d'une chiquenaude.

flippancy [flíp⁰nsi] *s.* désinvolture; pétulance, f. ‖ **flippant** [flíp⁰nt] *adj.* étourdi; désinvolte.

flirt [flë̃ʳt] *s.* flirteur, m.; flirteuse, f.; *v.* flirter. ‖ **flirtation** [flë̃ʳté¹sh⁰n] *s.* flirt, m.

flit [flit] *v.* voltiger, voleter; *s.* déménagement, m.

float [flo⁰ut] *s.* flotteur (mech.); ballonnet (aviat.); radeau, train de bois, m.; *v.* flotter, *Fr. Can.* draver; surnager; renflouer (naut.); faire la planche [swimming]; lancer (comm.); *wood-floater*, *Fr. Can.* draveur, m. ‖ **floating** [-ing] *adj.* flottant; *s.* lancement, m.; *floating capital*, fonds de roulement.

flock [flåk] *s.* troupeau, m.; troupe, f.; *to flock together*, s'attrouper.

flock [flok] *s.* flocon, m.

floe [flo⁰u] *s.* banquise, f.

flog [flåg] *v.* fouetter, flageller. ‖ **flogging** [-ing] *s.* flagellation, f.

flood [flœd] *s.* flot; flux; déluge, m.; inondation; marée [sea]; crue [river], f.; *v.* inonder; submerger; **floodgate**, vanne; **floodlight**, phare, projecteur; *to floodlight*, illuminer par projecteurs.

floor [flo⁰ʳ] *s.* plancher; parquet; étage; sol, m.; aire; varangue (naut.), f.; *first floor*, *Br.* premier étage; *Am.* rez-de-chaussée; *v.* planchéier, parqueter; jeter à terre; *to take the floor*, prendre la parole.

flop [flåp] *s.* floc, bruit mat, m.; four (colloq.), m.; *v.* s'affaisser; jeter; faire floc; *to flop down*, s'affaler.

florid [flaurid] *adj.* fleuri; haut en couleur.

florist [flo⁰urist] *s.* fleuriste, m. f.

floss [flaus] *s.* bourre de soie, f.

flotilla [flo⁰utíl⁰] *s.* flottille, f.

flotsam [flautsᵉm] *s.* épave, f.

flounce [fla⁰uns] *s.* volant, m.

flounder [fla⁰und⁰ʳ] *v.* se débattre; *to flounder about*, patauger.

flounder [fla⁰und⁰ʳ] *s.* carrelet, m.

flour [fla⁰uʳ] *s.* farine, f.; **floury**, enfariné.

flourish [flë̃ʳish] *s.** fioriture [music]; fanfare [trumpet]; arabesque, f.; parafe [pen]; moulinet [sword], m.; *v.* fleurir; faire des fioritures; brandir [sword]; prospérer.

flout [fla⁰ut] *v.* se moquer de; *s.* raillerie, moquerie, f.

flow [flo⁰u] *s.* écoulement; flux; courant; flot [music]; passage [air], m.; *v.* couler; s'écouler; monter; passer [air]; affluer; *to be flowing with riches*, nager dans l'opulence.

flower [fla⁰uᵉʳ] *s.* fleur, f.; *v.* fleurir; *flower bed*, parterre, m.; *flower leaf*, pétale; *flower-pot*, pot à fleurs; *flower show*, exposition de fleurs. ‖ **flowered** [-d] *adj.* fleuri; épanoui; à fleurs. ‖ **flowery** [-i] *adj.* à fleurs; fleuri [style].

flowing [flo⁰uing] *adj.* coulant; fluide, facile [style].

flown [flo⁰un] *p. p. of* **to fly.**

flu [flou] *s.* grippe, f.

fluctuate [flǽktshoué¹t] *v.* ondoyer; fluctuer; ballotter; osciller. ‖ **fluctuation** [flǽktshoué¹shᵉn] *s.* fluctuation, f.

flue [flou] *s.* tuyau de cheminée; tuyau d'échappement, m.

fluency [flo⁰uᵉnsi] *s.* facilité [speech], f. ‖ **fluent** [flo⁰uᵉnt] *adj.* coulant; disert; *to speak fluently*, parler couramment.

fluff [flœf] *s.* duvet; mouton, m.; *v.* rendre pelucheux; peluchèr; louper (theatr.); **fluffy**, duveteux; pelucheux; flou [hair].

fluid [flouid] *adj., s.* fluide ; liquide, m. ; *de-icing fluid*, liquide antigivre ; *fire-extinguishing fluid*, liquide extincteur.

fluke [flouk] *s.* patte d'ancre, f. ; coup de chance, m.

flung [flœng] *prep., p. p. of* **to fling**.

flunk [flœngk] *s.* échec [exam.], m. ; *v.* échouer ; être recalé.

flunky [flœngki] *s.** laquais ; larbin, m.

fluorescence [flouᵉrès'ns] *s.* fluorescence, f. ‖ **fluorescent** [-n't] *adj.* fluorescent ; à incandescence (electr.).

flurry [flëri] *s.** agitation ; commotion, f. ; coup de vent, m. ; *v.* agiter ; troubler, émouvoir.

flush [flœsh] *s.** flux, m. ; rougeur ; ecchymose (med.) ; chasse d'eau, f. ; *hot flush*, bouffée de chaleur ; *adj.* éclatant ; frais, fraîche ; riche (*with*, de) ; à fleur (*with*, de) ; *v.* faire rougir ; s'empourprer ; exalter ; laver à grande eau ; *flushed*, empourpré, rouge.

fluster [flœstᵉr] *v.* agiter ; *s.* agitation, f. ; trouble, énervement, m. ; *to become flustered*, se troubler, se démonter.

flute [flout] *s.* flûte ; cannelure, f. ; *v.* jouer de la flûte ; canneler.

flutter [flœtᵉr] *s.* battement d'ailes ; voltigement, m. ; agitation ; palpitation (med.), f. ; *v.* voltiger ; flotter au vent ; palpiter [heart] ; frémir ; osciller (mech.) ; agiter ; *to flutter its wings*, battre des ailes.

flux [flœks] *s.* flux ; décapant, m. ; *v.* purger ; décaper.

fly [fla¹] *s.** mouche, f. ; *fly-paper*, papier tue-mouches.

fly [fla¹] *s.** volée [baseball] ; braguette, f. ; couvre-bouton, m. ; *v.** voler [bird, airplane] ; fuir, s'enfuir ; battre [flag] ; *to fly at*, s'élancer sur ; *to fly open*, s'ouvrir brusquement ; *to fly away*, s'envoler ; *to fly off the handle*, sortir de ses gonds, lâcher les pédales ; *flying* [-ing] *s.* vol, m. ; aviation, f. ; *blind flying*, vol sans visibilité ; *glider flying*, vol par planeur ; *flying boat*, hydravion.

foal [foᵒul] *s.* poulain, m. ; pouliche, f. ; ânon, m. ; *v.* pouliner.

foam [foᵒum] *s.* écume, mousse, f. ; *v.* écumer ; mousser ; moutonner.

focal [foᵒuk'l] *adj.* focal. ‖ **focus** [foᵒukᵉs] *s.* foyer, m. ; *v.* mettre au point (phot.) ; concentrer ; faire converger.

fodder [fâdᵉr] *s.* fourrage, m.

foe [foᵒu] *s.* ennemi, m.

foetus [fitᵉs] *s.** fœtus, m.

fog [fâg] *s.* brouillard, m. ; brume, f. ; voile (phot.), m. ; *v.* assombrir ; embrumer ; embrouiller ; voiler ; *pea-soup fog*, purée de pois ; *fog-horn*, corne de brume ; *fog-light*, phare antibrouillard ; *foggy*, brumeux.

foil [fo¹l] *s.* feuille [metal], f. ; tain [mirror] ; repoussoir, m.

foil [fo¹l] *s.* fleuret, m.

foil [fo¹l] *v.* déjouer ; dépister.

fold [foᵒuld] *s.* pli ; repli, m. ; *v.* plisser ; plier ; envelopper ; croiser [arms]. ‖ **folder** [-ᵉr] *s.* plieur ; ploir ; dépliant ; dossier, m. ; chemise (comm.), f. ‖ **folding** [-ing] *adj.* pliant ; *folding bed*, lit pliant ; *folding machine*, plieuse ; *folding ruler*, mètre pliant, *Fr. Can.* pied-de-roi ; *folding screen*, paravent ; *folding stool*, pliant.

fold [foᵒuld] *s.* bergerie, f. ; parc à moutons, m. ; *v.* parquer [sheep].

foliage [foᵒulidj] *s.* feuillage, m.

folio [foᵒulioᵒu] *s.* folio [page] ; in-folio, m. ; *v.* paginer.

folk [foᵒuk] *s.* gens ; peuple, m. ; *pl.* parents, amis, m. ; *adj.* du peuple, populaire ; *folklore*, folklore.

follow [fâloᵒu] *v.* suivre ; poursuivre ; s'ensuivre ; exercer [profession]. ‖ **follower** [-ᵉr] *s.* suivant ; compagnon ; partisan ; imitateur ; satellite, m. ‖ **following** [-ing] *s.* suite, f. ; partisan, adepte, m. ; *adj.* suivant.

folly [fâli] *s.** sottise, bêtise, absurdité, folie [purchase], f.

foment [foᵒumènt] *v.* fomenter.

fond [fând] *adj.* affectueux, aimant ; *to be fond of*, aimer. ‖ **fondle** [-'l] *v.* caresser. ‖ **fondly** [-li] *adv.* affectueusement. ‖ **fondness** [-nis] *s.* affection, f. ; attrait, m. ; faiblesse, f.

font [fânt] *s.* fonts baptismaux, m. pl. ; source, origine, f.

food [foud] *s.* aliment, m. ; nourriture, f. ; *Food Minister*, ministre du Ravitaillement ; *food rations*, rations de vivres ; *foodstuff*, produits comestibles, denrée alimentaire.

fool [foul] *s.* sot, imbécile ; fou, bouffon, m. ; *to play the fool*, faire l'idiot ; *v.* faire l'imbécile ; duper ; *to fool away time*, perdre son temps en niaiseries. ‖ **foolish** [-ish] *adj.* sot, sotte ; imbécile, *Fr. Can.* sans dessein ; insensé. ‖ **foolishly** [-ishli] *adv.* sottement. ‖ **foolishness** [-ishnis] *s.* sottise, bêtise, imbécillité, f.

foot [fout] (*pl.* **feet** [fît]) *s.* pied [man] ; bas [page] ; fond [sail], m. ; patte [animal] ; base [pillar] ; jambe [compasses], f. ; *v.* aller à pied ; fouler [ground] ; faire le total de [numbers] ; *footbindings*, attaches de skis ; *footbridge*, passerelle ; *footnote*, note en bas de page; **footprint**, empreinte de pas; **footrace**, course à pied; **footsoldier**, fantassin; **footstool**, tabouret; **footwarmer**, bouillotte, chaufferette. || **football** [-baul] s. football, m. || **footing** [-ing] s. marche; position ferme, f.; point d'appui, m. || **footlights** [-laˢts] s. pl. rampe (theat.), f. || **footpath** [-path] s. bas-côté [road]; trottoir, m.; piste (f.) pour piétons. || **footstep** [-stèp] s. pas, m. || **footwear** [-wèˢr] s. chaussures, f. pl.

fop [fâp] s. dandy, gommeux, m. || **foppery** [fâpˢri] s. fatuité, f. || **foppish** [-ish] adj. fat; d'une élégance prétentieuse.

for [faur] prep. pour; de; par; pendant; depuis; conj. car; as for me, quant à moi; for the whole day, pendant tout le jour; to send for someone, envoyer chercher quelqu'un; he has been here for two months, il est ici depuis deux mois; to wait for, attendre.

forage [fauridj] s. fourrage, m.; v. fourrager; aller au fourrage; **forager**, s. fourrageur, m.

foray [fauréˢ] s. incursion, f.; v. faire une incursion; piller.

forbade [fˢrbad] pret. of to forbid.

forbear [faurbéˢr] s. ancêtre, m.

forbear [faurbèr] v.* cesser; s'abstenir de; supporter. || **forbearance** [-ˢns] s. abstention; patience, f.

forbid [fˢrbid] v.* interdire; empêcher de. || **forbidden** [-'n] adj. interdit, prohibé; p. p. of to forbid. || **forbidding** [-ing] adj. rébarbatif, repoussant; sombre, menaçant.

forbore [faurboˢˢr] pret. of to forbear. || **forborn** [faurboˢrn] p. p. of to forbear.

force [foˢrs] s. force; vigueur; violence; contrainte; troupe, f.; corps (mil.), m.; armed force, force armée; covering forces, troupes de couverture; landing force, troupe de débarquement; v. forcer; contraindre; to force a smile, sourire d'une manière forcée; to force back, faire reculer. || **forceful** [-fˢl] adj. vigoureux; énergique; violent. || **forcible** [-eb'l] adj. fort; énergique; violent; forcé.

forceps [faursˢps] (pl. forceps) s. forceps, m.; dental forceps, davier.

ford [foˢrd] s. gué, m.; v. guéer.

fore [foˢr] adj. antérieur; de l'avant.

forearm [foˢrârm] s. avant-bras, m.

forebode [foˢrboˢˢd] v. pressentir; présager, annoncer.

forecast [foˢrkast] s. pronostic, m.; prévision, f.; [foˢrkast] v. pronostiquer; prédire; prep., p. p. of to forecast; weather forecast, prévision météorologique.

forefather [foˢrfâzhˢr] s. ancêtre, aïeul, m.

forefinger [foˢrfinggˢr] s. index, m.

forefoot [foˢrfout] (pl. forefeet [-fit]) s. patte de devant, f.

forego [foˢrgoˢˢ], see forgo. || **foregone** [foˢrgaun] p. p. of to forego; adj. passé; inévitable; prévu, escompté.

foreground [foˢrgraˢˢnd] s. premier plan, m.

forehead [faurid] s. front, m.

foreign [faurin] adj. étranger; extérieur; foreign office, ministère des Affaires étrangères; foreign service, service diplomatique; foreign trade, commerce extérieur. || **foreigner** [-ˢr] s. étranger, m.

forelock [foˢrlâk] s. mèche sur le front [hair], f.; toupet, m.

foreman [foˢrmˢn] (pl. foremen) s. contremaître; chef (m.) de fabrication; premier juré, m.

foremast [foˢrmast] s. mât de misaine, m.

foremost [foˢrmoˢˢst] adj. premier; principal; de tête; adv. en avant, en premier.

forenoon [foˢrnoun] s. matinée, f.; Fr. Can. avant-midi, m.

forerunner [foˢrrœnˢr] s. précurseur; signe avant-coureur, m.

foresaw [foˢrsau] pret. of to foresee. || **foresee** [foˢrsî] v. prévoir. || **foreseen** [foˢrsîn] p. p. of to foresee.

foresight [foˢrsaˢt] s. prévision; prévoyance; mire [gun]; visée directe [survey], f.

forest [faurist] s. forêt, f.; v. boiser; **forester**, forestier, m.; **forestry**, sylviculture.

forestall [foˢrstaul] v. anticiper; devancer; accaparer (comm.).

foretaste [faurtéˢst] s. avant-goût, m.; [fautéˢst] v. avoir un avant-goût de.

foretell [foˢrtèl] v. prédire.

foretoken [foˢrtoˢˢk'n] s. présage; [faurtoˢˢk'n] v. présager, annoncer.

foretold [foˢrtoˢˢld] pret., p. p. of to foretell.

forever [fˢrèvˢr] adv. pour jamais.

forewarn [foˢrwaurn] v. prévenir, avertir; prémunir, mettre en garde contre.

foreword [foˢrwërd] s. avant-propos, m.

forfeit [faurfît] s. amende; pénalité; déchéance, f.; v. être déchu de, perdre; forfaire à. || **forfeiture** [faurfitshˢr] s. perte; confiscation; déchéance; forfaiture, f.

forgave [fᵉrgé¹v] *pret. of* **to forgive.**

forge [faurdj] *s.* forge, f.; *v.* forger; contrefaire; falsifier. ‖ **forgery** [-ᵉri] *s.** falsification; contrefaçon, f.; faux, m.

forget [fᵉrgèt] *v.** oublier; *to forget oneself*, s'oublier, se laisser aller. ‖ **forgetful** [-fᵉl] *adj.* oublieux; distrait; négligent. ‖ **forgetfulness** [-fᵉlnis] *s.* oubli, m.; inattention; négligence, f. ‖ **forget-me-not** [-minât] *s.* myosotis, m.

forgive [fᵉrgív] *v.** pardonner; absoudre; faire grâce. ‖ **forgiven** [-ᵉn] *p. p. of* **to forgive.** ‖ **forgiveness** [-nis] *s.* pardon, m.; grâce, f. ‖ **forgiving** [-ing] *adj.* clément; sans rancune.

forgo [faurgoºu] *v.* renoncer à; se passer de.

forgot [fᵉrgât] *pret., p. p. of* **to forget.** ‖ **forgotten** [fᵉrgât'n] *p. p. of* **to forget.**

fork [faurk] *s.* fourche; fourchette; bifurcation [road], f.; zigzag, m. [lightning]; *v.* prendre à la fourche; fourcher; bifurquer; *tuning fork,* diapason [music]; *forked,* fourchu, bifurqué; *to fork out,* abouler, casquer (colloq.).

forlorn [fᵉrlaurn] *adj.* abandonné; désespéré; misérable.

form [faurm] *s.* forme; formule; formalité; classe (educ.), f.; formulaire; banc, m.; *v.* former; façonner; arranger; se former. ‖ **formal** [-'l] *adj.* régulier; conventionnel; cérémonieux; de pure forme. ‖ **formality** [faurmal-ᵉti] *s.** formalité; cérémonie, f. ‖ **formally** [-'li] *adv.* dans les formes; cérémonieusement; solennellement. ‖ **formation** [faurmé¹shᵉn] *s.* formation; structure, f.; ordre; dispositif, m. ‖ **formative** [fauᵉrmetiv] *adj.* formatif; plastique; de formation.

former [faurmᵉr] *adj.* premier; antérieur; précédent; ancien. ‖ **formerly** [-li] *adv.* autrefois; jadis; auparavant.

formidable [faurmidᵉb'l] *adj.* formidable; terrifiant.

formless [fauᵉrmlis] *adj.* informe.

formula [faurmyelᵉ] *s.* formule, f. ‖ **formulate** [-léit] *v.* formuler.

forsake [fᵉrsé¹k] *v.** abandonner; délaisser. ‖ **forsaken** [fᵉrsé¹kᵉn] *adj.* abandonné; *p. p. of* **to forsake.** ‖ **forsook** [fᵉrsouk] *pret. of* **to forsake.**

forswear [faurswèr] *v.* abjurer; se parjurer; nier avec serment.

fort [fooºrt] *s.* fort, m.

forth [fooºrth] *adv.* en avant; (au) dehors; au loin; *to go forth,* sortir; *and so forth,* et cætera; et ainsi de suite. ‖ **forthcoming** [-kœming] *adj.* prochain; sur le point de paraître [book]; à venir. ‖ **forthwith** [-with] *adv.* sur-le-champ; immédiatement.

fortieth [faurtiith] *adj., s.* quarantième.

fortification [faurtᵉfeké¹shᵉn] *s.* fortification, f.; *coastal fortifications,* fortifications côtières. ‖ **fortify** [faur-tᵉfa¹] *v.* fortifier.

fortitude [faurtᵉtyoud] *s.* force d'âme, f.

fortnight [faurtna¹t] *s.* quinzaine, f.; quinze jours, m.

fortress [faurtris] *s.** forteresse; place forte, f.; *flying fortress,* forteresse volante (aviat.).

fortuitous [faurtyouᵉtᵉs] *adj.* fortuit, inopiné.

fortunate [faurtshᵉnit] *adj.* fortuné. ‖ **fortunately** [-li] *adv.* heureusement, par bonheur. ‖ **fortune** [faurtshᵉn] *s.* fortune, f.; destin, m.; *fortune-hunter,* coureur de dot; *fortune-teller,* diseuse de bonne aventure.

forty [faurti] *adj.* quarante.

forward [faurwᵉrd] *adj.* avancé; précoce; prompt; empressé; hardi; effronté; *adv.* en avant; *s.* avant [football], m.; *v.* avancer; hâter; expédier; acheminer; faire suivre [letter]; promouvoir [plan]. ‖ **for-warder** [-ᵉr] *s.* expéditeur, m.; expéditrice, f.; transitaire, m.; promoteur, m. (fig.).

fossil [fâs'l] *adj., s.* fossile.

foster [faustᵉr] *v.* nourrir; élever; encourager [art]; *adj.* adoptif; putatif; nourricier; *foster-child,* nourrisson; *foster-father,* père nourricier.

fought [faut] *pret., p. p. of* **to fight.**

foul [faºul] *adj.* immonde; souillé; odieux; infâme; bourbeux [water]; malsain [air]; malhonnête [behavior]; mauvais [weather]; grossier [language]; *foul word,* gros mot; *s.* coup irrégulier [boxing], m.; faute [sport]; collision (naut.), f.; *v.* salir; souiller; (s')encrasser [gun]; entrer en collision (naut.); violer la règle [sport].

found [faºund] *pret., p. p. of* **to find.**

found [faºund] *v.* fonder; instituer. ‖ **foundation** [faºundé¹shᵉn] *s.* fondement, m.; fondation; base; dotation, f.

founder [faºundᵉr] *s.* fondateur; bienfaiteur, m.

founder [faºundᵉr] *s.* fondeur (metall.), m.

founder [faºundᵉr] *v.* broncher [horse]; sombrer [ship]; échouer.

foundling [faºundling] *s.* enfant trouvé, m.

foundry [faºundri] *s.** fonderie, f.

fountain [faºunt'n] *s.* fontaine; source, f.; *fountain pen*, stylo.

four [foºur] *adj.* quatre; *on all fours*, à quatre pattes; *fourfooted*, quadrupède; *fourscore*, quatre-vingts. ‖ **fourteen** [foºurtîn] *adj.* quatorze. ‖ **fourteenth** [foºurtînth] *adj.*, *s.* quatorzième; ‖ *fourth* [foºurth] *adj.*, *s.* quatrième; quatre [kings, title]; *s.* quart, m.

fowl [faºul] *s.* volaille; poule, f.; oiseau, m.

fox [fâks] *s.** renard, m.; *fox-glove*, digitale; *fox-tail*, queue de renard; *foxy*, rusé, astucieux.

fraction [frakshºn] *s.* fraction, f.; fragment, m.; *representative fraction*, échelle cartographique. ‖ *fracture* [fraktshºr] *s.* fracture (med.); rupture, f.; *v.* fracturer (med.); rompre; se fracturer.

fragile [fradjºl] *adj.* fragile. ‖ *fragility* [fradjºliti] *s.* fragilité, f.

fragment [fragmºnt] *s.* fragment, m.

fragrance [fréigrºns] *s.* parfum, m. ‖ *fragrant* [fréigrºnt] *adj.* parfumé, embaumé.

frail [fréil] *adj.* fragile; frêle. ‖ *frailty* [-ti] *s.** fragilité; faiblesse, f.

frame [fréim] *s.* charpente; membrure [ship], f.; châssis [window]; chambranle [door]; cadre [picture]; bâti; couple (naut., aviat.); métier [embroidery], m.; *v.* former; construire; charpenter; encadrer [picture]; inventer; *frame-work*, charpente; ossature; *to frame someone*, conspirer contre quelqu'un.

franc [fràngk] *s.* franc, m.

France [fràns] *s.* France, f.

franchise [frὰntshaïz] *s.* franchise; immunité, f.; droit constitutionnel, m.

frank [frὰngk] *adj.* franc, sincère; *s.* franchise postale, f.; *v.* envoyer en franchise postale.

frankfurter [frangkfºrtºr] *s.* saucisse fumée, f.

frantic [frὰntik] *adj.* frénétique; forcené.

fraternal [fretºr'n'l] *adj.* fraternel. ‖ *fraternity* [fretºr'neti] *s.** fraternité; confrérie, f.; club, m. ‖ *fraternize* [fratºrnaïz] *v.* fraterniser.

fraud [fraud] *s.* fraude; tromperie, f. ‖ *fraudulent* [-jºlºnt] *adj.* frauduleux; *fraudulent conversion*, détournement de fonds.

fray [fréi] *s.* bagarre; mêlée, f.

fray [fréi] *v.* (s')effranger, (s')effilocher; *s.* effilochure, f.

freak [frîk] *s.* caprice, m.; frasque, f.; phénomène, m.

freckle [frèk'l] *s.* tache de rousseur, f.; *freckled*, tavelé.

free [frî] *adj.* libre; exempt; aisé; gratuit; généreux; *v.* délivrer; débarrasser; affranchir; dégager (techn.); exempter [taxes]; *adv.* gratis; franco; *free and easy*, sans gêne; *to make free with*, prendre des libertés avec; *delivered free*, franco à domicile; *free goods*, marchandises en franchise; *freemason*, franc-maçon; *freemasonry*, franc-maçonnerie; *free port*, franco de port; *free thinker*, libre-penseur; *Am. freeway*, autoroute; *free-wheel*, roue libre. ‖ *freedom* [-dºm] *s.* liberté; exemption, f.; sans-gêne, m.

freeze [frîz] *v.** geler; glacer; figer; (se) congeler. ‖ *freezer* [-ºr] *s.* sorbetière; glacière, f. ‖ *freezing* [-ing] *adj.* glacial; réfrigérant; *freezing point*, point de congélation; *freezing up*, givrage.

freight [fréit] *s.* fret; chargement, m.; cargaison, f.; *pl.* prix du fret; *v.* fréter; affréter; *freight plane*, avion de transport; *freight train*, train de marchandises.

French [frèntsh] *adj.*, *s.* français. ‖ *Frenchman* [-mºn] (*pl.* *Frenchmen*) *s.* Français, m. ‖ *Frenchwoman* [-woumºn] (*pl.* *Frenchwomen*) *s.* Française, f.

frenzy [frènzi] *s.** frénésie, f.; transport; délire, m.; *v.* rendre fou.

frequency [frîkwºnsi] *s.** fréquence, f. ‖ *frequent* [frîkwºnt] *adj.* fréquent; [frîkwènt] *v.* fréquenter; ‖ *frequentation* [frîkwºntéishºn] *s.* fréquentation, f. ‖ *frequently* [frîkwèntli] *adv.* fréquemment.

fresh [frèsh] *adj.* frais, fraîche; nouveau, nouvelle; novice; *Am.* impertinent; sans gêne; *fresh water*, eau douce. ‖ *freshen* [-ºn] *v.* rafraîchir; raviver; fraîchir. ‖ *freshening* [-ºning] *s.* rafraîchissement, m. ‖ *freshly* [-li] *adv.* fraîchement; nouvellement. ‖ *freshman* [-mºn] *s.* novice; « bizuth », m. ‖ *freshness* [-nis] *s.* fraîcheur; nouveauté, f.

fret [frèt] *v.* frotter; user; (s')irriter; (se) ronger; *s.* irritation; éraillure; érosion; agitation; préoccupation, f.

fret [frèt] *s.* entrelacs, m.; grecque, f.; *v.* orner.

fretful [frètfoul] *adj.* maussade; agacé, irritable.

friar [fraïºr] *s.* frère, moine, m.

friction [frikshºn] *s.* frottement, m.; friction, f.

Friday [fraïdi] *s.* vendredi, m.; *Good Friday*, vendredi saint.

fried [fraïd] *p. p. of to fry*.

friend [frènd] *s.* ami, amie. ‖ **friendliness** [-linis] *s.* amitié, affabilité, f. ‖ **friendly** [-li] *adj.* amical, affable ; *friendly society,* amicale. ‖ **friendship** [-ship] *s.* amitié, f.

frigate [frígit] *s.* frégate, f.

fright [fra¹t] *s.* effroi, m. ; frayeur ; horreur, f. ‖ **frighten** [-'n] *v.* épouvanter ; terrifier. ‖ **frightful** [-fªl] *adj.* effroyable ; terrifiant. ‖ **frightfulness** [-fªlnis] *s.* horreur, f. ; terrorisme, m.

frigid [fridjid] *adj.* froid ; glacial ; frigide. ‖ **frigidity** [fridjíditi] *s.* froideur ; frigidité, f.

fringe [frìndj] *s.* frange ; bordure, f. ; *v.* franger.

frippery [fripªri] *s.** pacotille, camelote, f. ; *pl.* colifichets, m. pl.

frisk [frisk] *s.* gambade, f. ; *v.* gambader, folâtrer ; palper, fouiller (slang). ‖ **frisky** [-i] *adj.* folâtre ; frétillant [dog] ; fringant [horse] ; sémillant.

fritter [fritªr] *s.* beignet, m. ; *v. to fritter away,* gaspiller, éparpiller [time].

frivolity [frivál¹eti] *s.** frivolité, f. ‖ **frivolous** [frivªleªs] *adj.* frivole ; sans valeur ; injustifié ; futile.

frizzle [friz'l] *v.* friser ; griller ; grésiller ; faire frire ; *s.* frisure ; friture, f. ; **frizzy,** frisé, crêpu.

fro [frooᵘ], *see* to and fro.

frock [fràk] *s.* robe ; blouse, f. ; froc, m. ; *frock-coat,* redingote.

frog [fràg] *s.* grenouille ; fourchette [horse's foot], f. ; chat dans la gorge, m. ; *bullfrog,* grenouille d'Amérique, *Fr. Can.* ouaouaron ; *frogman,* homme-grenouille.

frolic [frálik] *s.* ébats, m. pl. ; *v.* folâtrer, gambader ; batifoler.

from [fràm, frœm] *prep.* de ; à ; avec ; contre ; par ; d'après ; dès ; *the train from London,* le train de Londres ; *to borrow from,* emprunter à ; *from that point of view,* à ce point de vue ; *made from butter,* fait avec du beurre ; *to shelter from,* abriter contre ; *from spite,* par dépit ; *from what you say,* d'après ce que vous dites ; *from the beginning,* dès le commencement.

front [frœnt] *s.* front (anat., mil.) ; devant ; plastron [shirt], m. ; face ; façade [house], f. ; *v.* faire face à ; donner sur ; affronter ; braver ; *to come to the front,* arriver au premier rang ; *in front of,* en face de. ‖ **frontage** [-idj] *s.* façade ; largeur du front (mil.), f. ‖ **frontier** [frœntiªr] *s.* frontière, f.

frost [fraust] *s.* gelée, f. ; gel, m. ; *v.* glacer ; givrer ; *glazed frost,* verglas ; *frostbitten foot,* pied gelé ; *hoar frost,* givre, gelée blanche. ‖ **frosty** [-i] *adj.* glacé ; glacial ; givré.

froth [frauth] *s.* écume ; mousse ; futilités [speech], f. ; *v.* écumer ; mousser ; *to froth at the mouth,* écumer de rage. ‖ **frothy** [-i] *adj.* écumeux ; écumant ; mousseux ; creux (fig.).

frown [fraoᵘn] *s.* froncement de sourcils ; regard furieux, m. ; *v.* froncer le sourcil ; *to frown at,* regarder d'un mauvais œil.

froze [frooᵘz] *pret. of* to freeze. ‖ **frozen** [-'n] *p. p. of* to freeze.

fructify [frœktªfa¹] *v.* fructifier.

frugal [froug'l] *adj.* frugal ; sobre ; économe.

fruit [frout] *(pl. fruit) s.* fruit, m. ; *v.* porter des fruits ; *dried fruit,* fruits secs ; *stewed fruit,* fruits en compote ; *fruit tree,* arbre fruitier. ‖ **fruiterer** [-erᵉr] *s.* fruitier, m. ‖ **fruitful** [-fªl] *adj.* fécond ; fructueux ; productif ; **fruitless** [-lis] *adj.* stérile ; infructueux ; improductif.

frustrate [frœstré¹t] *v.* frustrer ; faire échouer ; contrecarrer. ‖ **frustration** [frœstré¹shªn] *s.* anéantissement, m. ; déception ; frustration, f.

fry [fra¹] *s.** friture, f. ; fretin, m. ; *v.* frire ; faire frire ; *Am. French fries,* pommes de terre frites ; *frying-pan,* poêle à frire ; *small fry,* menu fretin.

fuchsia [fyoushe] *s.* fuchsia, m.

fudge [fœdj] *s.* baliverne ; blague, f. ; fondant, m.

fuel [fyouᵉl] *s.* combustible ; carburant ; propergol ; aliment, m. (fig.) ; *v.* (s')alimenter en combustible ; *alcohol-blended fuel,* carburant à base d'alcool ; *coal-oil fuel,* mazout ; *fuel pump,* distributeur d'essence ; *fuel-saving,* économique ; *fuel station,* poste à essence ; *wood fuel,* bois de chauffage.

fugacious [fyougé¹shªs] *adj.* fugace. ‖ **fugacity** [fyougásiti] *s.* fugacité, f. ‖ **fugitive** [fyoudj¹tiv] *adj.*, *s.* fugitif.

fulfil(l) [foulfil] *v.* accomplir ; combler [wish] ; exaucer [prayer]. ‖ **fulfil(l)-ment** [-mªnt] *s.* accomplissement, m.

full [foul] *adj.* plein ; entier ; rempli ; repu ; complet ; *adv.* complètement, totalement, pleinement, tout à fait ; *I am full,* je suis rassasié ; *in full,* complètement ; *two full hours,* deux bonnes heures ; *full dress,* grande tenue ; *full session,* assemblée plénière ; *full size,* grandeur nature ; *full stop,* un point ; *full text,* texte intégral ; *full weight,* poids juste. ‖ **fullness** [-nis] *s.* plénitude ; ampleur ; abondance, f.

fuller [foulᵉr] *s.* foulon, m.

fumble [fœmbl] *v.* tâtonner ; hésiter ; *s.* tâtonnement, m.

fume [fyoum] *v.* fumer ; rager ; *s.* fumée, vapeur, émanation, f.

fumigate [fyoum•gé¹t] *v.* fumiger; désinfecter par fumigation.

fun [fœn] *s.* amusement, m.; plaisanterie, f.; *v.* plaisanter; *for fun*, pour rire; *to make fun of*, se moquer de; *to have fun*, s'amuser beaucoup.

function [fœngksh•n] *s.* fonction; charge; cérémonie officielle, f.; *v.* fonctionner; opérer. ‖ *functionary* [-èri] *s.** fonctionnaire, m. f. ‖ *functionate* [-é¹t] *v.* fonctionner.

fund [fœnd] *s.* fonds, m.; caisse, f.; *v.* consolider [debts]; *fund-holder*, rentier; *sinking-fund*, caisse d'amortissement. ‖ *fundamental* [fœnd•mènt'l] *adj.* fondamental; *s.* fondement, m.

funeral [fyoun•r•l] *s.* funérailles, f. pl.; *adj.* funèbre; *funeral home*, Fr. Can. salon mortuaire. ‖ *funereal* [fyouníri•l] *adj.* triste et solennel.

funicular [fyoun•kyoul•r] *s.*, *adj.* funiculaire, m.

funnel [fœn'l] *s.* entonnoir; tuyau [air], m.; cheminée (naut.), m.

funny [fœni] *adj.* amusant; comique; ridicule; *the funnies*, la page comique [magazine].

fur [fër] *s.* fourrure, f.; tartre, m.; *v.* fourrer; s'entartrer; *fur trade*, pelleterie; *furrier*, fourreur.

furious [fyouri•s] *adj.* furieux.

furl [fër'l] *v.* ferler; ployer; replier.

furlough [fër'lo°u] *s.* permission (mil.), f.; congé, m.

furnace [fër'nis] *s.* four; foyer; fourneau, m.; fournaise, f.; *blast furnace*, haut fourneau.

furnish [fër'nish] *v.* fournir; produire; équiper; meubler [room]. ‖

furniture [fër'nitsh•r] *s.* meubles; ameublement, m.; *Am.* équipement, m.; garniture, f.; *furniture-warehouse*, garde-meuble.

furrow [fëro°u] *s.* sillon; cassis, m.; ride, f.; *v.* sillonner; canneler; rider.

further [fër'zh•r] *adj.* ultérieur; plus éloigné; additionnel; autre; *adv.* plus loin; plus tard, ultérieurement; *v.* promouvoir. ‖ *furthermore* [-mo°ur] *adv.* de plus. ‖ *furthest* [fër'zhist] *adj.* le plus éloigné; *adv.* au plus tard, au plus loin.

furtive [fër'tiv] *adj.* furtif.

furuncle [fyou•r•ængk'l] *s.* furoncle, m.

fury [fyouri] *s.** furie, f.

furze [fër'z] *s.* ajonc, m.

fuse [fyouz] *v.* fondre; liquéfier; étoupiller [charge]; *see fuze*.

fuselage [fyouz'lidj] *s.* fuselage, m.

fusible [fyouz•b'l] *adj.*, *s.* fusible.

fusion [fyouj•n] *s.* fusion; fonte, f.; fusionnement; fondage (metall.), m.

fuss [fœs] *s.** vacarme; embarras, m.; dispute, f.; *v.* tatillonner; faire des histoires; *fussy*, faiseur d'embarras; affairé; voyant.

futile [fyout'l] *adj.* futile; frivole.

future [fyoutsh•r] *adj.* futur; *s.* avenir, m.; *futurist*, futuriste.

fuze [fyouz] *s.* fusée; mèche; amorce, f.; *electric fuze*, plomb, fusible; *see fuse*.

fuzz [fœz] *s.* duvet, m.; peluche, f. ‖ *fuzzy* [-i] *adj.* duveteux; flou (phot.); bouffant [hair]; incertain; *to be fuzzy about*, ne pas se rappeler clairement.

G

gab [gab] *v.* bavarder; *s.* faconde; loquacité, f.; *gift of the gab*, bagout.

gabardine [gab•r'dîn] *s.* gabardine, f.

gabble [gab'l] *v.* babiller; *s.* babil, bavardage, m.

gable [gé¹b'l] *s.* pignon, m.

gad [gad] *v. to gad about*, vagabonder; courir la pretantaine.

gadfly [gadfla¹] *s.** taon, m.

gadget [gadjit] *s.* dispositif; bidule (colloq.), m.

gag [gag] *v.* bâillonner; réduire au silence; *s.* bâillon; gag, m.; plaisanterie, f.

gage, *see gauge*.

gaiety [gé¹eti] *s.** gaieté, f. ‖ *gaily* [gé¹li] *adv.* gaiement, allègrement.

gain [gé¹n] *s.* gain; profit, m.; *v.* gagner; avancer [clock]. ‖ *gainer* [-•r] *s.* gagnant; gagneur, m.

gait [gé¹t] *s.* démarche; allure; cadence, f.; pas (mil.), m.

gale [gé¹l] *s.* coup de vent; grain; éclat [laughter], m.

gall [gaul] *s.* fiel, m.; bile; *Am.* impudence, f.; *gall bladder*, vésicule biliaire.

gall [gaul] *s.* écorchure; irritation, f.; *v.* écorcher; fâcher, blesser.

gallant [gal•nt] *adj.* vaillant, noble; [gel•nt] *adj.* galant, courtois; *s.* galant, amoureux, m. ‖ *gallantry* [gal•ntri] *s.* vaillance; élégance; galanterie; intrigue amoureuse, f.

gallery [gal•ri] *s.** galerie, f.; balcon, m.

galley [gali] *s.* galère; cuisine (naut.), f.; *galley proof*, placard (typogr.); *galley slave*, galérien.

gallon [gal⁼n] *s.* gallon, m.

gallop [gal⁼p] *s.* galop, m.; *v.* galoper; faire galoper.

gallows [galoᵁz] *s. pl.* potence, f.; gibet, m.; *gallows bird*, gibier de potence.

galosh [gel⁼sh] *s.* galoche, f.; caoutchouc [shoe], m.

galvanize [galv⁼na¹z] *v.* galvaniser; stimuler.

gamble [gàmb'l] *v.* jouer; risquer; *to gamble away*, perdre au jeu; *s.* spéculation de hasard, f.; *gambling-house*, maison de jeu, *Fr. Can.* barbote.

gambol [gàmb⁼l] *v.* gambader; *s.* gambade, cabriole, f.

game [gé¹m] *s.* jeu, amusement, match, m.; *Fr. Can.* joute, f.; gibier, m.; intrigue, f.; *adj.* courageux, résolu, crâne; *Am.* boiteux (fam.); *game-bird*, gibier à plumes; *game-preserves*, chasses gardées; *small game*, menu gibier; *to play a game*, faire une partie.

gamut [gam⁼t] *s.* gamme, f.

gander [gànd⁼r] *s.* jars, m.

gang [gàng] *s.* bande; équipe, f.

ganglion [gàngglⁱ⁼n] *s.* ganglion, m.

gangrene [gànggrin] *s.* gangrène, f.; *v.* gangréner.

gangster [gàngst⁼r] *s.* bandit, gangster, m.

gangway [gàngwé¹] *s.* passerelle (naut.); coupée (naut.), f.; passage, couloir, m.; allée, f.

gap [gap] *s.* brèche; trouée; ouverture; lacune, f.; interstice; col de montagne, m.; *v.* ébrécher; échancrer.

gape [gé¹p] *s.* bâillement, m.; *v.* bâiller; bayer aux corneilles.

garage [g⁼ràj] *s.* garage, m.

garb [gârb] *s.* vêtement, m.; apparence, allure, f.; *v.* vêtir, habiller.

garbage [gârbidj] *s.* rebuts; déchets; détritus, m. pl; ordures, f. pl.; *garbage can*, poubelle.

garden [gârd'n] *s.* jardin, m.; *v.* jardiner; *gardener*, jardinier; *gardening*, jardinage; *garden-party*, garden-party.

gargle [gârg'l] *s.* gargarisme, m.; *v.* se gargariser.

garish [gè⁼rish] *adj.* cru; criard.

garland [gârl⁼nd] *s.* guirlande, f.

garlic [gârlik] *s.* ail, m. (*pl.* aulx).

garment [gârm⁼nt] *s.* habit, m.

garner [gârn⁼r] *v.* stocker, engranger, amasser; *s.* grenier, m.

garnish [gârnish] *v.* garnir; *s.* garniture, f.

garret [garit] *s.* mansarde, f.

garrison [gar⁼s'n] *s.* garnison, f.; *v.* être en garnison.

garrulous [gar⁼l⁼s] *adj.* bavard; volubile; verbeux.

garter [gârt⁼r] *s.* jarretière, f.; *v.* attacher avec une jarretière; *Br.* décorer de l'ordre de la Jarretière; *Am. garter belt*, porte-jarretelles.

gas [gas] *s.** gaz, m.; *Am.* essence, f.; *v.* gazer, asphyxier; *mustard gas*, ypérite; *poison gas*, gaz toxique; *tear gas*, gaz lacrymogène; *gas-burner*, bec de gaz; *gas-meter*, compteur à gaz. ‖ *gaseous* [-¹⁼s] *adj.* gazeux.

gash [gash] *s.** balafre, f.; *v.* balafrer; entailler.

gasify [gasifa¹] *v.* gazéifier.

gasoline [gaslin] *s. Am.* essence, f.

gasp [gasp] *s.* halètement; souffle, m.; *v.* haleter.

gastronomy [gastrân⁼mi] *s.* gastronomie, f.

gate [gé¹t] *s.* porte; grille, f.; *gateway*, passage, portail.

gather [gazh⁼r] *v.* assembler; amasser; recueillir; prendre [speed]; cueillir [fruit]; froncer; percevoir [taxes]; rassembler [strength]; *s.* froncis, m. ‖ *gathering* [-ring] *s.* assemblée; réunion; récolte; cueillette; fronces; perception [taxes], f.; rassemblement; attroupement, m.

gaudy [gaudi] *adj.* voyant; fastueux.

gauge [géidj] *s.* jauge; mesure, f.; calibre, gabarit; indicateur; écartement [wheels], m.; capacité, f. (fig.); *v.* jauger; estimer; mesurer; calibrer; étalonner; peser.

gaunt [gaunt] *adj.* émacié, décharné [face]; creux [cheek]; lugubre; féroce (fig.).

gauntlet [gauntlit] *s.* gantelet, m.; *to throw down the gauntlet*, défier, provoquer.

gauze [gauz] *s.* gaze, f.

gave [gé¹v] *pret. of* **to give**.

gawky [gauki] *adj.* maladroit, lourdaud, gauche.

gay [gé¹] *adj.* gai, allègre; pimpant.

gaze [gé¹z] *v.* fixer [eye]; contempler; *s.* regard fixe ou attentif, m.

gazette [g⁼zé¹t] *s.* gazette, f.; journal officiel, m.; *v.* mettre à l'officiel.

gean [gîn] *s.* merise, f.; *gean-tree*, merisier.

gear [gⁱer] *s.* accoutrement; attirail; outillage; mécanisme; dispositif; appareil; engrenage; embrayage, m.; vitesse; transmission, commande (mech.), f.; *v.* démultiplier; (s')engrener (*with,* avec); *to throw into gear,* embrayer; *to throw out of gear,* débrayer; *gearbox,* boîte de vitesses; *gear-case,* carter; *gearshift,* changement de vitesse; dérailleur.

geese [gîs] *pl. of* goose.

gelatin [djèlet'n] *s.* gélatine, f.

gem [djèm] *s.* pierre précieuse, f.; fleuron, m.; *v.* gemmer.

gender [djènder] *s.* genre (gramm.), m.

genealogy [djìnialâdji] *s.* généalogie, f.

general [djènerel] *adj.* général, commun; universel; public; *s.* général, m.; *general headquarters,* grand quartier général. ‖ *generality* [djènerelti] *s.* généralité, f. ‖ *generalize* [djènerela¹z] *v.* généraliser (*from,* à partir de).

generate [djènere¹t] *v.* engendrer; produire. ‖ *generation* [djènere¹shen] *s.* génération; production, f. ‖ *generator* [djènere¹ter] *s.* génératrice; dynamo, f.

generosity [djènerause¹ti] *s.** générosité; libéralité, f. ‖ *generous* [djèneres] *adj.* généreux; abondant; magnanime.

genial [djinie¹l] *adj.* affable; sympathique; cordial [person]; clément [climate]; réconfortant [warmth].

genius [djinyes] *s.** génie, m.

genteel [djèntîl] *adj.* distingué; élégant; courtois.

gentian [djènshen] *s.* gentiane, f.

gentile [djènta¹l] *adj., s.* gentil (eccles.).

gentle [djènt'l] *adj.* aimable; bien né; honorable; doux. ‖ *gentleman* [-men] (*pl.* *gentlemen*) *s.* galant homme, gentilhomme, m.; *he is a gentleman,* c'est un Monsieur. ‖ *gentleness* [-nis] *s.* douceur; amabilité, f. ‖ *gently* [-li] *adv.* doucement; poliment; calmement.

gentry [djèntri] *s.* haute bourgeoisie; élite, f.

genuflexion [djènyouflékshen] *s.* génuflexion, f.

genuine [djènyouin] *adj.* sincère; authentique; véritable.

geographical [djie¹grafik'l] *adj.* géographique. ‖ *geography* [djiâgrefi] *s.* géographie, f.

geology [djiâledji] *s.* géologie, f.

geometric [djie¹mètrik] *adj.* géométrique. ‖ *geometry* [djiâmetri] *s.** géométrie, f.

geranium [djeré¹niem] *s.* géranium, m.

geriatrics [djérie¹triks] *s. Am.* gérontologie, f.

germ [djërm] *s.* germe; microbe, m.; origine, f.

German [djërmen] *adj., s.* allemand. ‖ *Germany* [-i] *s.* Allemagne, f.

germicide [djërmesa¹d] *s.* microbicide, bactéricide, m.

germinate [djërméné¹t] *v.* germer.

gerund [djërend] *s.* gérondif; substantif verbal (gramm.), m.

gestation [djèstè¹shen] *s.* gestation, f.

gesticulate [djèstikyelé¹t] *v.* gesticuler. ‖ *gesture* [djèstsher] *s.* geste; signe, m.; *v.* gesticuler; *a mere gesture,* une pure formalité.

get [gèt] *v.** obtenir; acquérir; se procurer; devenir; *to get in,* entrer; *to get over,* franchir; *to get a cold,* prendre froid; *to get angry,* se mettre en colère; *to get ill,* tomber malade; *to get at,* atteindre; *to get married,* se marier; *to get ready,* (se) préparer; *to get rid of,* se débarrasser de; *to get up,* monter, organiser; se lever.

gewgaw [gyougau] *s.* babiole, f.

geyser [gé¹zer] *s.* geyser; chauffebain, m.; soupe-au-lait, f. (colloq.).

ghastly [gastli] *adj.* horrible; macabre; livide.

gherkin [gërkin] *s.* cornichon, m.

ghost [gooust] *s.* spectre, fantôme, revenant; nègre [writer], m.; âme; ombre [notion], f.; *the Holy Ghost,* le Saint-Esprit; *ghostly,* spectral; fantomatique; spirituel.

giant [dja¹ent] *s.* géant, m.

gibberish [djiberish] *s.** baragouin, m.

giblets [djiblits] *s. pl.* abattis, m.

giddy [gidi] *adj.* étourdi; vertigineux; frivole, léger.

gift [gift] *s.* don, cadeau; talent, m.; donation, f.; *gifted,* doué.

gigantic [dja¹gantik] *adj.* gigantesque.

giggle [gig'l] *s.* gloussement, m.; *v.* glousser, risoter.

gild [gild] *v.* dorer. ‖ *gilding* [-ing] *s.* dorure, f.

gill [gil] *s.* ouies [fish], f. pl.

gillyflower [djiliflaouer] *s.* giroflée, f.

gilt [gilt] *adj.* doré; *s.* dorure, f.; *gilt-edged,* doré sur tranches.

gimlet [gimlit] *s.* vrille [tool], f.

gin [djin] *s.* gin, genièvre, m.

ginger [djindjer] *s.* gingembre, m.; *ginger-bread,* pain d'épices.

gingerly [djindjerli] *adv.* délicatement; avec précaution.

gipsy, *see* gypsy.

giraffe [djeraf] *s.* girafe, f.

gird [gĕrd] *v.* ceindre; attacher; entourer; *to gird oneself for*, se préparer pour, à. ‖ *girdle* [-'l] *s.* ceinture; gaine; enceinte; limite, f.; *v.* ceinturer, entourer.

girl [gĕrl] *s.* (jeune) fille, f. ‖ *girlhood* [-houd] *s.* jeunesse, enfance d'une femme, f. ‖ *girlish* [-ish] *adj.* puéril; de fillette, de jeune fille.

girt [gĕrt] *pret., p. p. of to gird.*

girth [gĕrth] *s.* sangle; circonférence, f.; tour de taille, m.

gist [djist] *s.* substance, f.; fond, essentiel, m.

give [giv] *v.** donner; livrer; céder; accorder; remettre; rendre [verdict]; pousser [cry]; *s.* élasticité, f.; *to give in*, céder; se rendre; *to give out*, divulguer; *to give off*, émettre; *to give up*, renoncer; *to give way*, fléchir, céder du terrain. ‖ *given* [-ĕn] *p. p. of to give*; *adj.* donné; offert; adonné (*to*, à); *given time*, heure déterminée; *given that*, étant donné que; *given the circumstances*, vu les circonstances. ‖ *giver* [-ĕr] *s.* donateur, m.; donatrice, f.

glacial [glé¹shĕl] *adj.* glacial. ‖ *glacier* [glé¹shĕr] *s.* glacier, m.

glad [glad] *adj.* content; heureux. ‖ *gladden* [-'n] *v.* (se) réjouir (*at*, de).

glade [glé¹d] *s.* clairière; éclaircie, f.

gladiolus [gladioou¹ĕs] *s.** glaïeul; iris, m.

gladly [gladli] *adv.* joyeusement; de bon cœur. ‖ *gladness* [gladnis] *s.* joie, f.; contentement, m.

glamo(u)r [glamĕr] *s.* charme, m.; grâce, f. ‖ *glamo(u)rous* [-rĕs] *adj.* fascinant, ravissant; prestigieux.

glance [glàns] *s.* coup d'œil, regard, m.; œillade, f.; *v.* jeter un regard; lancer; dévier; briller par éclats.

gland [glànd] *s.* glande, f.

glare [glèˀr] *s.* lueur, f.; éclat; regard farouche, m.; *v.* briller; jeter un regard étincelant; *to glare at*, foudroyer du regard.

glass [glas] *s.** verre, m.; vitre; lentille [optics], f.; *field glass*, jumelles; *magnifying glass*, loupe; *shatterproof glass*, verre incassable, « Sécurit »; *glass-blower*, verrier; *glass-case*, vitrine; *glass-ware*, verrerie. ‖ *glasses* [-iz] *s. pl.* lorgnon, m.; lunettes, f. pl.; *snow-glasses*, lunettes d'alpiniste; *smoked glasses*, verres fumés. ‖ *glassy* [-i] *adj.* vitreux.

glaze [glé¹z] *s.* lustre, vernis, m.; *v.* vernir; lustrer; glacer [pastry]; vitrer. ‖ *glazier* [glé¹jˀr] *s.* vitrier, m.

gleam [glîm] *s.* rayon, m.; lueur, f.; *v.* scintiller, luire.

glean [glîn] *v.* glaner.

glee [glî] *s.* allégresse; chanson à reprises, f.; *glee club*, chorale; *glee-man*, ménestrel.

glib [glib] *adj.* délié; facile [excuse]; bien pendue [tongue].

glide [gla¹d] *s.* glissement; vol plané, m.; *v.* glisser; s'insinuer; planer. ‖ *glider* [-ĕr] *s.* planeur; hydroglisseur, m.

glimmer [glimˀr] *v.* luire faiblement; *s.* lueur, f.; miroitement, m.

glimpse [glimps] *s.* coup d'œil, aperçu, m.; *v.* jeter un coup d'œil; entrevoir.

glint [glint] *s.* lueur, f.; rayon, m.

glisten [glis'n] *v.* reluire, miroiter.

glitter [glitĕr] *v.* briller, scintiller; *s.* scintillement, m.

gloat [gloout] *v. to gloat over*, couver d'un regard avide, se repaître la vue de; faire des gorges chaudes de.

global [gloou¹bĕl] *adj.* global; sphérique; mondial. ‖ *globe* [gloou¹b] *s.* globe, m.; terre, f.

globule [glâbyoul] *s.* globule, m.

gloom [gloum] *s.* obscurité, ténèbres; tristesse, f.; *v.* (s')assombrir. ‖ *gloomy* [-i] *adj.* sombre; ténébreux; triste.

glorification [gloourˀfˀké¹shˀn] *s.* glorification, f. ‖ *glorify* [gloou¹rˀfa¹] *v.* glorifier. ‖ *glorious* [gloou¹riˀs] *adj.* glorieux; splendide; resplendissant; illustre. ‖ *glory* [gloou¹ri] *s.* gloire; célébrité; splendeur, f.; *v.* (se) glorifier; s'enorgueillir (*in*, de].

gloss [glaus] *s.* lustre, luisant, apprêt, m.; *v.* lustrer; polir; *glossy*, lustré, luisant.

gloss [glaus] *s.** glose, f.; *v.* gloser. ‖ *glossary* [glâsˀri] *s.** glossaire, m.

glottis [glâtis] *s.* glotte, f.

glove [glœv] *s.* gant, m.; *v.* ganter; *driving gloves*, gants de chauffeur; *rubber gloves*, gants en caoutchouc.

glow [gloou] *s.* incandescence; ardeur, f.; rougeoiement, m.; *v.* rougir, s'embraser; irradier. ‖ *glowing* [-ing] *adj.* incandescent, ardent; rouge [embers]. ‖ *glowworm* [-wĕrm] *s.* ver luisant, m.

glucose [gloukoou¹s] *s.* glucose, m.

glue [glou] *s.* colle; glu, f.; *v.* coller, engluer.

glum [gloum] *adj.* triste, renfrogné.

glut [glœt] *s.* rassasiement; engorgement, m.; satiété; pléthore, surabondance, f.; *v.* gorger; rassasier; inonder, engorger [market].

glutton [glœt'n] *s.* glouton, Fr. Can. carcajou [animal], m. ‖ *gluttonous* [-ˀs] *adj.* glouton, goulu. ‖ *gluttony* [-i] *s.* gloutonnerie; goinfrerie, f.

glycerin [glísrin] *s.* glycérine, f.

gnarled [nârld] *adj.* noueux [wood].

gnash [nash] *v.* grincer [teeth].

gnat [nat] *s.* moustique ; moucheron, *Fr. Can.* maringouin, m.

gnaw [nau] *v.* ronger.

go [goᵒᵘ] *v.** aller ; s'en aller ; devenir ; fonctionner ; s'écouler [time] ; *to go for,* aller chercher ; *to go without,* se passer de ; *to let go,* lâcher ; *to go about,* se mettre à ; *to go after,* briguer ; *to go on,* continuer ; *to go by,* passer ; *to go off,* partir ; *to go between,* s'entremettre ; *no go !,* rien à faire ! ; *s.* affaire ; mode, façon, f. ; mouvement, m.

goad [goᵒᵘd] *s.* aiguillon, m. ; *v.* aiguillonner, stimuler.

goal [goᵒᵘl] *s.* but ; objectif, m. ; *goalkeeper,* gardien de but, goal.

goat [goᵒᵘt] *s.* chèvre, f. ; bouc émissaire, m. ; *male goat,* bouc ; *goatherd,* chevrier. || *goatee* [goᵒᵘtî] *s.* bouc [beard], m.

gobble [gáb'l] *v.* gober ; glouglouter ; *to gobble up,* engloutir ; s'empiffrer. || *gobbler* [-ᵉr] *s.* dindon ; glouton, m.

go-between [goᵒᵘbᵉtwîn] *s.* intermédiaire, entremetteur, m.

goblet [gáblit] *s.* gobelet, m.

goblin [gáblin] *s.* lutin, m.

God [gâd] *s.* Dieu, m. ; *pl.* dieux. || *godchild* [-tshaᵢld] *s.* filleul, m. ; filleule, f. || *goddess* [-is] *s.** déesse, f. || *godfather* [-fâzhᵉr] *s.* parrain, m. || *godhead* [-hèd] *s.* divinité, f. || *godless* [-lis] *adj.* athée. || *godlike* [-laᵢk] *adj.* divin. || *godly* [-li] *adj.* pieux, dévot ; divin. || *godmother* [-mœzhᵉr] *s.* marraine, f. || *godsend* [-sènd] *s.* aubaine providentielle, f. || *godson* [-sœn] *s.* filleul, m.

goggle [gâg'l] *v.* rouler de gros yeux ; *s. pl.* lunettes protectrices, f. ; *flying goggles,* lunettes d'aviateur.

going [goᵒᵘing] *pr. p. of* to go ; *adj.* allant, en vie ; *s.* allure ; marche ; conduite, f. ; *comings and goings,* allées et venues.

goiter [goᵢtᵉr] *s.* goitre (med.), m.

gold [goᵒᵘld] *s.* or, m. ; *dead gold,* or mat ; *gold standard,* étalon or.

golden [goᵒᵘld'n] *adj.* d'or ; doré ; précieux ; prospère ; *golden mean,* juste milieu. || *goldfinch* [-fintsh] *s.** chardonneret, m. || *goldfish* [-fish] *s.** poisson rouge, m. || *goldsmith* [-smith] *s.* orfèvre, m.

golf [gâlf] *s.* golf, m.

gondola [gând⁻lᵉ] *s.* gondole ; nacelle, f. ; *gondola car,* wagon plate-forme.

gone [gaun] *p. p. of* to go ; *adj.* parti ; disparu ; passé ; *gone west,* mort ; *goner,* homme fichu.

gong [gaung] *s.* gong, m.

good [goud] *adj.* bon ; avantageux ; satisfaisant ; vertueux ; valide ; *s.* bien, profit, m. ; *pl.* biens, m. ; marchandises, f. ; *adv.* bien, bon ; *good-bye,* adieu, au revoir ; *good day,* bonjour ; *good evening,* bonsoir ; *good night,* bonne nuit ; *good-looking,* de bonne mine, beau ; *be so good as to,* veuillez avoir la bonté de ; *to make good,* exécuter [contract], compenser [loss] ; *what's the good of ?,* à quoi bon ? ; *to have a good time,* passer un bon moment. || *goodness* [-nis] *s.* bonté ; probité ; bienveillance ; qualité, f. || *goodwill* [-wil] *s.* bonne volonté ; bienveillance, f. ; clientèle, f. (comm.). || *goody* [-i] *s.** friandise, sucrerie, f.

goose [gous] *(pl. geese* [gîs]) *s.* oie, f. ; dinde, sotte, f. (colloq.) ; *Canada goose, Fr. Can.* outarde, f. ; *pl.* carreau [tailor's iron], m. ; *goose step,* pas de l'oie. || *gooseberry* [-bèri] *s.** groseille à maquereau, f. || *goose-flesh* [-flèsh] *s.* chair de poule, f. || *gooseherd* [-hᵉrd] *s.* gardeuse d'oies, f.

gore [goᵒᵘr] *s.* sang coagulé, m. || *gory* [-i] *adj.* sanglant, ensanglanté.

gore [goᵒᵘr] *s.* panneau (aviat.) ; fuseau [parachute], m. ; langue, pointe de terre, f.

gore [goᵒᵘr] *v.* percer ; donner un coup de corne à.

gorge [gaurdj] *adj., s.* gorge, f. ; couloir ; repas, m. ; *v.* gorger ; s'empiffrer.

gorgeous [gaurdjᵉs] *adj.* magnifique, fastueux.

gorilla [gᵉrílᵉ] *s.* gorille, m.

gosling [gázling] *s.* oison, m.

gospel [gausp'l] *s.* évangile, m.

gossip [gásip] *s.* commère, f. ; bavard ; commérage, potin, m. ; *v.* bavarder, *Fr. Can.* bavasser ; *gossip-writer,* échotier.

got [gât] *pret., p. p. of* to get.

Gothic [gáthik] *adj.* gothique ; *s.* gotique [language] ; gothique [style].

gotten [gât'n] *p. p. of* to get.

gouge [gaᵒᵘdj] *s.* gouge, f. ; *v.* faire un trou dans ; *Am.* duper, rouler.

gourd [goᵒᵘrd] *s.* gourde, f.

gout [gaᵒᵘt] *s.* goutte (med.), f.

govern [gœvᵉrn] *v.* gouverner ; diriger. || *governess* [-is] *s.** gouvernante, institutrice, f. || *government* [-mᵉnt] *s.* gouvernement ; conseil municipal ;

conseil d'administration, m.; **government funds,** fonds d'Etat. ‖ **governmental** [gœvᵉʳnmènt'l] *adj.* gouvernemental. ‖ **governor** [gœvᵉʳnᵉʳ] *s.* gouverneur; gouvernant; patron; régulateur (mech.), m.

gown [gaᵒᵘn] *s.* robe; toge, f.; **dressing gown,** peignoir; **night-gown,** chemise de nuit.

grab [grab] *v.* empoigner, saisir; *s.* prise, f.; grappin, m.; **grabber,** accapareur.

grace [gréᶦs] *s.* grâce; faveur, f.; pardon, m.; *to say grace,* dire les grâces. ‖ **graceful** [-fᵉl] *adj.* gracieux; élégant. ‖ **gracefulness** [-fᵉlnis] *s.* grâce, élégance, f. ‖ **gracious** [gréᶦshᵉs] *adj.* gracieux; courtois.

gradation [gréᶦdéᶦshᵉn] *s.* gradation, f.; degré, échelon, m. ‖ **grade** [gréᶦd] *s.* grade; degré; rang, m.; rampe; *Am.* pente (railw.); inclinaison, f.; *v.* classer; graduer; qualifier; **grade crossing,** passage à niveau. ‖ **gradual** [gradjouᵉl] *adj.* graduel; progressif. ‖ **gradually** [-i] *adv.* peu à peu, progressivement. ‖ **graduate** [gradjouit] *adj.* gradué, diplômé; [gradjouéᶦt] *v.* graduer; prendre ses diplômes. ‖ **graduation** [gradjouéᶦshᵉn] *s.* graduation; gradation; remise (or) réception (f.) d'un grade.

graft [graft] *s.* greffe; concussion, f.; *v.* greffer; tripoter. ‖ **grafter** [-ᵉʳ] *s.* concussionnaire, m.

grain [gréᶦn] *s.* céréales, f. pl.; grain [corn, weight, wood, marble]; brin, m.; *against the grain,* à rebours, à rebrousse-poil.

gram [gram] *s.* gramme, m.

grammar [gramᵉʳ] *s.* grammaire, f.; **grammar school,** *Am.* école primaire; *Br.* lycée. ‖ **grammatical** [grᵉmatik'l] *adj.* grammatical.

gramophone [gramᵉfoᵒᵘn] *s.* gramophone, phonographe, m.

granary [granᵉri] *s.* grenier, m.

grand [grànd] *adj.* grand; grandiose. ‖ **grandchild** [-tshaild] (*pl.* **grandchildren** [-tshildrᵉn]) *s.* petit-enfant, m. ‖ **granddaughter** [-dautᵉʳ] *s.* petite-fille, f. ‖ **grandeur** [-jᵉʳ] *s.* grandeur, majesté, f. ‖ **grandfather** [-fâzhᵉʳ] *s.* grand-père, m. ‖ **grandiose** [-ioᵒᵘs] *adj.* grandiose. ‖ **grandma** [-mâ] *s.* grand-maman, mémé, f. ‖ **grandmother** [-mœzhᵉʳ] *s.* grand-mère, f. ‖ **grandness** [-nis] *s.* grandeur, magnificence, f. ‖ **grandpa** [-pâ] *s.* grandpapa, pépé, m. ‖ **grandparent** [-pèrᵉnt] *s.* grand-parent, aïeul, m. ‖ **grandson** [-sœn] *s.* petit-fils, m.

grange [gréᶦndj] *s.* manoir, m.; *Am.* fédération agricole, f.

granite [granit] *s.* granit, m.

granny [grani] *s.** bonne-maman, f.

grant [grànt] *v.* accorder; octroyer; allouer; transférer; *s.* concession; allocation; cession, f.; octroi, m.; **grantee,** donataire; **grantor,** donateur.

granulate [granyᵉléᶦt] *v.* granuler. ‖ **granulation** [granyᵉléᶦshᵉn] *s.* granulation, f.; grenaillement, m. ‖ **granule** [granyoul] *s.* granule, m. ‖ **granulous** [-ᵉs] *adj.* granuleux.

grape [gréᶦp] *s.* grain de raisin; *pl.* raisin, m. ‖ **grapefruit** [-frout] *s.* pamplemousse, m. ‖ **grapestone** [-stoun] *s.* pépin de raisin, m.

graph [graf] *s.* graphique; diagramme, m.; courbe, f.; *v.* tracer un graphique; faire un diagramme. ‖ **graphic** [-ik] *adj.* graphique.

graphite [grafaᶦt] *s.* graphite, m.; mine de plomb, plombagine, f.

grapnel [grapnᵉl] *s.* grappin, m.

grapple [grap'l] *v. to grapple with,* accrocher; agripper; prendre au corps; aborder [subject].

grasp [grasp] *v.* empoigner; serrer; saisir; étreindre; comprendre; *s.* étreinte; prise; poigne; poignée [arms]; compréhension, f.; *within one's grasp,* à portée de la main; *to have a good grasp of a subject,* bien connaître une question; **grasping,** avare; avide.

grass [gras] *s.* herbe, f.; gazon, m. ‖ **grasshopper** [grashâpᵉʳ] *s.* sauterelle, f. ‖ **grassplot** [-plât] *s.* pelouse, f. ‖ **grassy** [-i] *adj.* herbeux, herbu.

grate [gréᶦt] *s.* grille, f.; *v.* griller [window].

grate [gréᶦt] *v.* râper; frotter; grincer [teeth]; irriter; froisser; être désagréable (on, à).

grateful [gréᶦtfᵉl] *adj.* reconnaissant (for, de; to, à). ‖ **gratefulness** [-nis] *s.* reconnaissance, gratitude, f.; réconfort, agrément, m.

grater [gréᶦtᵉʳ] *s.* râpe, f.

gratification [gratᵉfᵉkéᶦshᵉn] *s.* gratification, f.; plaisir, m. ‖ **gratify** [gratᵉfaᶦ] *v.* satisfaire; obliger; faire plaisir à; contenter.

grating [gréᶦting] *s.* grincement [sound], m.; *adj.* grinçant, discordant, désagréable.

gratitude [gratᵉtyoud] *s.* gratitude, f.

gratuitous [grᵉtyouᵉtᵉs] *adj.* gratuit; arbitraire. ‖ **gratuity** [grᵉtyouᵉti] *s.** pourboire, m.; gratification, f.

grave [gréᶦv] *adj.* grave; important; solennel.

grave [gréᶦv] *s.* tombe; fosse, f.; tombeau, m.; **gravedigger,** fossoyeur; **gravestone,** pierre tombale; **graveyard,** cimetière.

gravel [grav'l] *s.* gravier, m.; gravelle, f.; *v.* graveler.

graven [gré¹vᵉn] *adj.* gravé.

gravity [gravᵉti] *s.* gravité; importance; pesanteur, f.

gravy [gré¹vi] *s.* sauce, f.; jus, m.; *gravy-boat,* saucière; *gravy-train, Am.* assiette au beurre.

gray [gré¹] *adj., s.* gris; *graybeard,* vieillard. || *grayish* [-ish] *adj.* grisâtre. || *grayness* [-nis] *s.* teinte grise; pénombre, f.

graze [gré¹z] *v.* brouter; faire paître; pâturer; effleurer; raser (mil.); écorcher [skin]; *s.* action de paître; éraflure, f.; effleurement; écrêtement, m.

grease [grîs] *s.* graisse, f.; *v.* graisser; lubrifier; *grease remover,* dégraisseur; *greasy,* gras; graisseux; huileux.

great [gré¹t] *adj.* grand; éminent; excellent; magnifique; *a great deal,* beaucoup; *great-aunt,* grand-tante; *great-grand-daughter,* arrière-petite-fille; *great-grand-father,* arrière-grand-père; *great-grand-mother,* arrière-grand-mère; *great-grand-son,* arrière-petit-fils; *great-nephew,* petit-neveu; *great-niece,* petite-nièce; *great-uncle,* grand-oncle. || *greatly* [-li] *adv.* grandement, beaucoup, considérablement; avec grandeur. || *greatness* [-nis] *s.* grandeur, f.

greaves [grîvz] *s. pl.* fritons, rillons, m. pl.; *Fr. Can.* cretons, m. pl.

Grecian [grîshᵉn] *adj., s.* grec, grecque. || *Greece* [grîs] *s.* Grèce, f.

greed [grîd] *s.* avidité; convoitise; gloutonnerie, f. || *greediness* [-inis] *s.* voracité, avidité, f. || *greedy* [-i] *adj.* avide; cupide; glouton, vorace.

Greek [grîk] *adj., s.* grec, grecque.

green [grîn] *adj.* vert; inexpérimenté; naïf; novice; *to grow green,* verdoyer; *s.* vert; gazon, m.; verdure; pelouse, f.; *pl.* légumes verts, m.; *greengrocer,* fruitier; *greenish,* verdâtre. || *greenhouse* [-haºus] *s.* serre, f. || *greenness* [-nis] *s.* vert, m.; verdure; verdeur; inexpérience, f.

greet [grît] *v.* saluer. || *greeting* [-ing] *s.* salutation, f.; accueil; salut, m.; *pl.* compliments, m. pl.

grenade [griné¹d] *s.* grenade (mil.), f. || *grenadier* [grenᵉdiᵉr] *s.* grenadier, m.

grew [grou] *pret. of* to grow.

grey, *see* gray.

greyhound [gré¹haºund] *s.* lévrier, m.

grid [grid] *s.* quadrillage [survey]; gril; grillage, m.

griddle [grid'l] *s.* gril, m.; *griddle-cake,* crêpe.

gridiron [grida¹eʳn] *s.* gril; *Am.* terrain de football, m.

grief [grîf] *s.* chagrin, m.; peine, f.; *to come to grief,* finir mal; *grief-stricken,* accablé de chagrin. || *grievance* [grîvᵉns] *s.* grief, tort, m.; offense, f. || *grieve* [grîv] *v.* chagriner, peiner; regretter; s'affliger. || *grievous* [grîvᵉs] *adj.* douloureux; attristant; grave; atroce, cruel.

grill [gril] *s.* gril, m.; grillade, f.; *men's grill,* restaurant pour hommes; *v.* griller; interroger (jur.); cuisiner [police]; être sur le gril (fig.); *grill-room,* rôtisserie.

grim [grim] *adj.* farouche; sinistre; menaçant; sardonique [smile]; rébarbatif; impitoyable.

grimace [grimé¹s] *s.* grimace, f.; *v.* grimacer.

grime [gra¹m] *s.* crasse, saleté, f.; *v.* salir, noircir; *grimy,* sale, barbouillé.

grin [grin] *s.* sourire moqueur, grimaçant; malin; ricanement, m.; *v.* sourire.

grind [gra¹nd] *v.* moudre; broyer; aiguiser [knife]; bûcher [lesson]; jouer [hand organ]; grincer [teeth]; *s.* broyage; grincement; boulot, travail acharné; *Am.* bûcheur, m.; routine, f.; *grindstone,* meule. || *grinder* [-ᵉʳ] *s.* meule, f.; broyeur; moulin [coffee], m.

grip [grip] *s.* prise; étreinte; poigne, poignée; *Am.* valise, trousse, f.; emprise, f. (fig.); *v.* étreindre; serrer; *to come to grips,* en venir aux mains.

gripe [gra¹p] *s.* colique (med.); *Am.* récrimination, f.; *v.* se plaindre.

grippe [grip] *s.* grippe (med.), f.

grisly [grisli] *adj.* terrifiant; macabre, horrible.

gristle [gris'l] *s.* cartilage, m.

grit [grit] *s.* gruau; gravier; grès; courage, m.; endurance, f.; *v.* grincer; *gritty,* caillouteux.

grizzly [grizli] *adj.* grisâtre; *s.* ours gris d'Amérique, m.

groan [graun] *s.* gémissement, m.; *v.* gémir; murmurer.

groats [grouts] *s. pl.* gruau, m.

grocer [grouºsᵉr] *s.* épicier, m. || *grocery* [-ri] *s.* épicerie, f.; *pl.* denrées comestibles, f. pl.

grog [graug] *s.* grog, m. || *groggy* [-i] *adj.* ivre; chancelant; hébété.

groin [gro¹n] *s.* aîne (med.); arête (arch.), f.

groom [groum] *s.* palefrenier; marié, m.; *v.* panser [horse]; soigner, astiquer (colloq.); *groomsman,* garçon d'honneur.

groove [grouv] *s.* rainure ; cannelure ; rayure ; coulisse, f. ; *v.* évider ; strier ; faire une rainure dans.

grope [gro⁰up] *v.* tâtonner ; *to grope for,* chercher à tâtons.

gross [gro⁰us] *adj.* gros, grosse ; rude ; grossier ; brut [weight] ; épais [ignorance] ; *s.* grosse [measure], f. ; *Am.* recette brute, f.

grotesque [gro⁰utèsk] *adj., s.* grotesque.

grotto [grauto⁰u] *s.* grotte, f.

grouch [gra⁰utsh] *s.* mauvaise humeur, f. ; ronchon, m. ; *v.* ronchonner. || **grouchy** [-i] *adj.* grognon ; acariâtre.

ground [gra⁰und] *s.* terrain ; sol ; fond ; fondement, motif ; chef d'accusation ; point de vue, m. ; terre ; masse (electr.) ; cause ; base, f. ; *v.* mettre à terre ; fonder ; enseigner les principes de ; atterrir (aviat.) ; masser (electr.) ; *to gain ground,* gagner du terrain ; *to stand one's ground,* tenir bon ; *to break ground,* creuser une tranchée ; *to be well grounded in,* avoir une connaissance solide de ; *ground - floor,* rez - de - chaussée ; *groundnut,* arachide ; *coffee-grounds,* marc de café.

ground [gra⁰und] *pret., p. p. of* **to grind.**

group [group] *s.* groupe, m. ; escouade, f. ; *v.* grouper ; *blood group,* groupe sanguin.

grouse [gra⁰us] *s.* coq de bruyère, grouse, m. ; *v.* ronchonner.

grove [gro⁰uv] *s.* bosquet, m.

grovel [grâv'l] *v.* se vautrer ; ramper ; flagorner ; *groveller,* chien couchant (fig.) ; *grovelling,* rampant.

grow [gro⁰u] *v.** pousser, croître ; grandir ; devenir ; avancer ; augmenter ; faire pousser ; *to grow old,* se faire vieux ; *to grow better,* s'améliorer. || **grower** [-er] *s.* cultivateur, producteur, m.

growl [gra⁰ul] *s.* grognement, m. ; *v.* grogner.

grown [gro⁰un] *p. p. of* **to grow** ; *adj.* développé, cultivé ; *full-grown,* adulte ; *grown-ups,* grandes personnes. || **growth** [gro⁰uth] *s.* croissance ; crue ; excroissance (med.), f. ; accroissement ; produit, m.

grub [grœb] *v.* creuser, défricher ; trimer ; *s.* asticot, m. ; larve ; mangeaille, boustifaille (pop.), f.

grudge [grœdj] *s.* rancune, f. ; *v.* donner à contrecœur ; *to bear a grudge against,* garder une dent contre.

gruesome [grous⁰m] *adj.* terrifiant ; horrible ; lugubre.

gruff [grœf] *adj.* bourru, brusque.

grumble [græmb'l] *s.* murmure, grognement, m. ; *v.* grogner, murmurer ; *grumbler,* grognon, m.

grumpy [græmpi] *adj.* maussade, grognon, grincheux.

grunt [grœnt] *s.* grognement [hog], m. ; *v.* grogner.

guarantee [garᵉntî] *s.* garantie ; caution, f. ; garant, m. ; *v.* garantir ; se porter garant. || **guarantor** [garᵉntᵉr] *s.* garant ; répondant, m.

guard [gârd] *s.* garde, protection, f. ; garde, m. ; *v.* garder ; protéger ; défendre ; *guardhouse,* corps de garde ; *guardrail,* garde-fou, main-courante ; *on guard,* de garde, sur le qui-vive. || **guardian** [gârdiᵉn] *s.* gardien ; administrateur, tuteur, m. ; *guardianship* [-ship] *s.* garde ; tutelle, f.

gudgeon [gœdjᵉn] *s.* goujon ; tourillon (mech.), m. ; jobard, m. (colloq.).

guerilla [gᵉrîlᵉ] *s.* guérilla, f. ; guérillero, m.

guess [gès] *s.** conjecture, supposition, f. ; *v.* deviner ; conjecturer ; penser ; *at a guess,* au jugé.

guest [gèst] *s.* convive ; hôte ; visiteur ; invité, m. ; *guest room,* chambre d'amis.

guffaw [gᵉfau] *s.* gros rire bruyant, m.

guggle [gœg'l] *v.* glousser.

guidance [ga¹d'ns] *s.* conduite ; direction, f. || **guide** [ga¹d] *s.* guide ; conducteur, m. ; *v.* guider ; conduire ; gouverner ; *guidebook,* guide ; *guidepost,* poteau indicateur.

guild [gild] *s.* corporation, association, guilde, f.

guile [ga¹l] *s.* astuce ; ruse, f. ; *guileful,* rusé, fourbe, astucieux ; *guileless,* candide, loyal.

guilt [gilt] *s.* culpabilité ; faute, f. ; crime, m. || **guiltless** [-lis] *adj.* innocent. || **guilty** [-i] *adj.* coupable.

guinea-fowl [ginifa⁰ul] *s.* pintade, f.

guinea-pig [ginipig] *s.* cobaye, m.

guise [ga¹z] *s.* façon ; guise ; mode, f. ; aspect ; déguisement, m.

guitar [gitâr] *s.* guitare, f. ; *guitarist,* guitariste.

gulch [gœltsh] *s.** ravin, m.

gulf [gœlf] *s.* golfe ; gouffre, m.

gull [gœl] *s.* mouette, f. ; goéland, m.

gull [gœl] *s.* dupe, f. ; *v.* duper.

gullet [gœlit] *s.* œsophage ; goulet ; gosier, m.

gullible [gœlᵉb'l] *s.* jobard, m.

gully [gœli] *s.** ravin, m. ; ravine, f.

gulp [gœlp] *s.* gorgée ; goulée, f. ; *v.* avaler ; gober ; *at a gulp,* d'un trait, d'une bouchée.

gum [gœm] *s.* gomme; gencive [teeth], f.; *gum arabic*, gomme arabique; *gum-tree*, gommier; *v.* gommer. || **gummy** *adj.* collant; chassieux [eyes].

gun [gœn] *s.* fusil; canon, m.; arme à feu, f.; *v.* mettre le gaz; *assault gun*, canon de 75; *automatic gun*, fusil automatique; *camera gun*, cinémitrailleuse; *machine gun*, mitrailleuse; *submachine gun*, mitraillette; *gunboat*, canonnière; *gun carriage*, affût de canon; *gunfire*, canonnade; *gunshot*, coup de canon. || **gunner** [-ᵉʳ] *s.* pointeur; mitrailleur; artilleur, m.

gurgle [gᵉrg'l] *s.* glouglou; gargouillement, m.; *v.* gargouiller.

gush [gœsh] *s.** jaillissement, m.; effusion, f.; *v.* jaillir; couler à flots; se répandre en effusions.

gust [gœst] *s.* jet [flame], m.; bouffée [smoke]; rafale [wind], f.; accès [rage], m.; *gusty*, de grand vent.

gut [gœt] *s.* boyau; intestin, m.; tripe, f.; *v.* vider, débouauter; *to have guts*, avoir du cran.

gutter [gœtᵉʳ] *s.* gouttière, rigole, f.; ruisseau [street], m.

guttural [gœtᵉrᵉl] *adj.* guttural.

guy [gaı] *s.* hauban; étai, m.

guy [gaı] *s.* type, individu; épouvantail, m.

guzzle [gœz'l] *v.* ingurgiter; lamper; pomper; bâfrer.

gymnasium [djimné¹ziᵉm] *s.* gymnase, m. || **gymnastics** [djimnastiks] *s.* gymnastique, f.

gynecology [djaʲnikᵉlâdji] *s.* gynécologie, f.

gyp [djip] *v.* refaire, carotter (colloq.).

gypsy [djıpsi] *s.** gitan, m.; gitane, f.

gyrate [djaʲré¹t] *v.* tournoyer. || **gyration** [djaʲré¹shᵉn] *s.* giration, f. || **gyroplane** [djaʲrᵉplèn] *s.* hélicoptère, m.

H

haberdasher [habᵉrdashᵉr] *s.* mercier; chemisier, m. || **haberdashery** [-ri] *s.** mercerie; *Am.* chemiserie, f.

habit [habit] *s.* habitude, coutume, f.; habillement; costume, m.; *drug habit*, toxicomanie.

habitual [hᵉbítshoueᵉl] *adj.* habituel. || **habituate** [hᵉbítshoué¹t] *v.* habituer; accoutumer.

hack [hak] *s.* fiacre; cheval de louage; mercenaire, m.; rosse, f.; *hack-writer*, nègre, écrivain à gages.

hack [hak] *s.* pioche, entaille, coche, f.; *v.* hachurer, ébrécher; toussoter.

hackneyed [haknid] *adj.* rebattu; commun, banal.

had [had] *pret., p. p. of* to have.

haft [haft] *s.* manche [knife], m.; poignée [sword], f.; *v.* emmancher.

hag [hag] *s.* sorcière, f.

haggard [hagᵉrd] *adj.* hagard; farouche; livide.

haggle [hag'l] *v.* marchander; disputer, débattre.

hail [hé¹l] *s.* salut; appel, m.; *v.* saluer; héler; *Hail Mary*, Ave Maria.

hail [hé¹l] *s.* grêle, f.; grésil, m.; *v.* grêler; *hailstone*, grêlon.

hair [hèᵉr] *s.* cheveu; poil, m.; chevelure, f.; crin; filament, m.; *hairbrush*, brosse à cheveux; *haircut*, coupe de cheveux; *hair net*, filet à cheveux; *hair-setting*, mise en plis; *hair-splitting*, ergotage. || *hairdo* [hèᵉrdou] *s.* coiffure, f. || *hairdresser* [hèᵉrdrèsᵉr] *s.* coiffeur, m. || *hairless* [hèᵉrlis] *adj.* chauve; sans poil. || *hairpin* [hèᵉrpin] *s.* épingle à cheveux, f. || *hairy* [hèᵉri] *adj.* chevelu; poilu; hirsute.

hale [hé¹l] *adj.* robuste; sain; en bon état; vigoureux; solide.

half [haf] (*pl.* **halves** [havz]) *s.* moitié; demie, f.; *adj.* demi; *half-breed*, métis; *half-brother*, demi-frère; *half-hearted*, peu généreux, peu enthousiaste; *half-hour*, demi-heure; *half-open*, entrebâillé; *half-sister*, demi-sœur; *halfway*, à mi-chemin; *one hour and a half*, une heure et demie; *too short by half*, moitié trop court.

halibut [halᵉbᵉt] *s.* flétan, m.

hall [haul] *s.* salle, f.; hall; vestibule; édifice public, m.; *town hall*, hôtel de ville; *hallmark*, estampille, poinçon de garantie.

hallo, *see* hello.

hallow [haloᵘ] *v.* sanctifier; consacrer; *s.* saint, m.; *All-Hallows*, Toussaint; *Hallowe'en*, vigile de la Toussaint.

hallucination [hᵉlyous'né¹shᵉn] *s.* hallucination, f. || *hallucinatory* [hᵉlyᵒᵘsinᵉteri] *adj.* hallucinatoire.

halo [hé¹loᵘ] *s.* halo, m.; auréole, f.

halt [hault] *s.* halte; station, f.; arrêt, m.; *v.* faire halte; arrêter.

halt [hault] *s.* boitement, m.; *v.* boiter; *adj.* boiteux; *halting*, claudicant; éclopé; ânonnant.

halter [haulteʳ] *s.* licou, m. ; hart, f.

halve [hav] *v.* partager en deux. || **halves** [-z] *pl. of* half.

ham [ham] *s.* jambon ; jarret ; cabotin (colloq.), m.

hamlet [hamlit] *s.* hameau, m.

hammer [hameʳ] *s.* marteau ; percuteur ; chien de fusil, m. ; *v.* marteler ; forger ; enfoncer ; *drop hammer,* marteau-pilon ; *sledge hammer,* marteau de forgeron ; *hammer-drill,* marteau pneumatique. || **hammering** [hamring] *s.* martèlement ; pilonnage, m. ; rossée, f. || **hammerless** [hameʳlis] *adj.* sans chien [gun].

hammock [hamek] *s.* hamac, m.

hamper [hampeʳ] *s.* panier, m. ; manne, bourriche, f.

hamper [hampeʳ] *v.* gêner, entraver ; brouiller [lock].

hand [hànd] *s.* main ; écriture ; signature ; part ; aiguille [watch], f. ; ouvrier ; jeu [cards] ; côté [side], m. ; *v.* passer, donner ; *to hand in,* remettre ; *to hand on,* transmettre ; *at hand,* sous la main ; *hands up !,* haut les mains ! ; *on the one hand,* d'une part ; *on the right hand side,* à droite ; *to hand about,* faire passer ; *handbag,* sac à main ; *handsel,* étrenne, denier à Dieu. || **handball** [-baul] *s.* handball, m. || **handbill** [-bil] *s.* prospectus, m. || **handcuff** [-kœf] *v.* mettre les menottes ; *s. pl.* menottes, f. pl. || **handful** [-feI] *s.* poignée, f. || **handicap** [-ikap] *s.* handicap, obstacle, m. ; *v.* handicaper. || **handiwork** [-wëʳk] *s.* ouvrage manuel, m. || **handkerchief** [hàngkeʳtshif] *s.* mouchoir, m. || **handle** [hànd'l] *s.* manche ; bouton [door] ; bras [wheelbarrow], m. ; poignée [sword] ; brimbale [pump] ; queue [pan] ; anse [basket] ; manivelle, manette (mech.), f. ; *v.* manier ; traiter ; palper ; manipuler ; faire commerce de. || **handmade** [hàndméid] *adj.* fait à la main. || **hand-rail** [-réil] *s.* rampe, f. ; garde-fou, m. || **handshake** [-shéik] *s.* poignée de main, f.

handsome [hànsem] *adj.* beau, m. ; belle, f. || **handsomeness** [-nis] *s.* beauté, f.

handwriting [hàndraiting] *s.* écriture, f.

handy [hàndi] *adj.* proche, sous la main ; adroit ; commode ; maniable.

hang [hàng] *v.** pendre, suspendre ; accrocher ; tapisser ; baisser [head] ; être pendu, suspendu ; *s.* chute, inclinaison ; tendance, f. ; *to hang back,* hésiter ; *to hang on,* tenir bon ; *to hang over,* surplomber.

hangar [hàngeʳ] *s.* hangar, m.

hanger [hàngeʳ] *s.* crochet ; croc ; portemanteau ; bourreau ; coutelas ;

paper-hanger, tapissier. || **hanging** [hànging] *s.* pendaison ; tenture ; tapisserie ; pose de papiers ; suspension, f. ; montage, m. ; *adj.* pendant ; suspendu. || **hangman** [hàngmen] (*pl.* **hangmen**) *s.* bourreau, m. || **hangnail** [-néil] *s.* envie (med.), f. || **hangover** [-oouveʳ] *s.* gueule (f.) de bois (colloq.).

hank [hàngk] *s.* écheveau, m.

hanker [hàngkeʳ] *v.* désirer, aspirer (*for,* à).

haphazard [haphazeʳd] *adv.* au hasard, à l'aventure ; *adj.* accidentel, fortuit.

hapless [haplis] *adj.* infortuné ; malchanceux. || **haply** [-li] *adv.* par hasard.

happen [hapen] *v.* arriver ; advenir ; survenir ; *to happen upon,* trouver par hasard ; *if you happen to go,* s'il vous arrive d'y aller. || **happening** [-ing] *s.* événement, m.

happily [hap'li] *adv.* heureusement. || **happiness** [hapinis] *s.* bonheur, m. ; félicité, f. || **happy** [hapi] *adj.* heureux ; fortuné ; *happy-go-lucky,* sans souci ; à la va-comme-je-te-pousse.

harangue [heràng] *s.* harangue, f. ; *v.* haranguer.

harass [hares] *v.* harasser ; harceler (mil.) ; épuiser.

harbo(u)r [hàrbeʳ] *s.* port ; havre ; asile ; refuge ; abri, m. ; *v.* héberger ; abriter. || **harbo(u)rage** [-ridj] *s.* hospitalité, f. ; refuge, m.

hard [hàrd] *adj.* dur ; difficile ; pénible ; rude ; ferme ; ardu ; *adv.* durement ; fermement ; péniblement ; violemment ; *hard drink,* boisson alcoolique ; *hard labo(u)r,* travaux forcés ; *hard luck,* mauvais sort ; *hard-working,* laborieux ; *hard of hearing,* dur d'oreille ; *hard up,* gêné ; *hard by,* tout près. || **harden** [-'n] *v.* durcir ; endurcir ; indurer ; scléroser (med.) ; tremper [steel] ; se raidir. || **hardening** [-'ning] *s.* durcissement ; endurcissement, m. ; sclérose (med.) ; trempe [metal], f. || **hardly** [-li] *adv.* difficilement ; avec peine ; à peine ; guère. || **hardness** [-nis] *s.* dureté ; fermeté ; solidité ; rigueur ; difficulté, f. || **hardship** [-ship] *s.* fatigue ; épreuve ; privation ; souffrance, f. || **hardtack** [-tak] *s. Am.* biscuit de mer, m. || **hardware** [-wèʳ] *s.* quincaillerie, f. ; **hardwareman,** quincaillier.

hardy [hàrdi] *adj.* robuste ; hardi, audacieux ; vivace [plant].

hare [hèeʳ] *s.* lièvre, m. ; **harebell,** campanule ; **hare-brained,** écervelé ; **harelip,** bec-de-lièvre.

harem [hèrem] *s.* harem, m.

haricot [harikoou] *s.* navarin, m. ; **haricot-bean,** haricot blanc.

harlot [hârlᵉt] *s.* prostituée, f.

harm [hârm] *s.* tort, dommage; mal, m.; *v.* faire du mal à; faire tort à. ‖ **harmful** [-fᵉl] *adj.* malfaisant; nuisible; préjudiciable. ‖ **harmless** [-lis] *adj.* innocent; inoffensif. ‖ **harmlessness** [-lisnis] *s.* innocence; innocuité, f.; caractère inoffensif, m.

harmonic [hârmánik] *adj., s.* harmonique. ‖ **harmonica** [-ᵉ] *s.* harmonica, m. ‖ **harmonious** [hârmᵒᵘniᵉs] *adj.* harmonieux. ‖ **harmonize** [hârmᵉna¹z] *v.* (s')harmoniser; concorder. ‖ **harmony** [hârmᵉni] *s.* harmonie, f.

harness [hârnis] *s.** harnais; harnachement, m.; *v.* harnacher; *parachute harness*, ceinture de parachute; *to get back into harness*, reprendre le collier; *harness maker*, sellier.

harp [hârp] *s.* harpe, f.; *v.* jouer de la harpe; *to harp on one string*, rabâcher toujours la même chose.

harpoon [hârpoun] *s.* harpon; obus de baleinier, m.; *v.* harponner.

harpy [hâ¹pi] *s.** harpie, f.

harrow [haroᵘ] *s.* herse, f.; *v.* herser; tourmenter. ‖ **harrowing** [-ing] *adj.* déchirant; horripilant.

harry [hari] *v.* harceler; molester; ravager, dévaster, piller.

harsh [hârsh] *adj.* âpre; rude; rigoureux; discordant [sound]. ‖ **harshness** [-nis] *s.* rudesse; âpreté; rigueur; dureté; discordance, f.

harvest [hârvist] *s.* récolte; moisson, f.; *v.* moissonner; récolter.

hash [hash] *s.* hachis, m.; *v.* hacher.

hasp [hasp] *s.* fermoir; loquet, m.; *v.* cadenasser.

hassock [hasᵉk] *s.* coussin-agenouilloir, m.

haste [hé¹st] *s.* hâte; précipitation, f.; *to make haste*, se dépêcher. ‖ **hasten** [hé¹s'n] *v.* (se) hâter; accélérer. ‖ **hastily** [hé¹stli] *adv.* à la hâte. ‖ **hasty** [hé¹sti] *adj.* hâtif; improvisé; ébauché; inconsidéré; violent; précipité; prompt, rapide.

hat [hat] *s.* chapeau, m.; *hat-maker*, chapelier; *hat-peg*, patère.

hatch [hatsh] *s.** éclosion; couvée, f.; *v.* éclore; couver; machiner.

hatch [hatsh] *s.** porte coupée; vanne d'écluse, f. ‖ **hatchway** [-wé¹] *s.* écoutille (naut.), f.

hatchet [hatshit] *s.* hachette, f.

hate [hé¹t] *s.* haine; aversion, f.; *v.* haïr, détester. ‖ **hateful** [-fᵉl] *adj.* haïssable, exécrable; détestable. ‖ **hatred** [-rid] *s.* haine, f.

haughtily [haut'li] *adv.* avec hauteur. ‖ **haughtiness** [hautinis] *s.*

hauteur, arrogance, f. ‖ **haughty** [hauti] *adj.* hautain; altier; arrogant.

haul [haul] *v.* haler; remorquer; traîner; transporter; *s.* traction; aubaine, f.; transport, m.

haunch [hauntsh] *s.** hanche, f.; arrière-train; cuissot (m.) de venaison.

haunt [haunt] *v.* hanter; fréquenter; *s.* rendez-vous; repaire, m.; *haunted house*, maison hantée.

have [hav] *v.** avoir; posséder; prendre; tenir; contenir; *to have a suit made*, faire faire un complet; *I have come*, je suis venu; *I had better*, je ferais mieux; *you have been had*, on vous a eu; *have him down*, faites-le descendre; *to have it over*, en finir.

haven [hé¹vᵉn] *s.* havre; port; refuge, asile, m.

havoc [havᵉk] *s.* ravage; dégât, m.

hawk [hauk] *s.* faucon, m.; *v.* chasser au faucon; *hawker*, fauconnier.

hawk [hauk] *v.* colporter; *hawker*, colporteur.

hawser [hauzᵉr] *s.* haussière, f.

hawthorn [hauthaurn] *s.* aubépine, f.

hay [hé¹] *s.* foin, m.; herbe sèche, f.; *haycock*, meulon de foin; *hay-fever*, rhume des foins; *hayloft*, fenil; *haymaking*, fenaison; *haystack*, meule de foin.

hazard [hazᵉrd] *s.* hasard; risque; obstacle; danger, m.; *v.* hasarder, risquer. ‖ **hazardous** [-ᵉs] *adj.* hasardeux; périlleux.

haze [hé¹z] *s.* brume, f.; brumeux; confus; *v.* embrumer.

hazel [hé¹z'l] *s.* noisetier, m.; *adj.* couleur de noisette; *hazel nut*, noisette.

he [hi] *pers. pron.* il; lui; *he who*, celui qui; *it is he*, c'est lui; *there he is*, le voilà.

head [hèd] *s.* tête, f.; bon sens; bout [table]; chevet [bed]; fond [cask]; titre; chapitre, m.; proue (naut.); source, f.; *v.* conduire; diriger; *adj.* principal, premier; de tête; *heads or tails*, pile ou face; *Am. to be out of one's head*, avoir perdu la tête; *to keep one's head*, conserver son sang-froid; *to head off*, barrer la route à; *headache*, mal de tête; *headdress*, coiffure; *headland*, promontoire, cap (geogr.); *headline*, manchette [newspaper]; *head-office*, bureau central; *head-on*, de front; *headwork*, travail intellectuel. ‖ **heading** [-ing] *s.* entête, t.; titre, m. ‖ **headlamp** [-lamp] *s.* phare; projecteur, m. ‖ **headlight** [-la¹t] *s.* fanal (railw.); phare, m. ‖ **headlong** [-laung] *adv.* précipitamment, témérairement. ‖ **headphone**

[-foᵘn] *s.* casque téléphonique, m. ‖ **headquarters** [-kwaurtᵉrz] *s.* quartier général; poste de commande, m. ‖ **headrope** [-roᵘp] *s.* longe, f. ‖ **headstrong** [-straung] *adj.* têtu; obstiné. ‖ **headway** [-wéⁱ] *s.* progrès, m.; avance, f.; *to make headway,* progresser. ‖ **heady** [-i] *adj.* capiteux; impétueux.

heal [hîl] *v.* guérir; cicatriser. ‖ **healing** [-ing] *s.* guérison, f. ‖ **health** [hĕlth] *s.* santé, f. ‖ **healthful** [-fᵉl] *adj.* salubre; sain. ‖ **healthy** [-i] *adj.* sain; en bonne santé; hygiénique.

heap [hîp] *s.* tas; monceau, m.; *v.* amasser; entasser; charger; combler [*with,* de].

hear [hîᵉr] *v.** entendre; écouter; apprendre; entendre parler (*of,* de); *to hear from,* recevoir des nouvelles de. ‖ **heard** [hĕrd] *pret., p. p. of* **to hear.** ‖ **hearer** [hîrᵉr] *s.* auditeur, m.; auditrice, f. ‖ **hearing** [hîring] *s.* audition; audience; ouïe; chose entendue; portée de voix, f.; *to get a hearing,* obtenir audience. ‖ **hearsay** [hîrséⁱ] *s.* ouïdire, m.; rumeur, f.

hearse [hĕrs] *s.* corbillard, m.

heart [hârt] *s.* cœur; courage; centre; *pl.* cœur [cards], m.; *to one's heart's content,* à cœur joie; *to take to heart,* prendre à cœur. ‖ **heartache** [-éⁱk] *s.* chagrin, m.; angoisse, f.; douleur au cœur, f. ‖ **heartbeat** [-bît] *s.* battement de cœur, m. ‖ **heartbroken** [-broᵘkᵉn] *adj.* au cœur brisé; navré. ‖ **hearten** [-'n] *v.* encourager. ‖ **heartfelt** [-fĕlt] *adj.* cordial, sincère, senti.

hearth [hârth] *s.* foyer; âtre, m.

heartily [hârt'li] *adv.* cordialement; de bon cœur. ‖ **heartless** [-lis] *adj.* sans cœur; insensible; dur. ‖ **heart-rending** [-rĕnding] *adj.* navrant, déchirant. ‖ **hearty** [-i] *adj.* sincère, cordial; sain; nutritif [food]; substantiel [meal]; sonore [laugh]; *s.* gars de la Marine, m.

heat [hît] *s.* chaleur; colère; surexcitation; période d'activité intense; épreuve éliminatoire [race], f.; *v.* chauffer; réchauffer; s'échauffer; *heat-insulating,* calorifuge; *heat-insulation,* calorifugeage; *heat-wave,* vague de chaleur. ‖ **heater** [-ᵉr] *s.* appareil de chauffage, m.

heathen [hîthᵉn] *adj., s.* païen; *heathendom, heathenism,* paganisme.

heather [hézhᵉr] *s.* bruyère, f.

heating [hîting] *s.* chauffage, m.; *central heating plant,* installation de chauffage central; *heating-apparatus,* calorifère; *heating power,* pouvoir calorifique.

heave [hîv] *v.* lever; pousser [sigh]; hisser; palpiter [heart]; (se) soulever; virer (naut.); avoir des nausées; *s.* soulèvement; effort, m.

heaven [hĕvᵉn] *s.* ciel, m.; *heavenly,* céleste.

heavily [hĕv'li] *adv.* pesamment; tristement; fortement. ‖ **heaviness** [hĕvinis] *s.* pesanteur; lourdeur; tristesse, f.; accablement, m. ‖ **heavy** [hĕvi] *adj.* pesant; lourd; massif [metal]; accablant; abattu [heart]; mauvais [road]; sévère [blame]; *heavyhanded,* maladroit.

hecatomb [hĕkᵉtoumb] *s.* hécatombe, f.

hectic [hĕktik] *adj.* fiévreux; tuberculeux; trépidant (fam.).

hedge [hĕdj] *s.* haie, f.; *v.* entourer d'une haie; user de subterfuges; *hedge-hopping,* rase-mottes; *natural hedge,* haie vive.

hedgehog [hĕdjhaug] *s.* hérisson, m.

heed [hîd] *v.* faire attention; prendre garde; *s.* attention, f.; regard, vigilant; *heedful,* vigilant; *heedless,* étourdi; *heedlessness,* étourderie.

heel [hîl] *s.* talon, m.; quignon [bread]; *Am.* salaud, m.; *v.* mettre des talons à; *down at the heel,* éculé [shoe]; dans la dèche; *to heel over,* donner de la bande (naut.).

heft [hĕft] *s.* poids, m.; majeure partie, f.; *v.* soulever; soupeser.

heifer [hĕfᵉr] *s.* génisse, f.

height [haⁱt] *s.* hauteur; élévation; altitude, f. ‖ **heighten** [haⁱt'n] *v.* augmenter; accroître; intensifier; rehausser, relever.

heinous [héⁱnᵉs] *adj.* atroce; odieux; infâme.

heir [ĕᵉr] *s.* héritier, m. ‖ **heiress** [ĕᵉris] *s.** héritière, f.; *heirloom,* souvenir de famille.

held [hĕld] *pret., p. p. of* **to hold.**

helicopter [hĕlikâptᵉr] *s.* hélicoptère, m.; *helicopter-borne,* héliporté.

helix [hîliks] (*pl.* **helices** [hîlisìz]) *s.* spirale; hélice, f.

hell [hĕl] *s.* enfer, m.; *hellish,* infernal, diabolique.

hello! [hĕloᵘ] *interj.* holà!; allô!

helm [hĕlm] *s.* gouvernail, m.; *helmsman,* timonier.

helmet [hĕlmit] *s.* casque, m.

help [hĕlp] *s.* aide; secours; personnel assistant, m.; assistance, f.; *v.* aider; secourir; *he cannot help it,* il n'y peut rien; *I cannot help laughing,* je ne peux m'empêcher de rire; *help yourself,* servez-vous [food]. ‖ **helper** [-ᵉr] *s.* aide; assistant, m. ‖ **helpful** [-fᵉl] *adj.* utile; serviable. ‖ **helping** [-ing] *s.* portion [food]; aide, f. ‖ **helpless** [-lis] *adj.* impuissant; désemparé; faible; perplexe; inextricable [situation]. || **helplessness** [-lisnis] *s.* faiblesse ; impuissance ; invalidité ; incapacité, f.

hem [hèm] *s.* ourlet ; bord, m. ; *v.* ourler, border ; *to hem in,* cerner ; *Am.* **hem binding,** extra-fort.

hem [hèm] *v.* toussoter ; faire hum ; *interj.* hem ! hum ! ; *to hem and haw,* ânonner.

hemiplegia [hèmiplîdji] *s.* hémiplégie, f.

hemisphere [hèmᵉsfiᵉʳ] *s.* hémisphère, m.

hemlock [hèmlâk] *s.* ciguë, f. || **hemlock fir,** *Fr. Can.* pruche, f.

hemoptysis [hèmauptisis] *s.* hémoptysie, f.

hemorrhage [hèmᵉridj] *s.* hémorragie, f.

hemp [hèmp] *s.* chanvre, m.

hemstitch* [hèmstitsh] *s.* point d'ourlet ; ourlet à jour, m. ; *v.* ourler à jour.

hen [hèn] *s.* poule ; femelle d'oiseau, f. ; **hen-coop,** cage à poules ; **henhouse,** poulailler ; **henpecked husband,** mari que sa femme mène par le bout du nez ; **henroost,** juchoir.

hence [hèns] *adv.* d'ici, de là ; par suite ; en conséquence. || **henceforth** [-foouʳth] *adv.* dorénavant ; désormais.

henna [hénᵉ] *s.* henné, m. ; *v.* teindre au henné.

hep [hèp] *adj.* averti, affranchi ; à la page.

hepatic [hipatik] *adj.* hépatique.

her [hëʳ] *pron.* elle ; la ; lui ; *adj.* son, sa, ses ; à elle ; d'elle ; *I saw her,* je la vis ; *I speak to her,* je lui parle ; *she loves her father,* elle aime son père ; *she lost her senses,* elle a perdu connaissance ; *she has cut her finger,* elle s'est coupé le doigt.

herald [hèrᵉld] *s.* héraut ; messager ; précurseur, m. ; *v.* proclamer ; introduire, annoncer.

heraldry [hèrᵉldri] *s.* science héraldique ; armoiries, f. pl.

herb [ëʳb] *s.* herbe, f. ; **herb-shop,** herboristerie. || **herbalist** [ëʳbᵉlist] *s.* botaniste ; herboriste, m. f. || **herby** [-i] *adj.* herbeux.

herd [hëʳd] *s.* troupeau, m. ; foule, cohue, f. ; *the common herd,* le « vulgum pecus » ; *v.* réunir, s'attrouper. || **herdsman** [-zmᵉn] *s.* bouvier, berger, m.

here [hiᵉʳ] *adv.* ici ; *here and there,* çà et là ; *here's to you,* à votre santé ; *here we are,* nous voici arrivés. || **hereabout(s)** [-ebaoutᵈ(s)] *adv.* près d'ici, dans ces parages. || **hereafter** [hiᵉʳaftᵉʳ] *adv.* ci-après, ci-dessous ;

désormais ; à l'avenir ; *s.* la vie future, f. || **hereby** [hiᵉʳba¹] *adv.* par là, par ce moyen ; près d'ici, par la présente (comm.).

hereditary [hᵉrèdᵉtèri] *adj.* héréditaire ; transmissible. || **heredity** [hᵉrèdᵉti] *s.* hérédité, f.

herein [hiᵉʳin] *adv.* en ceci, sur ce point ; ci-inclus.

heresy [hèrᵉsi] *s.** hérésie, f. || **heretic** [hèrᵉtik] *adj.*, *s.* hérétique.

heretofore [hiᵉʳtᵉfoouʳ] *adv.* auparavant, jusqu'ici. || **hereupon** [hiᵉʳᵉpán] *adv.* là-dessus. || **herewith** [hiᵉʳwith] *adv.* ci-joint ; avec ceci ; inclus.

heritage [hèrᵉtidj] *s.* héritage, m.

hermetic [hëʳmètik] *adj.* hermétique.

hermit [hëʳmit] *s.* ermite, m.

hernia [hëʳniᵉ] *s.* hernie, f.

hero [hiroou] *s.** héros, m. || **heroic** [hiroouik] *adj.* héroïque. || **heroine** [hèroouin] héroïne, f. || **heroism** [hèroouizᵉm] *s.* héroïsme, m.

heron [hèrᵉn] *s.* héron, m.

herring [hèring] *s.* hareng, m. ; *red herring,* hareng saur.

hers [hëʳz] *poss. pron.* le sien, la sienne, les siens, les siennes ; à elle ; *s.* ses parents à elle ; les siens ; *are these books hers?,* ces livres sont-ils à elle ? ; *it is no business of hers,* cela ne la regarde pas. || **herself** [hᵉʳsèlf] *pron.* elle-même ; soi-même ; *she cut herself,* elle s'est coupée ; *she saw herself in the mirror,* elle se vit dans le miroir ; *she was sitting by herself,* elle était assise seule.

hesitate [hèzᵉté¹t] *v.* hésiter ; balbutier. || **hesitating** [-ing] *adj.* hésitant ; indécis ; irrésolu. || **hesitatingly** [-ingli] *adv.* avec hésitation. || **hesitation** [hèzᵉté¹shᵉn] *s.* hésitation ; indécision, f.

heterogeneous [hétᵉrodjînіᵉs] *adj.* hétérogène.

hew [hyou] *v.** tailler, couper ; abattre [tree]. || **hewn** [hyoun] *p. p. of* to hew ; *rough-hewn,* taillé à coups de serpe.

hexagon [hèksᵉgân] *s.* hexagone, m.

hey ! [hé¹] *interj.* hé ! hein !

heyday [hé¹dé¹] *s.* beaux jours, m. pl. ; période florissante ; fleur [youth], f. ; éclat [glory], m. ; faîte [prosperity], m.

hibernate [ha¹bᵉrné¹t] *v.* hiberner ; hiverner ; somnoler, paresser.

hiccup [hikᵉp], **hiccough** [hikauf] *s.* hoquet, m. ; *v.* avoir le hoquet ; hoqueter.

hickory [hikᵉri] *s.** hickory ; noyer d'Amérique, m.

hid [hid] *pret., p. p. of* **to hide.** ‖ **hidden** [hid'n] *p. p. of* **to hide;** *adj.* caché; secret; mystérieux. ‖ **hide** [ha¹d] *v.** (se) cacher; enfouir; masquer; couvrir; *to hide from,* se cacher de; *to play hide and seek,* jouer à cache-cache; **hiding-place,** cachette.

hide [ha¹d] *s.* peau, f.; cuir, m.; *v.* rosser; **hidebound,** à l'esprit étroit.

hideous [hídi*e*s] *adj.* hideux.

hierarchical [ha¹*e*rákik*e*l] *adj.* hiérarchique. ‖ **hierarchy** [ha¹*e*rârki] *s.** hiérarchie, f.

high [ha¹] *adj.* haut; élevé; hautain, fier; faisandé [game]; lointain [antiquity]; puissant [explosive]; violent [wind]; *Am.* ivre (fam.); *adv.* haut, hautement; grandement; fortement; *it is high time that,* il est grand temps que; *to play high,* jouer gros jeu; **high altar,** maître-autel; **high-born,** de haute extraction; **high-handed,** despotique; **high-heeled,** à hauts talons; **high-priced,** coûteux; **high-road,** grand-route; **high-sounding,** sonore, ronflant. ‖ **highland** [-l*e*nd] *s.* terre haute, f.; *the Highlands,* les Highlands d'Écosse. ‖ **highly** [-li] *adv.* beaucoup; très; supérieurement; hautement; *highly paid,* très bien payé. ‖ **highness** [-nis] *s.* hauteur; élévation; Altesse [title], f. ‖ **highway** [-wé¹] grand-route; voie publique; chaussée, f.; *express highway,* autoroute; **highwayman,** voleur de grand chemin.

hike [ha¹k] *s.* marche; excursion à pied, f.; *v.* faire un trajet à pied; trimer (slang). f. ‖ **hiker** [-*e*r] *s.* excursionniste, m. f.

hilarious [hilé*e*ri*e*s] *adj.* hilare. ‖ **hilarity** [hilar*e*ti] *s.* hilarité, f.

hill [hil] *s.* colline; butte; montée, f.; monticule; coteau, m.; *up hill and down dale,* par monts et par vaux; **hillock,** mamelon; **hillside,** flanc de coteau; **hilltop,** éminence, cime; **hilly,** accidenté, montagneux, vallonné.

hilt [hilt] *s.* poignée [sword], f.

him [him] *pron.* le; lui; celui; *I see him,* je le vois; *I speak to him,* je lui parle; *to him who speaks,* à celui qui parle. ‖ **himself** [himsêlf] *pron.* lui-même; soi-même; se; *he came himself,* il vint lui-même; *he avenged himself,* il s'est vengé.

hind [ha¹nd], **hinder** [ha¹nd*e*r] *adj.* postérieur; de derrière; **hindmost,** dernier, ultime.

hind [ha¹nd] *s.* biche, f.

hinder [hind*e*r] *v.* empêcher; gêner; retarder. ‖ **hindrance** [-r*e*ns] *s.* empêchement; obstacle (*to,* à), m.

hinge [hindj] *s.* gond, m.; charnière, f.; principe essentiel, m.; *v.* tourner sur les gonds, sur une charnière;

off one's hinges, déboussolé; *to hinge on,* dépendre de, être axé sur.

hint [hint] *s.* allusion; insinuation, f.; aperçu; mode d'emploi, m.; *v.* insinuer; faire allusion; suggérer; *to take the hint,* comprendre à demi-mot.

hip [hip] *s.* hanche, f.; **hip-joint disease,** coxalgie; **hip-bath,** bain de siège; **hipbone,** os iliaque.

hippodrome [hip*e*droo*u*m] *s.* hippodrome, m.

hippopotamus [hip*e*pát*e*m*e*s] *s.** hippopotame, m.

hire [ha¹*e*r] *s.* louage; gages, m.; location, f.; *v.* louer; engager; soudoyer; **hireling,** mercenaire.

hirsute [h*e̊*rsyout] *adj.* hirsute.

his [hiz] *poss. pron.* son, sa, ses; le sien, la sienne, les siens, les siennes; à lui; *it is his,* c'est le sien, c'est à lui; *he has broken his leg,* il s'est cassé la jambe.

hiss [his] *s.** sifflement; sifflet, m.; *v.* siffler.

historian [histoo*u*ri*e*n] *s.* historien, m. ‖ **historic(al)** [histáurik'l] *adj.* historique. ‖ **history** [histri] *s.** histoire, f.

hit [hit] *v.** frapper; heurter; toucher [target]; atteindre [mark]; convenir (*with,* à); *s.* coup; choc, m.; trouvaille; touche; réussite, f.; *to hit back,* rendre coup pour coup; *to hit the mark,* toucher juste; *to hit upon,* tomber sur; *direct hit,* coup au but; *great hit,* succès fou; **hit-and-run driver,** chauffard; **hit-the-baby,** *Am.* jeu de massacre.

hitch [hitsh] *s.** accroc; obstacle; incident; contretemps; nœud, m.; anicroche, f.; *v.* (s')accrocher; amarrer; empêtrer; sautiller, boiter; **hitch hike,** faire de l'auto-stop; **hitch hiker,** auto-stoppeur; **hitch hiking,** auto-stop.

hither [hizh*e*r] *adv.* ici; **hitherto,** jusqu'ici.

hive [ha¹v] *s.* ruche, f.

hives [ha¹vz] *s. pl.* urticaire (med.), m.

hoar [hoo*u*r] *adj.* blanchi, chenu; *s.* givre, m.; **hoar-frost,** gelée blanche.

hoard [hoo*u*rd] *s.* tas; trésor, magot, m.; *v.* accumuler; thésauriser.

hoarse [hoo*u*rs] *adj.* enroué, rauque. ‖ **hoarsen** [-*e*n] *v.* (s') enrouer. ‖ **hoarseness** [-nis] *s.* enrouement, m.

hoax [hoo*u*ks] *s.** mystification; attrape, f.; *v.* mystifier.

hob [hâb] *s.* plaque; matrice (mech.), f.; clou [shoe], m.

hobble [hâb'l] *v.* clopiner; entraver; *s.* clopinement, m.; entrave, f.

hobby [hâbi] *s.** dada, m.; marotte, f.

hobo [ho⁰ubo⁰u] *s.* vagabond; clochard, m.

hock [hâk] *s.* jarret, m.; *v.* couper le jarret [horse].

hockey [hâki] *s.* hockey, m.

hocus-pocus [ho⁰uke⁰s-po⁰uke⁰s] *s.* tour de passe-passe, m.

hod [hâd] *s.* auge, augette, f.; oiseau [tool], m.

hodgepodge [hâdjpâdj] *s.* méli-mélo, salmigondis, m.

hoe [ho⁰u] *s.* houe, binette, f.; *v.* sarcler.

hog [hâg] *s.* cochon, porc; dos de chat (aviat.); goret (naut.), m.; *v.* manger gloutonnement; *hoggish*, sale, glouton; *hogherd*, porcher; *hog-pen*, étable à cochons; *hogshead*, barrique.

hoist [ho¹st] *s.* grue, f.; *v.* hisser; arborer [flag].

hold [ho⁰uld] *v.** tenir; contenir; détenir, retenir; se maintenir; durer; endurer; être d'avis; demeurer; *s.* prise; garde; place forte; cale (naut.), f.; appui, soutien, m.; *to hold down*, empêcher de monter; *to hold fast*, tenir bon; *to hold off*, tenir à distance; *to hold good*, demeurer valable; *to hold out*, tenir jusqu'au bout; *to hold with*, être du parti de; *to hold on*, s'accrocher; *to catch hold of*, s'emparer de; *to let go one's hold*, lâcher prise. ‖ *holder* [-eʳ] *s.* teneur; détenteur; support; tenancier; porteur (comm.); titulaire, m.; *pen-holder*, porte-plume. ‖ *holding* [-ing] *s.* possession; terre affermée, f. ‖ *hold-up* [-œp] *s.* attaque à main armée, f.; embarras, m.; entrave, f.

hole [ho⁰ul] *s.* trou; creux, m.; cavité, f.; *v.* trouer; *air hole*, trou d'air; *to be in a hole*, être dans le pétrin.

holiday [hâlᵉdéⁱ] *s.* jour de fête; jour férié; congé, m.; vacances, f. pl.

holiness [ho⁰ulinis] *s.* sainteté, f.

Holland [hâlᵉnd] *s.* Hollande, f.

hollow [hâlo⁰u] *adj.* creux; vide; trompeur; *s.* creux; vallon, m.; *v.* creuser; excaver.

holly [hâli] *s.* houx, m.

hollyhock [hâlihâk] *s.* rose trémière, f.

holster [ho⁰ulsteʳ] *s.* étui [revolver], m.; fonte, f.

holy [ho⁰uli] *adj.* saint; sacré; bénit [water].

home [ho⁰um] *s.* logis; pays; foyer, m.; demeure; habitation; patrie, f.; *at home*, chez soi; *to come home*, rentrer chez soi; *make yourself at home*, faites comme chez vous; *to hit home*, frapper juste; *homeland*, terre

natale; *homeless*, sans-abri; apatride; *homelike*, familial, intime, commode; *homely*, simple, terne; sans beauté; *home-made bread*, pain de ménage; *home office*, bureau central; *home run*, Fr. Can. coup de circuit; *homesick*, nostalgique; *homesickness*, mal du pays; *homespun*, étoffe de fabrication domestique; *homestead*, château, propriété; *homeward*, vers la maison; vers le pays; *homeward voyage*, voyage de retour.

homicide [hâmᵉsaⁱd] *s.* homicide; assassin, meurtrier, m.

homily [hâmili] *s.** homélie, f.

homing [ho⁰uming] *s.* vol de rentrée (aviat.), m.; *homing mechanism*, radiogoniomètre; *homing pigeon*, pigeon voyageur.

homogeneous [ho⁰umᵉdjíníᵉs] *adj.* homogène.

homologate [hemâlᵉgéⁱt] *v.* homologuer. ‖ *homologous* [-gᵉs] *adj.* homologue.

homonym [hâmᵉnim] *s.* homonyme, m.

hone [ho⁰un] *s.* pierre à aiguiser, f.; *v.* repasser [razor]; affiler; affûter.

honest [ânist] *adj.* honnête; probe; sincère; loyal et marchand [goods]. ‖ *honestly* [-li] *adv.* honnêtement; loyalement; sans fraude. ‖ *honesty* [-i] *s.* honnêteté; loyauté; probité, f.

honey [hâni] *s.* miel, m.; *v.* sucrer; flatter; *honey!*, chéri(e)! ‖ *honeycomb* [-ko⁰um] *s.* rayon de miel; filtre à alvéoles, m.; *honeycombed*, criblé; gaufré. ‖ *honeyed* [-id] *adj.* mielleux; doux. ‖ *honeymoon* [-moun] *s.* lune de miel, f.; *v.* passer sa lune de miel. ‖ *honeysuckle* [-sæk'l] *s.* chèvrefeuille, m.

honk [haungk] *s.* coup de Klaxon, m.; *v.* klaxonner.

hono(u)r [âneʳ] *s.* honneur, m.; *v.* honorer. ‖ *hono(u)rable* [ânereb'l] *adj.* honorable. ‖ *honorary* [ânereri] *adj.* honoraire; d'honneur; bénévole; honorifique. ‖ *honorific* [ânerifik] *adj.* honorifique.

hood [houd] *s.* coiffe; capote, f.; capot [auto]; chapeau (mech.), m.; *v.* encapuchonner; *hoodwink*, bander les yeux; jeter de la poudre aux yeux à; aveugler.

hoof [houf] *s.* sabot [horse], m.; *hoofed*, ongulé.

hook [houk] *s.* croc; crochet; crampon; hameçon, m.; agrafe, f.; *v.* accrocher; agrafer; attraper [fish]; *by hook and by crook*, par tous les moyens; *to hook it*, décamper; *on his own hook*, pour son propre compte. ‖ *hooky* [-i] *adj.* crochu; *Am.* to play *hooky*, faire l'école buissonnière.

hoop [houp] *s.* cerceau; cercle; arceau [croquet], *m.*; jante [wheel]; frette (techn.), *f.*; *v.* cercler; fretter; *hoop-skirt*, crinoline.

hoot [hout] *v.* huer; hululer; *s.* huée, *f.*; hululement, *m.*; *hooter,* Klaxon; sirène; sifflet; *hooting,* huée.

hop [hâp] *s.* saut, sautillement, *m.*; *v.* sauter à cloche-pied.

hop [hâp] *s.* houblon, *m.*

hope [houp] *s.* espérance, *f.*; espoir, *m.*; *v.* espérer; *to hope for,* s'attendre à; *hopeful,* optimiste, prometteur; *hopeless,* sans espoir, irrémédiable, incurable; *hopelessness,* désespérance; état désespéré.

hopscotch [hâpskâtsh] *s.* marelle, *f.*

horde [hoourd] *s.* horde, *f.*; *v.* vivre en horde.

horizon [herai'zen] *s.* horizon, *m.* ‖ *horizontal* [haur'ezânt'l] *adj.* horizontal.

hormone [haur'mooun] *s.* hormone, *f.*

horn [haurn] *s.* corne, *f.*; Klaxon; cor [music], *m.*; *v.* corner; klaxonner, avertir [car].

hornet [haurnit] *s.* frelon, *m.*

horologe [hâr'elâdj] *s.* horloge, *f.*

horrible [haur'eb'l] *adj.* horrible; *horribly,* horriblement.

horrid [haurid] *adj.* horrible; hideux; affreux.

horrific [her'ifik] *adj.* horrible. ‖ *horrify* [haur'efai] *v.* horrifier; épouvanter. ‖ *horror* [haur'er] *s.* horreur, *f.*

horse [haurs] *s.* cheval; chevalet, *m.*; cavalerie, *f.*; *adj.* de cheval; à chevaux; hippique; *blooded horse,* pursang; *pack horse,* cheval de bât; *saddle-horse,* cheval de selle; *horseflesh,* viande de cheval; *horse-fly,* taon; *horse-hair,* crin; *horse race,* course de chevaux; *horse sense,* gros bon sens; *horse shoe,* fer à cheval; *horse-show,* concours hippique; *horse-whip,* cravache, fouet. ‖ *horseman* [-men] (*pl. horsemen*) *s.* cavalier; écuyer, *m.*; *horsemanship,* équitation. ‖ *horsepower* [-paouer] *s.* cheval-vapeur, *m.*; puissance en chevaux, *f.* ‖ *horse radish* [-radish] *s.* raifort, *m.*

hose [hoouz] *s.* bas [stockings]; tuyau, *m.*; canalisation, *f.*; *men's hose,* chaussettes d'homme. ‖ *hosiery* [hoou'jri] *s.** bonneterie, *f.*

hospitable [hâspit'eb'l] *adj.* hospitalier. ‖ *hospital* [hâspit'l] *s.* hôpital, *m.*; infirmerie, *f.*; *surgical hospital,* ambulance militaire; *hospital train,* train sanitaire. ‖ *hospitality* [hâspital'eti] *s.* hospitalité, *f.* ‖ *hospitalization* [hâspit'elizé'shen] *s.* hospitalisation, *f.* ‖ *hospitalize* [hâspitala'iz] *v.* hospitaliser.

host [hooust] *s.* armée; multitude, *f.*

host [hooust] *s.* hôte; hôtelier, *m.*

host [hooust] *s.* hostie, *f.*; *sacred host,* hostie consacrée.

hostage [hâstidj] *s.* otage; gage, *m.*

hostel [hâst'el] *s.* maison universitaire, *f.*; *youth hostel,* auberge de jeunesse.

hostess [hâstis] *s.** hôtesse, *f.*

hostile [hâst'l] *adj.* hostile; ennemi. ‖ *hostility* [hastil'eti] *s.** hostilité, inimitié, *f.*

hot [hât] *adj.* chaud; brûlant; ardent; coléreux; épicé; *it is hot,* il fait très chaud; *white hot,* chauffé à blanc; *hotbed,* couche (hort.); foyer (fig.); *hothouse,* serre chaude; *hot-plate,* chauffe-plat.

hotel [hooutèl] *s.* hôtel, *m.*; *hotel-keeper,* hôtelier.

hotly [hâtli] *adv.* chaudement; ardemment; violemment; avec véhémence.

hound [haound] *s.* chien courant, *m.*; *v.* chasser; poursuivre; pister; *pack of hounds,* meute; *hound's-tooth check,* Am. pied-de-poule.

hour [aour] *s.* heure, *f.*; *office hours,* heures de présence, heures de bureau; *hour hand,* aiguille des heures. ‖ *hourly* [-li] *adv.* d'heure en heure; fréquemment; *adj.* horaire; fréquent.

house [haous] *s.* maison; demeure; habitation; salle (theat.); assemblée politique, *f.*; [haouz] *v.* loger; héberger; donner l'hospitalité à; garer [auto]; *country house,* maison de campagne; *housebreaking,* cambriolage; *Br. the House of Commons,* la Chambre des communes; *Am. the House of Representatives,* la Chambre des représentants. ‖ *household* [haoushoould] *s.* maisonnée, famille, *f.*; *adj.* domestique; de ménage. ‖ *housekeeper* [haouskîper] *s.* femme de charge; gouvernante; ménagère, *f.* ‖ *housekeeping* [-kîping] *s.* ménage, *m.* ‖ *housetop* [-tâp] *s.* toit, *m.* ‖ *housewife* [-wa'f] (*pl. housewives* [-wa'vz]) *s.* maîtresse de maison; ménagère; [hœzif] trousse de couture, *f.* ‖ *housework* [-wèrk] *s.* travaux domestiques, *m. pl.*

hove [hoouv] *pret., p. p. of* **to heave.**

hovel [hœv'l] *s.* appentis, *m.*; baraque, cahute, *f.*

hover [hœver] *v.* planer; se balancer; voltiger; rôder (*around,* autour).

how [haou] *adv.* comment; comme; à quel degré; *how much* (sing.), *how many* (plur.), combien?; *how far is it?,* à quelle distance est-ce?; *how old are you?,* quel âge avez-vous?; *how long have you been in France?,* depuis quand êtes-vous en France?; *any how,* n'importe comment, quoi qu'il en soit; *anyhow,* de toute façon. || *however* [ha°ᵘèᵛᵉʳ] *adv., conj.* de toute façon; cependant; néanmoins; du reste; quelque ... que; si ... que; *however difficult it may be,* quelque difficile que ce soit; *however much,* si fort que.

howitzer [ha°ᵘitsᵉʳ] *s.* obusier, m.

howl [ha°ᵘl] *s.* hurlement [dog, wolf], m.; *v.* hurler; se lamenter.

hub [hœb] *s.* moyeu, m.

hubbub [hœbœb] *s.* tintamarre; boucan; brouhaha, m.

huckster [hœkstᵉʳ] *s.* revendeur, m.; *Am.* marchand (m.) des quatre-saisons; agent (m.) de publicité; trafiquant, m.; *v.* colporter; trafiquer; marchander.

huddle [hœd'l] *s.* confusion, f.; pêlemêle, m.; *v.* brouiller; jeter en vrac; fourrer; *to huddle together,* se serrer les uns contre les autres.

hue [hyou] *s.* teinte, nuance, f.

huff [hœf] *s.* accès de colère, m.; *v.* s'emporter; malmener; *huffish,* susceptible, irritable.

hug [hœg] *v.* étreindre; serrer; *to hug the wind,* serrer le vent (naut.); *s.* étreinte, f.; embrassement, m.

huge [hyoudj] *adj.* énorme; immense.

hull [hœl] *s.* coque, carène (naut.; aviat.); cosse, gousse, balle, f.; *v.* écosser, décortiquer.

hum [hœm] *v.* bourdonner; fredonner; murmurer; *s.* bourdonnement; fredon, m.; *interj.* hum!

human [hyoumᵉn] *adj., s.* humain. || *humane* [hyoumé¹n] *adj.* humain, humanitaire. || *humanism* [-iz'm] *s.* humanisme, m. || *humanitarian* [hyoumanᵉtèrᵉn] *adj.* humanitaire; *s.* philanthrope, m. f. || *humanity* [hyoumanᵉti] *s.* humanité, f.

humble [hœmb'l] *adj.* humble; modeste; *v.* humilier; abaisser; *to humble oneself,* s'humilier; *humbly,* humblement. || *humbleness* [-nis] *s.* humilité, modestie, f.

humbug [hœmbœg] *s.* sornette; tromperie, f.; farceur, m.

humid [hyoumid] *adj.* humide. || *humidify* [hyoumidifa¹] *v.* humidifier. || *humidity* [-dᵉti] *s.* humidité, f.

humiliate [hyoumili¹t] *v.* humilier. || *humiliation* [hyoumilié¹shᵉn] *s.* humiliation, f. || *humility* [hyoumilᵉti] *s.* humilité, f.

hummingbird [hœmingbërd] *s.* oiseau-mouche, m.

hummock [hœmᵉk] *s.* monticule, m.

humo(u)r [hyoumᵉʳ] *s.* humeur; disposition, f.; caprice; humour, m.; *out of humo(u)r,* de mauvaise humeur; *v.* complaire à; flatter; se prêter à; suivre l'humeur de. || *humorist* [hyoumᵉrist] *s.* humoriste, m. || *humoristic* [hyoumᵉristik] *adj.* humoristique. || *humorous* [hyoumᵉrᵉs] *adj.* humoristique, plein d'humour; comique.

hump [hœmp] *s.* bosse, f.; dos-d'âne [road]; dos de chat (aviat.), m.; *v.* courber; arquer; cambrer.

hunch [hœntsh] *s.* * bosse, f.; gros morceau; chanteau [bread]; *Am.* pressentiment, m.; *v.* arrondir, voûter. || *hunchback* [-bak] *s.* bossu, m.

hundred [hœndrᵉd] *adj.* cent; *s.* centaine, f. || *hundredth* [-th] *adj.* centième.

hung [hœng] *pret., p. p. of* **to hang.**

Hungarian [hœnggèriᵉn] *adj., s.* hongrois. || *Hungary* [hœngᵉri] *s.* Hongrie, f.

hunger [hœnggᵉʳ] *s.* faim, f.; *v.* avoir faim; affamer; désirer ardemment. || *hungrily* [-grili] *adv.* avidement; voracement. || *hungry* [-gri] *adj.* affamé; famélique; *to be hungry,* avoir faim.

hunk [hœngk] *s.* gros morceau; quignon [bread], m.

hunt [hœnt] *s.* chasse; poursuite; meute, f.; *v.* chasser; poursuivre; chercher; *to hunt down,* traquer. || *hunter* [-ᵉʳ] *s.* chasseur; cheval de chasse, m. || *huntsman* [-smᵉn] (*pl.* *huntsmen*) *s.* chasseur, m.

hurdle [hërd'l] *s.* claie; clôture, f.; obstacle, m.; *v.* clôturer; sauter un obstacle.

hurl [hërl] *v.* jeter, lancer.

hurly-burly [hërlibërli] *s.* tumulte, tohu-bohu, m.

hurrah! [hᵉra] *interj.* hourra!; *v.* pousser des vivas.

hurricane [hërké¹n] *s.* ouragan, m.

hurried [hërid] *adj.* précipité; hâtif; *hurriedly,* précipitamment. || *hurry* [hëri] *s.* hâte, précipitation, f.; *v.* presser; (se) hâter; *to be in a hurry,* être pressé; *there is no hurry,* ça ne presse pas; *to hurry on,* activer, faire presser.

hurst [hërst] *s.* tertre; banc de sable, m.; colline boisée, f.

hurt [hërt] *v.* * faire mal à; nuire à; offenser; endommager; *s.* mal; préjudice; dommage, m.; blessure, f.; *my tooth hurts me,* j'ai mal à une dent; *pret., p. p. of* **to hurt.** || *hurter* [-ᵉʳ] *s.* heurtoir, m.

husband [hœzbᵉnd] *s.* mari; époux, m.; *v.* économiser; marier. || *husbandman* [-mᵉn] (*pl.* husbandmen) *s.* fermier, m. || *husbandry* [-ri] *s.* économie; agriculture, f.

hush [hœsh] *v.* se taire; faire taire; *s.* silence, m.; *interj.* chut!; *to hush up a scandal,* étouffer un scandale; *hush-money,* argent obtenu par chantage, prix du silence.

husk [hœsk] *s.* cosse; gousse; écale; pelure; peau, f.; brou [nut], m.; *v.* éplucher [corn]; monder [barley]; écosser; écaler.

husky [hœski] *adj.* enroué; robuste, solide; *s.* chien esquimau, m.

hustle [hœs'l] *v.* bousculer; presser; précipiter; se presser; *Am.* s'activer; *s.* activité; hâte; presse; énergie; vigueur, f.; *Am.* allant; esprit (m.) d'entreprise.

hut [hœt] *s.* hutte; cabane, f.; baraquement, m.; *forester's hut,* maison forestière.

hutch [hœtsh] *s.** huche, f.; clapier, m.

hyacinth [ha¹esinth] *s.* jacinthe, f.

hydrant [ha¹drent] *s.* bouche à incendie; prise d'eau, f. ‖ *hydrate* [-e¹t] *v.* hydrater; *s.* hydrate, m.

hydraulic [ha¹draulik] *adj.* hydraulique.

hydrogen [ha¹dredjen] *s.* hydrogène, m.

hydroplane [ha¹dreplé¹n] *s.* hydravion, m.

hyena [ha¹ine] *s.* hyène, f.

hygiene [ha¹djin] *s.* hygiène, f.

hymn [him] *s.* hymne, f.

hyphen [ha¹fen] *s.* trait d'union, m.

hypnosis [hipno⁰usis] (*pl.* **hypnoses** [-iz]) *s.* hypnose. ‖ *hypnotic* [-nâtik] *adj.* hypnotique; *s.* hypnotique, m.; personne (f.) en état d'hypnose. ‖ *hypnotism* [hipnâtize*m*] *s.* hypnotisme, m.

hypocrisy [hipâkresi] *s.** hypocrisie, f. ‖ *hypocrite* [hipâkrit] *s.* hypocrite, m. f.

hypothecate [ha¹pâthekéit] *v.* hypothéquer.

hypothesis [ha¹pâthesis] (*pl.* **hypotheses**) *s.* hypothèse, f.

hysteria [histírie] *s.* hystérie, f. ‖ *hysterical* [histèrik'l] *adj.* hystérique; nerveux; frénétique; convulsif; *Am.* désopilant. ‖ *hysterics* [histèriks] *s. pl.* crise de nerfs, f.

I

I [a¹] *pron.* je; moi.

ice [a¹s] *s.* glace; crème glacée, f.; *v.* glacer, frapper [wine]; congeler; *ice bag,* vessie à glace; *iceberg,* iceberg; *ice box,* glacière; *ice-cream,* glace, *Fr. Can.* crème à la glace; *icefloe,* banquise; *iced fruits, Am.* fruits confits; *ice-pail,* seau à glace; *ice-pick,* piolet. ‖ *icy* [a¹si] *adj.* glacé; congelé; glacial.

idea [a¹die] *s.* idée, f.

ideal [a¹die¹l] *adj., s.* idéal. ‖ *idealism* [a¹di*e*liz*e*m] *s.* idéalisme, m. ‖ *idealist* [a¹di*e*list] *s.* idéaliste, m. f. ‖ *idealistic* [aidi¹listik] *adj.* idéaliste. ‖ *idealize* [a¹di*e*la¹z] *v.* idéaliser.

identical [a¹dèntik'l] *adj.* identique. ‖ *identification* [a¹dènte*f*eké¹sh*e*n] *s.* identification; identité, f. ‖ *identify* [a¹dènt*e*fa¹] *v.* identifier. ‖ *identity* [a¹dènt*e*ti] *s.** identité, f.

idiom [idie*m*] *s.* idiome; idiotisme, m.

idiot [idi*e*t] *s.* idiot, m. ‖ *idiotic* [idiâtik] *adj.* idiot.

idle [a¹d'l] *adj.* oisif; désœuvré; futile; paresseux; *s.* ralenti, m.; *v.* paresser; flâner; tourner au ralenti, à vide (mech.). ‖ *idleness* [-nis] *s.* oisiveté; paresse; futilité, f.; désœuvrement, m. ‖ *idler* [-*e*r] *s.** identité, f. fainéant; flâneur; oisif, m.; roue folle (mech.), f.

idol [a¹d'l] *s.* idole, f. ‖ *idolatry* [a¹dâletri] *s.* idolâtrie, f. ‖ *idolize* [a¹d'la¹z] *v.* idolâtrer.

idyl [aid'l] *s.* idylle, f.

i. e. [a¹i] *abbrev.* c'est-à-dire.

if [if] *conj.* si; *as if,* comme si; *if not,* sinon.

igloo [îglou] *s.* igloo, m.

ignite [igna¹t] *v.* allumer; mettre le feu à; prendre feu. ‖ *igniter* [-*e*r] *s.* allumeur; moyen d'allumage, m. ‖ *ignition* [igni*sh*en] *s.* allumage m.; ignition, f.; *ignition plug,* bougie.

ignoble [igno⁰ub'l] *adj.* ignoble; abject; vil, bas.

ignominy [ignâmini] *s.* ignominie, f.

ignorance [ign*e*r*e*ns] *s.* ignorance, f. ‖ *ignorant* [ign*e*r*e*nt] *adj.* ignorant. ‖ *ignore* [igno⁰ur] *v.* ne pas admettre; prétendre ignorer; dédaigner; ne pas tenir compte de; *to ignore a bill,* prononcer un non-lieu (jur.).

ill [il] *adj.* malade; mauvais; impropre; *adv.* mal; *s.* mal; malheur, m.; *ill-advised,* malavisé; *ill-bred,* mal élevé; *ill-clad,* mal vêtu; *ill-humo(u)red,* mal luné; *ill-mannered,* sans-gêne, discourtois.

illegal [ilig'l] *adj.* illégal; illicite. ‖ *illegality* [ili¹galiti] *s.** illégalité, f.

illegible [il*è*dj*e*b'l] *adj.* illisible.

illegitimate [ilidj*it*e*mit] *adj.* illégitime ; bâtard ; naturel [son].

illicit [il*i*sit] *adj.* illicite.

illimitable [il*i*mit*e*b'l] *adj.* illimité.

illiterate [il*i*t*e*rit] *adj., s.* illettré ; analphabète.

illness [*i*lnis] *s.* maladie, f.

illogical [il*à*djik'l] *adj.* illogique.

illuminate [iloum*e*né*i*t] *v.* illuminer ; éclaircir ; enluminer ; colorier. || **illumination** [iloum*e*né*i*sh*e*n] *s.* illumination ; enluminure, f. ; éclairage, m.

illusion [ilouj*e*n] *s.* illusion, f. || **illusive** [ilousiv] *adj.* illusoire ; fallacieux. || **illusory** [ilous*e*ri] *adj.* illusoire.

illustrate [il*e*stré*i*t] *v.* illustrer ; démontrer ; embellir. || **illustration** [il*e*stré*i*sh*e*n] *s.* illustration ; gravure ; explication, f. || **illustrative** ['il*e*stré*i*tiv] *adj.* explicatif, illustrant. || **illustrator** [il*e*stré*i*t*e*r] *s.* illustrateur ; exemple (fig.), m. || **illustrious** [il*æ*stri*e*s] *adj.* illustre ; glorieux ; brillant.

image [imidj] *s.* image ; ressemblance, f. ; symbole, m. || **imagery** [-ri] *s.* images ; imaginations, f. pl. || **imaginable** [im*a*djin*e*b'l] *adj.* imaginable. || **imaginary** [im*a*dj*e*nèri] *adj.* imaginaire. || **imagination** [im*a*dj*e*né*i*sh*e*n] *s.* imagination, f. || **imaginative** [im*a*dj*e*né*i*tiv] *adj.* imaginatif. || **imagine** [im*a*djin] *v.* (s')imaginer ; supposer.

imbecile [imbis*a*l] *adj., s.* débile ; imbécile, m. || **imbecility** [imbis*i*liti] *s.* débilité ; imbécillité, f.

imbibe [imb*a*b] *v.* absorber ; s'imbiber ; se pénétrer de.

imbricate [imbriké*i*t] *v.* imbriquer.

imbue [imby*ou*] *v.* imprégner ; pénétrer (*with*, de).

imitate [im*e*té*i*t] *v.* imiter. || **imitation** [im*e*té*i*sh*e*n] *s.* imitation ; copie, f. || **imitator** [im*e*té*i*t*e*r] *s.* imitateur, m.

immaculate [im*a*ky*e*lit] *adj.* immaculé, sans tache.

immanent [im*e*n*e*nt] *adj.* immanent.

immaterial [im*e*tiri*e*l] *adj.* immatériel ; spirituel ; sans importance ; *it is immaterial to me,* cela m'est égal, cela m'est indifférent.

immature [im*e*tou*r] *adj.* prématuré ; pas mûr.

immediacy [im*i*dy*e*si] *s.* imminence, f. || **immediate** [-diit] *adj.* immédiat ; proche ; direct ; **immediately,** immédiatement ; directement.

immense [imèns] *adj.* immense. || **immensity** [-*e*ti] *s.** immensité, f.

immerse [im*e*rs] *v.* immerger. || **immersion** [imè*r*sh*e*n] *s.* immersion, f.

immigrant [im*e*gr*e*nt] *adj., s.* immigrant ; immigré. || **immigrate** [-gré*i*t]

v. immigrer. || **immigration** [im*e*gré*i*sh*e*n] *s.* immigration, f.

imminent [im*e*n*e*nt] *adj.* imminent.

immobile [imo*ou*b'l] *adj.* immobile. || **immobility** [imo*ou*b*i*l*e*ti] *s.* immobilité, f. || **immobilization** [imo*ou*b'l*e*zé*i*sh*e*n] *s.* immobilisation, f. || **immobilize** [imo*ou*b'la*i*z] *v.* immobiliser.

immoderate [im*à*d*e*rit] *adj.* immodéré ; déréglé ; démesuré.

immodest [imaudist] *adj.* immodeste, indécent.

immoral [imaur*e*l] *adj.* immoral ; licencieux. || **immorality** [im*e*ral*e*ti] *s.* immoralité, f.

immortal [imau*r*t'l] *adj., s.* immortel. || **immortality** [imau*r*tal*e*ti] *s.* immortalité, f. || **immortalize** [imau*r*t*e*la*i*z] *v.* immortaliser.

immovable [imo*ou*v*e*b'l] *adj.* immobile ; inébranlable ; insensible ; inamovible ; immeuble (jur.).

immune [imy*ou*n] *adj.* exempt ; dispensé. || **immunity** [-*e*ti] *s.** immunité ; exemption, dispense, f.

immunize [imy*e*na*i*z] *v.* immuniser.

imp [imp] *s.* lutin, m.

impact [impakt] *s.* choc ; impact, m. ; collision, f. ; [impakt] *v.* serrer ; presser ; enfoncer [*into*, dans] ; se heurter [*against*, contre] ; *impacted*, encastré.

impair [impèr] *v.* endommager ; altérer ; diminuer ; s'affaiblir ; se détériorer. || **impairment** [-m*e*nt] *s.* diminution ; détérioration, f.

impalpable [impalp*e*b'l] *adj.* impalpable ; imperceptible.

impart [impârt] *v.* faire participer à ; faire part de ; annoncer [news].

impartial [impârsh*e*l] *adj.* impartial. || **impartiality** [impârshal*e*ti] *s.* impartialité, f.

impassable [impas*e*b'l] *adj.* infranchissable ; impraticable.

impasse [im'pâs] *s.* impasse, f.

impassibility [impâsib*i*liti] *s.* impassibilité, f. || **impassible** [impas*e*b'l] *adj.* impassible.

impassioned [impash*e*nd] *adj.* passionné ; véhément.

impassive [impasiv] *adj.* impassible, insensible.

impatience [impé*i*sh*e*ns] *s.* impatience, f. || **impatient** [-*e*nt] *adj.* impatient.

impeach [impîtsh] *v.* accuser ; blâmer ; contester. || **impeachment** [-m*e*nt] *s.* accusation ; contestation, f.

impede [impîd] *v.* empêcher ; entraver ; retarder. || **impediment** [impèd*e*m*e*nt] *s.* empêchement ; obstacle ; embarras, m.

impel [impèl] *v.* pousser; forcer; obliger; activer.

impend [impènd] *v.* être imminent; menacer. ‖ *impendent* [-ènt] *adj.* imminent.

imperative [impèrᵉtiv] *adj.* impératif; impérieux; urgent; *s.* impératif, m.

imperceptible [impᵉrsèptᵉb'l] *adj.* imperceptible.

imperfect [impᵉrfikt] *adj.* imparfait; incomplet; *s.* imparfait, m.

imperial [impiriᵉl] *adj.* impérial. ‖ *imperialism* [-iz'm] *s.* impérialisme, m.

imperil [impèrᵉl] *v.* mettre en danger.

imperious [impiriᵉs] *adj.* impérieux.

imperishable [impèrishᵉb'l] *adj.* impérissable.

impermeable [impᵉrmiᵉb'l] *adj.* imperméable; étanche.

impersonal [impᵉrsn'l] *adj.* impersonnel. ‖ *impersonate* [impᵉrs'néᵢt] *v.* personnifier; jouer le rôle de.

impertinent [impᵉrt'nᵉnt] *adj.* impertinent; inopportun. ‖ *impertinence* [-t'nᵉns] *s.* impertinence; inconvenance, f.; manque d'à-propos (or) de rapport, m.

imperturbable [impᵉrtᵉrbᵉb'l] *adj.* imperturbable.

impervious [impᵉrviᵉs] *adj.* impénétrable; insensible; étanche.

impetuous [impètshouᵉs] *adj.* impétueux. ‖ *impetus* [impᵉtᵉs] *s.* impulsion, f.; entrain; élan, m.

impinge [impìnj] *v.* entrer en collision; empiéter.

impious [impiᵉs] *adj.* impie.

impish [impish] *adj.* espiègle.

implacable [impléᵢkᵉb'l] *adj.* implacable.

implant [implànt] *v.* implanter.

implement [implᵉmᵉnt] *s.* outil; ustensile, *pl.* attirail, m.

implicate [impliké¹t] *v.* impliquer; sous-entendre; entraîner.

implore [imploᵘr] *v.* implorer.

imply [impla¹] *v.* impliquer; sous-entendre; insinuer.

impolite [impᵉla¹t] *adj.* impoli; **impoliteness**, impolitesse.

imponderable [impàndᵉrᵉb'l] *adj.* impondérable.

import [impoᵘrt] *s.* importation (comm.); importance; signification, f.; [impoᵘrt] *v.* importer; signifier. ‖ *importance* [impaurt'ns] *s.* importance, f. ‖ *important* [-t'nt] *adj.* important. ‖ *importer* [-ᵉr] *s.* importateur, m.

importunate [impaurtshᵉnit] *adj.* importun; [-né¹t] *v.* importuner.

impose [impoᵘz] *v.* imposer; en imposer (*upon*, à); *to impose upon*, duper, abuser de; *imposing*, imposant, impressionnant. ‖ *imposition* [impᵉzishᵉn] *s.* imposition; charge; imposture, f.; abus de confiance, m.

impossibility [impàsᵉbᵢleti] *s.** impossibilité, f. ‖ *impossible* [impàsᵉb'l] *adj.* impossible.

impostor [impàstᵉr] *s.* imposteur, m. ‖ *imposture* [impàstshᵉr] *s.* imposture, f.

impotence [impᵉtᵉns] *s.* impotence, f. ‖ *impotent* [impᵉtᵉnt] *adj.* impotent; impuissant.

impoverish [impàvᵉrish] *v.* appauvrir, s'appauvrir.

impracticable [impraktikᵉb'l] *adj.* impraticable; irréalisable; impossible; insociable.

impregnate [imprègné¹t] *v.* imprégner; féconder; *Am.* fertiliser.

impress [imprès] *s.** empreinte; impression, f.; [imprès] *v.* imprimer; impressionner; empreindre; racoler (mil.). ‖ *impression* [imprèshᵉn] *s.* impression; conviction, f. ‖ *impressionable* [imprèshᵉb'l] *adj.* impressionnable; sensible. ‖ *impressive* [imprèsiv] *adj.* impressionnant. ‖ *impressment* [imprèsmᵉnt] *s.* enrôlement forcé, m.; presse (mil.), f.

imprint [imprint] *s.* empreinte; marque de l'éditeur, f.; [imprint] *v.* imprimer; estampiller; appliquer une empreinte.

imprison [impriz'n] *v.* emprisonner. ‖ *imprisonment* [impriz'nmᵉnt] *s.* emprisonnement, m.; incarcération, f.

improbable [impràbᵉb'l] *adj.* improbable; *improbably*, sans probabilité.

improper [impràpᵉr] *adj.* impropre; malséant; inconvenant. ‖ *impropriety* [impropra¹eti] *s.** impropriété, inexactitude; incorrection, inconvenance, f.

improve [impróuv] *v.* améliorer; embellir; faire valoir [land]; (se) perfectionner. ‖ *improvement* [-mᵉnt] *s.* progrès; perfectionnement, m.; amélioration; culture, f.

improvisation [improvva¹zé¹shᵉn] *s.* improvisation, f. ‖ *improvise* [impróvva¹z] *v.* improviser.

imprudence [improudᵉns] *s.* imprudence, f. ‖ *imprudent* [-d'nt] *adj.* imprudent; *imprudently*, imprudemment.

impudence [impyᵉdᵉns] *s.* impudence, f. ‖ *impudent* [-dᵉnt] *adj.* impudent; insolent.

impulse [impœls] *s.* impulsion; poussée, f.; instinct, m.; *on impulse*, impulsivement. ‖ *impulsion* [impœlshᵉn] *s.* impulsion, f.

impunity [impyoumᵉti] *s.* impunité, f.

impure [impy*ou*r] *adj.* impur; impudique; souillé. ‖ **impurity** [-*e*ti] *s.* ⃰ impureté, f.

impute [impy*ou*t] *v.* imputer (*to*, à); attribuer (*to*, à).

in [in] *prep.* dans, en; à; de; *adv.* dedans; *Am.* in-pupil, pensionnaire; *in time*, à temps; *in the morning*, le matin; *to succeed in*, réussir à; *in this way*, de cette manière; *dressed in white*, vêtu de blanc; *one in ten*, un sur dix; *is he in?*, est-il chez lui, est-il rentré?; *the train is in*, le train est arrivé.

inability [in*e*b*i*leti] *s.* incapacité, f.

inaccessible [in*e*ks*è*s*e*b'l] *adj.* inaccessible.

inaccurate [in*a*ky*e*rit] *adj.* inexact.

inactive [in*a*ktiv] *adj.* inactif; inerte. ‖ **inactivity** [inakt*i*v*e*ti] *s.* inactivité; inertie, f.

inadequate [in*a*d*e*kwit] *adj.* inadéquat; insuffisant; inadapté.

inadvertent [in*e*dv*ë*rt'nt] *adj.* étourdi; involontaire; *inadvertently*, par inadvertance, par mégarde.

inane [in*é*¹n] *adj.* vide; vain; inepte; *s.* vide, m.

inanimate [in*a*nemit] *adj.* inanimé.

inanition [inen*i*sh*e*n] *s.* inanition, f.

inanity [in*a*niti] *s.* ⃰ inanité; ineptie, f.

inappropriate [in*e*pro*ou*priit] *adj.* non indiqué; impropre.

inapt [in*a*pt] *adj.* inapte; inapproprié. ‖ **inaptitude** [-ltyoud] *s.* inaptitude, f.

inasmuch [in*e*zm*æ*tsh] *conj.* dans la mesure où; tant, vu (*as*, que).

inattentive [in*e*t*è*ntiv] *adj.* inattentif; distrait; peu attentionné.

inaugurate [in*au*gy*e*r*é*¹t] *v.* inaugurer; ouvrir; *inauguration*, inauguration.

inborn [inb*au*rn] *adj.* inné; congénital.

incandescent [ink*e*nd*è*s'nt] *adj.* incandescent.

incapable [ink*é*¹p*e*b'l] *adj.* incapable; inapte. ‖ **incapacitate** [ink*e*p*a*st*é*¹t] *v.* rendre incapable; mettre hors d'état.

incarcerate [ink*â*s*e*r*e*¹t] *v.* incarcérer.

incarnate [ink*â*n*e*¹t] *v.* incarner; [-nit] *adj.* incarné; *incarnation*, incarnation.

incendiary [ins*è*ndi*e*ri] *adj.*, *s.* ⃰ incendiaire.

incense [*i*ns*è*ns] *s.* encens, m.; [ins*è*ns] *v.* encenser.

incense [ins*è*ns] *v.* irriter; courroucer; exciter.

incentive [ins*è*ntiv] *s.* stimulant, m.

incessant [ins*è*s'nt] *adj.* incessant.

inch [intsh] *s.* ⃰ pouce [2,54 cm], m.; *v.* avancer pas à pas; *to be within an inch of*, être à deux doigts de.

incident [*i*ns*e*d*e*nt] *s.* incident, m. ‖ **incidental** [-'l] *adj.* fortuit; accidentel; accessoire; *incidental expenses*, faux frais.

incinerate [ins*i*n*e*r*é*¹t] *v.* incinérer.

incision [ins*i*j*e*n] *s.* incision, f.

incitation [insit*é*¹sh*e*n] *s.* incitation, f. ‖ **incite** [ins*a*¹t] *v.* inciter. ‖ **incitement** [-m'nt] *s.* incitation, f.; mobile; stimulant, m.

inclination [inkl*e*n*é*¹sh*e*n] *s.* inclination; inclinaison, f. ‖ **incline** [inkl*a*¹n] *s.* inclinaison; pente; oblique, f.; [inkl*a*¹n] *v.* (s')incliner; pencher; obliquer.

include [inkl*ou*d] *v.* renfermer; inclure; *the tip is included*, le service est compris. ‖ **inclusive** [inkl*ou*siv] *adj.* y compris; inclus.

incoherence [inko*ou*h*i*¹*e*rens] *s.* incohérence, f. ‖ **incoherent** [inko*ou*h*i*r*e*nt] *adj.* incohérent; hétéroclite.

income [*i*nk*æ*m] *s.* revenu, m.; rente, f.; *income tax*, impôt sur le revenu.

incomparable [ink*â*mp*e*r*e*b'l] *adj.* incomparable.

incompatible [ink*e*mp*a*t*e*b'l] *adj.* incompatible.

incompetent [ink*â*mp*e*t*e*nt] *adj.* incompétent; inhabile (jur.).

incomplete [ink*e*mpl*î*t] *adj.* incomplet; inachevé. ‖ **incompletion** [-pl*î*sh*e*n] *s.* inachèvement, m.

incomprehensible [ink*e*mprih*è*ns*e*b'l] *adj.* incompréhensible.

incongruous [ink*â*ngrou*e*s] *adj.* disparate, inharmonieux; inapproprié; inconvenant, incongru.

inconsiderate [ink*e*ns*i*d*e*rit] *adj.* inconsidéré; irréfléchi.

inconsistent [ink*e*ns*i*st*e*nt] *adj.* inconsistant; inconséquent; incongru.

inconspicuous [ink*e*nsp*i*kyou*e*s] *adj.* inapparent; peu en vue; banal.

inconstant [ink*â*nst*e*nt] *adj.* inconstant; versatile.

inconvenience [ink*e*nv*i*ny*e*ns] *s.* inconvénient; dérangement, m.; incommodité, f.; *v.* incommoder; déranger. ‖ **inconvenient** [-*e*nt] *adj.* incommode; gênant; inopportun; importun.

incorporate [ink*au*rp*e*rit] *adj.* incorporé; associé; [-r*é*¹t] *v.* (s')incorporer; former une société (comm.); incarner.

incorrect [ink*e*r*è*kt] *adj.* incorrect; inexact.

increase [inkrîs] *s.* augmentation, f.; accroissement; gain, m.; [inkrîs] *v.* augmenter; grandir; accroître. ‖ *increasingly* [-ingli] *adv.* de plus en plus.

incredible [inkrèdᵉb'l] *adj.* incroyable; inadmissible.

incredulity [inkrᵉdyoulᵉti] *s.* incrédulité, f. ‖ *incredulous* [inkrèdjᵉlᵉs] *adj.* incrédule.

incriminate [inkrimᵉnᵉ¹t] *v.* incriminer.

incubate [inkyᵉbéí¹t] *v.* couver; incuber; *incubation*, incubation, f.; *incubator*, couveuse.

inculcate [inkœlkéí¹t] *v.* inculquer.

inculpate [inkœlpéí¹t] *v.* inculper. ‖ *inculpation* [inkœlpéí¹shᵉn] *s.* inculpation, f.

incur [inkᵉʳ] *v.* encourir; s'exposer à; contracter [debts].

incurable [inkyourᵉb'l] *adj.*, *s.* incurable.

incursion [inkᵉʳshᵉn] *s.* incursion, f.

incurve [inkᵉ̈rv] *v.* incurver.

indebted [indètíd] *adj.* endetté; redevable (*for*, de).

indecent [indîs'nt] *adj.* indécent; grossier, inconvenant, déplacé.

indeed [indîd] *adv.* en effet; en vérité; réellement, vraiment.

indefinable [indifaí¹nᵉb'l] *adj.* indéfinissable.

indefinite [indèfinit] *adj.* indéfini.

indelible [indèlᵉb'l] *adj.* indélébile.

indelicate [indèlᵉkéí¹t] *adj.* indélicat; grossier.

indemnify [indèmnᵉfaí¹] *v.* indemniser. ‖ *indemnity* [indèmnᵉti] *s.** indemnité, f.; dédommagement, m.

indent [indènt] *v.* denteler; échancrer; commander (comm.); *Am.* aller à la ligne; passer un contrat; *s.* commande (comm.), f.; bon; ordre de réquisition (mil.), m.

independence [indipèndᵉns] *s.* indépendance, f. ‖ *independent* [-dᵉnt] *adj.* indépendant.

indescribable [indiskraí¹bᵉb'l] *adj.* indescriptible.

index [indèks] *s.** indice, signe; index; exposant (math.), m.; *v.* répertorier; faire l'index; *index-card,* fiche.

India [indiᵉ] *s.* Inde, f. ‖ *Indian* [-n] *adj.*, *s.* indien; hindou; *Indian ink,* encre de Chine.

indicate [indᵉkéí¹t] *v.* indiquer; montrer; marquer. ‖ *indication* [indᵉkéí¹shᵉn] *s.* indication; marque, f.; renseignement, m. ‖ *indicative* [indíkᵉtiv] *adj.*, *s.* indicatif. ‖ *indicator* [indᵉkéí¹tᵉʳ] *s.* indicateur; signalisateur, m.

indict [indaí¹t] *v.* inculper. ‖ *indictment* [-mᵉnt] *s.* inculpation, f.

indifference [indífrᵉns] *s.* indifférence; apathie, f. ‖ *indifferent* [-rᵉnt] *adj.* indifférent; apathique.

indigenous [indidjᵉnᵉs] *adj.* indigène.

indigent [indᵉdjᵉnt] *adj.* indigent.

indigestion [indᵉdjèstshᵉn] *s.* indigestion, f.

indignant [indignᵉnt] *adj.* indigné. ‖ *indignation* [indignéí¹shᵉn] *s.* indignation, f. ‖ *indignity* [indignᵉti] *s.** indignité; insulte, f.; affront, m.

indirect [indᵉrèkt] *adj.* indirect; oblique.

indiscipline [indisiplin] *s.* indiscipline, f.

indiscreet [indiskrît] *adj.* indiscret. ‖ *indiscretion* [indiskréí¹shᵉn] *s.* indiscrétion, f.

indiscriminate [indiskriminit] *adj.* sans discrimination; fait au hasard; aveugle.

indispensable [indispènsᵉb'l] *adj.* indispensable.

indispose [indispoᵒᵘz] *v.* indisposer. ‖ *indisposition* [indispᵉzishᵉn] *s.* indisposition, f.

indistinct [indistinkt] *adj.* indistinct; *indistinctness,* vague, manque de netteté; imprécision.

indite [indaí¹t] *v.* composer, rédiger.

individual [indᵉvidjouᵉl] *adj.* individuel; *s.* individu, m. ‖ *individualism* [-iz'm] *m.* individualisme, m. ‖ *individualist* [-ist] *s.* individualiste, m. ‖ *individuality* [indᵉvidjouᵉlᵉti] *s.* individualité, f. ‖ *individualize* [indivídjouᵉlaí¹z] *v.* individualiser.

indivisible [indᵉvizᵉb'l] *adj.* indivisible.

indoctrinate [indâktrinéí¹t] *v.* endoctriner; *indoctrination,* endoctrinement.

indolent [indᵉlᵉnt] *adj.* indolent; apathique; nonchalant.

indomitable [indâmitᵉb'l] *adj.* indomptable.

indoor [indoᵒᵘʳ] *adj.* intérieur, domestique. ‖ *indoors* [-z] *adv.* à l'intérieur; à la maison.

indorse [indaurs] *v.* endosser; adopter; confirmer; garantir. ‖ *indorsement* [-mᵉnt] *s.* endossement [check]; endos, m.; souscription; adhésion; garantie, f. ‖ *indorser* [-ᵉʳ] *s.* endosseur, m.

induce [indyous] *v.* induire; persuader; amorcer (mech.). ‖ *inducement* [-mᵉnt] *s.* attrait; motif, mobile, m. ‖ *inducer* [-ᵉʳ] *s.* provocateur, m.; provocatrice, f.

induct [indœkt] *v.* introduire; installer; initier. ‖ *induction* [indœksh^en] *s.* installation; initiation (mil.); induction (electr.), f.

indulge [indœldj] *v.* céder à; être indulgent (*to*, pour); s'adonner (*in*, à). ‖ *indulgence* [-^ens] *s.* indulgence; complaisance, f.; plaisir, m. ‖ *indulgent* [-^ent] *adj.* indulgent; accommodant; complaisant; patient.

indurate [indyouré¹t] *v.* durcir; indurer; endurcir.

industrial [indœstri^el] *adj.* industriel. ‖ *industrialist* [-ist] *s.* industriel, m. ‖ *industrious* [indœstri^es] *adj.* industrieux; laborieux. ‖ *industry* [indœstri] *s.** industrie; diligence; activité, f.

inebriate [inⁱbriit] *s.* ivrogne, m.; [inⁱbrié¹t] *v.* enivrer; *inebriation,* enivrement; ébriété.

inedible [inédib'l] *adj.* immangeable; non comestible.

ineffective [in^efèktiv] *adj.* inefficace. ‖ *inefficiency* [in^efish^ensi] *s.** inefficacité; incompétence, f. ‖ *inefficient* [in^efish^ent] *adj.* inefficace; inefficient, incapable.

ineligible [inélidjib'l] *adj.* sans attrait; inacceptable; inéligible; impropre.

inept [inépt] *adj.* inepte; inapproprié; balourd; vain.

inequality [inikwal^eti] *s.** inégalité, f.

inert [in^eʳt] *adj.* inerte. ‖ *inertia* [in^eʳsh^e] *s.* inertie, f.

inestimable [inèstim^eb'l] *adj.* inestimable, inappréciable.

inevitable [inèvit^eb'l] *adj.* inévitable; inéluctable; fatal.

inexcusable [inikskjous^eb'l] *adj.* inexcusable.

inexhaustible [inigzaust^eb'l] *adj.* inépuisable.

inexpensive [inikspènsiv] *adj.* économique; bon marché.

inexperience [inikspiri^ens] *s.* inexpérience, f. ‖ *inexperienced* [-t] *adj.* inexpérimenté.

inexplicable [inèksplik^eb'l] *adj.* inexplicable.

inexpressible [iniksprès^eb'l] *adj.* inexprimable, indicible.

infallible [infal^eb'l] *adj.* infaillible.

infamous [inf^em^es] *adj.* infâme, ignoble; infâmant.

infancy [inf^ensi] *s.* bas âge, m. ‖ *infant* [inf^ent] *s.* petit enfant; bébé; mineur (jur.). ‖ *infantile* [-ta¹l] *adj.* infantile. ‖ *infantine* [inf^entin] *adj.* enfantin.

infantry [inf^entri] *s.** infanterie, f.

infarct [infâ^ʳkt] *s.* infarctus, m.

infatuate [infatyoué¹t] *v.* affoler; enticher; *to become infatuated with,* se toquer de, avoir un béguin pour.

infect [infèkt] *v.* infecter; contaminer; corrompre. ‖ *infection* [infèksh^en] *s.* infection; contamination, f. ‖ *infectious* [-sh^es] *adj.* infectieux; contagieux.

infer [inf^eʳ] *v.* déduire, inférer. ‖ *inference* [inf^er^ens] *s.* déduction, f.

inferior [infiri^eʳ] *adj., s.* inférieur. ‖ *inferiority* [infiriau^eti] *s.* infériorité, f.

infernal [inf^eʳn'l] *adj.* infernal.

infest [infèst] *v.* infester.

infiltrate [infiltre¹t] *v.* imprégner; noyauter; (s') infiltrer; faire pénétrer; *infiltration,* infiltration; noyautage.

infinite [inf^enit] *adj., s.* infini.

infinitive [infin^etiv] *adj., s.* infinitif.

infinity [infin^eti] *s.* infinité, f.; *to infinity,* à l'infini.

infirm [inf^eʳm] *adj.* infirme; faible. ‖ *infirmary* [-^eri] *s.** infirmerie, f. ‖ *infirmity* [-^eti] *s.** infirmité, f.

inflame [inflé¹m] *v.* enflammer; incendier; irriter; échauffer. ‖ *inflammation* [inflémé¹sh^en] *s.* inflammation, f.

inflate [inflé¹t] *v.* gonfler; enfler. ‖ *inflation* [inflé¹sh^en] *s.* inflation, f.; gonflement, m. ‖ *inflator* [-t^eʳ] *s.* pompe à bicyclette, f.; gonfleur, m.

inflection [inflèksh^en] *s.* inflexion, f.

inflict [inflikt] *v.* infliger.

inflow [inflo^{ou}] *s.* affluence; rentrée [money], f.; afflux, m.

influence [inflou^ens] *s.* influence, f.; *v.* influencer; influer. ‖ *influential* [inflouènsh^el] *adj.* influent.

influenza [inflouènz^e] *s.* grippe, f.

influx [inflœks] *s.** affluence; invasion, f.; afflux, m.

infold [info^{ou}ld] *v.* envelopper; embrasser.

inform [infaurm] *v.* informer; aviser; renseigner; *to inform against,* dénoncer; *informer,* indicateur (police). ‖ *informal* [-'l] *adj.* sans cérémonie. ‖ *information* [inf^eʳmé¹sh^en] *s.* information; nouvelles; dénonciation, f.; renseignement, m. ‖ *informer* [infaurm^eʳ] *s.* dénonciateur; indicateur (m.) de police.

infringe [infrindj] *v.* enfreindre; transgresser; empiéter.

infuriate [infyourié¹t] *v.* exaspérer.

infuse [infyouz] *v.* infuser; inculquer; remplir (*with*, de). ‖ *infusion* [-j^en] *s.* infusion, f.

ingathering [*i*ngazh*ə*ring] *s.* récolte, f.

ingenious [indj*i*ny*ə*s] *adj.* ingénieux. ‖ *ingenuity* [indj*ə*no*u*ti] *s.* ingéniosité; habileté, f.

ingenuous [indj*è*ny*ou*es] *adj.* ingénu, naïf; sincère, franc.

ingest [indj*è*st] *v.* ingérer.

ingot [*i*ngg*ə*t] *s.* lingot, m.

ingratiate [ingr*é*¹shi*é*¹t] *v. to ingratiate oneself with*, se faire bien voir de.

ingratitude [ingr*a*t*ə*tyoud] *s.* ingratitude, f.

ingredient [ingr*i*di*ə*nt] *s.* ingrédient, m.

ingrown [*i*ngro*ou*n] *adj.* incarné [nail]; invétéré [habit].

ingurgitate [ing*ë*rdjite¹t] *v.* ingurgiter.

inhabit [inhabit] *v.* habiter. ‖ *inhabitant* [-*ə*nt] *s.* habitant, m.

inhale [inh*é*¹l] *v.* inhaler; respirer.

inherent [inh*i*r*ə*nt] *adj.* inhérent; propre.

inherit [inh*è*rit] *v.* hériter. ‖ *inheritance* [-t*ə*ns] *s.* héritage, m.

inhibit [inh*i*bit] *v.* prohiber; interdire; réprimer, refréner. ‖ *inhibition* [inib*i*sh*ə*n] *s.* interdiction; inhibition, f.

inhospitable [inh*â*spit*ë*b'l] *adj.* inhospitalier.

inhuman [inhyoum*ə*n] *adj.* inhumain.

inhumation [inhjoume¹sh*ə*n] *s.* inhumation, f.; *inhume*, inhumer.

inimical [inim*i*k*ə*l] *adj.* inamical; hostile; défavorable; contraire.

inimitable [in*i*m*ə*t*ë*b'l] *adj.* inimitable.

iniquity [in*i*kw*ə*ti] *s.** iniquité, injustice, f.

initial [in*i*sh*ə*l] *adj.* initial; *s.* initiale, f.; *v.* parafer; marquer d'initiales; émarger.

initiate [in*i*shi*é*¹t] *v.* initier; instituer; commencer. ‖ *initiation* [in*i*shi*é*¹sh*ə*n] *s.* inauguration, f.; début, m.; initiation, f. ‖ *initiative* [in*i*shi*é*¹tiv] *s.* initiative, f.

inject [indj*è*kt] *v.* injecter. ‖ *injection* [indj*è*ksh*ə*n] *s.* injection, piqûre, f.

injunction [indj*æ*ngksh*ə*n] *s.* injonction, f.; commandement (jur.), m.

injure [*i*ndj*ë*r] *v.* nuire à; léser; blesser; faire mal à; endommager; avarier [goods]. ‖ *injurious* [indjou*ri**ə*s] *adj.* nuisible, préjudiciable. ‖ *injury* [*i*ndj*ë*ri] *s.** préjudice; tort; dégât, m.; blessure; avarie, f.

injustice [indj*æ*stis] *s.* injustice, f.

ink [*i*ngk] *s.* encre, f.; *v.* encrer; *inking ribbon*, ruban à machine. ‖ *inkling* [-ling] *s.* indication; idée; notion, f. ‖ *inkstand, inkwell*, encrier.

in-law [*i*nlau] *s.* parent par mariage, m.

inlay [inl*é*¹] *v.* incruster; marqueter; [inl*é*¹] *s.* incrustation; marqueterie, f.

inmate [*i*nm*é*¹t] *s.* habitant; pensionnaire; *Am.* prisonnier, m.

inmost [*i*nmo*ou*st] *adj.* le plus profond, secret, intime.

inn [in] *s.* auberge, f.

innate [in*é*¹t] *adj.* inné.

inner [in*ə*r] *adj.* intérieur; intime; interne; *innermost, sce inmost*.

inning [*i*ning] *s.* rentrée, f.

innkeeper [*i*nkîp*ə*r] *s.* aubergiste; hôtelier, m.

innocence [in*ə*s'ns] *s.* innocence, f. ‖ *innocent* [in*ə*s'nt] *adj.* innocent (*of, de*); simple, niais.

innocuous [in*â*kyou*ə*s] *adj.* inoffensif; *innocuousness*, innocuité.

innovation [in*ə*v*é*¹sh*ə*n] *s.* innovation, f.

innoxious [in*â*ksh*ə*s] *adj.* inoffensif. ‖ *innoxiousness* [-nis] *s.* innocuité, f.

innuendo [inyou*è*ndo*ou*] *s.** insinuation malveillante, f.

innumerable [inyoum*ə*r*ə*b'l] *adj.* innombrable.

inobservance [in*ə*bz*ë*rv*ə*ns] *s.* inattention; inobservation; inobservance, f.

inoculate [in*â*ky*ə*l*é*¹t] *v.* inoculer. ‖ *inoculation* [in*â*ky*ə*l*é*¹sh*ə*n] *s.* inoculation; vaccination, f.

inodorous [ino*ou*d*ə*r*ə*s] *adj.* inodore.

inoffensive [in*ə*f*è*nsiv] *adj.* inoffensif, anodin; acceptable; non offensant.

inopportune [in*â*p*ə*rtyoun] *adj.* inopportun, fâcheux; *inopportuneness*, inopportunité.

inordinate [in*au*rdinit] *adj.* désordonné; immodéré; indu [hour].

inquest [*i*nkwest] *s.* enquête, f.; jury, m.

inquire [inkwa¹r] *v.* demander; s'enquérir (*about, de*). ‖ *inquiring* [-ing] *adj.* curieux, investigateur, interrogateur. ‖ *inquiry* [-i] *s.** question; investigation; enquête, f.; interrogatoire, m. ‖ *inquisition* [inkw*è*zish*ə*n] *s.* inquisition; enquête, f. ‖ *inquisitive* [inkw*i*s*ə*tiv] *adj.* curieux; investigateur.

inroad [*i*nro*ou*d] *s.* incursion, f.; empiètement, m.

inrush [*i*nr*œ*sh] *s.** irruption, f.

insalubrious [ins⁰loubries] *adj.* in-salubre.

insane [insé¹n] *adj.* fou; insensé. ‖ **insanity** [insₐneti] *s.** démence, f.

insatiable [insé¹shieb'l] *adj.* insatiable.

inscribe [inskra¹b] *v.* inscrire. ‖ **inscription** [inskrípshen] *s.* inscription, f.

insect [insèkt] *s.* insecte, m.; *Fr. Can.* bibite, f. ‖ **insecticide** [insèkt⁰sa¹d] *s.* insecticide, m.

insecure [insikyour] *adj.* incertain; dangereux.

insemination [insemine¹shen] *s.* insémination, f.

insensible [insèns⁰b'l] *adj.* insensible; sans connaissance.

insensitive [insèns⁰tiv] *adj.* insensible.

inseparable [insèp⁰r⁰b'l] *adj.* inséparable.

insert [insërt] *s.* insertion, f.; [insërt] *v.* insérer; intercaler. ‖ **insertion** [insërshen] *s.* insertion, f.; intercalage; ajout, m.

inside [insa¹d] *s.* intérieur, m.; [insa¹d] *adj.* intérieur; interne; [insa¹d] *adv.* dedans, à l'intérieur; [insa¹d] *prep.* en dedans de.

insight [insa¹t] *s.* perspicacité; intuition, f.; discernement, m.

insignia [insignie] *s. pl.* insignes; emblèmes, m.; *Am.* **collar insignia,** écussons.

insignificant [insignif⁰k⁰nt] *adj.* insignifiant.

insincere [insinsier] *adj.* peu sincère, faux.

insinuate [insínyoué¹t] *v.* insinuer; sous-entendre.

insipid [insípid] *adj.* insipide.

insist [insíst] *v.* insister; persister. **insistence** [-ens] *s.* insistance, f. ‖ **insistent** [-ent] *adj.* persistant; obstiné; pressant.

insobriety [insobra¹eti] *s.* intempérance, f.

insolation [insoᵒulé¹shen] *s.* insolation, f.; coup de soleil, m.

insolence [ins⁰lens] *s.* insolence, f. ‖ **insolent** [-lent] *adj.* insolent.

insoluble [insₐlyoub'l] *adj.* insoluble.

insolvent [insₐlvent] *adj.* insolvable.

inspect [inspèkt] *v.* inspecter; vérifier. ‖ **inspection** [inspèkshen] *s.* inspection, f.; contrôle, m. ‖ **inspector** [inspèkter] *s.* inspecteur; contrôleur, m.

inspiration [inspⁱré¹shen] *s.* inspiration; impulsion; aspiration, f. ‖ **inspire** [inspa¹r] *v.* inspirer; animer; suggérer; susciter.

inspiriting [inspíriting] *adj.* vivifiant; égayant; stimulant.

instable [insté¹b'l] *adj.* instable; inconstant.

install [instₐul] *v.* installer. ‖ **installation** [insté¹é¹shen] *s.* installation, f. ‖ **instal(l)ment** [instₐulment] *s.* acompte, m.; livraison (en partie); portion, f.; *instalment plan,* facilités de paiement.

instance [instens] *s.* occasion, f.; constance; instance, f.; exemple, m.; *for instance,* par exemple. ‖ **instancy** [-i] *s.* imminence; urgence; instance, f.

instant [instent] *s.* instant; moment, m.; *adj.* urgent; immédiat; *the 1st instant,* le premier courant. ‖ **instantaneous** [instₐnté¹nies] *adj.* instantané.

instauration [instauré¹shen] *s.* Restauration, f.

instead [instèd] *adv.* au lieu; à la place (*of,* de).

instep [instèp] *s.* cou-de-pied, m.

instigate [inst⁰gé¹t] *v.* pousser; provoquer. ‖ **instigation** [inst⁰gé¹shen] *s.* instigation, f.

instill [instíl] *v.* instiller; inspirer.

instinct [instingkt] *s.* instinct, m.; **instinctive,** instinctif.

institute [inst⁰tyout] *s.* institut, m.; institution, f.; *v.* instituer; engager; constituer; intenter; investir (eccles.); **institution,** institution; introduction (jur.); investiture (eccles.).

instruct [instrækt] *v.* instruire; enseigner. ‖ **instruction** [-shen] *s.* instruction, f.; enseignement, m.; *pl.* instructions, f.; ordres, m. ‖ **instructive** [-tiv] *adj.* instructif. ‖ **instructor** [-ter] *s.* instructeur, m.

instrument [instrement] *s.* instrument; appareil, m.; *instrument board,* tableau de bord. ‖ **instrumental** [instroument'l] *adj.* contributif; utile; instrumental.

insubordination [ins⁰baurd'né¹shen] *s.* insubordination; indiscipline, f.

insufferable [insæfreb'l] *adj.* intolérable, insupportable.

insufficient [ins⁰físhent] *adj.* insuffisant; incapable.

insular [insyouler] *adj.* insulaire; en plaques [sclerosis]; isolé; borné (fig.).

insulate [ins⁰lé¹t] *v.* isoler; **insulator,** isolant; isolateur.

insult [insœlt] *s.* insulte, f.; [insœlt] *v.* insulter.

insuppressible [insᵉprésib'l] *adj.* irrépressible.

insurance [inshourᵉns] *s.* assurance, f. ‖ **insurant** [-ᵉnt] *s.* assuré, m. ‖ **insure** [inshour] *v.* assurer; garantir. ‖ **insurer** [-ᵉr] *s.* assureur, m.

insurgent [insȅrdjᵉnt] *adj., s.* insurgé; rebelle.

insurmountable [insᵉrmaᵒuntᵉb'l] *adj.* insurmontable; infranchissable.

insurrection [insᵉréⁱkshᵉn] *s.* insurrection, f.

intact [intakt] *adj.* intact; indemne.

intake [intéⁱk] *s.* appel, m. [air]; prise, f. [water]; ration, f. [food]; recrues, f. pl. (milit.); diminution, f. [knitting].

integer [intᵉdjᵉr] *s.* nombre entier, m. ‖ **integral** [intᵉgrᵉl] *adj.* intégral; *s.* intégrale, f. ‖ **integration** [intigréⁱshᵉn] *s.* intégration, f. ‖ **integrity** [intȅgreti] *s.* intégrité; droiture, f.

intellectual [int'lȅktshouᵉl] *adj., s.* intellectuel. ‖ **intelligence** [intȅlᵉdjᵉns] *s.* intelligence; police secrète, f.; service de renseignements, m. ‖ **intelligent** [-jᵉnt] *adj.* intelligent.

intemperance [intȅmpᵉrᵉns] *s.* intempérance, f.

intend [intȅnd] *v.* avoir l'intention (*to*, de); destiner (*for*, à). ‖ **intended** [-id] *adj.* intentionnel; projeté; futur; *s.* fiancé, m.

intense [intȅns] *adj.* intense; acharné. ‖ **intensity** [-ᵉti] *s.** intensité; force, f. ‖ **intensive** [-iv] *adj.* intensif.

intent [intȅnt] *s.* intention, f.; but, m.; *adj.* appliqué; déterminé; acharné (*on*, à); *to all intents and purposes*, sous tous les rapports; en réalité. ‖ **intention** [intȅnshᵉn] *s.* intention, f.; but, m.; *intentional,* intentionnel.

inter [intᵉr] *adv.* entre; *inter-war period,* l'entre-deux-guerres.

inter [intȅr] *v.* enterrer.

intercalate [intȅrkᵉleⁱt] *v.* intercaler.

intercede [intᵉrsíd] *v.* intercéder.

intercept [intᵉrsȅpt] *v.* intercepter.

intercession [intᵉrsȅshᵉn] *s.* intercession, f.

interchange [intᵉrtshéⁱndj] *s.* échange, m.; [intertshéⁱndj] *v.* échanger; permuter.

intercom [intᵉrkâm] *s.* interphone, m.

intercourse [intᵉrkoᵒurs] *s.* fréquentation, f.; relations, f. pl.; rapports, m. pl.

interdiction [intᵉrdíkshᵉn] *s.* interdiction, f.

interest [intᵉrist] *s.* intérêt; bénéfice, m.; influence, f.; *v.* intéresser; *interesting,* intéressant.

interfere [intᵉrfíer] *v.* intervenir; s'entremettre; *to interfere with,* contrarier, gêner. ‖ **interference** [-rᵉns] *s.* intervention; interférence, f.; obstacle; brouillage [radio], m.

interim [intᵉrim] *s.* intérim, m.

interior [intiriᵉr] *adj., s.* intérieur.

interjection [intᵉrdjȅkshᵉn] *s.* intercalation; interjection, f.

interlace [intᵉrléⁱs] *v.* entrelacer.

interlock [intᵉrlâk] *v.* (s')entrelacer; (s')engrener.

interlude [intᵉrlyoud] *s.* intermède; interlude; intervalle, m.

intermediate [intᵉrmídiit] *adj.* intermédiaire; *v.* s'entremettre.

interminable [intȅrminᵉb'l] *adj.* interminable.

intermingle [intᵉrmíngg'l] *v.* entremêler; se mêler.

intermission [intᵉrmíshᵉn] *s.* interruption, f.; intermède; *Am.* entracte, m. ‖ **intermittent** [-mit'nt] *adj.* intermittent.

intern [intȅrn] *s.* interne, m.; [intȅrn] *v.* interner; incarcérer. ‖ **internal** [intȅrn'l] *adj.* interne.

international [intᵉrnashᵉn'l] *adj.* international.

internecine [intᵉrnísin] *adj.* meurtrier; ravageur; *internecine war,* guerre d'extermination.

internee [intᵉrní] *s.* interné, m. ‖ **internment** [intȅrnmᵉnt] *s.* internement, m.

interpellate [intȅrpȅlᵉⁱt] *v.* interpeller; *interpellation,* interpellation.

interplanetary [intᵉrplanᵉtᵉri] *adj.* interplanétaire.

interpolate [intȅrpᵉléⁱt] *v.* interpoler; intercaler.

interpose [intᵉrpoᵒuz] *v.* (s')interposer.

interpret [intȅrprit] *v.* interpréter. ‖ **interpretation** [intᵉrpritéⁱshᵉn] *s.* interprétation, f. ‖ **interpreter** [intȅrpritᵉr] *s.* interprète, m. f.

interrogate [intȅrᵉgéⁱt] *v.* interroger. ‖ **interrogation** [intᵉrᵉgéⁱshᵉn] *s.* interrogation, f.; interrogatoire, m. ‖ **interrogative** [intᵉrrágᵉtiv] *adj.* interrogatif; *s.* interrogatoire, m. ‖ **interrogatory** [intᵉrrágᵉtoᵒuri] *s.** interrogatoire, m.

interrupt [intᵉrœpt] *v.* interrompre. ‖ **interrupter** [-tᵉr] *s.* interrupteur; rupteur (electr.), m. ‖ **interruption** [-shᵉn] *s.* interruption, f.

intersect [int*e*rsèkt] *v.* (s')entrecouper. ‖ *intersection* [int*e*rsèksh*e*n] *s.* intersection, f.; croisement [street], m.

intersperse [int*e*rspë*r*s] *v.* parsemer; entremêler.

intertwine [int*e*rtwa¹n] *v.* entrelacer, s'entrelacer.

interurban [int*e*r*e*rb*e*n] *adj.* Am. de banlieue [train].

interval [int*e*rv'l] *s.* intervalle, m.; récréation [at school], f.; entracte (theatr.), m.; mi-temps, f. [game]; distance, f. (fig.).

intervene [int*e*rvîn] *v.* intervenir; survenir; s'écouler [time]. ‖ *intervention* [int*e*rvénsh*e*n] *s.* intervention, f.

interview [*i*nt*e*rvyou] *s.* entrevue; interview, f.; *v.* interviewer.

intestine [intèstin] *s.* intestin; boyau, m.; *adj.* intérieur; *intestine war,* guerre intestine.

intimacy [*i*nt*e*mes¹] *s.* intimité, f. ‖ *intimate* [*i*nt*e*mit] *adj., s.* intime; [*i*nt*e*mé¹t] *v.* insinuer. ‖ *intimation* [*i*nt*e*mé¹sh*e*n] *s.* conseil, m.; insinuation, f.

intimidate [int*i*mdé¹t] *v.* intimider.

into [*i*ntou, *i*nt*e*] *prep.* dans, en.

intolerable [int*à*l*e*r*e*b'l] *adj.* intolérable. ‖ *intolerance* [-r*e*ns] *s.* intolérance, f. ‖ *intolerant* [-r*e*nt] *adj.* intolérant.

intonation [intoou*n*é¹sh*e*n] *s.* intonation, f.

intoxicants [int*à*ks*e*k*e*nts] *s. pl.* boissons alcooliques, f. ‖ *intoxicate* [-ké¹t] *v.* enivrer; intoxiquer (med.); *intoxicated,* ivre. ‖ *intoxication* [int*à*ks*e*ké¹sh*e*n] *s.* ivresse; intoxication (med.), f.

intractable [intrakt*e*b'l] *adj.* invétéré (med.); indocile; insoluble.

intransigency [intransidj*e*nsi] *s.* intransigeance, f.; *intransigent,* intransigeant.

intravenous [intrevîn*e*s] *adj.* intraveineux.

intrench [intré¹ntsh] *v.* (se) retrancher.

intrepid [intrèpid] *adj.* intrépide.

intricacy [*i*ntrik*e*si] *s.** imbroglio; dédale, m.; complications, f. pl.; complexité, f. ‖ *intricate* [*i*ntr*e*kit] *adj.* embrouillé; compliqué.

intrigant [*i*ntrig*e*nt] *s.* intrigant, m. ‖ *intrigue* [intr*i*g] *s.* intrigue, f.; *v.* intriguer; tramer; intéresser; avoir une liaison.

intrinsic [intr*i*nsik] *adj.* intrinsèque.

introduce [intr*e*dyous] *v.* introduire; présenter. ‖ *introduction* [intr*e*dæksh*e*n] *s.* introduction; présentation, f.

introspection [introspèksh*e*n] *s.* introspection, f.

intrude [introud] *v.* pénétrer; se faufiler; s'infiltrer; abuser; déranger; *intruder,* intrus. ‖ *intrusion* [introuj*e*n] *s.* intrusion, f. ‖ *intrusive* [introusiv] *adj.* intrus.

intuition [intouish*e*n] *s.* intuition, f.

inundate [in*œ*nd¹t] *v.* inonder. ‖ *inundation* [in*œ*ndé¹sh*e*n] *s.* inondation, f.

inured [inyou*r*d] *adj.* endurci.

inusable [injouz*e*b'l] *adj.* non utilisable.

inutility [injout¹liti] *s.* inutilité, f.

invade [invé¹d] *v.* envahir. ‖ *invader* [-*e*r] *s.* envahisseur, m.

invalid [*i*nv*e*lid] *adj., s.* invalide, infirme; malade; *v.* réformer (mil.).

invalid [inval¹d] *adj.* non valable; invalide (jur.). ‖ *invalidate* [-é¹t] *v.* invalider. ‖ *invalidity* [inv*e*l*i*diti] *s.* invalidité; déficience, maladie, f.

invaluable [inval*y*e*b'l] *adj.* inappréciable; inestimable.

invariable [invè*r*i*e*b'l] *adj.* invariable.

invasion [invé¹j*e*n] *s.* invasion, f.

invent [invènt] *v.* inventer; imaginer. ‖ *invention* [-sh*e*n] *s.* invention, f. ‖ *inventive* [-tiv] *adj.* inventif. ‖ *inventor* [-*t*e*r] *s.* inventeur, m. ‖ *inventory* [*i*nvènt*ou*ri] *s.** inventaire, m.; *v.* inventorier.

inverse [invë*r*s] *adj.* inverse. ‖ *invert* [invë*r*t] *v.* intervertir; [invë*r*t] *s.* inverti, m.

invest [invèst] *v.* investir; cerner (mil.); placer (comm.); vêtir [dress]; revêtir [honor].

investigate [invèst*e*gé¹t] *v.* rechercher; faire une enquête. ‖ *investigation* [invèstigé¹sh*e*n] *s.* examen, m.; enquête, investigation, f. ‖ *investigator* [-*e*r] *adj., s.* investigateur, investigatrice.

investment [invèstm*e*nt] *s.* investissement (mil.); placement (comm.), m. ‖ *investor* [-*t*e*r] *s.* actionnaire; bailleur de fonds, m.

inveterate [invèt*e*rit] *adj.* invétéré; obstiné; chronique.

invigorate [inv*i*g*e*ré¹t] *v.* fortifier.

invincible [inv*i*ns*e*b'l] *adj.* invincible.

invisible [inviz*e*b'l] *adj.* invisible.

invitation [invité¹sh*e*n] *s.* invitation, f. ‖ *invite* [inva¹t] *v.* inviter. ‖ *inviting* [-ing] *adj.* attrayant; appétissant.

invoice [*i*nvo¹s] *s.* facture; expédition de marchandises facturées, f.; *v.* facturer.

invoke [invoᵘk] v. invoquer.

involuntary [invᵃl̇entèri] adj. involontaire; irréfléchi.

involve [invᵃlv] v. impliquer; entraîner [consequence]; envelopper; entortiller (in, dans).

inwall [inwaul] v. Am. clore de murs.

inward(s) [inwᵉrd(z)] adj. intérieur; interne; adv. à l'intérieur.

iodine [aᵢedaᵢn] s. iode, f.

ipecac [ipikak] s. ipéca, m.

irascible [aᵢrᵃseb'l] adj. irascible.

Iraq [irᵃk] s. Irak, m.; *Iraqi*, Irakien.

Ireland [aᵢrlend] s. Irlande, f.

iridescent [iredès'nt] adj. irisé.

iris [aᵢris] s. iris [eye, flower], m.

Irish [aᵢrish] adj., s. irlandais.

irksome [ë̃rksᵉm] adj. ennuyeux.

iron [aᵢern] s. fer, m.; adj. en fer, de fer; v. ferrer; charger de chaînes; mettre aux fers; repasser [garment]; *scrap iron*, ferraille; *wrought iron*, fer forgé; *iron ore*, minerai de fer.

ironical [aᵢrᵃnik'l] adj. ironique.

ironing [aᵢrening] s. repassage, m.

ironmaster [aᵢernmasᵗᵉr] s. métallurgiste, m.; *ironmonger*, quincaillier; *ironmongery*, quincaillerie; *ironwork*, ferrure; *ironworks*, forge, hauts fourneaux.

irony [aᵢreni] s.* ironie, f.

irradiant [irédᵢîent] adj. irradiant; rayonnant.

irrational [irashn'l] adj. irraisonnable; déraisonnable; irrationnel.

irrecoverable [irikævᵉreb'l] adj. non récupérable; irrécouvrable; irréparable, irrémédiable.

irregular [irègyᵉlᵉr] adj. irrégulier.* || *irregularity* [irègyᵉlareti] s.* irrégularité; dissymétrie, f.; vice de forme (jur.), m.

irrelevant [irèlevᵉnt] adj. inopportun; inapplicable; hors de propos.

irreligious [irilidjᵉs] adj. irréligieux; impie.

irremediable [irimîdîeb'l] adj. irrémédiable.

irreparable [irèpᵉreb'l] adj. irréparable.

irreplaceable [iriplᵉseb'l] adj. irremplaçable.

irreproachable [iriprooᵘtshᵉb'l] adj. irréprochable.

irresolute [irèzᵉlout] adj. irrésolu.

irresponsible [irispânsᵉb'l] adj. irresponsable.

irresponsive [irispânsiv] adj. fermé; insensible, indifférent.

irretrievable [iritrîveb'l] adj. irréparable, irrécouvrable.

irreversible [irivë̃rseb'l] adj. irrévocable; irréversible.

irrevocable [irévekᵉb'l] adj. irrévocable.

irrigate [irigéᵢt] v. irriguer. || *irrigation* [irigéᵢshen] s. irrigation, f.; arrosage, m.

irritable [fretᵉb'l] adj. irritable. || *irritant* [-tᵉnt] adj., s. irritant. || *irritate* [-téᵢt] v. irriter. || *irritating* [-téᵢting] adj. irritant. || *irritation* [irité-shen] s. irritation, f.

Islam [izlâm] s. Islam, m.; *islamism*, islamisme.

island [aᵢlend] s. île, f.; *islander*, insulaire.

isle [aᵢl] s. île, f.

isolate [aᵢsᵒléᵢt] v. isoler. || *isolation* [aᵢsᵒléᵢshen] s. isolement, m.

Israel [izreᵢl] s. Israël, m.; *Israeli*, Israélien; *Israelite*, Israélite.

issue [ishou] s. issue; émission [money]; question (jur.); sortie (mil.); publication; progéniture, f.; événement; numéro [newspaper]; écoulement [liquid], m.; v. expédier; sortir; publier [books]; émettre (Stock Exchange); lancer (jur.); faire paraître [order]; déboucher (mil.); provenir; *issue par*, prix d'émission.

isthmus [ismᵉs] s.* isthme, m.

it [it] pron. il, elle; le, la, lui; ce; *is it you?*, est-ce vous?; *it is said*, on dit; *don't think of it*, n'y pensez pas; *to brave it*, avoir du cran.

Italian [italyᵉn] adj., s. italien.

italic [itᵃlik] adj. italique.

Italy [it'li] s. Italie, f.

itch [itsh] s.* démangeaison; gale, f.; v. démanger; *to be itching to*, avoir grande envie de; *itchy*, galeux.

item [aᵢtᵉm] s. article; écho, entrefilet [newspaper]; détail; item, m.; *usable items*, articles de consommation courante.

iterate [itéréᵢt] v. réitérer; répéter.

itinerary [aᵢtìnᵉreri] s.* itinéraire, m. || *itinerate* [-éᵢt] v. se déplacer constamment.

its [its] poss. adj. son, sa, ses. || *itself* [itsèlf] pers. pron. lui-même, elle-même, se; *by itself*, tout seul; *in itself*, en soi.

ivory [aᵢvri] s.* ivoire, m.

ivy [aᵢvi] s.* lierre, m.; *poison-ivy*, sumac vénéneux, *Fr. Can.* herbe à puces.

J

jab [djab] v. piquer; s. coup de canif, de coude; direct [boxing], m.

jack [djak] s. valet [cards]; cric [auto]; pavillon de beaupré (naut.); vérin (techn.); chevalet [saw-horse]; tire-bottes; tourne-broche; brochet [fish], m.; v. mettre sur cric; *jack of all trades,* factotum; *to jack up,* hausser brusquement [price]; *jack-in-the-box,* diable-surprise; *jackass,* âne, sot, imbécile.

jackal [djakaul] s. chacal, m.

jacket [djakit] s. tunique (mil.); veste; vareuse; enveloppe (mech.); jaquette [book], f.

jade [djéid] s. rosse; coquine, f.; v. harasser; s'éreinter.

jagged [djagid] adj. dentelé; ébréché, découpé.

jail [djéil] s. prison, f.; v. emprisonner; *jailer,* geôlier.

jalopy [djᵉlâpi] s.* Am. bagnole (fam.), f.

jam [djam] s. confiture, f.

jam [djam] s. embouteillage [traffic]; enrayage [weapon]; brouillage [radio], m.; v. coincer; obstruer; se bloquer; *to jam up,* tasser; *to jam on the brakes,* caler les freins; *to be in a jam,* être dans le pétrin.

James [djéimz] s. Jacques, m.

janitor [djanᵉtᵉʳ] s. concierge, portier, m.

January [djànyouᵉri] s. janvier, m.

Japan [djᵉpan] s. Japon, m.; laque, f.; v. laquer.

Japanese [djapᵉnîz] adj., s. japonais.

jar [djâr] s. discordance; querelle, f.; v. grincer; vibrer; secouer; ébranler; se quereller.

jar [djâr] s. jarre, f.; pot, bocal, m.

jargon [djârgᵉn] s. jargon, m.

jasmine [djazmìn] s. jasmin, m.

jasper [djaspᵉʳ] s. jaspe, m.

jaundice [djaundis] s. jaunisse, f.

jaunt [djaunt] s. excursion, f.; v. faire un tour.

jaunty [djaunti] adj. vif, insouciant; désinvolte, cavalier; prétentieux.

jaw [djau] s. mâchoire; gueule, f.; laïus, m.; v. bavarder; caqueter; engueuler (slang); *jawbone,* maxillaire.

jay [djéi] s. geai, m.

jazz [djaz] s. jazz; entrain, m.; v. arranger (ou) jouer en jazz; animer.

jealous [djélᵉs] adj. jaloux; *jealousy,* jalousie.

Jeep [djîp] s. Jeep, f.

jeer [djîᵉʳ] s. raillerie, f.; v. railler; se moquer (at, de).

jelly [djéli] s.* gelée, f.; v. mettre en marmelade; *jellyfish,* méduse.

jeopardize [djᵉpᵉrdaiz] v. risquer, mettre en péril. ‖ **jeopardy** [-di] s. danger, risque, m.

jerk [djᵉʳk] s. saccade; secousse, f.; réflexe (med.), m.; v. secouer; tirer brusquement; se mouvoir par saccades; se crisper.

jerk [djᵉʳk] v. boucaner.

jersey [djᵉʳzi] s. jersey, maillot, m.

jest [djèst] s. plaisanterie, f.; v. plaisanter; *jester,* bouffon, railleur, plaisantin.

jet [djèt] s. jet; gicleur [auto], m.; *jet plane,* avion à réaction; v. jeter, lancer.

jet [djèt] s. jais, m.; adj. de jais.

jetsam [djètsᵉm] s. épave; marchandise jetée à la mer (jur.), f.

jettison [djètᵉs'n] v. délester; jeter à la mer.

Jew [djou] s. Juif; Israélite, m.

jewel [djouᵉl] s. joyau; bijou, m. ‖ **jeweler** [-lᵉʳ] s. bijoutier, m. ‖ **jewelry** [-ri] s.* bijouterie, f.

Jewish [djouish] adj. juif.

jiffy [djifi] s.* instant, m.; *in a jiffy,* en un clin d'œil.

jig [djig] s. gigue, f.; appareil de montage, m.; v. danser la gigue; *jig-saw,* scie mécanique.

jiggle [djig'l] v. sautiller; gigoter.

jilt [djilt] v. repousser un amoureux, lâcher (fam.); s. inconstante, lâcheuse, f.

jingle [djing'l] s. tintement, cliquetis; grelot, m.; v. tinter.

jingo [djingoou] s., adj. chauvin.

jitters [djitᵉʳs] s. pl. frousse, f. (colloq.).

job [djâb] s. travail; emploi, m.; place; besogne, f.; *Br. cushy job, Am. soft job,* filon, « fromage » (slang); v. donner à l'entreprise; spéculer; traiter en sous-main; *job lot,* articles dépareillés d'occasion; *job work,* travail à la pièce.

jockey [djâki] s. jockey, m.; v. maquignonner, intriguer.

jocular [djâkyoul⁻ᵉʳ] *adj.* facétieux, plaisant.

jog [djâg] *v.* secouer, cahoter; pousser; rafraîchir [memory]; *s.* saccade, secousse, f.; cahot; petit trot; coup de coude, m.; *to jog along,* aller son petit train.

John [djân] *s.* Jean. ‖ **Johnny** [-i] *s.* Jeannot; type, m.

join [djoᶦn] *v.* joindre; unir; s'associer; rejoindre. ‖ **joiner** [-ᵉʳ] *s.* menuisier, m. ‖ **joinery** [-ri] *s.* menuiserie, f.

joint [djoᶦnt] *s.* joint; raccord; assemblage; gond, m.; articulation; jointure; jonction; pièce de viande; charnière, f.; *adj.* solidaire; joint; concerté; combiné; *v.* joindre; rapporter; découper [meat]; (s')ajuster; *out of joint,* disjoint; *joint tenants,* copropriétaires; *rail joint,* éclisse.

joist [djoᶦst] *s.* solive, f.; madrier, m.

joke [djoᵒᵘk] *s.* plaisanterie, f.; bon mot, m.; *v.* plaisanter. ‖ **joker** [-ᵉʳ] *s.* plaisantin; farceur; joker [cards], m. ‖ **jokingly** [-ingli] *adv.* en plaisantant, pour rire.

jolly [djâli] *adj.* jovial, enjoué; éméché; plaisant; formidable.

jolt [djoᵒᵘlt] *s.* choc; cahot, m.; *v.* secouer, cahoter.

jostle [djâs'l] *v.* coudoyer, bousculer; *s.* cohue, bousculade, f.

jot [djât] *s.* iota; brin, m.

jot [djât] *v.* noter, pointer.

journal [djërⁿ'l] *s.* journal [newspaper, diary, daybook, register]; tourillon (mech.), m. ‖ **journalism** [-izᵉm] *s.* journalisme, m. ‖ **journalist** [-ist] *s.* journaliste, m. f.

journey [djërⁿi] *s.* voyage; trajet; parcours, m.; *v.* voyager; *to take a journey,* faire un voyage.

journeyman [djërⁿimᵉn] (*pl. journeymen*) *s.* ouvrier, journalier, m.

jovial [djoᵒᵘviᵉl] *adj.* jovial.

joy [djoᶦ] *s.* joie, f.; *joyful, joyous,* joyeux; *joyless,* triste.

jubilant [djoub'lᵉnt] *adj.* joyeux, triomphant; *jubilate,* jubiler; *jubilation,* jubilation. ‖ **jubilee** [djoub'lî] *s.* jubilé, m.

judge [djædj] *s.* juge; arbitre, m.; *v.* juger; décider; apprécier [distances]. ‖ **judgment** [-mᵉnt] *s.* jugement; arrêt, m.; opinion, f.

judicial [djoudîshᵉl] *adj.* judiciaire; juridique. ‖ **judicious** [djoudîshᵉs] *adj.* judicieux.

jug [djœg] *s.* broc; *Am.* « violon » (fam.), m.

juggle [djœg'l] *v.* jongler; escamoter; *s.* jonglerie, f.; tour de passe-passe, m.; *juggler,* jongleur, prestidigitateur.

juice [djous] *s.* jus; suc, m. ‖ *juiciness* [-inis] *s.* succulence, f. ‖ *juicy* [-i] *adj.* juteux; succulent; osé [story].

jukebox [djoukbâks] *s.* Am.* pick-up électrique à sous, m.

July [djoulaᶦ] *s.* juillet, m.

jumble [djæmb'l] *v.* jeter pêle-mêle; (s')embrouiller; *s.* embrouillamini, m.; *jumble-sale,* déballage.

jump [djœmp] *s.* saut, m.; *v.* sauter; bondir; se précipiter; omettre; *to jump at the chance,* sauter sur l'occasion; *to jump over,* laisser de côté, passer; *parachute jump,* saut en parachute. ‖ *jumper* [-ᵉʳ] *s.* sauteur; jumper, m.; *Am.* barboteuse, f.

junction [djœngkshᵉn] *s.* jonction; bifurcation [road], f.; nœud [rail], m. ‖ *juncture* [-tshᵉr] *s.* jointure; conjoncture, f.

June [djoun] *s.* juin, m.

jungle [djæng'l] *s.* jungle, f.

junior [djounyᵉr] *adj.* cadet; plus jeune; subalterne; *s.* cadet; *Am.* étudiant de troisième année (univ.), m.

junk [djœngk] *s.* jonque, f.

junk [djœngk] *s.* vieux cordages, rebut, m.; *v.* mettre au rebut; *junkman, Am.* chiffonnier.

juridical [djouridikᵉl] *adj.* juridique.

jurisdiction [djourisdikshᵉn] *s.* juridiction; compétence, f.

jurisprudence [djourisproud'ns] *s.* jurisprudence, f.

jurist [djouᵉrist] *s.* juriste; étudiant en droit, m.

juror [djouᵉrᵉr] *s.* juré, m. ‖ *jury* [djouri] *s.* jury, m.; *juryman,* juré; *jurywoman,* femme juré.

just [djæst] *adj.* juste; équitable; impartial; exact; *adv.* exactement; justement; seulement; *I have just seen him,* je viens de le voir; *just as,* à l'instant où; tout comme; *just out,* vient de paraître; *just before,* immédiatement avant; *he had just finished,* c'est à peine s'il a fini. ‖ *justice* [-is] *s.* justice, f.; juge, magistrat, m. ‖ *justification* [djæstᵉfᵉkéᶦshᵉn] *s.* justification, f. ‖ *justificative* [djæstifikéᶦtiv] *adj.* justificatif. ‖ *justificatory* [-eri] *adj.* justificateur. ‖ *justify* [-tᵉfaᶦ] *v.* justifier; autoriser.

jut [djœt] *v.* faire saillie.

jute [djout] *s.* jute, m.

juvenile [djouvᶦnaᶦl] *adj.* juvénile.

juxtaposition [djœkstᵉpᵉzishᵉn] *s.* juxtaposition, f.

K

kangaroo [kàngᵉrou] s. kangourou, m.

kapok [kâpâk] s. kapok, m.

keck [kék] v. avoir des nausées; être soulevé.

keel [kîl] s. quille, f.; v. faire chavirer; *to keel over*, chavirer.

keelson [kèls'n] s. carlingue, f.

keen [kîn] adj. affilé; aigu; perçant [noise]; vif [cold]; pénétrant [mind]; perspicace. ‖ **keenness** [-nis] s. acuité; perspicacité; finesse; ardeur, f.

keep [kîp] v.* garder; tenir; retenir; maintenir; entretenir; célébrer [feast]; protéger; nourrir; s. entretien [food]; donjon, m.; *to keep at it*, travailler sans relâche; *to keep from*, s'abstenir de; empêcher de; *to keep in*, rester chez soi; *to keep up*, soutenir; *to keep going*, continuer à aller. ‖ **keeper** [-ᵉr] s. gardien; garde; surveillant, m. ‖ **keeping** [-ing] s. surveillance; garde; conservation, f.; entretien; maintien, m.; *in keeping with*, en harmonie avec. ‖ **keepsake** [-sé¹k] s. souvenir, m.

keg [kèg] s. baril, m.

kennel [kèn'l] s. niche, f.; pl. chenil, m.

kept [kèpt] pret., p. p. of to keep.

kerb [kërb] s. bord du trottoir, m.; margelle, f.

kerchief [kërtshif] s. fichu, foulard, carré, m.

kernel [kër'n'l] s. grain; noyau, m.; amande, f.; cœur, m. (fig.).

kerosene [kèrᵉsin] s. pétrole, m.

kettle [kèt'l] s. marmite, f.; coquemar, m.; bouilloire, f.; gâchis, m.; *kettle-drum*, timbale [music].

key [kî] s. clef; clavette; touche [piano]; fiche (electr.), f.; v. caler; harmoniser; *keyed up*, surexcité, nerveux; *key of F*, clef de fa; *under lock and key*, sous clef; *master key*, passe-partout; *keyboard*, clavier; *keyhole*, trou de la serrure; *keyman*, cheville ouvrière; *keynote*, note tonique [music]; *keystone*, clef de voûte, base; *key-word*, mot d'ordre, mot clef.

khaki [kâki] s. kaki, m.

kick [kik] s. coup de pied; recul [gun], m.; ruade [horse], f.; v. donner des coups de pied; reculer [gun]; ruer [horse]; regimber; *to kick about*, gigoter; *to kick the bucket*, passer l'arme à gauche, « claquer » (pop.).

kid [kid] s. chevreau [flesh, fur, skin]; Am. gosse, gamin, m.; adj. en chevreau; v. Am. se moquer de; chevreter, mettre bas [goats]; *kidding*, blague.

kidnap [kidnap] v. enlever; kidnapper; *kidnapper*, ravisseur, kidnappeur; *kidnapping*, rapt.

kidney [kidni] s. rognon; rein, m.

kill [kil] v. tuer; détruire; *kill-joy*, rabat-joie. ‖ **killer** [-ᵉr] s. meurtrier, tueur; tombeur de cœurs, m. (colloq.). ‖ **killing** [-ing] adj. meurtrier; mortel; exténuant; désopilant; conquérant; s. tuerie, f.

kiln [kiln] s. four; séchoir, m.; étuve, f.

kilogram [kilᵉgram] s. kilogramme, m.

kilometer [kilᵉmitᵉr] s. kilomètre.

kilowatt [kilᵉwât] s. kilowatt, m.

kimono [kᵉmoᵒuⁿᵉ] s. kimono, m.

kin [kin] s. parenté, f.; parent; allié, m.

kind [ka¹nd] s. genre, m.; espèce, f.; adj. bon, aimable; affable; bienveillant; *kindest regards*, bien vifs compliments; *to pay in kind*, payer en nature.

kindergarten [kindᵉrgârt'n] s. jardin d'enfants, m.

kindle [kind'l] v. (s')allumer; enflammer; inciter.

kindly [ka¹ndli] adj. bon, bienveillant; aimable; adv. aimablement; gracieusement. ‖ **kindness** [ka¹ndnis] s. bonté; amabilité; bienveillance, f.

kindred [kindrid] adj. apparenté; en relations; s. parenté, f.

king [king] s. roi, m.; dame [draughts]. ‖ **kingdom** [-dᵉm] s. royaume, m. ‖ **kingly** [-li] adj. royal; adv. royalement.

kink [kingk] s. nœud; torticolis, m.; coque; déviation, déformation; lubie, f.; v. (s')entortiller. ‖ **kinky** [kingki] adj. noué; crépu.

kinship [kinship] s. parenté, f. ‖ **kinsman** [kinzmᵉn] (pl. kinsmen) s. parent, m.; *kinswoman* (pl. kinswomen), parente, f.

kiss [kis] s.* baiser, m.; embrassade, f.; v. embrasser; *to kiss the hand*, baiser la main.

kit [kit] s. équipement; sac; nécessaire, m.; musette (mil.); trousse, f.; *medicine kit*, trousse de médecin; *mess kit*, cantine (mil.).

kitchen [kitshin] s. cuisine, f.; *kitchen garden*, jardin potager; *kitchen maid*, fille de cuisine; *kitchen-wares*, ustensiles de cuisine.

kite [ka¹t] s. cerf-volant; milan [bird], m.; *kite balloon*, ballon captif.

kitten [kit'n] s. petit chat, m.

kittle [kít'l] *adj.* épineux, délicat ; chatouilleux.

knack [nak] *s.* adresse ; habileté, f. ; talent, m. ; *to have a knack for*, avoir la bosse de.

knapsack [nápsak] *s.* havresac, m.

knave [né¹v] *s.* coquin ; valet [cards], m.

knead [nîd] *v.* pétrir.

knee [nî] *s.* genou ; coude (techn.), m. ; *v.* pousser du genou, faire du genou à ; faire des poches à [trousers] ; *kneecap*, rotule.

kneel [nîl] *v.** s'agenouiller.

knell [nèl] *s.* glas, m. ; *v.* sonner le glas.

knelt [nèlt] *pret., p. p. of* to knell.

knew [nyou] *pret. of* to know.

knickknack [níknak] *s.* babiole, f. ; bibelot, m.

knife [na¹f] (*pl. knives* [na¹vz]) *s.* couteau, m. ; *v.* donner un coup de couteau ; poignarder ; *clasp knife*, couteau de poche ; *paper-knife*, coupe-papier ; *pocket knife*, canif ; *knife grinder*, rémouleur.

knight [na¹t] *s.* chevalier ; cavalier [chess], m. ; *v.* armer chevalier ; *knighthood*, chevalerie ; *knightliness*, conduite chevaleresque, courtoisie.

knit [nít] *v.** tricoter ; joindre ; nouer ; froncer [brows] ; *pret., p. p. of* **to knit.** || *knitting* [-ing] *s.* tricotage ; tricot, m.

knives [na¹vz] *pl. of* **knife.**

knob [nâb] *s.* bosse [swelling], f. ; bouton [door], m.

knock [nâk] *v.* cogner ; frapper ; *Am.* dénigrer ; *s.* coup ; cognement (mech.), m. ; *to knock down*, abattre, renverser ; *to knock out*, mettre hors de combat ; *to knock off*, cesser le travail ; *to knock up*, éreinter ; *knock-kneed*, cagneux. || *knockabout* [nâkᵉba͏ut] *s. Am.* rixe, f. || *knocker* [-ᵉr] *s.* marteau [door], m.

knoll [no͏ul] *s.* monticule, tertre, m.

knot [nât] *s.* nœud ; petit groupe, m. ; *v.* lier ; (se) nouer ; *sword knot*, dragonne. || *knotty* [-i] *adj.* noueux ; embrouillé ; peu clair.

know [no͏u] *v.** connaître ; savoir ; reconnaître ; *to know how to swim*, savoir nager ; *to know about*, être informé de ; *to know of*, avoir connaissance de ; *he ought to know better*, il devrait être plus raisonnable ; *let me know*, faites-moi savoir ; *know-how*, technique, manière de s'y prendre. || *knowing* [-ing] *adj.* au courant, informé ; instruit ; malin, entendu ; délibéré ; déniaisé, dessalé (colloq.). || *knowingly* [-ingli] *adv.* sciemment ; à bon escient ; habilement. || *knowledge* [nâlidj] *s.* connaissance, science, f. ; savoir, m. ; *not to my knowledge*, pas que je sache. || *known* [no͏un] *p. p. of* **to know.**

knuckle [nœk'l] *s.* jointure, articulation, f. ; nœud [finger] ; osselet, m. ; *knuckle of veal*, jarret de veau.

kohlrabi [ko͏ulrâbi] (*pl. kohlrabies*) *s.* chou-rave, m.

L

label [lé¹b'l] *s.* étiquette ; marque, f. ; écriteau, m. ; *v.* étiqueter ; enregistrer.

labo(u)r [lé¹ber] *s.* travail ; labeur, m. ; main-d'œuvre, f. ; *v.* travailler ; s'appliquer (à) ; *hard labo(u)r*, travaux forcés ; *to labo(u)r under*, être victime de, lutter contre ; *Br. labo(u)r exchange*, bureau de placement ; *Br. Labour Party*, parti travailliste ; *Am. Department of Labor*, ministère du Travail.

laboratory [labretoͦuri] *s.** laboratoire, m.

labo(u)rer [lé¹berᵉr] *s.* travailleur ; homme de peine ; ouvrier, m. || *labo(u)rious* [leboͦuriᵉs] *adj.* laborieux.

labyrinth [labᵉrìnth] *s.* labyrinthe, m.

lace [lé¹s] *s.* galon ; ruban ; lacet, m. ; dentelle, f. ; *Am.* goutte, f. (colloq.) ; *v.* galonner ; orner de dentelle ; (se) lacer.

lacerate [lasᵉré¹t] *v.* lacérer.

lack [lak] *s.* manque ; défaut, m. ; pénurie, f. ; *v.* manquer ; faire défaut ; être dénué de ; *he lacks courage*, le courage lui manque.

laconic [lᵉkânik] *adj.* laconique. || *laconism* [lakᵉniz'm] *s.* laconisme, m.

lacquer [lakᵉr] *s.* laque, f. ; *v.* laquer.

lacrosse [lakrᵉs] *s. Fr. Can.* crosse [sport], m.

lacuna [lᵉkyouneͣ] *s.* lacune, f.

lad [lad] *s.* garçon ; jeune homme, m.

ladder [ladᵉr] *s.* échelle, f. ; fil tiré, démaillage, m. ; *ladder-mender*, remmailleuse ; *ladder-proof*, indémaillable.

laden [lé¹d'n] *adj.* chargé.

ladies [lé¹diz] *s. pl. of* **lady.**

ladle [lé¹d'l] *s.* louche, f.

lady [lé¹di] (*pl. ladies*) *s.* dame ; madame, f. ; *young lady*, jeune femme, demoiselle; **lady-bird,** coccinelle; **Lady day,** Annonciation.

lag [lag] *s.* retard; ralentissement; décalage, m.; *v.* rester en arrière; (se) traîner. ‖ **laggard** [-ᵉd] *s.* lambin; retardataire, m.; *adj.* lent; en retard.

lagoon [lᵉgoun] *s.* lagune, f.

laic [léᵢik] *adj.* laïque.

laid [léᵢd] *pret., p. p. of* **to lay;** *laid up,* malade, alité; *laid paper,* papier vergé.

lain [léᵢn] *p. p. of* **to lie.**

lair [lèᵉr] *s.* tanière; bauge, f.; antre, repaire, m.

lake [léᵢk] *s.* lac, m.

lamb [làm] *s.* agneau, m. ‖ **lambkin** [-kin] *s.* agnelet, m.

lame [léᵢm] *adj.* boiteux; estropié; défectueux; *v.* estropier; *lame duck,* failli; *Am.* battu aux élections.

lament [lᵉmènt] *s.* lamentation, f.; *v.* se lamenter; déplorer. ‖ **lamentable** [lamᵉntebᵉl] *adj.* lamentable. ‖ **lamentation** [lamènté¹shᵉn] *s.* lamentation, f.

laminate [lamᵉné¹t] *v.* laminer; feuilleter; plaquer.

lamp [làmp] *s.* lampe; lanterne, f.; *kerosene lamp,* lampe à pétrole; *lamp-post,* réverbère; *lamp shade,* abat-jour; *pocket lamp,* lampe de poche; *trouble lamp,* baladeuse (electr.).

lampion [lampiᵉn] *s.* lampion, m.

lampoon [làmpoun] *s.* libelle, m.

lance [làns] *s.* lance, f.; *v.* percer d'un coup de lance; percer [abscess].

lancet [lànsit] *s.* lancette (med.), f.

lancination [lânsiné¹shᵉn] *s.* élancement, m.

land [lànd] *s.* terre, f.; terrain; pays; domaine, m.; *v.* débarquer; aborder (naut.); atterrir (aviat.); poser à terre; obtenir [situation]; *fallow land,* terre en friche. ‖ **landholder** [-hoᵘldᵉr] *s.* propriétaire foncier, m. ‖ **landing** [-ing] *s.* débarquement; atterrissage; débarcadère; palier, m.; *emergency landing,* atterrissage forcé. ‖ **landlady** [-léᵢdi] (*pl.* **landladies**) *s.* propriétaire; logeuse; hôtelière, f. ‖ **landlord** [-laᵘrd] *s.* propriétaire; logeur; hôtelier, m. ‖ **landmark** [-mârk] *s.* borne; limite, f.; point de repère [mark] saillant, m. ‖ **landowner** [-oᵘnᵉr] *s.* propriétaire foncier, m. ‖ **landscape** [-skéᵢp] *s.* paysage, panorama, m. ‖ **landslide** [-sla¹d] *s.* éboulement, m.

lane [léᵢn] *s.* ruelle, f.; chemin, m.; route (naut.), f.; *Am. pedestrian lane,* passage clouté.

language [lànggwidj] *s.* langue, f.; langage, m.

languid [làngguid] *adj.* languide, languissant. ‖ **languish** [-gwish] *v.* languir. ‖ **languor** [-gᵉr] *s.* langueur, f.

lank [làngk] *adj.* efflanqué.

lantern [làntᵉrn] *s.* lanterne, f.; phare, m.

lap [lap] *s.* giron, m.; genoux, m. pl.; lobe [ear]; isolant [electr.], m.; *to sit in s.o.'s lap,* s'asseoir sur les genoux de qqn; *lap robe, Am.* plaid.

lap [lap] *v.* laper; *s.* gorgée; étape [journey], f.

lap [lap] *s.* recouvrement (mech.), m.; *v.* envelopper; s'étendre; recouvrir; roder (mech.); boucler [course]; s'enrouler.

lapel [lᵉpèl] *s.* revers d'habit, m.

lapse [laps] *s.* cours; laps; manquement, m.; chute de température (aviat.); erreur, f.; *v.* s'écouler [time]; tomber; périmer (jur.); faillir.

larboard [lârbᵉrd] *s.* bâbord, m.

larceny [lârs'ni] *s.** larcin, m.

lard [lârd] *s.* saindoux, m.; *v.* larder; larder, garde-manger.

large [lârdj] *adj.* grand; gros; vaste. ‖ **largely** [-li] *adv.* abondamment; amplement; beaucoup.

lark [lârk] *s.* alouette, f.; joyeuse équipée; farce, f.; *v.* s'amuser; chahuter.

larva [lârvᵉ] *s.* larve, f.

larynx [laringks] *s.** larynx, m.

lascivious [lᵉsiviᵉs] *adj.* lascif.

lash [lash] *s.** coup de fouet; cil [eye], m.; mèche [whip], f.; *v.* cingler; fouetter.

lash [lash] *v.* attacher; amarrer (naut.); jouer (mech.).

lass [las] *s.** fille, f.

lassitude [lasᵉtyoud] *s.* lassitude, f.

lasso [lasoᵘ] *s.* lasso, m.; *v.* prendre au lasso.

last [last] *adj.* dernier; ultime; passé; *v.* durer; *last night,* hier soir; *at last,* enfin, à la fin; *lastly,* enfin, en dernier lieu. ‖ **lasting** [-ing] *adj.* durable; permanent.

latch [latsh] *s.** loquet; verrou, m.; *Am.* **to latch on to,** s'emparer de.

late [léᵢt] *adj.* tard; en retard; ancien; défunt; avancé [hour]; *adv.* tard; *to be late,* être en retard; *of late, lately,* récemment; dernièrement; *until lately,* jusqu'à ces derniers temps.

latent [lé¹t'nt] *adj.* latent; secret; caché.

later [léᵢtᵉr] *comp. of* **late.**

lateral [latᵉrᵉl] *adj.* latéral.

latest [lé¹tist] *sup. of* **late;** *latest news*, dernières nouvelles; *at latest*, au plus tard.

lath [lath] *s.* latte, f.

lathe [lé¹zh] *s.* tour (techn.), m.

lather [lazhᵉr] *s.* mousse; écume, f.; *v.* mousser, écumer; savonner.

Latin [lat'n] *adj.*, *s.* latin.

latitude [latᵉtyoud] *s.* latitude; liberté, f.

latter [latᵉr] *adj.* dernier; récent; moderne.

lattice [latis] *s.* treillis, m.

laud [laud] *s.* louange, f.; *v.* louer. ‖ **laudative** [-ᵉtiv] *adj.* laudatif. ‖ **laudatory** [-ᵉtᵉri] *adj.* louangeur.

laugh [laf] *s.* rire, m.; risée, f.; *v.* rire; *to laugh at*, se moquer de; *to burst out laughing*, éclater de rire; *to laugh up one's sleeve*, rire sous cape; *to laugh on the wrong side of one's mouth*, rire jaune; *it is no laughing matter*, il n'y a pas de quoi rire; **laughable**, risible, dérisoire; **laugher**, rieur; **laughing**, riant, rieur; risible; hilarant. ‖ **laughter** [-tᵉr] *s.* rire, m.; **laughter-provoking**, désopilant.

launch [launtsh] *s.* chaloupe, f.; *v.* mettre à l'eau; lancer (naut.; comm.); déclencher (mil.). ‖ **launching** [-ing] *s.* lancement, m.; **launching-ramp**, rampe de lancement.

launder [laundᵉr] *v.* blanchir, laver; **laundress**, blanchisseuse; **laundry**, blanchissage; buanderie; blanchisserie; **laundryman**, blanchisseur.

laureate [lauriit] *s.* lauréat, m. ‖ **laurel** [-ᵉl] *s.* laurier, m.; gloire, f.

lava [lâvᵉ] *s.* lave, f.

lavatory [lavᵉtoᵒuri] *s.* lavoir; *Br.* cabinets; *Am.* lavabos publics, m. pl.

lavender [lavᵉndᵉr] *s.* lavande, f.

lavish [lavish] *adj.* prodigue; copieux, abondant; *v.* gaspiller, dilapider, prodiguer; **lavishness**, prodigalité.

law [lau] *s.* loi, f.; droit, m.; *commercial law*, droit commercial; *law court*, tribunal; *law department*, service de contentieux; *law student*, étudiant en droit. ‖ **lawful** [-fᵉl] *adj.* légal; légitime; licite. ‖ **lawless** [-lis] *adj.* illégal; effréné; déréglé. ‖ **lawmaker** [-mé¹kᵉr] *s.* législateur, m.

lawn [laun] *s.* pelouse, f.; *lawn mower*, tondeuse.

lawn [laun] *s.* linon, m.

lawsuit [lausout] *s.* procès; litige, m. ‖ **lawyer** [lauyᵉr] *s.* homme de loi; avocat; jurisconsulte; avoué, m.

lax [laks] *adj.* lâche; distendu; négligent; relâché. ‖ **laxative** [-ᵉtiv] *s.*

laxatif, m. ‖ **laxity** [-ᵉti] *s.* relâchement, m.; mollesse, f.; *moral laxity*, légèreté de mœurs.

lay [lé¹] *pret. of* **to lie.**

lay [lé¹] *v.*¹ poser; mettre; coucher; étendre; pondre [eggs]; abattre [dust]; tendre [snare]; rejeter [blame]; *to lay aside*, mettre de côté; *to lay bare*, mettre à nu, révéler; *to lay down arms*, déposer les armes; *to lay a gun*, pointer un canon; *to lay off*, congédier; *to lay out*, disposer; placer [money]; *to lay waste*, dévaster. ‖ **layer** [-ᵉr] *s.* couche; assise; marcotte [shoot]; pondeuse [hen], f.; pointeur [gunner], m.

layman [lé¹mᵉn] (*pl.* **laymen**) *s.* laïc, m.

lazily [lé¹zili] *adv.* paresseusement. ‖ **laziness** [lé¹zinis] *s.* paresse, f. ‖ **lazy** [lé¹zi] *adj.* paresseux; indolent, mou.

lead [lèd] *s.* plomb, m.; mine de plomb; sonde, f.; *v.* plomber; **leaden**, de plomb, plombé; *lead-work*, plomberie.

lead [lîd] *v.** conduire; mener; diriger [orchestra]; introduire; dominer; avoir la main [cards]; *s.* conduite; direction; préséance, f.; commandement, m.; *Am. lead article*, leader, article de fond [newspaper]; *leading lady*, vedette; *leading part*, premier rôle; *to lead astray*, égarer; dissiper; *to lead the way*, montrer le chemin.

leader [lîdᵉr] *s.* chef; conducteur; meneur; dirigeant; *Br.* article de fond [newspaper], m. ‖ **leadership** [-ship] *s.* direction; autorité, f.; commandement, m. ‖ **leading** [lîding] *adj.* principal; de tête; en chef.

leaf [lîf] (*pl.* **leaves** [lîvz]) *s.* feuille, f.; feuillet [book]; battant [door], m.; rallonge [table], f.; *v.* se couvrir de feuilles; **leafless**, dénudé, effeuillé; **leafy**, feuillu, touffu. ‖ **leaflet** [-lit] *s.* feuillet; dépliant; imprimé; prospectus, tract, m.

league [lîg] *s.* ligue; union, f.; *v.* (se) liguer.

league [lîg] *s.* lieue, f.

leak [lîk] *s.* fuite; voie d'eau, f.; *v.* fuir; faire eau (naut.); *to leak out*, sourdre, se faire jour, transpirer (fig.). ‖ **leakage** [-idj] *s.* perte; fuite, f.; coulage, m.; **leaky**, qui fuit; qui prend l'eau; défaillant [memory].

lean [lîn] *v.** s'incliner; se pencher; s'appuyer; *s.* pente, inclinaison, f.

lean [lîn] *adj.* maigre; émacié.

leant [lènt] = **leaned**, *see* **lean.**

leap [lîp] *v.** sauter; bondir; s'élancer; franchir; *s.* saut; bond, m.; *leap year*, année bissextile. ‖ **leapt** [lèpt] *pret., p. p. of* **to leap.**

learn [lë^{r}n] v.* apprendre; étudier. *learned* [-id] adj. érudit, instruit, lettré. ‖ *learner* [-e^r] s. élève; débutant; apprenti, m. ‖ *learning* [-ing] s. savoir, m.; science; érudition, f. ‖ *learnt* [-t] pret., p. p. of *to learn*.

lease [lîs] v. louer; affermer; s. bail, m.; ferme, f.

leash [lîsh] s. laisse, f.; v. attacher; mener en laisse; *to hold in leash*, tenir en lisière.

least [lîst] adj. le moindre; le plus petit; adv. le moins; *at least*, au moins; au moins, du moins.

leather [lèzh^{e}r] s. cuir, m.; peau, f.; *leather-dresser*, mégissier.

leave [lîv] v.* laisser; s'en aller; partir; quitter; abandonner; s. permission; liberté, f.; congé, m.; *sick leave*, congé de convalescence; *to leave about*, laisser traîner; *to leave off*, renoncer; *to leave out*, omettre.

leaven [lèv^{e}n] s. levain, m.; v. lever.

leaves [lîvz] pl. of *leaf*.

lecherous [létsh^{e}r^{e}s] adj. débauché; sensuel.

lectern [lèkt^{e}rn] s. lutrin, pupitre, m.

lecture [lèktsh^{e}r] s. conférence; réprimande, f.; v. faire des conférences; sermonner. ‖ *lecturer* [-r^{e}r] s. conférencier; maître de conférences (univ.), m.

led [lèd] pret., p. p. of *to lead*.

ledge [lèdj] s. rebord, m.; saillie, f.

ledger [lèdj^{e}r] s. grand-livre; registre, m.

leech [lîtsh] s.* sangsue, f.

leek [lîk] s. poireau, m.

leer [lî^{e}r] s. œillade, f.; regard de côté, m.; v. regarder de coin.

left [lèft] pret., p. p. of *to leave*; *I have two books left*, il me reste deux livres.

left [lèft] adj. gauche; s. main gauche, f.; *left-handed*, gaucher; *on the left*, à gauche. ‖ *leftist* [lèftist] s. homme (m.) de gauche. ‖ *leftovers* [lèft^{ou}v^{e}rz] s. pl. restes, m. pl. (culin.). ‖ *lefty* [lèfti] s. Am. gaucher, m.

leg [lèg] s. jambe; patte; tige [boots]; cuisse [hens]; branche [compasses], f.; pied [furniture]; gigot [mutton], m.; *on one leg*, à cloche-pied; *one-legged*, unijambiste; *leg-up*, coup de main, dépannage, m. (colloq.).

legacy [lèg$^{\prime}$si] s.* legs, m.

legal [lig$^{\prime}$l] adj. légal; licite. ‖ *legalize* [-a^{i}z] v. légaliser; autoriser.

legate [lègit] s. légat, délégué, m. ‖ *legatee* [lèg^{e}tî] s. légataire, m. ‖ *legation* [ligé^{i}sh^{e}n] s. légation, f.

legend [lèdj^{e}nd] s. légende; inscription, f.; *legendary*, légendaire.

legging [lèging] s. guêtre; molletière, f.

legible [lèdj^{e}b$^{\prime}$l] adj. lisible.

legion [lidj^{e}n] s. légion, f.

legislate [lèdjislé^{i}t] v. légiférer. ‖ *legislation* [lèdjislé^{i}sh^{e}n] s. législation, f. ‖ *legislator* [lèdjislé^{i}t^{e}r] s. législateur, m. ‖ *legislature* [lèdjislé^{i}tsh^{e}r] s. législature, f.

legitimate [lidjit^{e}mit] adj. légitime.

leisure [lij^{e}r] s. loisir, m.; *leisurely*, à loisir.

lemon [lèm^{e}n] s. citron, m. ‖ *lemonade* [lèm^{e}né^{i}d] s. limonade, f.; citron pressé, m.

lend [lènd] v.* prêter; *lender*, prêteur.

length [lèngkth] s. longueur; étendue; durée; distance; quantité (gramm.), f.; *the whole length*, jusqu'au bout; *lengthwise*, en longueur; *lengthy*, long, prolixe. ‖ *lengthen* [-^{e}n] v. allonger; prolonger; (s')étendre.

lenient [lîni^{e}nt] adj. indulgent; adoucissant; lénitif.

lens [lènz] s.* lentille, f.; objectif (phot.); verre; ménisque, m.

lent [lènt] pret., p. p. of *to lend*.

Lent [lènt] s. carême, m.

leopard [lèp^{e}rd] s. léopard, m.

leprosy [lèpr^{e}si] s. lèpre, f. ‖ *leprous* [lèpr^{e}s] adj. lépreux.

lesion [lìz^{e}n] s. lésion, f.

less [lès] adj. moindre; adv. moins.

lessee [lèsî] s. locataire; preneur, m.

lessen [lès$^{\prime}$n] v. diminuer; amoindrir; atténuer. ‖ *lesser* [lès^{e}r] adj. plus petit, moindre, inférieur.

lesson [lès$^{\prime}$n] s. leçon, f.

lest [lèst] conj. de peur que.

let [lèt] v.* laisser; permettre; louer; impers. aux.: *let him come*, qu'il vienne; *house to let*, maison à louer; *to let know*, faire savoir; *to be let off with*, en être quitte pour; *to let out*, laisser échapper; libérer; *to let alone*, laisser tranquille; pret., p. p. of *to let*.

lethargy [lèth^{e}rdji] s. léthargie, f.

letter [lèt^{e}r] s. lettre, f.; caractère, m.; *capital letter*, majuscule; *letter box*, boîte aux lettres; *letter-carrier*, facteur; *letter-head*, en-tête.

lettuce [lètis] s. laitue, f.

letup [lètœp] s. détente, f.; ralentissement, m.

level [lèv$^{\prime}$l] adj. horizontal; de niveau; s. niveau, m.; v. niveler; équilibrer; plafonner (aviat.); pointer

[arm]; *to level out*, égaliser; *adv.* de niveau; à ras; *Am. on the level*, honnête, droit; *level-crossing*, passage à niveau; *level-headed*, bien équilibré, rassis, d'aplomb; *leveller*, niveleur; *levelling*, nivellement.

lever [lévɐr] *s.* levier, m.; manette, f.; *control lever*, levier de commande; *to lever up*, soulever avec un levier.

levity [léviti] *s.* légèreté, f.

levy [lèvi] *s.** levée; réquisition; imposition, f.; embargo, m.; *v.* lever; percevoir; imposer; mettre l'embargo.

lewd [loud] *adj.* lascif; impudique. ‖ *lewdness* [-nis] *s.* lubricité, f.

lexicography [lèksikogrɐfi] *s.* lexicographie, f.; *lexicology*, lexicologie.

lexicon [lèksikɐn] *s.* lexique, m.

liability [laɪɐbíliti] *s.** responsabilité, f.; engagement, m. ‖ *liable* [laɪɐbl] *adj.* responsable; passible (*to*, de); soumis, sujet (*to*, à).

liaison [liézaun] *s.* liaison, f.

liar [laɪɐr] *s.* menteur, m.

libel [laɪbl] *s.* libelle, m.; diffamation, f.; *v.* diffamer. ‖ *libellous* [-ɐs] *adj.* diffamatoire.

liberal [líbɐrɐl] *adj., s.* libéral. ‖ *liberality* [libɐrǽliti] *s.** libéralité, f. ‖ *liberate* [libɐréti] *v.* libérer. ‖ *liberation* [libɐréishɐn] *s.* libération, f. ‖ *liberator* [libɐrétɐr] *s.* libérateur, m. *libertine* [libɐrtìn] *adj., s.* libertin. *liberty* [líbɐrti] *s.** liberté, f.

librarian [laɪbrérien] *s.* bibliothécaire, m. ‖ *library* [laɪbrɐri] *s.** bibliothèque, f.

lice [laɪs] *pl. of louse.*

licence [laɪsns] *s.* permission; licence; patente, f.; brevet, permis, m. ‖ *license* [laɪsns] *v.* autoriser (*to*, à); permettre (*to*, de); breveter, patenter; *operator's license, driving license*, permis de conduire. ‖ *licentious* [laɪsènshɐs] *adj.* licencieux, dissolu.

lichen [laikin] *s.* lichen, m.

lick [lik] *v.* lécher; laper; rosser; *not to do a lick of work*, ne pas faire un brin de travail; *licking*, raclée.

lid [lid] *s.* couvercle, m.; *eye-lid*, paupière.

lie [laɪ] *s.* mensonge, m.; *v.* mentir; *to give the lie to*, donner un démenti à.

lie [laɪ] *s. Br.* position; configuration, f.; gisement (geol.), m.; *v.** être couché; reposer; être situé; stationner; *to lie low*, se tapir, se taire; *to lie about*, traîner.

lief [lif] *adv.; I had as lief*, j'aimerais autant.

lieutenant [loutènɐnt] *s.* lieutenant, m.; *lieutenant-colonel*, lieutenant-colonel; *lieutenant-commander*, capitaine de corvette; *lieutenant-general*, général de division.

life [laɪf] (*pl. lives* [laɪvz]) *s.* vie; vivacité; durée (techn.), f.; *life-belt*, ceinture de sauvetage; *life insurance*, assurance sur la vie; *lifeless*, sans vie, inanimé; *lifelike*, vivant, naturel; *lifelong*, perpétuel, de toute la vie; *life pension*, pension alimentaire; *life-size*, grandeur nature.

lift [lift] *v.* lever; soulever; *Am.* voler (slang); *s.* haussement; *Br.* ascenseur, m.; poussée; force ascensionnelle; levée; balancine (naut.); portance (aviat.), f.

ligament [ligɐmɐnt] *s.* ligament, m.

light [laɪt] *s.* lumière; clarté; lueur, f.; phare; jour; éclairage, m.; *v.* allumer; éclairer; *to come to light*, se révéler; *give me a light*, donnez-moi du feu; *to put out the light*, éteindre la lumière; *beacon light*, balisage (aviat.); *driving lights*, éclairage-code [auto]; *night light*, veilleuse; *northern lights*, aurore boréale.

light [laɪt] *adj.* léger; *light-headed*, frivole; *light-hearted*, allègre; *light-minded*, frivole, volage; *v.* descendre, retomber.

lighten [laɪtn] *v.* éclairer; illuminer; éclaircir.

lighten [laɪtn] *v.* alléger, soulager.

lighter [laɪtɐr] *s.* allumeur; briquet; chaland (naut.), m. ‖ *lighthouse* [laɪthaͧs] *s.* phare, m. ‖ *lighting* [laɪting] *s.* éclairage; allumage, m.; illumination, f.

lightly [laɪtli] *adv.* légèrement; superficiellement; étourdiment. ‖ *lightness* [laɪtnis] *s.* légèreté; frivolité; inconstance, f.

lightness [laɪtnis] *s.* clarté, lumière, f. ‖ *lightning* [-ning] *s.* éclair, m.; foudre, f.; *lightning conductor, lightning rod*, paratonnerre; *lightning war*, guerre-éclair.

lights [laɪts] *s. pl.* mou (of veal), m.

lightsome [laɪtsɐm] *adj.* lumineux; agile, léger, leste; gracieux; gai.

likable [laɪkɐbl] *adj.* agréable; aimable; sympathique.

like [laɪk] *v.* aimer; trouver à son goût; vouloir bien; *do whatever you like*, faites ce que vous voulez.

like [laɪk] *adj.* ressemblant; tel; pareil; semblable; *prep.* comme; *what is he like?*, à quoi ressemble-t-il?; *something like*, à peu près, plus ou moins; *to look like*, ressembler. ‖ *likelihood* [-lihoud] *s.* vraisemblance, probabilité, f. ‖ *likely* [-li] *adj.* plausible, probable; *adv.* probablement. ‖ *liken*

[-ᵉn] *v.* comparer. ‖ **likeness** [-nis] *s.* apparence ; ressemblance, f. ; air ; portrait, m. ‖ **likewise** [-waᶦz] *adv.* de même ; pareillement.

liking [laᶦking] *s.* goût ; penchant ; gré, m. ; sympathie, inclination, f.

lilac [laᶦlᵉk] *adj.*, *s.* lilas.

lily [lᶦli] *s.** lis, m. ; *lily of the valley*, muguet.

limb [lim] *s.* membre, m. ; grosse branche, f.

limber [limbᵉr] *adj.* souple ; *v.* assouplir.

limber [límbᵉr] *s.* caisson ; avant-train (mil.), m.

lime [laᶦm] *s.* chaux ; glu, f. ; *v.* chauler ; prendre à la glu.

lime [laᶦm] *s.* citron, m. ; lime, f.

lime [laᶦm] *s.* tilleul, m. ; *lime-tree*, tilleul.

limelight [laᶦmlaᶦt] *s.* lumière oxhydrique ; gloire ; célébrité, f.

limestone [laᶦmstoᵘn] *s.* calcaire, m.

limit [lᶦmit] *s.* limite ; frontière ; tolérance (techn.), f. ; *v.* limiter, borner. ‖ **limitation** [limitéᶦshᵉn] *s.* limitation ; restriction, f. ‖ **limited** [lᶦmitid] *adj.* limité ; restreint ; anonyme ; à responsabilité limitée [company] ; rapide, de luxe (train).

limp [limp] *s.* claudication, f. ; *v.* boiter, clocher.

limp [limp] *adj.* flasque ; flexible ; amorphe.

limpid [límpid] *adj.* limpide.

linden [líndᵉn] *s.* tilleul, m.

line [laᶦn] *s.* ligne ; corde ; lignée ; voie, f. ; contour ; cordeau ; trait ; vers [poetry] ; *Am.* métier, m. ; *v.* aligner ; border ; sillonner ; doubler ; *line shooting*, galéjade, tartarinade ; *plumb line*, fil à plomb ; *to line up*, s'aligner, faire queue ; *to fall in line with*, se conformer à.

line [laᶦn] *v.* doubler [clothes] ; revêtir [masonry] ; remplir [one's pocket].

lineage [línidj] *s.* lignée, f.

linear [líniᵉr] *adj.* linéaire. ‖ **lined** [laᶦnd] *adj.* rayé.

linen [línin] *s.* toile de lin, f. ; linge, m.

liner [laᶦnᵉr] *s.* transatlantique, m. ; *air liner*, avion de transport.

linger [linggᵉr] *v.* s'attarder ; traîner ; se prolonger. ‖ **lingerer** [-rᵉr] *s.* retardataire ; lambin, m.

lingerie [lànjᵉri] *s.* lingerie, f.

linguist [línggwist] *s.* linguiste, m. ‖ **linguistic** [línggwístik] *adj.* linguistique. ‖ **linguistics** [-iks] *s.* linguistique, f.

lining [laᶦning] *s.* doublure, f. ; doublage ; revêtement, m.

link [lingk] *s.* anneau ; maillon ; chaînon, m. ; articulation, f. ; *v.* lier ; unir ; enchaîner ; (s')articuler ; se raccorder. ‖ **links** [-s] *s. pl.* terrain de golf, m.

linnet [línit] *s.* linotte, f.

linoleum [linoᵘliᵉm] *s.* linoléum, m.

linseed [línsîd] *s.* graine de lin, f. ; *linseed oil*, huile de lin.

lint [lint] *s.* charpie, f.

lintel [línt'l] *s.* linteau, m.

lion [laᶦᵉn] *s.* lion, m. ; *lioness*, lionne.

lip [lip] *s.* lèvre, f. ; *lipsalve*, pommade dermophile pour les lèvres ; *lipstick*, rouge à lèvres.

liquefy [líkwᵉfaᶦ] *v.* liquéfier ; fluidifier. ‖ **liqueur** [likioᵘᵉr] *s.* liqueur, f. ‖ **liquid** [líkwid] *adj.*, *s.* liquide. ‖ **liquidate** [-éᶦt] *v.* liquider ; amortir ; solder [accounts]. ‖ **liquidation** [likwidéᶦshᵉn] *s.* liquidation, f. ; solde des comptes, m. ‖ **liquor** [líkᵉr] *s.* liqueur, f. ; spiritueux ; liquide, m.

lisp [lisp] *v.* zézayer ; *s.* zézaiement, m.

list [list] *s.* liste ; bande (naut.), f. ; registre ; tableau, m. ; *v.* inscrire ; *army list*, annuaire de l'armée ; *wine list*, carte des vins ; *list price*, tarif, prix du catalogue.

list [list] *s.* lisière [cloth], f.

listen [lís'n] *v.* écouter ; prêter attention ; *to listen in*, écouter à la radio ; *listener*, auditeur.

listless [lístlis] *adj.* insouciant ; inattentif ; indolent. ‖ **listlessness** [-nis] *s.* indifférence ; insouciance ; nonchalance, f.

lit [lit] *pret.*, *p. p.* of **to light**.

literal [lítᵉrᵉl] *adj.* littéral ; mot à mot ; *s.* coquille (typogr.), f. ‖ **literary** [-rèri] *adj.* littéraire. ‖ **literate** [-it] *adj.* sachant lire et écrire, alphabète. ‖ **literature** [-rᵉtshᵉr] *s.* littérature, f.

lithe [laᶦzh], **lithesome** [-sᵉm] *adj.* souple, flexible.

litigate [lítigéᶦt] *v.* plaider ; contester. ‖ **litigation** [lítigéᶦshᵉn] *s.* litige ; procès, m. ‖ **litigious** [litidjᵉs] *adj.* litigieux ; procédurier.

litter [lítᵉr] *s.* litière ; civière ; portée [animals], f. ; brancard ; désordre, m. ; *v.* faire une litière ; mettre en désordre ; salir ; joncher ; mettre bas [animals] ; *litter bearer*, brancardier.

little [lít'l] *adj.* petit ; mesquin ; *adv.* peu ; *a little*, un peu ; *for a little*, pendant quelque temps ; *little by little*, peu à peu ; *ever so little*, tant soit peu. ‖ **littleness** [-nis] *s.* petitesse, f.

littoral [lítᵉrᵉl] *s.* littoral, m.

livable [livᵉb'l] *adj.* logeable, habitable; supportable. ‖ *live* [liv] *v.* vivre; habiter; [laᴵv] *adj.* vif, vivant; actif; palpitant [question]; ardent [coal]; sous tension (electr.); *to live down,* faire oublier; *live rail,* rail conducteur. ‖ *livelihood* [laᴵvlihoud] *s.* subsistance, f.; moyen d'existence, m. ‖ *liveliness* [-linis] *s.* vivacité, f. ‖ *lively* [-li] *adj.* vif; animé; gai; *adv.* vivement; avec gaieté.

liver [liverᵉ] *s.* viveur, m.; *good liver,* bon vivant.

liver [liverᵉ] *s.* foie, m.

livery [liverᵉri] *s.** livrée; pension pour chevaux, f.

lives [laᴵvz] *pl. of life.*

livestock [laᴵvståk] *s.* bétail, cheptel, m.

livid [livid] *adj.* livide.

living [living] *adj.* vivant; vif; *s.* vie, subsistance, f.; *living-room,* salle de séjour, *Fr. Can.* vivoir; *living wage,* minimum vital; *the living,* les vivants; *to earn a living,* gagner sa vie; *good living,* bonne chère.

lizard [lizerᵈd] *s.* lézard, m.

load [loᵘd] *s.* charge, f.; fardeau; chargement, m.; *v.* charger; plomber [stick]; accabler (fig.); piper [dice]; *dead load,* poids mort; *loader,* chargeur.

loadstar [loᵘdstar] *s.* étoile Polaire, f.; *loadstone,* magnétite.

loaf [loᵘf] (*pl. loaves* [loᵘvz]) *s.* miche de pain, f.; *sugar loaf,* pain de sucre.

loaf [loᵘf] *v.* flâner; *loafer,* fainéant, flâneur.

loam [loᵘm] *s.* glaise, f.

loan [loᵘn] *s.* prêt; emprunt, m.; *v.* prêter; *loan shark,* usurier; *loan society,* société de crédit.

loath [loᵘth] *adj.* peu enclin, répugnant [*to,* à]; *nothing loath,* volontiers; *to be loath to,* faire à contrecœur. ‖ *loathe* [loᵘzh] *v.* abhorrer; répugner à. ‖ *loathsome* [loᵘzhsᵉm] *adj.* dégoûtant; odieux.

loaves [loᵘvz] *pl. of loaf.*

lobby [låbi] *s.** couloir, vestibule, m.; *v.* « faire les couloirs » (polit.).

lobe [loᵘb] *s.* lobe, m.

lobster [låbsterᵉ] *s.* homard, m.; *spiny lobster,* langouste.

local [loᵘk'l] *adj.* local; localisé [pain]; externe [remedy]; de lieu [adverb.]; *s.* journal (ou train (ou) équipe (ou) agent local; [loᵘkal] *s.* localité, f. ‖ *locality* [lokaliti] *s.** localisation; région; résidence; localité, f. ‖ *localization* [loᵘkelaᴵzéᵉishen] *s.* localisation, f. ‖ *localize*

[loᵘnklaᴵz] *v.* localiser. ‖ *locate* [loᵘkéᴵt] *v.* situer; établir; repérer; poser. ‖ *location* [loᵘkéᴵshen] *s.* emplacement; site; repérage, m.; situation, f.

lock [låk] *s.* mèche [hair], f.

lock [låk] *s.* serrure; fermeture; écluse [river]; platine [firearm], f.; blocage (mech.); verrou, m.; *v.* fermer à clef; verrouiller, *Fr. Can.* barrer; bloquer; *to double-lock,* fermer à double tour; *safety lock,* verrou de sûreté. ‖ *locker* [-erᵉ] *s.* coffre, m. ‖ *locket* [-it] *s.* médaillon, m. ‖ *locksmith* [-smith] *s.* serrurier, m.

locomotion [loᵘkemoᵘshen] *s.* locomotion, f. ‖ *locomotive* [loᵘkemoᵘtiv] *s.* locomotive, f.

locust [loᵘkœst] *s.* sauterelle, f.; caroube, f.; *locust-tree,* caroubier, m.

locution [loᵘkyoushen] *s.* locution; expression, f.

lode [loᵘd] *s.* filon, m.

lodestone [loᵘdstoᵘn] *s.* aimant naturel, m.

lodge [lådj] *s.* loge; maisonnette, f.; *v.* loger; abriter; présenter [complaint]. ‖ *lodger* [-erᵉ] *s.* locataire, m. ‖ *lodging* [-ing] *s.* logement; abri, m.; *furnished lodging,* garni, m.; *lodging-house,* hôtel meublé.

loft [låuft] *s.* grenier; réduit, m.; soupente, f.; *choir loft,* tribune du chœur. ‖ *lofty* [-i] *adj.* élevé; noble; altier; pompeux.

log [låug] *s.* bûche; bille; souche, f.; *v.* couper; tronçonner; *log house,* *Fr. Can.* maison en bois rond.

log [låug] *s.* loch (naut.), m.; journal de bord (naut.), m.; *v.* porter au journal de bord; filer des nœuds (naut.); *air log,* carnet de route (aviat.).

logic [lådjik] *s.* logique, f. ‖ *logical* [-'l] *adj.* logique; *logician,* logicien; *logistics,* logistique.

loin [loᴵn] *s.* rein, m.; lombe; longe, f.

loiter [loᴵterᵉ] *v.* flâner; rôder. ‖ *loiterer* [-rerᵉ] *s.* flâneur; traînard; rôdeur, m.

loll [lål] *v.* se prélasser; pendre, tirer [tongue].

lollipop [lålipåp] *s.* sucette, f.

London [lœndᵉn] *s.* Londres, m.; *adj.* londonien; *Londoner,* Londonien.

lone [loᵘn] *adj.* seul; solitaire. ‖ *loneliness* [-linis] *s.* isolement, m. ‖ *lonely* [-li] *adj.* isolé; désemparé. ‖ *lonesome* [-sᵉm] *adj.* solitaire; nostalgique; esseulé; désert.

long [låung] *adj.* long; allongé; prolongé; *adv.* longtemps; *a long time,* longtemps; *in the long run,* à la longue; *long ago,* autrefois; *to be long* *in coming*, tarder à venir; **long-sighted**, presbyte; prévoyant; **long-suffering**, résigné, tolérant; **long-winded**, prolixe.

long [laung] *v.* aspirer; désirer; soupirer; *I long to know*, il me tarde de savoir; *to long for peace*, aspirer à la paix.

longer [laungᵉʳ] *comp. adj. of long*.

longevity [lândjèᵛti] *s.* longévité, f.

longing [launging] *s.* aspiration, f.; grand désir, m.; *adj.* désireux; nostalgique.

longitude [lândjᵉtyoud] *s.* longitude, f.

longshoreman [laungshoᵒurmᵉn] *s.* débardeur, m.

longsome [lângsᵉm] *adj.* long, ennuyeux. ‖ **longways** [-wèⁱz] *adv.* en long.

look [louk] *v.* regarder; sembler, paraître; donner [to face]; *s.* regard; air, m.; apparence, f.; *it looks well on you*, cela vous va bien; *to look about*, ouvrir l'œil; *to look after*, surveiller; s'occuper de; *to look away*, détourner les yeux; *to look back*, regarder en arrière; *to look for*, chercher; espérer; *to look into*, examiner, regarder dans; *to look on*, être spectateur; *to look out*, prendre garde; *to look over*, parcourir du regard; *to look to*, veiller à; *he looks ill*, il a l'air malade; **looker-on**, spectateur; **looking-glass**, miroir; **lookout**, vigie; surveillance.

loom [loum] *s.* métier à tisser, m.

loom [loum] *v.* apparaître; se distinguer au loin; s'estomper; **looming**, mirage.

loon [loun] *s.* plongeon (zool.), Fr. Can. huard, m.

loony [louni] *adj.* toqué.

loop [loup] *s.* boucle; bride; maille; ganse [rope], f.; looping (aviat.), m. *v.* boucler; faire un looping (aviat.).

loophole [louphoᵒul] *s.* meurtrière, f.; échappatoire, f.

loose [lous] *adj.* lâche; délié; détendu, relâché [morals]; ample [garments]; dévissé (mech.); libre (mech.); *v.* lâcher; détacher; déchaîner; défaire; larguer (naut.); *loose cash*, menue monnaie; *to get loose*, se détacher; *to give loose to*, donner libre cours à; *to work loose*, prendre du jeu. ‖ **loosen** [-'n] *v.* lâcher; desserrer; dénouer; dévisser. ‖ **looseness** [-niss] *s.* relâchement; jeu (mech.); dérèglement, m.; ampleur, f.

loot [lout] *s.* pillage; butin, m.; *v.* piller.

lop [lâp] *v.* élaguer; tomber mollement; clapoter; **lop-eared**, aux oreilles pendantes.

loquacious [loᵒukwéⁱshᵉs] *adj.* loquace, disert. ‖ **loquacity** [loᵒukwasiti] *s.* loquacité, f.

lord [laurd] *s.* seigneur; maître; lord, m.; *v.* dominer; *Lord's Prayer*, Pater; *Our Lord*, Notre Seigneur. ‖ **lordly** [-li] *adj.* seigneurial; noble; despotique; hautain; *adv.* avec noblesse; avec hauteur; impérieusement. ‖ **lordship** [-ship] *s.* seigneurie, f.

lore [loᵒur] *s.* savoir, m.

lorry [lauri] *s.** Br. camion, m.

lose [louz] *v.** perdre; égarer; retarder [clock]; *to lose sight of*, perdre de vue; *to lose one's temper*, perdre patience, perdre son sang-froid. ‖ **loss** [laus] *s.* perte; déperdition, f.; sinistre (naut.), m.; *to be at a loss*; être perplexe; *to sell at a loss*, vendre à perte. ‖ **lost** [-t] *pret., p. p. of* to lose; *adj.* perdu; égaré; sinistre (naut.); plongé [thoughts]; gaspillé [time]; *lost and found*, objets trouvés.

lot [lât] *s.* lot; sort; tirage; paquet (fin.), m.; *to draw lots*, tirer au sort; *a lot of*, lots of, beaucoup de, un tas de.

lotion [loᵒushᵉn] *s.* lotion, f.

lottery [lâtᵉri] *s.** loterie, f.

loud [laᵒud] *adj.* fort; haut; sonore; bruyant; éclatant [color]; tapageur; **loud-mouth**, braillard; **loud-speaker**, haut-parleur; **loudly**, bruyamment. ‖ **loudness** [laᵒudniss] *s.* force, nature bruyante, f.; clinquant, m.

lounge [laᵒundj] *s.* flânerie; chaise-longue, f.; divan; promenoir; foyer; salon de repos, m.; *v.* flâner; se prélasser.

louse [laᵒus] (*pl.* **lice** [laⁱs]) *s.* pou, m.; **lousy**, pouilleux, vil, « moche » (fam.).

lout [laᵒut] *s.* rustre; lourdaud, m.

lovable [lævᵉb'l] *adj.* aimable. ‖ **love** [læv] *s.* amour, m.; affection, amitié, f.; zéro [tennis], m.; *v.* aimer; *love at first sight*, coup de foudre; *to make love to*, faire la cour à; *to be in love*, être amoureux; *to fall in love with*, s'éprendre de. ‖ **loveliness** [-liniss] *s.* charme, m.; grâce; amabilité, f. ‖ **lovelock** [-lâk] *s.* accroche-cœur, m. ‖ **lovely** [-li] *adj.* aimable; charmant; beau. ‖ **lover** [-ᵉʳ] *s.* amoureux; amant; amateur, ami, m.; *music lover*, mélomane. ‖ **loving** [-ing] *adj.* aimant; tendre; affectueux. ‖ **lovingly** [-ingli] *adv.* tendrement; aimablement; affectueusement; amoureusement.

low [loᵒu] *adj.* bas; faible; vil; débile, déficient; *low comedy*, farce; *low gear*, première vitesse; **lowland**, plaine; *low mass*, messe basse; **low-necked**, décolleté; *adv.* bas; à bas prix; bassement; *in low spirits*, low spirited, abattu, déprimé, découragé.

low [loᵒu] *s.* beuglement, m.; *v.* beugler, meugler.

lower [laᵒueʳ] *v.* se renfrogner, regarder de travers; s'assombrir; *s.* visage renfrogné, m.

lower [loᵒueʳ] *adj.* plus bas; inférieur; d'en bas; *v.* baisser; abaisser; diminuer; humilier; rabattre.

lowering [loᵒueʳiŋg] *adj.* menaçant.

lowliness [loᵒulinis] *s.* humilité, f. ‖ *lowly* [loᵒuli] *adj.* humble, modeste; peu élevé; *adv.* humblement. ‖ *lowness* [loᵒunis] *s.* infériorité; bassesse; humilité; gravité [sound], f.; faible altitude, f.; abattement, m.

lox [lâks] *s. Am.* saumon fumé, m.

loyal [loᵉl] *adj.* loyal; fidèle. ‖ *loyalty* [-ti] *s.* fidélité; solidarité; loyauté, f.

lubber [lœbeʳ] *s.* lourdaud, m.

lubricant [loubrikᵉnt] *adj., s.* lubrifiant. ‖ *lubricate* [-kéᵗt] *v.* lubrifier; graisser. ‖ *lubrication* [loubrikéᵗshᵉn] *s.* lubrification, f.; graissage, m. ‖ *lubricity* [loubrisiti] *s.* onctuosité; lubricité, f.

lucid [lousid] *adj.* lucide; limpide. ‖ *lucidity* [lousiditi] *s.* luminosité; lucidité, f.

Lucifer [ˈlousifeʳ] *s.* Lucifer, m.; Vénus, f. [star]; allumette-tison, f.

luck [lœk] *s.* hasard; bonheur, m.; chance; fortune; f.; *ill-luck,* mauvaise fortune. ‖ *luckily* [-ˈli] *adv.* heureusement; par bonheur. ‖ *lucky* [-i] *adj.* heureux; chanceux; fortuné; favorable.

lucrative [loukrᵉtiv] *adj.* lucratif.

ludicrous [loudikrᵉs] *adj.* risible, comique, grotesque.

luff [lœf] *s.* lof, m.; *v.* lofer (naut.).

lug [lœg] *v.* tirer; traîner; entraîner.

luge [lyoudj] *s.* luge, f.; *v.* luger.

luggage [lœgidj] *s.* bagage, m.; *luggage-carrier,* porte-bagages; *luggage-rail,* galerie (auto).

lukewarm [loukwaurm] *adj.* tiède; tempéré. ‖ *lukewarmness* [-nis] *s.* tiédeur, f.

lull [lœl] *v.* se calmer; bercer; endormir; *s.* accalmie; embellie (naut.), f.

lullaby [lœlᵉbaˡ] *s.** berceuse, f.

lumber [lœmbeʳ] *s. Am.* bois de charpente; bric-à-brac, m; *v.* entasser; encombrer; se mouvoir pesamment; *Am.* exploiter le bois; *lumber camp, Fr. Can.* chantier; *lumberman,* bûcheron; *lumber-room,* débarras, fourre-tout.

luminous [loumᵉnᵉs] *adj.* lumineux.

lump [lœmp] *s.* motte; masse, f.; bloc; morceau; f.; *v.* mettre en tas; prendre en bloc; *lump-sugar,* sucre en morceaux.

lumpish [lœmpish] *adj.* balourd; lourdaud. ‖ *lumpishness* [-nis] *s.* gaucherie, f.; lourdeur (f.) d'esprit.

lunar [louneʳ] *adj.* lunaire.

lunatic [lounᵉtik] *adj., s.* aliéné; fou.

lunch [lœntsh] *s.*, v.* déjeuner. ‖ *luncheon, s.* lunch, m.; collation, f.; *luncheon-basket,* panier-repas.

lung [lœng] *s.* poumon; mou, m.

lunge [lœndj] *s.* coup porté, m.; botte [fencing], f.; *v.* porter une botte [fencing]; allonger un coup (*at,* à).

lurch [lëʳtsh] *s.** embardée, f.; *v.* faire une embardée; tituber; *to leave in the lurch,* planter là.

lurch [lëʳtsh] *s.* panne (fam.), f.; *to be left in the lurch,* rester en carafe.

lure [lour] *s.* leurre; appât; attrait, m.; *v.* leurrer; amorcer; attirer.

lurid [lourid] *adj.* mélodramatique; exagéré; livide.

lurk [lëʳk] *v.* se tapir; être aux aguets.

luscious [lœshᵉs] *adj.* succulent, exquis, délicieux.

lust [lœst] *s.* convoitise; luxure; concupiscence, f.; *v.* convoiter.

luster [lœsteʳ] *s.* lustre; éclat, m.

lustful [lœstfᵉl] *adj.* luxurieux; lascif; lubrique. ‖ *lustfulness* [-nis] *s.* désir, m.; lasciveté, f.

lusty [lœsti] *adj.* fort, vigoureux.

lute [lout] *s.* luth, m.

luxation [lœkséᵗshᵉn] *s.* luxation, f.

luxe [louks] *s.* luxe, m.

luxuriant [lœgjouriᵉnt] *adj.* luxuriant; abondant; exubérant.

luxurious [lœgjouriᵉs] *adj.* luxueux, somptueux. ‖ *luxury* [lœkshᵉri] *s.** luxe, m.; volupté, f.

lustrous [lœstrᵉs] *adj.* brillant; lustré.

lyceum [laˡsíᵉm] *s.* auditorium, m.; salle (f.) de conférences.

lye [laˡ] *s.* lessive, f.

lying [laˡiŋg] *s.* lieu pour se coucher; *lying down,* action de se coucher; *adj.* couché.

lying [laˡiŋg] *adj.* menteur; *s.* mensonge, m.

lymph [lîmf] *s.* lymphe, f.

lynch [lîntsh] *v.* lyncher.

lynx [liŋgks] *s.** lynx, m.

lyre [laˡr] *s.* lyre, f. ‖ *lyric* [lirik] *adj.* lyrique; *s.* poème lyrique; *lyrical, adj.* lyrique. ‖ *lyricism* [lirᵉsizᵉm] *s.* lyrisme, m.

M

mac [mak] *s.* imperméable, imper, m.; gabardine, f.

macadam [mᵉkadᵉm] *s.* macadam, m.

macaroni [makᵉroᵒuni] *s.* macaroni, m.

macaroon [makᵉroun] *s.* macaron, m.

machine [mᵉshîn] *s.* machine, f.; appareil, instrument, dispositif, m.; *v.* usiner; façonner; *machine-gun,* mitrailleuse; *machine-gunner,* mitrailleur; *mincing-machine,* hache-viande; *sewing-machine,* machine à coudre. ‖ *machinery* [-ᵉri] *s.* mécanisme, m.; mécanique, f. ‖ *machinist* [-ist] *s.* machiniste; mécanicien, m.

mackerel [makᵉrᵉl] *s.* maquereau, m.; *adj.* moutonné [sky].

mackintosh [makintâsh] *s.** imperméable, imper, m.; gabardine, f.

maculate [makioule�¹t] *v.* maculer.

mad [mad] *adj.* fou; furieux; enragé [dog]; *madly,* follement, furieusement.

madam [madᵉm] *s.* madame, f.

madcap [madkap] *adj.* écervelé; téméraire. ‖ *madden* [mad'n] *v.* devenir fou; rendre furieux.

made [méᵢd] *pret., p. p. of to make;* *self-made man,* fils de ses œuvres; *made-to-order,* fait sur mesure; *made-up,* factice; maquillé.

madman [madmᵉn] *(pl. madmen)* *s.* fou, m. ‖ *madness* [madnis] *s.* folie; démence; rage, f. ‖ *madwoman* [-woumᵉn] *(pl. madwomen)* *s.* folle, démente, f.

magazine [magᵉzîn] *s.* magasin, dépôt, m.; soute, f.

magazine [magᵉzîn] *s.* revue, magazine, f.; périodique, m.

magic [madjik] *s.* magie, f.; *adj.* magique. ‖ *magician* [mᵉdjîshᵉn] *s.* magicien, prestidigitateur, m.

magistracy [madjistrᵉsi] *s.** magistrature, f. ‖ *magistrate* [madjistréᵢt] *s.* magistrat, m.

magnanimous [magnanᵉmᵉs] *adj.* magnanime.

magnet [magnit] *s.* aimant, m. ‖ *magnetic* [magnètik] *adj.* magnétique; aimanté; attirant. ‖ *magnetize* [magnitaᵢz] *v.* aimanter; magnétiser; attirer. ‖ *magneto* [magnitou] *s.* magnéto, f.

magnificence [magnifᵉs'ns] *s.* magnificence, f. ‖ *magnificent* [-s'nt] *adj.* magnifique.

magnify [magnᵉfai] *v.* grandir; agrandir; grossir; amplifier [sound];

magnifying glass, loupe. ‖ **magnitude** [magnᵉtyoud] *s.* grandeur, importance, f.

magpie [magpaᵢ] *s.* pie, f.

mahogany [mᵉhâgᵉni] *s.** acajou, m.

mahout [mᵉhaᵒut] *s.* cornac, m.

maid [méᵢd] *s.* fille; vierge; servante, bonne, f.; *maid of hono(u)r,* demoiselle d'honneur. ‖ *maiden* [-'n] *s.* jeune fille, f.; *adj.* virginal; inaugural. ‖ *maidenhead* [-hèd] *s.* virginité, f. ‖ *maidenhood* [-houd] *s.* célibat, m.

mail [méᵢl] *s.* courrier, m.; poste; correspondance, f.; *v.* expédier; mettre à la poste; *air mail,* poste aérienne; *mailbox,* boîte aux lettres; *Am. mailman, mail carrier,* facteur.

mail [méᵢl] *s.* cotte de mailles, f.

maim [méᵢm] *v.* mutiler; tronquer.

main [méᵢn] *adj.* principal; essentiel; gros; *s.* haute mer, f.; force; canalisation principale, f.; secteur; grand collecteur, m.; *in the main,* en général; *main-traveled,* *Am.* à large circulation [road]; *mainland,* continent. ‖ *mainly* [-li] *adv.* principalement.

maintain [méᵢntéᵢn] *v.* maintenir; conserver; entretenir; prétendre; soutenir. ‖ *maintenance* [méᵢntenᵉns] *s.* soutien; entretien; maintien; service de dépannage et de ravitaillement; moyens d'existence, m.; *separate maintenance,* séparation de biens.

maintop [méᵢntâp] *s.* grand-hune, f.

maize [méᵢz] *s.* maïs, m.

majestic [mᵉdjèstik] *adj.* majestueux. ‖ *majesty* [madjisti] *s.** majesté, f.

major [méᵢdjᵉr] *s.* major; commandant, m.; *adj.* plus grand; majeur; *major key,* ton majeur [music]. ‖ *majority* [mᵉdjârᵉti] *s.** majorité, f.

make [méᵢk] *v.** faire; fabriquer; façonner; rendre; atteindre; former; prononcer; forcer; *s.* façon; forme; fabrication; marque, f.; modèle [car], m.; *to make away with,* se défaire de, gaspiller; *to make fast,* amarrer (naut.); *to make for,* se diriger vers; *to make land,* atterrir, aborder; *to make it,* réussir; *to make off,* filer; *to make over,* transférer, refaire; *to make out,* établir; discerner; dresser; *to make over to,* céder à; *to make up for,* compenser; réparer; *to make up,* se maquiller; inventer; se réconcilier; *make-believe,* feinte; *make-do,* de fortune; *makeshift,* pis-aller, expédient; *make-up,* arrangement, maquillage. ‖ *maker* [-ᵉr] *s.* auteur; faiseur; fabricant; créateur, m.

maladjusted [malᵉdjœstid] *adj.* mal ajusté, mal réglé.

malady [malᵉdi] *s.** maladie, f.

malapropism [malᵉprâpiz'm] *s.* impropriété d'expression, f.

malaria [mèlèriᵉ] *s.* malaria, f.; paludisme, m.

malcontent [malkᵉntènt] *adj.* mécontent.

male [mé¹l] *adj.* mâle; masculin; *s.* mâle, m.

malediction [malidíkshᵉn] *s.* malédiction, f.

malefactor [malifaktᵉr] *s.* malfaiteur, m.

malevolence [mᵉlévᵉlᵉns] *s.* malveillance, f. ‖ *malevolent* [-ᵉnt] *adj.* malveillant.

malice [malis] *s.* malice; méchanceté; malveillance; rancune, f. ‖ *malicious* [mᵉlishᵉs] *adj.* méchant, malveillant; délictueux; volontairement coupable (jur.).

malign [mᵉla¹n] *adj.* méchant; pernicieux; *v.* calomnier; diffamer. ‖ *malignant* [mᵉlignᵉnt] *adj.* méchant, venimeux, pernicieux; *malignity*, malignité.

malinger [mᵉlinggᵉr] *v.* simuler la maladie, tirer au flanc.

malleable [maliᵉb'l] *adj.* malléable.

mallet [malit] *s.* maillet, m.; mailloche, f.

malnutrition [malnyoutrishᵉn] *s.* sous-alimentation; mauvaise hygiène alimentaire, f.

malpractice [malpraktis] *s.* malfaçon; incurie, f.

malt [moult] *s.* malt, m.

maltreat [maltrît] *v.* maltraiter.

mammal [mam'l] *s.* mammifère, m.

mammoth [mamᵉth] *s.* mammouth, m.; *adj.* énorme, gigantesque.

mammy [mami] *s.** maman; nounou, f.

man [màn] (*pl.* **men** [mèn]) *s.* homme; pion [draughts]; soldat; employé, m.; pièce [chess], f.; *v.* armer; équiper; *man and wife*, mari et femme; *to a man*, tous, unanimement; *man-of-war*, navire de guerre; *manpower*, main-d'œuvre; *single man*, célibataire.

manage [manidj] *v.* diriger; gérer; administrer; (s')arranger; manier; maîtriser; trouver moyen; *I shall manage it*, je m'en tirerai. ‖ *manageable* [-ᵉb'l] *adj.* maniable; docile. ‖ *management* [-mᵉnt] *s.* administration; gestion; gérance, f.; maniement, m. ‖ *manager* [-ᵉr] *s.* administrateur; gérant; régisseur; impresario; manager,

m.; *advertising manager*, chef de publicité. ‖ *managing* [-ing] *adj.* directeur, gérant, principal; actif, entendu; *Am. managing editor*, rédacteur en chef.

mandarin [mandᵉrin] *s.* mandarin, m.; mandarine, f.

mandate [màndé¹t] *s.* mandat; ordre, m.; *v.* mandater.

mandolin(e) [mandolin] *s.* mandoline, f.

mane [mé¹n] *s.* crinière, f.

maneuver [mᵉnouvᵉr] *s.* manœuvre, tactique, f.; *v.* manœuvrer.

manful [mànfᵉl] *adj.* viril; vaillant.

mange [mé¹ndj] *s.* gale, f.

manger [mé¹ndjᵉr] *s.* mangeoire; crèche, f.

mangle [màngg'l] *v.* déchiqueter; déchirer; mutiler.

mangle [màngg'l] *s.* calandre, f.; *v.* calandrer.

mangy [mé¹ndji] *adj.* galeux.

manhandle [mànhànd'l] *v.* malmener; manutentionner.

manhole [mànhoᵘl] *s.* trou d'homme, m.; bouche d'égout, f.

manhood [mànhoud] *s.* virilité, f.

mania [mé¹niᵉ] *s.* folie; manie, f. ‖ *maniac* [-niak] *adj.* fou furieux (med.); maniaque, enragé, mordu.

manicure [manikyour] *s.* manucure, f.

manifest [mànᵉfèst] *adj.* manifeste; évident, notoire; *s.* manifeste, m.; déclaration d'expédition (naut.), f.; *v.* manifester; témoigner; déclarer. ‖ *manifestation* [manᵉfèsté¹shᵉn] *s.* manifestation, f. ‖ *manifesto* [manᵉfèstoᵘ] *s.* manifeste, m.; proclamation, f.

manifold [mànᵉfoᵘld] *adj.* multiple; divers; nombreux; *manifold writer*, machine à polycopier; *s.* tuyauterie; polycopie, f.; *v.* polycopier.

manikin [mànᵉkin] *s.* mannequin, m.; petit bout d'homme, m.

manioc [maniâk] *s.* manioc, m.

manipulate [mᵉnipyᵉlé¹t] *v.* manipuler; manier. ‖ *manipulation* [mᵉnipyᵉlé¹shᵉn] *s.* manipulation, f.

manitou [mànᵉtou] *s.* manitou, m.

mankind [mànka¹nd] *s.* humanité, f.; genre humain, m. ‖ *manliness* [mànlinis] *s.* virilité, f. ‖ *manly* [mànli] *adj.* viril; *adv.* virilement.

manner [manᵉr] *s.* manière; mœurs; coutume; méthode, f.; *after the manner of*, à la manière de; *he has no manners*, il n'a pas de savoir-vivre; *all manners of*, toutes sortes de; *the* *manner how*, la façon dont. ‖ *mannerless* [-lis] *adj.* sans éducation. ‖ *mannerliness* [-linis] *s.* savoir-vivre, m. ; courtoisie, f. ‖ *mannerly* [-li] *adj.* courtois, bien élevé.

mannish [manish] *adj.* hommasse.

manœuvre, *see* maneuver.

manometer [mᵉnᵃmᵉtᵉʳ] *s.* manomètre, m.

manor [manᵉʳ] *s.* manoir, m.

mansion [manshᵉn] *s.* château ; hôtel ; palais, m.

manslaughter [manslautᵉʳ] *s.* homicide involontaire, m. ‖ *manslayer* [-sléiᵉʳ] *s.* meurtrier, m.

mantel [mant'l], **mantelpiece** [-pis] *s.* manteau de cheminée, m.

mantle [mant'l] *s.* manteau ; manchon [gas], m. ; *v.* couvrir ; s'épandre ; cacher, voiler ; mousser [liquid] ; affluer [blood] ; rougir [face]. ‖ *mantlet* [-lit] *s.* mantelet, m.

manual [manyouᵉl] *adj.* manuel ; *s.* manuel ; clavier, m.

manufactory [manyᵉfaktᵉri] *s.** *Br.* usine, fabrique, f.

manufacture [manyᵉfaktshᵉr] *s.* manufacture ; industrie, f. ; produit manufacturé, m. ; *v.* manufacturer ; fabriquer. ‖ *manufacturer* [-rᵉr] *s.* fabricant ; industriel, m. ‖ *manufacturing* [-ring] *s.* fabrication, f. ; *adj.* industriel ; manufacturier.

manure [mᵉnyouʳ] *s.* fumier ; engrais, m. ; *v.* fumer.

manuscript [manyᵉskript] *adj.*, *s.* manuscrit.

Manx [mangks] *adj.* de l'île de Man ; *s.* manx, mannois, m. ; *Manxman*, Mannois.

many [mèni] *adj.* beaucoup de ; maint ; bien des ; *pron.* beaucoup ; *how many?*, combien ? ; *as many as*, autant que ; *not so many*, pas tant ; *so many*, tant ; *too many*, trop ; *a great many*, un grand nombre.

map [map] *s.* carte (topogr.), f. ; *v.* faire une carte ; *astronomical map*, carte du ciel ; *large-scale map*, carte à grande échelle ; *road map*, carte routière ; *map of the world*, mappemonde.

maple [méip'l] *s.* érable, m. ; *sugar maple*, érable à sucre ; *maple bush*, *Fr. Can.* sucrerie ; *maple grove*, érablière ; *maple sap*, eau d'érable ; *maple sugar*, sucre d'érable.

maquis [maki] *s.* maquis ; maquisard, m.

mar [mâr] *v.* endommager ; défigurer, gâter.

marble [mârb'l] *s.* marbre, m. ; bille, f. ; *adj.* de marbre ; *v.* marbrer ; *to play marbles*, jouer aux billes.

march [mârtsh] *s.** marche ; avance, f. ; progrès, m. ; *v.* marcher ; avancer ; être en marche ; marche, défiler ; *day march*, étape journalière.

march [mârtsh] *s.** frontière, marche, f.

March [mârtsh] *s.* mars [month], m.

marchioness [mârshᵉnis] *s.** marquise, f.

mare [mèᵉʳ] *s.* jument, f.

margin [mârdjin] *s.* marge, f. ; bord, m. ; *v.* marginer ; annoter en marge ; *marginal*, marginal.

marigold [marᵉgoᵘld] *s.* souci, m.

marinade [mariné¹d] *s.* marinade, f. ; *v.* faire mariner.

marine [mᵉrîn] *adj.* marin ; maritime ; *s.* soldat de l'infanterie de marine, m. ; *marines*, fusiliers marins. ‖ *mariner* [marᵉnᵉr] *s.* marinier ; marin, m. ‖ *maritime* [marᵉta¹m] *adj.* maritime.

mark [mârk] *s.* marque ; empreinte ; cible, f. ; signe ; but ; jalon ; repère, m. ; note [school], f. ; *v.* marquer ; repérer ; *question mark*, point d'interrogation ; *marksman*, tireur d'élite ; *to hit the mark*, atteindre le but ; *to make one's mark*, se distinguer ; *to mark out*, délimiter ; *to mark up*, hausser [price] ; *mark my words*, écoutez-moi bien. ‖ *marker* [-ᵉr] *s.* pointeur ; indicateur ; repère ; avertisseur, m.

market [mârkit] *s.* marché, m. ; *v.* faire son marché ; faire un marché ; vendre, mettre sur le marché ; *black market*, marché noir ; *market price*, prix courant.

marmalade [mârm'lé¹d] *s.* confiture d'orange, de citron, f.

marmot [mârmᵃut] *s.* marmotte, f.

maroon [mᵉroᵘn] *adj.*, *s.* marron.

maroon [mᵉroᵘn] *s.* nègre marron ; homme abandonné dans une île déserte, m.

marquetry [mârkitri] *s.** marqueterie, f.

marquis [mârkwis] *s.** marquis, m. ‖ *marquise* [mârkîz] *s.* marquise, f.

marriage [maridj] *s.* mariage, m. ‖ *married* [marid] *adj.* marié ; conjugal.

marrow [maroᵘ] *s.* moelle ; quintessence ; vigueur, f.

marry [mari] *v.* (se) marier ; épouser ; s'allier (*with*, à).

marsh [mârsh] *s.** marais ; marécage, m. ; *marsh-fever*, paludisme.

marshal [mârshᵉl] *s.* maréchal ; *Am.* prévôt [police], m. ; *v.* disposer ; régler une cérémonie ; *marshalling station*, gare de triage.

marshmallow [mârshmalo°u] *s.* guimauve, f.

marshy [mârshi] *adj.* marécageux.

mart [mârt] *s.* marché [place], m.;
salle de vente, f.

martial [mârsh²l] *adj.* martial.

martin [mârtin] *s.* martinet [bird], m.
‖ *martinet* [mâ²tinét] *s.* gendarme,
m. (colloq.).

martingal [mârt'ngé¹l] *s.* martingale, f.

martyr [mârtᵉr] *s.* martyr, m.; *v.*
martyriser. ‖ *martyrdom* [-dᵉm] *s.*
martyre, m. ‖ *martyrize* [-ra¹z] *v.* martyriser.

marvel [mârv'l] *s.* merveille, f.; *v.*
s'émerveiller; s'étonner; se demander;
marvel(l)ous, merveilleux; surprenant.

mascot [maskᵉt] *s.* mascotte, f.

masculine [maskyᵉlin] *adj.* masculin; viril; mâle; *s.* masculin, m.;
masculinity, masculinité.

mash [mash] *v.* triturer; brasser
[beer]; réduire en pâtée, en bouillie;
mashed potatoes, purée de pommes
de terre.

mask [mask] *s.* masque; loup, m.;
mascarade, f.; *v.* (se) masquer; cacher; (se) déguiser.

mason [mé¹s'n] *s.* maçon, m.; *v.*
maçonner; construire. ‖ *masonry* [-ri]
s. maçonnerie; franc-maçonnerie, f.

masquerade [maskᵉré¹d] *s.* mascarade, f.; *v.* faire partie d'une mascarade; se masquer; se faire passer (*as,*
pour).

mass [mas] *s.** messe, f.

mass [mas] *s.** masse; foule; multitude; majorité, f.; *v.* (se) masser; entasser; s'accumuler; *mass meeting,*
rassemblement populaire; *mass production,* production en série.

massacre [masᵉkᵉr] *s.* massacre, m.;
v. massacrer.

massage [mᵉsâj] *s.* massage, m.; *v.*
masser.

massing [masing] *s.* agglomération,
f.; attroupement, rassemblement;
amoncellement, m.

massive [masiv] *adj.* massif.

mast [mast] *s.* mât, m.; *radio mast,*
mât de T.S.F.; *topgallant mast,* mât
de perroquet.

master [mastᵉr] *s.* maître; patron;
jeune garçon, m.; *v.* maîtriser; dompter; connaître à fond [language]; diriger, gouverner; *adj.* principal, maître;
directeur; dominant; *Master of Arts,*
licencié ès lettres; *masterful,* autoritaire; magistral; *master key,* passe-
partout; *masterly,* magistral; *masterpiece,* chef-d'œuvre. ‖ *mastery* [-ri] *s.*
maîtrise; supériorité, f.; empire, m.

mastic [mastik] *s.* mastic, m.; len-
tisque, m.

masticate [mastiké¹t] *v.* mastiquer. ‖
mastication [mastiké¹shᵉn] *s.* mastication, f.

mastiff [mastif] *s.* mâtin, m.

mat [mat] *s.* natte, f.; paillasson;
napperon; dessous-de-plat, -d'assiette,
m.; *v.* natter; enchevêtrer; tresser.

mat [mat] *adj.* mat, terne.

match [matsh] *s.** allumette; mèche, f.

match [matsh] *s.** égal, pair; assortiment; mariage; match, m.; *Fr. Can.*
joute, f.; *v.* assortir; appareiller; accoupler; tenir tête à; rivaliser; *he has
no match,* il est sans égal; *she is a
good match,* c'est un bon parti; *and a
hat to match,* et un chapeau à l'avenant; *these colo(u)rs do not match,*
ces couleurs ne s'assortissent pas;
match-mark, point de repère. ‖ *matching* [-ing] *s.* assortiment, m. ‖ *match-
less,* sans rival, inégalable.

mate [mé¹t] *s.* camarade; conjoint;
officier (naut.), m.; *first mate,* second
(naut.); *second mate,* lieutenant
(naut.); *v.* unir, marier; épouser;
s'accoupler.

mate [mé¹t] *s.* mat [chess], m.; *v.* mater; subjuguer; faire échec et mat.

material [mᵉtiriᵉl] *adj.* matériel;
essentiel; important; *s.* matière, f.;
tissu; matériel, m.; *raw material,* matière première. ‖ *materialism* [-iz'm] *s.*
matérialisme, m. ‖ *materialist* [-ist]
s. matérialiste, m. ‖ *materialization*
[mᵉtiᵉriᵉla¹zé¹shᵉn] *s.* matérialisation,
f. ‖ *materialize* [mᵉtiᵉriᵉla¹z] *v.* (se)
matérialiser.

maternal [mᵉtë̈r'n'l] *adj.* maternel. ‖
maternity [mᵉtë̈rᵉti] *s.* maternité, f.

mathematical [mathᵉmatik'l] *adj.*
mathématique. ‖ *mathematician* [ma-
thᵉmᵉtishᵉn] *s.* mathématicien, m. ‖
mathematics [mathᵉmatiks] *s. pl.* mathématiques, f. pl.

matriculate [mᵉtrïkyᵉlé¹t] *v.* immatriculer. ‖ *matriculation* [mᵉtrïkyᵉ-
lé¹shᵉn] *s.* immatriculation, f.

matrimony [matrᵉmo°uni] *s.** mariage, m.; vie conjugale, f.

matrix [mé¹triks] *s.** matrice; gan-
gue, f.; moule, m.

matron [mé¹trᵉn] *s.* matrone; infirmière major; surveillante, f. [hospi-
tal]; intendante; dame âgée, f.

matter [matᵉr] *s.* matière; affaire;
chose, f.; sujet; fait; pus (med.), m.;
v. importer; *it is of no matter,* cela
n'a pas d'importance; *it does not
matter,* peu importe; *no matter how,*
de n'importe quelle manière; *as a
matter of fact,* à vrai dire; *a matter-
of-fact man,* un homme positif; *a*

matter of law, une question de droit; *a matter of course*, une chose qui va de soi; *what's the matter with you?*, qu'avez-vous?; *printed matters*, imprimés.

mattress [matris] *s.** matelas, m.; *spring mattress*, sommier.

mature [met⁵your] *adj.* mûr; *v.* mûrir; venir à échéance (comm.). ‖ **maturity** [met⁵your⁶ti] *s.* maturité; date d'échéance (comm.), f.

maul [maul] *v.* marteler; maltraiter; meurtrir.

mausoleum [maus⁶li⁶m] *s.* mausolée, m.

maxim [maksim] *s.* maxime, f.

maximum [maks⁶m⁶m] *adj., s.* maximum, m.

may [mé¹] *defect. v.* pouvoir; avoir le droit, l'autorisation, la possibilité de; *may I sit down?*, puis-je m'asseoir?; *may you live happily!* puissiez-vous vivre heureux!; *it may rain*, il se peut qu'il pleuve; *maybe*, peut-être.

May [mé¹] *s.* mai, m.; *May Day*, premier mai; *May-beetle*, hanneton; *May-bush*, aubépine.

mayday [mé¹dé¹] *s.* S.O.S., signal de détresse, m.

maypole [mé¹po⁰¹l] *s.* mai, m.

mayor [mé¹⁶r] *s.* maire, m.

maze [mé¹z] *s.* labyrinthe, dédale, m.; perplexité, f.

me [mî, mi] *pers. pron.* moi; me.

meadow [mèdo⁰u] *s.* pré, m.; prairie, f.

meager [mîg⁶r] *adj.* maigre; insuffisant, pauvre.

meal [mîl] *s.* repas, m.; *meal-time*, heure du repas.

meal [mîl] *s.* farine, f.; *mealy*, farineux; *mealy-mouthed*, patelin; doucereux, cauteleux.

mean [mîn] *adj.* médiocre; mesquin; vil; avare; *mean trick*, vilain tour.

mean [mîn] *adj.* moyen; *s.* milieu; moyen; procédé, m.; moyenne (math.), f.; *pl.* ressources, f.; moyens, m.; *by no means*, nullement; *by means of*, au moyen de; *private means*, fortune personnelle; *come by all means*, venez sans faute; *golden mean*, juste milieu.

mean [mîn] *v.** signifier; avoir l'intention de; *I didn't mean it*, je ne l'ai pas fait exprès; *to mean well*, avoir de bonnes intentions; *what do you mean?*, que voulez-vous dire?

meander [miand⁶r] *s.* méandre, m.; *v.* serpenter; errer. ‖ **meandrous** [-⁶s] *adj.* sinueux.

meaning [mîning] *s.* intention; signification, f.; sens, m.; *adj.* intentionné; **meaningful**, plein de sens, significatif; **meaningless**, dénué de sens.

meanness [mînnis] *s.* mesquinerie; médiocrité; abjection, f.

meant [mènt] *pret., p. p. of* **to mean**.

meantime [mînta¹m], **meanwhile** [-hwa¹l] *adv.* en attendant; sur ces entrefaites; d'ici là; *s.* intérim; intervalle, m.

measles [mîz'lz] *s. pl.* rougeole, f.

measurable [mèjr⁶b'l] *adj.* mesurable. ‖ **measure** [mèj⁶r] *s.* mesure; quantité; disposition; proposition [law]; démarche, f.; *v.* mesurer; *to measure*, sur mesure; *to bring forward a measure*, déposer un projet de loi. ‖ **measured** [-⁶d] *adj.* mesuré; modéré; circonspect. ‖ **measurement** [-m⁶nt] *s.* mesurage; arpentage; jaugeage, m.; dimension, f.

meat [mît] *s.* viande; nourriture, f.; aliment, m.; *meat ball*, boulette; *meat-chopper*, hache-viande; *meat-safe*, garde-manger.

mechanic [m⁶kanik] *adj.* mécanique. ‖ **mechanics** [-s] *s. pl.* mécanique, f.; mécanicien, m. ‖ **mechanism** [mèk⁶nizⁿm] *s.* mécanisme; machinisme; système, m. ‖ **mechanization** [mèk⁶na¹ze¹sh⁶n] *s.* mécanisation, f. ‖ **mechanize** [mèk⁶na¹z] *v.* mécaniser.

medal [mèd'l] *s.* médaille; décoration, f.; *life-saving medal*, médaille de sauvetage. ‖ **medallion** [-¹⁶n] *s.* médaillon, m.

meddle [mèd'l] *v.* se mêler (*with*, de); s'immiscer (*with*, dans); **meddler**, intrigant; **meddlesome**, indiscret, importun, intrigant; **meddling**, immixtion, ingérance.

median [midi⁶n] *adj.* médian; moyen.

mediate [mîdié¹t] *v.* s'entremettre; servir d'intermédiaire; intervenir. ‖ **mediation** [mîdié¹sh⁶n] *s.* intervention; médiation, f. ‖ **mediator** [mîdiét⁶r] *s.* médiateur; intercesseur, m.

medical [mèdik'l] *adj.* médical; *medical equipment*, matériel sanitaire. ‖ **medicament** [mèdik⁶m⁶nt] *s.* médicament, m. ‖ **medicated** [mèdike¹tid] *adj.* hydrophile [cotton]. ‖ **medicine** [mèd⁶s'n] *s.* médecine, f.; médicament, remède, m.; *medicine man*, sorcier.

medieval [mîdîîv'l] *adj.* médiéval.

mediocre [mîdio⁰uk⁶r] *adj.* médiocre. ‖ **mediocrity** [mîdiâkriti] *s.** médiocrité, f.

meditate [mèd⁶té¹t] *v.* méditer; projeter. ‖ **meditation** [mèd⁶té¹sh⁶n] *s.* méditation, f. ‖ **meditative** [mèdîtè¹tiv] *adj.* méditatif.

medium [mĭdiᵉm] *s.* moyen; milieu; intermédiaire; médium, m.; *adj.* moyen; *advertising medium,* organe de publicité; *circulating medium,* monnaie en circulation; *culture medium,* bouillon de culture; *medium distance,* demi-fond (sports). ‖ *mediumistic* [mĭdiᵉmĭstik] *adj.* médiumnique.

medley [mĕdli] *s.* mélange; potpourri, m.; *adj.* hétéroclite, mêlé; *v.* mêler, mélanger.

meek [mĭk] *adj.* doux; docile. ‖ *meekness* [-nis] *s.* docilité; soumission; douceur, f.

meet [mĭt] *v.** rencontrer; aller à la rencontre de; faire connaissance avec; faire face à; satisfaire [requirements]; se réunir; se rencontrer (*with,* avec); faire honneur à [debts]; répondre à [views]. ‖ *meeting* [-ing] *s.* assemblée; réunion; rencontre, f.; meeting, m.

megaphone [mĕgᵉfoᵘn] *s.* mégaphone; porte-voix, m.

melancholy [mĕlᵉnkâli] *s.* mélancolie, f.; *adj.* mélancolique.

mellifluous [mĕlĭflouᵉs] *adj.* mielleux, doucereux.

mellow [mĕloᵘ] *adj.* moelleux; fondant; fondu [color]; mûr [fruit]; *v.* mûrir; adoucir; devenir moelleux; ameublir.

melodic [milâdik] *adj.* mélodique. ‖ *melodious* [mᵉloᵘdiᵉs] *adj.* mélodieux ‖ *melodrama* [mĕlodrâmᵉ] *s.* mélodrame, m. ‖ *melody* [mĕlᵉdi] *s.** mélodie, f. ‖ *melomaniac* [mĕlomé¹niak] *adj.* mélomane.

melon [mĕlᵉn] *s.* melon, m.

melt [mĕlt] *v.* fondre; couler; se dissoudre; s'attendrir (fig.).

member [mĕmbᵉr] *s.* membre; député [Parliament]; associé; sociétaire, m. ‖ *membership* [-ship] *s.* sociétariat; ensemble des membres, m.; qualité de membre; adhésion, f.

m e m b r a n e [mĕmbré¹n] *s.* membrane, f.

memento [mimĕntoᵘ] *s.* mémento; souvenir, m.

memoir [mĕmwâr] *s.* mémoire, m.; mémoires, f. pl. ‖ *memorable* [mĕmᵉrᵉb'l] *adj.* mémorable. ‖ *memorandum* [mĕmᵉrᵃndᵉm] *s.* mémorandum; mémoire; bordereau (comm.), m.; *memorandum pad,* bloc-notes. ‖ *memorial* [mᵉmoᵘri¹l] *s.* mémorial, monument, m.; plaque commémorative, f.; *adj.* commémoratif. ‖ *memorize* [mĕmᵉra¹z] *v.* apprendre par cœur. ‖ *memory* [mĕmᵉri] *s.** mémoire, f.

men [mĕn] *pl. of* man.

menace [mĕnis] *s.* menace, f.; *v.* menacer.

mend [mĕnd] *v.* raccommoder; réparer; améliorer; *to mend one's ways,* changer de conduite; *s.* amélioration, f.; *to be on the mend,* être en voie de guérison.

mendacious [mĕndé¹shᵉs] *adj.* mensonger.

mendicant [mĕndĭkᵉnt] *s.* mendiant, m. ‖ *mendicity* [-siti] *s.* mendicité, f.

menial [mĭniᵉl] *adj.* domestique; servile; *s.* subalterne; valet, m.

meninges [mᵉnĭndjiz] *s. pl.* méninges, f. pl. ‖ *meningitis* [mĕnĭndja¹tis] *s.* méningite, f.

menopause [mĕnopauz] *s.* ménopause, f. ‖ *menses* [mĕnsĭz] *s. pl.* menstrues, règles, f. pl.

mensuration [mĕnshᵉré¹shᵉn] *s.* mensuration, f.; mesurage, m.

mental [mĕnt'l] *adj.* mental; psychiatrique; intellectuel; toqué (colloq.). ‖ *mentality* [mĕntalᵉti] *s.** mentalité, f.

mention [mĕnshᵉn] *s.* mention, f.; *v.* citer; mentionner; *don't mention it,* il n'y a pas de quoi.

menu [mĕnyou] *s.* menu, m.

mercantile [mɘ̃rkᵉntil] *adj.* mercantile; commercial; marchand; *mercantile agency,* agence commerciale.

mercenary [mɘ̃rs'nèri] *s.** mercenaire, m.

mercerize [mɘ̃rserai¹z] *v.* merceriser.

merchandise [mɘ̃rtshᵉnda¹z] *s.* marchandise, f.; *v.* faire du commerce. ‖ *merchant* [mɘ̃rtshᵉnt] *s.* négociant; commerçant; marchand, m.; *adj.* marchand; *merchantman,* navire marchand.

merciful [mɘ̃rsifᵉl] *adj.* miséricordieux. ‖ *merciless* [-lis] *adj.* impitoyable; sans merci.

mercurial [mɘ̃rkyouᵉri¹l] *adj.* éloquent; rusé; commerçant; éveillé; prompt; inconstant; mercuriel. ‖ *mercury* [mɘ̃rkyᵉri] *s.* mercure [metal], m.

mercy [mɘ̃rsi] *s.** miséricorde; pitié, f.; *mercy stroke,* coup de grâce; *to be at the mercy of,* être à la merci de.

mere [miᵉr] *adj.* simple; seul; *a mere formality,* une pure formalité; *the mere sight of him,* sa seule vue; *merely,* purement, simplement.

merge [mɘ̃rdj] *v.* fusionner; (se) fondre; s'amalgamer.

meridian [mᵉridiᵉn] *adj., s.* méridien, m.

merit [mĕrit] *s.* mérite, m.; *v.* mériter. ‖ *meritorious* [mɘ̃rtoᵘri¹ᵉs] *adj.* méritoire; méritant.

mermaid [mɘ̃rmé¹d] *s.* sirène, f. ‖ *merman* [-mᵉn] *s.* triton, m.

merrily [mèr⁰li] *adv.* joyeusement. ‖
merriment [-m⁰nt] *s.* gaieté, f. ‖
merry [mèri] *adj.* gai, joyeux; plaisant; *to make merry*, se réjouir, se divertir; **merry-go-round**, carrousel, manège de chevaux de bois; **merry-maker**, noceur; **merrymaking**, réjouissance, partie de plaisir.

mesh [mèsh] *s.** maille, f.; filet; engrenage, m.; *v.* s'engager; s'engrener.

mess [mès] *s.** plat; mess; ordinaire, m.; ration; popote; pâtée, f.; brouet, m.; *v.* manger au mess.

mess [mès] *s.** gâchis; désordre, m.; *v.* gâcher; salir; *to make a mess*, faire du gâchis; *to be in a mess*, être dans le pétrin.

message [mèsidj] *s.* message; télégramme, m.; communication, f.; **telephone message**, message téléphonique. ‖ **messenger** [mès'ndj⁰r] *s.* messager, m.

Messiah [misa¹e] *s.* Messie, m.; **Messianic**, messianique.

met [mèt] *pret., p. p. of* **to meet.**

metal [mèt'l] *s.* métal, m.; *adj.* métallique; en métal; **coarse metal**, métal brut; **sheet metal**, tôle. ‖ **metallic** [m⁰talik] *adj.* métallique. ‖ **metallurgy** [mèt'l⁰rdji] *s.* métallurgie, f.

metamorphosis [mèt⁰maurf⁰sis] (*pl.* **metamorphoses**) *s.* métamorphose, f.

metaphor [mèt⁰f⁰r] *s.* métaphore, f.

metaphysics [mét⁰fiziks] *s. pl.* métaphysique, f.

meteor [mît¹⁰r] *s.* météore, m. ‖ **meteorological** [mît¹⁰relâdjik'l] *adj.* météorologique. ‖ **meteorology** [mît¹⁰râl⁰dji] *s.* météorologie, f.

meter, metre [mît⁰r] *s.* mètre; compteur; jaugeur [gasoline], m.

method [mèth⁰d] *s.* méthode, technique, f.; procédé, m. ‖ **methodical** [m⁰thâdik'l] *adj.* méthodique. ‖ **Methodist** [méth⁰dist] *s.* méthodiste, m. f.

metric [mètrik] *adj.* métrique. ‖ **metrics** [-s] *s. pl.* métrique, f.

metropolis [mètrâp'lis] *s.** métropole; capitale, f. ‖ **metropolitan** [mètr⁰pâl⁰t'n] *adj., s.* métropolitain.

mettle [mèt'l] *s.* courage, enthousiasme, m.; fougue; étoffe, f. (fig.).

mew [myou] *s.* mouette, f.

mew [myou] *s.* miaulement, m.; *v.* miauler.

mew [myou] *v.* muer, changer de.

mew [myou] *s.* mue, cage; *pl.* étable, f.; *v.* encager; enfermer.

Mexican [mèksik⁰n] *adj., s.* mexicain; **Mexico**, Mexique [country]; Mexico [town].

mezzanine [mèz⁰nîn] *s.* entresol, m.

mica [ma¹k⁰] *s.* mica, m.

mice [ma¹s] *pl. of* **mouse.**

microbe [ma¹kroᵒᵘb] *s.* microbe, m.

microgroove [ma¹kr⁰grouv] *s.* microsillon, m. ‖ **microphone** [-foᵒᵘn] *s.* microphone, m.

microscope [ma¹kr⁰skoᵒᵘp] *s.* microscope, m. ‖ **microscopic** [ma¹kr⁰skâpik] *adj.* microscopique.

mid [mid] *adj.* mi, moyen; intermédiaire; *s.* milieu, m.; *in mid air*, au milieu des airs. ‖ **midday** [-dé¹] *s.* midi, m. ‖ **middle** [-'l] *adj.* moyen; intermédiaire; *s.* milieu; centre, m.; **middle size**, taille moyenne; *in the middle of*, au milieu de; **middleman**, intermédiaire. ‖ **middling** [-ling] *adj.* passable, moyen; *adv.* assez bien, pas mal. ‖ **middy** [-i] *s.** aspirant de marine, m.

midge [midj] *s.* moucheron, m.

midget [midjit] *s.* nain, m.

midnight [midna¹t] *s.* minuit, m.; *adj.* de minuit.

midshipman [midshipm⁰n] (*pl.* **midshipmen**) *s.* aspirant de marine, m. ‖ **midships** [-s] *adv.* par le travers (naut.).

midst [midst] *s.* milieu, centre, m.; *adv.* au milieu; *prep.* au milieu de; *in our midst*, au milieu de nous. ‖ **midstream** [midstrîm] *s.* mi-courant, m. ‖ **midsummer** [midsæm⁰r] *s.* plein été; solstice d'été, m.; **midsummer day**, jour de la Saint-Jean. ‖ **midway** [-wé¹] *adj., adv.* à mi-chemin; *s.* milieu du chemin; moyen terme, m.

midwife [midwa¹f] (*pl.* **midwives**) *s.* sage-femme, f.

mien [mîn] *s.* mine, allure, f.

might [ma¹t] *pret. of* **may**; *s.* force; puissance, f.; pouvoir, m. ‖ **mighty** [-i] *adj.* puissant, fort, vigoureux; *adv.* fort, extrêmement.

migrant [ma¹gr⁰nt] *s.* émigrant, m.; *adj.* migrateur. ‖ **migrate** [-gré¹t] *v.* émigrer.

mike [ma¹k], *see* **microphone.**

milch [miltsh] *adj.* laitière; à lait [cow].

mild [ma¹ld] *adj.* doux; paisible; affable; bénin. ‖ **mildness** [-nis] *s.* douceur; modération; affabilité, f.

mildew [mîldyou] *s.* mildiou, m.

mile [ma¹l] *s.* mille, m.; **mileage**, *Fr. Can.* millage; **milestone**, borne kilométrique ou milliaire.

militant [mil⁰t⁰nt] *s.* militant, m.

militarism [mil⁰t⁰riz'm] *s.* militarisme, m. ‖ **militarize** [mil⁰t⁰ra¹z] *v.* militariser. ‖ **military** [mil⁰tèri] *s.** *adj.* militaire.

milk [milk] *s.* lait, m. ; *v.* traire ; *milk diet*, régime lacté ; *milkmaid*, laitière ; *milkman*, laitier ; *milksop*, poule mouillée, empoté ; *milky*, laiteux, lacté [way].

mill [mil] *s.* moulin ; laminoir (mech.), m. ; usine, f. ; *v.* moudre, broyer ; fraiser ; fabriquer ; *coffee mill*, moulin à café ; *paper mill*, fabrique de papier ; *saw mill*, scierie ; *sugar mill*, sucrerie ; *textile mill*, usine de textiles ; *water mill*, moulin à eau. || *miller* [-er] *s.* meunier ; minotier, m. ; fraiseuse, f.

milliner [milener] *s.* modiste, f. ; *Am.* chapelier, m. || *millinery* [-ri] *s.** modes, f. pl. ; *Am.* chapeaux ; magasin, articles de mode, m.

million [milyen] *s.* million, m. || *millionaire* [milyener] *s.* millionnaire, m. || *millionth* [milyenth] *adj.*, *s.* millionième.

millstone [milstoun] *s.* meule de moulin, f.

mime [maim] *s.* mime, m. ; *v.* mimer. || *mimic* [mimik] *adj.* imitatif ; *s.* mime, m. ; imitation, f. ; *v.* mimer, singer ; *mimicry*, mimique.

mimosa [mimouse] *s.* mimosa, m.

minaret [minerèt] *s.* minaret, m.

mince [mins] *v.* hacher menu ; émincer ; minauder ; *not to mince words*, ne pas mâcher ses mots ; *mincemeat*, hachis, émincé.

mind [maind] *s.* esprit ; penchant ; avis, m. ; intelligence ; mémoire ; opinion ; conscience ; intention, f. ; *v.* faire attention ; remarquer ; observer ; surveiller ; obéir ; *to bear in mind*, tenir compte de ; *to have in mind*, avoir en vue ; *to have a mind to*, avoir envie de ; *to make up one's mind*, se décider ; *to speak one's mind*, dire ce qu'on pense ; *I don't mind*, cela m'est égal ; *never mind*, peu importe ; *mind your own business*, occupez-vous de vos affaires. || *mindful* [-fel] *adj.* attentif (*to*, à) ; soucieux, conscient (*of*, de). || *mindless* [-lis] *adj.* inanimé ; insouciant ; indifférent (*of*, à).

mine [main] *pron.* le mien ; la mienne ; à moi.

mine [main] *s.* mine, f. ; *v.* miner ; exploiter ; extraire ; saper ; *minesweeper*, dragueur de mines. || *miner* [-er] *s.* mineur, m.

mineral [minerel] *adj.*, *s.* minéral. || *mineralize* [-aiz] *v.* minéraliser.

mingle [ming'l] *v.* (se) mêler ; mélanger ; entremêler.

miniature [minitsher] *s.* miniature, f. ; *adj.* réduit ; en miniature.

minimize [minemaiz] *v.* minimiser. || *minimum* [minemem] *adj.*, *s.* minimum.

mining [maining] *s.* industrie minière ; exploitation des mines, f. ; *adj.* minier.

minister [minister] *s.* ministre ; prêtre ; pasteur ; ecclésiastique, m. ; *v.* servir ; entretenir ; officier. || *ministry* [-tri] *s.** ministère, m.

minium [miniem] *s.* minium, m.

mink [mingk] *s.* vison, m.

minnow [minou] *s.* vairon, m.

minor [mainer] *s.* mineur, m. ; mineure, f. ; *adj.* mineur, moindre ; secondaire ; *minor key*, ton mineur [music]. || *minority* [menaureti] *s.** minorité, f.

minster [minster] *s.* abbatiale ; cathédrale, f.

minstrel [minstrel] *s.* musicien ; ménestrel ; acteur comique, m.

mint [mint] *s.* menthe, f.

mint [mint] *s.* hôtel de la Monnaie, m. ; *v.* monnayer, frapper ; fabriquer, forger.

minuet [minyouèt] *s.* menuet, m.

minus [maines] *adj.* négatif ; en moins ; *s.* moins (math.), m.

minute [minit] *s.* minute, f. ; *pl.* procès-verbaux, comptes rendus, m. pl. ; *v.* minuter ; *to minute down*, prendre note, inscrire.

minute [menyout] *adj.* menu ; minuscule ; de peu d'importance ; minutieux ; détaillé.

minx [mingks] *s.** espiègle, chipie, coquine, f.

miracle [mirek'l] *s.* miracle, m. || *miraculous* [merakyeles] *adj.* miraculeux.

mirage [meråj] *s.* mirage, m.

mire [mair] *s.* boue ; vase, fange, f. ; bourbier, m. ; *v.* (s')embourber.

mirror [mirer] *s.* miroir, m. ; glace, f. ; *v.* refléter ; miroiter.

mirth [mërth] *v.* joie, gaieté, f. ; *mirthful*, joyeux, gai.

miry [mairi] *adj.* fangeux, bourbeux, boueux ; souillé ; infect (fig.).

misappropriate [miseprouprièt] *v.* détourner ; faire un mauvais emploi de. || *misappropriation* [miseprouprièshen] *s.* détournement, abus de confiance, m.

misbehave [misbihéiv] *v.* se conduire mal.

miscarriage [miskaridj] *s.* échec ; accident, m. ; inconduite ; fausse couche, f. ; *miscarriage of justice*, erreur judiciaire. || *miscarry* [miskari] *v.* échouer ; avorter ; se perdre [letter].

miscellaneous [mis'léinies] *adj.* divers ; varié ; éclectique.

mischief [mĭstshif] *s.* mal; tort; dommage, m.; méchanceté; frasque, f. ‖ *mischievous* [-tshivᵉs] *adj.* malicieux; méchant; nuisible; espiègle.

misconduct [miskăndœkt] *s.* mauvaise conduite; mauvaise administration, f.; [miskᵉndœkt] *v.* diriger mal; gérer mal; *to misconduct oneself*, se mal conduire.

misdeed [misdîd] *s.* méfait, m.

misdemeanor [misdimînᵉʳ] *s.* délit, m.; inconduite, f.

miser [maⁱzᵉʳ] *s.* avare, m.

miserable [mizrᵉb'l] *adj.* misérable; pitoyable.

miserly [maⁱzᵉʳli] *adj.* avare; mesquin; chiche.

misery [mizri] *s.* misère; indigence, f.; tourment, m.

misfire [misfaⁱr] *s.* raté, m.; *v.* rater; avoir des ratés.

misfit [misfit] *s.* laissé-pour-compte (comm.); inadapté (colloq.), m.

misfortune [misfaurtshᵉn] *s.* malheur, m.; adversité, f.

misgiving [misgiving] *v.* appréhension, f.; soupçon; pressentiment, m.

misgotten [misgătᵉn] *adj.* mal acquis.

mishap [mis'hap] *s.* malheur; accident; contretemps, m.

misinform [misinfaurm] *v.* renseigner mal.

mislaid [mislēⁱd] *pret., p. p. of* **to mislay**. ‖ *mislay* [mislēi] *v.* égarer, perdre.

mislead [mislîd] *v.* fourvoyer; égarer. ‖ *misled* [mislèd] *pret., p. p. of* **to mislead**.

misogynist [misădjinist] *s.* misogyne, m.

misplace [misplēⁱs] *v.* mal placer, mal classer; déplacer.

misprint [misprint] *s.* faute d'impression, f.; *v.* imprimer avec une coquille.

mispronounce [misprᵉnaⁱns] *v.* mal prononcer, écorcher.

misquotation [miskwoᵘtēⁱshᵉn] *s.* fausse citation, f.

misrepresent [misrèprizènt] *v.* représenter mal; déformer; dénaturer; calomnier.

miss [mis] *v.* manquer; omettre; souffrir de l'absence, du manque de; *s.* manque; raté, m.; perte; faute; erreur; déficience, f.; *to miss one's way*, se tromper de route; *he just missed falling*, il a failli tomber; *I miss you*, vous me manquez.

miss [mis] *s.** mademoiselle, f.

missal [misᵉl] *s.* missel, m.

missile [mis'l] *s.* projectile, m.; *adj.* de jet; qu'on peut lancer.

missing [mising] *adj.* absent; manquant; disparu (milit.).

mission [mishᵉn] *s.* mission, f. ‖ *missionary* [-èri] *adj.*, *s.** missionnaire.

misspell [misspèl] *v.* mal orthographier; mal épeler.

mist [mist] *s.* brume; bruine; buée, f.; brouillard, m.; *v.* bruiner; envelopper d'un brouillard.

mistake [mestēⁱk] *s.* erreur; faute; méprise; gaffe, f.; mécompte (comm.), m.; *v.** se tromper; se méprendre; *to make a mistake*, se tromper, commettre une bévue. ‖ *mistaken* [-ᵉn] *p. p. of* **to mistake**; *adj.* erroné; fait par erreur.

mister [mistᵉʳ] *s.* monsieur, m.

mistify [mistifaⁱ] *v.* vaporiser, pulvériser, atomiser.

mistletoe [misltoᵘ] *s.* gui, m.

mistook [mistouk] *pret. of* **to mistake**.

mistreat [mistrît] *v.* maltraiter.

mistress [mistress] *s.** madame; maîtresse; patronne, f.; *school mistress*, institutrice.

mistrust [mistrœst] *s.* méfiance, f.; *v.* se méfier de. ‖ *mistrustful* [-fᵉl] *adj.* méfiant; soupçonneux.

misty [misti] *adj.* brumeux; vague, indécis.

misunderstand [misœndᵉʳstănd] *v.* mal comprendre; se méprendre; mal interpréter. ‖ *misunderstanding* [-ing] *s.* mésintelligence; mauvaise interprétation; équivoque, f.; malentendu, m. ‖ *misunderstood* [misœndᵉʳstoud] *pret., p. p. of* **to misunderstand**.

misuse [misyoᵘs] *s.* abus; mauvais usage; mauvais traitements, m.; malversation, f.; [misyouz] *v.* mésuser; abuser; maltraiter; détourner; employer mal à propos.

mite [maⁱt] *s.* mite; obole, f.; denier, m.; (colloq.) brin; mioche, m.

miter [maⁱtᵉʳ] *s.* mitre; dignité épiscopale, f.

mitigate [mitᵉgēⁱt] *v.* mitiger; atténuer; modérer; apaiser.

mitten [mit'n] *s.* mitaine; moufle, f.

mix [miks] *v.* (se) mêler; (se) mélanger; s'associer; *s.** mélange, gâchis, m.; *mix-up*, cohue, pagaille, mêlée; *to mix up*, bien mélanger; embrouiller. ‖ *mixed* [-t] *adj.* mélangé; mixte; panaché (culin.); fractionnaire (math.); perplexe (fig.). ‖ *mixture* [mikstshᵉʳ] *s.* mélange; amalgame, m.; mixture, f.

mizzen [miz'n] *s.* artimon, m.

moan [moᵘn] *s.* gémissement, m.; plainte, f.; *v.* gémir; se lamenter; pleurer, déplorer.

moat [moᵘt] *s.* fossé, m.; douve, f.

mob [mâb] *s.* foule; populace, cohue, f.; attroupement; rassemblement, m.; *v.* se ruer en foule sur; s'attrouper.

mobile [moᵘb'l] *adj.* mobile.

mobilization [moᵘb'lᵉzéⁱshᵉn] *s.* mobilisation, f. ‖ *mobilize* [moᵘb'laⁱz] *v.* mobiliser.

moccasin [mâkᵉs'n] *s.* mocassin, m.

mocha [moᵘkᵉ] *s.* moka, m.; *adj.* au café.

mock [mâk] *v.* se moquer; singer; rire de; se moquerie, f.; *adj.* faux; imité; fictif; *mock-up,* maquette. ‖ *mockery* [-ri] *s.** moquerie; dérision; parodie, f.; simulacre, m.

modality [modaliti] *s.** modalité, f. ‖ *mode* [moᵘd] *s.* mode; façon; méthode, f.; système; mode [music], m.

model [mâd'l] *s.* modèle; patron; mannequin, m.; copie, f.; *adj.* modèle; en miniature, réduit; *v.* modeler; prendre modèle; faire le mannequin; poser.

moderate [mâdᵉrit] *adj.* modéré; modique; médiocre; [-réⁱt] *v.* modérer; (se) calmer. ‖ *moderation* [mâdᵉréⁱshᵉn] *s.* modération; retenue; tempérance, f.

modern [mâdᵉrn] *adj.* moderne. ‖ *modernism* [-is'm] *s.* modernisme, m.; nouveauté, f. ‖ *modernize* [-aⁱz] *v.* moderniser.

modest [mâdⁱst] *adj.* modeste. ‖ *modesty* [-i] *s.* modestie; pudeur, f.

modification [mâdᵉfᵉkéⁱshᵉn] *s.* modification, f. ‖ *modify* [mâdᵉfaⁱ] *v.* modifier.

modiste [moᵘdⁱst] *s.* couturière, f.

modulate [mâdyᵉléⁱt] *v.* moduler. ‖ *modulus* [mâdyᵉlᵉs] *s.* module, coefficient, m.

Mohammedan [moᵘhamᵉdᵉn] *adj., s.* mahométan.

moil [moⁱl] *v.* trimer.

moist [moⁱst] *adj.* humide; moite. ‖ *moisten* [moⁱs'n] *v.* humecter; humidifier. ‖ *moisture* [moⁱstshᵉr] *s.* humidité, f.

molar [moᵘlᵉr] *adj., s.* molaire.

molasses [melᵉsiz] *s.* mélasse, f.; *molasses candy,* bonbon, *Fr. Can.* tire.

mo(u)ld [moᵘld] *s.* moisi, m.; *v.* moisir; *mo(u)ldy,* moisi.

mo(u)ld [moᵘld] *s.* terre, f.; terreau, m. ‖ *mo(u)lder* [-ᵉr] *v.* s'émietter; s'effriter.

mo(u)ld [moᵘld] *s.* moule, m.; *v.* mouler; modeler; *mo(u)lding,* moulage, moulure.

mole [moᵘl] *s.* môle, m.

mole [moᵘl] *s.* tache, f.; grain de beauté, m.

mole [moᵘl] *s.* taupe, f.; *mole-hill,* taupinière.

molecule [mâlᵉkyoul] *s.* molécule, f.

molest [melèst] *v.* molester; tourmenter; *molestation,* molestation.

mollify [mâlᵉfaⁱ] *v.* amollir; pacifier; adoucir, calmer.

mollusc [maulᵉsk] *s.* mollusque, m.

molten [moᵘlt'n] *adj.* fondu.

moment [moᵘmᵉnt] *s.* moment, instant, m.; importance, f. ‖ *momentary* [-èri] *adj.* momentané; imminent. ‖ *momentous* [moᵘmèntᵉs] *adj.* important, considérable. ‖ *momentum* [moᵘmèntᵉm] *s.* force d'impulsion, f.

monarch [mânᵉrk] *s.* monarque, m. ‖ *monarchy* [-i] *s.** monarchie, f.

monastery [mânᵉstèri] *s.** monastère, m.; *monastic,* monastique, monacal; *monasticism,* monachisme, vie monastique.

Monday [mændi] *s.* lundi, m.

monetary [mænᵉtèri] *adj.* monétaire. ‖ *money* [mæni] *s.* argent, m.; monnaie; espèces, f.; *money-bag,* sacoche; richard; *money-box,* tronc; tirelire; *money dealer,* changeur; *money-minded,* intéressé; *money order,* mandat-poste; *money-making,* lucratif; *counterfeit money,* fausse monnaie. ‖ *moneyed* [-d] *adj.* possédant; fortuné; pécuniaire.

mongrel [mænggrel] *adj., s.* bâtard; métis, m.

monitor [mânitᵉr] *s.* moniteur; contrôleur d'enregistrement, m.; *monitor-room,* cabine (radio).

monk [mængk] *s.* moine, m.

monkey [mængki] *s.* singe, m.; guenon, f.; *v.* singer; se mêler à; *monkey-shine,* tour, farce; *monkey wrench,* clef anglaise.

monogamy [menâgᵉmi] *s.* monogamie, f.

monogram [mânᵉgram] *s.* monogramme, m.

monologue [mân'laug] *s.* monologue, m.

monopolize [menâp'laⁱz] *v.* monopoliser, accaparer. ‖ *monopoly* [-li] *s.** monopole; accaparement, m.

monosyllable [mânᵉsilᵉb'l] *s.* monosyllabe, m.

monotonous [menât'nᵉs] *adj.* monotone. ‖ *monotony* [-ni] *s.* monotonie, f.

monsoon [mânso͝un] *s.* mousson, f.

monster [mânstᵉr] *s.* monstre, m.; *adj.* énorme. ‖ *monstrosity* [mânstrâs-eti] *s.** monstruosité, f. ‖ *monstrous* [mânstrᵉs] *adj.* monstrueux.

month [mænth] *s.* mois, m. ‖ *monthly* [-li] *adj.* mensuel; *adv.* mensuellement; *s.* publication mensuelle, f.

monument [mânyᵉmᵉnt] *s.* monument, m. ‖ *monumental* [mânyᵉmènt'l] *adj.* monumental, colossal, grandiose.

moo [mou] *s.* mugissement, m.; *v.* mugir; meugler.

mood [moud] *s.* humeur, f.; état d'esprit, m.; *to be in a good mood*, être de bonne humeur; *to be in the mood to*, être d'humeur à, disposé à.

mood [moud] *s.* mode (gramm.), m.

moody [moudi] *adj.* maussade; capricieux; quinteux.

moon [moun] *s.* lune, f.; *moonlight*, clair de lune; *moonstruck*, lunatique, toqué; sidéré.

moor [mouᵉr] *v.* amarrer; mouiller.

moor [mouᵉr] *s.* lande, f.; terrain inculte, m.

Moor [mouᵉr] *s.* Maure, m.; *Moor-ish*, mauresque.

moose [mous] *s.* élan (zool.), *Fr. Can.* orignal, m.

mop [mâp] *s.* balai; faubert (naut.), m.; *Am.* tignasse, f.; *v.* éponger, balayer; *dish mop*, lavette.

mope [mo͝up] *v.* faire grise mine.

moral [maurᵉl] *adj.* moral; *s.* morale; moralité, f.; *pl.* mœurs, f. pl. ‖ *morale* [mᵉrâl] *s.* moral, m. ‖ *moralist* [maurᵉlist] *s.* moraliste, m. ‖ *morality* [mᵉralᵉti] *s.** moralité, f. ‖ *moralize* [maurᵉla¹z] *v.* moraliser.

morbid [maurbid] *adj.* morbide; maladif; malsain.

mordacious [mârdé¹shᵉs] *adj.* mordant, caustique.

more [mo͝uᵉr] *adj.* plus de; *adv.* plus; davantage; *some more*, encore un peu; *the more... the more*, plus... plus; *once more*, encore une fois; *never more*, jamais plus; *more and more*, de plus en plus; *more or less*, plus ou moins; *all the more*, à plus forte raison, d'autant plus.

morel [mârèl] *s.* morille, f.

moreover [mo͝uro͝uvᵉr] *adv.* de plus; en outre; d'ailleurs.

moribund [mauribœnd] *adj.* moribond.

morning [maurning] *s.* matin, *Fr. Can.* avant-midi, m.; *adj.* du matin.

Moroccan [mᵉrâkᵉn] *adj.*, *s.* marocain. ‖ *Morocco* [mᵉrâko͝u] *s.* Maroc, m.

morrow [mauro͝u] *s.* lendemain, m.

morsel [maurs'l] *s.* morceau; brin, m.; bouchée, f.

mortal [maurt'l] *adj.*, *s.* mortel. ‖ *mortality* [maurtalᵉti] *s.** mortalité, f.

mortar [maurtᵉr] *s.* mortier, m.; *knee-mortar*, lance-grenades.

mortgage [maurgidj] *s.* hypothèque, f.; *v.* hypothéquer.

mortification [mârtifiké¹shᵉn] *s.* mortification; gangrène, f. ‖ *mortify* [maurtᵉfa¹] *v.* mortifier, gangrener (méd.).

mortise [maurtis] *s.* mortaise, f.; *v.* mortaiser.

mortuary [mârtyouᵉri] *adj.* mortuaire; *s.* morgue, f.

mosaic [mo͝uᵘzé¹ik] *s.* mosaïque, f.; relevé photographique aérien; *v.* mosaïquer.

mosquito [mᵉskîto͝u] *s.* moustique, *Fr. Can.* maringouin, m.; *mosquito net*, moustiquaire.

moss [maus] *s.* mousse, f.; tourbe, f.; *mossy*, moussu.

most [mo͝ust] *adj.* le plus, la plus, les plus; *adv.* on ne peut plus; *most people*, la plupart des gens; *most likely*, très probablement; *at most*, au plus; *most of all*, surtout; *to make the most of*, tirer le meilleur parti de. ‖ *mostly* [-li] *adv.* pour la plupart; le plus souvent; surtout; *s.* la plupart de.

mote [mo͝ut] *s.* grain de poussière, m.; paille, f. (fig.).

motel [mo͝utel] *s.* motel, m.

motet [mo͝utèt] *s.* motet, m.

moth [mauth] *s.* phalène; mite; teigne, f.; *moth ball*, boule de naphtaline; *moth-eaten*, mité.

mother [mæzhᵉr] *s.* mère, f.; *adj.* de mère, maternel; *v.* servir de mère à; dorloter; donner naissance à (fig.); *mother tongue*, langue maternelle; *motherhood*, maternité; *mother-in-law*, belle-mère; *motherly*, maternel; *mother-of-pearl*, nacre.

motif [mo͝utîf] *s.* motif, thème (music), m.

motion [mo͝ushᵉn] *s.* mouvement; déplacement, m.; motion, f.; *v.* faire signe de; *to second a motion*, appuyer une proposition; *motionless*, immobile; *motion picture*, cinéma; film cinématographique.

motive [mo͝utiv] *s.* motif, m.; *adj.* moteur, motrice; cinétique; *v.* motiver; *motive power*, force motrice.

motley [mâtli] *adj.* bigarré, multicolore ; varié, hétérogène ; *s.* bigarrure, f. ; salmigondis, m.

motor [mo^{ou}t^er] *s.* moteur, m. ; auto, f. ; *v.* aller en auto ; *motor-school*, auto-école. ‖ *motorboat* [-bo^{ou}t] *s.* canot automobile, m. ‖ *motorcar* [-kâr] *s.* automobile, f. ‖ *motorcoach* [-ko^{ou}tsh] *s.* autobus, m. ‖ *motorcycle* [-sa¹k'l] *s.* motocyclette, f. ‖ *motorist* [-rist] *s.* automobiliste, m. ‖ *motorize* [-ra¹z] *v.* motoriser. ‖ *motorman* [-m^en] *(pl. motormen) s.* wattman ; machiniste, m.

mottled [mât'ld] *adj.* moucheté, bigarré ; pommelé ; chiné ; brouillé [complexion].

motto [mâto^{ou}] *s.* devise, f.

mould, *see* mold.

mound [ma^{ou}nd] *s.* tertre, monticule, m.

mount [ma^{ou}nt] *s.* mont, m.

mount [ma^{ou}nt] *s.* monture, f. ; *v.* chevaucher ; gravir ; monter, installer ; sertir ; encadrer.

mountain [ma^{ou}nt'n] *s.* montagne, f. ; *adj.* de montagne ; *mountain lion*, puma ; *mountaineer*, alpiniste ; montagnard ; *mountainous*, montagneux.

mountebank [ma^{ou}ntibangk] *s.* saltimbanque ; charlatan, m.

mounting [ma^{ou}nting] *s.* affût ; support, m.

mourn [mo^{ou}rn] *v.* se lamenter ; pleurer ; regretter ; porter le deuil (*for*, de) ; *mournful*, funèbre, lugubre, triste. ‖ *mourning* [-ing] *s.* deuil, m. ; affliction, f. ; *adj.* de deuil ; *mourning-band*, crêpe.

mouse [ma^{ou}s] *(pl. mice* [ma¹s]) *s.* souris, f. ; *mouse-trap*, souricière.

moustache, *see* mustache.

mouth [ma^{ou}th] *s.* bouche ; gueule ; embouchure, f. ; orifice ; goulot, m. ; *with open mouth*, bouche bée ; *mouth-organ*, harmonica. ‖ *mouthful* [-f^el] *s.* bouchée, f. ‖ *mouthing* [-ing] *s.* déclamation, f. ; verbiage, m. ‖ *mouthpiece* [-pîs] *s.* embouchure (mus.), f. ; porte-parole (fig.), m. ‖ *mouthy* [-i] *adj.* déclamatoire ; hâbleur ; braillard.

movable [mouv^eb'l] *adj.* mobile ; mobilier ; *s. pl.* (biens) meubles, m. pl. ‖ *move* [mouv] *v.* mouvoir ; remuer ; transporter ; déménager [furniture] ; proposer [motion] ; émouvoir ; *s.* mouvement ; coup [chess], m. ; *to move away*, s'éloigner ; *to move back* (faire) reculer ; *to move forward*, avancer ; *to move in*, emménager ; *it is your move*, c'est à vous de jouer [game]. ‖ *movement* [-m^ent] *s.* mouvement ; déplacement ; mécanisme, m. ; manœuvre ; opération, f. ‖ *movie* [-i] *s.* cinéma,

film, m. ‖ *moving* [-ing] *adj.* mouvant ; émouvant ; touchant.

mow [mo^{ou}] *v.** faucher. ‖ *mower* [-^er] *s.* faucheur, m. ; faucheuse [machine] ; tondeuse, f. ‖ *mown* [-n] *adj.*, *p. p.* fauché.

much [mœtsh] *adj.* beaucoup de ; *adv.* beaucoup ; *as much as*, autant que ; *much as*, pour autant que ; *how much?*, combien? ; *so much*, tant ; *ever so much*, tellement ; *too much*, trop ; *very much*, beaucoup ; *to think much of*, faire grand cas de ; *so much the better*, tant mieux ; *not much of a book*, un livre sans grande valeur.

muck [mœk] *s.* fumier, m. ; fange, f. ; *v.* fumer ; souiller ; salir.

mucosity [myouk^âsⁱti] *s.** mucosité, f. ‖ *mucous* [myuk^es] *adj.* muqueux ; *mucous membrane*, muqueuse.

mud [mœd] *s.* boue, fange, f. ; *mudguard*, garde-boue. ‖ *muddle* [-'l] *v.* barboter, patauger ; troubler ; salir ; embrouiller ; gaspiller ; *s.* gâchis, trouble, désordre, m. ; confusion, f. ‖ *muddy* [-i] *adj.* boueux ; confus ; *v.* couvrir de boue ; troubler ; rendre confus.

muff [mœf] *s.* manchon, m.

muff [mœf] *v.* bousiller, saboter ; gâcher ; louper, rater.

muffin [mœfin] *s.* brioche ; galette, f. ; *Am.* pain moufflet, m.

muffle [mœf'l] *v.* emmitoufler ; assourdir [sound]. ‖ *muffler* [-^er] *s.* cache-nez ; amortisseur de son ; pot d'échappement, m.

mufti [mœfti] *s.* costume civil, m.

mug [mœg] *s.* pot, gobelet, m.

muggy [mœgi] *adj.* mou, chaud et humide.

mulatto [m^elato^{ou}] *s.* mulâtre, m. ; *mulatress*, mulâtresse, f.

mulberry [mœlbèri] *s.** mûre, f.

mulct [mœlkt] *s.* amende, f. ; *v.* frapper d'une amende.

mule [myoul] *s.* mulet, m. ; mule, f. ‖ *muleteer* [myoul^etîr] *s.* muletier, m.

mull [mœl] *v.* réfléchir (*over*, à) ; chauffer et épicer une boisson.

multiple [mœlt^ep'l] *adj., s.* multiple. ‖ *multiplication* [mœlt^epl^eké¹sh^en] *s.* multiplication, f. ‖ *multiply* [mœlt^epla¹] *v.* (se) multiplier. ‖ *multitude* [mœlt^etyoud] *s.* multitude, f.

mum [mœm] *adj.* muet, silencieux ; *interj.* chut! ; *to keep mum*, se taire.

mum [mœm] *s.* maman, f. (pop.).

mumble [mœmb'l] *v.* marmonner ; *s.* grognement ; murmure, m. ; *to talk in a mumble*, marmotter entre ses dents.

mummy [mœmi] *s.** momie, f. ; maman, f. (pop.) ; *v.* momifier ; *mummify,* (se) momifier.

mumpish [mœmpish] *adj.* renfrogné, boudeur.

mumps [mœmps] *s. pl.* oreillons, m. pl.

munch [mœntsh] *v.* croquer, mâcher.

mundane [mœndeⁱn] *adj.* du monde, mondain ; terrestre.

municipal [myounⁱsⁱp'l] *adj.* municipal. ‖ *municipality* [myounⁱsⁱpalⁱti] *s.** municipalité, f.

munificence [myounⁱfⁱsⁿs] *s.* munificence, f. ‖ *munificent* [-'nt] *adj.* munificent.

munition [myounⁱshⁿn] *s.* munition, f. ; *munition plant,* arsenal.

mural [myourⁿl] *adj.*, *s.* mural.

murder [mⁿrdⁿr] *s.* meurtre, m. ; *v.* assassiner ; écorcher [language]. ‖ *murderer* [-rⁿr] *s.* meurtrier, assassin, m. ‖ *murderous* [-rⁿs] *adj.* meurtrier ; homicide.

murky [mⁿrki] *adj.* sombre, obscur ; *murky past,* passé obscur.

murmur [mⁿrmⁿr] *s.* murmure, m. ; *v.* murmurer.

muscle [mœs'l] *s.* muscle, m. ‖ *muscular* [mœskyelⁿr] *adj.* musculaire ; musculeux. ‖ *musculature* [mœskyoulⁿtshⁿr] *s.* musculature, f.

muse [myouz] *v.* rêver, méditer ; *s.* méditation, rêverie ; Muse, f.

museum [myouziⁿm] *s.* musée, m.

mush [mœsh] *s.** bouillie de farine de maïs ; gaude ; niaiserie, f. ; brouillage, m.

mushroom [mœshroum] *s.* champignon, m. ; *v.* foisonner ; pousser vite ; s'aplatir, s'écraser.

music [myouzik] *s.* musique, f. ; *music stand,* pupitre ; *music stool,* tabouret de piano. ‖ *musical* [-ⁿl] *adj.* musical ; musicien ; mélodieux ; *s.* opérette, f. ‖ *musicality* [myouzikaliti] *s.* musicalité, f. ‖ *musicalness* [-nis] *s.* harmonie, mélodie, f. ‖ *musician* [myouzishⁿn] *s.* musicien, m.

muskrat [mœskrat] *s.* rat musqué, m.

muslin [mœzlìn] *s.* mousseline, f.

muss [mœs] *s.* désordre, m. ; confusion, f. ; *v.* déranger ; froisser.

mussel [mœs'l] *s.* moule, f.

Mussulman [mœs'lmⁿn] (*pl. Mussulmans* [-z], *Mussulmen* [-mⁿn]) *adj.*, *s.* musulman.

must [mœst] *s.* moût, m.

must [mœst] *defect. v.* devoir, falloir ; *I must say,* il faut que je dise, je ne peux pas m'empêcher de dire.

mustache [mœstash] *s.* moustache, f.

mustard [mœstⁿrd] *s.* moutarde, f. ; *mustard gas,* ypérite ; *mustard plaster,* sinapisme.

muster [mœstⁿr] *s.* appel ; rassemblement, m. ; revue, f. ; *v.* faire l'appel de ; passer en revue ; rassembler ; *mustering-in, Am.* enrôlement ; *mustering-out,* démobilisation.

musty [mœsti] *adj.* moisi.

mutable [myoutⁿb'l] *adj.* variable ; changeant. ‖ *mutation* [myoutéⁱshⁿn] *s.* altération, f. ; changement, m.

mute [myout] *adj.* muet ; *s.* muet, m. ; muette (gramm.), f. ; sourdine [music], f. ; *v.* amortir, assourdir. ‖ *muteness* [-nis] *s.* mutisme, m.

mutilate [myout'léⁱt] *v.* mutiler ; tronquer. ‖ *mutilation* [myout'léⁱshⁿn] *s.* mutilation, f.

mutineer [myoutiniⁿr] *s.* mutin, m. ‖ *mutiny* [myout'ni] *s.** mutinerie, f. ; *v.* se mutiner ; se révolter.

mutter [mœtⁿr] *v.* marmotter ; grommeler ; gronder [thunder] ; *s.* marmottement, m.

mutton [mœt'n] *s.* mouton [flesh], m. ; *mutton chop,* côtelette de mouton ; *leg of mutton,* gigot.

mutual [myoutshouⁿl] *adj.* mutuel ; réciproque ; commun [friend] ; *mutualism,* mutualisme ; *mutuality,* mutualité.

muzzle [mœz'l] *s.* museau [animal], m. ; muselière ; bouche, gueule [firearm], f. ; *v.* museler.

muzzy [mœzi] *adj.* flou [ideas] ; abruti, hébété.

my [maⁱ] *adj.* mon, ma, mes.

myope [maⁱoup] *s.* myope, m. f. ‖ *myopia* [maⁱoᵘpiⁿ] *s.* myopie, f.

myosotis [maⁱosoᵘtis] *s.* myosotis, m.

myriad [miriad] *s.* myriade, f.

myrrh [mⁿr] *s.* myrrhe, f.

myrtle [mⁿrt'l] *s.* myrte, m. ; *Am.* pervenche, f.

myself [maⁱsèlf] *pron.* moi-même ; moi ; me ; *I have hurt myself,* je me suis blessé.

mysterious [mistiriⁿs] *adj.* mystérieux ; *mysteriously,* mystérieusement. ‖ *mystery* [mistri] *s.** mystère, m.

mystic [mistik] *adj.*, *s.* mystique ; *mystical,* mystique. ‖ *mysticism* [mistⁱsizⁿm] *s.* mysticisme, m.

mystification [mistifikéⁱshⁿn] *s.* mystification ; complexité ; perplexité, f. ; mystère ; tour, m. ‖ *mystify* [mistifaⁱ] *v.* mystifier ; obscurcir ; intriguer.

myth [mith] *s.* mythe, m. ; *mythical,* mythique. ‖ *mythology* [mithâlⁿdjì] *s.** mythologie, f.

N

nab [nab] *v.* saisir; happer; appréhender, arrêter.

nag [nag] *s.* bidet, petit cheval, m.

nag [nag] *v.* gronder, grogner; importuner; critiquer; criailler; harceler; *s.* querelle, f.

nail [né¹l] *s.* clou; ongle, m.; *v.* clouer; *nail file*, lime à ongles; *to hit the nail on the head*, mettre le doigt dessus, tomber juste; *nail maker*, cloutier; *nail polish*, vernis à ongles.

naive [naív] *adj.* naïf, ingénu.

naked [né¹kid] *adj.* nu. ‖ *nakedness* [-nis] *s.* nudité, f.

name [né¹m] *s.* nom; renom, m.; réputation, f.; *v.* nommer; appeler; fixer; mentionner; désigner; *what is your name?*, comment vous appelez-vous?; *Christian name*, nom de baptême; *to know by name*, connaître de nom; *assumed name*, pseudonyme; *nickname*, sobriquet, surnom; *nameless*, sans nom, anonyme, inconnu; *namely*, à savoir, nommément. ‖ *namesake* [-sé¹k] *s.* homonyme, m.

nap [nap] *s.* duvet, poil, m.

nap [nap] *v.* somme [sleep], m.; sieste, f.; *v.* sommeiller; faire la sieste.

nape [né¹p] *s.* nuque, f.

naphtha [napth³] *s.* naphte, m.

napkin [napkin] *s.* serviette; couche, f.

narcissus [nârsis³s] *s.** narcisse, m.

narcosis [nârkoᵘsis] *s.* narcose, f.

narcotic [nârkâtik] *adj., s.* narcotique.

narrate [naré¹t] *v.* raconter, narrer. ‖ *narration* [naré¹sh³n] *s.* narration, f. ‖ *narrative* [nar³tiv] *adj.* narratif; *s.* récit; exposé, m.; relation, f.

narrow [naroᵘ] *adj.* étroit; rétréci; borné; intolérant; *s. pl.* détroit; défilé, m.; *v.* (se) rétrécir; *narrow circumstances*, gêne. ‖ *narrowness* [-nis] *s.* étroitesse, f.; rétrécissement, m.

nasal [né¹z'l] *adj.* nasal.

nastiness [nastinis] *s.* saleté, malpropreté; grossièreté, f.

nasturtium [nastër̈sh³m] *s.* capucine, f.

nasty [nasti] *adj.* sale; grossier; obscène; odieux; *a nasty customer*, un mauvais coucheur; *a nasty trick*, un sale tour; *to smell nasty*, sentir mauvais.

natality [n³taliti] *s.* natalité, f.

natation [n³té¹sh³n] *s.* natation, f.

nation [né¹sh³n] *s.* nation, f. ‖ *national* [-'l] *adj.* national. ‖ *nationalism* [nash³n³liz'm] *s.* nationalisme, m. ‖ *nationalist* [-ist] *s.* nationaliste; étatiste, m. ‖ *nationalistic* [nash³n³listik] *adj.* nationaliste. ‖ *nationality* [nash³n³l³ti] *s.** nationalité, f. ‖ *nationalization* [nash³n³la¹zé¹sh³n] *s.* nationalisation, f. ‖ *nationalize* [nash³n³la¹z] *v.* nationaliser; naturaliser; être naturalisé.

native [né¹tiv] *adj.* natif; originaire; natal; *s.* indigène, naturel, m. ‖ *nativity* [né¹tiv³ti] *s.** naissance, nativité, f.

natty [nati] *adj.* pimpant, coquet; habile; commode.

natural [natsher³l] *adj.* naturel; normal; simple; réel; bécarre [music]. ‖ *naturalism* [-iz³m] *s.* naturalisme, m. ‖ *naturalist* [-ist] *s.* naturaliste, m. ‖ *naturalization* [natshr³lzé¹sh³n] *s.* naturalisation, f. ‖ *naturalize* [natshe·r³la¹z] *v.* naturaliser. ‖ *naturally* [-li] *adv.* naturellement. ‖ *naturalness* [-lnis] *s.* naturel, m. ‖ *nature* [né¹tsh³r] *s.* nature, f.; naturel; caractère, m.; simplicité, f.

naught [naut] *s.* rien, zéro; *to come to naught*, n'aboutir à rien, échouer. ‖ *naughty* [-i] *adj.* malicieux, polisson, indocile; mauvais, pervers.

nausea [nauj³] *s.* nausée, f. ‖ *nauseate* [-jié¹t] *v.* avoir des nausées; dégoûter. ‖ *nauseous* [-j³s] *adj.* nauséabond; écœurant.

nautical [nautik³l] *adj.* nautique; marin; naval; de marine.

naval [né¹v'l] *adj.* naval; *Am. naval academy*, école navale; *naval officer*, officier de marine.

nave [né¹v] *s.* nef [church], f.

nave [né¹v] *s.* moyeu, m.

navel [né¹v'l] *s.* nombril, ombilic, m.

navigable [nav³g³eb'l] *adj.* navigable. ‖ *navigate* [-gé¹t] *v.* naviguer; gouverner; piloter. ‖ *navigation* [nav³gé¹sh³n] *s.* navigation, f.; *radio navigation*, radio-goniométrie. ‖ *navigator* [nav³gé¹t³r] *s.* navigateur, m. ‖ *navy* [né¹vi] *s.** marine; flotte, f.; *navy blue*, bleu marine.

nay [né¹] *adv.* non; *interj.* vraiment! voyons!; *s.* vote négatif, m.

Nazi [nâtsi] *s.* nazi, m.; *Nazism*, nazisme.

near [ni⁹r] *adv.* près ; *prep.* près de ; *adj.* proche ; rapproché ; voisin ; intime ; *v.* approcher de ; *near at hand*, sous la main ; *to be near to laughter*, être sur le point de rire ; *a near translation*, une traduction près du texte ; *to come near*, s'approcher ; *near-by*, proche, près ; *near-sighted*, myope ; *near silk*, rayonne. ‖ **nearly** [-li] *adv.* de près ; presque ; à peu près ; *he nearly killed me*, il a failli me tuer. ‖ **nearness** [-nis] *s.* proximité ; imminence [danger] ; intimité, f.

neat [nît] *adj.* propre ; net ; pur [drink] ; habile. ‖ **neatly** [-li] *adv.* nettement, proprement, coquettement ; habilement. ‖ **neatness** [-nis] *s.* propreté, netteté, élégance ; habileté, f.

nebulous [nébyoul⁹s] *adj.* nébuleux.

necessarily [nès⁹sèr⁹li] *adv.* nécessairement. ‖ **necessary** [nès⁹sèri] *adj.* cessaire. ‖ **necessaries** [-z] *s. pl.* nécessaire ; équipement individuel, m. ‖ **necessitate** [n⁹sès⁹té¹t] *v.* nécessiter. ‖ **necessitous** [n⁹sès⁹t⁹s] *adj.* nécessiteux. ‖ **necessity** [n⁹sès⁹ti] *s.* nécessité ; indigence, f. ; besoin, m.

neck [nèk] *s.* cou ; col ; goulot, m. ; encolure, f. ; *neck of land*, isthme ; *neck and neck*, côte à côte ; *low necked*, décolleté ; *stiff neck*, torticolis ; *neck beef*, collet de bœuf ; **neckerchief**, foulard ; **necklace**, collier ; **necktie**, cravate.

need [nîd] *s.* besoin, m. ; nécessité ; indigence ; circonstance critique, f. ; *v.* avoir besoin de ; nécessiter ; *I need a pen*, il me faut un stylo ; *for need of*, faute de ; *if need be*, en cas de besoin. ‖ **needful** [-f⁹l] *adj.* nécessaire ; **needfully**, nécessairement. ‖ **neediness** [-inis] *s.* gêne, indigence, f. ; besoin, m.

needle [nîd'l] *s.* aiguille, f.

needless [nîdlis] *adj.* inutile.

needlework [nîd'lwëªk] *s.* travaux (m. pl.) d'aiguille ; ouvrage, m. ; couture, f.

needy [nîdi] *adj.* nécessiteux, besogneux.

nefarious [niféri⁹s] *adj.* abominable.

negation [nigé¹sh⁹n] *s.* négation, f. ‖ **negative** [nèg⁹tiv] *adj.* négatif ; *s.* (cliché) négatif, m. ; *v.* repousser, rejeter.

neglect [niglèkt] *s.* négligence, f. ; oubli, m. ; *v.* négliger ; omettre (*to*, de). ‖ **neglectful** [-f⁹l] *adj.* négligent ; insouciant ; oublieux. ‖ **negligence** [nègl⁹dj⁹ns] *s.* négligence, f. ‖ **negligent** [nègl⁹dj⁹nt] *adj.* négligent ; oublieux. ‖ **negligible** [nègl⁹dj⁹b'l] *adj.* négligeable.

negotiate [nigo⁹ushié¹t] *v.* négocier ; traiter ; surmonter [difficulty]. ‖

negotiation [nigo⁹ushié¹sh⁹n] *s.* négociation, f. ; pourparlers, m. pl. ‖ **negotiator** [nigo⁹ushié¹t⁹r] *s.* négociateur, m.

negress [nîgris] *s.* négresse, f. ‖ **negro** [nîgro⁹u] *adj.*, *s.* nègre, Noir, m.

neigh [né¹] *s.* hennissement, m. ; *v.* hennir.

neighbo(u)r [né¹b⁹r] *adj.* voisin, proche, *s.* voisin ; prochain, m. ; *v.* avoisiner. ‖ **neighbo(u)rhood** [-houd] *s.* voisinage ; alentours, m. ; *in our neighbo(u)rhood*, dans notre quartier. ‖ **neighbo(u)ring** [-ring] *adj.* voisin, contigu.

neither [nîzh⁹r] *pron.* aucune, ni l'un ni l'autre ; *adv.* ni, ni... non plus ; *neither of the two*, aucun des deux ; *neither... nor*, ni... ni.

neon [nîân] *s.* néon, m.

nephew [nèfyou] *s.* neveu, m.

nerve [nëªv] *s.* nerf ; courage, m. ; nervure, f. ; *pl.* nervosité ; *Am.* audace, sans-gêne ; *v.* donner du nerf, du courage ; *optical nerve*, nerf optique. ‖ **nervous** [-⁹s] *adj.* nerveux ; inquiet, timide. ‖ **nervousness** [-⁹snis] *s.* nervosité ; agitation ; inquiétude, f. ; trac, m. ‖ **nervy** [-i] *adj.* énervé ; nerveux ; culotté (colloq.).

ness [nès] *s.* cap, promontoire, m.

nest [nèst] *s.* nid, m. ; nichée, f. ; *v.* nicher ; *nest-egg*, nichet. ‖ **nestle** [nès'l] *v.* nicher ; se blottir ; cajoler. ‖ **nestling** [-ling] *s.* oisillon, m.

net [nèt] *s.* filet ; rets ; réseau, m. ; *v.* prendre au filet ; tendre des filets ; faire du filet ; *road net*, réseau routier ; *trawl-net*, chalut.

net [nèt] *adj.* net ; pur ; *v.* gagner net ; *net profit*, bénéfice net.

Netherlander [nézh⁹rl⁹nd⁹r] *s.* Néerlandais, Hollandais, m. ; *Netherlandish*, néerlandais, hollandais ; *Netherlands*, Pays-Bas, Hollande.

nethermost [nèzh⁹rmo⁹ust] *adj.* le plus bas.

nettle [nèt'l] *s.* ortie, f. ; *v.* piquer, irriter.

network [nètwëªk] *s.* réseau, m. ; *radio network*, réseau radiophonique.

neuralgia [nyouraldj⁹] *s.* névralgie, f. ‖ **neurasthenia** [nyour⁹sthîni⁹] *s.* neurasthénie, f. ‖ **neurasthenic** [-ik] *adj.* neurasthénique. ‖ **neurologist** [nyou-rál⁹djist] *s.* neurologue, m. ‖ **neurology** [-dji] *s.* neurologie, f. ‖ **neuropath** [nyou⁹ropath] *s.* névropathe, m. f. ‖ **neurosis** [nyou⁹ro⁹usis] *s.* névrose, f. ‖ **neurotic** [-râtik] *adj.*, *s.* névrosé, m. f.

neuter [nyout⁹r] *adj.* neutre (gramm.). ‖ **neutral** [nyoutr⁹l] *adj.* neutre [country]. ‖ **neutrality** [nyoutral^eti] *s.* neutralité, f. ‖ **neutralize** [nyoutre-la¹z] *v.* neutraliser.

never [nèv^{er}] *adv.* jamais; **never mind**, peu importe, cela ne fait rien; **never more**, jamais plus; **never-ending**, incessant, interminable; **never-never**, achat à tempérament; **never-never land**, pays de légende. ‖ **nevertheless** [nèverzh^elès] *adv.*, *conj.* néanmoins; cependant; nonobstant.

new [nyou] *adj.* neuf; nouveau; récent; frais; à nouveau; **new-born baby**, nouveau-né; **newcomer**, nouveau venu; **newfangled**, très moderne; **New-foundland**, Terre-Neuve; **brand-new**, flambant neuf. ‖ **newly** [-li] *adv.* nouvellement; récemment; **newly wed**, nouveau marié. ‖ **newness** [-nis] *s.* nouveauté, f. ‖ **news** [-z] *s. pl.* nouvelles, f. pl.; **newscast**, les informations; **newsreel**, les actualités; *a piece of news*, une nouvelle; **news boy**, **newsy**, vendeur de journaux; **news stand**, kiosque à journaux. ‖ **newsmonger** [-mœngg^{er}] *s.* cancanier, potinier, m. ‖ **newspaper** [-pé¹p^{er}] *s.* journal, m.

next [nèkst] *adj.* le plus proche; contigu; suivant, prochain; *adv.* ensuite; *next to*, à côté de; *the next two days*, les deux jours suivants; *the morning after next*, après-demain matin; *next to nothing*, pour ainsi dire rien.

nib [nib] *s.* pointe, f.; bec [pen], m.

nibble [nib'l] *v.* mordiller; grignoter; chicaner; *s.* grignotement, m.

nice [na¹s] *adj.* agréable; sympathique; aimable; charmant; gentil; délicat; difficile. ‖ **nicely** [-li] *adv.* bien; agréablement; délicatement; minutieusement. ‖ **nicety** [-ti] *s.** délicatesse; exactitude; minutie; friandise, f.

niche [nitsh] *s.* niche, f.

nick [nik] *s.* encoche; entaille, f.; *v.* encocher, entailler; ébrécher.

nick [nik] *s.* moment précis, m.; *in the nick of time*, à point; *v.* tomber à pic.

nickel [nik'l] *s.* nickel, m.; **nickel-in-the-slot machine**, appareil à sous. ‖ **nickel-plate**, *v.* nickeler.

nickname [nikné¹m] *s.* surnom, sobriquet, diminutif, m.; *v.* surnommer.

nicotine [nik^etîn] *s.* nicotine, f.; **nicotinism**, tabagisme.

niece [nîs] *s.* nièce, f.

niggard [nig^{er}d] *adj.*, *s.* ladre, f. ‖ **niggardly** [-li] *adj.* avare; *adv.* avec avarice; chichement.

nigger [nig^{er}] *s.* noir, nègre (pop.), m.; noire, négresse, f.; *v.* noircir.

niggle [nig'l] *v.* tatillonner.

night [na¹t] *s.* nuit, f.; soir, m.; *adj.* du soir, nocturne; *last night*, hier soir; *to-night*, ce soir; **night bird**, oiseau de nuit; **nightfall**, tombée de la nuit, Fr. Can. brunante; **night-gown**, chemise de nuit; **night watch-man**, veilleur de nuit. ‖ **nightingale** [-ingé¹l] *s.* rossignol, m. ‖ **nightly** [-li] *adj.* nocturne; *adv.* de nuit. ‖ **nightman** [-m^en] (*pl.* **nightmen**) *s.* vidangeur, m. ‖ **nightmare** [-mèe^r] *s.* cauchemar, m.

nimble [nimb'l] *adj.* agile, leste; léger; vif.

nine [na¹n] *adj.*, *s.* neuf; **ninepins**, quilles. ‖ **nineteen** [-tîn] *adj.*, *s.* dix-neuf. ‖ **nineteenth** [-tînth] *adj.*, *s.* dix-neuvième. ‖ **ninetieth** [na¹ntiith] *adj.*, *s.* quatre-vingt-dixième. ‖ **ninety** [na¹nti] *adj.*, *s.* quatre-vingt-dix.

ninny [nini] *adj.* niais, sot.

ninth [na¹nth] *adj.*, *s.* neuvième.

nip [nip] *v.* pincer; couper; mordre; siroter; *s.* pincement, m.; morsure; goutte, f. [drink].

nippers [nip^{er}s] *s.* pinces; tenailles, f. pl.

nipple [nip'l] *s.* bout de sein, mamelon, m.

nippy [nipi] *adj.* preste, vif; mordant.

nitrate [na¹tré¹t] *s.* nitrate, m.

nitrogen [na¹tr^edjen] *s.* azote, m.

no [no^{ou}] *adv.* non; pas; *adj.* aucun; pas de; ne... pas de; *no doubt*, sans doute; *no more*, pas davantage; *no longer*, pas plus longtemps; *no smoking*, défense de fumer; *no one*, nul, personne; *of no use*, inutile.

nobility [no^{ou}bil^eti] *s.* noblesse, f. ‖ **noble** [no^{ou}b'l] *s. adj.* noble. ‖ **nobleman** [-m^en] (*pl.* **noblemen**) *s.* noble, aristocrate, m. ‖ **nobleness** [-nis] *s.* noblesse, f. ‖ **nobly** [-i] *adv.* noblement.

nobody [no^{ou}bâdi] *pron.* personne, nul, aucun.

nocuous [nâkyou^es] *adj.* nocif.

nod [nâd] *v.* faire signe de la tête; opiner; hocher la tête; sommeiller; dodeliner; *s.* signe de tête, hochement, m.

nodosity [nodo^{ou}sìti] *s.** nodosité, f.

noise [no¹z] *s.* bruit; tapage, m.; *v.* publier, répandre; *to make a noise*, faire du bruit; *it is being noised about that*, le bruit court que; **noiseless**, silencieux, sans bruit; **noiselessly**, silencieusement; **noisily**, bruyamment; **noisiness**, tintamarre; turbulence.

noisome [no¹s^em] *adj.* puant, fétide; nuisible.

noisy [no¹zi] *adj.* bruyant, tapageur.

nomad [no^{u}mad] *adj., s.* nomade, m. f.

nominal [nâm^{e}n'l] *adj.* nominal. ‖ **nominate** [nâm^{e}né^{1}t] *v.* nommer; désigner. ‖ **nomination** [nâm^{e}né^{1}sh^{e}n] *s.* nomination; désignation, f. ‖ **nominative** [nâm^{e}né^{1}tiv] *adj.* nominatif.

nonage [nânidj] *s.* minorité, f.

none [nœn] *pron.* aucun; nul; *adj.* ne... aucun; *none of that*, pas de ça; *none the less*, pas moins.

nonentity [nânènt^{e}ti] *s.* néant; bon à rien, m.; futilité; nullité, f.

nonplus [nânplœs] *v.* déconcerter; désemparer.

nonsense [nânsèns] *s.* absurdité, sottise, baliverne, f.

noodle [noud'l] *s.* nigaud, m.

noodles [noud'lz] *s. pl.* nouilles, f. pl.

nook [nouk] *s.* coin, recoin, m.

noon [noun] *s.* midi, m. ‖ **noonday** [-dé^1] *s.* milieu de la journée; midi, m.

noose [nous] *s.* nœud coulant; lacet, m.; *v.* prendre au lacet; nouer.

nor [naur, n^{e}r] *conj.* ni; *neither... nor*, ni... ni; *nor he either*, ni lui non plus.

norm [naurm] *s.* norme, f. ‖ **normal** [-'l] *adj.* normal; *s.* normale, f.; *normalcy, normality*, normalité; *normalization*, normalisation. ‖ **normalize** [-la^{1}z] *v.* normaliser.

Norman [naum^{e}n] *adj., s.* normand; *Normandy*, Normandie.

north [naurth] *s.* nord, m.; *north star*, étoile Polaire; *north pole*, pôle Nord; *north wind*, aquilon. ‖ **northeast** [-îst] *adj., s.* nord-est; *adv.* direction nord-est. ‖ **northern** [naurzh^{e}rn] *adj.* du nord, septentrional; *northern lights*, aurore boréale. ‖ **northerner** [-^{e}r] *s.* nordique, habitant du Nord, m. ‖ **northward** [naurthw^{e}rd] *adv.* vers le nord. ‖ **northwest** [-wèst] *adj., s.* nord-ouest. ‖ **northwestern** [-wèst^{e}rn] *adj.* du nord-ouest.

Norway [nau^{r}wé^1] *s.* Norvège, f. ‖ *Norwegian* [naurwidj^{e}n] *adj., s.* norvégien.

nose [no^{u}z] *s.* nez; museau; bec (techn.), m.; *nose dive*, piqué (aviat.); *to nose down*, piquer du nez (aviat.); *to nose around*, fouiner.

nosegay [no^{u}zgé^1] *s.* bouquet, m.

nostalgia [nâstaldji^e] *s.* nostalgie, f. ‖ *nostalgic* [-djik] *adj.* nostalgique.

nostril [nâstr^{e}l] *s.* narine, f.; naseau, m.

nosy [no^{u}zi] *adj.* fouinard.

not [nât] *adv.* ne... pas; non; pas; point; *not at all*, pas du tout; *if not*, sinon; *not but that*, non pas que.

notable [no^{u}t^{e}b'l] *adj.* notable; considérable; remarquable; *s.* notable, m.; *notableness*, notabilité.

notary [no^{u}t^{e}ri] *s.** notaire, m.

notation [no^{u}té^{1}sh^{e}n] *s.* notation, f.

notch [nâtsh] *s.** entaille; coche; dent [wheel]; brèche, f.; cran, m.; *v.* entailler; denteler; créneler; encocher.

note [no^{u}t] *s.* note; lettre; remarque; annotation; marque, facture, f.; bulletin; billet; ton (mus.), m.; *v.* noter; remarquer; indiquer; *banknote*, billet de banque; *promissory note*, billet à ordre; *to take note of*, prendre note de, acte de; *notebook*, carnet, calepin; *note paper*, papier à lettres; *noteworthiness*, importance; *noteworthy*, notable. ‖ **noted** [-id] *adj.* remarquable; distingué, renommé.

nothing [nœthing] *s.* rien, m.; *pron.* rien, rien de; *adv.* en rien, rien, pas du tout; *to do nothing but*, ne faire que; *to come to nothing*, n'aboutir à rien.

notice [no^{u}tis] *s.* notice; notification; affiche; observation; mention, f.; avis; avertissement; congé, m.; *v.* prêter attention à; remarquer; observer; mentionner; prendre connaissance de; *to come into notice*, se faire connaître; *to give notice*, informer; donner congé; *at a day's notice*, du jour au lendemain; *to attract notice*, se faire remarquer; *without notice*, sans avertissement; *notice-board*, tableau d'affichage, *Fr. Can.* babillard. ‖ **noticeable** [-^{e}b'l] *adj.* remarquable; perceptible. ‖ **notification** [no^{u}tifiké^{1}sh^{e}n] *s.* notification, f.; avis, m. ‖ **notify** [no^{u}tefa^1] *v.* notifier; aviser; informer.

notion [no^{u}sh^{e}n] *s.* notion; idée; opinion; fantaisie, f.; *pl. Am.* mercerie; bimbeloterie, f.; *Am. notions shop*, mercerie, f. ‖ **notional** [-'l] *adj.* imaginaire; spéculatif; *Am.* capricieux.

notoriety [no^{u}t^{e}ra^{1}eti] *s.** notoriété, f. ‖ **notorious** [no^{u}to^{u}ri^{e}s] *adj.* notoire; insigne.

notwithstanding [nâtwithstânding] *prep.* nonobstant; malgré; *conj.* bien que; en dépit de; quoique; *adv.* cependant, néanmoins.

nougat [nougâ] *s.* nougat, m.

nought, *see* naught.

noun [na^{o}un] *s.* nom, substantif, m.

nourish [nër^{i}sh] *v.* nourrir; alimenter; fomenter; entretenir. ‖ **nourishing** [-ing] *adj.* nourrissant, nutritif. ‖ **nourishment** [-m^{e}nt] *s.* nourriture; alimentation; nutrition, f.

novel [nâv'l] *s.* roman, m.; *adj.* nouveau; récent; original. ‖ **novelette** [-'t] *s.* nouvelle, f. ‖ **novelist** [-ist]

s. romancier, m. ‖ **novelty** [-ti] *s.** nouveauté; innovation, f.

November [noᵒᵘvèmbᵉr] *s.* novembre, m.

novena [novinᵉ] *s.* neuvaine, f.

novice [nâvis] *s.* novice, m. f. ‖ **noviciate** [noᵒᵘvishiit] *s.* noviciat, m.

now [naᵒᵘ] *adv.* maintenant; actuellement; or; *now... now,* tantôt... tantôt; *right now,* tout de suite; *between now and then,* d'ici là; *till now,* jusqu'ici; *he left just now,* il vient de partir; *nowadays,* de nos jours.

nowhere [noᵒᵘhwèᵉr] *adv.* nulle part.

nowise [noᵒᵘwa¹z] *adv.* nullement.

noxious [nâkshᵉs] *adj.* nuisible; nocif; malsain; malfaisant. ‖ **noxiousness** [-nis] *s.* nocivité, f.

nozzle [nâz'l] *s.* lance, f.; nez, bec (techn.); embout (mech.); gicleur, m.

nubile [nyoubil] *adj.* nubile.

nuclear [nyoukliᵉr] *adj.* nucléaire; atomique. ‖ **nucleus** [-kli°s] (*pl. nuclei* [-a¹]) *s.* nucleus; noyau, m.

nude [nyoud] *adj., s.* nu.

nudge [nœdj] *s.* coup de coude, m.; *v.* pousser du coude.

nudism [nyoudiz'm] *s.* nudisme, m. ‖ **nudist** [-ist] *s.* nudiste, m. f. ‖ **nudity** [-ᵉti] *s.* nudité, f.

nugatory [nyougᵉtoᵒᵘri] *adj.* frivole, futile; vain, inefficace.

nugget [nœgit] *s.* pépite, f.

nuisance [nyouΣ'ns] *s.* désagrément; ennui; fléau; dommage (jur.), m.; contravention (jur.), f.

null [nœl] *adj.* nul, nulle; *nul and void,* nul et non avenu, f. ‖ **nullify** [-ᵉfa¹] *v.* annuler. ‖ **nullity** [-ᵉti] *s.** nullité, f.

numb [nœm] *adj.* engourdi; *v.* engourdir. ‖ **numbness** [-nis] *s.* engourdissement, m.

number [nœmbᵉr] *s.* nombre; chiffre; numéro; *v.* numéroter; compter; *six in number,* au nombre de six; *number-card,* dossard. ‖ **numbering**

[-ring] *s.* calcul; numérotage, m. ‖ **numberless** [-lis] *adj.* innombrable.

numeral [nyoumᵉrᵉl] *s.* chiffre; nom de nombre, m.; *adj.* numéral. ‖ **numerary** [-ᵉri] *adj.* numéraire. ‖ **numeration** [nyoumᵉré¹shᵉn] *s.* numération, f. ‖ **numerical** [nyoumᵉrik'l] *adj.* numérique. ‖ **numerous** [nyoumrᵉs] *adj.* nombreux.

numskull [nœmskœl] *s.* imbécile, crétin, m.

nun [nœn] *s.* nonne, religieuse, f.

nuncio [nœnshioᵒᵘ] *s.* nonce, m.

nunnery [nœnᵉri] *s.** couvent, m.

nuptial [nœpshᵉl] *adj.* nuptial; *s. pl.* noce, f.

nurse [nëᵉrs] *s.* garde-malade; infirmière; bonne d'enfant; nourrice, f.; *v.* soigner; allaiter; dorloter; se bercer de [illusion]; *nurse-child,* nourrisson; *nursemaid,* bonne d'enfant; *male nurse,* infirmier. ‖ **nursery** [-ri] *s.** nursery; pépinière, f.; *nursery-school,* école maternelle. ‖ **nursling** [-ling] *s.* nourrisson, m.

nurture [nëᵉrtshᵉr] *s.* nourriture; alimentation; éducation, f.; *v.* nourrir; élever.

nut [nœt] *s.* noix; noisette, f.; écrou; *Am.* toqué (fam.), m.; *chestnut,* châtaigne; *doughnut,* beignet; *nutcracker,* casse-noisettes; *nutmeg,* muscade; *nut-oil,* huile de noix; *union-nut,* écrou-raccord.

nutria [nyoutriᵉ] *s.* ragondin, castor du Chili, m.

nutriment [nyoutrᵉmᵉnt] *s.* nourriture, f. ‖ **nutrition** [nyoutríshᵉn] *s.* nutrition, f. ‖ **nutritious** [-trishᵉs] *adj.* nourrissant. ‖ **nutritive** [nyoutritiv] *adj.* nutritif.

nutshell [nœtshᵉl] *s.* coquille de noix; *in a nutshell,* en un mot.

nuzzle [nœz'l] *v.* frotter; fouiner; fouiller avec le groin; renifler; flairer; se blottir.

nylon [na¹lân] *s.* Nylon, m.

nymph [nìmf] *s.* nymphe, f.

O

oak [oᵒᵘk] *s.* chêne, rouvre, m.; *holm oak,* yeuse; *oaken,* en chêne; *oakling,* jeune chêne.

oakum [oᵒᵘkᵉm] *s.* étoupe; filasse, f.

oar [oᵒᵘr] *s.* rame, f.; aviron, m.; *v.* ramer; *oarlock,* porte-rame; *oarsman,* rameur.

oasis [oᵒᵘé¹sis] (*pl. oases*) *s.* oasis, f.

oat, oats [oᵒᵘt, oᵒᵘts] *s.* avoine, f.

oath [oᵒᵘth] *s.* serment; juron; *Fr. Can.* blasphème, sacre, m.; *to administer oath,* faire prêter serment.

oatmeal [oᵒᵘtmîl] *s.* farine d'avoine, f.

obedience [ᵉbîdiᵉns] *s.* obéissance; soumission, f. ‖ **obedient** [-dᵉnt] *adj.* obéissant.

obelisk [âb'lisk] *s.* obélisque, f.

obesity [oᵒᵘbîsᵉti] *s.* obésité, f.

obey [ᵉbéⁱ] *v.* obéir (à).

object [ábdjikt] *s.* objet; but; complément (gramm.), m.; chose, f.; [ᵉbdjèkt] *v.* objecter; désapprouver. ‖ **objection** [-shᵉn] *s.* objection; opposition; aversion, f.; inconvénient, m. ‖ **objective** [-tiv] *adj.* objectif; *s.* objectif; but, m. ‖ **objectivity** [-tiviti] *s.* objectivité, f. ‖ **objector** [ᵉbdjèktᵉʳ] *s.* objecteur; protestataire; contradicteur, m.

obligate [áblᵉgéⁱt] *v.* obliger. ‖ **obligation** [áblᵉgéⁱshᵉn] *s.* obligation, f.; devoir; engagement, m. ‖ **obligatory** [aubligᵉtᵉri] *adj.* obligatoire. ‖ **oblige** [ᵉblaⁱdj] *v.* obliger; forcer; rendre service; *much obliged!*, merci beaucoup! ‖ **obliging** [-ing] *adj.* obligeant, serviable; *obligingness,* obligeance.

oblique [ᵉblîk] *adj.* oblique; en biais; de côté.

obliterate [ᵉblitᵉréⁱt] *v.* rayer; oblitérer. ‖ **obliteration** [ᵉblitᵉréⁱshᵉn] *s.* rature; oblitération, f.

oblivion [ᵉblivⁱᵉn] *s.* oubli, m. ‖ **oblivious** [-viᵉs] *adj.* oublieux; ignorant (*of*, de).

obnoxious [ᵉbnákshᵉs] *adj.* odieux; détestable; antipathique.

oboe [oᵒuboᵒu] *s.* hautbois, m.

obscene [ᵉbsîn] *adj.* osé, grossier; obscène. ‖ **obscenity** [ᵉbsènᵉti] *s.** obscénité; grossièreté, f.

obscuration [ábskyouréⁱshᵉn] *s.* obscurcissement, m. ‖ **obscure** [ᵉbskyour] *adj.* obscur; sombre; caché; *v.* obscurcir. ‖ **obscurity** [-ᵉti] *s.** obscurité, f.

obsequies [ábsikwiz] *s. pl.* obsèques, funérailles, f. pl. ‖ **obsequious** [ᵉbsîkwiᵉs] *adj.* obséquieux.

observable [ᵉbzᵉʳvᵉb'l] *adj.* observable. ‖ **observance** [-vᵉns] *s.* observance; pratique; conformité, f. ‖ **observant** [-vᵉnt] *adj.* attentif; observateur; fidèle. ‖ **observation** [aubzᵉʳvéⁱshᵉn] *s.* observation; surveillance; remarque, f. ‖ **observatory** [ᵉbzᵉʳvᵉtoᵒuri] *s.** observatoire, m. ‖ **observe** [ᵉbzᵉʳv] *v.* observer; noter; apercevoir; célébrer [feast]. ‖ **observer** [-ᵉʳ] *s.* observateur, m.; observatrice, f.

obsess [ᵉbsès] *v.* obséder. ‖ **obsession** [ᵉbsèshᵉn] *s.* obsession, f.; *obsessionist,* obsédé; *obsessive,* obsessif.

obsolete [ábsᵉlît] *adj.* vieilli; inusité; hors d'usage.

obstacle [ábstᵉk'l] *s.* obstacle; empêchement, m.; difficulté, f.

obstinacy [ábstᵉnᵉsi] *s.* obstination, f. ‖ **obstinate** [ábstᵉnit] *adj.* obstiné, opiniâtre.

obstruct [ᵉbstrækt] *v.* obstruer; barrer; encombrer; empêcher. ‖

obstruction [ᵉbstrǽkshᵉn] *s.* obstruction, f.; obstacle; encombrement; pêchement, m.; *obstructionism,* obstructionnisme.

obtain [ᵉbtéⁱn] *v.* obtenir; réussir; gagner; se procurer; être le cas (*with*, pour); *obtainable,* disponible; trouvable.

obtrude [obtroud] *v.* mettre en avant; *to obtrude on,* s'imposer auprès de.

obtrusive [ᵉbtrousiv] *adj.* importun.

obturate [ᵉbtyouréⁱt] *v.* obturer; *obturation,* obturation; *obturator,* obturateur.

obtuse [ᵉbtous] *adj.* obtus.

obviate [ábviéⁱt] *v.* obvier à.

obvious [ábviᵉs] *adj.* évident, manifeste; visible, palpable; *obviousness,* évidence.

ocarina [ákᵉrînᵉ] *s.* ocarina, m.

occasion [ᵉkéⁱjᵉn] *s.* occasion; cause, raison, f.; besoin; sujet, m.; *v.* occasionner; déterminer; provoquer. ‖ **occasional** [-'l] *adj.* occasionnel; fortuit; peu fréquent; intermittent. ‖ **occasionally** [-'li] *adv.* à l'occasion; de temps en temps; parfois.

occident [áksidᵉnt] *s.* occident, m. ‖ **occidental** [áksᵉdènt'l] *adj., s.* occidental.

occlude [okloud] *v.* fermer; *occlusion,* occlusion.

occult [ᵉkælt] *adj.* occulte; *occultism,* occultisme; *occultist,* occultiste.

occupant [ákyᵉpᵉnt] *s.* occupant, m. ‖ **occupation** [ákyᵉpéⁱshᵉn] *s.* occupation; profession, f. ‖ **occupy** [ákyᵉpaⁱ] *v.* occuper; employer; habiter; posséder.

occur [ᵉkᵉ̈r] *v.* arriver; survenir; avoir lieu. ‖ **occurrence** [-ᵉns] *s.* occurrence, f.; fait, événement, m.

ocean [oᵒushᵉn] *s.* océan, m.; *adj.* océanique; au long cours; *Am.* par mer; *oceanic,* océanique.

ochre [oᵒukᵉ] *s.* ocre, f.

octave [áktéⁱv] *s.* octave, f.

October [áktoᵒubᵉʳ] *s.* octobre, m.

octopus [auktopᵉs] *s.* pieuvre, f.

ocular [ákyoulᵉʳ] *adj., s.* oculaire, m. ‖ **oculist** [ákyᵉlist] *s.* oculiste, m.

odd [ád] *adj.* dépareillé; étrange; drôle; original; impair [number]; irrégulier, divers; *s. pl.* inégalité, disparité, chances, f.; *twenty odd,* vingt et quelques; *odd moments,* moments perdus; *the odds are that,* il y a un gros à parier que; *to be at odds with,* être brouillé avec. ‖ **oddity** [ádᵉti] *s.** bizarrerie, f.

ode [oᵒud] *s.* ode, f.

odious [o°udies] *adj.* odieux.

odo(u)r [o°ud°r] *s.* odeur, f.; **odorous**, odorant, parfumé; **odourless**, inodore.

of [ăv, °v] *prep.* de; du; de la; des; à; sur; en; parmi; *what do you do of an evening?*, que faites-vous le soir?; *of necessity*, nécessairement; *to have the advantage of*, avoir l'avantage sur; *Am.* a quarter of three, trois heures moins le quart.

off [auf] *adv.* au loin; à distance; *adj.* enlevé; parti; *interj.* oust!; hors d'ici!; *hats off!*, chapeaux bas!; *off with!*, enlevez, ôtez; *off and on*, de temps à autre; *I'm off*, je me sauve; *two miles off*, à deux milles de là; *to be well off*, être à l'aise; *a day off*, un jour de congé; décalé, décentré; *off-shore*, au large, du côté de la terre.

offend [°fènd] *v.* offenser; froisser; enfreindre. ‖ **offender** [-°r] *s.* délinquant; malfaiteur; coupable, m.; **joint offender**, complice. ‖ **offense** [°fèns] *s.* offense; infraction; contravention; offensive (mil.), f.; délit, m.; *to take offense*, s'offenser; **continuing offense**, récidive, f. ‖ **offensive** [-iv] *adj.* offensant, choquant; offensif; *s.* offensive, f.

offer [auf°r] *v.* (s')offrir; (se) présenter; *s.* offre; proposition, f. ‖ **offering** [-ring] *s.* offrande, f. ‖ **offertory** [auf°roo°ri] *s.* offertoire, m.

offhand [aufhănd] *adv.* au premier abord; sur-le-champ; *adj.* improvisé; dégagé; cavalier.

office [aufis] *s.* fonction; charge, f.; bureau; office; emploi; service, m.; *to take office*, entrer en fonctions; prendre le pouvoir; **booking office**, guichet des billets; **doctor's office**, cabinet médical; **lawyer's office**, étude d'avocat; **main office**, siège social (comm.). ‖ **officer** [auf°s°r] *s.* officier; fonctionnaire; employé, m.; **sanitation officer**, officier de santé; *v.* commander; encadrer d'officiers; **officering**, encadrement; commandement. ‖ **official** [°fish°l] *adj.* officiel; titulaire; *s.* fonctionnaire; employé, m.; **officialdom**, bureaucratie, fonctionnarisme. ‖ **officiate** [°fishié¹t] *v.* officier. ‖ **officious** [-sh°s] *adj.* officieux; importun, trop empressé.

offing [aufing] *s.* large, m.; *in the offing*, en perspective.

offish [aufish] *adj.* distant.

offset [aufsèt] *v.* compenser; [aufsèt] *s.* compensation (comm.); offset (impr.); rejeton, m.

offspring [aufspring] *s.* progéniture; conséquence, f.; descendant; résultat; produit (fig.), m.

offtake [auftè¹k] *s.* écoulement, m.

oft, often [auft, auf°n] *adv.* souvent; fréquemment; *how often?*, combien de fois?

ogive [o°udja¹v] *s.* ogive, f.

ogle [o°u'g'l] *s.* œillade, f.; *v.* lorgner.

ogre [o°ug°r] *s.* ogre, m.

oil [o¹l] *s.* huile, f.; pétrole brut, m.; *v.* huiler; graisser; lubrifier; oindre; **fuel oil**, mazout; **linseed oil**, huile de lin; **oil-cloth**, toile cirée; **oil-painting**, peinture à l'huile; **oil of turpentine**, essence de térébenthine. ‖ **oily** [-i] *adj.* huileux; graisseux; onctueux.

ointment [o¹ntm°nt] *s.* onguent, m.; pommade, f.

O. K. [o°uké¹] *interj.* d'accord, parfait, très bien.

old [o°uld] *adj.* vieux, vieil, vieille; âgé; **old man**, vieillard; *of old*, jadis; *how old are you?*, quel âge avez-vous?; *to grow old*, vieillir; **old-fashioned**, démodé; **old-time**, d'autrefois; **old-timer**, vieux routier. ‖ **oldness** [-nis] *s.* vieillesse; vétusté, f.

oleander [o°uliand°r] *s.* laurier-rose, m.

olive [ăliv] *s.*, *adj.* olive; **olive oil**, huile d'olive; **olive drab**, drap gris olive réglementaire pour uniforme; **olive-tree**, olivier.

omelet [ămlit] *s.* omelette, f.

omen [o°umin] *s.* signe, présage, augure, m.; **ominous**, sinistre, menaçant, inquiétant.

omission [o°umish°n] *s.* omission; négligence, f.; oubli; manquement, m. ‖ **omit** [o°umit] *v.* omettre; oublier; négliger.

omnibus [ămnib°s] *s.* autobus; car, m.; *adj.* omnibus.

omnipotent [ămnip°t°nt] *adj.* omnipotent, tout-puissant.

omniscient [ămnisj°nt] *adj.* omniscient.

omoplate [o°umoplé¹t] *s.* omoplate, f.

on [ăn] *prep.* sur; à; en; de; contre; avec; pour; dès; *adv.* dessus; *on horseback*, à cheval; *on leave*, en congé; *on this account*, pour cette raison; *on her opening the door*, dès qu'elle ouvrit la porte; *and so on*, ainsi de suite; *the light is on*, la lumière est allumée.

once [wœns] *adv.* une fois; jadis; *at once*, tout de suite, à la fois; *all at once*, tout d'un coup; *when once*, une fois que; *once in a while*, une fois en passant; *Am.* to give the once over, jeter un coup d'œil scrutateur.

one [wœn] *adj.*, *pron.* un, une; *one day*, un certain jour; *someone*, quelqu'un; *anyone*, n'importe qui; *everyone*, tout le monde; *one and all*, tous

sans exception; *one by one,* un à un;
one another, l'un l'autre; *the one who,*
celui qui; *this one,* celui-ci; *one-
armed,* manchot; *one-eyed,* borgne;
one-price, à prix unique; *one-way,* à
sens unique.

onerous [ân⁰r⁰s] *adj.* onéreux; lourd.

oneself [wœnsèlf] *pron.* soi, soi-
même; *by oneself,* seul.

onion [œny⁰n] *s.* oignon, m.

onlooker [ânlouk⁰r] *s.* spectateur, assistant; participant, m.

only [o⁰unli] *adj.* seul, unique; *adv.*
seulement, uniquement; *she is only
five,* elle n'a que cinq ans; *he only
laughs,* il ne fait que rire; *only yesterday,* hier encore.

onset [ânsèt] *s.* assaut, m.; attaque;
impulsion, f.; *at the onset,* au premier
abord.

onslaught [ânslaut] *s.* attaque fu-
rieuse, f.

onward [ânw⁰rd] *adv.* en avant.

onyx [âniks] *s.* onyx, m.

ooze [ouz] *s.* vase, boue, f.; suintement, m.; *v.* suinter; transpirer [news].

opal [o⁰up'l] *s.* opale, f.; *opalin,* opalin, opaline.

opaque [o⁰upé¹k] *adj.* opaque.

open [o⁰up⁰n] *v.* (s')ouvrir; exposer;
révéler; *adj.* ouvert; découvert; exposé; franc; *wide open,* grand ouvert;
an open truth, une vérité évidente;
open market, marché public; *to open
up,* ouvrir, dévoiler; *the door opens
into the garden,* la porte donne sur le
jardin; *half-open,* entrouvert; *open
secret,* secret de Polichinelle; *open-
handed,* libéral, généreux; *open-min-
ded,* libéral, réceptif; *open-mouthed,*
bouche bée; *in the open,* en rase campagne; *to lay oneself open to,* s'exposer à. ‖ **opening** [-ing] *s.* ouverture;
embouchure; inauguration; percée,
f.; débouché; orifice; déclenchement;
vernissage; début, m.; *adj.* naissant;
débutant; premier; *opening statement,* discours d'ouverture. ‖ **openly**
[-li] *adv.* ouvertement; publiquement;
carrément.

opera [âp⁰r⁰] *s.* opéra, m.; *opera-
glass,* jumelles; *comic opera,* opéra-
comique.

operate [âp⁰ré¹t] *v.* opérer; spéculer;
manœuvrer; commander (mech.). ‖
operation [âp⁰ré¹sh⁰n] *s.* opération;
exécution, f.; fonctionnement, m.; *to
be in operation,* fonctionner; *in full
operation,* en pleine activité. ‖ **operative** [âp⁰ré¹tiv] *adj.* actif; efficace;
opératoire; *s.* ouvrier, m. ‖ **operator**
[âp⁰ré¹t⁰r] *s.* opérateur, m.

operetta [âp⁰rèt⁰] *s.* opérette, f.

ophtalmic [âfthalmik] *adj.* ophtal-
mique. ‖ **ophtalmologist** [-mâl⁰djist] *s.*
ophtalmologiste, m. f.

opine [opa¹n] *v.* opiner; penser. ‖
opinion [⁰piny⁰n] *s.* opinion, f.; avis,
m.; décision motivée (jur.), f.; *opinionated,* opiniâtre.

opiomaniac [o⁰upiomé¹ni⁰k] *s.* opio-
mane, m. f. ‖ **opium** [o⁰upi⁰m] *s.*
opium, m.

opponent [⁰po⁰un⁰nt] *s.* adversaire;
opposant; antagoniste, m.

opportune [âp⁰rtyoun] *adj.* opportun; à propos. ‖ **opportuneness** [-nis]
s. opportunité, f.; *opportunism,* op-
portunisme; *opportunist,* opportu-
niste. ‖ **opportunity** [-⁰ti] *s.*⁎ occasion, f.

oppose [⁰po⁰uz] *v.* (s')opposer;
combattre; arrêter, empêcher. ‖ **opposing** [-ing] *adj.* opposé, contraire. ‖
opposite [âp⁰zit] *adj.* opposé;
contraire; vis-à-vis; de front; *s.*
contraire, adversaire, m.; *opposite to,*
en face de. ‖ **opposition** [âp⁰zish⁰n]
s. opposition; résistance; concurrence;
hostilité, f.; parti adverse, m.

oppress [⁰près] *v.* opprimer; oppresser. ‖ **oppression** [⁰prèsh⁰n] *s.* oppression, f. ‖ **oppressive** [⁰prèsiv] *adj.*
opprimant; accablant, étouffant, angoissant; tyrannique. ‖ **oppressor**
[⁰près⁰r] *s.* oppresseur, m.

opprobrious [⁰pro⁰ubri⁰s] *adj.* infa-
mant, injurieux. ‖ **opprobrium** [-bri⁰m]
s. opprobre, m.

opt [âpt] *v.* opter.

optical [âptik'l] *adj.* optique. ‖ *optician* [âptish⁰n] *s.* opticien, m. ‖ *optics*
[âptiks] *s. pl.* optique.

optimism [âpt⁰mizⁱm] *s.* optimisme
m. ‖ *optimist* [-mist] *s.* optimiste, m. ‖
optimistic [âpt⁰mistik] *adj.* optimiste.

option [âpsh⁰n] *s.* option; alternative,
f.; choix, m. ‖ **optional** [-'l] *adj.*
facultatif.

opulence [âpy⁰l⁰ns] *s.* opulence;
abondance, f. ‖ **opulent** [-l⁰nt] *adj.*
opulent; riche; abondant.

opuscule [âpœskyoul] *s.* opuscule, m.

or [aur, ⁰r] *conj.* ou, ou bien; soit;
or else, ou bien; autrement; sinon.

oracle [aur⁰k'l] *s.* oracle, m.

oral [o⁰ur⁰l] *adj.* oral.

orange [aurindj] *s.* orange, f.;
orange blossom, fleur d'oranger;
orange-tree, oranger; *adj.* orangé
[color]; *orangeade,* orangeade.

oration [o⁰uré¹sh⁰n] *s.* discours, m.;
harangue, f. ‖ *orator* [aur⁰t⁰r] *s.* orateur, m. ‖ *oratory* [aur⁰to⁰uri] *s.*⁎ éloquence, f.; oratoire, m.

orb [aurb] *s.* globe; cercle, m.; orbe, f. ‖ **orbit** [aurbit] *s.* orbite, orbe, f.; *v.* tourner autour de; **orbital,** orbital; orbitaire; de ceinture.

orchard [aurtsh^erd] *s.* verger, m.

orchestra [aurkistr^e] *s.* orchestre, m. ‖ **orchestrate** [-tré¹t] *v.* orchestrer. ‖ **orchestration** [âᵊkestré¹sh^en] *s.* orchestration, f.

orchid [aurkid] *s.* orchidée, f.

ordain [aurdé¹n] *v.* ordonner; décréter; déterminer, fixer. ‖ **ordainer** [-eʳ] *s.* ordonnateur; ordinant (eccles.), m.

ordeal [aurdîl] *s.* épreuve, f.; jugement de Dieu, m.

order [aurd^er] *s.* ordre; mandat (fin.), m.; consigne; ordonnance; commande; décoration, f.; *v.* ordonner; commander; diriger; régler; arranger; *to break an order,* manquer à la consigne; *citation in orders,* citation à l'ordre du jour; *counter-order,* contrordre; *executive order,* décretloi; *full marching order,* tenue de campagne; *holy orders,* ordres sacrés; *order-blank,* bon de commande; *made to order,* fait sur commande, fait sur mesure [suit]; *in order that,* afin que; *to be out of order,* être détraqué, en panne. ‖ **orderly** [-li] *adj.* ordonné; discipliné; *s.* ordonnance (mil.), f.; planton, m.; infirmier, m. ‖ **ordinance** [aurd'n^ens] *s.* ordonnance (jur.), f.; décret, m. ‖ **ordinarily** [-'nèr^eli] *adv.* ordinairement. ‖ **ordinary** [-'nèri] *adj.* ordinaire, commun, habituel. ‖ **ordnance** [-n^ens] *s.* artillerie, f.; matériel de guerre, m.

ore [o^our] *s.* minerai, m.

organ [aurg^en] *s.* orgue; organe, m.; *hand organ,* orgue de Barbarie. ‖ **organic** [aurganik] *adj.* organique; fondamental. ‖ **organism** [aurg^eniz^em] *s.* organisme, m. ‖ **organist** [-nist] *s.* organiste, m. ‖ **organization** [aurg^en^ezé¹sh^en] *s.* organisation, f.; agencement, aménagement; organisme, m. ‖ **organize** [aurg^ena¹z] *v.* (s')organiser. ‖ **organizer** [-eʳ] *s.* organisateur, m.; organisatrice, f.

orgy [aurdji] *s.** orgie, f.

orient [o^ouriènt] *s.* orient, m.; *v.* orienter. ‖ **oriental** [o^ouriènt'l] *adj.,* *s.* oriental. ‖ **orientate** [o^ouriènté¹t] *v.* orienter. ‖ **orientation** [o^ouriènté¹sh^en] *s.* orientation, f.

orifice [aur^efis] *s.* orifice, m.; ouverture, f.

origin [aur^edjin] *s.* origine; provenance, f. ‖ **original** [^eridj^en'l] *adj.,* *s.* original. ‖ **originality** [^eridj^enal^eti] *s.** originalité, f. ‖ **originally** [^eridj^en'li] *adv.* primitivement; originalement. ‖ **originate** [^eridj^ené¹t] *v.* faire naître;

produire; inventer; provenir; dériver. ‖ **originator** [-eʳ] *s.* créateur, promoteur; point de départ, m.

orison [âriz^en] *s.* oraison, f.

ornament [aurn^em^ent] *s.* ornement, m.; parure, f.; [aurn^emènt] *v.* ornementer, décorer. ‖ **ornamental** [aurn^emènt'l] *adj.* ornemental, décoratif. ‖ **ornamentation** [âᵊn^emènté¹sh^en] *s.* ornementation, f.; embellissement, m. ‖ **ornamenter** [âᵊn^emènt^er] *s.* décorateur, m. ‖ **ornate** [aurné¹t] *adj.* paré, ornementé; fleuri [style].

ornithology [aunithaul^edji] *s.* ornithologie, f.

orphan [aurf^en] *adj.,* *s.* orphelin, m.; *v.* rendre orphelin; *orphan asylum,* **orphanage,** orphelinat.

orris [auris] *s.* iris, m.

orthography [aurthâgr^efi] *s.** orthographe, f.

orthopaedics [âᵊthopìdiks] *s.* orthopédie, f.

ortolan [âᵊt^el^en] *s.* ortolan, m.

oscillate [âs'lé¹t] *v.* osciller; balancer; s'affoler [compass]. ‖ **oscillation** [âs'lé¹sh^en] *s.* oscillation, f.

osier [ouj^er] *s.* osier, m.; **osiery,** oseraie; vannerie.

ossify [âs^efa¹] *v.* ossifier.

ostensible [âstèns^eb'l] *adj.* ostensible. ‖ **ostentation** [âstènté¹sh^en] *s.* ostentation, f. ‖ **ostentatious** [-sh^es] *adj.* ostentatoire; vaniteux.

ostracism [âstr^esiz'm] *s.* ostracisme, m. ‖ **ostracize** [-sa¹z] *v.* frapper d'ostracisme.

ostrich [austritsh] *s.** autruche, f.

otary [o^out^eri] *s.* otarie, f.

other [œzh^er] *adj.,* *pron.* autre; *s.* autrui; *every other day,* tous les deux jours; *the two others,* les deux autres; *other than,* autre que. ‖ **otherwise** [-wa¹z] *adv.* autrement; par ailleurs; à part cela; sous d'autres rapports; sinon.

otter [ât^er] *s.* loutre, f.

ought [aut] *defect.* *v.* devoir; *he ought to say,* il devrait dire.

ounce [a^ouns] *s.* once, f.

our [a^our] *adj.* notre, nos. ‖ **ours** [-z] *pron.* le nôtre, la nôtre, les nôtres. ‖ **ourselves** [-sèlvz] *pron.* nous-mêmes; nous.

oust [a^oust] *v.* expulser, chasser.

out [a^out] *adv.* hors; dehors; *adj.* découvert; disparu; exposé; éteint; *prep.* hors de; *out of fear,* par crainte; *out of money,* sans argent; *out of print,* épuisé [book]; *out with it !,* expliquez-vous !; *to speak out,* parler clairement; *out of breath,* à bout de souffle ; *out and out*, absolu, avéré ; *the week is out*, la semaine est achevée ; *the secret is out*, le secret est divulgué ; *he is out*, il est sorti ; *he is out five dollars*, cela lui a coûté cinq dollars, il a fait une erreur de cinq dollars.

outbreak [aᵒutbréⁱk] *s.* éruption, f. ; soulèvement, tumulte, m.

outburst [aᵒutbërst] *s.* explosion ; éruption, f.

outcast [aᵒutkast] *adj.* exclus ; *s.* proscrit, paria, m.

outcome [aᵒutkœm] *s.* résultat ; dénouement, m.

outcry [aᵒutkraⁱ] *s.** clameur, f.

outdoor [aᵒutdoᵒuʳ] *adj.* extérieur ; externe ; de plein air [game]. ‖ *outdoors* [-z] *adv.* en plein air ; au-dehors.

outer [aᵒutᵉʳ] *adj.* extérieur ; externe ; du dehors ; *outermost*, extrême.

outfit [aᵒutfit] *s.* équipement ; attirail ; outillage ; trousseau, m. ; *v.* équiper.

outing [aᵒuting] *s.* excursion, sortie, promenade, f.

outlaw [aᵒutlau] *s.* bandit ; proscrit ; fugitif, m. ; *v.* proscrire.

outlay [aᵒutléⁱ] *s.* débours, m. ; dépense, f. ; [aᵒutléⁱ] *v.* dépenser, débourser.

outlet [aᵒutlèt] *s.* sortie, issue, f. ; débouché, m.

outline [aᵒutlaⁱn] *s.* contour ; sommaire ; tracé, m. ; esquisse, f. ; *v.* esquisser, ébaucher ; tracer.

outlive [aᵒutliv] *v.* survivre à.

outlook [aᵒutlouk] *s.* guet, m. ; perspective, f.

outlying [aᵒutlaⁱing] *adj.* détaché, isolé ; écarté.

outmaneuver [aᵒutmᵉnouvᵉʳ] *v.* déjouer ; tromper ; rouler (fam.).

outnumber [aᵒutnœmbᵉʳ] *v.* surpasser en nombre.

o u t p o s t [aᵒutpoᵒust] *s.* avant-poste, m.

output [aᵒutpout] *s.* rendement, m. ; production, puissance, f.

outrage [aᵒutréⁱdj] *s.* outrage ; attentat, m. ; *v.* outrager ; violenter. ‖ *outrageous* [aᵒutréⁱdjᵉs] *adj.* outrageux ; outrageant ; atroce ; exorbitant.

outran [aᵒutran] *pret. of to outrun.* ‖ *outrun* [aᵒutrœn] *v.* gagner de vitesse ; dépasser à la course ; *outrunner*, avant-coureur.

outset [aᵒutsèt] *s.* début, commencement, m. ; ouverture, f. ; *from the outset*, dès le premier abord.

outshine [aᵒutshaⁱn] *v.* éclipser en éclat. ‖ *outshone* [aᵒutshoᵒun] *pret., p. p. of to outshine.*

outside [aᵒutsaⁱd] *adj.* extérieur ; externe ; *adv.* dehors, à l'extérieur ; *prep.* à l'extérieur de, au-dehors de ; *s.* extérieur, m. ‖ *outsider* [-ᵉʳ] *s.* étranger ; profane ; outsider [sport] ; ailier ; coulissier (fin.), m.

outskirts [aᵒutskërts] *s. pl.* lisière, f.

outspoken [aᵒutspoᵒukᵉn] *adj.* franc, direct ; explicite.

outspread [aᵒutsprèd] *adj.* déployé ; *s.* déploiement, m.

outstanding [aᵒutstanding] *adj.* notable ; saillant ; non payé (comm.).

o u t s t r e t c h e d [aᵒutstrètsht] *adj.* étendu ; tendu [arm] ; ouvert [hand].

outward(s) [aᵒutwᵉrd(z)] *adj.* extérieur ; externe ; apparent ; superficiel ; *adv.* au-dehors ; extérieurement ; vers le dehors.

outweigh [aᵒutwéⁱ] *v.* excéder en poids, en valeur.

oval [oᵒuv'l] *adj., s.* ovale, m.

ovary [oᵒuvᵉri] *s.** ovaire, m.

ovation [oᵒuvéⁱshᵉn] *s.* ovation, f.

oven [æv'n] *s.* four, m.

over [oᵒuvᵉʳ] *prep.* sur ; plus de ; au-dessus de ; *adv.* par-dessus ; en plus ; *adj.* de dessus ; de l'autre côté ; *s.* excès, m. ; *all over the country*, dans tout le pays ; *my life is over*, ma vie est finie ; *over there*, là-bas ; *overalls*, salopette ; *overboard*, par-dessus bord ; *overcoat*, pardessus ; capote ; *overdone*, trop cuit ; surmené, épuisé ; outré, exagéré ; *overdose*, trop forte dose ; *overdue*, échu, en souffrance ; *overindulgence*, indulgence excessive.

overcame [oᵒuvᵉrkéⁱm] *pret. of to overcome.*

overcast [oᵒuvᵉrkast] *adj.* couvert, nuageux ; trop élevé [sum] ; [oᵒuvᵉrkast] *v.* assombrir ; couvrir de nuages.

overcharge [oᵒuvᵉrtshärdj] *v.* faire payer trop cher ; écorcher, saler.

overcome [oᵒuvᵉrkœm] *v.* surmonter ; vaincre ; conquérir ; dominer ; accabler ; venir à bout de.

overcrowd [oᵒuvᵉrkraᵒud] *v.* remplir excessivement ; *overcrowded*, bondé ; surpeuplé ; *overcrowding*, encombrement ; surpeuplement.

overdo [oᵒuvᵉrdou] *v.* exagérer ; charger ; faire trop cuire ; se surmener.

overdraw [oᵒuvᵉrdrau] *v.* mettre à découvert (comm.) ; tirer un chèque sans provision ; trop enjoliver.

overdrive [oᵒuvᵉrdraⁱv] *s.* vitesse surmultipliée, f. ; [oᵒuvᵉrdraⁱv] *v.* surmener.

overexcite [oᵒuvᵉriksaⁱt] *v.* surexciter ; *overexcitement*, surexcitation, effervescence.

overexert [o°u°ᵛᵉrigzёt] *v.* tendre à l'excès; se surmener; **overexertion,** surmenage.

overflow [o°u°ᵛᵉrflo°u] *s.* inondation, f.; trop-plein, débordement, m.; [o°u°ᵛᵉrflo°u] *v.* inonder, déborder.

overgrown [o°u°ᵛᵉrgro°u⁰n] *adj.* énorme; trop grand; dense [leafs]; dégingandé [boy].

overhang [o°u°ᵛᵉrhang] *v.* surplomber; faire saillie.

overhead [o°u°ᵛᵉrhёd] *s. pl.* frais généraux (comm.), m. pl.; *adj.* au-dessus, en haut; élevé; [-hёd] *adv.* en haut, au-dessus de la tête.

overhear [o°u°ᵛᵉrhⁱᵉr] *v.* surprendre, entendre par hasard. ‖ **overheard** [o°u°ᵛᵉrhёrd] *pret., p. p. of* **to overhear.**

overheat [o°u°ᵛᵉrhît] *v.* surchauffer.

overhung [o°u°ᵛᵉrhæng] *pret., p. p. of* **to overhang.**

overladen [o°u°ᵛᵉrlёⁱdᵉn] *adj.* surchargé.

overland [o°u°ᵛᵉrland] *adj.* voyageant par terre; de terre; [o°u°ᵛᵉrland] *adv.* par terre.

overlap [o°u°ᵛᵉrlap] *s.* recouvrement; empiètement, m.; [o°u°ᵛᵉrlap] *v.* recouvrer; empiéter; chevaucher; dépasser.

overload [o°u°ᵛᵉrlo°ud] *v.* surcharger; [o°u°ᵛᵉrlo°ud] *s.* surcharge, f.

overlook [o°u°ᵛᵉrlouk] *v.* oublier, laisser passer; fermer les yeux sur; parcourir des yeux; donner sur; surveiller.

overman [o°u°ᵛᵉrmᵉn] (*pl.* **overmen**) *s.* contremaître, m.

overmatch [o°u°ᵛᵉrmatsh] *v.* surclasser; avoir l'avantage sur.

overmuch [o°u°ᵛᵉrmætsh] *adj.* trop de; *adv.* trop.

overnight [o°u°ᵛᵉrnaⁱt] *adv.* (pendant) la nuit; *adj.* de nuit; de la veille au soir.

overpower [o°u°ᵛᵉrpa°uᵉr] *v.* subjuguer; maîtriser; vaincre; accabler.

overprint [o°u°ᵛᵉrprînt] *s.* surimpression; surcharge, f.; *v.* surimprimer; surcharger.

overran [o°u°ᵛᵉrran] *pret. of* **to overrun.** ‖ **overrun** [o°u°ᵛᵉrræn] *v.** parcourir; se répandre; envahir; inonder.

oversea [o°u°ᵛᵉrsî] *adj.* d'outre-mer, de l'autre côté de la mer; *pl. adv.* outre-mer.

oversee [o°u°ᵛᵉrsî] *v.* surveiller. ‖ **overseer** [o°u°ᵛᵉrsⁱᵉr] *s.* surveillant, inspecteur, m.

oversensitive [o°u°ᵛᵉrsёnsitiv] *adj.* hypersensible.

oversight [o°u°ᵛᵉrsaⁱt] *s.* négligence, inadvertance; surveillance, f.

overstate [o°u°ᵛᵉrstёⁱt] *v.* exagérer; **overstatement,** exagération.

overstep [o°u°ᵛᵉrstёp] *v.* dépasser, franchir.

overt [o°u°ᵛᵉt] *adj.* évident, non déguisé; public.

overtake [o°u°ᵛᵉrtёⁱk] *v.* rattraper, rejoindre; doubler [auto]. ‖ **overtaken** [o°u°ᵛᵉrtёⁱkᵉn] *p. p. of* **to overtake.** ‖ **overtaking** [-ing] *s.* dépassement, m.

overthrew [o°u°ᵛᵉrthrou] *pret. of* **to overthrow.** ‖ **overthrow** [o°u°ᵛᵉrthro°u] *s.* renversement, m.; ruine, f.; *v.* renverser, culbuter; mettre en déroute. **overthrown,** *p. p. of* **to overthrow.**

overtime [o°u°ᵛᵉrtaⁱm] *s.* heures supplémentaires, f. pl.

overtook [o°u°ᵛᵉrtouk] *pret. of* **to overtake.**

overture [o°u°ᵛᵉrtsher] *s.* ouverture; proposition, f.; prélude, m.

overturn [o°u°ᵛᵉrtёrn] *v.* renverser; verser, capoter [auto]; chavirer (naut.); bouleverser.

overweening [o°u°ᵛᵉrwîning] *adj.* outrecuidant; insensé [pride].

overweight [o°u°ᵛᵉrwёⁱt] *s.* excédent de poids, de bagages, m.; [o°u°ᵛᵉrwёⁱt] *v.* surcharger.

overwhelm [o°u°ᵛᵉrhwёlm] *v.* écraser, opprimer; surcharger; submerger. ‖ **overwhelming** [-ing] *adj.* accablant, écrasant; submergeant; irrésistible.

overwork [o°u°ᵛᵉrwёrk] *v.* (se) surmener; *s.* surmenage, m.

owe [o°u] *v.* devoir; être redevable; *to be owing to,* être dû à; *owing to,* à cause de; grâce à.

owl [a°ul] *s.* chouette, f.; hibou, m.; *screech-owl,* chat-huant.

own [o°un] *adj.* propre, à soi; *v.* posséder; avoir en propre; avoir la propriété de; *a house of his own,* une maison à lui; *to hold one's own,* tenir bon.

own [o°un] *v.* reconnaître; convenir de, avouer.

owner [o°unᵉr] *s.* propriétaire; possesseur, m. ‖ **ownership** [-ship] *s.* propriété; possession, f.

ox [âks] (*pl.* **oxen** [-n]) *s.* bœuf, m.; *ox-fly,* taon.

oxide [âksaⁱd] *s.* oxyde, m. ‖ **oxidize** [âksᵉdaⁱz] *v.* oxyder.

Oxonian [auksо°unⁱᵉn] *adj.* Oxonien; d'Oxford.

oxygen [âksᵉdjᵉn] *s.* oxygène, m.

oyster [оⁱstᵉr] *s.* huître, f.; *oysterbed,* banc d'huîtres; *oyster-plant,* salsifis.

ozone [ozо°un] *s.* ozone; *Am.* air pur, plein air, m.

P

pace [péⁱs] *s.* pas, m.; allure, f.; *v.* marcher au pas; arpenter; suivre; *to mend one's pace*, presser le pas.

pacific [pᵉsifik] *adj.*, *s.* pacifique. ‖ *pacification* [pasᵉfᵉkéⁱshᵉn] *s.* pacification, f.; apaisement, m. ‖ *pacify* [pasᵉfaⁱ] *v.* pacifier; calmer.

pack [pak] *s.* paquet; ballot; paquetage; sac, m.; troupe, bande, meute, f.; jeu [cards], m.; *v.* emballer, empaqueter; remplir; bâter; *pack-animal*, bête de somme; *pack saddle*, bât; *to pack off*, plier bagages · *to send packing*, envoyer promener. ‖ *package* [-idj] *s.* paquet, colis, m. ‖ *packer* [-ᵉr] *s.* emballeur, m. ‖ *packet* [-it] *s.* paquet, m. ‖ *packing* [-ing] *s.* emballage, empaquetage; bourrage (mech.), m. ‖ *packthread* [-thrèd] *s.* ficelle, f.

pact [pakt] *s.* pacte; accord; contrat, m.; convention, f.

pad [pad] *s.* tampon; bourrelet; coussinet; bloc [paper]; plastron [fencing], m.; *v.* rembourrer, ouater, matelasser; *writing-pad*, sous-main. ‖ *padding* [-ing] *s.* rembourrage; remplissage, m.

paddle [pad'l] *s.* pagaie, f.; *Fr. Can.* aviron, m.; palette, f.; *v.* pagayer, ramer, *Fr. Can.* avironner; patauger; *Am.* fesser (fam.); *paddle wheel*, roue à aubes.

paddock [padᵉk] *s.* paddock, pesage; enclos, m.

padlock [padlâk] *s.* cadenas, m.; *v.* cadenasser.

pagan [péⁱgᵉn] *adj.*, *s.* païen, m. ‖ *paganism* [-izᵉm] *s.* paganisme, m.

page [péⁱdj] *s.* page, f.; *v.* paginer.

page [péidj] *s.* chasseur [boy], m.; *v. Am.* envoyer chercher par un chasseur (ou) un groom.

pageant [padjᵉnt] *s.* parade; manifestation; représentation en plein air; revue, f.; spectacle, m.

paid [péⁱd] *pret.*, *p. p. of to pay.*

pail [péⁱl] *s.* seau, m.

pain [péⁱn] *s.* douleur; peine; souffrance, f.; *v.* faire souffrir; affliger; *on pain of*, sous peine de; *to have a pain in*, avoir mal à; *to take pains*, se donner du mal; *pain-killer*, antalgique. ‖ *painful* [-fᵉl] *adj.* pénible, douloureux; laborieux. ‖ *painless* [-lis] *adj.* indolore. ‖ *painstaking* [-ztéⁱking] *adj.* laborieux, appliqué; *s.* effort, m.

paint [péⁱnt] *s.* couleur; peinture, f.; *v.* peindre, *Fr. Can.* peinturer; *paint-brush*, pinceau; *wet paint*, attention à la peinture. ‖ *painter* [-ᵉr] *s.* peintre, m. ‖ *painting* [-ing] *s.* peinture, f.

pair [pèᵉr] *s.* paire, f.; couple, m.; *v.* (s')apparier; (s')accoupler; assortir; marier.

pajamas [pᵉdjamᵉz] *s. pl. Am.* pyjama, m.

pal [pal] *s.* copain, m.

palace [palis] *s.* palais, m.

palate [palit] *s.* palais (anat.); goût, m.; *palatable*, savoureux.

palaver [pᵉlâvᵉr] *s.* palabre, f.; *v.* palabrer; flagorner.

pale [péⁱl] *adj.* pâle, blême; *v.* pâlir. ‖ *paleness* [-nis] *s.* pâleur, f.

palette [palit] *s.* palette, f.

palisade [palᵉséⁱd] *s.* palissade, f.; falaise escarpée, f.; *v.* palissader.

pall [paul] *s.* vêtement de cérémonie; poêle mortuaire, m.; *v.* recouvrir, revêtir.

pall [paul] *v.* s'affadir; s'éventer; s'affaiblir; décourager; blaser; rassasier.

palliate [paliéⁱt] *v.* pallier; atténuer. ‖ *palliative* [paliᵉtiv] *adj.*, *s.* palliatif.

pallid [palid] *adj.* pâle, blême. ‖ *pallor* [palᵉr] *s.* pâleur, f.

palm [pâm] *s.* palme, f.; palmier, m.; *Palm Sunday*, dimanche des Rameaux.

palm [pâm] *s.* paume [hand], f.; *v.* empaumer, tromper; *to palm something off on someone*, faire avaler quelque chose à quelqu'un; *palmist*, chiromancien; *palmistry*, chiromancie.

palpable [palpᵉb'l] *adj.* palpable; tangible.

palpitate [palpéⁱt] *v.* palpiter. ‖ *palpitation* [palpéⁱshᵉn] *s.* palpitation, f.

palsy [paulzi] *s.** paralysie, f.

palter [paultᵉr] *v.* biaiser; marchander; badiner.

paltry [paultri] *adj.* mesquin; insignifiant; chétif.

pamper [pampᵉr] *v.* choyer, gâter.

pamphlet [pamflit] *s.* brochure, plaquette, f.; pamphlet; dépliant, m.

pan [pàn] *s.* casserole; cuvette, f.; bassinet (mech.); carter, m.; *a flash in the pan*, un raté; *to pan out well*, donner de bons résultats; *frying-pan*, poêle.

pancake [pànkéⁱk] *s.* crêpe, f.; *v.* descendre à plat (aviat.).

pancreas [pangkriᵉs] *s.** pancréas, m.

pander [pàndᵉr] *s.* entremetteur, m.; *v.* s'entremettre.

pane [péⁱn] *s.* carreau, panneau, m.; vitre, f.

panegyric [panidjírik] *s.* panégyrique, m.; *adj.* élogieux.

panel [pan'l] *s.* panneau, lambris, m.; *v.* diviser en panneaux; lambrisser; *code panels,* panneaux de signalisation; *jury panel,* liste des jurés, jury.

pang [pàng] *s.* angoisse, douleur aiguë, f.; affres, f. pl.

panic [panik] *adj., s.* panique, f.; *v.* semer la panique; être pris de panique; *panicky,* alarmiste; paniquard (colloq.).

pansy [pànzi] *s.** pensée [flower], f.

pant [pànt] *v.* haleter, panteler; *to pant for,* aspirer à.

panther [pànther] *s.* panthère, f.

panting [pànting] *s.* palpitation, f.; essoufflement, m.; *adj.* pantelant; palpitant.

pantomime [pantemaim] *s.* mime, m.; revue-féerie, f.; *v.* mimer; s'exprimer en pantomime.

pantry [pàntri] *s.** office, m.; dépense, f.

pants [pànts] *s. pl. Am.* pantalon; *Br.* caleçon, m.

papa [pàpe] *s.* papa, m.

papacy [péipesi] *s.** papauté, f. ‖ **papal** [-'l] *adj.* papal.

paper [péiper] *s.* papier; document; article; journal, m.; *v.* garnir de papier; tapisser; *paper-currency,* papier monnaie; *paper-hangings,* papiers peints; *paper-knife,* coupe-papier; *paper-mill,* papeterie; *paper-weight,* presse-papiers; *on paper,* par écrit.

par [pàr] *s.* pair (fin.), m.; égalité, f.; *par value,* valeur au pair; *on a par with,* à égalité avec; *to feel below par,* ne pas être dans son assiette.

parable [pareb'l] *s.* parabole, f.

parabola [perabele] *s.* parabole (geom.), f.

parachute [pareshout] *s.* parachute, m.; *v.* sauter, descendre en parachute; parachuter; *parachute jump,* saut en parachute. ‖ **parachutist** [-ist] *s.* parachutiste, m.

parade [peréid] *s.* parade; prise d'armes; procession, f.; défilé; cortège, m.; *v.* parader; faire parade de; défiler; se promener de long en large.

paradise [paredais] *s.* paradis, m.; *paradisiac,* paradisiaque.

paradox [paredàks] *s.** paradoxe, m.

paraffin [parefin] *s.* paraffine, f.

paragraph [paregraf] *s.* paragraphe, m.; *v.* diviser en paragraphes.

parallel [parelèl] *adj., s.* parallèle; *v.* comparer à.

paralysis [peralesis] *(pl. paralyses) s.* paralysie, f. ‖ **paralytic** [parelitik] *adj., s.* paralytique.

paramount [paremaount] *adj.* souverain; dominant; suprême.

parapet [parepit] *s.* parapet, m.

paraph [paref] *s.* paraphe, m.

paraphrase [parefréiz] *v.* paraphraser; *s.* paraphrase, f.

parasite [paresait] *s.* parasite, m.

parasol [paresaul] *s.* parasol, m.; ombrelle, f.

parcel [pàrs'l] *s.* paquet; colis; lot, m.; parcelle; partie; portion, f.; *v.* morceler; diviser en portions; répartir; *parcel post,* service des colis postaux.

parch [pàrtsh] *v.* brûler; (se) dessécher; se griller.

parchment [pàrtshment] *s.* parchemin, m.

pardon [pàrd'n] *s.* pardon, m.; grâce, f.; pardonner, gracier.

pare [pèer] *v.* peler [fruit]; tailler [nails]; ébarber [paper]; rogner, réduire [expenditures].

parent [pèrent] *s.* père, m.; mère, f.; *pl.* parents, m. pl. ‖ **parentage** [-idj] *s.* extraction; origine; naissance; famille, f.

parenthesis [perènthesis] *(pl. parentheses) s.* parenthèse, f.

paring [pèering] *s.* épluchure, f.

parish [parish] *s.** paroisse; commune, f. ‖ **parishioner** [perishener] *s.* paroissien; habitant de la commune, m.

parity [pariti] *s.* égalité; parité, f.

park [pàrk] *s.* parc, m.; *v.* parquer; enclore; garer; stationner; *no parking,* défense de stationner; *free parking,* stationnement libre et gratuit; *parkway,* autoroute.

parley [pàrli] *s.* négociation, f.; pourparlers, m. pl.; *v.* négocier; parlementer; discuter.

parliament [pàrlement] *s.* parlement, m. ‖ **parliamentary** [pàrlemèntèri] *adj.* parlementaire.

parlo(u)r [pàrler] *s.* (petit) salon; *Am.* beauty parlor, salon de coiffure; *Am. parlor car,* wagon-salon.

parochial [peroukiel] *adj.* paroissial; communal.

parody [paredi] *s.** parodie, f.; *v.* parodier.

parole [perooul] *s.* parole, f.; mot d'ordre, m.; *v.* libérer sur parole.

paroxysm [pareksizem] *s.* paroxysme; accès, m.; crise, f.

parquet [pàrkéi] *s.* parquet, m.

parricide [parisa¹d] *s.* parricide, m.

parrot [parᵉt] *s.* perroquet, m.; *v.* répéter, rabâcher.

parry [pari] *v.* parer [fencing]; esquiver; *s.** parade, f.

parsimonious [pârsimoᵒuniᵉs] *adj.* parcimonieux; *parsimony*, parsimonie.

parsley [pârsli] *s.* persil, m.

parsnip [pârsnᵉp] *s.* panais, m.

parson [pârs'n] *s.* curé; pasteur, m.

part [pârt] *s.* part; partie; pièce; raie [hair]; région, f.; élément, organe; rôle (theat.); parti, m.; *pl.* dons, talents, m. pl.; *v.* partager, diviser; (se) séparer (*with,* de); *part-owner,* copropriétaire; *spare parts,* pièces détachées; *to act a part,* jouer un rôle; *for the most part,* pour la plupart; *to part company,* se séparer; *to part with money,* se démunir d'argent; *part... part,* moitié... moitié. ‖ **partake** [pᵉrté¹k] *v.* participer; partager; *to partake of (a meal),* goûter, manger. ‖ **partaken** [pᵉrté¹kᵉn] *p. p. of* **to partake.**

partial [pârshᵉl] *adj.* partiel; partial; aimant. ‖ **partiality** [pârshalᵉti] *s.* partialité; prédilection, f. ‖ **partially** [-li] *adv.* partialement; partiellement.

participant [pᵉrtisᵉpᵉnt] *adj., s.* participant. ‖ **participate** [pᵉrtisᵉpé¹t] *v.* participer. ‖ **participation** [pᵉrtisᵉpé¹shᵉn] *s.* participation, f. ‖ **participle** [pârtᵉsᵉp'l] *s.* participe, m.

particle [pârtik'l] *s.* particule; parcelle, f.; atome; brin, m.

particoloured [pârtikœlᵉd] *adj.* bigarré, panaché.

particular [pᵉrtikyelᵉr] *adj.* particulier; spécial; exigeant; méticuleux; difficile; pointilleux; *s. pl.* détails, m.; circonstance; particularité, f. ‖ **particularize** [pᵉrtikyoulᵉraiz] *v.* particulariser; détailler; spécifier; préciser. ‖ **particularly** [pᵉrtikyelᵉrli] *adv.* particulièrement; surtout; spécialement.

parting [pârting] *s.* séparation; raie [hair], f.; départ, m.; *adj.* du départ.

partisan [pârtᵉz'n] *adj., s.* partisan, m.

partition [pᵉrtishᵉn] *s.* répartition; cloison, f.; morcellement, partage, m.; *v.* partager; diviser; cloisonner; répartir; *partitive,* partitif.

partly [pârtli] *adv.* partiellement, en partie.

partner [pârtnᵉr] *s.* associé; partenaire; collègue; cavalier, danseur, m. ‖ **partnership** [-ship] *s.* association; société (comm.), f.

partook [pᵉrtouk] *pret. of* **to partake.**

partridge [pârtridj] *s.* perdrix, f.

party [pârti] *s.** parti; groupe; détachement (mil.); individu, tiers, m.; réception, partie de plaisir; partie (jur.), f.; *firing party,* peloton d'exécution; *hunting party,* partie de chasse; *political party,* parti politique; *working party,* équipe d'ouvriers; *party wall,* mur mitoyen.

parvis [pavis] *s.* parvis, m.

pasque-flower [páskflaᵒuᵉr] *s.* anémone, f.

pass [pas] *v.* passer, dépasser; doubler [auto]; s'écouler; voter [law]; adopter [bill]; approuver [account]; recevoir [candidate]; être reçu à [exam]; *s.* passage, laissez-passer; permis; billet de faveur (theat.); col (geogr.), m.; gorge (geogr.); passe; difficulté, crise; carte de circulation; botte [fencing], f.; *to pass round,* faire circuler; *to pass over,* sauter; survoler; passer sous silence; *to pass off,* se passer (*as,* pour); *to pass out,* sortir; s'évanouir. ‖ **passable** [-eb'l] *adj.* passable; praticable; franchissable; carrossable. ‖ **passage** [-idj] *s.* passage; couloir; trajet, m.; traversée; adoption [bill], f. ‖ **passenger** [-'ndjᵉr] *s.* passager; voyageur, m. ‖ **passer-by** [-ᵉrba¹] *s.* passant, m. ‖ **passing** [-ing] *adj.* passager; fortuit; *s.* passage; trépas; dépassement [auto]; écoulement [time], m.; *adv.* extrêmement, très.

passion [pashᵉn] *s.* passion, f.; emportement, m.; *to fly into a passion,* se mettre en colère; *Passion week,* semaine sainte. ‖ **passionate** [-it] *adj.* passionné; emporté.

passive [pasiv] *adj., s.* passif; *passiveness, passivity,* passivité.

passport [paspoᵒurt] *s.* passeport, m.

password [paswᵉrd] *s.* mot de passe, m.; consigne, f.

past [past] *adj.* passé; écoulé; fini; *s.* passé, m.; *prep.* après; au-delà de; plus loin que; *ten past six,* six heures dix; *he is past sixty,* il a dépassé la soixantaine; *past-master,* qui est passé maître, qui excelle dans; *the past president,* l'ex-président; *past tense,* temps passé (gramm.); *to go past,* passer; *past bearing,* intolérable; *past hope,* désespéré.

paste [pé¹st] *s.* pâte; colle, f.; strass, m.; *v.* coller à la colle de pâte.

pasteboard [pé¹stboᵒurd] *s.* carton, m.

pastel [pastel] *s.* pastel, m.

pasteurize [pastᵉra¹z] *v.* pasteuriser.

pastille [pastíl] *s.* pastille, f.

pastime [pasta¹m] *s.* passe-temps, m.

pastor [pastᵉr] *s.* pasteur; ecclésiastique, m. ‖ **pastoral** [-rᵉl] *adj.* pastoral; *s.* pastorale, f.

pastry [pé¹stri] *s.** pâtisserie, f.;
pastry cook, pâtissier; *pastry shop,*
pâtisserie.

pasture [pastsʰeʳ] *s.* pâturage, m.;
v. pâturer; (faire) paître.

pasty [pasti] *adj.* pâteux; *s.** pâté, m.

pat [pat] *adj.* à point, opportun; *adv.*
à propos, juste; *s.* petite tape, f.; *v.*
tapoter.

pat [pat] *s.* coquille [butter], f.

patch [patsh] *s.** pièce; plaque, tache;
mouche [cosmetics]; petite portion, f.;
emplâtre, écusson, m.; *v.* rapiécer;
arranger; *Am. tire-repair patch,* rus-
tine.

pate [pé¹t] *s.* tête, caboche, f.; *bald
pate,* chauve (fam.).

patent [pat'nt] *adj.* patent, évident;
s. patente, f.; brevet d'invention, m.;
v. patenter; breveter; *patent leather,*
cuir verni; *patent medicine,* spécialité pharmaceutique; *patently,* clairement, manifestement.

paternal [petĕʳn'l] *adj.* paternel. ||
paternity [petĕʳneti] *s.* paternité, f.

path [path] *s.* sentier, chemin; circuit (electr.), m.; trajectoire; piste, f.

pathetic [peθètìk] *adj.* pathétique;
lamentable; pitoyable.

pathology [pathâledji] *s.* patholo-
gie, f.

pathos [pé¹thâs] *s.* pathétique, m.;
émotion, f.

pathway [pathwé¹] *s.* sentier, m.;
voie (fig.), f.

patience [pé¹shⁿs] *s.* patience, f. ||
patient [-shⁿt] *adj., s.* patient.

patriarch [pé¹triârk] *s.** patriarche, m.

patrimony [patremoᵘni] *s.** patrimoine, m.

patriot [pé¹triet] *s.* patriote, m. ||
patriotic [pé¹triâtìk] *adj.* patriotique.
|| *patriotism* [pé¹trietizᵉm] *s.* patrio-
tisme, m.

patrol [petroᵘl] *s.* patrouille; ronde,
f.; *v.* patrouiller.

patron [pé¹trᵉn] *s.* patron; protec-
teur; client, m. || *patronage* [-idj] *s.*
patronage, m.; protection, f. || *pa-
troness* [-is] *s.** patronne; protec-
trice, f. || *patronize* [-a¹z] *v.* patron-
ner, protéger; traiter avec condescendance.

patter [patᵉr] *v.* tapoter; trottiner;
s. bruit sec; crépitement; fouettement
[rain]; grésillement [snow], m.

patter [patᵉr] *v.* marmotter, murmurer; *s.* bavardage; boniment, m.

pattern [patᵉrn] *s.* modèle; dessin;
patron; exemple; échantillon, m.; *v.*
modeler; suivre l'exemple de, copier.

paucity [pausiti] *s.* rareté, pénurie, f.;
manque, m.

paunch [pauntsh] *s.** panse, f.

pauper [paupᵉr] *s.* indigent, m.

pause [pauz] *s.* pause, f.; silence;
point d'orgue, m.; *v.* faire une pause.

pave [pé¹v] *v.* paver; *to pave the
way for,* préparer les voies pour, aplanir les difficultés de; *to pave with
bricks,* carreler. || *pavement* [-mᵉnt] *s.*
pavé; dallage; trottoir, m.; *cobble
pavement,* pavé en cailloutis; *wood-
block pavement,* pavé en bois.

pavilion [pevìlyᵉn] *s.* pavillon, m.

paw [pau] *s.* patte, f.; *v.* piaffer; caresser [dog].

pawky [pauki] *adj.* rusé.

pawl [paul] *s.* linguet, cliquet
(mech.), m.

pawn [paun] *s.* gage; pion [chess];
nantissement, m.; *v.* mettre en gage;
pawnbroker, prêteur sur gages; *pawn-
shop,* mont-de-piété.

pay [pé¹] *v.** payer; acquitter [bill];
rétribuer; rendre; rapporter; faire
[visit, compliment]; *s.* paye; solde,
f.; appointements, salaire, gages, m.;
to pay attention, faire attention; *to
pay back,* restituer; *to pay down,*
payer comptant; *to pay one's respects,*
présenter ses respects; *it does not pay,*
ça ne rapporte rien; *to pay out,* débourser; *pay card,* feuille de paye;
travel pay, frais de déplacement; *pay-
master,* trésorier payeur; *pay-roll,*
état de paiements. || *payable* [-ᵉb'l]
adj. payable; dû. || *payee* [pé¹¹] *s.* bé-
néficiaire, m. f. || *paying* [pé¹ing] *s.*
paiement; règlement, m.; *adj.* payant;
rémunérateur. || *payment* [-mᵉnt] *s.*
paiement, versement, m.; *payment in
full,* paiement global.

pea [pî] *s.* pois, m.; *green peas,*
petits pois; *sweet peas,* pois de senteur; *chick-peas,* pois chiches; *pea-
shooter,* sarbacane; *pea-pod,* cosse de
pois.

peace [pîs] *s.* paix; tranquillité, f. ||
peaceful [-fᵉl] *adj.* paisible; tran-
quille; pacifique. || *peacemaker* [-mé¹-
kᵉr] *s.* pacificateur, conciliateur, m.

peach [pîtsh] *s.** pêche [fruit], f.;
peach-tree, pêcher.

peacock [pîkâk] *s.* paon, m.; *peahen,*
paonne.

peak [pîk] *s.* pic; sommet, m.; cime;
pointe [beard]; visière [cap], f.

peal [pîl] *s.* carillon; bruit retentissant; fracas [thunder]; éclat [laugh-
ter], m.; *v.* résonner; carillonner;
(faire) retentir.

peanut [pînœt] *s.* cacahuète; arachide, f.; *peanut butter, Fr. Can.*

beurre d'arachide; *peanut oil*, huile d'arachide.

pear [pèᵉr] *s.* poire, f.; *pear-tree*, poirier.

pearl [pëᵉl] *s.* perle, f.; *pearl necklace*, collier de perles; *mother-of-pearl*, nacre; *pearl oyster*, huître perlière; *pearly*, perlé, nacré; perlier.

peasant [pèz'nt] *adj.*, *s.* paysan; *peasantry*, paysannerie.

pease [pîz] *s.* pois, m. pl.

peat [pît] *s.* tourbe, f.

pebble [pèb'l] *s.* caillou; galet, m.

peck [pèk] *v.* becqueter; picoter; picorer; *s.* coup de bec, m.

peck [pèk] *s.* picotin; tas, m.; grande quantité, f.

peculate [pékyoulé¹t] *v.* détourner des fonds; *peculator*, concussionnaire.

peculiar [pikyouliᵉr] *adj.* particulier; propre; singulier; bizarre. ‖ *peculiarity* [pikyouliarᵉti] *s.** particularité; individualité; singularité; bizarrerie, f.

pedagogue [pèdᵉgâg] *s.* pédagogue, m. f.; *pedagogics*, *pedagogy*, pédagogie.

pedal [pèd'l] *s.* pédale, f.; *v.* pédaler.

pedant [pèd'nt] *s.* pédant, m. ‖ *pedantic* [pidantik] *adj.* pédantesque; *s.* pédant, m. ‖ *pedantry* [pédᵉntri] *s.* pédantisme, m.

peddle [pèd'l] *v.* colporter. ‖ *peddler* [-ᵉr] *s.* colporteur, m.

pedestal [pèdist'l] *s.* piédestal, m.

pedestrian [pᵉdèstriᵉn] *s.* piéton, m.; *adj.* pédestre; *pedestrian crossing*, passage clouté.

pedigree [pèdᵉgrî] *s.* pedigree; certificat d'origine, m.; généalogie, f.

peek [pîk] *v.* épier.

peel [pîl] *s.* pelure, peau, f.; zeste, m.; *v.* peler, éplucher, décortiquer; *orange-peel*, écorce d'orange; *peeling*, épluchure; décortiquage; desquamation.

peep [pîp] *v.* jeter un coup d'œil; regarder furtivement; poindre [day]; *s.* coup d'œil; point du jour, m.

peep [pîp] *v.* piauler, pépier; pousser des petits cris aigus; *s.* piaulement, pépiement; petit cri aigu, m.

peer [piᵉr] *s.* pair, noble, égal, m.; *peerless*, incomparable.

peer [piᵉr] *v.* regarder avec attention, scruter; pointer.

peeve [pîv] *v.* irriter; agacer; *peevish*, maussade, acariâtre.

peg [pèg] *s.* cheville; patère, f.; fausset [cask], m.; *v.* cheviller; *to take down a peg*, rabattre le caquet à.

pellet [pèlit] *s.* boulette [paper], f.

pell-mell [pèl-mèl] *adj.* pêle-mêle, confus; *adv.* sans précaution, impétueusement.

pelt [pèlt] *s.* peau, f.

pelt [pèlt] *v.* assaillir; *to pelt with stones*, lapider; *pelting rain*, pluie battante.

pen [pèn] *s.* plume, f.; *v.* écrire; *penholder*, porte-plume; *pen-name*, pseudonyme; *fountain pen*, stylo; *ball-point pen*, pointe-bille.

pen [pèn] *s.* enclos; parc [sheep]; poulailler, m.; soue [pig]; *Am.* prison, f.; *v.* parquer.

penal [pîn'l] *adj.* pénal. ‖ *penalty* [-ti] *s.** pénalité; sanction, f.; *death penalty*, peine de mort. ‖ *penance* [pènᵉns] *s.* pénitence, f.

pence [pèns] *pl. of penny.*

pencil [pèns'l] *s.* crayon; pinceau, m.; *v.* marquer au crayon; *pencil sharpener*, taille-crayon; *automatic pencil*, porte-mine.

pendant [pèndᵉnt] *s.* pendant, m.; pendeloque; suspension [lamp]; pantoire (naut.), f.; *adj.* pendant; penché. ‖ *pending* [pèndiŋ] *adj.* pendant; en cours; *prep.* pendant, durant; en attendant.

pendulum [pèndyᵉlᵉm] *s.* pendule; balancier, m.

penetrability [pènᵉtrabílᵉti] *s.* pénétrabilité, f. ‖ *penetrable* [pènᵉtréb'l] *adj.* pénétrable.

penetrate [pènᵉtré¹t] *v.* pénétrer. *penetrating* [-iŋ] *adj.* pénétrant. ‖ *penetration* [pènᵉtré¹shᵉn] *s.* pénétration, f.; *penetrative*, pénétrant.

penguin [pèŋgwin] *s.* manchot (zool.), m.

penholder [pènhoᵒuldᵉr] *s.* porteplume, m.

peninsula [pᵉninsᵉlᵉ] *s.* péninsule, f.

penitent [pènᵉtᵉnt] *adj.* repentant; *s.* pénitent, m. ‖ *penitentiary* [pènᵉtènshᵉri] *adj.* pénitentiaire; *s.** pénitencier, m.

penknife [pènnaⁱf] (*pl.* penknives [-naⁱvz]) *s.* canif, m.

penmanship [pènmᵉnship] *s.* calligraphie, f.

pennant [pènᵉnt] *s.* banderole; flamme (naut.), f.; fanion (mil.), m.

penniless [pènilis] *adj.* sans le sou. ‖ *penny* [pèni] (*pl.* pennies [-z] *or* pence [pèns]) *s.* sou, m.

pension [pènshᵉn] *s.* pension, retraite, f.; *v.* pensionner; mettre à la retraite; *pensioner*, retraité, pensionné; invalide.

pensive [pènsiv] *adj.* pensif.

pent [pènt] *adj.* enfermé, enclos; *pent-up emotions,* sentiments réprimés.

pentagon [pèntᵉgᵉn] *s.* pentagone, m.

Pentecost [péntikaust] *s.* Pentecôte, f.

penthouse [pènthaᵒᵘs] *s.* appentis; hangar; auvent, m.

penumbra [pénœmbrᵉ] *s.* pénombre, f.

penury [pènyᵉri] *s.* pénurie, disette, f.

peony [pìᵉni] *s.* pivoine, f.

people [pîp'l] *s.* peuple; gens, m.; parents, m. pl.; *v.* peupler.

pep [pép] *s.* allant, m.; vitalité, f.; *v. to pep up,* animer.

pepper [pèpᵉr] *s.* poivre, m.; *v.* poivrer; *to pepper with bullets,* cribler de balles; *pepper-shaker,* poivrière; *red, green peppers,* piments rouges, verts; *peppermint,* menthe poivrée; *peppery,* poivré; irascible.

per [pᵉr] *prep.* pour; *per cent,* pour cent; *per year,* par an.

perambulator [pᵉrambioulélᵗᵉr] *s.* voiture d'enfant, f.

percale [pᵉrkélᵗ] *s.* percale, f.

perceive [pᵉrsîv] *v.* (s')apercevoir; percevoir.

percentage [pᵉrsèntidj] *s.* pourcentage, m.

perceptible [pᵉrsèptᵉb'l] *adj.* perceptible. ‖ *perception* [pᵉrsèpshᵉn] *s.* perception, f.; discernement, m.

perch [pᵉrtsh] *s.* perche [fish], f.; *yellow perch, Fr. Can.* perchaude, f.

perch [pᵉrtsh] *s.* perche [rod], f.; perchoir, m.

perchance [pᵉrtshans] *adv.* par hasard.

percolate [pᵉrkᵉlélᵗ] *v.* filtrer.

percuss [pᵉrkœs] *v.* percuter.

perdition [pᵉrdíshᵉn] *s.* perdition, f.

peremptory [pᵉrempᵗᵉri] *adj.* péremptoire; décisif; absolu.

perennial [pᵉrèniᵉl] *adj.* durable; vivace (bot.); perpétuel.

perfect [pᵉrfikt] *adj.* parfait; achevé; accompli; *s.* parfait (gramm.); [pᵉr-fèkt] *v.* perfectionner; parfaire; améliorer; *pluperfect,* plus-que-parfait. ‖ *perfection* [pᵉrfèkshᵉn] *s.* perfection, f.

perfidious [pᵉrfidiᵉs] *adj.* perfide. ‖ *perfidy* [pᵉrfᵉdi] *s.** perfidie, f.

perforate [pᵉrfᵉrélᵗ] *v.* perforer; percer; *perforation,* perforation.

perform [pᵉrfaurm] *v.* représenter (theat.); accomplir; remplir [task]. ‖ *performance* [-ᵉns] *s.* accomplissement; fonctionnement; rendement, m.; représentation (theat.); performance, f. ‖ *performer* [-ᵉr] *s.* artiste, m. f.; exécutant, m.

perfume [pᵉrfyoum] *s.* parfum, m.; [pᵉrfyoum] *v.* parfumer. ‖ *perfumery* [pᵉrfyoumᵉri] *s.** parfumerie, f.

perfunctory [pᵉrfœngkᵗᵉri] *adj.* négligent; superficiel; de pure forme.

perhaps [pᵉrhaps] *adv.* peut-être.

peril [pèrᵉl] *s.* péril, m.; *v.* exposer au danger; *perilous,* périlleux; dangereux.

perimeter [pᵉrimᵉtᵉr] *s.* périmètre, m.

period [pìriᵉd] *s.* période; durée, f.; délai, cycle, m.; *Am.* point (gramm.); *running-in period,* période de rodage. ‖ *periodic* [piriàdik] *adj.* périodique. ‖ *periodical* [-'l] *s.* périodique, m.; revue, f.; *adj.* périodique.

perish [pèrish] *v.* périr; mourir; se gâter; *perishable,* périssable.

periwinkle [périwink'l] *s.* pervenche, f.

perjure [pᵉrdjᵉr] *v.* se parjurer. ‖ *perjury* [-ri] *s.** parjure, m.

perky [pᵉrki] *adj.* éveillé.

perm [pᵉrm] *s.* permanente, f.; *v.* onduler.

permanence [pᵉrmᵉnᵉns] *s.* permanence; stabilité, f. ‖ *permanent* [-nᵉnt] *adj.* permanent; durable; stable.

permeate [pᵉrmiélᵗ] *v.* pénétrer; imprégner; s'insinuer.

permissible [pᵉrmisᵉb'l] *adj.* permis; admissible. ‖ *permission* [-shᵉn] *s.* permission; autorisation, f.; permis, m. ‖ *permit* [pᵉrmit] *s.* permis; congé; laissez-passer, m.; autorisation, f.; [pᵉrmít] *v.* permettre, autoriser; *permit of residence,* permis de séjour.

permute [pᵉmyout] *v.* permuter.

pernicious [pᵉrníshᵉs] *adj.* pernicieux.

pernickety [pᵉníkiti] *adj.* délicat; méticuleux.

perorate [pérᵉrélᵗ] *v.* pérorer; *peroration,* péroraison.

perpendicular [pᵉrpᵉndíkyᵉlᵉr] *adj., s.* perpendiculaire.

perpetrate [pᵉrpᵉtrélᵗ] *v.* perpétrer; commettre.

perpetual [pᵉrpètshouᵉl] *adj.* perpétuel. ‖ *perpetuate* [-shouélᵗ] *v.* perpétuer. ‖ *perpetuity* [pᵉrpityouíti] *s.* perpétuité, f.

perplex [pᵉrplèks] *v.* confondre, embarrasser; embrouiller. ‖ *perplexed* [-t] *adj.* perplexe, embarrassé; embrouillé, confus. ‖ *perplexity* [-ᵉti] *s.** perplexité; confusion, f.; enchevêtrement, m.

persecute [pᵉrsikyout] *v.* persécuter. ‖ *persecution* [pᵉrsikyoushᵉn] *s.* persécution, f.

perseverance [për⁸eviⁿrⁿs] *s.* persévérance, f. ‖ **persevere** [për⁸evîⁿʳ] *v.*
persévérer ; persister (*in*, à, dans).

persist [perⁿzist] *v.* persister (*in*, à,
dans) ; affirmer ; s'obstiner. ‖ **persistence** [-ⁿns] *s.* persistance, f. ‖ **persistent** [-ⁿnt] *adj.* persistant.

person [për⁸n] *s.* personne, f. ; individu, type, m. ‖ **personage** [-idj] *s.*
personnage, m. ‖ **personal** [-'l] *adj.*
personnel ; en personne. ‖ **personality**
[për⁸na'ti] *s.** personnalité, f. ; personnage, m. ‖ **personification** [për⁸an-
ifiké'shⁿn] *s.* personnification, f. ‖
personify [për⁸anifa'] *v.* personnifier.
‖ **personnel** [për⁸nèl] *s.* personnel, m.

perspective [pⁿrspèktiv] *s.* perspective, f.

perspicacious [për⁸spiké'shⁿs] *adj.*
perspicace ; **perspicacity**, perspicacité.

perspiration [për⁸speré'shⁿn] *s.* transpiration ; sueur, f. ‖ **perspire** [për⁸-
spa'r] *v.* transpirer.

persuade [pⁿrswé'd] *v.* persuader ;
déterminer. ‖ **persuasion** [pⁿrswé'jⁿn]
s. persuasion ; croyance, f. ‖ **persuasive** [-siv] *adj.* persuasif, convaincant.

pert [përt] *adj.* effronté, insolent.

pertain [pⁿrté'n] *v.* appartenir.

pertinacity [për⁸tinasiti] *s.* entêtement, m.

pertinent [për⁸t'nⁿnt] *adj.* pertinent ;
opportun ; **pertinently,** pertinemment,
avec à-propos.

perturb [pⁿrtërb] *v.* perturber, troubler. ‖ **perturbation** [për⁸tⁿrbé'shⁿn] *s.*
perturbation, f.

perusal [pⁿrouzⁿl] *s.* examen, m. ; lecture, f. ‖ **peruse** [pⁿrouz] *v.* examiner,
lire avec attention, consulter.

pervade [pⁿrvé'd] *v.* traverser, se
répandre, pénétrer.

perverse [pⁿrvër⁸] *adj.* pervers ;
entêté ; revêche. ‖ **pervert** [-vërt] *v.*
pervertir ; fausser ; détourner de ;
[për⁸vërt] *s.* pervers, vicieux, m.

pessimism [pèsⁿmizⁿm] *s.* pessimisme, m. ‖ **pessimist** [-mist] *s.* pessimiste, m. ‖ **pessimistic** [-mistik] *adj.*
pessimiste.

pest [pèst] *s.* peste, f. ; fléau, m.

pester [pèstⁿr] *v.* importuner.

pestilence [pèst'lⁿns] *s.* peste, f.

pestle [pés'l] *s.* pilou, m.

pet [pèt] *s.* animal favori ; enfant
gâté ; objet préféré, m. ; *v.* caresser,
choyer, gâter ; **pet name,** nom d'amitié, diminutif.

petal [pèt'l] *s.* pétale, m.

petition [pⁿtishⁿn] *s.* pétition ; requête, f. ; *v.* pétitionner ; présenter une
requête.

petrify [pétrifa'] *v.* (se) pétrifier.

petrol [pètrⁿl] *s. Br.* essence, f.

petroleum [pⁿtro°ulièm] *s.* pétrole, m.

petticoat [pètikoout] *s.* jupon, m. ;
combinaison, f. ; cotillon, m.

petty [pèti] *adj.* insignifiant ; mesquin ; menu (jur.) ; **petty cash,** menue
monnaie ; **petty officer,** officier marinier, quartier-maître.

pew [pyou] *s.* banc d'église, m.

phantom [fantⁿm] *s.* fantôme, m.

pharmacist [fârmⁿsist] *s.* pharmacien, m. ‖ **pharmacy** [-si] *s.** pharmacie, f.

phase [fé'z] *s.* phase, f. ; *out of phase,*
décalé [motor].

pheasant [fèz'nt] *s.* faisan, m.

phenomenon [fⁿnâmⁿnân] (*pl. phe-
nomena* [fⁿnâmⁿnⁿ]) *s.* phénomène, m.

phial [fa'l] *s.* fiole, f. ; flacon, m.

philosopher [fⁿlâsⁿfⁿr] *s.* philosophe,
m. ‖ **philosophical** [filⁿsâfik'l] *adj.*
philosophique. ‖ **philosophy** [fⁿlâsⁿfi]
s.* philosophie, f.

phlegmatic [flègmatik] *adj.* flegmatique.

phone [fo°n] *s.* téléphone, m.; *v.*
téléphoner.

phonetics [fo°unètiks] *s. pl.* phonétique, f.

phonograph [fo°unⁿgraf] *s.* phonographe, m.

phosphate [fâsfé't] *s.* phosphate, m.

phosphorus [fâsfⁿrⁿs] *s.* phosphore, m.

photo [fo°uto°u] *s.* photo, f. ; *photo-
electric,* photo-électrique ; *photograph,* photographie ; prise de vue ; *v.*
photographier ; *photographer,* photographe ; *photography,* photographie ;
photogravure, photogravure ; *photoprint,* photocopie.

phrase [fré'z] *s.* phrase (mus.) ; locution ; expression, f. ; *v.* exprimer, formuler.

phthisis [tha'sis] *s.* phtisie, f.

physic [fizik] *s.* médecine ; purge, f. ;
médicament, m. ; *v.* (pop.) médiciner ;
purger ; droguer. ‖ **physical** [-'l] *adj.*
physique. ‖ **physician** [fⁿzishⁿn] *s.* médecin, m. ‖ **physicist** [fizⁿsist] *s.* physicien, m. ‖ **physics** [fiziks] *s. pl.* physique, f.

physiological ‖ [fizⁿlâdjik'l] *adj.* phy-
siologique. ‖ **physiology** [fizⁿlâdji] *s.*
physiologie, f.

physique [fizîk] *s.* physique, m.

pianist [pⁿenist] *s.* pianiste, m. f. ‖
piano [piano°u] *s.* piano, m. ; *piano
stool,* tabouret de piano ; *grand piano,*
piano à queue ; *baby-grand-piano,*

demi-queue; **upright-piano**, piano droit.

piccolo [pikeloou] s. octavin, piccolo [music], m.

pick [pik] s. pic, m.; pioche, f.; choix, m.; v. percer, trouer; becqueter; crocheter [lock]; plumer [fowl]; curer [teeth]; ronger [bone]; cueillir; choisir; extraire; piocher (techn.); *to pick flaws*, critiquer; *to pick up*, ramasser; gagner; (se) reprendre; **pickaxe**, pioche; **pickpocket**, voleur à la tire; **tooth-pick**, cure-dents.

picket [pikit] s. piquet; pieu; jalon; piquet militaire, m.; v. entourer de piquets; former un piquet (mil.); monter la garde; **outlying picket**, poste avancé.

pickle [pik'l] s. marinade; saumure, f.; pl. conserves au vinaigre; v. mariner; conserver dans du vinaigre; décaper (techn.); **pickled cucumbers**, cornichons; **picklefish**, poisson mariné; *to be in a pickle*, être dans de beaux draps.

picnic [piknik] s. pique-nique, m.; v. pique-niquer.

pictorial [piktâriel] adj. pittoresque; illustré.

picture [piktsher] s. tableau; portrait, m.; peinture; gravure; image cinématographique, f.; v. peindre, représenter; décrire; (s')imaginer; **picture gallery**, musée de peinture; **picturesque**, pittoresque; **motion picture**, film.

pie [pai] s. pâté, m.; tourte; tarte; tartelette, f.

piece [pîs] s. pièce, f.; morceau, fragment, m.; *piece of advice*, conseil; *piece of land*, parcelle de terrain; *piece of news*, nouvelle; *to piece on to*, ajouter à; *to piece together*, réunir les morceaux de, se faire une idée d'ensemble de; **piecemeal**, fragmentaire.

pier [pier] s. jetée; pile de pont, f.; appontement; pilastre, pilier, m.

pierce [piers] v. percer; pénétrer; *to pierce through*, transpercer.

piety [paieti] s. piété, f.

pig [pig] s. porc, cochon, pourceau, m.; **pig-headed**, cabochard; **pig iron**, fonte brute, gueuse.

pigeon [pidjen] s. pigeon, m. ‖ **pigeonhole** [-hooul] s. case, f.; casier, m.; v. classer; **pigeon house**, colombier.

piglet [piglit] s. porcelet, m.

pigment [pigment] s. pigment, m.

pigskin [pigskin] s. peau (f.) de porc.

pike [paik] s. pique; pointe, f.; pic, m.

pike [paik] s. brochet, Fr. Can. doré, m.

pile [pail] s. pieu, pilot, m.; v. piloter, soutenir avec des pilots; **pilework**, pilotis.

pile [pail] s. pile (electr.), f.; tas, monceau; faisceau (mil.), m.; v. empiler; entasser; accumuler; *to pile arms*, former les faisceaux.

pilfer [pilfer] v. chiper, chaparder.

pilgrim [pilgrim] s. pèlerin, m. ‖ **pilgrimage** [-idj] s. pèlerinage, m.

pill [pil] s. pilule; Am. personne désagréable (fam.), f.

pillage [pilidj] v. piller; s. pillage, m. ‖ **pillager** [-er] s. pillard, saccageur, m.

pillar [piler] s. pilier, m.; colonne, f.; *from pillar to post*, de-ci de-là; **pillar-box**, borne postale [letters].

pillow [piloou] s. oreiller; coussin, m.; **pillowcase**, taie d'oreiller.

pilot [pailet] s. pilote, m.; v. piloter, guider, conduire; **pilot balloon**, ballon d'essai; **robot pilot**, pilote automatique.

pimple [pimp'l] s. bouton (med.), m.

pin [pin] s. épingle; cheville; clavette; goupille, f.; boulon, m.; v. épingler; clouer; goupiller; *to pin down*, engager formellement, lier; *to pin up*, trousser, retrousser; **pin-up**, jolie fille, pin-up; **breast pin**, broche; **rolling-pin**, rouleau à pâtisserie; **pin money**, argent de poche; **pinworm**, oxyure.

pincers [pinserz] s. pl. pinces; pincettes, f. pl.

pinch [pintsh] v. pincer; serrer; être serré, gêné; s.* pincée; prise [tobacco]; gêne, f.; pincement, m.; **pinchbar**, levier; **pinch-penny**, grippesou.

pine [pain] s. pin, m.; **pine cone**, pomme de pin.

pine [pain] v. languir; déplorer; *to pine for*, soupirer après; *to pine away*, dépérir.

pineapple [painap'l] s. ananas, m.

pink [pingk] s. œillet, m.; *in the pink of condition*, en parfaite santé; adj. rose.

pinnacle [pinek'l] s. faîte; pinacle, m.; tourelle, f.

pint [paint] s. pinte, Fr. Can. chopine, f.

pioneer [paienier] s. pionnier; précurseur, m.; v. explorer; promouvoir; faire office de pionnier.

pious [paies] adj. pieux.

pipe [paip] s. pipe [smoking]; canule (med.), f.; tuyau; tube; conduit; pipeau; sifflet, m.; *v.* canaliser, capter; siffler; jouer du pipeau, du fifre; *to pipe down*, baisser la voix; *pipe-line*, pipe-line; *pipe down!*, la barbe!; *pipe organ*, grand orgue; *pipe-stem*, tuyau de la pipe. ‖ *piper* [-ᵉʳ] *s.* flûtiste; joueur de cornemuse, m. ‖ *piping* [-ing] *s.* tubulure, f.; tuyautage, m.; son ou jeu du fifre, m.; *adj.* flûté; *piping hot*, bouillant.

pippin [pípìn] *s.* pomme de reinette, f.

pique [pîk] *s.* pique, brouillerie, f.; ressentiment, m.; *v.* vexer; irriter; *to pique oneself on*, se piquer de.

piracy [paíresi] *s.* piraterie, f.; plagiat, m. ‖ *pirate* [paíret] *s.* pirate; plagiaire, m.; *v.* pirater; plagier.

pirogue [piroᵘg] *s.* pirogue, f.

pirouette [pirouét] *s.* pirouette, f.; *v.* pirouetter.

pistil [pístil] *s.* pistil, m.

pistol [píst'l] *s.* pistolet, m.

piston [píst'n] *s.* piston, m.; *piston rod, ring*, tige, segment de piston.

pit [pit] *s.* trou; puits [mining], m.; fosse, f.

pitch [pitsh] *s.* poix, f.; bitume, m.; *v.* bitumer.

pitch [pitsh] *s.** degré, niveau, point; diapason [music]; tangage (naut.); pas [screw], m.; pente, f.; *v.* dresser [tent]; fixer; jeter, lancer; tanguer (naut.); donner le ton [music]; *to pitch in*, se mettre à la besogne; *to pitch into*, attaquer.

pitcher [pitshᵉʳ] *s.* cruche, f.; pichet; lanceur [baseball], m.

pitchfork [pitshfaurk] *s.* fourche, f.

pitching [pítshing] *s.* lancement; tangage, m.

piteous [pítiᵉs] *adj.* piteux; pitoyable; compatissant; lamentable.

pitfall [pítfâl] *s.* piège, m.; trappe, f.

pith [pith] *s.* moelle; substance; quintessence, f.; essentiel, m. ‖ *pithy* [-i] *adj.* plein de moelle; vigoureux, substantiel; savoureux, plein de suc.

pitiful [pítifᵉl] *adj.* compatissant; pitoyable; lamentable. ‖ *pitiless* [-lis] *adj.* impitoyable. ‖ *pity* [píti] *s.** pitié; compassion, f.; dommage, m.; *v.* plaindre; avoir pitié; *what a pity!*, quel dommage!

pivot [pívᵉt] *s.* pivot, axe, m.; *v.* pivoter; faire pivoter.

placard [plàkârd] *s.* placard; écriteau, m.; affiche, pancarte, f.; *v.* placarder, afficher.

placate [plᵉkéᶦt] *v.* apaiser, calmer.

place [pléᶦs] *s.* place; situation; demeure, localité, f.; lieu; endroit; poste; établissement, m.; *v.* placer; mettre; *place of worship*, église, temple; *in place of*, au lieu de; *to take place*, avoir lieu; *hiding place*, cachette; *market place*, place du marché.

placid [plasid] *adj.* placide; *placidity*, placidité, calme.

plagiarism [pléᶦdjᵉriz'm] *s.* plagiat, m. ‖ *plagiarist* [-ist] *s.* plagiaire, m. ‖ *plagiarize* [-aᶦȝ] *v.* plagier. ‖ *plagiary* [-i] *s.** plagiat, m.

plague [pléᶦg] *s.* peste, bête noire, f.; fléau, m.; *v.* tourmenter; harceler; frapper de la peste.

plaid [plad] *s.* plaid, m.; tissu écossais, m.

plain [pléᶦn] *adj.* uni, plat; égal; commun; facile; évident; franc; *s.* plaine, f.; *adv.* franchement; simplement; clairement; *plain cooking*, cuisine bourgeoise; *plain-spoken*, sincère, carré; *in plain clothes*, en civil; *she is plain*, elle est sans attraits; ‖ *plainsong* [pléᶦnsaung] *s.* plain-chant, m.

plaintiff [pléᶦntif] *s.* plaignant; demandeur (jur.), m. ‖ *plaintive* [-tiv] *adj.* plaintif, plaintive.

plan [plàn] *s.* plan; projet; dessein; système, procédé, m.; *v.* projeter; tracer; dessiner; décider.

plane [pléᶦn] *s.* rabot, m.; *v.* raboter.

plane [pléᶦn] *s.* platane, m.

plane [pléᶦn] *s.* surface plane, f.; plan; avion, m.; *v.* aplanir; planer (aviat.); *plane detector*, détecteur d'avions.

planet [planit] *s.* planète, f. ‖ *planetary* [-eri] *adj.* planétaire.

plank [plàngk] *s.* planche, f.; bordage (naut.); madrier; *Am.* programme électoral, m.; *v.* planchéier; border (naut.); déposer de force [money]; servir [on a board].

plant [plànt] *s.* plante, f.; plant; matériel, outillage, m.; usine; machinerie, f.; *v.* planter; ensemencer; implanter; fonder, introduire; *electric-light plant*, génératrice électrique; *printing plant*, imprimerie. ‖ *plantation* [plàntéᶦshᵉn] *s.* plantation, f. ‖ *planter* [plàntᵉʳ] *s.* planteur, m.

plaque [plak] *s.* plaque, f.

plasma [plazmᵉ] *s.* plasma, m.

plaster [plastᵉʳ] *s.* emplâtre; plâtre; mortier, m.; *v.* plâtrer; mettre un emplâtre; *court plaster*, sparadrap; *mustard plaster*, sinapisme.

plastic [plastik] *adj.*, *s.* plastique.

plasticity [plastísiti] *s.* plasticité, f.

plate [plé¹t] *s.* assiette; vaisselle; planche (typogr.); plaque [metal], f.; *v.* plaquer; blinder; argenter; étamer; *dental plate*, dentier.

plateau [plato°u] *s.* plateau (geogr.), m.

plateful [pléitfoul] *s.* assiettée, f.

platform [plátfaurm] *s.* plateforme; estrade, f.; quai; programme politique, m.; *arrival platform*, quai d'arrivée (railw.), débarcadère (naut.).

platinum [plát'n°m] *s.* platine, m.

platitude [plátᵉtyoud] *s.* platitude; banalité, f.

platonic [plᵉtánik] *adj.* platonique; platonicien.

platter [plátᵉʳ] *s.* gamelle, écuelle, f.

plausible [plₐuzib'l] *adj.* plausible; spécieux; enjôleur.

play [plé¹] *s.* jeu; fonctionnement, m.; pièce de théâtre, f.; *v.* jouer, avoir du jeu (mech.); représenter (theat.); *to play high*, jouer gros jeu; *to play cards*, jouer aux cartes; *to play the piano*, jouer du piano; *to play the fool*, faire l'imbécile; *play on words*, calembour, jeu de mots. ‖ *player* [-ᵉʳ] *s.* joueur; musicien; acteur, m.; *player piano*, piano mécanique; *piano player*, pianiste. ‖ *playful* [-fᵉl] *adj.* enjoué, folâtre. ‖ *playground* [-gra°und] *s.* terrain de jeux. ‖ *plaything* [-thing] *s.* jouet, m. ‖ *playtime* [-ta¹m] *s.* récréation, f. ‖ *playwright* [-ra¹t] *s.* auteur dramatique, dramaturge, m.

plea [plî] *s.* défense; excuse; allégation, f.; argument, m.; *on the plea of*, sous prétexte de.

plead [plîd] *v.* plaider; alléguer; *pleader*, plaideur. ‖ *pleading* [plîding] *s.* plaidoirie, f.; *adj.* implorant.

pleasant [plèz'nt] *adj.* agréable; plaisant; gracieux; sympathique. ‖ *pleasantry* [-ri] *s.* plaisanterie, f. ‖ *please* [plîz] *v.* plaire à; contenter; faire plaisir à; *(if you) please*, s'il vous plaît; *to be pleased with*, être satisfait de; *please be seated*, veuillez vous asseoir; *to do as one pleases*, faire à sa guise; *if you will be pleased to*, si vous vouliez prendre la peine de. ‖ *pleasing* [-ing] *adj.* agréable, charmant. ‖ *pleasure* [plèjᵉʳ] *s.* plaisir; gré, m.; volonté, f.; *at your pleasure*, à votre gré; *pleasure trip*, voyage d'agrément.

pleat [plît] *s.* plissé, m.; *v.* plisser.

plebiscite [plébᵉsa¹t] *s.* plébiscite, m.

pledge [plèdj] *s.* gage; engagement; vœu; nantissement, m.; promesse; garantie, f.; *v.* (s')engager; promettre; mettre en gage; *to take the pledge*, faire vœu de tempérance.

plenipotentiary [plènᵉpᵉtènshᵉri] *s.** plénipotentiaire, m.

plentiful [plèntifᵉl] *adj.* abondant, copieux. ‖ *plenty* [plènti] *s.* abondance; plénitude; profusion, f.

pliable [pla¹eb'l] *adj.* flexible; souple. ‖ *pliant* [pla¹ent] *adj.* docile, pliant.

pliers [pla¹eʳz] *s. pl.* pinces, f. pl.

plight [pla¹t] *s.* état, m.; condition; situation difficile, f.

plinth [plinth] *s.* plinthe, f.

plod [plâd] *v.* marcher péniblement; trimer, piocher.

plot [plát] *s.* complot; coin de terre; plan, m.; intrigue; conspiration, f.; *v.* comploter; machiner; relever le plan; *to plot a curve*, tracer une courbe. ‖ *plotter* [-eʳ] *s.* conspirateur; conjuré; traceur de route, m.

plough, plow [pla°u] *s.* charrue, f.; *v.* labourer; sillonner (naut.); *ploughman*, laboureur; *plough-share*, soc.

pluck [plₐk] *v.* arracher; cueillir; plumer [fowl]; coller [exam]; pincer de la guitare; *s.* courage; cran, m.; *to pluck one's eyebrows*, s'épiler les sourcils; *to pluck up*, reprendre courage. ‖ *plucky* [-i] *adj.* courageux; *to be plucky*, avoir du cran.

plug [plₐg] *s.* tampon; bouchon; robinet; plombage [tooth]; fausset; gibus [hat], m.; prise de courant (electr.), f.; *v.* boucher; *drain plug*, bouchon de vidange; *plug of tobacco*, carotte de tabac; *to plug up*, obstruer; *to plug in*, brancher (electr.).

plum [plₐm] *s.* prune, f.; *dried plum*, pruneau; *plum-tree*, prunier; *sugar plum*, dragée.

plumage [plₐumidj] *s.* plumage, m.

plumb [plₐm] *s.* plomb, m.; *v.* plomber; *adv.* d'aplomb; *out of plumb*, oblique; déplombé; *adj.* perpendiculaire, vertical; *Am.* juste; *plumb bob*, fil à plomb; *plumb crazy*, tout à fait toqué. ‖ *plumber* [-eʳ] *s.* plombier, m. ‖ *plumbing* [-ing] *s.* plomberie; tuyauterie, f.

plume [plₐum] *s.* panache; plumet, m.; plume, f.; *v.* empanacher; garnir d'une aigrette; plumer [fowl]; lisser ses plumes [bird]; se vanter (*on*, de), faire la roue.

plump [plₐmp] *adj.* dodu, potelé; *v.* engraisser; gonfler.

plump [plₐmp] *v.* tomber lourdement; *adv.* subitement; tout droit; en plein.

plunder [plₐndeʳ] *s.* butin; pillage, m.; *v.* piller; dépouiller; saccager.

plunge [plₐndj] *v.* (se) plonger; s'enfoncer; *s.* plongeon, m.; *plunger*, plongeur; *Am.* spéculateur; *plunging*, embarras financier.

pluperfect [ploupër'fikt] *adj.*, *s.* plus-que-parfait, m.

plural [plou⁰el] *s.* pluriel, m.; *adj.* pluriel; plural. ‖ **pluralism** [-iz'm] *s.* cumul. ‖ **pluralist** [-ist] *s.* cumulard, m. ‖ **plurality** [plou⁰raliti] *s.** cumul, m.; majorité, f.

plus [plœs] *s.* plus (math.; print.), m.; **plus sign,** signe de l'addition.

plush [plœsh] *s.* peluche, f.

ply [pla¹] *v.* manier avec vigueur; exercer [trade]; presser, solliciter; plier; courber; louvoyer (naut.); faire le service (naut.); *to ply the needle,* tirer l'aiguille; *to ply the oars,* faire force de rames; *plywood,* contre-plaqué.

pneumatic [nyoumatik] *adj.* pneumatique.

pneumonia [nyoumoᵒᵘnye] *s.* pneumonie, f.

poach [poᵒᵘtsh] *v.* pocher.

poach [poᵒᵘtsh] *v.* braconner. ‖ **poacher** [-eʳ] *s.* braconnier, m.; **poaching,** braconnage.

pocket [pâkit] *s.* poche; cavité, f.; blouse [billiards]; *v.* empocher; avaler [insult]; **air pocket,** trou d'air (aviat.).

pocketbook [pâkitbouk] *s.* portefeuille; porte-billets; carnet, livre de poche; *Am.* sac à main, m.

pocketknife [pâkitna¹f] (*pl.* **pocketknives** [-na¹vz]) *s.* couteau de poche; canif, m.

pod [pâd] *s.* cosse, f.

podgy [pâdji] *adj.* rondelet.

poem [poᵒᵘim] *s.* poème, m.; poésie, f. ‖ **poet** [poᵒᵘit] *s.* poète, m. ‖ **poetess** [-is] *s.** poétesse, f. ‖ **poetic** [poᵒᵘëtik] *adj.* poétique; *s. pl.* art poétique, m. ‖ **poetical** [-'l] poétique. ‖ **poetry** [poᵒᵘitri] *s.* poésie, f.

poignant [po¹nᵉnt] *adj.* mordant; piquant; *Am.* émouvant.

point [po¹nt] *s.* point; essentiel, m.; pointe; extrémité, aiguille [steeple]; question, f.; *v.* pointer; signaler; montrer; ponctuer; viser; aiguiser; *it is not the point,* ce n'est pas la question; *to come to the point,* en venir au fait; *datum point, reference point,* point de repère; *dead point,* point mort [auto]; *starting point,* point de départ; *point-blank,* à bout portant; *pointsman,* aiguilleur (railw.). ‖ **pointed** [-id] *adj.* pointu; piquant; mordant; ogival (arch.). ‖ **pointer** [-eʳ] *s.* pointeur; index; chien d'arrêt, m.

poise [po¹z] *s.* poids; aplomb, m.; *v.* balancer; tenir en équilibre.

poison [po¹z'n] *s.* poison; toxique, m.; *v.* empoisonner; intoxiquer.

poisoner [-eʳ] *s.* empoisonneur, m. ‖ **poisoning** [-ing] *s.* empoisonnement, m. ‖ **poisonous** [-ᵉs] *adj.* empoisonné; toxique; vénéneux; venimeux.

poke [poᵒᵘk] *v.* tisonner; fourrer; pousser; *s.* coup de coude, coup de poing, m.; *to poke fun at someone,* se moquer de; *to poke about,* fouiller, fourgonner; *poker,* tisonnier; poker.

Poland [poᵒᵘlᵉnd] *s.* Pologne, f.

polar [poᵒᵘlᵉʳ] *adj.* polaire; *polarity,* polarité; *polarization,* polarisation; *polarize,* (se) polariser.

pole [poᵒᵘl] *s.* pôle (geogr.), m.

pole [poᵒᵘl] *s.* mât; poteau; timon, m.; gaule; poutre, f.; *telegraph pole,* poteau télégraphique.

Pole [poᵒᵘl] *s.* Polonais, m.

polecat [poᵒᵘlkat] *s.* putois, m.; *Am.* moufette, f.

polemics [pelémiks] *s. pl.* polémique, f.

police [peli̇s] *s.* police, f.; *v.* faire la police; maintenir l'ordre; surveiller; *police department,* préfecture de police; *police headquarters,* commissariat de police; *police station,* poste de police. ‖ **policeman** [-mᵉn] (*pl.* **policemen**) *s.* agent de police; gardien de la paix, m.

policy [pâlᵉsi] *s.** politique; ligne de conduite; diplomatie, f.

policy [pâlᵉsi] *s.** police d'assurance, f.

poliomyelitis [poᵒᵘlioᵒᵘma¹ela¹tis] *s.* poliomyélite, f.

Polish [poᵒᵘlish] *adj.*, *s.* polonais.

polish [pâlish] *s.* poli; vernis, m.; *v.* polir; vernir; cirer; astiquer.

polite [pela¹t] *adj.* courtois, poli. ‖ **politeness** [-nis] *s.* politesse, f.

politic [pâlitik] *adj.* politique; prudent; rusé. ‖ **political** [pelitik'l] *adj.* politique. ‖ **politician** [pâlᵉtish⁵n] *s.* politicien, m. ‖ **politics** [pâlᵉtiks] *s. pl.* politique, f.

poll [poᵒᵘl] *s.* vote; scrutin, m.; tête; urne électorale, f.; *v.* (faire) voter; tenir le scrutin; obtenir les votes; *polling booth,* isoloir.

pollen [pâlᵉn] *s.* pollen, m.

pollute [pelout] *v.* polluer, contaminer, souiller.

polo [poᵒᵘloᵒᵘ] *s.* polo, m.

poltroon [pâltroun] *s.* poltron, m.

polygamist [poli̇gemist] *s.* polygame, m; *polygamy,* polygamie.

polygon [pâligᵉn] *s.* polygone, m.

polyvalent [pâlive¹lᵉnt] *adj.* polyvalent.

pomade [poᵒᵘmé¹d] *s.* pommade, f.

pomegranate [pɒmgranit] *s.* grenade (bot.), f.; grenadier, m.

pommel [pɒm'l] *s.* pommeau, m.

pomp [pɒmp] *s.* pompe; ostentation, f.; faste, m. ‖ **pompous** [-ᵉˢ] *adj.* pompeux; fastueux.

pond [pɒnd] *s.* étang, m.; mare, f.; *fishpond*, vivier.

ponder [pɒndᵉʳ] *v.* peser; considérer; méditer (*over*, sur). ‖ **ponderous** [-rᵉˢ] *adj.* pesant.

pontiff [pɒntif] *s.* pontife, m. ‖ **pontify** [-aᶦ] *v.* pontifier.

pontoon [pɒntoun] *s.* flotteur d'hydravion; ponton; bac, m.

pony [poᵘni] *s.** poney, m.

poodle [poud'l] *s.* caniche, m.

pool [poul] *s.* étang; bassin, m.; *swimming-pool*, piscine.

pool [poul] *s.* pool, fonds commun, m.; poule [sport], f.; *v.* faire un pool.

poop [poup] *s.* poupe (naut.), f.

poor [pouᵉʳ] *adj.* pauvre; piètre; indigent; *the poor*, les pauvres; *poorly*, pauvrement, tristement, mal; *poorhouse*, hospice.

pop [pɒp] *s.* explosion, détonation, f.; saut [cork], m.; *v.* exploser, détoner; sauter [cork]; tirer [gun]; poser à brûle-pourpoint [question]; *to pop in*, entrer à l'improviste; *to pop corn*, faire griller et éclater des épis de maïs; *to pop one's head out*, sortir brusquement la tête; *soda pop*, boisson gazeuse; *popeyed*, aux yeux exorbités.

pope [poᵘp] *s.* pape; pope, m.

poplar [pɒplᵉʳ] *s.* peuplier, m.

poppy [pɒpi] *s.** pavot; coquelicot, m.

populace [pɒpyᵉlis] *s.* populace, f. ‖ **popular** [pɒpyᵉlᵉʳ] *adj.* populaire. ‖ **popularity** [pɒpyᵉlarᵉti] *s.* popularité, f. ‖ **popularize** [pɒpyᵉlᵉʳaiz] *v.* populariser. ‖ **populate** [pɒpyᵉléᶦt] *v.* peupler. ‖ **population** [pɒpyᵉléᶦshᵉn] *s.* population, f. ‖ **populous** [pɒpyᵉlᵉs] *adj.* populeux.

porcelain [pouᵒrslin] *s.* porcelaine, f.

porch [pouᵒrtsh] *s.** porche, m.

porcupine [pourkyᵉpaᶦn] *s.* porcépic, m.

pore [pouᵒr] *s.* pore, m.

pork [pourk] *s.* viande de porc, f.; *salt pork*, petit salé, *Fr. Can.* lard salé; *pork and beans*, *Fr. Can.* fèves au lard; *porker*, porc à l'engrais, goret.

porous [pouᵒrᵉs] *adj.* poreux, perméable.

porpoise [pourpᵉs] *s.* marsouin, m.

porridge [pɒuridj] *s.* bouillie, f.; porridge, m.

porringer [pɒrindjᵉʳ] *s.* écuelle, f.

port [pouᵒrt] *s.* port, havre, m.; *free port*, port franc; *sea port*, port de mer; *port of call*, escale.

port [pouᵒrt] *s.* sabord (naut.); bâbord (naut.), m.; *porthole*, hublot.

port [pouᵒrt] *s.* porto [wine], m.

portable [pouᵒrtᵉb'l] *adj.* portatif.

portage [pouᵒrtidj] *s.* portage, m.; *v. Fr. Can.* portager.

portal [pouᵒrt'l] *s.* portail, m.

portcullis [pouᵒrtkœlis] *s.* sarrasine, herse, f.

portent [pouᵒrtèrt] *s.* mauvais présage, m.; *portentous*, de mauvais augure; prodigieux.

porter [pouᵒrtᵉʳ] *s.* portier, concierge, m.

porter [pouᵒrtᵉʳ] *s.* portefaix; commissionnaire, m.

portfolio [pouᵒrtfoᵘlioᵘ] *s.* portefeuille, m.; serviette, f.

portico [pauᵒrtikoᵘ] *s.* portique, m.

portion [pouᵒrshᵉn] *s.* portion, part; dot, f.; *v.* partager; répartir; doter.

portly [pauᵒrtli] *adj.* corpulent.

portmanteau [pauᵒrtmantoᵘ] *s.* valise, f.

portrait [pouᵒrtréᶦt] *s.* portrait, m.; *portraitist*, portraitiste. ‖ **portray** [pouᵒrtréᶦ] *v.* peindre; décrire. ‖ **portrayal** [-ᵉl] *s.* peinture, description, représentation, f.

Portuguese [pouᵒrtshᵉgîz] *adj.*, *s.* portugais.

pose [poᵘz] *s.* pose; attitude; affectation, f.; *v.* poser; disposer; prendre la pose; affecter une attitude; *to pose as*, se faire passer pour.

position [pᵉzishᵉn] *s.* position, place; situation; attitude, f.; rang; état, m.; *in a position to*, à même de.

positive [pɒzᵉtiv] *adj.* positif; affirmatif; certain; catégorique, formel; *positiveness*, certitude, assurance.

possess [pᵉzès] *v.* posséder. ‖ **possession** [pᵉzèshᵉn] *s.* possession, f. ‖ **possessor** [pᵉzèsᵉʳ] *s.* possesseur, m.

possibility [pɒsᵉbiléti] *s.** possibilité, f. ‖ **possible** [pɒsᵉb'l] *adj.* possible. ‖ **possibly** [-li] *adv.* peut-être; possiblement.

post [poᵘst] *s.* poteau; pieu; pilier, m.; colonne [bed], f.; *v.* afficher, placarder.

post [poᵘst] *s.* poste, emploi, m.; poste, f.; poster; placer; mettre à la poste; *army post*, garnison; *postcard*, carte postale; *post office*, bureau de poste; *post-paid*, affranchi, port payé; *post marked at*, timbré de; *by return of post*, par retour du courrier. ‖ **postage** [-idj] *s.* affranchissement; port, m.; *postage stamp*, timbre-poste. ‖ **postal** [-'l] *adj.* postal; *postal money order*, mandat-poste.

poster [po‌oust‌er] *s.* afficheur, m.; affiche, f.

posterior [pâstiri‌er] *adj.* postérieur. ‖ **posterity** [pâstèr‌eti] *s.* postérité, f.

posthumous [po‌ousthyoum‌es] *adj.* posthume.

postman [po‌oustmen] *(pl. postmen) s.* facteur, m. ‖ **postmaster** [-mast‌er] *s.* receveur des postes, m.

postpone [po‌oustpo‌oun] *v.* remettre; différer. ‖ **postponement** [-m‌ent] *s.* ajournement, m.

postscript [po‌oustskript] *s.* post-scriptum, m.

postulate [pâstsh‌elé‌it] *v.* postuler.

posture [pâstsh‌er] *s.* posture, attitude; condition; situation, f.; *v.* adopter une posture.

posy [po‌ouzi] *s.** bouquet, m.

pot [pât] *s.* pot, vase, m.; marmite; mitre [chimney], f.; *pot-bellied*, ventru, pansu.

potable [po‌out‌eb'l] *adj.* potable.

potassium [p‌etasi‌em] *s.* potassium, m.

potash [pât‌ash] *s.* potasse, f.

potato [p‌eté‌ito‌ou] *s.** pomme de terre, f.; *sweet potato*, patate, f.

potency [po‌out'nsi] *s.** puissance; capacité; efficacité, f. ‖ **potent** [-t'nt] *adj.* puissant, fort; efficace. ‖ **potential** [p‌etènsh‌el] *adj.*, *s.* potentiel.

potion [po‌oush‌en] *s.* dose, f.; breuvage, m.

pottage [pâtidj] *s.* brouet, m.

potter [pât‌er] *s.* potier, m. ‖ **pottery** [-ri] *s.** poterie, f.

pouch [pa‌outsh] *s.** poche; blague [tobacco]; musette, f.; sac, m.; *mail pouch*, sac du courrier; *cartridge pouch*, cartouchière, f.

poulp [pou‌lp] *s.* poulpe, m.

poultice [po‌oultis] *s.* cataplasme, m.

poultry [po‌oultri] *s.* volaille, f.; *poultry yard*, basse-cour.

pounce [pa‌ouns] *v.* saisir; foncer; fondre (*on*, sur).

pound [pa‌ound] *s.* livre, f.

pound [pa‌ound] *v.* broyer, piler; concasser.

pound [pa‌ound] *s.* fourrière, f.

pour [po‌our] *v.* verser, répandre; se déverser; pleuvoir à verse.

pout [pa‌out] *v.* faire la moue; bouder; *s.* moue, f.

poverty [pâv‌erti] *s.* pauvreté; misère; pénurie; disette, f.; *poverty-stricken*, indigent.

powder [pa‌oud‌er] *s.* poudre, f.; *v.* pulvériser; poudrer; *powder magazine*, poudrerie; *powder-puff*, houppe à poudre; *powder train*, traînée de poudre; *to powder one's face*, se poudrer; *Am. to take a powder*, prendre la poudre d'escampette.

power [pa‌ou‌er] *s.* pouvoir, m.; puissance; force; autorité, f.; *man power*, effectifs (mil.); *power breakdown*, panne (electr.); *power-house*, *Am.* centrale électrique; foyer d'énergie (fig.); *power-plant*, groupe électrogène; *water power*, énergie hydraulique; *high-powered*, de haute puissance; *powerful*, puissant; *powerless*, impuissant; *exceeding one's power*, abus de pouvoir; *Am. balance of power*, équilibre européen; *six horse-power*, six chevaux(-vapeur).

pox [pâks] *s.* variole, f.

practicable [praktik‌eb'l] *adj.* praticable; carrossable; faisable.

practical [praktik'l] *adj.* pratique; réel, positif; *a practical joke*, un mauvais tour, une farce. ‖ **practice** [praktis] *s.* pratique; habitude; clientèle, f.; exercice, art, m.; *v.* pratiquer; exercer; étudier; *practiced*, expert, versé (*in*, dans).

prairie [prèri] *s.* savane, prairie, f.

praise [pré‌iz] *s.* louange, f.; éloge, m.; *v.* louer; *praiseworthy*, louable.

pram [pram] *s.* voiture d'enfant, f.

prance [prâns] *v.* caracoler; se cabrer.

prank [pràngk] *s.* escapade, espièglerie, f.; *to play pranks*, faire des niches.

prate [pré‌it] *v.* bavarder, babiller; *s.* babillage, m.

prattle [prat'l] *v.* bavarder, jaser; *s.* bavardage, babil, m.

prawn [praun] *s.* bouquet (zool.), m.; crevette, f.

pray [pré‌i] *v.* prier; *pray, take a chair*, asseyez-vous, je vous prie. ‖ **prayer** [prè‌er] *s.* prière; supplication, f.; *Prayer Book*, rituel.

preach [prîtsh] *v.* prêcher. ‖ **preacher** [-er] *s.* prédicateur, m. ‖ **preaching** [-ing] *s.* prédication, f.; sermon, m.

preamble [prîamb'l] *s.* préambule, m.

prearranged [prîré‌indjd] *adj.* arrangé d'avance.

precarious [prikèri‌es] *adj.* précaire.

precast [prîkâst] *adj.* précontraint; préfabriqué.

precaution [prikaush⁰n] *s.* précaution, f.

precede [prisîd] *v.* précéder; devancer. ‖ *precedence* [-'ns] *s.* préséance; priorité, f. ‖ *precedent* [près⁰d⁰nt] *s.* précédent, m. ‖ *preceding* [prisîding] *adj.* précédent.

precept [prîsèpt] *s.* précepte, m.

precinct [prîsingkt] *s.* enceinte; limite, f.; *pl.* pourtour, m; *Am.* circonscription électorale, f.

precious [prèsh⁰s] *adj.* précieux.

precipice [près⁰pis] *s.* précipice, m. ‖ *precipitate* [prisip⁰té¹t] *v.* hâter; (se) précipiter; *adj., s.* précipité. ‖ *precipitation* [prisip⁰té¹sh⁰n] *s.* précipitation, f. ‖ *precipitous* [prisip⁰t⁰s] *adj.* escarpé, à pic.

precise [prisa¹s] *adj.* précis, exact. ‖ *preciseness* [-nis] *s.* précision; méticulosité, f. ‖ *precision* [prisij⁰n] *s.* précision, exactitude, f.

preclude [prikloud] *v.* exclure; empêcher (de).

precocious [priko⁰ush⁰s] *adj.* précoce; *precociousness,* précocité.

precursor [prikö⁰sᵉ⁰] *s.* précurseur, m.

predacious [préd⁰¹sh⁰s] *adj.* rapace; *predacity,* rapacité.

predecessor [pridisès⁰⁰] *s.* prédécesseur, m.

predestinate [pridéstiné¹t] *v.* prédestiner; [-nit] *adj., s.* prédestiné. ‖ *predestine* [pridèstin] *v.* prédestiner.

predicament [pridík⁰m⁰nt] *s.* catégorie; classe; situation, f.

predicate [prèdikit] *adj., s.* attribut.

predict [pridikt] *v.* prédire. ‖ *prediction* [pridiksh⁰n] *s.* prédiction, prévision, f.

predilection [prîd¹lèksh⁰n] *s.* prédilection, préférence, f.

predispose [prîdispo⁰uz] *v.* prédisposer.

predominance [pridâm⁰n⁰ns] *s.* prédominance, f. ‖ *predominant* [-n⁰nt] *adj.* prédominant. ‖ *predominate* [-né¹t] *v.* prédominer, prévaloir.

prefab [prifab] *adj.* préfabriqué. ‖ *prefabricate* [-fabriké¹t] *v.* préfabriquer.

preface [préf⁰s] *s.* préface, f; exorde, m.; *v.* préfacer; servir de prélude; faire précéder.

prefect [prîfèkt] *s.* préfet, m.; *prefecture,* préfecture.

prefer [prifë⁰] *v.* préférer; intenter; présenter [claim]; déposer [charge]; promouvoir. ‖ *preferable* [prèfr⁰b'l] *adj.* préférable. ‖ *preferably* [-i] *adv.* de préférence. ‖ *preference* [prèfr⁰ns]

s. préférence, f. ‖ *preferential* [préfⁱⁱ⁰ⁱ⁰᷄ⁱᵉ⁰ⁱ⁰⁰᷄] *adj.* préférentiel. ‖ *preferment* [prifë⁰m⁰nt] *s.* promotion, f.; avancement, m.

prefix [prifiks] *s.** préfixe, m.; [prifíks] *v.* préfixer.

pregnancy [prègn⁰nsi] *s.** grossesse, f. ‖ *pregnant* [-n⁰nt] *adj.* enceinte; gros (fig.).

prehistory [prîhist⁰ri] *s.* préhistoire, f.

prejudice [prèdj⁰dis] *s.* préjugé; parti pris; préjudice (jur.), m.; prévention, f.; *v.* inspirer des préventions; porter préjudice à; *prejudicial,* préjudiciable.

prelate [prèlit] *s.* prélat, m.

preliminary [prilim⁰nèri] *adj., s.** préliminaire.

prelude [prèlyoud] *s.* prélude, m.; [prilyoud] *v.* préluder.

premature [prim⁰tyour] *adj.* prématuré; avant terme.

premeditate [priméditè¹t] *v.* préméditer; *premeditation,* préméditation.

premier [prîmiᵉ⁰] *s.* Premier ministre, m.; *adj.* premier, principal.

premise [prèmis] *s.* prémisse, f.; *pl.* locaux; immeubles, m. pl.; *on the premises,* sur place.

premium [prîmi⁰m] *s.* prime; récompense, f.; *premium bond,* obligation à lots; *to be at a premium,* faire prime.

premonition [prim⁰nish⁰n] *s.* prémonition, f.; pressentiment; indice, m.; *premonitory,* prémonitoire.

preoccupation [priaky⁰pé¹sh⁰n] *s.* préoccupation, f. ‖ *preoccupy* [priâky⁰pa¹] *v.* préoccuper; prévenir.

prepaid [prîpé¹d] *adj.* affranchi; franco.

preparation [prèp⁰ré¹sh⁰n] *s.* préparation, f.; préparatif, m. ‖ *preparatory* [pripar⁰to⁰uri] *adj.* préparatoire. ‖ *prepare* [pripê⁰⁰] *v.* (se) préparer; apprêter. ‖ *preparedness* [-ridnis] *s.* état de préparation; équipement, m.

preponderance [pripând⁰r⁰ns] *s.* prépondérance, f. ‖ *preponderant* [-⁰nt] *adj.* prépondérant. ‖ *preponderate* [-é¹t] *v.* l'emporter; être prépondérant.

preposition [prèp⁰zísh⁰n] *s.* préposition, f.

prepossessing [pripozésing] *adj.* attirant.

preposterous [pripâstr⁰s] *adj.* absurde, déraisonnable.

prerequisite [prirèkw⁰zit] *adj.* requis; *s.* nécessité préalable, f.

prerogative [prirâg⁰tiv] *s.* prérogative, f.

presage [prèsidj] *s.* présage, m.; [prisé¹dj] *v.* présager.

presbyopic [prezbioᵒᵘpik] *adj.* presbyte.

prescience [préshiᵉns] *s.* prescience, f.

prescribe [priskraᴵb] *v.* prescrire; légiférer. || **prescription** [priskrípshᵉn] *s.* prescription; ordonnance, f.

presence [prèz'ns] *s.* présence, f.; *presence of mind*, présence d'esprit. || **present** [prèz'nt] *adj.* présent; prompt; actuel; *s.* présent, m.; heure actuelle, f.; *for the present*, pour le moment; *present participle*, participe présent. || **present** [prizènt] *v.* (se) présenter; s'offrir; faire cadeau; *s.* présent, cadeau, m. || **presentation** [prèznᵗéᴵshᵉn] *s.* présentation, f.; *presentation copy*, hommage de l'auteur [book].

presentiment [prizèntᵉmᵉnt] *s.* pressentiment, m.

presently [prèz'ntli] *adv.* tout à l'heure; sous peu.

preservation [prèzᵉrvéᴵshᵉn] *s.* préservation; conservation, f. || **preserve** [prizᵉ̀rv] *v.* préserver; protéger; conserver; faire des conserves; *s.* conserves; confiture; chasse réservée, f.

preside [prizaᴵd] *v.* présider. || **presidency** [prèzᵉdᵉnsi] *s.* présidence, f. || **president** [prèzᵉdᵉnt] *s.* président, m. || **presidential** [prèzᵉdènshᵉl] *adj.* présidentiel.

press [près] *v.* presser; étreindre; satiner [paper]; repasser [clothes]; repousser; inciter; insister; *to press one's point*, insister sur ses arguments; *to press down upon*, peser sur, accabler; *to be hard pressed*, être aux abois; *s.* presse; foule; pression; urgence, f.; *printing press*, machine à imprimer. || **pressing** [-ing] *adj.* pressant; urgent; *s.* repassage, m. || **pressure** [prèshᵉr] *s.* pression; poussée (mech.); urgence, f.; *blood pressure*, tension artérielle; *pressure-cooker*, autocuiseur, Cocotte Minute (trademark); *pressure gauge*, manomètre.

prestidigitation [prèstididjitéᴵshᵉn] *s.* prestidigitation, f. || **prestidigitator**, prestidigitateur.

prestige [prèstidj] *s.* prestige, m.

presumable [prizoumᵉb'l] *adj.* présumable; probable. || **presume** [prizoum] *v.* présumer; supposer; *to presume on*, abuser de. || **presumption** [prizœmpshᵉn] *s.* présomption; prétention; supposition, f. || **presumptuous** [-ptshouᵉs] *adj.* présomptueux; prétentieux.

presuppose [prîsᵉpoᵒᵘz] *v.* présupposer.

pretend [pritènd] *v.* prétendre; prétexter; faire semblant. || **pretense** [-tèns] *s.* prétexte; faux-semblant, m.; excuse; feinte, f.; *under pretense of*, sous prétexte de. || **pretension** [pritènshᵉn] *s.* prétention; ostentation, f. || **pretentious** [-shᵉs] *adj.* prétentieux.

pretext [prítèkst] *s.* prétexte, m.

prettily [pritili] *adv.* joliment. || **prettiness** [pritinis] *s.* charme, m.; gentillesse, joliesse, f. || **pretty** [príti] *adj.* joli; gentil; *adv.* assez; à peu près; passablement; *pretty nearly*, à peu de chose près; *pretty well*, presque, assez bien.

prevail [privéᴵl] *v.* prévaloir; dominer; l'emporter sur; *to prevail upon oneself*, se résoudre. || **prevailing** [-ing] *adj.* dominant; courant; répandu. || **prevalent** [-ᵉnt], *see* prevailing.

prevaricate [privariké́ᴵt] *v.* biaiser; mentir; **prevarication**, équivoque, faux-fuyant, mensonge.

prevent [privènt] *v.* prévenir; empêcher; détourner. || **prevention** [privènshᵉn] *s.* empêchement, m.; précautions; mesure préventive, f. || **preventive** [-tiv] *adj.* préventif. || **preview** [prívyou] *s.* projection en avant-première, première vision, f.; *v.* visionner.

previous [privieᵉs] *adj.* antérieur; précédent; préalable.

prey [préᴵ] *s.* proie, f.; *v.* faire sa proie (*on*, de); *it preys upon my mind*, cela me mine.

price [praᴵs] *s.* prix; coût, m.; *v.* tarifer; coter; *at a reduced price*, au rabais; *priceless*, inestimable; *price-list*, prix courant, catalogue.

prick [prík] *v.* piquer; aiguillonner; pointer; *s.* pointe; piqûre, f.; piquant; remords, m.; *to prick up one's ears*, dresser les oreilles. || **prickly** [-li] *adj.* épineux; piquant.

pride [praᴵd] *s.* orgueil, m.; fierté, f.; *v. to pride oneself*, s'enorgueillir (*on, upon*, de).

priest [prîst] *s.* prêtre, m. || **priesthood** [-houd] *s.* prêtrise, f.; sacerdoce, m.

priggish [prigish] *adj.* poseur, pédant; collet monté.

prim [prìm] *adj.* affecté; coquet; tiré à quatre épingles.

primarily [praᴵmèrᵉli] *adv.* primitivement; à l'origine; surtout. || **primary** [praᴵmèri] *adj.* primaire; élémentaire; premier; primordial; primitif. || **primate** [-it] *s.* primat (eccles.), m. || **prime** [praᴵm] *adj.* premier, principal; excellent; *s.* origine; première heure, f.; commencement, printemps; nombre premier, m.; *v.* amorcer; instruire, styler; *Prime Minister*, Premier ministre; *to be in one's prime*, être dans la fleur de l'âge.

primer [prĭmᵉr] *s.* traité élémentaire, m.

primer [praⁱmᵉr] *s.* amorce, f.

primitive [prĭmitiv] *adj.* primitif.

primness [prĭmnis] *s.* afféterie, préciosité, f.

primordial [praⁱmauʳdiᵉl] *adj.* primordial; originel.

primp [prĭmp] *v.* se parer; s'attifer.

primrose [prĭmroᵘz] *s.* primevère, f.

prince [prĭns] *s.* prince, m. ‖ *princely* [-li] *adj.* princier; somptueux. ‖ *princess* [-is] *s.** princesse, f.

principal [prĭnsᵉp'l] *adj.* principal; premier; *s.* principal; proviseur; mandant; commettant, m.

principle [prĭnsᵉp'l] *s.* principe; fondement, m.; base, f.

print [prĭnt] *s.* impression; empreinte; épreuve (phot.); estampe, gravure; cotonnade imprimée, indienne, f.; *v.* imprimer; *printed matter*, imprimés; *out of print*, épuisé. ‖ *printer* [-ᵉr] *s.* imprimeur, m. ‖ *printing* [-ing] *s.* impression, imprimerie, f.

prior [praⁱᵉr] *adj.* antérieur; préalable; *s.* prieur, m.; *prior to*, antérieur à. ‖ *priority* [praⁱauʳti] *s.** priorité; antériorité, f. ‖ *priory* [praⁱᵉri] *s.** prieuré, m.

prism [prĭzᵉm] *s.* prisme, m.

prison [prĭz'n] *s.* prison, f.; *v.* emprisonner. ‖ *prisoner* [-ᵉr] *s.* prisonnier; captif, m.

privacy [praⁱvᵉsi] *s.* retraite; solitude; intimité, f. ‖ *private* [praⁱvit] *adj.* privé; personnel, particulier; confidentiel; *s.* soldat, m.; *private citizen*, simple particulier. ‖ *privation* [praⁱvéⁱshᵉn] *s.* privation, f.

privilege [prĭvilidj] *s.* privilège, m.; *privileged*, privilégié.

prize [praⁱz] *s.* prix, lot, m.; récompense; prise (naut.); capture, f.; *prize book*, livre de prix; *prize-packet*, pochette-surprise; *prize-list*, palmarès.

prize [praⁱz] *v.* priser; estimer; évaluer; tenir à.

probability [prâbᵉbĭlᵉti] *s.** probabilité, f. ‖ *probable* [prâbᵉb'l] *adj.* probable; *probably*, probablement.

probation [proᵘbéⁱshᵉn] *s.* probation; épreuve, f.; stage; noviciat, m.; *Probation Act*, loi de sursis; *on probation*, à l'essai.

probe [proᵘb] *v.* sonder; approfondir; *s.* sonde (med.); enquête; investigation, f.; *probity*, probité.

problem [prâblᵉm] *s.* problème, m.

procedure [prᵉsîdjᵉr] *s.* procédure; méthode, f.; procédé; fonctionnement, m. ‖ *proceed* [prᵉsîd] *v.* procéder;

avancer; continuer; aller, se rendre; *to proceed against*, intenter un procès à; *to proceed with*, continuer; *to proceed from*, provenir de. ‖ *proceeding* [-ing] *s.* procédé, m.; marche à suivre, f.; relèvement (naut.), m.; *pl.* procédure; délibérations; poursuites; démarches, f. ‖ *proceeds* [proᵘsîdz] *s. pl.* produit; montant, m.

process [prâsès] *s.** procédé; processus; procès, m.; marche; méthode; opération, f.; *v.* soumettre à un procédé; *due process of law*, procédure légale. ‖ *processing* [-ing] *s.* traitement, *m.*; transformation, f.; *food-processing industry*, industrie alimentaire.

procession [prᵉsèshᵉn] *s.* procession, f.; cortège, m.; *v.* défiler.

proclaim [proᵘkléⁱm] *v.* proclamer; annoncer. ‖ *proclamation* [prâklᵉméⁱshᵉn] *s.* proclamation; déclaration, f.

procrastinate [prokrastinéⁱt] *v.* atermoyer, remettre au lendemain; *procrastination*, remise au lendemain.

procreate [proᵘkrieⁱt] *v.* procréer; *procreation*, procréation; *procreative*, procréateur.

procuration [praukiouréⁱshᵉn] *s.* procuration; proxénétisme; acquisition, f.

procure [proᵘkyour] *v.* (se) procurer; faire obtenir. ‖ *procurement* [-mᵉnt] *s.* obtention, acquisition, f.; *Am.* approvisionnement, m.; *procurer*, proxénète; *procuress*, entremetteuse.

prod [prâd] *v.* piquer; aiguillonner.

prodigal [prâdig'l] *adj., s.* prodigue.

prodigious [prᵉdidjᵉs] *adj.* prodigieux. ‖ *prodigy* [prâdᵉdji] *s.** prodige, m.

produce [prâdyous] *s.* produit; rendement, m.; [prᵉdyous] *v.* produire; exhiber; fabriquer; *producer* [-ᵉr] *s.* producteur; impresario, m. ‖ *product* [prâdᵉkt] *s.* produit, m.; denrée, f.; *farm product*, produit agricole. ‖ *production* [prᵉdækshᵉn] *s.* production; fabrication; représentation (theat.); œuvre [book], f. ‖ *productive* [-tiv] *adj.* productif; *productiveness*, productivité.

profanation [prâfᵉnéⁱshᵉn] *s.* profanation, f. ‖ *profane* [prᵉféⁱn] *adj.* profane; *v.* profaner; *profaner*, profanateur; *profanity*, caractère profane; impiété; juron.

profess [prᵉfès] *v.* professer, prétendre. ‖ *profession* [prᵉfèshᵉn] *s.* profession, f.; métier; état; emploi, m. ‖ *professional* [-'l] *adj., s.* professionnel. ‖ *professor* [-ᵉr] *s.* professeur, m.; *professorship*, professorat; chaire.

proffer [prâfᵉr] *s.* offre, f.; *v.* offrir, proposer.

proficiency [prᵉfíshᵉnsi] *s.* compétence; capacité, f.; talent; progrès, m. ‖ **proficient** [-shᵉnt] *adj.* compétent; habile; calé.

profile [prᵒᵘfaⁱl] *s.* profil; contour, m.; silhouette, f.; *v.* profiler.

profit [prâfit] *s.* profit; bénéfice; avantage; rapport, m.; *v.* profiter; bénéficier; mettre à profit. ‖ **profitable** [-eb'l] *adj.* profitable; avantageux; lucratif. ‖ **profiteer** [prâfᵗtⁱr] *s.* profiteur; mercanti, m.; *v.* exploiter.

profligacy [prâfligᵉsi] *s.* débauche, f.; **profligate**, débauché.

profound [prᵉfaᵒᵘnd] *adj.* profond; **profoundness** [-nis], **profundity** [prᵉfœnditi] *s.* profondeur, f.

profuse [prᵉfyous] *adj.* profus; prodigue; abondant; **profusion**, profusion.

progeny [prâdjᵉni] *s.** progéniture; descendance; postérité, f.

prognostic [prâgnâstik] *s.* pronostic; symptôme, m.; **prognosticate**, pronostiquer.

program(me) [prᵒᵘgram] *s.* programme; plan, m.

progress [prâgrès] *s.** progrès; cours [events]; voyage; avancement, m.; [prᵉgrès] *v.* progresser; avancer; faire des progrès. ‖ **progression** [-shᵉn] *s.* progression, f. ‖ **progressive** [prᵉgrèsiv] *adj.* progressif; *s.* progressiste, m.

prohibit [prᵒᵘhᵢbit] *v.* prohiber; interdire. ‖ **prohibition** [prᵒᵘebíshᵉn] *s.* prohibition; interdiction, f. ‖ **prohibitive** [prᵒᵘhᵢbitiv] *adj.* prohibitif.

project [prâdjèkt] *s.* projet; dessein, m.; intention, f.; [prᵉdjèkt] *v.* projeter, lancer; faire saillie; s'avancer. ‖ **projectile** [prᵉdjèkt'l] *s.* projectile, m ‖ **projection** [-djèkshᵉn] *s.* projection; saillie, f. ‖ **projector** [prodjéktᵉʳ] *s.* projecteur, m.

proletarian [prᵒᵘlᵉtèriᵉn] *adj., s.* prolétaire. ‖ **proletariat** [-ri⁻ᵗ] *s.* prolétariat, m.

proliferate [prolifᵉré¹t] *v.* proliférer; **proliferation**, prolifération.

prolific [prᵒᵘlᵢfik] *adj.* prolifique; **prolification**, prolifération; procréation; fécondité.

prolixe [prᵒᵘliks] *adj.* prolixe; **prolixity**, prolixité.

prologue [prᵒᵘlaug] *s.* prologue, m.

prolong [prᵉlaung] *v.* prolonger. ‖ **prolongation** [prᵒᵘlaunggé¹shᵉn] *s.* prolongation, f.; prolongement, m.

promenade [prâmᵉné¹d] *s.* promenade, f.; *v.* se promener.

prominent [prâmᵉnᵉnt] *adj.* proéminent; éminent; saillant.

promiscuity [prᵉmiskyoᵘti] *s.* promiscuité, f. ‖ **promiscuous** [prᵉmiskyouᵉs] *adj.* confus; pêle-mêle; débauché.

promise [prâmis] *s.* promesse, f.; *v.* promettre. ‖ **promising** [-ing] *adj.* prometteur; d'avenir. ‖ **promissory** [prâmᵉsoᵒᵘri] *adj.* à ordre; **promissory note**, billet à ordre.

promontory [prâmᵉntoᵒᵘri] *s.** promontoire, m.

promote [prᵉmoᵒᵘt] *v.* faire avancer; promouvoir; encourager; contribuer à. ‖ **promoter** [-ᵉʳ] *s.* promoteur, m. ‖ **promotion** [prᵉmoᵒᵘshᵉn] *s.* promotion, f.; avancement, m. ‖ **promotive** [prᵉmoᵒᵘtiv] *adj.* favorable, favorisant.

prompt [prâmpt] *adj.* prompt; rapide; empressé; immédiat; ponctuel; *v.* inciter; suggérer; souffler (theat.). ‖ **promptly** [-li] *adv.* promptement; immédiatement; ponctuellement. ‖ **promptness** [-nis] *s.* promptitude; ponctualité, f; empressement, m.

promulgate [prᵉmælgé¹t] *v.* promulguer. ‖ **promulgation** [prᵒᵘmœlgé¹shᵉn] *s.* promulgation, f.

prone [prᵒᵘn] *adj.* incliné; en pente; enclin (*to*, à); couché à plat ventre.

prong [praung] *s.* dent, f. [fork]; *v.* enfourcher.

pronoun [prᵒᵘnaᵒᵘn] *s.* pronom, m.

pronounce [prᵉnaᵒᵘns] *v.* prononcer; déclarer. ‖ **pronounced** [-t] *adj.* prononcé; marqué. ‖ **pronunciation** [prᵉnœnsié¹shᵉn] *s.* prononciation, f.

proof [prouf] *s.* preuve; justification; épreuve (phot.), f.; *adj.* à l'épreuve de, résistant; étanche; imperméable; **proof-sheet**, épreuve (typogr.).

prop [prâp] *s.* étai; tuteur; support; soutien, m.; *v.* étayer; soutenir.

propaganda [prâpᵉgandᵉ] *s.* propagande, f.; **propagandize**, faire de la propagande.

propagate [prâpᵉgé¹t] *v.* (se) propager. ‖ **propagation** [prâpᵉgé¹shᵉn] *s.* propagation, f.; **propagative**, propagateur.

propel [prᵉpèl] *v.* propulser. ‖ **propellant** [-ᵉnt] *s.* propulseur; propergol, m. ‖ **propeller** [-ᵉʳ] *s.* propulseur, m.; hélice, f.

propense [propéns] *adj.* porté (*to*, à); **propensity**, propension.

proper [prâpᵉʳ] *adj.* propre; convenable, exact; à propos; régulier; juste; **proper noun**, nom propre. ‖ **properly** [-li] *adv.* régulièrement; convenablement; en propre. ‖ **property** [prâpᵉʳti] *s.** propriété; possession; qualité, f.; biens; matériel, m.; **property-man**, accessoiriste.

prophecy [prắfᵉsi] *s.** prophétie, f. ‖ **prophesy** [prắfᵉsa¹] *v.* prophétiser ; pronostiquer. ‖ **prophet** [prắfit] *s.* prophète, m. ‖ **prophetic** [prᵉfètik] *adj.* prophétique.

propinquity [proᵒpínkwiti] *s.* proximité ; affinité ; ressemblance ; proche parenté, f.

propitiate [prᵉpíshié¹t] *v.* rendre propice ; **propitiation**, propitiation ; **propitiatory**, propitiatoire ; **propitious**, propice.

proportion [prᵉpoᵒᵘrshᵉn] *s.* proportion, f. ; *v.* proportionner ; *out of proportion*, disproportionné ; hors de proportion (*to*, avec) ; **proportional**, proportionnel ; **proportionate**, proportionné ; **proportionately**, proportionnellement.

proposal [prᵉpoᵒᵘz'l] *s.* proposition ; demande en mariage ; déclaration d'amour, f. ; projet, m. ‖ **propose** [prᵉpoᵒᵘz] *v.* proposer ; offrir ; demander en mariage. ‖ **proposition** [prᵃpᵉzíshᵉn] *s.* proposition ; offre ; affaire, f.

propound [propaᵒᵘnd] *v.* proposer ; émettre [idea] ; poser [problem].

proprietor [prᵉpra¹etᵉr] *s.* propriétaire, m. f. ‖ **propriety** [-ti] *s.** propriété ; opportunité ; bienséance, f.

propulsion [propǽlshᵉn] *s.* propulsion, f.

prorate [proᵒᵘré¹t] *v.* taxer proportionnellement.

prorogation [proᵒᵘrᵉgé¹shᵉn] *s.* prorogation, f. ‖ **prorogue** [proroᵒᵘg] *v.* (se) proroger.

prosaic [proᵒᵘzé¹ik] *adj.* prosaïque.

proscribe [proskra¹b] *v.* proscrire ; **proscription**, proscription.

prose [proᵒᵘz] *s.* prose, f. ; **prose writer**, prosaᵗeur.

prosecute [prắsikyout] *v.* poursuivre ; traduire en justice ; revendiquer [right] ; intenter une action. ‖ **prosecution** [prăsikyoushᵉn] *s.* poursuites judiciaires ; accusation ; continuation [studies], f. ; *witness for the prosecution*, témoin à charge. ‖ **prosecutor** [prắsikyoutᵉr] *s.* procureur ; plaignant, m.

proselyte [prắsila¹t] *s.* prosélyte, m. f. ; *v. Am.* faire du prosélytisme.

prosody [prắsᵉdi] *s.* prosodie, f.

prospect [prắspèkt] *s.* perspective ; vue ; espérances, f. ; avenir ; panorama, m. ; *v.* prospecter, explorer. ‖ **prospective** [prᵉspèktiv] *adj.* en perspective ; présumé ; prévoyant ; *s.* perspective, f. ‖ **prospector** [prᵉspèktᵉr] *s.* prospecteur ; chercheur d'or, m.

prosper [prắspᵉr] *v.* réussir ; (faire) prospérer. ‖ **prosperity** [prăspèrᵉti] *s.* prospérité, f. ‖ **prosperous** [prắspᵉrᵉs] *adj.* prospère, florissant.

prostitute [prắstᵗᵗvout] *s.* prostituée, f. ; *v.* prostituer. ‖ **prostitution** [prăstityoushᵉn] *s.* prostitution, f.

prostrate [prắstré¹t] *adj.* prosterné ; prostré ; [prắstré¹t] *v.* abattre ; prosterner. ‖ **prostration** [-tré¹shᵉn] *s.* prostration ; prosternation, f.

protagonist [protǽgᵉnist] *s.* protagoniste, m. f.

protect [prᵗtèkt] *v.* protéger ; défendre. ‖ **protection** [-shᵉn] *s.* protection ; défense ; sauvegarde, f. ‖ **protective** [-tiv] *adj.* protecteur ; de protection. ‖ **protector** [-tᵉr] *s.* protecteur, m. ‖ **protectorate** [-trit] *s.* protectorat, m. ‖ **protectress** [-tris] *s.* protectrice, f.

protégé [proᵒᵘtejé¹] *s.* protégé, m.

protein [proᵒᵘtiin] *s.* protéine, f.

protest [proᵒᵘtèst] *s.* protestation, f. ; protêt, m. ; [prᵗtèst] *v.* protester ; faire protester (comm.). ‖ **protestant** [prắtistᵉnt] *adj.*, *s.* protestant. ‖ **protestation** [prắtestᵉshᵉn] *s.* protestation, f. ; **protester**, protestataire.

protocole [proᵒᵘtokâl] *s.* protocole, m.

protoplasm [proᵒᵘtᵉplazᵉm] *s.* protoplasme, m.

protract [proᵒᵘtrakt] *v.* prolonger ; traîner en longueur.

protrude [proᵒᵘtroud] *v.* (faire) sortir ; faire saillie.

protuberance [proᵒᵘtyoubᵉrᵉns] *s.* protubérance, f. ; **protuberant**, protubérant.

proud [praᵒᵘd] *adj.* orgueilleux ; fier ; arrogant ; fougueux [horse].

prove [prouv] *v.* prouver ; démontrer ; vérifier ; éprouver ; homologuer ; se montrer.

proverb [prắvᵉrb] *s.* proverbe, m. ; maxime, f. ; **proverbial**, proverbial.

provide [prᵉva¹d] *v.* pourvoir ; fournir ; munir (*with*, de) ; stipuler [article] ; pourvoir (*for*, à) ; *to be well provided for*, être à l'abri du besoin. ‖ **provided** [-id] *conj.* pourvu, à condition (*that*, que).

providence [prắvᵉdᵉns] *s.* providence ; prévoyance, f. ‖ **providential** [prắvᵉdènshᵉl] *adj.* providentiel.

provider [prᵉva¹dᵉr] *s.* pourvoyeur ; fournisseur, m.

province [prắvins] *s.* province ; juridiction, f. ; ressort, m. ; *it is not within my province*, ce n'est pas de mon rayon. ‖ **provincial** [prᵉvínshᵉl] *adj.*, *s.* provincial.

provision [previjən] s. stipulation; mesure; clause; somme d'argent; provisions, f.; acte de pourvoir aux besoins de quelqu'un, m.; v. s'approvisionner; *provisional*, provisoire; provisionnel (jur.).

provisory [provaˡzᵉri] adj. conditionnel; provisoire.

provocation [prâvᵉkéˡshᵉn] s. provocation; irritation, f.; stimulant, m. ‖ *provoke* [prevoᵘuk] v. provoquer; irriter; fâcher; susciter. ‖ *provoking* [-ing] adj. contrariant; fâcheux.

provost [prâvᵉst] s. prévôt, m.

prow [praᵒu] s. proue, f.

prowess [praᵒuis] s.* prouesse, f.

prowl [praᵒul] v. rôder.

proximity [prâksimᵉti] s. proximité, f.; voisinage, m.

proxy [prâksi] s.* procuration, f.; mandataire, m.

prude [proud] s. prude, f.

prudence [proud'ns] s. prudence, f. ‖ *prudent* [-d'nt] adj. prudent.

prudery [proudᵉri] s. pruderie, f. ‖ *prudish* [-dish] adj. prude.

prune [proun] s. pruneau, m.

prune [proun] v. élaguer; émonder.

Prussia [prœshᵉ] s. Prusse, f.; **Prussian,** Prussien.

pry [praˡ] v. fouiller; fureter; se mêler de; fourrer le nez dans.

pry [praˡ] s.* levier, m.; v. soulever avec un levier.

psalm [sâm] s. psaume, m. ‖ *psalmodize* [-odaˡz] v. psalmodier.

pseudonym [syoud'nim] s. pseudonyme, m.

psychiatrist [saˡkaˡtrist] s. psychiatre, m. ‖ *psychiatry* [-tri] s. psychiatrie, f. ‖ *psychic* [saˡkik] adj. psychique; s. médium, m.; *psychics,* métapsychique, psychism, psychisme.

psychological [saˡkᵉlădjik'l] adj. psychologique. ‖ *psychologist* [-djist] s. psychologue, m. ‖ *psychology* [-dji] s. psychologie, f.

psychosis [saˡkoᵒusis] (pl. psychoses) s. psychose, f.

public [pœblik] adj. public; s. public; peuple, m.; *public authorities,* pouvoirs publics; *public officers,* fonctionnaires; *public spirited,* dévoué au bien public. ‖ *publication* [pœblikéˡshᵉn] s. publication; promulgation, f. ‖ *publicity* [pœbliseˡti] s. publicité; réclame, f. ‖ *publicize* [-saˡz] v. faire de la publicité. ‖ *publish* [pœblish] v. publier; éditer. ‖ *publisher* [-ᵉr] s. éditeur, m.

puck [pœk] s. palet, m.; *Fr. Can.* rondelle [hockey], f.

pucker [pœkᵉr] v. plisser, froncer, rider; se froncer.

pudding [pouding] s. boudin; pudding, m.; saucisse, f.

puddle [pœd'l] s. flaque; mare, f.; v. patauger.

puerile [pyouᵉraˡl] adj. puéril. ‖ *puerility* [pyouᵉriliti] s. puérilité, f.

puff [pœf] s. souffle, m.; bouffée; houppe; vantardise, réclame, louange exagérée, f.; v. souffler; tirer des bouffées; gonfler; prôner; *puff-box,* boîte à houppe; *puff-paste,* pâte feuilletée; *puffed up with pride,* bouffi d'orgueil.

pug [pœg] s. singe; renard; carlin, m.; *pug-nose,* nez camus.

pugilism [pioudjiliz'm] s. pugilat, m; *pugilist,* pugiliste.

pugnacious [pœgnéˡshᵉs] adj. batailleur.

pule [pyoul] v. pépier; vagir.

pull [poul] v. tirer; arracher; faire aller à la rame; s. traction; secousse; promenade en bateau, f.; coup de collier; tirage; avantage, m.; *to pull about,* tirailler; *to pull away,* arracher; *to pull down,* abattre, démolir; *to pull through,* se tirer d'affaire; *to pull to pieces,* mettre en pièces; *to pull oneself together,* se ressaisir; *to pull someone's leg,* faire marcher quelqu'un.

pullet [poulit] s. poulette, f.

pulley [pouli] s. poulie, f.

pulmonary [pœlmᵉneri] adj. pulmonaire; tuberculeux.

pulp [pœlp] s. pulpe; pâte [paper], f.; v. réduire en pâte.

pulpit [poulpit] s. chaire, f.

pulsate [pœlsẽˡt] v. battre, palpiter (med.). ‖ *pulsation* [pœlséˡshᵉn] s. pulsation, f. ‖ *pulse* [pœls] s. pouls, m.

pulverize [pœlvᵉraˡz] v. pulvériser.

pumice [pœmis] s. ponce, f.; v. poncer; *pumice stone,* pierre ponce.

pump [pœmp] s. pompe, f.; v. pomper; gonfler [pneu]; débiter (mech.); *gasoline pump,* pompe à essence; *gasoline pump,* pompe à essence; *gasoline pump,* pompe à essence; *hand pump,* pompe à main; *tire pump,* pompe à pneus; *to pump someone,* tirer les vers du nez à quelqu'un.

pumpkin [pœmpkìn] s. citrouille; courge, f.; potiron, m.

pun [pœn] s. calembour; jeu de mots, m.; v. faire des jeux de mots.

punch [pœntsh] s.* poinçon; perçoir; découpoir (techn.); emporte-pièce, m.; v. percer; perforer.

punch [pœntsh] s. punch, m.; vitalité, énergie, f.; v. battre, frapper.

punch [pœntsh] *s.* punch [drink], m.

punctilious [pœngtili°s] *adj.* pointilleux.

punctual [pœngktshou°l] *adj.* ponctuel; exact. ‖ **punctuality** [pœngktshou°lºeti] *s.* ponctualité, f.; *v.* ponctuer. ‖ **punctuation** [-ktshoué¹sh°n] *s.* ponctuation, f. ‖ **puncture** [pœngkshºr] *v.* piquer, faire une piqûre; crever [tire]; *s.* ponction; piqûre; perforation, crevaison [tire], f.

pungent [pœndjºnt] *adj.* piquant; aigu; mordant; poignant.

puniness [pyou̯ninis] *s.* débilité, chétivité, f.

punish [pœnish] *v.* punir, châtier. ‖ **punishment** [-mºnt] *s.* punition; sanction; peine, f.; châtiment, m.; *capital punishment*, peine capitale; *mitigation of punishment*, réduction de peine.

punk [pœngk] *s.* amadou, m.; insanité, ineptie, f. (fam.); *adj. Am.* pourri [wood]; mal fichu (pop.).

puny [pyou̯ni] *adj.* chétif; débile.

pup [pœp] *s.* chiot; morveux, m.

pupil [pyoup'l] *s.* élève, m. f.

pupil [pyoup'l] *s.* pupille; prunelle [eye], f.

puppet [pœpit] *s.* marionnette; poupée, f.; pantin, m. (colloq.).

puppy [pœpi] *s.** chiot; morveux, m.

purchase [pë̃rtshºs] *s.* achat, m.; acquisition; emplette, f.; *v.* acheter, acquérir.

pure [pyou°r] *adj.* pur.

purée [pyouré¹] *s.* purée, f.

purgative [pë̃rgºtiv] *adj.*, *s.* purgatif. ‖ **purgatory** [-toou°ri] *s.** purgatoire, m. ‖ **purge** [pë̃rdj] *s.* purge; purgation; épuration, f.; *v.* purger; purifier; nettoyer; épurer.

purify [pyou°rºfa¹] *v.* purifier; dépurer. ‖ **Puritan** [pyourit°n] *s.*, *adj.* puritain; *puritanism*, puritanisme. ‖ **purity** [pyou°rºti] *s.* pureté; propreté, f.

purple [pë̃r'p'l] *adj.*, *s.* pourpre; violet; rouge violacé.

purport [pë̃rpoou°rt] *s.* teneur, portée, f.; [pºrpoou°rt] *v.* signifier; impliquer.

purpose [pë̃rpºs] *s.* but; objet, m.; intention, f.; *v.* se proposer; *with the purpose of*, dans l'intention de; *for no purpose*, sans but, inutilement, en vain; *on purpose*, à dessein; *purposeful*, réfléchi; avisé; pondéré; entêté, tenace; *purposely*, exprès.

purr [pë̃r] *s.* ronron, m.; *v.* ronronner; faire ronron.

purse [pë̃rs] *s.* bourse; ressources, f.; porte-monnaie, m.; *v.* plisser, froncer; *to purse one's lips*, pincer les lèvres.

pursue [pºrsou] *v.* poursuivre; exercer [profession]. ‖ **pursuit** [-t] *s.* poursuite; occupation; recherches, f.; *pursuit plane*, avion de chasse.

purulent [pyouroul°nt] *adj.* purulent. ‖ **pus** [pœs] *s.* pus (med.), m.

purvey [pºvé¹] *v.* fournir; *purveyance*, approvisionnement; *purveyor*, fournisseur.

purview [pºvyou] *s.* portée (f.) de regard.

push [poush] *v.* pousser; presser; inciter. *to push aside*, écarter; *to push down*, renverser; *to push a reform through*, faire aboutir une réforme; *to push off*, se mettre en route; *push button*, poussoir; presse - bouton; *pushcart*, voiture à bras; *pusher*, propulseur; arriviste, m; *pushfulness*, arrivisme.

pusillanimity [pyousil°nimiti] *s.* pusillanimité, f.; *pusillanimous*, pusillanime.

pussy [pousi] *s.** minet, chat, m.

pussyfoot [pousifout] *s.* prohibition, f.; *v.* faire patte de velours.

pustule [pœstyoul] *s.* pustule, f.

put [pout] *v.* mettre; poser; placer; *to be put out*, être déconcerté, contrarié; *to put back*, retarder; *to put down*, noter; *to put on a dress*, mettre une robe; *to put off*, renvoyer, ajourner; ôter, déposer; *to put on airs*, se donner des airs; *to put out* [fire], éteindre [le feu]; *to put up with*, supporter ᵒlérer; *a put-up job*, une affaire ᵐontée; *pret.*, *p. p. of* **to put.**

putrefaction [pyoutrºfˣksh°n] *s.* putréfaction, f. ‖ **putrefy** [pyoutrºfa¹] *v.* pourrir; (se) putréfier; *putrescible*, putrescible.

putrid [pyoutrid] *adj.* putride.

puttee [pœti] *s.* bande molletière, f.

putter [pœtºr] *v.* bricoler.

putter [poutºr] *s.* metteur; instigateur; poteur, m.

putting [pouting] *s.* mise, pose, f.; *putting away*, rangement; économie; *putting down*, inscription; mouillage [boat]; *putting to sea*, appareillage; *putting the shot* (or) *weight*, lancement du poids.

putty [pœti] *s.* mastic, m.; *v.* mastiquer.

puzzle [pœz'l] *s.* énigme, f.; jeu de patience, m.; *v.* intriguer; embarrasser; embrouiller; se creuser la tête; *crossword puzzle*, mots croisés; *to puzzle out*, déchiffrer, découvrir; *to be puzzled*, être perplexe.

pyjamas [pidjâmˣz] *s. pl.* pyjama, m.

pylon [pa¹lân] *s.* pylône, m.

pyramid [pirˣmid] *s.* pyramide, f.

pyx [piks] *s.* ciboire; contrôle (fin.), m.

Q

quack [kwak] *s.* charlatan; médicastre; couin-couin; couac, m.; *adj.* charlatanesque; *v.* crier comme un canard; faire des couacs; agir en charlatan.

quadrant [kwâdrᵉnt] *s.* quart; quart de cercle; quadrant, m.

quadrilateral [kwâdrᵉlatᵉrᵉl] *s.* quadrilatère, m.

quadruped [kwâdroupéd] *s.*, *adj.* quadrupède, m. ‖ *quadruple* [-p'l] *adj.*, *s.* quadruple; *v.* (se) quadrupler; *quadruplet*, quadruplé.

quagmire [kwagma¹eʳ] *s.* fondrière, f.; marécage, m.

quail [kwé¹l] *s.* caille, f.

quaint [kwé¹nt] *adj.* curieux; original; ingénieux, pittoresque.

quake [kwé¹k] *v.* trembler; frémir; tremblement, m. ‖ *Quaker* [-eʳ] *s.* Quaker, m.

qualification [kwâlᵉfᵉké¹shᵉn] *s.* qualification; aptitude; compétence, f. ‖ *qualify* [kwâlᵉfa¹] *v.* (se) qualifier; rendre, être capable; être reçu; obtenir les titres (*for*, pour). ‖ *qualitative* [kwâl¹té¹tiv] *adj.* qualitatif. ‖ *quality* [kwâlᵉti] *s.** qualité, f.

qualm [kwâm] *s.* nausée, f.; scrupule; remords, m.

quantitative [kwântᵉté¹tiv] *adj.* quantitatif. ‖ *quantity* [kwântᵉti] *s.** quantité; abondance; somme, f.; *unknown quantity*, inconnue (math.).

quarantine [kwaurᵉntīn] *s.* quarantaine, f.; *v.* mettre en quarantaine.

quarrel [kwaurᵉl] *s.* querelle; brouille, f.; *v.* se quereller; se disputer; se brouiller. ‖ *quarrelsome* [-sᵉm] *adj.* querelleur; irascible; grincheux.

quarry [kwauri] *s.** carrière [pit], f.; *v.* exploiter une carrière; *slate quarry*, ardoisière, f.; *quarrystone*, moellon, m.

quart [kwaurt] *s.* quarte; *Fr. Can.*, pinte [milk], f.

quarter [kwaurteʳ] *s.* quart; quartier (mil.; topogr.); terme [rent]; trimestre, m.; *Am.* pièce de 25 cents, f.; *v.* diviser en quatre; écarteler; cantonner (mil.). ‖ *quartered* [-d] *adj.* divisé en quatre; cantonné; caserné; logé. ‖ *quarterly* [-li] *adv.* par trimestre; *adj.* trimestriel. ‖ *quartet* [kwaurtèt] *s.* quatuor, m.

quartz [kwaurts] *s.* quartz; cristal de roche, m.

quatrain [kwaurtrᵉn] *s.* quatrain, m.

quaver [kwé¹veʳ] *s.* tremblement; trémolo; trille, m.; *v.* trembler; trembloter; faire des trilles.

quay [kî] *s.* quai; appontement, m.

queasy [kwîzi] *adj.* nauséeux.

queen [kwîn] *s.* reine; dame [cards], f.; *queenly*, royal.

queer [kwieʳ] *adj.* bizarre, étrange; excentrique; mal à l'aise; inverti (colloq.); *v.* gâcher; déranger; rendre malade; *queerness*, bizarrerie; malaise.

quell [kwèl] *v.* réprimer; calmer; étouffer [rebellion].

quench [kwèntsh] *v.* éteindre [fire]; étancher [thirst]; étouffer [revolt]; *to quench one's thirst*, se désaltérer.

quern [kwëʳn] *s.* moulin, m,

querulous [kwèrᵉlᵉs] *adj.* ronchon; rouspéteur (colloq.).

query [kwieri] *s.** question; interrogation, f.; *v.* questionner; révoquer en doute; contester.

quest [kwèst] *s.* enquête, f.; *in quest of*, en quête de.

question [kwèstshᵉn] *s.* question; demande; interpellation, f.; problème, m.; *v.* interroger, questionner; douter; se demander; *to ask a question*, poser une question; *leading question*, question tendancieuse (jur.); *question mark*, point d'interrogation. ‖ *questionable* [-ᵉb'l] *adj.* douteux; contestable. ‖ *questioner* [-eʳ] *s.* interrogateur, m. ‖ *questioning* [-ing] *s.* interrogatoire, m.; *adj.* interrogateur. ‖ *questionless* [-lis] *adj.* indiscutable. ‖ *questionnaire* [kwèstshᵉnèʳ] *s.* questionnaire, m.

queue [kyou] *s.* queue; file, f.; *v.* faire la queue.

quibble [kwib'l] *v.* argutie, chicane, f.; *v.* ergoter.

quick [kwik] *adj.* prompt; rapide; preste; fin; *adv.* vite; *s.* vif, vivant, m.; *quick edge*, haie vive; *quick fire*, tir rapide; *quicklime*, chaux vive; *quicksand*, sable mouvant; *quicksilver*, mercure; *quickstep*, pas accéléré (mil.); *quick wit*, esprit vif; *to cut to the quick*, tailler dans le vif. ‖ *quicken* [-ᵉn] *v.* vivifier; (s')animer; accélérer; stimuler. ‖ *quickly* [-li] *adv.* vite; rapidement; bientôt; tôt. ‖ *quickness* [-nis] *s.* rapidité; promptitude; vitesse; vivacité; acuité, f.

quid [kwid] *s.* chique, f.; (fam.). livre, f.

quiescence [kwa¹ès'ns] *s.* calme, repos, m.

quiet [kwa¹t] *adj.* tranquille; calme; paisible; serein; *s.* tranquillité; quiétude; accalmie, f.; *v.* calmer; apaiser;

tranquilliser ; faire taire, faire tenir tranquille ; *on the quiet,* en douce ; *to be quiet,* se taire, rester tranquille ; *quietly,* tranquillement, en silence. ‖ *quietness* [-nis] *s.* tranquillité, f. ; calme ; silence ; repos ; recueillement, m.

quietus [kwa¹íteˢ] *s.* quitus, m. ; quittance ; mort, f.

quill [kwil] *s.* plume [bird], f. ; curedent ; piquant, m.

quilt [kwilt] *s.* couvre-pieds, m. ; couverture piquée, f. ; *v.* rembourrer, piquer.

quince [kwìns] *s.* coing, m. ; *quince-tree,* cognassier.

quincunx [kwìnkœngks] *s.* quinconce, m.

quinine [kwa¹na¹n] *s.* quinine, f.

quinquina [kwingkineˢ] *s.* quinquina, m.

quinsy [kwìnsi] *s.* angine, f.

quintet [kwìntèt] *s.* quintette, m. ‖ *quintuple* [kwìntyoup'l] *adj., s.* quintuple ; *v.* quintupler. ‖ *quintuplet* [kwìntyouplìt] *s.* quintuplé, m.

quip [kwip] *s.* raillerie ; repartie ; argutie ; pointe, f. ; sarcasme ; bon mot, m. ; *v.* railler.

quit [kwit] *v.* quitter ; laisser ; abandonner ; démissionner ; acquitter ; *adj.* quitte, libéré ; *pret., p. p. of* **to quit** ; *notice to quit,* congé.

quite [kwa¹t] *adv.* tout à fait ; entièrement ; parfaitement ; bien ; *in quite another tone,* sur un tout autre ton ; *she is quite a beauty,* c'est une vraie beauté.

quitter [kwitᵉʳ] *s. Am.* défaitiste, déserteur, lâcheur ; javart (vet.).

quiver [kwivᵉʳ] *v.* trembler ; frissonner ; vibrer, palpiter ; *s.* tremblement, frisson ; carquois, m.

quixotic [kwiksâtik] *adj.* exalté, donquichottesque.

quiz [kwiz] (*pl.* **quizzes**) *s.* examen ; questionnaire, m. ; colle (fam.) ; moquerie, f. ; *v. Am.* poser des colles à ; railler, persifler ; lorgner ; *quizzing-glass,* lorgnon.

quorum [kwoºuʳem] *s.* quorum, m.

quota [kwoºuteˢ] *s.* quote-part ; cotisation, f. ; contingent ; m. ; *quota system,* contingentement.

quotation [kwoºuté¹shᵉn] *s.* citation ; cote ; cotation, f. ; cours, m. ; *quotation mark,* guillemet. ‖ *quote* [kwoºut] *v.* citer ; coter [price] ; mettre des guillemets ; *in quotes,* entre guillemets.

quotient [kwoºushᵉn] *s.* quotient, m.

R

rabbi [raba¹] *s.* rabbin, m.

rabbit [rabit] *s.* lapin, m.

rabble [rab'l] *s.* racaille ; canaille ; populace ; cohue, f.

rabid [rabid] *adj.* furieux, féroce ; enragé. ‖ *rabies* [ré¹bîz] *s.* rage, f.

raccoon [rakoun] *s.* raton laveur, m.

race [ré¹s] *s.* course ; carrière, f. ; cours, courant ; affolement [motor], m. ; *v.* courir, s'emballer ; s'affoler (techn.) ; *hurdle race,* course de haies ; *tide race,* raz de marée ; *race track,* champ de courses, piste.

race [ré¹s] *s.* race, lignée, f.

racer [ré¹seʳ] *s.* coureur ; cheval, bateau, avion de course, m.

racial [ré¹shᵉl] *adj.* racial ; *racialism, Am. racism,* racisme ; *racialist, Am. racist,* raciste.

rack [rak] *s.* chevalet [torture] ; râtelier [arms] ; casier [bottles] ; filet, porte-bagages [train], m. ; crémaillère, f. ; *v.* torturer, distendre ; extorquer ; *bomb rack,* lance-bombes ; *hat rack,* porte-chapeau ; *towel rack,* porte-serviettes ; *to rack one's brains,* se creuser la tête.

rack [rak] *s.* ruine, f. ; *to go to rack and ruin,* s'en aller à vau-l'eau.

racket [rakit] *s.* raquette ; *Am.* palette, f. ; battoir, m.

racket [rakit] *s.* vacarme, tapage, m. ; métier louche, racket, m. ; *v.* faire du boucan ; faire la sarabande. ‖ *racketeer* [rakitíᵉʳ] *s.* tapageur ; noceur ; escroc ; gangster, m. ; *v.* escroquer ; extorquer ; combiner.

radar [ré¹daʳ] *s.* radar, m.

radiance [ré¹dieˢns] *s.* rayonnement, m. ‖ *radiant* [-dient] *adj.* rayonnant ; radieux ; irradiant. ‖ *radiate* [-dié¹t] *v.* irradier ; rayonner. ‖ *radiation* [ré¹dié¹shᵉn] *s.* radiation, f. ; rayonnement, m. ‖ *radiator* [ré¹dié¹teʳ] *s.* radiateur, m. ; *radiator-cap,* bouchon de radiateur.

radical [radik'l] *adj., s.* radical, m. ; fondamental ; foncier.

radio [ré¹dioºu] *s.* radio ; T. S. F., f. ; *v.* émettre ; radiodiffuser ; radiotélégraphier ; *radioactivity,* radioactivité ; *radiobroadcast,* radiodiffusion ; *radiologist,* radiologue ; *radiology,* radiologie ; *radio set,* poste de T. S. F. ; *radiotherapy,* radiothérapie.

radish [radish] *s.** radis, m.; *radish-dish,* ravier.

radium [ré¹di^em] *s.* radium, m.

radius [ré¹di^es] *s.** rayon, m.

raffia [rafia] *s.* raphia, m.

raffle [raf'l] *s.* loterie, tombola, f.; *v.* mettre en loterie.

raft [raft] *s.* radeau, train de bois, m.; *air raft,* radeau pneumatique.

raft [raft] *s. Am.* tas, amas, m.

rafter [raft^er] *s.* chevron, m.; *under the rafters,* sous les combles.

raftsman [raftsm^en] *(pl. raftsmen) s.* flotteur, *Fr. Can.* draveur, m.

rag [rag] *s.* haillon; chiffon, m.; guenille, f.; *rag doll,* poupée en chiffon; *rag-and-bone-man, rag-picker, ragman,* chiffonnier.

ragamuffin [rag^emœfin] *s.* gueux, vagabond, m.

rage [ré¹dj] *s.* rage, fureur, f.; *v.* être déchaîné; divaguer, dérailler; enrager (*with,* de); *to be all the rage,* faire fureur, être du dernier cri, être du dernier chic.

ragged [ragid] *adj.* déguenillé; déchiqueté; en haillons; rocailleux.

raid [ré¹d] *s.* raid; coup de main, m.; incursion, razzia; descente de police, f.; *v.* conduire un raid; faire un coup de force; razzier; *police raid,* rafle; *raider,* maraudeur; croiseur, corsaire (naut.); commando (milit.); avion ennemi.

rail [ré¹l] *s.* barre; rampe [staircase]; balustrade; barrière, f.; barreau; rail; étrésillon, m.; *by rail,* par fer; *rail car,* autorail; *to go off the rails,* dérailler. ‖ *railing* [-ing] *s.* palissade, grille, balustrade, f. ‖ *railroad* [-ro^{ou}d] *s. Am.* voie ferrée, f.; chemin de fer, m.; *railroad station,* gare; *railroader, Am.* cheminot. ‖ *railroad* [-wé¹] *s. Am.* chemin de fer, m.; *Am. railway crossing,* passage à niveau; *railway system,* réseau de chemin de fer; *railwayman,* cheminot.

rain [ré¹n] *s.* pluie, f.; *v.* pleuvoir; *rain water,* eau de pluie; *to rain down,* faire pleuvoir. ‖ *rainbow* [-bo^{ou}] *s.* arc-en-ciel, m. ‖ *raincoat* [-ko^{ou}t] *s.* imperméable, m. ‖ *raindrop* [-dråp] *s.* goutte d'eau, f. ‖ *rainfall* [-faul] *s.* averse, f.; pluviosité, f. ‖ *raingauge* [-gé¹dj] *s.* pluviomètre, m. ‖ *rainy* [-i] *adj.* pluvieux; humide.

raise [ré¹z] *v.* lever; élever; soulever [question]; hausser; pousser [cry]; évoquer [spirit]; ressusciter [dead]; se procurer [money]; émettre [loan]; augmenter; produire; *to raise a laugh,* faire rire; *s.* augmentation, hausse [price], f.

raisin [ré¹z'n] *s.* raisin sec, m.

rake [ré¹k] *s.* rateau; dégagement (techn.); viveur, m.; ratissoire, f.; *v.* ratisser, râcler; *rake-off,* ristourne, « gratte » (pop.).

rally [rali] *s.* ralliement [mast], f.; rallier; reprendre ses forces.

ram [ràm] *s.* bélier; éperon (naut.); coulisseau, m.; *v.* heurter; tamponner; enfoncer; bourrer; éperonner.

ramble [ràmb'l] *s.* randonnée; promenade; divagation, f.; *v.* errer; rôder; se promener; divaguer.

ramify [ramifa¹] *v.* (se) ramifier.

rampant [ramp^ent] *adj.* déchaîné; luxuriant.

rampart [ràmpârt] *s.* rempart, m.

ran [ràn] *pret. of* **to run.**

ranch [ràntsh] *s.** ranch, m.

rancid [rànsid] *adj.* rance.

ranco(u)r [ràngk^er] *s.* rancune, f.; ressentiment, m.

random [rànd^em] *adj.* fortuit; à tort et à travers; *s.* hasard; *at random,* au hasard.

rang [ràng] *pret. of* **to ring.**

range [ré¹ndj] *s.* rangée; chaîne [mountains]; étendue; portée; distance; direction, f.; domaine, champ d'activité; champ de tir; alignement; fourneau de cuisine, m.; *v.* (se) ranger; parcourir, s'étendre; aligner; s'échelonner; *adjusted range,* tir ajusté; *gas-range,* fourneau à gaz; *long range,* longue portée; *within range of,* à portée de; *range of vision,* champ visuel.

rank [ràngk] *s.* rang; ordre; grade, m.; classe, f.; *v.* (se) ranger; classer; disposer; *Am.* avoir un rang supérieur à; *Br.* occuper un rang; *rank and file,* les hommes de troupe; *to rank with,* être à égalité de rang, de grade, avec; être au niveau de; *promoted from the ranks,* sorti du rang.

rank [ràngk] *adj.* fort [odor]; complet, absolu, éclatant; répugnant; fétide; dru; luxuriant.

ransack [rànsak] *v.* saccager; piller; fouiller.

ransom [ràns^em] *s.* rançon, f.; *v.* rançonner; racheter.

rant [rànt] *v.* déclamer; divaguer; *s.* divagation; rodomontade, f.

ranunculus [r^enœngkyoul^es] *s.** renoncule, f.

rap [rap] *s.* tape, f.; *v.* frapper; heurter; donner des petits coups secs; *to rap out,* débiter vite.

rap [rap] *s.* fausse pièce de monnaie [halfpenny], f.; *not to care a rap,* s'en soucier comme d'une guigne, s'en moquer.

rapacious [repéⁱsheₛ] *adj.* rapace; *rapaciousness, rapacity,* rapacité.

rape [réⁱp] *s.* viol; rapt, m.; *v.* violer; enlever.

rapid [rapid] *adj.* rapide; accéléré; prompt; *s. pl.* rapides, m. pl. ‖ *rapidity* [repídᵉti] *s.* rapidité, f.

rapier [réⁱpiᵉʳ] *s.* rapière, f.

rapine [rapaⁱn] *s.* rapine, f.

rapport [rapauʳ] *s.* rapport, m.

rapt [rapt] *adj.* ravi, extasié, transporté. ‖ *rapture* [raptshᵉʳ] *s.* ravissement; transport, enthousiasme, m.; extase, f.

rare [rèᵉʳ] *adj. Am.* à demi cru, mal cuit, saignant.

rare [rèᵉʳ] *adj.* rare; précieux; extraordinaire; excellent. ‖ *rarefy* [-faⁱ] *v.* (se) raréfier; affiner (fig.). ‖ *rarely* [-li] *adv.* rarement; parfaitement, admirablement.

rarity [rèᵉrᵉti] *s.** rareté; curiosité, f.

rascal [rask'] *s.* gredin, polisson, m.

rash [rash] *s.* éruption (med.), f.

rash [rash] *adj.* téméraire; irréfléchi; impétueux; imprudent. ‖ *rashness* [-nis] *s.* impétuosité; témérité; imprudence, f.

rasp [rasp] *s.* râpe, f.; *v.* râper.

raspberry [razbèri] *s.** framboise, f.; *raspberry bush,* framboisier.

raspy [raspi] *adj.* rugueux, râpeux, âpre.

rat [rat] *s.* rat; lâcheur; jaune [workman]; rénégat, m,; *v.* dératiser; trahir; tourner casaque.

rate [réⁱt] *s.* taux; pourcentage; prix; cours [exchange]; régime, débit; impôt, m.; catégorie; cadence; vitesse, f.; *v.* évaluer; taxer; tarifer; imposer; coter; étalonner; classer; tancer; *at any rate,* de toute façon; *at the rate of,* à raison de; *he rates high,* on le tient en haute estime; *first rate,* de premier ordre; épatant (fam.); *rate-office,* recette municipale.

rather [razhᵉʳ] *adv.* plutôt; assez, passablement; de préférence; *rather than,* plutôt que; *I had rather stay,* j'aimerais mieux rester.

ratification [ratᵉfikéⁱshᵉn] *s.* ratification, f. ‖ *ratify* [ratᵉfaⁱ] *v.* ratifier.

rating [réⁱting] *s.* estimation, évaluation; répartition [taxes]; capacité, puissance, valeur, f.; rang; classement, m.; semonce, f.

ratio [réⁱshoᵒu] *s.* rapport, m.; proportion, f.; *in indirect ratio,* en raison inverse.

ration [réⁱshᵉn] *s.* ration, f.; *v.* rationner; ravitailler.

rational [rashᵉn'l] *adj.* rationnel; raisonnable; raisonné; logique; *rationalism,* rationalisme; *rationalist,* rationaliste; *rationalize,* rationaliser.

rationing [réⁱshᵉning] *s.* rationnement, m.

rattan [ratan] *s.* rotin, m.

rattle [rat'l] *s.* cliquetis; bruit de ferraille, m.; crécelle, f.; *v.* cliqueter; *to rattle off,* débiter rapidement; *deathrattle,* râle; *rattle-snake,* serpent à sonnette, crotale.

raucous [raukᵉs] *adj.* rauque.

ravage [ravidj] *s.* ravage; pillage, m.; ruine, f.; *v.* ravager; piller.

rave [réⁱv] *v.* délirer; divaguer; déraisonner; s'extasier (over, sur).

ravel [rav'l] *v.* emmêler; s'embrouiller; *to ravel out,* démêler; s'effilocher.

raven [réⁱvᵉn] *s.* corbeau, m.; *adj.* noir luisant.

ravenous [ravᵉnᵉs] *adj.* vorace, dévorant; affamé.

ravine [revîn] *s.* ravin, m.; ravine, f.

ravish [ravish] *v.* ravir; enlever; violer; enchanter, transporter; *ravishment,* rapt; viol; ravissement, m.

raw [rau] *adj.* cru; brut; aigre [weather]; grège [silk]; vif [air]; inexpérimenté; novice; *s.* point sensible, m.; *rawhide,* cuir vert; *raw material,* matière première; *raw sugar,* cassonade; *raw wound,* plaie à vif.

ray [réⁱ] *s.* rayon, m.; radiation, f.

rayon [réⁱân] *s.* rayonne, soie artificielle, f.

raze [réⁱz] *v.* raser; effacer; rayer. ‖ *razor* [-ᵉʳ] *s.* rasoir, m.; *razor blade,* lame de rasoir.

reach [rîtsh] *v.* atteindre; rejoindre; (s')étendre; aboutir à; arriver à; *to reach for,* s'efforcer d'atteindre; *to reach into,* mettre la main dans; *reach me over my hat,* passez-moi mon chapeau; *reach-me-down,* décrochez-moi-ça; *s.* portée, étendue, f.; *beyond the reach of,* hors d'atteinte de; *within the reach of,* à portée de.

react [riakt] *v.* réagir; jouer de nouveau. ‖ *reaction* [riakshᵉn] *s.* réaction; résistance, f.; processus, m. ‖ *reactionary* [-èri] *adj., s.** réactionnaire; conservateur; *reactor* [riaktᵉʳ] *s.* réacteur, m.

read [rîd] *v.** (se) lire; *to read up,* étudier; *to read out,* lire tout haut; *to read over,* parcourir; *readable,* lisible; [rèd] *pret., p. p. of* **to read.** ‖ *reader* [-ᵉʳ] *s.* lecteur, m.; lectrice, f.

readily [rèd'li] *adv.* promptement; volontiers, de bon cœur. ‖ *readiness* [rèdinis] s. promptitude ; facilité ; vivacité ; bonne volonté, f.

reading [rîding] s. lecture ; indication ; cote, f. ; relevé, m. ; *reading-desk*, pupitre ; lutrin.

readjust [rie°djæst] v. rajuster ; réorganiser. ‖ *readjustment* [-m°nt] s. rajustement, m. ; réorganisation, f.

ready [rèdi] adj. prêt ; vif ; disposé ; comptant [money] ; *ready-made*, tout fait ; *ready-to-wear*, prêt à porter.

real [rîel] adj. réel ; véritable ; matériel ; *real estate*, propriété immobilière. ‖ *realism* [-iz°m] s. réalisme, m. ‖ *realist* [-ist] s. réaliste, m. ‖ *realistic* [-istik] adj. réaliste. ‖ *reality* [rîalti] s.* réalité, f. ‖ *realizable* [rie°la¹z°b'l] adj. concevable ; imaginable ; réalisable. ‖ *realization* [rîe°lezé¹sh°n] s. réalisation, f. ; conception nette, f. ‖ *realize* [rîe°la¹z] v. réaliser ; effectuer ; comprendre, saisir ; se rendre compte de. ‖ *really* [rîeli] adv. réellement ; véritablement ; vraiment, en vérité.

realm [rèlm] s. royaume ; domaine, m.

reanimate [rîanime¹t] v. réanimer ; ranimer ‖ *reanimation*, réanimation ; reprise.

reap [rîp] v. moissonner ; recueillir. ‖ *reaper* [-er] s. moissonneur, m.

reappear [rîe°pier] v. reparaître ; *reappearance*, réapparition ; rentrée (theatr.).

rear [rier] adj. arrière ; d'arrière ; s. arrière ; derrière, m. ; file, queue, f. ; *rear admiral*, contre-amiral ; *rear guard*, arrière-garde.

rear [rier] v. lever, soulever ; élever ; redresser ; se cabrer [horse].

reason [rîz'n] s. raison ; cause, f. ; motif, m. ; v. raisonner ; *by reason of*, à cause de ; *to stand to reason*, être raisonnable ; *to reason upon*, argumenter sur. ‖ *reasonable* [-°b'l] adj. raisonnable ; juste ; rationnel ; modéré ; justifié [doubt]. ‖ *reasonably* [-°bli] adv. raisonnablement ; modérément ; passablement. ‖ *reasoning* [-ing] s. raisonnement, m.

reassure [rîe°shour] v. rassurer ; réassurer.

rebate [rîbé¹t] s. escompte ; rabais, m ; remise, f. ; v. diminuer ; rabattre ; escompter.

rebel [rèb'l] adj., s. rebelle ; [rîbèl] v. se révolter ; se rebeller. ‖ *rebellion* [-y°n] s. rébellion, f. ‖ *rebellious* [-y°s] adj. rebelle, mutin, révolté.

rebirth [rîbërth] s. renaissance ; réincarnation, f. ; *reborn*, réincarné ; né de nouveau.

rebound [rîba°ound] v. (faire) rebondir ; [rîba°ound] s. rebondissement, ricochet, m.

rebuff [rîbœf] s. rebuffade, f. ; échec, m. ; v. repousser ; rebuter.

rebuild [rîbild] v. reconstruire ; réédifier. ‖ *rebuilt* [-bilt] pret., p. p. of **to rebuild**.

rebuke [rîbyouk] s. reproche, blâme, m. ; v. réprimander.

rebus [rîbe°s] s. rébus, m.

rebut [rîbœt] v. réfuter ; rejeter.

recalcitrant [rikalsitr°nt] adj. récalcitrant.

recalcitrate [rikalsitré¹t] v. regimber.

recall [rîkaul] s. rappel, m. ; rétractation ; annulation, f. ; [rîkaul] v. (se) rappeler ; se souvenir de ; retirer, annuler.

recant [rîkant] v. (se) rétracter.

recapitulate [rîke°pityoulé¹t] v. récapituler ; *recapitulation*, récapitulation.

recede [risîd] v. se retirer ; s'éloigner ; renoncer (*from*, à).

receipt [risît] s. quittance ; facture ; réception [letter]. ; f. ; récépissé ; reçu, m. ; pl. recette ; rentrées, f. ; v. donner un reçu ; acquitter.

receive [risîv] v. recevoir ; accepter. ‖ *receiver* [-er] s. destinataire [letter] ; receveur ; récepteur, réceptionnaire ; Am. receleur, m.

recent [rîs'nt] adj. récent, nouveau, de fraîche date.

receptacle [risèptek'l] s. réceptacle, récipient, m.

reception [risèpsh°n] s. réception, f. ; *receptionist*, réceptionniste ; *receptive*, réceptif ; *receptivity*, réceptivité.

recess [risès] s.* repli ; coin solitaire ; évidement ; renfoncement ; creux, m. ; alcôve ; niche ; gorge ; cavité ; vacances ; récréation, f. ; v. enfoncer ; encastrer ; évider ; prendre des vacances ; suspendre les séances ; *recession*, récession.

recipe [rèsepi] s. recette ; ordonnance, f.

recipient [risipi°nt] s. récipient ; destinataire, bénéficiaire, m. ; adj. réceptif ; qui reçoit.

reciprocal [risiprek'l] adj. réciproque, mutuel ; inverse. ‖ *reciprocate* [risiprekè¹t] v. échanger ; payer de retour ; répondre à. ‖ *reciprocity* [rèse°prâsèti] s. réciprocité, f.

recital [risa¹t'l] s. récit ; exposé ; récital [music], m. ‖ *recitation* [rèse°té¹sh°n] s. récitation, f. ‖ *recite* [risa¹t] v. réciter ; raconter ; relater, exposer.

reckless [rèklis] adj. téméraire ; imprudent ; insouciant. ‖ *recklessness* [-nis] s. insouciance ; témérité, f.

reckon [rèkⁿn] v. compter (*on*, sur); calculer; *Am.* supputer, croire. || **reck-oning** [-ing] s. compte; calcul, m.

reclaim [riklé¹m] v. réclamer; récupérer; réformer; défricher; *reclamation,* réclamation; récupération; amendement.

recline [rikla¹n] v. incliner; reposer; (s')appuyer; s'étendre.

recluse [riklous] adj. reclus. || **reclusion** [riklouʒⁿ] s. réclusion, f.

recognition [rèkⁿgnishⁿn] s. reconnaissance; identification, f. || **recognize** [rèkⁿgna¹z] v. reconnaître; identifier; admettre.

recoil [rⁿko¹l] v. reculer; hésiter; rebondir; s. recul [gun]; contrecoup; dégoût, m.

recollect [rèkⁿlèkt] v. se souvenir, se rappeler. || **recollection** [rèkⁿlèkshⁿn] s. souvenir, m.; mémoire, f.; recueillement, m.

recommend [rèkⁿmènd] v. recommander; conseiller. || **recommendation** [rékⁿmèndé¹shⁿn] s. recommandation, f.

recompense [rèkⁿmpèns] s. récompense, f.; dédommagement, m.; v. récompenser; dédommager.

reconcile [rèkⁿnsa¹l] v. réconcilier; faire accepter; arranger; *to become reconciled to,* se résigner à. || **reconciliation** [rèkⁿnsili¹shⁿn] s. réconciliation; conciliation; résignation, f.

recondite [rèkⁿnda¹t] adj. abstrus; profond.

reconnoissance [rikânsⁿns] s. reconnaissance (mil.), f. || **reconnoiter** [rîkⁿno¹tⁿr] v. *Am.* reconnaître, explorer (mil.).

reconsider [rîkⁿnsidⁿr] v. reconsidérer; réviser (jur.).

reconstitute [rîkonstityout] v. reconstituer; *reconstitution,* reconstitution.

reconstruct [rîkⁿnstrækt] v. reconstruire; réédifier. || *reconstruction* [rîkⁿnstrækshⁿn] s. reconstruction, f.

record [rèkⁿrd] s. attestation; note; mention, f.; procès-verbal; dossier; registre; disque [gramophone]; record [sport]; casier judiciaire, m.; adj. notable, marquant; [rikaurd] v. enregistrer; consigner; attester; graver; imprimer (fig.); faire un disque; *record-player,* pick-up; *public records,* archives nationales; *service record,* état de service; *to break the speed record,* battre le record de vitesse; *off-the-record,* à titre confidentiel. || *recorder* [-ⁿr] s. enregistreur; indicateur; greffier (jur.), m.

recount [rîka° unt] s. recomptage, état, m.; [rika°unt] v. raconter; énumérer; recompter.

recoup [rikoup] v. dédommager; récupérer; défalquer (jur.).

recourse [rîkoºurs] s. recours, m.

recover [rikævⁿr] v. recouvrer; récupérer; guérir.

recover [rikævⁿr] v. recouvrir.

recovery [rikævri] s.* recouvrement; rétablissement (med.); redressement, m.; reprise (comm.); récupération [industry], f.

recreate [rèkrié¹t] v. (se) distraire. || *recreation* [rèkrié¹shⁿn] s. récréation; distraction, f.; divertissement, m.; *recreative,* récréatif.

recriminate [rikriminé¹t] v. récriminer; *recrimination,* récrimination.

recrudescence [rikroudés'ns] s. recrudescence, f.

recruit [rikrout] v. recruter; s. recrue, f.; *recruiting,* recrutement.

rectangle [rèktàngg'l] s. rectangle, m; *rectangular,* rectangulaire.

rectify [rèktⁿfa¹] v. rectifier.

rector [rèktⁿr] s. recteur, m.

rectum [rèktⁿm] s. rectum, m.

recuperate [rikyoupⁿré¹t] v. récupérer; recouvrer; *Am.* se rétablir (med.). || *recuperator* [-ⁿr] s. récupérateur; régénérateur, m.

recur [rikëⁿr] v. revenir; se reproduire, se renouveler. || *recurrence* [-ⁿns] s. retour, m.; récidive, f.

red [rèd] adj., s. rouge; roux; *red-breast,* rouge-gorge; *red-haired,* roux; *red-hot,* chauffé au rouge.

redaction [ridækshⁿn] s. rédaction, f.; *redactor,* rédacteur.

redden [rèd'n] v. rougir; *reddish,* rougeâtre.

redeem [ridîm] v. racheter; sauver; compenser; exécuter [promise]; rembourser; défricher [land]. || *redeemer* [-ⁿr] s. libérateur, sauveur, Rédempteur, m. || *redemption* [ridèmpshⁿn] s. rédemption; délivrance, f.; remboursement; paiement; rachat; amortissement, m.

redness [rèdnis] s. rougeur; inflammation, f.

redouble [rîdæb'l] v. redoubler.

redoubt [rida°ut] s. redoute, f.

redoubtable [rida°utⁿb'l] adj. redoutable.

redress [rîdrès] s. redressement; remède, m.; réparation, réforme; revanche, f.; [ridrès] v. redresser; réparer; remédier.

reduce [ridyous] v. réduire; diminuer; amoindrir; maigrir; rétrograder; subjuguer. || *reduction* [ridækshⁿn] s. réduction; diminution, f.

redwood [rèdwoud] *s.* séquoia, m.

reed [rîd] *s.* roseau; chalumeau; peigne [weaving], m.; anche, f.

reef [rîf] *s.* récif; écueil; atoll; ris (naut.), m.; *v.* prendre les ris dans.

reek [rîk] *v.* fumée; vapeur; mauvaise odeur, f.; *v.* fumer; enfumer; puer; *to reek of,* empester.

reel [rîl] *s.* bobine; titubation, f.; rouleau; dévidoir; moulinet, m.; *v.* bobiner, dévider; tournoyer; avoir le vertige; (faire) tituber; *to reel off,* débiter, dégoiser (fam.).

re-establish [rî²stablish] *v.* rétablir; réinstaller; restaurer.

refection [rifékshⁿn] *s.* collation, f. ‖ **refectory** [-t²ri] *s.* réfectoire, m.

refer [rifëʳ] *v.* renvoyer; référer; transmettre; s'adresser, s'en remettre (*to,* à); *referring to,* comme suite à. ‖ **referee** [rèf²rî] *s.* arbitre, m.; *v.* arbitrer. ‖ **reference** [rèfrⁿns] *s.* référence; mention; recommandation; allusion, f.; rapport; répondant; renvoi, m.; **referendum,** référendum.

refill [rîfil] *v.* remplir; réapprovisionner; [rîfil] *s.* mine de rechange [pencil], cartouche [fountain pen], f.

refine [rifa¹n] *v.* raffiner; renchérir (*upon,* sur); polir [manners]; affiner [metal]; s'épurer. ‖ **refined** [-d] *adj.* raffiné; délicat; distingué; cultivé. ‖ **refinement** [-mⁿnt] *s.* raffinage; raffinement; affinage, m.; épuration, f. ‖ **refiner** [-eʳ] *s.* raffineur, m. ‖ **refinery** [-eri] *s.* raffinerie, f.

reflect [riflèkt] *v.* réfléchir; refléter; méditer. ‖ **reflection** [riflèkshⁿn] *s.* réflexion; critique, f.; reflet, m.; *on reflexion,* réflexion faite. ‖ **reflector** [riflèkteʳ] *s.* réflecteur, m.

reflex [rîflèks] *adj., s.** réflexe.

reflexive [riflèksiv] *adj., s.* réfléchi.

reflux [rîflœks] *s.* reflux; jusant, m.

reform [rifaurm] *s.* réforme, f.; *v.* réformer. ‖ **reformation** [rèfeʳmé¹shⁿn] *s.* réforme, f.; amendement, m. ‖ **reformer** [rifau²meʳ] *s.* réformateur, m.; réformiste, m. f.

refract [rifrakt] *v.* réfracter; **refraction,** réfraction; **refractivity,** réfringence.

refractory [rifrakt²ri] *adj.* réfractaire; récalcitrant; indiscipliné.

refrain [rifré¹n] *v.* s'abstenir, se garder; s'empêcher (*from,* de); refréner; contenir.

refresh [rifrèsh] *v.* rafraîchir; délasser; rénover; se restaurer; se reposer. ‖ **refreshing** [-ing] *adj.* rafraîchissant; délassant; réparateur. ‖ **refreshment** [-mⁿnt] *s.* rafraîchissement; casse-croûte, m.

refrigeration [rifridjⁿré¹shⁿn] *s.* réfrigération, f.; refroidissement, m. ‖ **refrigerate** [-ré¹t] *v.* réfrigérer; frigorifier; frapper [wine]. ‖ **refrigerator** [rifridjⁿré¹teʳ] *s.* réfrigérateur, m.; glacière, f.

refuge [rèfyoudj] *s.* refuge; asile, m. ‖ **refugee** [rèfyoudjî] *s.* réfugié, m.

refund [rîfœnd] *s.* remboursement, m.; [rifœnd] *v.* rembourser, restituer; [rîfœnd] *v.* consolider.

refusal [rifyouz'l] *s.* refus; déni, m. (jur.). ‖ **refuse** [rifyouz] *v.* refuser; repousser; rejeter; se refuser (*to,* à). **refuse** [rèfyous] *s.* détritus; déchets, m. pl.; ordures, f. pl.

refutal, refutation [rifyout'l, rifyouté¹shⁿn] *s.* réfutation, f. ‖ **refute** [rifyout] *v.* réfuter.

regain [rigé¹n] *v.* regagner; récupérer; recouvrer.

regal [rîg'l] *adj.* royal.

regale [rigé¹l] *v.* (se) régaler; *to regale oneself on,* savourer.

regalia [rigé¹liⁿ] *s. pl.* insignes, m. pl.

regard [rigârd] *v.* regarder; faire attention à; considérer; concerner; estimer, juger; *s.* égard; respect, m.; considération, estime, f.; *pl.* compliments, m.; *as regards,* quant à; *with regard to,* relativement à; *best regards,* meilleurs souvenirs; *regardful,* attentif, soigneux, respectueux; *regardless,* négligent, inattentif. ‖ **regarding** [-ing] *prep.* concernant, relativement à.

regatta [rigat²] *s.* régate, f.

regenerate [ridjénéré¹t] *v.* régénérer. ‖ **regeneration** [ridjénⁿré¹shⁿn] *s.* régénération, f.; **regenerative,** régénérateur.

regent [rîdjⁿnt] *s.* régent, m.

regime [rijîm] *s.* régime, m.

regiment [rèdjⁿmⁿnt] *s.* régiment, m.

region [rîdjⁿn] *s.* région, f.; *regionalism,* régionalisme.

register [rèdjisteʳ] *s.* registre; compteur; repérage (mil.), m.; *v.* enregistrer; inscrire; repérer (mil.); recommander [mail]; déposer [trademark]; immatriculer. ‖ **registrar** [-trâr] *s.* greffier; secrétaire (univ.); archiviste, m. ‖ **registration** [rèdjistré¹shⁿn] *s.* inscription; immatriculation; recommandation [post], f.; enregistrement; repérage (mil.), m. ‖ **registry** [rèdjistri] *s.** acte (ou) bureau d'enregistrement, m.

regress [rigrès] *v.* retourner en arrière; rétrograder; *s.* régression, f.

regret [rigrèt] *s.* regret, m.; *v.* regretter; *to send regrets,* envoyer ses excuses; *regrettable,* regrettable; fâcheux.

regular [règ_el^er] *adj.* régulier ; courant [price] ; méthodique ; permanent [army] ; *a regular fool*, un vrai sot. || **regularity** [règy_elar^eti] *s.* régularité ; assiduité, f. || **regularize** [règyoul^eraⁱz] *v.* régulariser. || **regulate** [règy_eléⁱt] *v.* régler ; réglementer ; ajuster ; déterminer. || **regulation** [règy_eléⁱsh^en] *s.* règlement ; réglage, m. ; réglementation, f. ; **regulative, regulator,** régulateur.

rehearsal [rihë^rs'l] *s.* répétition (theat.), f. ; énumération, f. || **rehearse** [-hë^rs] *v.* répéter.

reign [réⁱn] *s.* règne, m. ; *v.* régner.

reimburse [rîimbë^rs] *v.* rembourser. || **reimbursement** [-m^ent] *s.* remboursement, m.

rein [réⁱn] *s.* rêne, guide, f. ; *v.* guider, conduire ; refréner ; **bridoon rein,** bride; *to give free rein to*, lâcher la bride à.

reincarnate [rîinkâneⁱt] *v.* réincarner ; **reincarnation,** réincarnation.

reindeer [réⁱndi^er] *s.* renne, m.

reinforce [rîinfa^urs] *v.* renforcer. || **reinforcement** [-m^ent] *s.* renfort, m.

reiterate [rîit^eréⁱt] *v.* réitérer.

reject [ridjèkt] *v.* rejeter ; repousser ; refuser.

rejoice [ridjoⁱs] *v.* réjouir ; égayer. || **rejoicing** [-ing] *s.* réjouissance ; allégresse, f.

rejoin [rîdjoⁱn] *v.* rejoindre ; réunir ; [ridjoⁱn] *v.* répliquer ; **rejoinder,** riposte, réplique.

rejuvenate [ridjo^uv^enéⁱt] *v.* rajeunir ; rénover.

relapse [rilaps] *s.* rechute, f. ; *v.* retomber ; rechuter ; récidiver (jur.).

relate [riléⁱt] *v.* relater ; raconter ; (se) rapporter (*to*, à). || **related** [-id] *adj.* apparenté ; allié ; ayant rapport à ; en relation avec. || **relation** [riléⁱsh^en] *s.* rapport ; récit, m. ; parenté, f. ; *pl.* parents, m. ; *with relation to*, par rapport à. || **relationship** [-ship] *s.* parenté, f. || **relative** [rèl^etiv] *adj.* relatif ; *s.* parent, m. ; *relative to*, relativement à ; **relativism,** relativisme ; **relativity,** relativité.

relax [rilaks] *v.* relâcher ; (se) détendre ; faire de la relaxation. || **relaxation** [rilakséⁱsh^en] *s.* relâchement ; délassement, m. ; détente ; relaxation, f.

relay [rîléⁱ] *s.* relais, m. ; relève, f. ; [rîléⁱ] *v.* relayer ; transmettre par relais.

release [rilîs] *v.* relâcher ; délivrer ; libérer [prisoner] ; rendre public [news] ; décharger (*from*, de) ; dégager ; *s.* élargissement ; déclenchement (techn.), m. ; libération, délivrance, f. ; *release on bail*, mise en liberté sous caution.

relegate [rèl^egéⁱt] *v.* reléguer ; renvoyer ; bannir.

relent [rilènt] *v.* se laisser fléchir ; revenir sur une décision ; **relentless,** implacable, inflexible.

relevant [rèl^ev^ent] *adj.* pertinent, à propos ; applicable (*to*, à).

reliability [rilaⁱebⁱl^eti] *s.* sûreté ; solidité ; crédibilité, f. || **reliable** [rilaⁱeb'l] *adj.* sûr, digne de confiance. || **reliance** [rilaⁱens] *s.* confiance, f. ; **self-reliance,** confiance en soi.

relic [rèlik] *s.* relique, f.

relief [rilîf] *s.* soulagement ; secours ; allégement ; relief, m. ; réparation ; relève (mil.), f. ; **relief association,** société de secours. || **relieve** [rilîv] *v.* soulager ; secourir ; délivrer ; dégager ; redresser (jur.) ; relever (mil.) ; mettre en relief.

religion [rilidj^en] *s.* religion, f. || **religious** [-dj^es] *adj.* religieux.

relinquish [rilingkwish] *v.* abandonner ; abdiquer ; **relinquishment,** abandon, renonciation.

reliquary [rèlikw^eri] *s.** reliquaire, m.

relish [rèlish] *s.* saveur, f. ; *v.* savourer, goûter ; avoir goût de.

reluctance [rilœkt^ens] *s.* répugnance ; aversion, f. || **reluctant** [-t^ent] *adj.* peu disposé ; qui agit à contrecœur ; réfractaire ; **reluctantly,** à contrecœur, à regret.

rely [rilaⁱ] *v.* se fier ; s'appuyer, compter (*on*, sur).

remain [riméⁱn] *v.* rester ; demeurer. || **remainder** [-d^er] *s.* reste ; restant ; reliquat, m. ; **remainder sale,** solde. || **remains** [-z] *s. pl.* restes, vestiges, m. pl.

remake [rîméⁱk] *v.* refaire.

remanence [rèm^en^ens] *s.* rémanence, f.

remark [rimârk] *s.* remarque ; observation ; note, f. ; *v.* remarquer ; noter ; observer. || **remarkable** [-^eb'l] *adj.* remarquable, notable.

remarriage [rîmaridj] *s.* remariage, m. || **remarry** [-ri] *v.* se remarier (avec).

remediable [rimîdi^eb'l] *adj.* remédiable. || **remedy** [rèm^edi] *s.** remède ; recours (jur.), m. ; *v.* remédier à ; soigner.

remember [rimèmb^er] *v.* se rappeler ; se souvenir de. || **remembrance** [-br^ens] *s.* souvenir, m. ; mémoire, f. ; *pl.* souvenirs, compliments, m. pl.

remind [rimaⁱnd] *v.* rappeler ; remémorer. || **reminder** [-^er] *s.* aide-mémoire ; mémento ; rappel, m.

reminiscence [rèm^enis'ns] *s.* réminiscence, f. ; souvenir, m. ; **reminiscent,** ayant souvenance ; évocateur.

remiss [rimís] *adj.* négligent ; relâché ; insouciant. ‖ **remission** [rimísh°n] *s.* rémission ; remise (jur.) ; atténuation, f.

remit [rimít] *v.* remettre ; livrer ; relâcher ; pardonner. ‖ **remittance** [-'ns] *s.* remise, f. ; versement, envoi de fonds, m.

remnant [rèmn°nt] *s.* reste ; résidu ; vestige, m. ; *pl.* soldes, m. pl.

remodel [rîmâd'l] *v.* réorganiser ; refondre ; remodeler ; remanier.

remonstrance [rimânstr°ns] *s.* remontrance ; protestation, f. ‖ **remonstrant** [-°nt] *adj.* protestataire ; de remontrance ; *s.* protestataire ; sermonneur, m. ‖ **remonstrate** [-é¹t] *v.* faire des remontrances ; protester ; faire observer.

remorse [rimaurs] *s.* remords, m. ; **remorseless,** impitoyable ; sans remords.

remote [rimoºut] *adj.* éloigné ; reculé ; écarté ; distant (fig.) ; **remote control,** commande à distance ; **remoteness,** éloignement, m. ; réserve.

removal [rimoúv'l] *s.* déménagement ; déplacement ; enlèvement, m. ; révocation ; suppression ; levée ; élimination, f. ‖ **remove** [rimoúv] *v.* enlever ; transférer ; éliminer ; révoquer ; assassiner ; déménager ; (se) déplacer. ‖ **removed** [-d] *adj.* éloigné ; différent. ‖ **remover** [-er] *s.* déménageur ; dissolvant, m.

remunerate [rimyouⁿ°ré¹t] *v.* rémunérer ; **remuneration,** rémunération ; **remunerative,** rémunérateur.

renaissance [rèn°zâns], **renascence** [rinás'ns] *s.* renaissance, f.

rend [rènd] *v.** déchirer ; fendre ; arracher.

render [rènd°r] *v.* rendre ; remettre ; interpréter [music] ; traduire.

renew [rinyou] *v.* rénover ; renouveler ; rajeunir ; prolonger. ‖ **renewal** [-°l] *s.* renouvellement, m.

renounce [rinaºuns] *v.* renoncer à ; **renouncement,** renoncement ; désaveu.

renovate [rèn°vé¹t] *v.* rénover.

renown [rinaºun] *s.* renom, m. ; **renowned,** renommé ; réputé.

rent [rènt] *s.* déchirure ; crevasse, fissure ; rupture, f. ; *pret.,* *p. p. of* **to rend.**

rent [rènt] *s.* loyer ; fermage, m. ; redevance, f. ; *v.* louer ; affermer ; **rental,** loyer ; **renter,** locataire, loueur.

renunciation [rinœnsié¹sh°n] *s.* renonciation ; reniement.

reopen [rioºup°n] *v.* rouvrir ; recommencer. ‖ **reopening** [ing] *s.* réouverture ; reprise, f.

repair [ripè°r] *v.* réparer ; radouber (naut.) ; restaurer ; raccommoder ; *s.* réparation, f. ; raccommodage ; radoub, m. ; *under repair,* en réparation ; *out of repair,* en mauvais état ; *beyond repair,* irréparable ; *in good repair,* en bon état.

reparation [rèp°ré¹sh°n] *s.* réparation, f. ; dédommagement, m.

repatriate [ripatrié¹t] *v.* rapatrier ; **repatriation,** rapatriement, m.

repay [ripé¹] *v.* rembourser ; payer ; récompenser, dédommager. ‖ **repayment** [-m°nt] *s.* restitution, f. ; remboursement ; dédommagement.

repeal [ripíl] *v.* abroger ; annuler ; *s.* abrogation, annulation, f.

repeat [ripît] *v.* répéter ; réitérer ; *s.* répétition, f. ; **repeater,** récidiviste.

repel [ripèl] *v.* repousser ; rebuter ; **repellent,** répulsif, repoussant.

repent [ripènt] *v.* se repentir de ; regretter. ‖ **repentance** [-°ns] *s.* repentir, m. ‖ **repentant** [-°nt] *adj.* repentant.

repercussion [rìp°rkœsh°n] *s.* répercussion, f.

repertoire [rèp°twâr], **repertory** [-t°ri] *s.* répertoire, m.

repetition [rèp°tísh°n] *s.* répétition ; récidive ; reprise, f.

replace [riplé¹s] *v.* remplacer ; replacer ; déplacer. ‖ **replaceable** [-eb'l] *adj.* remplaçable. ‖ **replacement** [-m°nt] *s.* remplacement, m. ; substitution, f.

replenish [riplènish] *v.* remplir ; recompléter ; refaire le plein. ‖ **replenishment** [-m°nt] *s.* remplissage, m.

replete [riplît] *adj.* rempli ; repu ; **repletion,** satiété.

replica [rèplik°] *s.* réplique, reproduction, f. ; fac-similé, m.

reply [ripla¹] *v.* répondre ; répliquer ; *s.** réponse ; réplique, f.

report [ripoºurt] *v.* rapporter ; rendre compte ; relater ; signaler ; dénoncer ; *s.* rapport ; compte rendu ; procès-verbal ; exposé ; bulletin, m. ; nouvelle, rumeur ; détonation (gun), f. ; *to report oneself,* se présenter ; **news report,** reportage. ‖ **reporter** [-er] *s.* reporter ; rapporteur, m.

repose [ripoºuz] *v.* (se) reposer ; *s.* repos, m ; **repository,** dépôt ; dépositaire.

reprehensible [rèprihénsib'l] *adj.* répréhensible.

represent [rèprizènt] *v.* représenter. ‖ **representation** [rèprizènté¹sh°n] *s.* représentation, f. ‖ **representative** [rèprizènt°tiv] *adj.* représentatif ; typique ; *s.* représentant, m.

repress [riprès] *v.* refréner ; contenir.
‖ **repression** [ripréˈshᵉn] *s.* répression, f.

reprieve [riprîv] *v.* surseoir à ; accorder un délai à ; *s.* délai ; sursis, m.

reprimand [rèprᵉmand] *v.* réprimander ; *s.* réprimande, f.

reprisals [ripraˈzˈls] *s. pl.* représailles, f. pl.

reproach [riprooᵘtsh] *v.* reprocher ; blâmer ; *s.*** reproche, blâme, m. ; **reproachful,** réprobateur.

reprobate [rèprobéˈt] *v.* réprouver ; *adj.*, *s.* réprouvé, m. f. ; **reprobation,** réprobation.

reproduce [rîprᵉdyouₛ] *v.* reproduire. ‖ **reproduction** [riprᵉdœkshᵉn] *s.* reproduction, réplique, f.

reproof [riprouf] *s.* reproche, m. ‖ **reprove** [riprouv] *v.* réprimander ; blâmer.

reptile [rèptˈl] *s.* reptile, m.

republic [ripæblik] *s.* république, f. ; **republican,** républicain.

repudiate [ripyoudiéˈt] *v.* répudier.

repugnance [ripœgnᵉns] *s.* répugnance ; aversion, f. ‖ **repugnant** [-nᵉnt] *adj.* répugnant ; repoussant ; antipathique.

repulse [ripœls] *v.* repousser ; rejeter ; refouler ; *s.* échec ; refus, m. ; rebuffade, f. ; *to sustain a repulse,* essuyer un échec. ‖ **repulsive** [-iv] *adj.* repoussant ; écœurant ; distant.

reputable [rèpyᵉtᵉbˈl] *adj.* honorable. ‖ **reputation** [rèpyᵉtéˈshᵉn] *s.* réputation ; renommée, f. ‖ **repute** [ripyout] *v.* réputer ; considérer ; estimer ; *s.* réputation, f. ; **reputed,** supposé, prétendu.

request [rikwèst] *s.* requête, demande ; pétition, f. ; *v.* demander ; solliciter ; prier ; inviter à ; *at the request of,* sur les instances de ; *request stop,* arrêt facultatif ; « faire signe au machiniste ». ‖ **require** [rikwaˈᵉr] *v.* exiger, requérir ; avoir besoin de. ‖ **requirement** [-mᵉnt] *s.* exigence ; condition requise ; nécessité, f. ; besoin, m. ‖ **requisite** [rèkwᵉzit] *adj.* requis ; indispensable ; *s.* requis, m. ; condition requise, f. ‖ **requisition** [rèkwᵉzishᵉn] *s.* réquisition ; requête, f. ; *v.* réquisitionner.

requital [rikwaˈtᵉl] *s.* vengeance, f. ; représailles, f. pl. ; récompense, f. ‖ **requite** [rikwaˈt] *v.* récompenser ; venger.

rescind [risínd] *v.* annuler ; abroger ; **rescission,** annulation, abrogation.

rescue [rèskyou] *s.* délivrance ; rescousse, f. ; secours ; sauvetage, m. ; *v.* sauver ; secourir ; délivrer ; **rescue service,** service de sauvetage.

research [rîsëᵉtsh] *s.*** recherche ; investigation, f. ; [risëᵉtsh] *v.* rechercher ; enquêter ; **researcher,** chercheur.

resemblance [rizèmblᵉns] *s.* ressemblance, f. ‖ **resemble** [-bˈl] *v.* ressembler à.

resent [rizènt] *v.* se fâcher de, tenir rigueur à. ‖ **resentful** [-fᵉl] *adj.* rancunier ; irascible ; vindicatif. ‖ **resentment** [-mᵉnt] *s.* ressentiment, m.

reservation [rèzᵉrvéˈshᵉn] *s.* réserve ; restriction ; arrière-pensée ; réservation (jur.), f. ; *Am.* terrain réservé, m. ; **mental reservation,** restriction mentale. ‖ **reserve** [rizëᵉrv] *v.* réserver, louer ; *s.* réserve ; discrétion ; restriction, f. ‖ **reservist** [-ist] *s.* réserviste, m. ‖ **reservoir** [rèzᵉrvaur] *s.* réservoir, m.

reside [rizaˈd] *v.* résider ; habiter. ‖ **residence** [rèzᵉdᵉns] *s.* résidence ; habitation, f. ‖ **resident** [-dᵉnt] *s.* résident, m. ; *adj.* résidant ; **residential,** résidentiel.

residue [rèzᵉdyou] *s.* résidu ; reliquat, reste, m.

resign [rizaˈn] *v.* résigner, renoncer à ; démissionner ; *to resign oneself,* se résigner. ‖ **resignation** [rèzignéˈshᵉn] *s.* démission ; résignation, f.

resilient [riziliᵉnt] *adj.* élastique ; énergique, plein de ressort.

resin [rèzˈn] *s.* résine, f.

resist [rizist] *v.* résister à ; s'opposer à ; combattre. ‖ **resistance** [-ᵉns] *s.* résistance ; opposition, f. ; **electric resistance,** résistance électrique. ‖ **resistant** [-ᵉnt] *adj.* résistant.

resolute [rèzᵉlout] *adj.* résolu ; déterminé. ‖ **resolution** [rèzᵉlousʰᵉn] *s.* résolution ; détermination ; solution ; délibération, f. ‖ **resolve** [rizâlv] *v.* (se) résoudre ; (se) décider ; déterminer ; dissoudre, fondre ; dissiper. ‖ **resolvent** [-ᵉnt] *s.* résolvant ; résolutif, m.

resonance [rèzᵉnᵉns] *s.* résonance, f. ‖ **resonant** [-nᵉnt] *adj.* résonnant, sonore ; **resonator,** résonateur.

resort [rizaurt] *v.* recourir à ; fréquenter ; *s.* recours ; rendez-vous ; ressort (jur.), m. ; ressource, f. ; *as a last resort,* en dernier ressort ; **summer resort,** villégiature d'été.

resound [rizaoᵘnd] *v.* résonner ; retentir ; répercuter.

resource [risoᵒurs] *s.* ressource, f. ; **resourceful,** avisé, débrouillard.

respect [rispèkt] *s.* respect ; égard, m. ; estime, considération, f. ; *pl.* hommages, m. ; *with respect to,* relativement à ; *in all respects,* à tous égards. ‖ **respectable** [-ᵉbˈl] *adj.* respectable. ‖ **respectful** [-fᵉl] *adj.* respectueux. ‖ **respecting** [-ing] *prep.* relativement à, touchant à, quant à. || *respective* [-iv] *adj.* respectif ; relatif.

respiration [rèsp°ré¹sh°n] *s.* respiration, f. ; *respiratory,* respiratoire ; *respire,* respirer.

respite [rèspit] *s.* répit ; sursis (jur.); délai, m. ; trêve, f.

resplendent [rispl̀end°nt] *adj.* resplendissant, éblouissant.

respond [rispånd] *v.* répondre ; payer de retour ; convenir (*to,* à). || *response* [rispåns] *s.* réponse ; réaction, f. ; répons, m.

responsibility [rispåns°bĭl°ti] *s.** responsabilité, f. || *responsible* [rispåns°b'l] *adj.* responsable ; solidaire (jur.); digne de confiance ; lourd de responsabilité. || *responsive* [-siv] *adj.* sensible ; vibrant ; nerveux [motor].

rest [rèst] *s.* repos ; calme ; appui, support, m. ; pause [music], f. ; *v.* (se) reposer ; s'appuyer (*on,* sur) ; *to rest with,* incomber à.

rest [rèst] *v.* rester ; *s.* reste, restant, m. ; *to rest there,* en rester là.

restaurant [rèst°r°nt] *s.* restaurant, m.

restful [rèstf°l] *adj.* reposant ; paisible, calme, tranquille.

restitute [rèstityout] *v.* restituer. || *restitution* [rèst°tyoush°n] *s.* restitution, f.

restless [rèstlis] *adj.* agité ; inquiet ; turbulent ; infatigable. || *restlessness* [-nis] *s.* agitation ; inquiétude ; turbulence ; insomnie, f.

restoration [rèst°ré¹sh°n] *s.* restauration ; réintégration ; restitution ; reconstitution, f. ; rétablissement, m. || *restorative* [risto°u°rtiv] *s.* reconstituant ; fortifiant, m. || *restore* [risto°u°r] *v.* restaurer ; rénover ; réparer ; restituer ; reconstituer ; rétablir ; réintégrer ; *to restore to oneself,* ranimer, faire revenir à soi ; *restorer,* restaurateur ; fortifiant.

restrain [ristré¹n] *v.* restreindre ; retenir ; contenir ; réprimer ; entraver, limiter. || *restraint* [ristré¹nt] *s.* restriction ; circonspection ; contrainte, f. ; empêchement, m.

restrict [ristrĭkt] *v.* restreindre ; réduire ; limiter. || *restriction* [-trĭksh°n] *s.* restriction, limitation, f. ; *restrictive,* restrictif.

result [rizælt] *v.* résulter (*from,* de) ; aboutir (*in,* à) ; *s.* résultat, m. ; *resultful,* fructueux.

resume [rizoum] *v.* reprendre ; réassumer ; se remettre à ; récapituler.

résumé [rèzoumé¹] *s.* résumé, m.

resurgence [rizë̈rdj°ns] *s.* résurrection, f. || *resurrect* [rèz°rèkt] *v.* ressusciter ; *resurrection,* résurrection.

resuscitate [risæsté¹t] *v.* ressusciter ; *resuscitation,* résurrection.

retail [rĭté¹l] *s.* détail, m. ; vente au détail, f. ; *v.* détailler, débiter ; *retail merchant, retailer,* détaillant.

retain [rité¹n] *v.* retenir ; garder ; conserver ; *retainer,* détenteur ; suivant ; provisions (jur.).

retaliate [ritalié¹t] *v.* rendre coup pour coup ; contre-attaquer ; user de représailles. || *retaliation* [ritalié¹sh°n] *s.* représailles ; contre-attaque ; revanche, f. ; talion, m.

retard [ritârd] *v.* retarder ; différer ; *s.* retard, délai, m.

reticence [rétis°ns] *s.* réticence, f. ; *reticent,* réticent.

retina [rétin°] *s.* rétine, f.

retinue [rètnyou] *s.* suite, escorte, f.

retire [rita¹r] *v.* (se) retirer ; se replier ; prendre sa retraite. || *retirement* [-m°nt] *s.* retraite, f. ; repli ; retrait, m.

retort [ritaurt] *v.* riposter ; rétorquer ; *s.* riposte, réplique, f.

retouch [ritætsh] *s.** retouche, f. ; *v.* retoucher.

retrace [ritré¹s] *v.* revenir sur ; remonter à la source de ; *to retrace one's steps,* rebrousser chemin.

retract [ritrakt] *v.* (se) rétracter ; revenir sur ; *retractation,* rétractation ; *retractile,* rétractile ; *retraction,* rétraction ; rétractation.

retransmission [rìtransmìsh°n] *s.* retransmission, f. || *retransmit* [rìtransmìt] *v.* retransmettre.

retreat [ritrît] *s.* retraite, f. ; refuge, asile, m. ; *v.* se retirer ; rétrocéder ; battre en retraite.

retrench [ritrèntsh] *v.* (se) retrancher ; économiser. || *retrenchment* [-m°nt] *s.* retranchement, m.

retribution [rètribyoush°n] *s.* rétribution, récompense, f. ; châtiment, m.

retrieve [ritrîv] *v.* réparer ; recouvrer, regagner ; récupérer.

retroactive [rètro°uaktiv] *adj.* rétroactif.

retrograde [rétrogre¹d] *v.* rétrograder ; *adj.* rétrograde.

retrogression [rètr°grèsh°n] *s.* recul, m. ; dégénérescence, f.

retrospect [rètrospèkt] *s.* rétrospective, f. ; *retrospection,* rétrospection ; *retrospective,* rétrospectif.

return [ritërn] *v.* retourner ; revenir ; répliquer ; rapporter ; renvoyer ; rendre ; rembourser ; restituer ; *s.* retour ; renvoi ; relevé ; compte rendu, m. ; rentrée ; ristourne ; restitution ; compensation ; revanche ; réciprocité ; réponse, f. ; *pl.* profit, rendement, m. ;

return address, adresse de l'expéditeur ; *return profit,* rendement ; *return ticket,* billet d'aller et retour ; *election returns,* compte rendu des élections.

reunion [rîyou**n**e**n] *s.* réunion ; assemblée, f. ‖ **reunite** [rîyouna¹t] *v.* (se) réunir ; réconcilier.

reveal [rivîl] *v.* révéler ; dévoiler.

reveille [révéli] *s.* diane (mil.), f.

revel [rèv'l] *s.* orgie, fête, f. ; *v.* faire la fête ; faire bombance ; se délecter (*in,* à).

revelation [rèv'lé¹she**n] *s.* révélation ; Apocalypse, f.

revelry [rèv'lri] *s.** orgie ; réjouissance, f ; divertissement, m.

revendication [rivèndiké¹she**n] *s.* revendication, f.

revenge [rivèndj] *s.* revanche ; vengeance, f. ; *v.* (se) venger (*for something,* de quelque chose, *on somebody,* de quelqu'un) ; *to take revenge for,* se venger de ; *revengeful,* vindicatif ; vengeur, vengeresse ; *revenger,* vengeur.

revenue [rèv**e**nyou] *s.* revenu ; trésor public ; fisc, m. ; recette budgétaire ; administration des impôts, f.

reverberate [rivë**r**b**e**ré¹t] *v.* renvoyer, réfléchir ; *reverberation,* réverbération.

revere [rivi**e**r] *v.* révérer, vénérer. ‖ *reverence* [rèv**e**rns] *s.* vénération, f. ; respect, m. ; ‖ *reverend* [-r**e**nd] *adj.* révérend, vénérable. ‖ *reverent* [-r**e**nt] *adj.* respectueux, révérencieux ; *reverential,* révérenciel.

reverie [rèv**e**ri] *s.* rêverie, musardise, f.

reversal [rivë**r**s'l] *s.* revirement ; renversement, m.

reverse [rivë**r**s] *adj.* contraire ; opposé ; *s.* revers [leaf] ; contraire, m. ; marche arrière [auto], f. ; *v.* renverser ; inverser ; intervertir ; révoquer [decision] ; faire marche arrière. ‖ *reversement* [-m**e**nt] *s.* renversement, m. ‖ *reversible* [-eb'l] *adj.* réversible. ‖ *reversion* [rivë**r**je**n] *s.* réversion, f. ‖ *revert* [rivë**r**t] *v.* revenir, retourner (*to,* à).

review [rivyou] *v.* revoir ; reviser ; rendre compte, critiquer [book] ; passer en revue (mil.) ; *s.* revue ; revision ; critique [book], f. ; compte rendu ; examen ; contrôle, m. ; *board of review,* conseil de révision ; *reviewer,* critique.

revile [riva¹l] *v.* insulter, injurier.

revise [riva¹z] *v.* reviser ; revoir ; relire ; corriger, modifier. ‖ *revision* [rivij**e**n] *s.* révision, f.

revival [riva¹v'l] *s.* renaissance ; remise en vigueur ; reprise [play], f. ; renouveau ; réveil, m. ‖ **revive** [riva¹v]

v. (se) ranimer ; réveiller ; revigorer ; faire revivre.

revocation [rèv**e**ké¹she**n] *s.* révocation ; abrogation, f. ‖ *revoke* [rivo**o**uk] *v.* révoquer ; abroger ; retirer ; rétracter.

revolt [rivo**o**ult] *s.* révolte ; rébellion, f. ; soulèvement, m. ; *v.* (se) révolter ; s'indigner. ‖ *revolution* [rèv**e**loushe**n] *s.* révolution ; rotation, f. ; circuit, tour, m. ‖ *revolutionary* [-èri] *adj.,* s., révolutionnaire. ‖ *revolutionist* [-ist] *s.* révolutionnaire, m. ‖ *revolutionize* [-a¹z] *v.* révolutionner.

revolve [riv**â**lv] *v.* tourner, girer ; retourner ; pivoter ; *to revolve in one's mind,* retourner dans son esprit, réfléchir à.

revolver [riv**â**lv**e**r] *s.* revolver, m.

revulsion [riv**æ**lshe**n] *s.* révulsion, f. ; revirement, m. ; *revulsive,* révulsif.

reward [riwaurd] *s.* récompense ; gratification, f. ; dédommagement, m. ; *v.* récompenser.

rewrite [rira¹t] *v.* récrire, remanier.

rhetoric [rèt**e**rik] *s.* rhétorique, f.

rheum [ro**u**m] *s.* chassie, f. ; mucosités, f. pl.

rheumatism [ro**u**m**e**tiz**e**m] *s.* rhumatisme, m.

rhinoceros [ra¹n**â**s**e**r**e**s] *s.** rhinocéros, m.

rhubarb [ro**u**b**â**rb] *s.* rhubarbe, f.

rhyme [ra¹m] *s.* rime, f. ; *v.* rimer.

rhythm [riz**e**m] *s.* rythme, m. ‖ *rhythmical* [rizhmik'l] *adj.* rythmique, cadencé.

rib [rib] *s.* côte ; nervure ; baleine [umbrella] ; éclisse [violin] ; armature, f.

ribbon [rib**e**n] *s.* ruban, m. ; bande, f.

rice [ra¹s] *s.* riz, m. ; *rice-field,* rizière ; *rice wine,* saké.

rich [ritsh] *adj.* riche ; succulent ; fertile, fécond ; généreux [wine] ; épicé ; luxuriant [vegetation] ; gras [food] ; vif [color]. ‖ *riches* [-iz] *s. pl.* richesse ; fortune, f. ‖ *richness* [-nis] *s.* richesse ; fécondité ; opulence ; abondance ; chaleur [color] ; fertilité, f.

rickety [rík**i**ti] *adj.* rachitique ; délabré ; boiteux [chair].

ricochet [rik**â**shé¹] *s.* ricochet, m. ; *v.* ricocher.

rictus [rík**e**s] *s.** rictus, m.

rid [rid] *v.* libérer ; délivrer, débarrasser ; *to get rid of,* se débarrasser de ; *pret., p. p. of to rid.*

ridden [rid'n] *p. p. of to ride.*

riddle [rid'l] *s.* énigme ; devinette, f. ; *v.* expliquer, interpréter ; embarrasser.

riddle [rid'l] s. crible, tamis, m.; v. cribler (with, de).

ride [ra¹d] v.* chevaucher; aller en voiture; rouler; s. promenade; randonnée; course, f.; voyage; parcours, m.; to ride a bicycle, aller à bicyclette; to ride horseback, monter à cheval; to ride at anchor, être à l'ancre. ‖ **rider** [-ᵉʳ] s. cavalier; codicille, m.; annexe (jur.), f.

ridge [ridj] s. crête; arête; échine; croupe, f.; faîte; billon, m.

ridicule [ridikyoul] s. dérision; moquerie, f.; v. ridiculiser. ‖ **ridiculous** [ridíkyᵉlᵉs] adj. ridicule.

riff-raff [rifraf] s. racaille, pègre, canaille, f.

rifle [ra¹f'l] s. fusil, m.; carabine, f.; v. fusiller; rayer; **automatic rifle**, fusil mitrailleur; **rifleman**, fusilier, carabinier.

rifle [ra¹f'l] v. rafler, piller; détrousser, dévaliser.

rig [rig] v. gréer; équiper; accoutrer; échafauder; s. gréement; équipement; accoutrement; échafaudage, m. ‖ **rigging** [-ing] s. agrès; gréement (naut.); montage (mech.), m.

right [ra¹t] adj. droit; exact; juste; vrai; direct; régulier; adv. droit; directement; comme il faut; tout à fait; s. droit, m.; équité; droite, f.; v. rectifier; corriger; faire justice à; (se) redresser; **right away**, tout de suite; he is right, il a raison; **keep to the right**, tenez votre droite; to set right, mettre en ordre, régler; **all right**, très bien, ça va; **right now**, immédiatement; by right of, en raison de; is that the right street ?, est-ce bien la rue ? ‖ **righteous** [-ᵉs] adj. juste; droit. ‖ **righteousness** [-ᵉsnis] s. droiture; rectitude; équité, f. ‖ **rightful** [-fᵉl] adj. juste; légitime. ‖ **right-hand** [-hànd] adj. de droite; à main droite; **right-hand man**, bras droit, alter ego. ‖ **rightly** [-li] adv. à juste titre; avec raison; correctement.

rigid [ridjid] adj. rigide, raide. ‖ **rigidity** [ridjidᵉti] s. rigidité; raideur; rigueur, f.

rigo(u)r [rigᵉr] s. rigueur; rigidité, f.; **rigorism**, rigorisme, m. ‖ **rigorous**, rigoureux.

rim [rim] s. bord, m.; **wheel rim**, jante.

rime [ra¹m] s. givre, m.; gelée blanche, f.; v. givrer.

rind [ra¹nd] s. écorce [tree]; pelure [fruit]; couenne; croûte [cheese], f.

ring [ring] s. anneau; cercle, m.; bague; boucle [ear]; couronne (geom.); arène, piste, f.; ring [box], m.; v. entourer, encercler; cerner; anneler; baguer; **ring-finger**, annulaire.

ring [ring] v.* sonner, tinter; résonner; faire sonner; s. son métallique; son de clochette; coup de sonnette, m.; to ring up on the phone, appeler au téléphone; to ring for the maid, sonner la bonne.

ringlet [ringlit] s. anneau, m.; boucle [hair], f.

rink [ringk] s. patinoire, f.

rinse [rìns] v. rincer; s. rinçage, m.

riot [ra¹ᵉt] s. émeute; sédition, f.; tumulte, m.; v. faire une émeute; faire du vacarme; **riot of colo(u)rs**, débauche de couleurs; **rioter**, émeutier; noceur; **riotous**, séditieux; tapageur; débauché.

rip [rip] v. fendre; déchirer; éventrer; s. fente; déchirure, f.; to rip off, arracher.

ripe [ra¹p] adj. mûr; parfait; à point. ‖ **ripen** [-ᵉn] v. mûrir; faire mûrir. ‖ **ripeness** [-nis] s. maturité, f.

ripple [rip'l] s. ride; ondulation, f.; murmure [water]; rire perlé, m.; v. se rider; onduler; murmurer.

rise [ra¹z] v.* se lever; s'élever; monter; renchérir; augmenter; naître, prendre sa source; grandir; faire des progrès; s. ascension; montée; crue; hausse; élévation; augmentation; croissance, f.; lever; avancement, m.; to rise up in rebellion, se soulever. ‖ **risen** [riz'n] p. p. of to rise.

risk [risk] s. risque; danger; hasard, m.; v. risquer; aventurer; hasarder; to risk defeat, s'exposer à l'échec. ‖ **risky** [-i] adj. risqué; hasardeux; hardi; audacieux. ‖ **risqué** [-é¹] adj. osé, scabreux.

rite [ra¹t] s. rite, m.; cérémonie, f. ‖ **ritual** [ritshouᵉl] adj., s. rituel. ‖ **ritualism** [rityouᵉliz'm] s. ritualisme, m. ‖ **ritualist** [-ist] s. ritualiste m. f. ‖ **ritualistic** [rityouᵉlístik] adj. ritualiste.

rival [ra¹v'l] s. rival; concurrent; compétiteur, m.; v. rivaliser avec; adj. adverse, opposé. ‖ **rivalry** [-ri] s.* rivalité, concurrence, f.

river [rivᵉr] s. fleuve, m.; rivière, f.

rivet [rivit] s. rivet, m.; v. riveter, river; **riveting**, rivure, rivetage; **riveting-machine**, riveuse.

rivulet [rivyᵉlit] s. ruisselet, m.

road [rooᵘd] s. route; voie; chaussée; rade (naut.), f.; **branch road**, embranchement; **convex road**, route bombée; **high road**, grand-route; **military road**, route stratégique; **unimproved road**, route en mauvais état; **winding road**, route en lacets; **roadside**, accotement; **roadway**, chaussée, voie carrossable.

roam [roᵒum] *v.* errer ; rôder.

roar [roᵒur] *v.* rugir ; mugir [sea] ; gronder [thunder] ; éclater [laughter] ; *s.* rugissement ; mugissement ; grondement ; éclat, m.

roast [roᵒust] *v.* rôtir ; torréfier ; griller ; *s.* rôti, m. ; *roast beef*, rosbif ; *roaster*, rôtissoire ; rôtisseur ; brûloir ; volaille à rôtir.

rob [râb] *v.* voler, dérober ; cambrioler ; *to rob someone of something*, voler quelque chose à quelqu'un. ‖ *robber* [-ᵉʳ] *s.* voleur ; brigand, m. ; *sea-robber*, pirate. ‖ *robbery* [-ri] *s.** vol ; cambriolage, m.

robe [roᵒub] *s.* robe, toge, f. ; *Am. automobile robe*, plaid, m.

robin [râbin] *s.* rouge-gorge, m. ; *Am.* grive migratrice, f.

robot [roᵒubât] *s.* robot, m. ; *adj.* automatique.

robust [roᵒubœst] *adj.* robuste ; solide ; vigoureux.

rock [râk] *s.* roc, rocher ; *Am.* moellon, m. ; roche, f. ; *rock garden*, rocaille ; *rock salt*, sel gemme.

rock [râk] *v.* (faire) balancer, bercer ; se balancer ; chanceler ; *to rock to sleep*, bercer. ‖ *rocker* [-ᵉʳ] *s.* culbuteur, m. ; bascule, f.

rocket [râkit] *s.* fusée, f. ; savon [colloq.], m. ; *v.* monter en flèche ; passer en éclair.

rocking [râking] *s.* balancement ; bercement, m. ; *rocking-chair*, chaise à bascule, *Fr. Can.* berceuse.

rocky [râki] *adj.* rocailleux ; rocheux.

rocky [râki] *adj.* instable, branlant, chancelant.

rod [râd] *s.* baguette ; tringle [curtain] ; tige ; canne [fishing] ; bielle [piston] ; verge, f. ; *tie-rod*, barre d'accouplement (mech.) ; *divining-rod*, baguette de sourcier.

rode [roᵒud] *pret. of* **to ride**.

rodent [roᵒudᵉnt] *s.* rongeur, m.

roe [roᵒu] *s.* chevreuil ; œufs (ou) laitance de poisson.

rogue [roᵒug] *s.* fripon ; espiègle ; vagabond ; drôle, gredin ; rustre, m. ‖ *roguish* [roᵒugish] *adj.* malhonnête ; coquin ; espiègle.

roister [rôⁱstᵉʳ] *v.* faire du chahut ; *roistering*, tapage ; tapageur.

rôle [roᵒul] *s.* rôle, m.

roll [roᵒul] *v.* rouler ; passer au rouleau ; laminer [metal] ; cylindrer ; faire le tonneau (aviat.) ; *s.* liste, f. ; rôle ; rouleau ; roulement ; roulis (naut.) ; petit pain, m. ; *to call the roll*, faire l'appel. ‖ *roller* [-ᵉʳ] *s.* rouleau ; cylindre ; laminoir ; galet, tambour (mech.), m. ; *roller coaster*, montagnes russes ; *roller skate*, patin à roulettes.

rollick [rolik] *v.* folâtrer.

Roman [roᵒumᵉn] *adj.*, *s.* romain ; *Roman nose*, nez aquilin.

romance [roᵒumàns] *s.* roman, m. ; romance, f. ; *adj.* roman ; *v.* faire un récit romancé ; être romanesque. ‖ *romanesque* [roᵒumᵉnèsk] *adj.* romanesque ; roman [style]. ‖ *romantic* [roᵒumàntik] *adj.* romantique ; romanesque. ‖ *romanticism* [-tᵉsizᵐ] *s.* romantisme, m. ‖ *romanticist* [-tᵉsist] *s.* romantique, m.

romp [râmp] *v.* jouer bruyamment ; être turbulent ; gambader ; *s.* enfant turbulent ; garçon manqué, m.

rood [roud] *s.* croix, f. ; quart d'arpent, m.

roof [rouf] *s.* toit ; palais [mouth] ; comble [house] ; plafond (aviat.), m. ; voûte, f. ; *v.* couvrir ; mettre un toit ; abriter ; *flat roof*, terrasse ; *roofless*, sans abri.

room [roum] *s.* chambre ; pièce ; salle ; place, f. ; lieu ; espace, m. ; *v.* loger ; habiter en garni ; *there is no room for*, il n'y a pas lieu de ; il n'y a pas de place pour ; *dressing room*, cabinet de toilette ; *roommate*, compagnon de chambre ; « cothurne ». ‖ *roomer* [-ᵉʳ] *s.* locataire, m. ‖ *roominess* [-inis] *s.* grande étendue, grande dimension, f. ‖ *roomy* [-i] *adj.* spacieux ; vaste.

roost [roust] *s.* perchoir, m. ; *v.* se percher [bird, fowl]. ‖ *rooster* [-ᵉʳ] *s.* coq, m.

root [rout] *s.* racine ; base ; origine ; souche, f. ; fondement ; principe, m. ; *v.* s'enraciner ; prendre racine ; *to root out*, déraciner, extirper, dénicher.

rope [roᵒup] *s.* corde, f. ; cordage ; câble, m. ; *v.* corder ; encorder ; lier ; prendre au lasso ; *to be at the end of one's rope*, être au bout de son rouleau ; *to know the ropes*, connaître son affaire.

rosary [roᵒuzᵉri] *s.** rosaire, m.

rose [roᵒuz] *pret. of* **to rise**.

rose [roᵒuz] *s.* rose ; rosace ; pomme d'arrosoir, f. ; *Brazilian rosewood*, palissandre ; *rosebud*, bouton de rose ; *rose bush*, rosier ; *rosette*, rosette ; *rose-window*, rosace ; *rosin*, colophane.

rostrum [râstrᵉm] *s.* tribune, f.

rosy [roᵒuzi] *adj.* rose, rosé ; riant.

rot [rât] *v.* pourrir ; se gâter ; se carier [tooth] ; *s.* pourriture ; putréfaction ; carie ; clavelée, f.

rotary [roᵒutᵉri] *adj.* rotatif ; tournant ; rotatoire. ‖ *rotate* [roᵒutéⁱt] *v.* tourner ; girer ; pivoter. ‖ *rotation* [roᵒutéⁱshᵉn] *s.* rotation ; révolution, f. ; roulement ; tour, m. ; *in rotation*, par roulement ; *rotation of crops*, assolement.

rote [roᵒut] *s.* routine, f. ; *by rote*, par cœur, machinalement.

rotten [rât'n] *adj.* corrompu; pourri; putréfié; gâté.

rotundity [rotœnditi] *s.** rondeur; redondance, f.; embonpoint, m.

roué [roué¹] *s.* débauché, m.

rouge [rouj] *s.* rouge, fard, m.; *v.* farder; se mettre du rouge.

rough [rœf] *adj.* rude; brut; non poli [glass]; âpre; orageux [weather]; raboteux; hérissé; accidenté; **rough draft,** ébauche; brouillon; **rough estimate,** calcul approximatif; *to rough it,* faire du camping, vivre primitivement. ‖ **roughen** [-ᵉn] *v.* endurcir; devenir rude. ‖ **roughly** [-li] *adv.* rudement; grossièrement; en gros; à peu près; âprement. ‖ **roughness** [-nis] *s.* rudesse; rugosité; grossièreté; aspérité; âpreté; rigueur [weather], f.

round [raᵘnd] *adj.* rond; circulaire; *s.* rond; cercle; round [boxing]; tour, m.; sphère; tournée; ronde; cartouche, f.; *v.* arrondir; contourner; entourer; faire une ronde; *adv.* tout autour; autour de; à la ronde; du premier au dernier; d'un bout à l'autre; *prep.* autour de; par; de l'autre côté de; *round of applause,* salve d'applaudissements; *round of pleasures,* succession de plaisirs; *to pay for the round,* payer la tournée; *to go the rounds,* circuler, faire le tour; *to round off,* arrondir; *to round,* compléter; *to hand round,* faire passer; **roundabout,** détourné [way]; sens giratoire; détour; manège; rond-point; circonlocution; **round-shouldered,** voûté; **round-trip ticket,** billet circulaire; **roundup,** conclusion; rassemblement; rodéo; rafle.

rouse [raᵘz] *v.* réveiller; exciter; soulever, ranimer; provoquer.

rout [raᵘt] *s.* cohue; foule; réunion; déroute (mil.), f.; *v.* mettre en déroute; *to rout out,* chasser de.

route [rout] *s.* route; voie, f.; itinéraire, m.; *v.* acheminer, diriger; **route-map,** carte routière.

routine [routîn] *s.* routine, f.; cours habituel des événements; service courant, m.; *adj.* routinier, courant, habituel; **routine-bound,** enrouiné; **routine-minded,** routinier; **routinist,** routinier.

rove [roᵘv] *v.* rôder; errer, vagabonder; divaguer; **rover,** vagabond, rôdeur; éclaireur; routier; pirate.

row [raᵘ] *s.* tapage; vacarme; boucan, m.; dispute, f.; *v.* se quereller; **rowdy,** tapageur, batailleur; voyou.

row [roᵘ] *s.* rang, m.; rangée, ligne, file; colonne [figures], f.

row [roᵘ] *v.* ramer; canoter; nager (naut.); *s.* promenade en bateau; **rowboat,** bateau à rames, canot, barque, *Fr. Can.* chaloupe. ‖ **rower** [-ᵉr] *s.* rameur, m. ‖ **rowing** [-ing] *s.* canotage, m.

royal [ro¹ᵉl] *adj.* royal. ‖ **royalist** [-ist] *s.* royaliste, m. ‖ **royalty** [-ti] *s.** royauté; redevance, f.; droit d'auteur ou d'inventeur, m.

rub [rœb] *v.* frotter; frictionner; astiquer; *s.* frottement; astiquage, m.; friction; difficulté, f.; *there is the rub,* voilà le hic; *to rub out,* effacer; *to rub someone the wrong way,* prendre quelqu'un à rebrousse-poil; *to rub up,* fourbir; **rub-down,** friction. ‖ **rubber** [-ᵉr] *s.* frotteur; frottoir; caoutchouc, m.; gomme, f.; *Fr. Can.* claque, f.; rob [bridge], m.; **hard rubber,** ébonite.

rubbish [rœbish] *s.* détritus; débris; résidu; déblais, m.; décombres, m. pl; ordures, f. pl.; camelote, f.; absurdités, f. pl.; **rubbish-shoot,** vide-ordures.

rubella [rou'bèlᵉ] *s.* rubéole, f.

rubicund [roubikᵉnd] *adj.* rubicond.

ruby [roubi] *s.** rubis, m.

rudder [rœdᵉr] *s.* gouvernail, m.; **rudder tiller,** barre du gouvernail.

ruddy [rœdi] *adj.* vermeil, rouge.

rude [roud] *adj.* grossier; rude; impoli; rébarbatif; rigoureux. ‖ **rudeness** [-nis] *s.* rudesse; grossièreté; impolitesse; rigueur [weather], f.

rudiment [roudᵉmᵉnt] *s.* rudiment; élément, m. ‖ **rudimentary** [roudᵉmᵉntᵉri] *adj.* rudimentaire.

rueful [roufᵉl] *adj.* pitoyable; navrant; triste, morne.

ruff [rœf] *s.* fraise, f.; collier, m.

ruffian [rœfiᵉn] *s.* bandit, ruffian, m.

ruffle [rœf'l] *v.* froisser; froncer; ébouriffer [hair]; chiffonner; troubler; irriter; *s.* fronce, ruche; agitation, irritation; ride [water], f.

rug [rœg] *s.* tapis, m.; couverture, f.

rugged [rœgid] *adj.* rude, âpre; rugueux; raboteux; dentelé [hills]; impétueux; *Am.* fort, robuste; peu commode. ‖ **ruggedness** [-nis] *s.* aspérité; anfractuosité; rudesse, f.

ruin [rouin] *s.* ruine; perte; destruction, f.; *v.* ruiner; démolir; détruire. ‖ **ruinous** [-ᵉs] *adj.* ruineux; désastreux; coûteux.

rule [roul] *s.* règle; autorité, f.; règlement; ordre; pouvoir, m.; *v.* régler; réglementer; gouverner; juger (jur.); conseiller, persuader; *rule of three,* règle de trois; *as a rule,* en général, ordinairement; *to be ruled by,* être sous la domination de; se laisser guider par. ‖ **ruler** [-ᵉr] *s.* règle, f.; régleur; chef, gouvernant, m. ‖ **ruling** [-ing] *s.* décision, f.; gouvernement, m.; *adj.* gouvernant, dirigeant; principal, prédominant.

rum [rœm] *s.* rhum, m.

rumble [rœmb'l] *s.* grondement; roulement; grouillement; coffre [auto], m.; *v.* gronder; rouler [thunder]; résonner.

ruminant [roumin^ent] *s., adj.* ruminant, m. ‖ **ruminate** [roumenéⁱt] *v.* ruminer; méditer (*on*, sur); **rumination**, rumination; **ruminative**, méditatif.

rummage [rœmidj] *v.* fouiller; remuer; bouleverser; *s.* remue-ménage; bouleversement, m.; fouilles, recherches, f. pl.; **rummage sale**, déballage.

rumo(u)r [roum^er] *s.* rumeur; opinion, f.; on-dit, m.; *v.* faire courir le bruit.

rump [rœmp] *s.* croupe, f.; postérieur, derrière; croupion, m.; culotte [meat], f.

rumpish [rœmpish] *adj.* bruyant.

rumple [rœmp'l] *v.* chiffonner; friper; *s.* ride, f.

rumpus [rœmp^es] *s.* chahut, boucan, potin, m.; prise (f.) de bec.

run [rœn] *v.** courir; fuir, perdre; fonctionner; diriger [business]; couler [water]; passer [time]; se répandre [rumor]; se démailler [stockings]; (*for*, à); se présenter *to run away*, s'enfuir; *to run across*, rencontrer par hasard; traverser en courant; *to run ashore*, s'échouer; *to run into debts*, s'endetter; *to run into*, tamponner; *to run down*, écraser [auto]; *to run through a book*, parcourir un livre; *s.* course; suite; série; maille [stockings], f.; *in the long run*, à la longue; *run of performances*, série de représentations; *to run for something*, courir chercher quelque chose; *to get run in*, se faire coffrer; *to have the run of*, avoir le libre usage de; **run-away**, fugitif, fuyard, déserteur; **run-down**, épuisé; déchargé [accumulator]; *pret.*, *p. p. of* **to run.**

rung [rœng] *s.* tige, barre, f.; bâton, échelon, m.

rung [rœng] *p. p. of* **to ring.**

runner [rœn^er] *s.* coureur; courrier; agent de transmission; patin de traîneau, m. ‖ **running** [rœning] *s.* course;

marche; suppuration, f.; cours; fonctionnement; écoulement, m.; *adj.* courant; consécutif; continu; **running board**, marchepied; **running commentary**, reportage en direct (radio); **running down**, éreintement; **running fire**, feu roulant; **running in**, en rodage; **running water**, eau courante.

runt [rœnt] *s.* nabot, avorton; animal (m.) de petite race.

runway [rœnwéⁱ] *s.* piste (aviat.), f.

rupee [roûpî] *s.* roupie, f.

rupture [rœptsh^er] *s.* rupture; hernie; brouille, f.; *v.* (se) rompre; donner une hernie à.

rural [rour^el] *adj.* rural; champêtre; rustique.

ruse [rouz] *s.* ruse de guerre, f.; stratagème, m.

rush [rœsh] *v.* s'élancer; se précipiter; se ruer; prendre d'assaut; s'empresser; bousculer; *s.** élan; bond; rush, m.; ruée; affluence, foule, masse; presse, f.; **rush hours**, heures d'affluence; *to make a rush at, for*, se précipiter sur.

rush [rœsh] *s.** jonc, m.; **rush-bottomed**, à fond de jonc, paillé.

rusk [rœsk] *s.* biscotte, f.

Russia [rœsh^en] *adj., s.* russe. ‖ **Russia** [rœsh^e] *s.* Russie, f.

russet [rœsit] *adj.* roux, mordoré.

rust [rœst] *s.* rouille, f.; *v.* (se) rouiller; s'oxyder; **rustproof**, inoxydable.

rustic [rœstik] *adj.* rustique; *s.* paysan; rustre, m.; **rusticate**, se retirer à la campagne.

rustle [rœst'l] *v.* bruire; froufrouter; *s.* bruissement; frou-frou, m.

rusty [rœsti] *adj.* rouillé; oxydé; rauque [voice].

rut [rœt] *s.* ornière, f.; *v.* sillonner; *to get into a rut*, s'encroûter.

ruthless [routhlis] *adj.* impitoyable; implacable; cruel. ‖ **ruthlessness** [-nis] *s.* cruauté; brutalité, f.

rye [raⁱ] *s.* seigle, m.; **rye bread**, pain de seigle.

S

sabbath [sabeth] *s.* sabbat, m.

saber, sabre [séⁱb^er] *s.* sabre, m.

sable [séⁱb'l] *s.* zibeline, f.; *pl.* vêtements (m. pl.) de deuil; *adj.* noir.

sabotage [sab^etâj] *s.* sabotage, m.; *v.* saboter.

saccharin [sak^erin] *s.* saccharine, f.

sacerdotal [sas^edо^{ou}t'l] *adj.* sacerdotal.

sack [sak] *s.* sac; pillage, m.; *v.* piller; ensacher; saquer, renvoyer.

sacrament [sakr^emnt] *s.* sacrement, m.; **sacramental**, sacramentel.

sacred [séⁱkrid] *adj.* sacré. ‖ **sacredness** [-nis] *s.* sainteté; inviolabilité, f.; caractère sacré, m.

sacrifice [sakr^efaⁱs] *s.* sacrifice, m.;

v. sacrifier; *to sell at a sacrifice,* vendre au rabais.

sacrilege [sakre̱lidj] *s.* sacrilège, m. ‖ *sacrilegious* [sakrili̱djes] *adj.* sacrilège.

sacristan [sakri̱sten] *s.* sacristain, m. ‖ *sacristy* [-ti] *s.** sacristie, f.

sad [sad] *adj.* triste; mélancolique; cruel [loss]; sombre [color]. ‖ *sadden* [-'n] *v.* (s')attrister.

saddle [sad'l] *s.* selle; sellette, f.; *v.* seller; bâter; charger; *flat saddle,* selle anglaise; *pack saddle,* bât; *saddle-bag,* sacoche; *to saddle someone with responsibilities,* accabler quelqu'un de responsabilités. ‖ *saddler* [sadler] *s.* sellier, m.

sadism [sé̱idiz'm] *s.* sadisme, m. ‖ *sadist* [-ist] *s.* sadique, m. f. ‖ *sadistic* [sadi̱stik] *adj.* sadique.

sadness [sadnis] *s.* tristesse, f.

safe [sé̱if] *adj.* sauf; sûr; hors de danger, intact; *s.* coffre-fort, m.; *safe and sound,* sain et sauf; *safe conduct,* sauf-conduit; *safely,* en sûreté, sans encombre; *safe from,* à l'abri de. ‖ *safeguard* [-gârd] *s.* sauvegarde; escorte, f.; *v.* sauvegarder, protéger. ‖ *safety* [-ti] *s.** sécurité; protection; sauvegarde, f.; cran de sûreté, m.; *in safety,* en lieu sûr; *safety deposit box,* coffre, *Fr. Can.* coffret de sûreté; *safety-device,* mécanisme de sécurité; *safety pin,* épingle de sûreté; *safety razor,* rasoir mécanique; *safety valve,* soupape de sûreté.

saffron [safren] *s.,* *adj.* safran, m.

sag [sag] *v.* ployer; fléchir; s'affaisser; *s.* fléchissement; affaissement, m.; courbure [shoulders], f.

sagacious [segé̱ishes] *adj.* sagace; subtil; avisé. ‖ *sagacity* [segaseti] *s.* sagacité; perspicacité, f.

sage [sé̱idj] *adj.* sage; avisé; modéré; instruit. *s.* sage, m.

sage [sé̱idj] *s.* sauge, f.

said [sé̱id] *pret., p. p. of to say.*

sail [sé̱il] *s.* voile; aile [mill]; promenade en bateau à voiles, f.; *v.* faire voile, voguer; *under full sail,* toutes voiles dehors; *to take in sail,* carguer la voile (naut.); *to set sail,* prendre la mer; *sailboat,* voilier; *sailplane,* planeur de vol à voile (aviat.); *foresail,* misaine. ‖ *sailing* [-ing] *s.* navigation, f.; départ, m. ‖ *sailor* [-er] *s.* marin; matelot, m.; *to be a good sailor,* avoir le pied marin; *deep-sea sailor,* navire long courrier.

saint [sé̱int] *s.* saint, m.; *All Saints' Day,* la Toussaint; *Saint Vitus's dance,* danse de Saint-Guy; *v.* canoniser; faire le saint. ‖ *saintly* [-li] *adj.* saint; pieux; *adv.* saintement.

sake [sé̱ik] *s.* cause, f.; but, égard, amour, intérêt, m.; *for the sake of,* à cause de; *do it for my sake,* faites-le pour moi; *for God's sake,* pour l'amour de Dieu; *for the sake of appearances,* pour sauver les apparences.

salad [saled] *s.* salade, f.; *salad bowl,* saladier.

salamander [salemànder] *s.* salamandre, f.

salary [saleri] *s.** salaire, m.; appointements, m. pl.; *v.* salarier; appointer.

sale [sé̱il] *s.* vente, f.; débit; solde, m.; *private sale,* vente à l'amiable; *for sale,* à vendre; *on sale,* en vente; *charity sale,* kermesse, *Fr. Can.* bazar; *wholesale,* vente en gros. ‖ *salesman* [-zmen] (*pl. salesmen*) *s.* vendeur; marchand, m.; *Am. traveling salesman,* voyageur de commerce, commis voyageur. ‖ *saleswoman* [-zwoumen] (*pl. saleswomen*) *s.* vendeuse, f.

salient [sé̱ilient] *adj.* saillant; remarquable; proéminent.

saline [sé̱ila̱in] *adj.* salin; salé; *s.* saline, f.; sel purgatif, m.

saliva [sela̱ive] *s.* salive, f. ‖ *salivate* [salivé̱it] *v.* (faire) saliver.

sallow [saloᵘ] *adj.* blême, jaune.

sally [sali] *s.** sortie; saillie; boutade, f.; *v.* saillir; faire une sortie.

salmon [samen] *s.* saumon, m.; *salmon-trout,* truite saumonée; *landlocked salmon,* *Fr. Can.* ouananiche.

salon [salon] *s.* salon, m.; *Am. beauty salon,* institut de beauté.

saloon [seloun] *s.* salon; bar; *Am.* bistrot; *saloon-car,* wagon-salon.

salsify [salsefi] *s.* salsifis, m.

salt [sault] *s.* sel, m.; *adj.* salé; *v.* saler; *salt cellar,* salière; *salt mine,* mine de sel; *salt provisions,* salaisons; *old salt,* loup de mer; *smelling salts,* sels volatils.

saltpeter [saultpiter] *s.* salpêtre, m.

salty [saulti] *adj.* salé; saumâtre.

salubrity [seloubreti] *s.* salubrité, f.

salutary [salyeteri] *adj.* salutaire.

salutation [salyeté̱ishen] *s.* salutation, f.; salut, m. ‖ *salute* [selout] *s.* salut, m.; salve, f.; *v.* saluer.

salvage [salvidj] *s.* sauvetage; objet récupéré, m.; récupération, f.

salvation [salvé̱ishen] *s.* salut, m.; salvation, f.; *Salvation Army,* Armée du Salut.

salve [sav] *s.* onguent; baume, m.; pommade, f.; *v.* oindre; appliquer un onguent à; adoucir.

salvo [salvoᵘ] *s.* salve (mil.), f.

same [sé¹m] *adj.* même ; semblable ; *it is all the same to me,* cela m'est égal ; *it is all the same,* c'est tout comme ; *the same to you,* pareillement ; *to do the same,* en faire autant.

sample [sàmp'l] *s.* échantillon ; exemple ; prélèvement (méd.), m. ; *v.* échantillonner ; déguster ; *sampler,* modèle ; échantillonneur.

sanatorium [sanᵉtoᵒuriᵉm] *s.* sanatorium, m.

sanctification [sàngktᵉfᵉké¹shᵉn] *s.* sanctification, f. ‖ *sanctify* [sàngktᵉfa¹] *v.* sanctifier. ‖ *sanctimonious* [sangktimoᵒuni¹ᵉs] *adj.* papelard, cagot, bigot.

sanction [sàngkshᵉn] *s.* sanction ; approbation, f. ; *v.* sanctionner ; ratifier ; autoriser.

sanctity [sàngktᵉti] *s.* sainteté, f.

sanctuary [sàngktshouèri] *s.* sanctuaire, m.

sand [sànd] *s.* sable, m. ; *pl.* grève, f. ; *v.* sabler ; ensabler ; *sandbank,* banc de sable ; *Am. sand glass,* sablier ; *sandpaper,* papier de verre ; *sandstone,* grès.

sandwich [sàndwitsh] *s.* sandwich, m. ; *v.* intercaler ; *sandwich-loaf,* pain de mie.

sandy [sàndi] *adj.* sableux ; sablonneux ; blond roux [hair].

sane [sé¹n] *adj.* sain ; sensé ; raisonnable.

sang [sàng] *pret. of* **to sing**.

sanguinary [sànggwinèri] *adj.* sanguinaire. ‖ *sanguine* [sàngwin] *adj.* de sang ; rubicond ; sanguin ; optimiste ; *v.* ensanglanter.

sanitarium [sanᵉtârᵉᵉm] *s.* sanatorium, m. ‖ *sanitary* [sanᵉtèri] *adj.* sanitaire ; hygiénique. ‖ *sanitation* [sanᵉté¹shᵉn] *s.* hygiène ; salubrité, f. ; assainissement, m. ‖ *sanity* [sanᵉti] *s.* santé ; raison, f. ; équilibre mental, m.

sank [sàngk] *pret. of* **to sink**.

sap [sap] *s.* sève, f. ; aubier, m. ; *saphouse,* Fr. Can. cabane à sucre.

sap [sap] *s.* sape, f. ; *Am.* crétin, m. ; *v.* saper.

sapling [sapling] *s.* arbrisseau, m.

sapper [sapᵉr] *s.* sapeur, m.

sapphire [safa¹r] *s.* saphir, m.

sappy [sapi] *adj.* plein de sève ; naïf, niais.

saraband [sarᵉband] *s.* sarabande, f.

sarcasm [sârkaz'm] *s.* sarcasme ; esprit sarcastique, m. ‖ *sarcastic* [sᵉrkastik] *adj.* sarcastique.

sarcophagus [sâkaufᵉgᵉs] *s.* sarcophage, m.

sardine [sârdîn] *s.* sardine, f.

sardonic [sardânik] *adj.* sardonique.

sarsaparilla [sârspᵉri¹ᵉ] *s.* salsepareille, f.

sash [sash] *s.* ceinture ; écharpe ; *Fr. Can.* ceinture fléchée, f. ; *v.* ceinturer ; orner d'une écharpe.

sash [sash] *s.* châssis de fenêtre, m. ; *sash window,* fenêtre à guillotine.

Satan [se¹tᵉn] *s.* Satan, m. ; *satanic,* satanique.

satchel [satshᵉl] *s.* cartable, m. ; gibecière ; sacoche, f.

sate [sé¹t] *v.* rassasier ; assouvir, satisfaire.

sateen [satîn] *s.* satinette, f.

satellite [satla¹t] *s.* satellite, m.

satiate [sé¹shié¹t] *v.* rassasier ; assouvir. ‖ *satiety* [sᵉta¹ᵉti] *s.* satiété, f.

satin [satin] *s.* satin, m. ; *adj.* de satin ; *v.* satiner.

satire [sata¹r] *s.* satire, f. ‖ *satirical* [sᵉtirik'l] *adj.* satirique. ‖ *satirize* [satᵉra¹z] *v.* satiriser.

satisfaction [satisfakshᵉn] *s.* satisfaction, f. ; contentement, m. ‖ *satisfactory* [satisfaktri] *adj.* satisfaisant ; satisfactoire (theol.). ‖ *satisfy* [satisfa¹] *v.* satisfaire ; contenter ; donner satisfaction ; *to satisfy oneself that,* s'assurer que.

saturate [satshᵉré¹t] *v.* saturer ; imprégner ; imbiber. ‖ *saturation* [satyouré¹shᵉn] *s.* saturation ; imprégnation, f.

Saturday [satᵉrdi] *s.* samedi, m.

satyr [satᵉ] *s.* satyre, m.

sauce [saus] *s.* sauce ; *Br.* impertinence, f. ; assaisonnement, m. ; *v.* assaisonner ; être insolent avec. ‖ *saucepan* [sauspàn] *s.* casserole, f. ‖ *saucer* [sausᵉr] *s.* soucoupe, f. ‖ *sauciness* [sausinis] *s.* effronterie ; insolence, f. ‖ *saucy* [sausi] *adj.* impertinent ; effronté.

sauerkraut [saᵒuᵉrkraᵒut] *s.* choucroute, f.

saunter [sauntᵉr] *v.* flâner ; musarder ; déambuler ; *s.* flânerie, f.

sausage [sausidj] *s.* saucisse, f. ; saucisson, m. ; *sausage balloon,* saucisse (aviat.).

savage [savidj] *adj.* sauvage ; farouche ; brutal ; désert, inculte ; *s.* sauvage, m. f. ‖ *savagery* [-ri] *s.* sauvagerie ; brutalité ; fureur, f.

savanna [sᵉvànᵉ] *s.* savane, f.

save [sé¹v] *v.* sauver ; épargner ; économiser ; ménager ; *prep.* sauf ; excepté ; *to save from,* préserver de, sauver de ; *save for,* à l'exception de ; *save* *that,* si ce n'est que. ‖ **saver** [-ᵉʳ] *s.* sauveur, libérateur, m.; personne économe, f.; économiseur (mech.), m. ‖ **saving** [-ing] *s.* sauvetage, m.; économie, f.; *adj.* économe; **savings bank,** caisse d'épargne; *prep.* sauf; à l'exception de. ‖ **savio(u)r** [séⁱvyᵉʳ] *s.* sauveur, m.

savo(u)r [séⁱvᵉʳ] *s.* saveur, f.; goût; parfum, m.; *v.* savourer; avoir goût *(of, de); it savo(u)rs of treason,* cela sent la trahison; **savourless,** insipide, fade; **savo(u)ry,** savoureux; épicé; relevé.

saw [sau] *pret. of* to see.

saw [sau] *s.* scie, f.; *v.** scier; *fret saw,* scie à découper; *hand saw,* égoïne; *lumberman's saw,* scie passe-partout; *power saw,* scie mécanique; *sawdust,* sciure de bois; *sawmill,* scierie.

sawn [saun] *p. p. of* to saw.

saxophone [saksᵉfoᵘn] *s.* saxophone, m.

say [séⁱ] *v.** dire; réciter; raconter; s'exprimer; *as they say,* comme on dit; *that is to say,* c'est-à-dire; *say what I would,* j'avais beau dire; *to say nothing of,* sans parler de; *the final say,* le dernier mot; *to have one's say,* donner son avis. ‖ **saying** [-ing] *s.* dicton; adage, m.; *as the saying goes,* comme dit le proverbe.

scab [skab] *s.* croûte (med.); gale; escarre, f.; *Am.* « jaune » [blackleg]; *v.* faire croûte; se cicatriser.

scabbard [skabᵉrd] *s.* fourreau; étui, m.; gaine, f.

scabby [skabi] *adj.* galeux; couvert de croûtes; teigneux. ‖ **scabies** [skéⁱ-bíïz] *s.* gale, f.

scabrous [skéⁱbrᵉs] *adj.* rugueux, raboteux; scabreux, risqué.

scaffold [skaf'ld] *s.* échafaud, m.; *scaffolding,* échafaudage, m.

scald [skauld] *s.* brûlure, f.; *v.* échauder; brûler; ébouillanter.

scale [skéⁱl] *s.* échelle; proportion, f.; *v.* escalader; *on a limited scale,* sur une petite échelle; *scale model,* maquette; *wage scale,* barème des salaires.

scale [skéⁱl] *s.* plateau de balance, m.; balance, f.; *v.* peser; *to turn the scale,* faire pencher la balance; *platform scale,* bascule.

scale [skéⁱl] *s.* écale; écaille; squame, f.; tartre, m.; *v.* écaler; écailler; s'exfolier; s'entartrer.

scallion [skalyᵉn] *s.* ciboule, f.

scallop [skaulᵉp] *s.* coquillage; mollusque, feston, m.; *v.* festonner; faire cuire en coquilles; faire gratiner.

scalp [skalp] *s.* cuir chevelu; scalp, m.; *v.* scalper; écorcher; *Am.* vendre au-dessus du prix; *scalpel,* scalpel, m.

scaly [skéⁱli] *adj.* écailleux; *scaly with rust,* rouillé.

scamp [skàmp] *s.* chenapan; vagabond, m.; *v.* bâcler; bousiller [colloq.].

scamper [skàmpᵉʳ] *v.* courir allègrement; *to scamper away,* décamper; *s.* fuite rapide, f.

scampi [skampi] *s.* langoustine, f.

scan [skàn] *v.* scander; scruter.

scandal [skànd'l] *s.* calomnie; honte; médisance; diffamation, f.; scandale, m. ‖ **scandalize** [-aⁱz] *v.* scandaliser; médire; *to be scandalized at,* se scandaliser de. ‖ **scandalous** [-ᵉs] *adj.* scandaleux; honteux; diffamatoire.

Scandinavia [skandinéⁱviᵉ] *s.* Scandinavie, f. ‖ **Scandinavian** [-ᵉn] *adj., s.* scandinave.

scant [skànt] *adj.* rare; épars; insuffisant; exigu; *v.* limiter; réduire; rogner. ‖ **scantiness** [-inis] *s.* rareté; insuffisance, f. ‖ **scanty** [-i] *adj.* rare; insuffisant; maigre.

scapegoat [skéⁱpgoᵘt] *s.* bouc émissaire; « lampiste », m.

scapegrace [skéⁱpgréⁱs] *s.* vaurien; garnement, m.

scapula [skapyoulᵉ] *s.* omoplate, f.

scar [skâr] *s.* cicatrice; balafre; f.; *v.* cicatriser; balafrer; couturer.

scarab [skarᵉb] *s.* scarabée, m.

scarce [skèᵉrs] *adj.* rare; peu commun; mal pourvu; pauvre *(of, de); scarcely,* à peine; ne... guère; *scarcely anything,* presque rien.

scare [skèᵉr] *s.* panique, f.; *v.* effrayer; épouvanter; effarer; *scarecrow,* épouvantail; *scary,* peureux, alarmé.

scarf [skârf] *s.* écharpe; cravate; étole, f.; fichu, m.; *Am.* chemin (m.) de table.

scarf [skârf] *s.* assemblage (mech.), m.

scarify [skarefaⁱ] *v.* scarifier.

scarlet [skârlit] *adj., s.* écarlate; *scarlet fever,* scarlatine.

scathe [skéⁱzh] *s.* dommage, m.; *v.* endommager; détruire; **scathing,** acerbe, mordant; *scatheless,* indemne.

scatter [skatᵉr] *v.* répandre; éparpiller; (se) disperser; *scatterbrained,* étourdi, écervelé.

scavenger [skavindjᵉr] *s.* boueur, balayeur; égoutier, m.

scenario [sinârioᵘ] *s.* scénario, m.; *scenario-writer,* scénariste. ‖ **scene**

[sîn] *s.* scène, vue, f.; décor, m.; **scene-shifter**, machiniste. ‖ **scenery** [-ri] *s.* scène; vue; perspective; mise en scène, f.; décors, m. pl. ‖ **scenic** [-ik] *adj.* scénique; théâtral.

scent [sènt] *s.* senteur, f.; parfum; flair; odorat, m.; *v.* parfumer; flairer; *my dog has a keen scent*, mon chien a du nez; *to be on the scent*, être sur la piste; *to get scent of*, avoir vent de; **scentless**, inodore.

scepter [sèpt^{er}] *s.* sceptre, m.

sceptic [skèptik] *adj.* sceptique. ‖ **scepticism** [skèpt^{e}siz^{e}m] *s.* scepticisme, m.

schedule [skèdyoul] *s.* horaire; tarif [price]; bilan (comm.); plan [work]; bordereau; inventaire; barème, m.; nomenclature; liste; cédule; annexe, f.; *v.* établir un horaire, un plan, un programme; **training schedule**, programme d'études.

schematic [skîmatik] *adj.* schématique. ‖ **schematize** [skîm^{e}ta^{1}z] *v.* schématiser. ‖ **scheme** [skîm] *s.* plan; projet; schéma, m.; *v.* projeter; arranger; ourdir; **colo(u)r scheme**, combinaison de couleurs; **metrical scheme**, système de versification. ‖ **schemer** [-^{er}] *s.* intrigant; faiseur de projets, m. ‖ **scheming** [-ing] *adj.* intrigant; spéculateur; *s.* machination, intrigue, f.

schism [siz^{e}m] *s.* schisme, m. ‖ **schismatic** [sizmatik] *adj., s.* schismatique.

schist [shist] *s.* schíste, m.

scholar [skâl^{er}] *s.* écolier; élève; savant; érudit, m.; *a Greek scholar*, un helléniste. ‖ **scholarly** [-li] *adj.* érudit; savant. ‖ **scholarship** [-ship] *s.* instruction; érudition; science; bourse (univ.), f.

scholastic [sko^{ou}lastik] *adj.* scolaire; scolastique; pédant.

school [skoul] *s.* école, f.; banc [fish], m.; *v.* instruire; enseigner; faire la leçon à; discipliner; *adj.* d'école, scolaire; **boarding school**, pensionnat; **trade school**, école professionnelle; **school book**, livre de classe; **schoolboy**, écolier, lycéen; **schoolhouse**, bâtiment scolaire; **schoolmaster**, professeur; **schoolmate**, condiscíple; **schoolmistress**, maîtresse d'école, institutrice; **schoolroom**, classe; **schoolteacher**, maître, instituteur; institutrice. ‖ **schooling** [-ing] *s.* enseignement, m.; instruction, f.

schooner [skoun^{er}] *s.* goélette, f.; *Am.* chope, f.

sciatica [sa^{1}atik^{e}] *s.* sciatique, f.

science [sa^{1}ens] *s.* science, f. ‖ **scientific** [sa^{1}ent^{1}fik] *adj.* scientifique; de précision. ‖ **scientifically** [-'li] *adv.*

scientifiquement. ‖ **scientist** [sa^{1}entist] *s.* savant, homme de science, m.

scintillate [sintilé^{1}t] *v.* scintiller.

scion [sa^{1}en] *s.* scion; descendant, m.

scission [sish^{e}n] *s.* coupage, m.; scission, division, f.

scissors [siz^{er}z] *s. pl.* ciseaux, m. pl.

scoff [skauf] *s.* moquerie; raillerie, f.; *v.* railler; se moquer (*at*, de); **scoffer**, moqueur.

scold [sko^{ou}ld] *v.* gronder; réprimander; *s.* grondeur, m.; mégère; gronderie, f. ‖ **scolding** [-ing] *s.* réprimande; semonce, f.; savon, m.; *adj.* grondeur, criard; plein de reproches.

sconce [skâns] *s.* bougeoir; flambeau, m.; bobèche, applique, f.

scone [sko^{ou}n] *s.* galette (f.) au lait.

scoop [skoup] *s.* épuisette; écope; louche; nouvelle sensationnelle, exclusivité, f.; godet, m.; *v.* écoper; vider; creuser; **scoopful**, grande cuillerée; pleine louche; **scoop-net**, épuisette, drague.

scoot [skout] *v.* filer, déguerpir.

scooter [skout^{er}] *s.* trottinette, f.; scooter, m.

scope [sko^{ou}p] *s.* champ d'action, m.; portée, f.; *within the scope of*, dans les limites de.

scorch [skaurtsh] *v.* brûler; roussir; *s.** brûlure; roussissure, f.; **scorching**, brûlant.

score [sko^{ou}r] *s.* entaille, coche; marque; dette; cause, raison; partition [music], f.; point; compte; vingt; sujet, m.; *v.* entailler; marquer; compter; inscrire; orchestrer; marquer des points [game]; *on that score*, à ce sujet; *on the score of*, à propos de, à cause de; *to score a point*, marquer un point; **eightscore**, cent soixante.

scorn [skaurn] *s.* dédain; mépris, m.; *v.* mépriser, dédaigner; **scornful**, méprisant, dédaigneux; **scornfully**, avec dédain.

scorpion [skaurpi^{e}n] *s.* scorpion, m.

scot [skât] *s.* écot, m.; **scot-free**, gratis; indemne.

Scot [skât] *s.* Ecossais, m. ‖ **Scotch** [skâtsh] *adj., s.* écossais; *s.* whisky, m.

scotch [skâtsh] *s.** entaille, éraflure, f.; *v.* érafler; égratigner.

Scotland [skâtl^{e}nd] *s.* Ecosse, f.; **Scots**, Ecossais; **Scottish**, écossais.

scoundrel [ska^{ou}ndr^{e}l] *s.* coquin; gredin, m.; canaille, f.

scour [ska^{ou}r] *v.* récurer; dégraisser; décaper; fourbir; curer; purger.

scour [ska^{ou}r] *v.* parcourir; *to scour the country*, battre la campagne.

scourge [skë^rdj] *s.* fouet ; fléau, m. ; discipline, f. ; *v.* fouetter ; opprimer.

scout [ska^{ou}t] *s.* éclaireur ; scout, m. ; vedette, f. ; *v.* partir en éclaireur ; reconnaître (mil.) ; *air scout,* avion de reconnaissance ; *submarine scout,* patrouilleur anti-sous-marin ; *scout-master,* chef scout ; *scout-mistress,* cheftaine. ‖ *scouting* [-ing] *s.* exploration, reconnaissance, f.

scowl [ska^{ou}l] *s.* froncement de sourcils ; air renfrogné, m. ; *v.* froncer le sourcil ; prendre un air renfrogné.

scraggy [skragi] *adj.* décharné, maigre ; noueux ; anfractueux (geol.).

scramble [skràmb'l] *v.* jouer des pieds et des mains ; se bousculer ; mettre pêle-mêle ; avancer difficilement ; brouiller (radio) ; *s.* marche difficile ; mêlée ; confusion, f. ; *scrambled eggs,* œufs brouillés ; *to scramble up,* grimper.

scrap [skrap] *s.* fragment ; morceau ; chiffon ; lambeau, m. ; bribe, f. ; *pl.* restes, m. ; *v.* envoyer au rebut ; mettre hors de service ; *scrap book,* album de découpures ; *scrap iron,* ferraille.

scrape [skrèⁱp] *v.* gratter ; racler ; décrotter ; *s.* raclement, m. ; situation embarrassante, f. ; *to scrape up a hundred pounds,* réussir à rassembler cent livres. ‖ *scraper* [-e^r] *s.* racloir ; grattoir ; décrottoir ; grippe-sou, m.

scratch [skràtsh] *v.* égratigner ; (se) gratter ; effacer ; abandonner ; griffonner ; *adj.* disparate ; improvisé ; sommaire ; *s.** égratignure ; rayure, raie, f. ; coup de griffe ; griffonnage, m. ; *to scratch out,* rayer, biffer.

scrawl [skraul] *s.* griffonnage, m. ; pattes de mouches, f. pl. ; *v.* griffonner.

scream [skrîm] *s.* cri perçant, m. ; *v.* pousser un cri aigu ; *he is a scream,* il est « rigolo », « marrant ».

screech [skrîtsh] *s.** cri aigu, m. ; *v.* crier ; *screech owl,* chat-huant.

screen [skrîn] *s.* écran ; rideau ; paravent ; crible, tamis ; pare-brise, m. ; *v.* masquer ; protéger ; porter à l'écran ; *smoke screen,* rideau de fumée ; *motion-picture screen,* écran de cinéma.

screw [skrou] *s.* vis ; hélice, f. ; écrou, m. ; *v.* visser ; contracter ; pressurer, exploiter ; extorquer, arracher ; *screw-bolt,* boulon ; *screw-driver,* tournevis ; *screw propeller,* propulseur à hélice ; *Br. screw-wrench,* clef anglaise ; *to put the screws on,* forcer la main à ; *to screw up one's courage,* prendre son courage à deux mains.

scribble [skrîb'l] *v.* griffonner ; *s.* griffonnage, m. ‖ *scribbler* [-e^r] *s.* gribouilleur ; gratte-papier, m.

scrimp [skrimp] *v.* lésiner ; saboter. ‖ *scrimpy* [-i] *adj.* étriqué ; chiche.

script [skript] *s.* écriture, main, f. ; manuscrit ; scénario, m. ; *script-writer,* scénariste. ‖ *Scripture* [skriptsh^{er}] *s.* Écriture sainte, f.

scrivener [skrivn^{er}] *s.* plumitif, m.

scroll [skro^{ou}l] *s.* rouleau de parchemin, de papier ; ornement en volute, en spirale, m.

scrub [skrœb] *v.* récurer, frotter, briquer ; faire de gros travaux ; *s.* arbuste rabougri, m. ; brosse usée, f. ; poils drus, m. pl. ; récurage (m.) à la brosse ; avorton, m. ; *adj. Am.* malingre, chétif ; *Am. scrub woman,* laveuse, femme de journée ; *scrubby,* rabougri ; chétif ; dru ; broussailleux.

scruff [skrœf] *s.* nuque, f.

scruple [skroup'l] *s.* scrupule, m. ; *v.* avoir des scrupules ; hésiter à. ‖ *scrupulous* [-l^es] *adj.* scrupuleux ; méticuleux.

scrutinize [skroutinaⁱz] *v.* scruter ; dévisager ; faire une enquête sévère. ‖ *scrutiny* [-ni] *s.** examen rigoureux, m. ; enquête minutieuse, f.

scuffle [skœf'l] *s.* mêlée ; rixe ; échauffourée, f. ; *v.* se bousculer, se battre ; marcher en traînant les pieds.

scull [skœl] *s.* rame, f. ; *v.* ramer, godiller.

scullery [skœl^eri] *s.** arrière-cuisine, f. ; *scullery-boy,* plongeur ; *scullion,* marmiton ; plongeur.

sculptor [skœlpt^{er}] *s.* sculpteur, m. ‖ *sculpture* [-tsh^{er}] *s.* sculpture, f. ; *v.* sculpter ; ciseler.

scum [skœm] *s.* écume ; scorie ; lie (fig.), f. ; *v.* écumer ; *summer,* écumeur, écumoire ; *scummy,* écumeux.

scurf [skë^rf] *s.* pellicules, f. pl. ; teigne, f. ; tartre, m. ‖ *scurfy* [-i] *adj.* pelliculeux ; dartreux ; squameux.

scurrilous [skë^ril^es] *adj.* grossier ; indécent ; ignoble, méprisable.

scurry [skë^ri] *v.* courir vite ; *to scurry away,* détaler.

scurvy [skë^rvi] *s.* scorbut, m. ; *adj.* bas, vil, indigne.

scutcheon [skœtsh^en] *s.* écusson, m.

scuttle [skœt'l] *s.* écoutillon ; hublot (naut.), m. ; *v.* saborder (naut.).

scuttle [skœt'l] *s.* seau à charbon, m.

scythe [saⁱzh] *s.* faux, f.

sea [sî] *s.* mer, f. ; *adj.* de mer, marin ; *to go to sea,* prendre la mer ; *to put to sea,* prendre le large ; *high sea,* haute mer ; *inland sea,* mer intérieure ; *open sea,* pleine mer ; *seaboard,* côtes ; *seacoast,* littoral ; *sea fight,* combat naval ; *sea-green,* vert de mer ; *seagull,* mouette ; *sea lion,* otarie ; *seaman,* marin ; *seashore,* bord de la mer; **seasickness,** mal de mer; **sea-side,** bord de la mer; **sea wall,** digue; **seawards,** en direction de la mer; **sea-weed,** algue marine; **seaworthy,** en état de naviguer.

seal [sîl] *s.* sceau; cachet, m.; *v.* sceller; cacheter, plomber; authentifier; approuver; **sealing wax,** cire à cacheter.

seal [sîl] *s.* phoque, m.; **sealskin,** phoque (comm.).

seam [sîm] *s.* couture; suture (med.); veine (geol.), f.; *v.* faire une couture; suturer; **soldered seam,** soudure; **seamstress,** couturière, lingère.

seaplane [sîplé¹n] *s.* hydravion, m.

sear [si⁹ʳ] *v.* cautériser; brûler; saisir (culin.); *adj.* séché, flétri, sec; *s.* gâchette, f.

search [së¹tsh] *v.* chercher; scruter; fouiller; perquisitionner dans; visiter [customs]; *s.** recherche; perquisition (jur.); visite [customs]; descente [police]; investigation, f.; *to search after,* aller à la recherche de; *to search for,* essayer de découvrir; *to search into,* chercher à pénétrer; **searcher,** chercheur; perquisitionneur; sonde; **searching,** scrutateur; **searchlight,** projecteur, phare; *Am.* lampe de poche, f.; **search warrant,** mandat de perquisition.

season [sîz'n] *s.* saison; époque, f.; *v.* assaisonner; acclimater; sécher; tempérer; aguerrir; **seasonable,** opportun; **season ticket,** carte d'abonnement; *in good season,* au bon moment; **seasoned troops,** troupes aguerries. ‖ **seasoning** [-ing] *s.* assaisonnement; séchage [wood], m.

seat [sît] *s.* siège, m.; place assise; assiette [horseman]; résidence, f.; *v.* asseoir; faire asseoir; placer; mettre un fond [trousers]; *to seat oneself,* s'asseoir; *this room seats three hundred,* cette salle contient trois cents places; **folding seat,** pliant; **seating capacity,** nombre de places assises.

sebaceous [sibé¹sh⁹s] *adj.* sébacé.

secant [sîk⁹nt] *s.* sécante, f.

secede [sisîd] *v.* se séparer. ‖ **secession** [sisèsh⁹n] *s.* sécession; scission; dissidence, f. ‖ **secessionist** [-ist] *s. Am.* sécessionniste.

seclude [sikloud] *v.* séparer; écarter; éloigner; *to seclude oneself from,* se tenir à l'écart de; **secluded,** retiré, écarté; solitaire. ‖ **seclusion** [siklouj⁹n] *s.* éloignement; isolement, m.; retraite, f.

second [sèk⁹nd] *adj.* second, deuxième; secondaire; *s.* second; inférieur, m.; seconde, f.; *v.* seconder; appuyer [motion]; **second-hand,** d'occasion; **second hand of the clock,** grande aiguille d'horloge; **second lieutenant,** sous-lieutenant; **second-rate,** de deuxième qualité; **second-sighted,** doué de seconde vue. ‖ **secondary** [-èri] *adj.* secondaire; accessoire; subordonné. ‖ **secondly** [-li] *adv.* deuxièmement.

secrecy [sîkr⁹si] *s.* discrétion; réserve, f.; secret, m. ‖ **secret** [sîkrit] *adj., s.* secret; **open secret,** secret de Polichinelle; **secretly,** secrètement, dans la clandestinité.

secretary [sèkr⁹tèri] *s.** secrétaire; ministre, m.; *Secretary of State,* secrétaire d'Etat; **secretaryship,** secrétariat.

secrete [sikrît] *s.* sécréter (med.); dissimuler; recéler. ‖ **secretion** [sikrîsh⁹n] *s.* sécrétion, f. ‖ **secretive** [-tiv] *adj.* qui sécrète ou favorise la sécrétion; réservé; peu communicatif.

sect [sèkt] *s.* secte, f. ‖ **sectarian** [sèktèri⁹n] *adj., s.* sectaire. ‖ **sectarianism** [-iz'm] *s.* sectarisme, m. ‖ **sectary** [sèkt⁹ri] *adj.* schismatique.

section [sèksh⁹n] *s.* section; coupe (techn.); tranche, f.; *v.* sectionner; diviser en sections. ‖ **sector** [-t⁹ʳ] *s.* secteur, m.

secular [sèky⁹l⁹ʳ] *adj.* séculaire; séculier; profane; *s.* laïc, m.; prêtre séculier, m. ‖ **secularize** [-ra¹z] *v.* séculariser.

secure [sikyour] *adj.* sûr; en sûreté; *v.* mettre en sûreté; assurer; s'emparer de; acquérir; retenir; **securely,** sans crainte, en sécurité, comme il faut. ‖ **security** [-eti] *s.** sécurité; sûreté; protection; garantie, f.; nantissement, m.; *pl.* titres, m. pl.; valeurs, f. pl.

sedan [sidan] *s.* chaise à porteur; *Am.* conduite intérieure [car], f.

sedate [sidé¹t] *adj.* posé, sérieux. ‖ **sedative** [sèd⁹tiv] *adj.* sédatif, calmant.

sedentary [sèd⁹ntèri] *adj.* sédentaire.

sedge [sèdj] *s.* laîche; jonc, m.

sediment [sèd⁹m⁹nt] *s.* sédiment, m.

sedition [sidîsh⁹n] *s.* sédition, f. ‖ **seditious** [-sh⁹s] *adj.* séditieux.

seduce [sidyous] *v.* séduire; détourner. ‖ **seducer** [-⁹ʳ] *s.* séducteur, m. ‖ **seduction** [sidⁱksh⁹n] *s.* séduction, f. ‖ **seductive** [-tiv] *adj.* séduisant.

sedulous [sèdyoul⁹s] *adj.* assidu, diligent, empressé.

see [sî] *v.** voir; apercevoir; veiller à; accompagner; *to see somebody out,* reconduire quelqu'un; *to see about,* s'occuper de; *to see through,* voir ce qui se cache derrière, voir à travers; *to see something through,* mener quelque chose à bien; *to see a person through a difficulty,* aider quelqu'un à sortir d'une difficulté; *to see to one's affairs,* veiller à ses affaires.

see [sî] *s.* siège, m.; *Holy See*, Saint-Siège.

seed [sîd] *s.* graine, f.; grain; pépin; germe; principe; sperme; frai, m.; semence; cause, f.; *v.* ensemencer; grener; parsemer (*with*, de); *to run to seed*, monter en graine; *canary seed*, millet; *seed bed*, semis; *seed-drill*, semoir; *seedling*, jeune plant; élève; semis; *seedless*, sans graine, sans pépin; *seedsman*, grainetier; *seedtime*, semaison, temps des semailles; *seedy*, grenu; patraque (fam.).

seek [sîk] *v.** chercher; rechercher; poursuivre; solliciter; *to seek out*, essayer de découvrir; *to seek for fame*, chercher la gloire; *to go and seek one's fortune*, aller chercher fortune; *seeker*, chercheur.

seem [sîm] *v.* sembler; paraître; *it seemed as though*, on aurait dit que; *seemingly*, apparemment, en apparence. ‖ *seemliness* [-linis] *s.* grâce, beauté; bienséance, f. ‖ *seemly* [-li] *adj.* convenable; décent; bienséant.

seen [sîn] *p. p. of* **to see.**

seep [sîp] *v.* suinter; filtrer.

seer [siᵉʳ] *s.* prophète, voyant, devin; visionnaire, m. f.

seesaw [sîsau] *s.* balançoire, bascule, f.; *v.* basculer; balancer.

seethe [sîzh] *v.* bouillonner; foisonner.

segment [sègmᵉnt] *s.* segment, m.; division, portion, f.

segregate [sègrigᵉi¹t] *v.* séparer; isoler; [-git] *adj.* séparé, isolé. ‖ *segregation* [sègrᵉgᵉi¹shᵉn] *s.* ségrégation, f.

seism [sa¹z'm] *s.* séisme, m.

seize [sîz] *v.* saisir; prendre; capturer; confisquer; empoigner; coincer (mech.); *to seize upon*, s'emparer de. ‖ *seizure* [sîjᵉʳ] *s.* saisie; prise; capture; mainmise; attaque [illness]; appréhension, f.; grippement (mech.), m.

seldom [sèldᵉm] *adv.* rarement.

select [sᵉlèkt] *v.* choisir; *adj.* choisi. ‖ *selection* [-shᵉn] *s.* sélection, f.; choix, m. ‖ *selective* [-tiv] *adj.* sélectif; sélecteur.

self [sèlf] (*pl.* **selves** [sèlvz]) *pron.* même; *s.* moi; individu, m.; *self-centered*, égocentriste; *self-confident*, sûr de soi; *self-conscious*, conscient, contraint, timide; *self-contained*, autonome, indépendant; *self-control*, sang-froid, empire sur soi-même; *self-defense*, légitime défense; *self-denial*, abnégation; *self-evident*, flagrant; manifeste; *self-government*, autonomie, gouvernement démocratique; *self-interest*, intérêt personnel; *selfish*, égoïste; *selfishness*, égoïsme; *self-lessness*, désintéressement; *self-love*, amour-propre; égoïsme; *self-reliance*, confiance en soi; *self-respect*, respect de soi-même; *self-starter*, autodémarreur; *self-supporting*, qui vit de son travail; *self-taught*, autodidacte.

sell [sèl] *v.** vendre; *to sell out*, liquider; *seller*, vendeur, vendeuse; *selling*, vente.

selves [sèlvz] *pl. of* **self.**

semaphore [sémᵉfauʳ] *s.* sémaphore, m.

semblance [sèmblᵉns] *s.* ressemblance; apparence, f.

semiannual [sèmianyouᵉl] *adj.* semestriel.

semicircle [sèmᵉseʳk'l] *s.* demi-cercle, m.

semicolon [sèmᵉkoouⁿlᵉn] *s.* point et virgule, m.

semimonthly [sèmᵉmânthli] *adj.* bimensuel; semi-mensuel.

seminar(y) [sèminᵉʳ] *s.** séminaire, m. ‖ *seminarist* [sèmᵉnèrist] *s.* séminariste.

semiweekly [sèmᵉwîkli] *adj.* bi-hebdomadaire; semi-hebdomadaire.

senate [sènit] *s.* sénat, m.; *senator*, sénateur; *senatorial*, sénatorial.

send [sènd] *v.* envoyer; expédier; lancer; *to send for*, envoyer chercher; *to send away*, renvoyer, expédier; *to send forth*, exhaler, émettre, produire; *to send word of*, faire prévenir de; *to send on*, faire suivre, transmettre; *sender*, expéditeur; expéditionnaire; transmetteur.

senile [sîna¹l] *adj.* sénile. ‖ *senility* [sᵉnilᵉti] *s.* sénilité, f.

senior [sînyᵉʳ] *adj., s.* aîné; supérieur; *to be someone's senior by three years*, avoir trois ans de plus que quelqu'un. ‖ *seniority* [sinyauʳᵉti] *s.* aînesse; ancienneté; doyenneté, f.

sensation [sènsᵉi¹shᵉn] *s.* sensation; impression; émotion, f.; *sensational*, sensationnel; émouvant.

sense [sèns] *s.* sens; sentiment, m.; impression; sensibilité; direction, f.; *v.* percevoir; sentir; *common sense*, sens commun; *good sense*, bon sens; *to be out of one's senses*, avoir perdu la tête; *to make sense*, comprendre, avoir un sens; *sense of duty*, sentiment du devoir. ‖ *senseless* [-lis] *adj.* insensible; inanimé; insensé; stupide. ‖ *sensibility* [sènsᵉbᵉli¹ti] *s.** sensibilité, f. ‖ *sensible* [sèns'b'l] *adj.* sensible; conscient; sensé; *sensibly*, sensiblement; avec bon sens; raisonnablement; perceptiblement. ‖ *sensitive* [sènsᵉtiv] *adj.* sensible; sensitif; susceptible. ‖ *sensitivity* [sènsᵉtivᵉti] *s.* sensitivité; sensibilité, f. ‖ *sensorial* [sénsauri⁰l] *adj.* sensoriel. ‖ *sensual* [sènshoual] *adj.* sensuel; voluptueux. ‖ *sensuality* [sènshoual⁰ti] *s.* sensualité, f. ‖ *sensuous* [sènshyou⁰s] *adj.* capiteux; voluptueux; sensuel; matérialiste.

sent [sènt] *pret., p. p. of* to send.

sentence [sènt⁰ns] *s.* sentence; maxime; phrase, f.; jugement, m.; *v.* condamner; rendre un jugement contre; *death sentence*, condamnation à mort; *reconsideration of sentence*, révision de jugement; *suspended sentence*, sursis; *a well-turned sentence*, une phrase bien tournée; *sententious*, sentencieux.

sentient [sènsh⁰nt] *adj.* sensible.

sentiment [sènt⁰m⁰nt] *s.* sentiment, m.; opinion, f. ‖ *sentimental* [sènt⁰mènt'l] *adj.* sentimental. ‖ *sentimentality* [sènt⁰mental⁰ti] *s.* sentimentalité, f.; sentimentalisme, m. ‖ *sentimentalize* [sènt⁰mènt⁰la¹z] *v.* faire du sentiment.

sentinel, sentry [sènt⁰n'l], [sèntri] *s.** sentinelle, f.; factionnaire; guetteur, m.; *sentry box*, guérite.

separable [sèp⁰r⁰b'l] *adj.* séparable *(from, de).* ‖ *separate* [sèprit] *adj.* séparé; distinct; isolé; à l'écart; *separate interests*, intérêts privés; *separately*, séparément, à part; [-ré¹t] *v.* (se) séparer; disjoindre. ‖ *separation* [sèp⁰ré¹sh⁰n] *s.* séparation; scission, f. ‖ *separatism* [sèp⁰r⁰tiz⁰m] *s.* séparatisme, m. ‖ *separatist* [-tist] *s.* séparatiste, m. f.

September [sèptèmb⁰r] *s.* septembre, m.

septic [sèptik] *adj.* septique (med.).

sepulcher [sèp'lk⁰r] *s.* sépulcre, m. ‖ *sepulchral* [sipælkr⁰l] *adj.* sépulcral.

sepulture [sèp'ltsh⁰r] *s.* sépulture, f.

sequel [sîkwel] *s.* suite; conséquence, f.

sequela [sikwîl] *s.* séquelle, f.

sequence [sîkw⁰ns] *s.* suite; série; conséquence; séquence; concordance, f.; enchaînement, m.; *sequent, sequential*, conséquent; consécutif.

sequester [sikwèst⁰r] *v.* séquestrer; confisquer. ‖ *sequestration* [sikwèstré¹sh⁰n] *s.* séquestration; confiscation, f.; séquestre, m.

seraglio [sérálio⁰] *s.* sérail; harem, m.

seraph [séref] *(pl. seraphim* [-fim]*) s.* séraphin, m.

serenade [sèrenèd] *s.* sérénade, f.; *v.* donner une sérénade.

serene [srîn] *adj.* serein; paisible; *keep serene*, gardez le sourire. ‖ *serenity* [srèn⁰ti] *s.** sérénité, f.

serf [sër̈f] *s.* serf, m.; serve, f. ‖ *serfdom* [sër̈fd⁰m] *s.* servage, m.

sergeant [sárdjent] *s.* sergent; maréchal des logis, m.; *sergeant-at-arms*, sergent d'armes.

serial [sîri⁰l] *adj.* en série; périodique; consécutif; *serial novel*, roman feuilleton; *serial number*, numéro matricule; *series*, série; succession, f.

serin [sérin] *s.* serin, m.

serious [sîri⁰s] *adj.* sérieux; grave; *seriously*, sérieusement. ‖ *seriousness* [-nis] *s.* sérieux, m.; gravité, f.

sermon [sër̈m⁰n] *s.* sermon, m.

serpent [sër̈p⁰nt] *s.* serpent, m.

serrate [sèrit] *adj.* dentelé; en dents de scie.

serum [sîr⁰m] *s.* sérum, m.

servant [sër̈v⁰nt] *s.* serviteur; domestique; servant, m.; servante, f.; *Br. civil servant*, fonctionnaire. ‖ *serve* [sër̈v] *v.* servir; suffire; faire le service militaire; desservir [transportation]; signifier (jur.); *it serves him right*, c'est bien fait pour lui; *he serves me with wine*, il me fournit de vin; *to serve as*, servir de; *to serve notice on*, notifier, aviser, signifier. ‖ *service* [-is] *s.* service; emploi; entretien des voitures, m.; distribution [gas, electricity], f.; *v.* entretenir, réparer (mech.); desservir; *to service and repair*, dépanner [car]; *detached service*, mission spéciale; *divine service*, office divin; *funeral service*, service funèbre; *mail service*, service des postes; *table service*, service de table; *service-station*, poste d'essence. ‖ *serviceable* [-is⁰b'l] *adj.* utile; utilisable. ‖ *servicing* [-ising] *s.* entretien, m.; réparation, f. ‖ *servile* [-'l] *adj.* servile, obséquieux. ‖ *servitude* [-ityoud] *s.* servitude, f.; asservissement, esclavage, m.

session [sèsh⁰n] *s.* session; séance, f.; *Am.* trimestre universitaire, m.

set [sèt] *v.** poser; placer; mettre; désigner; arranger; ajuster; établir [rule]; donner [example]; repasser [knife]; affûter [saw]; sertir [gem]; tendre [trap]; régler [watch]; (se) fixer; se coucher [sun]; se serrer [teeth]; se nouer [fruit]; *s.* ensemble; assortiment; groupe; service [for tea]; équipage; coucher [sun]; jeu, m.; série; garniture; partie [game]; tranche (math.), f.; *adj.* placé, situé; fixe; serré; immuable; arrêté; résolu, obstiné; *to set aside*, affecter; mettre à part; *to set out*, se mettre en route; *to set up*, installer, apprêter; *to set oneself about*, se mettre à; *to set right*, redresser; *to set to music*, mettre en musique; *the smart set*, le monde élégant; *of set purpose*, de propos délibéré; *set of furniture*, ameublement;

set of teeth, denture ; *radio set,* poste de T.S.F. ; *tea set,* service à thé ; *telephone set,* poste téléphonique ; *setback,* échec, recul ; *settee,* canapé ; *set-up,* dispositif. ‖ *setting* [-ing] *s.* pose ; position ; monture ; composition (typogr.) ; mise en scène, f. ; montage ; réglage ; affûtage [knife] ; coucher [sun], m.

settle [sèt'l] *v.* établir ; déterminer ; arranger ; organiser ; régler [account] ; résoudre ; coloniser ; assigner [property] ; s'établir ; se calmer [sea] ; se poser [liquid] ; se remettre [weather] ; se tasser [building] ; se liquider [debts] ; *to settle down,* s'installer ; *to settle down to,* s'atteler à. ‖ **settlement** [-m°nt] *s.* établissement ; arrangement ; règlement ; accord, m. ; installation ; colonisation ; liquidation (comm.) ; pension, f. ; *penal settlement,* colonie pénitentiaire ; *settler,* colon ; arbitre.

seven [sèv'n] *adj.* sept. ‖ *seventeen* [sèv°ntîn] *adj.* dix-sept. ‖ *seventeenth* [-tînth] *adj.* dix-septième. ‖ *seventh* [sèv°nth] *adj.* septième. ‖ *seventieth* [sèv°ntiith] *adj.* soixante-dixième. ‖ *seventy* [sèv°nti] *adj.* soixante-dix.

sever [sèv°r] *v.* (se) séparer ; diviser ; trancher ; (se) disjoindre.

several [sèvr°l] *adj.* divers ; plusieurs ; quelques ; respectif ; individuel ; séparé ; *severally,* séparément ; respectivement.

severe [sevi°r] *adj.* sévère ; austère ; rigoureux ; *severely,* sévèrement. ‖ *severity* [sev°r°ti] *s.** sévérité ; dureté ; rigueur, f.

sew [soou] *v.* coudre ; brocher.

sewer [syou°r] *s.* égout ; collecteur, m.

sewing [soouing] *s.* couture, f. ; *sewing-machine,* machine à coudre. ‖ *sewn* [soou]n] *p. p. of* **to sew.**

sex [sèks] *s.** sexe, m.

sextant [sèkst°nt] *s.* sextant, m.

sexton [sèkst°n] *s.* sacristain ; fossoyeur, m.

sexual [sèkshou°l] *adj.* sexuel. ‖ *sexuality* [seksyoualiti] *s.* sexualité, f. ‖ *sexy* [sèksi] *adj.* capiteuse, troublante [woman].

shabby [shabi] *adj.* râpé ; fripé ; minable ; mesquin ; miteux.

shack [shak] *s.* hutte, cabane, f.

shackle [sha'k'l] *v.* enchaîner ; entraver ; maniller (naut.) ; accoupler (railw.) ; *s.* maillon, lien, manille, f. ; *pl.* fers, m. pl. ; entraves, f. pl.

shad [shad] *s.* alose, f.

shade [shé¹d] *s.* ombre ; visière [cap] ; nuance, f. ; store [window], m. ; *v.* ombrager ; ombrer ; obscurcir ; abriter ; nuancer ; *shadeless,* sans ombre ;

lamp shade, abat-jour. ‖ *shadow* [shadoou] *s.* ombre ; obscurité ; trace, f. ; fantôme, m. ; *v.* ombrager ; obscurcir ; ombrer ; suivre comme une ombre ; *shadowy,* ombreux ; indécis ; *shady,* ombragé ; louche [transaction] ; douteux [character].

shaft [shaft] *s.* flèche ; hampe [flag], f. ; trait ; fût [column] ; timon [pole] ; manche [tool] ; arbre (mech.) ; rayon [light] ; brancard [vehicle] ; puits [mine], m. ; *drive shaft,* arbre de transmission.

shaggy [shagi] *adj.* poilu ; hirsute ; raboteux, hérissé (*with,* de).

shagreen [sh°grîn] *s.* chagrin, m.

shake [shé¹k] *v.** secouer ; branler ; agiter ; bouleverser ; trembler ; ébranler ; chanceler ; *s.* secousse ; agitation, f. ; serrement ; tremblement ; trille [music] ; hochement, m. ; *to shake hands with,* serrer la main à ; *to shake one's head,* hocher la tête ; *to shake off,* se débarrasser de ; *to shake with laughter,* se tordre de rire ; *shake-down,* lit improvisé. ‖ *shaken* [-'n] *p. p. of* **to shake.** ‖ *shaker* [-°r] *s.* mixeur, secoueur, m. ‖ *shaky* [-i] *adj.* branlant, chancelant.

shall [shal] *defect. aux.* ; *I shall go to London,* j'irai à Londres ; *shall I open the window?,* voulez-vous que j'ouvre la fenêtre ? ; *you shall be our umpire,* vous allez être notre arbitre.

shallop [shal°p] *s.* chaloupe, f.

shallot [shel·ât] *s.* échalote, f.

shallow [shaloou] *adj.* peu profond ; superficiel ; frivole ; *s.* haut-fond, basfond, m. ‖ *shallowness* [-nis] *s.* manque de profondeur, m. ; frivolité, futilité, f.

sham [shàm] *s.* feinte ; frime, f. ; chiqué, m. ; *adj.* feint, truqué ; *sham battle,* petite guerre ; *v.* feindre ; contrefaire.

shamble [shàmb'l] *v.* marcher en traînant les pieds ; *s. pl.* décombres, m. pl. ; ruines, f. pl.

shame [shé¹m] *s.* honte ; pudeur, f. ; *v.* faire honte, faire affront à ; déshonorer : *to bring shame upon,* jeter le discrédit sur ; *shamefaced,* timide, honteux. ‖ *shameful* [-f°l] *adj.* honteux ; indécent ; déshonorant. ‖ *shameless* [-lis] *adj.* impudent, éhonté. ‖ *shamelessness* [-lisnis] *s.* impudence ; impudeur, f. ; dévergondage, m.

shammer [sham°r] *s.* imposteur ; simulateur.

shampoo [shàmpou] *s.* shampooing, m. ; *v.* faire un shampooing.

shamrock [shàmrâk] *s.* trèfle, m.

shank [shàngk] *s.* tibia ; canon [horse], m. ; partie inférieure de la jambe ; tige (mech.) ; queue [flower], f.

shanty [shǎnti] *s.** bicoque, masure, cabane, f.

shape [shé¹p] *s.* forme; tournure; configuration; façon, coupe, f.; contour, galbe, m.; *v.* former; façonner; modeler; *in a bad shape,* mal en point; *to get out of shape,* se déformer; *to shape up well,* prendre bonne tournure; **shapeless,** informe; **shapeliness,** beauté de forme; belles proportions, galbe; **shapely,** bien tourné.

share [shèᵉr] *s.* part, portion; action, valeur, f.; titre, m.; *v.* partager; participer (*in,* à; *with,* avec); *in half shares,* de compte à demi. ‖ **sharecropper** [-krâpᵉr] *s.* Am. métayer, m. ‖ **shareholder** [-hooᵘldᵉr] *s.* actionnaire; sociétaire, m. ‖ **sharer** [-rᵉr] *s.* participant, m.

share [shèᵉr] *s.* soc [plow], m.

shark [shârk] *s.* requin; filou, m.; *loan shark,* usurier.

sharp [shârp] *adj.* aigu; acéré; violent [struggle]; âcre [taste]; mordant; brusque [curve]; saillant; fin [ear]; accusé [features]; perçant; acide; rusé; dièse [music]; *adv.* exactement; attentivement; *at six o'clock sharp,* à six heures précises; **sharper,** chevalier d'industrie. ‖ **sharpen** [-ᵉn] *v.* aiguiser; tailler [pencil]; diéser [music]; exciter; **sharpener,** affûteuse. ‖ **sharply** [-li] *adv.* vivement; rudement; nettement; attentivement; *to arrive sharply,* tomber à pic. ‖ **sharpness** [-nis] *s.* acuité; finesse; netteté; rigueur; âpreté; acidité, f.

shatter [shatᵉr] *v.* briser; mettre en pièces; délabrer; fracasser; se briser en miettes; se disperser; *s. pl.* morceaux, débris, m. pl.

shave [shé¹v] *v.* (se) raser; « tondre », duper; effleurer, frôler; *to have a close shave,* l'échapper belle; **clean-shaven,** rasé de frais; glabre. ‖ **shaven,** *p. p. of* **to shave.** ‖ **shaving** [-ing] *s.* action de (se) raser; planure (techn.), f.; copeau, m.; **shaving brush,** blaireau; **shaving soap,** savon à barbe.

shawl [shaul] *s.* châle; fichu, m.

she [shî] *pron.* elle; *she who,* celle qui; *she is a good woman,* c'est une brave femme; **she-bear,** ourse; **shegoat,** chèvre.

sheaf [shîf] (*pl.* **sheaves** [shîvz]) *s.* gerbe; liasse; botte, f.; faisceau, m.; *v.* mettre en gerbes.

shear [shiᵉr] *v.** tondre; cisailler; corroyer; *s.* tonte, f.; cisaillement, m.; *pl.* cisailles, f. pl.; cisailleuse (mech.), f.; **shearer,** tondeur; **shearing-machine,** tondeuse.

sheath [shîth] *s.* fourreau; étui; élytre, m.; gaine, f. ‖ **sheathe** [shîzh] *v.* rengainer; recouvrir; revêtir.

sheave [shîv] *s.* réa, m.; poulie, f.

sheaves [shîvz] *pl. of* **sheaf.**

shed [shèd] *s.* hangar; appentis; abri, m.; remise, f.

shed [shèd] *v.** répandre; verser; perdre, laisser fuir; déverser; *to shed leaves,* s'effeuiller.

sheen [shîn] *s.* éclat; lustre; miroitement, m.

sheep [shîp] *s.* mouton, m.; **black sheep,** brebis galeuse; **sheep dog,** chien de berger; **sheep-fold,** bercail, bergerie; **sheepish,** niais, moutonnier, gauche; **sheepskin,** peau de mouton, basane; peau d'âne (diploma).

sheer [shiᵉr] *adj.* pur; escarpé; transparent; *by sheer force,* de vive force; *adv.* tout à fait; à pic; *v.* descendre (ou) monter à pic.

sheet [shît] *s.* drap, m.; feuille; nappe [water]; tôle [metal]; épreuve (typogr.), f.; **sheet iron,** tôle; **sheet lightning,** éclair de chaleur; **asbestos sheet,** plaque d'amiante.

sheik [shé¹k] *s.* cheik, m.

shelf [shèlf] (*pl.* **shelves** [shèlvz]) *s.* rayon; casier; plateau; écueil; récif; bas-fond, m.; planche, f.

shell [shèl] *s.* coquille; cosse; écaille; carapace; enveloppe (mech.), f.; obus, m.; *v.* écosser; écaler; bombarder; **shell hole,** trou d'obus, entonnoir.

shellac [shᵉlǎk] *s.* gomme laque, f.

shellfish [shèlfish] *s.** coquillage, m.

shelter [shèltᵉr] *s.* abri; refuge, m.; *v.* abriter; protéger; *to take shelter,* s'abriter; **shelter trench,** tranchée-abri.

shelve [shèlv] *v.* mettre de côté; garnir de rayons; classer, remiser.

shelve [shèlv] *v.* pencher; être en pente.

shelves [shèlvz] *pl. of* **shelf.**

shepherd [shèpᵉrd] *s.* berger, m.; *the Good Shepherd,* le Bon Pasteur; **shepherdess,** bergère.

sherbet [shë̈rbit] *s.* sorbet, m.

sheriff [shèrif] *s.* shérif, m.

sherry [shèri] *s.** xérès, m.

shew [shooᵘ], *see* **show.**

shield [shîld] *s.* bouclier; pare-éclats, m.; *v.* défendre; protéger; blinder; **shield-bearer,** écuyer.

shift [shift] *v.* changer; changer de linge, de vitesse, de place; transférer; dévier; décaler; finasser; biaiser; *s.* changement; relais; expédient; subterfuge, m.; équipe; journée de travail; f.; *to shift about,* tourner casaque; **gear shift,** changement de vitesse; **wind shift,** saute de vent; *to shift for* *oneself,* se débrouiller tout seul. ‖ **shifting** [shɪ-ɪng] *adj.* changeant ; mouvant ; instable ; rusé. ‖ **shiftless** [-lis] *adj.* incapable ; empoté ; mou.

shilling [shɪling] *s.* shilling, m.

shilly-shally [shɪlishɑli] *v.* tergiverser.

shimmer [shimᵉʳ] *v.* chatoyer ; *s.* lueur, f.

shin [shìn] *s.* tibia ; jarret ; bas de la jambe ; *to shin up a tree,* grimper à un arbre.

shindy [shɪndi] *s.* tapage, m. ; bagarre, f. ; *Am.* sauterie, f.

shine [shaɪn] *v.** briller ; luire ; cirer [shoes] ; *s.* éclat, brillant ; lustre, m. ; *rain and shine,* la pluie et le beau temps ; *to shine on,* éclairer.

shingle [shìng'l] *s.* bardeau (techn.), m. ; échandole, f. ; enseigne, plaque, f.

shingles [shìng'lz] *s. pl.* zona, m.

shining [shaɪning] *adj.* brillant ; resplendissant ; illustre ; *s.* éclat ; lustre, m. ‖ **shiny** [shaɪni] *adj.* luisant ; bien ciré [shoe].

ship [shìp] *s.* bateau ; vaisseau ; navire, m. ; *v.* embarquer ; expédier par bateau ; enrôler comme marin ; *merchant ship,* navire marchand ; **shipload,** cargaison, fret ; **shipmate,** compagnon d'équipage ; **ship-owner,** armateur, fréteur ; **shipyard,** chantier de construction navale. ‖ **shipment** [-mᵉnt] *s.* embarquement ; chargement ; transport, m. ; expédition, f. ‖ **shipper** [-ᵉʳ] *s.* expéditeur, chargeur, m. ‖ **shipping** [-ing] *s.* marine ; navigation ; expédition, f. ; transport maritime ; tonnage, m. ; **shipping charges,** frais d'embarquement ; **shipping company,** compagnie de messageries maritimes, compagnie de navigation. ‖ **shipwreck** [-rèk] *s.* naufrage, m. ; *v.* faire naufrage ; détruire.

shire [shaɪᵉʳ] *s. Br.* comté, m.

shirk [shërk] *v.* éviter ; esquiver ; tirer au flanc ; **shirker,** lâcheur, flanchard ; tireur au flanc.

shirt [shërt] *s.* chemise d'homme, f. ; **shirt-maker,** chemisier [person] ; **shirtwaist,** chemisier [dress].

shiver [shivᵉʳ] *v.* frissonner ; grelotter ; *s.* tremblement, frisson, m.

shiver [shivᵉʳ] *s.* morceau, éclat, m. ; *v.* fracasser ; briser en miettes ; ralinguer (naut.).

shoal [shoʊl] *s.* banc ; haut-fond ; traquenard, m.

shock [shɑk] *s.* choc ; impact ; coup, m. ; commotion, secousse, f. ; *v.* choquer ; heurter ; commotionner ; offenser ; **shock absorber,** amortisseur ;

shock troops, troupes de choc ; *return shock,* choc en retour. ‖ **shocking** [-ing] *adj.* choquant ; révoltant ; scandaleux ; affreux.

shod [shâd] *pret., p. p. of* to shoe.

shoddy [shâdi] *adj.* de camelote ; *s.* camelote, pacotille.

shoe [shou] *s.* soulier ; chaussure ; fer [horse] ; sabot ; patin (mech.), m. ; *v.** chausser ; ferrer ; saboter (mech.) ; **calked shoe,** fer à glace ; **shoeblack,** décrotteur, cireur ; **shoe blacking,** cirage noir ; **shoehorn,** chausse-pied ; **shoelace,** lacet de soulier ; **shoemaker,** cordonnier ; **shoe polish,** crème à chaussure ; **shoe repairs,** cordonnerie ; **shoe store,** magasin de chaussures ; **shoe tree,** embauchoir.

shone [shoʊn] *pret., p. p. of* to shine.

shook [shouk] *pret. of* to shake.

shoot [shout] *v.** tirer ; décocher ; décharger ; faire feu ; toucher ; fusiller ; chasser au fusil ; *Fr. Can.* lancer [hockey] ; pousser [plant] ; photographier ; filmer ; filer [star] ; *s.* pousse ; chute d'eau, f. ; coup de fusil ; *Fr. Can.* lancer [hockey] ; jet, m. ; *to shoot a film,* tourner un film ; *to shoot by,* passer en trombe ; *to shoot forth,* germer, bourgeonner ; *to shoot down,* abattre. ‖ **shooter** [-ᵉʳ] *s.* tireur, m. ‖ **shooting** [-ing] *s.* tir ; élancement [pain], m. ; pousse ; chasse ; décharge ; prise de vue, f. ; tournage, m. [film] ; **shooting-script,** découpage ; **shooting star,** étoile filante.

shop [shâp] *s.* magasin ; atelier, m. ; boutique ; officine, f. ; *v.* faire des emplettes, courir les magasins ; **beauty shop,** institut de beauté ; **shopgirl,** employée de magasin ; **shop-lifting,** vol à l'étalage ; **shop window,** devanture. ‖ **shopkeeper** [-kipᵉʳ] *s.* boutiquier, marchand, m. ‖ **shopper** [-ᵉʳ] *s.* acheteur, client, m. ‖ **shopping** [-ing] *s.* achat, *Fr. Can.* magasinage, m. ; *to go shopping,* aller faire des courses, *Fr. Can.* magasiner.

shore [shoʊᵉʳ] *s.* côte ; plage, f. ; rivage ; littoral, m. ; *off shore,* au large ; *on shore,* à terre.

shore [shoʊᵉʳ] *s.* étai ; étançon, m. ; *v.* étayer ; accorer (naut.) ; **shoring,** étaiement.

shorn [shoʊᵉrn] *p. p. of* to shear.

short [shoʊrt] *adj.* court ; bref ; passager ; brusque ; insuffisant ; *adv.* court, brièvement, brusquement ; *to be short of,* être à court de ; *in short,* bref ; **short circuit,** court-circuit ; **shortcut,** raccourci ; **short story,** conte ; **short syllable,** syllabe brève ; *for short,* pour abréger ; *to stop short,* s'arrêter net. ‖ **shortage** [-idj] *s.* manque ; déficit, m. ; pénurie, f. ‖ **shortcoming** [-kœming] *s.* insuffisance, f.; manquement, m. ‖ **shorten** [-'n] *v.* raccourcir; abréger. ‖ **shortening** [-ning] *s.* abréviation; graisse à pâtisserie, f.; saindoux, m. ‖ **shorthand** [-hand] *s.* sténographie, f.; **shorthand-typist,** sténo-dactylo. ‖ **shortly** [-li] *adv.* sous peu; brièvement; sèchement; vivement. ‖ **shortness** [-nis] *s.* brièveté; courte durée; concision; petitesse; insuffisance, f. ‖ **shorts** [-s] *s. pl.* caleçon; slip; short, m.

shot [shât] *pret., p. p. of* **to shoot;** *s.* coup de feu; boulet; grain de plomb; tireur; m.; piqûre (med.), f.; *adj.* changeant; saillant; *an expert pistol shot,* un bon tireur au pistolet; *like a shot,* comme un trait; *shotgun,* fusil de chasse; *Am. big shot,* « grosse légume »; *buck-shot,* chevrotine.

should [shoud] *defect. aux.; you should be more attentive,* vous devriez être plus attentif; *I said that I should go,* j'ai dit que j'irais; *if it should rain,* s'il pleuvait; *how should I know?,* comment voulez-vous que je le sache?; *I should have gone,* j'aurais dû aller.

shoulder [shou^lde^r] *s.* épaule, f.; épaulement (mech.), m.; *v.* mettre sur les épaules; pousser de l'épaule; **shoulder-belt, -sash, -strap,** bandoulière; **shoulder blade,** omoplate; **shoulder braid,** fourragère; *to turn a cold shoulder to,* battre froid à.

shout [sha^{ou}t] *v.* crier; s'écrier; *s.* clameur; acclamation, f.

shove [shœv] *v.* pousser, bousculer; *s.* poussée, f.; *to shove off,* pousser au large; *shove off !,* fiche le camp !

shovel [shœv'l] *s.* pelle; pelletée, f.; *v.* pelleter; remuer, jeter à la pelle; *intrenching shovel,* pelle-bêche.

show [shou] *v.* * montrer; indiquer; faire voir; exposer; *s.* apparence; parade; exposition, f.; étalage; spectacle; concours, m.; *advance show,* vernissage; *autoshow,* salon de l'automobile; *showdown,* étalement du jeu [cards]; *show him to his seat,* conduisez-le à sa place; *to show in,* introduire; *to show out,* reconduire; *to show off,* faire étalage; *to go to the show,* aller au spectacle; *to make a show of oneself,* s'exhiber.

shower [shou^{ou}er] *s.* exposeur; exposant; démonstrateur, m.

shower [sha^{ou}er] *s.* averse; ondée; douche, f.; *v.* faire pleuvoir; arroser; tomber à verse; combler; *April shower,* giboulée. ‖ **shower-bath,** *s.* douche, f.

shown [shou^{ou}n] *p. p. of* **to show.**

showy [sho^{ou}i] *adj.* voyant; éclatant; tapageur.

shrank [shràngk] *pret. of* **to shrink.**

shrapnel [shràpn^el] *s.* shrapnel, m.

shred [shrèd] *s.* lambeau; fragment; filament, m.; *v.* déchiqueter; effilocher; mettre en lambeaux; *to be in shreds,* être en loques; **shreddy,** déchiqueté, en lambeaux.

shrew [shrou] *s.* mégère, f.; **shrewmouse,** musaraigne. ‖ **shrewd** [-d] *adj.* rusé, malin; acéré; perspicace; subtil. ‖ **shrewdly** [-dli] *adv.* avec sagacité. ‖ **shrewdness** [-dnis] *s.* sagacité; perspicacité; finesse, f. ‖ **shrewish** [-ish] *adj.* acariâtre, querelleur, criard.

shriek [shrîk] *s.* cri perçant, m.; *v.* pousser des cris aigus.

shrike [shraⁱk] *s.* pie-grièche, f.

shrill [shril] *adj.* aigu, perçant; *v.* rendre un son aigu.

shrimp [shrìmp] *s.* crevette, f.; gringalet, avorton, m. [colloq.].

shrine [shraⁱn] *s.* châsse, f.; sanctuaire; tombeau, m.

shrink [shringk] *v.* * rétrécir; rapetisser; diminuer; se ratatiner; se resserrer; *to shrink back,* reculer. ‖ **shrinkage** [-idj] *s.* rétrécissement, m.; diminution; réduction; contraction, f.

shrive [shraⁱv] *v.* confesser et absoudre.

shrivel [shriv'l] *v.* (se) ratatiner; se recroqueviller.

shroud [shra^{ou}d] *s.* linceul; suaire; blindage (mech.), m.; *v.* ensevelir; envelopper, voiler.

Shrovetide [shro^{ou}vtaⁱd] *s.* les jours gras, m.; **Shrove Tuesday,** Mardi gras.

shrub [shrœb] *s.* arbuste; arbrisseau, m.; **shrubbery,** bosquet.

shrug [shrœg] *v.* hausser les épaules; *s.* haussement d'épaules, m.

shrunk [shrœngk], **shrunken** [-^en] *p. p. of* **to shrink.**

shuck [shœk] *s. Am.* bogue; cosse; écale, f.; *v.* écosser, décortiquer, écailler; *interj.* zut !

shudder [shœde^r] *s.* frisson, m.; vibration, f.; *v.* frissonner; vibrer.

shuffle [shœf'l] *v.* mêler; battre [cards]; traîner [feet]; ruser, biaiser; danser une danse glissée; *s.* confusion; allure traînante, f.; acte de battre les cartes; pas glissé, m.

shun [shœn] *v.* éviter, esquiver.

shunt [shœnt] *v.* (se) garer; changer de voie; manœuvrer (railw.); dériver; *s.* détour, changement, m.; dérivation (electr.); aiguille (railw.), f.; **shunter,** aiguilleur.

shut [shœt] *v.* * fermer; *to shut out,* empêcher d'entrer; exclure; *to shut* off, couper (electr.); *to shut up*, enfermer; emprisonner; se taire; *pret.*, *p. p. of* **to shut**; *adj.* fermé, clos. || **shutter** [shæt^{e}r] *s.* volet; contrevent; obturateur (phot.), m.; persienne, f.

shuttle [shæt'l] *s.* navette, f.; *v.* faire la navette; **shuttlecock**, volant; **shuttle-service**, navette.

shy [sha^i] *adj.* timide; ombrageux; *v.* faire un écart [horse]; se jeter de côté; **shyly**, timidement; *to be shy of*, être intimidé par; *to look shy at*, regarder d'un air défiant. || **shyness** [-nis] *s.* timidité; réserve, f. || **shyster** [-st^{e}r] *s.* canaille, f.; *adj.* véreux.

si [si] *s.* si, m. (mus.).

sibyl [sibil] *s.* sibylle; devineresse, f.; **sibylline**, sibyllin.

sick [sik] *adj.* malade; souffrant; nauséeux; écœuré; las; nostalgique; *s.* les malades, m. pl.; *to report sick*, se faire porter malade; *to be sick for*, soupirer après; *to be sick of*, être dégoûté de; *to be sick*, avoir mal au cœur (ou) des nausées; **sick-brained**, malade du cerveau; **sick leave**, congé de maladie; **seasick**, qui a le mal de mer. || **sicken** [-en] *v.* tomber malade; rendre malade; écœurer. || **sickening** [-ning] *adj.* écœurant; navrant; répugnant.

sickle [sik'l] *s.* faucille, f.

sickly [sikli] *adj.* maladif; chétif; malsain. || **sickness** [siknis] *s.* maladie; nausée, f.; **seasickness**, mal de mer; **air sickness**, mal de l'air.

side [sa^{i}d] *s.* côté; bord; versant [hill]; camp [game]; parti; effet [billiards], m.; *v.* prendre parti (*with*, pour; *against*, contre); **side by side**, côte à côte; *by his side*, à côté de lui; *to sidestep*; esquiver; **side-car**, sidecar; **side glance**, regard de côté; **side issue**, à-côté, question secondaire; **sideslip**, glissade sur l'aile (aviat.), dérapage [auto]; **wrong side**, envers. || **sideboard** [-bo^{u}rd] *s.* buffet, m. || **sidetrack** [-trak] *v.* garer; reléguer; dévier; dépister. || **sidewalk** [-wauk] *s. Am.* trottoir, m. || **sideways** [-wé^{i}z] *adv.* de côté; latéralement; *adj.* latéral; par le flanc. || **siding** [sa^{i}ding] *s.* voie de garage; voie secondaire, f. || **sidle** [sa^{i}d'l] *v.* marcher de côté.

siege [sîdj] *s.* siège, m.; *to lay siege to*, assiéger; *to lift the siege*, lever le siège.

sierra [siér^e] *s.* sierra, f.

siesta [siést^e] *s.* sieste, f.

sieve [sîv] *s.* tamis; crible, m.; *v.* tamiser; passer au crible.

sift [sift] *v.* tamiser; passer au crible.

sigh [sa^i] *s.* soupir, m.; *v.* soupirer; se lamenter.

sight [sa^{i}t] *s.* vue; vision; inspection; mire; hausse (milit.), f.; spectacle; guidon, m.; *v.* apercevoir; viser; *by sight*, de vue; *within sight*, en vue; **dial sight**, goniomètre; *Am.* **far sighted**, presbyte; **sightless**, aveugle; **sightly**, plaisant; *to catch sight of*, apercevoir; *to lose sight of*, perdre de vue; *a sight of*, un tas de; *to see the sights*, faire le tour des curiosités. || **sightseeing** [-sîing] *s.* tourisme, m.; **sightseeing tour**, circuit touristique; **sightseer**, touriste, curieux, excursionniste.

sign [sa^{i}n] *s.* signe; symbole; indice, m.; trace; enseigne, f.; *v.* signer; faire un signe, un signal; **sign board**, panneau d'affichage; **call sign**, indicatif d'appel [radio]; **street sign**, plaque de rue; **signer**, signataire, endosseur; *to sign up for a job*, signer un contrat de travail.

signal [sig'n'l] *s.* signal; signe; indicatif; avertisseur; indicateur; insigne; sémaphore, m.; *v.* signaler; donner le signal; faire des signaux; *adj.* signalé; **distress signal**, S. O. S.; **stop signal**, signal d'arrêt; **signal communications**, transmissions; **signalman**, signaleur. || **signal(l)ing** [-ing] *s.* signalisation, f. || **signalize** [sign^{e}la^{i}z] *v.* signaler; faire des signaux.

signatory [sign^{e}t^{e}ri] *adj.*, *s.** signataire, m. f. || **signature** [-tsh^{e}r] *s.* signature; clef [music], f.; **signature tune**, indicatif musical [radio], m.

signet [sign^{e}t] *s.* sceau, signet, m.; **signet-ring**, chevalière.

significance [signif^{e}k^{e}ns] *s.* sens, m.; signification; importance, f. || **significant** [-k^{e}nt] *adj.* significatif. || **signification** [sign^{e}fiké^{i}sh^{e}n] *s.* signification, f. || **significative** [signifik^{e}tiv] *adj.* significatif. || **signify** [signifa^i] *v.* signifier; vouloir dire; faire savoir, déclarer.

signpost [sa^{i}npo^{u}st] *s.* poteau indicateur; signal routier, m.

silence [sa^{i}l^{e}ns] *s.* silence, m.; *v.* faire le silence; faire taire. || **silencer** [-^{e}r] silencieux; amortisseur de bruit, m. || **silent** [sa^{i}l^{e}nt] *adj.* silencieux; taciturne; muet; **silent partner**, commanditaire. || **silently** [-li] *adv.* silencieusement, sans bruit.

silhouette [silouèt] *s.* silhouette, f.; *v. to be silhouetted*, se profiler.

silicon [siliko^{u}n] *s.* silicone, m.

silk [silk] *s.* soie, f.; **silken**, de soie; **silkworm**, ver à soie; **silky**, soyeux.

sill [sil] *s.* seuil [door]; rebord [window], m.; longrine; culée, f.

silly [sili] *adj.* sot; niais; absurde; ridicule.

silo [sa¹loᵒᵘ] *s.* silo, m.; *v.* ensiler.

silt [silt] *s.* vase; fange, f.; limon, m.; *v. to silt up,* (s') envaser.

silver [silvᵉʳ] *s.* argent, m.; *v.* argenter; étamer [mirror]; *adj.* argent; gris argent; argenté; *silver fox,* renard argenté; *silver wedding,* noces d'argent. ‖ *silversmith* [-smith] *s.* orfèvre, m. ‖ *silverware* [-wèᵉʳ] *s.* argenterie, f. ‖ *silvery* [-ri] *adj.* argenté; argentin [sound].

similar [simelᵉʳ] *s.* similaire; analogue; *similarly,* de la même manière. ‖ *similarity* [simelarᵉti] *s.** similarité; ressemblance; analogie, f. ‖ *simile* [simᵉli] *s.* comparaison, f. ‖ *similitude* [similᵉtyoud] *s.* similitude, f.

simmer [simᵉʳ] *v.* mijoter, cuire à petit feu; frémir; fermenter (fig).

simper [simpᵉʳ] *s.* sourire niais, m.; *v.* minauder.

simple [simp'l] *adj.* simple; naturel; candide; sincère; ingénu; *s.* simple, m.; simple [plant], f.; *simple-minded,* simplet. ‖ *simpleton* [simp'ltᵉn] *s.* simplet, niais, m. ‖ *simplicity* [simplisᵉti] *s.** simplicité; naïveté; candeur, f. ‖ *simplification* [simplᵉfᵉké¹shᵉn] *s.* simplification, f. ‖ *simplify* [simplᵉfa¹] *v.* simplifier.

simulate [simyᵉlé¹t] *v.* feindre; simuler; affecter. ‖ *simulation* [simyoulé¹shᵉn] *s.* simulation, f.

simultaneity [simᵉltᵉné¹iti] *s.* simultanéité, f. ‖ *simultaneous* [sa¹m'lté¹niᵉs] *adj.* simultané.

sin [sin] *s.* péché, m.; faute, f.; *v.* pécher; commettre une faute.

sinapism [sinᵉpiz'm] *s.* sinapisme, m.

since [sins] *conj.* depuis que; puisque; *prep.* depuis; *six years since,* il y a six ans; *ever since,* depuis (ce moment-là); *since when?,* depuis quand?

sincere [sinsiᵉʳ] *adj.* sincère; franc; de bonne foi. ‖ *sincerity* [sinsèʳᵉti] *s.* sincérité, f.

sinecure [sinikyour] *s.* sinécure, f.

sinew [sinyou] *s.* tendon; nerf, m.; énergie, f.; *sinewless,* sans force; amorphe; *sinewy,* tendineux; musculeux; nerveux; musclé.

sinful [sinfoul] *adj.* coupable.

sing [sing] *v.** chanter; célébrer en vers; *to sing small,* déchanter; *to sing to sleep,* endormir en chantant; *to sing out of tune,* détonner; *singer,* chanteur; cantatrice, chanteuse.

singe [sindj] *v.* roussir; brûler [hair]; flamber [poultry]; se roussir.

single [sing'l] *adj.* seul; unique; simple; célibataire; franc, sincère; *v.* sélectionner; séparer; *to single out,* remarquer, singulariser; *to remain single,* rester célibataire; *single-breasted,* droit [jacket]; *single-handed,* sans aide; *single-seater,* monoplace. ‖ *singleness* [sing'lnis] probité; sincérité; unicité, f.; célibat, m.

singsong [singsaung] *s.* rengaine, f.; *adj.* monotone, chantant.

singular [singgyᵉlᵉʳ] *adj.* singulier; étrange; insolite; curieux; rare; *s.* singulier, m. ‖ *singularity* [singgyoulariti] *s.** singularité; particularité; bizarrerie; rareté, f. ‖ *singularize* [singgyoulᵉra¹z] *v.* singulariser.

sinister [sinistᵉʳ] *adj.* sinistre; funeste; menaçant.

sink [singk] *v.** couler; sombrer (naut.); décliner; s'enfoncer; s'embourber [value]; se coucher [sun]; amortir [debts]; placer à fonds perdus [money]; *s.* évier; égout; cloaque, m.; *to sink under,* succomber à; *sinking-fund,* caisse d'amortissement. ‖ *sinker* [-ᵉʳ] *s.* plomb (m.) de ligne [fishing].

sinless [sinlès] *adj.* sans péché, innocent. ‖ *sinner* [sinᵉʳ] *s.* pécheur, m.; pécheresse, f.

sinuosity [sinyouᵃsiti] *s.** sinuosité, f. ‖ *sinuous* [sinyouᵉs] *adj.* sinueux; tortueux; souple.

sinus [sa¹nᵉs] *s.** sinus (med.), m.; *sinusitis,* sinusite.

sip [sip] *v.* siroter, déguster; *s.* petite gorgée, f.

siphon [sa¹fᵉn] *s.* siphon, m.; *v.* tirer au siphon; siphonner.

sir [sër] *s.* monsieur, m.

sire [sa¹ᵉʳ] *s.* sire; père; mâle [animal], m.; *v.* engendrer.

siren [sa¹rᵉn] *s.* sirène, f.

sirloin [sër¹lo¹n] *s.* aloyau; faux-filet, m.

sirocco [sirokoᵒᵘ] *s.* sirocco, m.

sirup [sirᵉp] *s.* sirop, m.

sister [sistᵉʳ] *s.* sœur; religieuse, f.; *sister-in-law,* belle-sœur; *sister ship,* navire jumeau.

sit [sit] *v.** s'asseoir; être assis; siéger (jur.); tenir une séance; poser [portrait]; couver [hen]; *to sit down,* s'asseoir; *to sit still,* se tenir tranquille; *to sit up all night,* veiller toute la nuit; *to sit astride,* être assis à califourchon; *to sit well,* convenir (on, à).

site [sa¹t] *s.* site, emplacement, m.

sitter [sitᵉʳ] *s.* personne assise; couveuse, f.; modèle qui pose, m.; *sitter-up,* personne qui veille tard. ‖ *sitting* [-ing] *s.* séance; session, f.; *adj.* couveuse; assis; *sitting-room,* salon; *sitting up,* veillée.

situated [sìtshoué¹tid] *adj.* situé, sis.
‖ **situation** [sìtshoué¹shen] *s.* situation; position; circonstance, f.; emploi; emplacement, m.

sitz-bath [sìtsbâth] *s.* bain de siège, m.

six [siks] *adj.*, *s.* six. ‖ **sixteen** [-tîn] *adj.*, *s.* seize. ‖ **sixteenth** [-tînth] *adj.*, *s.* seizième ; *April sixteenth*, le 16 avril. ‖ **sixth** [-th] *adj.*, *s.* sixième. ‖ **sixthly** [sìksthli] *adv.* sixièmement. ‖ **sixty** [-ti] *adj.*, *s.* soixante. ‖ **sixtieth** [-tiith] *adj.*, *s.* soixantième.

size [sa¹z] *s.* grandeur ; dimension ; pointure ; taille ; encolure ; capacité ; étendue, f. ; calibre ; volume ; format, m. ; *v.* calibrer ; classifier ; *full size*, grandeur naturelle ; *large size*, grande taille ; *to size up*, estimer, se faire une idée de.

sizzle [siz'l] *v.* frire ; pétiller ; grésiller ; *s.* grésillement, m.

skate [ské¹t] *s.* raie, f.

skate [ské¹t] *s.* patin, m. ; *v.* patiner ; *ice skate*, patin à glace ; *roller skate*, patin à roulettes ; *skater*, patineur ; *skating*, patinage.

skein [ské¹n] *s.* écheveau, m.

skeleton [skèlet'n] *s.* squelette, m. ; ossature ; carcasse ; charpente, f. ; *skeletal*, squelettique.

skeptic, *see* **sceptic.**

sketch [skètsh] *s.** croquis ; relevé, m. ; esquisse ; ébauche ; étude, f. ; *v.* esquisser ; faire un croquis ; *rough sketch*, brouillon ; *sketching*, dessin à main levée ; *sketchy*, sommaire ; ébauché ; imprécis ; rudimentaire.

skewer [skyouer] *s.* brochette, f.

ski [skî] *s.* ski, m. ; *v.* skier ; *ski-lift*, remonte-pente.

skid [skid] *s.* sabot-frein ; patin (aviat.) ; traîneau ; dérapage, m. ; *v.* glisser ; patiner ; déraper ; chasser [wheels] ; *skidding*, dérapage.

skiff [skif] *s.* esquif, m.

skilful [skìlfel] *adj.* adroit, habile ; *skilfully*, avec adresse, avec dextérité.

skill [skil] *s.* habileté ; dextérité, f. ; art, talent, m. ‖ **skilled** [-d] *adj.* habile ; expérimenté ; fort (*in*, en).

skillet [skìlit] *s.* poêlon, m. ; poêle, f.

skim [skim] *v.* écumer ; écrémer ; effleurer ; *skim milk*, lait écrémé ; *skimmer*, écumoire.

skimp [skimp] *v.* lésiner ; bâcler.

skin [skìn] *s.* peau ; pellicule, f. ; *v.* peler ; écorcher ; éplucher ; se cicatriser ; *drenched to the skin*, trempé jusqu'aux os ; *to skin someone out of his money*, « plumer » quelqu'un, lui

soutirer de l'argent ; *skin-deep*, superficiel ; à fleur de peau ; *skinflint*, grippe-sou ; *skinner*, peaussier, pelletier ; *skinny*, décharné, osseux, parcheminé.

skip [skip] *v.* sauter ; bondir ; omettre, négliger ; *Am. to skip rope*, sauter à la corde ; *skipping rope*, corde à sauter.

skipper [skìper] *s.* capitaine ; patron d'un petit navire, m.

skirmish [skërmish] *s** escarmouche, échauffourée, f. ; *v.* escarmoucher ; *skirmisher*, tirailleur.

skirt [skërt] *s.* jupe ; basque ; lisière, f. ; quartier de selle, m. ; *v.* côtoyer ; longer ; border ; contourner ; *skirting-board*, plinthe.

skit [skit] *s.* sketch comique et satirique, m. ; pasquinade, f.

skittish [skìtish] *adj.* capricieux ; frivole ; ombrageux [horse].

skittle [skìt'l] *s.* quille, f. ; jeu (m.) de quilles.

skulk [skælk] *v.* se cacher ; se défiler, tirer au flanc ; rôder.

skull [skœl] *s.* crâne, m. ; *skullcap*, calotte.

skunk [skœngk] *s.* sconse ; putois (m.) d'Amérique ; mouffette, f. ; *Fr. Can.* bête puante, f. ; mufle [man], m.

sky [ska¹] *s.** ciel, m. ; *skylark*, alouette ; *to skylark*, faire des farces ; *skylight*, lucarne ; *sky-line*, ligne d'horizon ; *skyrocket*, fusée volante ; *sky-scraper*, gratte-ciel ; *skyward*, vers le ciel ; *skyway*, route aérienne ; *mackerel sky*, ciel moutonné, cirro-cumulus.

slab [slab] *s.* dalle ; plaque ; tablette [chocolate] ; planche, f. ; pavé [gingerbread] ; marbre (typogr.), m.

slack [slak] *adj.* négligent ; inactif ; flasque ; distendu ; *s.* flottement ; relâchement ; jeu, m. ; *pl.* pantalon, m. ; *business is slack*, les affaires ne vont pas ; *slack season*, morte-saison ; *v.* = *slacken.* ‖ **slacken** [-en] *v.* (se) relâcher ; détendre ; ralentir ; mitiger ; diminuer ; *slacker* [-er] *s.* tire-au-flanc ; flemmard ; embusqué (slang).

slag [slag] *s.* scorie, f.

slain [slé¹n] *p. p. of* **to slay.**

slake [slé¹k] *v.* étancher [thirst] ; éteindre [lime] ; assouvir (fig.).

slam [slam] *v.* claquer [door].

slam [slam] *s.* chelem [bridge], m.

slander [slànder] *s.* calomnie ; diffamation, f. ; *v.* calomnier ; diffamer ; *slanderer*, calomniateur ; *slanderous*, calomnieux ; diffamatoire.

slang [slàng] *s.* argot, m. ; *adj.* argotique ; *v.* enguirlander (colloq.).

slant [slànt] *s.* pente; inclinaison, f.; plan oblique, m.; *adj.* incliné; oblique; *v.* être en pente; (s') incliner; *slanting*, en pente, en biais, oblique.

slap [slap] *s.* gifle; tape, f.; *v.* souffleter, gifler; *slap-dash*, impétueux; bâclé; *slap-happy*, cinglé (colloq.).

slash [slash] *s.** entaille; coupure, f.; *v.* taillader; balafrer.

slat [slat] *s.* lamelle; latte; traverse [bed], f.

slate [slé¹t] *s.* ardoise, f.; *Am.* liste des candidats d'un parti politique, f.; *v.* couvrir en ardoises; *Am.* inscrire sur la liste.

slattern [slatᵉrn] *s.* souillon, f.

slaughter [slautᵉr] *s.* carnage; massacre, m.; *v.* massacrer, tuer; *slaughter house*, abattoir.

Slav [slâv] *s.* Slave, m. f.

slave [slé¹v] *s.* esclave, m. f.; *v.* trimer; *slave dealer*, marchand d'esclaves; *slave-holder*, propriétaire d'esclaves.

slaver [slavᵉr] *s.* bave, f.; *v.* baver.

slaver [slé¹vᵉr] *s.* négrier, m. ‖ *slavery* [-i] *s.* esclavage, m. ‖ *slavish* [slé¹vish] *adj.* servile, d'esclave.

slaw [slau] *s.* chou au vinaigre, m.

slay [slé¹] *v.** tuer; massacrer; *slayer*, tueur, meurtrier.

sleazy [slé¹zi] *adj.* léger, de camelote.

sled [slèd], *sledge* [slèdj] *s.* traîneau, m.

sledge [slèdj] *s.* marteau de forgeron, m.

sleek [slîk] *adj.* lisse; luisant; mielleux, doucereux; *v.* polir, lisser.

sleep [slîp] *s.* sommeil, m.; *v.** dormir; sommeiller; *to sleep off*, cuver [wine]; *to sleep off a headache*, guérir sa migraine en dormant; *to go to sleep*, s'endormir; *to sleep out*, découcher; *broken sleep*, sommeil entre-coupé, interrompu. ‖ *sleeper* [-ᵉr] *s.* dormeur; voiture-lit, f.; traverse (railw.), f. ‖ *sleepiness* [-inis] *s.* assoupissement, sommeil, m.; somnolence, f. ‖ *sleeping* [-ing] *adj.* endormi, sommeillant; *sleeping bag*, sac de couchage; *sleeping-berth*, couchette; *sleeping car*, voiture-lit; *sleeping pills*, somnifère; *sleeping-room*, chambre à coucher, dortoir; *sleeping sickness*, encéphalite léthargique. ‖ *sleepless* [-lis] *adj.* sans sommeil, d'insomnie; blanche [night]. ‖ *sleeplessness* [-lisnis] *s.* insomnie, f. ‖ *sleepy* [-i] *adj.* somnolent; assoupi; soporifique; *to be sleepy*, avoir sommeil.

sleet [slît] *s.* grésil, m.; *v.* grésiller.

sleeve [slîv] *s.* manche; chemise; douille (mech.), f.; manchon (mech.), m.; *sleeveless*, sans manche; *sleeve-board*, jeannette.

sleigh [slé¹] *s.* traîneau, m.; *v.* aller en traîneau.

sleight [sla¹t] *s.* adresse, f.; *sleight of hand*, prestidigitation.

slender [slèndᵉr] *adj.* mince; svelte; fragile; faible; insuffisant; maigre. ‖ *slenderness* [-nis] *s.* minceur, sveltesse; modicité; faiblesse, f.

slept [slèpt] *pret.*, *p. p. of* to sleep.

sleuth [slouth] *s.* détective, m.

slew [slou] *pret. of* to slay.

slice [sla¹s] *s.* tranche, f.; *v.* couper en tranches; *slice of bread and butter*, tartine beurrée.

slick [slik] *adj.* glissant; lisse, luisant; gracieux; doucereux; matois, rusé, adroit.

slicker [slikᵉr] *s.* Am. imperméable; (fam.) roublard, m.

slid [slid] *pret.*, *p. p. of* to slide. ‖ *slidden* [-'n] *p. p. of* to slide. ‖ *slide* [sla¹d] *v.** glisser; coulisser; *s.* glissement; coulant; chariot, curseur (mech.), m.; glissade; glissière; glissoire; platine [microscope]; coulisse, f.; *slide rule*, règle à calcul; *slide-trombone*, trombone à coulisse; *to slide in*, entrer furtivement; *to let slide*, ne pas s'occuper de, laisser tomber. ‖ *sliding* [-ing] *adj.* glissant; à coulisse [door]; amovible [seat]; mobile [panel].

slight [sla¹t] *adj.* léger; insignifiant; fragile; maigre; rare; *v.* mépriser, dédaigner; manquer d'égards envers; *slightly*, légèrement; fort peu; avec dédain.

slim [slim] *adj.* mince, élancé, délié; rare; faible.

slime [sla¹m] *s.* boue, vase; bave [snails], f.; limon, m.; *slimy*, visqueux, baveux, limoneux.

sling [sling] *s.* fronde; bretelle [gun]; écharpe (med.), f.; *v.** lancer avec une fronde; porter en bandoulière.

slink [slingk] *v.* s'esquiver; *to slink in*, se faufiler dans; *to slink away*, se débiner.

slip [slip] *v.* (se) glisser; s'échapper; se détacher; diminuer [prices]; patiner (mech.); faire un faux pas; filer [cable]; *s.* glissade; gaffe; erreur; bande [land]; cale de construction (naut.); combinaison [garment]; laisse [leash]; bouture [plant], f.; glissement; bout [paper]; placard (typogr.), m.; *to slip on*, enfiler [dress]; *to slip away*, se dérober; *a slip of the tongue*,

un lapsus; *to slip out of joint,* se disloquer; *it slipped my mind,* cela m'est
sorti de l'esprit; *slip cover,* housse;
slip knot, nœud coulant; *deposit slip,*
fiche de dépôt. || *slipper* [-ᵉʳ] *s.* pan-
toufle, f.; *rope slipper,* sandale. ||
slippery [-ri] *adj.* glissant; incertain;
scabreux; rusé.

slit [slit] *s.* fente, fissure; déchirure;
incision, f.; ajour, m.; *v.** (se) fendre;
(se) déchirer; éclater; inciser; *to slit
into strips,* déchiqueter; *pret., p. p. of
to slit.*

slither [slithᵉʳ] *v.* glisser; onduler.

sliver [slivᵉʳ] *s.* éclat de bois, m.;
tranche mince, f.; *v.* (se) fendre; couper en tranches.

slobber [slábᵉʳ] *s.* bave, f.; *v.* baver;
slobbering, baveux.

sloe [sl_oᵒᵘ] *s.* prunelle, f.

slogan [sloᵒᵘgᵉn] *s.* slogan, m.; devise, f.

sloop [sloup] *s.* sloop, aviso (naut.), m.

slop [slâp] *v.* répandre; renverser;
faire déborder; inonder; *s. pl.* mare;
lavasse; eaux sales, f.; sentimentalisme, m.; *slop pail,* seau à toilette.

slope [sloᵒᵘp] *v.* pencher; aller en
pente; *s.* pente, inclinaison; rampe, f.;
talus; versant, m.

sloppy [slápi] *adj.* bourbeux; négligé;
flasque; larmoyant, fade.

slot [slât] *s.* fente; rainure; mortaise,
f.; *v.* fendre, entailler; *slot machine,*
appareil à jetons, distributeur automatique.

sloth [slauth] *s.* paresse, indolence,
f.; paresseux [animal], m.; *slothful,*
paresseux, indolent.

slouch [slaᵒᵘtsh] *s.** maladroit, lourdaud, m.; *Am.* fainéant; bord rabattu
d'un chapeau mou avachi, m.; démarche mal assurée, f.; *v.* marcher
lourdement; s'avachir; s'affaisser.

slough [slaᵒᵘ] *s.* fondrière; mare, f.;
bourbier, m.

s l o u g h [slœf] *s.* mue, dépouille
[snake]; escarre (med.), f.

sloven [slœvᵉn] *s.* négligent; souillon,
m. || *slovenliness* [-linis] *s.* malpro-
preté; négligence, f. || *slovenly* [-li]
adj. malpropre; négligent; bâclé.

slow [sloᵒᵘ] *adj.* lent; borné; en retard; terne, sans vie; *v.* ralentir; *to
slow down,* diminuer la vitesse; *to be
slow to,* tarder à; *ten minutes too
slow,* en retard de dix minutes; *slow-
acting,* à action lente; *slowly,* lente-
ment, tardivement; || *slow-motion,* ra-
lenti (ciném.). || *slowness* [-nis] *s.*
lenteur; lourdeur d'esprit, f.; retard;
manque d'empressement, m.

sludge [slœdj] *s.* boue; neige fondue,
f.; cambouis, m.

slug [slœg] *s.* limace, f. || *sluggard*
[slœgᵉrd] *s.* paresseux, m. || *sluggish*
[-ish] *adj.* lambin, traînard; stagnant;
mou, lent, paresseux; *sluggish engine,*
moteur qui ne tire pas. || *sluggishness*
[-ishnis] *s.* paresse; mollesse; lenteur, f.

sluice [slous] *s.* écluse, f.; *sluice
gate,* vanne.

slum [slœm] *s.* zone, f.; taudis, m.;
v. visiter les taudis.

slumber [slœmbᵉʳ] *s.* assoupissement,
sommeil, m.; *v.* s'assoupir, sommeiller; *slumberous,* somnolent, assoupi;
endormant; endormi (fig.).

slump [slœmp] *s.* effondrement, m.;
dépression, crise; chute [prices], f.;
v. s'enfoncer brusquement; s'affaisser;
s'effondrer [prices].

slung [slœng] *pret., p. p. of to sling.*

slunk [slœngk] *pret., p. p. of to slink.*

slur [slëʳ] *s.* tache; insinuation malveillante; flétrissure, f.; affront, m.;
v. flétrir, salir; calomnier.

slur [slëʳ] *v.* glisser, faire peu de
cas (*over,* de); déprécier; bredouiller,
mal prononcer; lier [music]; *s.* liaison
[music], f.

slush [slœsh] *s.* neige fondue; boue;
sentimentalité larmoyante, f.; *v.* patauger; éclabousser.

slut [slœt] *s.* souillon; coureuse, f.

sly [sla¹] *adj.* rusé; madré; retors;
fourbe; *on the sly,* à la dérobée. ||
slyness [-nis] *s.* ruse, f.

smack [smak] *v.* claquer; faire claquer un baiser; *s.* claquement, m.;
claque, f.; baiser bruyant, m.; *smack-
ing,* sonore; *to smack one's lips,* se
lécher les babines.

small [smaul] *adj.* petit; peu nombreux; exigu; mesquin; sans importance; médiocre; bref; *small letters,*
(lettres) minuscules; *small mind,* esprit étroit; *small talk,* commérages;
small voice, voix fluette; *a small
matter,* peu de chose; *to feel small,* se
sentir tout petit. || *smallness* [-nis] *s.*
petitesse; négligence, f. || *smallpox*
[-pâks] *s.* petite vérole, variole, f.

smart [smârt] *adj.* vif; éveillé; pimpant; élégant; chic; intelligent; cuisant; *v.* picoter; cuire; *smartly,* avec
élégance, vivement, d'une manière cui-
sante. || *smartness* [-nis] *s.* élégance;
finesse; vivacité, f.

smash [smash] *s.** débâcle; faillite
(fin.); collision (auto), f.; fracasse-
ment; smash [tennis], m.; *v.* fracasser; anéantir; faire faillite; écraser,

ruiner ; pulvériser ; *to smash into,* entrer en collision avec ; *smash-up,* collision. ‖ *smasher* [-ᵉʳ] *s.* écraseur ; fracas ; coup (m.) de massue ; argument (m.) massue.

smattering [smatᵉring] *s.* teinture, connaissance rudimentaire, f.

smear [smiᵉr] *v.* barbouiller ; maculer ; brouiller [radio] ; *s.* tache, f. ; barbouillage, m. ; calomnie, f.

smell [smèl] *v.** sentir ; flairer ; *s.* odeur, f. ; parfum ; odorat, m. ; *to smell out,* découvrir par le flair ; *to smell close,* sentir le renfermé. ‖ *smelly* [-i] *adj.* odorant.

smelt [smèlt] *pret., p. p. of* **to smell.**

smelt [smèlt] *v.* fondre [metal] ; *smelting works,* fonderie ; *smelter,* fondeur.

smelt [smèlt] *s.* éperlan, m. ; *Fr. Can.* petits poissons des chenaux, m. pl.

smile [smaⁱl] *s.* sourire, m. ; *v.* sourire. ‖ *smiling* [-ing] *adj.* souriant ; agréable ; *smilingly,* en souriant, avec le sourire.

smirch [smᵉrtsh] *v.* salir ; noircir ; *s.** souillure ; noircissure, f.

smirk [smᵉrk] *v.* sourire avec affectation ; minauder.

smite [smaⁱt] *v.** frapper ; affliger.

smith [smith] *s.* forgeron, m. ‖ *smithy* [-i] *s.** forge, f.

smitten [smit'n] *p. p. of* **to smite ;** *adj.* épris, féru, atteint (*with,* de).

smock [smâk] *s.* blouse, f.

smoke [smoᵘk] *s.* fumée, f. ; *v.* fumer ; enfumer ; *I will have a smoke,* je vais en griller une ; *smoke black,* noir de fumée ; *smokeless,* sans fumée. ‖ *smoker* [-ᵉʳ] *s.* fumeur, m. ; compartiment pour fumeurs, m. ‖ *smokestack* [-stak] *s.* cheminée, f. ‖ *smoking* [-ing] *adj.* de fumeur ; fumant ; à fumer ; *s.* action de fumer, f. ; *no smoking,* défense de fumer ; *smoking car,* wagon de fumeurs ; *smoking room,* fumoir. ‖ *smoky* [-i] *adj.* fumeux ; enfumé.

smo(u)lder [smoᵘldᵉr] *v.* couver [fire].

smooth [smoᵘzh] *adj.* uni ; lisse ; glabre ; calme [sea] ; coulant [style] ; *v.* polir ; lisser ; aplanir ; adoucir ; dérider ; caresser [animal] ; *smooth disposition,* caractère égal ; *smooth talker,* beau parleur insinuant et doucereux ; *smooth-faced,* imberbe ; glabre ; *smoothly,* doucement ; sans heurt. ‖ *smoothness* [-nis] *s.* surface plane, lisse et unie ; tranquillité, harmonie ; absence de heurt, f. ; calme, m. [sea] ; douceur, onction, f.

smote [smoᵘt] *pret. of* **to smite.**

smother [smæthᵉr] *v.* étouffer, suffoquer ; supprimer.

smoulder [smoᵘldᵉr] *v.* couver ; *s.* feu (m.) qui couve ; combustion lente, f.

smudge [smœdj] *s.* fumée suffocante ; tache, f. ; *v.* noircir, maculer, tacher, salir.

smug [smœg] *adj.* pimpant, frais ; vaniteux, suffisant.

smuggle [smœg'l] *v.* faire de la contrebande ; *smuggler,* contrebandier ; *smuggling,* contrebande.

smut [smœt] *s.* tache noire ; nielle, f. ; noir de suie ; langage indécent, m. ; *v.* noircir ; nieller ; se barbouiller. ‖ *smutty* [-i] *adj.* barbouillé de noir ; taché de suie ; niellé ; grivois, grossier.

snack [snack] *s.* casse-croûte, m. ; *v.* casser la croûte, manger sur le pouce.

snag [snag] *s.* chicot, m. ; fil tiré [stocking] ; écueil, hic, m. ; difficulté, f. ; *v.* heurter ; accrocher ; *to snag a stocking,* accrocher un bas.

snail [snéⁱl] *s.* colimaçon, escargot, m.

snake [snéⁱk] *s.* serpent (prop. ; fig.), m. ; *coral snake,* vipère aspic ; *garter snake,* couleuvre ; *rattlesnake,* serpent à sonnette. ‖ *snaky* [-ki] *adj.* sinueux ; vipérin ; perfide ; plein de serpents.

snap [snap] *v.* briser ; (se) casser net ; claquer ; faire claquer [whip] ; happer [dog] ; *s.* claquement ; bruit sec ; ordre bref ; gâteau sec ; bouton pression, m. ; période de froid vif ; vivacité ; photo (pop.) ; chose facile, f. ; *adj.* brusque, instantané ; *to snap one's fingers at,* faire la nique à ; *to snap off,* casser net ; *to snap up,* happer ; *to snap at,* essayer de mordre ; rembarrer ; *to snap shut,* fermer d'un coup sec. ‖ *snappy* [-i] *adj.* hargneux [dog] ; acariâtre ; *Am.* chic, élégant ; preste, vif ; *snappy cheese,* fromage piquant. ‖ *snapshot* [-shât] *s.* instantané (phot.), m. ; *v.* faire un instantané.

snare [snèᵉr] *s.* piège ; collet, lacet, m. ; *v.* prendre au piège.

snarl [snârl] *v.* gronder ; montrer les dents ; parler d'un ton hargneux ; *s.* grognement, m.

snarl [snârl] *v.* embrouiller ; (s')enchevêtrer ; (s')emmêler.

snatch [snatsh] *v.* empoigner ; enlever, arracher ; *s.** tentative pour saisir ; courte période ; bribe, f. ; morceau. *Am.* enlèvement, m. ; *to snatch up,* ramasser vivement.

sneak [snîk] *v.* se glisser furtivement ; flagorner ; ramper ; chaparder, chiper ; *s.* sournois, fureteur ; chapardeur ; rapporteur, mouchard, m. ‖ *sneakers* [-ᵉrz] *s. pl. Am.* espadrilles, chaussures de tennis, f. pl.

sneer [sniᵉʳ] v. ricaner; persifler; s. ricanement; persiflage, m.; to sneer at, se moquer de, dénigrer.

sneeze [snîz] v. éternuer; s. éternuement, m.

sniff [snif] v. renifler; s. reniflement, m.; to sniff at, dédaigner.

sniffle [snif'l], see **snuffle**.

snigger [snigᵉʳ] s. ricanement, m.; v. ricaner.

snip [snip] s. coup de ciseaux; petit morceau, m.; v. couper; enlever d'un coup de ciseaux.

snipe [snaᵢp] s. bécassine, f.; v. canarder; critiquer; **sniper**, canardeur, tireur d'élite.

snippy [snipi] adj. morcelé; fragmentaire; insignifiant; dédaigneux.

snitch [snitsh] v. chiper; escamoter.

snivel [sniv'l] s. morve, f.; v. pleurnicher; renifler.

snob [snâb] s. snob, m.; **snobbishness**, snobisme, m.

snoop [snoup] v. rôder; s. curieux, rôdeur, m.

snooze [snouz] v. faire un somme; s'assoupir; s. somme, m.; sieste, f.

snore [snoᵘʳ] v. ronfler; s. ronflement, m.

snort [snaᵘrt] v. renâcler; s'ébrouer; ronfler; s. ébrouement; grognement; ronflement; reniflement, m.

snot [snât] s. morve, f.; morveux, m. || **snotty** [-i] adj. morveux.

snout [snaᵘt] s. museau; groin, m.

snow [snoᵘ] s. neige, f.; v. neiger; snow ball, boule de neige; **snowblower**, Fr. Can. souffleuse; **snowbound**, bloqué par la neige; **snowdrift**, congère, Fr. Can. banc de neige; **snowdrop**, perce-neige; **snowfall**, chute de neige, Fr. Can. bordée de neige; **snowflake**, flocon de neige; **snow - man**, bonhomme de neige; **snowplow**, chasse-neige; **snow-shoe**, raquette; **snowshoer**, Fr. Can. raquetteur; **snowslip**, avalanche; **snowstorm**, blizzard; **drifting snow**, Fr. Can. poudrerie; **powdered snow**, poudreuse. || **snowy** [-i] adj. neigeux.

snub [snœb] s. rebuffade, f.; adj. camus [nose]; v. mépriser; rabrouer; encombrer.

snuff [snœf] v. moucher [candle]; détruire, éteindre [hope].

snuff [snœf] v. priser; s. tabac à priser, m.; a pinch of snuff, une prise de tabac; **snuff-box**, tabatière; **snuff-taker**, **snuffer**, priseur.

snuffle [snœf'l] v. nasiller; renifler; s. nasillement; reniflement, m.

snug [snœg] adj. douillet; abrité; confortable; commode; gentil, coquet. || **snuggle** [snœg'l] v. dorloter; se pelotonner. || **snugness** [-nis] s. confort; bien-être, m.

so [soᵘ] adv. ainsi; aussi; si, tellement; alors; donc; as... so, de même que... de même; and so on, and so forth, et ainsi de suite; so be it, ainsi soit-il; so lazy that, si paresseux que; so as to, de manière à; so much the better, tant mieux; I think so, je le crois; so that, de sorte que; five minutes or so, cinq minutes environ; so-and-so, un tel; is that so?, vraiment? so-called, soi-disant, prétendu.

soak [soᵘk] v. tremper; imbiber; s'infiltrer (in, dans); Am. estamper; s. Am. ivrogne, m.; to be soaked through, être trempé jusqu'aux os; to soak up, absorber; boire comme un trou.

soap [soᵘp] s. savon, m.; v. savonner; soap bubble, bulle de savon; Am. soap opera, mélo radiodiffusé; soap-suds, eau de savon; soapwort, saponaire. || **soapy** [-i] adj. savonneux; doucereux.

soar [soᵘr] s. essor, m.; v. prendre son essor; s'élever; planer; **soaring**, vol plané (aviat.).

sob [sâb] s. sanglot, m.; v. sangloter.

sober [soᵘbᵉʳ] adj. de sang-froid; qui n'a pas bu; modéré; pondéré; v. dégriser; calmer; to sleep oneself sober, cuver son vin en dormant; to be sober, ne pas être ivre; to sober down, (se) calmer, s'apaiser. || **soberly** [-li] adv. avec sobriété, pondération. || **soberness** [-nis], **sobriety** [soᵘbraᵢti] s. sobriété; modération, gravité, f.

soccer [sâkᵉʳ] s. football association, m.

sociable [soᵘshᵉb'l] adj. sociable; affable.

social [soᵘshel] adj. social; mondain; de société; s. réunion, soirée, f. || **socialism** [-izᵉm] s. socialisme, m. || **socialist** [-ist] s. socialiste, m.

society [sesaᵢeti] s.* société; association; compagnie, f.; a society woman, une femme du monde.

sociologist [soᵘsiâlᵉdjist] s. sociologue, m. f. || **sociology** [-dji] s. sociologie, f.

sock [sâk] s. chaussette, f.

sock [sâk] v. frapper, corriger.

socket [sâkit] s. emboîture; alvéole; orbite; douille; bobèche, f.; manchon (mech.), m.

socle [sâk'l] s. socle, m.

sod [sâd] s. gazon, m.; v. couvrir de gazon.

soda [so^{ou}d^e] *s.* soude, f. ; *soda water,* soda ; *baking soda,* bicarbonate de soude.

sodium [so^{ou}di^{e}m] *s.* sodium, m.

sofa [so^{ou}f^e] *s.* divan, m. ; *sofa-bed,* canapé-lit.

soft [sauft] *adj.* doux ; tendre ; faible ; efféminé ; non alcoolique [drink] ; malléable [metal] ; *soft-boiled egg,* œuf mollet ; *soft-hearted,* tendre ; compatissant ; *soft-soap,* savon noir ; pommade, lèche [colloq.] ; flatter ; *soft water,* eau douce. ‖ **soften** [sauf^{e}n] *v.* adoucir ; assouplir ; atténuer ; efféminer ; (s')amollir ; (s')attendrir ; baisser [voice]. ‖ *softness* [sauftnis] *s.* douceur ; tendresse ; mollesse ; faiblesse, f.

soggy [sâgi] *adj.* saturé, détrempé ; lourd ; pâteux.

soil [so^{i}l] *s.* saleté ; tache, f. ; *v.* salir, tacher ; fumer [field].

soil [so^{i}l] *s.* sol ; terrain ; pays, m.

sojourn [so^{ou}dj^{e}rn] *s.* séjour, m. ; [so^{ou}dj^{e}rn] *v.* séjourner.

solace [sâlis] *s.* consolation, f. ; soulagement, m. ; *v.* consoler ; soulager ; réconforter.

solar [so^{ou}l^{e}r] *adj.* solaire ; *solarium,* solarium.

sold [so^{ou}ld] *pret., p. p. of to sell ;* *Am. to be sold on an idea,* être persuadé, très attaché à une idée.

solder [sâd^{e}r] *s.* soudure, f. ; *v.* souder.

soldier [so^{ou}ldj^{e}r] *s.* soldat, m. ; *v.* être soldat ; tirer au flanc (slang) ; *fellow soldier,* frère d'armes ; *foot soldier,* fantassin ; *private soldier,* simple soldat ; *soldierly,* martial, militaire.

sole [so^{ou}l] *adj.* seul ; unique ; exclusif ; *solely,* uniquement, seulement.

sole [so^{ou}l] *s.* semelle ; plante [foot], f. ; *v.* ressemeler.

sole [so^{ou}l] *s.* sole, f.

solecism [sâl^{e}siz^{e}m] *s.* solécisme, m. ; infraction à l'étiquette, f.

solemn [sâl^{e}m] *adj.* solennel ; grave ; sérieux. ‖ *solemnity* [s^{e}lèmn^{e}ti] *s.** solennité ; gravité ; majesté, f. ‖ *solemnize* [sâl^{e}mna^{i}z] *v.* solenniser, célébrer.

solicit [s^{e}lisit] *v.* solliciter ; briguer ; tenter. ‖ *solicitation* [s^{e}liset$^é i$sh^{e}n] *s.* sollicitation ; tentation ; tentative de corruption (jur.), f. ; racolage, m. ‖ *solicitor* [s^{e}lisit^{e}r] *s.* avoué ; *Am.* démarcheur, m. ; *solicitor general,* avocat général. ‖ *solicitous* [s^{e}lisit^{e}s] *adj.* inquiet ; préoccupé de ; désireux. ‖ *solicitude* [s^{e}lís^{e}tyoud] *s.* sollicitude ; inquiétude, f.

solid [sâlid] *s.* solide, m. ; *adj.* solide ; massif [gold] ; uni [color] ; digne de confiance ; sérieux ; *to be solid for,* se déclarer énergiquement pour. ‖ *solidarity* [sâl^{e}dar^{e}ti] *s.* solidarité, f. ‖ *solidify* [s^{e}lid^{e}fa^i] *v.* (se) solidifier. ‖ *solidity* [s^{e}lid^{e}ti] *s.* solidité, f.

soliloquy [s^{e}lil^{e}kwi] *s.** soliloque ; monologue, m.

solitary [sâl^{e}tèri] *adj.* solitaire ; retiré ; isolé ; *s.** solitaire, m. ‖ *solitude* [sâl^{e}tyoud] *s.* solitude, f. ; isolement ; lieu isolé, m.

solo [so^{ou}lo^{ou}] *s.* solo, m. ; action exécutée par une seule personne, f. ; *adj.* solo ; exécuté en solo ; *soloist,* scliste.

solstice [sâlstis] *s.* solstice, m.

solubility [sâl^{e}b^{e}leti] *s.* solubilité ; résolubilité, f. ‖ *soluble* [sâl^{e}b'l] *adj.* soluble ; résoluble.

solution [s^{e}loush^{e}n] *s.* solution ; mixture, f.

solvable [sâlv^{e}b'l] *adj.* soluble ; résoluble. ‖ *solve* [sâlv] *v.* résoudre.

solvency [sâlv^{e}nsi] *s.* solvabilité, f. ‖ *solvent* [-v^{e}nt] *adj.* dissolvant ; solvable ; *s.* solvant, m.

somatic [so^{ou}matik] *adj.* somatique.

somber [sâmb^{e}r] *adj.* sombre ; *somberly,* sombrement.

some [sœm] *adj.* quelque ; certain ; du, de la, de l', des ; *pron.* quelques-uns, quelques-unes ; *some milk,* un peu de lait ; *of some importance,* d'une certaine importance ; *for some five months,* pour cinq mois environ ; *some say that,* d'aucuns disent que ; *some... some,* les uns... les autres. ‖ *somebody* [-bâdi] *pron., s.** quelqu'un. ‖ *somehow* [-ho^{ou}] *adv.* d'une manière ou d'une autre. ‖ *someone* [-wœn] *pron.* quelqu'un.

somersault [sœm^{e}rsault] *s.* saut périlleux ; capotage, m. ; culbute, f. ; *v.* faire le saut périlleux, la culbute ; capoter.

something [sœmthing] *pron.* quelque chose ; *adv.* un peu, quelque peu.

sometime [sœmta^{i}m] *adv.* autrefois ; une fois ou l'autre. ‖ *sometimes* [-s] *adv.* quelquefois ; parfois ; tantôt.

somewhat [sœmhwât] *adv.* un peu ; tant soit peu ; *s.* un peu de ; un brin.

somewhere [sœmhwèr] *adv.* quelque part ; *somewhere before midday,* un peu avant midi.

somnambulism [sâmnambyouliz'm] *s.* somnambulisme, m. ‖ *somnambulist* [-ist] *s.* somnambule, m., f. ‖ *somniferous* [sâmnif^{e}r^{e}s] *adj.* somnifère. ‖ *somnolence* [-n^{e}l^{e}ns] *s.* somnolence, f. ‖ *somnolent* [sâmn^{e}l^{e}nt] *adj.* somnolent.

son [sœn] *s.* fils, *Fr. Can.* garçon, m.; **son-in-law**, gendre; **step-son**, beau-fils.

sonata [sənât^e] *s.* sonate, f.

song [saung] *s.* chanson, f.; chant; cantique, m.; **song bird**, oiseau chanteur; **song-writer**, chansonnier; *to buy something for a song*, acheter quelque chose pour un morceau de pain. || **songster** [saungst^{er}] *s.* chanteur; oiseau chanteur, m. || **songstress** [-stris] *s.* chanteuse, cantatrice, f.

sonnet [sânit] *s.* sonnet, m.

sonority [sen°^{ou}riti] *s.* sonorité, f. || **sonorous** [-r^es] *adj.* sonore; timbré [voice].

soon [soun] *adv.* bientôt; sous peu; *as soon as*, aussitôt que; *too soon*, trop tôt; *so soon*, si tôt; *how soon?*, quand?; *soon after*, peu après; *no sooner*, pas plus tôt, à peine.

soot [sout] *s.* suie, f.

soothe [souzh] *v.* apaiser; soulager; flatter; **soothing**, calmant.

soothsayer [southsé¹er] *s.* devin, m.

sooty [souti] *adj.* de suie; couvert de suie; charbonneux.

sop [sâp] *v.* tremper; imbiber; *s.* trempette, soupe, f.; appât, dérivatif, m.

sophism [sâfiz^em] *s.* sophisme, m.; **sophist**, sophiste; **sophistic**, sophistique. || **sophisticated** [s^efistiké¹tid] *adj.* blasé; frelaté [wine]; falsifié [document]; *a sophisticated novel*, un roman pour lecteurs avertis. || **sophistication** [s^efistiké¹sh^en] *s.* sophistication, falsification, f. || **sophistry** [sâfistri] *s.* sophisme, m.; sophistique, f.

sophomore [sâf'mo^{ou}r] *s. Am.* étudiant de seconde année, m.

soporific [so^{ou}p^erifik] *adj.* soporifique; *s.* somnifère, m.

soprano [s^eprano^{ou}] *s.* soprano, m.

sorcerer [saurs^er^{er}] *s.* sorcier, m.; **sorceress**, sorcière; **sorcery**, sorcellerie.

sordid [saurdid] *adj.* sordide; **sordidly**, d'une manière sordide ou mesquine.

sore [so^{ou}r] *adj.* douloureux; endolori; fâché; cruel [loss]; dur [trial]; *sore eyes*, mal d'yeux; *to have a sore throat*, avoir mal à la gorge; *to make sore*, irriter, enflammer; *s.* plaie; écorchure, f.; **sorely**, douloureusement, extrêmement; *to be sorely in need of*, avoir un urgent besoin de.

sorghum [saurg^em] *s.* sorgho, m.

sorrel [saur^el] *adj., s.* alezan.

sorrel [saur^el] *s.* oseille, *Fr. Can.* surette, f.

sorrow [sâro^{ou}] *s.* chagrin, m.; affliction, f.; *v.* s'affliger; avoir de la peine. || **sorrowful** [-f^el] *adj.* triste; affligeant; pénible; peiné. || **sorry** [sauri] *adj.* fâché, chagriné; pitoyable, lamentable; désolé; *I am sorry*, je regrette.

sort [saurt] *s.* espèce; sorte; manière, f.; *v.* assortir; classer; distribuer; s'entendre; *all sorts of*, toute sorte de; *a wine of sorts*, un vin médiocre; *out of sorts*, de mauvaise humeur, mal en train.

sortie [saurti] *s.* sortie (mil.), f.

sot [sât] *s.* ivrogne, m.; **sottish**, abruti par l'alcool; ivre.

soufflé [souflé¹] *s.* soufflé, m.

sough [sa^{ou}] *s.* murmure, soupir, m.; *v.* soupirer; murmurer.

sought [saut] *pret., p. p. of* **to seek**.

soul [so^{ou}l] *s.* âme, f.; *not a soul*, pas un chat, personne; *a simple soul*, une bonne âme; *All Souls' Day*, le jour des Morts; **soulful**, expressif; sentimental.

sound [sa^{ou}nd] *adj.* sain; solide; bien fondé; en bon état; profond [sleep]; robuste [constitution]; légal [title]; *to sleep soundly*, dormir profondément.

sound [sa^{ou}nd] *s.* son; bruit, m.; *v.* résonner; faire résonner; exprimer; **sound-damping** ou **-proofing**, insonorisation; **sound-effects**, bruitage; **sound-proof**, *v.* insonoriser; *adj.* insonorisé; insonore; isolant.

sound [sa^{ou}nd] *v.* sonder; *s.* sonde, f.

soundness [sa^{ou}ndnis] *s.* santé; vigueur; justesse; légitimité, f.

soup [soup] *s.* consommé, potage, m.; **soup-tureen**, soupière.

sour [sa^{ou}r] *adj.* aigre; acide; acariâtre; tourné [milk]; *v.* (s')aigrir; fermenter; devenir morose.

source [so^{ou}rs] *s.* source; origine, f.; début, m.

sourish [sa^{ou}rish] *adj.* aigrelet; suret. || **sourness** [sa^{ou}rnis] *s.* acidité; acrimonie, f.

souse [sa^{ou}s] *s.* marinade; douche, f. [colloq.]; *v.* (faire) mariner; tremper.

south [sa^{ou}th] *s.* sud; midi, m.; *adj.* du sud, méridional; *adv.* vers le sud; **South American**, sud-américain; **south pole**, pôle Sud. || **southeast** [-îst] *s., adj.*, sud-est; *adv.* vers le sud-est. || **southeastern** [-îst^ern] *adj.* du sud-est. || **southern** [sœzh^ern] *adj.* méridional, du sud. || **southerner** [sœzh^ern^{er}] *s.* méridional, m. || **southward** [sa^{ou}thw^erd] *adv.* vers le sud. || **southwest** [sa^{ou}thwèst] *s., adj.* sud-ouest; *adv.* vers le sud-ouest. || **southwestern** [sa^{ou}thwèst^ern] *adj.* du sud-ouest.

souvenir [souv^enîr] *s.* objet-souvenir, m.

sovereign [sâvrìn] *adj.*, *s.* souverain. || **sovereignty** [sâvrìnti] *s.* souveraineté, f.

Soviet [so^{ou}viit] *s.* soviet, m.; *adj.* soviétique.

sow [sa^{ou}] *s.* truie; gueuse [iron], f.

sow [so^{ou}] *v.** semer; ensemencer; répandre; **sower**, semeur; **sowing**, semailles; **sowing-machine**, semeuse. || **sown** [-n] *p. p. of* to sow.

soy(a) [sâi^(e)] *s.* soya, m.

spa [spâ] *s.* ville d'eau, f.

space [spéⁱs] *s.* espace; intervalle; espacement, m.; étendue, surface, f.; *v.* espacer; échelonner; écarter; *air space*, cubage d'air; *occupied space*, encombrement, place occupée [vehicle]. || **spacious** [spéⁱsh^es] *adj.* spacieux; ample.

spade [spéⁱd] *s.* bêche, f.; *pl.* pique [cards], m.; *v.* bêcher; **spadeful**, pelletée, pleine bêche.

Spain [spéⁱn] *s.* Espagne, f.

span [spàn] *s.* empan; écartement; pont; moment, m.; envergure [wings]; ouverture (arch.); paire [horses]; travée; portée; largeur, f.; *v.* embrasser; mesurer; traverser; enjamber; *span of life*, longévité.

spangle [spàngg'l] *s.* paillette, f.; *v.* pailleter; **star-spangled**, étoilé.

Spaniard [spany^erd] *s.* Espagnol, m.

spaniel [spany^el] *s.* épagneul, m.

Spanish [spanish] *adj.*, *s.* espagnol; *Spanish American*, hispano-américain.

spank [spàngk] *v.* donner une fessée à; la fessée, f.

spanking [spàngking] *adj.* vif; rapide; *spanking new*, flambant neuf.

spanner [span^er] *s.* clef anglaise, f.

spar [spâr] *s.* espar (naut.); poteau; longeron (aviat.), m.

spare [spè^er] *v.* épargner; ménager; se passer de; *s.* pièce de rechange, f.; *adj.* disponible; de réserve; rare, maigre, frugal; *to spare no expense*, ne pas lésiner sur la dépense; *spare cash*, argent disponible; *spare time*, loisirs; *spare tire*, pneu de secours; *sparing*, économe; *sparingness*, épargne, frugalité, parcimonie.

spark [spârk] *s.* étincelle; lueur, f.; *v.* faire des étincelles; *spark advance*, avance à l'allumage [motor]; *spark arrester*, pare-étincelles; *spark coil*, bobine d'induction (electr.); *spark condensor*, condensateur (electr.); *Am. spark plug*, bougie [motor]; *Br. sparking plug*, bougie. || **sparkle** [-'l] *s.*

étincellement, m.; *v.* étinceler; scintiller; chatoyer; mousser [wine]; **sparkling**, étincelant, effervescent; mousseux [wine].

sparrow [sparo^{ou}] *s.* moineau, m.

sparse [spârs] *adj.* épars; clairsemé; rare [hair].

spasm [spaz^em] *s.* spasme, m. || **spasmodic** [spazmâdik] *adj.* spasmodique; convulsif; fait par à-coups. || **spastic** [spastik] *adj.* spasmodique; *s.* paraplégique, m. f.

spat [spat] *pret.*, *p. p. of* to spit.

spat [spat] *v. Am.* taper; se quereller; *s.* prise de bec, f.

spatial [spéⁱsh^el] *adj.* spatial.

spats [spats] *s. pl.* guêtres, f. pl.

spatter [spat^er] *v.* éclabousser; *s.* éclaboussure, f.

spatula [spatyoul^e] *s.* spatule, f.

spawn [spaun] *s.* frai; fretin, m.; engeance, f.; *v.* frayer, naître [fish].

speak [spîk] *v.** parler; causer; prononcer [word]; exprimer; *so to speak*, pour ainsi dire; *to speak one's mind*, dire ce qu'on pense; *speak to the point*, venez-en au fait; *to speak up*, parler sans réserve. || **speaker** [-^er] *s.* orateur; interlocuteur; président de la Chambre (*Br.* des Communes, *Am.* des Représentants), m.; *loud speaker*, haut-parleur.

spear [spi^er] *s.* lance, f.; épieu, m.; pousse [grass], f.; *v.* percer de la lance; harponner; poindre; **spearhead**, fer de lance; pointe; **spearman**, lancier; **spearmint**, menthe verte.

special [spèsh^el] *adj.* spécial; particulier; exprès; *s.* train, autobus spécial, m.; entrée spéciale, f.; **specially**, spécialement; particulièrement; surtout. || **specialist** [-ist] *s.* spécialiste, technicien, m. || **speciality** [-ti] *s.** spécialité, f. || **specialize** [-aⁱz] *v.* se spécialiser.

species [spîshiz] (*pl.* **species**) *s.* espèce, f.; genre, m.; *a species of*, une sorte de.

specific [spisifik] *adj.* spécifique; caractéristique; *s.* remède spécifique, m.; spécialité médicale, f.; *specific gravity*, poids spécifique; **specifically**, spécifiquement; particulièrement; **specification**, caractéristique, condition; **specificity**, spécificité. || **specify** [spès^efaⁱ] *v.* spécifier; stipuler; désigner; énoncer; préciser.

specimen [spès^em^en] *s.* spécimen, m.; échantillon; exemplaire, m.

specious [spèsh^es] *adj.* spécieux.

speck [spèk] *s.* tache, f.; point; grain, brin, m.; *v.* tacheter, moucheter.

speckle [spèk(l)] s. petite tache ; moucheture, f. ; v. tacheter, moucheter.

spectacle [spèktᵉk'l] s. spectacle, m. ; pl. lunettes, f. pl. ; colo(u)red spectacles, lunettes de soleil ; to make a spectacle of oneself, se donner en spectacle. ‖ **spectacular** [spèktᵃkyᵉlᵉr] adj. spectaculaire ; ostentatoire ; théâtral. ‖ **spectator** [spèktᵉtᵉr] s. spectateur ; témoin, m. ‖ **spectatress** [-tris] s.* spectatrice, f.

specter [spèktᵉr] s. spectre, fantôme, m.

spectrum [spèktrᵉm] s. spectre solaire, m.

speculate [spèkyᵉléᵢt] v. spéculer ; réfléchir. ‖ **speculation** [spèkyᵉléᵢshᵉn] s. spéculation ; conjecture ; réflexion, f. ‖ **speculative** [spèkyᵉléᵢtiv] adj. spéculatif ; théorique. ‖ **speculator** [-tᵉr] s. spéculateur ; penseur, m.

sped [spèd] pret., p. p. of **to speed**.

speech [spîtsh] s.* parole ; allocution, f. ; discours, m. ; **speech defect**, défaut d'élocution ; **speechify**, discourir, pérorer ; **speechless**, sans parole ; muet ; stupéfié.

speed [spîd] s. vitesse ; allure, f. ; succès, m. ; v.* (se) hâter ; faire de la vitesse ; prospérer ; favoriser ; **at full speed**, à toute allure ; **speedometer**, **speed counter**, compteur de vitesse ; **speed limit**, vitesse limite autorisée ; **speedway**, piste, autostrade. ‖ **speedily** [-'li] adv. promptement, vite. ‖ **speedy** [-i] adj. rapide ; expéditif ; vite.

speleologist [spîliᵃlᵉdjist] s. spéléologue, m. f. ‖ **speleology** [-dji] s. spéléologie, f.

spell [spèl] s. relais ; temps, m. ; période, f. ; **cold spell**, passe de froid ; **dry spell**, période de sécheresse ; **spell of duty**, tour de service ; **to work by spells**, travailler d'une façon intermittente ; v. Am. relever, relayer.

spell [spèl] s. sortilège, m. ; **spellbound**, fasciné, ensorcelé.

spell [spèl] v. épeler ; orthographier ; signifier ; exprimer ; **spelling**, orthographe ; épellation ; **spelling-book**, abécédaire. ‖ **spelt** [-t] pret., p. p. of **to spell**.

spend [spènd] v.* dépenser ; consumer ; épuiser ; passer [time] ; **spendthrift**, prodigue. ‖ **spent** [spènt] pret., p. p. of **to spend**.

spew [spyou] v. vomir ; cracher.

sphere [sfiᵉr] s. sphère, f. ; rayon, domaine, m. ‖ **spherical** [sfèrik'l] adj. sphérique.

sphinx [sfîngks] s. sphinx, m.

spice [spaᵢs] s. épice, f. ; condiment, m. ; v. épicer ; assaisonner ; **spicy**, épicé, aromatisé ; leste, grivois.

spider [spaᵢdᵉr] s. araignée ; Am. sauteuse (f.) sur trépied ; **spider's web**, toile d'araignée.

spigot [spigᵉt] s. cannelle, f. ; fausset [barrel], m.

spike [spaᵢk] s. clou ; épi ; spic, m. ; v. clouer ; armer de pointes ; **spiky**, pointu, plein de piquants.

spill [spil] v.* répandre ; renverser ; divulguer ; s. chute de cheval, de voiture, f. ; **to have a spill**, ramasser une bûche. ‖ **spilt** [-t] pret., p. p. of **to spill**.

spin [spin] v.* tourner ; tournoyer ; descendre en vrille (aviat.) ; chasser [wheel] ; filer [thread] ; débiter [story] ; s. tournoiement, m. ; rotation ; vrille (aviat.), f. ; **to spin out**, faire traîner en longueur ; **to spin yarns**, conter des histoires.

spinach [spinitsh] s. épinards, m. pl.

spinal [spaᵢn'l] adj. spinal ; **spinal column**, épine dorsale ; **spinal cord**, cordon médullaire.

spindle [spindl'] s. fuseau ; arbre ; axe ; pivot, m. ; v. monter (ou) rouler en fuseau.

spindrift [spindrift] s. embruns, m. pl.

spine [spaᵢn] s. épine dorsale, f. ; **spineless**, invertébré ; mou.

spinner [spinᵉr] s. fileur ; filateur ; métier à filer, m. ; araignée ; cuiller [fishing], f. ‖ **spinning** [-ing] s. filage ; tournoiement ; repoussage (mech.), m. ; **spinning mill**, filature ; **spinning-wheel**, rouet.

spinster [spinstᵉr] s. femme célibataire ; vieille fille (colloq.), f.

spiny [spaᵢni] adj. épineux ; **spiny lobster**, langouste.

spiral [spaᵢrᵉl] s. spirale, f. ; adj. en colimaçon [staircase] ; v. descendre (ou) monter en spirale (aviat.).

spire [spaᵢr] s. spire ; pointe ; flèche [steeple], f. ; brin [grass], m.

spirit [spirit] s. esprit ; caractère ; courage ; entrain ; pl. spiritueux, m. ; fougue, f. ; **a man of spirit**, un homme de cœur ; **in low spirits**, déprimé ; **to spirit away**, enlever comme par enchantement ; **spirit of wine**, esprit de vin ; **spirit of turpentine**, essence de térébenthine ; **fighting spirit**, humeur belliqueuse ; **methylated spirit**, alcool dénaturé, alcool à brûler ; **spirit level**, niveau à bulle d'air. ‖ **spirited** [-id] adj. vif, animé. ‖ **spiritless** [-lis] adj. abattu ; sans force ; déprimé. ‖ **spiritual** [-shouèl] adj. spirituel ; m. ‖ **spiritual**, chant religieux des Noirs du sud des Etats-Unis, m. ‖ **spiritualism** [-shouelizᵉm] s. spiritualisme ; spiritisme, m. ‖ **spirituality** [spiritshouᵃleti] s. spiritualité, f. ‖ **spirituous** [spiritshouᵉs] adj. spiritueux.

spit [spit] *v.** cracher; *s.* crachat, m.; salive, f.; *pret., p. p. of* to spit.

spit [spit] *s.* broche, f.

spite [spa¹t] *s.* dépit, m.; rancune, f.; *v.* dépiter; détester; *in spite of,* malgré; *spiteful,* rancunier, malveillant, venimeux; *spitefulness,* rancœur; rancune; malveillance; caractère rancunier.

spitting [spiting] *s.* expectoration, f.; *blood spitting,* hémoptysie.

spittle [spit'l] *s.* salive, f.; crachat, m.

spittoon [spitoun] *s.* crachoir, m.

splash [splash] *v.* éclabousser; barboter; clapoter; *s.** éclaboussure, f.; clapotement [water]; bariolage [colors]; écrasement [bullet], m.; *splashboard,* garde-boue.

spleen [splîn] *s.* rate; bile; mauvaise humeur; hypocondrie, f.

splendid [splèndid] *adj.* splendide; éclatant; somptueux; épatant (colloq.). ‖ *splendo(u)r* [-dᵉʳ] *s.* splendeur, f.; faste, éclat, m.

splice [spla¹s] *s.* épissure; ligature; soudure, f.; *v.* épisser; joindre; raccorder; *splice bar,* éclisse.

splint [splìnt] *s.* éclisse; attelle, f.; suros [horse], m.; *v.* éclisser. ‖ *splinter* [-ᵉʳ] *v.* voler en éclats; (faire) éclater; *s.* éclat, m.; écharde; esquille, f.

split [split] *s.* fente; crevasse; scission, f.; *v.** fendre; morceler; mettre la division; *to split hairs,* couper les cheveux en quatre; *to split one's sides with laughter,* se tordre de rire; *to split the difference,* partager le différend; *to split the atom,* désintégrer l'atome; *split pin,* goupille fendue.

splurge [splë'rdj] *s.* épate (colloq.), f.; *v. Am.* faire de l'épate.

splutter [splœtᵉʳ] *v.* bredouiller.

spoil [spo¹l] *v.** gâter; gâcher; endommager; dépouiller; spolier; *s.* butin, m.; dépouilles, f. pl.; *spoil-sport,* rabat-joie.

spoke [spoᵒᵘk] *s.* échelon; rayon [wheel]; bâton, m.

spoke [spoᵒᵘk] *pret. of* to speak.

spoken [spoᵒᵘkᵉn] *p. p. of* to speak.

spokesman [spoᵒᵘksmᵉn] (*pl.* spokesmen) *s.* porte-parole, m.

spoliate [spoᵒᵘlié¹t] *v.* spolier. ‖ *spoliation* [spoᵒᵘlié¹shᵉn] *s.* spoliation, f.; pillage, m.

sponge [spœndj] *s.* éponge, f.; écouvillon; écornifleur, m.; *v.* éponger; écouvillonner; écornifler; *to throw in the sponge,* s'avouer vaincu; *sponge-cake,* biscuit de Savoie; *sponger,* pêcheur d'éponges; éponguer; écornifleur; *spongy,* spongieux.

sponsor [spânsᵉʳ] *s.* parrain, m.; marraine, f.; répondant, m.; *v.* parrainer; répondre pour; être le garant de.

spontaneity [spântᵉnî¹ti] *s.* spontanéité, f. ‖ *spontaneous* [spântéi¹niᵉs] *adj.* spontané.

spoof [spouf] *v.* filouter; faire marcher; *s.* attrape, filouterie, f.

spook [spouk] *s.* revenant, spectre, fantôme, m.

spool [spoul] *s.* bobine; canette, f.; *v.* bobiner.

spoon [spoun] *s.* cuiller, f.; *v.* prendre à la cuiller; *spoonful,* cuillerée; *teaspoon,* cuiller à café.

sport [spoᵒᵘrt] *s.* jeu; amusement; sport, m.; *v.* jouer; divertir; faire du sport; *in sport,* pour rire; *to make sport of,* se moquer de; *sport(s) clothes,* vêtement de sport; *sportive,* gai, badin, folâtre; *sportiveness,* enjouement. ‖ *sportsman* [-smᵉn] (*pl.* sportsmen) *s.* sportif; beau joueur, m. ‖ *sportswoman* [-woumᵉn] (*pl.* sportswomen) *s.* sportive, f.

spot [spât] *s.* tache, souillure, f.; endroit, coin, m.; *v.* tacher; marquer; repérer; détecter; *on the spot,* sur-le-champ, sur le coup; *to pay spot cash,* payer comptant; *spotless,* immaculé; *spotlight,* feu de projecteur, rampe; *weak spot,* point faible. ‖ *spotted* [-id] *adj.* tacheté; moucheté; tigré; *spotted fever,* méningite cérébro-spinale; *spotted tie,* cravate à pois.

spouse [spa⁰ᵘz] *s.* époux, m.; épouse, f.; conjoint, m.; conjointe, f.

spout [spa⁰ᵘt] *v.* jaillir, gicler; déclamer; *s.* jet; dégorgeoir; goulot; bec d'écoulement, m.; trombe, f.; *spouter,* péroreur; *spout-hole,* évent.

sprain [spré¹n] *s.* foulure; entorse, f.; *v.* fouler.

sprang [sprâng] *pret. of* to spring.

sprat [sprat] *s.* sprat; gringalet, m.

sprawl [spraul] *v.* s'étaler; se vautrer; *s.* attitude affalée, f.; *sprawling,* les quatre fers en l'air.

spray [spré¹] *s.* branche, brindille, f.

spray [spré¹] *s.* jet, m.; éclaboussure; poussière d'eau, f.; vaporisateur, pulvérisateur, m.; *v.* vaporiser; pulvériser; arroser; *sea spray,* embrun; *sprayer,* vaporisateur; pulvérisateur; arroseuse; *tar-sprayer,* goudronneuse.

spread [sprèd] *v.** étendre; dresser [tent]; tendre [sail]; déployer; (se) répandre; (se) propager; (s') étaler; *s.*

étendue ; envergure ; ouverture ; diffusion ; dispersion, f. ; dessus-de-lit, m. ; *to spread butter on*, beurrer ; *a well-spread table*, une table bien servie ; *to spread to*, gagner ; *pret., p. p. of to spread.*

spree [sprî] *s.* orgie, noce ; cuite (colloq.), *Fr. Can.* brosse, f. ; *Am. to go on a spree*, aller faire la bombe.

sprig [sprig] *s.* brindille, f.

sprightly [spra¹tli] *adj.* vif ; enjoué.

spring [sprìng] *s.* bond, saut ; ressort ; printemps, m. ; élasticité ; origine, source, f. ; *pl.* suspension [auto], f. ; *v.** sauter ; bondir ; s'élancer ; pousser [plant] ; jaillir [water] ; faire sauter [mine] ; surgir ; se détendre ; *adj.* à ressort ; printanier ; *to spring back*, faire un bond en arrière, faire ressort ; *to spring a leak*, faire eau (naut.) ; *to spring to one's feet*, se lever d'un bond ; *springboard*, tremplin ; *spring mattress*, sommier élastique ; *spring-time*, printemps ; *spring water*, eau de source ; *springy*, souple ; élastique ; à ressort ; agile.

sprinkle [sprìng'k'l] *v.* asperger ; saupoudrer ; répandre ; *s.* pincée [salt] ; petite pluie de, f. ; *sprinkled*, moucheté, jaspé ; *sprinkler*, appareil d'arrosage ; goupillon.

sprint [sprìnt] *v.* sprinter ; *s.* sprint, m. ; *sprinter*, sprinter.

sprout [spra^out^] *v.* pousser ; germer ; *s.* pousse, f. ; *Brussels sprouts*, choux de Bruxelles.

spruce [sprous] *s.* épicéa, m. ; *Fr. Can.* épinette, f.

spruce [sprous] *adj.* élégant, pimpant ; *v. to spruce up*, s'habiller coquettement.

sprung [sprœng] *p. p. of to spring.*

spume [spioum] *s.* écume, f. ; *v.* écumer.

spun [spœn] *pret., p. p. of to spin.*

spur [spёr] *s.* éperon ; stimulant ; contrefort ; ergot [cock] ; aiguillon ; embranchement (railw.), m. ; *v.* éperonner ; aiguillonner ; stimuler ; *on the spur of the moment*, impromptu ; *spur - gear*, engrenage ; *spur - wheel*, roue dentée.

spurious [spyouri^e^s] *adj.* contrefait, falsifié.

spurn [spёrn] *v.* mépriser ; dédaigner ; écarter.

spurt [spёrt] *v.* (faire) jaillir ; cracher ; *s.* jet ; effort, coup de collier, m. ; explosion [anger], f.

sputter [spæte^r^] *v.* crachoter ; bredouiller ; *s.* bredouillement, crachotis, m. ‖ *sputum* [spyout^e^m] *s.* crachat, m.

spy [spa¹] *s.** espion, m. ; *v.* espionner ; épier ; apercevoir ; *to spy out*, explorer, reconnaître ; *spyglass*, lunette d'approche ; *spying*, espionnage.

squabble [skwâb'l] *s.* querelle, f. ; *v.* se chamailler ; se quereller.

squad [skwâd] *s.* escouade ; équipe, f.

squadron [skwâdr^e^n] *s.* escadron, m. ; escadre (naut.) ; escadrille (aviat.), f.

squalid [skwâlid] *adj.* crasseux, sordide ; répugnant ; miséreux.

squall [skwaul] *s.* grain, m. ; bourrasque, rafale, f. ; *v.* souffler en rafale.

squall [skwaul] *s.* braillement, m. ; *v.* crier ; brailler.

squander [skwând^e^r] *v.* gaspiller ; dilapider ; *squanderer*, dissipateur, gaspilleur ; *squandering*, gaspillage.

square [skwё^e^r] *s.* carré ; carreau [glass] ; square [garden] ; *Am.* pâté de maisons, m. ; équerre ; case [chessboard], f. ; *adj.* carré ; vrai ; exact ; équitable ; net ; franc ; *v.* carrer (math. ; mil.) ; équarrir ; ajuster ; cadrer ; mesurer ; balancer [accounts] ; *square-built*, trapu, aux épaules carrées ; *square root*, racine carrée ; *to square oneself with*, se mettre en règle avec ; *to be square with someone*, être quitte avec quelqu'un ; *he is on the square*, il est honnête et de bonne foi ; *squarely*, carrément ; honnêtement ; nettement.

squash [skwâsh] *s.** bruit mou, m. ; chute lourde, f. ; *v.* (s')écraser ; *lemon squash*, citron pressé.

squash [skwâsh] *s.** courge, f.

squat [skwât] *v.* s'accroupir ; s'établir sans titre ; occuper les lieux abusivement ; *squatter*, squatter.

squawk [skwauk] *s.* cri rauque, m. ; crier d'une voix rauque ; protester.

squeak [skwîk] *v.* pousser un cri aigu ; glapir ; grincer ; *s.* cri aigu ; grincement, m.

squeal [skwîl] *v.* crier ; dénoncer ; *s.* cri aigu, m. ; *squealer*, dénonciateur, mouchard, m.

squeamish [skwîmish] *adj.* difficile, chipoteur ; pudibond ; nauséeux.

squeeze [skwîz] *v.* presser ; comprimer ; pressurer ; pousser ; *s.* cohue, f. ; *to squeeze out the juice*, exprimer le jus ; *to squeeze money*, extorquer de l'argent ; *to squeeze through a crowd*, se frayer un chemin dans la foule ; *lemon-squeezer*, presse-citron ; *squeezing*, pressurage ; compression ; oppression.

squelch [skwèltsh] *v.* (s')écraser ; déconcerter ; étouffer [revolt].

squib [skwìb] *s.* pétard; brocard, m.; *v.* brocarder.

squint [skwìnt] *v.* loucher; regarder de côté; *s.* strabisme; coup d'œil furtif, m.; *squint-eyed,* bigle.

squire [skwa¹e²r] *s.* écuyer; titre anglais; châtelain; gros propriétaire, m.; *v.* escorter; être le cavalier de.

squirm [skwër̃m] *v.* se tortiller.

squirrel [skwër̃e²l] *s.* écureuil, m.

squirt [skwër̃t] *v.* faire gicler; jaillir; *s.* seringue, f.; jet, m.

squish [skwish] *v.* gicler.

stab [stab] *v.* poignarder; donner un coup de couteau à; *s.* coup de couteau, de poignard, m.

stability [ste²bĭle¹ti] *s.* stabilité, f. **stabilize** [sté¹b'la¹z] *v.* stabiliser. ‖ **stable** [sté¹b'l] *adj.* stable; constant; solide.

stable [sté¹b'l] *s.* écurie, f.; *stable-boy,* palefrenier.

stack [stak] *s.* meule; pile; souche; cheminée, f.; faisceau [arms], m.; *v.* mettre en meule; empiler; mettre en faisceaux (mil.); *library stacks,* rayons de bibliothèque.

stadium [sté¹die²m] *s.* stade, m.

staff [staf] *s.* bâton; mât; soutien, tuteur; état-major; personnel (comm.), m.; gaule; hampe [flag]; mire [levelling]; portée [music], f.; *bishop's staff,* crosse épiscopale; *clerical staff,* personnel de bureau; *editorial staff,* rédaction d'un journal; *general staff,* état-major général; *pilgrim's staff,* bâton de pèlerin; *teaching staff,* corps enseignant.

stag [stag] *s.* cerf; cervidé mâle, m.; coulissier [Stock Exchange], m.; *stag dinner, stag party,* dîner, réunion d'hommes.

stage [sté¹dj] *s.* estrade; scène (theat.); rampe (fig.); plate-forme; phase (techn.); platine [microscope], f.; tréteau; échafaudage; relais [horses], m.; *v.* mettre à la scène, monter; progresser par étapes; *stage (-coach),* diligence; *stage door,* entrée des artistes; *stage fright,* trac; *stage hand,* machiniste; *stage manager,* régisseur; *stage player,* comédien; *stage-struck,* entiché de théâtre.

stagger [stag²r] *v.* chanceler; hésiter; décaler (aviat.); échelonner [working hours]; (faire) tituber; disposer en zigzag; confondre; consterner; *s.* chancellement; étourdissement; décalage (aviat.); échelonnage; *pl.* vertige, vertigo, m.

stagnancy [stagn²nsi] *s.* stagnation, f.; marasme, m. ‖ **stagnant** [-²nt] *adj.*

stagnant; inactif, mort. ‖ **stagnate** [-e¹t] *v.* stagner. ‖ **stagnation** [stagné¹she²n] *s.* stagnation, f.

staid [sté¹d] *adj.* sérieux; posé.

stain [sté¹n] *s.* tache; souillure; couleur, f.; *v.* tacher, souiller; teindre, colorier; *stained-glass window,* fenêtre aux vitres de couleur, vitrail; *stainless,* immaculé, inoxydable [metal].

stair [stèe²r] *s.* marche, f.; *pl.* escalier, m.; *staircase, stairway,* escalier.

stake [sté¹k] *s.* pieu; poteau; bûcher; jalon; enjeu [gambling], m.; *v.* garnir de pieux; jalonner; parier; hasarder; *Am.* subvenir aux besoins de; tuteurer [plants]; *to be at stake,* être en jeu; *to have much at stake,* avoir pris beaucoup de risques; *to have a stake in,* avoir des intérêts dans; *to stake one's reputation,* jouer sa réputation.

stalactite [stale²kta¹t] *s.* stalactite, f. ‖ **stalagmite** [-gma¹t] *s.* stalagmite, f.

stale [sté¹l] *adj.* rassis [bread]; renfermé; vicié [air]; éventé [liquor]; vieilli; périmé; défraîchi; rebattu [joke]; *v.* éventer; défraîchir; rendre insipide; déflorer.

stalk [stauk] *s.* tige; queue [flower], f.; pied [shoot]; tuyau [quill]; trognon [cabbage]; manche [whip], m.

stalk [stauk] *v.* marcher dignement; suivre furtivement à la chasse.

stall [staul] *s.* stalle [church]; étable; écurie; boutique; perte de vitesse (aviat.), f.; étalage; étal; blocage (mech.), m.; *v.* mettre à l'étable; caler [motor]; *stalled in the mud,* embourbé.

stallion [staly²n] *s.* étalon, m.

stalwart [staulwër̃t] *adj.* vigoureux; vaillant; fort, solide.

stamen [sté¹me²n] *s.* étamine, f.

stamina [stam²ne²] *s.* résistance, vigueur, force vitale, f.

stammer [stam²r] *v.* bégayer; bredouiller; *s.* bégaiement, m.; *stammerer,* bègue; *stammering,* bégaiement, balbutiement.

stamp [stàmp] *v.* trépigner; imprimer, marquer, estampiller; contrôler [gold]; poinçonner; timbrer; plomber [customs]; estamper [metal]; emboutir (techn.); *s.* trépignement; poinçon; timbre; cachet, m.; estampille; marque; empreinte, f.; *postage stamp,* timbre-poste; *rubber stamp,* timbre en caoutchouc; *stamp duty,* droit de timbre.

stampede [stàmpîd] *s.* débandade; panique, f.; *v.* se débander; fuir en désordre.

stance [stans] *s.* position, f.

stanch [stântsh] *adj.* ferme, sûr.

stand [stànd] *v.** se tenir debout; (se) mettre, (se) placer; être situé; rester; durer; exister; stationner; supporter; *s.* position; station; situation; béquille [motorcycle]; estrade; résistance (mil.), f.; stand; support; socle; chevalet; banc, pied; affût [telescope], m.; *to let tea stand,* laisser infuser le thé; *to stand by,* appuyer, défendre, être près de; *to stand fast,* tenir bon; *to stand for,* tolérer, supporter; tenir la place de, signifier; *to stand in need,* avoir besoin de; *to stand in the way,* encombrer; *to stand out,* faire saillie, se détacher; tenir ferme; *to stand to,* s'en tenir à; *to stand up for,* soutenir; *to stand one's ground,* se maintenir sur ses positions; *to make a stand,* offrir de la résistance (mil.); *to stand up,* se lever; *Am.* poser un lapin; *music stand,* lutrin; *test stand,* banc d'essai; *umbrella stand,* porte-parapluie; *stand-by,* soutien, partisan; ressource; *standpoint,* point de vue; *standstill,* immobilisation.

standard [stàndⁿrd] *s.* étendard; étalon, titre [gold]; degré; programme; standard, m.; norme, f.; *adj.* réglementaire; classique [book]; définitive [edition]; courant; normal; *standard-bearer,* porte-drapeau; *standard price,* prix homologué; *standard time,* heure légale. ‖ *standardization* [stàndⁿrdeᶻéⁱshⁿn] *s.* normalisation; standardisation, f.; étalonnage; titrage, m. ‖ *standardize* [stàndⁿrdaⁱz] *v.* standardiser; normaliser; étalonner.

standing [stàndⁱng] *s.* station debout; durée; place, pose, f.; rang, m.; *adj.* debout; stationnant; sur pied; stagnant; permanent [army]; fixe; traditionnel; *standing-room,* place(s) debout.

standstill [stàndstil] *s.* stagnation; accalmie; panne, f.; marasme, m.

stank [stàngk] *pret. of* to stink.

stanza [stànzⁿ] *s.* stance, strophe, f.

staple [stéⁱp'l] *adj.* principal; commercial; indispensable; *s.* produit principal; produit brut, m.; matière première; fibre, soie, f.; *pl.* articles de première nécessité, m. pl.

staple [stéⁱp'l] *s.* crampon, m.; gâche; broche [bookbinding], f.; *v.* brocher, fixer, attacher; *stapler,* agrafeuse.

star [stâr] *s.* étoile, vedette, f.; astérisque; astre, m.; *v.* étoiler; marquer d'un astérisque; être (ou) mettre en vedette; *shooting star,* étoile filante; *stars and stripes,* bannière étoilée, drapeau des Etats-Unis; *star fish,* astérie, étoile de mer; *star-spangled,* étoilé.

starboard [stârbooʳrd] *s.* tribord, m.

starch [stârtsh] *s.* amidon; empois, m.; fécule, f.; *v.* amidonner; empeser; *starchy,* amidonné; féculent [foods]; guindé, compassé (fig.).

stare [stèeʳ] *v.* regarder fixement; *s.* regard fixe, m.; *to outstare,* faire baisser les yeux. ‖ *staring* [-ring] *adj.* fixe, grand ouvert.

stark [stârk] *adj.* raide, rigide; rigoureux, désolé, désert; absolu, véritable; *stark naked,* nu comme un ver; *adv.* complètement, tout à fait.

starling [stârling] *s.* sansonnet, étourneau, m.

starry [stâri] *adj.* étoilé, étincelant, constellé.

start [stârt] *v.* partir; démarrer; commencer; entamer; sursauter; sauter; se détacher; lever [game]; réveiller, exciter; ouvrir [subscription]; *s.* tressaillement; commencement; départ; saut; écart [horse]; démarrage; élan; haut-le-corps, m.; *to start off,* démarrer; *to start out,* se mettre en route; *to start up from one's sleep,* se réveiller en sursaut; *by starts,* par accès, par saccades. ‖ *starter* [-ⁿr] *s.* démarreur, m.; *self-starter,* démarreur automatique. ‖ *starting* [-ing] *s.* démarrage; départ; début, m.; mise en marche, f.; *starting point,* point de départ.

startle [stârt'l] *v.* faire frémir; réveiller en sursaut; sursauter. ‖ *startling* [-ling] *adj.* saisissant; sensationnel.

starvation [stârvéⁱshⁿn] *s.* inanition; famine, f. ‖ *starve* [stârv] *v.* mourir d'inanition; réduire à la famine; *starveling,* meurt-de-faim, famélique.

state [stéⁱt] *s.* état; rang; degré; apparat, m.; condition; situation, f.; *v.* déclarer; spécifier; préciser; affirmer; *in (great) state,* en grande pompe; *buffer state,* Etat tampon; *state of emergency,* état d'exception. ‖ *stately* [-li] *adj.* majestueux, imposant; *adv.* majestueusement, d'un air noble. ‖ *statement* [-mⁿnt] *s.* déclaration, f.; exposé; rapport; état; bilan; compte rendu, m.; *statement of account,* relevé de compte. ‖ *state-room* [-roum] *s.* cabine (naut.), f. ‖ *statesman* [-smⁿn] (*pl. statesmen*) *s.* homme d'Etat; homme politique, m.

static [statik] *adj.* statique; *s.* perturbation atmosphérique [radio]; *pl.* statique, f.

station [stéⁱshⁿn] *s.* station; gare; position sociale; place de stationnement, f.; poste, m.; *v.* placer; ranger; poster; *broadcasting station,* poste émetteur [radio]; *first aid station,* poste de secours; *police station,* poste

de police ; *regulating station,* gare régulatrice ; *station-master,* chef de gare. ‖ **stationary** [-èri] *adj.* stationnaire, immobile.

stationery [sté¹shᵉnèri] *s.* papeterie, f. ; papier à lettres, m.

statistician [statistishᵉn] *s.* statisticien, m. ‖ *statistics* [stᵉtistiks] *s. pl.* statistique, f.

statuary [statshouèri] *s.* statuaire, f. ‖ *statue* [statshou] *s.* statue, f.

stature [statshᵉr] *s.* stature ; taille, f.

status [sté¹tᵉs] *s.* statut ; état ; rang ; standing, m. ; condition, f.

statute [statshout] *s.* statut, m. ; ordonnance, f. ; code, m. ; *statutory,* statutaire, réglementaire.

staunch [stauntsh] *v.* étancher ; *adj.* étanche, ferme, solide ; sûr.

stave [sté¹v] *s.* douve [cask] ; portée [music] ; strophe, stance, f. ; *v.* défoncer ; *to stave off,* maintenir à distance.

stay [sté¹] *s.* support ; soutien ; séjour, m. ; suspension (jur.), f. ; *v.** (s')arrêter ; séjourner ; demeurer ; étayer ; différer [execution] ; *to stay up all night,* veiller toute la nuit ; *to stay away,* s'absenter ; *to stay for,* attendre.

stead [stèd] *s.* place, f. ; *in his stead,* à sa place. ‖ *steadfast* [-fast] *adj.* constant ; ferme ; stable. ‖ *steadily* [-'li] *adv.* avec fermeté ou constance ; résolument ; fixement. ‖ *steadiness* [-inis] *s.* fermeté ; stabilité ; assiduité, f. ‖ *steady* [-i] *adj.* ferme ; rangé, sérieux ; constant ; sûr ; *v.* fixer ; affermir ; assujettir ; calmer ; *to keep steady,* ne pas bouger, ne pas broncher.

steak [sté¹k] *s.* bifteck, m. ; tranche ; entrecôte, f.

steal [stîl] *v.** voler ; aller à la dérobée ; *to steal away,* subtiliser ; s'esquiver ; *to steal a glance,* jeter un regard furtif ; *stealer,* voleur. ‖ *stealth* [stèlth] *s.* dérobée, f. ; *by stealth,* furtivement ; en tapinois ; *stealthily,* à la dérobée ; *stealthiness,* nature furtive ; *stealthy,* furtif, secret.

steam [stîm] *s.* vapeur ; buée, f. ; *adj.* à vapeur ; par la vapeur ; *v.* fumer ; jeter de la vapeur ; passer, cuire à la vapeur ; s'évaporer ; *steam engine,* machine à vapeur. ‖ *steamboat* [-boᵘt], *steamer, [-ᵉr], steamship* [-ship] *s.* bateau à vapeur ; steamer, m. ; *cargo steamer,* cargo.

steed [stîd] *s.* coursier ; cheval de combat, destrier, m.

steel [stîl] *s.* acier ; fusil [sharpening] ; fer [sword], m. ; *v.* aciérer ; endurcir ; aguerrir (*against,* contre) ; *stainless steel,* acier inoxydable ; *steelworks,* aciérie.

steep [stîp] *adj.* escarpé ; à pic ; exorbitant [price] ; *s.* escarpement, m. ; pente rapide, f.

steep [stîp] *v.* tremper ; infuser ; macérer ; saturer.

steeple [stîp'l] *s.* clocher, m. ; *steeplechase,* course d'obstacles.

steer [stiᵉr] *s.* bouvillon, m.

steer [stiᵉr] *v.* piloter ; tenir la barre (naut.) ; conduire ; *to steer the course,* faire route ; *the car steers easily,* la voiture se conduit facilement ; *steering gear,* gouvernail ; *steering wheel,* volant [auto] ; *steerage,* entrepont ; *steersman,* timonier.

stellar [stélᵉr] *adj.* stellaire.

stem [stèm] *s.* tige, queue ; pied [glass] ; étrave (naut.), f. ; tuyau [pipe], m.

stem [stèm] *v.* arrêter ; endiguer ; refouler ; remonter [tide] ; s'opposer à ; *to stem from,* descendre de, provenir de.

stench [stènsh] *s.** puanteur, f.

stencil [stèns'l] *s.* pochoir ; stencil, m.

stenographer [stᵉnâgrᵉfᵉr] *s.* sténographe, m. f. ‖ *stenography* [-fi] *s.* sténographie, f. ‖ *stenotypist* [sténota¹pist] *s.* sténotypiste, m. f. ‖ *stenotypy* [sténota¹pi] *s.* sténotypie, f.

step [stèp] *s.* pas, m. ; marche [stairs] ; démarche ; emplanture [mast], f. ; échelon ; marchepied [vehicle], m. ; *pl.* échelle, f. ; perron, m. ; *v.* marcher ; avancer ; faire un pas ; *to step aside,* s'écarter ; *to step out,* allonger le pas ; *to take a step,* faire une démarche, prendre un parti ; *to take steps,* prendre des mesures ; *to step back,* rebrousser chemin ; *to step on the gas,* appuyer sur l'accélérateur, mettre les gaz ; *to be in step with,* marcher au pas avec, être d'accord avec ; *stepladder,* échelle double.

stepchild [stèptsha¹ld] (*pl. stepchildren*) [-tshildrᵉn] *s.* beau-fils, m. ; belle-fille, f. ‖ *stepdaughter* [-dautᵉr] *s.* belle-fille, f. ‖ *stepfather* [-fâzhᵉr] *s.* beau-père, m. ‖ *stepmother* [-mœzhᵉr] *s.* belle-mère, f.

steppe [stèp] *s.* steppe, f.

stepsister [stèpsistᵉr] *s.* demi-sœur, f. ‖ *stepson* [-sœn] *s.* beau-fils, m.

stereotype [stèriᵉta¹p] *s.* cliché ; stéréotype, m.

sterile [stèrᵉl] *adj.* stérile ; aseptique. ‖ *sterility* [stérⁱléti] *s.* stérilité, f. ‖ *sterilize* [stèrᵉla¹z] *v.* stériliser.

sterling [stᵉrling] *s.* sterling, m. ; monnaie de bon aloi, f. ; *adj.* qui a cours légal ; vrai, authentique ; *pound sterling,* livre sterling.

stern [stë⁻n] *adj.* austère ; sévère ; rigoureux ; rébarbatif.

stern [stë⁻n] *s.* arrière, m. ; poupe, f. ; **sternlight,** feu de poupe ; **sternpost,** étambot.

sternutation [stë⁻nyouté¹sh⁻n] *s.* éternuement, m.

stethoscope [stèthᵉskoᵒup] *s.* stéthoscope, m.

stevedore [stîvedoᵒur] *s.* débardeur ; déchargeur, m.

stew [styou] *v.* faire un ragoût ; mettre en ragoût ou en civet ; fricasser ; cuire à l'étouffée ; *s.* ragoût ; civet, m. ; fricassée ; étuvée, f. ; *to be in a stew,* être dans la panade ; être très agité ; **stewed fruit,** compote de fruits ; **stewpan,** cocotte, f.

steward [styouwᵉrd] *s.* intendant ; régisseur ; économe ; maître d'hôtel ; commis aux vivres ; steward, m. ; **stewardess,** femme de chambre.

stick [stik] *s.* baguette ; tige ; canne, f. ; *cleft stick,* piquet fourchu ; *control stick,* manche à balai (aviat.).

stick [stik] *v.** piquer ; percer ; enfoncer ; adhérer ; (se) coller ; s'embourber ; s'empêtrer ; (se) cramponner ; *to stick out,* faire saillie ; *stick to it!,* tenez bon ! ; *to stick to one's friends,* cramponner ses amis, être collant ; *to stick one's hands up,* lever les mains ; **sticking-plaster,** taffetas gommé, sparadrap. ‖ **stickiness** [-inis] *s.* adhésivité ; viscosité, f. ‖ **stickler** [-ᵉr] *s.* farouche partisan, m. (*for,* de). ‖ **sticky** [-i] *adj.* collant ; adhésif ; visqueux ; tatillon.

stiff [stif] *adj.* raide, rigide ; ankylosé ; inflexible ; obstiné ; opiniâtre ; guindé ; difficile [exam]. ‖ **stiffen** [-ᵉn] *v.* (se) raidir ; durcir ; se guinder ; s'obstiner. ‖ **stiffness** [-nis] *s.* rigidité ; raideur ; consistance ; opiniâtreté ; difficulté, f.

stifle [sta¹f'l] *v.* étouffer ; suffoquer ; amortir ; réprimer ; éteindre.

stigma [stigmᵉ] *s.* stigmate, m. ; marque, f. ; **stigmatist,** stigmatisé ; **stigmatize,** stigmatiser.

stiletto [stilétoᵒu] *s.* stylet ; poinçon, m. ; *stiletto heel,* talon aiguille.

still [stil] *adj.* calme ; silencieux ; tranquille ; *s.* calme, silence, m. ; *v.* calmer ; apaiser ; tranquilliser ; faire taire ; *adv.* toujours ; encore ; constamment ; cependant, néanmoins ; *but still,* mais enfin, tout de même ; *still born,* mort-né ; *still life,* nature morte.

still [stil] *s.* alambic, m. ; distillerie, f. ; *v.* distiller ; faire tomber goutte à goutte.

stillness [stilnis] *s.* calme, silence, m.; tranquillité, f.

stilt [stilt] *s.* échasse, f. ; **stilted,** compassé, gourmé, guindé.

stimulant [stimyel⁻nt] *adj.*, *s.* stimulant ; tonique. ‖ **stimulate** [-lé¹t] *v.* stimuler ; encourager ; exciter ; aiguillonner. ‖ *stimulation* [stimyélé¹sh⁻n] *s.* stimulation ; excitation, f. ; encouragement, m. ‖ *stimulus* [stimyél⁻es] *(pl. stimuli* [-ii]) *s.* stimulant ; aiguillon ; stimulus (med.), m.

sting [stìng] *s.* aiguillon ; dard, m. ; pointe ; piqûre, f. ; *v.** piquer, picoter ; cuire ; blesser ; mortifier ; *stung to the quick,* piqué au vif ; **stingless,** sans dard, sans épine.

stinginess [stindjinis] *s.* avarice ; mesquinerie, f. ‖ **stingy** [stìndji] *adj.* avare ; maigre, rare.

stink [stingk] *v.* puer, empester ; *s.* puanteur, pestilence, f. ; **stinker,** salaud ; **stinking,** puant, fétide.

stint [stint] *v.* limiter ; rationner ; lésiner sur ; *s.* tâche journalière, besogne convenue ; restriction, réserve, f.

stipend [sta¹pènd] *s.* salaire ; traitement ; appointements, m. ; **stipendiary,** salarié.

stipulate [stipyélé¹t] *v.* stipuler ; arrêter, préciser. ‖ **stipulation** [stipyélé¹sh⁻n] *s.* stipulation, clause, convention, f.

stir [stë⁻r] *v.* remuer ; agiter ; bouger ; irriter ; attiser ; émouvoir ; troubler ; *s.* mouvement, m. ; agitation ; activité ; émotion, f. ; *Am.* prison (slang) : *to stir up a revolt,* susciter une révolte ; *to stir up to,* pousser à, encourager. ‖ **stirring** [-ing] *adj.* émouvant ; stimulant ; mouvementé ; entraînant ; intéressant ; sensationnel.

stirrup [stirᵉp] *s.* étrier ; collier (mech.), m. ; **stirrup-strap,** étrivière.

stitch [stitsh] *s.** point ; point de suture, m. ; maille, f. ; *v.* coudre, piquer ; faire des points de suture ; brocher [books].

stoat [stoᵒut] *s.* hermine, f.

stock [stâk] *s.* souche ; lignée ; bûche ; monture ; giroflée [flower] ; ente [grafting], f. ; provisions ; actions, rentes, valeurs, f. pl. ; approvisionnement ; stock [stores] ; fonds d'État ; tronc [tree] ; billot [wood] ; pl. chantier, tins de cale (naut.) ; consommé [broth], m. ; *v.* approvisionner, monter, stocker ; outiller, peupler [game or fish] ; *to have on the stocks,* avoir sur le chantier ; *to take stock of,* faire l'inventaire de ; *to take stock in,* prendre des actions de ; *Am.* accorder créance à ; *to stock a farm,* monter le cheptel d'une ferme ; *live stock,* bétail ; *rolling stock,* matériel roulant (railw.) ; **stock-broker,** agent de change ; *Am.* **stock car,**

wagon à bestiaux; *Stock Exchange,* Bourse des valeurs; *stock-holder,* actionnaire; *stock market,* marché des valeurs; *stock-piling,* stockage; *stock raising,* élevage du bétail; *stock-room,* magasin; *stock-yards,* parc à bétail.

stockade [stâk⁴⁴d] *s.* palissade, f.

stocking [stâking] *s.* bas, m.

stocky [stâki] *adj.* trapu.

stodgy [stâdji] *adj.* pâteux; bourratif; indigeste.

stoic [sto°ᵘik] *adj., s.* stoïque. ‖ *stoicism* [sto°ᵘisizᵉm] *s.* stoïcisme, m.

stoke [sto°ᵘk] *v.* chauffer, entretenir un feu; *stokehold,* chaufferie; *stoker,* chauffeur (naut.).

stole [sto°ᵘl] *pret. of to steal.* ‖ *stolen* [staulᵉn] *p. p. of to steal.*

stole [sto°ᵘl] *s.* étole, f.

stolid [stâlid] *adj.* lourd; passif; flegmatique; *stolidness,* flegme.

stomach [stæmᵉk] *s.* estomac, m.; *v.* digérer; supporter; *stomach-ache,* douleur d'estomac, mal de ventre; *stomachal,* stomacal.

stone [sto°ᵘn] *s.* pierre, f.; noyau [fruit]; calcul (med.), m.; *adj.* de pierre; complètement; *v.* lapider; passer à la pierre (techn.); dénoyauter; *altar stone,* pierre d'autel; *building stone,* moellon; *cut stone,* pierre de taille; *grindstone,* meule; *hail-stone,* grêlon; *stone-deaf,* sourd comme un pot; *stoneware,* grès, poterie; *stonework,* maçonnerie. ‖ *stony* [-i] *adj.* pierreux; de pierre; endurci, insensible; *stony-broke,* dans la dèche.

stood [stoud] *pret., p. p. of to stand.*

stooge [stoudj] *s.* comparse, m. f.

stool [stoul] *s.* tabouret; escabeau; petit banc, m.; *to go to stool,* aller à la selle; *camp-stool,* pliant; *stool pigeon,* appeau; *Am.* mouchard.

stoop [stoup] *v.* (se) pencher; (s')incliner; s'abaisser; humilier; *s.* dos rond, m.; attitude voûtée, f.; inclinaison, f.; *stoop-shouldered,* voûté.

stop [stâp] *v.* arrêter; cesser; empêcher; obstruer; boucher; *Br.* plomber [teeth]; stopper; parer (naut.); *s.* arrêt; obstacle; empêchement; dispositif de blocage; butoir (mech.); jeu [organ], m.; interruption; obstruction; station (railw.); escale (naut.), f.; *to stop at a hotel,* descendre à l'hôtel; *to stop from,* cesser de; *to stop over at,* faire escale à; *stop consonant,* consonne explosive; *stopblock,* butoir; *Am.* stop-over, arrêt, escale; *stop-watch,* chronomètre compte-secondes; *full-stop,* point [punctuation]. ‖ *stoppage* [-idj] *s.* arrêt; enrayage (mil.); obstacle; *Br.* plombage [teeth], m.;

halte; pause; interruption; retenue [pay], f. ‖ *stopper* [-ᵉr] *s.* bouchon; obturateur, m.

storage [sto°ᵘridj] *s.* emmagasinage; entreposage; frais d'entrepôt, m.; *storage battery,* accumulateur; *storage cell,* élément d'accu. ‖ *store* [sto°ᵘr, stauᵉr] *s.* provisions; fourniture; boutique, f.; approvisionnement; entrepôt; magasin, m.; *pl.* vivres; matériel, m.; munitions, f. pl.; *v.* fournir; approvisionner; emmagasiner; mettre en dépôt; *book store,* librairie; *department store,* grand magasin; *fruit store,* fruiterie; *shoe store,* magasin de chaussures; *to hold in store,* garder en réserve; *to store up,* accumuler. ‖ *storehouse* [-haᵘs], *s.* magasin; entrepôt; dépôt, m. ‖ *storekeeper* [-kipᵉr] *s.* garde-magasin; magasinier; *Am.* boutiquier, m.

stork [staurk] *s.* cigogne, f.

storm [staurm] *s.* tempête, f.; orage; assaut (mil.), m.; *v.* tempêter; faire de l'orage; se déchaîner; monter à l'assaut; prendre d'assaut; *storm troops,* troupes d'assaut; *in a storm of,* dans un accès de. ‖ *stormy* [-i] *adj.* orageux; tempétueux; turbulent.

story [sto°ᵘri] *s.** histoire, f.; récit; conte; mensonge, m.; *story teller,* conteur; mythomane.

story [sto°ᵘri] *s.** étage, m.; *Am. second story,* premier étage; *upper story,* étage supérieur.

stout [staᵘt] *s.* stout, m.; bière anglaise, f.; *adj.* fort; corpulent; vigoureux; substantiel; énergique; *stout-hearted,* vaillant, intrépide. ‖ *stoutness* [sto°ᵘtnis] *s.* vigueur, force; corpulence, f.; embonpoint, m.

stove [sto°ᵘv] *s.* poêle; fourneau, m.; étuve, f.; *stovepipe,* tuyau de poêle.

stove [sto°ᵘv] *pret., p. p. of to stave.*

stow [sto°ᵘ] *v.* mettre en place; installer; entasser; arrimer (naut.); *to stow away on a ship,* embarquer clandestinement; *stowage,* arrimage (naut.); *stowaway,* passager clandestin.

strabismus [strᵉbizmᵉs] *s.* strabisme, m.

straddle [strad'l] *v.* enfourcher; être à cheval sur; encadrer (mil.); se tenir à califourchon; biaiser (fig.).

strafe [stré⁴f] *v.* bombarder; *strafing,* marmitage.

straggle [strag'l] *v.* traîner; rôder; s'écarter; rester en arrière; *straggler,* traînard, rôdeur.

straight [stré⁴t] *adj.* droit; direct; en bon état, en ordre; loyal; *adv.* directement, tout droit; immédiatement; loyalement; *to keep a straight* *face,* garder son sérieux; *for two hours straight,* deux heures de suite; *to keep somebody straight,* maintenir quelqu'un dans le devoir; *keep straight on,* allez tout droit; *straight away,* immédiatement; *straight off,* d'emblée. || ***straighten*** [-'n] *v.* redresser; ranger. || ***straightforward*** [-faurw^{er}d] *adj.* direct, droit; sans détours; *adv.* directement; tout droit. || ***straightness*** [-nis] *s.* rectitude, f. || ***straightway*** [-wé^{i}] *adv.* aussitôt, sur-le-champ, tout de suite.

strain [stré^{i}n] *v.* tendre; fouler (med.); forcer; contraindre; faire un effort; suinter [liquid]; *s.* effort, m.; tension; entorse, foulure; fatigue excessive, f.; *to strain oneself,* se surmener. || ***strainer*** [-^{er}] *s.* tamis, filtre, m.; passoire, f.

strait [stré^{i}t] *adj.* étroit; *s.* détroit, m.; ***strait jacket,*** camisole de force; *the Straits of Dover,* le pas de Calais. || ***straiten*** [-'n] *v.* resserrer; mettre dans la gêne.

strand [strànd] *v.* (s')échouer (naut.); *s.* plage, grève, *Fr. Can.* batture, f.; ***stranded,*** échoué [ship]; en panne; en plan; décavé.

strand [strànd] *s.* toron [rope], m.; *v.* toronner; *strand of pearls,* collier de perles.

strange [stré^{i}ndj] *adj.* étrange; bizarre; inhabituel; inconnu. || ***strangeness*** [-nis] *s.* étrangeté; réserve, froideur, f. || ***stranger*** [-^{er}] *s.* étranger; inconnu, m.; *you are quite a stranger,* on ne vous voit plus.

strangle [stràngg'l] *v.* étrangler; étouffer. || ***strangulate*** [strànggy^{e}lé^{i}t] *v.* étrangler (med.). || ***strangulation*** [strànggy^{e}lé^{i}sh^{e}n] *s.* strangulation, f.; étranglement, m.

strap [strap] *s.* courroie; sangle; lanière; bande; bride; chape (mech.); étrivière, f.; *v.* sangler; ceinturer; ***breast strap,*** bricole; ***chin strap,*** jugulaire.

strapping [straping] *adj.* bien découplé.

stratagem [strat^{e}dj^{e}m] *s.* stratagème, m.; ruse, f.

strategic [str^{e}tidjik] *adj.* stratégique. || ***strategist*** [stratidjist] *s.* stratège, m. || ***strategy*** [strat^{e}dji] *s.** stratégie, f.

stratification [stratifikè^{i}sh^{e}n] *s.* stratification, f. || ***stratify*** [stratifa^{i}] *v.* stratifier.

stratosphere [strat^{e}sfi^{er}] *s.* stratosphère, f.

straw [strau] *s.* paille, f.; chalumeau, m.; *adj.* de paille; en paille; *truss of straw,* botte de paille; *it is the last straw!,* c'est le bouquet!; ***straw hat,*** chapeau de paille; ***straw mattress,*** paillasse. || ***strawberry*** [-bèri] *s.** fraise, f.; ***strawberry-tree,*** arbousier.

stray [stré^{i}] *v.* s'égarer; s'éloigner; *adj.* égaré; fortuit; accidentel; *s.* animal errant; vagabond, m.; dispersion (electr.), f.; ***stray bullet,*** balle perdue.

streak [strîk] *s.* rayure; raie; bande, f.; *v.* rayer; strier; barioler; *streak of lightning,* éclair.

stream [strîm] *s.* ruisseau; flot; courant; fleuve, m.; rivière, f.; *v.* couler; ruisseler; flotter [flag]; ***mountain stream,*** torrent; *a stream of cars,* un flot de voitures; *to stream out,* sortir à flots. || ***streamer*** [-^{er}] *s.* banderole, f. || ***streamlined*** [-la^{i}nd] *adj.* fuselé; profilé; aérodynamique; *Am.* abrégé, plus rapide.

street [strît] *s.* rue, f.; ***back street,*** rue détournée; ***main street,*** artère principale; ***street door,*** porte d'entrée. || ***streetcar*** [-kâr] *s. Am.* tramway, m.

strength [strèngth] *s.* force; intensité, f.; effectif (mil.), m. || ***strengthen*** [-^{e}n] *v.* fortifier; affermir; renforcer, consolider; ***strengthener,*** fortifiant.

strenuous [strènyou^{e}s] *adj.* énergique; vif; acharné; actif.

streptomycin [streptoma^{i}sin] *s.* streptomycine, f.

stress [strès] *s.** force; violence [weather]; tension; pression; insistance; charge (mech.); contrainte, f.; accent tonique; effort, m.; *v.* charger (mech.); insister; accentuer; *to lay the stress on,* mettre l'accent sur.

stretch [strètsh] *v.* tendre; (s')étirer; (s')étendre; (se) déployer; *s.** étendue; extension; portée; élasticité; section [roads], f.; allongement; étirage (mech.), m.; *to stretch one's legs,* se dégourdir les jambes; *at a stretch,* d'un trait. || ***stretcher*** [-^{er}] *s.* brancard; tendeur [shoes]; traversin [rowboat], m.; civière, f.; ***stretcher-bearer,*** brancardier.

strew [strou] *v.* semer; joncher; répandre. || ***strewn*** [-n] *p. p. of* ***to strew.***

stria [stra$^{i e}$] *s.* strie, f.; ***striate,*** strié; strier.

stricken [strik^{e}n] *p. p. of* ***to strike,*** *adj.* frappé, atteint.

strict [strikt] *adj.* strict; précis; exact; rigide; sévère; *in strict confidence,* sous le sceau du secret; sous toute réserve. || ***strictness*** [-nis] *s.* rigueur; sévérité; exactitude; précision, f.

stridden [strid'n] *p. p. of* ***to stride.***

stride [stra^{i}d] *v.** aller à grands pas; enjamber; enfourcher [horse]; *s.* enjambée, f.; grand pas, m.

strident [stra¹d'nt] *adj.* strident.

strife [stra¹f] *s.* lutte, f.; *at strife with*, en guerre avec.

strike [stra¹k] *v.* frapper; assener, cogner; sonner [clock]; saisir; tamponner; frotter [match]; conclure [bargain]; baisser [flag]; arrêter [account]; *v.* faire grève; *s.* grève; matrice [printing]; frappe [coins], f.; coup, m.; *to strike off*, rayer, biffer, abattre; *to strike a balance*, établir un bilan; *how does he strike you?*, quelle impression vous fait-il?; *sit-down strike*, grève sur le tas; *slow-down strike*, grève perlée; *strike-breaker*, briseur de grève. || *striker* [-er] *s.* gréviste; percuteur [firearm]; brosseur (mil.), m. || **striking** [-ing] *adj.* frappant; remarquable; saisissant; en grève.

string [strìng] *s.* corde; ficelle; file; enfilade; kyrielle, f.; fil; cordon; lacet [shoes]; ruban; chapelet [onions], m.; *v.* garnir de cordes; tendre; accorder [music]; enfiler [beads]; aligner; mettre, aller à la file; enlever les fils de; *to string together*, faire un chapelet de; *string of boats*, train de bateaux; *string of cars*, file de voitures; *to string up*, pendre; *fiddle string*, corde de violon; *stringbean*, haricot vert; *stringy*, filandreux; visqueux.

strip [strip] *v.* dépouiller; déshabiller; (se) mettre à nu; écorcer [tree]; *to strip off*, ôter [dress]; *strip-tease*, déshabillage, strip-tease.

strip [strip] *s.* bande; bandelette; lanière; piste (aviat.), f.; lambeau; ruban, m.; *weather strip*, bourrelet [window].

stripe [stra¹p] *s.* raie, rayure; bande, f.; chevron; galon, m.; *v.* rayer; *striped*, à rayures, rayé.

stripling [stripling] *s.* adolescent, m.

strive [stra¹v] *v.* lutter; s'efforcer; tenter de; se démener; rivaliser (*with*, avec); *to strive to*, s'efforcer de. || **striven** [striven] *p. p. of* to strive.

strode [strooud] *pret. of* to stride.

stroke [stroouk] *s.* coup; choc; trait, m.; attaque; apoplexie, f.; *to row a long stroke*, allonger la nage (naut.); *stroke of a bell*, coup de cloche; *sunstroke*, coup de soleil.

stroke [stroouk] *v.* caresser; *s.* caresse, f.

stroll [strooul] *v.* errer; se promener; *s.* promenade, flânerie, f.; *to stroll the streets*, flâner dans les rues; *stroller*, flâneur, vagabond.

strong [straung] *adj.* fort; solide; vigoureux, énergique; marqué, prononcé; *adv.* fort, fortement; *strong market*, marché ferme; *strong-willed*, décidé, volontaire. || **stronghold** [-hoould] *s.* place forte, f.; fort, m. || **strongly** [-li] *adv.* fortement; énergiquement; fermement; vigoureusement; solidement; avec netteté.

strop [stràp] *s.* cuir à rasoir, m.; *v.* repasser, aiguiser.

strove [stroouv] *pret. of* to strive.

struck [strœk] *pret., p. p. of* to strike; *adj.* frappé (*with*, de).

structural [strœktshºrel] *adj.* structural; morphologique. || **structure** [-shºr] *s.* structure, f.; bâtiment, immeuble, m.

struggle [strœg'l] *s.* lutte, f.; effort, m.; *v.* lutter, combattre; se démener; *to struggle on*, avancer péniblement; *struggler*, lutteur.

strum [strœm] *v.* jouailler (mus.).

strung [strœng] *pret., p. p. of* to string.

strut [strœt] *v.* se pavaner; *s.* démarche orgueilleuse; entretoise, f.

stub [stœb] *s.* souche, f.; tronc; talon [check]; chicot [tooth]; mégot, m.; *v.* déraciner; buter contre; *stub pen*, plume à pointe émoussée.

stubble [stœb'l] *s.* chaume, m.; éteule; barbe rude, f.; *stubbly hair*, cheveux en brosse.

stubborn [stœbern] *adj.* têtu, entêté; opiniâtre; réfractaire; rétif [horse]; acharné [work]. || **stubbornness** [-nis] *s.* entêtement, m.; obstination, f.

stubby [stœbi] *adj.* hérissé, hirsute [beard].

stucco [stœkoou] *s.* stuc, m.; *v.* enduire de stuc.

stuck [stœk] *pret., p. p. of* to stick; *adj.* stuck-up, affecté, poseur.

stud [stœd] *s.* poteau, montant; support; étai (naut.); contact (electr.); clou [nail]; bouton de chemise; tenon [bayonet], m.; *v.* clouter; parsemer.

stud [stœd] *s.* haras; étalon; chenil d'élevage, m.; *stud-farm*, haras.

student [styoudent] *s.* étudiant; élève, m.; *senior student*, Fr. Can. finissant. || **studied** [stœdid] *adj.* étudié; apprêté; prémédité; versé (*in*, dans). || **studio** [styoudioou] *s.* atelier; studio [radio], m. || **studious** [styoudies] *adj.* studieux; appliqué; soigné. || **study** [stœdi] *s.* étude; attention; préoccupation; méditation, f.; cabinet de travail, m.; *v.* étudier; faire ses études; réfléchir, chercher; *to study for an examination*, préparer un examen.

stuff [stœf] *s.* matière; étoffe, f.; tissu, m.; *v.* rembourrer; obstruer; calfater; empailler; farcir; *what stuff!*, quelle sottise !; *stuffer,* empailleur. ‖ *stuffing* [-ing] *s.* bourre, étoupe, f.; rembourrage ; empaillage, m. ; farce, f. (culin.). ‖ *stuffy* [-i] *adj.* étouffant ; qui sent le renfermé ; calfeutré ; collet monté.

stumble [stœmb'l] *v.* trébucher ; broncher ; faire un faux pas ; *s.* faux pas, m. ; *stumbling-block,* pierre d'achoppement.

stump [stœmp] *s.* tronçon ; trognon [cabbage] ; chicot [tooth] ; moignon [limb] ; bout [cigarette], m. ; souche [tree] ; *Am.* estrade de réunion publique, f. ; *v.* dessoucher ; faire une campagne électorale ; marcher lourdement ; embarrasser, coller ; *to be up a stump,* être embarrassé ; *to stump the country,* courir le pays pour une tournée électorale ; *stumpy,* trapu.

stun [stœn] *v.* étourdir, assommer ; *stunning,* épatant (fam.).

stung [stœng] *pret., p. p. of to sting.*

stunk [stœngk] *pret., p. p. of to stink.*

stunt [stœnt] *s.* acrobatie ; nouvelle sensationnelle, f. ; montage publicitaire ; tour de force, m. ; *v.* faire des acrobaties ou des tours.

stunt [stœnt] *v.* rabougrir ; arrêter la croissance de.

stupefaction [styoupifaksh°n] *s.* stupéfaction, f. ‖ *stupefier* [styoupifa¹er] *s.* stupéfiant, m. ‖ *stupefy* [styoup°fa¹] *v.* hébéter ; abrutir ; stupéfier (med.) ; frapper de stupeur.

stupendous [styoupènd°s] *adj.* prodigieux, formidable.

stupid [styoupid] *adj.* stupide ; sot ; bête ; *Fr. Can.* sans dessein. ‖ *stupidity* [styoupid°ti] *s.** stupidité ; bêtise, f. ‖ *stupor* [styoup°r] *s.* stupeur, f. ; engourdissement, m.

sturdiness [stër'dinis] *s.* robustesse ; résolution, f. ‖ *sturdy* [stër'di] *adj.* robuste, vigoureux ; *sturdy chap,* luron.

sturgeon [stërdj°n] *s.* esturgeon, m.

stutter [stœt°r] *v.* bégayer ; bredouiller. ‖ *stutterer* [-r°r] *s.* bègue, m. ‖ *stuttering* [-ring] *s.* bégaiement, m. ; *adj.* bégayant.

sty [sta¹] *s.** porcherie, f.

sty [sta¹] *s.** orgelet (med.), m.

style [sta¹l] *s.* style ; genre ; type ; modèle ; cachet, chic, m. ; manière, mode, f. ; *v.* intituler, nommer, désigner ; *stylish,* à la mode ; chic ; *stylist,* styliste ; *stylistic,* stylistique ; *stylus,* style.

subaltern [s°bault°rn] *s.* subalterne ; subordonné, m.

subcommittee [sœbk°miti] *s.* sous-comité, m. ; sous-commission, f.

subconscious [sœbkânsh°s] *s.* subconscient, m.

subdeacon [sœbdîk°n] *s.* sous-diacre, m.

subdivision [sœbd°vij°n] *s.* subdivision, f. ; morcellement, m.

subdue [s°bdyou] *v.* subjuguer ; réprimer ; maîtriser ; adoucir ; assourdir ; *subdued light,* demi-jour.

subject [sœbdjikt] *s.* sujet ; individu, m. ; matière ; question, f. ; *adj.* assujetti ; soumis ; sujet, porté, subordonné (*to,* à) ; justiciable (*to,* de) ; [sœbdjèkt] *v.* assujettir ; soumettre ; exposer à ; faire subir. ‖ *subjection* [-sh°n] *s.* sujétion ; soumission, f. ‖ *subjective* [-tiv] *adj.* subjectif.

subjugate [sœbdj°gé¹t] *v.* subjuguer ; asservir ; *subjugation,* subjugation, asservissement.

subjunctive [s°bdjænktiv] *s.* subjonctif, m.

sublet [sœblèt] *v.* sous-louer.

sublimate [sœblimit] *adj., s.* sublimé, m. ; [-mé¹t] *v.* sublimer. ‖ *sublime* [s°bla¹m] *adj.* sublime.

submachine gun [sœbm°shîng°n] *s.* mitraillette, f.

submarine [sœbm°rîn] *adj.* sous-marin ; [sœbm°rîn] *s.* sous-marin, m.

submerge [s°bmë°dj] *v.* submerger ; inonder ; plonger. ‖ *submersible* [-sib'l] *adj., s.* submersible, m.

submission [s°bmish°n] *s.* soumission ; résignation, f. ‖ *submissive* [s°bmisiv] *adj.* soumis, résigné. ‖ *submit* [s°bmit] *v.* (se) soumettre ; se résigner (*to,* à).

subordinate [s°baurd'nit] *adj.* subordonné ; secondaire ; *s.* subordonné ; sous-ordre, m. ; [-né¹t] *v.* subordonner (*to,* à) ; *subordination,* subordination.

suborn [s°bau°rn] *v.* suborner ; *suborner,* suborneur.

subpoena [s°bpîn°] *s.* citation de témoin ; assignation, f. ; *v.* citer ; assigner.

subscribe [s°bskra¹b] *v.* souscrire ; s'abonner (*for,* à) ; adhérer (*to,* à). ‖ *subscriber* [-°r] *s.* souscripteur ; abonné ; signataire ; contractant, m. ‖ *subscription* [s°bskrip°h°n] *s.* souscription ; cotisation, f. ; abonnement, m.

subsequent [sœbsikwènt] *adj.* subséquent ; ultérieur ; consécutif.

subservient [s°bsë°vi°nt] *adj.* utile ; subordonné ; servile.

subside [s°bsa¹d] *v.* s'apaiser ; s'effondrer ; tomber, laisser, diminuer.

subsidiary [s°bsi°di°ri] *adj.* subsidiaire ; mercenaire ; *s.** auxiliaire, m. f.

subsidize [sœbsⁱda¹z] *v.* subventionner; primer. ‖ *subsidy* [sœbsⁱdi] *s.**
subvention, f.; subside, m.

subsist [sᵉbsⁱst] *v.* subsister; exister;
vivre; *subsistence,* subsistance.

substance [sœbstᵉns] *s.* substance;
matière; ressources, f.; fond; essentiel, m. ‖ *substantial* [sᵉbstănshᵉl] *adj.*
substantiel; réel; considérable; résistant, solide.

substantive [sœbstᵉntiv] *s.* substantif, m.; *adj.* explicite, effectif.

substitute [sœbstⁱtyout] *v.* substituer; remplacer; subroger (jur.); *s.*
substitut; suppléant; remplaçant; succédané, m. ‖ *substitution* [sœbstᵉ-
tyoushᵉn] *s.* substitution; suppléance;
subrogation (jur.), f.; remplacement, m.

substructure [sœbstrœktshᵉr] *s.* infrastructure; base, f.; soubassement, m.

subtenancy [sœbténᵉnsi] *s.* sous-loca-
tion, f. ‖ *subtenant* [-ᵉnt] *s.* sous-loca-
taire, m. f.

subterfuge [sœbtᵉrfyoudj] *s.* subterfuge, m.; échappatoire, f.

subterranean [sœbtᵉréⁱniᵉn] *adj.* souterrain.

subtilize [sœbtilaⁱz] *v.* sublimer; raffiner; alambiquer; ergoter.

subtle [sœt'l] *adj.* subtil; ingénieux;
habile; pénétrant. ‖ *subtlety* [-ti] *s.**
subtilité, f.

subtract [sᵉbtrakt] *v.* retrancher;
soustraire. ‖ *subtraction* [sᵉbtrakshᵉn]
s. soustraction; défalcation, f.

suburb [sœbᵉrb] *s.* faubourg, m.;
banlieue, f. ‖ *suburban* [sᵉbᵉrbᵉn] *adj.*
suburbain; de banlieue.

subvention [sᵉbvènshᵉn] *s.* subvention, f.

subversion [sᵉbvᵉrshᵉn] *s.* subversion, f. ‖ *subversive* [-siv] *adj.* subversif. ‖ *subvert* [-ᵊt] *v.* renverser.

subway [sœbwéⁱ] *s. Am.* métropolitain; *Br.* passage souterrain, m.

succedaneous [sœksidéⁱniᵉs] *adj.*
succédané.

succeed [sᵉksⁱd] *v.* succéder; remplacer; suivre; réussir (*in*, à). ‖ *success*
[sᵉksès] *s.* succès, m. ‖ *successful*
[-fᵉl] *adj.* heureux; prospère; réussi. ‖
succession [sᵉksèshᵉn] *s.* succession;
suite; série; accession, f. ‖ *successive*
[sᵉksèsiv] *adj.* consécutif; successif. ‖
successor [sᵉksèsᵉr] *s.* successeur, m.

succinct [sᵉksⁱngkt] *adj.* succinct;
succinctness, concision.

succo(u)r [sœkᵉr] *s.* secours, m.; *v.*
secourir; *succo(u)rer,* secouriste.

succulence [sœkyelᵉns] *s.* succulence,
f. ‖ *succulent* [-nt] *adj.* succulent.

succumb [sᵉkœm] *v.* succomber;
céder.

such [sœtsh] *adj.* tel; pareil; semblable; *pron.* tel; such *as,* tel que;
such a friend, un tel ami; *such patience,* une telle patience; *in such a
way that,* de telle sorte que; *on such
occasions,* en pareils cas; *such as it is,*
tel quel; *such a one,* un tel; *suchlike,*
de ce genre.

suck [sœk] *v.* sucer; absorber; téter;
to give suck to, allaiter; *Am.* **sucker,**
poire, gobeur. ‖ *suckle* [-'l] *v.* allaiter;
suckling, nourrisson. ‖ *suction* [sœk-
shᵉn] *s.* succion; aspiration, f.

sudden [sœd'n] *adj.* soudain; imprévu; prompt; *all of a sudden,* tout
à coup; *suddenly,* brusquement, subitement. ‖ *suddenness* [-nis] *s.* soudaineté; promptitude; précipitation, f.

suds [sœdz] *s. pl.* eau de savon, f.; *to
be in the suds,* être dans l'ennui.

sue [sou] *v.* traduire en justice; plaider; solliciter; *to sue for damages,*
intenter un procès en dommages-
intérêts; *to sue for counsel,* solliciter
un conseil.

suede [sweⁱd] *s.* suède; daim, m.

suet [souit] *s.* graisse de bœuf, f.;
suif, m.

suffer [sœfᵉr] *v.* souffrir; supporter;
subir; tolérer; essuyer [losses]; *sufferer,* patient, malade. ‖ *suffering*
[-ring] *s.* souffrance; douleur, f.; *adj.*
souffrant; dolent.

suffice [sᵉfaⁱs] *v.* suffire (à). ‖ *sufficiency* [sᵉfishᵉnsi] *s.** suffisance;
capacité; aisance, f. ‖ *sufficient* [sᵉfi-
shᵉnt] *adj.* suffisant; compétent. ‖
sufficiently [-li] *adv.* suffisamment.

suffix [sœfiks] *s.* suffixe, m.

suffocate [sœfᵉkéⁱt] *v.* suffoquer;
étouffer; asphyxier (med.). ‖ *suffocation* [sœfᵉkéⁱshᵉn] *s.* suffocation;
asphyxie, f.

suffrage [sœfridj] *s.* suffrage, m.

suffuse [sᵉfyouz] *v.* inonder.

sugar [shougᵉr] *s.* sucre, m.; *v.* sucrer; *granulated sugar,* sucre semoule;
lump sugar, sucre en morceaux; *maple
sugar,* sucre d'érable; *powdered sugar,* sucre en poudre; *sugar bowl,* sucrier; *sugar bush, Fr. Can.* sucrerie;
sugaring party, Fr. Can. partie de
sucre; *lump of sugar,* morceau de
sucre.

suggest [sᵉdjèst] *v.* suggérer; proposer. ‖ *suggestion* [-shᵉn] *s.* suggestion,
f. ‖ *suggestive* [-iv] *adj.* suggestif.

suicide [souᵉsaⁱd] *s.* suicide, m.; *to
commit suicide,* se suicider.

suit [sout, syout] *s.* costume, complet; procès, m.; requête; poursuite (jur.); couleurs (cards), f.; *v.* adapter; assortir; accommoder; convenir à; plaire à; s'accorder; *that suits me*, ça me va; *to follow suit*, jouer de la même couleur, suivre le mouvement; *to bring suit*, intenter un procès; *suit yourself*, faites à votre gré. ‖ **suitable** [-eb'l] *adj.* convenable; adapté; apte; *suitably*, convenablement; conformément (*to*, à). ‖ **suitcase** [-ké¹s] *s.* valise, mallette, f.

suite [swît] *s.* suite; escorte; série, f.; *suite of rooms*, appartement; *suite of furniture*, ameublement.

suitor [souter, syouter] *s.* prétendant, amoureux; solliciteur; plaideur, m.

sulk [sœlk] *v.* bouder; *s.* bouderie, f.; *sulkiness*, bouderie, f. *sulky*, boudeur, maussade.

sullen [sœlin] *adj.* morose; renfrogné; taciturne.

sully [sœli] *v.* souiller; ternir.

sulphate [sœlfé¹t] *s.* sulfate, m. ‖ *sulphide* [-fa¹d] *s.* sulfure, m. ‖ *sulphur* [-fer] *s.* soufre, m.; *sulphuric*, sulfurique; *sulphurous*, sulfureux.

sultan [sœlt'n] *s.* sultan, m. ‖ *sultana* [sœltäne] *s.* sultane, f.; raisin (m.) de Smyrne.

sultry [sœltri] *adj.* étouffant; orageux; suffocant [heat].

sum [sœm] *s.* somme, f.; total; calcul; sommaire; summum, m.; *to sum up*, additionner; récapituler; *to work out a sum*, faire un calcul; *sum total*, total. ‖ *summarize* [sœmera¹z] *v.* résumer. ‖ *summary* [sœmri] *s.** sommaire; abrégé; aperçu; relevé, m.; *adj.* sommaire; bref; résumé; expéditif.

summation [seme¹shen] *s.* addition, f.

summer [sœmer] *s.* été, m.; *Indian summer*, été de la Saint-Martin, *Fr. Can.* été des sauvages; *adj.* estival; *v.* estiver.

summit [sœmit] *s.* sommet; faîte; comble, m.

summon [sœmen] *v.* convoquer; sommer; assigner; poursuivre (jur.). ‖ *summons* [-z] *s. pl.* sommation; convocation; assignation; citation (jur.), f.

sump [sœmp] *s.* carter; puisard, m.

sumptuary [sœmptshouèri] *adj.* somptuaire. ‖ *sumptuous* [-shoues] *adj.* somptueux, fastueux; *sumptuousness*, somptuosité.

sun [sœn] *s.* soleil, m.; *v.* exposer au soleil; (se) chauffer au soleil; *sunbeam*, rayon de soleil; *sunburn*, coup de soleil, hâle; *Sunday*, dimanche; *sun-dial*, cadran solaire.

sunder [sœnder] *v.* séparer.

sundown [sœnda°un] *s.* coucher de soleil, m.

sundries [sœndriz] *s. pl.* articles divers; faux frais, m. pl. ‖ *sundry* [-i] *adj.* divers, varié.

sunfish [sœnfish] *s.** poisson-lune; *Fr. Can.* crapet-soleil, m.; *sunflower*, tournesol; *sunlight*, lumière du soleil; sunlight; *sunny*, ensoleillé, radieux, rayonnant; *sunny side*, bon côté; *sunproof*, inaltérable au soleil; *sunrise*, lever du soleil; *sunset*, coucher du soleil; *sunshine*, clarté du soleil; *sunspot*, tache solaire; *sunstroke*, insolation.

super [souper] *s.* figurant, m.

superabundance [souperebændens] *s.* surabondance, f.; *superabundant*, surabondant.

superannuated [souperanyoué¹tid] *adj.* démodé.

superb [soupërb] *adj.* superbe; majestueux; somptueux.

supercargo [souperkârgo°u] *s.* subrécargue, m.

supercharger [supertshârdjer] *s.* supercompresseur, m.

supercilious [soúpersíłies] *adj.* sourcilleux; hautain.

superficial [souperfish°l] *adj.* superficiel. ‖ *superficies* [-shìz] (*pl. superficies*) *s.* superficie, f.

superfluity [souperflou¹ti] *s.* superfluité, f.; superflu, m. ‖ *superfluous* [-floues] *adj.* superflu.

superhuman [souperhyoumen] *adj.* surhumain.

superintend [souprintènd] *v.* diriger; surveiller. ‖ *superintendence* [-ens] *s.* surveillance; surintendance, f.; contrôle, m. ‖ *superintendent* [-ent] *s.* surintendant; chef, m.

superior [sepirier] *adj., s.* supérieur. ‖ *superiority* [sepiriaur¹ti] *s.* supériorité, f.

superlative [sepërletiv] *adj., s.* superlatif.

superman [souperman] (*pl. supermen*) *s.* surhomme, m.

supernatural [soupernatshrel] *adj.* surnaturel; *supernaturalness*, surnaturel.

supernumerary [soupernyoumerèri] *s.** surnuméraire; excédent, m.

superposable [syouperpo°uzeb'l] *adj.* superposable; *superpose*, superposer; *superposition*, superposition.

supersede [soupersîd] *v.* supplanter; remplacer; surseoir à (jur.).

supersonic [soupᵉrsoᵒunik] *adj.* supersonique.

superstition [soupᵉrstishᵉn] *s.* superstition, f. ‖ **superstitious** [-shᵉs] *adj.* superstitieux.

superstructure [soupᵉrstrœktshᵉr] *s.* superstructure, f.; accastillage (naut.), m.

supervise [soupᵉrvaⁱz] *v.* surveiller; diriger. ‖ **supervisor** [-pᵉrvaⁱzᵉr] surveillant; contrôleur; directeur, m. ‖ **supervision** [soupᵉrvijᵉn] *s.* surveillance; inspection; direction, f.; contrôle, m.

supine [soupaⁱn] *s.* supin, m.; [soupaⁱn] *adj.* couché sur le dos; en pente; indolent.

supper [sœpᵉr] *s.* souper, m.; *the Lord's Supper*, la Cène.

supplant [sᵉplant] *v.* supplanter.

supple [sœp'l] *adj.* souple; flexible; docile, soumis.

supplement [sœplᵉmᵉnt] *s.* supplément; appendice, m.; annexe, f.; [-mènt] *v.* suppléer; compléter; **supplementary**, supplémentaire.

suppliant [sœpliᵉnt] *adj., s.* suppliant. ‖ **supplicate** [sœplikéⁱt] *v.* supplier; implorer; **supplication**, supplication.

supplier [sᵉplaⁱᵉr] *s.* fournisseur, m. ‖ **supplies** [sᵉplaⁱz] *s. pl.* approvisionnements, m. pl.; fournitures, f. pl.; *food supplies*, vivres; *medical supplies*, matériel sanitaire. ‖ **supply** [sᵉplaⁱ] *s.** ravitaillement, m.; alimentation; fourniture, f.; *v.* approvisionner; ravitailler; *supply base*, centre de ravitaillement; *supply and demand*, l'offre et la demande.

support [sᵉpoᵒurt] *v.* soutenir; appuyer; entretenir; *s.* appui; entretien; support (techn.), m.; adhésion, f.; *to support oneself*, gagner sa vie. ‖ **supporter** [-ᵉr] *s.* partisan; soutien; supporter; adhérent, m.; jarretière, f.

suppose [sᵉpoᵒuz] *v.* supposer; s'imaginer; prendre pour. ‖ **supposed** [-d] *adj.* supposé; présumé; imaginaire. ‖ **supposition** [sœpᵉzishᵉn] *s.* supposition; hypothèse, f.

suppository [sᵉpæzᵉtoᵒuri] *s.** suppositoire, m.

suppress [sᵉprès] *v.* supprimer; réprimer [revolt]; étouffer [voice]. ‖ **suppression** [sᵉpreshᵉn] *s.* suppression; répression, f.

suppurate [sœpyouréⁱt] *v.* suppurer; suppuration, suppuration.

supremacy [sᵉprèmᵉsi] *s.* suprématie, f.; *air supremacy*, maîtrise de l'air. ‖ **supreme** [sᵉprîm] *adj.* suprême; souverain.

surcharge [sᵉrtshâdj] *s.* surcharge; surtaxe; majoration, f.

sure [shouᵉr] *adj.* sûr; assuré; certain; solide, stable; *adv.* sûrement; *sure enough*, en effet, sans doute; *be sure and come*, ne manquez pas de venir. ‖ **surely** [-li] *adv.* assurément; certainement; sans faute. ‖ **surety** [-ti] *s.** sûreté; certitude; caution (jur.), f.; garant (jur.), m.

surf [sᵉrf] *s.* ressac; brisants, m.

surface [sᵉrfis] *s.* surface; superficie, f.; extérieur, dehors, m.; *v.* apprêter; revêtir; aplanir; remonter à la surface (naut.).

surfeit [sᵉrfit] *s.* excès, m.; satiété, f.; *v.* rassasier; écœurer; dégoûter; se gorger.

surge [sᵉrdj] *s.* lame; vague; houle, f.; *v.* être houleux [sea]; se soulever [waters]; monter sur la vague (naut.); surgir.

surgeon [sᵉrdjᵉn] *s.* chirurgien; médecin (mil.; naut.), m. ‖ **surgery** [-djᵉri] *s.* chirurgie; clinique, f.; cabinet; dispensaire, m.; *surgery-hours*, heures de consultation. ‖ **surgical** [-djik'l] *adj.* chirurgical.

surly [sᵉrli] *adj.* maussade; renfrogné; hargneux.

surmise [sᵉrmaⁱz] *v.* soupçonner; supposer; *s.* supposition; conjecture, f.

surmount [sᵉrmaᵒunt] *v.* surmonter; franchir; dépasser, vaincre.

surname [sᵉrnéⁱm] *s.* nom de famille, m.

surpass [sᵉrpas] *v.* surpasser; excéder; franchir; *surpassing*, excellent; éminent.

surplice [sᵉrplis] *s.* surplis, m.

surplus [sᵉrplœs] *s.** surplus; excédent, m.; plus-value, f.; *adj.* excédentaire; *surplus property*, matériel en excédent; *surplus stock*, stock soldé.

surprise [sᵉrpraⁱz] *s.* surprise, f.; étonnement, m.; *v.* surprendre; prendre en flagrant délit; *surprising*, surprenant.

surrender [sᵉrèndᵉr] *s.* capitulation; reddition; abdication (jur.); restitution; concession, f.; abandon, m.; *v.* rendre; céder; (se) livrer; capituler; renoncer à; s'abandonner.

surreptitious [sœrᵉptishᵉs] *adj.* subreptice.

surround [sᵉraᵒund] *v.* entourer; environner; cerner; *surrounding*, environnant. ‖ **surroundings** [-ingz] *s. pl.* alentours, m. pl.; entourage, m.

surtax [sᵉrtaks] *s.* surtaxe, f.; *v.* surtaxer.

survey [sĕrvé¹] *s.* examen; arpentage [land], m.; vue; inspection; étude; expertise; levée de plans, f.; [sĕrvé¹] *v.* examiner; arpenter; lever le plan de; hydrographier; *official survey*, cadastre. ‖ *surveying* [-ing] *s.* relevé de plans, m.; expertise, f.; *land surveying*, arpentage, géodésie; *naval surveying*, hydrographie. ‖ *surveyor* [servé¹er] *s.* arpenteur géomètre; ingénieur topographe, m.

survival [serva¹v'l] *s.* survivance; survie, f. ‖ *survive* [serva¹v] *v.* survivre. ‖ *survivor* [-er] *s.* survivant; rescapé, m.

susceptibility [sesèptebíl/eti] *s.* susceptibilité, f. ‖ *susceptible* [sesèpteb'l] *adj.* susceptible; sensible (*to*, à); capable; accessible (*of*, à).

suspect [sæspèkt] *s.* suspect, m.; [sespèkt] *v.* soupçonner; suspecter; s'imaginer.

suspend [sespènd] *v.* suspendre; interrompre; surseoir (jur.). ‖ *suspenders* [-erz] *s. pl.* bretelles; jarretelles, f. pl.; fixe-chaussettes, m.

suspense [sespèns] *s.* suspens; doute; suspense [cinema], m.; indécision, f. ‖ *suspension* [sespènshen] *s.* suspension; surséance (jur.), f.; *suspension-bridge*, pont suspendu.

suspicion [sespishen] *s.* soupçon; doute, m.; suspicion, f. ‖ *suspicious* [-shes] *adj.* soupçonneux; suspect.

sustain [sestéin] *v.* soutenir; éprouver [loss]; subir [injury]; *to sustain oneself by*, se donner du courage en; *sustaining*, soutènement (arch.); fortifiant (med.). ‖ *sustenance* [sæstenens] *s.* subsistance, f.; aliments, m. pl.

sutler [sætler] *s.* cantinier, m.; vivandière, f.

suture [soutsher] *s.* suture, f.

suzerain [souzere¹n] *s.* suzerain, m.; *suzerainty*, suzeraineté.

swab [swâb] *s.* torchon; écouvillon (naut.); tampon d'ouate, m.; *v.* écouvillonner.

swaddle [swâd'l] *v.* emmailloter; *swaddling-clothes*, maillot, langes.

swagger [swager] *v.* crâner; fanfaronner; se pavaner.

swain [swé¹n] *s.* galant, prétendant, m.; berger, m. (obsolete).

swallow [swâloou] *s.* hirondelle, f.; *swallow-tail coat*, queue-de-pie.

swallow [swâloou] *v.* avaler; ingurgiter; endurer; *s.* gorgée, f.

swam [swam] *pret. of* **to swim**.

swamp [swâmp] *s.* marécage; marais, m.; *v.* submerger; faire chavirer; embourber; *swamped with work*, débordé de travail; *swampy*, marécageux.

swan [swân] *s.* cygne, m.

swap [swâp] *v.* troquer; échanger; *s.* troc, m.

swarm [swaurm] *s.* essaim, m.; nuée, f.; *v.* fourmiller; essaimer.

swarthy [swaurzhi] *adj.* basané.

swash [swâsh] *s.* clapotis, m.; *v.* clapoter; *swashbuckler*, fanfaron.

swastika [swâstike] *s.* croix gammée, f.; svastika, m.

swat [swât] *v.* écraser; taper; *s.* coup, m.

swathe [swé¹zh] *s.* maillot, m.; *v. Br.* emmailloter.

sway [swé¹] *v.* osciller; ballotter; se balancer; gouverner; régir; influencer; *s.* balancement; empire, m.; influence; autorité, f.

swear [swéer] *v.** jurer, *Fr. Can.* sacrer, blasphémer; (faire) prêter serment; *to swear at*, maudire; *to swear in*, assermenter; *to swear to*, attester sous serment; *to swear by*, jurer par; se fier à; *swear word*, juron, *Fr. Can.* sacre, blasphème.

sweat [swèt] *s.* sueur; transpiration, f.; suintement; ressuage, m.; *v.* suer; transpirer; suinter. ‖ *sweater* [swèter] *s.* sudorifique; exploiteur; chandail, m. ‖ *sweatiness* [-inis] moiteur, f.; *sweating*, sudation, suée; suintement; exploitation (fam.); *sweaty*, en sueur, suant; moite; pénible.

Swede [swîd] *s.* Suédois. ‖ *Sweden* [swîd'n] *s.* Suède, f. ‖ *Swedish* [swîdish] *adj.* suédois.

sweep [swîp] *v.** balayer; ramoner; draguer; *s.* balayage; balayeur; ramoneur, m.; courbe; étendue, f.; *to sweep by*, glisser, passer rapidement. ‖ *sweeper* [-er] *s.* balayeur; ramoneur, m.; *carpet sweeper*, balai mécanique. ‖ *sweeping* [-ing] *s.* balayage; ramonage; dragage, m.; *pl.* balayures, f.; *adj.* rapide; complet [victory].

sweet [swît] *adj.* doux; sucré; parfumé; mélodieux; suave; gentil; délicieux; frais [milk]; sans sel [butter]; *s.* mets sucré; entremets; dessert; bonbon, m.; *sweetbread*, ris de veau; *sweetbrier*, églantier; *sweet pea*, pois de senteur; *sweet potato*, patate; *sweet-shop*, confiserie; *to have a sweet tooth*, aimer les douceurs. ‖ *sweeten* [-'n] *v.* sucrer; adoucir; parfumer; assainir. ‖ *sweetheart* [-hârt] *s.* amoureux, m.; petite amie, *Fr. Can.* blonde, f. ‖ *sweetness* [-nis] *s.* douceur; gentillesse, f.

swell [swèl] *v.** enfler; gonfler; (se) tuméfier; se pavaner; *s.* houle [sea], f.; gonflement, m.; *adj. Am.* remarquable; épatant; chic; *to have a swelled head,* se donner des airs. || *swelling* [-ing] *s.* enflure; boursouflure; protubérance; crue [river], f.

swelter [swèltᵉr] *v.* être étouffant [air]; étouffer de chaleur; être en nage; *s.* chaleur étouffante; suée, f.

swept [swèpt] *pret., p. p. of* **to sweep.**

swerve [swë̈rv] *v.* faire un écart, une embardée; se dérober [horse]; *s.* écart, m.; embardée; incartade [horse]; dérive, f.

swift [swift] *adj.* rapide; prompt. || *swiftness* [-nis] *s.* rapidité; vélocité; promptitude, f.

swig [swig] *v.* lamper; *s.* lampée, f.

swill [swil] *v.* laver à grande eau; lamper, entonner (colloq.); *s.* lavage, m.; eaux grasses, f. pl.; ordure, f. (fig.); lampée, f. (colloq.).

swim [swim] *v.** nager; *s.* nage, f.; *to swim across,* traverser à la nage; *my head swims,* la tête me tourne; *swim suit,* maillot. || *swimmer* [-ᵉr] *s.* nageur, m.; nageuse, f. || *swimming* [-ing] *s.* natation, nage, f.; *swimming pool,* piscine.

swindle [swìnd'l] *s.* escroquerie, f.; *v.* escroquer; *swindler,* escroc.

swine [swaⁱn] *s.* porc, cochon, m.; *swineherd,* porcher.

swing [swing] *v.** se balancer; pivoter; être suspendu; brandir; branler; lancer [propeller] (aviat.); *Am.* donner un coup de poing à; *s.* balancement; tour; évitage (naut.); libre cours, libre essor; entrain, m.; oscillation; amplitude; escarpolette, balançoire, f.; *to swing at anchor* éviter sur l'ancre (naut.); *to swing back,* se rabattre; *to be in full swing,* battre son plein; *swing-back,* revirement; *swing-gate,* tourniquet, barrière pivotante; *swing-round,* tête-à-queue.

swinish [swaⁱnish] *adj.* grossier, bestial; immonde; de pourceau; *swinishly,* salement.

swipe [swaⁱp] *v.** cogner; chaparder (pop.); *s.* coup violent, m.

swirl [swë̈rl] *s.* remous, tourbillon, m.; *v.* (faire) tourbillonner.

swish [swish] *v.* cingler; siffler [whip]; susurrer; *s.* bruit cinglant; susurrement, m.

Swiss [swis] *adj., s.* suisse.

switch [switsh] *s.** badine; aiguille (railw.), f.; commutateur (electr.), m.; *v.* cingler; aiguiller (railw.); *to switch off,* couper le courant (electr.); *to switch on,* mettre le contact (electr.);

switchback, montagnes russes; **switchboard,** tableau de distribution (electr.), standard (teleph.); *switchboard operator,* standardiste; **switchman,** aiguilleur (railw.).

Switzerland [swìtsᵉrlᵉnd] *s.* Suisse, f.

swivel [swiv'l] *s.* tourniquet, pivot; tourillon, m.; *v.* pivoter; *swivelseat,* siège tournant.

swizzle [swiz'l] *s.* cocktail, m.; *swizzle-stick,* marteau à champagne.

swob [swâb] *see* **swab.**

swollen [swoᵒulᵉn] *p. p. of* **to swell.**

swoon [swoun] *v.* s'évanouir; *s.* évanouissement, m.; syncope; faiblesse, f.

swoop [swoup] *v.* fondre; foncer (on, sur); *s.* attaque, ruée; descente subite, brusque chute sur; *at one swoop,* d'un seul coup.

swop, *see* **swap.**

sword [sauʳd] *s.* épée, f.; sabre; glaive, m.; *to draw the sword,* dégainer; *to put to the sword,* passer au fil de l'épée; *sword-belt,* ceinturon; *sword hilt,* poignée de l'épée; *swordplay,* escrime.

swore [swoᵒuʳ] *pret. of* **to swear.** || *sworn* [-n] *p. p. of* **to swear.**

swum [swœm] *p. p. of* **to swim.**

swung [swœng] *pret., p. p. of* **to swing.**

sycamore [sìkᵉmoᵒuʳ] *s.* sycomore, m.

syllable [sìlᵉb'l] *s.* syllabe, f.

syllogism [sìlᵉdjizᵉm] *s.* syllogisme, m.

sylph [silf] *s.* sylphe, m.; sylphide, f.

symbiosis [simbioᵒusis] *s.* symbiose, f.

symbol [simbᵉl] *s.* symbole; signe, m.; *symbolic,* symbolique; *symbolize,* symboliser.

symmetrical [simètrik'l] *adj.* symétrique.

sympathetic [sìmpᵉthètik] *adj.* sympathique; compatissant. || *sympathize* [sìmpᵉthaⁱz] *v.* sympathiser; compatir. || *sympathy* [-thi] *s.** sympathie, compassion, f.; condoléances, f. pl.

symphony [sìmfᵉni] *s.** symphonie, f.

symptom [sìmtᵉm] *s.* symptôme; indice, m. || *symptomatic* [sìmptᵉmatik] *adj.* symptomatique.

synagogue [sìnᵉgaug] *s.* synagogue, f.

synchronize [sìngkrᵉnaⁱz] *v.* synchroniser; être synchronique; *synchronizer,* synchroniseur; *synchronous,* synchronique.

syncope [s*i*ngk*e*pi] *s.* syncope (med.), f.

syndicate [s*i*ndikit] *s.* syndicat, m.; [-ké¹t] *v.* (se) syndiquer; vendre à un organisme de diffusion littéraire; *newspaper syndicate,* syndicat des périodiques, organisme de diffusion du livre.

synod [s*i*n*e*d] *s.* synode, m.

synonym [s*i*n*e*nim] *s.* synonyme, m. ‖ **synonymous** [sin*â*n*e*m*e*s] *adj.* synonyme (*with,* de).

syntax [s*i*ntaks] *s.* syntaxe, f.

synthesis [s*i*nth*e*sis] (pl. *syntheses*) *s.* synthèse, f.; *synthetic,* synthétique; *synthetics,* plastiques.

syphilis [s*i*filis] *s.* syphilis, f.

Syria [s*i*ri*e*] *s.* Syrie, f. ‖ *Syrian* [-n] *adj., s.* syrien.

syringe [s*i*rindj] *s.* seringue, f.

system [s*i*st*e*m] *s.* système; réseau (railw.); dispositif, m.; méthode, f.; *communications system,* réseau de transmissions. ‖ *systematic(al)* [sistematik(’l)] *adj.* systématique, méthodique; *systematize,* systématiser.

T

tab [tab] *s.* écusson, m.; étiquette [baggage], f.; *index tab,* onglet; *Am. to keep tabs on,* ne pas perdre de vue.

tabernacle [tab*e*nak] *s.* tabernacle, m.

table [té¹b’l] *s.* table; tablette, f.; tableau; catalogue; plateau (mech.), m.; *billiard table,* billard; *card table,* table de jeu; *extension table,* table à rallonges; *operating table,* table d'opérations; *tablecloth,* nappe; *table land,* plateau (geogr.); *tablespoonful,* cuillerée à bouche; *tableware,* articles de table; *tablewater,* eau de table; *table of contents,* table des matières.

tablet [tablit] *s.* tablette; plaque commémorative; pastille, f.; comprimé (med.); bloc-notes, m.

tabloid [tablo¹d] *s. Br.* comprimé (med.); *Am.* journal à sensation, m.

taboo [t*e*bou] *adj., s.* tabou, m.; *v.* proscrire.

tabular [taby*e*l*e*r] *adj.* plat; tabulaire. ‖ *tabulate* [taby*e*lé¹t] *v.* disposer en tableaux; cataloguer; *tabulator,* tabulateur.

tachometer [t*e*kâm*e*t*e*r] *s.* tachymètre; compte-tours, m.

tacit [tasit] *adj.* tacite.

taciturn [tas*e*t*e*ⁿn] *adj.* taciturne.

tack [tak] *s.* semence de tapissier; bordée (naut.); ligne de conduite, f.; *v.* clouer; bâtir, faufiler; louvoyer; unir; annexer.

tackle [tak¹l] *s.* attirail; palan; apparaux (naut.), m.; poulie, f.; *v.* accrocher; empoigner; aborder; s'attaquer (*to,* à); *fishing tackle,* articles de pêche.

tact [takt] *s.* tact; toucher, m.; *tactful,* délicat; plein de tact; *tactless,* sans tact, indiscret; **tactlessness,** manque de tact.

tactical [taktik¹l] *adj.* tactique. ‖ *tactics* [taktiks] *s.* tactique, f.

tactile [takt¹l] *adj.* tactile; tangible.

tadpole [tadpo*ou*l] *s.* têtard, m.

taenia [tîni*e*] *s.* ténia; bandage, m.

taffeta [tafit*e*] *s.* taffetas, m.

taffy [tâfi] *s.** caramel, m.; *Fr. Can.* tire, f.; *maple taffy, Fr. Can.* tire d'érable.

tag [tag] *s.* ferret; tirant [boots], m.; étiquette [baggage], f.; *v.* attacher une fiche ou une étiquette à; coller; marquer; *to tag after,* suivre comme une ombre.

tag [tag] *s.* chat [game], m.

tail [té¹l] *s.* queue; basque; pile [coin], f.; bout, manche [plow]; arrière [cart], m.; *v.* finir; *Am.* suivre, filer; *tail-piece,* cul-de-lampe; *tailspin,* vrille (aviat.); *tail-wobble,* queue-de-poisson [autom.].

tailor [té¹l*e*r] *s.* tailleur; *ladies' tailor,* tailleur pour dames.

taint [té¹nt] *s.* tache, souillure; tare; corruption, f.; *v.* vicier; ternir; (se) gâter; (se) corrompre; *taintless,* pur, sans tache.

take [té¹k] *v.** prendre, saisir; porter; ôter; conduire; accepter; amener, emmener; retrancher; considérer; contenir; faire [walk]; emprunter [passage]; suivre [road]; passer [examination]; souscrire [shares]; falloir [time]; *s.* prise; pêche, f.; *to take aim,* viser; *to take away,* emporter; *to take care,* prendre garde; *to take care of,* prendre soin de; *to take a chance,* courir un risque; *to take cover, to take shelter,* s'abriter; *to take effect,* entrer en vigueur; *to take hold of,* s'emparer de; *to take from,* ôter de; *to take heart,* reprendre courage; *to take in,* faire entrer, inclure, mettre dedans; *to take in water,* faire de l'eau; *to* *take into account*, tenir compte ; *to take leave*, prendre congé ; *to take notice of*, prêter attention à ; *to take off*, enlever, ôter ; décoller (aviat.) ; *to take oneself off*, décamper ; *to take on*, embaucher, conduire ; *to take out*, (faire) sortir ; *to take over*, prendre à sa charge ; prendre possession de, prendre la succession de ; *to take prisoner*, faire prisonnier ; *to take stock*, faire l'inventaire ; *to take the sun*, prendre un bain de soleil ; *to take trouble*, se donner de la peine ; *to take turns*, passer à tour de rôle ; *to take unawares*, prendre au dépourvu ; *take-off*, décollage (aviat.) ; caricature. ‖ *taken* [-ᵉn] *p. p. of* to take. ‖ *taking* [-ing] *s.* prise, f. ; *taking-in*, diminution ; *taking-off*, élan ; décollage (aviat.) ; *taking-out*, extraction.

talcum [talkᵉm] *s.* talc, m.

tale [té¹l] *s.* conte, récit ; dénombrement, compte, m. ; *to tell tales*, rapporter, dénoncer ; *talebearer*, rapporteur.

talent [talᵉnt] *s.* talent, m. ; *talented*, doué, de talent.

talesman [té¹lîzmᵉn] (*pl.* **talesmen**) *s.* juré suppléant, m.

taleteller [té¹ltèlᵉr] *s.* conteur ; rapporteur, m.

talisman [talizmᵉn] *s.* talisman, m.

talk [tauk] *v.* parler ; causer ; s'entretenir ; *s.* conversation, f. ; entretien ; propos ; bavardage ; on-dit, m. ; *to get talked about*, faire parler de soi ; *small talk*, banalités ; *to talk into*, persuader de ; *to talk out of*, dissuader de ; *to talk over*, discuter ; *matter for talk*, sujet de conversation ; *to be the talk of the town*, être la fable du pays ; *table talk*, propos de table. ‖ *talkative* [-ᵉtiv] *adj.* bavard. ‖ *talker* [-ᵉr] *s.* bavard ; fanfaron, m. ‖ *talking* [-ing] *s.* conversation, f. ; bavardage, m. ; *talking-to*, semonce.

tall [taul] *adj.* grand ; haut ; *how tall are you ?* quelle taille avez-vous ? ; *tall tale*, conte à dormir debout. ‖ *tallboy* [-bo¹] *s.* commode, f. ; chiffonnier [furniture], m.

tallow [taloᵘ] *s.* suif, m. ; *v.* suiffer ; suager ; *tallow candle*, chandelle.

tally [tali] *s.** taille ; entaille ; marque, étiquette, f. ; pointage, m. ; *v.* concorder ; s'accorder ; *Am.* compter, calculer ; *tally shop*, magasin où l'on vend à crédit.

talon [talᵉn] *s.* serre ; griffe, f. ; talon, m. [check].

tambour [tambouʳ] *s.* tambour, m. ; *tambourine*, tambourin.

tame [té¹m] *adj.* apprivoisé ; domestique ; anodin ; terne ; *v.* apprivoiser ; domestiquer ; dompter ; *to grow tame*,

s'apprivoiser ; *tameless*, indomptable ; *tameness*, docilité ; pusillanimité ; banalité, platitude ; *tamer*, dompteur.

tam o' shanter [tamᵉshàntᵉr] *s.* béret, m.

tamper [tàmpᵉr] *v.* se mêler (*with*, de) ; tripoter, falsifier ; toucher (*with*, à) ; essayer de suborner.

tan [tàn] *s.* tan ; hâle, m. ; *adj.* jaune-brun, hâlé, couleur feu ; *v.* tanner ; bronzer ; rosser (fam.).

tandem [tàndᵉm] *adj.* en flèche ; *tandem bicycle*, tandem.

tang [tàng] *s.* goût fort, m.

tangent [tàndjᵉnt] *adj.* tangent ; *s.* tangente, f.

tangerine [tàndjᵉrîn] *s.* mandarine, f.

tangible [tàndjᵉb'l] *adj.* tangible.

Tangiers [tàndjiᵉʳ] *s.* Tanger, m.

tangle [tàng'l] *s.* enchevêtrement ; fourré ; fouillis, m. ; affaire embrouillée, f. ; *v.* embrouiller ; (s')enchevêtrer.

tango [tangoᵘ] *s.* tango, m.

tank [tàngk] *s.* citerne, f. ; réservoir ; bidon ; tank, char (mil.), m. ; *auxiliary tank*, nourrice [motor] ; *gasoline tank*, réservoir à essence, container, bac ; *tank destroyer*, engin antichar. ‖ *tankard* [-ᵉd] *s.* chope, f. ‖ *tanker* [-ᵉr] *s.* bateau-citerne, m. ; *oil-tanker*, pétrolier.

tanner [tanᵉr] *s.* tanneur, m. ‖ *tannery* [-ᵉri] *s.** tannerie, f. ‖ *tanning* [-ing] *s.* tannage, m.

tantalize [tànt'la¹z] *v.* tenter ; tourmenter.

tantamount [tàntᵉmaᵘnt] *adj.* équivalent.

tantrum [tàntrᵉm] *s.* accès de colère, de mauvaise humeur, m.

tap [tap] *s.* tape, f. ; *v.* taper, tapoter.

tap [tap] *s.* fausset ; robinet ; taraud, m. ; *v.* mettre en perce ; tarauder ; faire une ponction (med.) ; capter (telegr.) ; *on tap*, en perce.

tape [té¹p] *s.* ruban, lacet, m. ; bande, f. ; *v.* mettre un ruban à ; ficeler ; border ; maroufler (aviat.) ; *insulating tape*, chatterton (electr.) ; *measuring tape*, mètre souple, *Fr. Can.* galon ; *paper tape*, bande de papier gommé ; *red tape*, paperasserie administrative ; *tape-recorder*, magnétophone ; *tapeworm*, ténia (med.).

taper [té¹pᵉr] *s.* bougie, cire, f. ; cierge ; cône (techn.), m. ; *v.* effiler ; fuseler ; *tapered, tapering*, conique ; en pointe ; effilé ; *tapering trousers*, fuseaux.

tapestry [tapistri] *s.** tapisserie, f. ; *v.* orner de tapisserie.

tapioca [tapio°ouᵏᵉ] *s.* tapioca, m.

tapir [té¹pᵉʳ] *s.* tapir, m.

tappet [tapit] *s.* taquet; butoir, m.

tar [târ] *s.* goudron, m.; *v.* goudronner; bitumer; *tar paper,* carton goudronné; *tarry,* goudronné.

tardy [târdi] *adj.* lent; tardif, traînard; nonchalant; en retard.

tare [tèᵉʳ] *s.* tare (comm.), f.; *v.* tarer.

tare [tèᵉʳ] *s.* ivraie, f.

target [tâʳgit] *s.* cible, f.; objectif, but, m.

tariff [tarif] *s.* tarif, m.

tarmac [tâʳmak] *s.* macadam, m.; piste (f.) d'envol.

tarnish [târnish] *v.* (se) ternir; *s.** ternissure, f.

tarpaulin [târpaulin] *s.* prélart, m.; bâche, f.

tarry [tari] *v.* s'attarder; demeurer; *to tarry for someone,* attendre quelqu'un.

tart [târt] *adj.* âcre, âpre; acide; piquant; acariâtre.

tart [târt] *s.* tarte f.; grue (pop.), f.

tartar [târtᵉʳ] *s.* tartre, m.

tartlet [târtlit] *s.* tartelette, f.

task [task] *s.* tâche; besogne; mission (mil.), f.; ouvrage; devoir, m.; *v.* imposer une tâche à; charger.

tassel [tas'l] *s.* gland; tasseau, m.

taste [té¹st] *s.* goût; penchant, m.; *v.* goûter; sentir; *to taste of,* avoir goût de; *tasteful,* de bon goût; *tasteless,* insipide, fade; sans goût; *taster,* dégustateur; tâte-vin; *tasty,* savoureux.

tatter [tatᵉʳ] *s.* haillon, lambeau, m.; guenille, f.; *tattered,* déguenillé.

tatting [tating] *s.* frivolité, broderie, f.

tattle [tat'l] *v.* bavarder; *s.* cancan, m.; *tattle-tale,* rapporteur.

tattoo [tᵉtou] *s.* sonnerie de la retraite (mil.), f.

tattoo [tᵉtou] *s.* tatouage, m.; *v.* tatouer.

taught [taut] *pret., p. p. of* **to teach.**

taunt [taunt] *s.* insulte, invective, f.; reproche, m.; *v.* insulter; critiquer; blâmer; taquiner.

tavern [tavᵉʳn] *s.* taverne, auberge, f.; bar, cabaret, m.; *tavern-haunter,* pilier de bistrot; *tavern-keeper,* cabaretier.

tawdry [taudri] *adj., s.* clinquant, m.

tawny [tauni] *adj.* fauve, feu [color]; hâlé, bronzé [skin].

tax [taks] *s.** impôt, m.; taxe; contribution, f.; droit, m.; *v.* imposer; taxer; accuser (*with,* de); sermonner, blâmer; mettre à contribution; *direct tax,* contribution directe; *excise tax,* droit de régie; *floor tax,* taxe sur la surface corrigée; *income tax,* impôt sur le revenu; *indirect tax,* contribution indirecte; *non-resident tax,* taxe de séjour; *stamp tax,* droit de timbre; *taxable,* imposable; *taxpayer,* contribuable.

taxi [taksi] *s.* taxi, m.; *v.* aller en taxi; rouler au sol (aviat.); *taxicab,* taxi; *taxi-girl,* entraîneuse; *taxi-rand,* (ou) *-stand,* station de taxis.

tea [tî] *s.* thé, m.; *tea cake,* gâteau pour le thé; *teacup,* tasse à thé; *tea-kettle,* bouilloire à thé; *tea party,* thé [reception]; *teapot,* théière; *tea service,* service à thé; *tea spoon,* cuiller à café; *tea strainer,* passe-thé; *tea-urn,* samovar.

teach [tîtsh] *v.** enseigner; instruire; apprendre; *teacher* [-ᵉʳ] *s.* professeur; maître; instituteur, m.; institutrice, f. || *teaching* [-ing] *s.* enseignement, m.; *pl.* préceptes, m. pl.; *practice teaching,* stage pédagogique.

teal [tîl] *s.* sarcelle, f.

team [tîm] *s.* attelage [horses], m.; équipe [workmen], f.; *v.* atteler; faire travailler en équipe; *to team up,* former une équipe; *teamster,* charretier; *Am.* camionneur; *teamwork,* travail d'équipe; bonne collaboration.

tear [tèᵉʳ] *s.* accroc; déchirement, m.; déchirure, f.; *v.** (se) déchirer; arracher; se mouvoir très rapidement; *to tear along,* aller bride abattue; *to tear in(to),* entrer en coup de vent; attaquer; *to tear out,* sortir en trombe; arracher; *to tear upstairs,* monter l'escalier quatre à quatre; *wear and tear,* usure, détérioration.

tear [tiᵉʳ] *s.* larme, f.; pleur, m.; *tearful,* éploré, en larmes; *tear-gas,* gaz lacrymogène; *tearless,* sans larmes, sec, insensible.

tease [tîz] *v.* taquiner; tracasser; carder [wool]; *s.* taquin, m.; *teaser,* taquin; *teasing,* taquinerie.

teat [tît] *s.* mamelon; pis, m.; tétine, f.

technical [tèknik'l] *adj.* technique. || *technician* [tèknishᵉn] *s.* technicien, m. || *technics* [tèkniks] *s.* technologie, f. || *technique* [tèknik] *s.* technique, f.

technocracy [tèknâkrᵉsi] *s.* technocratie, f.; *technology,* technologie.

tedious [tidiᵉs] *adj.* ennuyeux; fastidieux; fatigant. || *tediousness* [-nis] *s.* ennui, m.; fatigue, f.

teem [tîm] *v.* produire, engendrer; foisonner; regorger (*with*, de); *Am.* pleuvoir à verse; *teeming*, grouillant; bondé; torrentiel [rain].

teen-ager [tînⁱdjᵉʳ] *s.* adolescent, m. ‖ **teens** [tînz] *s. pl.* âge de treize à dix-neuf ans; nombre de 13 à 19, m.

teeth [tîth] *pl. of tooth.* ‖ **teethe** [tîzh] *v.* faire ses dents.

teetotaller [tîtoᵘtˡᵉʳ] *s.* abstinent, m.

telegram [tèlᵉgram] *s.* télégramme, m.; dépêche, f.

telegraph [tèlᵉgrach] *s.* télégraphe, m.; *v.* télégraphier; *telegraph office*, bureau du télégraphe; *telegraph operator*, télégraphiste. ‖ **telegraphy** [tèlègrᵉfi] *s.* télégraphie, f.; *two-way telegraphy*, duplex; *wireless telegraphy*, T.S.F., radio.

telemeter [tilémitᵉʳ] *s.* télémètre, m.

telepathy [tilépᵉthi] *s.* télépathie, f.

telephone [tèlᵉfoᵘn] *s.* téléphone, m.; *v.* téléphoner; *telephone booth*, cabine téléphonique; *telephone exchange*, central téléphonique; *telephone number*, numéro de téléphone; *telephone operator*, téléphoniste; *telephonic*, téléphonique; *telephonist*, téléphoniste.

telephotolens [tèlifoᵘtᵉlèns] *s.** téléobjectif, m.

telescope [tèlᵉskoᵘp] *s.* télescope, m.; longue-vue, f.; *v.* télescoper. ‖ *telescopic* [-ik] *adj.* coulissant, rentrant; abrégé.

televiewer [tèlivyuᵉʳ] *s.* téléspectateur, m.; téléspectatrice, f.

televise [tèlᵉvaiz] *v.* téléviser. ‖ *television* [tèlᵉvijᵉn] *s.* télévision, f.; *television set*, *televisor*, téléviseur.

tell [tèl] *v.** dire; raconter; déclarer; montrer; compter; avouer; distinguer (*from*, de); *I am told*, on me dit; *to tell one's beads*, dire son chapelet. ‖ *teller* [-ᵉʳ] *s.* narrateur, conteur; caissier; scrutateur [votes], m. ‖ *telling* [-ing] *adj.* fort, efficace; *s.* narration; divulgation, f. ‖ *telltale* [tèltéⁱl] *s.* dénonciateur; compteur (mech.); axiomètre (naut.), m.; *adj.* révélateur.

temerity [tᵉmèrᵉti] *s.* témérité, f.

temper [tèmpᵉʳ] *s.* tempérament; caractère, m.; humeur; trempe (techn.), f.; *v.* tempérer; détremper, délayer; tremper [metal]; *to lose one's temper*, s'emporter; *to be in a temper*, être en colère. ‖ *temperament* [tèmprᵉmᵉnt] *s.* tempérament, m.; constitution, f.; *temperamental*, capricieux, fantasque.

temperance [tèmprᵉns] *s.* tempérance; modération; retenue; sobriété, f.

temperate [tèmprit] *adj.* modéré; tempéré; sobre; sage. ‖ *temperature* [tèmprᵉtshᵉr] *s.* température, f.; *temperature chart*, feuille de température; *to have a temperature*, avoir de la température.

tempest [tèmpist] *s.* tempête (naut.), f.; orage, m. ‖ *tempestuous* [tèmpèstshouᵉs] *adj.* tempétueux; orageux; turbulent.

temple [tèmpˡl] *s.* temple, m.

temple [tèmpˡl] *s.* tempe, f.

templet [tèmpléⁱt] *s.* gabarit, m.

temporal [tèmpᵉrᵉl] *adj.* temporal.

temporal [tèmpᵉrᵉl] *adj.* temporel; séculier. ‖ *temporarily* [tèmpᵉrèrᵉli] *adv.* temporairement; provisoirement. ‖ *temporary* [tèmpᵉrèri] *adj.* temporaire; provisoire; intérimaire. ‖ *temporize* [tèmpᵉraⁱz] *v.* temporiser.

tempt [tèmpt] *v.* tenter; inciter, pousser. ‖ *temptation* [tèmptéⁱshᵉn] *s.* tentation, f. ‖ *tempter* [tèmptᵉʳ] *s.* tentateur, m. ‖ *tempting* [-ting] *adj.* tentateur; séduisant.

ten [tèn] *adj.* dix; *s.* dix, m.; dizaine, f.

tenable [tènᵉbˡl] *adj.* soutenable.

tenacious [tinéⁱshᵉs] *adj.* tenace; opiniâtre; attaché (*of*, à). ‖ *tenacity* [tinasᵉti] *s.* ténacité; obstination; persévérance, f.

tenancy [tènᵉnsi] *s.** location, f. ‖ *tenant* [tènᵉnt] *s.* locataire, m. f.

tench [tèntsh] *s.** tanche, f.

tend [tènd] *v.* tendre à; se diriger vers.

tend [tènd] *v.* garder; soigner; surveiller.

tendency [tèndᵉnsi] *s.** tendance; inclination; orientation, f.; penchant, m. ‖ *tendential* [-shᵉl] *adj.* tendancieux.

tender [tèndᵉʳ] *s.* offre; soumission (comm.), f.; *v.* offrir; soumissionner; donner [resignation]; *legal tender (currency)*, cours légal, monnaie légale.

tender [tèndᵉʳ] *s.* tender (techn.); transbordeur (naut.); ravitailleur (aviat.), m.

tender [tèndᵉʳ] *adj.* tendre; délicat; sensible; susceptible; attentif (*of*, à); soucieux (*of*, de); *tenderfoot*, nouveau venu; novice; *Am.* louveteau (boy-scout).

tenderloin [tèndᵉrloⁱn] *s.* filet, m.

tenderness [tèndᵉrnis] *s.* tendresse; sensibilité; délicatesse, f.

tendon [tèndᵉn] *s.* tendon, m.

tendril [tèndril] *s.* vrille, f.

tenement [tèn⁰mᵉnt] *s.* maison de rapport, f.; logement ouvrier, m.

tennis [tènis] *s.* tennis, m.

tenor [tènᵉr] *s.* ténor, m.; teneur; portée; échéance, f.

tenpins [tènpinz] *s. Am.* jeu (m.) de quilles.

tense [tèns] *adj.* tendu; raide; *tenseness,* tension.

tense [tèns] *s.* temps (gramm.), m.

tensile [tèns'l] *adj.* extensible; ductile. ‖ *tension* [tènshᵉn] *s.* tension, f.

tent [tènt] *s.* tente, f.; *v.* camper; *tent peg,* piquet de tente.

tentacle [tént°k'l] *s.* tentacule, m.; filament, m.; *tentacular,* tentaculaire.

tentative [tèntᵉtiv] *adj.* expérimental; provisoire.

tenth [tènth] *adj.* dixième; *s.* dixième; dix [dates, titles], m.; dîme, f.

tenuity [tᵉnyouiti] *s.* ténuité; faiblesse, f. ‖ *tenuous* [tènyou⁰s] *adj.* ténu; effilé.

tepid [tèpid] *adj.* tiède.

tergiversate [tᵉrdjvᵉrsé¹t] *v.* tergiverser; *tergiversation,* tergiversation.

term [tᵉrm] *s.* terme; trimestre scolaire; énoncé [problem]; délai, m.; limite; durée; session (jur.), f.; *pl.* conditions, clauses; relations, f. pl.; termes, rapports, m. pl.; *v.* nommer; désigner; *to come to terms,* conclure un arrangement; *on easy terms,* avec facilités de paiement; *the lowest term,* la plus simple expression (math.); *by the terms of,* en vertu de. ‖ *terminal* [-ᵉn'l] *adj.* terminal; ultime; *s.* terminus (railw.), m.; prise de courant (electr.); extrémité, f. ‖ *terminate* [-ᵉné¹t] *v.* achever; (se) terminer; aboutir. ‖ *termination* [tᵉrmᵉné¹shᵉn] *s.* fin; terminaison; conclusion, f. ‖ *terminus* [tᵉrmᵉnᵉs] *s.** terminus, m.; tête de ligne, f.

termite [tᵉrma¹t] *s.* termite, m.

terrace [tèris] *s.* terrasse, f.; terre-plein, m.; *v.* disposer en terrasse.

terrain [téré¹n] *s.* terrain (mil.), m.

terrestrial [tᵉrèstriᵉl] *adj.* terrestre.

terrible [tèrᵉb'l] *adj.* terrible; épouvantable. ‖ *terribly* [-bli] *adv.* terriblement; affreusement; épouvantablement.

terrier [tèriᵉr] *s.* terrier, m.

terrific [tᵉrifik] *adj.* terrible, effroyable; formidable. ‖ *terrify* [tèrᵉfa¹] *v.* terrifier; épouvanter; affoler.

territorial [tèritâriᵉl] *adj.* régional; territorial; terrien; *territoriality,* territorialité. ‖ *territory* [tèritoᵘri] *s.** territoire, m.

terror [tèrᵉr] *s.* terreur; frayeur, f.; effroi, m.; *terrorism,* terrorisme; *terrorist,* terroriste. ‖ *terrorize* [tèrᵉra¹z] *v.* terroriser; épouvanter.

terse [tᵉrs] *adj.* succinct, concis.

test [tèst] *s.* épreuve, f.; test; réactif (chem.), m.; *v.* éprouver; expérimenter; contrôler; *blood test,* prise de sang; *test flight,* vol d'essai; *test tube,* éprouvette.

testament [tèstᵉmᵉnt] *s.* testament, m. ‖ *testator* [tèsté¹tᵉr] *s.* testateur, m. ‖ *testify* [tèstifai] *v.* témoigner; attester; déclarer; déposer (jur.). ‖ *testimonial* [tèstimoᵘniᵉl] *s.* attestation, f.; certificat, m. ‖ *testimony* [-moᵘni] *s.** témoignage, m.; déposition, f.

testy [tèsti] *adj.* susceptible; irritable.

tetanus [tètnᵉs] *s.* tétanos, m.

tether [tèzhᵉr] *s.* longe; attache, f.; *v.* mettre à l'attache.

text [tèkst] *s.* texte, m.; *textbook,* manuel.

textile [tèkst'l] *s.* textile; tissu, m.; *adj.* textile.

textual [tèkstshou⁰l] *adj.* littéral; de texte; textuel.

texture [tèkstshᵉr] *s.* texture, contexture, f.; tissu, m.

Thames [tèmz] *s.* Tamise, f.

than [zhàn] *conj.* que; de [numbers]; *more than he knows,* plus qu'il ne sait; *more than once,* plus d'une fois.

thank [thàngk] *v.* remercier (*for,* de); s'en prendre à; *s. pl.* remerciement; merci, m.; *thank you,* merci; *to have oneself to thank for,* être responsable de, s'en prendre à soi-même. ‖ *thankful* [-fᵉl] *adj.* reconnaissant. ‖ *thankfully* [-fᵉli] *adv.* avec gratitude. ‖ *thankfulness* [-fᵉlnis] *s.* reconnaissance; gratitude, f. ‖ *thankless* [-lis] *adj.* ingrat. ‖ *thanklessness* [-lisnis] *s.* ingratitude, f. ‖ *thanksgiving* [thàngksgiving] *s.* action de grâces; *Am.* fête d'action de grâces, f.

that [zhat] *demonstr. adj.* ce, cet; cette; ça; *pron.* cela, ce; qui; lequel; que; ce que; *conj.* que; *that is,* c'est-à-dire; *that's all,* voilà tout; *all that I know,* tout ce que je sais; *that he may know,* afin qu'il sache; *in that,* en ce que; *that far,* si loin; *that will do,* cela suffit; cela ira.

thatch [thatsh] *s.* chaume, m.; *v.* couvrir en chaume; *thatched roof,* toit de chaume.

thaw [thau] *s.* dégel, m.; *v.* dégeler; fondre.

the [zhᵉ] ([zhi] before a vowel) *def. art.* le, la, les; *of the, from the,* du, de la, des; *to the,* au, à la, aux; *adv.* d'autant; *the sooner,* d'autant plus tôt; *the less said the better,* moins on en dit, mieux ça vaut.

theater [thiᵉtᵉr] *s.* théâtre, m. ‖ **theatrical** [thiatrik'l] *adj.* théâtral; scénique; dramatique.

thee [zhî] *pron.* te, toi.

theft [thêft] *s.* vol; larcin, m.

their [zhèᵉr] *poss. adj.* leur; leurs. ‖ **theirs** [-z] *poss. pron.* le leur, la leur, les leurs; à eux; à elles.

them [zhèm] *pron.* eux; elles; les; leur; *take them,* prenez-les; *give them a drink,* donnez-leur à boire; *for them,* pour eux; *I see them,* je les vois.

theme [thîm] *s.* thème; sujet, m.; composition, f.; *theme-song,* leitmotiv; indicatif [radio].

themselves [thèmsèlvz] *pron.* eux-mêmes; elles-mêmes; se; eux; elles; *they flatter themselves,* ils se flattent.

then [zhèn] *adv.* alors; puis; ensuite; donc; dans ce cas; *now and then,* de temps en temps; *now... then,* tantôt... tantôt; *even then,* déjà, à cette époque. ‖ **thence** [-s] *adv.* de là; dès lors; par conséquent; pour cette raison; **thenceforth,** dès lors, désormais.

theology [thiâlᵉdji] *s.** théologie, f.

theorem [thiᵉrᵉm] *s.* théorème (math.), m.

theoretical [thiᵉrètik'l] *adj.* théorique; pur [chem.]; rationnel [mech.]. ‖ **theory** [thiᵉri] *s.** théorie, f.

therapeutics [thèrᵉpyoutiks] *s.* thérapeutique, f.; **therapeutist,** thérapeute; **therapist,** praticien.

there [zhèᵉr] *adv.* là; y; voilà; *there is, there are,* il y a; *up there,* là-haut; *down there,* là-bas; *there and then,* sur-le-champ; *there he is,* le voilà. ‖ **thereabouts** [zhèrᵉbaᵘts] *adv.* à peu près; vers; dans les environs. ‖ **thereafter** [zhèraftᵉr] *adv.* ensuite; par la suite; en conséquence. ‖ **thereby** [zhèrbai] *adv.* de cette manière; de ce fait; par ce moyen. ‖ **therefore** [zhèrfoᵒur] *adv.* donc; par conséquent; pour cette raison. ‖ **therein** [zhèrin] *adv.* là-dedans; en cela; y; inclus. ‖ **thereof** [zhèrâv] *adv.* de cela; en. ‖ **thereon** [zhèrân] *adv.* là-dessus; y. ‖ **thereupon** [zhèrᵉpân] *adv.* sur ce; là-dessus; en conséquence. ‖ **therewith** [zhèrwith] *adv.* avec cela; ensuite.

thermal [thë̈rm'l] *adj.* thermique; thermal. ‖ **thermometer** [thᵉrmâmᵉtᵉr] *s.* thermomètre, m. ‖ **thermonuclear** [thᵉrmᵉnyoukliᵉr] *adj.* thermonucléaire. ‖ **Thermos** [thë̈rmᵉs] *s.* Thermos (bottle), m. (trademark). ‖ **thermostat** [-tat] *s.* thermostat, m.

these [zhîz] *adj.* ces; *pron.* ceux-ci, celles-ci; *these are yours,* voici les vôtres.

thesis [thîsis] (*pl.* **theses**) *s.* thèse, f.

thews [thyouz] *s. pl.* nerfs; muscles, m. pl.; **thewy,** musclé, fort.

they [zhé¹] *pron.* ils; elles; *they who,* ceux qui, celles qui; *they say,* on dit.

thick [thik] *adj.* épais; dense; inarticulé [voice]; consistant; intime; *s.* gras, m.; *adv.* abondamment; rapidement; péniblement; gras [speech]; **thick-skinned,** à la peau dure, insensible; **thick-witted,** à l'esprit lourd. ‖ **thicken** [-ᵉn] *v.* épaissir; s'obscurcir; se compliquer [plot]. ‖ **thicket** [-it] *s.* bosquet; fourré, hallier, m. ‖ **thickly** [-li] *adv.* d'une façon drue; en foule; abondamment; rapidement. ‖ **thickness** [-nis] *s.* épaisseur; grosseur; densité; consistance; dureté [ear]; difficulté d'élocution, f.

thief [thîf] (*pl.* **thieves** [thîvz]) *s.* voleur; larron, m. ‖ **thieve** [thîv] *v.* voler; dérober.

thigh [tha¹] *s.* cuisse, f.; **thighbone,** fémur.

thimble [thìmb'l] *s.* dé à coudre, m.; cosse (naut.), f.

thin [thin] *adj.* mince; maigre; fin; clairsemé [hair]; fluide [liquid]; léger [clothing]; raréfié [air]; *v.* amincir; diluer; raréfier; allonger [sauce]; s'amincir; (s')éclaircir.

thine [zha¹n] *poss. pron.* le tien; la tienne; les tiens; les tiennes; à toi.

thing [thing] *s.* chose; affaire; créature, f.; objet; *pl.* vêtements, m.; *the very thing,* exactement ce qu'il faut; *how are things?,* comment ça va?; **thingumajig,** truc, machin.

think [thingk] *v.** penser (*of,* à); croire; réfléchir; imaginer; trouver; s'aviser; *I will think it over,* j'y réfléchirai; *I thought better of it,* je me ravisai; *I think ill of,* j'ai mauvaise opinion de; *he thought much of,* il fit grand cas de; *I think so,* je (le) crois; je crois que oui. ‖ **thinkable** [-ᵉb'l] *adj.* imaginable, concevable. ‖ **thinker** [-ᵉr] *s.* penseur, m. ‖ **thinking** [-ing] *s.* pensée; opinion, f.; avis, m.; *adj.* pensant.

thinly [thìnli] *adv.* légèrement [clad]; à peine; en petit nombre; maigrement. ‖ **thinness** [-nis] *s.* minceur; maigreur; légèreté; faiblesse; rareté; raréfaction, f.

third [thë̈rd] *adj., s.* troisième; trois [month, king]; *s.* tiers, m. ‖ **thirdly** [-li] *adv.* troisièmement.

thirst [thërst] *s.* soif, f.; *v.* avoir soif; être avide (*for*, de). || **thirsty** [-i] *adj.* altéré; desséché [earth]; *to be thirsty*, avoir soif.

thirteen [thërtïn] *adj., s.* treize. || **thirteenth** [-th] *adj., s.* treizième; treize [month, king]. || **thirtieth** [thërtiith] *adj., s.* trentième; trente [month, title]. || **thirty** [thërti] *adj., s.* trente; **thirty-first**, trente et unième; trente et un [month].

this [zhis] *demonstr. adj.* ce; cet; cette; ce... ci; cet... ci; cette... ci; *pron.* ceci; *this one*, celui-ci, celle-ci; *this day*, aujourd'hui; *this way*, par ici; de cette façon; *upon this*, là-dessus; *this is London*, ici Londres [radio].

thistle [this'l] *s.* chardon, m.

thither [thizhᵉr] *adv.* là, y.

tho, *see* though.

thong [thaung] *s.* courroie; lanière; longe, f.

thorax [thauraks] *s.** thorax, m.

thorn [thaurn] *s.* épine, f.; buisson d'épines, m.; **thorny**, épineux; piquant.

thorough [théroou] *adj.* entier; complet; parfait; consciencieux. || **thoroughbred** [-brèd] *adj.* pur sang; de sang [horse]. || **thoroughfare** [-fèer] *s.* voie de communication, f.; *no thoroughfare*, passage interdit. || **thoroughly** [-li] *adv.* entièrement; tout à fait; parfaitement; à fond.

those [thoouz] *demonstr. adj.* ces; *pron.* ceux-là, celles-là; *those who*, *those which*, ceux qui, celles qui; *those of*, ceux de, celles de.

thou [thaou] *pers. pron.* tu.

though [zhoou] *conj.* quoique; bien que; encore que; *as though*, comme si; *even though*, même si.

thought [thaut] *s.* pensée, idée; opinion; sollicitude, f.; *pret. of* to think; *to give it no thought*, ne pas se préoccuper de; **thought-transference**, télépathie. || **thoughtful** [-fᵉl] *adj.* pensif; réfléchi; attentif; soucieux. || **thoughtfulness** [-fᵉlnis] *s.* prévenance; sollicitude; méditation, f. || **thoughtless** [-lis] *adj.* irréfléchi; inconsidéré; insouciant; étourdi; inattentif. || **thoughtlessness** [-lisnis] *s.* irréflexion; étourderie; insouciance, f.

thousand [thaouz'nd] *adj.* mille; *s.* millier, m.; *thousands of*, des milliers de. || **thousandth** [-th] *adj.* millième.

thrash [thrash] *v.* rosser; battre le blé; *to thrash around*, se démener; *to thrash out a matter*, étudier une question à fond; **thrashing**, raclée; battage (agr.); **thrashing-floor**, aire; **thrashing-machine**, batteuse.

thread [thrèd] *s.* fil; filament; filet, filetage (mech.), m.; *v.* enfiler; fileter, tarauder (mech.); *to thread one's way through the crowd*, se faufiler dans la foule; **thread-like**, filiforme. || **threadbare** [-bèer] *adj.* usé jusqu'à la corde; rebattu.

threat [thrèt] *s.* menace, f. || **threaten** [-'n] *v.* menacer; **threatening**, menaçant.

three [thrî] *adj., s.* trois; *three-cornered hat*, tricorne; **threefold**, triple; **threephase**, triphasé (electr.).

thresh, *see* thrash.

threshold [thrèshoould] *s.* seuil, m.

threw [throu] *pret. of* to throw.

thrice [thraïs] *adv.* trois fois.

thrift [thrift] *s.* épargne; économie; frugalité, f.; **thrifty**, économe; frugal.

thrill [thril] *v.* percer; faire vibrer; tressaillir, frémir; *s.* émotion vive; surexcitation, f.; frisson, m. || **thriller** [-er] *s.* roman (ou) spectacle à sensation, m. || **thrilling** [-ing] *adj.* émouvant, palpitant.

thrive [thraïv] *v.** prospérer; réussir. || **thriven** [thrivᵉn] *p. p. of* to thrive. || **thriving** [-ing] *adj.* vigoureux, florissant.

throat [throout] *s.* gorge, f.; gosier; collet (mech.), m.; *a sore throat*, un mal de gorge.

throb [thrâb] *v.* battre, palpiter [heart]; vibrer; *s.* palpitation, pulsation, f.; battement, m.

throe [throou] *s.* agonie, angoisse, f.; douleurs de l'enfantement, f. pl.

thrombosis [thramboousis] *s.* thrombose, f.

throne [throoun] *s.* trône, m.

throng [thraung] *s.* foule; multitude, f.; *v.* s'attrouper; accourir en foule; (se) presser.

throstle [thrâs'l] *s.* grive, f.

throttle [thrât'l] *s.* obturateur, étrangleur (mech.); gosier, m.; *v.* étouffer; étrangler; obturer; *to open the throttle*, mettre les gaz; *to throttle down*, ralentir; réduire les gaz.

through [throu] *prep.* à travers; par; au moyen de; de part en part de; *adj.* direct; fait; achevé; *adv.* d'un bout à l'autre; **through carriage**, voiture directe; **through ticket**, billet direct; *wet through*, trempé jusqu'aux os; *to fall through*, échouer; *to see it through*, le mener à bonne fin; *let me through*, laissez-moi passer. || **throughout** [-aout] *adv., prep.* partout; d'un bout à l'autre.

throve [throⁿuᵛ] *pret. of to thrive.*

throw [throⁿu] *v.** jeter; lancer; renverser; désarçonner; *s.* jet; coup; élan, m.; *to throw away*, rejeter, gaspiller; *to throw in gear*, engrener; *to throw off*, se débarrasser de; *to throw out*, expulser; *to throw up*, jeter en l'air; vomir; rejeter; *to throw out of work*, débaucher, mettre sur le pavé; *to throw in the clutch*, embrayer; *to throw out the clutch*, débrayer. ‖ **thrown** [throⁿn] *p. p. of to throw.*

thrum [throem] *v.* tapoter; *s.* tapotement, m.

thrush [throesh] *s.** grive, f.

thrush [throesh] *s.** aphte (med.), f.

thrust [throest] *s.* coup de pointe, m.; estocade; poussée; butée, f.; *v.** pousser; enfoncer; porter une pointe; allonger une botte (fencing); *propeller thrust*, traction de l'hélice (aviat.); *to thrust on*, faire avancer, inciter; *to thrust in*, fourrer, enfoncer.

thud [thoed] *v.* tomber avec un bruit sourd; *s.* floc, m.

thug [thoeg] *s.* assassin, étrangleur, bandit, m.

thumb [thoemb] *s.* pouce m.; *v.* manier gauchement; feuilleter; *to thumb a lift*, faire de l'auto-stop; *under the thumb of*, sous la coupe de. ‖ **thumbtack** [-tak] *s. Am.* punaise, f.

thump [thoemp] *v.* bourrer de coups; sonner lourdement [footsteps]; *s.* coup violent, m. ‖ **thumping** [-ing] *adj.* (fam.), énorme.

thunder [thoendᵉr] *s.* tonnerre, m.; foudre, f.; *v.* tonner; gronder; retentir; fulminer; *thunderbolt*, coup de foudre; *thunderclap*, coup de tonnerre; *thundershower*, pluie d'orage; *thunderstorm*, orage. ‖ **thundering** [-ring] *adj.* tonnant; tonitruant; foudroyant. ‖ **thunderous** [-rᵉs] *adj.* tonnant; redoutable; orageux [weather]. ‖ **thunderstruck** [-stroek] *adj.* foudroyé; pétrifié.

Thursday [thë'zdi] *s.* jeudi, m.; *on Thursdays*, le jeudi, tous les jeudis.

thus [zhoes] *adv.* ainsi; donc; *thus far*, jusqu'ici.

t h u y a [thyouyᵉ] *s.* thuya, m.; *American thuya*, Fr. Can. cèdre.

thwart [thwaurt] *v.* contrarier; contrecarrer; déjouer.

thyme [taim] *s.* thym, m.

thy [zhai] *poss. adj.* ton; ta; tes.

thyroid [thai'roid] *adj., s.* thyroïde.

thyself [zhaisèlf] *pron.* toi-même; te; toi.

tiara [taié'rᵉ] *s.* tiare, f.

tibia [tibiᵉ] *s.* tibia, m.

tic [tik] *s.* tic, m.

tick [tik] *s.* coutil, m.; toile à matelas, f.

tick [tik] *s.* tique, f.

tick [tik] *s.* tic-tac, m.; marque, f.; *v.* faire tic tac; *to tick off*, marquer, pointer.

tick [tik] *s.* crédit, m.; *on tick*, à crédit.

ticket [tikit] *s.* billet; ticket; bulletin [luggage], m.; étiquette, f.; *v.* étiqueter; donner un billet; *ticket book*, carnet de tickets; *ticket office*, guichet.

tickle [tik'l] *v.* chatouiller; *s.* chatouillement, m.; *ticklish*, chatouilleux; scabreux, périlleux.

tidal [tai'd'l] *adj.* de marée; *tidal wave*, raz de marée. ‖ **tide** [tai'd] *s.* marée; saison, f.; courant, m.; *v.* aller avec la marée; *to go with the tide*, suivre le courant; *to tide over*, surmonter; *ebb tide*, marée descendante, jusant; *flood tide*, marée montante; *high tide*, marée haute; *low tide*, marée basse; *tide-gate*, écluse; *tide race*, raz de marée.

tidily [tai'dili] *adv.* proprement, soigneusement. ‖ **tidiness** [tai'dinis] *s.* propreté; netteté, f.; ordre, m.

tidings [tai'dings] *s. pl.* nouvelles, f. pl.

tidy [tai'di] *adj.* propre; net; en ordre; *v.* ranger; mettre en ordre; *a tidy sum*, une somme rondelette; *to tidy oneself up*, faire un brin de toilette.

tie [tai] *v.* attacher; nouer; (se) lier; *s.* lien; nœud; tirant (techn.); assujettissement; ballottage, m.; attache; obligation; cravate [neck-tie]; traverse (railw.); moise (techn.); partie nulle [sport], f.; *to tie down*, astreindre (*to*, à); *tie-up*, embouteillage [traffic]; arrêt de travail; impasse.

tier [tiᵉr] *s.* rangée; file, f.

tiff [tif] *s.* chamaillerie, f.; *v.* prendre la mouche.

tiger [tai'gᵉr] *s.* tigre, m.

tight [tai't] *adj.* serré; raide, tendu; étroit [clothes]; hermétique; étanche; imperméable; ivre; *adv.* hermétiquement; fortement; *it fits tight*, c'est ajusté, collant; *tightwad*, grippe-sou. ‖ **tighten** [-'n] *v.* serrer; resserrer; tendre; bloquer. ‖ **tightness** [-nis] *s.* raideur; étroitesse; étanchéité; imperméabilité; tension; avarice, f.; resserrement, m.

tigress [tai'gris] *s.** tigresse, f.

tile [tai'l] *s.* tuile, f.; carreau de cheminée; tuyau de poêle, m.; *v.* couvrir de tuiles; carreler; *tiler*, couvreur.

till [til] *prep.* d'ici à, jusqu'à; *conj.* jusqu'à ce que; *not till*, pas avant.

till [til] *s.* tiroir-caisse, m.

till [til] *v.* cultiver, labourer. || *tillage* [-ᵉdj] *s.* labourage, m.; agriculture, f.

tilt [tilt] *s.* bâche, f.; tendelet, m.; *v.* bâcher.

tilt [tilt] *s.* inclinaison; pente; bande (naut.), f.; *v.* incliner; donner de la bande; jouter avec; *at full tilt*, à bride abattue.

tilth [tilth] *s.* culture; couche arable, f.

timber [tìmbᵉr] *s.* bois de construction, m.; trempe (fig.), f.; *v.* charpenter.

time [taⁱm] *s.* temps, moment, m.; époque; saison; heure; occasion; fois; mesure [music], f.; *v.* régler; mettre à l'heure; calculer; chronométrer; ajuster; choisir le moment opportun; *at any time*, n'importe quand; *at times*, parfois; *two at a time*, deux à la fois; *to beat time*, battre la mesure; *by this time*, maintenant; *from this time*, dorénavant; *from that time*, dès lors; *in due time*, en temps voulu; *from time to time*, de temps en temps; *on time*, à l'heure; à temps; *in a short time*, sous peu; *next time*, la prochaine fois; *to lose time*, perdre du temps; retarder [clock]; *what time is it?*, quelle heure est-il?; *standard time, civil time*, heure légale; *timekeeper*, surveillant; pointeur; *timepiece*, chronomètre, pendule; *timetable*, horaire, indicateur (railw.). || *timely* [-li] *adj.* opportun; à propos; à temps. || *timer* [-ᵉr] *s.* chronométreur, m.; minuterie, f.

timid [timid] *adj.* timide, craintif; peureux. || *timidity* [timidᵉti] *s.* timidité, f.

timorous [timᵉrᵉs] *adj.* timoré.

tin [tin] *s.* étain; fer-blanc; récipient en fer-blanc, m.; *v.* étamer; *adj.* d'étain; *tin can*, bidon en fer-blanc; *tin foil*, feuille d'étain; *tin hat*, casque; *tinsmith*, ferblantier, étameur; *tinware*, ferblanterie; *tinworks*, usine d'étain.

tincture [tìngktshᵉr] *s.* teinture, f.; *v.* teindre; *tincture of iodine*, teinture d'iode.

tinder [tìndᵉr] *s.* amadou, m.; *tindery*, inflammable.

tine [taⁱn] *s.* dent [fork], f.; andouiller, m.

tinge [tìndj] *s.* teinte; nuance, f.; *v.* nuancer; parfumer.

tingle [tìng'l] *v.* tinter; vibrer; picoter, fourmiller; *s.* tintement; fourmillement, picotement, m.

tinker [tìngkᵉr] *s.* rétameur; bricoleur, m.; *v.* étamer; bricoler; rafistoler.

tinkle [tìngk'l] *v.* tinter; *s.* tintement, m.

tinned [tìnd] *adj.* étamé; conservé en boîte; *tinny*, d'étain; grêle.

tinsel [tìns'l] *s.* clinquant; oripeau, m.; *adj.* de clinquant.

tint [tìnt] *s.* teinte; nuance, f.; ton, m.; *v.* teinter.

tintinnabulate [tintinabouléⁱt] *v.* tintinnabuler, tinter.

tiny [taⁱni] *adj.* tout petit; menu.

tip [tip] *s.* inclinaison, f.; pourboire; tuyau [horseracing], m.; *v.* donner un pourboire à; donner un tuyau à; basculer; *to tip over*, se renverser; chavirer.

tip [tip] *s.* bout, m.; extrémité; pointe, f.; *wing tip*, bout d'aile.

tippet [tìpit] *s.* collet [fur], m.

tipsy [tìpsi] *adj.* gris, éméché; *to get tipsy*, se griser.

tiptoe [tiptoᵘ] *s.* pointe du pied, f.; *v.* avancer sur la pointe des pieds.

tirade [taⁱréⁱd] *s.* tirade, f.

tire, tyre [taⁱᵉr] *s.* pneu(matique); bandage de roue, m.; *v.* mettre un pneu; *balloon tire*, pneu ballon; *blown-out tire*, pneu éclaté; *flat tire*, pneu crevé; *nonskid tire*, pneu antidérapant; *retreaded tire*, pneu rechapé; *spare tire*, pneu de rechange.

tire [taⁱᵉr] *v.* (se) lasser; (se) fatiguer; épuiser. || *tired* [-d] *adj.* fatigué; ennuyé; *tired out*, exténué; *to get tired*, se lasser. || *tiredness* [-dnis] *s.* lassitude; fatigue, f. || *tireless* [-lis] *adj.* infatigable. || *tiresome* [-sᵉm] *adj.* lassant; fatigant; ennuyeux; fastidieux.

tisane [tizan] *s.* tisane, f.

tissue [tìshou] *s.* tissu, m.; *tissue-paper*, papier pelure; papier de soie.

tit [tit] *s.* mamelle, f.

tit [tit] *s.* mésange, f.

Titan [taⁱten] *s.* Titan, m.; *titanic*, titanesque.

titbit [titbit] *s.* friandise, f.

tithe [taⁱzh] *s.* dîme, f.

titillate [titiléⁱt] *v.* titiller, chatouiller, émoustiller.

title [taⁱt'l] *s.* titre; droit (jur.), m.; *title to property*, titre de propriété; *title page*, page de titre.

titmouse [titmaᵘs] (*pl.* *titmice* [-maⁱs]) *s.* mésange, f.

titular [titshᵉlᵉr] *adj., s.* titulaire.

to [tou] *prep.* à; vers; en; de; pour; jusque; jusqu'à; afin de; envers; *owing to,* grâce à; *in order to,* afin de; *to go to England,* aller en Angleterre; *to the last,* jusqu'au dernier; jusqu'au bout; *to all appearances,* selon toute apparence; *a quarter to five,* cinq heures moins le quart; *to and fro,* allée et venue, « navette ».

toad [tou°d] *s.* crapaud, m. ‖ **toady** [-i] *s.** flagorneur, m.

toast [tou°st] *s.* toast, m.; rôtie, f.; *v.* (faire) griller [bread]; porter un toast à.

tobacco [te°bako°u] *s.* tabac, m.; **tobacconist,** débitant de tabac.

toboggan [te°bâg°n] *s.* toboggan, m.; *Indian toboggan, Fr. Can.* traîne sauvage; *v.* faire du toboggan; *Am.* dégringoler [colloq.].

tocsin [tâksin] *s.* tocsin, m.

today [te°dé¹] *adv.* aujourd'hui.

toddle [tâd'l] *v.* trottiner; *s.* trottinement, m.

to-do [te°doû] *s.* remue-ménage, m.

toe [tou] *s.* orteil; bout [stocking], m.; *v. to toe in,* marcher les pieds en dedans; *to toe out,* marcher les pieds en dehors; **toenail,** ongle d'orteil.

together [te°gèzh°r] *adv.* ensemble; en même temps; à la fois; de suite.

toil [to¹l] *v.* travailler, trimer; *s.* labeur, m.; peine, f.

toilet [to¹lit] *s.* toilette; ablutions, f.; costume; cabinet, m.; *toilet case,* nécessaire de toilette; *toilet paper,* papier hygiénique; *toilet water,* eau de Cologne.

toilsome [to¹ls°m] *adj.* ardu, laborieux.

token [tou°k°n] *s.* marque, f.; signe; gage; témoignage; jeton, m.

told [tou°ld] *pret., p. p. of* to tell.

tolerable [tâl°reb'l] *adj.* tolérable; supportable; passable. ‖ *tolerance* [-r°ns] *s.* tolérance, f. ‖ *tolerant* [-r°nt] *adj.* tolérant; indulgent. ‖ *tolerate* [-ré¹t] *v.* tolérer; supporter. ‖ *toleration* [tâl°ré¹sh°n] *s.* tolérance, f.

toll [tou°l] *s.* octroi; péage; droit de passage, m.; *toll-bridge,* pont payant; *toll gate,* barrière de péage, d'octroi.

toll [tou°l] *s.* tintement [bell], m.; *v.* tinter; sonner.

tomato [te°mé¹tou°u] *s.** tomate, f.

tomb [toum] *s.* tombe; sépulture, f.; tombeau, m.; **tombstone,** pierre tombale.

tomboy [tâmbo¹] *s.* garçon manqué, m.

tomcat [tâmkat] *s.* matou, m.

tomorrow [te°mauro°u] *adv.* demain; *day after tomorrow,* après-demain.

tomtit [tâmtit] *s.* mésange, f.

ton [t°n] *s.* tonne, f.; tonneau (naut.), m.

tone [tou°un] *s.* ton; accent; son; tonus (med.), m.; *v.* débiter d'un ton monotone; accorder; régler; virer (phot.); tonifier (med.); *to tone in well with,* s'harmoniser avec; *to tone up,* revigorer; **toneless voice,** voix blanche.

tongs [taungz] *s. pl.* pincettes; pinces; tenailles, f. pl.

tongue [t°ng] *s.* langue; languette, f.; ardillon [buckle], m.; *to hold one's tongue,* se taire; **tongue-tied,** bouche cousue; **coated tongue,** langue chargée; **tonguelet,** languette.

tonic [tânik] *adj., s.* tonique; fortifiant; *tonicity,* tonicité.

tonight [te°na¹t] *adv.* cette nuit; ce soir.

tonnage [tænidj] *s.* tonnage, m.; jauge, f.

tonsil [tâns'l] *s.* amygdale, f. ‖ **tonsilitis** [tâns'la¹t¹s] *s.* amygdalite, f.

tonsure [tânsh°r] *s.* tonsure, f.; *v.* tonsurer.

too [tou] *adv.* trop; aussi, de même; *too much, too many,* trop, trop de.

took [touk] *pret. of* to take.

tool [toul] *s.* outil; instrument, m.; *tool bag,* trousse à outils; *tooling,* outillage; usinage; ciselage.

toot [tout] *v.* sonner de la trompette; donner un coup de klaxon; siffler; *s.* coup de klaxon; son du cor; sifflement, m.

tooth [touth] (*pl.* teeth [tîth]) *s.* dent, f.; *false tooth,* fausse dent; *milk tooth,* dent de lait; *wisdom tooth,* dent de sagesse; **toothache,** mal de dents; **toothbrush,** brosse à dents; **toothpaste,** pâte dentifrice; **toothpick,** cure-dents; **toothpowder,** poudre dentifrice; **toothsome,** savoureux.

top [tâp] *s.* sommet; faîte; haut; couvercle; dessus [table]; extrados (aviat.); ciel [furnace]; comble (fig), m.; toupie; hune (naut.); surface [water]; capote [car]; impériale [bus], f.; *v.* couronner; surmonter; surpasser; dominer; apiquer (naut.); *adj.* premier, de tête; extrême; principal; *at the top of one's voice,* à tue-tête; *from top to toe,* de la tête aux pieds; *on top of,* sur, par-dessus, en plus de; *at top speed,* à toute vitesse; *that tops everything,* c'est le bouquet; *to top off,* parfaire; **topcoat,** pardessus; **topmast,** mât de hune; **topmost,** le plus élevé, le plus haut.

topaz [toᵒupaz] *s.** topaze, f.

toper [toᵒupᵉʳ] *s.* ivrogne, m.

topgallant [toᵒupgalᵉnt] *s.* perroquet, m. (naut.).

topic [tâpik] *s.* sujet, m.; matière, f.; *current topic,* actualité; *topical,* d'actualité; topique.

topography [toᵒupâgrᵉfi] *s.* topographie, f.

topper [tapᵉʳ] *s.* haut-de-forme; *Am.* surtout, m.

topple [tâp'l] *v.* dégringoler; (faire) culbuter; *to topple over,* renverser, faire choir; s'écrouler.

topsy-turvy [tâpsitᵉʳvi] *adj., adv.* la tête en bas; à l'envers; sens dessus dessous; en désordre.

torch [toᵘʳtsh] *s.** torche, f.; flambeau; chalumeau (techn.), m.; lampe de poche, f.

tore [toᵒuʳ] *pret. of to tear.*

toreador [târiᵉdâʳ] *s.* toréador, m.

torment [taᵘrmᵉnt] *s.* tourment, m.; torture, f.; [taᵘrmᵉnt] *v.* tourmenter; torturer; harceler; *tormentor,* bourreau.

tormentor [taᵘrmᵉntᵉʳ] *s.* abat-son, panneau anti-sonore, m.

torn [toᵒuʳn] *p. p. of to tear.*

tornado [taᵘrnéⁱdoᵒu] *s.* tornade, f.; ouragan; cyclone, m.

torpedo [taᵘrpîdoᵒu] *s.** torpille, f.; *v.* torpiller; *torpedo boat,* torpilleur; *torpedo-tube,* lance-torpilles.

torpid [taᵘrpid] *adj.* engourdi; inactif; *torpify,* engourdir; *torpor,* torpeur.

torrent [taᵘrᵉnt] *s.* torrent; déluge; cours violent, m.; *torrential,* torrentiel; torrentueux.

torrid [taᵘrid] *adj.* torride.

torsion [taᵘrshᵉn] *s.* torsion, f.

torticollis [taᵘʳtikâlis] *s.* torticolis, m.

tortoise [taᵘʳtᵉs] *s.* tortue, f.

tortuous [taᵘʳtshoᵘᵉs] *adj.* tortueux; sinueux.

torture [taᵘʳtshᵉʳ] *s.* torture, f.; supplice; tourment, m.; *v.* torturer, supplicier; tourmenter; *torturer,* bourreau, tourmenteur.

toss [taus] *v.* lancer, jeter en l'air; ballotter (naut.); secouer; sauter [cooking]; désarçonner; *s.** secousse; chute de cheval, f.; ballottement, m.; *toss-up,* coup à pile ou face; affaire douteuse; *to toss up,* jouer à pile ou face.

tot [tât] *s.* petit enfant; gosse, m.

total [toᵒut'l] *adj., s.* total; *v.* totaliser; s'élever à. || *totalitarian* [toᵒutal-ᵉtèriᵉn] *adj.* totalitaire. || *totality* [toᵒutalᵉti] *s.** totalité, f. || *totalizator* [toᵒut'lezéⁱtᵉʳ] *s.* totalisateur, m. || *totalize* [toᵒut'laⁱz] *v.* totaliser. || *totally* [toᵒut'li] *adv.* totalement; entièrement; tout à fait.

totem [toᵒutᵉm] *s.* totem, m.

totter [tâtᵉʳ] *v.* chanceler; vaciller.

touch [tœtsh] *v.* toucher; atteindre; faire escale (naut.); concerner; affecter; *s.** toucher; tact; attouchement; contact; trait, aperçu, m.; touche; allusion; pointe, trace, f.; *touchstone,* pierre de touche; *touchwood,* amadou; *to get in touch,* se mettre en rapport; *to keep in touch,* garder le contact; *to make a touch,* taper, emprunter de l'argent; *to touch up,* retoucher; *to touch upon,* effleurer; *a touch of powder,* un soupçon de poudre; *a touch of fever,* une pointe de fièvre. || *touching* [-ing] *adj.* touchant; émouvant; *touchy,* susceptible, pointilleux.

tough [tœf] *adj.* dur; coriace; résistant; tenace; ardu; *m.* voyou, apache, m. || *toughen* [-'n] *v.* durcir; s'endurcir; (se) raidir. || *toughness* [-nis] *s.* dureté; raideur; résistance; difficulté, f.

tour [touʳ] *s.* tour; voyage, m.; excursion; tournée, f.; *v.* voyager; visiter. || *tourism* [-riz'm] *s.* tourisme, m. || *tourist* [-ist] *s.* touriste, m.

tournament [tᵉʳnᵉmᵉnt] *s.* tournoi; concours; championnat, m.; compétition, f.

tourniquet [tᵉʳnikéⁱ] *s.* garrot, m.

tousle [taᵒuz'l] *v.* ébouriffer [hair]; chiffonner [dress]; bousculer.

tout [taᵒut] *v.* racoler; *s.* rabatteur; démarcheur, m.

tow [toᵒu] *v.* touer; remorquer; haler; dépanner; *s.* remorque, f.; touage, m.; *tow boat,* remorqueur; *tow path,* chemin de halage; *towing,* dépannage.

tow [toᵒu] *s.* étoupe; filasse, f.

toward(s) [toᵒuʳd(z)] *prep.* vers; envers; à l'égard de; du côté de.

towel [taᵒuel] *s.* serviette, f.; essuie-mains, m.

tower [taᵒueʳ] *s.* tour, f.; pylône, m.; *v.* dominer; planer; s'élever; *conning-tower,* tourelle de commandement (naut.); *towering,* gigantesque; dominant.

town [taᵒun] *s.* ville; municipalité, f. || *town-hall,* mairie; *town-planning,* urbanification, urbanisme. || *township* [-ship] *s.* commune, f.

toxic [tåksik] *adj., s.* toxique. ‖ **toxin** [tåksìn] *s.* toxine, f.

toy [to¹] *s.* jouet; colifichet, m.; *v.* jouer; manier; **toy trade,** bimbeloterie.

trace [tré¹s] *s.* trace; empreinte, f.; tracé, m.; *v.* calquer; tracer; pister; **tracer,** calqueur, traçoir; **tracing-paper,** papier-calque.

trace [tré¹s] *s.* trait [harness], m.

trachea [tré¹ki⁰] *s.* trachée, f.; **tracheitis,** trachéite.

track [trak] *s.* piste; voie (railw.); route (naut.; aviat.); orbite (astron.), f.; sillage; chemin, m.; *v.* suivre à la trace; pister; tracer une voie; traquer; haler (naut.); **caterpillar track,** chenille tank; **race track,** piste de course; *to be off the track,* dérailler; *the beaten track,* les sentiers battus; *to track in mud,* faire des marques de pas.

tract [trakt] *s.* étendue; région; nappe [water], f.; tract; opuscule, m.; **digestive tract,** appareil digestif.

tractable [trakt⁰b'l] *adj.* traitable; docile; maniable.

traction [traksh⁰n] *s.* traction; tension; attraction, f. ‖ **tractor** [trakt⁰r] *s.* tracteur, m.; **farm tractor,** tracteur agricole.

trade [tré¹d] *s.* commerce; négoce; métier, m.; *v.* commercer; négocier; trafiquer; troquer; **trade-mark,** marque de fabrique; **trade name,** raison sociale; **trade school,** école professionnelle; **trade-union,** union ouvrière; **trade wind,** vent alizé. ‖ **trader** [-⁰r] *s.* commerçant; négociant; marchand; vaisseau marchand (naut.), m. ‖ **tradesman** [-zm⁰n] (*pl.* **tradesmen**) *s.* marchand, commerçant; boutiquier; fournisseur; artisan, m. ‖ **trading** [-ing] *s.* commerce; trafic, m.

tradition [tr⁰dísh⁰n] *s.* tradition, f.

traduce [tr⁰dyous] *v.* diffamer; **traducer,** calomniateur, diffamateur.

traffic [trafik] *s.* trafic; négoce, commerce, m.; circulation, f.; *v.* trafiquer; faire du commerce; être en relation (*with,* avec); **traffic flow,** courant de circulation.

tragedian [tr⁰djídi⁰n] *s.* tragédien, tragique, m. ‖ **tragedy** [tradj⁰di] *s.* tragédie, f. ‖ **tragic** [tradjik] *adj.* tragique.

trail [tré¹l] *s.* trace; piste; traînée; crosse d'affût (mil.), f.; *v.* traîner; suivre à la piste; **trail rope,** prolonge (artill.). ‖ **trailer** [-⁰r] *s.* remorque, f.; traînard, m.; **trailer-caravan,** caravane [autom.].

train [tré¹n] *s.* train; convoi; enchaînement [ideas], m.; traînée; traîne; escorte, f.; *v.* (s')entraîner; former, instruire; dresser [animals]; pointer (mil.); **express train,** express, rapide; **freight train,** train de marchandises; **local train,** omnibus; **passenger train,** train de voyageurs; *Am.* **subway train,** rame de métro. ‖ **trainer** [-⁰r] *s.* entraîneur; dompteur; avion - école (aviat.), m. ‖ **training** [-ing] *s.* entraînement; dressage; pointage (mil.), m.; instruction, éducation, f.; **basic training,** instruction élémentaire. ‖ **train-man** [-m⁰n] (*pl.* **trainmen**) *s.* cheminot, m.

trait [tré¹t] *s.* trait, m.; caractéristique, f.

traitor [tré¹t⁰r] *s.* traître, m.; **traitorous,** traître; **traitress,** traîtresse.

traject [tr⁰djèkt] *v.* projeter, jeter; *s.* trajet, m. ‖ **trajectory** [-⁰ri] *s.* trajectoire, f.

tram [tram] *s.* tramway; wagonnet de houillère, m.

tramp [tråmp] *v.* aller à pied; battre la semelle; marcher à pas rythmés; vagabonder; *s.* promenade à pied, marche, f.; piétinement; vagabond, chemineau, m. ‖ **trample** [-'l] *v.* piétiner; fouler aux pieds.

trance [tråns] *s.* extase; transe; catalepsie, f.

tranquil [tránkwil] *adj.* tranquille. ‖ **tranquillity** [tránkwi¹eti] *s.* tranquillité, f. ‖ **tranquillizer** [tránkwila¹z⁰r] *s.* tranquillisant, m.

transact [tránsåkt] *v.* traiter; négocier avec. ‖ **transaction** [trànsaksh⁰n] *s.* transaction, affaire, f.; *pl.* compte rendu, m.; procès-verbaux, actes, m. pl. ‖ **transactor** [-⁰r] *s.* négociateur, m.

transalpine [trànsalpin] *adj.* transalpin.

transatlantic [trāns⁰tlàntik] *adj.* transatlantique.

transcend [trànsènd] *v.* outrepasser; dépasser; **transcendent,** transcendant.

transcribe [trànskra¹b] *v.* transcrire. ‖ **transcript** [trànskript] *s.* transcription; copie, f.; **transcription,** transcription; émission différée [radio].

transept [trànsèpt] *s.* transept, m.

transfer [trànsfēr] *s.* transfert (jur.); déplacement; billet de correspondance (railw.); virement (fin.), m.; mutation; copie, f.; [trànsfēr] *v.* transférer; permuter; transporter; transborder; transmettre; décalquer; virer; changer, correspondre (railw.); **transferable,** transportable; transmissible, transférable; négociable.

transfigure [trànsfigy⁰r] *v.* transfigurer.

transform [trànsfaurm] *v.* changer; (se) transformer. ‖ *transformation* [trànsfᵉrmé¹shᵉn] *s.* transformation, f. ‖ *transformer* [trànsfaurmᵉʳ] *s.* transformateur, m.

transfuse [trànsfyouz] *v.* transfuser; transvaser. ‖ *transfusion* [trànsfyou-jᵉn] *s.* transfusion, f.

transgress [trànsgrès] *v.* transgresser; pécher; dépasser [bounds]. ‖ *transgression* [trànsgré¹shᵉn] *s.* transgression; infraction; violation, f. ‖ *transgressor* [trànsgrèsᵉʳ] *s.* transgresseur; délinquant; pécheur, m.

transient [trànshᵉnt] *adj.* transitoire; passager; fugitif; momentané. ‖ *transit* [trànsit] *s.* transit; passage; parcours; transport (comm.), m. ‖ *transition* [trànzishᵉn] *s.* transition, f. ‖ *transitive* [trànsᵉtiv] *adj.* transitif. ‖ *transitory* [trànsᵉtoᵘri] *adj.* transitoire, éphémère.

translate [trànslé¹t] *v.* traduire; transférer; retransmettre (telegr.). ‖ *translation* [trànslé¹shᵉn] *s.* translation (eccles.); version, traduction, f. ‖ *translator* [trànslé¹tᵉʳ] *s.* traducteur, m.; traductrice, f.

transliterate [trànslitᵉré¹t] *v.* transcrire.

translucent [trànslous'nt] *adj.* translucide.

transmission [trànsmishᵉn] *s.* transmission; émission [radio]; transmission [auto], f. ‖ *transmit* [trànsmit] *v.* transmettre; émettre [radio]; transporter (electr.). ‖ *transmitter* [-ᵉʳ] *s.* transmetteur; émetteur [radio]; manipulateur (telegr.), m.

transmute [trànsmiout] *v.* transmuer.

transom [trànsᵉm] *s.* traverse, f.; *Am.* vasistas, m.

transparency [trànspèᵉrensi] *s.** transparence; diapositive, f. ‖ *transparent* [trànspèrᵉnt] *adj.* transparent; clair; diaphane.

transpierce [trànspiᵉrs] *v.* transpercer.

transpiration [trànspa¹ré¹shᵉn] *s.* transpiration, f. ‖ *transpire* [trànspa¹r] *v.* transpirer; s'ébruiter; avoir lieu.

transplant [trànsplànt] *v.* transplanter; greffer (med.).

transport [trànspoᵒurt] *s.* transport; enthousiasme; déporter, m.; [trànspoᵒurt] *v.* transporter; camionner; déporter; enthousiasmer; *transportable*, transportable. ‖ *transportation* [trànspᵉrté¹shᵉn] *s.* transport; enthousiasme, m.; déportation, f.; *air, motor, rail, water transportation*, transport par air, par camions, par fer, par eau. ‖ *transporter* [trànspoᵒurtᵉr] *s.* transporteur, m.

transpose [trànspoᵒuz] *v.* transposer. *transposition*, transposition.

transverse [trànsvèᵉrs] *adj.* transversal; *s.* transverse, m.

trap [trap] *s.* trappe, f.; piège, m.; *v.* attraper; prendre au piège; *Fr. Can.* trapper; *trapdoor*, trappe; *trapper*, trappeur; *mouse trap*, souricière; *rattletrap*, guimbarde.

trapeze [trapiz] *s.* trapèze, m.

trappings [trapingz] *s. pl.* parures, f. pl.; ornements; atours, m. pl.

trash [trash] *s.** camelote; fadaise [talk]; *v.* déchets; rebuts, m. pl.

traumatism [traumᵉtizᵉm] *s.* traumatisme, m.

travel [trav'l] *s.* voyage; trajet (mech.), m.; *v.* voyager; circuler; parcourir; tourner, rouler (mech.); *travel agency*, agence de voyage. ‖ *travel-(l)er* [-ᵉr] *s.* voyageur; curseur; chariot (mech.), m. ‖ *travel(l)ing* [-ing] *adj.* mobile; ambulant; de voyage; *s.* travelling [cinema], m.

traverse [travèᵉrs] *s.* traverse; traversée; entretoise (mech.); transversale (geom.), f.; obstacle, revers, m.; *v.* traverser.

travesty [travisti] *s.** travesti, m.; parodie, f.; *v.* parodier; déguiser.

trawler [traulᵉr] *s.* chalutier, m.

tray [tré¹] *s.* plateau, m.; cuvette (phot.); auge, augette, f.

treacherous [trètshᵉrᵉs] *adj.* traître; perfide. ‖ *treachery* [trètshᵉri] *s.** trahison; perfidie, f.

treacle [trik'l] *s.* mélasse, f.

tread [trèd] *v.** fouler, écraser; piétiner; appuyer sur; *s.* (bruit de) pas; piétinement; écartement des roues [car], m.; marche; chape [tire]; semelle, f.; *treadle*, pédale.

treason [trîz'n] *s.* trahison, f.

treasure [trèjᵉr] *s.* trésor, m.; *v.* thésauriser; conserver précieusement. ‖ *treasurer* [-ᵉr] *s.* trésorier, m. ‖ *treasury* [-ri] *s.** trésor public, m.; trésorerie, f.

treat [trît] *v.* traiter; négocier; inviter; *s.* régal, m.; partie de plaisir; tournée [drink], f. ‖ *treater* [-ᵉr] *s.* négociateur; hôte, m. ‖ *treatise* [-is] *s.* traité, m. ‖ *treatment* [-mᵉnt] *s.* traitement, m.; cure, f. ‖ *treaty* [-i] *s.** traité; pacte, m.

treble [trèb'l] *adj.* triple; *s.* triple, m.; *v.* tripler; *treble clef*, clef de sol; *treble voice*, voix de soprano.

tree [trî] *s.* arbre, m.; *family tree*, arbre généalogique; *treeless*, sans arbre; *treetop*, cime d'un arbre.

trefoil [trîfo¹l] *s.* trèfle, m.

trellis [trèlis] *s.* treillis, m.; *v.* treillisser.

tremble [trèmb'l] *v.* trembler; trembloter; vibrer; *s.* tremblement, m.

tremendous [trimèndes] *adj.* terrible; épouvantable; extraordinaire; formidable.

tremor [trèmer] *s.* tremblement; frémissement, m.; trépidation, f. ‖ **tremulous** [trèmyoules] *adj.* tremblotant; frémissant.

trench [trèntsh] *s.* tranchée, f.; retranchement; fossé, m.; **trenchboard**, caillebotis; **trench-coat**, imperméable; **trench fever**, fièvre récurrente; **trench mortar**, mortier (mil.). ‖ **trenchant** [-ent] *adj.* mordant, tranchant; vigoureux.

trend [trènd] *s.* tendance; direction, f.

trepan [tripàn] *s.* trépan, m.; *v.* trépaner.

trepidation [trèpidéishen] *s.* trépidation; agitation, f.; trac, m.

trespass [trèspes] *s.* violation; contravention, f.; délit, m.; *v.* enfreindre; violer; empiéter sur; pécher; *no trespassing*, défense d'entrer. ‖ **trespasser** [-er] *s.* transgresseur; délinquant; maraudeur; intrus, m.

tress [très] *s.* tresse, f.

trestle [très'l] *s.* tréteau; support; chevalet, m.

trial [traiel] *s.* épreuve, expérience, tentative, f.; essai; jugement, procès (jur.), m.; *to bring to trial*, mettre en jugement; *speed trial*, essai de vitesse.

triangle [traiàngg'l] *s.* triangle, m. ‖ **triangular** [-gyeler] *adj.* triangulaire.

tribe [traib] *s.* tribu, f.

tribulation [tribyeléishen] *s.* tribulation, f.

tribunal [tribyoun'l] *s.* tribunal, m.

tribune [tribyoun] *s.* tribune, f.; [tribyoun] *s.* «tribune» [newspaper], f.

tributary [tribyetèri] *adj.* tributaire; *s.* affluent, m. ‖ **tribute** [tribyout] *s.* tribut; hommage, m.

trice [trais] *s.* instant, m.

trick [trik] *s.* tour; truc; tic, m.; ruse; farce; levée [cards], f.; *v.* duper; escroquer; **trick-shot**, truquage [cinema]. ‖ **trickery** [-eri] *s.* tromperie; tricherie; supercherie, f.

trickle [trik'l] *v.* couler; ruisseler; *s.* ruissellement; filet d'eau; ruisselet, m.

trickster [trikster] *s.* escroc; fourbe, m. ‖ **tricky** [triki] *adj.* rusé; astucieux; minutieux, compliqué, délicat.

tried [traied] *p. p. of* to try; *adj.* éprouvé.

trifle [traif'l] *s.* bagatelle; vétille, f.; *v.* badiner; *to trifle away*, gaspiller; *to trifle with*, se jouer de; **trifling**, insignifiant.

trig [trig] *adj.* net; soigné; pimpant; bien tenu.

trigger [triger] *s.* détente; gâchette, f.; déclic, m.

trill [tril] *s.* trille, m.; *v.* triller; tinter; rouler les r.

trillion [trilien] *s.* trillion; *Am.* billion, m.

trim [trim] *v.* arranger; orner; ajuster; tailler; arrimer (aviat.; naut.); émonder [tree]; dégrossir [timber]; *s.* ornement; attirail; bon ordre; arrimage, m.; *adj.* ordonné; soigné; coquet. ‖ **trimming** [-ing] *s.* garniture, f.; arrimage; émondage; calibrage (phot.), m.; *pl.* passementerie, f.

trimonthly [traimoenthli] *adj.* trimestriel.

trinket [tringkit] *s.* colifichet, m.

trio [trioou] *s.* trio, m.

trip [trip] *s.* excursion; tournée, f.; tour; trajet, parcours; faux pas; déclenchement (mech.), m.; *v.* trébucher; broncher [horse]; déclencher (mech.); fourcher [tongue]; trottiner.

tripe [traip] *s.* tripe; camelote, f.; **tripe-dealer, tripeman**, tripier; **tripe-shop**, triperie.

triple [trip'l] *adj.* triple; *v.* tripler; **triplet**, trio; triplet; tercet; triolet; **triplicate**, triplé, en triple exemplaire.

tripod [traipâd] *s.* trépied, m.

triptych [triptik] *s.* triptyque, m.

trite [trait] *adj.* banal; rebattu.

triturate [tritiouréit] *v.* triturer.

triumph [traiemf] *s.* triomphe, m.; *v.* triompher. ‖ **triumphal** [traiœmfl] *adj.* triomphal. ‖ **triumphant** [traiœmfènt] *adj.* triomphant; triomphateur. ‖ **triumphantly** [-li] *adv.* triomphalement. ‖ **triumpher** [-er] *s.* triomphateur, m.; triomphatrice, f.

trivial [trivyel] *adj.* trivial; insignifiant; banal; frivole.

trod [trâd] *pret., p. p. of* to tread. ‖ **trodden** [-'n] *p. p. of* to tread.

trolley [trâli] *s.* trolley; chariot; fardier; tramway, m.; **trolley car**, tramway; **trolley line**, ligne de tramways.

trollop [trâlep] *s.* souillon; traînée, f.

trombone [trâmbooun] *s.* trombone, m.; **trombonist**, trombone [man].

troop [troup] *s.* troupe, f.; peloton; escadron, m. ‖ **trooper** [-er] *s.* cavalier [soldier], m. ‖ **troops** [troups] *s. pl.* troupes, f. pl.; *covering troops*, troupes de couverture; *picked troops*, troupes d'élite.

trophy [tro°ufi] *s.** trophée, m. ‖

tropic [tråpik] *s.* tropique, m. ‖ **tropical** [-'l] *adj.* tropical.

trot [tråt] *v.* trotter; *s.* trot, m.; *fast trot,* trot allongé.

trouble [træb'l] *s.* trouble; chagrin; ennui; souci; dérangement, m.; peine; affection (med.), f.; *v.* troubler; agiter; tracasser; affliger; préoccuper; ennuyer; déranger; gêner; *it is not worth the trouble,* cela n'en vaut pas la peine; *engine trouble,* panne de moteur; *trouble shooter,* dépanneur; *troublemaker,* agitateur, agent provocateur. ‖ **troublesome** [-s°m] *adj.* ennuyeux; fâcheux; gênant; incommode.

trough [trauf] *s.* auge, f.; pétrin; baquet; creuset (metall.); caniveau; creux des lames, m.; *drinking-trough,* abreuvoir.

trounce [tra°uns] *v.* rosser.

trousers [tra°uzᵉrz] *s. pl.* pantalon, m.

trousseau [trouso°u] *s.* trousseau, m.

trout [tra°ut] *s.* truite, f.

trowel [tra°uᵉl] *s.* truelle, f.; déplantoir (hort.), m.

truant [trouᵉnt] *s.* paresseux, m.; *adj.* paresseux; vagabond.

truce [trous] *s.* trêve, f.; *flag of truce,* drapeau de parlementaire.

truck [træk] *s.* camion; fourgon; wagon (railw.); chariot, diable, m.; *v.* camionner; *delivery truck,* camionnette; *truck garden,* jardin maraîcher.

truckle [træk'l] *v.* ramper, s'aplatir.

truculence [trækyoulᵉns] *s.* férocité, violence, f.

trudge [trædj] *v.* cheminer péniblement; clopiner; se traîner; *s.* marche pénible, f.

true [trou] *adj.* vrai; exact; loyal, sincère; droit; juste; conforme; fidèle; centré (mech.); légitime; authentique; *to come true,* se réaliser.

truffle [træf'l] *s.* truffe, f.

truism [troûiz'm] *s.* truisme, m.

truly [trouli] *adv.* vraiment; réellement; sincèrement; franchement; *yours truly,* sincèrement vôtre.

trump [trœmp] *s.* atout [cards], m.; *v.* jouer atout.

trump [trœmp] *v.* inventer; *to trump up an excuse,* forger une excuse.

trumpet [trœmpit] *s.* trompette, f.; *v.* jouer de la trompette; publier; *trumpeter,* trompettiste; *ear trumpet,* cornet acoustique.

truncate [trœngké¹t] *v.* tronquer; [-it] *adj.* tronqué.

truncheon [trænshᵉn] *s.* matraque, f.; bâton, m.

trundle [trænd'l] *v.* (faire) rouler; pousser.

trunk [trœngk] *s.* tronc, m.; trompe [elephant]; malle [luggage]; ligne principale (railw.), f.; *pl.* caleçon court, m.

truss [trœs] *s.** bandage herniaire (med.); cintre (archit.), m.

trust [trœst] *s.* confiance; espérance; responsabilité, charge; garde; confidence, f.; trust; crédit (comm.), m.; *v.* se fier; (se) confier; faire crédit à; espérer. ‖ *trustee* [-î] *s.* dépositaire; administrateur, syndic, m.; *board of trustees,* conseil d'administration. ‖ **trustful** [-fᵉl] *adj.* confiant. ‖ **trustworthy** [-wᵉrzhi] *adj.* digne de confiance, honnête, sûr. ‖ **trusty** [trœsti] *adj.* sûr; fidèle; loyal; *s.** homme de confiance, m.

truth [trouth] *s.* vérité; sincérité, loyauté, f. ‖ **truthful** [-fᵉl] *adj.* véridique, vrai; sincère. ‖ **truthfulness** [-fᵉlnis] *s.* véracité, f.

try [tra¹] *v.* essayer; entreprendre; mettre à l'épreuve; juger (jur.); *s.** tentative, f.; essai [rugby], m.; *to try someone's patience,* éprouver la patience de quelqu'un; *to try on a suit,* essayer un costume. ‖ *trying* [-ing] *adj.* éprouvant; pénible; angoissant; vexant.

tub [tœb] *s.* cuve; baignoire, f.; baquet; tub, m.; *v.* prendre un tub.

tube [tyoub] *s.* tube; conduit; tuyau; *Br.* métro, m.; buse (techn.); lampe [radio], f.; *bronchial tube,* bronche; *inner tube,* chambre à air [tire]; *tubestation,* station de métro.

tubercle [tyoubᵉrk'l] *s.* tubercule, m. ‖ **tubercular** [tyoubᵉrkyelᵉʳ], **tuberculous** [-ᵉs] *adj.* tuberculeux. ‖ **tuberculosis** [tyoubᵉrkyelo°usis] *s.* tuberculose, f.

tubing [tyoubing] *s.* tuyautage, m.; tuyauterie, f.; tubage, m. (med.).

tubular [tioûbioulᵉʳ] *adj.* tubulaire.

tuck [tœk] *v.* retrousser; *s.* pli, plissé, m.; *to tuck in bed,* border le lit; *tuckin,* gueuleton (colloq.).

Tuesday [tyouzdi] *s.* mardi, m.

tuft [tœft] *s.* touffe; huppe, f.; pompon, m.

tug [tœg] *v.* tirer, tirailler; remorquer; *s.* tiraillement; remorqueur [boat], m.; saccade, f.

tuition [tyouishᵉn] *s.* instruction; leçons, f.; enseignement, m.; *Am.* droits d'inscription, m. pl.

tulip [tyoulᵉp] *s.* tulipe, f.

tulle [tyoul] *s.* tulle, m.

tumble [tœmb'l] v. tomber, dégringoler ; tourner et retourner ; chiffonner ; *to tumble to,* deviner ; *to tumble over,* faire la culbute ; *to tumble for,* se laisser prendre à. ‖ **tumbler** [-ᵉʳ] s. gobelet, grand verre, m. ; timbale, f. ; équilibriste, acrobate ; pigeon culbutant, m.

tumefy [tyoumᵉfa¹] v. (se) tuméfier. ‖ **tumid** [tyoumid] adj. enflé ; ampoulé (fig.).

tummy [tœmi] s. estomac, ventre, m. (colloq.).

tumo(u)r [tyoumᵉr] s. tumeur, f.

tumult [tyoumœlt] s. tumulte ; vacarme ; trouble, m. ‖ **tumultuous** [tyoumœltshouᵉs] adj. tumultueux.

tun [tœn] s. tonneau, fût, m.

tuna [tounᵉ] s. Am. thon, m.

tune [tyoun] s. air ; ton ; accord, m. ; mélodie, f. ; v. accorder ; régler, syntoniser [radio] ; *out of tune,* désaccordé ; *in tune,* d'accord ; accordé ; juste ; **tuneful,** harmonieux, mélodieux.

tunic [tyounik] s. tunique, f.

tuning [tyouning] s. accord ; accordage, m. ; mise au point (mech.) ; syntonisation [radio], f. ; **tuning knob,** bouton de réglage [radio].

Tunisia [tyounishiᵉ] s. Tunisie, f.

tunnel [tœn'l] s. tunnel, m. ; v. trouer, percer.

turbid [tërbid] adj. trouble ; bourbeux ; en désordre ; embrouillé. m. f.

turbine [tërba¹n] s. turbine, f.

turbulent [tërbyᵉlᵉnt] adj. turbulent ; tumultueux ; tourbillonnant ; séditieux.

tureen [tyourîn] s. saucière ; soupière, f.

turf [tërf] s. gazon ; terrain de course ; turf, m. ; tourbe, f. ‖ **turfite** [-a¹t] s. turfiste, m. f.

turgid [tërdjid] adj. enflé, gonflé.

Turk [tërk] s. Turc, m.

turkey [tërki] s. dindon, m. ; dinde, f. ; Am. « four » (theat.).

Turkey [tërki] s. Turquie, f. ‖ **Turkish** [-sh] adj., s. turc.

turmoil [tërmo¹l] s. tumulte ; désordre ; trouble, m. ; agitation, f.

turn [tërn] v. (se) tourner ; transformer ; virer (aviat.) ; faire pencher [scale] ; traduire ; émousser ; écœurer ; se détourner ; se changer ; devenir ; se diriger ; s. tour ; tournant ; contour ; virage ; changement, penchant, m. ; révolution (astron.) ; tournure ; occasion, f. ; *to turn back,* se retourner ; renvoyer ; rebrousser chemin ; *to turn down an offer,* repousser une offre ; *to turn about,* faire demi-tour ; *to turn*

in, rendre, restituer ; *Am.* se coucher ; *to turn off,* fermer, couper [gas] ; éteindre (electr.) ; *to turn on,* ouvrir, allumer (electr.) ; *to turn out,* expulser ; *to turn over,* capoter [auto], se renverser ; *to turn to,* avoir recours à ; *to turn over and over,* tournoyer ; *to turn sour,* aigrir ; *turn of mind,* tournure d'esprit ; *by turns,* alternativement ; *in turn,* à tour de rôle.

turncoat [tërnkoout] s. renégat, m. ; girouette (fig.), f.

turnip [tërnip] s. navet, m.

turnkey [tërnki] s. geôlier, m.

turnover [tërnoouᵉr] s. capotage ; chiffre d'affaires [business] ; chausson [apple], m. ; adj. replié, rabattu ; reversible ; pliant [table].

turnpike [tërnpa¹k] s. péage, m. ; Am. autoroute, f.

turnsole [tërnsooul] s. tournesol, m.

turntable [tërnté¹b'l] s. plaque tournante (railw.), f. ; plateau [gramophone], m.

turpentine [tërpᵉnta¹n] s. térébenthine, f.

turpitude [tërpᵉtyoud] s. turpitude ; vilenie, f.

turquoise [tërkwo¹z] s. turquoise, f.

turret [tërit] s. tourelle, f.

turtle [tërt'l] s. tortue, f. ; **turtledove,** tourterelle ; *to turn turtle,* capoter.

tusk [tœsk] s. défense, f.

tussle [tœs'l] s. bagarre, f. ; v. se bagarrer.

tutelary [tyoutilᵉri] adj. tutélaire.

tutor [tyoutᵉr] s. précepteur ; répétiteur ; professeur adjoint ; tuteur (jur.), m. ; v. être le tuteur de ; servir de tuteur à ; enseigner ; **tutorage,** tutelle ; **tutoress,** monitrice ; tutrice.

tuxedo [tœksidoou] s. smoking, m.

twaddle [twâd'l] s. niaiseries, f. pl. ; v. jacasser.

twang [twàng] s. nasillement ; son métallique, m. ; v. nasiller ; (faire) vibrer ; **twangy,** nasal, nasillant.

tweed [twîd] s. tweed, m.

tweet [twît] v. pépier.

tweezers [twîzᵉrz] s. pl. pince, f.

twelfth [twèlfth] adj., s. douzième ; *Twelfth Night,* soir de l'Epiphanie. ‖ **twelve** [twèlv] adj., s. douze ; *twelve o'clock,* midi, minuit. ‖ **twentieth** [twèntiith] adj., s. vingtième ; vingt [month, title]. ‖ **twenty** [twènti] adj., s. vingt.

twice [twa¹s] adv. deux fois.

twig [twig] s. brindille ; ramille, f.

twilight [twa¹la¹t] *s.* crépuscule, m.; *adj.* crépusculaire.

twin [twìn] *adj., s.* jumeau, m.; jumelle, f.; **twin-beds,** lits jumeaux.

twine [twa¹n] *s.* ficelle, f.; enroulement; entrelacement, m.; *v.* (s')enrouler.

twinge [twìndj] *s.* élancement, m.; *v.* pincer; élancer.

twining [twa¹ning] *adj.* sinueux; lancinant.

twinkle [twìngkl] *v.* scintiller; clignoter; *s.* scintillement; clignement, clin, m. ‖ **twinkling** [-ing] *s.* clignement, clin, m.

twirl [twër¹] *v.* (faire) tournoyer; girer; *s.* tournoiement, m.; fioriture; volute; pirouette.

twist [twist] *s.* cordon; cordonnet; toron (naut.), m.; torsion; contorsion, f.; *v.* tordre; entortiller; enlacer; s'entrelacer, (s')enrouler; se tortiller; **twisted,** tordu, *Fr. Can.* croche.

twitch [twitsh] *s.** élancement; tic, m.; secousse; convulsion (med.), f.; chiendent, m. (bot.); *v.* se crisper; se contracter; se convulser; tirer vivement, arracher.

twitter [twitᵉr] *v.* gazouiller; palpiter; *s.* gazouillis; émoi, m.; palpitation, f.

two [tou] *adj.* deux; *by twos,* deux à deux; *two and two,* deux plus deux; **two-edged,** à deux tranchants. ‖ **twofold** [-foould] *adj.* double.

tycoon [ta¹koún] *s. Am.* magnat (m.) de la finance.

tympan [tìmpᵉn] *s.* tympan, m.

type [ta¹p] *s.* type; individu; caractère (typogr.), m.; *v.* taper à la machine, dactylographier. ‖ **typewrite** [-ra¹t] *v.* dactylographier, taper. ‖ **typewriter** [-ra¹tᵉr] *s.* machine à écrire, f., *Fr. Can.* dactylo, m. ‖ **typewritten** [-rit'n] *adj.* dactylographié.

typhoid [ta¹fo¹d] *s.* typhoïde, f.

typhoon [ta¹foun] *s.* typhon, m.

typhus [ta¹fᵉs] *s.* typhus, m.

typical [tipìk'l] *adj.* typique. ‖ **typify** [típifa¹] *v.* représenter, symboliser, figurer; être le type de.

typing [ta¹ping] *s.* dactylographie, f. ‖ **typist** [ta¹pist] *s.* dactylo(graphe), m. f.

typographer [ta¹pâgrᵉfᵉr] *s.* typographe, m. ‖ **typography** [-fi] *s.* typographie, f.

tyrannical [tiranìk'l] *adj.* tyrannique. ‖ **tyrannize** [tirᵉna¹z] *v.* tyranniser. ‖ **tyranny** [tirᵉni] *s.** tyrannie, f. ‖ **tyrant** [ta¹rᵉnt] *s.* tyran, m.

tyre [ta¹ᵉr] *s.* pneu, m.

tyro [ta¹ro] *s.* novice, m.

U

ubiquity [ioubíkwiti] *s.* ubiquité, f.

udder [ædᵉr] *s.* pis, m.

ugliness [æglinis] *s.* laideur, f. ‖ **ugly** [ægli] *adj.* laid; vilain; mauvais [weather].

ulcer [ælsᵉr] *s.* ulcère, m.; plaie, f. ‖ **ulcerate** [-ré¹t] *v.* (s')ulcérer. ‖ **ulceration** [ælsᵉré¹shᵉn] *s.* ulcération, f.

ulterior [œltírⁱᵉr] *adj.* ultérieur.

ultimate [æltᵉmit] *adj.* ultime. ‖ **ultimately** [-li] *adv.* finalement; en définitive; définitivement.

ultra-sound [æltrᵉsaound] *s.* ultrason, m. ‖ **ultra-violet** [-va¹ᵉlit] *adj.* ultra-violet.

umbilicus [œmbílikᵉs] (*pl.* **umbilici** [-a¹]) *s.* ombilic, m.

umbrage [œmbridj] *s.* ombrage, m.

umbrella [œmbrèlᵉ] *s.* parapluie, m.; ombrelle, f.

umpire [œmpa¹r] *s.* arbitre, m.; *v.* arbitrer.

un- [œn-] *prefix* in-; non-; dé-; mal; sans; peu.

unable [œnéⁱb'l] *adj.* incapable; empêché; impuissant; *to be unable to,* ne pouvoir.

unaccountable [œnᵉkaountᵉb'l] *adj.* inexplicable; incompréhensible; irresponsable; indépendant.

unaccustomed [œnᵉkæstᵉmd] *adj.* inaccoutumé; insolite; peu usuel.

unacknowledged [œnᵉknâlidjd] *adj.* non reconnu; sans réponse [letter].

unaffected [œnᵉfèktid] *adj.* simple, naturel; insensible.

unalloyed [œnᵉlo¹d] *adj.* pur, sans mélange.

unambiguous [œnambígyouᵉs] *adj.* non équivoque.

unamenable [œnᵉminᵉb'l] *adj.* réfractaire, indocile.

unanimity [younᵉnímeti] *s.* unanimité, f.; *unanimous,* unanime.

unanswerable [œnânsᵉrᵉb'l] *adj.* sans réplique, incontestable.

unapproachable [œnᵉproᵒutshᵉb'l] *adj.* inaccessible; incomparable.

unarmed [œnârmd] *adj.* désarmé; sans armes.

unassailable [œnᵉsé¹lᵉb'l] *adj.* inattaquable; irréfutable.

unassuming [œnᵉsyou͞ming] *adj.* modeste, simple.

unattractive [œnᵉtraktiv] *adj.* sans attrait; peu séduisant.

unavailable [œnᵉvé¹lᵉb'l] *adj.* indisponible; pas libre. ‖ *unavailing* [œnᵉvé¹ling] *adj.* inutile; infructueux.

unavoidable [œnᵉvoidᵉb'l] *adj.* inévitable; inéluctable.

unaware [œnᵉwèᵉr] *adj.* ignorant; non averti; non informé. ‖ *unawares* [-z] *adv.* au dépourvu; à l'improviste; par mégarde.

unbalanced [œnbalᵉnst] *adj.* inéquilibré; déséquilibré (med.); non compensé (mech.).

unbearable [œnbèrᵉb'l] *adj.* intolérable; intenable.

unbecoming [œnbikœming] *adj.* inconvenant; déplacé; peu seyant.

unbelief [œnbᵉlîf] *s.* incrédulité, f. ‖ *unbelievable* [-lîvᵉb'l] *adj.* incroyable. ‖ *unbeliever* [-lîvᵉr] *s.* incrédule; mécréant, m. ‖ *unbelieving* [-lîving] *adj.* incrédule.

unbend [œnbènd] *v.* (se) redresser; (se) détendre. ‖ *unbending* [-ing] *adj.* inflexible; intransigeant.

unbiased [œnba¹est] *adj.* sans préjugés; impartial.

unbosom [œnbouzᵉm] *v.* révéler.

unbounded [œnba͡oundid] *adj.* illimité; démesuré; effréné.

unbreakable [œnbré¹kᵉb'l] *adj.* incassable. ‖ *unbroken* [œnbrou͞kᵉn] *adj.* intact, non brisé; non violé; ininterrompu; indompté [horse].

unburden [œnbërd'n] *v.* alléger, soulager.

unbutton [œnbæt'n] *v.* déboutonner.

uncanny [œnkᵃni] *adj.* étrange; surnaturel; mystérieux.

unceasing [œnsîsing] *adj.* incessant, continuel.

uncertain [œnsërt'n] *adj.* incertain; irrésolu; indéterminé; douteux; aléatoire.

unchallenged [œntshalindjd] *adj.* incontesté; non contredit; non récusé.

unchangeable [œntshé¹ndjᵉb'l] *adj.* inaltérable; immuable; invariable. ‖ *unchanged* [œntshé¹ndjd] *adj.* inchangé.

uncharted [œntshârtid] *adj.* qui ne figure pas sur la carte.

unclaimed [œnklé¹md] *adj.* non réclamé; de rebut [letter].

uncle [œngk'l] *s.* oncle, m.

unclean [œnklîn] *adj.* sale; impur.

unclear [œnklîᵉr] *adj.* peu clair.

uncomfortable [œnkœmfᵉrtᵉb'l] *adj.* inconfortable; incommode; gêné; fâcheux, mal à l'aise.

uncommon [œnkâmᵉn] *adj.* peu commun; rare; insolite; *not uncommonly,* assez souvent.

uncommunicative [œnkᵉmyou͞nikᵉtiv] *adj.* renfermé.

uncompleted [œnkᵉmplîtid] *adj.* inachevé.

uncomplimentary [œnkâmplimén tᵉri] *adj.* peu flatteur.

uncompromising [œnkâmprᵉma¹zing] *adj.* intransigeant.

unconcerned [œnkᵉnsërnd] *adj.* indifférent; insouciant.

unconditional [œnkᵉndishᵉn'l] *adj.* absolu; inconditionnel.

uncongenial [œnkᵉndjinyᵉl] *adj.* antipathique; déplaisant; incompatible.

unconquerable [œnkângkᵉrᵉb'l] *adj.* invincible; indomptable; insurmontable. ‖ *unconquered* [œnkângkᵉrd] *adj.* invaincu; indompté.

unconscious [œnkânshᵉs] *adj.* inconscient; évanoui; *s.* inconscient, m. ‖ *unconsciousness* [-nis] *s.* inconscience, f.; évanouissement, m.

unconsolable [œnkᵉnsou͞lᵉb'l] *adj.* inconsolable.

uncontrollable [œnkᵉntrou͞lᵉb'l] *adj.* incontrôlable; irrésistible; indomptable. ‖ *uncontrolled* [œnkᵉntrou͞ld] *adj.* incontrôlé; sans frein; indépendant; irresponsable.

unconventional [œnkᵉnvènshᵉn'l] *adj.* peu conventionnel; original; affranchi, libre.

uncork [œnkɔurk] *v.* déboucher.

uncouth [œnkou͞th] *adj.* étrange; gauche; grossier, malappris.

uncover [œnkᵃvᵉr] *v.* (se) découvrir.

unction [œngkshᵉn] *s.* onction, f. ‖ *unctuous* [-shᵉs] *adj.* onctueux; *unctuousness,* onctuosité.

uncultivated [œnkœltᵉvé¹tid] *adj.* inculte. ‖ *uncultured* [œnkœltshᵉrd] *adj.* inculte, sans culture, fruste.

undeceive [œndisîv] *v.* désabuser.

undecided [œndisa¹did] *adj.* indécis, irrésolu.

undeniable [œndina¹eb'l] *adj.* indéniable; incontestable.

undenominational [œndinᵉminé¹shᵉn'l] *adj.* laïque, non confessionnel.

under [œnd^er] *prep.* sous; au-dessous de; dans, en moins de; *adv.* dessous; *adj.* inférieur; *under the law*, en vertu de la loi.

underbrush [œnd^ebrœsh] *s.** taillis; sous-bois, m.; broussailles, f. pl.

undercarriage [œnd^ekaridj] *s.* train d'atterrissage (aviat.), m.

underclothes [œnd^eklo^{ou}z] *s.** pl. sous-vêtements, m. pl.; linge de corps, m.

underdone [œnd^erdœn] *adj.* pas assez cuit; saignant.

underestimate [œnd^erèst^eméⁱt] *v.* sous-estimer; déprécier.

underfed [œnd^erfèd] *adj.* sous-alimenté.

undergo [œnd^ergo^{ou}] *v.* subir; supporter.

undergraduate [œnd^ergradyouit] *s.* étudiant non diplômé, m.

underground [œnd^ergra^{ou}nd] *adj., s.* souterrain; *Br.* métro, m.; Résistance [war], f.; *adv.* en secret.

underhand [œnd^erhand] *adj.* clandestin; sournois.

underline [œnd^erlaⁱn] *v.* souligner.

underlying [œnd^erlaⁱing] *adj.* sous-jacent; fondamental.

undermine [œnd^ermaⁱn] *v.* miner.

underneath [œnd^ernîth] *prep.* sous; au-dessous de; *adv.* dessous; en dessous; par-dessous.

underpass [œnd^erpâs] *s.** *Am.* passage souterrain (ou) sous un pont, m.

underpay [œnd^erpéⁱ] *v.* exploiter; payer au-dessous du tarif.

undersell [œnd^ersèl] *v.* vendre meilleur marché; solder.

undershirt [œnd^ershër^t] *s.* chemisette, f.

undersigned [œnd^ersaⁱnd] *adj., s.* soussigné.

undersized [œnd^ersaⁱzd] *adj.* de taille inférieure à la moyenne; sous-calibré (mech.); rabougri.

underskirt [œnd^erskër^t] *s.* jupon, m.; sous-jupe, f.

understand [œnd^erstånd] *v.** entendre; comprendre; sous-entendre; apprendre; être habile à; *understandable*, compréhensible. ‖ *understanding* [-ing] *s.* compréhension; intelligence; harmonie; convention, f.; entendement; accord, m. ‖ *understood* [œnd^erstoud] *pret., p. p. of to understand*.

understate [œnd^erstéⁱt] *v.* amoindrir. ‖ *understatement* [-m^ent] *s.* atténuation (f.) des faits; euphémisme, m.

understructure [œnd^erstrœktsh^er] *s.* infrastructure, f.

understudy [œnd^erstœdi] *v.* doubler; *s.** doublure (theat.), f.

undertake [œnd^ertéⁱk] *v.* entreprendre; assumer; garantir. ‖ *undertaken* [-^en] *p. p. of to undertake*. ‖ *undertaker* [-^er] *s.* entrepreneur de pompes funèbres, m. ‖ *undertaking* [-ing] *s.* entreprise, f. ‖ *undertook* [-touk] *pret. of to undertake*.

undertow [œnd^erto^{ou}] *s.* ressac, m.

undervalue [œnd^ervalyou] *v.* sous-estimer; déprécier.

underwear [œnd^erwè^er] *s.* sous-vêtements, m. pl.

underwent [œnd^erwènt] *pret. of to undergo*.

underworld [œnd^erwër^ld] *s.* pègre, f.; enfers, m. pl.

underwrite [œnd^erraⁱt] *v.* assurer; souscrire.

undeviating [undîviéⁱting] *adj.* droit; constant, rigide.

undid [œndid] *pret. of to undo*.

undiscoverable [œndiskœv^erb'l] *adj.* introuvable.

undiscriminating [œndiskrim^enéⁱting] *adj.* sans discernement; peu averti.

undistinguished [œndistinggwisht] *adj.* médiocre, banal.

undisturbed [œndistër^bd] *adj.* serein; impassible; non dérangé; non troublé.

undo [œndou] *v.** défaire; détacher; délier; ruiner, perdre. ‖ *undone* [-dœn] *p. p. of to undo*; *adj.* non exécuté; défait; délié; perdu.

undress [œndrès] *v.* (se) déshabiller; [œndrès] *s.* petite tenue, f.

undrinkable [œndrink^eb'l] *adj.* imbuvable.

undue [œndyou] *adj.* non dû; non échu; excessif; irrégulier, indu.

undulate [œndyéléⁱt] *v.* onduler.

unduly [œndyouli] *adv.* indûment; à l'excès.

undying [œndaⁱing] *adj.* immortel.

unearned [œnërⁿd] *adj.* immérité.

unearth [œnër^th] *v.* déterrer; exhumer; découvrir.

uneasily [œnîzli] *adv.* malaisément; difficilement; avec gêne ou inquiétude. ‖ *uneasy* [œnîzi] *adj.* mal à l'aise; préoccupé; gêné; pénible, difficile.

u n e d u c a t e d [œnèdjekéⁱtid] *adj.* ignorant; sans éducation.

unemployed [œnimplo¹d] *adj.* inoccupé ; désœuvré ; en chômage. ‖ *unemployment* [œnimplo¹m*e*nt] *s.* chômage, m.

unending [œnènding] *adj.* interminable ; sempiternel.

unequal [œnikwᵉl] *adj.* inégal ; non à la hauteur (*to*, de) ; insuffisant. ‖ *unequalled* [-d] *adj.* inégalé.

uneven [œnívᵉn] *adj.* dénivelé ; irrégulier ; raboteux ; impair [number] ; accidenté. ‖ *unevenness* [-nis] *s.* inégalité ; dénivellation ; variabilité [temper], f. ; accident du terrain, m.

unexpected [œnikspèktid] *adj.* inattendu ; imprévu. ‖ *unexpectedly* [-li] *adv.* à l'improviste.

unfailing [œnféʰling] *adj.* inépuisable ; infaillible ; indéfectible.

unfair [œnféᵉʳ] *adj.* injuste ; déloyal ; de mauvaise foi.

unfaithful [œnféʰthfᵉl] *adj.* infidèle ; impie ; inexact.

unfashionable [œnfashnᵉbˈl] *adj.* démodé.

unfasten [œnfasˈn] *v.* détacher ; délier ; desserrer ; déboutonner.

unfavo(u)rable [œnféʰvrᵉbˈl] *adj.* défavorable ; hostile.

unfeasible [œnfízᵉbˈl] *adj.* irréalisable, impraticable.

unfeeling [œnfíling] *adj.* insensible ; inhumain ; impitoyable.

unfinished [œnfínisht] *adj.* inachevé ; incomplet ; imparfait.

unfit [œnfít] *adj.* inapte ; impropre ; incapable ; inopportun ; *v.* rendre impropre à.

unflagging [œnflaging] *adj.* inlassable ; soutenu [interest].

unfold [œnfoʰuld] *v.* déplier ; déployer ; révéler ; (se) dérouler.

unforeseen [œnfoʰuʳsîn] *adj.* imprévu, inattendu.

unforgettable [œnfᵉʳgètᵉbˈl] *adj.* inoubliable.

unforgivable [œnfᵉʳgivᵉbˈl] *adj.* impardonnable. ‖ *unforgiving* [-ving] *adj.* implacable.

unfortunate [œnfaurtshᵉnit] *adj.* infortuné ; regrettable, fâcheux.

unfriendliness [œnfrèndlinis] *s.* inimitié, hostilité, f. ‖ *unfriendly* [-i] *adj.* peu amical ; malveillant ; *adv.* avec malveillance, avec inimitié.

unfurl [œnfᵉʳl] *v.* déployer ; larguer [sail].

unfurnished [œnfᵉʳnisht] *adj.* non meublé.

ungainly [œngéʰnli] *adj.* gauche, dégingandé.

ungraceful [œngréʰsfoul] *adj.* disgracieux. ‖ *ungracious* [-gréʰshᵉs] *adj.* peu aimable, déplaisant.

ungrateful [œngréʰtfᵉl] *adj.* ingrat.

unhappy [œnhapi] *adj.* malheureux.

unharmed [œnhârmd] *adj.* indemne.

unhealthy [œnhèlthi] *adj.* malsain ; insalubre ; maladif.

unheard of [œnhèʳdâv] *adj.* inouï ; inconnu ; ignoré.

unhitch [œnhitsh] *v.* dételer.

unhook [œnhouk] *v.* décrocher ; dégrafer.

unhurt [œnhèʳt] *adj.* indemne.

uniform [yoʰunᵉfaurm] *s.* uniforme, m. ; *v.* mettre en uniforme. ‖ *uniformity* [-ᵉti] *s.* uniformité, f.

unify [yoʰunᵉfaʰ¹] *v.* unifier.

unimpeachable [œnìmpîtshᵉbˈl] *adj.* incontestable.

unimportant [œnimpauʳtᵉnt] *adj.* insignifiant, peu important.

uninjured [œnìndjèʳd] *adj.* intact, sain et sauf.

union [yoʰunyᵉn] *s.* union, f. ; syndicat, m. ; *Union Jack,* pavillon britannique.

unique [yoʰuník] *adj.* unique.

unison [yoʰunᵉzˈn] *s.* unisson, f.

unit [yoʰunit] *s.* unité, f. ; élément ; groupe ; bloc, m. ; *unitary,* unitaire.

unite [yoʰunaʰ¹t] *v.* (s')unir ; réunir ; (se) joindre ; se mêler. ‖ *unity* [yoʰunᵉti] *s.* ‖ unité ; union ; solidarité ; concorde, f.

universal [yoʰunᵉvèʳsᵉl] *adj.* universel ; *universality,* universalité ; *universalize,* universaliser. ‖ *universe* [yoʰunᵉvèʳs] *s.* univers, m. ‖ *university* [yoʰunᵉvèʳsᵉti] *s.* université, f.

unjust [œndjæst] *adj.* injuste ; mal fondé. ‖ *unjustifiable* [-efaʰᵉbˈl] *adj.* injustifiable. ‖ *unjustified* [-efaʰ¹d] *adj.* injustifié.

unkempt [œnkèmpt] *adj.* mal peigné.

unkind [œnkaʰ¹nd] *adj.* méchant ; malveillant ; discourtois.

unknowingly [œnnoʰuingli] *adv.* inconsciemment.

unknown [œnnoʰun] *adj.* inconnu.

unlawful [œnlaufᵉl] *adj.* illégal ; frauduleux.

unleash [œnlîsh] *v.* lâcher [dogs].

unless [ᵉnlès] *conj.* à moins que ; *prep.* excepté, sauf.

unlike [œnlaʰ¹k] *adj.* différent ; dissemblable ; *prep.* au contraire de ; ne pas comme. ‖ *unlikely* [-li] *adj.* improbable ; invraisemblable.

unlimited [œnlímitid] *adj.* illimité.

unload [œnloᵒud] *v.* décharger; **un-loaded,** déchargé, *Fr. Can.* allège; soulagé (fig.).

unlock [œnlák] *v.* ouvrir; débloquer; révéler.

unlucky [œnlœki] *adj.* malchanceux; malencontreux; néfaste.

unmanageable [œnmanidjeb'l] *adj.* indomptable, intraitable.

unmarried [œnmarid] *adj.* célibataire.

unmask [œnmask] *v.* démasquer.

unmatched [œnmatsht] *adj.* sans égal; incomparable; dépareillé.

unmerciful [œnmëᵃsifel] *adj.* impitoyable; exorbitant.

unmindful [œnmaᵃndfel] *adj.* inattentif; négligent; indifférent.

unmistakable [œnmesteᵃkeb'l] *adj.* évident, indubitable.

unmoved [œnmouvd] *adj.* immobile; impassible; indifférent.

unnatural [œnnatsherel] *adj.* contre nature; dénaturé; artificiel.

unnerve [œnnëᵃv] *v.* faire perdre son courage à; démonter.

unnoticed [œnnooᵘtist] *adj.* inaperçu; négligé; passé sous silence.

unobliging [œnbblaᵃdjing] *adj.* peu obligeant; sans courtoisie.

unobserved [œnbzëᵃvd] *adj.* inaperçu; non remarqué; sans être vu.

unobtainable [œnebtéᵃneb'l] *adj.* inaccessible; inacquérable.

unobtrusive [œnebtrousiv] *adj.* discret, effacé.

unofficial [œnefishel] *adj.* non officiel; officieux; non confirmé.

unpack [œnpak] *v.* déballer.

unpaid [œnpéᵃd] *adj.* impayé; non acquitté; non affranchi [letter].

unpalatable [œnpaleteb'l] *adj.* d'un goût désagréable.

unpleasant [œnplèz'nt] *adj.* déplaisant; désagréable; fâcheux. ‖ *un-pleasantness* [-nis] *s.* caractère désagréable; désagrément, m.; brouille légère, petite querelle, f.

unpopular [œnpápyouleᵃ] *adj.* impopulaire.

unprecedented [œnprèsedèntid] *adj.* sans précédent; sans exemple.

unprejudiced [œnprèdjedist] *adj.* sans préjugé; impartial.

unprepared [œnpripèrd] *adj.* inapprêté; improvisé; impromptu.

unprofitable [œnpráfteb'l] *adj.* improfitable; inutile; peu lucratif.

unprovable [œnprouveb'l] *adj.* indémontrable.

unpublished [œnpæblisht] *adj.* inédit.

unpunctual [œnpœngktshouel] *adj.* inexact.

unqualified [œnquálefaᵃd] *adj.* non qualifié (*to,* pour); incompétent; non autorisé; catégorique [statement]; absolu; exprès.

unquenchable [œnkwèntsheb'l] *adj.* inextinguible; inassouvissable.

unquestionable [œnkwèstsheneb'l] *adj.* indiscutable; incontestable.

unravel [œnrav'l] *v.* débrouiller, démêler.

unrehearsed [œnrihëᵃst] *adj.* inapprêté, non préparé.

unreal [œnrîel] *adj.* irréel.

unreasonable [œnrîzneb'l] *adj.* déraisonnable; irrationnel; excessif; *un-reasoning,* irraisonné.

unrecognizable [œnrèkegnaᵃzeb'l] *adj.* méconnaissable.

unrefined [œnrifaᵃnd] *adj.* non raffiné; inculte; grossier.

unrelenting [œnrilènting] *adj.* implacable, acharné.

unreliable [œnrilaᵃeb'l] *adj.* peu sûr; douteux; instable.

unresponsive [œnrispánsiv] *adj.* froid, difficile à émouvoir; mou.

unrest [œnrèst] *s.* inquiétude; insomnie; agitation, émeute, f.

unrighteous [œnraᵃtieᵃs] *adj.* inique, injuste; peu honnête.

unroll [œnrooᵘl] *v.* (se) dérouler; (se) déployer.

unruly [œnrouli] *adj.* indompté; insoumis; indocile.

unsafe [œnséᵃf] *adj.* peu sûr; dangereux; hasardeux.

unsal(e)able [œnséᵃleb'l] *adj.* invendable; *unsal(e)able article,* rossignol.

unsatisfactory [œnsatisfaktri] *adj.* peu satisfaisant; défectueux; *unsatis-fied,* peu satisfait; insatisfait; inassouvi; non convaincu.

unscathed [œnskéᵃzhd] *adj.* indemne.

unscrew [œnskrou] *v.* dévisser; déboulonner.

unseasonable [œnsîzneb'l] *adj.* inopportun; intempestif; hors de saison.

unseat [œnsît] *v.* supplanter; renverser; faire perdre son siège à [deputy]; désarçonner.

unseemly [œnsîmli] *adj.* inconvenant; incongru.

unseen [œnsîn] *adj.* inaperçu; invisible; occulte.

unselfish [œnsèlfish] *adj.* désintéressé, altruiste, sans égoïsme. ‖ *unselfishness* [-nis] *s.* désintéressement, m.; abnégation, f.

unserviceable [œnsër̃visᵉb'l] *adj.* inutilisable; hors de service.

unsettled [œnsètld] *adj.* non fixé; dérangé; non réglé; variable [weather]; instable; indécis; détraqué [health]; en suspens [question]; inquiet, agité; trouble [liquid].

unshaken [œnshéⁱkᵉn] *adj.* inébranlable.

unshrinkable [œnshrïngkᵉb'l] *adj.* irrétrécissable.

unsightly [œnsaⁱtli] *adj.* laid; désagréable à voir.

unskilled [œnskïld] *adj.* inexpérimenté; non spécialisé. ‖ *unskilful* [œnskïlfᵉl] *adj.* maladroit.

unsophisticated [œnsofïstiké¹tid] *adj.* non frelaté; ingénu.

unsound [œnsaᵒund] *adj.* malsain; corrompu; dépravé; taré [horse]; dérangé [mind].

unspeakable [œnspïkᵉb'l] *adj.* indicible; ineffable; inexprimable; *unspoken,* non prononcé; sous-entendu; tacite.

unstable [œnsté¹b'l] *adj.* instable.

unsteady [œnstèdi] *adj.* peu solide; chancelant; incertain; irrésolu; inconstant; mal assuré; variable.

unstinted [œnstïntid] *adj.* abondant. ‖ *unstinting* [-ting] *adj.* généreux, prodigue.

unsuccessful [œnsᵉksèsfᵉl] *adj.* raté, manqué; infructueux.

unsuitable [œnsoutᵉb'l] *adj.* inopportun; incongru; impropre.

unsuspected [œnsᵉspèktid] *adj.* insoupçonné. ‖ *unsuspecting* [-ting] *adj.* confiant; sans défiance.

unsympathetic [œnsimpᵉthétik] *adj.* sec, peu compatissant.

unthinkable [œnthïngkᵉb'l] *adj.* inconcevable. ‖ *unthinking* [-king] *adj.* irréfléchi, étourdi.

untidiness [œnta¹dinis] *s.* malpropreté, f.; désordre, m. ‖ *untidy* [-di] *adj.* malpropre; débraillé; en désordre; sans soin, négligé.

untie [œnta¹] *v.* délier, dénouer.

until [œntïl] *prep.* jusqu'à; *conj.* jusqu'à ce que; *until I am,* jusqu'à ce que je sois.

untimely [œnta¹mli] *adj.* prématuré; inopportun; *adv.* prématurément; inopportunément.

untiring [œnta¹ring] *adj.* inlassable, infatigable; assidu.

unto [œntou], *see* **to.**

untold [œntoᵒuld] *adj.* passé sous silence; indicible; incalculable, innombrable; inestimable.

untouched [œntœtsht] *adj.* intact; sain et sauf; non traité; insensible.

untrained [œntré¹nd] *adj.* non entraîné; inexpérimenté; indiscipliné; non dressé.

untried [œntra¹d] *adj.* inéprouvé; inexpérimenté; non tenté; non ressenti; non jugé (jur.).

untroubled [œntrœb'ld] *adj.* paisible; sans souci; serein; limpide.

untrue [œntrou] *adj.* inexact; erroné; incorrect; déloyal; mensonger; infidèle (*to,* à). ‖ *untruth* [œntrouth] *s.* mensonge, m.; fausseté; inexactitude; déloyauté; perfidie, f.

unused [œnyouzd] *adj.* désaffecté [building]; inusité; inaccoutumé (*to,* à). ‖ *unusual* [œnyoujouᵉl] *adj.* insolite, inusité; rare.

unvaried [œnvèrid] *adj.* uniforme, sans variété. ‖ *unvarying* [œnvèriing] *adj.* invariable, constant.

unveil [œnvé¹l] *v.* dévoiler; révéler; inaugurer [statue].

unwarranted [œnwaurᵉntid] *adj.* inautorisé; injustifié; injustifiable; non garanti [quality].

unwary [œnwèri] *adj.* imprudent; irréfléchi.

unwashed [œnwâsht] *adj.* non lavé.

unwelcome [œnwèlkᵉm] *adj.* mal venu; importun; fâcheux.

unwell [œnwèl] *adj.* souffrant.

unwholesome [œnhoᵒulsᵉm] *adj.* malsain; insalubre.

unwieldy [œnwïldi] *adj.* peu maniable, pesant, encombrant.

unwilling [œnwïling] *adj.* peu disposé; rétif; répugnant (*to,* à); involontaire, à contrecœur; *to be unwilling,* ne pas vouloir, refuser. ‖ *unwillingly* [-li] *adv.* à contrecœur; de mauvaise grâce. ‖ *unwillingness* [-nis] *s.* mauvaise volonté; répugnance (*to,* à), f.

unwind [œnwa¹nd] *v.* dérouler.

unwise [œnwa¹z] *adj.* malavisé; peu sage; imprudent.

unwittingly [œnwïtingli] *adv.* involontairement, inconsciemment.

unworthy [œnwër̃zhi] *adj.* indigne.

unwrap [œnrap] *v.* développer; révéler, découvrir.

unyielding [œnyïlding] *adj.* inébranlable, inflexible.

up [œp] *adv.* en haut; en montant; *prep.* au haut de; *adj., s.* haut; *the ups and downs,* les hauts et les bas, les vicissitudes; *to sweeten up,* sucrer à point; *not yet up,* pas encore levé; *time is up,* il est l'heure; *he is up to something,* il manigance quelque chose; *up to his task,* à la hauteur de sa tâche; *up train,* train montant.

upbraid [œpbré¹d] *v.* réprimander.

upgrade [œpgré¹d] *s.* montée, côte, f.; *adj.* montant; *adv.* en côte; *on the upgrade,* en bonne voie d'amélioration.

upheaval [œphîv'l] *s.* soulèvement; bouleversement, m.

upheld [œphèld] *pret., p. p. of* **to uphold.**

uphill [œphîl] *adj.* montant, escarpé; ardu.

uphold [œpho°uld] *v.* soutenir; appuyer; étayer; épauler.

upholster [œpho°ulstᵉʳ] *v.* tapisser, capitonner, rembourrer. || **upholsterer** [-ᵉʳᵉʳ] *s.* tapissier, *Fr. Can.* rembourreur, m. || **upholstery** [-ri] *s.* tapisserie, f.

upkeep [œpkîp] *s.* entretien, m.

upland [œplànd] *s.* terrain élevé, m.; région montagneuse, f.

uplift [œplift] *s.* élévation, f.; [œplift] *v.* lever, élever.

upon [œpân] *prep.* sur; *see* **on.**

upper [œpᵉʳ] *adj.* supérieur; d'en haut; de dessus; *s.* dessus de chaussure, m.; tige de bottine, f.; *to get the upper hand of,* l'emporter sur.

upright [œpra¹t] *adj.* droit; vertical; intègre; debout; *s.* montant de charpente; piano droit, m.; *adv.* tout droit; verticalement; à pic. || **uprightness** [-nis] *s.* rectitude; droiture; position verticale, f.

uprising [œpra¹sing] *s.* soulèvement, m.; insurrection, f.

uproar [œpro°uʳ] *s.* tumulte, tapage, m.; *uproarious,* tumultueux.

uproot [œprout] *v.* déraciner.

upset [œpsèt] *v.** renverser; bouleverser; faire chavirer; déjouer [plan]; refouler [metal]; *adj.* renversé; bouleversé; navré; dérangé; chaviré; [œpsèt] *s.* bouleversement, chambardement, m.; action de faire verser ou chavirer, f.

upshot [œpshât] *s.* dénouement, m.

upside [œpsa¹d] *s.* dessus, m.; *upside down,* la tête en bas, renversé; biscornu, bizarre.

upstairs [œpstèrz] *adv.* en haut; aux étages supérieurs; *adj.* d'en haut; *to go upstairs,* monter.

upstart [œpstârt] *s.* parvenu, m.

up-to-date [œptᵉdé¹t] *adj.* moderne; dernier cri; à la page; mis à jour [account].

upward [œpwᵉrd] *adj.* ascendant, montant. || **upwards** [-z] *adv.* vers le haut; au-dessus; *upward(s) of,* plus de.

uranium [youré¹niᵉm] *s.* uranium, m.

urban [ërbᵉn] *adj.* urbain. || **urbane** [ërbè¹n] *adj.* courtois. || **urbanity** [ërbaniti] *s.* urbanité, f. || **urbanization** [ërbᵉna¹zé¹shᵉn] *s.* urbanisation, f.

urchin [ërtshin] *s.* hérisson; oursin; gamin, m.

urea [youᵉriᵉ] *s.* urée, f.; *ur(a)emia,* urémie; *uric,* urique.

urge [ërdj] *v.* pousser, presser; exhorter; alléguer [reason]; *s.* impulsion, f. || **urgency** [-ᵉnsi] *s.** urgence, f. || **urgent** [ërdjᵉnt] *adj.* urgent, pressant; immédiat. || **urgently** [-li] *adv.* d'urgence.

urinal [yourin'l] *s.* urinoir, m.; *street urinal,* vespasienne; *urinary,* urinaire; *urinate, uriner; urine,* urine.

urn [ërn] *s.* urne, f.; *tea-urn,* samovar.

urticaria [œtikèᵉriᵉ] *s.* urticaire, f.

us [œs] *pron.* nous.

usage [yousidj] *s.* usage; traitement, m.; coutume, f.; *hard usage,* mauvais traitement. || **use** [yous] *s.* usage; emploi; service, m.; utilité; consommation, f.; [youz] *v.* employer; user; consommer; utiliser; traiter; accoutumer; avoir coutume de; *of no use,* inutile; *to make use of,* se servir de; *directions for use,* mode d'emploi; *he used to say,* il disait d'habitude; *to be used to,* être accoutumé à; *to get used,* s'habituer; *used car,* voiture d'occasion; *used up,* épuisé; entièrement consommé. || **useful** [yousfᵉl] *adj.* utile; pratique. || **usefulness** [-nis] *s.* utilité, f. || **useless** [youslis] *adj.* inutile; vain; bon à rien. || **uselessness** [-nis] *s.* inutilité, f.

usher [œshᵉʳ] *s.* huissier; appariteur; placeur, m.; *v.* introduire; annoncer; *usherette,* ouvreuse.

usual [youjouᵉl] *adj.* usuel; habituel; courant. || **usually** [-i] *adv.* habituellement; en général.

usufruct [iouzioufrœkt] *s.* usufruit, m.

usurer [youjᵉrᵉʳ] *s.* usurier, m. || **usurious** [youzouᵉriᵉs] *adj.* usuraire.

usurp [youzërp] *v.* usurper; *usurpation,* usurpation; *usurper,* usurpateur.

usury [youjᵉri] *s.* usure, f.

utensil [youtèns'l] *s.* ustensile, m.

utilitarian [youtilitéri^en] *adj.* utilitaire; **utilitarianism**, utilitarisme. ‖
utility [youtilⁱeti] *s.** utilité, f. ‖ *utilizable* [youtilaⁱz^eb'l] *adj.* utilisable;
utilization, utilisation. ‖ *utilize* [you-
tilaⁱz] *v.* utiliser.

utmost [œtmo^{ou}st] *adj.* dernier; extrême; *s.* extrême; comble, m.; *to do
one's utmost*, faire tout son possible;
at the utmost, tout au plus.

utopia [youto^{ou}pi^e] *s.* utopie, f.; *utopian*, utopique; utopiste.

utter [œt^er] *adj.* complet; total;
extrême; absolu.

utter [œt^er] *v.* proférer; prononcer;
émettre [coin]; pousser [cry]. ‖ *utterance* [-r^ens] *s.* prononciation; articulation; expression; émission, f.;
propos; langage, m.

utterly [œt^erli] *adv.* complètement.

uttermost, *see* **utmost**.

uvula [youvy^el^e] *s.* luette, f.

V

vacancy [véⁱk^ensi] *s.** vacance; lacune; distraction, f.; vide; poste va-
cant, m. ‖ *vacant* [véⁱk^ent] *adj.* vacant, libre; vide; distrait. ‖ *vacate*
[véⁱkéⁱt] *v.* laisser libre; vider; rendre
vacant. ‖ *vacation* [véⁱkéⁱsh^en] *s.* vacances, f. pl.; *vacationist*, vacancier.

vaccinate [vaks'néⁱt] *v.* vacciner;
inoculer. ‖ *vaccination* [vaks'néⁱsh^en]
s. vaccination, f. ‖ *vaccine* [vaksⁱn]
s. vaccin, m.

vacillate [vas'léⁱt] *v.* vaciller.

vacuous [vakyou^es] *adj.* vide; vague;
hébété. ‖ *vacuum* [vakyou^em] *s.* vide;
vacuum, m.; *to get a vacuum*, faire
le vide; *vacuum cleaner*, aspirateur.

vagabond [vag^ebând] *adj., s.* vagabond; *vagabondage*, vagabondage;
vagrant, vagabond.

vague [véⁱg] *adj.* vague, imprécis.

vain [véⁱn] *adj.* vain; vaniteux; futile;
vainglorious, vaniteux, vain; *vain-
glory*, gloriole.

valentine [val^entaⁱn] *s.* amoureux,
m.; amoureuse; « valentine », f.

valet [valit] *s.* valet, m.

valiant [valy^ent] *adj.* vaillant.

valid [valid] *adj.* valide; valable. ‖
validate [validéⁱt] *v.* valider. ‖ *validity* [v^elid^eti] *s.* validité, f.

valise [vali*s*] *s.* valise, f.

valley [vali] *s.* vallée, f.; vallon, m.

valo(u)r [val^er] *s.* valeur, vaillance, f.
‖ *valorous* [-r^es] *adj.* valeureux.

valuable [valyou^eb'l] *adj.* de valeur;
précieux; *s. pl.* objets de valeur, m. pl.

valuation [valyouéⁱsh^en] *s.* estimation; évaluation, expertise; apprécia-
tion, f. ‖ *value* [valyou] *s.* valeur, f.;
prix; mérite, m.; *v.* évaluer; apprécier; estimer; *food value*, valeur nutritive; *market value*, valeur marchande; *valuer*, expert.

valve [valv] *s.* valve; soupape, f.

vamp [vamp] *s.* empeigne; vamp, f.;
v. mettre une empeigne à; provoquer.

vampire [vampaⁱer] *s.* vampire, m.

van [vàn] *s.* voiture de déménagement; fourgonnette, f.; fourgon
(railw.), m.

van [vàn] *s.* van, m.

van [vàn] *s.* avant, m.

vandalism [vand^eliz'm] *s.* vandalisme, m.

vane [véⁱn] *s.* girouette; aile [wind-
mill]; aube [turbine]; pinnule (techn.);
palette (aviat.), f.

vanguard [vàngârd] *s.* avant-garde, f.

vanilla [v^eni*l*^e] *s.* vanille, f.

vanish [vanish] *v.* disparaître; s'évanouir, se dissiper.

vanity [van^eti] *s.** vanité, f.; *vanity
case*, poudrier de sac.

vanquish [vànkwish] *v.* vaincre.

vantage [vàntidj] *s.* avantage, m.

vapid [vapid] *adj.* plat; insipide.

vapo(u)r [véⁱp^er] *s.* vapeur; buée, f.
‖ *vaporization* [véⁱp^eraⁱzéⁱsh^en] *s.*
vaporisation, f. ‖ *vaporize* [véⁱp^eraⁱz]
v. vaporiser; gazéifier; carburer
(mech.); *vaporizer*, vaporisateur. ‖
vaporous [-^es] *adj.* vaporeux.

variable [vèri^eb'l] *adj.* variable;
inconstant. ‖ *variance* [vèri^ens] *s.* variation; divergence; discorde, f. ‖
variation [vèriéⁱsh^en] *s.* variation;
différence, f.; changement, m. ‖ *var-
ied* [vèri^ed] *adj.* varié, divers. ‖ *variegated* [vèrigéⁱtid] *adj.* bigarré. ‖
variety [v^eraⁱeti] *s.** variété; diversité; variation, f. ‖ *various* [vèri^es]
adj. divers; varié.

varnish [vârnish] *s.** vernis, m.; *v.*
vernir; vernisser; *varnisher*, vernis-
seur; *varnishing-day*, vernissage (art).

vary [vèri] *v.* varier; diversifier.

vase [véⁱs] *s.* vase, m.

vaseline [vas'lìn] *s.* vaseline, f.

vast [vast] *adj.* vaste, étendu, immense. ‖ *vastness* [-nis] *s.* vaste étendue ; immensité, f.

vat [vat] *s.* cuve, f. ; cuveau, m.

vaudeville [vo^{ou}de^vil] *s.* vaudeville, m.

vault [vault] *s.* voûte ; cave ; chambre forte, f. ; *v.* voûter ; *family vault*, caveau de famille.

vault [vault] *s.* voltige, f. ; *v.* sauter, voltiger ; franchir d'un bond ; *pole vault*, saut à la perche.

vaunt [vaunt] *s.* jactance, f. ; *v.* (se) vanter ; faire étalage de.

veal [vîl] *s.* viande de veau, f.

veer [vi^{er}] *v.* virer (naut.), obliquer ; tourner [wind] ; *s.* virage, m.

vegetable [vèdjtè^b'l] *s.* légume, m. ; *adj.* végétal ; potager ; *dried vegetables*, légumes secs ; *vegetable man*, fruitier. ‖ *vegetal* [-it'l] *adj.*, *s.* végétal. ‖ *vegetarian* [vèdjitè^eri^en] *adj.*, *s.* végétarien.

vegetate [vèdjeté¹t] *v.* végéter. ‖ *vegetation* [vèdjeté¹shen] *s.* végétation, f. ; *vegetative*, végétatif.

vehemence [vî^emens] *s.* véhémence, f. ; *vehement*, véhément.

vehicle [vîik'l] *s.* véhicule ; moyen (fig.), m. ; voiture, f. ; *Am. combat vehicle*, engin blindé ; *half-track vehicle*, autochenille.

veil [vé¹l] *s.* voile, m. ; *v.* voiler ; dissimuler ; déguiser.

vein [vé¹n] *s.* veine, f. ; filon, m. ; *v.* veiner ; *in a talking vein*, en veine de bavardage ; *veined*, veiné, jaspé ; veineux.

velar [vî¹e^r] *adj.*, *s.* vélaire.

velocity [velâseti] *s.** vélocité ; rapidité ; vitesse, f.

velvet [vèlvit] *s.* velours, m. ; *adj.* de velours ; velouté.

venal [vîn^el] *adj.* vénal ; *venality*, vénalité.

vendee [vèndî] *s.* acquéreur, acheteur.

vendor [vènde^r] *s.* vendeur, m. ; venderesse (jur.), f. ; *street vendor*, marchand des quatre-saisons.

veneer [venî^{er}] *s.* placage ; revêtement, m. ; vernis (fig.), m. ; *v.* plaquer.

venerable [vène^re^b'l] *adj.* vénérable. ‖ *venerate* [-ré¹t] *v.* vénérer. ‖ *veneration* [vène^ré¹shen] *s.* vénération, f.

venery [véne^ri] *s.* vénerie, f.

vengeance [vèndj^ens] *s.* vengeance, f. ; *with a vengeance*, furieusement ; *vengeful*, vindicatif ; vengeur.

venial [vîni^el] *adj.* véniel.

venison [vèn^ez'n] *s.* venaison, f.

venom [vèn^em] *s.* venin, m. ‖ *venomous* [-^es] *adj.* venimeux ; vénéneux [plant].

venous [vîn^es] *adj.* veineux.

vent [vènt] *s.* orifice ; évent, m. ; lumière [gun] ; fente, f. ; *v.* éventer ; exhaler ; décharger.

ventilate [vènt'lé¹t] *v.* ventiler ; aérer ; oxygéner [blood] ; agiter [question]. ‖ *ventilation* [vènt'lé¹shen] *s.* ventilation ; aération, f. ‖ *ventilator* [vènt'lé¹te^r] *s.* ventilateur ; volet d'aération, m.

ventricle [véntrik'l] *s.* ventricule, m. ‖ *ventriloquist* [véntril^ekwist] *s.* ventriloque, m.

venture [vèntsh^{er}] *s.* aventure ; entreprise, f. ; risque, m. ; *v.* risquer ; hasarder, s'aventurer ; se permettre ; *business venture*, spéculation ; *venturesome*, aventuré ; aventureux ; *venturous*, aventureux ; osé.

venue [vènyou] *s.* juridiction, f. ; lieu du jugement (jur.), m.

veracious [vèrè¹sh^es] *adj.* véridique ; *veraciousness*, *veracity*, véracité.

veranda [verànd^e] *s.* véranda, f.

verb [vë^rb] *s.* verbe, m. ‖ *verbal* [-'l] *adj.* verbal ; oral. ‖ *verbose* [ver^bo^{ou}s] *adj.* verbeux, prolixe.

verdict [vë^rdikt] *s.* verdict (jur.), m.

verdigris [vë^rdigris] *s.* vert-de-gris, m.

verdure [vë^rdj^{er}] *s.* verdure, f.

verge [vë^rdj] *s.* bord ; confins, m. ; limite ; margelle, f. ; *v.* border, approcher (*to*, de) ; tendre (*towards*, à, vers) ; *on the verge of*, sur le point de.

verification [vèrifiké¹shen] *s.* vérification, f. ; contrôle, m. ‖ *verify* [vère-fa¹] *v.* vérifier, contrôler ; constater ; confirmer ; certifier.

verily [vère¹li] *adv.* en vérité ; vraiment.

verisimilitude [vèrisimíityoud] *s.* vraisemblance, f.

veritable [vère^te^b'l] *adj.* véritable.

verjuice [vë^rdjous] *s.* verjus, m.

vermin [vë^rmìn] *s.* vermíne, f.

vernacular [ve^rnakyule^r] *adj.* vernaculaire ; vulgaire [language].

versatile [vë^rseta¹l] *adj.* souple ; universel ; aux talents variés ; *versatility*, souplesse, faculté d'adaptation ; versatilité (bot.), f.

verse [vë^rs] *s.* vers ; verset, m. ; strophe, f.

versed [vë^rst] *adj.* versé, expert.

versifier [vĕrsifa¹eʳ] *s.* versificateur, m.; *versify,* versifier.

version [vĕrjeⁿ] *s.* version, f.

vertebra [vĕrtebre] *s.* vertèbre, f.

vertical [vĕrtik'l] *adj.* vertical; *s.* verticale, f.

vertigo [vĕrtegoᵘ] *s.* vertige (med.), m.

vervain [vĕrve¹n] *s.* verveine, f.

very [vĕri] *adv.* très; fort; bien; *adj.* vrai, véritable; *this very day,* aujourd'hui même; *the very best,* tout ce qu'il y a de mieux.

vesicle [vĕsik'l] *s.* vésicule; ampoule (med.), f.

vespers [vĕspeʳz] *s. pl.* vêpres, f. pl.

vessel [vĕs'l] *s.* vaisseau; navire; récipient, m.; *blood vessel,* vaisseau sanguin.

vest [vĕst] *s.* gilet, m.; *v.* vêtir; investir (*with,* de); attribuer.

vestal [vĕst'l] *s.* vestale, f.

vestibule [vĕstèbyoul] *s.* vestibule, couloir, m.; antichambre; entrée, f.

vestige [vĕstidj] *s.* vestige, m.

vestigial [vĕstidjiel] *adj.* rudimentaire.

vestment [vĕstmeⁿt] *s.* vêtement, m.; chasuble (eccles.], f.

vestry [vĕstri] *s.** sacristie, f.; conseil paroissial; vestiaire, m.

veteran [vĕtereⁿ] *s.* vétéran; ancien combattant, m.

veterinarian [vĕtreneriⁿn] *s.* vétérinaire, m. || *veterinary* [vĕtreneri] *adj., s.** vétérinaire.

veto [vītoᵘ] *s.* veto, m.; opposition, f.; *v.* opposer son veto; s'élever contre.

vex [vĕks] *v.* vexer; fâcher; molester; contrarier; incommoder; déranger; importuner. || *vexation* [vĕksé¹sheⁿ] *s.* contrariété; vexation, f.; dépit; désagrément, m.; *vexatious,* vexatoire; irritant.

via [va¹e] *prep.* via, par.

viable [va¹eb'l] *adj.* viable.

viaduct [va¹edœkt] *s.* viaduc, m.

vial [va¹el] *s.* fiole, f.

viands [va¹endz] *s. pl.* victuailles, f. pl.; aliments, m. pl.

viaticum [va¹atikem] *s.* viatique, m.

vibrate [va¹bré¹t] *v.* vibrer, frémir. || *vibration* [va¹bré¹sheⁿ] *s.* vibration, f.; *vibratory,* vibratoire.

viburnum [va¹bĕrnem] *s.* viorne, f.

vicar [vikeʳ] *s.* curé, m.; *vicar general,* vicaire général; *vicarious,* substitut; délégué; fait à la place d'autrui; *vicarship,* pastorat.

vice [va¹s] *s.* vice, m.; tare, f.

vice [va¹s] *pref.* vice-, suppléant, m.; *vice-chairman,* vice-président.

vice [va¹s] *s.* étau, m.

vicinity [vesineti] *s.** proximité, f.; voisinage, m.; abords, m. pl.

vicious [vishes] *adj.* vicieux; dépravé; défectueux; ombrageux [horse]; méchant [dog].

vicissitude [vesisetyoud] *s.* vicissitude, f.

victim [viktim] *s.* victime; dupe, f.; sinistré, m.

victor [vikteʳ] *s.* vainqueur, m. || *victorious* [viktoᵘries] *adj.* victorieux, vainqueur. || *victory* [viktri] *s.** victoire, f.

victual(s) [vit'l(z)] *s.* vivres, m. pl.; victuailles, f. pl.

vie [va¹] *v.* lutter, rivaliser.

view [vyou] *s.* vue; perspective; opinion; intention, f.; aperçu, m.; *v.* regarder; examiner; contempler; *bird's-eye view,* vue à vol d'oiseau; *side view,* vue de profil; *viewer,* spectateur; téléspectateur; visionneuse.

vigil [vidjel] *s.* veille; veillée; vigile, f. || *vigilance* [-ens] *s.* vigilance; circonspection, f. || *vigilant* [-ent] *adj.* vigilant; attentif.

vigo(u)r [vigeʳ] *s.* vigueur; vitalité; force, f.; *vigorous,* vigoureux, robuste.

vile [va¹l] *adj.* vil; abject. || *vilify* [-fa¹] *v.* diffamer.

villa [vile] *s.* villa, f.

village [vilidj] *s.* village, m.; bourgade, f.; *villager,* villageois.

villain [vileⁿ] *s.* coquin; scélérat; traître (theat.); vilain, manant, m. || *villainous* [-es] *adj.* vil, bas; scélérat; exécrable. || *villainy* [-i] *s.** vilenie; infamie; scélératesse, f.

vim [vim] *s.* force, vigueur, f.

vinaigrette [vinegrét] *s.* burette (f.) à vinaigre; flacon (m.) de sels; vinaigrette, f.

vindicate [vindeké¹t] *v.* défendre; disculper; revendiquer. || *vindication* [vindiké¹sheⁿ] *s.* justification, f.; *vindicative,* justificatif.

vindictive [vindiktiv] *adj.* vindicatif; vengeur.

vine [va¹n] *s.* vigne; plante grimpante, f.; sarment, cep, m.

vinegar [vinigeʳ] *s.* vinaigre, m.

vineyard [vinyârd] *s.* vignoble, m.; vigne, f.

vintage [vìntidj] *s.* vendange, f.; cru, m.

viol [va¹el] *s.* viole, f. ‖ **viola** [vio°ul°] *s.* alto, m.

violate [va¹elé¹t] *v.* violer; enfreindre; profaner. ‖ **violation** [va¹elé¹sh°n] *s.* violation; infraction; contravention, f. ‖ **violence** [va¹el°ns] *s.* violence, f.; voies de fait (jur.), f. pl.; *to do violence to*, violenter. ‖ **violent** [va¹el°nt] *adj.* violent.

violet [va¹elit] *s.* violette, f.; *adj.* violet.

violin [va¹elìn] *s.* violon, m.; *violinist*, violoniste; *violoncellist*, violoncelliste; *violoncello*, violoncelle.

viper [va¹per] *s.* vipère, f.

virgin [vër̃dĵìn] *adj., s.* vierge; *virginal*, virginal. ‖ **virginity** [vër̃dĵin̂eti] *s.* virginité, f.

virile [vír°l] *adj.* viril. ‖ **virility** [veríl̂eti] *s.* virilité, f.

virtual [vër̃tshou°l] *adj.* virtuel; de fait; *virtuality*, virtualité.

virtue [vër̃tshou] *s.* vertu, qualité, f.; mérite, m.

virtuosity [vër̃tiou°siti] *s.* virtuosité, f.; *virtuoso*, virtuose; connaisseur, m.

virtuous [vër̃tshou°s] *adj.* vertueux.

virulence [viry°l°ns] *s.* virulence, f.; *virulent*, virulent. ‖ **virus** [va¹r°s] *s.** virus, m.

visa [viz°] *s.* visa, m.; *v.* viser [passport]; donner un visa.

visage [vizidĵ] *s.* visage, m.

viscera [vís°r°] *s.* viscères, f. pl. ‖ *visceral*, viscéral.

viscid [vísid] *adj.* visqueux.

viscosity [viskâs°ti] *s.* viscosité, f.

viscount [va¹ka°unt] *s.* vicomte, m.

viscous [visk°s] *adj.* visqueux, gluant.

vise [va¹s] *s.* étau, m.; *see vice.*

visibility [vizeb̂il̂eti] *s.* visibilité, f. ‖ *visible* [viz°b'l] *adj.* visible, f. ‖ **vision** [vij°n] *s.* vision; vue, f. ‖ *visionary* [vij°nèri] *adj.* visionnaire; chimérique; *s.** visionnaire, m. f.

visit [vízit] *s.* visite, f.; séjour; arraisonnement (naut.), m.; *v.* visiter; arraisonner (naut.). ‖ **visitation** [vizeté¹sh°n] *s.* visite, inspection; fouille; tournée; épreuve, f.; Visitation (relig.). ‖ *visitor* [vízit°r] *s.* visiteur, m.

visor [va¹z°r] *s.* visière, f.; pare-soleil, m.

vista [víst°] *s.* percée; perspective; échappée [view]; trouée [wood], f.

visual [vijou°l] *adj.* visuel; optique. ‖ *visualize* [-a¹z] *v.* évoquer; se représenter; extérioriser.

vital [va¹t'l] *adj.* vital; essentiel; capital. ‖ **vitality** [va¹tal̂eti] *s.* vitalité; vigueur, f.; *vitalize*, vitaliser.

vitamin [va¹t°mìn] *s.* vitamine, f.; *vitamin deficiency*, avitaminose.

vitiate [víshié¹t] *v.* vicier.

vitreous [vítri°s] *adj.* vitreux. ‖ *vitrify* [-trifa¹] *v.* vitrifier.

vitriol [vítri°l] *s.* vitriol, m.; *copper vitriol*, sulfate de cuivre.

vituperate [va¹tyoup°ré¹t] *v.* vilipender; vitupérer.

vivacious [va¹vé¹sh°s] *adj.* vivace; enjoué, allègre. ‖ **vivacity** [va¹vas°ti] *s.* vivacité; verve, f.

vivid [vívid] *adj.* vif; animé. ‖ *vivify* [vívifa¹] *v.* vivifier. ‖ *vivisect* [-sèkt] *v.* pratiquer la vivisection.

vixen [viks°n] *s.* renarde; mégère, f.

vizier [viẑer] *s.* vizir, m.

vocabulary [v°kaby°lèri] *s.** vocabulaire, m.

vocal [vo°uk'l] *adj.* vocal; oral.

vocation [vo°uké¹sh°n] *s.* vocation; profession, f.; *vocational*, professionnel.

vociferate [vosif°ré¹t] *v.* vociférer.

vogue [vo°ug] *s.* vogue, mode, f.

voice [vo¹s] *s.* voix, f.; *v.* exprimer, énoncer; *with one voice*, à l'unanimité; *at the top of his voice*, à tue-tête; *voiced*, sonore [consonant]; *voiceless*, sans voix; muet; sourde [consonant].

void [vo¹d] *adj.* vide, vacant; dépourvu; nul (jur.); *v.* annuler; évacuer, vider.

volatile [vâl°t'l] *adj.* volatil; volage. ‖ *volatilize* [vâlatila¹z] *v.* (se) volatiliser.

volcanic [vâlkanik] *adj.* volcanique. ‖ **volcano** [vâlké¹no] *s.* volcan, m.

volley [vâli] *s.* salve; rafale (mil.); bordée (naut.); volée, f.; *v.* tirer une salve; tomber en grêle.

volplane [vâlplé¹n] *v.* planer (aviat.).

volt [vo°ult] *s.* volt (électr.), m. ‖ *voltage* [-idĵ] *s.* voltage, m.; *high voltage*, haute tension.

voluble [vâlyoub'l] *adj.* volubile.

volume [vâly°m] *s.* volume, m. ‖ *voluminous* [v°læmin°s] *adj.* volumineux.

voluntariness [vâl°nt°rinis] *s.* caractère volontaire, m.; spontanéité, f. ‖ *voluntary* [vâl°ntèri] *adj.* volontaire; spontané; bénévole. ‖ *volunteer* [vâl°nti°r] *s.* volontaire, m.; *adj.* de volontaire; *v.* s'engager, agir comme volontaire.

voluptuous [vᵉlœptshouᵉs] *adj.* voluptueux; *voluptuousness,* sensualité.

vomit [vâmit] *v.* vomir. ‖ **vomiting** [-ing] *s.* vomissement, m. ‖ **vomitive** [-iv] *s.* vomitif, m.

voodoo [voûdou] *s.* vaudou, m.

voracious [voᵒuréⁱshᵉs] *adj.* vorace.

voracity [voᵒurᵃsiti] *s.* voracité, f.

vortex [vaurtèks] *s.** tourbillon, m.

vote [voᵒut] *s.* vote; scrutin, m.; voix; motion, f.; *v.* voter. ‖ **voter** [-ᵉʳ] *s.* électeur; votant, m. ‖ **voting** [-ing] *s.* scrutin; (mode de) suffrage, m.

vouch [vaᵒutsh] *v.* attester; garantir; *to vouch for,* répondre de. ‖ **voucher** [-ᵉʳ] *s.* garant, répondant; récépissé;

bon de garantie, m.; pièce justificative; pièce comptable, f. ‖ **vouchsafe** [vaᵒutshséⁱf] *v.* accorder; daigner.

vow [vaᵒu] *s.* vœu, m.; *v.* faire un vœu; jurer.

vowel [vaᵒuᵉl] *s.* voyelle, f.

voyage [voⁱidj] *s.* traversée; croisière, f.; *v.* naviguer, faire une croisière; *maiden voyage,* première traversée; *voyager,* passager; navigateur.

vulcanize [vœlkᵉnaⁱz] *v.* vulcaniser.

vulgar [vœlgᵉʳ] *adj.* vulgaire; trivial; populaire; commun. ‖ **vulgarity** [vœlgarᵉti] *s.** vulgarité, f. ‖ **vulgarize** [vœlgᵉraⁱz] *v.* populariser.

vulnerable [vœlnᵉrᵉb'l] *adj.* vulnérable.

vulture [vœltshᵉʳ] *s.* vautour, m.

W

wad [wâd] *s.* bourre; liasse [banknotes], f.; rembourrage; tampon, m.; *v.* bourrer; ouater.

waddle [wâd'l] *v.* se dandiner; *s.* dandinement, m.

wade [wéⁱd] *v.* passer à gué; patauger; avancer péniblement (fig.).

wafer [wéⁱfᵉr] *s.* pain à cacheter; cachet, m.; hostie; gaufrette, f.

waffle [wâf'l] *s.* gaufre, f.

waft [waft] *v.* flotter; porter dans les airs; *s.* bouffée d'air, f.; coup d'aile, m.

wag [wag] *v.* branler; remuer, agiter; *s.* oscillation, f.; mouvement, m.; farceur, boute-en-train, m.

wage [wéⁱdj] *s.* gage, m.; *pl.* salaire, m.; *v.* engager, entreprendre; *to wage war,* faire la guerre.

wager [wéⁱdjᵉr] *s.* pari, m.; gageure, f.; *v.* parier, gager.

waggish [wagish] *adj.* facétieux; badin.

wagon [wagᵉn] *s.* fourgon; chariot, m.; voiture, f.; *Br.* wagon, m.; *wagonload,* charretée.

waif [wéⁱf] *s.* épave (jur.), f.; enfant abandonné, m.

wail [wéⁱl] *v.* gémir; se lamenter; *s.* gémissement, m.; lamentation, f.

wain [wéⁱn] *s.* chariot, m.

wainscot [wéⁱnskᵉt] *s.* lambris, m.

waist [wéⁱst] *s.* taille; ceinture; *Am.* blouse, chemisette, f.; *waistband,* ceinture du pantalon; *waistcoat,* gilet.

wait [wéⁱt] *v.* attendre; *s.* attente; embuscade, f.; *wait for me,* attendez-moi; *to wait on,* être aux ordres de;

to wait at table, servir à table; *to lie in wait,* être aux aguets. ‖ **waiter** [-ᵉr] *s.* garçon de restaurant; serveur; domestique, m. ‖ **waiting** [-ing] *s.* attente, f.; *no waiting,* stationnement interdit; *waiting-room,* salle d'attente. ‖ **waitress** [-ris] *s.** serveuse; servante, bonne, f.; *waitress!,* mademoiselle!

waive [wéⁱv] *v.* renoncer à; écarter; abandonner [right].

wake [wéⁱk] *s.* sillon; sillage (naut.), m.

wake [wéⁱk] *v.* éveiller; réveiller; veiller; *s.* veillée mortuaire, f.; *to wake up,* se réveiller. ‖ **wakeful** [-fᵉl] *adj.* éveillé; vigilant; d'insomnie. ‖ **waken** [-ᵉn] *v.* éveiller; (se) réveiller.

walk [wauk] *v.* marcher; se promener; aller à pied, au pas; mener en laisse [dog]; *s.* marche; promenade, f.; pas; tour; trottoir, m.; *to walk a horse,* conduire un cheval au pas; *walk of life,* carrière; position sociale; *walker,* marcheur, promeneur; *walker-on,* figurant, *walk-over,* victoire facile.

wall [waul] *s.* muraille; paroi, f.; mur; rempart; espalier, m.; *v.* murer; entourer de murs; *partition wall,* cloison; *party wall,* mur mitoyen; *wallpaper,* papier peint. ‖ **walled** [-d] *adj.* muré; clos de murs; *walled in,* emprisonné.

wallet [wâlit] *s.* portefeuille, m.; sacoche, f.

wallflower [waulflaᵒuᵉr] *s.* giroflée, ravenelle, f.; *to be a wallflower at a dance,* faire tapisserie.

wallop [wâlᵉp] *v.* rosser; galoper.

wallow [walo⁰ᵘ] *v.* se vautrer.

walnut [waulnᵉt] *s.* noix, f.; bois de noyer, m.; *walnut-tree*, noyer.

walrus [waulrᵉs] *s.* morse, m.

waltz [waults] *s.* * valse, f.; *v.* valser.

wan [waun] *adj.* blême; livide.

wananish [wànanish] *s.* * *Fr. Can.* ouananiche, f.

wand [wând] *s.* baguette, f.; bâton, m.; *Mercury's wand*, caducée.

wander [wândᵉr] *v.* errer; rôder; s'égarer; divaguer; *to wander from*, s'écarter de. ‖ *wanderer* [-rᵉr] *s.* errant; rôdeur; nomade, m.

wane [wéⁱn] *s.* déclin; décroît [moon], m.; *v.* être sur le déclin; décroître; décliner.

wangle [wang'l] *v.* se débrouiller, resquiller; *wangler*, resquilleur.

want [wânt] *v.* manquer de; avoir besoin de; désirer, souhaiter; demander; *s.* besoin; manque, défaut, m.; *for want of*, faute de; *he is wanted*, on le demande.

wanton [wântᵉn] *adj.* libre, libertin; licencieux; folâtre; inconsidéré.

war [waur] *s.* guerre, f.; *v.* guerroyer; faire la guerre; *war of attrition*, guerre d'usure; *warfare*, conduite de la guerre.

warble [waurb'l] *v.* gazouiller; *s.* gazouillis, m. ‖ *warbler* [-blᵉr] *s.* chanteur, m.; fauvette, f.

ward [waurd] *s.* garde; tutelle; pupille; salle [hospital], f.; quartier [prison], m.; *v.* se garder; *to ward off*, parer, détourner. ‖ *warden* [-'n] *s.* gardien, m. ‖ *warder* [-ᵉr] *s.* gardien de prison, m. ‖ *wardrobe* [-ro⁰ᵘb] *s.* garde-robe; armoire, f.; vêtements, m. pl.

ware(s) [wèᵉr(z)] *s.* marchandises, f. pl.; produits manufacturés, m. pl.; faïence, f.; *China ware*, porcelaine.

warehouse [wèrhaᵒᵘs] *s.* entrepôt, m.; *warehouseman*, magasinier, entreposeur; *furniture warehouse*, garde-meuble.

warlike [waurlaⁱk] *adj.* guerrier; belliqueux; martial.

warm [waurm] *adj.* chaud; tiède; chaleureux; *v.* chauffer; réchauffer; *to be warm*, avoir chaud; *it is warm*, il fait chaud. ‖ *warmth* [-th] *s.* chaleur; ardeur, f.; zèle, m.

warn [waurn] *v.* avertir, prévenir; mettre en garde (*against*, contre); *warner*, avertisseur. ‖ *warning* [-ing] *s.* avertissement; avis, m.; *to give warning*, donner l'éveil.

warp [waurp] *v.* ourdir; voiler [wood]; touer (naut.); colmater [land]; gauchir; dévier; *s.* chaîne de tissu, f.; gauchissement, m. ‖ *warped* [-t] *adj.* retiré [wood]; faussé [mind].

warrant [waurᵉnt] *s.* autorisation; garantie, f.; pouvoir; warrant (comm.); mandat (jur.), m.; *v.* garantir; autoriser; certifier.

warren [waurᵉn] *s.* garenne, f.

warrior [waurⁱᵉr] *s.* guerrier, m.

warship [waurship] *s.* navire de guerre, m.

wart [waurt] *s.* verrue, f.

wary [wèri] *adj.* avisé; vigilant.

was [wâz] *pret. of to be*.

wash [wâsh] *v.* (se) laver; blanchir; lotionner; *s.* * blanchissage, m.; lessive; lotion; lavure; lavis; remous (naut.), m.; *washable*, lavable; *washbowl*, cuvette; *washcloth*, lavette; *washed up*, lessivé; *wash-out*, fiasco; *washroom*, cabinet de toilette; *washstand*, lavabo; *washtub*, baquet à lessive, cuvier. ‖ *washer* [-ᵉr] *s.* machine à laver; rondelle (mech.), f. ‖ *washing* [-ing] *s.* lavage, m.; *washing-machine*, machine à laver.

wasp [wâsp] *s.* guêpe, f.

wastage [wéⁱstidj] *s.* gaspillage, coulage, m.; déperdition, f.

waste [wéⁱst] *s.* perte; usure, f.; déchets; gaspillage; dégâts (jur.); terrain inculte, m.; *v.* dévaster, gâcher; gaspiller; *to waste away*, dépérir; *wasteful*, prodigue, dissipateur; *wasteland*, terrain vague; *waste-paper basket*, corbeille à papier.

watch [wâtsh] *s.* * garde; surveillance; veille; montre, f.; quart (naut.), m.; *v.* veiller; surveiller; faire attention; *by my watch*, à ma montre; *on the watch*, aux aguets; *watchdog*, chien de garde; *watchful*, vigilant; *watchman*, veilleur; *watchtower*, tour de guet; *watchword*, mot de passe.

water [wautᵉr] *s.* eau, f.; *v.* arroser [plants]; baptiser [wine]; abreuver [animals]; *watercolo(u)r*, aquarelle; *water power*, force hydraulique; *water sports*, jeux nautiques; *watering place*, abreuvoir; station thermale. ‖ *waterfall* [-faul] *s.* cascade; cataracte; chute d'eau, f. ‖ *waterproof* [-prouf] *adj.*, *s.* imperméable, m. ‖ *waterspout* [-spaᵒᵘt] *s.* gouttière; trombe d'eau, f. ‖ *watertight* [-taⁱt] *adj.* étanche; imperméable. ‖ *waterway* [-wéⁱ] *s.* voie d'eau; voie navigable, f.; canal, m. ‖ *watery* [-ri] *adj.* aqueux; humide.

wave [wéᶦv] *v.* onduler; (s')agiter; flotter; *s.* vague; lame; onde; ondulation [hair], f.; signe de la main, m.; *Am.* femme servant dans la Marine, f.; *cold wave*, vague de froid; *long waves*, grandes ondes [radio]; *permanent wave*, indéfrisable, permanente; *wave length*, longueur d'onde; *to wave good-by*, faire un signe d'adieu. ‖ *waver* [-ᵉʳ] *v.* osciller; hésiter. ‖ *wavy* [-i] *adj.* ondoyant; ondulé.

wax [waks] *v.* croître; devenir.

wax [waks] *s.* cire, f.; *v.* cirer; *wax-candle*, bougie; *waxen*, en cire; cireux; malléable.

way [wéᶦ] *s.* chemin; sens; moyen, m.; voie; direction; distance; manière, f.; *way in*, entrée; *way out*, sortie; *way through*, passage; *by the way*, en passant; *in no way*, en aucune façon; *half-way*, à mi-chemin; *to give way*, céder; *to make way for*, faire place à; *which way*, de quel côté, par où; *to feel one's way*, tâter le terrain; *to lose one's way*, s'égarer; *way-bill*, feuille de route, lettre de voiture; *wayside*, bord de la route. ‖ *waylay* [wéᶦléᶦ] *v.* dresser une embuscade à. ‖ *wayward* [wéᶦwᵉʳd] *adj.* volontaire, rebelle.

we [wî] *pron.* nous.

weak [wîk] *adj.* faible; débile; pauvre [fuel]; *weak-minded*, faible d'esprit. ‖ *weaken* [-ᵉn] *v.* affaiblir; (s')amollir; s'appauvrir; se débiliter. ‖ *weakly* [-li] *adv.* faiblement; *adj.* faible. ‖ *weakness* [-nis] *s.* faiblesse; débilité, f.; faible, m.

wealth [wèlth] *s.* richesse; prospérité, opulence, f. ‖ *wealthy* [-i] *adj.* riche; opulent.

wean [wîn] *v.* sevrer. ‖ *weaning* [-ing] *s.* sevrage, m.

weapon [wèpᵉn] *s.* arme, f.

wear [wèᵉʳ] *v.** porter; user; lasser, épuiser; faire usage; *s.* usage, m.; usure; détérioration, f.; *to wear well*, faire bon usage; *worn out*, épuisé, complètement usé.

wearily [wirili] *adv.* péniblement. ‖ *weariness* [wirinis] *s.* fatigue; lassitude, f.; ennui; dégoût, m. ‖ *wearisome* [wirisᵉm] *adj.* fatigant, ennuyeux. ‖ *weary* [wiri] *adj.* las; ennuyé; fatigué.

weasel [wîz'l] *s.* belette, f.

weather [wèzhᵉʳ] *s.* temps (meteor.), m.; *v.* résister; doubler [cape]; *changeable weather*, temps variable; *weather bureau*, office météorologique; *weathercock*, girouette; *weather conditions*, conditions atmosphériques.

weave [wîv] *v.** tisser; tresser; ourdir; *to weave together*, entrelacer;

to weave into, entremêler à; *s.* texture, f.; tissage, m.; *weaver*, tisserand.

web [wèb] *s.* tissu, m.; trame; pièce d'étoffe; toile; membrane; palmure; taie (med.), f.; *spider's web*, toile d'araignée; *web-footed*, palmipède. ‖ *webbing* [-ing] *s.* sangles; toile à sangle, f.

wed [wèd] *v.* épouser; (se) marier; *pret., p. p. of* to wed. ‖ *wedded* [-id] *adj.* marié; conjugal; féru de. ‖ *wedding* [-ing] *s.* mariage, m.; noce, f.; *silver wedding*, noces d'argent; *wedding ring*, alliance, *Fr. Can.* jonc.

wedge [wèdj] *s.* coin, m.; cale, f.; *v.* coincer; caler; *to wedge into*, enfoncer, pénétrer comme un coin.

wedlock [wèdlâk] *s.* mariage, m.; vie conjugale, f.

Wednesday [wènzdi] *s.* mercredi, m.

wee [wî] *adj.* tout petit, minuscule.

weed [wîd] *s.* mauvaise herbe; herbe folle, f.; *v.* sarcler; désherber; *to weed out*, arracher, extirper. ‖ *weeds* [wîdz] *s. pl.* vêtements (m. pl.) de deuil. ‖ *weedy* [-i] *adj.* envahi par les herbes, en friche; malingre (pop.).

week [wîk] *s.* semaine, f.; *weekday*, jour ouvrable; jour de semaine; *week-end*, week-end, *Fr. Can.* fin de semaine; *a week from today*, d'aujourd'hui en huit. ‖ *weekly* [-li] *adj.* hebdomadaire; *adv.* tous les huit jours.

weep [wîp] *v.** pleurer. ‖ *weeping* [-ing] *adj.* pleureur; *s.* pleurs, m. pl.

weevil [wîv'l] *s.* charançon, m.

weigh [wéᶦ] *v.* peser; avoir du poids; soupeser, estimer, évaluer; *to weigh anchor*, lever l'ancre; *to weigh down*, accabler. ‖ *weight* [-t] *s.* poids, m.; pesanteur; lourdeur; gravité, importance, f.; *v.* charger d'un poids; surcharger; *balance weight*, contrepoids; *gross weight*, poids brut; *net weight*, poids net. ‖ *weighty* [-ti] *adj.* pesant, lourd; grave, important.

welcome [wèlkᵉm] *s.* bienvenue, f.; *adj.* bienvenu; *v.* souhaiter la bienvenue à; faire bon accueil à.

weld [wèld] *s.* soudure, f.; *v.* souder.

welfare [wèlfèᵉʳ] *s.* bien-être, m.; prospérité, f.

well [wèl] *s.* source, fontaine, f.; puits; réservoir, m.; *v.* jaillir, sourdre; *artesian well*, puits artésien; *oil well*, puits de pétrole.

well [wèl] *adv.* bien; *adj.* bien portant; en bon état; heureux; avantageux; *it went well*, je vais bien; *to get well*, se rétablir; *as well as*, aussi bien que; *well-being*, bien-être; *well-bred*, bien élevé; *well-meaning*, bien intentionné; *well-nigh*, presque; *well-to-do*, aisé.

Welsh [wèlsh] *adj., s.* gallois, m. [language]; *the Welsh,* les Gallois.

welt [wèlt] *s.* bordure; trépointe, f.

welter [wèlt^er] *adj.* lourd; *v.* se vautrer; bouillonner; *s.* désordre, m.; ***welter-weight,*** poids mi-moyen.

went [wènt] *pret. of* ***to go.***

wept [wèpt] *pret., p. p. of* ***to weep.***

were [wër, wè^er] *pret. of* ***to be.***

werewolf [wirwoulf] (*pl.* ***werewolves*** [-woulvz]) *s.* loup-garou, m.

west [wèst] *s.* ouest; occident, m.; *adj.* occidental; de l'ouest; *adv.* à l'ouest. ‖ ***western*** [-^ern] *adj.* occidental; de l'ouest. ‖ ***westerner*** [-^ern^er] *s.* habitant de l'ouest, m. ‖ ***westward*** [-w^erd] *adj.* à l'ouest; vers l'ouest. ‖ ***westwards*** [-w^erdz] *adv.* à l'ouest, vers l'ouest.

wet [wèt] *adj.* humide; mouillé; pluvieux; *v.* mouiller; humecter; arroser; imbiber; ***wet blanket,*** trouble-fête, rabat-joie; *pret., p. p. of* ***to wet.***

wether [wèzh^er] *s.* mouton, m.

wetness [wètnis] *s.* humidité, f.

whack [wak] *s.* coup bien appliqué, m.; *v.* frapper, cogner.

whale [hwèl] *s.* baleine, f.; *v.* chasser la baleine; ***whale-boat,*** baleinier; ***whale-bone,*** baleine.

wharf [hwaurf] *s.* quai; appontement; embarcadère; entrepôt, m.

what [hwât] *pron.* ce qui, ce que; quoi; que; qu'est-ce que; *adj.* quel, quelle; quels, quelles; *what do you charge for?,* combien prenez-vous pour? ‖ ***whatever*** [hwâtèv^er] *pron.* tout ce qui, tout ce que; quoi (que ce soit) que; *adv.* quoi que ce soit; *adj.* quel que soit... qui; quelque... que ce soit; quelconque. ‖ ***whatsoever*** [-so^ouèv^er], *see* ***whatever.***

wheat [hwît] *s.* froment; blé, m.

wheedle [hwid'l] *v.* cajoler; enjôler.

wheel [hwîl] *s.* roue, f.; volant; cercle, m.; *v.* rouler; tourner; faire rouler; pédaler; *to wheel the baby,* promener le bébé dans sa voiture; ***wheel chair,*** fauteuil roulant; ***big wheel,*** grosse légume; ***front wheel,*** roue avant; ***rear wheel,*** roue arrière; ***spare wheel,*** roue de rechange. ‖ ***wheelbarrow*** [-baro^ou] *s.* brouette, f. ‖ ***wheel-house*** [-ha^ous] *s.* timonerie, f. ‖ ***wheelwright*** [-ra^it] *s.* charron, m.

wheezy [hwîzi] *adj.* asthmatique; poussif.

when [hwèn] *adv., conj.* quand, lorsque; et alors que; où. ‖ ***whence*** [-s] *adv.* d'où. ‖ ***whenever*** [-èv^er] *adv.* toutes les fois que.

where [hwè^er] *adv.* où; ***anywhere,*** n'importe où; ***elsewhere,*** ailleurs; ***nowhere,*** nulle part. ‖ ***whereabouts*** [-^eba^outs] *s.* lieu où l'on se trouve, m. ‖ ***whereas*** [hwè^eras] *conj.* tandis que; vu que; puisque; attendu que; au lieu que. ‖ ***whereby*** [-ba^i] *adv.* par lequel; par où; par quoi. ‖ ***wherefore*** [hwè^erfo^our] *adv.* pourquoi; c'est pourquoi. ‖ ***wherein*** [hwè^erin] *adj.* en quoi, dans lequel; où [time]. ‖ ***whereof*** [-âv] *adv.* dont, duquel, de quoi. ‖ ***whereupon*** [-^epân] *adv.* sur quoi; sur ce; là-dessus; après quoi. ‖ ***wherever*** [-èv^er] *adv.* n'importe où; partout où; en quelque lieu que ce soit. ‖ ***wherewithal*** [hwè^erwizh^el] *s.* moyens, m. pl.

whet [hwèt] *v.* aiguiser, affûter; *s.* stimulant, m.

whether [hwèzh^er] *conj.* si que; soit que; si; *whether... or,* si... ou.

whetstone [wètsto^oun] *s.* affiloir, m.

whey [hwé^i] *s.* petit-lait, m.

which [hwitsh] *pron.* qui; que; lequel, laquelle, lesquels, lesquelles; ce qui, ce que; *adj.* quel, quelle, quels, quelles. ‖ ***whichever*** [-èv^er] *pron., adj.* n'importe lequel; quelque.. que.

whiff [hwif] *s.* bouffée, f.; *v.* lancer des bouffées.

while [hwa^il] *s.* temps, moment, m.; *conj.* pendant que, tandis que; en même temps que; *in a little while,* sous peu; *it is not worth while,* cela n'en vaut pas la peine; *to while away the time,* tuer le temps.

whilst [hwa^ilst] *conj., see* ***while.***

whim [hwim] *s.* caprice, m.; lubie, f.

whimper [hwìmp^er] *v.* pleurnicher; *s.* pleurnicherie, f.

whimsical [hwìmzik'l] *adj.* fantasque, capricieux.

whine [hwa^in] *v.* geindre, gémir; *s.* pleurnicherie, f.; gémissement, m. ‖ ***whiner*** [-^er] *s.* pleurnicheur, m.

whip [hwip] *v.* fouetter, fustiger; battre [eggs]; *s.* cravache, f.; fouet; fouettement, m.; *to whip off,* décamper; ***whipstock,*** manche de fouet. ‖ ***whipping*** [-ing] *s.* fustigation, flagellation; raclée, f.; surjet [sewing], m.

whir [whë^r] *v.* ronfler; bruisser; *s.* ronflement; bruissement, m.

whirl [hwë^rl] *v.* faire tourner; tournoyer; pirouetter; *s.* tournoiement; tourbillon, m.; *my head whirls,* la tête me tourne; ***whirlpool,*** tourbillon d'eau; ***whirlwind,*** tourbillon, cyclone.

whisk [hwisk] *v.* épousseter; battre [eggs]; se mouvoir rapidement; *s.* mouvement rapide; fouet à œufs, m.; vergette, f.; *to whisk something out of sight,* escamoter quelque chose; ***whisk-broom,*** balayette.

whisker [hwĭskᵉr] *s.* moustache [cat, man], f.; *pl.* favoris, m. pl.

whisk(e)y [hwĭski] *s.** whisky, m.

whisper [hwĭspᵉr] *v.* chuchoter; murmurer; parler bas; *s.* chuchotement; murmure, m.

whistle [hwĭs'l] *v.* siffler; siffloter; *s.* (coup de) sifflet; sifflement, m.

whit [hwĭt] *s.* brin, détail, rien.

white [hwaⁱt] *adj.* blanc; pur; loyal, honorable; *s.* blanc, m.; **whitecaps**, moutons [sea]; *white hot*, chauffé à blanc; *white lead*, blanc de céruse; *white lie*, petit mensonge; *white-liv-ered*, poltron; *white slavery*, traite des blanches; *to show the white feather*, se montrer poltron. ‖ **whiten** [-'n] *v.* blanchir. ‖ **whiteness** [-nis] *s.* blancheur; pâleur, f. ‖ **white-wash** [-wâsh] *v.* blanchir à la chaux; badigeonner; couvrir (fig.); réhabiliter; *s.* blanc de chaux, m.

whither [hwĭzhᵉr] *adv.* où.

whiting [hwaⁱting] *s.* merlan, m.

whitish [hwaⁱtish] *adj.* blanchâtre.

whitlow [hwĭtloᵘ] *s.* panaris, m.

Whitsuntide [hwĭtsæntaⁱd] *s.* Pentecôte, f.

whittle [hwĭt'l] *v.* amincir; aiguiser; réduire; couper; rogner.

whiz(z) [hwĭz] *v.* siffler [bullet]; *s.** sifflement, m.

who [hoᵘ] *pron.* qui; qui est-ce qui; *he who*, celui qui. ‖ *whoever* [-èvᵉr] *pron.* quiconque; quel que soit; celui qui.

whole [hoᵘl] *adj.* entier; complet; intégral; tout; sain. *s.* ensemble, m.; totalité; intégralité, f.; *in the whole*, au total; *on the whole*, somme toute, à tout prendre. ‖ **wholesale** [-sélⁱ] *s.* vente en gros, f.; commerce de gros, m.; *adj.* en gros; en masse; en série; *v.* vendre en gros. ‖ **wholesome** [-sᵉm] *adj.* sain; salubre; salutaire. ‖ **wholesomeness** [-sᵉmnis] *s.* salubrité, f. ‖ **wholly** [-i] *adv.* entièrement, totalement; tout à fait.

whom [hoᵘm] *pron.* que; qui; lequel, laquelle, lesquels, lesquelles; qui est-ce qui. ‖ **whomsoever** [-soᵘᵉvᵉr] *pron.* quiconque; n'importe qui, que.

whoop [hoᵘp] *s.* quinte (med.), f.; cri; ululement, m.; huée, f.; *v.* crier; huer; ululer; *whooping cough*, coqueluche; *Am. to whoop it up*, pousser des cris; **whoopee**, hourra!, you!; *Am.* noce, f.

whopper [wâpᵉr] *s.* énormité, f.

whore [hoᵘr] *s.* prostituée, f.

whortleberry [hwĕrt'lbèri] *s.** myr-tille, f.; *Fr. Can.* bleuet, m.

whose [hoᵘz] *pron.* dont; de qui, duquel, de laquelle, desquels, des-quelles; à qui.

why [hwaⁱ] *adv.* pourquoi; *interj.* eh bien!; voilà!; voyons!; tenez!; ma foi!; vraiment!

wick [wĭk] *s.* mèche, f.

wicked [wĭkid] *adj.* méchant; mau-vais. ‖ **wickedness** [-nis] *s.* méchan-ceté; perversité, f.

wicker [wĭkᵉr] *s.* osier, m.

wicket [wĭkit] *s.* guichet, m.; bar-rière [cricket], f.

wide [waⁱd] *adj.* large; vaste; étendu; ample; *adv.* largement; loin; grande-ment, bien; *a yard wide*, un mètre de large; *far and wide*, partout; *wide awake*, bien éveillé; *wide open*, grand ouvert. ‖ **widely** [-li] *adv.* amplement, largement; au loin. ‖ **widen** [-'n] *v.* (s')élargir; évaser; étendre; (s')aggra-ver. ‖ **widespread** [-sprèd] *adj.* très répandu; général; bien diffusé.

widow [wĭdoᵘ] *s.* veuve, f. ‖ **wi-dower** [-ᵉr] *s.* veuf, m. ‖ **widowhood** [-houd] *s.* veuvage, m.

width [wĭdth] *s.* largeur; étendue; ampleur, f.; lé, m.

wield [wĭld] *v.* manier; gouverner; exercer [power].

wife [waⁱf] (*pl.* **wives** [waⁱvz]) *s.* épouse, femme, f.

wig [wĭg] *s.* perruque, f.

wiggle [wĭg'l] *v.* se dandiner; *s.* dan-dinement, m.

wigwag [wĭgwâg] *s. Am.* signaux, m. pl.; *v.* osciller; faire des signaux.

wild [waⁱld] *adj.* sauvage; féroce; farouche; affolé; extravagant; bizarre; impétueux, effréné; *s.* lieu désert, m.; *wildcat*, chat sauvage; *wildcat scheme*, projet extravagant. ‖ **wilder-ness** [wĭldᵉrnis] *s.* désert; lieu sau-vage, m.; solitude, f. ‖ **wildness** [waⁱldnis] *s.* sauvagerie; férocité; étrangeté, f.

wile [waⁱl] *s.* ruse, astuce, f.

wil(l)ful [wĭlfᵉl] *adj.* obstiné; volon-taire; délibéré; intentionnel. ‖ **will** [wĭl] *s.* volonté; décision, f.; gré; tes-tament, m.; *v.* vouloir; ordonner; léguer; avoir l'habitude de; *defect. aux.* : *I will tell you*, je vais vous dire; je vous dirai; *she will knit for hours*, elle a l'habitude de tricoter pen-dant des heures; *the arena will hold a thousand*, l'arène peut contenir mille personnes; *he willed himself to sleep*, il s'est endormi à force de volonté; *free-will*, libre arbitre. ‖ **willing** [-ing] *adj.* bien disposé; enclin à; prêt à;

he is willing to, il veut bien. ‖ *willingly* [-ingli] *adv.* volontiers; de bon cœur. ‖ *willingness* [-ingnis] *s.* bonne volonté, f.; empressement; consentement, m.

willow [wilo͞u] *s.* saule, m.

willy-nilly [wili-nili] *adv.* bon gré mal gré.

wilt [wilt] *v.* se faner; dépérir.

wily [wa͞ili] *adj.* rusé, astucieux.

wimple [wimp'l] *s.* guimpe, f.

win [win] *v.* gagner; acquérir; obtenir; remporter [prize]; parvenir; fléchir; décider; *to win over*, persuader, endoctriner.

wince [wins] *v.* broncher; défaillir.

winch [wintsh] *s.* treuil, m.

wind [wind] *s.* vent; air; souffle, m.; *v.* avoir vent de; essouffler; laisser souffler [horse]; flairer [game]; *to be winded about*, s'ébruiter.

wind [wa͞ind] *v.* tourner; enrouler; dévider; remonter [watch]; serpenter; *s.* détour; lacet, m.

windbag [windbag] *s.* baudruche, outre, f.; orateur verbeux, m. ‖ *windfall* [-faul] *s.* bonne aubaine, f. ‖ *winding* [-ing] *s.* sinuosité, f.; méandre; enroulement; remontage [watch], m.; *adj.* sinueux, en spirale; en colimaçon [staircase]. ‖ *windmill* [-mil] *s.* moulin à vent, m.

window [windo͞u] *s.* fenêtre; vitrine; glace [auto], f.; vitrail, m.; *window display*, étalage; *window-pane*, vitre; *window-sill*, rebord de fenêtre; *Am. window-shade*, store.

windpipe [windpa͞ip] *s.* trachée-artère, f. ‖ *windshield* [-shild] *s.* pare-brise, m. ‖ *windy* [-i] *adj.* venteux; verbeux; froussard (pop.).

wine [wa͞in] *s.* vin, m.; *wine and water*, eau rougie; *wine cellar*, cave à vin; *wine glass*, verre à vin; *wine grower*, viticulteur; *wine waiter*, sommelier.

wing [wing] *s.* aile; escadre aérienne; coulisse (theat.), f.; aileron, m.; *v.* donner des ailes; blesser à l'aile; voler; *to take wing*, prendre son vol; *winged*, ailé; *winglet*, aileron; *wingspread*, envergure.

wink [wingk] *v.* cligner de l'œil; clignoter; *s.* clin d'œil; *I didn't sleep a wink*, je n'ai pas fermé l'œil une seconde. ‖ *winker* [-er] *s.* clignotant, m. ‖ *winking* [-ing] *s.* clignement, m.; *adj.* clignotant.

winner [winer] *s.* gagnant; vainqueur, m. ‖ *winning* [wining] *adj.* gagnant; engageant, attrayant; *s. pl.* gains, m. pl.

winnow [wino͞u] *v.* vanner; trier; séparer; battre [air]; *winnowing-machine*, tarare, van.

winsome [winsem] *adj.* charmant.

winter [winter] *s.* hiver, m.; *v.* hiverner; *adj.* d'hiver; hivernal; *wintergreen*, thé du Canada, *Fr. Can.*, thé des bois. ‖ *wintry* [-tri] *adj.* d'hiver; hivernal; glacial.

wipe [wa͞ip] *v.* essuyer; *to wipe off*, effacer; essorer. ‖ *wiper* [-er] *s.* torchon; tampon; essuyeur, m.; *Am. windshield wiper*, essuie-glace.

wire [wa͞ier] *s.* fil de fer; fil métallique; télégramme, m.; dépêche, f.; *v.* attacher avec du fil de fer; télégraphier; poser des fils électriques; *barbed wire*, fil de fer barbelé; *fence wire*, ronce pour clôture; *piano wire*, corde à piano; *telegraph wire*, fil télégraphique; *to pull wires*, pistonner. ‖ *wireless* [-lis] *adj.* sans fil; *s.* radio, T.S.F., f.; *wireless controlled*, radioguidé; *wireless operator*, radiotélégraphiste; *wireless set*, poste de radio. ‖ *wiry* [-ri] *adj.* en fil de fer; sec et nerveux; raide [hair].

wisdom [wizdem] *s.* sagesse; prudence, f.

wise [wa͞iz] *adj.* sage; prudent; discret; sensé; *The Three Wise Men*, les trois rois mages; *to put wise*, donner un tuyau à; *v. Am. to wise up*, se mettre à la page; se dessaler; se détromper.

wise [wa͞iz] *s.* façon, manière, f.

wiseacre [wa͞izé͞iker] *s.* benêt prétentieux, m. ‖ *wisecrack* [-krak] *s.* plaisanterie, f.; *v.* faire de l'esprit.

wish [wish] *v.* désirer, souhaiter, vouloir; *s.* désir, souhait, vœu, m.; *best wishes*, meilleurs vœux; *I wish I were*, je voudrais être; *wishful*, désireux.

wisp [wisp] *s.* bouchon, tortillon, m. [straw]; ruban, m. [smoke].

wistaria [wisté͞erie] *s.* glycine, f.

wistful [wistfel] *adj.* pensif; sérieux; silencieux et attentif.

wit [wit] *s.* esprit, m.; *to live by one's wits*, vivre d'expédients; *to lose one's wits*, perdre la tête; *to wit*, à savoir; *a wit*, un bel esprit.

witch [witsh] *s.* sorcière, f.; *witchcraft*, sorcellerie; *witch hazel*, teinture d'hamamélis; *witching*, séduisant, ensorcelant.

with [wizh, with] *prep.* avec; de; par; à; chez; dans; parmi; *with his hat on*, le chapeau sur la tête; *with a view*, en vue de; *he was with us ten years*, il a été employé chez nous dix ans.

withdraw [wizhdrau] *v.** (se) retirer; se replier; rétracter [statement]. ‖ **withdrawal** [-el] *s.* retrait; repli; rappel [order], m.; retraite; mainlevée (jur.), f. ‖ **withdrawn** [-n] *p. p. of* **to withdraw**. ‖ **withdrew** [wizhdrou] *pret. of* **to withdraw**.

wither [wizheʳ] *v.* (se) faner, (se) flétrir; dépérir.

withers [wizheʳz] *s. pl.* garrot, m.

withheld [withhèld] *pret., p. p. of* **to withhold**. ‖ **withhold** [withhoould] *v.* retenir, arrêter; cacher.

within [wizhin] *prep.* dans; en dedans de; en moins de; *adv.* à l'intérieur; *within the week*, dans le courant de la semaine.

without [wizhaout] *prep.* sans; hors de; en dehors de; *adv.* à l'extérieur, au-dehors; *without my knowledge*, à mon insu.

withstand [withstànd] *v.** résister à; supporter. ‖ **withstood** [withstoud] *pret., p. p. of* **to withstand**.

witness [witnis] *s.* témoin; déposant; témoignage, m.; *v.* déposer; témoigner; attester.

witticism [witesizem] *s.* trait d'esprit, m.

wittingly [witingli] *adv.* sciemment, de propos délibéré.

witty [witi] *adj.* spirituel.

wives [waivz] *pl. of* **wife**.

wizard [wizeʳd] *s.* sorcier, m.

wobble [wâb'l] *v.* vaciller; tituber; branler; *s.* vacillement, m.

woe [woou] *s.* douleur; misère, f.; malheur, m.; **woebegone**, navré.

woke [woouk] *pret. of* **to wake**.

wolf [woulf] (*pl.* **wolves** [woulvz]) *s.* loup, m.; *Am.* don juan, coureur, m.

wolverine [woulveraⁱn] *s.* glouton, *Fr. Can.*, carcajou, m.

wolves [woulvz] *pl. of* **wolf**.

woman [woumen] (*pl.* **women**) *s.* femme, f. ‖ **womanhood** [-houd] *s.* féminité, f. ‖ **womanize** [-aⁱz] *v.* efféminer; courir les jupons. ‖ **womankind** [-kaⁱnd] *s.* les femmes, f. pl. ‖ **womanly** [-li] *adj.* de femme; féminin; *adv.* en femme; de femme.

womb [woum] *s.* utérus, sein, m.; matrice, f.

women [wimin] *pl. of* **woman**.

won [wœn] *pret., p. p. of* **to win**.

wonder [wœndeʳ] *s.* étonnement; prodige, miracle, m.; surprise; merveille, f.; *v.* s'étonner (*at*, de); s'émerveiller; se demander (*whether*, si). ‖ **wonderful** [-fel] *adj.* étonnant; prodigieux; admirable. ‖ **wonderfully** [-feli] *adv.* merveilleusement; extraordinairement. ‖ **wondrous** [wœndres] *adj.* merveilleux.

wont [woount] *s.* coutume; habitude, f.; *adj.* habitué, accoutumé; habituel; *to be wont*, avoir coutume.

won't = **will not**, *see* **will**.

woo [wou] *v.* courtiser, m.

wood [woud] *s.* bois, m.; *soft wood*, bois blanc; *wood engraving*, gravure sur bois; **woodcock**, bécasse; **wood-cutter**, bûcheron; **wooded**, boisé; **wooden**, de bois, en bois. ‖ **woodland** [lànd] *s.* pays boisé, m. ‖ **wood(s)man** [-(z)men] (*pl.* **woodsmen**) *s.* homme des bois; trappeur; artisan du bois, m. ‖ **woodpecker** [-pèkeʳ] *s.* pic, pivert, *Fr. Can.*, pique-bois, m. ‖ **woodwork** [-wèʳk] *s.* boiserie; menuiserie; ébénisterie, f. ‖ **woodworker** [-wèʳkeʳ] *s.* charpentier; menuisier; ébéniste; ouvrier du bois, m.

woof [wouf] *s.* trame, f.

wool [woul] *s.* laine, f.; *adj.* de laine; en laine. ‖ **wool(l)en** [-in] *adj.* de laine; en laine; *s.* lainage, m. ‖ **wool(l)y** [-i] *adj.* laineux; crépu; mou [style].

word [wèʳd] *s.* mot; vocable; avis, m.; parole; nouvelle, f.; *v.* exprimer; rédiger; libeller; formuler; *to have words with*, se quereller avec; *password*, mot de passe. ‖ **wordy** [-i] *adj.* prolixe, verbeux.

wore [woouʳ] *pret. of* **to wear**.

work [wèʳk] *s.* travail; ouvrage; emploi, m.; œuvre; besogne, f.; *pl.* usine, f.; mécanisme; mouvement, m.; *v.** travailler; accomplir; fonctionner; fermenter; produire; exploiter; manœuvrer; se frayer; résoudre [problem]; *to work away*, travailler d'arrache-pied; *to work out*, produire, opérer; calculer; *to be all worked up*, être surexcité; **workday**, jour ouvrable. ‖ **worker** [-eʳ] *s.* travailleur; ouvrier, m. ‖ **working** [-ing] *s.* travail, fonctionnement; tirage, m.; opération; manœuvre, f.; *adj.* travailleur; laborieux; *working hours*, heures de travail. ‖ **workingman** [-ingmen], **workman** [-men] (*pl.* **workingmen**, **workmen**) *s.* ouvrier; travailleur; artisan, m. ‖ **workmanship** [-menship] *s.* ouvrage, m.; exécution du travail, f. ‖ **workshop** [-shâp] *s.* atelier, m.

world [wèʳld] *s.* monde; univers, m.; *a world of*, une infinité de; *for the world*, pour tout au monde; *World War*, Grande Guerre, guerre mondiale. ‖ **worldly** [-li] *adj.* du monde; mondain; terrestre.

worm [wèʳm] *s.* ver; serpentin [still]; tire-bourre (mech.), m.; vis sans fin, f.; *v.* se tortiller; se faufiler; ramper;

soutirer [secret]; *to worm oneself into,* s'insinuer dans; *worm-eaten,* vermoulu.

wormwood [wë^rmwoud] *s.* absinthe; amertume, f. (fig.).

worn [wo^orn] *p. p. of* to wear; *worn out,* usé; éreinté.

worry [wë^ri] *s.** tourment; tracas; ennui, m.; inquiétude, f.; *v.* ennuyer; importuner; (s')inquiéter; (se) tourmenter.

worse [wë^rs] *adj.* pire; plus mauvais; *adv.* pis, plus mal; *worse and worse,* de mal en pis; *so much the worse,* tant pis; *he is none the worse for it,* il ne s'en trouve pas plus mal; *to change for the worse,* empirer, s'aggraver.

worship [wë^rship] *s.* culte; respect, m.; adoration; vénération, f.; *v.* adorer; rendre un culte à. ‖ *worship(p)er* [-er] *s.* adorateur, m.; adoratrice, f.

worst [wë^rst] *adj.* le pire; le plus; le plus mauvais; *adv.* le pis; le plus mal; *v.* battre, vaincre, défaire; *to get the worst of it,* avoir le dessous.

worth [wë^rth] *s.* valeur, f.; mérite; prix, m.; *adj.* valant; *v.* valoir; *to have one's money's worth,* en avoir pour son argent. ‖ *worthless* [-lis] *adj.* sans valeur; sans mérite; inutile; indigne. ‖ *worthy* [wë^rzhi] *adj.* digne; méritant; de valeur; estimable, honorable; bien fondé; *s.* sommité; célébrité, f.; grand homme, m.

would [woud] *pret. of* will; *she would come every day,* elle venait tous les jours (elle avait l'habitude de venir); *if you would do it,* si vous vouliez le faire; *she said she would go,* elle a dit qu'elle irait; *would-be,* soi-disant; prétendu.

wound [wound] *s.* blessure; plaie, f.; *v.* blesser.

wound [wa^ound] *pret., p. p. of* to wind.

wove [wo^ouv] *pret. of* to weave. ‖ *woven* [-^en] *p. p. of* to weave.

wrangle [ràng'l] *v.* se quereller; *s.* dispute, querelle, f.

wrap [ràp] *v.* enrouler; rouler; envelopper; absorber (fig.); *s.* écharpe, f.; châle; manteau, m. ‖ *wrapper* [-er] *s.* emballeur; empaqueteur; couvre-livre, m.; toile d'emballage; robe de chambre; bande de journal, f. ‖ *wrapping* [-ing] *s.* emballage, m.; *wrapping-paper,* papier d'emballage.

wrath [rath] *s.* colère, f.; courroux, m.; *wrathful,* furieux.

wreath [rîth] *s.* guirlande; couronne, f.; *wreath of smoke,* tourbillon de fumée. ‖ *wreathe* [rîzh] *v.* tresser, entrelacer; enrouler; couronner (with, de).

wreck [rèk] *s.* naufrage; sinistre; accident; bris (naut.), m.; épave (naut.); ruine, f.; *v.* faire naufrager, couler; saborder; détruire; faire dérailler (railw.).

wren [rèn] *s.* roitelet, m. (zool.).

wrench [rèntsh] *s.** torsion; foulure, entorse; clef (mech.), f.; *v.* tordre; arracher; (se) fouler; *screw-wrench,* tournevis; *adjustable screw-wrench,* clef universelle.

wrest [rèst] *v.* arracher en tordant; tirer de force; forcer [text]. ‖ *wrestle* [rès'l] *v.* lutter; combattre (with, avec; against, contre); *s.* assaut de lutte, m.; *wrestler,* lutteur; *wrestling,* lutte.

wretch [rètsh] *s.** misérable; malheureux; scélérat, m.; *poor wretch,* pauvre diable. ‖ *wretched* [-id] *adj.* misérable; infortuné; piètre; méchant, méprisable.

wriggle [rig'l] *v.* se tortiller, frétiller; se faufiler (into, dans); s'insinuer (in, dans); *to wriggle out of a difficulty,* se tirer adroitement d'embarras.

wring [ring] *v.** tordre; arracher; presser, serrer; essorer; déchirer [heart]; extorquer [money]; forcer (fig.).

wrinkle [rngk'l] *s.* ride, rugosité du terrain, f.; faux pli [cloth], m.; *v.* rider; froisser; faire des faux plis.

wrist [rist] *s.* poignet, m.; *wrist-pin,* axe de piston; *wrist-watch,* montre-bracelet.

writ [rit] *s.* exploit, mandat, m.; assignation; ordonnance (jur.), f.; *Holy Writ,* l'Ecriture sainte. ‖ *write* [raⁱt] *v.** écrire; tracer; to write down, coucher par écrit; *to write out,* transcrire; mettre au net; *to write up,* décrire; inscrire; *how is this word written?,* comment s'écrit ce mot? ‖ *writer* [-er] *s.* écrivain; auteur, m.

writhe [raⁱzh] *s.* se tordre.

writing [raⁱting] *s.* écriture, f.; art d'écrire, m.; *pl.* écrits, m. pl.; *in writing,* par écrit; *writing-desk,* bureau, pupitre; *writing-paper,* papier à lettres. ‖ *written* [rit'n] *p. p. of* to write.

wrong [raung] *adj.* faux; erroné; mauvais; illégitime; qui a tort; *s.* mal; tort; préjudice; dommage, m.; injustice, f.; *adv.* mal; à tort; *v.* faire du tort; léser; *to be wrong,* avoir tort; se tromper; *my watch is wrong,* ma montre ne va pas; *the wrong side of a fabric,* l'envers d'un tissu; *he took the wrong train,* il s'est trompé de train; *to do wrong,* mal agir; *to do a wrong,* faire du tort; *wrong-doer,* méchant; délinquant; *wrong-doing,* iniquité; *wrongful,* injuste, injustifié; dommageable; illégal.

wrote [roout] *pret. of* **to write.**

wrought [rɔut] *pret., p. p. of* **to work;** *adj.* travaillé, façonné; **wrought iron,** fer forgé.

wrung [rœng] *pret., p. p. of* **to wring.**

wry [ra¹] *adj.* tordu; de travers; *to make a wry face,* faire la grimace; **wryneck,** torticolis.

X - Y

X-ray [ĕks-ré¹] *s.* rayon X, m.; *v.* radiographier; **X-ray examination,** examen radioscopique; **X-ray photograph,** radiographie; **X-ray treatment,** radiothérapie.

xenophobia [zĕnᵉfooᵘbiᵉ] *s.* xénophobie, f.

xylography [za¹lᵉgrafi] *s.* xylographie, f.

xylophone [za¹lᵉfooᵘn] *s.* xylophone, m.

yacht [yât] *s.* yacht, m.; *v.* naviguer en yacht.

yam [yam] *s.* igname; *Am.* patate, f.

Yankee [yàngki] *adj., s.* yankee.

yap [yap] *v.* japper; glapir; rouspéter; *s.* jappement, m.; rouspétance, f.

yard [yârd] *s.* yard [measure]; vergue (naut.), f.

yard [yârd] *s.* cour, f.; préau; chantier; dépôt, m.; **back yard,** arrière-cour; **churchyard,** cimetière; **classification yard,** gare de triage; **navy yard,** arsenal; **poultry yard,** basse-cour. ‖ **yardstick** [-stik] *s.* unité de mesure; aune, f.

yarn [yârn] *s.* fil [thread]; récit, m.; histoire, f.

yaw [yau] *s.* embardée (naut.), f.; *v.* embarder (naut.); gouverner (aviat.).

yawn [yaun] *s.* bâillement, m.; *v.* bâiller.

yea [yé¹] *adv.* oui.

year [yiᵉr] *s.* année, f.; an, m.; *he is six years old,* il a six ans; *by the year,* à l'année; *twice a year,* deux fois l'an; *New Year's Day,* jour de l'an; **half-year,** semestre; **leap year,** année bissextile; **year book,** annuaire; **yearling,** animal d'un an. ‖ **yearly** [-li] *adj.* annuel; *adv.* annuellement.

yearn [yĕrn] *v.* désirer; soupirer (*for,* après). ‖ **yearning** [-ing] *s.* désir, m.; aspiration, f.

yeast [yîst] *s.* levure, f.; ferment, m.

yell [yĕl] *v.* hurler; vociférer; *s.* hurlement, m.; vocifération, f.

yellow [yĕlooᵘ] *adj., s.* jaune; **yellowish,** jaunâtre; **yellowness,** couleur jaune.

yelp [yĕlp] *v.* japper; glapir; *s.* jappement, glapissement, m.

yeoman [yooᵘmᵉn] (*pl.* **yeomen**) *s.* petit propriétaire; *Br.* magasinier, *Am.* commis aux écritures (naut.), m.

yes [yès] *adv.* oui; si [after a negative].

yesterday [yèstᵉrdi] *adv., s.* hier; *the day before yesterday,* avant-hier.

yet [yèt] *conj.* cependant; pourtant; néanmoins; toutefois; tout de même; *adv.* encore; toujours; déjà; malgré tout; jusqu'à maintenant; *as yet,* jusqu'ici; *not yet,* pas encore.

yield [yîld] *v.* céder; livrer; rendre; rapporter, produire; se soumettre; *s.* rendement; rapport; débit; produit; fléchissement, m.; récolte, f.; *to yield five per cent,* rapporter cinq pour cent; **yield capacity,** productivité; **yield point,** limite de résistance (mech.); **yielding,** doux; flexible; complaisant; accommodant.

yodel [yooᵘd'l] *v.* yodler, iouler; *s.* iioulement, m.; tyrolienne, f.

yoga [yooᵘgᵉ] *s.* yoga, m.; **yogi,** yogi.

yoke [yooᵘk] *s.* joug, m.; *v.* atteler; enjuguer; **yoke-elm,** charme [tree].

yolk [yooᵘk] *s.* jaune d'œuf, m.

yolk [yooᵘk] *s.* suint, m.

yonder [yândᵉr] *adv.* là-bas.

yore [yooᵘr] *adv.* autrefois; *in days of yore,* au temps jadis.

you [you] *pron.* vous; *you never can tell,* on ne sait jamais.

young [yæng] *adj.* jeune; *s.* petit d'animal, m.; *to grow young again,* rajeunir; *young people,* la jeunesse. ‖ **youngster** [-stᵉr] *s.* gamin, mioche, gosse; jeune homme, blanc-bec, m.

your [your] *adj.* votre; vos; à vous. ‖ **yours** [-z] *pron.* le vôtre; la vôtre; les vôtres; à vous. ‖ **yourself** [yourself] *pron.* vous-même; vous.

youth [youth] *s.* jeunesse; adolescence, f.; jeune homme, m. ‖ **youthful** [-foul] *adj.* jeune; juvénile. ‖ **youthfulness** [-foulnis] *s.* jeunesse, f.

yowl [yaoᵘl] *v.* hurler; *s.* hurlement, m.

Yugoslav [yooᵘgoᵘslâv] *adj., s.* yougoslave, m.; **Yugoslavia,** Yougoslavie.

Yuletide [yooᵘlta¹d] *s.* fête de Noël, f.; temps de Noël, m.; **Yulelog,** bûche de Noël.

Z

zeal [zîl] *s.* zèle; enthousiasme, m.; ardeur, f. ‖ **zealot** [zèl͏ᵉt] *s.* zélateur; fanatique, m. ‖ **zealotry** [zèl͏ᵉtri] *s.* fanatisme, m. ‖ **zealous** [zèl͏ᵉs] *adj.* zélé; ardent; enthousiaste; dévoué.

zebra [zîbr͏ᵉ] *s.* zèbre, m.

zebu [zîbyou] *s.* zébu, m.

zenith [zînith] *s.* zénith, m.

zephyr [zèf͏ᵉr] *s.* zéphir, m.

zero [zirou] *s.* zéro, m.; *zero hour,* heure H.

zest [zèst] *s.* saveur; verve, f.; piquant, m.

zigzag [zigzag] *s.* zigzag; lacet, m.; *v.* zigzaguer.

zinc [zìngk] *s.* zinc, m.

Zion [zaⁱᵉn] *s.* Sion, f.; *Zionism,* sionisme; *Zionist,* sioniste.

zip [zip] *v.* aller à toute vitesse, brûler le pavé.

zip [zip] *s.* fermeture à crémaillère, f.; *Am.* allant, brio, m.; verve, f.; *v.* fermer avec une fermeture à crémaillère; *zip-fastener,* fermeture à crémaillère.

zipper [zip͏ᵉr] *s.* fermeture à crémaillère, f.

zither [zith͏ᵉr] *s.* cithare, f.

zodiac [zoⁿᵘdiak] *s.* zodiaque, m. ‖ **zodiacal** [zoⁿᵘdaⁱᵉk'l] *adj.* zodiacal.

zona [zoⁿᵘn͏ᵉ] *s.* zona, m.

zone [zoⁿᵘn] *s.* zone, f.; *v.* répartir en zones; *danger zone,* zone dangereuse; *prohibited zone,* zone interdite.

zoo [zou] *s.* zoo, jardin zoologique, m. ‖ **zoological** [zoⁿᵘᵉlâdjik'l] *adj.* zoologique. ‖ **zoology** [zoⁿᵘâl͏ᵉdji] *s.* zoologie, f.

zoom [zoum] *v.* monter en chandelle (aviat.); bourdonner, vrombir.

zyme [zaⁱm] *s.* enzyme, f.

founded in 1852.
THE **LIBRAIRIE LAROUSSE**

was established more than **a** century ago by Pierre Larousse and Augustin Boyer. The aim of the two associates was "to teach everything to everybody." In a short time the name of Larousse attained great fame, thanks especially to its encyclopedic dictionaries which put all human knowledge within the reach of the general public. Today the Librairie Larousse is among the leading publishing houses of the world and Larousse has become synonymous with dictionary for all Frenchmen and French-speaking people. There is no book in France more widely known and used than the *Nouveau Petit Larousse* in one volume. There is no book more important than the *Grand Larousse encyclopédique* in eleven large volumes, the equivalent of a 600-book library. Between these two famous works, a variety of other dictionaries are to be found, in one or several volumes, many of them specialized, as well as a whole series of bilingual dictionaries. The Librairie Larousse is well known also for its *Mementos* (Encyclopedias), *Quarto Collection, Grammars, "Nouveaux Classiques Larousse,"* etc.

● *THE* NOUVEAU PETIT LAROUSSE

is the only book in the world that can be used several times a day, for a lifetime, not only by Frenchmen but by everyone who has the advantage of knowing French. By its constant re-editions and revisions it assures the reader of the most modern and accurate definitions in existence.

● *THE* NOUVEAU PETIT LAROUSSE

is divided in two parts. The first covers over 50,000 French words, from A to Z, with pronunciations, spelling and definitions. The second section, from A to Z, deals with the arts, history, geography, science, etc. It has up-to-date maps of every country in the world. The whole 3-inch dictionary itself contains 70,500 entries, 1,800 pages, 5,535 illustrations in black and white, 56 color plates (of which 26 are maps), and a 8-page, 4-color atlas. The same dictionary is also available in a de luxe edition, with every page illustrated in full color, entitled NOUVEAU PETIT LAROUSSE EN COULEURS.

● *THE* NOUVEAU PETIT LAROUSSE

is edited by a group of scholars whose experience and knowledge make it today the last and authoritative word on the subject. It is one of the basic books in every public and private library. Not to have one is to be behind the times.

For information about other Larousse publications:
LIBRAIRIE LAROUSSE U.S.A., 572 Fifth Avenue, NEW YORK; LES ÉDITIONS FRANÇAISES INC., 192, rue Dorchester, case postale 3459, St.-Roch, QUÉBEC 2, Canada; or: LIBRAIRIE LAROUSSE, 17, rue du Montparnasse, PARIS-6e.